Förster,

Reisen nach und in Italien bis Florenz

Handbuch für Reisende

Förster, Ernst

Reisen nach und in Italien bis Florenz

Handbuch für Reisende

Inktank publishing, 2018

www.inktank-publishing.com

ISBN/EAN: 9783747772133

All rights reserved

HANDBUCH FÜR REISENDE

IN

T A L I E N

VON

Dr. ERNST FÖRSTER.

ACHTE VERBESSERTE UND VERMEHRTE AUFLAGE.

ERSTER THEIL.

REISEN NACH UND IN ITALIEN BIS FLORENZ.

MIT VIELEN KARTEN UND PLÄNEN.

MÜNCHEN.

LITERARISCH-ARTISTISCHE ANSTALT

DER J. G. COTTA'SCHEN BUCHHANDLUNG.

1866.

AN MEINEN BRUDER

FRIEDRICH

IN BERLIN.

Von meiner frühen Kindheit Tagen trag' ich
Für einer seltnen Liebe reiche Fülle
Mich gegen Dich mit mancher grossen Schuld.
Du warst mir Vater nach des Vaters Tode
Und bliebst mir Bruder, wardst mir Freund.
Du nährtest für die Wissenschaft in mir die Glut
Und leitetest mich früh auf rechter Bahn;
Die erste Regung für die Kunst, Dir dank' ich sie,
Und Dir den Muth zu dichterischem Flug.
Für's Vaterland hab' ich zuerst empfunden,
Als ich Dich zieh'n sah in den heil'gen Krieg,
Vom Schlachtfeld Deine Grüsse, Deine Lieder —
Sie waren mehr mir, als Hamilkars Wort.
So kam, was ich im Kopf und Herzen habe,
Von Dir, war Deiner Liebe freie Gabe.

Zu Deinen Freuden hast Du mich gezogen,
Kein Glück hast Du erlangt, es war auch mein;
Und als Du, langgenährtem Wunsch gemäss,
Ueber die Alpen zogst ins Land der Kunst,
Nahmst Du mich mit. Vereinten Flugs

5

Durchzogen wir Italien. Das Geleite gaben
Die Gunst der Musen und Dein heitrer Muth.
Ein jeder Tag bereicherte mein Leben,
Und Deine Liebe häufte meine Schuld.
Ist es ein Dank nun, den ich jetzt Dir bringe,
Mit diesem Bild Italiens in der Hand?
O nein! Wer wird mit Scherben lohnen
Den reinen, frischen Trunk aus vollem Glas?
Mein ganzes Leben ist an Dich verpfändet,
Und keine Gabe löset meine Schuld.
An Deine Liebe nur will ich Dich mahnen,
An das durch Dich erlangte Glück,
An die mit Dir verlebten sel'gen Stunden,
An das, was Du mir gabst, was Du mir bist.
Das Schicksal hat uns äusserlich getrennt. So seien
Wir innerlich nur um so mehr vereint!
Vereint lass uns — wen ich auch mag geleiten —
Mit unserm Glückwunsch auf der Fahrt begleiten!

Vorwort.

Die grossen Veränderungen die Italien in den letzt-verflossenen Jahren erlebt, haben auch auf das Reisen in diesem hochgelobten Lande einen wesentlichen Einfluss ausgeübt. Er muss zunächst als ein sehr günstiger be-zeichnet werden, indem mit dem Fallen der Grenzpfähle jene beschwerlichen und kostspieligen Plackereien ihr Ende gefunden haben, die dem Reisenden von Doganen und Passpolizeibehörden bereitet waren (und im Kirchenstaat noch grossentheils bereitet sind). Auf diese wie auf so viele durch die Umgestaltung Italiens herbeigeführte geo-graphische, statistische und lokale Veränderungen habe ich bei dieser achten Auflage meines Buches mein be-sonderes Augenmerk gerichtet, so dass sie zugleich mit der Würdigung der Zustände und Denkmale der Vergangen-heit auch der Gegenwart nach bestem Wissen Rechnung trägt.

Eine zweite wichtige Veränderung erfuhr bereits die siebente Auflage in der Anordnung. Die sechste Auflage erschien in vier Bänden, davon der erste die allgemeinen Bemerkungen praktischen und wissenschaftlichen Inhalts, der zweite Reisen nach und in Ober-Italien, der dritte Mittel-, der vierte Unter-Italien mit Sicilien enthielt. Vor-theile und Nachtheile dieser Einrichtung halten sich derart das Gleichgewicht, dass ich auf den Antrag der Verlagshandlung eine andere gewählt, der zufolge das Buch in zwei Theile zerfällt, davon der erste die Reisen aus Süddeutschland nach Italien bis Florenz, der andere die Reisen von Florenz nach Rom, Neapel und Sicilien enthält. Dabei habe ich die Einrichtung getroffen, dass jeder Band sich leicht wieder in zwei Theile theilen lässt, wenn für Einen oder den Andern das Buch unter der Erweiterung des Inhalts zu unbequem geworden sein sollte.

Den Inhalt des „Allgemeinen Theils" (der VI. Auflage) habe ich mit nothwendig gewordenen Kürzungen in eine Einleitung gefasst und diese — damit dem Reisenden die Freiheit bleibe, jeden Theil besonders zu erwerben, ohne ein Mal auf die allgemeinen Notizen Verzicht leisten zu müssen — sowohl dem zweiten als dem ersten Bande vordrucken lassen, was auch dem Besitzer des Ganzen erwünscht sein wird, da er vorkommenden Falls nicht genöthigt ist, bei Benutzung des zweiten Bandes den ersten stets zur Hand zu haben. Ebenso ist das Namenverzeichniss der im Buche genannten Künstler beiden Theilen einverleibt.

Eine dritte Veränderung wird den Freunden meines Buches auch nicht entgehen: sie hat stattgefunden an den einzelne bedeutende Kunstwerke betreffenden Artikeln, bei denen offenbar die blosse Nachweisung nicht mehr genügte. (Man vergleiche z. B. den Artikel „Vatican" in dieser und in der VI. Auflage.)

Was nun die Benutzung des Buches betrifft, so erlaube ich mir einige Rathschläge mitzutheilen. Zuvörderst möchte ich dem Reisenden empfehlen, mittelst des Inhaltsverzeichnisses sich über das, was im Buche steht, wenigstens eine allgemeine Kenntniss zu verschaffen; das Nachschlagen und Nachlesen aber im Buch nicht auf die Zeit zu beschränken, wo man vor die Sehenswürdigkeiten tritt,

sondern es vielmehr als Vorbereitung dafür vorher zu thun;
namentlich die kunstgeschichtlichen Einleitungen
und Notizen als Führer zu benutzen, wenn man nicht
auf andre Weise die Mittel zur Hand hat, seine Zeit auf
die Betrachtung des Wichtigsten zu verwenden.[1] Wohl
habe ich bei Gebäuden, Sammlungen, Anstalten etc. die
Rangstufen der Wichtigkeit zu bezeichnen gesucht, indem
für das minder Bedeutende die gewöhnliche Schrift
gesperrt gewählt, dem Bedeutenderen ein * vorgesetzt,
und das Wichtigste in fetterer Schrift (der s. g. Egyp-
tienne) gedruckt wurde.

Zu weiterer Bequemlichkeit und Zeitersparniss diene
dem Reisenden bei den einzelnen Städten die Uebersicht
der Sehenswürdigkeiten in topographischer Folge.

Die Städte-Pläne, welche noch vermehrt wurden,
sind mit einem darüber gezogenen Quadratnetz zum be-
quemeren Aufsuchen der Gebäude etc. versehen. Die im
Verzeichniss auf den Plänen den Namen beigefügten, auch
in den Plänen selbst vorkommenden Ziffern sind gleichfalls
in der Beschreibung den aufgeführten Sehenswürdigkeiten
in Parenthesen hinzugekommen.

Auch sind Pläne des Vaticans, des Museo Borbonico,
sowie der Museen von Venedig, Mailand, Parma, Bologna,
Florenz etc., der sieben Hügel, des Forum Romanum, der
Kaiserpaläste, Katakomben, der Umgegend von Venedig,
Rom, Neapel, Syrakus, Palermo etc. zur bessern Orien-
tirung beigefügt.

Das Nachschlagen zu erleichtern habe ich (vornehmlich
für die grösseren Städte-Artikel) ein bestimmtes System
folgestreng durchgeführt. Ich beginne mit Vorbemer-

---

[1] Ein guter Rathgeber in dieser Beziehung ist der „Cicerone"
von Burkhardt.

kungen, die für Ankunft, Aufenthalt und Abreise
im Allgmeinen von Nutzen sein werden, und gebe dieselben (bei den grössern Städten) in alphabetischer Ordnung.
Dann folgen sich geographisch-statistische, geschichtliche, kunsthistorische, auch wohl litera-
turhistorische Notizen. Bei der Beschreibung lasse
ich Thore, Brücken, Plätze etc. den Anfang machen,
und gehe zu den Alterthümern und Kirchen über,
und reihe daran Paläste, Sammlungen, Anstalten,
immer wo es offenbare Erleichterung gewährt, in alphabetischer Ordnung. Den Schluss machen Volksfeste,
Spaziergänge, Umgegend. Eine besondere Cursiv-
Schrift zeichnet zu schärferer Markirung die Ueberschrif-
ten aus.

Viel gefällige Mittheilungen sind mir auch für diese
Auflage von Freunden und Fremden gemacht worden;
namentlich bin ich dem Herrn Dr. Keller in Zürich für
seine freundlichen Zuschriften zu grossem Danke ver-
pflichtet.

Indem ich Allen hiemit aufs verbindlichste danke, füge
ich wiederum die Bitte hinzu, es möchten auch fernerhin
wohlwollende Reisende diesem Buch durch Berichtigungen
und Bemerkungen ähnlicher Art ihre Theilnahme schenken,
und ihre dessfallsigen Zuschriften durch die literarisch-
artistische Anstalt, oder unter meinem Namen an mich
gelangen lassen.

München, 1. Mai 1866.

Dr. Ernst Förster.

Inhaltsverzeichniss.

Seite

Einleitung 1

Allgemeine Notizen.

Reisezwecke 3
Reiserouten 3
Pässe 5
Geld 6
Reisegelegenheiten 6
Reisegepäck 10
Reisezeit und Jahreszeit 10
Lebensweise 11
Kirche 12
Theater 13
Bäder 14
Verkehr 14
Facchini 15
Wirthshäuser 16
Privatwohnungen 17
Trinkgelder 17
Der Lohnbediente 18
Kaffeehäuser 18
Handwerker und Kaufleute 19
Briefe 19
Mauth 20
Bettler 20
Räuber 21
Bekanntschaften 22

Geographisch - statistische Notizen.

Italien 23
Die italienischen Staaten 30
Das Königreich Italien 30

	Seite
I. Die alten Provinzen nebst der Lombardei	31
II. Emilia	31
III. Die Marken	31
IV. Umbrien	31
V. Toscana	31
VI. Neapel	31
VII. Sicilien	32
Uebersicht der Bevölkerung der Städte	32
Die römischen Staaten	36
Das lombardisch - venetianische Königreich	38
Beilagen. I. Bäder	40
II. Andere Aufenthaltsorte für Kranke	44
III. Uebersicht der Berghöhen	48
Geschichtliche Notizen.	
Tabellarische Uebersicht der Geschichte Italiens	49
Beilage. Kaiser und Päpste	62
Tabellarische Uebersicht der Kirchengeschichte	66
Kunstgeschichte	70
Architektur	71
Sculptur	77
Malerei	81
Tabellarische Uebersicht der Literaturgeschichte.	
A. Die alte oder römische	85
B. Die neuere oder italienische	91
C. Blick auf die Gegenwart der Literatur	99
Tabellarische Uebersicht der Geschichte der Musik	107
Anhang: Oper und Schauspiel	112
I. Reiserouten nach und in Italien.	
A. Nach Oberitalien.	
1. Von Wien nach Triest über Laibach	115
2. » Salzburg nach Triest über Villach	119
» Triest nach Cattaro	124
3 a. Von Salzburg nach Venedig; über Spital und Ampezzo	126
3 b. » » » » » Villach und Malborghetto	129
3 c. » » » » » Villach und Caporetto	129
4. Von Triest nach Venedig	130
5. Von München nach Innsbruck	131
5 a. Von Innsbruck nach Venedig durch das Thal von Ampezzo	136
5 b. » » » » über Trient und Bassano	136
5 c. » » » » über Roveredo und Val d'Arsa	138
5 d. » » » » durch das Fussathal	138
5 e. » » » » über Verona	139
6 a. Von Innsbruck nach Mailand über das Wormser Joch	200
6 b. » » » » durch den Engadin	208

Seite

6 c. Von Innsbruck nach Mailand über den Gardasee 209
6 d. » » » » » über Trient und Giudicaria 210
6 e. » . » » . » durch Val di Non und Val di Sole 211
7 a. Von Lindau nach Mailand über den Splügen 213
7 b. » » » » über den Bernhardin . . . . : 215
7 c. » » » » über den S. Gotthard 220
8 a. Von Basel nach Mailand über den S. Gotthard 221
8 b. » » » » über Gemmi und Simplon 223
8. c. Von Basel nach Mailand über Vevey 226
9. Von Genf nach Mailand über den Simplon 228
10 a. Von Genf nach Turin über den grossen S. Bernhard 250
10 b » » » » über den Col de la Seigne oder den kleinen
S. Bernhard 252
10 c. » » » » über Annécy und Albertville 253
10 d. » » » » über Chambéry 255
11 a. Von Briançon nach Turin über den Mont Genèvre und Susa 256
11 b. » » » » über den Mont Genèvre und Penestrelle . . 257
Saumpfade 257

B. In Oberitalien.
1. Von Triest nach Venedig 130
2. » Venedig nach Mailand 258
3. » Padua nach Bologna über Ferrara 263
4. » Padua nach Mantua über Legnago 268
5. » Verona nach Bologna über Mantua 269
6. » Verona nach Bologna über Mirandola 275
7. » Mailand nach Cremona 275
8. » Mailand nach Bologna 277
9. » Verona nach Genua 301
10. » Mailand nach Genua 305
11. » Mailand nach Turin 329
12. » Arona nach Genua 343
13. » Arona nach Turin 341
14. » Turin nach Nizza 344
15. » Turin nach Oneglia über Cherasco 348
16. » Turin nach Oneglia über Fossano 349
17. » Turin nach Genua 349
18. » Turin nach Bologna 350
19. » Nizza nach Genua an d. Riviera d. P. 350

II. Reiserouten in Italien.
Reisen nach Toscana.
1. Von Genua nach Florenz über Pisa an d. Riviera d. L. 357
2. » Genua nach Florenz über Livorno 384
3. » Parma, Lucca über Pontremoli 387
4. » Modena nach Lucca 387

Seite

5. Von Bologna nach Ravenna 387
6. Von Bologna nach Florenz über Pistoja 394
Ortsregister 452
Namenverzeichniss der im Buch genannten Architekten, Bildhauer und Maler
mit Angabe ihrer Lebenszeit und Schule 457

Verzeichniss der Karten und Städtepläne.

Pläne von Bergamo, Brescia, Bologna, Cremona, Florenz, Genua,
Lucca, Mailand, Mantua, Nizza, Padua, Parma, Piacenza, Pisa, Triest,
Turin, Venedig (und der Umgegend), Verona, Vicenza.
Specialkarten vom nördlichen Italien.

Einleitung.

Allgemeine Notizen.

Reisezwecke. Italien ist der Garten Europa's, die Heimath der schönen Künste alter Zeiten. Mit diesen beiden Bildern ist das Ziel der meisten Reisenden, nach welchem sie jenseits der Berge ziehen, wenn sie nicht als Fachmänner oder als Kranke besondere Zwecke verfolgen, bezeichnet. Es ist die schöne Natur, an der man sich erfreuen, das milde Klima, in welchem man sich erholen will, es sind die Kirchen, Museen und Sammlungen, auf die man sein Augenmerk richtet, auch wohl das Volk mit seinen Sitten und Trachten. An den höhern Interessen des lebenden Geschlechts, an den Bemühungen und Leistungen im Gebiete der Wissenschaften, der Literatur und der schönen Künste (mit einziger Ausnahme des Theaters), an Rettungs- und Bildungsanstalten, an industriellen Unternehmungen und dergl. gehen die mehrsten Reisenden theilnahmlos vorüber, und persönliche Bekanntschaften werden selten gemacht, noch seltner gesucht, als ob es dort nur Vergangenheit und Ewigkeit, aber keine Gegenwart gäbe. Wohl aber verdient Italien auch in dieser Beziehung — wenigstens neuerdings — volle Beachtung. Es hat in den letzten Jahrzehnten grössere Veränderungen erlebt als seit Menschenaltern vorher, und entschieden tritt der Genius fortschreitender Entwickelung dem System des Stillstandes auch in jenen von der Bewegung des neunzehnten Jahrhunderts scheinbar ausgeschlossenen Kreisen entgegen.

Reiserouten. Steyermark und Tyrol, die Schweiz und die Meeralpen sind an der Nordseite die Vorstädte; Venedig, Mailand, Turin und Genua die Hauptthore Italiens. Durch welches man eingehen soll, ist von den besondern Umständen abhängig und muss daher ganz dem Ermessen der Reisenden überlassen bleiben. Im allgemeinen lässt sich sagen: im Sommer gehe man lieber durch die Schweiz und Mailand nach, und im Winter durch Tyrol und selbst durch Steyermark aus

Italien, und umgekehrt, denn der Weg über die Schweizer Gebirge, den
Splügen, Gotthard etc. ist schon durch Schneefälle und Stürme gefährlich, wenn der über den Brenner und Finstermünz noch gar nicht
beschwerlich ist. Dazu kommt, dass auf dem übrigens sehr interessanten
Weg durch Tyrol durch Schneedecken bei weitem weniger Naturschönheiten dem Blick entzogen werden, als in der ungleich grossartigeren
Schweiz. — Eine andere Rücksicht dürfte sein: der aus Neapel und
Rom Rückkehrende ist durch die ausserordentlichsten Eindrücke sehr
verwöhnt, und selbst Florenz hat nur ausnahmsweise noch Reize für
ihn; Mailand wirkt wie ein ausklingender Ton; dagegen Venedig
ergreift noch einmal mit seiner wunderbaren Eigenthümlichkeit als
etwas durchaus Fremdes, und bildet somit den besten Reiseschluss.

Aus Böhmen und dem Innviertel wählt man mit Vortheil den
Weg über Bruck und Gratz, oder über die Radstadter Tauern;
aus Bayern geht man über den Brenner nach Venedig, auch über
Finstermünz und Meran. Aus München, Stuttgart etc. führt
der kürzeste Weg nach Mailand und Turin über Chur und den
Splügen oder Bernhardin; ein nicht viel weiterer über Luzern und den
St. Gotthard, der auch vom Rhein her über Basel zu empfehlen ist.

Wer aus dem südlichen Frankreich kommt, der thut wohl, über
Nizza nach Genua; wer aus Lyon, über den Mont Cenis nach Turin;
wer aus Genf über den Simplon nach Mailand zu gehen. Die herrlichsten Naturerscheinungen trifft er auf diesen Wegen. Wer sich mehr
dafür, als für Kunst interessirt, der gehe von Mailand über Genua
das Meeresufer entlang nach Spezia, Lucca und Florenz, nur an
wenigen Stellen tritt er aus dem „Garten Europa's." Grosse und mannichfaltige Aussichten bietet der Weg bis Spezia; lieblichste der von Lucca
nach Florenz. Der Kunstfreund, und namentlich der, dem es um die
Kenntniss des Correggio zu thun ist, gehe von Mailand über Parma
nach Bologna. Wer das Meer nicht scheut und rasch nach Florenz,
Rom oder Neapel gelangen will, gehe nach Genua und bediene sich
der Dampfboote. — Von Verona ist der Weg über Padua, incl.
Venedig, nach Bologna, interessanter als der über Mantua und
Modena, wenn nicht Giulio Romano, den man nur in Mantua ganz
kennen lernen kann, dorthin zieht.

Von Bologna geht man gewöhnlich nach Florenz, das als
Denkmal mittelalterlicher Grösse höchst interessant ist; nicht versäume
man von da eine Excursion über Prato, Pistoja, Lucca, Pisa
(und wenn man für modernen Handel Interesse hat Livorno) und
zurück nach Florenz; namentlich wird der Freund der ältern Kunst
reiche Ausbeute finden. Geht es an, so ziehe man Volterra und San

Gemignano, die beide von der Sieneser Eisenbahn leicht zu erreichen sind, mit in den Kreis. Nach Rom kann man von Bologna aus auf der Eisenbahn durch die Mark mit Umgehung von Florenz gelangen. Man unterlasse nicht den Abstecher nach Ravenna. Der Weg von Rimini an dem Meeresufer ist höchst malerisch — ein Abstecher nach S. Marino belohnend; von Pesaro aus ein Abstecher nach Urbino, wohin täglich Postgelegenheit, in noch höherm Grade. Der Pass von Furlo und das Thal nach Scheggia hinauf sind von grossartigster Eigenthümlichkeit. Dagegen bieten die beiden Strassen von Florenz nach Rom, über Perugia und über Siena bei weitem grösseres Kunstinteresse. Kürzer, aber beschwerlicher ist der letztere Weg, während der über Perugia und Fuligno durch das Val di Chiana und andere köstlich bebaute Strecken führt. Hier vergesse man nicht das nahe bei Perugia liegende Assisi zu besuchen; auf der andern Strasse aber wo möglich einen Tag für Orvieto zu bestimmen, welche beide Städte ihrer Kunstdenkmale aus dem 13. und 14. Jahrh. wegen sehenswerth sind. Eine bedeutend kürzere Strasse führt über Livorno, Grosseto und Civita-Vecchia nach Rom. In allen drei Richtungen sind Eisenbahnen im Bau und theilweiser Benutzung.

Von Rom nach Neapel ist der Weg über Terracina trotz der pontinischen Sümpfe der an mannichfaltigen Schönheiten reichere, während auch der durch die Abruzzen, weniger besucht und weniger bewohnt, ganz ausserordentliche Landschaften bietet. Uebrigens wird man sich in der Regel nur noch der Eisenbahn oder der Dampfschiffe bedienen. Wegen Sicilien s. d.

Bei der steten Vermehrung der Eisenbahnen und Dampfschifffahrten und der vielfach dem Wechsel unterworfenen Anordnung der Abfahrt- und Ankunftzeiten ist es unerlässlich ein Coursbuch bei sich zu führen. Für die Reisen nach Italien reicht Henschels Telegraph aus; für die Reisen in Italien muss man das Orario ufficiale haben, das man in jeder italienischen Buchhandlung findet. Nur muss man Acht haben, dass es das neueste ist!

Pässe. Der von der Ortsobrigkeit des Reisenden ausgestellte Pass muss ausser den durch die heimathlichen Verordnungen gebotenen Unterschriften noch die derjenigen Gesandtschaften oder resp. Consulate haben, durch deren Herren Länder man zu reisen gedenkt. Diess beschränkt sich nach den neuen Verhältnissen auf Oesterreich für Venetien, auf den Kirchenstaat, und auf das Königreich Italien. In Bern, Mailand und Venedig findet man, bei vorheriger Versäumniss, noch Gelegenheit, den Pass nach dem Kirchenstaat, in Genf und Lausanne nach dem Königreich Italien visiren zu lassen. In Italien selbst wie in Venetien hat

man jetzt, nach Ueberschreitung der Grenze, keinerlei Passbeschwerden
mehr auszustehen, und nur im Kirchenstaat wird noch die alte Plage
aufrecht erhalten. Bei der Ankunft zur See wird man aufs Passbureau
geführt, wo man den Pass gegen Empfangschein abzugeben hat. Wird
dem Seereisenden der Pass abgefordert, wenn er an Bord geht, so
erhält er ihn erst auf hoher See zurück; er muss ihn aber vom Capi-
tain abfordern, oder — wenn er mit den andern auf den Cajütentisch
gelegt worden, sich aussuchen; wesshalb es rathsam ist, sich bei Zeiten
darum zu bekümmern.

Geld. Für grössere Summen sind Creditbriefe eines geachteten
Hauses an ein gleiches in Mailand, Venedig, Florenz, Rom u. s. w. das
Bequemste; nächstdem Wechsel von bekannten Häusern auf London,
Paris, Frankfurt a. M., Triest, Wien u. a. grosse Handelsplätze, die
überall in Italien vollen Curs haben. Auch die 100 Frankenscheine
europäischer Banquiers haben vollen Werth. Ist oder wird man mit
Häusern bekannt, die Zahlungen in Deutschland zu leisten haben, so
ist freilich eine sehr grosse Erleichterung geboten, indem man von ihnen
nach Bedarf Geld aufnimmt und dasselbe daheim nach Aufgabe des
Darleihers auszahlt oder auszahlen lässt. Will man Gold mitnehmen,
so seien es kaiserliche Ducaten und Napoleons, welche letztere nebst
den neuen italienischen 5- 10- 20- Francsstücken die gangbarste Münze
durch ganz Italien sind. Preussisches, englisches, hannöverisches, hol-
ländisches Gold ist ohne grossen Verlust nicht anzubringen. — Von
Silbergeld ist keines so gangbar als das französische, oder das dem
im Werthe gleiche italienische: Francs, 1, 2, 3, 5 Frcs. In österreichisch
Italien rechnet man nach östr. Währung 1 Gulden zu 100 Kreuzern,
oder Soldi. — Im Kirchenstaate rechnet man zwar auch (in Hôtels
und Kaufläden) häufig nach Francs; gewöhnlich aber in alter Weise
nach Scudi zu 10 Paoli oder 100 Bajocchi. Man hat auch ganze, $\frac{1}{2}$
und $\frac{1}{4}$ Scudi in Gold. — Quantum? — Die Summe, wie viel Einer
brauche, richtet sich natürlich nach seiner Lebensgewohnheit. Unter
500 Francs des Monats sollte kein Einzelner rechnen: will man viel
erreichen in wenig Zeit, so darf man nicht wohl unter 2 Napol. täglich ansetzen; wo man länger bleibt, kann man im Durchschnitt mit
8 bis 10 Frcs. (2 Scudi) des Tags für die Lebensbedürfnisse gut aus-
kommen.

Reisegelegenheiten. Durch Dampfschiffe und Eisenbahnen hat
das Reisen in Italien eine neue Gestalt und Richtung gewonnen. Die
Leichtigkeit, in kürzester Frist die Hauptstädte des Landes besuchen zu
können, ist so reizend, dass man zu den alten Verkehrsmitteln allein
von der Nothwendigkeit getrieben greift, und der Posten und Lohn-

kutscher sich nur zu besondern Ausflügen oder Abschweifungen bedient. Der Vetturin (Lohnkutscher) übernimmt nicht nur die Beförderung des Reisenden von einem bestimmten Ort zum andern, sondern auch die Sorge (und Bezahlung) für Abendessen und Nachtquartier bis zum Reiseziel (excl.), wodurch man vieler lästigen Verhandlungen mit Gastwirthen überhoben ist. Im Durchschnitt kann man drei bis vier Scudi für die Person täglich rechnen als Maximum. Einen Platz im Cabriolet erhält man wohlfeiler.

In der Regel thut man am besten, dem Lohnbedienten den Auftrag zu ertheilen, einen zuverlässigen und billigen Mann zu schaffen; denn die Subjecte, die sich auf der Strasse und vor den Gasthöfen als Vetturini aufdringen, sind meist nur Tagediebe, denen jede andere Arbeit als die, den Fremden auszubeuten, zu viel ist, und auf deren Wort man nichts geben kann. Die erste Frage muss immer, wenn man nicht sonst schon Gewissheit hat, die sein, ob der sich zum Dienst Meldende Sensale (Commissionär) sei, oder Vetturin, und immer thut man wohl, mit dem letztern selbst zu verhandeln. Wenig verschlägt es, ob Einer ein „Ritorno" ist oder nicht, da es keinem darauf ankömmt wo er und seine Pferde übernachten, und eine Heimkehr ihm nicht den mindesten Gewinn bringt. Ehe man unterhandelt, thut man wohl, den Reisewagen sich zeigen zu lassen, die einzelnen Punkte der zu erzielenden Uebereinkunft: Reiseziel, Reisezeit, Platz oder Plätze im Wagen anzugeben, nach etwaiger Gesellschaft und sodann nach dem Preis zu fragen, und zwar gleich, wenn man nehmlich die Verköstigung dem Vetturin zu besorgen überlassen will, „col pasto." Da man nun gewöhnlich eine sehr grosse Forderung zuerst vernimmt, so ist es, um nicht unnütz Zeit zu verlieren, rathsam, dem entweder durch ein Anerbieten zuvorzukommen, oder nach der oben angegebenen Norm entgegen zu bieten, mit dem Zusatz, dass man nicht lange handeln und im Fall der Nichtannahme nach einem andern Kutscher sich umsehen wolle. Nur thue man kein zu kleines Gebot, denn wenn es auch hin und wieder gelingt, so wird man doch in den meisten Fällen aufsitzen. Auch glaube man nicht durch Finten, wie vorgegebene Gleichgültigkeit über die Zeit der Abreise, etwas zu gewinnen. So viel Tact hat jeder Vetturin, dass er dem Reisenden auf der Stelle ansieht, ob er fort will oder nicht. Mich hat Offenheit immer am besten und schnellsten zum Ziel geführt: „Ich brauche einen Kutscher, Sie Reisende; wir müssen uns, wenn jeder seinen Vortheil haben soll, verständigen. Macht eine christliche Forderung, und wir werden bald einig sein" u. s. w. Freilich sind die Preise seit der Erbauung von Eisenbahnen sehr gestiegen. Das gewöhnliche Siegel auf den Vertrag ist das Draufgeld (Caparra) des Vetturins, und man hat sich zu hüten, es vor völliger Uebereinstimmung anzunehmen. Es bindet beide Theile. Allein der Reisende darf sich, namentlich bei grösseren Strecken, darauf allein nicht verlassen, sondern muss einen schriftlichen Contract mit allen Details aufsetzen, denselben dem Kutscher vorlesen und von ihm unterschreiben (oder, was eben so viel ist, mit dem Kreuz zeichnen) lassen. Ich theile, da man oft im Moment der Abreise nicht an Alles denkt, hier zwei solche Contracte (einen für den ganzen Wagen, den andern für einen einzelnen Platz) mit, von denen man unter den nothwendigen Modificationen guten Gebrauch machen wird.

I. Für den ganzen Wagen.

Contratto tra il Sgr. N. N. e il Vetturino N. N.

Io sottoscritto Vetturino m'obbligo, di condurre il Sgre. N. N. e suoi compagni (oder e sua famiglia etc.) in una buona (oder, wenn man über eine bestimmte übereingekommen: nella medesima) carrozza (gia significata dal Sgre. forestiere), con due (tre, quattro) buoni cavalli, ed incaricare la loro roba di viaggio cosi ben servata, che non prenda nessun danno, e non si perda niente, da (Mantova etc.) per (Modena etc.) a (Bologna etc.) in 3 (oder 4, 5, 6 etc.) giorni, cioè a dire il primo giorno a . . . . il secondo a . . . . etc. ed arrivare sempre a buon ora, sotto le seguenti condizioni:

1) La vettura tutta intiera (non eccettuato il gabrioletto, oder wenn man dieses freigeben will, eccettuato il g.) appartiene per questo viaggio ai detti Sgri. Passeggieri. Al vetturino non è permesso, di prendere un altro viaggiatore, sotto qualunque nome sia.

2) Gli passeggieri ricevono ogni giorni di viaggio, salvo quello dell' arrivo, al conto del vetturino in un albergo di prima qualità la cena di sei piatti (oder was man festsetzen will, Suppe und Dessert rechnet man nicht piatto) e . . . . stanze separate ben ammobigliate e pulite con . . . . letti netti e buoni.

3) Gli sopradetti Signori (oder Il etc.) spendono (oder spende) al sopradetto vetturino la somma di . . . . senza altera obbligazione di pagare (mancia)[1], pedaggio, barriera, cavalli, bovi, poste o altra cosa sia. Il pagamento detto sarà pagato nelle proprie mani del medesimo vetturino . . . . dopo l'arrivo a . . . .

4) La partenza da . . . . é fissata per il . . . . del mese . . . .

---

[1] Im Fall, dass man ein Trinkgeld zugesteht, setzt man am Schluss des Artikels den Zusatz: Il vetturino, sotto la condizione d'un trattamento buono, pulito e soddisfacente ricevrà una buona mano.

5) In caso che il vetturino non tenga un punto del contratto, il viaggiatore non é tenuto di pagare un quattrino.

    Datum .... Unterschrift des Vetturins, oder .... per non sapere scrivere fece la croce.

    Anm. Will man einen Tag oder einen halben in einer Stadt verweilen, so muss dieses besonders bedungen und vergütet werden. Man kann auch die Besorgung des Frühstücks und die Befriedigung der Facchini an den Vetturin verdingen.

II. Für einen einzelnen Platz.

Contratto etc. etc.

Io sottoscritto vetturino m'obbligo di condurre il *Sgre.* N. N. da .... in .... giorni a .... in un legno buono etc. con .... buoni cavalli (u. s. w. wie oben) sotto le seguenti condizioni:

1) Il *Sgr.* .... riceve il .... posto (in fondo etc.; hier gilt die grösste Bestimmtheit, wenn man nicht mit dem Vetturin und andern Reisenden zugleich Verdruss haben will).

2) Il Vetturino non prende più, che quattro[1] persone nell' interno della carrozza.

3) Il viaggiatore riceve etc., wie oben 2, wobei die Stanza separata bemerkt sein muss, wenn man nicht mit andern zusammenschlafen will.

4) Il detto viaggiatore paga al detto vetturino etc., wie oben 3. Auch 4 und 5 des obigen Contractes dürfen hier nicht fehlen.

    Sobald der Vetturin den Contract unterschrieben oder bekreuzet, kann man sich ganz auf ihn verlassen; sollte er irgendwie säumig sein, so kann man ihn zur Rede stellen und für einen wirklichen Bruch des Contractes die Strafe vollführen. Das Trinkgeld hält ausserdem den Kutscher in Schranken. Man zahlt als einzelne Person für eine Tagereise etwa 2 Francs Trinkgeld.

    Oefters finden Vetturini es bequem, ihre Reisenden gegen andere von einem anderen Vetturin einzutauschen, worein man mit Vorsicht zu willigen hat. — Von einem Ort zum nahegelegenen andern, selbst auf Tagreisen, bedient der einzelne Reisende sich mit Vortheil der schnellfahrenden Cabriolets, erwarte aber nicht besonders geringe Forderungen; unter 3 — 4 Scudi erhält er nicht leicht eines für den Tag. Ich habe selbst Italiener 6 Scudi zahlen sehen für ein Cabriolet auf eine Tagereise.

---

[1] Oder wie viel man nach der Grösse des Wagens gestatten mag.

Reisegepäck. Es sei möglichst gering, einfach gepackt und zwar am besten in lederne, dem Staub und Regen undurchdringliche Felleisen (Koffer); zum bessern Schutz gegen das Abwetzen mit einem starken zwilchnen Ueberzug versehen, der sich aber mit dem Koffer zugleich öffnen muss, um kein Hinderniss bei der Dogana zu bilden; auch soll er den Namen des Besitzers, wo möglich eine schon von weitem erkennbare Auszeichnung (vielleicht farbige Streifen) haben. Man muss sich einzurichten suchen, dass man, ausser etwa Socken, einer Weste, Sommerbeinkleider u. dgl., keine wesentlichen Stücke nachzukaufen genöthigt ist, weil Wäsche und Kleidungsstücke, vornehmlich aber Schuhwerk, in Italien theuer und verhältnissmässig unhaltbar sind. Man versehe sich auch ja mit guter, fester Wäsche, welche die Behandlung italienischer Wäscherinnen, das Schlagen und Klopfen auf Stein- oder Holzplatten, wenigstens bis zur Rückreise aushält. Tägliche Bedürfnisse an Wäsche u. dgl. führe man in einem verschlossenen Nachtsack bei sich. Man vermeide und verhüte auch Nach- oder Zusendungen mit der Post, wenn man nicht ganz übertriebene Portosätze mit Gleichmuth zu tragen bereit ist. — Für diejenigen, die sich Italien nur als das Land denken, wo „ein sanfter Hauch vom blauen Himmel weht," stehe die Bemerkung hier, dass es nicht nur im Winter, sondern sogar oft im Sommer, wenigstens dann in Nächten und auf den Höhen und in Häusern, sehr kalt ist, und dass somit ein Mantel (oder schottisches Plaid) unentbehrlich, ein Schlafrock höchst wohlthätig ist. Gummischuhe sind gleichfalls anzurathen. — Wer auf einem harten Kissen — sie sind in Italien meist mit Wolle gestopft — nicht bequem schläft, der versehe sich mit einem Federkopfkissen. Ein Hirsch- oder Gemsfell statt Bettuches mitzunehmen, ist sehr sensibeln Reisenden nicht zu verdenken; allein nöthig ist es nicht, da man fast überall reinliche und gute Betten trifft. Dass Kranke auf ihre besonderen Bedürfnisse für das Zimmer und das Bett, wie gegen die Kälte Rücksicht nehmen müssen, versteht sich von selbst. — Was der Reisende als nichtitalienische Lectüre wünscht, nehme er mit sich. Ausländische, wenigstens deutsche Literatur trifft er nur etwa in Mailand, Turin, Venedig, Florenz, Rom und Neapel in einigen Buchhandlungen; s. diese Artikel.

Reisezeit und Jahreszeit. Je mehr man Zeit auf die Reise verwenden kann, desto besser; es mag - ein verwirrendes und drückendes Vergnügen sein, in zwei Monaten von Genf über Turin, Mailand, Bologna, Rom, Neapel, Venedig nach München zu reisen. Doch haben die Eisenbahnen eine grosse Reisezeitersparniss herbeigeführt. Drei Monate ist die kleinste Zeit, die sich Einer für eine Reise durch ganz Italien nehmen sollte; besser immer ist ein halbes Jahr, und am besten viel

mehr. [1] Ganz besonders gilt diess den Kranken, denen wohl je zuweilen
schon eine kurze Luftveränderung wohltbätig, aber nur ein längerer
Aufenthalt in Italien selbst von heilbringender Wirkung sein kann.
Die beste Jahreszeit zur Reise in Italien ist die Hälfte des Jahres,
deren Mitte der Winter macht. Reist man Ende August über die Alpen,
so wird man gerade nach gebrochener Jahreszeit in die südlichern Gegenden kommen. Für Rom ist der October der schönste Monat, der
August der gefährlichste, wegen der dann daselbst herrschenden Wechselfieber. — Florenz ist im Sommer heisser — wegen der durch die Berge
eingeschlossenen Luft — als Rom und Neapel, welches letztere durch
die fast immer gleich temperirte Seeluft zu jeder Jahreszeit angenehm
ist. Für Sicilien sind, wenn man nicht besondern Werth auf den Genuss
der Sommerfrüchte, Feigen, Trauben etc. legt, März oder April die
passendsten Monate. Man würde sehr gut thun, eine Reise von Rom
nach Neapel und Sicilien zwischen das Ende des Carnevals und den
Anfang der Charwoche zu verlegen; nur ist der März in Neapel selten
schön. — Kranke brauchen, wenn sie nicht an Wechselfiebern, Leber-
krankheiten und andern in dem Süden heimischen Uebeln gelitten, den
Sommer nicht zu scheuen, müssen sich nur vor der Mittagsluft und
Hitze abschliessen. Bäder, namentlich Seebäder, besucht man ohnediess
nur im Sommer. Dagegen müssen sie jedenfalls vermeiden für einen
Winteraufenthalt erst im November oder gar December auf italienischem
Boden anzukommen; später als Mitte September sollten sie keinen Alpen-
pass überschreiten.

Lebensweise. Man richte sich so viel als möglich nach der der

[1] Zur bequemern Uebersicht stehe hier eine doppelte Zeiteintheilung:

	Bei 3 Monaten.		Bei 6 Monaten.
In Turin . .	1 Tag.		2 Tage.
» Genua . .	2 »		3 »
» Mailand .	4 »		6 »
» Verona .	1 »		2 »
» Padua . .	1 »		2 »
» Venedig .	6 »		8 »
» Parma . .	1 »		2 »
» Bologna .	2 »		5 »
» Florenz .	6 »		14 »
» Pisa .	1 »		3 »
» Siena . .	1 »		3 »
» Perugia .	1 »	mit Assisi	4 »
» Rom . .	30 »		60 »
» Neapel .	14 »		51 »
» Sicilien .	10 »		10 »
» Unterwegs	10 »		10 »
Im Ganzen .	91 Tage.		Im Ganzen 185 Tage.

Landeseinwohner und verzichte auf das strenge Beibehalten heimath-
licher Gewohnheiten. Nur wer an Wärme, namentlich an Stubenwärme
gewöhnt ist, folge hier so wenig als möglich der italienischen kälteren
Weise und suche sich in der rauhen Jahreszeit Zimmer mit Oefen! —
Nirgend ist Unmässigkeit gefährlicher als im Süden. Wein trinke man
nie unvermischt, vornehmlich des Abends; von Früchten, namentlich von
Feigen, mache man sparsamen Gebrauch und geniesse stets Brod dazu.
Fische sind im Sommer ungesund. Thee ist im Sommer nicht wohl zu
empfehlen, dagegen Kaffee mit Chocolade vermischt. Bei dem grossen
Gegensatz der Temperaturen kleide man sich nicht zu leicht und hüte
sich überhaupt vor Erkältung. Nach einem leichten Regen bei grosser
Hitze, der kaum den Staub gelöscht hat, vermeide man Ausgehen und
Fensteröffnen. Die aufsteigenden Dünste bringen Kopfweh und Fieber;
nach einem starken Regen ist keine Gefahr. Feuchte Betten lasse man
ja durchwärmen. Des Nachts lasse man kein Fenster offen, so wenig
als in warmer Jahreszeit am Tage; nur Abends öffne man dieselben,
jedoch ohne Licht im Zimmer zu haben, weil sonst Mücken demselben
nachziehen. Gegen diese, die besonders in den der See oder Flüssen
nahgelegenen Städten häufig sind, schützt man sich durch ein Gardinen-
bett (Zanzaliere), in welchem man, wie unter einer Taucherglocke von
Mousseline, sicher ist, und das sich wenigstens in den guten Wirthshäusern immer findet. — Die Gewohnheit der Siesta (eines kurzen
Nachmittagschlafes) mache man, wenigstens bei heisser Jahrzeit, mit.
Unbässlichkeiten beachte man, damit sie sich nicht zu Krankheiten
steigern; Leidende namentlich thun gut, bei jeder Art von Erkältung,
Schnupfen, Katarrh, Rheumatismus, Diarrhoe etc., um in gleichmässiger
Temperatur zu bleiben, zu Bette zu gehen. Die italienischen Aerzte
stehen nicht überall in dem Rufe wissenschaftlicher und solider Durchbildung. Doch gibt es in den Hauptstädten hochgeachtete Männer dieses
Berufs, und der Reisende findet viele ihrer Namen bei den Städte-Ar-
tikeln. Auch findet man fast überall deutsche Aerzte. Einer nicht
heftigen Diarrhoe, der man häufig ausgesetzt ist, oder sonstiger leichter
Verstimmung des Magens hilft man durch eine geringe Dosis Cremor
Tartari, nüchtern genommen, durch Fasten, Vermeidung des Obst-
genusses, namentlich der Feigen, oder auch, selbst bei starker Erkältung,
durch Eis (am besten Citronen- und Erdbeereis), durch rohe Eier,
Eigelb mit Eiweiss zusammengeschlagen, etwas Rothwein und Warm-
halten des Unterleibes, ab. Dem Arzt bezahlt man gewöhnlich den
Gang mit einem Scudo, bei einer langen Cur mit einem halben.

     Kirche. Die Kirchen werden mit wenigen Ausnahmen (Dom in
Mailand, S. Marco in Venedig, S. Peter in Rom etc.) in den Mittag-

stunden geschlossen (von 12—4); den ganzen Vormittag ist Gottesdienst
(Predigt in der Regel nur in der Fastenzeit), und Nachmittags hie und
da dessgleichen. Man braucht sich dadurch vom Besuch und von der
Betrachtung der Kunstwerke (mit Ausnahme natürlich des Altars, an
dem fungirt wird) nicht abhalten zu lassen. Die feste Abgeschlossen-
heit des Cultus und das Herkommen gestatten viel freie Bewegung
nebenher. Nur an Sonn- und Feiertagen ist es nicht gerade räthlich,
in die menschenerfüllten Kirchen mit Kunstinteressen zu gehen. Eine
äusserliche Theilnahme an den kirchlichen Gebräuchen ist übrigens
nirgend erforderlich; wiewohl jedoch der Italiener frei von religiösem
Fanatismus ist, wäre es gefehlt, ihn etwa durch Missachtung (namentlich bei öffentlichen Processionen etc.) zu verletzen. — Wer der Erkältung leicht ausgesetzt ist, muss vorsichtig beim Besuch der Kirchen
sein, deren sehr kühle Temperatur oft im grellsten Contrast gegen die
der äussern Luft steht. Für Männer empfiehlt sich ein schwarzes Scheitel-
käppchen.

Theater. Durch nichts wird der Fremde so unwiderstehlich zur
italienischen Lebensweise gebracht, als durch das Theater, vorausgesetzt
dass er sich dafür interessirt. In der Regel beginnen die Darstellungen
gegen 9 Uhr Abends und endigen um oder nach Mitternacht. Männer
gehen ins Parterre (platéa). Die Logen (Palconi) sind grossentheils an
Einheimische vermiethet; doch findet man in den meisten Städten noch
immer einige freie. Nur im Carneval dürfte es gerathen sein, in Venedig,
Mailand, Rom und Neapel Logen sich im voraus zu bestellen. Wer die
in deutschen Theatern übliche Ruhe gewohnt ist und liebt, mache sich
dort aufs Gegentheil gefasst. Die Musik oder die Darstellung ist in
Italien nicht der einzige Zweck des Theaterbesuchs. Es ist wohlgethan,
im Parterre den Hut nicht auf dem Kopfe zu behalten, zumal wenn der
Ruf: „Capello!" hinter Einem ertönt. Auch ist anzurathen, sich zu
kleiden als ginge man in Gesellschaft, da der Italiener es thut.

Jede Stadt und jedes Theater haben ihre bestimmten Jahreszeiten
für die Oper sowohl als für das Schauspiel. Das ganze Jahr hindurch
sind für die Oper geöffnet allein: die Scala zu Mailand und San Carlo
zu Neapel (mit den durch die Kirche gebotenen Ausnahmen, s. Neapel).
Die übrigen grossen Theater (Fenice in Venedig, Pergola in Florenz,
Tordinone in Rom etc.) schliessen sich ihr nur im Carneval auf; wohl
aber kleinere Theater ausser dieser Zeit, Gallo in Venedig, Argentina
in Rom etc., Bologna, Parma, Verona, Palermo haben die Oper in der
Regel nur im Winter, Ravenna im Mai, Livorno im Juli, Lucca
im August, Brescia im Juni (während der Messe), und schliesst sie sich
überhaupt in Handelsstädten (wie z. B. Sinigaglia) an die Messzeiten an.

Bäder. Das Leben in den italienischen Bädern ist weniger mannichfaltig als in den deutschen, und sind sie mehr Heil- als Vergnügungsorte. Hazardspiele sind, mit einziger Ausnahme der Bäder von Lucca, überall verboten. Uebrigens s. u. Bäder.

Verkehr. Vom Verkehr mit dem italienischen Volk machen die meisten Reisebeschreiber ein abschreckendes Bild. Man betrachtet im Durchschnitt alles, vom Stiefelputzer bis zum Wirth eines Albergo Reale, als Betrüger, und räth zu einer Menge Vorsichtsmassregeln, die gleichfalls aus dem Register „Betrug" gezogen sind; man schildert die Zänkereien und Prellereien als fast unumgänglich und bei der Leidenschaftlichkeit des Volkes als selbst gefährlich. Bei wiederholtem Besuch oder bei längerm Aufenthalt werden die entgegengesetzten Erfahrungen nicht ausbleiben, und bei einiger Nachgiebigkeit gegen die Eigenthümlichkeit italienischer Naturen wird man den Verkehr mit ihnen leicht und selbst angenehm finden; wenigstens kann man sich gegen Unannehmlichkeiten bequem und ohne Umwege schützen. Das erste Gebot ist das allgemein menschliche, dass man den Italiener nicht als Gegner behandle. Wer ihn zu überlisten gedenkt, oder kalt oder leidenschaftlich erzürnt sich ihm gegenüberstellt, wird überall den Kürzern ziehen; denn er greift ihn an der Seite seiner Virtuosität und somit bei seiner Ehre an. Wer den gemeinen Mann in Italien freundlich, offen, wohlwollend behandelt, wird sich nicht zu beklagen haben; mit heiterer Laune und Scherzen wird er ihn ganz gewinnen. Obgleich mit Wenigem zufrieden, ist er doch unersättlich wo er Kargheit argwohnt, und für des Reisenden mürrisches Gesicht hält er sich zu einer Forderung berechtigt, wie für eine Last, die er getragen. Vor Festigkeit, sobald sie Grund hat, bezeugt er Achtung und nach Befinden Furcht; allein Prätensionen, von denen der Fremde durch die Umstände und durch die Natur der Sache selbst nachzulassen gezwungen ist, machen ihn störrig und unverschämt. Auch hüte man sich sehr, die Forderungen des gemeinen, meist sehr armen Mannes, mit dem Maase deutscher Ehrliebe, Ehrlichkeit und Rechtlichkeit zu messen. Bedürfniss und Erwartung, dasselbe durch den minder Bedürftigen oder gar Reichen, wofür jeder Fremde in Italien gilt, befriedigt zu sehen, rechtfertigen in der Seele des gemeinen Mannes seine selbst ungerechteste Forderung, die aber mit unglaublich Wenigem befriedigt wird, sobald es mit guter Art geschieht. [1] — Ohne

---

[1] Aus demselben Grunde aber sei man auch sparsam mit Vertrauen. Man entgeht mancher bittern Täuschung, wenn man nicht das Geringste von einem Facchino, Vetturino, Kaufmann, Wirth etc. verschlossen oder versiegelt annimmt. Wie Viele haben schon in wohlverpichten Flaschen unter dem Namen und für den Preis von Marsala oder Cyperwein ordinären, vielleicht untrinkbaren Landwein mit sich genommen.

behaupten zu wollen, dass es nur eine einzige richtige Art des Verkehrs mit Italienern gebe, will ich in den folgenden Abschnitten von derjenigen Rechenschaft ablegen, die mich nicht nur vor jeder Verdriesslichkeit bewahrt, sondern vielmehr mir das Volk in seiner natürlichen Liebenswürdigkeit gezeigt hat.[1]

Das erste Erforderniss des Verkehrs ist die Sprache. So viel muss Einer lernen, ehe er nach Italien geht, dass er sich und seine Wünsche den Leuten verständlich machen und ihre Antworten verstehen kann. Die Sprache verbindet Geister; ohne Sprache, das deutlichste Zeichen des verborgenen Gedankens, bleiben die Menschen sich fremd, mit dem Argwohn der Feindseligkeit gegenüber; denn das ist's ja, was uns instinctartig zur Wissenschaft überhaupt, zum Verstehenwollen der Welt und ihrer Erscheinungen treibt, dass uns alles Unverstandene wie eine verhüllte, möglicherweise feindliche Macht gegenüber steht. Durchkommen lässt sich in Italien freilich mit dem Französischen; ja sogar ohne alle, als die Zeichensprache; aber je mehr man mit dem Italiener auf gleichem Boden steht, je mehr man sich sogar zu Eigenthümlichkeiten der Mundart bequemt, kurz je vertrauter man mit ihm wird, desto umgänglicher wird er. Dazu kommt, dass der Italiener für seine Sprache eine unbegrenzte Vorliebe hat, und in ihrem Lobe und dem Anhören desselben nie müde wird. Je besser Einer spricht, je mehr Gewalt hat er in Händen.

Facchini. Die erste und allerdings meist unangenehme Bekanntschaft, die man in Italien macht, sind die Lastträger (Facchini), die sich gewöhnlich schaarenweise an den Wagen, in den Bahnhof, oder an den Landungsplatz drängen und der Habseligkeiten des Fremden zu bemächtigen suchen, um dafür, dass sie dieselben ins Wirthshaus tragen, zu einer Geldforderung sich berechtigt zu machen. Ist diess vor dem Wirthshause selbst, so frägt man den Kellner nach dem „Facchino di Casa." In der Regel ist ein solcher da; ihm übergibt man sein Gepäck, und gegen etwaige Unarten desselben ist man durch den Wirth geschützt. Ist keiner da, so wählt man aus den Umstehenden Einen (oder so viel man braucht), verwehrt dabei auf das bestimmteste das Zugreifen Vieler, frägt ihn vorher, ob er mit der Bezahlung zufrieden sein werde (man kann ihm die Summe sogleich nennen, und thut wohl daran); sie richtet sich natürlich nach dem Umfang des Gepäckes (für einen Gang $\frac{1}{2}$—1 Fr.), je nachdem der Mensch schwer oder leicht zu tragen hat; wo nicht, wählt man einen andern. So

---

[1] Der reisende Italiener behandelt seine Landsleute durchaus anders, barsch, karg, mit Drohungen und Vorspiegelungen. Ich habe nicht gesehen, dass er weiter gekommen wäre, als ich.

kommt man jeder Scene zuvor. Man kann auch, will man diess vermeiden, dem Wirth (auch dem Vetturino) die Bezahlung des Facchino
(mit Angabe der Summe) auftragen, und entgeht damit noch sicherer
dem Streit. Ganz so verhält man sich bei der Ankunft im Hafen, im
Bahn- oder im Posthofe, wo natürlich die Entfernung vom Wirthshaus
die Preisbestimmung motivirt. Hat man indess versäumt zu accordiren,
und zeigt der Facchino sich mit der empfangenen Summe unzufrieden
— worauf mit Sicherheit zu rechnen ist — so lasse man ihn eine Zeitlang vergebens mehr fordern, bleibe stets ruhig, heiter, rechne ihm
etwas vor, was er mit dem empfangenen Gelde anfangen könne, und
gebe zuletzt noch eine Kleinigkeit. Die geringste Münze stellt ihn ganz
zufrieden; allein ohne diesen Nachschuss, selbst auf eine beträchtliche
Bezahlung, wird man den Kerl nicht los! — Bei der Abreise gelten
natürlich dieselben Regeln.

Wirthshäuser. Man gehe überall in die des ersten oder mindesten zweiten Ranges, als deren Herren man durchgehends humane,
meist gebildete Männer finden wird. Selten sind die Forderungen in
niedern Gasthöfen geringer, die Bedienung ist schlechter, und ein Verständniss ist schwieriger bei grösserem Mangel an Bildung. · Besorgt der
Vetturin die Kost, so hält man sich nur an diesen in Klagefällen,
z. B. wenn der Wein schlecht, das Essen gering, die Bettwäsche schmutzig
u. s. w. Der Empfang im Wirthshaus ist fast überall zuvorkommend
und freundlich. In der Regel wird aber dem Fremden, wenn er nicht
das Zeichen des Reichthums oder Ranges zur Schau trägt, das beste
Zimmer nicht angeboten; wohl aber auf Begehren, wenn es frei ist,
ein besseres und noch besseres etc. Die Preise der Zimmer, Mahlzei-
ten etc. habe ich in vielen Fällen bei den Gasthöfen angegeben, wo ich
sie mit Sicherheit erfahren konnte. Inzwischen richtet sich der Wirth
nicht nach den Angaben des Reisehandbuchs, selbst wenn sie von ihm
herrühren, sondern nach Zeit und Umständen. Bleibt man nur über
Nacht, so verlohnt sich's nicht der Mühe nach dem Preis des Zimmers
zu fragen, am wenigsten in grössern Städten, wo alles geregelt ist, eher,
wenn man einmal in einem Dorfe zu übernachten gezwungen ist, wo
die Leute keinen Massstab haben. Gedenkt man länger als einen Tag
an dem Ort zu verweilen, so lasse man sich die Rechnung geben, und
spreche die Absicht aus, dass man länger bleiben wolle, und desshalb
die Preise des Wirthes zu kennen wünsche. Findet man sodann diese
zu hoch, so setze man nach eigenem Ermessen andere daneben, lege
die so veränderte Rechnung dem Wirthe mit der Frage vor, ob er dafür
bei längerem Aufenthalt die Bewirthung und Beherbergung übernehmen
wolle? In den meisten Fällen wird man die bereitwilligste, in einigen

die durch ein „Poco, Signore!" verzögerte Zustimmung, endlich auch
wohl einmal den Versuch zu einer mittlern Bestimmung finden; schwerlich aber dürfte der Reisende erleben, dass der Wirth ihn nach einem
andern Gasthof ziehen liesse, vorausgesetzt, dass man keine unbilligen
Forderungen an ihn macht und dass die Wohnungen nicht gerade überaus gesucht sind. [1]

Privatwohnungen. Der einzelne Reisende, der sich eine Privat-
wohnung miethet auf Monat- oder längere Dauer, hat wenig mehr zu
beobachten, als dass der Miethzins (mit oder ohne Servizio) genau festgestellt und jedesmal bei Bezahlung desselben eine Quittung ausgestellt
werde. Familien, die mit grösseren Bedürfnissen reisen, thun wohl,
einen schriftlichen Contract zu machen, in welchem ausser den bezeichneten Zimmern auch die übrigen Anforderungen an Bedienung, an
Handtücher, Bett- und Tafelwäsche, heisses Wasser, jegliches Geschirr
zu Mittagessen, Thee, Kaffee etc. bestimmt angeführt sind, weil sonst
leicht überraschende Nachforderungen folgen. Im Ganzen
aber wird man gut thun, mit den Hausleuten sich auf einen guten und
liberalen Fuss zu stellen. — An vielen Orten sind neuerer Zeit Pensionen eingerichtet, die als ein Mittelding zwischen Hôtel und Privat-
wohnung, und mit billigen Preisen sich sehr empfehlen: aber man ist
an bestimmte Stunden für Frühstück und Pranzo gebunden.

Trinkgelder sind Geschenke; sie dürfen also weder einerseits zu
karg gegeben, noch andererseits zurückgewiesen werden, ohne den Geber
sogleich jeder Verpflichtung zu überheben. „Dieses oder gar nichts!"
ist in diesem Falle eine unfehlbare Zauberformel. Ich will auch hier
wieder eine ungefähre Uebersicht der gewöhnlichen Summen geben,
wobei der Reisende mit Zuversicht auf Zufriedenheit, in den meisten
Fällen auf ein „Grazie" rechnen kann. Neuerer Zeit ist zwar in den
grössern Wirthshäusern die Einrichtung getroffen worden, dass das
„Service" in Rechnung gestellt wird, und den Bedienten, mit Ausnahme des Portiers und des Piccolo, verboten ist, Trinkgelder zu fordern. Wo indess diese Einrichtung nicht besteht, möge folgendes zur
Richtschnur dienen:

Dem Oberkellner oder Kellner (Cameriere) bei eintägigem
Aufenthalt 1 Fr.; bei blossem Mittagessen (also auch in Trattorien)
jedesmal 3 kr. (2 Sous, 2 Bajocchi). Dagegen bei zwei- und dreitägigem
Aufenthalt 1—2 Fr., bei einmonatlichem 1 Scudo und in diesem Verhältniss weiter. Dem Portier 1 Fr.

---

[1] Dieselbe Methode kann man gegen jede übertriebene Rechnung anwenden, wobei
nur jedes Zeichen von Unmuth, jedes verletzende Wort vermieden werden muss,
wenn man leicht und schnell zum Ziel kommen will.

Förster, Italien. 8. Aufl. I.   2

Dem 'Piccolo, wenn er Schuhwerk und Kleider gereinigt, das kleine Gepäck aus und in den Wagen hat tragen helfen, bei eintägigem Aufenthalt ½ Fr., sodann bei mehrtägigem 1 Fr., für den Monat einen halben Scudo.

Der Magd, die gewöhnlich das Bett und Zimmer besorgt, das Gleiche.

Dem Koch gebührt herkömmlich nichts; inzwischen wird man bei längerm Aufenthalt sich ihm gerne durch ein kleines Geschenk von 3 Fr. für den Monat zum Freunde machen.

Dem Hausknecht, der um Pferd und Wagen, also um den Vetturin sich verdient gemacht, gebührt gleichfalls nichts vom Reisenden; aber die geringste Kupfermünze hebt er, wenn man nur nicht sogleich damit bei der Hand ist, vom Boden auf.

In den öffentlichen Sammlungen sind im Königreich Italien die Trinkgelder für die Custoden abgeschafft.

Der Lohnbediente (Domestico di Piazza), eine der dem Reisenden, der wenig Zeit übrig hat, durch seine Orts- und Personalkenntniss nützlichsten Personen, wenn man sich (namentlich in Betreff der Sehenswürdigkeiten) ihm nicht unbedingt übergibt, besorgt alle Gänge, zur Polizei, Post, Bibliothek, zum Wechsler, ins Theater etc., sieht sich nach Fahrgelegenheit um u. s. w. Hier gilt nur eine Vorsichtsmassregel: Miethet man den Lohnbedienten nicht für den ganzen Tag, wofür er 4—5 Fr. (5—6 Paoli) erhält, so muss man dieses ihm sogleich nach dem ersten Gang anzeigen; ausserdem hält er sich gebunden und im Dienst, und verlangt für alle die Zeit Bezahlung, für die ihm der Dienst nicht ausdrücklich aufgesagt ist. Für einen einzelnen Gang zahlt man ½ Fr. (1 Paul), für 1 Stunde 1 Fr. (2 Paoli), für 2—4 Stunden 2 Fr. Wer ohne Lohnbedienten und ohne Zeitverlust die Sehenswürdigkeiten aufsuchen will, thut gut (mit Hülfe dieses Buchs) ein Verzeichniss derselben zu machen, einen Wagen zu miethen und dem Kutscher die Wahl der Wege vorzuschreiben oder zu überlassen.

Kaffeehäuser. Es ist in Italien nicht so üblich, wie in Deutschland, wenn gleich möglich, den Kaffee im Wirthshaus zu nehmen. Die Kaffeehäusser sind — mit Ausnahme der Siestazeit, 2—4 Uhr Nachmittags, und an einigen Orten des Sonntagsvormittags von 8—12 Uhr — an vielen Orten Tag und Nacht offen, und Kaffee zu jeder Stunde bereit. Des Morgens (nicht des Nachmittags) erhält man hier auch Milch; an manchen Orten, vornehmlich im Süden, nur das Gelbe vom Ei statt der Milch. Semmel, geröstetes Brod, Butter fehlen fast nirgend. Chocolade und Mescolade (halb Kaffee, halb Chocolade) bekommt man

vornehmlich im nördlichen Italien sehr gut. Eis und ähnliche Erfrischungen findet man, jedoch in der Regel erst nach 5 Uhr Nachmittags, und nicht in jedem Kaffeehause. — Der Kellner im Kaffeehaus
wird nicht Cameriere, sondern „Bottegha" gerufen. Ein kleines Trinkgeld (von einigen Soldi oder Bajocchi), das man bei öfterm Besuch
von Zeit zu Zeit der Bezahlung beifügt, steigert seine Dienstbeflissen-
heit. Schön eingerichtet sind einige grosse Kaffeehäuser in Turin; ganz
reizend die Concordia und die Italia in Genua; von grosser Ausdehnung und Annehmlichkeit ist das Café Pedrocchi in Padua und Venedig
hat am Marcusplatz, Neapel am Schlossplatz einige vortreffliche Cafés.
Dagegen fehlt nicht nur Eleganz, sondern der gewöhnliche Anstand,
jede Bequemlichkeit und Reinlichkeit fast in allen andern italienischen
Kaffeehäusern.

Handwerker und Kaufleute.[1] Beide sind gewohnt die Forderungen höher, als recht ist, zu stellen; man muss also handeln, und
kann im Ganzen rechnen, dass die Preise denen in Deutschland und
Frankreich gleich stehen; nur alles Holz- und Eisenwerk, so wie Tücher,
sind theurer, dagegen inländische Seidenwaaren bedeutend wohlfeiler.
Selbst im italienischen Buchhandel bestehen keine festen Preise, und
man lasse sich durch den aufgedruckten nicht irre machen. Von 6 Francs
kann man oft 2 weghandeln.

Briefe. Briefe lässt man sich in der Regel „poste restante" kommen,
wobei vornehmlich zu beachten, dass Vor- und Zuname ganz deutlich
geschrieben sein müssen, wenn die Briefe nicht in Gefahr kommen sollen,
in ganz falsche Fächer gestellt zu werden. Ist es doch einem meiner
Bekannten, M. de Z., begegnet, dass er wochenlang vergeblich nach
Briefen gefragt, die er mit Sicherheit erwartete, bis sie der Postofficiant
endlich unter dem Buchstaben D suchte und fand! Inzwischen ist man
dabei noch andern Unbequemlichkeiten ausgesetzt, dem Gedräng am
Fenster der Austheilung, dem Missverstehen der Postofficianten (wogegen freilich eine Karte mit dem Namen schützt), vergeblichen Gängen,
weil entweder Briefe fehlen oder die Post geschlossen ist etc. Desshalb
ist es vorzuziehen, dass man seine Briefe unter bestimmter Adresse, im
Nothfall eines Hôtels, in dem man zu wohnen gedenkt, abgeben lässt.
Bekannt ist für Künstler und Gelehrte in Rom das Café greco; wer
aber seine Briefe an Banquiers adressiren lässt, sehe sich vor! denn
bei diesen steht „Gefälligkeit" auf dem Preis-Courant, und Torlonia
z. B. lässt sich für einen Brief einen Scudo zahlen. Auch lasse man
die Briefe daheim nicht weiter frankiren, als dort die Postverordnungen

---

[1] Vgl. die Anmerkung p. 14 [1].

fordern, sie werden sicherer besorgt; und das „franco" wird nicht
überall unbedingt respectirt. Auch da, wo man in Italien unfrankirt
absenden kann, thue man es; oder frankire nicht weiter, als durchaus
erforderlich ist. Stadtbriefe sind stets zu frankiren. Briefmarken (bolli)
in jedem Tabakladen. — Electro-magnetische Telegraphen durch ganz
Italien!

Mauth (Dogana). In Bezug auf die Mauth haben die neuen Verhältnisse durch Beseitigung von Grenzlinien dem Reisenden grosse Erleichterung verschafft. Nur Venetien und der Kirchenstaat haben gegen
das Königreich Italien Zollgrenzen. In Rom selbst hat der Reisende mit
der Dogana nur wenig mehr zu thun. Die Untersuchung des Gepäcks
erfolgt entweder zu Cività Castellana, zu Cività vecchia, zu Ceprano
oder an einem andern Grenzort, wo der Fremde zuerst den Kirchenstaat betritt. Da gibt er auch gegen Empfangschein seinen Pass ab. Im
Kirchenstaat unterliegen die Bücher im Reisekoffer der Censur! Waffen
sind in Venetien und dem Kirchenstaat dem Reisenden nicht gestattet.
Für das Königreich thut man gut, sich bei der Gesandtschaft einen
„Waffenpass" geben zu lassen. Auf der Mauth hat man es gewöhnlich
mit zwei Leuten zu thun, mit dem Commissär und dem Visitator. An
letztern hält man sich zumeist; ihm öffnet man das Gepäck und gibt
ihm während der Untersuchung, wenn man sie abzukürzen wünscht, ein
kleines Geschenk (von $\frac{1}{2}$ bis 1 Fr.). — Reist man in höherem Auftrag,
oder ist man durch Stand, Dienst oder Bekanntschaft irgend befähigt,
sich von den resp. Gesandtschaften oder Ministerien einen sog. „Lascia
passare!" zu verschaffen, d. h. einen Empfehlungsbrief an die resp.
Mauthbehörden an der Grenze und an den Thoren, so versäume man
diess ja nicht! Ein solcher wird aufs pünktlichste respectirt, und man
ist jeder Visitation überhoben.

Bettler. Wer war in Italien und hat nicht mit diesen stechenden
Insecten seine Noth gehabt? Doch kann man auch mit ihnen fertig
werden, wenn man nur nicht absolut die Hand verschliesst, und daran
denkt, dass ohne Noth — gesetzt auch, er habe sie sich muthwillig geschaffen — Keiner bettelt. Man habe wo möglich stets kleine Münze
bei sich, und wenige Bettler wird man ja gerne beschenken. Freilich
kommen sie zu Schaaren, und gibt man einem, so weicht keiner mehr,
der nicht erhalten; so wenig, als wenn man keinem gibt; denn die
Hoffnung gibt keiner auf, ohne Vertrag. Den kann man aber machen:
„Ihr seid zu viele," sagt man, „wäre ich Papst oder Kaiser, ich wollte
euch alle reich machen; so aber habe ich nur für 3, 5, 6 etc. eine
kleine Gabe, die will ich dem und dem geben; wollt ihr andern dann
zufrieden sein und euch gelegentlich an einen andern wenden? Wo

nicht, so bekommt niemand etwas.“ In den meisten Fällen erkauft man, wenigstens sich, damit den Frieden. In Rom, wo, wie überhaupt im Kirchenstaat, das Bettlerthum gehegt wird, und somit die erdenklichste Ausbreitung hat, habe ich sehr bald fast gar keine Beschwerde von denselben gehabt. Einmal freilich muss man jedem Bettler, der nicht aller Ansprüche unwürdig ist, geben; kommt er wieder, so sagt man: „Heute nicht!“ Lässt er nicht ab, so droht man ihn nie wieder zu beschenken. Nun ist er ruhig und wartet für lange Zeit. Dann muss man zuweilen unaufgefordert etwas geben, und man wird bald, da unter den Leuten eine gewisse Verbrüderung besteht, wenig mehr belästigt werden. Sie sind vom guten Willen überzeugt und — warten. Nur überall auf dem Lande im Kirchenstaat gilt das nicht. Keine noch so volle Reisekasse würde dort ausreichen, die zahllosen, unaufhörlichen Ansprüche zu befriedigen, und keine noch so grosse Beredtsamkeit, das faule Gesindel zu beschwichtigen. Man wird dort nach wenigen Tagen abgehärtet genug sein, um das unvermeidliche „vor Hunger sterben müssen“ anhören zu können! Es ist eines der grössten Verdienste der kön. italienischen Regierung, wirksame Massregeln gegen den Bettel ergriffen zu haben. In Bologna, Neapel, Mailand, Turin etc. wird man nicht mehr belästigt, in Florenz dagegen war das Unwesen 1865 noch ziemlich arg.

Räuber. Das Verhalten gegen sie hängt grossentheils von der Denkweise der Reisenden ab. Nach dem Charakter der Italiener im Ganzen zu schliessen, dürfte entschlossene Gegenwehr bewaffneter Reisenden einen glücklichen Ausgang nicht zweifelhaft lassen; nur müsste man sich auf Kutscher und Postillon verlassen können. Revolver (Pistolen mit 4 oder 6 Schüssen) sind wohl die beste Reisewaffe. Will man sein Leben nicht in die Schanze schlagen, so ist das räthlichste ein Accord. Gehen aber die Räuber, die gewöhnlich in grösserer Anzahl ihren Streich ausführen, nicht darauf ein, und es ertönt der Schreckensruf: „Faccia in terra!“ so bleibt nichts übrig, als sich mit dem Gesicht auf die Erde zu werfen und sich ausplündern zu lassen. Die beste Methode ist, wie bei der Cholera, die prophylaktische; denn ohne Disposition wird so leicht keiner angefallen. Man muss also alles Reichthum verrathende Aufsehen vermeiden, oder, wenn man diess nicht kann, sich mit hinlänglicher Bedeckung schützen. Päpstliche Dragoner sind tüchtige Militärs, und verdienen den Schimpf nicht, den man ihnen gewöhnlich anthut, sondern vielmehr die Auszeichnung, die ihnen Horace Vernet in seinen „Räubern“ gegeben. — Die Post wird nur dann angefallen, wenn sie bedeutende Geldsummen führt; aber der Räuber erfährt diess leichter als der Reisende. Die unsichersten Gegenden sind noch immer die Umgebung von Rom und vornehmlich der Weg nach Neapel; dessgleichen Sicilien, namentlich die Umgegend von Palermo.

Bekanntschaften. Es gehört zu den grössten Annehmlichkeiten der Reise, den Italiener von Stand und Bildung kennen zu lernen, und der Gelegenheiten gibt es verschiedene. Die nächste bietet die Reise selbst; allein hier gilt es zuerst sich und sein Recht festzustellen. Denn der Italiener, mit dem man gewöhnlich im Reisewagen zusammentrifft (der Geschäftsmann, Advocat, Schauspieler, Student, kurz der Italiener aus dem [halb] gebildeten Mittelstand) ist im Durchschnitt ins Unglaubliche rücksichtslos, egoistisch, selbst unartig und roh. Er zeigt diess (wenn es möglich) in der Anmassung eines ihm nicht gebührenden Platzes, in der Weise wie er von dem seinigen Gebrauch macht, in der Wahl des Zimmers, Bettes etc., in der oft ganz unverschämten Naivetät beim Essen und Trinken, und überall. Hat man sich dagegen in runden (obschon nie verletzenden) Worten verwahrt, so hat man an dem sonst unverträglichen Menschen einen angenehmen, selbst gefälligen Reisegesellschafter. Gesprächig, der Landesliteratur und Verhältnisse kundig, theilnehmend und wissbegierig, scherzend und zuletzt herzlich, ist im Durchschnitt jeder Italiener. In Familien oder in sog. Häuser empfohlen zu sein, ist von besonderm Werth. Zwar nicht die nordische Gastfreundschaft erwarte man, aber dennoch eine. Der Italiener kennt kaum einen höhern Genuss als „Conversazione," und zu dieser wird der Fremde mit Vorliebe gezogen. Der Italiener, und unter diesen besonders der Römer, freut sich der Bekanntschaft der Fremden, allein erwartet das Entgegenkommen. So zurückhaltend er anfangs ist, so offen und angenehm ist er nachher (und sind es vornehmlich die Frauen). Endlich sind die Geistlichen zu nennen, sowohl in als ausser Klöstern, häufig gebildete, unterrichtete und fast ohne Ausnahme wohlwollende Leute, so lange man in keinen feindlichen Conflict mit ihnen kommt (denn glühende Eifersucht ist das allgemeine ungeschmälerte Erbtheil aller Italiener). Mit ihnen ist der Umgang der angenehmste, belehrendste und oft nützlichste, namentlich in Betreff der Bibliotheken, Museen und sonstiger Anstalten. — Ist man in den grössern Städten an ein Haus, bei Gesandtschaften etc. empfohlen und wird zu den Diners und Soirées eingeladen, so ist die Beobachtung eines üblen Missbrauchs nöthig, wenn man nicht um die Ehre kommen will: die Dienerschaft erwartet von Zeit zu Zeit einen Scudo Trinkgeld, den man an den einladenden Diener gibt; widrigenfalls bestellt sie keine Einladung mehr.

Geographisch-statistische Notizen.

Italien ist eine Halbinsel und erstreckt sich vom 23° 3' bis 36° 10' der Länge und vom 46° bis 38° N. Breite, ist nach Westen und Süden vom mittelländischen (Mare Tyrrhenum und Jonium), nach Osten vom adriatischen Meer umflossen, grenzt ausserdem westlich an Frankreich, nördlich an die Schweiz und Tyrol, war in der Urzeit von Galliern im Norden, von etrurischen und oscischen Völkern in der Mitte und weiter unten von Griechen bewohnt. Auf einem Flächeninhalt von 5937$^1/_2$ Q.M. (davon 4610 festes Land) zählt es nach Giov. Marzoratti Dizionario generale dei Communi d'Italia, Torino 1856, 25,184,695 Einwohner. Gebirge im Norden von W. nach O. die Alpen mit Mont Blanc, Monte Rosa. Von Süden nach Norden erhebt sich durch ganz Italien mit verschiedenen Seitenfortsätzen der Gebirgsrücken der Apenninen. Diese sind grösstentheils lichtgraues einförmiges Kalkstein-Gebirg ohne viel Versteinerungen, der secundären Periode angehörig und der dalmatischen Bergkette und den südlichen Alpen gleich. Doch kommen in Toscana und dem Kirchenstaat verschiedentlich Uebergangs- und Urgebirgsarten als Stützen der auflagernden Kalkmassen zum Vorschein, und zwar auf Seite des mittelländischen Meeres, deren steileres Abfallen und Vulkane sich daraus erklären mögen. Die Ebenen zu beiden Seiten sind von Sandstein und Mergel bedeckt, die einer spätern Periode angehören, da sie den Apenninenkalkstein überdecken. Die sardinischen Gebirge bestehen fast durchaus aus Granit, die Meeralpen sind tertiärer Formation. Im mittlern Italien findet sich eine von den genannten verschiedene Erdformation, die Folge späterer vulcanischer Ausbrüche, die das Land in eine Hochebene verwandelt mit Seen in verfallenen Kratern. Endlich das sardinich-corsische Gebirg mit dem Monte rotondo und Monte d'oro auf Corsica. Im Ganzen ist das Gebirge nicht sehr quellenreich, und die vollsten Gewässer kommen von den Alpen, so dass die Lombardei am bewässertsten ist. Die bedeutendsten Flüsse sind: Zum adriatischen Meer Lisonzo, Tagliamento, Piave, Brenta, Bacchiglione, Adige, Po, Adda im Norden; ferner Metauro und Tronto im mittlern, Pescara, Candeloro und Ofanto im untern Italien; zum ionischen Meer Brandano in Unteritalien, Giaretta

in Sicilien; zum mittelländischen Meere Salso in Sicilien; Sele, Vol-
turno, Garigliano im untern Italien, Tiber im Kirchenstaat, Arno und
Serchio in Toscana, Magra und Var in Piemont, Tirso und Flumen-
dosa auf der Insel Sardinien, Golo auf Corsica. — Die vornehmlichsten
Canäle sind in der Lombardei; doch sind ausserdem die Canäle von
Pisa nach Livorno, von Bologna nach Ferrara, von da an den Po, von
Reggio zum Po, von Modena zum Panaro schiffbar. Die bedeutendsten
Landseen sind der Lago maggiore, Lago di Lugano, di Como, di
Garda, d'Iseo, di Bolsena, di Bracciano, Trasimeno und Fucino. Sümpfe:
von Commacchio, die Lagunen von Venedig und die Pontinischen.
Vulcane: der Vesuv bei Neapel mit häufigen Ausbrüchen; der Aetna
auf Sicilien mit seltnen aber gefährlichen Ausbrüchen; der Stromboli
auf den Liparischen Inseln etc. Die vornehmsten Meerbusen: die
Golfe von Genua, Spezia, Gaëta, Neapel, Palermo im mittelländischen,
von Venedig, Ancona und Manfredonia im adriatischen und von Tarent
im ionischen Meere. Die vornehmsten Vorgebirge: Cap Piombino,
Monte-Argentaro, Monte Circello, Miseno, Minerva (Campanella), Licosa.
Vaticano, delle Colonne, dell' Armi, Leuca; — Faro, Passaro, Soretto,
Boco, S. Vito, Zafarana, Bianco, Peloro auf Sicilien; Spartivento, Carbonara, Falcone, Reparata auf Sardinien. Inseln: Sardinien, (Corsica),
Sicilien, Elba, mit einigen kleineren, die Ponzainseln, die Campanischen,
die Liparischen Inseln, (Malta) etc. Klima [1] und Witterung: Der
Winter ist kürzer und milder als der unsrige, aber die Gegensätze der
Temperatur in den Tageszeiten und in der Sonne und dem Schatten
sind stärker. Im November sind starke Regengüsse häufig, unterbrochen
von warmen besonders gefährlichen Sonnenscheinstunden. Im December
und Januar tritt trockne kühle Witterung ein mit warmen Mittagsstunden, wobei aber die Luft immer von kühler Strömung bleibt. Im
Februar beginnt meist die mildere Witterung, aber der März pflegt
windig und nass zu sein. Der April ist in der Regel lieblich, im Mai
fängt die Hitze an; der Uebergang in der Temperatur ist rasch. Die
eigentliche Sommerhitze aber fällt in die Monate Junius bis September;
wochenlang kein Regen; dann heftige Gewitter, aber ohne Abkühlung;
die Mauern bleiben selbst in der Nacht warm. Dann tritt an den Küsten
Abends Landwind ein, der sich am Morgen in Seewind umsetzt und
seine grösste Stärke am Mittag erreicht. [2] Nach Sanssure ist der kälteste

[1] Ausführlich und gründlich: J. F. Schouw, tableau du climat et de la végétation
de l'Italie. 1839. — Clark, on the influence of the climate.

[2] Charakteristisch ist der Calendervers: Il gran freddo di Gennajo, il mal tempo
di Febbrajo, il vento di Marzo, le dolci acque d'Aprile, il buon mieter di Giugnio,
il buon batter di Luglio, le tre acque d'Agosto con la buona stagione vagliono più
che si tron di Salomone. Uebrigens vergl. die Beilage I. zu diesem Abschnitt.

i

Theil Italiens von 46° 48′ bis 43° 30′ NBr.: der Thermometer fällt bis 10° R. unter 0; der gemässigte Theil von 43° 30′ bis 41° 30′: der Thermometer fällt bis 6°; der warme Theil von 41° 30′ bis 39°: der Thermometer fällt selten unter 3°; der wärmste von 39° — 36°: der Thermometer fällt nicht unter 0°. Die wärmsten Orte sind: Genua (mit 7,3 mittl. Temp. im Winter), Florenz (5,3), Pisa (7,5), Nizza (8,3), Rom (7,2), Neapel (9,2), Palermo (10,7), Catania (11,3). — Besonders gesunde Luft herrscht in Nizza, Genua, Pisa (im Winter), Lucca, Florenz, Siena, im römischen Gebirg, Neapel und Malta. Weniger gesund sind Venedig, Mantua, Rom (im Sommer). Der angenehmste Wind ist die Tramontana (Nordwind); lähmend und fast erdrückend der Scirocco (Südwind), der meist den ganzen Himmel mit einem leichten Wolkengespinnst bedeckt. — Boden: mit Ausnahme apenninischer Höhen ist das ganze Land fruchtbar; am angebautesten ist die Lombardei; auch in Toscana ist man sehr fleissig; der fruchtbarste Theil scheint der östliche Abhang der Apenninen im Kirchenstaat gegen Ancona und Rimini hin zu sein. Eine grosse Strecke an der Küste zwischen Arno und Volturno, die Maremmen, werden bebaut aber nicht bewohnt, ausser zeitweis von Hirten. Die vorzüglichsten Producte sind: Getreide aller Art, ausser dem nur im Norden Italiens heimischen Reis; Feigen, Mandeln, Citronen, Pomeranzen, Wein, Kastanien, Oel, Maulbeer (Seide),[1] Zuckerrohr (Malta); vorzügliches Vieh; edle Metalle, Eisen, Kupfer, Alabaster, Marmor etc. Die besten Weine sind in Oberitalien: Vino santo, Vino d'Asti (schäumt); in Toscana: Monte Alcatico; M. Pulciano; im Kirchenstaat: Montefiascone (Est, est, est!); Orvieto, la Grotta; in Neapel: Lagrima Cristi, Capri bianco, Vino Famoso, Vino Greco, Falerno; in Sicilien: der Syracuser, Faro Vasco, Marsala. — Sprache: mit Ausnahme der Tredeci und Sette Communi, wo man deutsch, und des Thales von Aosta, wo man französisch spricht, ist die italienische Sprache allgemeine Volkssprache, die, wie verändert sie auch durch die einzelnen Dialekte erscheint, doch nur an wenigen Orten (z. B. in Ravenna, wo man die Endvocale verschluckt, „quest vin e bon etc.") den Zauber des Volltons und der Anmuth verliert. — Religion: der römisch-katholische Cultus ist der herrschende, doch sind die Mitglieder anderer christlichen Glaubensbekenntnisse fast überall geduldet, und im Königreich Italien selbst rechtlich geschützt. Juden findet man überall, am meisten in Mantua und Livorno, selbst in Rom. — Künste und Wissenschaften. Im Vergleich zu dem

---

[1] Man rechnet, dass ganz Italien jährlich 42 Mill. Pfd. Rohseide erzeugt, die zu 37¼ Mill. Lire gerechnet werden. Davon kommen 7 Mill. Pfd. auf die Lombardei mit Venedig. S. Mittermaier Ital. Zustände. 1844. p. 48.

Glanz, den Italien in alter Zeit und im Mittelalter durch beide gewonnen, ist die Gegenwart unscheinbar. Die chemals berühmten Universitäten sind grossentheils verfallen, die verschiedenen sehr zahlreichen Akademien leisten weder der bildenden noch der dichtenden Kunst einen wirklichen Dienst. Doch ist seit Jahren schon für alle geistigen Thätigkeiten ein neues Leben rege, dem bei der ausserordentlichen Begabung des italienischen Volkes eine beglückte Zukunft bevorsteht. Wie einzelne in Poesie und Kunst Eigenthümliches, so leisten Viele in den Wissenschaften Ausserordentliches, namentlich in Mathematik, Physik und überhaupt den exacten Doctrinen. So haben die Italiener im Buch- und Landkartendruck bedeutende Fortschritte gemacht. Auch bestand bis vor einigen Jahren ein Verein italienischer Gelehrten mit jährlichen Zusammenkünften. Diese wissenschaftlichen Congresse, die bisher in Turin, Pisa, Florenz, Padua, Lucca, Mailand, Siena, Neapel, Genua und Venedig gehalten wurden, und denen selbst die Regierung des Kirchenstaats, die sich ihnen bis dahin feindlich gezeigt, unter Pius IX. Gunst und Theilnahme zugewendet, erschienen für die Zukunft Italiens von grosser Bedeutung und gereichen den Stiftern, Theilnehmern und Beschützern zu hohem Ruhme. Die Fragen, welche hier erörtert wurden, über Nationalökonomie, Volksbildung, Verbesserung der Industrie, Begründung besserer gesellschaftlicher Zustände etc. zeigten die lebendige Erfassung der Gegenwart, und der zahlreiche Besuch der Congresse selbst das weitverbreitete Bedürfniss wissenschaftlicher Thätigkeit. [1] (Vergl. Conte Balbo delle Speranze d'Italia p. 169. Gioberti del primato d'Italia L. p. 152 ff.) Musik findet man fast nur im Theater und da von Jahr zu Jahr unbedeutender. Concerte wie im übrigen Europa kennt man in Italien fast nicht. Selbst Volksgesänge sind beinahe ganz

---

[1] Nicht uninteressant dürfte folgende Zusammenstellung der im Jahr 1836 in Italien erschienenen Druckschriften sein, 3264 an der Zahl. Davon erschienen in Mailand 522, in Venedig 287, in dem lombardisch-venetianischen Königreich im Ganzen 1631; in Turin 211, im Königreich Sardinien überhaupt 454; im Herzogthum Parma 111, im Herzogthum Modena 34; in Rom 125 und im Kirchenstaat überhaupt 300; in Lucca 27; in Florenz 102 und in Toscana überhaupt 151; in Neapel 260 und im ganzen Königreich 556. — Von der ganzen Masse gebörten 546 zur Theologie, 180 zur Jurisprudenz, 380 zur Geographie, Geschichte etc., 112 zu Biographien, 75 zur Philosophie, 72 zur Staatswissenschaft, 61 zur Mathematik, 113 zur Physik und Chemie, 290 zur Medicin und Chirurgie, 30 zur Literaturgeschichte, 71 zur Philologie, 435 zur Poesie, 182 Romane und Novellen, 550 Abhandlungen vermischten Inhalts und 112 Theaterstücke. — Ein grosses Hinderniss der Verbreitung wissenschaftlichen Lebens liegt in den mangelhaften Verhältnissen des Buchhandels. Es besteht unter den Buchhändlern Italiens kein zusammenhängender Verkehr, jeder verkauft nur seinen eignen Verlag, an ein Sortiment (mit Ausnahme von Andachtsbüchern und Romanen) ist fast nirgend zu denken. Ein Versuch zur Gründung eines Centralpunktes für den Buchhandel ist neuerdings in Livorno gemacht worden.

verschwunden. Nur die Mandoline — neuerdings freilich fast ganz verdrängt durch — den Leierkasten! — zittert noch zuweilen ihre Zauber-
klänge durch die römischen Nächte. In Familien und Gesellschaften
wird viel gespielt und gesungen, freilich meist nur Nachklänge aus dem
Theater. — Politisches Leben: Ein edler Neapolitaner, Coletta,
sagt: „Frei ist in Italien der Gedanke und die Zunge, knechtisch das
Herz, faul der Arm und in jedem politischen Ereigniss nur Scandal
aber keine Kraft." Aber bei allem politischen Un- und Missgeschick
bewahrt der Italiener unangetastet und stark sein Nationalgefühl und
die begeisterte Liebe für Italien. Die Revolution von 1859, durch welche
Oestreich mit Hülfe Napoleons III. aus der Lombardei gedrängt, der
Papst auf das Patrimonium Petri eingeschränkt, das Königreich Neapel
und alle Mittelstaaten mit Sardinien zu einem constitutionellen Königreich Italien vereinigt wurden, hat ganz neue Bahnen des politischen
Lebens eröffnet.

Das Fabrikwesen war bis vor Kurzem in Italien nicht bedeutend,
und fast nur in Toscana und einigen Städten der Lombardei von Einfluss auf den Handel. Tuche, Leinwand, fast alle Modeartikel und
Luxuswaaren, selbst Eisen- und Kupferfabricate kamen aus dem Ausland. Dagegen thut man Unrecht, der Trägheit des Volks die Schuld
zu geben. Wo dem Arbeiter der Erfolg seiner Arbeit gesichert ist, ist
er unermüdlich, wie in Toscana und der Lombardei, wie die einzelnen
Handwerker etc. Auch ist wohl zu beachten, dass vorzügliche Seidenstoffe, Tuch- und Baumwollwaaren gemacht werden in Turin, Genua,
Lucca, Neapel, Salerno, Palermo und Catania, Ancona, Florenz, Pesaro
und Bologna; Handschuhe aus dem Gespinnst der pinna marina in Palermo; lederne Handschuhe in Neapel, Genua, Rom und Lucca; Seiden-
crepps in Bologna; Leder in Rieti, Rom, Genua, Ancona, Messina etc.;
Papier in Lucca, Pescia, Colle, Serravezzo, Turin etc.; Seife in Neapel,
Livorno; die rothen Fesse für die Levante in Genua und Prato; Strohhüte in Toscana etc. Der Handel ist nicht mehr so ausgebreitet, als
im Mittelalter; doch nicht unbeträchtlich. Ausfuhrartikel sind die o. e.
Natur- und Kunsterzeugnisse, Einfuhrartikel sind die Colonialwaaren,
gesalzene Fische, Lein-, Baumwollen- und Wollenzeuge, Metall- und
Modewaaren. Haupthandelshäfen sind Genua, Cagliari, Nizza, Livorno,
Civita Vecchia, Ancona, Sinigaglia, Neapel, Bari, Gallipoli, Reggio,
Cotrone, Messina, Palermo und Trapani. — Volkscharakter: Durch-
gängig ist dem Italiener ein ästhetischer Sinn, die Lust, dem Bedürfniss durch einen Schmuck Weihe zu geben, eigen; Metzger und Käse-
händler ordnen und verzieren ihre Botteghen mit demselben Aufwand
von Kunst wie Bijoutiers und Modewaarenhändler. Daneben zeichnet ihn

praktischer Sinn in Ueberwindung grösserer oder kleiner Schwierigkeiten und Geistesgegenwart in Gefahren aus. Talentvoll ist der Italiener mehr als andere Europäer, und von wunderbarer Fassungsgabe, so dass die Unterweisung bei einiger Methode überraschend leicht ist; allein es fehlt ihm die sittlich-religiöse Grundlage. Desshalb ist er der Gefahr politischer und religiöser Freigeisterei, vornehmlich französischer, sehr ausgesetzt, und dem aufmerksamen Beobachter in Italien wird es nicht entgehen, dass die Geistlichen von der Kanzel gegen nichts so sehr eifern, als gegen Philosophie. Die Gewandtheit in der Sprache zeigt sich vornehmlich in Redekunst und Poesie, und zwar auf den Kanzeln, bei den Improvisatoren, welche letztere auch zuweilen nur in Prosa erzählen. Was im Norden, namentlich in Deutschland, das Volksleben heiter erscheinen lässt, die sogenannten Vergnügungsorte, Wirthshäuser, Gärten, fehlen fast ganz; Musik hört man sehr wenig, selbst in Kirchen. Es gibt Volksspiele,[1] allein wenige und einförmige, man vergleiche nur das Ballspiel der Italiener (ein blosses Hin- und Herschlagen des Balles mit der flachen Hand) mit dem deutschen! Allein wie ernst und freudlos sie auch für gewöhnlich aussehen, so können sie doch — einmal zur Freude angeregt — diese bis zu einem Grade steigern, davon uns nur unsere Kinder einen Begriff geben, wie im Carneval, in den October-, Johannis- und andern Festen. Zu Mitleid und Erbarmen ist der Italiener sehr geneigt, vornehmlich mit den Bedürftigen und Kranken; aber auch mit dem Verbrecher, der der Gerechtigkeit in die Hände gefallen, was der Ausübung der Rechtspflege nicht selten hinderlich ist, und das Verbrechen selbst sogar weniger verabscheuungswürdig erscheinen lässt, als es zur Ordnung öffentlicher Moralität nothwendig ist. Zeugenaussagen wider einen Verbrecher sind desshalb nur schwer zu erlangen, und so konnten z. B. noch 1841 in der Lombardei 3773 Diebstähle und 703 Räubereien unentdeckt bleiben, indess nur gegen 736 Diebstähle und 82 Räubereien auf bestimmte Personen Untersuchung eingeleitet werden konnte. Sehr gross ist aus derselben Ursache die Zahl derer, die ab instantia losgesprochen werden. Eine mit Mitleid ziemlich contrastirende Erscheinung ist die häufige Aus-

---

[1] Leidenschaftlich liebt der Italiener sein »Mora«, und man sieht ihn dasselbe oft beim frühen Morgen, am heissen Mittag, im Mondenlicht, beim Schimmer der Strassenlaterne fortspielen, auf allen Strassen und Plätzen, gehend und stehend, selbst liegend auf dem Wagen. Er braucht nichts dazu, als die Finger einer Hand und einen Mitspieler mit eben so vielen. Der unversiegliche Reiz besteht in der Kunst, die Zahl der von beiden Spielern zugleich gegen einander ausgestreckten Finger im Momente des Ausstreckens zu errathen. Ausserdem liebt er das »Boccia« und den Diskus, ein Werfen mit Kugeln oder Scheiben, das die Kinder auf die mannichfachste Weise variren.

setzung von Kindern, welche durch die vielen und gut eingerichteten Findelhäuser vielfach erleichtert wird. Weniger gewissenhaft in der Ehe, die sehr häufig ohne Liebe geschlossen wird, ist die Italienerin vor derselben sittenstrenger als Mädchen andrer Länder, und bei aller Offenheit und Natürlichkeit doch in der Regel jeder unsittlichen Zumuthung unzugänglich. Die vielen Anstalten in Italien, welche Unsittlichkeit befördern, Findelhäuser, Gebärhäuser (mit Begünstigung heimlicher Niederkünfte), Zufluchtstätten für gefallene Mädchen etc., entspringen mehr aus dem Uebermass des Mitleids als der Immoralität. Eine furchtbare Schande lastet auf dem Lande, dass Männer, sogar junge Männer ungescheut und ungestraft das Kupplergeschäft auf offener Strasse treiben. Dem Wahnsinn ist der Italiener weniger ausgesetzt als andere Nationen; auffallend ist, dass vornehmlich Geistliche aus religiösen Scrupeln und Grübeleien den Verstand verlieren. (Vgl. Mittermaier, Ital. Zustände, p. 188.) Ausserdem nennt man den Italiener schlau, leidenschaftlich, vornehmlich in der Eifersucht, geldgierig, betrügerisch, selbstsüchtig, träge, übersieht aber freilich dabei den Unterschied der Pflastertreter von den Handwerkern und Bauern, welche bis zur grössten Anstrengung thätig und arbeitsam, gefällig, anspruchslos, zutraulich und freundlich sind, wie den gebildeten Italiener, namentlich den Geistlichen, eine Eigenschaft auszeichnet, dafür unserer Sprache die Bezeichnung fehlt: la gentilezza. Die Frauen arbeiten im allgemeinen wenig, und überlassen meist auch die Sorge für die Küche dem Mann.

Die Hauptpunkte des öffentlichen Lebens sind die Theater, die Cafés und die Kirchen und neuerdings das italienische Parlament in Florenz. Theater sind in Italien Volksbedürfniss, werden indess meist von wandernden Künstlern versehen und für bestimmte Zeiten in Accord gegeben. Bei der Oper ist es hergebracht, nur eine bis drei Opern in der Saison zu geben, die man dann täglich wiederholt. Im Trauerspiel herrscht das künstliche Pathos; vorzüglicher wird man das Schauspiel, aber unvergleichlich das Lustspiel und die Farce finden, welche letztere sich stets dem Trauerspiel anschliesst. Die besten und grössten Theater sind die Scala zu Mailand, del Ré in Turin, il Fenice in Venedig und S. Carlo in Neapel. Die schönsten Cafés finden sich in Turin, Mailand, Venedig, Florenz und Neapel; das grösste und berühmteste zu Padua. — Die ältesten Kirchen haben Ravenna und Rom; die schönsten sind der Dom zu Mailand, S. Marco in Venedig, die Dome von Palermo, Monreale, Pisa, Florenz, Siena, Orvieto und Assisi, die Certosa von Pavia; die grössten S. Petronio zu Bologna, die Dome zu Florenz und Mailand und S. Peter in Rom.

Die italienischen Staaten

bestanden Anfang 1859 1) aus dem Königreich Sardinien mit 1375
Quadratmeilen und 5,167,542 Einwohnern; 2) dem Lombardisch-Venetianischen Königreich mit 826 Quadratmeilen und 5,173,054 Einwohnern; 3) dem Herzogthum Parma mit 113 Quadratmeilen und 500,000
Einwohnern; 4) dem Herzogthum Modena mit 110 Quadratmeilen und
605,000 Einwohnern; 5) dem Grossherzogthum Toscana mit 403 Quadratmeilen und 1,807,000 Einwohnern; 6) dem Kirchenstaat mit S. Marino,
mit 729 Quadratmeilen und 3,130,000 Einwohnern; 7) dem Königreich
beider Sicilien mit 2033 Quadratmeilen und 9,117,000 Einwohnern;
8) Corsica (französisch) mit 159 Quadratmeilen und 240,000 Einwohnern;
9) Malta (englisch) mit 10 Quadratmeilen und 140,000 Einwohnern.

Der Friede von Villafranca-Zürich (12. Juli und 10.—22. November
1859), danach die von Piemont bewerkstelligten Annexionen haben die
Karte von Italien gründlich geändert. Es gibt jetzt nur noch drei verschiedene Staaten darauf: das Königreich Italien, die päpstlichen Staaten und Lombardo-Venetien. Ich bin bei den folgenden Angaben dem Handbuch der vergleichenden Statistik von
G. Fr. Kolb, vierte Auflage, Leipzig 1865 gefolgt, der für Italien sich
an die officielle „Statistica del Regno d'Italia 1861 gehalten. Die Bewegung der Bevölkerung erscheint sehr gross, an einzelnen Orten so
gross, dass sie Zweifel erregt, sei's über frühere oder über die jetzigen
Angaben. Von allen Städten ist nur Brescia ein wenig zurückgegangen,
was der Anblick der vielen neuen Häuser nicht zu bestätigen scheint.

Im Junius 1860 wurde nach dem Vertrag von Plombières 24. März
Savoyen und Nizza Frankreich einverleibt und kurz darauf das Fürstenthum Monaco an denselben Staat verkauft. Nizza (Alpes maritimes)
zählt 393,000 Hectaren mit 194,578 Einwohnern, Savoyen-Chambéry
591,358 Hectaren mit 275,039 Einwohnern, Savoyen-Annecy (Haute Savoie)
341,715 Hectaren mit 267,496 Einwohnern.

Das Königreich Italien

(König Victor Emanuel, geb. 1820, vormals König von Sardinien seit 1849, als
König von Italien proclamirt 17. März 1861, anerkannt von allen Staaten, mit Ausnahme des Kirchenstaats, Oesterreichs und des deutschen Bundes.)

vereinigt die zum ehemaligen Königreich Sardinien gehörigen Länder
(mit Ausnahme von Savoyen und Nizza, die an Frankreich abgetreten
wurden), die durch den Frieden von Villafranca-Zürich von Oesterreich
abgelöseten Theile der Lombardei, die Herzogthümer Parma und Modena,
dann die Romagna, das Grossherzogthum Toscana, die Marken, Umbrien

und das Königreich beider Sicilien. — Es besteht aus 59 Provinzen, die (1859) in 193 Bezirke (circondarii) und 1597 Districte (mandamenti) abgetheilt wurden und 7706 Gemeinden bilden, und in sechs Regierungskreise gefasst sind: I. Sardinische Staaten und Lombardei: 1) Aeltere Besitzungen auf dem Festland 624 Quadratmeilen mit 3,535,736 Einw.; 2) Lombardei 419 Quadratmeilen mit 3,104,838 Einw.; 3) Insel Sardinien 440 Quadratmeilen mit 588,064 Einw.; — II. Emilia (Parma 474,598; Modena 631,378; Romagna 1,040,591 Einw.) 406 Quadratmeilen und 2,146,567 Einw. — III. Die Marken (883,073 Einw.) und Umbrien (513,019 Einw.) mit 351 Quadratmeilen und 1,396,092 Einw. — IV. Toscana 391 Quadratmeilen und 1,826,334 Einw. — V. Neapel (Festland) 1548 Quadratmeilen und 6,787,520 Einw. — Die Insel Sicilien 491 Quadratmeilen und 2,391,302 Einw. Im Ganzen mit den kleinern Inseln 4670 Quadratmeilen mit 21,776,953 Einw.

I. **Die alten Provinzen nebst der Lombardei** zählen 15 Provinzen: 1) Alessandria mit 645,607 Einw.; 2) Bergamo mit 347,335 Einw.; 3) Brescia mit 486,383 Einw.; 4) Cagliari mit 372,097 Einw.; 5) Como mit 457,434 Einw.; 6) Cremona mit 339,641 Einw.; 7) Cuneo mit 597,279 Einw.; 8) Genua mit 650,143 Einw.; 9) Mailand mit 948,320 Einw.; 10) Novara mit 579,385 Einw.; 11) Pavia mit 419,785 Einw.; 12) Porto Maurizio mit 121,330 Einw.; 13) Sassari mit 215,967 Einw.; 14) Sondrio mit 106,040 Einw.; 15) Turin mit 941,992 Einw. — II. **Emilia** mit neun Provinzen: 1) Bologna mit 487,452 Einw.; 2) Ferrara mit 199,160 Einw.; 3) Forli mit 224,463 Einw.; 4) Massa und Carrara mit 140,733 Einw.; 5) Modena mit 260,591 Einw.; 6) Parma mit 256,029 Einw.; 7) Piacenza mit 218,569 Einw.; 8) Ravenna mit 209,518 Einw.; 9) Reggio mit 230,054 Einw. — III. Die **Marken** mit vier Provinzen: 1) Ancona mit 254,249 Einw.; 2) Ascoli mit 196,030 Einw.; 3) Macerata mit 229,626 Einw.; 4) Pesaro und Urbino mit 202,568 Einw. — IV. **Umbrien** ist eine Provinz (umfasst die Bezirke Perugia, Spoleto, Rieti, Fuligno, Terni, Orvieto) mit 513,019 Einw. — V. **Toscana** mit sieben Provinzen: 1) Arezzo mit 219,559 Einw.; 2) Florenz mit 696,214 Einw.; 3) Grosseto mit 100,626 Einw.; 4) Livorno mit 116,811 Einw.; 5) Lucca mit 256,161 Einw.; 6) Pisa mit 243,028 Einw.; 7) Siena mit 193,935 Einw. — VI. **Neapel**, Festland mit sechzehn Provinzen: 1) Abruzzo citeriore (Chieti, Lanciano, Vasto) mit 327,316 Einw.; 2) Abruzzo ulteriore I. (Teramo, Penne) mit 230,061 Einw.; 3) Abruzzo ulteriore II. (Aquila, Sulmona, Avezzano, Cittaducale) mit 309,451 Einw.; 4) Basilicata (Potenza, Matera, Melfi, Lagonegro) mit 492,959

Einw.; 5) Benevento (Benevento, Cerreto, S. Bartolommeo in Galdo)
mit 220,506 Einw.; 6) Calabria citeriore (Cosenza, Paola, Castro-
villari, Rossano) mit 431,922 Einw.; 7) Calabria ulteriore I. (Reggio, Gerace, Palmi) mit 324,546 Einw.; 8) Calabria ulteriore II.
(Catanzaro, Monteleone, Nicastro, Cotrone) mit 384,159 Einw.; 9) Ca-
pitanata (Foggia, Sansevero, Bovino) mit 312,885 Einw.; 10) Molise
(Campobasso, Iserina, Larino) mit 346,007 Einw.; 11) Neapel (Neapel,
Casoria, Pozzuoli, Castelamare) mit 867,983 Einw.; 12) Principato
citeriore (Salerno, Sala, Campagna) mit 528,256 Einw.; 13) Principato ulteriore (Avellino, Ariano, St. Angelo de Lombardi) mit
355,621 Einw.; 14) Terra di Bari (Bari, Barletta, Altamura) mit
554,402 Einw.; 15) Terra di Lavoro (Caserta, Nola, Gaëta, Sora,
Piedimonte) mit 653,464 Einw.; 16) Terra di Otranto (Lecce, Tarent,
Gallipoli, Brindisi) mit 447,982 Einw. — VII. Sicilien mit sieben Provinzen: 1) Caltanisetta mit 223,178 Einw.; 2) Catania mit 450,400
Einw.; 3) Girgenti mit 263,880 Einw.; 4) Messina mit 391,761
Einw.; 5) Noto mit 259,613 Einw.; 6) Palermo mit 584,929 Einw.;
7) Trapani mit 214,980 Einw. (im Ganzen 2,391,801).

Uebersicht der Bevölkerung der Städte des Königreichs Italien.

	1864.	1851.		1864.	1851.
Neapel	418,968	400,813	Pavia	28,670	23,000
Mailand	196,109	175,000	Cagliari	28,244	30,000
Turin	180,520	126,000	Ferrara	27,688	23,500
Genua	127,986	100,000	Modica	27,449	—
Florenz	114,363	97,548	Alessandria	27,027	36,000
Bologna	89,850	70,000	Barletta	26,474	18,000
Livorno	83,543	60,000	Trapani	26,334	23,500
Catanea	64,921	40,000	Termini	25,780	—
Messina	62,024	40,000	Molfetta	24,648	12,000
Parma	47,067	30,000	Corato	24,576	—
Brescia	40,499	35,000	Bergamo	24,526	30,000
Piacenza	39,318	30,000	Acireale	24,151	—
Pisa	33,676	—	Sassari	22,945	—
Modena	32,248	19,500	Trani	22,382	—
Bari	32,934	—	Bitonto	22,126	—
Foggia	32,493	—	Caltagirone	22,015	—
Ancona	31,238	30,000	Lucca	21,966	—
Cremona	31,001	25,000	Siena	21,902	—
Andria	30,067	—	Ragusa	21,705	—

	1864.	1851.		1864.	1851.
Reggio in der			Piazza Arme-		
Emilia	21,174	15,000	rina	20,310	—
Salerno	20,977	—	Asti	20,239	—
Caltanisetta	20,411	—	Canicatti	20,025	—

Die übrigen haben unter 20,000 Einwohner.

Die Regierungsform ist constitutionell-monarchisch: die Gesetzgebung liegt in den Händen eines Hauses der Abgeordneten, eines Senats und des Königs. Die Abgeordneten werden vom Volke gewählt. Wähler ist jeder italienische Staatsbürger nach zurückgelegtem 25. Jahr, wenn er wenigstens 40 Fr. directe Steuern zahlt. Der Senat wird vom König ernannt. Das Unterhaus zählt 443 Abgeordnete (72 von Piemont; 61 von der Lombardei; 22 von der Emilia; 20 von der Romagna; 28 von den Marken und Umbrien; 37 aus Toscana; 144 aus Neapel; 48 aus Sicilien; 11 aus Sardinien).

Die Finanzen bilden nicht die erfreulichste Stelle in den Zuständen des neuen Königreichs. Ein Rückblick auf die früheren Verhältnisse dürfte hier Manchem interessant sein. Kein Staat der Neuzeit hat seine Schuldenlast in dem Maasse vermehrt, als Sardinien. Vor der (ersten) französischen Revolution war das Land schuldenfrei; Genua hatte sogar 45 Millionen Capital. 1835 hatte Sardinien bereits 99,779,510 Lire Schulden, die sich bald sehr beträchtlich vermehrten. Die beiden Kriege gegen Oesterreich 1848—1849 kosteten 205,745,803 L. Von 1848—1854 hat man 568 ¹/₂ Mill. neue Schulden gemacht. Dazu kamen neue Schulden für den Krimkrieg 130 Mill. (die mit 6¹/₂ Proc. zu verzinsen waren). Im Jahr 1858 ein neues Anlehen von 50 Mill., ein gleiches im Februar 1859; im Mai 30 Mill., im October 100 Mill., im Juni 1860 150 Mill., dazu 150 Mill. von Frankreich als Schuldantheil von Savoyen; aus Veranlassung der Annexion der Lombardei musste Sardinien 250 Mill. Schulden übernehmen. Die Einnahmen betrugen 1852 101,564,000 L., das Deficit d. J. 60,040,824 L. (in den vier Jahren von 1851—1854 zusammen 154,479,583 L.). Im Jahr 1858 war die Einnahme 144,982,521 L., das Deficit 3,765,031 L. (in den sieben Jahren von 1854—1860 57,585,607 L., ohne die Nachtragscredite). — Parma hatte 1852 9,500,000 L. Einkünfte und etwas weniger Ausgaben; Schulden 6,700,000 L. Im Jahr 1859 hatte Parma 9,686,931 L. Einnahme und 9,394,166 Ausgaben. Es wurde aber äusserst willkürlich mit dem Staatsvermögen gewirthschaftet. — In Modena betrugen 1852 die Einkünfte 8,400,000 L., die Ausgaben 8,700,000 L. und dabei mag es ungefähr geblieben sein. — Toscana hatte um 1842 keine Schulden; 35,000,000 L. Einnahme und ebensoviel Ausgabe. Aber 1849—1853 borgte die Regierung 116,066,666 L. und machte 8¹/₂ Mill.

Papiergeld. Bis zur Annexion lieh die provisorische Regierung 36 Mill. — Das Königreich beider Sicilien hatte eine Einnahme von 26,670,000 Duc. eine etwas grössere Ausgabe und 86,299,380 Duc. Schulden. Die Staatspapiere hatten einen Curs weit über pari.

Die Finanzverwaltung des Königreichs Italien erlebte nun 1861 bei einem Budget von 490,870,037 L. Einnahme ein Deficit von 400,408,507 L. Das Budget von 1862 beziffert die Einnahme mit 531,285,004 L., die Ausgabe mit 840,131,376 L. und der Finanzminister erhält die Genehmigung der Kammer und des Senats zu einem neuen Anlehen von 700 Mill. die aber (durch die Differenz zwischen dem nominellen und reellen Werth) sich zu 1000 Mill., wo nicht mehr, gestalten. Bemerkenswerth ist, dass 305,758,110 L. für das Kriegswesen, 196,772,490 L. für die Schuld verausgabt werden, d. i. 96^1/$_4$ Proc. der Einkünfte; so, dass nur 3^3/$_4$ Proc. für alle übrigen Staatsbedürfnisse bleiben; ferner dass zu den Einnahmen von 1862 und 1863 der Erlös von verkauften Staatsgütern mit 81,717,377 L. gerechnet worden. Das Budget von 1863 hatte bei 585,914,142 L. Einnahme ein Deficit von 377,080,558 L. — Der Budget-Entwurf für 1865 hat bei einer Einnahme von 625,500,718 L. ein Deficit von 228,337,916 L. — Inzwischen stellt sich heraus, dass das wirkliche Deficit von 1861—64 2285 Mill. L. beträgt, und dass ausserdem für 370 Mill. Staatsgüter veräussert wurden. Die directen Steuern für 1865 wurden 1864 voraus erhoben, und eine grosse Anzahl indirecter erhöht; der König erliess 3 Mill. von seiner Civilliste. — Die Regierung des Königreichs Italien liess es sich angelegen sein, jeden Unterschied der verschiedenen Theile des neuen Einheitsstaats zu verwischen. Bei der Unificierung sämmtlicher Staatsschulden waren 86 Kategorien in 5procentige Schuldscheine des Königreichs umzuschreiben. Dabei wurde der Stand der Einzelschulden so berechnet: Sardinien 1159,975,595 L., Lombardei 145,412,988 L., Emilia 42,000,000 L., Toscana 209,000,000 L., beide Sicilien 550,000,000 L., zusammen 2106,385,583 L. und mit den bis Ende 1862 gemachten Schulden 3000 Mill. L., ohne den wegen Annexion des päpstlichen Gebiets übernommenen Schuldenantheil von 430 Mill. L.

Militär. Das Königreich Italien besitzt eine **Landmacht** von über 300,000 Mann zufolge des auch über die annexirten Provinzen ausgedehnten Conscriptionsgesetzes. Die Armee besteht (nach dem königl. Decret vom 24. Januar 1862) aus 6 Armeecorps, jedes zu 3 Divisionen, jede zu 2 Brigaden, 4—6 Bataillonen Bersaglieri (Scharfschützen), 2 Regimentern Cavallerie und 6—9 Batterien; dazu eine allgemeine Cavalleriereservedivision und 10 Batterien Artilleriereserve; so dass das Heer im Ganzen 17,946 Grenadiere, 185,442 Füseliere, 24,288 Bersaglieri (zusammen 227,796 Mann Infanterie), 16,920 Mann Cavallerie, 25,340

Mann Artillerie, 6006 Sapeurs, 9340 Trainsoldaten und 18,461 Carabinieri zählt. Inzwischen beläuft sich die wirkliche Stärke so hoch nicht. Dazu aber kommt die mobilisierte Nationalgarde mit 150,000 M.

Die Festungen sind (in den alten Provinzen) Alessandria, Casale, Genua, Tortona, Ivrea; die Cittadellen von Turin, Savona, Coni, Novi, Mondovi, Fossano; (in Mittelitalien) Ancona, Ferrara, Orbitello, San Martino; die Castelle zu Livorno, Siena, Volterra, Pistoja, Florenz; (auf Elba) Porto Ferrajo und Porto Longone; (in Unteritalien) Gaëta, Civitella del Tronto, Pescara, die Cittadellen von Neapel; (auf Sicilien) Messina und Syrakus; (auf Sardinien) Cagliari und Sassari.

Die Seemacht des Königreichs Italien zählt (1865) 73 Kriegs- und 25 Transportschiffe mit 1324 Kanonen, 26,030 Pferdekraft, 128,479 Tonnen Gehalt und 21,930 M. Bemannung. Kosten 141,429,205 L. Das grösste Schraubenschiff ist der Rè Galantuomo zu 64 Kanonen. — Vor der Revolution hatte Sardinien eine Landmacht von 60,000 Mann, die für den Krieg auf 85,000 gebracht wurden, und eine Seemacht von 60 Kriegsfahrzeugen mit 100 Kanonen. Parma hatte ein Heer von 6000 Mann; Modena 3500 Mann und 3 Regimenter Reserve. Toscana hatte ein Heer von 11,500 Mann und eine Marine von 3 Goeletten und 2 Kanonierbooten. Das Königreich beider Sicilien hatte eine Landmacht von 45,000 Mann und eine Seemacht von 29 Kriegsfahrzeugen mit 484 Kanonen.

Die Handelsmarine von Italien wurde 1862 auf 16,500 (grosse und kleine) Fahrzeuge von 666,000 Tonnen und 52 Dampfer mit 16,886 Tonnen geschätzt; davon kamen 12,900 von 250,000 Tonnen auf Neapel und Sicilien.

Das Kirchen- und Schulwesen ist in bedeutender Umwandlung begriffen. Die herrschende Kirche ist die katholische, doch ist die protestantische (früher schon im Königreich Sardinien geschützt) im Königreich Italien keiner Verfolgung mehr ausgesetzt und in Florenz, wie sogar in Neapel entstehen Häuser und Kirchen für ihren Gottesdienst. Im Königreich Sardinien bestanden schon 1858 15 protestantische Parochien mit 23,000 Seelen; in Torre Valdese ist ein Collegio, in welchem die protestantischen Geistlichen gebildet werden; auch ist daselbst das protestantische Consistorium. — Das Königreich Italien hat 185 Bischöfe und 44 Erzbischöfe, 15,594 Mönche, 18,198 Nonnen, 4468 Novizen und 7671 Novizinnen. Der Capitalwerth der geistlichen Güter wird auf nahebei 2 Milliarden geschätzt. Sardinien hatte 7 katholische Erzbisthümer, 34 Bisthümer und 23,000 Geistliche; von 341 Mönchsklöstern und 142 Nonnenklöstern sind im Jahr 1855: 60 Mönchs- und 46 Nonnenklöster mit 1,062,000 L. Einkünften aufgehoben worden; dazu 40 auf der Insel und 182 (oben nicht gerechnete) Bettelklöster. — Im Herzogthum Modena zählte man 1858 unter 606,139 Einw. 212 Protestanten,

2821 Juden, 212 Geistliche. — In Toscana herrschte gegen den Protestantismus ein sehr rigoroses System. Die katholische Kirche wird von 3 Erzbischöfen und 16 Bischöfen geleitet; es gab 314 Klöster mit 3240 Mönchen und 4173 Nonnen; dazu 10,350 Weltgeistliche. — Neapel hat 21 Erzbischöfe und 114 Bischöfe; 26,800 Weltgeistliche, 13,611 Mönche, von denen 4712 ein Einkommen haben von 4,555,968 L., während 8899 vom Bettel leben; 8001 Nonnen mit 4,772,794 L. Einkommen. — Das Schulwesen lag in den meisten Staaten Italiens sehr darnieder. Die neue Regierung hat (schon 1862) 33 Normalschulen errichtet: 10 in den sardinischen Provinzen, 6 in der Lombardei, 4 in der Emilia, 6 in den Marken und in Umbrien, 2 in Toscana und 5 in dem ehemaligen Königreiche beider Sicilien. Im Jahr 1856 waren im Königreich Sardinien noch 145 Gemeinden ohne Elementarschulen für Knaben und 1151 Gemeinden ohne solche für Mädchen, so kam es, dass 1857 von 17,000 Rekruten über die Hälfte weder lesen noch schreiben konnten. 1861 besassen von 7721 Gemeinden 7027, 1862 schon 7290 Volksschulen. Die Zahl der Lehrer stieg von 12,457 auf 14,253, die der Lehrerinnen von 6631 auf 7604. Unterrichtet wurden 459,273 Knaben und 341,929 Mädchen; im Jahr 1863 schon 939,234 Kinder. Aber die Gesammtzahl der Kinder von 6 — 12 Jahren beträgt 3,166,000! 1863 hatte Italien 147 technische Schulen, 250 Gymnasien und 87 Lyceen; dazu 19 Universitäten. — Die Literatur ist im raschen Aufblühen: 1863 erschienen 4243 Schriften im Druck, dazu 365 Zeitungen und Zeitschriften. — Ackerbau: 10,011,162 Hectaren Aecker und Weinberge; 859,701 Hectaren Wiesen; 119,436 Hectaren Reisfelder; 552,384 Hectaren Olivenpflanzungen; 579,910 Hectaren Castanienpflanzungen; 3,926,967 Hectaren Gehölze; 5,091,820 Hectaren Weideland. — Getreide-Einfuhr (1861): 922,535 Hectoliter = 18½ Mill.; Ausfuhr 107,140 Hectoliter = 2¼ Mill. L. — Vieh: 3,272,595 St. Rinder; 1,286,758 Pferde, Esel und Maulthiere; 8,415,796 Schafe; 2,174,617 Ziegen; 3,649,910 Schweine. — Eisenbahnen waren 1859 in Betrieb 1472 Kilom.; im März 1864: 2290 Kilom. (über 400 M.). Nach Ausführung der bereits projectirten Bahnen wird das Königreich 7223 Kilometer Eisenbahnen haben. — Actiengesellschaften bestanden vor 1860 279; jetzt zählt man 377, mit einem Nominal-Capital von 1,353,270,820 L.

Die römischen Staaten

oder der Kirchenstaat, gegenwärtig beschränkt auf 1. Rom und die Comarca mit 82 Q.M. und 326,509 Einw. 2. Delegation Viterbo mit 54 Q.M. und 128,324 Einw. 3. Delegation Civitavecchia mit 18 Q.M. und 20,701 Einw. 4. Delegation Velletri mit 28 Q.M. und

62,013 Einw. 5. Delegation Frosinone mit 32 Q.M. und 146,759 Einw., zusammen 214 Q.M. und 684,306 Einw. — Der frühere Bestand (vor der Revolution) war: 1. Eigentliches Patrimonium Petri, d. i. Rom und die Comarca, dazu die drei Delegationen Viterbo, Civitavecchia und Orvieto. 2. Die 4 Legationen der Romagna: Bologna, Ferrara, Forli und Ravenna. 3. Die Marken mit den 6 Delegationen: Ancona, Urbino-Pesaro, Macerata, Fermo, Ascoli und Camerino. 4. Umbrien mit den 3 Delegationen: Perugia, Spoleto und Rieti. 5. Campagna maritima mit den 3 Delegationen: Velletri, Frosinone und Benevent. — Die Finanzverhältnisse der Gegenwart sind nicht genau bekannt; jedenfalls sind sie nach Abtrennung von mehr als drei Viertheilen des Staats nicht glänzend. Nach nicht officiellen Angaben waren 1860 die Einkünfte 8 Mill. Sc., die Ausgaben 22 Mill. 1862: Einkünfte 5 Mill., Ausgaben 10 Mill. Die Regierung hat bis jetzt die Zinsenlast für die abgetretenen Provinzen und die Besoldung der vertriebenen Beamten getragen. Die ihr durch den „Peterspfennig" gewordene Beisteuer betrug bis zum 1. Juni 1864 37,690,000 Fr. Nach dem Budget für 1865 beträgt die Einnahme 6,300,000 Sc., die Ausgabe 11,800,000 Sc., somit das Deficit 5½ Mill. — Die Staatsschuld betrug 1. Januar 1858: 66,471,274 Sc. 1862 muss sie auf 80 Mill. gestiegen sein. — Das Militär (meist Ausländer) besteht aus 7800 Mann Infanterie, 700 Mann Cavallerie, 900 Mann Artillerie, 3 Feld- und 5 Positionsbatterien. — Feste Plätze: Die Engelsburg in Rom, Civitavecchia (beide von Franzosen besetzt) und Porto d'Anzo. — Die herrschende Religion ist die katholische; unter Beschränkungen sind Juden (9237) und Akatholiken (283) geduldet. Der Geistlichkeit gehört der Staat. Vor der Revolution zählte man 66,100 Geistliche (1 auf 45 Einw. oder 9 Familien), 109 Bisthümer, 117 Seminarien, 10,950 Pfarreien und 19,000 Kirchen und Klöster (1830 Mönchs-, 620 Nonnenklöster). Der Grundbesitz der Geistlichkeit wurde auf 195 Mill. Sc. geschätzt. Auch der Adel besitzt grosse Reichthümer. — Ackerbau, Industrie und Handel liegen darnieder. Die Handelsmarine zählte 1860: 298 Schiffe von 4658 Tonnen. Die Herabsetzung der Zölle 1856 wirkte wohlthuend auf den Verkehr, so dass die Einfuhr von 9,797,822 Sc. (1856) auf 13,510,143 Sc. (1858), die Ausfuhr von 9,685,283 Sc. auf 11,690,258 stieg. Die Volksbildung stand bisher ziemlich tief; eine Hebung derselben verdankt man den von den Monsignori Marini und Morichini eingeführten, von den Fürsten Borghese und Conti unterstützten Abendschulen für Handwerkerlehrlinge (scuole notturne), in denen Moral, Geschichte, Geographie, Naturwissenschaft gelehrt wird. Ein eigenes Journal „l'Artigianello" erscheint für sie. — Die Regierungsform ist hierarchisch-monarchisch. An der Spitze steht ein gewählter (nicht

erblicher) Monarch, der Papst; ihm zur Seite das Cardinalcollegium,
deren Mitglieder er ernennt, und aus dem er selbst hervorgegangen. —
Landescollegien: in geistlichen Angelegenheiten — Congregationen;
in weltlichen für die Finanzen die Camera unter dem Cardinal Camer-
lengo; für die obere Justiz die Sagra Consulta; für die oberste Polizei
das Buon Governo; für die Staatsschulden die Congregazione de' Monti.
Die päpstliche Kanzlei heisst Dataria. — Salz, Tabak, Lotto und Steuern
sind verpachtet. — Die Rechtsverwaltung geschieht nach dem
Corpus juris und dem canonischen Recht. Rechtshändel bis zu 300 Sc.
werden von den Governatori (Cantonbeamten) entschieden; die kleine
Gerichtsbarkeit wird in den Hauptorten der Delegationen durch einen
Assessor des Delegaten, in Rom durch einen Richter des Tribunale di
Campidoglio verwaltet. Höhere Gegenstände gehören vor die Tribunale
erster Instanz, unter einem Prätor. Das Appellationstribunal für die
zweite Instanz ist zu Rom. Zwei gleichlautende Erkenntnisse beendigen
den Process; im andern Fall geht er an die Segnatura in Rom, die
entscheidet, ob weiter verfahren werden soll oder nicht. Im erstern
Fall kommt die Sache an die Sagra ruota zu Rom, diesen ehedem
obersten Gerichtshof der Christenheit, der abermals in mehren Instanzen
Recht spricht, wodurch sich ein Process gewöhnlich über die Lebenszeit
der streitenden Parteien hinausschiebt. Das Verfahren bei allen Tribu-
nalen ist schriftlich durch Advocaten, die ihre langen Vorträge bei der
Segnatura und Ruota in lateinischer Sprache stets drucken lassen (nach
Raumer öffentlich bei den Gerichten erster Instanz, doch ohne Ge-
schworne). Jede Delegation hat ein Criminalgericht. Die freiwillige
Gerichtsbarkeit ist in den Händen der Bischöfe und Governatoren.
Ausserdem besteht das Inquisitionsgericht, das auf geheime An-
klagen mit Verschweigung des Klägers Processe einleitet und Urtheil
spricht. Durch Pius IX. sind Reformen in der Rechtspflege eingeführt
worden, deren Dauer erst noch abzuwarten ist.

Das ehemalige lombardisch-venetianische Königreich,

seit dem Frieden von Villafranca und Zürich (12. Juli, 22. November
1859) auf Venetien mit dem Festungsviereck Mantua, Verona, Peschiera
und Legnago beschränkt, seit dem 5. Juli 1866 an Frankreich abgetreten,
von diesem aber dem Königreich Italien überlassen, hat 456½ Q.M.
und 2,446,056 Einw. Es wird durch Südtirol und andere östreichische
Erbstaaten, und das adriatische Meer begrenzt. — Eigenthümlich ist das
Bewässerungssystem durch die mit der Wasserfläche über der
Fläche des Landes stehenden Flüsse. — Das Klima ist angenehm, allein
im Winter oft empfindlich kalt. Das ganze Land, mit Ausnahme einiger
vulkanischen Erhebungen (Euganeische Hügel), eine sanft nach den

Alpen aufsteigende Fläche, äusserst fruchtbar und sehr gut angebaut.
Die Landbauern sind aber Zeitpächter um einen Antheil an der Ernte.
Die Eigenthümer (Signori) leben in den Städten und halten sich nur
zeitenweis in ihren Landhäusern auf. Die neue Organisation ist noch nicht vollendet (Juli 1866). Unter
Oestreich war ein G o u v e r n e m e n t zu Venedig; Delegationen waren
in Venedig, Padua, Verona, Vicenza, Treviso, Udine, Belluno und
Rovigo. Die Delegationen waren in Districte unter einem Canceliere di
Censo, und diese in Gemeinden mit einem Podestà eingetheilt. Die Ge-
meinden waren theils l ä n d l i c h e, mit Versammlungen von Grundeigen-
thümern (Convocati) und einer Deputation, theils s t ä d t i s c h e mit
Räthen (Consigli) und einer Deputation (483 zu Venedig). Im Gouvernement bestand eine Centralcongregation aus Gutsbesitzern und städtischen
Repräsentanten unter dem Präsidium des Gouverneurs, und in jeder
Delegation eine Provincialcongregation unter dem Präsidium des Delegaten mit bloss berathender Stimme zur Vertheilung der ausgeschriebenen
Steuern und Militärlasten, und zur Aufsicht über verschiedene öffentliche Anstalten. Ausserdem bestand für jede Delegation eine Provincialcongregation zur Ordnung des Steuerwesens in der Delegation. Gleichheit
der Rechte und Pflichten (Militärpflichtigkeit) spricht die Urkunde vom
24. April 1815 aus. Durch Verordnung vom 2. November 1856 gehörten
zu dem Berufe der Centralcongregationen auch die Angelegenheiten des
für jedes Verwaltungsgebiet einer Statthalterei errichteten Landesfonds.
Justizangelegenheiten gehen nach italienischen Gesetzbüchern. Der
höchste G e r i c h t s h o f war der Revisionshof in Verona; das Appellations-
gericht in Venedig; Tribunale erster Instanz waren im Hauptort jeder
Delegation; Friedensgerichte in jedem District. Finanzbehörde (Magistrato
camerale) und Verwaltung waren seit 1830 getrennt. Als G e s e t z b u c h
ist das des Königreichs Italien eingeführt. Das gerichtliche Verfahren
beim Friedensgericht ist mündlich zu Protokoll; bei den Gerichten hängt
es von den Parteien ab, ob sie mündlich oder durch Advocaten verhandeln wollen. — Die herrschende K i r c h e ist die römisch-katholische;
doch ist die evangelische, selbst als Gemeinde mit Pfarrer und Gottes-
haus, geduldet. Juden sind gleichfalls geduldet, und fördert die Regierung jegliche mögliche religiöse Toleranz. Das Concordat zwischen
Oestreich und Rom ist aufgehoben; die religiösen Körperschaften sind
aufgelöst. Die Geistlichkeit steht unter dem Patriarchen von Venedig,
1 Erzbischof und 8 Bischöfen. U n i v e r s i t ä t Padua. Die Leitung der
Studien ist unter Aufsicht der Regierung den Directoren der Facultäten
übergeben. — Die Staatsschuld des ehemaligen lombardisch-venetianischen
Königreichs betrug 1863: 66,451,492 fl.

Beilagen.

Bäder und andere Aufenthaltsorte für Kranke.

I. Bäder. [1]

1) Heilquellen.

Italien ist sehr reich an Mineralquellen, vornehmlich an heissen, deren Temperatur 60—66⁰ erreicht. Bemerkenswerth ist das Vorkommen von Schwefel und schwefelsauren Salzen. Doch fehlt es auch nicht an anderen bekannten Wassern. Einem bewährten Autor [2] folgend, theilen wir sie in Eisenwasser, Schwefelwasser, alkalische Mineralwasser, Glauber- und Bittersalzwasser, Kochsalzwasser und Säuerlinge.

A. Eisenwasser.

Amphion in Savoyen, kalt, alaunhaltig, reich an kohlensaurem, schwefelsaurem und salzsaurem Kalk, Eisen.

Bibiana in Piemont, hat wenig Eisen.

Ceresole in Piemont, eine der stärksten Eisenquellen, enthaltend kohlensaures Gas, kohlensaures Eisen, kohlensaures Natron, Talk und Kalk; schwefelsaures und salzsaures Natron, und wird sehr gerühmt.

Chitignano del Rio in Toscana, reich an kohlensauren Erden, kohlensaurem Eisen und Kohlensäure. Ihr ähnlich sind die benachbarten Quellen von Poggipagnoli, Pollajuolo, Chiora und Madonna della Selva.

Civilina im Kirchenstaate, Vitriolwasser, enthaltend schwefelsaures Eisen, schwefelsauren Kalk und Talk, wirkt sehr adstringirend und wird namentlich bei Scorbut und passiven Blut- und Schleimflüssen angewendet.

Craveggia in Piemont, von 22⁰, enthaltend schwefelsauren Thon und Kalk, und wird als Bad sehr gerühmt bei Lähmungen, veralteten Gichtbeschwerden, hartnäckigen Hautausschlägen, rhachitischen Leiden und allgemeiner Schwäche.

Molla in Piemont, enthaltend kohlensauren Kalk und Eisen, wird

---

[1] Hazardspiele sind mit einziger Ausnahme der Bäder von Lucca überall verboten.

[2] Osann, physikal. medicin. Darstellung der bekannten Heilquellen der vorzüglichsten Länder Europa's.

bei Schwäche überhaupt, besonders bei atonischer des Unterleibs (Bleichsucht) empfohlen.

Von ähnlicher Wirkung sind die Eisenquellen zu Marclaz, Ar-
rache, Poggetto, Theniers, Mathoney, Sixt, Albens, Fute-
ney, Planchamp, Moncenisio, Villar Jarrier, Boisplan, La
Croiz, Laferranche, La Baisse, Simon etc.

Morbello in Piemont, reich an schwefelsaurem Eisen, aber wenig
benutzt.

Recoaro bei Padua, von Ende Mai bis Mitte September sehr besucht, reich an freier Kohlensäure, mit kohlensaurem Eisen und Kalk
und schwefelsaurem Kalk und Talk, sehr frisch, wirkt stärkend, auflösend, und als Getränk vornehmlich bei Stockungen im Unterleibe,
mit örtlicher oder allgemeiner Schwäche verbunden, — häufig auch als
stärkende Nachcur nach schwächenden Mineralquellen. Es wird auch
gegen Lungenübel, Hysterie und selbst gegen Blasensteine gebraucht.

B. Schwefelwasser.

Abano bei Padua (auch nach dem nahen Dorfe Battaglia genannt), von 60—70° Wärme, enthaltend Schwefelwasserstoffgas, Kochsalz, schwefelsaures Natron, salzsauren und schwefelsauren Kalk und
Talk, wird vorzugsweise in Form von Wasser- und Mineralschlammbädern bei chronischen Hautausschlägen, veralteten Gichtbeschwerden,
Lähmungen (der Arme und Beine) und syphilitischen Leiden benutzt.

Acqui in der Nähe von Alessandria, von 31—41°, enthaltend hy-
drothionsauren Kalk, salzsaures Natron und Kalk, wird vorzugsweise in
Form von Wasser- und Mineralschlammbädern bei Lähmungen und hartnäckigen gichtischen und rheumatischen Leiden, ferner gegen Nervenübel
und Hautkrankheiten benutzt. In den Quellen von Monte Stragone erkannte
Cantù Jod, was die auflösende Kraft verstärkt. Frisches und sehr gesun-
des Trinkwasser wird durch einen Aquäduct von Rocca-Sorda herabgeführt.

Aix in Savoyen, beide Quellen, die Schwefel- und die Alaunquelle,
35—36°, enthaltend kohlensaures Gas, Schwefelwasserstoffgas, kohlensaure
Erde, schwefelsauren Kalk, Talk und Natron, salzsauren Kalk, Talk
und Natron und Eisen, werden innerlich und äusserlich häufig benutzt.

Bobbio in Piemont, enthaltend ausser den gewöhnlichen Bestand-
theilen noch Alaun. Dessgleichen die savoyischen Quellen La Caille;
Calliano nicht, Camara hinsichtlich des Schwefelgehaltes eine der
reichhaltigsten; Castellnuovo d'Asti, enthaltend Schwefelwasserstoffgas, kohlensaures Gas, salzsaures und schwefelsaures Natron, kohlensauren Kalk und Eisen, und Jodine.

Castellamare bei Neapel, von 32°, wirkend gegen Magenschwäche,

Kopfweh. In der Nähe mehre ähnliche laue und kalte eisenhaltige Schwefelquellen, die mit Glück gegen Augenentzündungen als Augenbad angewendet werden.

Pozzuoli bei Neapel, von 25—35°, enthaltend kohlensauren Kalk, Talk, Thonerde, Eisen, salzsauren und schwefelsauren Kalk. Die Schwefeldämpfe (Stufe di Nerone) am Lago d'Agnano werden als Schwitzbäder in der Gicht und der Merkurialkrankheit häufig benutzt.

Valdieri in Piemont, von 19—51°, werden hauptsächlich als Wasser- oder Schlammbäder benutzt.

Von den übrigen warmen und kalten Schwefelquellen seien noch erwähnt in Piemont Acqua Santa, Alfiano, Borgomaro, Castiglione, Genesio, Lampiano, Montasia, Murisengo, Penna, Retorbido, Roccabigliera, Santa Fede, Vignale, Vinadio (mit Schlammbädern), Voltaggio, Villadeati etc.; in der Lombardei: Trescore; in Parma: Lessignano; in Toscana: Montalceto, Volterra; in Sardinien: Antiogo, Fordingianus, Fluminimajor, Villa Sidru; im Kirchenstaat: Viterbo, und in Neapel: Contursi und Pisciarelli; Sciacca in Sicilien.

C. Alkalische Mineralwasser.

Ischia bei Neapel, mit den zahlreichsten und heissesten Quellen von 60°, die als Getränk und als Bäder benutzt werden. Sie enthalten kohlensaures Gas, kohlensaures und salzsaures Natron, salzsauren und schwefelsauren Kalk, kohlensauren Kalk und Eisen. Sie gelten als besonders wirksam bei hartnäckigen Uebeln der Lustseuche, der Gicht, namentlich der Merkurialgicht, bei chronischen Hautübeln (Schwitzbad von eisenhaltigem Sand), und bei Stockungen im Unterleibe, auch wendet man sie zur Heilung von Wunden an.

Perriere in Piemont, von 30°, reich an kohlensauren Erden, wird in den mannichfaltigen Formen von Gicht, bei Brustkrankheiten, Stockungen im Unterleibe, und bei Krankheiten der Urinwerkzeuge gerühmt.

D. Glauber- und Bittersalz.

Courmayeur in Piemont, von 11—16°, enthaltend kohlensaures Gas, schwefelsauren Talk, Kalk und Thonerde, Eisen, salzsaures Natron und kohlensauren Kalk, wird innerlich als auflösendes, abführendes Mittel benutzt.

St. Gervais in Savoyen, 33—35°, enthaltend Glaubersalz, schwefelsauren und kohlensauren Kalk und Kochsalz, sehr gerühmt bei Verschleimungen, Stockungen im Leber- und Pfortadersystem, Hämorrhoidalbeschwerden, sowie bei Schwäche des Uterus.

Lucca (15 Miglien von der Stadt entfernt), von 24—43°, enthaltend schwefelsanre, salzsaure und kohlensaure Salze, Eisen und eine geringe Beimischung von kohlensaurem Gas. Benutzt werden die Quellen als Getränk, Bad und Douche, und namentlich gerühmt bei Stockungen im Unterleibe, Hämorrhoidalbeschwerden, Scropheln, als Bad bei hartnäckigen Rheumatismen, gichtischen Beschwerden, chronischen Hautausschlägen und Lähmungen; auch gegen Wechselfieber, Nervenübel, Blasengries, Uteruskrankheiten und Unfruchtbarkeit. Die stärkste Quelle del Doccione.

Montecatini bei Pistoja, von 18—29°, enthaltend eine Beimischung von kohlensaurem Gas, schwefelsaurem Kalk und Thonerde, salzsaurem Natron, Kalk und Talk und boraxsaurem Kalk, wirkt auflösend abführend (gegen Ruhr).

Pisa (S. Giuliano, 3½ Miglien entfernt), von altem und ausgezeichnetem Rufe. Die Quellen sind lau, warm und heiss (23—33°) und enthalten schwefelsaure Salze, salzsaures Natron und Talk, kohlensauren Kalk, Talk und Thonerde. Innerlich gebraucht wirken sie reizend auf alle Se- und Excretionen, gegen Dicksaftigkeit, Neigung zum Erbrechen, Gelb- und Bleichsucht, gegen Magenkrampf, Durchfall, verdorbene Säfte, Harnfluss, Blasengries und überhaupt gegen Blasen- und Nierenkrankheiten. Als Bäder wirken sie gegen Rheumatismen, Gicht, Migräne, Hypochondrie, Hysterie, Scorbut, Knochengicht und Aussatz. Als Douche heilen sie Geschwüre und Geschwülste.

Ausserdem werden gerühmt **Pré S. Didier** und **Echaillon** in Piemont, **S. Casciano, Caldiero, Lazise, S. Pellegrino, S. Maria** etc.

E. Kochsalzwasser.

Civita Vecchia bei Rom, 24°, enthaltend salzsaures Natron und Kalk, schwefelsauren Kalk; Natron und Talk, kohlensauren Kalk und Eisen; wirken getrunken auflösend, abführend und werden bei Stockungen, Congestionen, sowie bei Krankheiten des Drüsen- und Lymphsystems empfohlen.

Auch Sardinien besitzt mehre derartige Quellen. In Sicilien sind die Quellen von Termini unweit Palermo berühmt.

F. Säuerlinge.

Asciano in Toscana, enthaltend Kohlensäure, schwefelsauren Kalk, Talk und Natron, salzsaures Natron, kohlensauren Kalk, und in geringen Quantitäten salzsauren und kohlensauren Talk, Thonerde und Kieselerde, wirkt als Getränk nach dem Gebrauch der Quellen von Lucca oder Pisa bei Stockungen des Unterleibes, Hypochondrie, Hysterie, Hämorrhoidalbeschwerden und Blasenkrankheiten, namentlich dem Stein.

Nocera im Kirchenstaate, enthaltend wenig kohlensauren Kalk, salzsauren Kalk und Talk, Thonerde, Kieselerde, Eisen; wenig kohlensaures Gas, Stickgas und Sauerstoffgas, wird gerühmt gegen Schwäche der Verdauung, Erbrechen, Hypochondrie und Hysterie.

In ähnlicher Weise wirken Montione bei Arezzo, Brandola, Grognado, Salerno, S. Vincent, Feterne, Bartemont etc.

2) Seebäder.

Wohleingerichtete Seebäder findet man in Castellamare, Neapel, Palermo, Livorno, Viareggio bei Lucca, Venedig und in Triest; die Einrichtung derselben in Genua ist sehr unvollständig im Hafen, dagegen besteht ein vortreffliches Seebad-Etablissement mit allen Comforts und guten Pensionsverhältnissen zu Pegli, wohin eine Eisenbahn von Genua in $\frac{1}{2}$ Stunde führt. In Nizza fehlt sie ganz; man muss frei am Strand baden; in Sorrent badet man in den Felsengrotten, wo übrigens keinerlei Einrichtung besteht. Bei Pisa, hinter den Cascinen, al gombo, ist eine gute Einrichtung. Wer wärmeres Wasser und ruhigen Wellenschlag sucht, findet beides in Spezia, auch in Villa Franca, unweit Nizza. Die Badezeit dauert von Mitte Junius bis Mitte August; andere Zeiten halten Italiener wenigstens für unzuträglich.

II. Andere Aufenthaltsorte für Kranke.

Nicht zu Italien gehörig, aber wegen seines milden Winters gern, wenigstens als Mittelstation benutzt, ist

Meran in Tyrol. Schnee fällt in der Regel nur auf den Höhen, bleibt auch in der Stadt nicht leicht liegen. Nebel sind nicht häufig. Im März aber wehen fast regelmässig kalte Winde, denen der Kranke sich nicht aussetzen darf. Dafür kann er fast den ganzen Winter hindurch während der Mittagsstunden in freier Luft sich aufhalten, sogar sitzen. Meran bietet im September treffliche Trauben und hat eine ebenso gute Molkencuranstalt, die am 15. April eröffnet wird; auch eine Kaltwasserheilanstalt. Aber es fehlen schattige Spaziergänge und sonstige Bequemlichkeiten für den Kranken. Selbst den kleinen Curgarten, der von den Beiträgen der Curgäste erhalten wird, weiss man für diese nicht gegen die Occupation durch Landvolk und städtische Kindsmägde zu schützen. Gute und bequeme Wohnungen findet man bei den beiden Doctoren Putz, ausserdem im Herbst und Frühjahr, in der Villa des Bürgermeisters Haller und sonst auf den Höhen um die Stadt. Treffliche Aerzte sind Dr. Tappeiner und Dr. Putz.

(Cf. Ueber die Stadt Meran in Tyrol, ihre Umgebung und ihr

Klima. Nebst Bemerkungen über Milch-, Molken- und Traubencur und nahe Mineralquellen. Wien 1837.)

Venedig wird neuerdings von Brustleidenden viel besucht und wird die wenn auch nicht besonders hohe, doch ziemlich constante Temperatur und der günstige Einfluss der Seeluft gerühmt. Auch ist die wagenlose Stadt ruhig und ohne Staub. Doch ist nasse Kälte hier unausstehlich. Die besten Fremdenquartiere liegen am Marcusplatz und an der Riva dei Schiavoni. Hier findet man Mittagssonne, Schutz gegen Nordwinde und bequeme Spaziergänge. Weniger günstig sind einige gegen Morgen gelegene Wohnungen am Canale grande. Aber eine bequeme häusliche Einrichtung wird man nicht leicht antreffen; am ersten noch in den neuen Quartieren am Canal der Giudecca und an der Riva delle zattere.

(Cf. Venezia dell Dott. Brera. Venezia 1838. — Dr. Taussig, Venedig von Seite seiner klimatischen Verhältnisse, mit besonderer Berücksichtigung seines Einflusses auf Skropheln und Lungenkrankheiten. Venedig 1847.)

Genua hat eine vortreffliche Lage, aber eine sehr unbeständige Temperatur; doch fällt der Thermometer selten bis auf 2° unter 0, und im Durchschnitt rechnet man 8 Frosttage aufs Jahr. Es regnet sehr viel in Genua, im Durchschnitt jährlich 131 Tage. Weniger ist es windig, im Sommer weht vornehmlich Südost, sonst Nord. Der kühlende Seewind folgt der Stellung der Sonne; des Nachts ist in der Regel Windstille. Für Brustkranke, Rheumatische und Katarrhalische ist Genua nicht geeignet; doch bietet die Umgegend z. B. Sestri di Ponente in Westen und an der andern Seite Nervi überaus günstige Aufenthaltsstätten für Leidende; neuerdings vornehmlich Mentone.

(Cf. Descrizione die Genova e del Genovesato. Genova 1846.)

Nizza hat einen überausmilden Winter in Folge des dreifachen Gebirgszugs im Norden, dessen Höhen von 600′ in der Nähe bis 3000′ in der Ferne steigen. Höchst selten fällt der Thermometer auf 0 und steigt im Winter bis auf 18, im Frühling bis auf 28°. Im Sommer ist die Hitze durch die Seeluft gemässigt. Im Durchschnitt rechnet man 60 Regentage im Jahr; Schnee fällt höchstens alle 4—5 Jahre einmal. Nebel sind selten und dauern nicht. Dagegen ist Nizza, besonders im Frühling, sehr windig (im Winter mit Nord, Nordost und Nordwest, im Sommer mit Südost). Der Nordwind ist sehr trocken, kalt und scharf, besonders im Frühling, und treibt grosse Staubwolken auf und vor sich her, was für Brustleidende sehr gefährlich ist. Die Südwinde sind sehr heiss und fallen nervösen Personen und solchen, die an Congestionen leiden, sehr beschwerlich. Die häuslichen Bequemlichkeiten lassen nichts zu wünschen übrig. Die besten Wohnungen liegen am

Fusse des Schlossberges, wo sie gegen den Nordwind geschützt sind. Auch in der Umgebung findet man wohl eingerichtete Villen und Wohnhäuser zu miethen. Geschützte Spaziergänge sind auf dem Cours am Quai im Faubourg Croix de marbre und zu beiden Seiten des Paglione. Fussgänger haben an windstillen Tagen im Winter einen sonnigen, trockenen und angenehmen Spaziergang auf der Terrasse längs dem Meer gegen den Hafen zu. Für Brustkranke, die an der Tuberculose leiden, ist Nizza ein ganz unpassender Ort; dessgleichen für diejenigen, die zur Bronchitis, Lungenentzündung und entzündlichen Katarrhen neigen. Dagegen empfiehlt es sich bei asthmatischen Beschwerden, häufiger Schleimabsonderung, chronischen Herzkrankheiten, Gicht und Rheumatismus, Skropheln, Menstrualbeschwerden, bei kachektischen Subjecten überhaupt, bei verschiedenen Nervenleiden und bei Kindern mit Drüsen und Hautskropheln.

Pisa ist durch warme Winter ausgezeichnet, doch nicht in dem Maasse wie Nizza; Schnee fällt selten und bleibt in der Stadt nicht leicht länger als ein paar Stunden liegen. Der Sommer ist sehr heiss, obschon nicht so drückend, als Florenz. Doch fliehen ihn die Eingebornen wo möglich. Durchschnittlich zählt man im Jahr 120 Regentage, Nebel sind selten. Die Luft ist meist ruhig und vor den Nordwinden schützen es die nahen Gebirge. Vorherrschende Winde sind der West-, Süd- und Südwestwind. Letzterer (Libeccio) steigert sich zuweilen im Winter zu einem anhaltenden Sturmwind, der grossen Schaden anrichtet. Pisa hat einen gegen Nordwinde vortrefflich geschützten Spaziergang in der Stadt, den Arno entlang (Lung Arno), der nur dem (allerdings seltenen) Ostwind offen steht, und dem o. g. Libeccio. An dem Lung-Arno sind die meisten Fremdenquartiere; sie sind trocken und warm. Auch an der andern Seite des Arno, und am Domplatz gibt es einige gute Wohnungen für Kranke. Pisa eignet sich vornehmlich zum Winteraufenthalt für Brustkranke, nicht allein wegen der durch die Ausdünstungen des Arno immer etwas feuchten Luft, sondern auch wegen der in dieser Stadt vorherrschenden Stille.

Rom. Der Winter ist milder als in Pisa, aber weniger mild als der zu Nizza und Neapel. Der Frühling ist gleichmässiger, als an diesen drei Orten. Man zählt im Durchschnitt jährlich 117 Regentage. Scharfe Winde sind nicht sehr häufig. Bei Nordwind (Tramontana) im Winter müssen Kranke sich zu Hause halten; Südwind (Scirocco) schadet ihnen nicht, ist ihnen eher angenehm. März und April sind am windigsten, doch sind die Winde nicht so heftig, wie in Nizza und Neapel. Vornehmlich vor Erkältung muss man sich in Rom in Acht nehmen, der man hier sehr ausgesetzt ist. Die äussere Luft ist oft zum Uebermaass warm, wenn sie in den geschlossenen Räumen, Kirchen, Palästen, Museen wie Eis anweht. Selbst in verschiedenen Strassen herrscht verschiedene Temperatur und schädlicher greller Temperaturwechsel ist sehr häufig. — Die Wohnungen im Corso und den anstossenden Strassen sind eng, kalt und geräuschvoll. Die bestgelegnen findet man am spanischen Platz, und den Strassen zwischen ihm und Porta del popolo, und anderseits dem Quirinal (also Via Sistina, Gregoriana, Felice, Frattina etc.). In den Strassen, die von Osten nach Westen laufen, ist man gegen die Tramontana besser geschützt, als in den Südnordstrassen. Ungesund und fiebererzeugend sind vornehmlich die Quartiere am Tiber, am Capitol, am Vatican und in der Nähe von Ruinen. — Rom ist Brustkranken nicht zu empfehlen. Auch Affectionen der Bronchien, chronische Rheumatismen, selbst hypochondrische, hysterische und andre Nervenleiden finden hier leicht ein schlimmes Ende.

Neapel hat warme Winter, in denen der Thermometer selten unter 0 sinkt, und nicht übermässig heisse Sommer. Im März und November sind kalte Regengüsse häufig. Im Durchschnitt zählt man in Neapel 99 Regentage; Nebel sind selten und dauern nicht lange. Schnee fällt wenig und vergeht sogleich wieder. Im Winter herrschen Süd- und Südwestwinde; im Sommer Nord- und Nordostwinde. Die Temperatur wechselt oft am selben Tage. Für Brustkranke ist Neapel kein Aufenthaltsort. Dazu kommt ein dort herrschendes Vorurtheil, das diese Krankheit für ansteckend hält und desshalb zu unsäglichen Weiterungen beim Miethcontract und gar bei Todesfällen führt. Bei chronischen Beschwerden des Unterleibs ist Neapel ein sehr heilsamer Ort.

(Cf. Dr. Salvatore de' Renzi, Topografia e statistica medica per la Città di Napoli e del Regno.)

Palermo hat überaus milde Winter ohne Schnee und selbst im Januar eine mittlere Temperatur von 10°; dagegen Nordwinde, die besonders im Februar und März empfindlich werden. Palermo ist ganz besonders ein Ort für tuberkulose Brustkranke.

Malta hat im Winter eine mittlere Temperatur von 15°; Frühling und Herbst gleichen denen von Madeira. In diesen beiden Zeiten fallen heftige Regengüsse. Der Thau im Sommer ist sehr stark; Nebel äusserst selten. Nordwind weht im Winter oft acht Tage hinter einander und ist sehr kalt; Scirocco sehr heiss und lästig (nur nicht Brustkranken, denen Malta besonders zu empfehlen ist). Die Luft ist trocken und rein, das Wetter von Mitte October bis Mitte Januar meist sehr angenehm. Februar und März sind unleidlich, und Kranke müssen sich besonders vor den Nordwinden in Acht nehmen. Schattige Spaziergänge fehlen, aber die Wohnungen sind äusserst bequem und schön eingerichtet.

Aus dieser Uebersicht ergibt sich, dass für Brustkranke (welche die Mehrzahl der in Italien Heilung suchenden Leidenden bilden) die besten Aufenthaltsorte Pisa, Venedig, Palermo und Malta sind. Weniger eignen sich wegen der bewegteren Atmosphäre die Seeplätze für sie, namentlich Nizza und Neapel. Häufige Bäder, Seebäder ohnehin sind ihnen zu widerrathen. — Dass Traubencuren besser am Rhein und in Südtyrol vorgenommen werden, als mit den süsseren italienischen Beeren, ist fast allgemein angenommen.

III. Uebersicht der Berghöhen.

	Paris. Fuss üb. d. Meeresfl.
Adamello in Valcamonica .	1825
Aetna	10280?
Amaro in den Abruzzen .	8095
Angelo M. S.	4432
Arera (Pizzo di) in Valle Seriana	1291
Arve (Guglia d.) . . .	10776
Baldo im Veronesischen .	6768
Barbaro (il Gauro) . . .	1172
Bernhard (der grosse) . .	11006
, (der kleine) Pass	6746
(Bologna	374)
Bruno monte	9426
Catria bei Cagli	5241
Cenere M. (auch Montenuovo)	498
Cenisio in den Alpen . .	11058
Chevrière in Savoyen . .	10052
Cimone M. im Modenesischen	6546
Cocuzo M. in Calabrien .	5269
Codeno Boreale (Grigia) in Val-Assina	7428
Corno M. (Gran sasso d'Italia) in den Abruzzen .	8255
(Florenz	225)
Gauro M. s. Barbaro.	
Generoso M. zwischen Val di Maggia und dem Luganersee	5899
Genèvre	11056
Gotthard S. (Urner Spitze)	9940

	Paris. Fuss üb. d. Meeresfl.
Gran Sasso d'Italia s. Corno.	
Iseran M.	12058
Legnono M. im Comascischen	8070
Leone M. s. Simplon.	
Majella M. in den Abruzzen	7510
(Mailand	374)
Melone (Rocca) in Piemont	10752
Meta M. in Terra di Lavoro	6822
Miletto M.	6331
Montblanc in Savoyen . .	14784
Nuovo M. s. Cenere.	
Ortler Spitze in Tyrol . .	12058
Polcino M. in Calabrien .	6636
Presolana in Valle Seriana	7698
Primo S. in Val-Assina .	5214
(Radicofani	2868)
Radicoso in Toscana . .	2718
(Rom vom Corso . . .	48)
Rosa M.	14221
Simplon (Strasse) . . .	6171
(Siena	1134)
Sirmo in der Basilicata .	5626
Soracte bei Rom	2130
Somma bei Neapel . . .	3738
Splügen (bei der Dogana)	6400
Stelvio (Wormser Joch) .	8000
Velino	8397
Vesuv	3659
Viso M.	11682
(Viterbo	1339)

Geschichtliche Notizen.

Tabellarische Uebersicht der Geschichte Italiens.

v. Ch.		v. Ch.	
1700	Oenotrius und Poucetius führen pelasgische Colonien nach Italien.	460	Cincinnatus (hinter dem Pfluge) Consul.
1200	Trojanischer Krieg. Aeneas.	456	(Herodot. Thucydides. Sokrates
1050	Griechische Colonien in Unteritalien: Grossgriechenland. (David, König in Israel.)	451	von 469—399. Aristophanes.) Gesetzgebungscommission. (3 Abgeordnete vorher nach Griechenland.)
1000	Lateinischer Städtebund, an der Spitze Alba. (Salomo. Homer.)	444	Decemviri. Zwölftafelgesetz. Kriegstribunen mit consul. Gewalt
800	Etrurischer Zwölfstädtebund unter Lucumonen: Veji, Valerii, Bolsena, Perugia, Chiusi, Cortona, Arezzo, Volterra, Fiesole, Pistoja, Florenz, und Pisa.		aus den Plebejern. 2 Censoren aus den Patriciern. (Perikles in Athen. Hippokrates. Phidias. Zeuxis. Platon 429—348.)
754	Erbauung Roms, einer Colonie von Alba. Romulus 754—717. Raub der Sabinerinnen.	415	—413 (Unglückliche Unternehmung der Athenienser nach Sicilien. Alcibiades.)
716	Numa Pompilius, Stifter der römischen Religionsverfassung.	406	Karthago setzt sich in Agrigent fest. Eroberung von Veji. Camillus' erster Triumph.
673	Tullus Hostilius. Kampf der Horatier und Curiatier. Alba zerstört.	390	Brennus, Anführer der sennonischen Gallier, verbrennt Rom; wird
640	Ancus Martius.		389 von Camillus vertrieben. Nach
616	Tarquinius Priscus.		dem Wiederaufbau der Stadt erneuter
600	(Zerstörung Jerusalems. Babylonische Gefangenschaft. Jeremias. Daniel. Hesekiel.)	367	Kampf der Plebejer und Patricier. Zweites agrarisches Gesetz des Tribun Licinius: »Kein römischer Bür
590	Gründung Mailands durch Gallier.		ger soll von den Staatsländereien
578	Servius Tullius. Rom wird Haupt des Lateinerbundes.		mehr als 500 Joch Acker besitzen.«
550	Pythagoras aus Samos zu Croton in Unteritalien. (Zoroaster. 536 Rückkehr der Juden aus dem Exil. Sibyllinische Bücher.)	366	L. Sextius erster Consul aus dem Plebejerstande. 356 erster Dictator. 351 erster Censor, 337 erster Prätor aus demselben Stande.
534	bis 510 Tarquinius Superbus. Vertreibung der Könige aus Rom. (514 Hippias und Hipparch, Tyrannen von Athen, ermordet.) Brutus und Collatinus erste Consuln der Republik Rom. Porsenna vor Rom: Mucius Scävola und Horatius Cocles.	363	Opfertod des Marcus Curtius.
		362	(Schlacht bei Mantinea. Epaminondas stirbt. Philipp von Macedonien.)
		343	Samnitischer Krieg. 340 Decius Mus weiht sich dem Tode. (Timoleon befreit Syrakus von den Karthagern, † 337, einer der edelsten Männer des Alterthums.)
492	Streit der Plebejer und Patricier in Rom. Erstere entweichen auf den heiligen Berg. Menenius Agrippa. Volkstribunen, erst 2, dann 5, dann 10. Dictator mit unbeschränkter Gewalt auf 6 Monate im Krieg gegen die Lateiner. (Miltiades, Themistocles. Xerxes. Schlacht bei den Thermopylen — bei Salamis. Pindar. Aeschylos. Sophokles. Euripides.)	338	Unterwerfung der Lateiner und Campanier (Schlacht von Chäronea. Praxiteles. Apelles.)
		333	(Alexander der Grosse. Griechische Sprache durch Asien verbreitet, wird in Palästina herrschend; Euklides; Theokrit. Nach Alexanders Tode drei Reiche: Aegypten, Syrien, Macedonien und Griechenland.)
		317	Agathokles in Syrakus.

4

v. Ch.

321 Niederlage der Römer durch die Samniter im Caudinischen Passe.

300 Wachsthum römischer Herrschaft. Plebejischer Pontifex maximus, die Plebejer haben völlig gleiche Rechte mit den Patriciern.

282 Krieg mit den Tarentinern, die König Pyrrhus von Epirus zu Hülfe rufen, der anfangs durch seine Elephanten siegt, Tarent und ganz Unteritalien erobert. Die eroberten Städte wurden entweder Municipien, oder Colonien, oder Bundesgenossen, oder Unterthanen. — Hiero's II. von Syrakus glückliche Regierung.

264 — 241 erster punischer Krieg, erste Kriegsflotte; erster Seesieg unter Duilius an der Nordküste Siciliens bei Melazzo. Columna rostrata (Rednerbühne) in Rom.

256 Regulus in Afrika. † 250.

242 Seesieg des Lutatius Catulus bei den ägadischen Inseln.

241 Friede mit Karthago, das Sicilien räumt, während die Römer einen Theil davon besetzt halten.

Der römische Senat in seiner ganzen Grösse und Macht.

235 Der Janustempel seit Numa zum erstenmale geschlossen.

222 Gallier in Oberitalien unterworfen. Mailand erobert.

219 Hannibal nimmt Sagunt.

218 — 201 zweiter punischer Krieg. Hannibal geht mit 90.000 Mann und 12,000 Reitern über den Ebro, die Pyrenäen, die Rhone und die Alpen, erobert Turin, siegt am Tessin und an der Trebia; 217 am trasimenischen See. Fabius Cunctator. Hannibal geht nach Apulien; siegt bei Cannae 216; erobert ganz Unteritalien, schliesst mit Philipp von Macedonien und Syrakus ein Bündniss, kommt bis vor Rom 211, wird von Consul Marcellus geschlagen. Hasdrubal, am Metaurus geschlagen und

207

204 getödtet. P. Cornelius Scipio (Africanus) verlegt den Krieg nach Afrika.

201 (Hauptsieg der Römer bei Zama

202 Friede mit Karthago, das alle europäischen Besitzungen und die Flotte bis auf 10 Schiffe hergeben muss.)

200 — 197 Krieg Roms mit Philipp von Macedonien. Römer in Griechenland. T. Q. Flaminius siegt bei Cynoscephalae. Achaischer und Aetolischer Bund. Liebe für griechische Literatur in Rom durch die Scipionen. Griechische Kunstschätze; Fechterspiele; Thierkämpfe. Steigender Luxus in Rom.

190 Das westliche Kleinasien von den Römern erobert. L. Corn. Scipio Asiaticus.

168 Perseus besiegt; Macedonien erobert. (In Judäa die Maccabäer.)

v. Ch.

Die Bürger zahlen keine Abgaben mehr, weil der Schatz reich genug ist.

149 — 146. Dritter punischer Krieg. Cato Censor. Publ. Cornel. Scipio Aemilianus zerstört Karthago.

147 — 146 Krieg mit Griechenland. Mummius zerstört Korinth. (Polybius.)

131 Bürgerunruhen in Rom unter den Gracchen. Dem Senat wird die Gerichtspflege entrissen und den Rittern (einem Mittelstand zwischen Senat und Volk) übergeben. Römer entartet. Krieg mit Jugurtha, König von Numidien. Sylla. Metellus. Marius.

113 Cimbern und Teutonen dringen bis

102 an den Po, werden von Marius bei

101 Aix in der Provence und bei Verona gänzlich geschlagen. Marius, Haupt einer demokratischen Partei, sechsmal Consul.

91 — 88 Krieg mit den Bundesgenossen, die sich das Bürgerrecht erkämpfen. Eintheilung in Tribus.

89 — 85 I. Krieg mit Mithridates dem Gr. von Pontus. Griechenland für ihn. Sylla erobert Athen 88.

88 — 82 Bürgerkrieg zwischen Sylla und Marius. Sertorius, Gegner des Sylla, geht nach Spanien. Marius flieht nach Karthago, erobert Rom, † 86.

83 — 81 II. Krieg mit Mithridates.

75 — 64 III. Krieg mit Mithridates. Lucullus. Pompejus.

73 Krieg gegen 70,000 empörte Sklaven unter Spartacus.

72 Pompejus erobert Spanien und endigt den Sklavenkrieg 71, den Seeräuberkrieg 67, erobert Kreta, endigt den dritten Mithridatischen Krieg 66, erobert Syrien und Palästina 63; feiert dreifache Triumphe in Rom wegen seiner Siege über 15 Reiche und 400 Städte.

64 Verschwörung des Catilina durch

63 den Consul Cicero unterdrückt.

60 Erstes Triumvirat des Pompejus, Cäsar, Crassus. Crassus plündert den Tempel zu Jerusalem. Cäsar erobert Gallien 58—50. Pompejus bleibt in Rom und lässt seine Provinzen durch Legaten verwalten.

49 Krieg zwischen Pompejus und Cäsar; dieser geht über den Rubicon.

48 Siegt bei Pharsalus über Pompejus, der nach Aegypten flieht und ermordet wird.

44 Cäsar, ermordet durch Brutus und Cassius an der Spitze von 60 Verschworenen.

43 Antonius, Octavianus, Lepidus: zweites Triumvirat. Proscriptionen. Tod des Cicero.

42 Schlacht bei Philippi: Brutus und Cassius fallen.

Antonius und Cleopatra, Octavia, Octavians Schwester, von Antonius

v. Ch.		n. Ch.	
	verstossen. Krieg zwischen Antonius und Octavian.		noch ab. Zerstörung der Götterbilder in Rom.
31	Octavians Sieg bei Actium. Antonius und Kleopatra sterben. Weltherrschaft Roms über 100,000 Quadratmeilen und 120 Mill. Einw.	395	Theilung des Reichs unter seine Söhne Honorius (Minister Stilicho) und Arkadius, jener in Rom, dieser in Constantinopel. Ravenna wird Residenz 404.
30	— 14 p. C. Cäsar Octavianus Imperator Augustus. Goldnes Zeitalter der römischen Literatur: Virgil. Horaz. Tibull. Properz. Livius. Ovidius. Phädrus. Aufnahme der ägyptischen Kunstschätze und Mysterien.	407	S. Augustinus.
		410	Alarich, der Westgothe, erobert Rom.
n. Ch.		445	Attila, König der Hunnen, in Oberitalien. Gründung Venedigs durch Flüchtlinge vor ihm. Leo der Grosse rettet Rom.
14	Tiberius despotische Regierung. Festes prätorianisches Lager vor Rom.		
40	— 69 Caligula, Claudius, Nero, Galba, Otho, Vitellius, böse und schwachköpfige Regenten. Seneca.	454	Valentinian ermordet.
		455	Genserich, König der Vandalen, plündert Rom.
69	Vespasian, Hersteller des Gesetzes und Senates. Zerstörung Jerusalems.		Odoaker, Anführer der Heruler, zerstört das abendländische Kaiserthum. Romulus Augustulus der letzte Kaiser.
79	Titus. Herculanum und Pompeji verschüttet. Plinius d. Aelt. Quinctilian. 81 Domitian. 96 Nerva.	489	Theodorich mit den Ostgothen in Italien, stürzt Odoaker, gründet das ostgothische Reich. Hauptstadt Ravenna mit arianischem Christenthum. Stirbt 526.
98	— 180 Die 80 glücklichen Jahre des römischen Kaiserthums.	493	
98	Trajan, ein Spanier, von Nerva adoptirt. Grösster Umfang des römischen Reichs. Plutarch. Tacitus. Plinius d. J. Ptolemäisches Weltsystem.	535	— 553 Krieg mit Justinian. Belisar. Totila erobert Rom 546. Narses vernichtet die Gothen.
117	Adrian, gelehrt und friedfertig. 118 Aelia Capitolina an die Stelle des nochmals zerstörten Jerusalems.	554	Italien griechisch: Exarchen zu Ravenna.
138	Antonin der Fromme, edel und gut.	568	Alboins Zug nach Italien. Longobardische Reich. Residenz Pavia. 570—770. Ebenfalls arianische Kirche.
161	— 180 Marc-Aurel. der Philosoph auf dem Thron. Die Marcomannen fallen ins Reich ein, bis Aquileja. Von nun an beinahe 100 Jahre lang meist grausame und ausschweifende Kaiser. Soldaten besetzen den Thron, und von 36 Regenten bis Constantin werden 27 ermordet, und 3 kommen im Kriege um. Innere Kriege und Angriffe von aussen: in Südosten von den Persern, in Nordosten von den Gothen, im Norden von deutschen Stämmen.		
		585	Authoris. Nachfolger Alboins.
		603	Agilulf wird katholisch. Gregor I. der Grosse (Muhammed).
		643	Gesetzgebung des Rotharis. Allmähliche Bildung der italienischen Sprache.
		726	Bilderstreit.
		732	(Carl Martell rettet durch die Schlacht von Tours das christliche Europa.)
248	Tausendjährige Dauer Roms gefeiert.	741	Gregor III. erklärt Rom unabhängig vom griechischen Kaiser.
270	Aurelian stellt die Ordnung im Reiche wieder her, treibt die Allemannen aus Italien, die Gothen aus Thracien, besiegt die Zenobia, Königin von Palmyra.	752	Aistulf nimmt den Griechen Ravenna und fordert von Rom Tribut. Pipin der Kleine besiegt die Longobarden, schenkt dem Papst das Exarchat.
284	Diocletian nimmt 2 Regierungsgehülfen an.	769	Carl der Grosse, Pipins Sohn, gründet das fränkische Reich (vom Ebro bis an die Raab in Ungarn, und von Benevent bis an die Ostsee. 26,000 QM.) und wird zum römischen Kaiser gekrönt. Universitäten zu Pavia und Bologna. Scholastische Philosophie, eine Vermengung neuplatonischer Lehren mit dem Christenthum.
306	Constantin der Grosse, seit 324 Alleinkaiser, nachdem er alle Mitregenten fortgeschafft, wird Christ 311. Christenthum, Staatsreligion. Arianische Religionsstreitigkeiten. Kirchenversammlung zu Nicäa.		
		800	
325			
330	Verlegung der Residenz nach Constantinopel.	827	und 829 Einfälle der Saracenen in Sicilien und Calabrien, in das longobardische Herzogthum Benevent. Plünderung Roms durch sie 846.
337	Constantins Söhne.		
361	Julianus Apostata.		
375	Völkerwanderung: Alles dringt auf Italien ein. Ulfilas, Bischof der Gothen.	843	Theilung der Carolingischen Monarchie zu Verdun.
379	Theodosius d. Grosse hält den Sturm		

n. Ch.	
855	Lothar erhält Italien, stirbt im Kloster.
855	— 875 Ludwig II. erhält Italien.
866	Griechen vertreiben die Saracenen
874	aus Unteritalien und bilden ein longobardisches Fürstenthum. Hauptstadt Bari.
875	Carl der Kahle, Kaiser und König von Italien.
884	Carl der Dicke. Nach Abgang des ächten carolingischen Stammes. Berengar, Herzog von Friaul, König.
888	—924. 915 Kaiser. Gegenkönige Guido, Herzog von Spoleto (891 Kaiser, starb 894). Lambert (892 Kaiser). Nach Berengars Ermordung Hugo. Graf von Provence, blutiger Tyrann Italiens, gestürzt von seinem Neffen Berengar.
894	Arnulph, König von Italien.
899	Ungarn in Oberitalien.
900	Taormina, die letzte griechische Besitzung, kommt an die Araber. Baronenaristokratie in Rom.
936	Otto I. heirathet Adelbeid, die Wittwe Lothars, des Sohnes Hugo's, und wird König von Italien; verbindet 961 die römische Kaiserwürde mit der deutschen Krone. — Weiberherrschaft in Rom: Taeodora erhebt ihren Liebhaber Johann X. auf den päpstlichen Stuhl, Marozia ihren Sohn Johann XI. Dessen Bruder Alberich und dessen Sohn Octavian, unumschränkte Herren Roms; letzterer 20 Jahre alt, Papst Johann XII. 956 Gegenpäpste.
968	Otto I. erobert Apulien und Calabrien von den Saracenen.
982	Niederlage Otto's II. bei Basientello gegen die mit den Arabern verbundenen Griechen. Die Pisaner leisten Otto als Seemacht Hülfe.
990	— 998 Crescentius, Herr in Rom hingerichtet. Papst Johann XV. fängt die Canonisationen an.
1002	Ardoin, Markgraf von Ivrea, als König von Italien zu Pavia gekrönt. Heinrich II. der Heilige. 1004 erster, 1013 zweiter, 1021 dritter italienischer Zug; macht den Kaisertitel vom Papst abhängig, die Papstwahl vom Papst unabhängig. Erste Noten. Tonleiter des Guido von Arezzo.
1016	Colonien von Normannen in Calabrien und Apulien, die, als Bundesgenossen bald der einen bald der andern Partei, Macht gewinnen.
1017	Die Pisaner erobern Sardinien von den Saracenen.
1024	Genua, Venedig und Pisa grosse Handelsstädte. Wachsthum städtischer Macht überhaupt.
1026	Conrads II. erster italienischer Zug.
1039	Heinrich III. macht die Papstwahl wieder abhängig, er fand drei Päpste in Rom, die er alle drei absetzte. Clemens II. von ihm gewählt.

n. Ch.	
1047	Der Normann Drogo wird von ihm mit Apulien und Benevent belehnt.
1052	Benevent untergibt sich dem Papst. Dieser Leo IX. wird von den Normannen gefangen 1053 und belehnt ihre Anführer Robert Guiscard, Humfried und Richard mit allen gemachten und noch bevorstehenden Eroberungen in Unteritalien.
1056	Heinrich IV., noch minderjährig.
1059	Robert Guiscard, Sohn Tancreds, wird Herzog von Apulien, Calabrien und Sicilien und Vasall des Papstes, sowie seine festeste Stütze gegen den Kaiser. Die Papstwahl kommt vom Adel und Volk an die Cardinäle.
1073	— 85 Gregor VII. Recht der Investitur. Cölibat. Demüthigung Heinrichs IV. zu Canossa 1077.
1081	— 84 Heinrichs IV. zweiter ital. Zug. Dreijährige Belagerung Roms, 1084 Heinrich Kaiser durch den Gegenpapst Clemens III. (1080—1100). Gregor, von den Römern in der Engelsburg belagert, von Robert Guiscard befreit, flieht nach Salerno 1085.
1096	15. August erster Kreuzzug. Peter von Amiens. Gottfried von Bouillon. Sein Bruder Balduin. Boemund, Robert Guiscards Sohn von Tarent. Tancred sein Neffe.
1098	Die genuesische und pisanische Flotte vor Antiochien. — Venedigs Macht steigt. Genua und Pisa feindselig gegen einander. Abälard.
1104	Grossgraf Roger II. in Sicilien, Normanne. Herzog von Neapel, 1130 König von Sicilien.
1115	Tod der Gräfin Mathilde, Markgräfin von Toscana. Der Kaiser Heinrich V. nimmt die Mathildischen Güter 1116, die sie testamentarisch dem Papst vermacht.
1129	Krieg lombardischer Städte (Mailand) gegen einander (Pavia).
1139	Roger nimmt den Papst gefangen; erklärt ihn, mit Ausschluss des Kaisers, zu seinem alleinigen Lehensherrn, Residenz Palermo.
1143	Arnold von Brescia: Aufstand gegen die päpstliche Gewalt in Rom. Herstellung der altrömischen republicanischen Formen. Arnold unter Adrian IV. verbrannt. Anarchie bis 1188.
1147	Zweiter Kreuzzug. Bernhard von Clairvaux.
1152	—1190. Friedrich Barbarossa zieht sechsmal nach Italien. Kampf gegen die lombardischen Städte. 1158 Mailand erobert. 1162 zerstört. Reichstag auf den roncalischen Feldern. Kaiserliche Podesta's in den Städten.
1167	Lombardischer Städtebund, Venedig dessen Haupt. Vermählung des Dogen mit dem Meer.

1176	Sieg des Bundes über den Kaiser bei Legnano.
1177	Friede zu Venedig mit Papst Alexander III. und Waffenstillstand mit den Lombarden und 1183 Friede zu Constanz. Hierauf Kämpfe der Städte gegen einander. Brescia siegt über die andern am Oglio: »La mala morte.«
1186	Friede des Kaisers mit Wilhelm II. dem Gütigen von Sicilien. Des Kaisers Sohn, Heinrich VI., mit Wilhelms Schwester Constantia, der Erbin Siciliens, vermählt. Waldensische Kirchenreform im südlichen Frankreich und in Oberitalien. Oberitaliens Städte freie Republiken mit schwachem Lehensverband. (Saladin, Sultan von Aegypten.)
1190	Dritter Kreuzzug. Tancred von Sicilien. (Richard Löwenherz.) Arabische (unsere jetzigen) Ziffern.
1191	Heinrichs VI. unglücklicher Zug nach Apulien.
1194	Heinrich VI. erobert Sicilien.
1197	Die Familien Romano und Este, Häupter zweier feindlichen Parteien. 300jähriger Kampf der Welfen und Ghibellinen: Welfen, von der schon im 11. Jahrh. in Deutschland mächtigen Familie der Welfen oder Guelfen, die mit den Hohenstaufen (von Waiblingen, ihrem Stammschloss, Waiblinger it. Ghibellinen genannt) erst um die Kaiserkrone, sodann um Bayern in Streit geriethen. Alles was sich im Lauf der Zeit sodann gegen des Kaisers (der Hohenstaufen) Macht und Gewalt verband (Papst, lombardische Städte etc.) wurde Guelfe, des Kaisers Partei, oder auch nur Gegner von jenen, Ghibellinen genannt; ja überall ergriff der politische Factionsgeist diesen Unterschied, und selbst Zwistigkeiten, aus Privatbeleidigungen entstanden, wie die der Buondelmonti und Donati in Florenz, erhielten ihre dauernde Nahrung daher. — 1216 Papst Innocenz III. erwirbt die päpstl. Macht vollkommen wieder. Kein Bischof ohne Bestätigung des Papstes. Kaiserwahl vom Papst abhängig: Papstwahl unabhängig. Bibelverbot. Ohrenbeichte. Interdicte.
1198	Kaiser Otto IV. schwört Gehorsam und bestätigt die päpstlichen Besitzungen. (Mathild. Erbschaft, Kirchenstaat, das Exarchat, Patrimonium Petri, Spoleto, Benevent.)
1204	Venedig (Doge Dandolo) erobert mit französischen Kreuzfahrern Constantinopel.
1210	— 1212 Erster Krieg zwischen Genua und Venedig.
1216	— 1227 Honorius III. Bestätigung der Orden des H. Dominicus 1216 und des H. Franciscus 1223. Universität Padua 1222.
1220	Friedrich II. Kaiser. König von Neapel und Sicilien, als welcher er schon 1198 unter päpstlicher Vormundschaft gekrönt worden. Neapel Residenz.
1225	Erneuerung des lombardischen Bundes welfischer Städte gegen Friedrich. Johann von Vicenza, Dominicaner, politischer Strafprediger.
1227	Des Tyrannen Ezelino von Romano grausames Vogtthum in Trevigi. Verona, Padua etc. Friedrich II. räumt den Arabern Nocera ein. Friedrich im Bann, erobert Jerusalem 1229. Friede mit dem Papst zu Otranto 1230. Enzius, natürlicher Sohn Friedrichs II. mit einer (welfischen) Visconti vermählt, König von Sardinien, fällt in der Schlacht am Panaro in die Gefangenschaft der Bologneser, die alle italienischen Städte zu einem welfischen Bund vereinigt hatten. (Roger Bacon, Philosoph.) Thomas von Aquino 1250. — Nach Friedrichs II. Tod kein Kaiser in Italien. Rudolph von Habsburg in Deutschland 1273. In den Republiken mächtige Familien: in Verona die Scaliger, in Mailand della Torre etc.
1261	Genua hilft dem Mich. Paläologus Constantinopel von den Venetianern wieder erobern: bei Meloria vernichten sie die Seemacht der Pisaner 1284 und siegen über die Venetianer bei Curzola 1298. In Florenz siegt die Demokratie und die Guelfen 1282: diese aber zerfallen in zwei Parteien, die Schwarzen und Weissen, welche letztere sich mit den Ghibellinen verbinden.
1268	Carl von Anjou, Franzos, König von Neapel, Senator von Rom, päpstlicher Vicarius in Toscana. Conradin von Schwaben durch ihn hingerichtet 1265. Dessen Onkel Manfred, König von Sicilien.
1282	Am 2. Ostertag die Franzosen in Sicilien ermordet: Sicilianische Vesper. Karl von Anjou behält Arragonien.
1291	(Ende christlicher Besitzungen in Palästina.)
1305	— 1378 Exil der Päpste in Avignon. Philipp IV. der Schöne von Frankreich 1285—1314. (Wilhelm Tell in der Schweiz.) Dante 1265—1321. Giotto 1276—1336.
1317	Heinrich VII. von Luxemburg, seit 60 Jahren der erste Kaiser in Italien, findet überall Gehorsam; nur nicht in Florenz, das sich unter dem Schutz des Königs Robert von Neapel entgegenstellt. In den Republiken Signori; in Pisa Ugguccione della Faggiuola, 1314; in Lucca: Castruccio Castracani, 1316; in Padua: Carrara, 1318; in Alessandria, Tortona, Cremona und Mailand: Visconti 1315 bis 1322; in Mantua nach den Buona-

	corai 1275 die Gonzaga 1328; in Ferrara: Este. 1317; in Ravenna: die Polenta. 1275; in Florenz und Siena: Karl von Calabrien, Sohn Roberts von Neapel.
1327	Ludwig der Bayer richtet nichts in Italien aus, und entfremdet sich sogar die Ghibellinen.
1330	Königs Johanns von Böhmen glückliche Unternehmungen in Italien scheitern an der Freiheitsliebe der Florentiner, die sich mit Azzo Visconti, Mastino della Scala und Robert von Neapel gegen ihn und den päpstlichen Legaten Bertrand von Poiet verbinden.
1334	Mastino della Scala bedroht die Freiheit der Lombardei. Die Genueser vertreiben alle streitenden Parteien und wählen sich einen Dogen: Simon Boccanigra.
1342	Walther von Brienne, Herzog von Athen, Dictator von Florenz.
1347	Cola Rienzi, Volkstribun in Rom, sucht Ordnung und Ruhe, die in Parteikämpfen untergegangen, wieder herbeizuführen, muss dem Adel weichen und wird zuletzt 1354 ermordet, Hungersnoth und dann Pest. die 2 Drittheile der Bevölkerung wegrafft. Söldnerbanden unter Condottieri's.
1353	Steigende Macht der Visconti. Genua unterwirft sich. Bologna wird erkauft; Verona und Padua nimmt Johann Galeazzo Visconti 1387 und 1388.
1355	Carl IV. in Italien, stürzt in Pisa die Raspanti zu Gunsten der Gambacorti; in Siena die Herrschaft der Neuner, an deren Stelle die der Zwölf tritt; unterwirft ganz Toscana, und nöthigt selbst Florenz den Titel einer Reichsstadt mit Geld zu erkaufen.
1375	Die Grausamkeiten des Cardinals Robert von Genf (nachher Gegenpapst Clemens VII.) machen die einzelnen Städte im Kirchenstaat abfallen.
1387	Tumult der Ciompi zu Florenz. Michael di Lando Gonfaloniere.
1395	Mailand, erbliches Herzogthum, als kaiserliches Lehn von Wenzel an Johann Galeazzo Visconti, der Pisa erkauft und Siena, Perugia und Bologna unterwirft. Florenz allein gegen ihn. 1410—1413. Grosses Schisma dreier Päpste. Auf dem Concil zu Costnitz 1414 alle drei abgesetzt. (Huss verbrannt 1415.)
1410	
1425	Bündniss von Florenz mit Venedig gegen Herzog Philipp Maria Visconti, wodurch Venedigs Macht in der Lombardei an Umfang gewinnt. In Perugia, Braccio da Montone de'-Baglioni, Condottiere und Herr von Umbrien. In Siena die Petrucci Herren. (Buchdruckerei erfunden 1440.)

1450	Franz Sforza nach dem Aussterben der Visconti Herr von Mailand. In Florenz erhebt sich das Haus der Mediceer. (Eroberung Constantinopels durch Muhamed II. 1453. Constantin XI. Paläologus, letzter griechischer Kaiser.) Viele Griechen fliehen nach Italien, vornehmlich nach Florenz. Griechische Schulen daselbst. Marsilius Ficinus. Platonische Akademie.
1494	Carl VIII. von Frankreich erobert Neapel, muss es aber bald wieder verlassen. Entdeckung von Amerika 1492 durch den Genuesen Cristoforo Colom. Erste Fahrt nach Ostindien ums Vorgebirge der guten Hoffnung 1498.
1500	Carl VIII. erobert Mailand. Cäsar Borgia, natürlicher Sohn Alexanders VI., strebt nach der Herrschaft Italiens.
1504	Ferdinand der Katholische verdrängt Ludwig XII. von Frankreich aus Neapel.
1509	Papst Julius II. stiftet mit Ferdinand dem Katholischen, Ludwig XII. und Maximilian I. die Ligue zu Cambray gegen die Venetianer; sodann mit den Venetianern, Schweizern und Spaniern die heilige Ligue gegen die Franzosen. Das französisch-deutsche Concilium zu Pisa will ihn absetzen.
1509	
1515	Max. Sforza tritt Mailand an Franz I. von Frankreich förmlich ab; allein Carl V. zieht es als Reichslehen ein und gibt es als solches dem Franz Sforza.
1525	Franz I. wird bei Pavia geschlagen und gefangen. (Ritter Bayard.) Leo X. 1513 und Clemens VII. 1523 aus dem Hause Medicis suchen dieses zu vergrössern. (Reformation in Deutschland durch Luther.) Erste Reise um die Welt durch Magellan 1520. Copernicus aus Thorn 1473—1543.
1527	Carl V. erobert und plündert Rom; besetzt Neapel; erhebt aber die Mediceer zur Fürstenwürde unter Herzog Alexander I. (Die Türken belagern Wien 1529.) Genua wird durch Andrea Doria von den Franzosen befreit 1528. Doch sterben allmählich die Republiken ab.
1536	Mantua kommt, nach Aussterben des Mannsstammes von Montferrat, an Gonzaga. Cosmus I., Herzog von Florenz 1537. Ignatius von Loyola's Jesuitenorden 1540.
1545	Paul III. macht aus dem von Julius II. eroberten Parma und Piacenza ein Herzogthum für seinen natürlichen Sohn Peter Aloys Farnese, dessen Sohn Octavio die kaiserliche Belehnung erhielt 1556. Verschwörung Fiesco's in Genua 1547.
1553	Philipp II., Sohn Carls V., erhält von seinem Vater Mailand und Neapel.

1559 Piemont, um das Spanien und Frankreich kämpfen, wird im Frieden von Cambresis dem Herzog Emanuel Philibert von Savoyen gegeben. Pariser Bluthochzeit 1572. 24—25. August.

1597 Nach dem Aussterben des ächten Stammes Este zieht der Papst Ferrara als offnes Lehen ein. Cäsar von Este, Bastard, erhält Modena und Reggio als Reichslehen. Papst Sixtus V. 1585—1590 befördert Künste und Wissenschaften und verschönert Rom.

1627 Nach dem Aussterben der Gonzaga Erbfolgestreit über Mantua und Montferrat. Carl von Nevers erhält beide als Reichslehen von Ferdinand II. (1618—1648 dreissigjähriger Krieg in Deutschland.)

1631 Urbino fällt nach Absterben des Hauses Rovere an den päpstlichen Stuhl.

1701 — 1714. Spanischer Erbfolgekrieg. Oestreich erobert Mailand, Mantua und Montferrat, behält die erstern beiden und gibt letzteres an Savoyen. Im Utrechter Frieden 1714 bekommt Oestreich noch Neapel, und Savoyen Sicilien.

1727 Nach Aussterben des Hauses Farnese kommt Parma an den spanischen Infanten Carlos.

1737 Toscana kommt nach Aussterben der Mediceer an einen östreichischen Prinzen, und wird 1745 eine Secundogenitur des Kaiserhauses. Herculanum und Pompeji entdeckt 1738.

1745 Die Spanier erobern Mailand, werden aber durch Carl Emanuel daraus vertrieben. Massa und Carrara fallen durch Erbschaft an Modena 1743.

1748 Parma kommt durch den Aachner Frieden an den Spanier Don Philipp.

1773 Aufhebung des Jesuitenordens durch Clemens XIV.

1792 Die französischen Republicaner dringen in Savoyen ein und errichten Freiheitsbäume.

1793 Der französische Nationalconvent erklärt Neapel den Krieg.

1794 Die Franzosen rücken in Piemont vor, werden aber von den Oestreichern, Sardiniern und Neapolitanern

1795 zurückgeschlagen.

1796 Napoleon Bonaparte erhält den Oberbefehl der französischen Armee in Italien. Friede mit dem König von Sardinien. Nizza und Savoyen an Frankreich.

1797 Cisalpinische Republik, bestehend aus Mailand, Mantua, Parma nördlich vom Po und Modena; später auch Bologna. Rom erobert: römische Republik. In Genua: ligurische Republik. Republik Venedig aufgehoben und im Frieden zu Campo Formio 7. October zum Theil an

Oestreich gegeben, zum Theil mit der cisalpinischen Republik vereinigt.

1798 Der König von Sardinien verzichtet zu Gunsten Frankreichs auf Piemont. Neapel schliesst mit England ein Bündniss.

1799 Die Franzosen erobern Neapel: Parthenopäische Republik. Der Grossherzog von Toscana flüchtet nach Wien. Toscana von den Franzosen besetzt. — Die Engländer, Russen und Türken vertreiben die Franzosen aus Rom und Neapel. Papst und König kehren zurück. In der Lombardei verlieren die Franzosen sechs Hauptschlachten gegen die Oestreicher unter Kray und Melas, und Russen unter Suwarow. Die Franzosen räumen ganz Italien bis auf Genua, wo Massena eine harte Belagerung aushält. Bonaparte, nach

1800 dem Sturz des Directoriums erster Consul, schlägt die Oestreicher bei Marengo am 14. Juni, die alle eroberten italienischen Festungen zurückgeben müssen.

1801 9. Febr. Frieden zu Luneville. Oestreich behält Venedig. Der Herzog von Parma bekommt Toscana als Königreich Etrurien. Bestehen der cisalpinischen und ligurischen Republik garantirt. — Friede zu Florenz 28. März mit Neapel. Franzosen bleiben in Florenz und Neapel.

1802 Italienische Republik unter der Präsidentschaft Bonaparte's. Melzi d'Erile, Vicepräsident. Girolamo Duruzzo, Doge in Genua. Piemont mit Frankreich vereinigt 11. Sept.

1805 17. März. Königreich Italien unter Kaiser Napoleon, der sich am 26. Mai zu Mailand die eiserne Krone aufsetzt. Sein Stiefsohn Eugène Beauharnais Vicekönig. Elisa, Napoleons Schwester, erhält das Fürstenthum Piombino; ihr Gemahl Pasquale Bacciocchi die Republik Lucca als Fürstenthum 25. Mai. Genua, Montenotte und Apennin französische Departements. Ebenso Parma, Piacenza und Guastalla am 21. Juli. Im Frieden zu Pressburg 26. Dec. wird Venedig nebst Istrien und Dalmatien mit dem Königreich Italien vereinigt, und dieses von Oestreich anerkannt.

1806 31. März. Napoleons Bruder Joseph, König von Neapel. Der alte (bourbonische) Hof flüchtet unter Englands Schutz nach Sicilien.

1808 Königreich Etrurien mit Frankreich vereinigt. Der Prinz Borghese, Vetter Napoleons, Generalgouverneur zu Turin. — Den 6. Sept. Joachim Murat, Napoleons Schwager, an Josephs Statt, der die spanische Krone erhalten, König von Neapel.

1809 Toscana an Elisa von Piombino, Napoleons Schwester. Am 17. Mai proclamirt Napoleon in Wien: die weltliche Macht des Papstes hat aufgehört; der Kirchenstaat ist mit Frankreich vereinigt.

1811   20. März. Geburt Napoleons II., Königs von Rom.

1814   11. Januar. Murat verbindet sich mit Oestreich wider seinen Schwager Napoleon. Der Vicekönig Eugène bleibt treu. 24. April Friede: Napoleon erhält Elba; Maria Louise Parma; die übrigen Länder erhalten ihre alten Herren wieder. Nur Murat behält Neapel; erklärt aber den 30. Mai 1815, nach Napoleons Wiederauftritt in Frankreich, ganz Italien für unabhängig, wird von Bianchi am 3. Mai bei Tolentino gänzlich geschlagen, verliert sein Königreich und wird bei einem Wiedereroberungsversuch desselben am 13 Oct. erschossen — Nach dem Wiener Congress vom 9. Juni 1815 erhält 1) der König von Sardinien seine Staaten wieder nach den Grenzen von 1792. und ausserdem Genua als Herzogthum. 2) Der Kaiser von Oestreich erhält als lombardisch-venetianisches Königreich die früher mit Oestreich verbundenen venetianischen Provinzen, das Veltlin, Mantua und Mailand. Die Grenze gegen den Kirchenstaat und Parma bildet der Po. Istrien, Dalmatien, Illyrien und Ragusa gehören zu dem deutsch-östreich. Königreich Illyrien. 3) Das Haus Oestreich-Este erhält Modena, Reggio, Mirandola, Massa, Carrara. 4) Maria Louise erhält Parma als Herzogin. 5) Ferdinand von Oestreich wird wieder Grossherzog von Toscana, und noch ausserdem auf Elba und Piombino, wo jedoch Prinz Ludovisi Buoncompagni seine Eigenthumsrechte behält. 6) Die Königin von Etrurien Maria Louise erhält für sich und ihre Nachkommen das Herzogthum Lucca und 500.000 Franken jährliche Rente. 7) Der Kirchenstaat erhält zurück die Marken, Camerino, das Herzogthum Benevento, das Fürstenthum Pontecorvo und die Legationen Ravenna, Bologna und Ferrara. 8) König Ferdinand wird wieder König beider Sicilien. Der östreichische General Nugent Oberbefehlshaber der neapolitanischen Armee.

1823   20. August stirbt Pius VII.

1825   Römisches Jubeljahr, ausgeschrieben von Leo XII.

Vorübergehende Unruhen im Jahre 1820 in Neapel und Piemont, wie-

1830   derholten sich 1830 in der Lombardei, Modena, dem Kirchenstaat und Savoyen. Hervorgegangen aus dem drückenden Gefühl eines ungenügenden und mit dem übrigen europäi-

schen Staatsleben contrastirenden Zustandes, konnten sie durch die in Wien beschlossenen Anordnungen nicht geändert werden. Zweimaliges

1831   Einrücken östreichischer Truppen in Bologna, Rimini, bis Cattolica und die Besetzung Ancona's durch die

1832   Franzosen 23. Februar 1832.

1838   Im October. Der Kaiser von Oestreich. Ferdinand I., lässt sich in Mailand krönen und verkündigt allgemeine Amnestie. Im December: Die Oestreicher und Franzosen verlassen den Kirchenstaat.

1839   Erste Versammlung italienischer Naturforscher zu Pisa.

1840   Erste Eisenbahn zwischen Mailand und Monza. Projectirt und zum Theil ausgeführt werden Eisenbahnen zwischen Venedig und Mailand, Pisa und Livorno, Neapel, Nocera und Caserta.

1841   Versammlung italienischer Gelehrten in Florenz.

1845   Gelehrten-Congress in Neapel im Sept. Der König spricht aus seiner Loge zur Versammlung — Eine Bande Verschworner überfällt Rimini, plündert die Cassen und flüchtet durch Toscana nach Frankreich. — Fortdauernde Unruhe und Unsicherheit im Kirchenstaat. — Venedig durch eine Eisenbahn mit dem festen Lande verbunden.

1846   1. Juni st. P. Gregor XVI. und am 17. wird Pius IX. als sein Nachfolger verkündet. Er ertheilt eine Amnestie in grossherziger Weise 17. Juli, und ehrt den von seinem Vorgänger verbannten, von ihm amnestirten Orioli mit Gnadengeschenken. Durchgreifende Reformen beginnen im Kirchenstaat, die das Volk mit Dank- und Freudenfesten für ihren Urheber begrüsst. Ganz Italien nimmt einen neuen Aufschwung.

1847   1. Jan. Mehr als 40.000 Mann bringen dem Papst in feierlichem Zuge einen begeisterten Neujahrwunsch. — 4. Einsetzung eines verbesserten Criminalgerichtshofes, wodurch die beiden bisherigen des Capitols und der Camera aufgehoben sind. — 10. Der Papst kündigt allen Klöstern und Seminarien Visitation und Reform an.

März. Mildes Fastenmandat. — 16. Mildes Censurgesetz mit einem Obercensurgericht in Rom.

22. April. Der Papst verkündet eine Landesvertretung mit berathender Stimme (Consulta) — unter unermesslichem Jubel des römischen Volkes, Einsetzung eines Ministerrathes (14. Juni) und Einführung einer Municipalverfassung für Rom. Der Papst ertheilt öffentliche Audien-

zen, predigt und theilt das Abendmahl aus, sorgt für Hebung des
Volksunterrichtes und für Entfernung
der Strassenbettler, gibt Erlaubniss
zu Eisenbahnen, ruft die Academia
dei Lincei wieder ins Leben, setzt
eine Commission nieder zur Revision
der Landesgesetzgebung. — In ganz
Italien entstehen Unruhen.
6. Mai. Mildes Censurgesetz in
Toscana.
22. Juni. Erstes Wort der Warnung von Seiten des Papstes vor
Uebergriffen.
5 — 30. Errichtung einer Guardia
civica in Rom und dem Kirchenstaat.
Aug. Die Geistlichkeit wird zur
Beisteuer für die Bewaffnung gezogen. — Oestreich macht von seinem
Besatzungsrecht in Ferrara Gebrauch;
die päpstliche Regierung protestirt
vergebens dagegen; ganz Italien
kommt dadurch in Bewegung und
in »Deutschenhass.« — 25. In Toscana wird eine Consulta di stato
eingesetzt, dessgleichen eine Guardia
civica.
Sept. 4. Der Herzog von Lucca be-
willigt gedrungen Pressfreiheit. Bür-
gergarde und Freigebung politischer
Gefangener, verlässt aber dann seinen Staat und hinterlässt eine Regent-
schaft. — Gelehrten-Congress in Venedig. — Aufstandsversuche in Messina und Calabrien werden gedämpft.
11. Oct. Der Herzog von Lucca
tritt seinen Staat an Toscana ab.
Die Regierung von Toscana nimmt
eine Radicalreform der Polizei vor
— 29. Einführung der Mündlichkeit
und Oeffentlichkeit bei der Criminal-
rechtspflege im Königreich Sardinien,
dessgleichen eines milden Pressge-
setzes und einer freieren Municipal-
und Provinzial-Verwaltung. — Inzwischen wächst überall das Ver-
langen über das gewährte Maas. Modena ruft gegen den gährenden Volks-
geist östreichische Hülfe an.
16. Nov. Eröffnung der Provinzial-
Ständeversammlung in Rom durch
den Papst in Person.
Die Niederlage des Schweizer Son-
derbundes wird durch ganz Italien
vom Volk als ein Freudenfest gefeiert. 10. Dec. In Genua wird das
Batilafest zum Andenken an die Vertreibung der Oestreicher 1746 begangen. — 18. Tod der Herzogin Maria Luise von Parma. Carl Ludwig
von Lucca ihr Nachfolger.

1848 Jan. In Rom Wühlereien. In Palermo, Livorno, Pisa, Florenz, Genua, Pavia und Mailand ernstliche
Ruhestörungen. 18. 19. Der König
von Neapel gewährt den Sicilianern
eine Reihe politischer Reformen, die

1848 aber von den Aufständischen in Palermo zurückgewiesen werden, in-
dem sie die Selbstständigkeit Siciliens
proclamiren. 21. Zwei Laien erhalten in Rom Ministerstellen. 27. Pro-
clamation einer constitutionellen Verfassung in Neapel in Folge von dro-
henden Volksbewegungen. Die königlichen Truppen vor Palermo von
den Aufständischen geschlagen. Provisorische Regierung in Palermo.
1. Febr. Der Grossherzog von Toscana verheisst Erweiterung der gegebenen Freiheiten und Reformen. —
8. König Carl Albert von Sardinien
verleiht seinem Volk eine Constitu-
tion mit zwei Kammern nach dem
Vorbild der französischen. — 11. Auch
der Grossherzog von Toscana verheisst seinem Volk eine Repräsen-
tativ-Verfassung, dessgleichen ver-
spricht der Papst neue Reformen. In
Neapel wird die Verfassung am 11.,
in Florenz am 17. verkündet. — 22.
in Mailand und der ganzen Lombardei wird das strengste Standrecht
verkündet.
18. 19. März. Revolution in Mailand. — 21. Radetzky beschiesst und
verlässt die Stadt. Die Lombardei
erklärt sich unabhängig und setzt
eine provisorische Regierung ein. —
In Rom wird das östreichische Wappen am Gesandtschaftshôtel herab-
gerissen. — 23. Venedig folgt dem
Beispiele von Mailand. — 24. Carl
Albert König von Sardinien erklärt
an Oestreich den Krieg. Parma und
Modena werden in den Umsturz gezogen. Beide Herzöge und Erzherzog
Rainer flüchtig in Tyrol. — 25. Eröffnung des sicilianischen Parlamen-
tes. Der Papst beschliesst die Entfernung der Jesuiten. — 26. Einzug
piemontesischer Truppen in Mailand;
römische ziehen aus der Lombardei.
Schutz- und Trutzbündniss von Neapel, Piemont, Toscana und dem
Kirchenstaat.
3. April. Neapel sendet ein Hülfs-
corps gegen Oestreich in die Lombardei. — 13. Das sicilianische Parlament erklärt den König von Neapel
des sicilianischen Throns für verlustig.
8. Mai. Der östr. Botschafter verlässt Rom. Der Papst ist wider die
Theilnahme am Krieg, kann sie aber
nicht hindern. — 6. Sieg der Oestreicher bei S. Lucia. — 8. Eröffnung
des Parlaments in Turin. — 12. Venedig wird blokirt. — 15. 16. Revolution in Neapel, durch die königlichen Truppen bemeistert. — 17. Eine
neapolitanische Flotte vor den Lagunen, aber die Truppen werden
zurückgerufen. — 19. Das Volk von
Livorno verbrennt das Wappen des
neapolitanischen Consuls auf offenem

Markt. — 26. In Bologna werden die neapolitanischen Truppen von der Rückkehr abgehalten. — 28. Sieg der Oestreicher bei Curtatone. — 30. Sieg der Aufständischen bei Goito. — 31. Peschiera ergibt sich aus Hunger an die Piemontesen. 10. Juni. Einnahme von Vicenza durch Radetzky. — 11 Einnahme von Treviso durch Welden, von Padua durch d'Aspre. Das von Welden belagerte Venedig wendet sich um Hülfe nach Frankreich. — 27. Palmanuova capitulirt. — 28. Eröffnung der Kammern in Florenz. Die sardinischen Kammern nehmen die Einverleibung der Lombardei an. 1. Juli. Eröffnung der Kammern in Neapel — 3. Die Assemblea in Venedig. — Das sicilische Parlament wählt den Herzog von Genua zum König von Sicilien. — General Nunziante bewältigt den Aufstand in Calabrien. — 24. Gefecht zum Nachtheil der Oestreicher bei Somma-Campagna. — 25. Sieg der Oestreicher nach neunstündiger Schlacht bei Custozza. — 31. Piemont und die Lombardei rufen französische Hülfe an. 1. Aug. Die Piemontesen gehen über den Po zurück. — 6. Radetzky zieht in Mailand ein. — 9. Waffenstillstand. Peschiera an die Oestreicher übergeben. Welden in Bologna. Anarchie in Livorno. Venedig nach einigen Tagen der Einverleibung in Piemont wieder Republik. — 28. Beendigung der Garibaldischen Streifzüge am Comersee. — 30. Königliche Truppen gegen Sicilien. 1. Sept. Die Jesuiten werden aus dem Königreich Sardinien verbannt, ihre Güter eingezogen. — 3. Beschiessung von Messina, Aufstand in Livorno. — 25. Guerazzi und Mammiani bilden ein radicales Ministerium in Florenz. 15. Nov. Der Minister Graf Rossi in Rom wird meuchlings ermordet. — 24.—25. Flucht des Papstes nach Gaëta. Dec. Herrschaft des Circolo popolare in Rom unter Ciceruacchio. Das (dem Papst feindliche) Ministerium protestirt gegen die Hülfe Frankreichs, tritt aber am 19. zurück. Galetti Dictator. — 29. Die römischen Kammern werden aufgelöst, eine Constituente berufen und zwar für das »Vereinigte Italien.« 4. Febr. Eröffnung der römischen Constituente. — 8. Der Grossherzog von Toscana flieht aus Florenz nach S. Stefano. Provisorische Regierung von Guerazzi, Montanelli, Mazzoni. — 9. Die römische Republik proclamirt; der Papst seiner weltlichen

Macht entkleidet; die Inquisition aufgehoben. In Livorno die Republik und Vereinigung mit der römischen proclamirt. — 19. Feldzeugmeister Haynau besetzt Ferrara, stellt die päpstliche Autorität her und legt eine Contribution von 200,000 Sc. auf. — 22. Der Papst ruft die Hülfe von Neapel, Frankreich und Oestreich an. — 27. Guerazzi Dictator von Toscana. 12. März. Piemont kündigt den Waffenstillstand. — 20. Die Oestreicher gehen über den Ticino. — 21. Gefechte bei Mortara und bei Gambolo, den Oestreichern günstig. — 23. Entscheidender Sieg der Oestreicher bei Novara. Carl Albert dankt ab; der junge König geht zu Radetzky nach Vignale. 4. April. Brescia von Haynau erstürmt. Die Oestreicher nehmen blutige Rache. Carl Albert geht nach Lissabon. — 2. Manin Dictator in Venedig. Anarchie in Ancona. — 10. Genua in Aufruhr, aber von La Marmora besetzt. — 11. Die toscanische Republik zerfällt. Guerazzi gefangen. — 20. Das sicilianische Parlament unterwirft sich dem König. — Ein Corps Franzosen landet in Civitavecchia, und belagert Rom vom 30. an. 8. Mai. Bologna von Oestreichern beschossen. — 10. Livorno besetzt. — 17. Bologna ergibt sich an General Wimpffen. — 22. Ramorino wird in Turin kriegsrechtlich erschossen. — 24. General d'Aspre rückt in Florenz ein. — 26.—27. Das Fort Malghera vor Venedig wird von den Oestreichern erstürmt und besetzt. — 28. Spanier und Neapolitaner rücken gegen Rom vor. 3. 4. Juni beginnen die Franzosen den Angriff auf Rom. — 13. Hauptsturm (Eindringen in die Bresche am 21.). — 17. Ancona von den Oestreichern besetzt. 3. Juli. Die Franzosen besetzen Rom. — 15. Feierliche Wiedereinsetzung der päpstlichen Herrschaft. — 24.—29. Rückkehr des Grossherzogs nach Florenz. — 27. Friede zwischen Sardinien und Oestreich. — 28. Carl Albert stirbt. 23. Aug. Capitulation von Venedig. — 30. Feierlicher Einzug von Radetzky daselbst. Seit der Zeit ist Italien bis Rom von fremden Truppen besetzt. Sardinien hält sich unabhängig und auf der Bahn des politischen Fortschritts. Jan.—März. Aufenthalt des Kaisers Franz Joseph in Venedig und Mailand. Allgemeine Amnestie. Vollständige Rückgabe der sequestrirten Güter. Erzherzog Ferdinand Maxi-

1849

1857

milian Generalgouverneur des lombardisch-venetianischen Königreichs.
1858 Cavour, als sardinischer Minister-
präsident, schürt den Hass gegen
Oestreich.
Mai. Juni. Rundreise des Papstes
durch Toscana nach Bologna. — Die
Abgeordnetenkammer in Turin ge-
nehmigt ein Anleben von 40 Millionen. Alessandria wird stark befestigt und bewaffnet.
1859 Jan. In Turin grosse Kriegsrüstungen. Grosse Unsicherheit im
Kirchenstaat bei der Unmacht der
Behörden. Freischaarenzuzug im
Königreich Sardinien.
März. In Genua wird eine französische Hülfsarmee erwartet. —
Kriegsrüstungen in Neapel.
27. April. Revolution in Florenz.
Der Grossherzog verlässt, weil er
nicht am Kampf gegen Oestreich sich
betheiligen will, mit seiner Familie
sein Land. — Piemont weist das
österreichische Ultimatum, das Ent-
waffnung verlangt, zurück. Französische Hülfstruppen landen in Genua.
29. April. Die Oestreicher unter
Gyulai überschreiten 120.000 Mann
stark die piemontesische Grenze bei
Buffalora. Der Krieg beginnt.
1. Mai. Revolution in Parma. Die
Herzogin verlässt das Land, kehrt
aber am 5. zurück.
12. Mai. Napoleon III. in Genua,
stellt sich an die Spitze der französischen Hülfsarmee.
20. Mai. Schlacht bei Montebello,
in der die Oestreicher 2000 Mann
verloren. Neapel erklärt Neutralität;
aber König Ferdinand stirbt 22. Mai.
— Garibaldi's kühner und siegreicher
Zug nach Varese und Como. Die
Bevölkerung erhebt sich gegen Oestreich. — Die toscanischen Truppen
werden unter den Befehl des Prinzen
Napoleon gestellt.
30. Die Oestreicher werden bei
Palestro geschlagen. — Die Herzogin
von Parma ist wieder genöthigt,
ihren Staat zu verlassen.
3. Juni. Die Oestreicher ziehen
sich auf das linke Po-Ufer zurück.
5. Juni. Sieg der Franzosen und
Piemontesen unter Mac Mahon über
die Oestreicher unter Gyulai bei Magenta. Die Oestreicher räumen Mailand.
8. Juni. Einzug Napoleons und
Victor Emanuels in Mailand.
11. Juni. Die Oestreicher räumen
Piacenza, nachdem sie die Befestigungen zerstört; dessgl. Bologna,
das sich für Victor Emanuel erklärt;
dessgl. Ancona und Ferrara und die
Lombardei bis zum Mincio. Der
Herzog von Modena verlässt seinen

1859 Staat, der sich an Victor Emanuel
anschliesst.
20. Juni. Revolution in Perugia,
durch die päpstlichen Schweizer nie-
dergeworfen.
24. Juni. Niederlage der Oestreicher unter Kaiser Franz II. bei Solferino.
9. Juli. Waffenstillstand zu Villafranca, geschlossen von Napoleon III.
und Franz II.
8. Juli. Vergeblicher Militärauf-
standsversuch in Neapel.
12. Juli. Friede zu Villafranca:
»eine italienische Conföderation mit
Oestreich; die Lombardei bis zum
Mincio an Napoleon, der sie an Victor Emanuel **schenkt**; Mantua, Peschiera, Borgoforte und das gesammte
Venetianische bleiben österreichisch.
Toscana's und Modena's Fürsten
werden in ihre Staaten zurückkehren. Amnestie.« — Cavour tritt vom
Ministerium zurück; Lamarmora an
seine Stelle. Das italienische Volk
ist unzufrieden mit dem Frieden; die
Herzogthümer protestiren gegen die
Rückkehr ihrer Fürsten, und ver-
langen Einverleibung in das Reich
Victors Emanuels.
24. Juli. Neapel feiert die Thron-
besteigung Franz II. mit glänzenden
Festen. — Garibaldi nimmt seine
Entlassung; dafür aber den Oberbefehl über das Heer einer mittelita-
lienischen Liga.
16. Aug. Die Nationalversammlung
in Turin erklärt die lothringische Dynastie des Throns für verlustig, und
schliesst Toscana an ein einheitliches
Italien unter Victor Emanuel an.
20. Aug. Die Nationalversammlung
von Modena erklärt die Dynastie
Este für abgesetzt. — Auflösung der
Schweizerregimenter in Neapel.
6. Sept. Die Nationalversammlung
der Romagna in Bologna beschliesst
einstimmig die Absetzung des Papstes
als weltlichen Herren, und Anschluss
an Piemont.
11. Sept. Die Nationalversammlung
in Parma spricht sich einstimmig für
Absetzung der bourbonischen Dynastie und für Anschluss an Piemont
aus. — Gegen diese wie alle andern
ähnlichen Manifestationen spricht sich
Napoleon III. aus.
22. Die sardinische Regierung er-
lässt eine Circularnote an die europäischen Mächte, worin sie die Ge-
rüchte über Abtretung Savoyens an
Frankreich als gänzlich unbe-
gründet zurückweist.
Oct. Victor Emanuel übernimmt
die Regierung der annectirten Staaten.
20. Oct. Insurrectionen in Sicilien.

1860

1. Nov. Garibaldi's erster Aufruf an die Neapolitaner zur Revolution.

10. 22. Nov. Friede von Zürich unterzeichnet und ratificirt.

Jan. Glaubensfreiheit im Königreich Italien proclamirt und garantirt.

Febr. Der Papst sammelt ein Heer zu seinem Schutz; Cavour protestirt dagegen.

24. März. Sardinien tritt Savoyen und Nizza an Frankreich ab. In Neapel revolutionäre Bewegungen. — Die Emilia (Parma, Modena), die Romagna und Toscana erklären durch Plebiscit ihre Vereinigung mit Sardinien (18.—22. März). — Die französische Armee verlässt Sardinien und die Lombardei.

6. Mai. Garibaldi schifft sich in Genua mit einer Freischaar von etwa 1000 Mann nach Sicilien ein; landet am 11. in Marsala und übernimmt, am 14. die Dictatur über Sicilien im Namen Victor Emanuels; dringt am 27. siegreich in Palermo ein, und nimmt die Bank mit etwa 5½ Millionen Ducati.

Er vertreibt die Jesuiten aus Sicilien.

15. Juli. Der König von Neapel nimmt den Truppen den Eid auf die Verfassung ab.

9. Aug. Eine Garibaldi'sche Freischaar unter Major Missori landet in Calabrien; ihr folgt Garibaldi am 19. mit 5000 Mann.

6. Sept. Der König verlässt Neapel und geht nach Gaëta.

7. Sept. Garibaldi zieht in Neapel ein und nimmt für Victor Emanuel vom Königreich Besitz, nachdem die Flotte, fast das ganze Heer und das Ministerium von Franz II. abgefallen.

11. Sept. Victor Emanuel lässt seine Truppen in die Marken und nach Umbrien rücken.

18. Sept. Schlacht bei Castelfidardo, wo Lamoricière mit den päpstlichen Truppen von Cialdini geschlagen wird. — Bombardement von Ancona durch die sardinische Flotte, das sich am 29. Sept. ergibt.

2. Nov. Capua ergibt sich an Sardinien.

7. Nov. Victor Emanuel hält einen feierlichen Einzug in Neapel. — Garibaldi kehrt nach Caprera zurück. Seine Armee wird aufgelöst.

17. Dec. Umbrien, die Marken und das Königreich beider Sicilien erklären ihren Anschluss an das Königreich Italien.

1861

Jan. Franz II. und seine Gemahlin in Gaëta belagert, das am 13. Febr. capitulirt. — Franz II. geht nach Rom.

17. Febr. Aufhebung fast sämmtlicher Klöster in Neapel.

18. Febr. Eröffnung des ersten Parlaments vom Königreich Italien in Turin. Victor Emanuel König von Italien.

13. März. Die Citadelle von Messina ergibt sich an Cialdini.

30. März. England und die Schweiz anerkennen das Königreich Italien.

6. Juni. Cavour stirbt. Ricasoli an seine Stelle (11. Juni).

15. Juni. Frankreich anerkennt das Königreich Italien; dessgl. Portugal, Schweden, Dänemark.

15. Spanier unter Borjes landen in Calabrien, um für Franz II. zu fechten.

24. Sept. Holland, 6. Nov. Belgien anerkennen das Königreich Italien.

8. Dec. Zerstörung von Torre del Greco durch einen Ausbruch des Vesuvs. — Borjes in Tagliacozzo gefangen und erschossen.

1862

Juli. Freischaarenzug Garibaldi's mit dem Feldgeschrei: Roma o morte! Nach Streifzügen in Sicilien, bei denen er von der Regierung als Empörer erklärt, aber nicht ernstlich verfolgt wurde, sotzt er 26. August nach Calabrien über, wird aber 29. August bei Aspromonte von plemontesischen Truppen unter Oberst Pallavicini angegriffen, verwundet und gefangen genommen.

27. Aug. Russland und Preussen anerkennen das Königreich Italien. Die Einverleibung Venetions ins neue Königreich und Rom als dessen Hauptstadt werden der Zukunft anheimgegeben. Die Franzosen bleiben in Rom und Civita vecchia.

1863

17. Jan. Handelsvertrag zwischen Italien und Frankreich.

25. Jan. Eisenbahn zwischen Rom und Neapel vollendet.

14. April. Handelsvertrag zwischen Italien und Belgien.

5. Aug. Der Bischof Gennaro von Alife leistet — als der erste neapolitanische Bischof — indem er in den Senat eintritt — dem König von Italien und der Verfassung den Eid der Treue.

7. Aug. Handelsvertrag mit England.

3. Sept. Dessgl. mit Russland.

1864

18. Jan. Gesetzvorschlag für Aufhebung der Klöster und geistlichen Körperschaften. (Gesetz Vacca.)

21. Jan. Die Regierung gegen die Actionspartei (Garibaldi).

21. März. Garibaldis Reise nach England (bis 9. Mai).

15. Sept. Convention mit Frankreich über Verlegung der Hauptstadt von Turin nach Florenz und die Räumung Roms durch die Franzosen.

20—22. Sept. Unruhen in Turin und ihre Unterdrückung durch Waffengewalt.

1864 | 31. Oct. Der König verzichtet zu Gunsten des bedrängten Staatsschatzes auf 3½ Million seiner Einkünfte. — Fortwährende Spannung zwischen der höhern Geistlichkeit und der Regierung.

Nov. General Cialdini besetzt die nördliche Grenze, zur Verhinderung eines Einfalls in das österreichische Gebiet. — Minister Sella legt der Kammer die verzweifelte Finanzlage des Staates vor, und den Vorschlag, die indirecten Steuern zu erhöhen, die directen für 1865 im Voraus zu erheben. — Vacca zieht den Entwurf für die Klösteraufhebung zurück. — Die Regierung erklärt sich gegen den ital. Putsch in Friaul.

12. Dec Der König unterzeichnet das Gesetz über Verlegung der Hauptstadt. Von diesem Tage beginnt die zweijährige Frist zur Räumung Roms durch die Franzosen.

22. Dec. Veröffentlichung der päpstlichen Encyclica und des Syllabus (vom 8. Dec.) wider alles was mit den Satzungen der katholischen Kirche nicht vollkommen übereinstimmt.

1865 | März. Wirkliche Uebersiedelung der Regierung des Königreichs Italien und der königl. Residenz nach Florenz. Das Briguntenwesen in Unteritalien und in Sicilien in voller Blüte.

1866 | März. Geheimes Bündniss des Königreichs Italien mit Preussen gegen Oesterreich, das u A. jeden der beiden Staaten bindet, nicht ohne Zustimmung des andern Waffenstillstand oder Frieden zu schliessen.

Mai. Kriegsrüstungen und Kriegsbegeisterung, Bildung von Freiwilligencorps durch ganz Italien.

11 Junius. Gesetz über Aufhebung der geistlichen Körperschaften. 1 Besitzende Orden: Priester und Choristinnen über 60 Jahre erhalten jährlich 600 Fr., zwischen 40—50 Jahren 400 Fr., unter 40 Jahren 360 Francs. Laien und Convertiten nach derselben Ordnung 300—240—200 Fr. II. Bettelorden: Priester und Choristinnen ohne Unterschied 250 Fr. Laien 144—96 Fr.

12 Jun. Garibaldi verlässt Caprera und ist am 13. bei dem Freiwilligencorps in Como.

19. Jun. Italien erklärt zugleich mit Preussen an Oesterreich den Krieg.

24. Jun. Die Italiener überschreiten mit drei Armeecorps unter Führung des Königs den Mincio und werden von den Oesterreichern unter Erzherzog Albrecht bei Custozza geschlagen und gehen über den Mincio zurück.

5. Julius. Oesterreich schenkt nach der unglücklichen Schlacht gegen die Preussen bei Königgrätz 4. Jul. Venetien an Napoleon, um dessen Vermittelung für einen Waffenstillstand und Frieden mit Italien zu gewinnen; was misslingt, da Italien durch den Vertrag mit Preussen gebunden ist. Cialdini überschreitet am 8. Jul. den Po und rückt in Venetien ein. Die Oesterreicher sprengen die Festungswerke von Rovigo und verlassen nach und nach Venetien.

20 Jul. Grosser Seesieg der österreichischen Flotte unter Tegetthoff über die italienische unter Persano bei der Insel Lissa an der dalmatischen Küste.

2. Aug. Waffenstillstand mit Friedenspräliminarien, in denen Venetien durch Plebiscit seinen Anschluss an das Königreich Italien auszusprechen berechtigt werden soll, ohne Rücksicht auf Oesterreichs Schenkung an Napoleon.

Beilagen.

Kaiser und Päpste.

v. Ch.	Römische Kaiser von Cäsar bis auf Franz II.	Römische Bischöfe (Päpste) von Petrus bis auf Pius IX.	n. Ch.	Römische Kaiser von Cäsar bis auf Franz II.	Römische Bischöfe (Päpste) von Petrus bis auf Pius IX.
44	Julius Cäsar ermordet.		214	Philippus.	
29	Cäsar Octavianus		249	Decius.	
n.Ch	Augustus.		250		Cornelius.
14	Tiberius.		251	Gallus und Volusianus.	
37	Caligula.		252		Lucius I.
41	Claudius.				Stephanus I.
54	Nero.	Petrus hingerichtet.	253	Aemilianus. Valerianus.	
65		Linus.	257		Sixtus II.
67		Clemens I.	259		Dionysius.
68	Galba.		263	Galienus.	
69	Otho.		268	Claudius II.	
	Vitellius.		269		Felix I.
	Vespasianus.		270	Aurelianus.	
77		Cletus	275	Tacitus und Florianus.	Eutychianus.
79	Titus.				
81	Domitianus.		276	Probus.	
83		Anacletus.	282	Carus.	
96	Nerva.	Evarist.	283	Carinus und Numerianus.	Cajus.
98	Trajanus.				
108		Alexander I.	284	Diocletianus.	
117	Hadrianus.	Sixtus I.	286	Maximianus.	
128		Telesphorus.	296		Marcellinus.
138	Antoninus Pius.	Hyginus.	305	Constantius Chlorus und Maximianus Galerius.	
142		Pius I.			
150		Anicetus.	307	Constantinus Magnus.	
161	Marcus Aurelius.				
162		Soter.	308	Maximinus II. Licinus. Maxentius.	Marcellus I.
171		Eleutherius.			
180	Commodus.				
186		Victor I.	310		Eusebius. Melchiades.
193	Pertinax. Didius Julianus. Septimius Severus.		314		Sylvester I.
197		Zephyrinus.	336		Marcus.
198	Caracalla und Geta.		337	Constantinus II. Constantius. Constans. (Theilung der drei Brüder)	Julius I.
217	Macrinus.	Calixtus I			
218	Heliogabalus.				
222	Alexander Severus.	Urbanus I.			
230		Pontianus.	352		Liberius.
235	Maximinus.	Anterus.	361	Julianus.	
236		Fabianus.	363	Jovianus.	
238	Gordianus I. u. II. Maximus und Balbinus. Gordianus III.		364	Valentinianus I. u. Valens.	
			366		Damasus I

n. Ch.	Kaiser.	Päpste.	n. Ch.	Kaiser.	Päpste.
367	Gratianus.		686		Conon.
375	Valentinianus II.		687		Sergius I.
379	Theodosius.		701		Johannes VI.
383	Arcadius.		705		Johannes VII.
385		Siricius.	708	Philippicus Barda-	Sisinnius.
393	Honorius.			nes 711.	
398		Anastasius I.		Anastasius II. 713.	Constantinus.
401		Innocentius I.	715	Leo der Isaurier	Gregorius II.
402	Theodosius II.			717.	
417		Zosimus.	731		**Gregorius III.**
418		Bonifacius I.	741	Constantinus Ko-	**Zacharias.**
421	Constantius II.			pronymus.	
422		Cölestinus I.	752		Stephanus II.
425	Valentinianus III.		772		Hadrianus I.
432		Sixtus III.	774	Carl der Grosse.	
440		Leo I.	795		Leo III.
450	Marcianus.		814	Ludwig d. Fromme.	
455	Avitus.		816		Stephanus IV.
457	Leo u. Majorianus.		817		Pascalis I.
461	Libius Severus.	Hilarius.	824		Eugenius II.
467	Anthemius.		827		Valentinus.
468		Simplicius.			Gregorius IV
472	Olybrius.		843	Lothar	
473	Glycerius.		844		Sergius II.
474	Zeno.		847		Leo IV.
475	Romulus Augustu-		855	Ludwig II.	Benedictus III.
	lus.		858		Nicolaus I.
483		Felix II.	867		Hadrianus II.
492		Gelasius.	872		Johannes VIII.
496		Anastasius.	876	Carl der Kahle.	
498		Symmachus.	882		Martinus II.
514		Hormisdas.	884	Carl der Dicke.	Hadrianus III.
523		Johannes I.	885		Stephanus V
526		Felix III.	887	Arnulf.	Formosus.
530	Justinianus I. (528	Bonifacius II.	891		Bonifacius VI.
	—565).		896		Stephanus VI.
532		Johannes II.	897		Romanus I.
535		Agapetus I.	898		Theodorus II.
536		Silverius.			Johannes IX.
538		Vigilius.	900	Ludwig das Kind.	Benedictus IV.
555		Pelagius I.	903		Leo V
560		Johannes III.			Christophorus.
574		Bonosus oder Be-	904		Sergius III.
		nedictus I.	911		Anastasius.
578		Pelagius II.	912	Konrad I.	
590		Gregorius I.	913		Laudonius.
604	Phocas 602.	Sabinianus.	914		Johannes X.
607	Heraclius 610.	Bonifacius III.	919	Heinrich I. der	
615		Deusdeditus (Boni-		Finkler.	
		facius IV.)	921		Leo VI.
619		Bonifacius V.	929		Stephanus VII.
625		Honorius I.	931		Johannes XI.
640		Severinus.	936	Otto I.	Leo VII.
		Johannes IV.	939		Stephanus VIII.
641	Constans II. 642.	Theodorus I.	942		Martinus III.
649		Martinus I.	946		Agapetus II.
655		Eugenius I.	956		Johannes XII.
657	Constantinus IV.	Vitalianus.	964		Leo VIII.
	668.		963		Johannes XIII.
672		Adeodatus.	972		Benedictus VI.
676		Donus I.	974	Otto II.	Donus II.
678		Agathus.	975		Benedictus VII.
682		Leo II.	983	Otto III.	Johannes XIV
684		Benedictus II.	985		Johannes XV
685	Justinianus II.	Johannes V.			

n. Ch.	Kaiser.	Päpste.
		Johannes XVI.
996		Gregorius V.
999		Sylvester II.
1002	Heinrich II.	
1003		Johannes XVII.
		Johannes XVIII.
1009		Sergius IV.
1012		Benedictus VIII.
1021	Konrad II.	Johannes XIX.
1033		Benedictus IX.
1039	Heinrich III.	
1046		Gregorius VI.
1047		Clemens II.
1048		Damasus II.
1049		Leo IX.
1055		Victor II.
1056	Heinrich IV.	
1057		Stephanus X.
1058		Nicolaus II
1061		Alexander II.
1073		Gregorius VII.
1086		Victor III.
1088		Urbanus II.
1099		Pascalis II.
1106	Heinrich V.	
1118		Gelasius II.
1119		Calixtus II.
1124		Honorius II.
1125	Lothar v. Sachsen.	
1130		Innocentius II.
1137	Konrad III. von Hohenstaufen.	
1143		Cölestinus II.
1144		Lucius II.
1145		Eugenius III.
1150		Anastasius IV.
1152	Friedrich I. Barbarossa.	
1154		Hadrianus IV.
1159		Alexander III.
1181		Lucius III.
1185		Urbanus III.
1187		Gregorius VIII.
1189		Clemens III.
1190	Heinrich VI.	
1191		Cölestinus III.
1197	Otto IV.	
1198		Innocentius III.
1215	Friedrich II.	
1216		Honorius III.
1227		Gregorius IX.
1241		Cölestinus IV.
1243		Innocentius IV.
1250	Interregnum.	
1254		Alexander IV.
1261		Urbanus IV.
1264		Clemens IV.
1271		Gregorius X.
1273	Rudolph von Habsburg.	
1276		Innocentius V.
		Hadrianus V.
		Johannes XX. oder XXI.
1277		Nicolaus III.

n. Ch.	Kaiser.	Päpste.
1281		Martinus IV.
1285		Honorius IV.
1287		Nicolaus IV.
1290	Albrecht I. und Adolph von Nassau.	
1292		Cölestinus V.
1294		Bonifacius VIII.
1303		Benedictus XI.
1305		Clemens V.
1309	Heinrich VII. von Luxemburg.	
1313	Ludwig von Bayern u. Friedrich von Oestreich.	
1316		Johannes XXII.
1334		Benedictus XII.
1342		Clemens VI.
1346	Carl IV. von Luxemburg.	
1352		Innocentius VI.
1362		Urbanus V.
1370		Gregorius XI.
1378	Wenzel.	Urbanus VI.
1389		Bonifacius IX.
1400	Ruprecht von der Pfalz.	
1404		Innocentius VII.
1406		Gregorius XII.
1409		Alexander V.
1410	Sigismund.	Johannes XXIII.
1431		Martinus V.
		Eugenius IV.
1437	Albrecht II.	
1440	Friedrich III.	
1441		Nicolaus V.
1442		Calixtus III.
1458		Pius II. (Piccolomini).
1464		Paulus II.
1471		Sixtus IV. (Franz von Rovere von Savona).
1484		Innocentius VIII. (Joann. Bapt. Cibo).
1492		Alexander VI. (Roderico Borgia).
1493	Maximilian I.	
1503		Pius III (Franc. Piccolomini Sanese).
1503		Julius II. (Julianus della Rovere).
1513		Leo X. (Joannes Medicis).
1520	Carl V.	
1522		Hadrianus VI. (Hadrianus Florentius aus Utrecht).
1523		Clemens VII. (Julius Medicis).
1534		Paulus III. (Alexander Farnese).
1550		Julius III. (Joannes Maria di Monte).

n. Ch.	Kaiser.	Päpste.	n. Ch.	Kaiser.	Päpste.
1555		Marcellus II. (Marcellus Cervinus).	1667		Clemens IX. (Giul. Rospigliosi).
		Paulus IV. (Joannes Petrus Caraffa aus Neapel)	1670		Clemens X. (Emilio Altieri).
			1676		Innocentius XI.
1558	Ferdinand I.				(Benedetto Odescalchi).
1559		Pius IV. (Joan. Angelus Medicis aus	1689		Alexander VIII.
		Mailand). 1720			(PietroOttoboni).
		canonisirt.	1690	Joseph I.	
1564	Maximilian II.		1691		Innocentius XII.
1566		Pius V. (Ghisilerius			(Ant. Pignatelli).
		aus Piemont).	1700		Clemens XI. (Giov.
1572		Gregorius XIII.			Franc. Albani).
		(Hugo Boncompagnus aus Bologna).	1711	Carl VI.	
			1721		Innocentius XIII.
1576	Rudolph II.				(Mich. Ang. de Conti).
1585		Sixtus V. (Felix Perettus, Card. de Montalto).	1724		Benedictus XIII. (Vinc. Maria Orsini).
1590		Urbanus VII. (Joann. Bapt. Castanea aus Rom).	1730		Clemens XII. (Lorenzo Corsini).
		Gregorius XIV.	1740		Benedictus XIV. (Prosp. Lambertini).
		(Nic. Sfondratus aus Mailand).	1741	Carl VII. v. Bayern.	
1591		Innocentius IX.	1745	Franz I.	
		(Joann. Ant. Fachinettus aus Bologna).	1758		Clemens XIII. (Carlo Rezzonico aus Venedig).
1592		Clemens VIII. Hippolyt. Aldobrandinus aus Florenz).	1765	Joseph II.	
			1769		Clemens XIV. (Giov. Ant. Ganganelli aus Rimini).
1605		Leo XI. (Alexander Medicis).			
		Paulus V. (Camillo Borghese).	1775		Pius VI. (Giov. Angelo Braschi).
1612	Matthias.		1790	Leopold II.	
1619	Ferdinand II.		1792	Franz II.	
1621		Gregorius XV. (Alexander Ludovisi).	1800		Pius VII. (Gregor Barnaba Chiaramonti).
1625		Urbanus VIII. (Maffeo Barberini).	1823		Leo XII. (Annib. della Genga).
1637	Ferdinand III.		1829		Pius VIII. (Franc. Xav. Castiglione).
1644		Innocentius X. (Giov. Batt. Pumfili).	1831		Gregorius XVI. (Mauro Capellari aus Belluno).
1655		Alexander VII. (Fabio Chigi aus Siena).	1846		Pius IX. (Mastai Ferretti aus Sinigaglia).
1658	Leopold I.				

Tabellarische Uebersicht der Kirchengeschichte.

n. Ch.	
2	Tod des Herodes.
10	Judäa wird römische Provinz.
26	Pilatus wird Procurator von Judäa.
30	Jesus tritt sein Lehramt an.
33	Jesus wird gekreuzigt.
34	Stephan wird gesteinigt.
35	Paulus wird Christ.
37	Herodes Agrippa, König.
43	Jacobus d. Aelt., hingerichtet.
47	Apostelversammlung zu Jerusalem. Apost. Gesch. 15.
49	Claudius vertreibt die Juden aus Rom. Taufe durch Untertauchen. Sonntag und Sabbath.
64	Erste Christenverfolgung unter Nero.
67	Petrus und Paulus hingerichtet.
68	Geistliche treiben Gewerbe; sind primi inter pares.
70	Zerstörung Jerusalems.
80	Agapen und Abendmahl vereint. Oblationes.
83	Apollonius von Tyana in Rom Ecclesiae apostolicae: Alexandria, Antiochia, Ephesus. Korinth, Rom.
95	Domitians Christenverfolgung. Vorlesen der Schrift. Predigt. Gesang.
100	Tod des Johannes Evangelista.
110	Brief des Plinius wegen der Christen. Glaubensformel.
115	Martyrium des Ignatius.
117	Gnostische Secten des Saturnin, Basilides, Karpokrates.
120	Kreuzeszeichen.
126	Apologien des Quadratus und Aristides an Hadrian. Duldungsgesetz für die Christen. Agapen und Abendmahl getrennt.
140	und 150. Cerdo und Marcion. die Gnostiker erregen Aufsehen in Rom.
157	Anfang des Montanismus.
158	Polykarpus von Smyrna unterredet sich mit Bischof Anicetus wegen der Osterfeier.
159	Hegesippus in Rom.
165	Justinus Martyr, †.
169	Polykarpus hingerichtet. Kirchenversammlung in Asien gegen die Montanisten.
171	Tatian, Melito. Praxeas. Streit über den λόγος.
174	Bardesanes.

n. Ch.	
177	Christenverfolgung in Gallien. Irenäus, Bischof zu Lugdunum.
180	Theophilus, Bischof von Antiochien. Märtyrer-Verehrung. Sonntagfeier.
185	Victor, Bischof zu Rom, excommunicirt. Theodotus von Byzanz. Origines geboren.
188	Demetrius, Bischof zu Alexandrien. Hohe Schule daselbst.
190	Anmassung römischer Bischöfe. Victor kündet den Asiaten Kirchengemeinschaft auf.
194	Pantänus.
196	Streit über die Osterfeier zwischen Victor und den asiatischen Bischöfen. Streit über Kinder- und Ketzertaufe.
202	Septimius Severus verbietet den Uebertritt zum Christenthum. Tertullian. Clemens von Alexandrien. — Hermogenes zu Karthago, Noetus zu Smyrna, Sectirer.
218	Macrinus hingerichtet.
240	Minucius Felix. Julius Africanus.
248	Cyprian, Bischof von Karthago.
249	Christenverfolgung unter Decius.
250	Spaltung des Felicissimus. Kindertaufe allgemein.
251	Novatianische Spaltung.
253	Stephan von Rom kündigt den Kleinasiaten und Nordafrikanern wegen der Ketzertaufe die Kirchengemeinschaft auf.
254	Origines Tod.
255	Streit über die Ketzertaufe. Erste Spuren des Exorcismus.
257	Christenverfolgung.
258	Cyprian enthauptet.
259	Toleranzedict des Gallienus. Kirchen.
262	Dionysius, Bischof von Rom, streitet gegen Chiliasmus und Sabellianismus. Uebertriebene Martyrerverehrung.
265	Erste Synode zu Antiochien gegen Paul von Samosata. Dionysius von Alexandrien †.
268	Zweite Synode zu Antiochien.
269	Dritte Synode zu Antiochien. Paul von Samosata abgesetzt.
270	Gregorius der Wunderthäter und Plotinus †.

277 Mani oder Manes †.
296 Edict wider die Manichäer.
300 Porphyrius †.
303 Christenverfolgung unter Diocletion. Methodius kommt um.
305 Synode zu Illiberis, Cölibat der Geistlichen der ersten drei Grade.
306 Constantin wird Kaiser. Methodius, Martyrer.
312 Donatisten. Erste Indiction.
313 Schutzedict für die Christen von Constantin und Licinus.
314 Sylvester. Concil zu Arelatum und zu Ancyra.
319 Arianische Streitigkeiten. Berufung der allgemeinen Concilien durch die Kaiser.
319 Befreiung der Geistlichen von den muneribus publicis.
321 Begünstigung der Christen. Gerichtsbarkeit der Kirche.
325 Concilium oecumenicum zu Nicäa. Dogma von der Ewigkeit des *λόγος*. Lactantius.
326 Athanasius, Bischof zu Alexandrien. Helena findet das heilige Grab.
330 Constantinopel eingeweiht.
335 Concilium zu Tyrus u. zu Jerusalem.
336 Arius †.
337 Constantin getauft.
340 Eusebius von Cäsarea, Geschichtschreiber †. Concil zu Gangra.
341 Concil zu Antiochien. Paul der Einsiedler †.
342 Synode zu Rom für Athanasius. Eusebius von Nicomedien †.
347 Synode zu Sardica und Philippopolis.
351 Erste Sirmische Synode. Photin abgesetzt.
356 Antonius, Stifter des Mönchslebens, †.
357 Zweite Sirmische Synode.
359 Synode zu Rimini und Seleucia.
363 Synode zu Alexandrien unter Athanasius. Jovian gibt allgemeine Religionsfreiheit.
364 Synode zu Laodicea, regelrechter Kirchengesang eingeführt.
367 Hilarius von Pictavium †.
371 Basilius d. Gr., Bischof von Cäsarea.
373 Athanasius †.
374 Ambrosius, Bischof zu Mailand.
377 Ulphilas, Bischof der Gothen.
381 Synode zu Constantinopel. Heiliger Geist, dem Vater und Sohne gleichgesetzt.
386 Cyrillus, Bischof zu Jerusalem †.
387 Augustin zu Mailand getauft.
390 Theodosius unterwirft sich der Kirchenbusse.
391 Gregor von Nazianz †.
393 Synode zu Hippo.
394 Theodosius stellt die heidnischen Gebräuche ab.
397 Ambrosius in Mailand †. Dritte Synode zu Karthago.
398 Chrysostomus, Bischof zu Constan-

tinopel. Jovinian und Vigilantius gegen Cölibat.
400 Theophilus, Bischof zu Alexandrien gegen Origines; lässt die heidnischen Heiligthümer öffentlich verspotten.
403 Epiphanius †. Synode zur Eiche.
406 Hieronymus gegen Vigilantius. Zerstörungswuth des Bischofs Marcellus.
407 Chrysostomus †.
412 Cyrillus, Bischof zu Alexandrien. Pelagianismus.
415 Synode zu Diospolis.
418 Verdammung der Pelagianer.
420 Hieronymus †.
429 Nestorius, Bischof in Constantinopel. Theodor Mopsvest †.
430 Augustinus †.
431 Synode zu Ephesus. Paulinus von Nola †. Kirchen-Asyle.
440 Leo I., Bischof zu Rom.
444 Cyrillus von Alexandrien †.
445 Valentinian III. spricht dem römischen Bischof das Primat zu.
449 Räubersynode.
451 Oecumenische Synode zu Chalcedon.
475 Synode zu Arelatum. Widerruf des Lucidus.
480 Tonsur der Geistlichen. Gottesurtheile.
496 Chlodwig lässt sich taufen.
498 Symmachus und Laurentius streiten um die römische Bischofswürde.
503 Synodus palmaris zu Rom.
506 Synode zu Agathe.
518 Anastasius †.
529 Synode zu Arausio gegen die Massilienser. Justinian verfolgt heidnische Philosophen.
530 Synode zu Valentia.
544 Benedict von Nursia †.
653 Fünfte öcumenische Synode.
540 Gregor von Tours.
590 Gregor I., Bischof zu Rom, † 604. Ausbildung der Opferidee im Abendmahl.
615 Columban †.
622 Monotheletische Streitigkeiten. Hedschra.
632 Mohammeds Tod.
648 Concilium Lateranense gegen Monotheletismen.
680 Oecumenische Synode zu Constantinopel für Monotheletism.
686 Kilian in Würzburg.
691 Trullanische Synode.
696 Willebrod, Bischof von Utrecht.
718 Bonifacius tritt seine Mission an.
— Beda venerabilis 673—735.
726 Leo der Isaurier eifert gegen Bilderverehrung. Der Bischof von Rom widerspricht.
741 Gregor III. entzieht die Päpste der kaiserlich griechischen Herrschaft. Die päpstliche Macht wächst.
742 Chrodogang, Regel für das gemeinschaftliche Leben der Geistlichen,

	das schon sehr entartet war. — Orgeln. Lateinische Sprache als Kirchensprache.
745	Bonifacius Erzbischof zu Mainz.
754	Synode zu Constantinopel gegen Bilderverehrung und für Verehrung der Maria, als der über alles Geschaffene erhabenen Mutter Gottes. Johann von Damaskus †. Sein Lehrgebäude der Theologie auf Tradition, Kirchenväter und Synoden gegründet.
755	Schenkung Pipins an den Papst. Bonifacius kommt um.
774	Neue Schenkung Carls des Gr.
780	Kaiserin Irene für die Bilder. Carl der Grosse verordnet Einsegnung der Ehe.
782	Adoptianischer Streit.
783	Zweite Kirchenversammlung zu Nicäa.
792	Synode zu Regensburg.
794	Synode zu Frankfurt erlaubt Bilderschmuck ohne Verehrung; verurtheilt die Adoptianer.
815	Anstalten gegen den Bilderdienst in Constantinopel.
816	Synode zu Aachen.
831	Transsubstantiations-Lehre des Pasch. Radbertus.
842	Herstellung des Bilderdienstes in Constantinopel durch Theodora. Die Decretalen des falschen Isidorus befestigen die steigende Macht des Papstes als Oberhauptes der Kirche.
844	Streit über Prädestination.
858	Papst Nicolaus I. macht von den Decretalen gegen Lothars Ehescheidung und die deutschen Bischöfe Gebrauch. Ablass. Privat- und Kirchenbusse.
860	Synode zu Constantinopel für Photius, den Kirchenrechtslehrer.
863	Synode zu Rom gegen Photius. Um diese Zeit Anwendung des geweihten Oels. Heiligentage. Rosenkranz. Seelenmessen. Reliquien. Reform des Mönchthums.
869	Grosse Synode zu Constantinopel.
879	Synode ebendaselbst unter dem ab- und wieder eingesetzten Photius. Spaltung der griechischen und römischen Kirche.
904	Theodora und Marozia beherrschen die Papstwahl. Grosse Sittenlosigkeit.
910	Bernhard stiftet die Cluniacenser.
956	Lasterhaftes Papstthum. Johann XII. auf der Synode zu Rom abgesetzt.
961	Gegenpapst Benedict V. abgesetzt.
980	Freiere Richtung des Kirchenrechts. Gerbert.
993	Canonisation des B. Ulrich zu Augsburg durch den Papst.
1018	Romuald von Ravenna stiftet die Camaldulenser, Gualbert 4038 Vallombrosa.
1046	Synode zu Sutri, 3 Päpste abgesetzt.
1048	Clemens II. erwählt. Beginn einer Kirchenreformation unter Leo IX. Berengars Lehre vom Abendmahl, gegen Transsubstantiation wird verdammt. Streit der occidentalischen und der griechischen Kirche über gesäuertes und ungesäuertes Brod beim Abendmahl.
1054	Die päpstlichen Gesandten thun die Griechen in den Bann. Völlige Trennung.
1059	Verordnung über die Papstwahl. Cardinalcollegium. Religionsstreitigkeiten in Mailand.
1073	Gregor VII. Papst. Cölibat der Geistlichkeit zum Gesetz gemacht. Investiturstreit.
	bis 1080 sieben Synoden zu Rom.
1071	
1093	Synode zu Soissons wider Roscelin.
1094	Synoden zu Piacenza und Clermont für die Kreuzzüge. Taufe durch Besprengung.
1109	Anselm, der Begründer der scholastischen Theologie, gegenüber der positiven Theologie des Bernhard von Clairvaux etc.
1118	Johanniter-Orden.
1119	Tempelherren.
1121	Synode zu Soissons wider Abälard.
1122	Wormser Concordat.
1123	Lateranensisches Concil. Entziehung des Kelches für die Laien.
1128	Synode zu Troyes.
1136	Bernhard von Clairvaux widersetzt sich dem Fest der unbefleckten Empfängniss Mariä. Cistercienser.
1139	II. Lateranensisches Concil.
1140	Synode zu Sens gegen Abälard.
1142	Abälard †. Karthäuser, von Bruno gestiftet.
1146	Bernhard predigt den 2. Kreuzzug. Prämonstratenser, von Norbert gestiftet. Carmeliter, von Bernhard aus Calabrien.
1149	Synode zu Rheims über Gilbert von Paretta.
1164	Pietro Lombardo der Scholastiker †.
1170	Waldenser. Unter Alexander III. Canonisation durch die Päpste allein.
1173	III. Lateranensische Kirchenversammlung
1198	bis 1216 Innocenz III. höchste Stufe päpstlicher Hoheit. Bann. Interdict. Inquisition. Ohrenbeichte. Sieben Sacramente.
1201	Synode zu Soissons.
1215	IV. Lateranensisches Concil.
1217	Honorius gebietet Verneigung vor der Eucharistie.
1221	Dominicus †.
1226	Franz von Assisi †.
1229	Synode zu Toulouse. Inquisition.
1231	Antonius von Padua †.
1233	Dominicaner werden Ketzerrichter.
1245	Synode zu Lyon.
1256	Augustiner-Eremiten.
1260	Geissler.

1264	Fronleichnamsfest zu Ehren der Transsubstantiation.
1270	Ludwig der II. †.
1274	Synode zu Lyon. Joh. Bonaventura und Thomas von Aquino †.
1278	Roger Baco gefangen gesetzt.
1280	Albertus Magnus †.
1300	Erstes Jubeljahr.
1305	Päpstliche Residenz in Avignon.
1308	Duns Scotus †. Streit und Neid der Dominicaner und Franciscaner.
1311	Synode zu Vienne. Tempelherren aufgehoben.
1349	Clemens VI. bestätigt die Lehre von dem kirchlichen Schatz an guten Werken.
1361	Tauler †. Thomas a Kempis, Mystiker.
1369	Joh. Paläologus bekennt sich zur röm. Kirche.
1376	Rückkehr der päpstlichen Residenz nach Rom.
1378	Urban VI. zu Rom und Clemens VII. zu Avignon thun sich gegenseitig in den Bann.
1384	Wiklif und Gerard Grod †.
1394	Synode zu Paris über die Kirchenspaltung.
1406	Eine dessgl.
1409	Synode zu Pisa, in Folge davon 3 Päpste.
1414	Synode zu Constanz. Huss verbrannt 1415.
1429	Ende der päpstlichen Spaltung.
1431	Synode zu Basel. Beschränkung des Papstes. Dagegen
1438	Synode, von Ferrara nach Florenz verlegt, wo Vereinigung mit armenischen Griechen gewonnen wurde, und endlich 1442 nach Rom.
1455	† Nicolaus V., Beförderer der Wissenschaften, und 1464 Pius II., Gelehrter. Paul II., Feind der Gelehrsamkeit. Sixtus IV. dem Nepotismus ergeben, Alexander VI., zügellos ausschweifend, Julius II., Kriegsheld.
1457	Laurentius Valla. Exeget.
1498	Savonarola hingerichtet.
1511	Synode zu Pisa.
1512	Synode im Lateran.
1517	Kirchenreformation in Deutschland. Irrglauben in Italien; Pietro Pomponazzi, Pietro Bembo, Hieronymus Cardanus, Cosmo Rugieri, Thomas

	Campanella werden unter die Ungläubigen gerechnet.
1527	Kapuziner. Jesuiten
1530	Augsburgische Confession.
1545	— 1563 Synode zu Trient; zuletzt nach Bologna verlegt.
1556	Ignatius Loyola †. Gräuel der Inquisition.
1557	Stiftung der Väter des Oratoriums in Italien. Socinianer.
1569	Sixtus von Siena, Bibelstudium.
1600	Giordano Bruno wird zu Rom als Ketzer verbrannt.
1606	Wiener Religionsfriede.
1608	Synode zu Dortrecht.
1622	Römische Congregation zur Ausbreitung des Glaubens.
1627	Seminarium de propaganda fide in Rom.
1648	Westphälischer Friede.
1653	Jansenisten.
1663	Gesellschaft der Priester der auswärtigen Missionen.
1664	Stiftung des Trappisten-Ordens. Piaristen in Rom.
1678	Streit des Papstes mit dem König von Frankreich, über Regalien bis 1692.
1713	Bulla Unigenitus.
1725	Kirchenversammlung im Lateran.
1759	Vertreibung der Jesuiten aus Portugal.
1773	Aufhebung des Jesuiten-Ordens durch Clemens XIV.
1782	Ende der Inquisition in Sicilien.
1786	Synode zu Pistoja, und
1787	Synode zu Florenz, von Grossherzog Leopold berufen, wegen Misshelligkeit mit dem Papst.
1802	Concordat zwischen dem Papst und Frankreich.
1804	Pius VII. stellt die Jesuiten in Sicilien und Neapel wieder her und krönt Napoleon.
1814	Wiedereinsetzung der Inquisition und der Jesuiten.
1835	Verurtheilung der katholischen Philosophie von Hermes.
1855	Concordat mit Oesterreich.
1856	Dogma von der unbefleckten Empfängniss Mariä.
1857	Verurtheilung der Güntherschen katholischen Philosophie.

Kunstgeschichte. [1]

Wir erkennen drei grosse Lebensperioden italienischer Kunst. Die erste umfasst die ältesten Zeiten und zwei Völkerschaften; einmal die Bewohner von Unteritalien und Sicilien mit rein griechischer Bildung; sodann die Bewohner der nördlichen Hälfte des Landes, die etrurischen Volksstämme, die bei unverkennbaren Einflüssen von Griechenland doch auch eine eigenthümliche Richtung zeigen. [2] Beide erreichten ihren Höhepunkt im fünften Jahrhundert a. C., und werden durch die Ausbreitung der Römerschaft im dritten Jahrhundert begrenzt. Die zweite wird durch die Verbreitung griechischer Kunstwerke und Künstler nach Rom bezeichnet, und äussert sich in Vereinigung der beiden getrennten Elemente des vorhergehenden Zeitraums. Ihr Höhepunkt fällt in die Zeit des Augustus; sie reicht bis ins vierte Jahrhundert nach Christus, wo ihre Kräfte mit denen des römischen Reichs zugleich erlöschen. (S. Rom.) Die dritte hebt mit dem Aufleben italienischer Freistaaten im Mittelalter an, und erreicht in der Malerei zu Anfang des 16. Jahrhunderts ihre höchste Vollendung. Die Anfänge einer jeden der drei Perioden leiten nach Griechenland hinüber, nur bei der neuern Kunst tritt gegen das byzantinische Element ein germanisches in den Kampf, das in der Architektur augenfällig, in der Sculptur leicht erkennbar, aber auch in der Malerei bei genauer Forschung sichtlichen Einfluss ausübt, und die Kunst zur eigenthümlichen Entwicklung aller

---

[1] Im alphabetisch geordneten Namenregister am Schluss der zweiten Abtheilung finden sich alle im Buche genannten Architekten, Bildhauer und Maler, mit Angabe ihrer Lebenszeit, Schule etc.; die Geschichte der einzelnen Kunstschulen von Florenz, Rom etc. bei den einzelnen Städteartikeln. Zu ausführlichen Vorbereitungen und kunstgeschichtlichen Studien empfehle ich Vasari's Lebensbeschreibungen, und Lanzi's Geschichte der Malerei, beide in den deutschen Ausgaben; erstere auch in der neuesten florentinischen von Milanesi u. A. Dann Rumohrs Italienische Forschungen; für die antike Kunst aber ausser Winckelmanns Geschichte der Kunst, vornehmlich die Werke von Ottfried Müller (Archäologie der Kunst), Fr. Thiersch (Epochen der griechischen Kunst) und für die Vasen O. Jahns Einleitung zum Katalog der Münchner Vasensammlung. Ausserdem von Neueren: Allgemeine Kunstgeschichte von F. Kugler, und eine andere, noch ausführlichere von Schnaase. Overbeck Geschichte der griechischen Plastik. Bequem dürfte Manchem auch der »Cicerone« von Burkhardt sein.

[2] Mittelitalien vor den Zeiten römischer Herrschaft nach seinen Denkmalen dargestellt von Dr. Wilh. Abeken. Stuttgart 1843.

Kräfte führt, bis sie, verblendet von der Vortrefflichkeit der Antike und der Vollendung der Natur in der Nachahmung von beiden, unter Vernachlässigung selbstständiger geistiger Anschauungen bei allem Glanze äusserer Vollkommenheiten innerlich verarmt. Obschon im Dienst der Religion und Kirche, führt die Kunst ihr Leben unabhängig von beiden, und, weit entfernt etwa mit letzterer zugleich zu steigen und zu fallen, sehen wir sie, dem allgemeinen Entwicklungsgang der Menschheit folgend, im Verein mit weltlicher Macht (des Kaisers, der Republiken) und mit Geistesfreiheit und Selbstständigkeit (im 14—16. Jahrhundert), während sie unter Innocenz III. und Gregor VII. in tiefem Verfall, unter den Kirchenvätern und Doctoren nur von Reminiscenzen an die Antike lebte. (S. Ravenna, Rom.)

Architektur.

Unter den Werken der Baukunst, die theils erhalten, theils in Trümmern auf uns gekommen, sehen wir Gräber und Tempel, später Kirchen und Baptisterien, Ehrendenkmale, Theater, Amphitheater, Circus, Thermen, Basiliken, Foren, Mauern, Thore, Brücken, Wasserleitungen, Brunnen, Canäle, Landstrassen, Häuser, Paläste, Villen. An ihnen zeigen sich die verschiedenen Entwicklungsstufen und Volkseigenthümlichkeiten. Schon an den ältesten Werken treten Volksunterschiede zwischen den griechischen Bewohnern von Unteritalien und den italischen des obern deutlich hervor, und namentlich muss, wenn den erstern die consequente und klare Ausbildung des Säulenbaues zugeschrieben wird, für letztere der Gewölbebau in Anspruch genommen werden.

I.

Zu den alterthümlichsten Ueberresten italischer Baukunst gehören die s. g. pelasgischen oder Cyklopenmauern, die aus grossen Werkstücken ohne Mörtel, bald mehr polygonisch (aus vieleckigen Steinen — Cossa), bald mehr in horizontalen Schichten zusammengefügt sind (Volterra, Fiesole, Cortona, Perugia, Roselle, Populonia). [1]

[1] Abeken l. l. unterscheidet für den polygonen und für den Quaderbau folgende Hauptstufen:

P.	Q.
1) ungeschnittene oder wenig geschnittene polygone Steine mit vorherrschend horizontaler Lage, verbunden durch kleine Zwischensteine.	1) Quadern ohne Gleichmässigkeit geschnitten nach dem individuellen Charakter des jedesmaligen Bruchs.
2) Zugeschnittene polygone Steine wohl ineinandergefügt.	2) Regelmässig geschnittene Quadern.
3) Systematisch entwickelter Polygonbau.	3) Systematisch entwickelter Quaderbau.

4) Verdrängung des Polygonbaues durch den Quaderbau, aber fortdauernd partielle Einwirkung und Anwendung des erstern.

Hiemit stehen T h o r e gleicher Beschaffenheit in Verbindung (Volterra,
Perugia), merkwürdig durch den vollkommen ausgebildeten Keilschnitt
des halbkreisrunden Gewölbes, dessen Construction aus dem Steinschnitt
hervorgegangen. Einfachere Quader- oder Polygonbauten zu Alatri,
die Porta Saracinesca bei Signia; oder Spitzbogenbau in Arpino. Bei
Mauern und Thoren kommen auch T h ü r m e vor. Das Gewölbe findet
nun noch weitere Anwendung in Brunnenanlagen (Rom, Capitol),
vor allen aber bei Canälen (Rom, Cloaca maxima). Die Form der
ältesten G r a b m ä l e r scheint vorherrschend ein kegel- (oder thurm-)
artiger Aufsatz auf kreisrundem Unterbau gewesen zu sein (Viterbo,
Corneto, das s. g. Grab der Horatier bei Albano, die Nurhagen Sardiniens). Grabhügel oder Tumuli waren theils natürliche Hügel, in
welche Gräber gehauen waren (Chiusi, Perugia), oder auf Grabkammern aufgeschüttete Erhöhungen (Corneto, Chiusi, Volterra, Vulci).
Ausserdem findet man auch an Felsen eingehauene Façaden (Viterbo,
Castel d'Asso, Norchia) von derber und schwerer Bildung mit schrägen
Wandflächen, dazu einer (blinden) Thüre und stark hervortretendem
Gesims. Die Grabkammern dahinter sind klein. Endlich gibt es Grabkammern ohne Aussenschmuck, doch innen regelmässig geordnet und mit
flacher oder giebelförmiger Decke, zuweilen mit Pfeilern und Gesimsen
und auch mit Nachahmung von hölzernem Sparrwerk versehen (Cervetri,
Perugia, Vulci). Von etruskischem T e m p e l b a n ist kein Denkmal auf
uns gekommen; [1] der Grundriss näherte sich (nach Vitruv) dem Quadrat;
vor der Celle, die auch wohl an jeder Seite eine Nebencelle hatte, war
eine Vorhalle von drei Säulenreihen; das Gebälk war von Holz, die
Säulen, die den dorischen ähnelten, standen weit aus einander, der Giebel
war hoch. Im Ganzen heisst er bei Vitruv niedrig, breit, gespreizt und
schwerköpfig.

Die edelste Ausbildung des T e m p e l b a u e s finden wir in U n t e r-
i t a l i e n und S i c i l i e n, wo die vorhandenen Denkmale Zeugniss geben
von der o. e. zweiten Richtung der ältesten Kunst in Italien, nehmlich
von der rein griechischen. Der Tempel in seiner Urform besteht aus
einer (viereckigen) Celle und einer offnen Vorhalle. Man unterscheidet:
1) T e m p e l i n a n t i s, wenn die Seitenmauern bis unter den Giebel
vortreten und dann Säulen zwischen sich haben. 2) P r o s t y l o s, mit
einer Säulenstellung in der ganzen Breite der Vorhalle. 3) A m p h i-
p r o s t y l o s, mit einer solchen Säulenstellung an der Vorder- und an
der Hinterseite. 4) P e r i p t e r o s, der auf allen Seiten von einer Säulenstellung umgeben ist. 5) P s e u d o p e r i p t e r o s, der ringsum nur mit

[1] Einzelne Unterbaureste finden sich in Signia, bei Civitella und auf dem schmalen
Bergrücken der Serra oberhalb Sessa.

Halbsäulen umgeben ist. 6) **Dipteros**, der mit einer zweifachen Säulenstellung umgeben ist. 7) **Pseudodipteros**, wenn die innere Säulenstellung nur eine halbe ist. — Ward die Celle so gross angelegt, dass sie nicht mehr überdeckt werden konnte, und somit einen inneren, oben offnen Hofraum (zur Aufnahme der Opfernden) bildete, so heisst der T. **Hypaethros**. Der älteste Styl ist der dorische, dessen Charakter Einfachheit und Ernst ist. Die Säule besteht aus (flach canellirtem) Schaft und Capital, letzteres aus schmucklosem Wulst (Echinus) und glatter Platte (Abacus), auf welcher der Architrav mit Gesims, und das Fries mit Triglyphen und Metopen aufsitzt, über dem das Giebelgesims mit dem (flachen) Giebel abschliesst. Die Höhe der Säulen nähert sich der von 5—6 untern Durchmessern. — Der ionische Styl ist gegliederter und reicher, dabei gefälliger und weicher. Die Säule besteht aus Basis, (tief canellirtem, schwellendem) Schaft und Capital, dessen Echinus zu einem Eierstab ausgemeisselt, dessen Abacus als ein in Voluten (Schnecken) austretendes Polster erscheint. Eine feine Deckplatte trennt dieses vom (gegliederten) Architrav; der Fries ist glatt und mit Bildwerk angefüllt. Die Höhe der Säule beträgt ungefähr 9 untere Durchmesser. Eine reichere Entwicklung dieser Capitälform ist die korinthische, wo die Voluten mächtiger hervortreten, und ein Theil des Schaftes mit Blätterschmuck versehen mit zum Capitäl gezogen wird.

Die Monumente von Sicilien und Unteritalien gehören dem dorischen Styl an, und unterscheidet man daran zwei verschiedene Epochen, die ältere strengere, bis zum Anfang des vierten Jahrhunderts (Selinunt, Segeste, Syrakus, Pästum); die jüngere mit weichern, geschwungenern, den ionischen verwandteren Formen (Girgenti, Pästum) bis ins zweite Jahrhundert a. C.

II.

Die **römische Baukunst** ist eine, obwohl nicht organische, Vereinigung des griechischen Säulen- und italienischen Gewölbebaues. Die römische Säule entspringt aus der schon etwas entarteten griechischen (korinthischen), setzt an die Stelle der leichteren Voluten die schweren ionischen Schnecken im Capitäl (Rom, Triumphbogen des Titus), fügt Consolen als Träger der Deckplatte hinzu, und gibt den Gliederungen einen massenhaften Charakter; Säulenhallen treten vor das Gebäude vor (Pantheon), Halbsäulen dienen als Widerlager von Gewölben, hohe Kuppeln decken weite Räume. Ueberall dient eine schwere Masse als Unterlage, die durch den Schmuck griechischer, wenigstens reicher Ornamente, Glanz und Anmuth erhält; das Grossartige dieser Architektur tritt vornehmlich heraus, wo sie praktische Zwecke verfolgt. (Aquäducte, Strassen, Foren, Amphitheater, Thermen etc.)

Vor dem Eintritt indess der entschiedenen römischen Baukunst
(unter den Kaisern) unterscheiden wir noch zwei Uebergangsstufen, die
eine mit vorwiegendem italienischem Charakter (Rom: Aqua Appia,
Anio Vetus, Via Appia, Forum Romanum, Tabularium am Capitol,
Tempel der Fortuna virilis; Cora: Tempel des Hercules), die andere
mit vorwiegenden griechischen Elementen (und hier ist uns in den
Trümmern von Pompeji, s. d., ein klarer Ueberblick gegeben). Mit
dem Zeitalter des Cäsar und Augustus beginnt die Glanzperiode römischer Architektur, die Form griechischer Tempel wird beibehalten, doch
öfters die Rotunde angewendet (Rom, Tivoli): Glanz, Reichthum und
Grösse, vortreffliche Ausführung, Strenge der Form, Adel der Verhältnisse, sind die Kennzeichen der damals unternommenen, leider aber
fast gänzlich zerstörten Werke. Als Beispiele einfacher Tempelform
mögen gelten u. a. zu Rom die Tempel des Mars Ultor, der Concordia,
Minerva, des Antonin und der Faustina, des Saturn, der Vesta; zu
Tivoli der Vesta- und der Sibyllentempel, zu Assisi der der Minerva;
als Beispiele gewölbter Tempel das Pantheon und der Tempel der Venus
und Roma in Rom.

Besonders grossartige Anlagen waren die Basiliken, von Säulengängen umschlossene, oblonge Räume für den Handelsverkehr und für
die Rechtspflege, welcher letztern der halbkreisrunde erhöhte Raum an
der einen schmalen Seite (die Tribune) gewidmet war. Sie erhielten
Umfangsmauern und Bedachung, ja auch wohl (wie die des Augustus zu
Nola) Galerien, deren Boden durch Consolen getragen wurde, die man
an der Rückseite der Säulen befestigt. Einzelne grosse Basiliken hatten
4 Säulenreihen, also 5 Schiffe (Bas. Aemilia, Ulpia etc.). Unter den
weitern architektonischen Anlagen sind zu nennen die Macella, Märkte
mit gesonderten Altären in der Mitte zum Opfern oder Schlachten (Pompeji); die Prachtforen (Rom: Forum Caesaris, Trajans etc.), weite
Plätze mit Säulenhallen umgeben, hinter denen sich die Bureaux der
öffentlichen Schreiber, Anwälte und der Verwaltungsbehörden befanden,
Tribunale, Tempel, Ehrendenkmale in der Mitte; die Thermen, ungeheure Gebäude mit überwölbten Badesälen und Badezimmern, Plätzen
für gymnastische Spiele und Volksbelustigungen aller Art (Rom); Theater, Amphitheater und Circus (Rom, Pompeji, Verona, Pola);
Brücken, häufig mit Statuen oder Säulen geschmückt (Rom, Rimini);
Ehrendenkmale, entweder Triumphbögen, für welche Stadtthore das
Vorbild gaben; man setzte sie an den Beginn von Strassenbauten, oder
in den Fortgang derselben, oder an Brücken, um ein öffentliches Verdienst
zu ehren oder einen Triumph zu verherrlichen. Der hochgeschwungene
Bogen, die reiche architektonische Gliederung, die Zuthaten der Sculptur

gaben diesen Bauwerken einen besonders wirksamen Reiz (Rom, Rimini, Susa, Aosta, Ancona, Pola); Grabmäler, bei denen im Ganzen die alte Form des Unterbaues mit rundem Aufsatz beibehalten, selbst kolossal ausgeführt wurde (Rom, Mausoleum des August, Hadrian, Cäcilia Metella etc.); Häuser, Villen und Paläste (Rom, Tivoli, Pompeji). Schon ums 3. Jahrhundert p. C. zeigt die römische Baukunst Spuren des Verfalls, das Bestreben nach mannichfaltiger Gliederung der Massen. Pilaster, Halbsäulen, frei vortretende Säulen, Nischen und Tabernakel unterbrechen die Wandflächen häufiger als früher, die Verdachungen der Fenster und Nischen sind gebrochen, kleine Säulchen auf Consolen stehen als Zierrath in Reihen, Bögen setzen unmittelbar über Säulen auf, die architektonischen Hauptglieder werden von Ornamenten erdrückt; die Technik wird schwächer, der Formensinn unbestimmter, die Verhältnisse schwanken; an die Stelle des einfachen Gewölbes tritt häufig das Kreuzgewölbe (Spalatro. Verona, Porta de' Borsari. Rom, Pal. Colonna im Garten, Tempel des Vespasian, Janus Quadrifrons, Basilica Constantins oder Forum Pacis, S. Costanza).

III.

Die auf solche Weise vielfach umgestaltete, mit fremdartigen Zuthaten überhäufte griechische Baukunst wurde, fast ganz entartet, unter Constantin nach Griechenland (Constantinopolis, Byzanz) zurückgeführt, trat unter Justinian im 6. Jahrhundert und unter dessen Nachfolgern zuerst in dem s. g. byzantinischen Style als höchst fragmentarische Erinnerung der Vorzeit wieder in Italien auf (s. Ravenna), und erlebte im Laufe der Zeit eine Menge Modificationen, vornehmlich als im 11. und 12. Jahrhundert durch die Kreuzzüge orientalische Elemente beigemischt wurden; doch blieben die Kuppeln, der Rundbogen, die kleinen Säulengalerien und eine durchgreifende Verzierungslust, ohne eigentlichen constructiven Sinn und in den Verzierungen und Profilen antike Bestandtheile charakteristisches Kennzeichen. Neben diesem erhielt sich in den, alten Gerichtshallen nachgebildeten Basiliken der eigenthümlich römische Styl mit dem flachen Dach und der vorherrschenden Horizontale (s. Rom Basiliken). Weder die Gothen (s. Theodorichs Grabmal in Ravenna), noch die Longobarden, noch selbst die Franken hatten einen eigentlichen Baustyl; sie begnügten sich alle, den aus Rom und Byzanz stammenden architektonischen Traditionen mit leichten Veränderungen zu folgen und etwa beide zu vermischen, so dass allmählich Basiliken mit Kuppeln und Gewölben und ganz oder theilweise byzantinischem Aeussern entstanden (S. Marco in Venedig, Dom in Pisa etc. s. Lucca Kunstgesch.). Allein dagegen und selbst gegen die Versuche zur Rückkehr zum einfachen römischen Styl, wie sie *Nichola Pisano* gemacht zu haben scheint, wenn die Domfaçaden von Volterra, Pistoja etc. von ihm herrühren, gewinnt in Unteritalien und Sicilien ein zum Theil aus Eindrücken dort vorhandener arabischer Kunstwerke, zum Theil aus nordischer Volkseigenthümlichkeit hervorgegangener normannischer Baustyl im 12. Jahrhundert (s. Sicilien, Palermo), ferner in Oberitalien im 13. Jahrhundert von Deutschland her und durch deutsche Baumeister (*Jacobo Tedesco* in Assisi etc.) der germanische Baustyl, mit dem auf Gesetze der Construction gegründeten und entwickelten, leichter getragenen, freier sich erhebenden Spitzbogen die Ueberhand, namentlich in der Lombardei und Venedig, wo er aufs glücklichste durch italienischen Einfluss modificirt, wiewohl von einheimischen, namentlich toscanischen Künstlern (*Arnolfo in Florenz, Giovanni Pisano, Margheritone von Arezzo, Lorenzo Maitano von Siena* etc.) der Geist desselben nicht erkannt und nur in äusserlichen Erscheinungen (Spitzbogen, Pyramidalform, Verzierungsweise etc.) nachgeahmt wird (s. Florenz, Kunstgeschichte). Vorliebe für das eigne Alterthum zeigt sich schon in solchen, dem germanischen Style verwandten Bauten des 13. und 14. Jahrhunderts, in denen überall die Rückkehr zur Horizontale und zur geraden Linie statt des Bogens, sowie viele Details aus der Antike sichtbar sind; mehr noch tritt diess und auf eine eigenthümliche und schöne Weise im florentinischen Baustyl des 14. Jahrhunderts hervor (s. Florenz), in welchem der Rundbogen wieder an die Stelle des Spitzbogens tritt, bis endlich im 15. Jahrhundert der zuerst von *Leon Battista Alberti, Fil. Brunelleschi, Bramante* etc. aus Büchern (Vitruv) und Ruinen (Roms) hervorgesuchte spätrömische Geschmack in modern-antiker Weise aufkam, und durch Nationalität, verständliche Gesetzmässigkeit und Schönheit (*Palladio* in Vicenza und Venedig und A.) gegenüber der durchaus unorganischen und willkürlichen germanisch-italienischen Bauart sich bald im allgemeinen Gültigkeit verschaffte; der jedoch, da ohne Kritik alle architektonischen Ausschweifungen und Verkehrtheiten der Kaiserzeit mit aufgenommen wurden, zu den Verirrungen des 16., 17., 18. Jahrhunderts, zu den geist- und phantasielosen Zusammenstellungen, Aufthürmungen und Vermischungen verschiedener Säulenordnungen, zu den verkropften Gesimsen, unterbrochenen Giebeln, den unnützen Säulen und Pilastern etc. und zu der barocken Ueberfüllung von Gliedern und Ornamenten führte, die auch diesseits der Alpen als „italienischer Styl" bis fast auf unsere Tage verehrt worden. Die neuesten Bauunternehmungen in Italien, S. Paolo in Rom, S. Carlo nuovo in Mailand, Gran Madre di Dio in Turin,

S. Francesco di Paola in Neapel etc. lassen noch nicht an einen neuen Aufschwung in der Architektur glauben. Vielleicht geht von der Vollendung des florentinischen Domes eine neue Anregung aus. Durch die Ausschreibung einer Concurrenz für den Bau der Façade sind die Architekten Italiens veranlasst worden, sich um ihre mittelalterliche Baukunst mehr als bisher zu bekümmern. Das von der Baudeputation des Domes einberufene internationale Schiedsgericht erkannte in dem Entwurf des Prof. *De Fabris* in Florenz nicht nur unter den vorhandenen Plänen den besten, sondern einen überhaupt sehr guten.

Sculptur.

In den Werken der Sculptur zeigt sich, wie in denen der Architektur, vorwiegend griechischer Einfluss, ja manches weist auf direkte Verbindung mit dem Orient hin (Skarabäen, Canopen etc.). Bei den Etruskern,[1] deren Bildhauereien vorzugsweise in Terracotten und Erzgüssen bestanden, gelangt indess der Styl, bei aller Vollendung der Technik, nicht zu freier Entwicklung. Die Formen bleiben ohne nähere Beziehung zur Natur scharf geschnitten, die Bewegungen regungslos oder conventionell; nur ein Bestreben nach bildnissartiger Individualisirung tritt an den Köpfen, die Aschenkrügen als Deckel dienen, und eine Richtung auf malerische Gruppirung an Reliefs hervor, die an Altären und Graburnen vorkommen. Die Thongefässe scheinen aus Griechenland eingeführt zu sein; doch gab es auch im Lande Werkstätten dafür. Edelsteinschneiden war ihnen bekannt wie das Schnitzen in Bernstein, Elfenbein und Holz. Wie sehr der Erzguss bei ihnen gepflegt wurde, kann man aus der Angabe ersehen, dass die Stadt Volsinii bei der Eroberung durch die Römer 265 a. C. an 2000 Erzstatuen besass.[2] Am reizvollsten erscheint ihre Kunst an Waffen und Geräthschaften des täglichen oder des religiösen Lebens. (Die schönsten sind in Ruvo in Apulien gefunden worden.) Die kleinen Aschenkisten (aus Marmor und andern Steinarten), wie sie namentlich in Volterra und im Pisaner Camposanto gesehen werden, gehören der spätesten Zeit dieses Volkes an. Ausserdem sind ihre Werke aufbewahrt in den Museen zu Florenz, Cortona, Volterra, Bologna, Rom und Neapel.

In Unteritalien und Sicilien begegnen wir der eigentlichen griechischen Kunst auf ihrem Entwicklungsgange. Schon in den ältesten Werken (Museum in Palermo, Basreliefs vom mittlern

---

[1] Die Hauptfundorte für Denkmäler dieser Kunst waren die Gräber von Monterone, Punta di Guardiola bei Sta. Marinella, Cerveteri, Corneto, Chiusi und Vulci.

[2] Cassiodor Var. VII. 15 nennt sie Erfinder des Erzgusses.

Tempel des westlichen Hügels in Selinunt, Perseus, der im
Beiseyn Minervens die Medusa erlegt), zeigt sich, bei aller
Gebundenheit der Gestalten, die Richtung aufs Grossartige und Schöne,
die in etwas jüngern Werken (den Amazonenkämpfen [?] vom
mittlern Tempel des östlichen Hügels ebendaselbst, aus dem
5. Jahrhundert a. C.) bereits wirksam in noch spätern (Sculpturen
vom südlichen Tempel des östlichen Hügels, Giganten-
und Amazonenkämpfen etc., ferner vom Jupitertempel zu
Girgenti) im vollen Glanze hervortritt. Dieser alterthümliche Styl
erreichte seine Vollendung in einzelnen Tempelstatuen aus dem 4.
Jahrhundert, in denen die Strenge desselben durch eine grosse Feinheit
der Form und Zartheit der Empfindung gebrochen ist. (Dianen-
statue im Museum zu Neapel, Minerva in der Villa Albani
zu Rom, Penelope im Vatican.) Dasselbe gilt von gleichzeitigen
Altarreliefs etc. (Villa Albani, Vatican.)

Welche Meister der verschiedenen Perioden höchster Kunstentwicklung in Sicilien und Unteritalien thätig gewesen, lässt sich noch nicht
mit Bestimmtheit sagen; allein nicht nur finden wir unter den Sculpturen der Museen von Palermo und Neapel, sowie in den Münzen von
Agrigent und Syrakus (ebendaselbst) die sprechendsten Zeugnisse grösster
und durchgebildetster ächtgriechischer Kunstthätigkeit, sondern es ist
Italien überhaupt die Schatzkammer griechischer Kunstwerke geworden,
so dass die hier entstehende Lücke passend durch einen Blick nach
Griechenland ausgefüllt wird. In Athen hatte *Calamis* (470—430) den
Ruhm erlangt, die Strenge des alten Styls ermässigt zu haben, als
Phidias (geb. 490) auftrat und durch seine erhabenen Werke die Welt
zur höchsten Bewunderung hinriss (die giustinianische Minerva im
Vatican gilt als Nachbildung der Athene von *Phidias* im Parthenon.
Eine Erhebung der Natur, der vollen, wahren, lebendigen Natur ins Reich
idealer Anschauungen, und somit die doppelte Verschmähung sowohl einer
conventionellen Würde, als einer reizvollen Sinnlichkeit ist seinen und den
Werken seiner Schule eigen. Gleichzeitig erreichte *Polyclet* aus Sicyon vor-
nehmlich in jugendlichen Gestalten die zarte Vollendung der Formen und
Verhältnisse (Villa Farnese in Rom, Nachbildung seines Diadume-
nos) und *Ctetesilaus* in weiblichen (Capitol, verwundete Amazone,
Nachbildungen), *Naucides* von Argos in kräftigen Männergestalten (Vatican, stehender Discobolos, Nachbildung. Die berühmte Juno der
Villa Ludovisi in Rom gehört in diese Zeit). *Myron* bildete mit
Vorliebe Athletenstatuen, Discuswerfer (Nachbildungen im Vatican
und im Museum zu Neapel in Bronze) und Thiere (wie die berühmte Kuh). In der nachfolgenden Zeit tritt an die Stelle der erhabenen

Ruhe eine lebendige Erregung des Gefühls; an die Stelle von Zeus
und Here — Dionysos und Aphrodite, die technische Behandlung
wird weicher und flüssiger, höchste Schönheit verbindet sich mit höchster Anmuth. Der erste Meister von Bedeutung ist *Scopas* aus Paros
390 bis 350. (Apollo Citharoedus Nachbildungen im Vatican.
Gruppe der Niobiden in Florenz, Venus von Milo, Museum
in Neapel. Orig. im Louvre zu Paris.) Der zweite, *Praxiteles* von
Athen 364—340. (Venus von Cnidos, Amor von Thespiae im
Museum von Neapel, Satyr im Vatican.) Die sicyonische Schule
daneben, als deren Haupt *Lysippus* 368 — 324 zu betrachten, suchte in
Bildnissgestalten durch schlankere Verhältnisse und in Idealgestalten durch
Kolossalität die Darstellung über die gewöhnliche Erscheinung des Lebens
zu heben. (Neapel, der farnesische Hercules, Vatican, der
Torso, Apoxyomenos; gleicher Richtung angehörig der Mercur
von Bronze in Neapel, der dornausziehende Knabe im Capitolinischen Museum, Menander und Posidippus im Vatican.)
     In den zwei letzten Jahrhunderten a. C. erhält sich die griechische
Kunst noch immer auf bedeutender Höhe, nur tritt an die Stelle unmittelbarer Anschauung eine Thätigkeit, die mit Bewusstsein auf bestimmte
Wirkungen ausgeht, mehr auf Glanz, Sinnenreiz und Ueberraschung
hinarbeitet, als je vorher geschehen. Diess ist der Charakterzug der
Schule von Rhodus, deren Werke sich ausserdem noch durch Adel
und Schönheit der Formen und Vollendung der Technik auszeichnen,
wenn auch der feinere Natursinn von früher nicht mehr wahrzunehmen.
(Laocoon im Vatican, Toro Farnese im Museum zu Neapel.)
Eine ähnliche Richtung verfolgte die gleichzeitige Schule von Pergamum (der sterbende Fechter im Capitolin. Museum; die
Gruppe von Arria und Pätus in der Villa Ludovisi), ferner
die spätern von Athen, namentlich *Cleomenes*, des Apollodorus Sohn
(Medicëische Venus in Florenz. Venus Callipygos in Neapel).
Um diese Zeit etwa siedelte die griechische Kunstthätigkeit nach Rom
über und viele griechische Meister arbeiteten zu Rom (*Pasiteles*, ein
zweiter *Praxiteles, Menelaus, Arcesilaus* etc.); das ursprünglich italische
Element, die Würdigung des wirklichen Lebens gegenüber einer blossen
Idealisirung desselben, erweist sich hiebei besonders thätig. Die Blüthezeit dieser Kunst reicht von Cäsar bis Trajan; unter Hadrian nimmt sie
noch einen kurzen Aufschwung durch Eklekticismus, kann sich aber
bei dem bloss äusserlichen Aufnehmen von Schönheit, Würde etc. zu
keiner Wärme des Gefühls steigern, und sinkt dann rasch zur Unfähigkeit hinab. In Unteritalien erhielt griechischer Einfluss sich lange Zeit
überwiegend, die Kunst indess verflachte und entartete noch früher,

als selbst in Rom (Pompeji, Museum in Neapel). In Rom musste
die Kunst des Bildnisses und der Bildnissstatuen besonders werthvoll
erscheinen (römische Sammlungen. Neapel). Dieselbe Charakteristik gilt auch für die gechichtlichen Darstellungen, nur werden
diese durch ernste Haltung, grosse Züge und eine häufig allegorisirende
Auffassung über die Wirklichkeit gehoben (Reliefs am Triumphbogen des Titus, die an der Trajanssäule, die von dem
Trajansbogen zum Constantinsbogen verwendeten; die Apotheose Augusts in Ravenna etc.). Mehr Weiterbildung der Kunst
im griechischen Sinne der spätesten Zeit erkennt man in einzelnen
Idealgestalten, die unter den ersten Kaisern (Apoll des Belvedere im
Vatican, ebendaselbst die barberinische Juno, der s. g. Antinous und der Nil) und sodann unter Hadrian (Juno Lanuvina,
Meleager und Adonis im Vatican) in Rom ausgeführt wurden.
Am längsten erhält sich ein reinerer Styl an den Reliefs der Sarkophag-
platten (Vatican, Capitol und an vielen Stellen Roms etc.).
Schnell sanken die bildnerischen Kräfte (Triumphbogen des Sep-
timius Severus in Rom), ja sie versiegten gänzlich (Constantinsbogen ebendaselbst. Spätere Sarkophage und Tempelstatuen
im Vatican). — Nur der neuen Religion scheint es gelungen zu sein,
noch einen Strahl des alten Lichtes zu bewahren, wie aus einzelnen erhaltenen Werken aus der ersten Zeit des Christenthums, die sich durch
augenfällige Schönheit auszeichnen, z. B. dem Sarkophag des Junius
Bassus (Rom, vaticanische Grotten der Peterskirche), den
Graburnen ravennatischer Bischöfe bis ins 9. Jahrhundert, selbst der des
Stilico (S. Ambrogio zu Mailand) und den Diptychen Gregors des
Grossen aus dem 6. und 7. Jahrhundert (Monza) hervorgeht, bis auch
jener letzte Strahl verlöscht und in Italien die Kunst in den tiefsten
Verfall geräth, wie man an den italienischen Diptychen des 9. bis 12.
Jahrhunderts (Laurenziana in Florenz, Vatican in Rom), an
gleichzeitigen Sculpturen der Kirchenfaçaden (Verona, Modena,
Cremona etc.) deutlich genug sieht. In Byzanz hatte sich indessen
nach gelegtem Bildersturm im 8. Jahrhundert die Sculptur, wenn auch
ohne geistige Freiheit und Schönheit auf ziemlicher Höhe, wenigstens
technischer Geschicklichkeit erhalten (s. die griechischen Diptychen im
vaticanisch-christlichen Museum), in Deutschland aber schon
nach Carl d. Gr., mehr noch unter fränkischen, sächsischen und hohen-
staufischen Kaisern (Otto I. und II. und Heinrich II.) eine Bildhauer-
schule von grosser Bedeutung gebildet (s. St. Gallener Bibliothek,
Bamberg, Münchner Bibliothek, Kloster Zschillen bei Altenburg, Freiberg im Erzgebirge, Erfurt, Westfalen etc. S. a. Rom,

vaticanisches Museum Palat. Cod. no. 50 aus dem Kloster Lorch).
Ob von der einen oder andern Seite oder von beiden her eine Anregung stattgefunden, lässt sich mit Bestimmtheit nicht sagen; gewiss
ist, dass gegen Ende des 12. Jahrhunderts Bildhauer auftraten, die
theils durch Gedankenverbindung, theils durch Formausbildung eine
neue Richtung bezeichneten, wie *Biduinus*, *Robertus*, *Gruamons* etc.
(s. Pisa, Pistoja, Lucca, Parma etc.), denen sodann *Nichola von
Pisa* als Wiederhersteller der Kunst zu Anfang des 13. Jahrhunderts
folgte. Von da an tritt mit Uebergewicht die Pisaner Bildhauerschule
(s. Pisa) in Italien auf und wirkt in Venedig, Orvieto und Neapel (s. dd.), vornehmlich aber in Florenz (s. d., cf. auch Pistoja
und Lucca), wo sie jedoch bald durch eine einseitige Werthschätzung
natürlicher Vorbilder im *Donatello*, und sinnlicher Wahrscheinlichkeit
im *Ghiberti* vom Grundgesetz der Plastik abirrte. Erst *Michel Angelo*
hob die Kunst wieder auf ihre ideale Höhe, setzte sie aber auch damit
der Gefahr gänzlicher oder theilweiser Unwahrhaftigkeit (Manier) aus,
wie wir sie schon bei *Giov. da Bologna* und *Benvenuto Cellini* sehen.
Sie hat sich seit dem 16. Jahrhundert zu grosser Eigenthümlichkeit
nicht mehr entwickelt, wenn man nicht, wie seiner Zeit geschehen, in
Bernini und neuester Zeit in *Canova* Künstler von Classicität erkennen
will (s. Rom, Kunstgeschichte). Höchst achtungswerthe Leistungen sind
die Werke mehrer neuerer Künstler in Rom und Florenz (s. dd. Kunstgeschichte). Auch in Venedig, Mailand und Neapel ist ein neuer
Aufschwung nicht zu verkennen. Indess fehlt es noch an einer einheit-
lichen Richtung, und wenn auch Einige *(Tenerani, Galli)* den von Thorwaldsen gebahnten Weg eingeschlagen, die Andern gehen noch immer
Canova's markloser Idealität nach *(Bienaimé, Rinaldi, Marchesi, Ferrari etc.)*, oder verlieren sich in die Nachahmung der Wirklichkeit *(Bartolini, Dupré, Vela, selbst Pampaloni etc.)*.

Malerei.

Wie die Architektur und Sculptur, so hing auch die Malerei vom
Schicksal des italienischen Volks im allgemeinen ab. Die Denkmale
altitalischer (etruskischer) Malereien sind erst neuerer Zeit aufgefunden worden an den Wänden der Gräber von Tarquinii (Corneto)
u. a. Es sind einfach, aber mit bestimmten Farben ohne Schattenangabe
colorirte Zeichnungen von Leichengebräuchen und Vorstellungen jensei-
tigen Lebens, mit eingeflochtenen, zuweilen ganz phantastischen Thier-
gestalten; lange Verhältnisse, geschnittene Formen, vorherrschend rituale
Bewegungen, Mangel an innerm Leben und Ausdruck charakterisiren

Förster, Italien. 8. Aufl. 1.   6

diese übrigens für die Geschichte des italienischen Volkes höchst bedeutenden Kunstwerke. Es ist indess immer griechischer Einfluss hier, wie in den Bildern der etruskischen Graburnen, vornehmlich aber in den Gravirungen der Metallspiegel oder Pateren (Bologna, Museum, Rom, Vatican etc.) sichtbar. Für die Malerei in Unteritalien haben wir aus ältester Zeit keine Denkmale als die Vasen, die uns aber einen hohen Begriff von der feinen Geschmacksbildung, dem edlen Formensinn der, wenn auch durch einen strengen Styl gebundenen, doch immer lebendigen Darstellungsgabe der dortigen Völker geben, wenn nicht auch hier wie in den etruskischen Städten diese Vasen aus Griechenland eingeführt waren (Neapel, Vasensammlung, z. B. Zerstörung Troja's, Amazonenschlacht, athenisches Bacchusfest etc., Canosa, Ruvo etc.) Man unterscheidet dabei vornehmlich drei Perioden, den archaistischen Styl mit schwarzen Figuren auf röthlichgelbem Grunde, den vollkommenen mit röthlichgelben Figuren auf schwarzem Grunde, und den dritten mit bereits manierirter Zeichnung der Figuren. Die Frage, ob diese Vasen im Lande gemacht, oder von Griechenland (Athen, Korinth) eingeführt worden, ist noch nicht unwiderleglich beantwortet. Doch sprechen sehr viele Anzeichen dafür, dass ein grosser Theil derselben in Unteritalien selbst gemacht worden. Wie man sich der Malerei bedient zur leichten und sinnreichen Verzierung der Wohnungen und Tempel, und wie hier Klarheit, Schönheit, Heiterkeit, Anmuth und Gesetzmässigkeit geherrscht haben, sieht man noch in den spätern Nachbildungen zu Herculanum und Pompeji, und selbst in den bereits ausgearteten Wandmalereien daselbst, sowie in Rom. Tiefe des Ausdrucks und Gemüths, Wärme und Harmonie der Färbung muss man freilich dort nicht suchen. Auch unterscheidet man in diesen Werken auf das entschiedenste mehre Perioden des Styls, der von grosser Strenge und Schärfe zu grosser, aber immer noch vom Typischen gehaltenen Feinheit und Freiheit fort- und endlich in eine fast üppige Form- und Charakterlosigkeit übergeht (s. Rom und Neapel, Kunstgeschichte). — Als die neue Religion der Malerei bedurfte, entlehnte sie ihre Formen und Verzierungen bei der antiken, und wie wenig sie auch im Stande war sie ganz wiederzugeben, so hatte sie doch das mit Heiterkeit gemischte Pathos, gehaltene Bewegung, Symbolik und Pracht von ihr gelernt (s. Ravenna, Rom, Katakomben). Als später Italien, an allen künstlerischen Kräften verarmt (s. die lateinischen Codd. des 6—12. Jahrhunderts, die Mosaiken in S. Francesca Romana zu Rom etc.) erst von Byzanz aus, wo die Kunstfertigkeit sich immer sehr hoch erhalten (s. Rom, Vatican. Bibl. Barberina Codd. no. 202, 1613, 666, 394 etc. und griechische Diptychen im christlichen Museum), im 12. und 13. Jahrhundert Künstler bekam, die Malerwerke von Belang ausführten (Venedig, Monreale), folgten einheimische Künstler diesem Beispiel; doch wie sehr auch ein eigenthümlicher, reger Geist sich kundthat (Dom zu Spoleto, Baptisterjum zu Parma, Florenz etc.), immer war es byzantinische Schule, in der er es that. Rohe Madonnen- und Heiligenbilder neugriechischen Ursprungs, wie sie in den Malerbuden des 12. und 13. Jahrhunderts überall in Italien gefertigt und verkauft wurden, haben den byzantinischen Styl sehr in Verruf gebracht; allein wenn auch eine gewisse Strenge und Leblosigkeit der Gestalten, eine übertriebene Länge und Magerkeit der Verhältnisse, zuletzt sogar ein Missverständniss natürlicher Formen, namentlich des Gefältes bei ihm nicht zu verkennen ist, so verbindet sich damit doch eine grosse Feierlichkeit, Pracht und selbst Grossartigkeit, sodann das Festhalten an kirchlichem Typus, endlich auch bei Tafeln eine ausnehmend feine und flüssige Ausführung; alles Vorzüge, die sich in den eigentlichen Meistern dieser byzantinisch-italienischen Schule, in *Cimabue* von Florenz und *Duccio* von Siena (s. dd.) auf das vollkommenste vereinigt finden. Diese Richtung, bei aller Vortrefflichkeit einzelner Leistungen, doch mit dem Zeitgeist nicht in Uebereinstimmung, verliess Cimabue's Schüler, *Giotto*, und wurde dadurch der Gründer der neuen italienischen Malerschule (s. Florenz, Kunstgeschichte). Seine Wirksamkeit erstreckte sich über ganz Italien, und wie er überall ein Saamenkorn des eigenen Geistes gelegt, so entwickelten sich aus demselben, unter Einfluss der verschiedenen Zeit, Gemüthsstimmung und Sinnesweise, die einzelnen Malerschulen Italiens, deren Geschichte sich bei den betreffenden Städten Padua, Venedig, Verona, Mailand, Genua, Cremona, Parma, Ferrara, Bologna, Lucca, Pisa, Siena, Perugia, Rom, Neapel angedeutet findet, und die ihre Vollendung zu Anfang des 16. Jahrhunderts in *Raphael, Leonardo, Michel Angelo, Tizian* und *Correggio* feiert. — Nach diesen grossen Meistern, durch die Leichtigkeit, mit welcher diese ihre Werke schufen, zu Leichtsinn und Ungründlichkeit verführt und entartet, wurde die Kunst später, wenigstens scheinbar, durch Feststellung von Grundsätzen und Aufrichten unverwerflicher Vorbilder zu einem neuen Leben durch die *Carracci* und ihre Schule (s. Bologna) gebracht, bis sie, entblösst von innerer Schaffenskraft, theils nach Illusion, theils nach Effect ringend, zur gänzlichen Gehaltlosigkeit herabsank, und endlich in den neuesten Zeiten in der französischen Kunst einen Hebel und eine Stütze gesucht hat, durch die sie indess von der Vorzeit noch weiter als vorher abgerissen worden, wie die Werke von *Appiani* in Mailand, von *Benvenuti* in Florenz, und selbst von *Camuccini* in Rom bezeugen, welcher letztere indess durch gründliches Formenstudinm nach *Raphael* und *Michel Angelo* sich in dieser Beziehung aufs vortheilhafteste auszeichnet. Ob allerneueste Bestrebungen, im Geiste deutscher Auffassungsweise ihren alten Meistern sich anzuschliessen, italienische Künstler von Talent zu einem erwünschten Ziele führen werden, muss die Zukunft lehren. (Vergl. Rom, Florenz, Kunstgeschichte.) Gewiss ist, dass über dem alten akademischen Weg *(Agricola, Sabatelli, Bezzuoli)* und der neuen naturalistischen Strasse *(Hayez etc.)* ein Pfad gesucht worden nach den Höhen der Kunst *(Consoni, Coghetti, Capalti, Ridolfi, Zotti, Marini, Luigi Musini etc.).*

Tabellarische Uebersicht der Literaturgeschichte Italiens.

A. Die alte oder römische.

Vorbemerkung.

A. Chr.

Ueber den Ursprung der lateinischen Sprache lässt sich nichts mit Gewissheit sagen; sie scheint aus mehren andern sich gebildet zu haben, namentlich aus der ausonischen (Lingua Osca) und der griechischen; die Buchstaben deuten auf Herkunft von der letztern. Die ältesten Denkmale dieser Sprache sind in den Ueberresten der 12 Tafeln (cf. Funks Ausgabe derselben, Rinteln 1744) und in der Inschrift der Columna Rostrata des C. Duilius (cf. Ciacconi's Erläuterung, Rom 1608) erhalten. Dieser Sprache und der in ihr geschriebenen Literatur gibt man in der Regel 4 Perioden: I. Vom zweiten punischen Krieg bis zum Tod des Augustus: „goldenes Zeitalter." II. Bis zum Tode Trajans: „silbernes Zeitalter." III. Bis zum Zerfall des römischen Reichs: „das eherne Zeitalter." IV. Das Mittelalter hindurch bis zum 11. Jahrhundert: „das eiserne Zeitalter.

452

469

Livius Andronicus, ein geborner Grieche aus Tarent, Freigelassener des Liv. Salinator, erster dramatischer Dichter. Von seinen Werken existiren nur Fragmente, die zu finden in Scrivers Sammlung der ält. Röm. Tragiker, Leyden. 1720.

230

Cnejus Nävius aus Campanien; historisches Gedicht vom ersten punischen Krieg, Trauerspiele, Lustspiele, Sinngedichte. Starb verbannt zu Utica. S. o. Sammlung.

230

Fabius Pictor und Cincius Alimentus, erste Geschichtschreiber.

220

Quintus Ennius, Dichter, schrieb Annalen und „Scipio," ausserdem dramatische Stücke und Satiren. Wenig erhalten. ed. Franz Hessel, Amsterdam 1707.

200

A. Chr.

Senatus Consultum de Bacchanalibus, wichtig für   186
die Sprache, jetzt in der kaiserlichen Bibliothek zu Wien.

M. Accius Plautus aus Sarsina in Umbrien, Lustspiel- 200-184
dichter, arbeitete um Lohn in einer Stampfmühle. Von 130 Komödien sind noch 20 übrig.

M. Pacuvius aus Brundusium, Maler und Tragödiendich-   200
ter. Einzelne Fragmente in o. Sammlung.

L. Accius (Attius), Römer, Tragödienschreiber. Fragm.   170
ebendaselbst.

P. Terentius Afer aus Karthago (?), Freigelassener des 192-159
Terentius Lucanus, Lustspieldichter. Sechs Lustspiele.

Vorliebe für griechische Literatur unter den vornehmen Römern, Scipio Africanus, Cato Censorius. Der griechische Grammatiker Krates lehrt zu Rom.

C. Lucilius aus Suessa in Campanien, römischer Ritter   150
und Satiriker. Es existiren nur Fragmente. (S. Anhang zu Juvenal und Persius ed. Bipont.

Calpurnius Piso Frugi und Fannius, Geschichtschreiber.   146

M. Antonius und L. Licinius Crassus, Redner.   100

Lucullus legt auf seinen Landhäusern Bibliotheken an.   82
Griechische Sprache bei den Gebildeten allgemein.

T. Lucretius Carus, didaktischer Dichter, Epikureer und   95
Ritter, tödtete sich selbst 52. Von der Natur der Dinge in 6
Gesängen.

C. Valerius Catullus, geboren 86 a. C. zu Verona, lyri-   86
scher Dichter, Freund des Cicero.

M. Tullius Cicero, geboren zu Arpinum, starb im Jahr   60
43 a. C. 63jährig, grösster Redner und Urheber der Philosophie
bei den Römern. 59 Reden, meist gerichtlich, 16 Bücher Briefe
an Verschiedene, 16 dergl. an den Atticus, 3 an seinen Bruder
Quintus (?), 1 an den Brutus (?). Verschiedene Bücher von
der Rednerkunst. Seine Philosophie war eklektisch; in der Sit-
tenlehre schloss er meist den Stoikern, in der Dialektik den
Akademikern sich an; die Epikureer befeindete er überall. Seine
Hauptschriften: Academica, de finibus bonorum et malorum, de
natura Deorum, de divinatione, de republica, de legibus, de offi-
ciis, de senectute, Tusculanae quaestiones etc. sind fast ohne
Ausnahme nach griechischen Vorbildern in dialogischer Form
abgefasst. Er war Quästor, Consul, verbannt, Statthalter in
Silicien, hielt mit Pompejus, versöhnte sich nach dessen Fall

A. Chr.

mit Cäsar, wurde aber auf Anstiften des M. Antonius von Po-
pilius ermordet.

Cajus Julius Caesar, der Dictator Roms, Grammatiker 44
und Geschichtschreiber: De analogia. De bello Gallico und civili.
Er wurde im Jahr 44 ermordet. 8. Geschichte.

Marcus Terentius Varro, Grammatiker. Ueber die 27
lateinische Sprache 24 Bücher, davon 6 erhalten. 3 Bücher Landwirthschaft.

Cornelius Nepos aus Hostilia im Gebiet von Verona, Ge- 30
schichtschreiber, starb 30 a. C. Lebensbeschreibungen berühmter
Griechen und des Atticus.

C. Sallustius Crispus aus Amiternum, starb 35, Ge- 35
schichtschreiber. Verschwörung des Catilina und Krieg mit Jugurtha. Von seiner grösseren röm. Geschichte nur Fragmente.

Asinius Pollio, Tragödienschreiber und Kritiker.

Augustus legt auf dem Palatium eine öffentliche Biblio- 28
thek an.

Mäcenas, Freund und Beförderer der Dichtkunst.

P. Virgilius Maro aus Antes bei Mantua. Bucolica 70—19
(10 Eclogen). Georgica 4 B. und Aeneis 12 B.

L. Varius, epischer und tragischer Dichter.

Cornelius Gallus aus Gallien, Statthalter in Aegypten 27
unter Augustus; entleibte sich selbst, wegen dessen Ungnade,
27; dichtete Elegien, die verloren gegangen.

Albius Tibullus aus Rom, Elegiendichter. 4 B. 30

Sextus Aurelius Propertius aus Umbrien. 4 B. Elegien.

Pedo Albinovanus, Elegiendichter, Freund Ovids. Seine
Werke sind nicht mehr.

Q. Horatius Flaccus aus Venusia in Apulien. 4 B. Oden. 65—8
1 B. Epoden. Satiren. Episteln. Ad Pisones: de arte poetica.

M. Vitruvius Pollio aus Verona. 10 B. von der Bau- 10
kunst, von Wasserleitungen, Sonnenuhren und der Mechanik.

Verrius Flaccus, Grammatiker und Chronist. Fasti
Praenestini.

Titus Livius aus Padua, starb im Jahr 18 p. C. in seinem
Vaterlande, nachdem er bis zum Tode Augusts in Rom gelebt.
Geschichte Roms von der Ankunft des Aeneas bis 744 U. in 140
oder 142 B., wovon 1—10 und 21—45 übrig.

Ovidius Naso aus Sulmo im Pelignischen, starb 16 p. C.

A. Chr.

Metamorphosen in 15 B. 21 Heroides oder Heldenbriefe. De
arte amandi 3. B. Fasti 6 B. Tristien 5. Briefe 4 B.

Cornelius Severus starb 14 a. C. Gedichte über den Aetna.   14

C. Julius Hyginus aus Spanien oder Alexandria, Aufseher der Palat. Bibliothek des Augustus, Mythograph 277 myth.
Erzählungen. Poëticon. Astronomicon.

M. Manilius, didakt. Dichter, Römer. Astronomicon.   P. Chr.

Caesar Germanicus, Enkel Augusts, von Tiberius adoptirt, und dann zu Antiochien vergiftet. Uebersetzer der Phae-
nomena des Aratus.

Gratius Faliscus, Cynegeticon, Lehrgedicht über die Jagd.

Antistius Labeo und Atejus Capito, Juristen.

Publius Syrus, Mimendichter, bis auf einzelne Fragmente (beim Phaedrus von Bentley) verloren.

Phaedrus, ein Thracier und Freigelassener des August.   14
5. B. äsopische Fabeln.

Aul. Corn. Celsus aus Rom oder Verona. 8 B. von der
Medicin.

Vellejus Paterculus, römischer Ritter und Prätor unter
Tiberius. Kurzgefasste römische Geschichte in 2 B. vom Ursprung bis auf seine Zeit; wurde hingerichtet.   31

Valerius Maximus, Römer, 9 B. vermischte Geschichte.

M. Annaeus Seneca aus Corduba in Spanien, Rhetor. 10 B.
Controversiae, Rechtshändel; davon 5 B. verloren gegangen.

Pomponius Mela aus Spanien, Geograph. 3. B. Erdbe-
schreibung.

L. Jun. Moderatus Columella aus Gades in Spanien.   41
Oekonom. 12 B. von der Landwirthschaft. 1 B. von der Baum-
zucht.

Q. Curtius Rufus, 10 B. von den Thaten Alexanders des
Grossen, die 2 ersten fehlen.

Asconius Pedianus, Erklärer von Cicero's Reden.

Lucius Annaeus Seneca, Sohn des M. A. S., Philosoph:
Lehrer des Nero, und starb auf dessen Befehl 65. Die unter
seinem Namen edirten Trauerspiele sind schwerlich alle von ihm.
Philosophische Bücher: Vom Trost. Von der Vorsehung, vom
glücklichen Leben etc. 124 philosophische Briefe an den Lucilius;
7 B. quaestionum naturalium.

Valerius Probus, Grammatiker.   54

A. Persius Flaccus aus Volaterra. 6 Satiren.

M. Annaeus Lucanus aus Corduba, Brudersohn des 38—65
Philos. Seneca, wurde auf Befehl Nero's hingerichtet. Pharsalia
in 10 B. die Geschichte des Bürgerkriegs zwischen Cäsar und
Pompejus.

Petronius Arbiter, Satiren.

Erste öffentliche Lehranstalt unter Vespasian. 70

C. Plinius Secundus der Aeltere aus Verona (oder Comum) 23—79
starb als Befehlshaber der Flotte von Misenum bei der Verschüt-
tung von Pompeji. Naturgeschichte 37 B. (33—37 die Kunstgeschichte).

Valerius Flaccus aus Padua starb 88. Argonautica 8 B.
episches Gedicht.

Silius Italicus erlitt freiwilligen Hungertod 100. Epos 100
vom zweiten punischen Krieg.

P. Papinius Statius aus Neapel, Thebais, Epos in 12 B. 70

M. Valerius Martialis aus Bilbilis in Celtiberien. 14 B. 70
Epigramme.

Decimus Junius Juvenalis aus Aquinum. 16 Satiren. 38—119

M. Fabius Quinctilianus aus Calaguris in Spanien,
Grammatiker und Rhetor. De institutione oratoria 12 B.

C. Cornelius Tacitus, unter Nerva, römischer Consul. 100
Historiarum 5 B. (fast nur ein Jahr). Das Meiste verloren
gegangen; es geht ursprünglich von Galba bis zum Tod Domi-
tians. Annales vom Tode Augusts bis zum Tode Nero's, unvollständig; B. 1—6. 11—16. Germania. Agricola, sein Schwiegervater.

C. Plinius Secundus, der Jüngere aus Comum, Schwester-
sohn des Aeltern und von diesem adoptirt. Prätor. Consul.
Panegyricus auf Trajan. Briefsammlung 10 B.

Sixt. Jul. Frontinus, Consul. Baumeister. Die Wasserleitungen Roms. Strategemata, starb 106.

C. Suetonius Tranquillus, Sprachlehrer, Rhetor und
Sachwalter zu Rom, ein Freund des jüngern Plinius. Lebens-
beschreibung der 12 ersten römischen Kaiser.

L. Annaeus Florus aus Gallien oder Spanien. Kurze römische Geschichte von Erbauung der Stadt bis zum allgemeinen
Frieden unter August.

Kaiser Hadrian befördert die Wissenschaften. Salvius
Julianus und Sextus Pomponius, Juristen. 117

Aulus Gellius, Sprachlehrer. Noctes Atticae, vermischte 160
Bemerkungen 20 B.

M. Cornelius Fronto aus Cirta in Africa, Rhetor und   160
Epistelnschreiber. — Avianus, Fabelndichter.

Lucius Apulejus aus Madaura in Africa Sachwalter zu
Rom, platonischer Philosoph und angeblicher Zauberer. 11 B.
der goldene Esel, ein satirischer Roman, gegen Aberglauben und
Sittenverderbniss.

Aemilius Papinianus und Ulpianus, Juristen.   200
Palladius, 14 B. von der Landwirthschaft. Coelius Api-
cius von der Kochkunst. Tertullian, Kirchenvater.

Q. Serenus Samonicus, Arzt, Gedicht von den Krank-   222
heiten und ihren Heilmitteln.

Minucius Felix, Kirchenvater.

M. A. Olympius Nemesianus aus Carthago, Jagd- und
Hirtengedichte.

T. Julius Calpurnius aus Sicilien, Hirtengedichte.

Cyprianus aus Carthago, Kirchenvater.

Aelius Spartianus, Julius Capitolinus, Aelius   300
Lampridius, Volcatius Gallicanus, Trebellius Pollio,
Flavius Vopiscus, Schriftsteller der Kaisergeschichte. Ar-
nobius und Lactantius, christl. Schriftsteller.

Ael. Donatus, Grammatiker in Rom, Lehrer des H. Hie-   330
ronymus und Erklärer des Terenz.

Aquilinus Juvencus, christlicher Dichter.

Julius Firmicus Maternus aus Sicilien. Mathesis in
8 B., eigentlich eine Astrologie und Abhandlung von den heidnischen Irrthümern.

Sext. Aurelius Victor aus Africa, Günstling Julians,
vom Ursprung des römischen Volks (?) de Caesaribus (?).

Flavius Eutropius, Secretär Constantins d. Gr., Beglei-
ter Julians gegen die Perser. 371 Proconsul in Asien, schrieb   360
auf Befehl des Kaisers Valens einen kurzen Inbegriff der römischen Geschichte. 10 Bücher.

Vibius Sequester (de fluminibus).

Ammianus Marcellinus, ein geborner Grieche, vielleicht
aus Antiochia, römische Geschichte in 31 B. von Nerva bis Valens.
Die 13 ersten Bücher sind verloren.

Ambrosius, Hieronymus, Rufinus, Kirchenväter.

Q. Aurel. Symmachus, römischer Epistolograph, 370 Proconsul in Africa, 384 Statthalter in Rom, 391 Consul, Gegner
des Christenthums. 10 Bücher Episteln.

Decimus Magnus Ausonius aus Burdigala (Bordeaux),

Sprachlehrer, Redner und Dichter, Lehrer des Kaisers Gratian. Epigramme und Idyllen.

Nonius Marcellus aus Tivoli, Sprachlehrer, Compendiosa doctrina de proprietate sermonum.

Sextus Pomponius Festus, Grammatiker. De verborum significatione. 20 B.

Macrobius, Commentar über Cicero's Traum des Scipio. Saturnalia (Tischgespräche gelehrten Inhalts), 7 Bücher.

Prudentius, christlicher Dichter. 400

Augustinus, Kirchenvater.

Orosius, Geschichtschreiber. Claudius Rutilius Numantianus aus Gallien, Statthalter in Rom unter Honorius Seereise nach Gallien, Gedicht.

Martianus Capella aus Madaura oder Carthago, Ency- 450
klopädie. Satiricon in 9 B.

Cassiodorus, Geschichtschreiber. 500

Boöthius, Philosoph und Dichter, Minister Theodorichs. Vom Troste der Philosophie 3 B.; im Gefängniss geschrieben, wo er aus Verdacht, er halte es mit Kaiser Justinian, auf Befehl Theodorichs enthauptet wurde. 526

Priscianus, Grammatiker, aus Cäsarea oder Rom.

Diomedes, Flavius Sosipater Charisius, Grammatiker.

Coelius Sedilius aus Irland, christlicher Dichter.

B. Die neuere oder italienische.

Alles geistige Leben war allmählich in Italien erstorben, die Nation war gänzlich erschöpft. Die durch die Krenzzüge bewirkte Gährung brachte zuerst wieder Regung in den erstarrten Körper. Die medicinische Schule in Salerno, von den Arabern gegründet, die juristische von Guarnerio (Werner) in Bologna, bezeichnen den Anfang wissenschaftlichen Lebens in Italien ums Jahr 1100.

Die Landessprache, die unter der Herrschaft der Gothen, Griechen, Longobarden und Franken viel Fremdartiges aufgenommen, hatte sich noch nicht zur neuen Schriftsprache gebildet; anfangs bediente man sich noch immer der lateinischen; sodann wirkte das Provençalische; erst im dreizehnten Jahrhundert wird wirklich italienisch geschrieben. Selbst Brunetto Latini, der Lehrer Dante's, schrieb noch in französischer Sprache.

Lothar, König von Italien, stiftet Schulen. Dungalus 800—1000 zu Pisa, Astronom. Hadrian I., Eugen II., Leo V., Nicolaus I., Sylvester II., wissenschaftliche Päpste. Paulinus, Patriarch von Aquileja. Theodolph, Bischof von Orleans. Petrus und Adelbertus, Erzbischöfe von Mailand. Maxentius, Patriarch von Aquileja. Aufpertus und Bertarius, Aebte zu Montecasino. Paulus Diaconus, Geschichte der Longobarden. Agnellus, von Ravenna, Geschichte der ravennatischen Bischöfe. Anastasius, Geschichte der römischen Bischöfe, Luitprand von Pavia, Geschichte seiner Zeit. Gregor VII. und Alexander III. verbessern die Schulen. Abschriften classischer Werke. Anselmus, Bischof von Lucca. Johannes 1000—1100 der Italiener lehrt in Constantinopel und Gerardus von Cremona in Toledo. Hohe Schulen zu Salerno, Bologna. Gratian: Decretum sive concordia canonum discordantium. Papias Lexikon. Arnolphus, Landolphus, Otto Morena etc., Geschichtschreiber.

Herrschaft provençalischer Liebespoesie in Italien. In Si- 1100—1200 cilien unter und von Friedrich II. Nachahmung derselben in italienischer Sprache. Petrus de Vineis, sein Kanzler, Heinrich von Sardinien, sein natürlicher Sohn, dichten in dieser Form. Wechselgesang des Ciullo oder Vincenzo d'Alcamo, ältestes Denkmal sicilischer Poesie.

Guido Guinicelli in Bologna, Gründer der alt-ita- 1200—1300 lienischen Dichterschule. Die Universität zählt 10,000 Studenten. Zugleich Universitäten in Padua, Arezzo, Vicenza, Neapel etc. Den Provençalen wird in Bologna 1288 verboten sich öffentlich hören zu lassen. Die Bücher des Aristoteles werden bekannt. Guittone d'Arezzo, ein Buch Gedichte und 40 Briefe moralischen Inhalts.

Brunetto Latini in Florenz (Lehrer Dante's): Il Tesoro. 1220 La retorica di Tullo. Cino von Pistoja, Guido Cavalcanti von Florenz und Dante von Majano, dichten alle Canzonen, Balladen, Sestinen.

Dante Alighieri (1265, † 1321): Divina Commedia in 1265 terze rime. Vita nuova, Geschichte seiner Liebe zu Beatrice. De vulgari eloquentia. Das Gastmahl, ein wissenschaftliches Werk.

In Florenz, Pisa und Bologna Professuren zur Erklärung der göttlichen Komödie. Petrus und Jacobus, Dante's Söhne, Commentatoren des Gedichts.

Cecco d'Ascoli: L'acerba, ein Lehrgedicht in fünf Büchern, über Physik, Moral und Religion.

Riccordano Malaspina, Giovanni Villani (zwölf Bücher italienischer Geschichte, bis 1348, wo Vill. starb). Dino Compagni und der Anonymus von Pistoja, Historiker.

Fazio degli Uberti: Dittamondo, eine versificirte Astronomie und Geographie.

Pietro d'Abano und Cecco d'Ascoli, Mathematiker und Astronomen.

Dino del Garbo aus Florenz, Arzt. Die Schule von Salerno war in Verfall.

Mundino aus Bologna über Anatomie.

Bartolo und Baldo, berühmte Juristen. 1313—1356

Giov. d'Andrea aus Florenz, canonischer Rechtslehrer.

Petrarca, lyr. Poesie. Canzonen und Sonette zu Laura's 1304—1374 Lobe, reinster Wohlklang der Sprache. — Die Triumphe der Liebe, der Keuschheit, des Todes, des Nachruhms, der Zeit und der Gottheit, eine schwache Nachahmung Dante's, in terze rime. De remediis utriusque fortunae u. a. moralische Schriften. Briefe.

Benvenuto von Imola, Kaisergeschichte und Commentar des Dante.

Boccaccio: Decamerone, eine Novellensammlung. Fiam- 1315—1375 metta, ein Roman zur Verherrlichung seiner gewaltsam gebrochenen Liebe mit Maria, natürlichen Tochter König Roberts von Sicilien. Filostrato, in Stanzen. L'amorosa visione, schwache Nachbildung Dante's. Auch geschichtliche Werke: De casibus virorum etc.

Senuccio del Bene, Buonaccorso di Montemagno und Franceschini degli Albizzi, Nachahmer Petrarca's.

Masuccio, Firenzuola, Straparola, Nachahmer des Boccaccio. Ebenso vor ihnen Franco Sacchetti, Ser Giovanni. (Il pecorone.)

Antonio Pucci, satirische Sonette. Paganino Buonafede von Bologna, didaktisches Gedicht über den Ackerbau.

Federigo Frezzi aus Bologna: Il Quadriregno, Beschreibung der vier Reiche des Amor, Satanas, des Lasters, der Tugenden: abgeschmackt.

Giusto de' Conti in Rom besingt in einer Sammlung 1409 Sonette (la bella mano) die schöne Hand einer römischen Dame.

Burchiello in Florenz, ein Barbier: satirische Sonette. 1415

Leon Battista Alberti versucht antike Versmaasse in italienischer Sprache und schreibt über Baukunst.

Lorenzo de' Medici, Beschützer der Literatur und zu-   1464
gleich lyrischer Dichter aus Liebe zur Lucrezia Donati. Sympo-
sion, drei Reisen in einen Weinkeller.

Marsiglio Ficino, Stifter einer platonischen Akademie 1433 – 1499
in Florenz. Aehnliche Vereine in Rom, Neapel und unter Aldus
Manutius in Venedig. Ausser den Mediceern, die Estensi in Ferrara, die Visconti in Mailand, die Scaliger in Verona, die Gonzaga in Mantua, die Fürsten von Montferrat, Urbino, Neapel etc.
Beschützer der Wissenschaften und Künste. Bibliotheken allgemein. Achtung vor classischer, namentlich griechischer Literatur,
vermehrt seit der Vertreibung der Griechen aus Constantinopel
durch die Türken.

Guarini in Verona, alte Literatur.

Malermi, Bibelübersetzung ins Italienische.

Platina, Geschichte der Päpste.

Pico von Mirandola, Philosoph.   1463—1494

Paolo Toscanello, Astronom; von ihm das Gnomon im
Dom zu Florenz.

Ant. Cermisone, Bartolommeo Montagna, Giov. di
Concorreggio etc., Aerzte.

Franc. Accolti von Arezzo, Alessandro von Imola, Antonio von Pratovecchio etc., Juristen.

Blondo Flavio, Bernardo Rucellai, Pomponio Leto,
Alterthumsforscher.

Aeneas Sylvius (Pius II.), Leonardo Bruni von Arezzo,
M. A. Sabellico von Venedig, P. P. Vergerio und Michele
Savonarola von Padua etc., Geschichtschreiber.

Angelo Ambrogini, genannt Poliziano, Philolog, 1454—1494
Lobdichter des Giuliano Medicis; Orpheo, eine unter dem Namen
Tragödie dramatisch gefasste Sammlung lyrischer Gedichte.

Luca Pulci: Ciriffo Calvaneo, ein episches Rittergedicht.
Heroiden, Nachahmung der ovidischen. Ironische Ritterepopöe.

Luigi Pulci: Morgante (Vorläufer Ariosts).

Matteo Maria Bojardo Graf von Scandiano am 1436 –1494
Hof zu Ferrara: Orlando inamorato.

Serafino d'Aquila, Petrarchist: Barzellette.

Tibaldeo von Ferrara und Bernardo Accolti, Im- 1437—1465
provisatoren.

Lucrezia Tornabuoni, Mutter des Lorenzo Medicis, Isabella von Aragonien und Serafina Colonna, Dichterinnen.

Luigi Ariosto, zu Reggio geb., kam 1503 an den Hof   1474

des Cardinals Hippolyt von Este. Orlando furioso, erste Ausg.
1516; nach Entzweiung mit dem Cardinal trat er in die Dienste
des Herzogs Alfons von Este und starb 1533 in Ferrara —
Satiren. Capitoli. Sonette. Lustspiele.

Giov. Giorgio Trissino, Befreiung Italiens von den
Gothen in fünffüssigen ungereimten Jamben. Sophonisbe, eine
Tragödie, 1516 in Rom aufgeführt.

Giov. Rucellai: die Bienen, ein Lehrgedicht in dem- 1475—1525
selben Versmass.

Luigi Alamanni, der Ackerbau, ein Lehrgedicht. 1495—1556
Bearbeitung des altfranzösischen Romans von Giron dem Adeligen.
Avarchide, eine schwache Nachahmung der Iliade.

Giacopo Sanazaro zeichnet sich in lateinischen Ver- 1458—1553
sen aus. Arcadia, ein Schäferroman, theils in Versen und theils
in romantischer Prosa.

Berni, Satiren (poesia Bernesca bedeutet Satire).

Bembo, Cardinal, asolanische Untersuchungen über 1470—1547
Freuden und Leiden der Liebe. Geschichte Venedigs, lat. Della
volgar lingua. Graf Balthasar Castiglione (Il Corteg- 1468—1529
giano) und Francesco Maria Molza, Petrarchisten.

Bernardo Tasso, Amadis, ein Ritterepos in 100 Ge- 1493—1569
sängen.

Della Casa: Galatea, Regeln des guten Betragens.

Benedetto Varchi, populäre Vorlesungen über Aristoteles'
Philosophie.

Niccolo Macchiavelli, geb. zu Florenz, diente der Re- 1469
publik und den Mediceern als Staatsrath und Gesandter, lebte
und starb in Dürftigkeit 1527. Discorsi. Il Principe. Florentinische Geschichte. Briefe.

Die Päpste und die italienischen Fürsten wetteifern in der 1500
Liebe zu den Wissenschaften. Padua's Universität blüht. Keine
Stadt von Bedeutung mehr ohne Bibliothek.

Cesare Baronio, Verfechter der päpstlichen Rechte. Paolo
Sarpi, deren Bestreiter.

Pietro Pomponazzi, Schule des äussersten Unglaubens,
dahin gehören Paul Jovius, Jul. Caes. Scaliger, Card.
Gonzaga, Bernardin Telesius.

Tomm. Campanella, Bestreiter des Aristoteles.

Pietro Aretino: Satiren über den Lebenswandel der 1492—1557
Geistlichkeit. Lagrime de Angelica. Briefe. 4 Komödien: l'Ip-
pocrito etc.

Matteo Bandello, Novellendichter. Nachahmer des 1480—1562
Boccaccio.

Franc. Guicciardini, Geschichte Italiens von 1462—1540
in 20 Büchern; fortgesetzt von **Adriani** in 22 Büchern.

Torquato Tasso, geb. zu Sorrent; schrieb in seinem   1544
siebenzehnten Jahr ein Epos: Rinaldo. Leidenschaftlicher Verehrer der Philosophie des Aristoteles und Plato. Aminta, dra-
matisches Gedicht. Das befreite Jerusalem um 1579 in sieben
meist verstümmelten Ausgaben ohne Vorwissen des Dichters.
Seine Gefangenschaft dauerte von 1579—1586. Er arbeitete sein
Epos um und nannte es das eroberte Jerusalem. Lyrische Gedichte. Trauerspiele. Die sieben Schöpfungstage etc.

Guarini, geb. zu Ferrara, lyrischer Dichter. Madrigale.   1537
Sonette. Pastor fido. Epische Gedichte und Schäferspiele.

Galileo Galilei, geb. zu Pisa 15. Febr. 1564, Mathematiker und Physiker, fand die Gesetze der Schwere, des Pendels etc.
1592 Professor in Padua. Erfinder des Fernrohrs und Mikroskops.
Wegen seines Dialogo etc. über das Ptolemäische und Copernica-
nische Sonnensystem wurde er von den Jesuiten vor das Inquisitionsgericht nach Rom gerufen und zu Widerruf und ewigem
Kerker verurtheilt am 23. Jun. 1633. Er starb 1642. Mathematik,
Optik, Mechanik wurden nun mit grösstem Erfolg weiter ausgebildet. **Torricelli** aus Faenza, geb. 1608, sein berühmter Schüler.
Ebenso **Castelli** aus Brescia, seit 1595 Benedictinermönch.

Fracastori, Fallopio etc., Anatomen.

C. Sigonio, Gio. Briani, Geschichtforscher. Orientalische Wissenschaften in Rom unter Gregor XIII. und Sixtus V.

Sperone Speroni, Prosaist: Dialoghi und Discorsi.

G. Vasari aus Arezzo, Kunstgeschichte.   1560

Giambattista Marino aus Neapel, geb. 1569. Heroisches
Gedicht Adone in 20 Ges. La Lira. La Sambogna.

Alessandro Tassoni, geb. 1565: la secchia rapita, satiri-
sches Heldengedicht.

Gianalf. Borelli aus Neapel. Die Bewegung der Thiere.
geb. 1608.

Cassini, Astronom, geb. bei Nizza 1625.

Gori, Lami, Passeri, Sprach- und Alterthumsforscher. 1650—1700

Accademia del Cimento in Florenz für reale Wissen-   1657
schaften.

Mascheroni und **Mascowich**, Mathematiker.

Torelli, Geometer, **Francesco Redi** aus Arezzo 1626,

Malpighi, geb. im Bolognesischen, 1628, Anatomen. Ausserdem war alles wissenschaftliche Leben im Verfall. Fil. Baldinucci, Kunstgeschichte.   1682
Salvator Rosa, Satiren.
Niccolo Fortiguerri, geb. in Pistoja 1674. Ricciardetto, letztes Rittergedicht.
Nolli übersetzte Miltons verlornes Paradies.
Apostolo Zeno, geb. 1660. Melodramen.
Pietro Trapassi, gen. Metastasio, geb. 1698 zu Rom. Melodramen: Daphne, Endymion, die Gärten der Hesperiden etc. Dramen: Cato, Clemenza di Tito etc.
L. Ant. Muratori, geb. 1672 in Vignola bei Modena; Historiker. Rerum Italicarum Scriptores. 27 B. Antiquitates Italicae. Thesaurus veterum Inscriptionum etc.
Scipione Maffei, geb. zu Verona 1675. Verona illustrata.
Vittorio Alfieri, geb. zu Asti, Schöpfer der ital. Tra- 1749 gödie. 21 Tragödien, 6 Komödien und 1 Tramelogödie (Abel, das gelungenste seiner Werke). Die vornehmsten Tragödien sind: La Congiura de' Pazzi. Maria Stuarda. Ottavia. Merope. Saulle. Prosaische Schriften: Selbsbiographie. Starb 1803.
Carlo Goldoni, geb. zu Venedig 1707. Advocat, starb 1707 1793. Theaterdichter, Schauspieler, Arzt, Secretär und Director einer Bühne, Sprachlehrer der Tante Ludwigs XV. Ueber 200 Lustspiele hat er geschrieben, einige französisch.
Giuseppe Parini, geboren 1729 in Bosisio bei Mailand. Sati- 1729 riker. Odi. Poemetti. Prose. Hauptwerk: Il giorno, in welchem er Lebensweise und Zustände seiner Zeit in reimlosen Versen schildert.
Luigi Galvani, geb. zu Bologna 1737, Physiker.   1737
Lazzaro Spallanzani, geb. 1729 bei Modena, Naturhisto- 1729 riker. Blutumlauf.
Gasp. Gozzi, geb. in Venedig 1713. Satiriker. Sermoni. 1713
Melch. Cesarotti, geb. in Padua 1730. Uebersetzer des 1730 Ossian, Homer und Juvenal; Demosthenes etc. Corn. Bentivoglio, Uebersetzer des Statius.
Girolamo Tiraboschi, geb. zu Bergamo 1731. Storia 1731 della Letteratura italiana.
Luigi Lanzi, geboren in Mont' Olmo 1732. Storia della 1732 pittura.
Francesco Algarotti, geb. zu Venedig 1712, starb 1712—1764 1764 zu Pisa, Günstling Friedrichs II. von Preussen. Half der Dresdner Bildergalerie durch Einkäufe in Italien zu ihrem Glanze.

Förster, Italien. 8. Aufl. I.   7

Vincenzo Monti, geb. 1754 in Alfonsina bei Ravenna, trat   1754
gegen das unnatürliche Treiben der „Arcadier" auf. Basvilliana,
Gesang auf den Tod eines Revolutionspropagandisten. Prosopopea
di Pericle. Elegie d'Amore. Entusiasmo melancolico etc. Il ritorno
d'Astrea, nach 1815. Mascheroniana. Aristodemo, Tragödie,
Galeotto Manfredi, mit Nacheiferung Shakspeare's. Uebersetzung
der Ilias 1750. Streit der Classicisten und Romantiker.
Fabri aus Cesena und Ugo Foscolo. (Die Gräber, ein ernstes
Strafgedicht) Jacopo Ortis. (Letzte Briefe, eine Art Werther.)

Lorenzo Mascheroni, geb. 1750 bei Bergamo: La falsa   1750
eloquenza del pulpito. Mathematiker.

Ippolito Pindemonte, geb. in Verona 1753. Poesie cam-   1753
pestre. Epistole. Sermoni. Uebersetzung der Odyssee. Rede
an Bonaparte beim Congress zu Lyon etc.

Aurelio Bertola von Rimini, Fabeln.

Antonio Cesari, geb. in Verona 1760, macht Versuche,   1760
die Sprache zu verbessern.

Ennio Quirino Visconti, Archäolog, geb. 1751 zu Rom.   1751
Erstaunenswürdiges Gedächtniss.

Alessandro Volta, geboren zu Como 1745, Physiker,   1745
starb 1829.

Piazzi, geboren 1746, Astronom; entdeckte die Ceres,   1746
starb 1826.

Giacomo Leopardi, geb. zu Recanati 1798, lebte in Rom   1798
und Florenz, starb 1836 in Neapel. Dialoghetti. Philosophisch-
politischer Katechismus. Ueber Staatsreformen. Ode an Italien.

Al. Manzoni, in Mailand, Lyriker und Tragiker, Kirchen-   1820
hymnen. Ode auf den Tod Napoleons. Conte di Carmagnola, von
Goethe gerühmt. Adelgis. I Prommessi sposi.

Brocchi, Geolog, starb 1827 in Aegypten. Conchyliologia   1827
subapennina.

Deutsche, englische und französische Schriften werden neuerer
Zeit vielfach übersetzt, selbst Kant etc. In Padua erscheint eine
Bibliotheca germanica, mit Uebersetzungen.

Bemerkung. Bei Le Monnier in Florenz erscheint eine
Gesammtausgabe aller älteren und neueren italienischen Classiker,
deren Werke auch einzeln zu haben sind. Barbera, Bianchi und
Comp., Verleger alter und neuer Classiker. Opere inedite di Mac-
chiavelli e di Guiccardini. Canti popolari, herausgegeben von Tigri.
Le cime di M. Angelo Buonarroti.

Blick auf die Gegenwart der Literatur.

Geschichte und Geographie.

Cesare Cantù aus Como in Mailand: Storia di Como. Storia degl' Italiani. Storia di cento anni. Enciclopedia storica; auch einige schönwissenschaftliche Werke, Romane (Inni Sacri etc.)

A. Coppi: Annali d'Italia dal 1750 al 1849.

Carlo Troya in Neapel; Storia d'Italia del medio Evo. Del Veltro allegorico etc. Della condizione de' Romani vinti dai Longobardi, 1844.

Carlo Botta Storia d'Italia (von 1798—1814).

Michele Amari aus Palermo, Prof. der arabischen Sprache und Literatur in Florenz. La guerra del Vespro Siciliano 1842 u. a. Schriften über Sicilien. Istoria dei Musulmani di Sicilia. — Solwan el Mota. Biblioteca Arabo-Sicula (arabischer Text), Lipsia 1857. Diplomi arabi del archivio Fiorentino, Firenze 1863.

Ercole Ricotti in Turin: Storia delle Compagnie di ventura.

Giuseppe La Farina aus Messina in Florenz: Storia d'Italia.

Michele Canale in Genua: Storia civile commerciale e letteraria dei Genovesi dall' origine all' anno 1797.

Pompeo Litta in Mailand: Le famiglie celebri Italiane.

Emanuele Cicogna in Venedig: Delle Iscrizioni Veneziane.

Luigi Cibrario in Turin: Storia della Casa di Savoja. Economia politica del medio Evo.

Pietro Colletta: Storia del regno di Napoli.

Cesare Balbo in Turin: Storia d'Italia. Delle speranze d'Italia. Vita del Dante. Il regno di Carlo Magno in Italia e scielti storici minori.

Angelo Pezzana in Parma: Storia di Parma.

Luigi Cittadella in Padua: Storia della dominazione dei Carraresi.

Carlo d'Arco in Mantua: Storia del Municipio di Mantova.

Giuseppe Borghi in Florenz: Discorsi sulla storia d'Italia.

Emanuele Repetti in Florenz: Dizionario storico, fisico, geografico della Toscana.

Mazzarosa in Lucca: Storia di Lucca.

, Carlo Varese in Novara: Storia della Repubblica di Genova.

Goffredo Casalis in Turin: Dizionario geografico-storico degli stati del Rè di Sardegna.

Antonio Vesi in Bologna: Storia della Romagna.

Ariodante Fabretti in Torino: Biografie degli Capitani venturieri dell' Umbria.

Luigi Tosti in Montecassino: Storia di Montecassino. Storia di Bonifazio VIII.

Ludovico Sauli in Turin: La colonia dei Genovesi in Galata.
Datta in Turin: Storia dei principi di Savoja d'Acaja. Lezioni di Paleografia.
Pietro Martini in Turin: Storia ecclesiastica di Sardegna. Biografia Sarda.
Provana in Turin: Storia del Rè Arduino.
Luciano Scarebelli in Piacenza: Storia dei Ducati di Parma, Piacenza e Guastalla.
Giuseppe Manno in Turin: Storia di Sardegna.
Adriano Balbi in Mailand: Compendio di Geografia generale. Auch einiges Verwandte in französischer Sprache.
Graberg de Hemsö in Florenz: Geografia e statistica dell' Impero di Marocco.
F. C. Marmocchi in Florenz: Corso di geografia storica, antica e moderna. Prodromo della storia naturale, generale e comparata d'Italia.
Carlo Farini: Storia d'Italia dal 1815 al 1849.
Gius. Montanelli: Memorie sulla storia di Toscana.
Luigi Paperini in Florenz: Familie celebre italiane.
Eugenio Alberi: Le relazioni degli ambasciatori Veneti.
Archivio storico Italiano in Florenz edito dal Vieusseux e compilato da G. Capponi, Polidori, Gar, Canestrini, Bonaini, Milanesi, v. Reumont etc.
Gualtiero F. A. gli ultimi rivolgimenti italiani, memorie storiche con documenti inediti. Firenze 1850 schildert die Parteien und das daraus entspringende Unheil richtig, ist aber gegen Oesterreich mit blindem Hass erfüllt.
Gaetano Trevisani und Bianchi Giovini haben mit Capponi sich vornehmlich mit der longobardischen Epoche beschäftigt.
Carlo Morbio Codice-Visconteo-Sforzesco, Mailand 1846, zur Kenntniss der Scheusslichkeiten der kleinen ital. Tyrannen.
Ercole Ricotti in Turin: Storia delle Compagnie di ventura in Italia (Turin 1844).
Antonio Zobi in Florenz: Storia civile della Toscana dal 1737—1848.
Sam. Romanin in Venedig: Storia di Venezia.
Atto Vannucci: Storia d'Italia. Studj storici e morali sulla letteratura latina. I martiri della libertà italiana.
Federico Odorici, storie Bresciane.
Pasquale Villani: vita di Savonarola.

Archäologie.

Luigi Canina in Rom: L'architettura antica. Storia e topografia di Roma antica etc.

Conestabile Conte Giancarlo: Iscrizioni etrusche e etrusco-latine, Firenze 1858.

Giamb. Vermigliori: i Monumenti di Perugia etruschi e romani 1856.

Fr. Borghesi in San Marino: Serie dei Consoli Romani etc.

Giov. Labus in Mailand: Illustrazioni di molte iscrizioni e monete romane.

Celestino Cavedoni in Modena: Delle monete greche e romane. Degli specchi etruschi.

Monsignore Sacchi in Rom: Dell' Aes grave.

Michelangelo Lanci in Lucca: Dei monumenti assiri e caldei. Delle antichità etrusche.

G. C. Gandolfi in Genua: dell' antica moneta di Genova.

Giulio Cordero in Turin: Zecche di Saluzzo.

Costanzo Gazzera in Turin: Zecchi di Ceva, Incisa, Caretto e dei Tizzoni.

Carlo Promis in Turin: Sulle antichità etrusche di Luni.

Domenico Promis in Turin: Monete di Piemonte. Dei Reali di Savoja.

De Menicis, Gebrüder in Fermo: Scritti antiquarii e storici.

Fr. Inghirami: Monumenti etruschi.

Fr. Orioli in Rom, Viterbo e il suo territorio.

Nibby in Rom. Avellino. Carucci (Napoli).

Arc. Mich. Migliarini in Florenz. Fabretti in Turin.

Paol. Emiliani Giudici (Florenz): Storia della letteratura, St. degli municipi Italiani.

Dom. Carutti (Florenz): storia di Vitt. Emanuele.

Kunstgeschichte.

Selvatico in Padua (Storia estetica critica delle Arti di disegno), Cevasco in Genua, Rob. Azeglio in Turin, Carlo d'Arco in Mantua, Bonaini in Florenz, Gaetano und Carlo Milanesi in Florenz (Hauptherausgeber der neuen Ausgabe des Vasari), Gaetano Giordani in Bologna, Ridolfi in Lucca, Rosini in Pisa (Storia delle belle arti d'Italia) G. Müller.

Marchesi in Genua (über die Künstler unter den Dominicanern). Memorie dei più insigni pittori, scultori e architetti Dominicani, Firenze 1845.

Philologie und Sprache.

Amadeo Peyron in Turin: Varie opere intorno alle lingue orientali.

Gorerio in Turin: Sanskrit (Ramayana).

Flecchia in Turin: dessgleichen Grammatica Sanscritica.

Ascoli und Bardelli: Sanskrit.

Lasinio in Pisa: hebräische, chaldäische, arabische Sprache.

Mich. Amari in Florenz: arabische Sprache.

Ariodanti Fabretti in Turin: Glossarium italicum, in quo omnia vocabula continentur ex umbricis, sabinicis, oscis, volscis, etruscis caeterisque monumentis quae supersunt.

A. Fontana: Grammatica pedagogica elementare italiana. Vocabulario universale.

Pietro Giordani in Piacenza: Opere complete, Firenze. Le Monnier 1846.

Niccolo Tommaseo ehemals in Venedig: Dell' Educazione. Scritti varii. Dizionario dei Sinonimi.

Allesandro Paravia in Turin: Varii scritti filologici.

Michele Leoni in Parma: Traduzioni dal latino. Opuscoli filologici.

Giov. Galvani in Modena: Sulla lingua provenzale etc.

Castiglioni in Mailand: Opere dei Greci e dei Latini tradotte.

Gherardo Gherardini in Mailand: Osservazioni sulla lingua italiana.

Francesco Ambrosoli in Pavia: Grammatica italiana. Vocabulario.

Ignazio Montanari in Bologna: Verschiedene philologische Schriften.

Luigi Fornaciari in Lucca: Desagl.

Basilio Puoti in Neapel: Grammatica italiana.

Giuseppe Brambilla in Como: I Sinonimi. Verschiedene kritische Schriften.

Luigi Anelli in Lodi: Traduttore di Demostene.

Luciano Scarabelli in Piacenza: Avvertimenti grammaticali.

Gius. Manuzzi in Florenz: Vocabulario della lingua italiana.

P. Biondelli in Mailand.

Agostino Fecia in Turin: Operette pedagogiche. Educatore primario.

Abbate Grassi in Genua: Vocabulario della lingua italiana. Saggio intorno ai sinonimi.

Raffaelle Lambruschini in Florenz: Guida dell' educatore.

Bellisoni: Grammatica latina. Dahin gehören ferner die Arbeiten von Marchi, Biagioli, Frangini, Manno's erklärende Ausgaben der Dichter des 14. Jahrh., Dante, Petrarca, Boccaccio etc.

Pietr. Fanfani (Florenz): Italienische Sprache. Vinc. Nanucci (Florenz): Ital. und provencal. P. Fraticelli (Florenz): Le opere minori di Dante. Bruno Bianchi (Florenz): Homer. Fr. Tassi (Florenz): Opere di Benvenuto Cellini.

Naturwissenschaften und Mathematik

werden mit ganz besonderm Eifer getrieben:

Geologie und *Mineralogie*: Lorenzo Pareto in Genua: Varie Opere sulle terre liguri, sull' Elba etc.
Pilla in Pisa: Dei Vulcani etc.
Sismonda in Turin: Scritti mineralogici etc.
Pasini in Venedig.

Physik: Matteucci in Pisa, Orioli in Rom, Zantedeschi in Venedig, Antinori in Florenz, Spinola in Genua, Amati in Mailand, Vittadini in Turin, Lunelli in Pavia.

Astronomie: Plana in Turin, Amici in Florenz, Mosetti in Pisa, Ans. Bordoni, Piazzi, Barn. Oriani, Carlini, Cacciatore, Brioschi, Dumouchel etc.

Botanik: Bartoloni in Bologna, Parlatore in Florenz, Savi in Pisa, de Notarìs in Turin, Viviani in Genua.

Chemie: Betti in Florenz, Borsacelli, Cantù, Avocadro in Turin, Gioach. Taddei, Ant. Kramer, Gazzeri, Bigio, Baccelli, Libri, Marianni etc.

Mathematik und *Hydraulik:* Paleocopa in Venedig, Manetti in Florenz, Lombardini in Mailand, Giovannetti in Novara, Menabrea in Turin.

Medicin und *Chirurgie:* Buffalini in Florenz, Martini in Turin, Puccinotti in Pisa, Ferrario in Mailand, Rasori in Pavia, Salvagnoli in Florenz, Nardo in Venedig, Regnoli in Florenz, Freschi in Piacenza, Zanetti in Florenz.

Landwirthschaft.

Ridolfi in Florenz, Lambruschini in Florenz, Mazzarosa in Lucca, Berti Pichat in Bologna, Conte Freschi in Venedig, Sanseverino in Crema. Recchi in Ferrara.

Nationalökonomie und Staatswissenschaft.

Pettiti in Turin, Maffei in Bologna, Blanche in Neapel, Mancini in Neapel, Gius. Capponi in Florenz, Salvagnoli in Florenz, Bianchini in Palermo, Minghetti in Turin, Potenziani in Rom, Tommaseo in Florenz. Giuliano Ricci (Del Municipio etc. Livorno 1847). Luigi Cibrario in Turin: dell' economia politica del medio evo. Scarabelli.

Statistik.

Attii. Zuccagni Orlandini (Statistica del Granducato di Toscana. Corografia dell' Italia). ·

Balbi in Mailand, Sacchi in Mailand, Serristori in Pisa, Cevasco in Genua, Casalis in Turin, Repetti in Florenz, Bartolommei in Turin, Minghetti in Turin.

Jurisprudenz.

Niccolini in Neapel, Sclopis in Turin, Baroli in Pavia. Maestri in Parma, Niccolosi in Parma, Rosmini in Roveredo, Gioja in Piacenza, Saleri in Brescia, Zambelli in Pavia, Vesme in Turin. Carmignani (Pisa). Bonaini: Statuti Pisani. — Forti. — Poggi. — Puccini. — Poerio.

Philosophie.

Rosmini in Roveredo, Testa in Piacenza. Alessandro Pestalozza Elementi di Filosofia. Milano. Ant. Rosmini. Vinc. Gioberti. Vera. — Mamiani. — Bertini. — Spaventa Bertrando. — Mazzini Vittorio. — Bonghi. — Ausonio Franchi. — Corte Antonio.

Theologie.

De Luca in Rom. Passaglia. — Perone. — Scavini. — Ventura.

Schöne Literatur.

Roman: G. Rosini in Pisa: Monaca di Monza. Luisa Strozzi. Conte Ugolino. M. d'Azeglio in Turin; Ettore Fieramosca. Niccolo de' Lapi. I Piagnoni e i Palleschi. Guerrazzi: Bataglia di Benevento. Assedio di Firenze. Grossi in Mailand: Marco Visconti. Ildegonda. Cesare Cantù in Mailand: Margherita Pusterla. Ranieri: L'orfana di Napoli. Bazzoni: Castello di Trezzo. V. Lancetti: Cabrino Fondulo. Sestini: La Pia. G. Prati in Mailand: La penitente. Hieher gehören auch von ungenannten Verf. Sibilla Odaleta, Mailand 1827. Le fidanzate ligure, Mailand 1828. — Gerolimi, Mortara 1829. I prigioneri in Pizzighettone, Mailand 1829. Giuseppe Arcangeli (Poesie e Prose).

Lyrik: Ausgezeichnetes fehlte lange Zeit. Doch müssen Berchets, †1851 Balladen und Romanzen (vornehmlich „die Flüchtlinge von Parga"), ferner die Gedichte von Luigi Carrér, Prati in Mailand, Cesare Cantù in Mailand, Giulio Carcano, Niccolo Tommaseo, Andr. Maffei, Jac. Vittorelli, A. M. Ricci, Gius. Giusti, Satiriker, als Zeugnisse neuer Kräfte anerkannt werden. Terenzio Mamiani. — Mercantini. — Aleardo Aleardi. — Caterina Ferucci.

Epos: Carlo Botta: Camillo. Angelo Maria Ricci: Italiade. Grossi: I Lombardi dalla prima crociata. La duchessa di Bracciano.

Drama: Giov. Batt. Niccolini in Florenz: Polissena. Antonio Foscarini. Giovanni da Procida. Lodovico Sforza. Nabucco. Rosmonda d'Inghilterra. Arnaldo da Brescia. — Silvio Pellico: Tre nuove tragedie. Francesca da Rimini. — G. Rosini in Pisa: Torquato Tasso. — Tedaldi Fores: Beatrice Tenda. I Fieschi e i Doria. Im Lustspiel zeichnen sich aus: Giraud, Alb. Nota, Rosini, Bon etc' Tommaso Gherardi del Testa. Paolo Ferrari (Goldoni e le sue sedeci commedie). Unter den Improvisatoren sind zu nennen: Ceroni, Ferroni, Perfetti, Gianni, Sgricci, L. Cicconi, Bindocci. Paolo Giacometti, Giannina Milli. Cf. Cam. Ugoni; Storia della letteratura italiana. Deutsch, Zürich 1828. — Maffei: Storia della letteratura italiana dall' origine della lingua sino a nostri giorni. 3a edizione emendata ed accresciuta colla storia dei primi 32 anni del secolo XIX. II parti. Italia 1834. 8. — Giornale dell' italiana letteratura, redigirt von den Grafen Nic. und Girol. dal Rio, Padua 1819—24. 11 Bde. Vor 1819 erschienen davon 50 Bde. — Biblioteca italiana, Milano. (Bis jetzt schon an 100 Bde.)

Zeitschriften.

1) Literarisch artistische und belletristische.

La Dalmazia, giornale letterario economico, Zara. (Beschäftigt sich mit den Interessen der Provinz, Geschichte derselben, Poesie, Industrie.)

Il Gondoliere, giornale di Scienze Lettere, Arti, Modi e Teatri, Venezia. (Belletristisch unterhaltend.)

Il Progresso delle Scienze, Lettere ed Arti; Napoli (spricht über Philosophie, Aesthetik, Religion, Medicin, Numismatik etc.)

Museo di Scienze e Letteratura; Napoli.

Rivista Europea, giornale di Scienze morali, Letteratura ed Arti; Milano.

Atti dell' R. Istituto Lombardo di Scienze, Lettere ed Arti, e Biblioteca Italiana. Milano.

Rivista Ligure, Genua (für Geschichte, Literatur und Kunst).

Il Raccoglitore universale, giornale di Letteratura morale, Scienze, belle Arti, Industria, Teatri e Varietà Genova (?).

Album. Roma (eine Art Kunstblatt).

Appendice all' Osservatore del Trasimeno (beschäftigt sich mit Literatur des Auslandes und Geschichte).

Rivista Fiorentina ed. Montazio. Firenze.

Giornale letterario scientifico Modenese.

Giornale del Gabinetto letterario di Messina.

Rivista italiana ed efemeridi della pubblica istruzione. Torino.

Rivista contemporanea, Torino. — Rivista nazionale, Torino. — L'economista, Torino.

Patria e famiglia. Milano.
Giornale scientifico letterario. Perugia.
Giornale storico degli archivi Toscani. Firenze.
Il cimento di Pisa. — La Ragione di Ausonio Franchi. — Il
mediatore di Passaglia.

2) Streng wissenschaftliche und praktische.

Archivio storico Italiano ed. Vieuseux. Firenze (eine Fortsetzung
des Muratori, mit einem periodischen Anhange: Appendice all' Archivio
storico etc. sehr vorzüglich). Eine neue Folge hat 1855 begonnen (4 Hefte
im Jahr), Hauptredacteure: Arcangeli, Bonaini, Canestrini, Cappei, Capponi, Guasti, C. Milanesi, Passerini, Polidori, Reumont und Talarini.

Giornale di Botanica, ed. Parlatore. Firenze.
Osservatore Pisano und Giornale dell' Università. Pisa.
Giornale de' Georgofili. Firenze.
Guida dell' Educatore. Firenze.
Annali delle Scienze del Regno Lombardo-Veneto. Vicenza.
Letture di famiglie, giornale settimanale di educazione morale,
civile e religiosa. Torino (populär-praktisch).
Bulletino dell' Istituto di corrispondenza archeologica, Roma.
Gazzetta dell' Associazione agraria. Torino.
Giornale agrario (Fortsetzung der Annali universali di tecno-
logia, agricoltura etc.) Milano.
Annali universali di Statistica, Economia pubblica, Storia,
Viaggi e Commercio. Milano.
Annali civili di Napoli (statistische, geschichtliche etc. Auf-
sätze, vorherrschend praktischen Interessen zugewendet).
Giornale degli scavi di Pompei del Finelli. Napoli.
Bulletino archeologico Sardo. Cagliari.
Atti dell' Imp. e. Reale istituto veneto di scienze e lettere. —
Memorie etc. Venezia.
Annuario dell' istruzione pubblica. Torino.
Memorie della R. academia delle scienze di Torino.

3) Politische Tagsblätter sind fast alle im Sinn der neuen
Ordnung der Dinge. Entgegen sind u. A. Armonia in Turin, il Conservatore und l'Eco delle Romagne in Bologna, beide klerikal und con-
servativ; Firenze, föderalistisch; Contemporaneo, Giornale del Commercio,
Zenzero in Lucca, dessgl. La stella del Serchio wie Armonia.

Anmerkung. Die periodische Literatur hat sich seit der Neugestaltung Italiens
sehr vermehrt, hat namentlich an satirischen und politischen Blättern grossen Zuwachs
erhalten; einige Zeitschriften dürften eingegangen sein.

Tabellarische Uebersicht der Geschichte der Musik in Italien.

Auf der Kirchenversammlung zu Laodicea werden regel-   364
mässige Kirchengesänge eingeführt. — Ambrosius, Bischof von 374—397
Mailand, richtet einen ähnlichen, nach den vier authentischen
Tonarten der Griechen, ein und stellt Psalmisten oder Vorsänger
an. Ambrosianischer Lobgesang. Modulation und einfacher, auf
lange und kurze Töne beschränkter Rhythmus.

Singschulen.   450

Gregor der Gr. stiftet eine neue Singschule, und erweitert 590—604
den Chorgesang durch die plagalischen Tonarten. Antiphona-
rium, Sammlung älterer und neuerer Gesänge. Der Gregoria-
nische Gesang, einstimmig im Einklang, in lauter Noten von
gleichem Werthe, ohne Rhythmus und Metrum. Cantus choralis,
Grundlage christlicher Kirchenmusik.

Papst Vitalian führt Instrumente (nicht die Orgeln, sondern
Posaunen etc., die mit den Stimmen unisono gingen) in der Kirchenmusik ein, worauf sich der cantus figuratus entwickelt.

Orgeln aus Griechenland im Abendland eingeführt.   756

Hugbald von St. Amand in Flandern beschreibt zuerst das   890
Verfahren, einen gegebenen Gesang mit mehren Stimmen zu
begleiten.

Guido von Arezzo, ein Benedictiner von Pomposa, er- 1020—1040
findet oder verbessert die musikalische Tonschrift und den Gebrauch der Schlüssel, bestimmt das Verhältniss der Töne, be-
nennt die 6 Töne der Scala (Solfeggieren, ut re mi fa sol la)
und theilt die Scala in Hexachorde ein.

Es verbreitet sich die Erfindung der Note und der Men- 1100—1200
suralmusik, von der die Erfindung des Contrapunktes und des
Figuralgesangs abhing. Urheber, Lehrer und erste Verbesserer
desselben sind unbekannt.

Vermehrung und Vervollkommnung der Instrumente, 1200—1300
sowie der Mensuraltheorie.

Franco von Cöln, der älteste bekannte Schriftsteller dieses
Fachs. Walther Odington. Hieronymus de Moravia. Pseudo-
Beda. Adam de la Halm.

Allmähliche Ausbreitung der Kenntniss vom Discantus 1300—1380
und der Mensur; aber tiefer Stand der Praktik. Marchettus
von Padua, 1309. Joannes de Muris, Franzos. Franc. Lan-
dino, Florentiner, 1360.

Aeltere niederländische Schule. Ausgebildeter regel- 1380—1450
mässiger Contrapunkt. Brasart. .Bingois. Dufay aus Chimay
im Hennegau, Sänger der päpstlichen Capelle etc.

Neuere oder zweite niederländische Schule. Künst- 1450—1480
licher Contrapunkt. Beginnender Ruhm der Niederländer. Ocken-
heim (Ockeghem). In Italien niederländische Musiklehrer. Joannes Tinctoris, Guilielmus Guarnerii, Bernardus Hycaert, alle
drei in Neapel, unter K. Ferdinand I. 1470. Berühmte Orga--
nisten: Sguarcialupo in Florenz; Bernardus der Deutsche,
Erfinder des Pedals, in Venedig.

Niederländische Musik verbreitet sich über ganz Eu- 1480—1520
ropa. Contrapunktisten entstehen in Deutschland; vortreffliche
Lehrer in Italien. Josquin des Prés aus Cambray (oder
Condé), Schüler Ockenheims, 1471—1484, Sänger der päpstlichen Capelle, zwar voll Künsteleien, allein eines der grössten
musikalischen Genies. — Aaron, Venetianer, theoret. Schriftsteller. Fr. Gafurius aus Lodi, dessgl. Spataro aus Bologna. — Ottavio Petrucci aus Fossombrone erfindet den
Notendruck mit beweglichen Typen 1502.

Niederländer und Deutsche lehren in Italien; ihre Kunst 1520—1560
fasst Wurzel daselbst und wird mit Erfolg gepflegt. Willaert,
Schüler Josquins, seit 1527 Maestro an der Markuskirche zu Ve-
dig und Stifter der Venetianischen Schule, Erfinder der Dop-
pelchöre, † 1563. Schüler von ihm: 1. Italiener: Costanzo
Porta aus Cremona, Contrapunktist; Girolamo Parabosco,
Claudio Veggio, Michele Novarese, Vincenzo Ruffo, P. Maria
Riccio aus Padua, P. Jac. Palazzo, Perisson (Cambio) etc. 2.
Niederländer: Cipriano de Rore (il divino) Zarlino, Reformator der Theorie. — Im Ganzen hält man sich in Italien, ohne
eigne Compositionen, an die der Oltramontanen, doch kommt
1540 das Madrigal aus der venetianischen Schule; C. Festa,
Florentiner, einer der ältesten ital. Componisten, † 1545. Ani-
muccia aus Bologna, in Rom, Ferabosco, Römer, della Viola,
Venetianer. Unter den Niederländern in Italien zeichnen sich

aus: Clemens von Papa, Giacchetto de Mantua (eig. Jac. von Berghem), Arcadelt und Ghiselino d'Aukerts, Sänger der päpstlichen Capelle.

Goudimel, der Lehrer Palestrina's 1540, als Hugenotte **1540** enthauptet 1572. Ferner der Schweizer Glareanus (Loritt aus Glarus), die Spanier Morales und Escobedo, Sänger der päpstlichen Capelle.

Beginnender Flor der italienischen Musik 1560—1600 Giov. Pierluigi da Palestrina, geb. 1524, gest. 1594, gab 1534 sein erstes Werk heraus, erhielt 1555 unter Julius III. eine Stelle als Sänger in der päpstlichen Capelle, musste sie aber, weil er verheirathet (obschon er nicht geistlichen Standes war), unter Paul IV. in demselben Jahre wieder verlassen. 1560 wurde seine Improperia, die seitdem zur Charwochenmusik gehört, zum erstenmale in S. Maria maggiore aufgeführt. Das tridentinische Concilium war gewillt, die Kirchenmusik gänzlich abzuschaffen; allein Palestrina rettete sie durch die „Missa Papae Marcelli", welche die heil. Väter versöhnte.

Giov. Maria Nanini's berühmte Schule der Tonsetzer in Rom. Tommaso Lod. da Vittoria, Spanier in Rom.

Felice Ancrio, Dragoni (Schüler von Palestrina), Ruggiero Giovanelli, Bernardino Nanini und Ingegnieri, sämmtlich in Rom. Luca Marenzio (il cigno più soave dell' Italia), Madrigalen-Componist.

Meister Oberitaliens: Andrea und Giovanni Gabrielli, Organisten an der venet. Markuskirche; Baldassare Donati, Capellmeister daselbst. Gastoldi zu Mailand; Claudio Merula zu Parma; Andrea Rota zu Bologna; Orazio Vecchi zu Modena; Pietro Ponzio zu Parma; Aless. Strigio; Marco Gagliano zu Florenz.

Niederländer: Orlandus de Lassus, aus Mons, Capellmeister in Rom, stirbt in München 1594. Mit ihm erlischt das Ansehen der niederländischen Schule. Es verbreitet sich der Ruhm der italienischen.

Erste Versuche eines recitirenden Styles. Ursprung der 1600—1640 Oper, der Monodie und des concertirenden Styles. Vincenzo Galilei (Vater des berühmten Mathematikers und Physikers) sang zuerst Lieder oder Scenen unter Begleitung der Laute im Haus des Grafen von Vernio in Florenz, wo sich die Idee zu musikalisch-dramatischen Aufführungen entwickelte. Emilio del Cavaliere führt 1590 in Rom das erste musikalische Hirten-

gedicht, il Satiro, auf; ihm folgt Peri in Florenz mit der Idylle
Daphne 1597, und in Gemeinschaft mit Caccini mit dem Drama
Euridice. — L'anima ed il Corpo, erstes Oratorium Emilio's
in Rom. 1600.   1600

Andreas und Johannes Gabrieli, Organisten an   1584—1612
San Marco zu Venedig, erste Gründer eines freiern Styles in der
Tonkunst, aus welchem um 1600 die Oper entstand.

Claudio Monteverde, Capellmeister an der venet. Markuskirche, 3 Opern. Giacobbi in Bologna, 1610 Andromeda.
Ludovico Viadana's Kirchenconcerte. Erste Ausführung eines
melodischen Styles. Allmähliche Einführung von Instrumentalmusik. 1625 erster Castrat in der päpstlichen Capelle.

Erste Verbesserung des Recitativs und der dramatischen   1640—1680
Melodie. Cantate. Einführung mit den Stimmen concertirender
Instrumente. Die Oper zuerst und vornehmlich in Venedig aus-
gebildet (von 1637 bis 1700 in 7 Theatern 357 Opern von 40
Componisten). Francesco Cavalli, Capellmeister an der Markus-
kirche, und Marcant. Cesti, Operncomponisten.

Giacobbo Carissimi in Rom, Verbesserer der Kammer-
cantate. Foggio, Römer, Orazio Benevoli, um 1660 Capellmeister bei S. Pietro in Vaticano, componirt im reinsten Kirchen-
styl. Stradella, Neapolitaner.

Wesentliche Verbesserung des Recitativs und der dra-   1680—1720
matischen Melodie. Erste Ausbildung einer selbständigen Instrumentalmusik durch Corelli. Geminiani und Vivaldi.

Alessandro Scarlatti, Neapolit., 1650—1725, einer der
grössten Musiker aller Zeiten. Anton. Cotti in Venedig. Franc.
Conti, nachmals in Wien (von ihm 1719 Don Quixote), Benedetto Marcello aus Venedig (50 Psalmen Davids). Antonio
Caldara, an Carls VI. Hofe. Paolo Colonna in Bologna, Stifter
der bolognesischen Schule.

Bernardi, Buoncini, Theoretiker. Gesangschulen von Pistocchi
zu Bologna, von Fedi zu Rom und Redi zu Florenz.

Neapolitanische Schule. Reform des rhetorischen   1720—1760
Theils der Melodie und bessere Gestaltung der Arie. Vermehrte
Instrumente in den Orchestern.

Leonardo Leo, Francesco Durante und Gaetano Greco, Zöglinge Scarlatti's, Gründer jener Schule. Daraus hervorgegangen:
Porpora, Sarri, Carapella, Vinci, Pergolesi, Duni, Perez, Te-
radegliss, Feo, Sala, Traetta, Jomelli, sodann auch Sacchetti,
Piccini, der Schöpfer der Opera buffa. — Majo, Anfossi, Caffara,

Guglielmi d. ä. — zuletzt Cimarosa, Paisiello und Zingarelli.
(Auch Hasse und Joseph Haydn sind in dieser Schule gebildet.
Gleichzeitig, aber durchaus selbständig und gross Joh. Seb.
Bach und Händel.)

Reform des Opernstyls. Einführung der Ensemble- 1770—1780
Stücke und der grossen Finale. Steigende Ausbildung der Instrumentalmusik. (Gluck in Wien, 1764. Orfeo macht in Italien
wenig Eindruck.)

(Joseph Haydn und Mozart in Wien.) Anfossi, 1780—1800
Neap. Bertoni, Ven. Cherubini, Florent. Cimarosa, Neap.
Clementi, Furlanetto, Venet. Gazzaniga, Venet. Guglielmi d. J.,
Neap. Jannaconi, Röm. Lorenzini, Röm. Mattei, Bolog. Mortel-
lari, Neap. Paisiello, Neap. Guaglia, Mail. Sabatini, Venet.
Salieri, Venet. Sarti, Faëntiner; Trachi, Neap. Tritto und
Zingarelli, Neap.

Neue Reform des Opernstyls durch Rossini (geb. um 1790
zu Pesaro), Reichthum von Melodien und Verzierungen ohne
Tiefe und Charakteristik, dessgleichen von Harmonie und In-
strumentation (Tancred 1813 in Venedig zuerst). — Bellini
(geb. in Catania 1802, gest. in Puteaux bei Paris 1835) setzt der
weichlichen Sinnenlust seines Vorgängers und der Nachahmer
desselben Mercadante (Francesca Donato. Il Bravo. Ismalia
Elena da Feltro. Leonora etc.), Pacini, Donizetti, Cop-
pola etc. einen gewissen Ernst, obschon ohne Tiefe entgegen,
und gefällt sich in tragischen Stimmungen (I Capeletti e Montechi 1829 zu Venedig. Norma), nimmt aber eine neue Richtung an in Paris, wohin er 1833 gegangen (Puritani). In
neuester Zeit scheint Verdi in Mailand das ital. Publicum zu
befriedigen (I Lombardi alla prima Crociata. Nabucco. Ernani.
Giovanna d'Arca. Due Foscari. Il Rigoletto).

Die Kirchenmusik ist in ganz Italien in Verfall gerathen,
und behilft sich mehrentheils mit Opernstücken. Eine rühmliche
Ausnahme machte Baini († 1844), Director der päpstlichen
Capelle in Rom, der nicht nur die Ausführung älterer Ton-
werke aufrecht hielt, sondern auch selbst im Styl derselben
schrieb. P. Pius IX. griff 1847 die Reform der Kirchenmusik
ernstlich an, und liess durch Monaldi die alten Chorliturgien
unter Mitwirkung von Baini's ausgezeichnetem Schüler, dem
Abbate Manni, neu herausgeben.

———— ————

Anhang.

Oper und Schauspiel.

Berühmte Sängerinnen: La Grua. — Marchisio (sorelle) Barbot. — De la Grange, Medori, Penco, Grisi, Alboni, Maray, Bosi, Tedesco, Frezzolini, Stefanoni, Borghi-Mamo, Gazzaniga, Lotti, Bendazzi, Albertini, Piccolomini, Boccabadati (Virginia), Barbieri-Nini, Ortolani-Valandria. — Tenore: Mirate, Fraschini, Graziani (Lodovico), Pancani, Negrini, Malverzi, Baucardé, Mario, Carrion, Bettini (Geremia), Tamberlik, Giulini, Mongini, Salviani. — Baritone: De Bassini, Ferri, Coletti, Varesi, Bonconi (Giorgio), Graziani, Badiali, Corsi, Guicciardi. — Bässe: Marini, Selva, Angelini, Echeverria. — Buffi: Napoleone Rossi, Zucchini, Rovere, Scalese, Frizzi, Fioravanti (Luigi).

Ausgezeichnete Schauspieler: Alamanno Novelli, Achille Majeroni, Ernesto Rossi, Tommaso e Alessandro Salvini: Bellotti-Bon, Amilcare Bellotti, Adamo Alberti, Luigi Taddei, Gaetano Vestri, Cesare Dondini, Gattinelli, Bonazzi, Perruchi, Luigi Aliprandi, Romagnoti, Luigi Marchionni, Gaspare Pieri, Luigi Domeniconi. — Schauspielerinnen: Adelaide Ristori, Fanni Sadowsky, Clementine Cazzola, Sgra. Santoni, Giuseppina Zuanetti, Sgra. Robotti, Sgra. Pieri-Alberti, Giuseppina Casali, Lauretta Bon, Sgra. Gattinelli (die Tochter), Pezzana.

Reiserouten nach und in Italien.

I.

Reiserouten. [1]

A. Nach Oberitalien.

1.

Von Wien nach Triest

über Laibach.

Reisekarte VI.

Eisenbahn in 22¼ St. für fl. 28. 26. (33. 76.) 21. 20. (25. 12.) 14. 13. 50 Pfd. frei, wenn das Gepäck ½ St. vor der Abfahrt aufgegeben wird. Schnellzug in 16 St. nur I Cl. Di. Do. Sa. Der Aussichten wegen wähle man einen Platz auf der linken Seite. Eine an den mannichfaltigsten Naturschönheiten reiche, im Winter aber wegen der in den Krain'schen Gebirgen besonders bei Sessana herrschenden Bora (eines alles verheerenden Sturmes) theilweis sehr gefährliche Strasse.

Von Wien nach Cilly. — Der Bahnhof ist in der Nähe des Belvedere. Man fährt am Kirchhof der Matzleindorfer Linie vorbei, wo während der Belagerung 1848 eines der heftigsten Gefechte stattfand. Hinter Meidling durchschneidet die Bahn den Wienerberg. Bei Mödling, berühmt durch den Aufenthalt Beethovens, der hier seine E-Moll-Sonate schrieb, wird der Eichkogel umfahren; bei Baden sieht man die Ruinen Rauenstein und Scharfeneck und die Weilburg; östlich in der

Ferne das Leithagebirge. — Die Bahn nähert sich nun dem Gebirge, dessen Haupt der Schneeberg (im Westen) ist. Bei Theresienfeld steht die „Spinnerin am Kreuz," ein gothisches Denkmal von 1384. — Wienerisch-Neustadt (Hirsch. Ungarische Krone. Stadler, nahe dem Bahnhof) mit 10,800 Ew. seit dem Brande von 1834 neu aufgebaut; Geburtstadt Kais. Friedrich IV. und Maximilians I. Auf der Burg der Babenberger seit 1752 die Militär-Akademie. Im Hofe ist die Statue der Maria Theresia von *H. Gasser* 1860 errichtet worden. Von Neustadt an wird die Gegend sehr gebirgig. Von Neunkirchen aus unternimmt man gewöhnlich die Besteigung des zur R. sichtbaren Schneeberges. L. das Leithagebirge. — In Gloggnitz (Bahnhof-Restauration) eine ehemalige Benedictiner-Abtei, in ein Schloss verwandelt. Die Eisenbahn über den Semmering ist 1854 vollendet worden. Die Landschaft ist auf das mannichfachste belebt durch Mühlen und Gehöfte, Wasserbäche, schroffe Felsen, tiefe Schluchten, Wiesenabhänge, Wälder und den hie und da hervortretenden Schneeberg. Von Gloggnitz bis Schottwien 1 St. geht die Eisenbahn mit der alten Strasse ziemlich parallel. Hier biegt die Eisenbahn in den 3 Stunden langen Adlitzgraben ab, zieht sich aber über dem Grunde an seinen Thalwänden hin, bis auf 450 Klafter,

---

[1] Die Verweisungen auf die Routen beziehen sich, wenn nichts besonders beigefügt ist, auf die Routen derselben Abtheilung.

wo dann das Thal mit der Gebirgsmasse zusammengeht und die Bahn um den Berg rückwärts sich wendet, um am Semmering wieder mit der Hochstrasse zusammenzutreffen. Die Station Semmering 1¼ St. von Gloggnitz, ist der höchste Punkt der Bahn (2790'). Die Bauten im Adlitzgraben, der 900' lange Viaduct über dem Reichenauer Thal, Tunnels, Brücken, Felsenstützen etc. sind die interessantesten; auf der andern Seite des Semmering waren bei weitem weniger Schwierigkeiten zu überwinden. Auf dem Felsen bei Schottwien steht die Ruine der Burg Klamm, die einst den Pass beherrschte. Schöne Aussicht am Ende des Adlitzgrabens! Bei einer Höhe von 465 Klaftern angelangt geht die Bahn in einem 750 Klafter langen Tunnel durch den Berg. Die Landstrasse überschreitet dagegen den Berg in einer Höhe von 611 Klaftern (etwa 3500'). Die ganze etwa 5 Meilen lange Bahn hat gegen 16 Mill. Gulden gekostet.

Mürzzuschlag liegt noch über 2000' ü. M. (Bräuhaus. Bahnhof. Elephant.) Eintritt in Steyermark.

Steyermark ist das zwischen den Landen ob und unter der Enns, Illyrien und Ungarn gelegene schöne, zum Kaiserthum Oestreich gehörige Gebirgsland, ein Herzogthum von 399 Q.M. Die Gebirgszüge gehören zu den julischen und norischen Alpen: ihre höchsten Höhen sind: Alpsteig 8297', Grössenberg 8381', Grimming 7540', Eisenhut 7676', Stangalpe 7140', Krippenstein 6373', Scheckel 4770'. An der Grenze von Oestreich sind die Gemser- und Vild-, an der illyrischen die Steiner-Alpen, und überall finden sich grosse Höhlen. — Flüsse sind die Sau mit Sann und Mottlau, Drau, Mur mit Sulm, Mürz, Krainach, Lissing etc., Raab und Enns, sämmtlich zum Donaugebiet gehörig. Seen gibt es viele, aber unbedeutende; doch sind sie wie die Flüsse und Bäche reich an schmackhaften Fischen: Salmlingen, Forellen, Huchen etc.; Mineralquellen häufige. In den Bergen kommen noch Luchse und Bären vor; in den Thälern wird viel Getreide, Obst, Wein etc. gebaut; die Bergwerke liefern Silber, Kupfer, Blei, Kobalt, Alaun, Schwefel, Salz, Marmor, Steinkohlen. Die **Bewohner** (856,000) sind theils Deutsche, theils Wenden mit wendischer oder slovenischer Sprache, meist katholischer Confession, kräftige, gute, gesprächige, friedfertige und gemüthliche Menschen (die Slaven freilich meist misstrauische und doch höfliche Leute), voll Lust an Gesang und Tanz und an mannichfacher Thätigkeit (Viehzucht, Acker- und Weinbau, Bergbau, Fabriken in Eisenwaaren, Seide, Wolle, Glas etc. Die besten Weine sind: der Brandner, der rothe Gonobitzer, der Rittersberger; der schlechteste ist der Tüfferer). Das **Klima** ist besonders im Süden sehr angenehm, und die Lebensweise wohlfeil und gut. — Eine Eisenbahn führt durchs Land und verbindet Wien und Triest.

Ursprünglich von Tauriskern und seit 15 a. Ch. auch von Römern bewohnt, verlor es seine Bevölkerung unter den Zügen der Gothen und Hunnen. Gegen 1000 wurde Steyer gegründet, und das Land erholte sich unter seinem ersten Markgrafen Ottokar I. dem Traungauer. Ottokar VI. erhielt 1170 den Herzogstitel, doch erstarb mit ihm die Linie der Traungauer und Leopold II. erbte das Land. Nach dem Aussterben der Babenberger 1246 entstand ein Erbstreit; Stephan von Ungarn und Ottokar von Böhmen machten Ansprüche auf St., und letzterer gewann das Land. Aber Rudolph von Habsburg erklärte ihn 1257 der Lehn für verlustig und gab die Verwaltung an Herzog Ludwig von Bayern; nach Ottokars Tode aber belehnte er seine Söhne Albrecht und Rudolph damit 1282, von welcher Zeit an St. beim Hause Habsburg blieb. 1564 erhielt es Carl, der Sohn Kaiser Ferdinands I., mit Kärnthen, Krain und Görz, und zeichnete sich durch Tapferkeit und durch harte Verfolgung der Protestanten aus, worin sein Sohn Ferdinand ihm nacheiferte. 1619 erbte dieser sämmtliche östreichische Lande, die auch seit der Zeit vereinigt geblieben sind. Es wird in 5 Kreise eingetheilt, die ihren Namen nach den Hauptstädten führen: Gratz, Marburg, Cilly, Bruck und Judenburg.

Der Weg im Mürzthale bis Gratz bietet fast ununterbrochen schöne landschaftliche Bilder mit alten Burgen, neuen Schlössern, Kirchen, Klöstern, Capellen und Dörfern, anmuthigen und wilden Thälern, sanften Matten, starren Felsmauern, Feldern und Weingärten, Wiesen und Waldungen. So ist bei Krieglach ein neues und ein altes Schloss Mitterdorf: Schloss Oberkindberg bei Kindberg gehört dem Grafen Inzaghi; die Burg bei Kapfenberg dem Grafen Stubenberg; bei Bruck Schloss Landskron.

Bruck (Schiller am Bahnhof. Schwarzer Adler. Mitterbräu) das Mauraepontum der Römer, mit 2300 Ew. Die Pfarrkirche mit einem guten Altarbild. — Ruinen von Schloss Landskron; der Fürstenhof aus dem 12. Jahrh. — Das Eckhaus am Platze mit einem merkwürdigen Fenster von schwarzem Marmor aus dem 15. Jahrh. — L. das Schloss Labeck. Unterhalb Bruck verengt sich das Thal und die Bahn muss sich oft um Felsenvorsprünge winden. — Bärneigg mit der Burgruine gl. N. Bei Mixnitz grosse Tropfsteinhöhlen mit fossilen Thierresten. Bei Fronleiten sind Hammerwerke und ein Schloss Pfannberg des Fürsten Lobkowitz. Das hochgelegene Schloss Rabenstein ge-

hört dem Fürsten Liechtenstein. Der Wasserfall des Gemsbaches. Vor Peggau musste die Bahn dicht an der Mur auf 191′ Länge überwölbt werden, um die Landstrasse darüber zu führen. In Peggau silberhaltige Bleibergwerke. — Bei der Burgruine Gösting nächst Feistriz ein überhangender Felsen, der Jungfernsprung genannt, weil die Sage hier ein Fräulein von Gösting sich herabstürzen lässt, das den Geliebten im Zweikampf mit einem andern Bewerber verlor. Die Kirche Strassengel von 1346 mit schönem Thurm; das Cistercienserstift Rein von 1128 mit einer Kirche aus dem 16. Jahrh., Bibliothek und alten Grabmälern.

Nun öffnet sich ein weiter Thalkessel, in dessen Mitte **Gratz** liegt. (Gute Restauration im Bahnhof. Goldnes Ross. Florian. Engel. — Links der Mur: Erzherzog Johann. Stadt Triest. Goldne Krone.) 52,000 Ew. Auf dem Franzensplatz das Denkmal des Kaisers Franz I. von *Marchesi.* Der Dom von 1450. Das Mausoleum Kaiser Ferdinands II., neben dem Dom, von ihm selbst sich errichtet 1637; seit 1859 die Grabstätte auch des Erzherz. Johann. Das Johanneum, gegründet 1811 von Erzherzog Johann, mit vielen wissenschaftlichen Sammlungen. Der Schlossberg mit herrlicher Aussicht. Auf der Terrasse das Denkmal des Feldzeugmeister B. v. Welden, † 1853, von *H. Gasser.* —

Hinter Gratz r. Schloss Premstätten, des Grafen Saurau; nach Karlsdorf l. Schloss Weisseneck. — 600′ oberhalb Wildon liegt die Burg Oberwildon, wo Tycho Brahe längere Zeit gelebt und astronomische Beobachtungen gemacht. — In Leibnitz, danach die Gegend herum die Leibnitzer Ebene, werden viel römische Alterthümer gefunden. In der Nähe, westlich, auf waldiger Höhe das Schloss des Bischofs von Seckau. — In Ehrenhausen hat Graf Attems ein Schloss, mit dem Mausoleum der Fürsten von Eggenberg; auch in Spielfeld. Ein ziemlich unbebautes Hügelland trennt das Murthal vom Drauthal. — Hinter Pössnitz geht die Bahn durch einen beträchtlichen Tunnel, nach **Marburg** (Stadt Wien, Stadt Meran) im Pettauer Feld, der zweiten Hauptstadt von Steyermark mit 4000 Ew., zum Theil Slaven. In der Markburg eine Gemäldesammlung. Erzherzog Johann hatte eine Villa in der Nähe, bei Lembach. — Schönste Aussichten: bei den drei Teichen und bei der Kirche S. Urban. — Die herrschende Sprache ist wendisch.

Cilly (Krone, Bahnhof), eine sehr alte Stadt, Colonia Claudia Celeja, in reizender Umgebung an der Sann, mit 1800 Ew., Sitz eines Kreisamts. Am südöstl. Eckthurm der Ringmauer, an mehren Privathäusern (Nr. 12 etc.) und Kirchen finden sich römische Basreliefs, Votivsteine, Säulencapitäle etc., die meisten Alterthümer aber sind nach Gratz und Wien gekommen. In der Pfarrkirche eine sehenswerthe alte Capelle. Ein Theil der ehemaligen Minoritenkirche hat römischen Mosaikboden. Die Capelle des heil. Maximilian mit der Quelle, die aus seinem bei seiner Enthauptung die Erde tränkenden Blut entstanden. Schöne Punkte in der Nähe sind der Nicolaiberg, Oberlahnhof, der Schlossberg mit der Ruine von Ober-Cilly, der Burg der mächtigen Grafen von Cilly, der Galgenberg, der Michaeliberg, am 28. 29. Sept. ein besuchter Wallfahrtsort.

Hinter Cilly erblickt man im Westen die 7704' hohe, immer mit Schnee bedeckte Oistraspitze nahe bei Sulzbach. Die Brücke über die Sann vor ihrer Verbindung mit der Sau ist 250' hoch.

Die Landschaft ist heiter und schön, zuweilen an dem einen Ufer der Sann durch steile Felsen begrenzt, Wiesengründe und Aecker an der andern Seite. An den hochgelegenen Ruinen von Ober-Cilly vorüber, durch das etwas erweiterte Thal, in das die Wallfahrtkirche von St. Michael von fern hereinsieht, nach Tüffer mit einem schon den Römern bekannten neu und bequem hergestellten Bade und den Trümmern der Veste Tüffer. Das Flussthal wird enger, Felsmassen treten in das Flussbett hinein. Töplitz (Toplitza, Warmbad) unbequem an steilem Bergabhang gelegen, mit 3 Quellen von 29° (gegen Hautkrankheiten, Menstruationsleiden und Krämpfe) und einem grossen gemeinschaftlichen Becken. Ausflüge nach der Karthause von Gayrach und dem wildromantischen Waldthal mit der Veste Montpreis, südöstlich von Töplitz. Bei Steinbrück ist unter besondrer Förderung des (desshalb durch ein Denkmal gefeierten) Erzherz. Johann 1825 bis 1826 eine Brücke über die Sann gebaut, merkwürdig durch Spannweite, Form und Construction, indem sie im Grundriss einer Krümmung von 100 Klafter Radius folgend aus 3 schiefen Bogen von Quadern von je 12 Klafter Spannung besteht. — Das Flussthal der Sau ist schmal und unfruchtbar, hat aber gehaltige Kohlenminen. Hinter Sagor wird die Bahn, den Felsen abgerungen, sehr düster, aber bei Sava öffnet sich ein breites, fruchtbares Thal. Schloss Ponowitsch auf sanftem Hügel. Durch den steilen Felskegel, auf dem das Schloss Poganegg steht, ist ein 80 Klafter langer Tunnel geführt. — Nach dem Uebergang über die Sau kommt man in ein enges, wildes und unfruchtbares Thal, das bei Lasse wieder ein heiteres Aussehen gewinnt, und bei Salloch am Einfluss der Laibach zu einer zwei Stunden breiten wohlbebauten Ebene sich erweitert, die der 9037' hohe Terglou mit seinen Schneefeldern überragt.

Laibach (Stadt Wien. Elephant.) Aemona der Römer. Lubiana bei den Italienern, Hauptstadt in Krain mit 20,200 Ew., berühmt durch den Monarchen-Congress von 1820 bis 1821. Das Schloss hoch und mitten in der Stadt gelegen, jetzt Strafarbeitshaus, gewährt eine schöne Aussicht auf die Gebirge. — Das Landes-Museum im Schlosse des Fürsten von Auersberg mit Kunst- und literarischen Sammlungen. Denkmal Radetzkys, von *Fernkorn*, 1860 errichtet. Ein sehr hübscher Spaziergang ist nach Schloss Rosenbach.

Auf dem Wege von Laibach nach Triest hat man zuweilen unter den Schneestürmen der Bora zu leiden, die nicht selten schwerbepackte Wagen umwirft und die Strassen unter Schnee begräbt. Vor der Stadt Fransdorf der 120' hohe, 1800' lange Viaduct. Oberlaibach an der bereits schiffbaren Laibach, in ziemlich öder, trockener Gegend. Lohitsch. 4 St. nordwestlich die Quecksilbergruben von **Idria** (Schwarzer Adler). (Man erhält auf der Post oder in der St. Triest in Lohitsch ein Fuhrwerk für 6—8 fl. Der Weg ist schlecht.) Der Ausflug wird im Ganzen 12 St. kosten. Der Eingang in die Quecksilbergruben ist in der Mitte der Stadt; der Ausgang an einer andern Stelle, wo man nach den Poch- und Stampfwerken und nach den Schlammhäusern kommt. An 400 Bergleute sind hier beschäftigt. 2500 Ctr. werden jährlich gewonnen. Die Hauptabsatzwege sind nach den Goldminen von Amerika.

Planina (Schwarzer Adler), ¹/₄ St. entf. die Kleinhausler Grotte, aus der ein Fluss hervorströmt. 3 St. entf. der fischreiche **Zirknitzersee** (Lagus Lugeus), 2 St. l., 1 St. br., von Dörfern und Schlössern umgeben und zuweilen ganz ohne Wasser, das bei sehr trockner Witterung durch 40

Vertiefungen ab- und sodann vornehmlich aus den Höhlen Velka Karlanza und Malka Karlanza zufliesst.

Adelsberg (Krone, Eisenbahn), ¹/₂ St. entf. die berühmten Adelsberger Höhlen, 1 St. tief, mit Wasserfällen des Poik, einem See und wunderbaren Tropfsteinbildungen. Man löst sich bei der Grottenverwaltung eine Einlasskarte für 70 kr. f. d. Person. Für 1—3 Personen sind 3 Führer nöthig, von denen jeder 80 kr. erhält. Die Beleuchtung mit 4 Pfd. Kerzen kostet 2 fl. 10 kr. Ein Führer geht voraus und zündet auf dem Hin- und Rückweg im „Dom", auf der Brücke und auf den Galerien die Lichter an. In den unterirdischen Gewässern lebt ein eigenthümlicher Fisch (Proteus anguinus, oder Belariba). 2—3 St. Zeit braucht man zum Besuch der Höhlen. — Von Adelsberg nach Triest mit dem Eilzug 2¹/₂ St. Auf dem weitern Weg ist unweit der Strasse das in einer Höhle gelegene und in den Felsen gehauene Schloss Lueg. — Der Karst (il Carso) ist eine Hochebene mit kahlen Felsblöcken.

Sessána, am hohen Karst, übel berühmt durch die Bora. — Nun geht die Bahn in einem grossen Bogen über Nabrésina nach Triest, und bietet auf der r. Seite herrliche Aussichten auf das Meer. Bei der letzten Station ¹/₂ St. von Triest, Grignano, liegt auf der Punta Grignana, einer Landzunge, das reizende Lustschloss des mexicanischen Kaisers Erzherz. Ferd. Max, Miramar.

2.

Von Salzburg nach Triest

über Villach.

Reisekarte VI.

Eine durch ihre hohen Alpengegenden überaus reizvolle Strasse. Von Salzburg bis Villach geht

Mon. u. Fr. 2 U. Nm. der Eilwagen in 30³/₄ St. für fl. 16. 66. — Von Villach nach Triest hat man die Wahl zwischen zwei Wegen: über Udine oder über Görz. Von Villach nach Udine 17¹/₄ Ml. tägl. 6¹/₂ Ab. in 14 St. für 9 fl. 66. Von Udine nach Triest Eisenb. in 4 St. für 4, 55 — 2, 41, — 2, 27. — Von Görz nach Triest in 2¹/₄ St. S. p. 121 u. 3, b u. c.

Hallein 4 St. (Post) mit 5000 Ew. und bedeutenden Salzbergwerken. — Golling 4 St. (Post) schöner Wasserfall; Salzachöfen. Durch Pass Lueg nach Werfen 6 St. Schöne Ansicht des Tauerngebirges. Burg Hohenwerfen, 1076 von Erzbischof Gerhard erbaut, wo einst Erzbischof Adelbert III. vom Kaiser Rothbart gefangen gehalten worden; jetzt Staatsgefängniss. — Durch das Fritzthal (schöne Aussichten rückwärts!) nach Hüttau 5 St., wo an der Kirche ein röm. Meilenstein steht, und 1731 der Schmied Stuhlebner, ein während der Protestantenverfolgung berühmter Prediger des Evangeliums, lebte. — Radstadt 4 St. (Post), eine burgähnliche Stadt nach dem Brande von 1781 neuerbaut, 2700′ ü. M. mit 900 Ew., 2 Thoren und einen grossen, grünen Marktplatz. Marienbild von *Thiemo* in der Kirche. Schöne Aussicht auf der Stadtgrabenbrücke. — Untertauern 4 St. Von da beginnt die Tauernstrasse; an der wildbrausenden Tauernache hinauf zum Tauernhaus 5 St. 5600′ ü. M., woneben eine Kirche und ein Pfarrhaus in stillster düsterster Einsamkeit stehen. Am Tauernfriedhof vorüber nach dem Tauernwirthshaus (rechts der Johannes-Wasserfall) und nach dem schauerlichen Tauernpass. — Tweng 3 St. (Post). Durch das Twenger Thal nach Mauterndorf 5 St. Ein festes Schloss, in das 1511 Erzb. Leonhart Bürgermeister und Räthe von Salzburg

zur heimlichen Hinrichtung hatte schleppen lassen. Gerettet starben sie sämmtlich an den Folgen der erlittenen Misshandlung. Sehr alte Kirche St. Gertrud. Römischer Meilenstein. S. Michael 1 St. (Post), 3382′ ü. M., einer der drei Hauptorte des Lungaus, ehedem mit Goldbergwerken. Nun über den 5000′ hohen Pass des Katschtauern, nach Rennweg 4 St. (Post). Auf dem Wege nach Gmünd 4 St. herrliche Landschaften. Spital 4 St. (Post) mit einem schönen Schloss der Familie Porzia. In Paternion 4 St., wird viel Flachs gebaut. Römische Alterthümer in der Kirche. Obervillach hat viele Papiermühlen und Eisenhämmer. — Villach 6 St. (Post, Goldnes Lamm), sehr alte Stadt (Julium Garnicum? Forum Vibii?) mit 2400 Ew. Haupt- und Industrieschule. Bleiweiss-, Mennigefabriken. Schrotgiesserei. 1359 von Erzherzog Rudolph eingeäschert; 1478 von den Türken verheert. Pfarrkirche aus dem 15. Jahrh. mit vielen Denkmälern, einem alten Taufbecken, geschnitzten Chorstühlen, schöner Kanzel. Schöne Aussicht auf dem Thurm.

Von Villach kann man 2 Wege einschlagen, entweder über Venzone nach Udine s. 3, b. u. c., wo man die Eisenbahn nach Triest und Venedig erreicht, oder durch das Isonzothal nach Görz, wohin nur theilweis Poststrasse ist. Dennoch ist dieser Weg für den Freund der Naturschönheiten vorzuziehen.

Unter dem Abfall des Dobratsch führt die Strasse in der Ebene nach Rigersdorf und Arnoldstein 4¹/₂ St. (aufgehobenes Benedictinerkloster), sodann an der Gailitz aufwärts durch das felsige Canalthal nach Tarvis 4 St., 2365′ ü. M., 1 St. westlich davon Saifnitz, von wo der 5646′ h. Luschariberg zu ersteigen ist, auf dem eine der berühmtesten Wallfahrtskirchen Kärnthens, ein

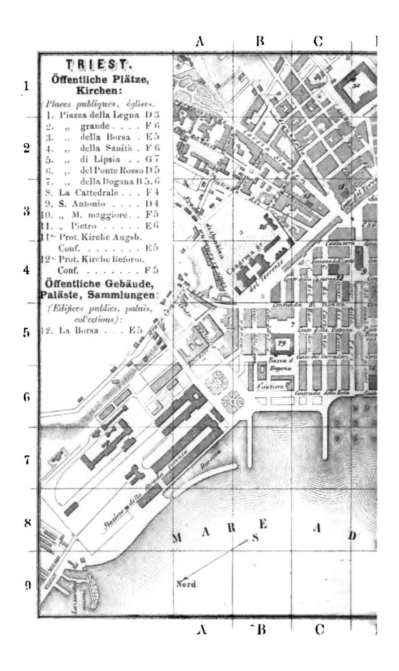

TRIEST.

Öffentliche Plätze,
Kirchen:

Places publiques, églises.

1. Piazza della Legna D 3
2. „ grande . . . . F 6
3. „ della Borsa . E 5
4. „ della Sanità . F 6
5. „ di Lipsia . . G 7
6. „ del Ponte Rosso D 5
7. „ della Dogana B 5. 6
8. La Cattedrale . . . F 4
9. S. Antonio . . . . D 4
10. „ M. maggiore. . F 5
11. „ Pietro . . . . . E 6
11ᵃ Prot. Kirche Augsb.
   Conf. . . . . E 5
12ᵇ Prot. Kirche Reform.
   Conf. . . . . . . F 5

**Öffentliche Gebäude,
Paläste, Sammlungen:**

*(Edifices publics, palais,
collections):*

12. La Borsa . . . E 5

MARE ADS

Nord

136

13. il Tergesteo . . . E 5 6
14. Teatro grande . . . E 6
15. Anfiteatro Mauroner C 3
16. Pal. Carciotti . . . D 6
17. „ Griot . . . . . G 6
18. „ Chiozza . . . . C 3
19. „ Fontana . . . F 6
20. „ Pigazzi . . . G 5. 6
21. „ Vucetich . . . G 7
22. „ Ivanovich . . . F 7
23. Acc. di Nautica e
Biblioteca . . . . . G 6
24. Museo zoologico . G 7
25. Ospedale civile . . D 1
26. „ militare. B 3
27. Edifizio della sanità F 7
28. Uffizio della Posta C 4
29. Dogana nuova . . B 5
30. Nuova fabbricato
per l'Ospedale . . C D 1
31. Uffizio dellaPolizia D 5. 6

32. Hôtel de la ville . D 6
33. Albergo grande . E F 6
34. Hôtel Aquila nera E 5
35. „ de France . . E 6
36. „ Eliséo . . . D E 5
37. „ (Baur) Vittoria E 5

1
2
3
4
5
6
7
8
9

Castello

gutes Wirthshaus und eine überaus herrliche Aussicht ist. Westlich geht die Hauptstrasse aus Steyermark nach Venedig ab.

Von Tarvis durch das Schlitzathal, wo zerstreute Porphyrblöcke zwischen Bergwänden von Uebergangskalk auffallen; hinter Kaltwasser ragt die schroffe Dolomitmasse des Königsberges auf, dahinter der Gallizen mit Galmeygruben; von Raibl im Thale fort zum Raibler See und über den (3718') 3692' h. äusserst malerischen Predilpass ins Isonzo-Gebiet. Im Norden sieht man die Hörner des Mangart 8462', im S. den Monte Canin, im O. die prachtvollen Zacken des Terglou. Die Strasse windet sich durch die grossartigsten Gebirgslandschaften zwischen gewaltigen Bergmassen zum Ursprung der Coritenza bei Preth, und durch die Flitscher Klause (7 St. von Tarvis), wo 1809 ein Franzosencorps durch ein Häuflein tapfrer Oestreicher aufgehalten wurde, und über wüstes Steingerölle in das Isonzothal. Bei Caporetto, 5 St., geht eine Strasse über Udine nach Venedig ab. Bei Tolmyn, durch das die Strasse nicht führt, erweitert sich das Thal; die Berge werden niedriger. Im dasigen Schloss lebte einst Dante einige Zeit als Vertriebener und als Gast des Patriarchen von Aquileja. — Canale 16 St., mit einer schönen Brücke. — **Görz** 12 St. Drei Kronen. Stadt Triest. (Eingemachte Früchte!) Hauptstadt der gefürsteten Grafschaft gl. N., in reizender Lage, von Rebenhügeln umkränzt, mit 9200 Ew., einem zum Theil verfallenen alten Castell, mit schöner Aussicht. Klima, Sprache und Lebensweise sind italienisch. Parkanlagen zu Kronberg und S. Mauro. Salcano an Fuss der Monte santo, auf welchem eine Wallfahrtskirche und eine sehr schöne Aussicht ist. Eisenbahn nach Triest. Mon-

falcone, 1680 Ew., ein altes Schloss; warme Bäder, deren Quellen mit der Meerfluth steigen. — Bei Duino erreicht man die Küste, unweit der Mündung des Timavo, der aus 7 Felsenlöchern des Karsts mit solcher Fülle strömt, dass Seeschiffe bis zu seiner Quelle fahren können. Schöngelegenes Bergschloss des Grafen Thun.

Bei Nabrésina vereinigen sich die Bahnen von Wien und Venedig.

Triest,

Tergeste, Tergestum.[1] **Gasthöfe:** Hôt. de la ville (32), Zimmer mit Licht 2 fl. 20 kr. mit Café und Lesezimmer. — Albergo grande (33). — Aquila nera. (Baur). — Vittoria (37), dem Tergesteo gegenüber, gut und billig — Hôt. de France (35) mit guter Küche und Brauhaus (table d'hôte 1 fl. 20 kr.). Deutsches Casino im gleichen Hause. — Eliseo (36) neu und gut eingerichtet — Huber und der Sauwirth, beide nahe der Post. — Hôt. Daniel, von Deutschen sehr besucht, in der ersten Querstrasse vom Börsenplatz hinein. — Pellegrino vecchio, in derselben Strasse. — Pellegrino nuovo, am Corso. — Buon pastore, einfach und billig. — Scala d'oro am Holzplatz gegenüber dem Armonia-Theater. — Tyroler Wastel (Belvedere) am Schlossberg, mit schöner Aussicht über Stadt und Hafen. — **Deutsche Bierhäuser** mit Restauration: Zwillinge. Monte verde, mit einem neuerbauten Salon. Bierhalle, Contr. S. Niccolo. Wastel-Toni-Sotto il monte. — **Cafés:** C. della Borsa, am Tergesteo. C. Adriatico. Al vecchio Tommaso. Malvasia, Stella polare. Café de' specchi (piazza grande). Hier im Sommer Café à la glace! C. nuovo. C. Tedesco. (Ueberall die Allg. Zeitung.) Pellegrino, Buon pastore. — **Wein:** Prosecco di Serrola. Nostrano, V. di Refosco. — **Buchhandlungen:** Münster; Schimpf; am Börsenplatz. — **Dampfschiffe** des östreich. Lloyd nach Venedig, jeden Dienstag, Donnerstag, Samstag 12 Uhr Mitt. in 6—8 St. für 7 und 5 fl.; Dienstag und Samstag: nach Pirano, Pola und Fiume; nach Cattaro, Ancona, Brindisi und Corfu, dessgl. nach Syra, Athen und der Levante, gemäss der überall angeschlagenen Fahrordnung. Die Schiffe von der Levante, Griechenland und den ionischen Inseln sind in Triest quarantänefrei und werden von einem Schiffsarzt begleitet; die Contumaz wird während der Ueberfahrt

[1] Die beigeschriebenen Ziffern beziehen sich auf den Plan.

gehalten, so dass bei reinem Gesundheits-
pass die Reisenden sogleich landen können.
Die Dampfschiffe landen unmittelbar am
Molo, so dass man keiner Barke beim Ein-
und Ausschiffen bedarf. **Eisenbahn** nach
Wien und Venedig. **Omnibus** vom Bahnhof nach allen Gasthöfen. **Droschken**
¼ St. 35 kr. (Nachts 18 kr. mehr), Gepäck
18 kr. **Bäder**, warme, Oesterreichers
Badeanstalt, — kalte Seebäder bei Ferrari
und Chiozza; Militärschwimmanstalt.

45° 43′ nördl. Br., 31° 38′ L.,
Hauptstadt eines Gouvernements im
östreichischen Königreich Illyrien,
Sitz eines Bischofs, grosse Handelsstadt am nordöstlichen Busen des
adriatischen Meeres am Fusse des
Karsts, mit einem grossen und nur
gegen den Nordost (Bora) nicht
ganz sichern Hafen, einem Freihafen,
Consulaten fast aller Mächte und
100,000 Ew.[1] Als Seehandelsstadt
nimmt Triest den 10. Platz unter
allen Seeplätzen der Erde ein und
ist fortwährend im Wachsthum.[2]
Triest ist der Hafen für Oestreichs
Kriegsmarine: 2 Fregatten (Panzer-
schiffe) mit 1000 Pferdekraft und
56 Kanonen. — 1 Schraubenlinien-
schiff mit 800 Pf. und 91 . K. —
3 Schraubenfregatten mit 900 Pf.
und 93 K. — 2 Schraubencorvetten
mit 460 Pf. und 44 K. — 7 Schrau-
benkanonenboote II. Cl. mit 1610 Pf.
und 28 K. — 3 Schraubenschooner
mit 225 Pf und 16 K. — 3 Schrau-
benkanonenboote III. Cl. mit 270 Pf.
und 12 K. — 12 Raddampfer mit
2210 Pf. und 57 K. — 1 Dampf-
yacht mit 120 Pf. und 2 K. — Ferner Segelschiffe: 4 Fregatten mit
198 K. — 3 Corvetten mit 64 K. —
4 Briggs mit 64 K. — 3 Schooner

[1] 70,000 Einheim., 30,000 Fremde, 1200
Protest.
[2] 1841 liefen ein 868 Schiffe langer Fahrt
und 3323 Küstenfahrer. S. Mittermaier,
Ital. Zustände 1844, p. 83. 1845 waren
1900 Schiffe langer Fahrt, 6321 Küstenfahrer und 417 Dampfschiffe mit einem
Waarenwerthe von 82,674,000 fl. CM. Die
Ausfuhr erlief 66,038,000 fl. 1852 betrug
die Gesammtzahl der angekommenen Schiffe
12,552 (775 Dampfer und 9725 Schiffe langer Fahrt). Die Waarenausfuhr ist viel
grösser als die Einfuhr.

mit 27 K. — 4 Transport-Brigg-
Schooner mit 16 K. und 7 Trabakel.
— Die östreichische Handelsmarine
zählt jetzt 606 Schiffe langer Fahrt
mit 228,800 Tonnengehalt und 7025
Mann, 59 Dampfer mit 21,338 Tonnengehalt, 357 grössere Küstenfahrer mit 33,984 Tonnengehalt, und
8681 kleine Küstenfahrer mit 65,035
Tonnengehalt. Der Seeverkehr von
1856 belief sich auf 230 Mill. fl.,
davon 121 auf die Einfuhr kommen.
Fabriken von Rosoglio, Teigwerk,
Cremor tartari, Seife, Kerzen, Leder und Tauwerk. Grosse Dampf-
mühle. — Triest besteht aus der
neuen oder Theresien-Stadt und der
alten Stadt, erstere ist winkelrecht
und symmetrisch angelegt, die
Strassen breit und gut gepflastert;
letztere hat enge, steile Strassen
und ist für Fuhrwerk nicht zugänglich. Ein schiffbarer Canal gibt
den Kaufleuten Gelegenheit, ihre
Waaren bis vor die Magazine zu
Wasser bringen zu lassen. Die
Stadt ist durchaus mit Gas beleuch-
tet. Alle Religionen und Confessio-
nen sind geduldet. Die herrschende
Sprache ist die italienische; doch
spricht man fast überall auch deutsch
und slavisch.

Ungewissen Ursprungs, kommt
Triest zuerst in Cäsars Commenta-
ren vor. Unter Constantin dem Gr.
gehörte es zum ostströmischen Reiche.
Von 949—1202 war T. unabhängi-
ger Freistaat, ward alsdann abhängig von Venedig und begab sich
1382 unter den Schutz Oestreichs
unter Leopold dem Frommen. Durch
Carl VI. wurde es 1729 Freihafen.
1797 und 1805 wurde es von den
Franzosen besetzt, 1809 im Frieden
zu Schönbrunn an Frankreich abgetreten und wurde Hauptort den
illyrischen Provinzen. Die Bevölkerung sank von 50,000 auf 19,000,
der Werth der Grundstücke fast auf
die Hälfte. 1813 von den Oestreichern besetzt, ward es 1814 wieder

mit dem Kaiserstaat vereinigt, und gehört zum deutschen Bunde.

Oeffentliche Plätze: Piazza grande (2) mit der Statue Carls VI. 1751. Piazza della Borsa vor dem Tergesteo mit der Statue Leopolds I. 1660. Zwischen beiden der Corso, der die Alt- und Neustadt trennt. — Piazza Lipsia bei der Acc. di nautica. — P. delle Dogana. P. della Caserma auf dem Weg zur Eisenbahn. P. dei Carradori. P. Elisabettina mit Gartenanlagen an der Strasse nach Istrien. — Piazzetta di Riccardo, mit dem Arco gl. N. nach Richard Löwenherz genannt, der angeblich hier gefangen gehalten worden.

Der *Hafen* (mit dem alten Lazareth an dem südwestlichen, der Darsena am südöstlichen Ende, und den Quarantaineanstalten, dem Neuen Lazareth (27) wo 70 Schiffe mit 400 Personen Quarantaine halten können. Der Leuchtthurm hat eine Flaggenstange, welche die Zahl der ankommenden Schiffe anzeigt durch lange Flaggen (5) oder viereckte (10), und durch eine Zahl von Kugeln, die das Darüber angeben. Der Hafen wird im Sommer um 9, im Winter um 8 Uhr geschlossen.

Kirchen und andere öffentliche Gebäude:

* Die **Kathedrale** S. Giusto (8), ein mittelalterliches Gebäude mit vielen römischen Inschriften und Alterthümern auf dem alten Kirchhof neben der Kirche, dem eingemauerten Rest eines Jupitertempels unter dem Glockenthurm und mit dem Grabmal W i n c k e l m a n n s, (1832), der 1768 hier in der Locanda grande ermordet worden, und dem Grabmal des Don Carlos von Spanien, gest. 1855, in der Kirche.

S. A n t o n i o vecchio u. nuovo (9) v. *Nobile* 1830.

S. M a r i a m a g g i o r e (10). Jesuitenkirche mit einem neuen Fresco-

bild von *Sante* (Sündenfall, Propheten, Maria in gloria).

S. P i e t r o (11) mit altem Glockenthurm.

* Die g r i e c h i s c h e K i r c h e, zwischen Hôt. de la ville und dem Café al vecchio Tommaso, prächtig ausgestattet. Die Predigt des Johannes und Christus mit den Kindlein von *Cesare dell' Acqua*, 1852—54.

Das C a s t e l l S. G i u s t o ist in der neuen Stadt, mit schöner Aussicht.

B ö r s e (12).

Il Tergesteo (13), ein grosses vierecktes Gebäude, Sitz des östreichischen Lloyd. Aussen Kaufläden. Lesesaal mit über 250 Zeitschriften (über 60 deutschen), vielen neuesten literarischen Werken, den täglich anlangenden Handels- und Börsennachrichten aus den vornehmlichsten Handelsplätzen und einer ansehnlichen Druckerei.

Von 12—2 U. Börse.

Vier T h e a t e r: Teatro grande (14), T. Mauroner (15), T. filodramatico, Armonia (französisch).

A r s e n a l des östr. Lloyd.

Die S c h i f f s w e r f t e n.

Paläste: C a r c i o t t i (16), G r i o t (17), C h i o z z a (18), F o n t a n a (19), mit einer Münzsammlung, P a n z e r a jetzt P i g a z z i (20), V u c e - t i c h (21), I v a n o w i c h (22).

Pal. Revoltello am Molo Giuseppino.

A c c a d e m i a d i N a u t i c a mit einer Bibliothek und Sammlung nautischer Instrumente (23). C o l l e g g i o d i m a r i n a und das neueingerichtete O s s e r v a t o r i o. Museo archeologico neben der Domkirche s. d. und M u s e o Z o o l o g i c o (24), wohl in Verbindung mit dem zoologischen Verein, vornehmlich für die Seethiere des adriatischen Meeres; mit einer schätzbaren Handbibliothek. — Die Municipalbibliothek mit 500 Ausgaben des Petrarca (!) mit den Werken Pius II. und Winckelmanns. — M ü n z s a m m l u n g e n :

die städtische; dann Fontana, die reichste Cumano; Koch; Schweizer; Vest.

Das Krankenhaus (25).

Spaziergänge: Man geht hier sehr viel zu Fusse, selbst in weiter Entfernung: Allée nach Servolo, 1 St. — Längs des Aquäduct nach dem Boschetto, von da zur Villa Ferdinandiana; gute Restauration, schöne Aussicht. *Umgegend:* Corso. La Gloriette. Das Jägerhaus auf dem Berge Jarneda. Zaule, Salinen. Barcola, guter Wein und Thunfischfang. In Servola Grotta di Corniole und Valle Parietto ber. Austernfang. Castel Duino, berühmter Wein: Prosecco (Pucinum des Plinius), dessen Genuss die Gemahlin des Kaisers Augustus, Livia, ihr langes Leben zuschrieb. Lazzarretto nuovo. Salina Muggia (Wasserfahrt). S. Bartolo, dessgl. — Nach S. Andrea, wo das Lloyd-Arsenal ist. — Zum kais. Gestüt von Lipizza, 2 St. zu Wagen. Sonntägliche Dampfschifflustfahrten des Lloyd.

Molo Teresiano mit dem Leuchtthurm. Im Hafen sind Sonntags alle Flaggen aufgezogen.

Die Villen: Montfort; Girolamo; Bonaparte (jetzt Necker); Campo Marzo, eine Art Volksgarten (sonst Murat); Gosteth. Villetta Porzia. Schloss Miramar bei der Station Grignano, Eigenthum des Erzherzogs Ferdinand Max, Kaisers von Mexico, in wundervoller Lage, mit herrlichem Park.

Eine Post südlich die kleine Insel Aegida, darauf das Städtchen Capo d'Istria, Aegidia, Justinopolis Tägl. 3 U. Nm. Diligenza in 1½ St. für 80 kr. (Gasthaus nahe dem Meer in der Hauptstrasse), durch einen Steindamm mit dem Festland verbunden; mit einer alten, jedoch ganz erneuerten Kathedrale, einem auf dem Grund eines Cybelentempels er-

bauten Rathhaus, 6000 Ew. Sehr merkwürdig sind die Salinen (Saline di Sizziole) im Grunde des Porto glorioso oder delle Rose. Hier an der Punta delle Mosche, wo jetzt ein prächtiger Leuchtthurm steht, wurde 1210 die Flotte Otto's IV. von den Venezianern vernichtet.

Unmittelbar über Triest das Mauthhaus Optschina mit herrlichem Ueberblick der Gegend und des Meeres und einem Obelisken. Cf. L'archeografo Triestino, raccolta di opuscoli e notizie per Trieste e per l'Istria con tavole in rame, 1829. — Broitti, malerische Ansichten von Triest.

Ausflug von Triest nach Cattaro.
50¾ Posten.

a) Zu Land.

Nach Fiume tägl. v. 6 Ab. bis 6 M. Diligenza; für 5. 50. 7 U. Ab. aus Fiume.

Von Triest nach Materia 2 P. Lippa 2. Fiume 1½. Czirquenicza 2½. Segna 2½. Xutaloqua 1½. Ottochacz 1. Perusich 2. Gospich 1. Medac 1. Carje 1¼. Obrovazzo 3. Smilcich 1¾. Zemo ½. Zara 1. Gorizza 1¼. Vrana 1. Sebenico 1½. Traü 2¾. Spalatro 1¾. Almissa 1¼. Makarska 2¼. Brist 2¼. Naranta 2¼. Osobliava 1¼. Stagno 2. Ragusa 4. Cattaro 1½.

b) Zu Wasser.

Dampfschiffe des östreich. Lloyd fahren jeden Dienstag nach Dalmatien (bis Cattaro), und jeden Dienstag und Samstag 6 U. Fr. nach Istrien (Pirano, Pola, Fiume). Es ist nach 11 St. in Pola, wo es 5 St. liegen bleibt; Dienst. Ab. 10 U. geht es nach Fiume, kommt Ab. 6 U. nach Pola zurück, und geht Donn. und Mont. 6 U. Fr. wieder nach Triest.

Sehr lohnend ist die Reise nach Istrien und Dalmatien mit dem

Dampfschiff, die Meeresküste entlang, wobei man wo möglich die Inseln, namentlich Cherso und Veglia nicht vergessen soll. Man berührt sodann Lussin piccolo, **Zara**, unter Julius Cäsar eine römische Colonie Jadera, dann eine griechische Stadt Diodora, und eine kroatische Zadar, dann lange Zeit im Kampfe mit Venedig, endlich demselben unterthan, hat es dessen Schicksal getheilt; von festungsartigem Aussehen, mit 8000 Ew. — Dom S. Caterina mit einem Gemälde von *Tizian*. Porta terra ferma von *Sanmichele*. Albaneser-Colonie Erizzo. — Berühmt ist der Rosoglio und gut der Wein. — Das Fort S. Niccolo, nach *Sanmicheli's* Zeichnung von dessen Neffen befestigt. Sebenico mit seinen Mauerthürmen, einem alterthümlichen Dom und dem vom Freiherrn v. Degenfeld erbauten Fort Barone, von wo man eine weite schöne Aussicht hat. Man fährt an Traii (Dom aus dem 15. Jahrh.) und an Castelli vorbei nach **Spalatro**, Spalato, in Dalmatien, mit den Ruinen eines grossen Palastes des Kaisers Diocletian: 705' lang und eben so breit mit Mauern und Thürmen, innen mit vielen Säulengängen und Hallen mit Tempeln und Wohnzimmern. — Dom, ein antiker Dianentempel mit seinen schönen alten Säulen und Reliefs. — Baptisterium, ein antiker Tempel des Aeskulap. — Museum mit vielen Alterthümern. — In der Nähe warme Schwefelquellen. — ½ St. entfernt die Ruinen der alten Stadt Salona (von 1846—50 aufgedeckt von Dr. F. Carrara) mit ihren Ringmauern und prismatisch befestigten Thürmen (die Prismen aus Theodosius und Valentinians II. Zeit), einem Theater, Amphitheater, Aquäducten, Grabstätten, einem altchristlichen Baptisterium mit Nebengebäuden, der Absis einer Basilica, einem Stück cyklopischer Mauern (vom uralten Illena) etc. — Von der freundlichen Insel Lesina, dessgl. Curzola nach Canosa und **Ragusa**, Epidaurus, Rausium, slav. Dubronik, Kreishauptstadt im KR. Dalmatien mit 5000 Ew., grossentheils italienischer Zunge, Sitz eines Bischofs, mit bedeutenden Festungswerken und einem sehr engen Hafen. (Der jetzige eigentliche Hafen von Ragusa ist bei dem 1 Meile entfernten Gravosa oder Santa Croce.) Ehedem eine mächtige und reiche Republik, zählte es selbst 1807 noch 363 Hochseeschiffe. Nachdem Ragusa früher abwechselnd Venedig und den griechischen Kaisern gehuldigt, trat es 1526 unter türkische Hoheit. Pest (1548, 1562) und Erdbeben (1667) brachten ungeheuren Schaden. 1806 besetzte Lauriston Ragusa, und 1814 zog es Oestreich in seinen Staatenverband. Die meisten und schönsten öffentlichen Gebäude stehen an der Piazza: der Dom, der Palazzo del Governo in mittelalterlichem Styl, jetzt Kreisamthaus, mit dem Denkmal des Michele Pruzzato; die Dogana mit der grossen Standarte. Die Ragusaner sind durch ihre eigenthümliche malerische Tracht ausgezeichnet und als kühne Schwimmer berühmt. — Hinter Sabioncella sieht man die Gebirge der Herzegowina, und gelangt in die Bocche die Cattaro und nach Cattaro (Ascrivium), befestigte Stadt mit 2300 Ew., meist Morlacken und Montenegriner, griechischer und katholischer Confession, slavisch und italienisch redend. Bis ins 17. Jahrhundert bedeutende Handelsstadt, kam es 1797 an Oestreich, dem es nur durch Napoleon von 1805—1814 entzogen war.

Die Fahrten nach Istrien haben andere Ziele: Ist man an Capo d'Istria vorüber, so sieht man hinter Olivenwaldungen Pirano in einer Bucht, berühmt durch den Seesieg der Venetianer über Friedrich Barbarossa, in welchem sein Sohn gefangen wurde. — Nach dem Leuchtthurm von Salvore, dann Umago, dem Schloss Daila, Cittanova sieht man Parenzo auf einem Felsen im Meer, der durch einen schmalen Damm mit dem Festland verbunden ist; es hat 2400 Ew., einen guten Hafen, 1 Migl. im Umfang, und eine Kathedrale mit alten Säulen und Mosaiken. — Neben dem Kloster S. Niccolo ein alter Wartthurm; das bischöfliche Schloss Orséra, und in der Ferne der Monte Maggiore 4400' h. — Rovigno, ebenfalls auf einem Felsen am Meer, mit 10,500 Ew., vielem und gutem Oel und Wein, vielen Fabriken, thätiger Fischerei (Sardellen) und Schifffahrt, und 10 Kirchen. — In der Meerenge der Brionischen Inseln gewannen die Genuesen einen Sieg über die Venetianer 1379. — **Pola** (Gasth. Anfiteatro) mit 1200 Ew., Citadelle, Hafen mit 3 Inseln und grosser Thunfischerei. Gegründet von Kolchiern, wurde es römische Colonie, und erhielt den Namen Pietas Julia. Das Amphitheater von weissem Marmor (die Sitze zerstört), 350' l., 300' br., 70' h., in Etrusco. 150 n. Chr. erbaut, mit 4 Thoren. Schöne Aussicht aufs Meer und die Inseln. — Porta aurea oder aurata, eine Art Triumphbogen korinthischen Styls aus der besten römischen Zeit, wahrscheinlich des Augustus, vielleicht mit Bezug auf den Seesieg bei Actium. Inschrift: Salvia Postuma Sergii de sua pecunia. — Auf dem Marktplatz Trümmer von 2 alten korinthischen Tempeln, davon der eine 26' h. 50' br. mit dem wohlerhaltenen Porticus von 6 korinthischen Säulen, im Jahr 19 a. Chr. „Romae et Augusto" geweiht war, und in welchem man eine Sammlung Alterthümer findet. Das Rathhaus v. J. 1300 ist in einen (angeblichen)

Dianatempel gebaut, dessen Rückseite noch sichtbar. Denkmal des um 1854 verst. Archäologen L. Carrara. — Der Dom steht auch auf dem Grund eines alten Tempels. Im Innern einige Alterthümer (das Weihbecken etc.). — Bei den von L. Carrara begonnenen Ausgrabungen ist man auf 2 antike Thore (Porta gemina und Porta Erculea) gekommen.

Das Dampfboot lichtet um 10 U. Abends die Anker, umfährt die Südspitze der Istrischen Halbinsel und wendet sich nördlich nach Fiume, ungarischer Freihafen, mit 13,000 Ew., grossen Salzschlämmereien und Rosogliofabriken. Kirche S. Vito. Schloss Térsato, dem F.M. Grafen Nugent gehörig, mit Alterthümern, Memorabilien (z. B. dem Napoleonischen Denkmal von Marengo) und sehr schöner Aussicht.

Zurück nach Triest fährt man besser zu Land; Mallepost von Abends 7 U. bis Morgens 6 U. für 6½ fl.

Cf. Istrien und Dalmatien von H. Stieglitz. Stuttgart und Tübingen 1845.

3.

Von Salzburg nach Venedig.

a) über Spital u. Ampezzo.

Reisekarte V. VIII.

Bis Spital s. Nro. 2. Ueber die Ebene des Lurnfeldes im Drauthal, wo das römische Liburnia oder Tivurnia lag (links die Ortenburg), zu der Klause bei Sachsenburg 4 St. Greifenburg 5 St., wo die letzten Eisenhämmer sind, Oberdrauburg 5 St. Bei Nikolsdorf überschreitet man die Tyroler Grenze. Lienz 5 St. (Fischwirth, Rose, Mayr), Leontium, mit 1900 Ew., halb deutschen halb wendischen Ursprungs. Pfarrkirche aus dem 13. Jahrhundert. — Bei Burgfried die Lienzer Klause, die 1809 wenige Sextner Schützen gegen den französ. General Rusca hielten, und von welcher aus dem General Broussier eine harte Niederlage beigebracht wurde. — Auf einsamen düstern Wegen nach Mitten wald 4 St., und zwischen den kahlen Dolomitwänden im Süden und den dunkeln Waldabhängen im Norden nach dem heiter gelegenen Sillian 4 St. (Post, Neuwirth). Bei Innichen (Bär) werden viel römische Alterthümer gefunden. Die Stiftskirche von 1284 mit einem alten Crucifix und Altargemälde. Bei Toblach 5 St., 3812' ü. M., auf dem Toblacher Feld ein Riesenkreuz zur Bezeichnung der Wasserscheide zwischen adriatischem und schwarzem Meer (Etsch und Drau). Der „Victorihügel" hat seinen Namen von einem Sieg der Bojarier über die Slaven 609. Da wo die Rienz zwischen Dolomitfelsen hervorschäumt, öffnet sich der Weg nach Italien, das Thal von Ampezzo, mit seiner 1830 von Malvolta gebauten prächtigen Strasse. Eng und düster ist der Eingang. Im einsamen Posthaus Höllenstein gute Bewirthung. Südlich der Krystallberg, der höchste Dolomitberg der Umgegend, mit einem Gletscher. Die Wasserscheide zwischen Rienz und Piave ist (etwa 600' über Toblach) sehr unmerklich. In der jetzt verfallenen Veste Peutelstein, die Kaiser Max den Venedigern abnahm, war bis zu Anfang des Jahrhunderts kaiserl. Besatzung. Der Thalboden von Ampezzo ist sehr reizend durch grüne Vorberge und darüber emporragende Dolomitmauern. In Cortina d'Ampezzo 9 St. Gasth. Adler. Im Herbst gibt es hier die sogenannten „Herrenpilze", eine Leckerspeise von Schwämmen. — Bei Venas ist Borca, von wo man den Erdsturz des Antelau sieht, der mit den Dörfern Taolen und Marciana 300 Menschen begrub.

Grosse Landschaften bieten sich

überall dar; prächtig erscheint der 10,292' hohe Monte Antellao, dessgl. der Monte Pelmo bei Perarollo, 11 St., im Thale der Piave. Spuren häufiger Ueberschwemmungen und Erdstürze. Cidalo mit kunstreichen Holzflössen. Hier liegt auch Pieve di Cadore, der Geburtsort Tizians, in der grossartigsten Gebirgslandschaft. Von Legnarollo bis Longarone 5 St. (Post) heisst das Thal Valle Serpentina und ist einer der engsten und grausigsten Alpenschlünde, durch die eine Strasse führt. Hier beginnt Wein- und Feigenbau. Bei Capo di Ponte geht eine Strasse rechts ab nach Belluno (Due Torri) 5 St., mit 8000 Ew., einer Kathedrale und 15 andern Kirchen, einer Wasserleitung und Holz- und Seidenhandel. Vaterstadt Gregors XVI. In der Nähe Kupferminen; — und von da über Feltre nach Primolano 13 St., und über Bassano und Cittadella nach Padua zur Eisenbahn nach Venedig.

Der andere directere Weg geht von Capo di Ponte nach S. Croce 6½ St., wo ein hoher Felsentrümmerwall die Spuren eines Bergsturzes zeigt, der der Piave, die hieher floss, ihren jetzigen Lauf angewiesen. Bei Serravalle nimmt die Landschaft italienischen Charakter an. In der alten Domkirche ein Altarbild von *Tizian.* Nahebei die Wasserfälle des Monte di Revine. — Ceneda 4 St. mit 500 Ew. und dem Bergschloss S. Martino. Im Dom, in der Sacristei Krönung Mariä von *Jacobello del Fiore.* In der Kirche del Meschio eine Verkündigung von *Previtale.* — Conegliano 4 St. am Mutego, mit 4500 Ew. Hier erreicht man die Eisenbahn (zwischen Triest und Venedig) Posta. (Guter Spargel. Rothwein di malanotte und di Tezze; weisser: Piccolito.) Marschall Moncey hiess von dieser Stadt Herzog von Conegliano. — Dom, mit einer

Madonna in tr. und Heiligen von *Cima da Conegliano*. — S. Fiore, eine alte Kirche mit einem S. Johannisaltar von *Cima da Conegliano*. Vom Schlosse herrliche Aussicht. — Ueber Spresiano nach

Treviso,

Tarvisium (Gasth.: Aquila, Posta. Quattro Corone), Hauptort einer Delegation im lombardisch-venetianischen Königreich, am schiffbaren Fluss Sile, der hier die Rotteniga und Piavesella aufnimmt, auf der Strasse von Venedig nach Tyrol, von alter unregelmässiger Bauart, aber in anmuthiger fruchtbarer Gegend, mit 15,000 Ew., und einer ziemlich bedeutenden Messe im October. Totila der Gothenkönig ist hier geboren. *Kirchen.* **Kathedrale**, um 1100 erbaut, im 15. Jahrh. durch *Pietro* und *Tullio Lombardi* erweitert und mit modernen Zusätzen im vorigen Jahrh. beschenkt. Im Chor ein Mosaikboden von *Uberto*, 1141. Am Hauptaltar SS. Teonisto, Tabre und Tabrata, Sculpturen von *Pietro* und *Tullio Lombardi*. Das Grabmal des Bischofs Zanetti von dens. In der Capella del Sagramento Sculpturen in Marmor von *Sansovino* (?) und den *Lombardi*, und Bronzegüsse aus dem 16. Jahrh. — Madonna in trono von *Girolamo Trevigiano*, 1487. — Madonna in der Glorie von *Penacchi*. Eine Procession von *Dominici*, 1571, merkwürdig wegen der darauf befindlichen Abbildung der alten Kathedrale. — In der Confession das Grab des h. Liberale. — S. Giustina und andere Heilige von *Franc. Bissolo*. — Capella di S. Sebastiano: Madonna, Statue von *Sansovino* (?). — S. Lorenzo und andere Heilige von *Paris Bordone*. — S. Sebastian, Statue von *Cr. Brioschi*, 1516. In der Capella della Madonna degli Angeli Geburt Christi von *Paris Bordone*. — Die Verehrung des h.

Leintuchs von *Franc. Bassano*. — In der Sacristei ein kleines zusammengesetztes Altarbild von *Paris Bordone*. — Ueber der Capella dell' Annunziata: Anbetung der Könige, a fresco von *Pordenone*, 1520. In der Kuppel Gott Vater in der Glorie von demselben. — Die Heimsuchung, a fresco von *Amalteo*. — Die Verkündigung von *Tizian* (Altargemälde).
* M o n t e d i P i e t à, eine Pietà von *Giorgione*, sein letztes Werk.
* S. N i c c o l o zu den Dominicanern 1310—1352. Kleiner Altar von den *Lombardi*. Capella degli Apostoli: Christus und die Apostel von *Giov. Bellini*. Das Hauptaltarbild von *Marco Pensaben*, 1520. — Grabmal des Conte d'Onigo von *Tullio Lombardi*, 1491. — S. Cristoforo von *Antonio da Treviso*, 1410 (34' hoch). — Die Stanza Capitolare mit Wandgemälden von *Thomas de Mutina*, 1352.
S. T e o n i s t o, das Martyrium der h. Katharina von *Carletto Cagliari*. — Hauptaltar, Kreuzigung von *Jac. Bassano*.
A i S c a l z i, Madonna in tr., Hieronymus etc. von *Paris Bordone*.
S. M a r i a M a d d a l e n a, Noli me tangere von *Paul Veronese*. Christus am Kreuz von *Carletto Cagliari*.
* S. L e o n a r d o, Madonna in trono mit Heiligen von *Jacopo Bellini*. SS. Erasmus, Sebastian und Johannes Bapt. von *Giov. Bellini*.
S. M a r i a m a g g i o r e aus dem 13. Jahrh., erneuert durch die *Lombardi* im 15. Grabmal des Capitano Budua von *Tullio Lombardo*.
S. A n d r e a, Madonna in tr. von *Gentile Bellini*.
Sehenswerth sind noch die beiden T h o r e: de' Santi Q u a r a n t a und di S. Tommaso, beide von den *Lombardi*.
Anstalten: A t t e n e o, eine Academie der Wissenschaften, die Denkschriften herausgibt. Oeffentliche Bibliothek mit mehren alten

Gemälden. Ospedale civile Anbetung der Hirten von *Dom. Cha-
priolo* 1518. Heil. Familie von *Palma
vecchio.* Cf. Giov. Bonifazio Storia
di Treviso. Venezia 1748. — Lorenzo Crico lettere sulle belle arti
Trevigiane, Treviso 1823.
  Umgegend: Castel S. Salvatore
di Collalto mit den umfassendsten
Malereien a fresco und in Oel von
Pordenone. — In Magnadole nahe
bei Motta im Pal. Manolesso Ferro
grosse Fresken aus der griech. und
röm. Geschichte von *Paolo Veronese.*
— Franzolo im Pal. Emo mythologische und andere reiche Darstellungen von *demselben.* — Lamotta,
wo die sehr werthvolle Gemäldesammlung des Prof. Scarpa ist, mit
Werken von *Raphael, Palma vecchio
Mantegna* etc.
  Von Treviso über Mestre und
die grosse Lagunenbrücke in 1¹/₂ St.
nach Venedig.

3. b)

Von Salzburg nach Venedig,
über Villach u. Malborghetto.

  Von Salzburg nach Villach s. Nr. 2.
Von da nach Udine geht der Eilwagen täglich 6 U. Ab. in 14 St.
für 9 fl. 66 kr. — und von Udine
nach Venedig Eisenbahn in 5³/₄ St.
für 6 fl. 30 kr., 5 fl. 75 kr., 3 fl. 15 kr.
  Bis Tarvis 4 St. s. Nr. 2. Hier
geht die Strasse westlich ab, nach
Saifnitz, einem wendischen Dorfe,
auf der (2479' hohen, also sehr
niedrigen) Wasserscheide zwischen
adriatischem und schwarzem Meere.
Malborghetto hat viele Eisenfabriken. Pontafel (Pontebba)
6 St., deutscher Grenzort zwischen
Deutschland und Friaul. — Das
Ferrothal und die anstossende Ebene
beim Tagliamento sind sehr versandet. Resciutta 6 St. liegt dessen ungeachtet schön. — Venzone,
kleiner Ort in einem schönen Felsenthal am Tagliamento, mit vielem

Seidenbau. In den unterirdischen
Gewölben der Hauptkirche halten
sich die Leichname gegen Verwe-
sung; ja diese behalten selbst Beweglichkeit. Man zeigt sogar einen Ritter
aus den Kreuzzügen. (Cf. Marco-
lini sulle Mummie di Venzone.) —
Der Weg den Tagliamento aufwärts
ist sehr belebt durch Wasserfälle,
Felsengruppen etc. Der Thalboden
ist überall versandet; aber wo er
sich erhebt, ist er fruchtbar. Von
Ospedaletto 6 St. gelangt man
über Colalto über Tricesimo in 10 St.
zur Eisenbahn nach Udine s. 3. c.
Ausserdem geht die Strasse (nach
Venedig) durch eine dürre Sand-
wüste (Campo di Osoppo), aus der
sich auf einem 88' hohen Felsen die
Festung von Osoppo erhebt, und die
ihre Grenze an der bebauten Hügelkette des Ledra findet. Von S. Daniele (das seiner köstlichen Schinken wegen berühmt ist) übersieht
man die weite Ebene im Süden. In
der Kirche Gemälde von *Pellegrino*
und *Giov. Martini.* — Codroipo
14 St. liegt 28' unter dem Flussbett
des Tagliamento, über den eine
3382' lange Brücke führt; so hat
dieses sich allmählich erhöht. Hier
beginnt die Eisenbahn. Casarsa.
Pordenone mit 5000 Ew., berühmt
als Vaterstadt des Malers *Licinio,*
gen. *Pordenone,* und des lateinischen
Improvisatoren Andrea Morone. Von
ersterem im Dom eine Madonna mit
S. Christoph, und sein Bildniss. —
Bei Fontana-Fredda schlug Erzherzog Johann den Vicekönig Eugen
am 16. April 1809. — Sacile. —
Conegliano s. 3. a.

3. c)

Von Salzburg nach Venedig
über Villach und Caporetto.

  Von Salzburg bis Villach und Caporetto s. Nr. 2. Von da über eine
niedrige Wasserscheide ins Thal des

Natisone, nach *Cividale* (Forum Julii), mit 6000 Ew. und einem Militärknaben-Erziehungshaus für die venetianischen Provinzen. Die Bibliothek des Capitels und die Schatzkammer mit einem sehr alten Evangeliencodex und andern Alterthümern. Neuere Ausgrabungen haben Vasen, Basreliefs, Inschriften, einen Tempel und ein anderes grosses Gebäude mit Mosaikfussböden zu Tage gebracht; und im nahen Dorfe Rualis einen zweiten Tempel und viele Anticaglien. — In der Kirche S. Maria dei Battuti ein schönes Altarbild von *Pellegrino.* Nun erreicht man die Eisenbahn bei **Udine**(Utinum), (Wirthshäuser: Europa. Stella. Croce di Malta), gut gebaute Hauptstadt einer Delegation des lomb.-venet. Königreichs, mit starken Mauern, 9 Thoren, einem Lyceum, einer Rechts-Schule, einem Erzbischof, 20,000 Ew. und vielem Handel, besonders mit Seide. Wöchentlich 3 Getreidemärkte, monatlich ein Viehmarkt, jährlich 5 Messen. In der Umgegend wächst guter Wein. Man schreibt — freilich ohne hinreichenden Grund, da die Stadt erst im 10. Jahrh. bekannt wird — den Ursprung derselben in die Zeiten des Odindienstes, und setzt damit die alten Gewölbe in den umliegenden Hügeln in Verbindung. Im 13. Jahrh. wählte der Patriarch Bertold Udine zu seiner Residenz, während welcher Zeit es beträchtlich an Umfang gewann, vorzüglich als Zufluchtsort vieler in den Bürgerkriegen Italiens vertriebenen Familien. 1445 kam Udine unter venetianische Herrschaft. Seit der Pest von 1511 und 1656 hat sich Udine nicht mehr erholt. — Dom und S. Domenico. In ersterem der H. Marcus von *Giov. Martini.* In S. Giorgio ein H. Georg von *Florigerio.* — In der Mitte der Stadt auf einem Hügel der ehemalige Patriarchen-Palast, jetzt Gerichtshof, zu dessen Füssen der neuangelegte schöne Spaziergang: Il Giardino. — Der Platz S. Giovanni, Piazza Contarina gen., mit Porticus, Rathhaus, Springbrunnen und Statuen. — Die öffentliche Bibliothek, reich an Mss., und eine private des Grafen Florio. — Udine ist die Vaterstadt des berühmten Predigers Maffei, der Gelehrten Gregorio und Romulo Amasei, Tiberio Deciano; der Dichter Erasmus Valvasore, Ermes di Cottoredo, Frangipani, Daniel Florio; des Historikers Ciruti, des Oekonomen Zannone, des Card. Mantica und des Malers und Schülers von Raphael *Giovanni da Udine.* — In der Nähe die Ruinen der ehemals berühmten Stadt Forum Julii (?). Cf. Maniago storia delle belle arti Friulane. Venezia 1819.

Campo Formio, Formido, festes Schloss, berühmt durch den von hier am 17. October 1797 zwischen Oestreich (Kobenzl, Merveld, Degelmann und Marchese di Gallo) und Frankreich (Bonaparte) datirten und im nahen Schloss Passeriano, wo Napoleon wohnte, unterzeichneten Frieden.

Codroipo 7 St. Hier mündet die Tagliamento-Strasse; deren Verfolg bis Venedig s. vorher b.

4.

Von Triest nach Venedig.

Eisenbahn in 8¼ St. für fl. 10,85. — 8,16. — 5,42. Täglich geht das Dampfschiff in 8 St. nach Venedig (fl. CM. 7.—5). Die Eisenbahn führt dem Meeresufer entlang nach S. Croce, Nabrésina, Castel Duino, Monfalcone (vgl. Nr. 2) die Berge zur Rechten), nach Palma nova, 1593 von den Venetianern erbaut und mit den noch stehenden schönen Festungswerken und Canälen versehen. Von hier führt ein Weg in 6 St. nach **Aquileja,** einer Stadt in einer sumpfigen, ungesunden Gegend am adriatischen Meere; zuerst von den transalpinischen Galliern 187 a. C. gegründet, von den Römern colonisirt und unter J. Cäsar zu einem bedeutenden Militärplatz gemacht. Es fiel mit Rom, und wurde 452 von Attila erobert und zerstört. Jetzt hat es noch gegen 2000 Ew. Man findet viele römische Alterthümer, Münzen, Waffen, Geräthschaften daselbst. Graf **Cassis** besitzt eine höchst werthvolle Sammlung von antiken Gemmen, Bronzen, Gold- u. Silberschmuck; vielen Marmorstatuen und Reliefs, architectonischen Ornamenten; dessgl. ein grosses Mosaik mit dem Raub der Europa. — Im und am **Battistero** neben der Kathedrale sind gleichfalls viele Denkmäler antiker Kunst aus Aquileja aufgestellt; sowie Inschriften aus alter christlicher Zeit. — Neue Ausgrabungen haben beigetragen die Topographie des alten Aquileja herzustellen. — Von Palma nach .Udine überschreitet die Bahn die Roia. Weiter s. 3. c.

5.

Von München nach Innsbruck,

Eisenbahn über **Rosenheim** (Aibling) und **Kufstein** in ungef. 8 St. für (II) 6 fl. Diese Strasse bietet viel Schönes, besonders von Rosenheim an. Bei Grosshesselohe führt eine hohe Brücke über die Isar. Vor Sauerlach überschreitet man die Römerstrasse zwischen Salzburg und Augsburg. Bei Westerham schöne Ansicht des Wendelsteingebirges. — **Aibling** (Duschlbräu), Albianum der Römer. Besuchter Badeort. Gleich dahinter das Denkmal vom Abschied der Königin Therese von Bayern von ihrem Sohne Otto, als er nach Grie-

chenland zog, aus Beisteuern von Müttern errichtet von *Stiglmaier.*

Rosenheim (Goldne Traube, Post), ein freundlicher Ort mit Salzsiedereien und Soolbädern, gut gelegen für einen längern Aufenthalt und zu Ausflügen nach dem nahen Chiemsee. Die Strasse nach Tyrol zweigt sich südlich ab. Sie geht den Inn aufwärts in einem Thal voll schöner Landschaften, die, je weiter nach Tyrol, an Grossartigkeit zunehmen. Am rechten Innufer, hoch gelegen am Fuss des Gebirges, Neubeuern; am linken Brannenburg. **Fischbach.** Gegenüber der zackige Heuberg.

Oberandorf in reizender Lage, mit den Trümmern eines alten Schlosses. An einem nahen Felsen hat sich ein Bauer eine Hütte gebaut, und ein Gärtchen eingerichtet, in dem er fast südliche Vegetation erzielt hat und wo man freundliche Bewirthung mit Kaffee, Honig etc. findet, das ist der „Weber an der Wand." Zur Linken erhebt sich das mächtige Gebirge des wilden Kaiser.

Kiefersfelden, letzter bayrischer Ort. Hier steht ein Denkmal des Abschieds, welchen König Otto von der heimathlichen Erde genommen, als er nach Griechenland zog.

Kufstein (Auracher, Post), erste kaiserliche Stadt in wundervoller Lage mit einer hochgelegenen Festung und 1500 Ew. Die Festung hat nur einen Zugang; doch wurde sie 1366 nach dem Tode der Margarethe Maultasch von den Bayern genommen, 1503 von Kaiser Maximilian zuerst für Herzog Albrecht von Bayern gegen Ruprecht von der Pfalz, dann aber als der von ihm eingesetzte Commandant Pienzenauer die Veste den Pfälzern übergab, für sich selbst erobert, bei welcher Gelegenheit er den „Weckauf" und „Purlepaus" gegen die Mauern selbst abschoss, und nach der Uebergabe den Commandanten mit 10 Gefährten enthaupten liess. Sie liegen in der Capelle „zu den Ainlifen“. 1703 kam es wieder an Bayern, musste aber nach der Schlacht von Höchstädt zurückgegeben werden. 1805 abermals bayrisch, hielt es sich 1809 gegen Speckbacher und seine Tyroler. die es mit hölzernen Kanonen beschossen. Hier war es, wo Speckbacher sich während der Belagerung als Kundschafter in die Festung und bis ins Zimmer des Commandanten wagte.

Von Kufstein lässt sich in 1 Tag ein wundervoller *Ausflug um das Kaisergebirge* machen. Dieses besteht aus dem höhern, vordern oder wilden, und dem nördlichen oder hintern Kaiser, die beide durch ein Querjoch verbunden sind. Man geht von K. die Weissenache hinan nach dem Hintersteiner See. (Prachtvolle Landschaft!) Auf dem Weg nach Scheffau 3 St., Wasserfall des Seebachs. Nun geht es auf der Haupt- oder Kaiserstrasse nach S. Johann 4 St. (Post, Schwarze Bär). Kirchdorf. Nahebei ein schöner 300′ hoher Wasserfall. Das Kössenthal, die grosse Ache abwärts nach dem freundlich und malerisch unter den steilen Felswänden des Kaiser gelegnen Kössen 3 St., und von da über Walchsee und Eps nach Kufstein zurück 3 St.

Die anfangs grossartig heitre Gegend wird bald düster und einsam bis nahe an Wörgl (Post). Hier erlitten die östr. tyrolischen Waffen unter General Chasteller am 13. Mai 1809 gegen Wrede eine grosse Niederlage. *Ausflüge von Wörgl* ins Brixenthal; Burg Ytter von ein Paar alten Bauersleuten bewohnt. Südlich nach Kelchsau, wo die alte Elsbethkirche steht, die ihre Entstehung der wunderbaren Errettung eines von einem bösen Ritter zum Dursttode verdammten frommen Brautpaares verdankt. Von Brixen (gutes Wirthshaus) besteigt man am leichtesten die

Hohe Salve, 5370′ ü. d. M., einen der herrlichsten Aussichtspunkte in Tyrol.

Ueber Kundel nach S. Leonhard, einer von Kaiser Heinrich II. 1012 gegründeten Kirche, und nach Rattenberg (Lederer), mit ehedem reichen Silber- und Kupferminen. Auf dem Stadtberge die Ruinen der alten Veste. Nahebei in Brixlegg die wichtigste Silber-, Kupfer- und Bleischmelze Tyrols nebst einem Hammerwerke (jährlich 1300 Ctr. Kupfer, 1800 Mrk. Silber). Ueber Reit erhebt sich der silberhaltige Reiterkogl; danach die Burgen Matzen, einst in Besitz der Frundsberger, Lichtwer, beide noch bewohnt, und die schöne Ruine von Kropfsberg.

Jenbach (Bräu) am Ausgang der Strasse von Kreuth und dem Achensee. Schloss Tratzberg. Berg- und Hüttenwerke. Eisengiesserei. Drahtzug- u. Stahlfabrik. Sensenschmiede.

Strass vorüber, über Rothholz sieht man die Trümmer der alten Rottenburg, des Stammschlosses der schon im 8. Jahrh. mächtigen Rottenburger, deren Schutzheilige, die Dienstmagd Notburga, wegen ihrer Mildthätigkeit gegen Arme von ihrer Herrschaft vertrieben, aber von dem nahen Eben, wohin sie sich geflüchtet, wegen des von ihr ausgehenden Segens, zurückgeholt, hier 1313 starb.

Schwaz (Post, Einhorn), Sitz des Kreishauptmanns für das Unterinnthal, in ziemlich kalter Lage, wahrscheinlich von Römern gegründet, da man viele Alterthümer hier findet; mit 4500 Ew. und ehedem sehr bedeutenden Silber- u. Kupferminen. 1409 entdeckt, lieferten diese von 1470—1560 an Silber 3,583,800 Mark Silber, an Kupfer 1,336,396 Ctr. 30,000 Knappen arbeiteten in den Werken. Der confessionelle Verfolgungsgeist zerstörte zuerst das Glück; ihm folgten Pest und Erdbeben. und zuletzt die Bayern, die unter Wrede's Commando nach hartnäckigem Kampfe wuthentbrannt am 15. Mai 1809 den Ort in Asche legten und die Bewohner mordeten. Die alte Pfarrkirche u. die Franciscanerkirche sind dabei verschont geblieben. Im Kreuzgang der letztern Ueberreste von Gemälden des *K. Rosenthaler* 1514. Die Eisenbergwerke beschäftigen 300 Bergleute, und liefern 30,000 Ctr. Eisen jährlich. Von der uralten Freundsburg, aus welcher Georg v. Freundsberg, der Feldherr Maximilians I. und Carls V., † 1528 zu Mindelheim, stammt, steht nur noch ein Thurm; schöne Aussicht bei dem Schirm. Vom Kellerjoch 7000' hat man eine weite Alpenüberschau. — Auf dem linken Ufer St. Georgenberg, einsamer, romantisch gelegener Wallfahrtsort.

In Volders wohnen viele Sensenschmiede. Hier ist Anton Reinisch geboren, der 1797, als er mit seinen Schützen bei Spinges von den Franzosen umzingelt war, sich — ein zweiter Winkelried — in die feindlichen Bajonnette stürzte und, 11 Spitzen in seiner Brust, den Seinen den Weg bahnte zu Rettung und Sieg. Sein Name lebt in Söhnen u. Enkeln fort. Das Schloss Aschbach von 1576 ist Eigenthum des Postwirthes.

Hall mit Salzwerken, die schon im Jahr 740 genannt werden; schon in ältern Zeiten durch häufige Einfälle der Bayern beschädigt; später (1670—71) durch heftige Erdbeben. Hier führte Speckbacher drei glänzende Kriegsthaten aus, 11. April, 30. Mai, 13. Aug. In der Kirche die Waldauf'sche Capelle von 1495, und ein Christuskopf von *A. Dürer?* An der Kirche das Grabmal Joseph Speckbachers, des grössten und liebenswerthesten Helden des Tyroler Befreiungskrieges. Vgl. „Der Mann von Rinn, von J. G. Mayr, München 1851." Wer den Salzberg befahren will, meldet sich beim Berghüter im Verwaltungsgebäude, wo man auch Kleidung, Licht und einen Führer erhält. Die Fahrt dauert etwa 3 St. — Auf dem rechten Ufer, auf dem Weg nach dem Wallfahrtsort Judenstein, steht das zu Rinn gehörige Wohnhaus Jos. Speckbachers.

Innsbruck,

(Oenipontum), (Oestreichischer Hof, neu und sehr gut [Zimmer 1 fl. Licht 21 kr. Mittag 1 fl. Frühstück 42 kr.]; Goldene Sonne etwas billiger; Hirsch; Adler; Goldener Löwe; Goldener Stern; Café dem Museum gegenüber. — Eisenbahn nach Rosenheim, München, Salzburg, Wien. — Lohnkutscher nach Ambras 2 fl. 24 kr. Martinswand 5 fl. Schönberg 5 fl. Stubeythal bis zum Fuss der Gletscherberge 8 fl. Zell im Zillerthal 12 fl. Stellwagen täglich nach Sterzing, Landeck; herrlich in einem weiten Bergkessel zu beiden Ufern des Inn gelegene Hauptstadt Tyrols. 1766' über dem Meere mit 14,000 Ew., 2 Wochenmärkten (Dienstag u. Samstag), die durch die malerischen Trachten und schönen Gestalten des Landvolks besonders interessant sind.

Der Name I. kommt zuerst 1027 vor, als Handelsplatz zwischen Deutschland und Italien. Otto I. Graf von Andechs gab dem offenen Ort Mauern, Thore und eine Burg 1234. Im 14. Jahrh. kam es an Oestreich, und Friedrich mit der leeren Tasche als besonderer Landesfürst schlug seine Wohnung daselbst auf (Burg mit dem goldenen Dache). Mit besonderer Vorliebe weilte K. Maximilian I. hier; die höchste Bedeutung erhielt die Stadt beim Aufstand des Landes gegen Franzosen und Bayern 1809.

Kirchen u. a. öffentl. Gebäude. Vom Bahnhof geht man in die Stadt durch die beim Einzug von Maria

Theresia und Franz I. 1765 erbaute Ehrenpforte. Pfarrkirche, 1717, von *Ant. Gump.* Altarbild von *Luc.* Cranach (Andachtbild) Grabmal des Deutschmeisters Maximilian. **Franciscanerkirche** (Hofkirche z. heil. Kreuz) 1533 von *Nic.* Thüring und seit 1568 von *Marx della Bolla;* das frühere Franciscanerkloster wurde von Joseph II. aufgehoben, aber 1839 den Jesuiten übergeben. Das Grabmal Kaiser Maximilians I. in der Mitte der Kirche, angefangen um 1520 von *Georg Sesslschreiber.* Der Kaiser kniet gegen den Hochaltar gewendet auf einem Postament von Marmor, daran 24 Reliefs, mit Darstellungen aus seinem Leben, die 4 ersten von *Bernh.* und *Arnold Abel* aus Cöln, die andern von *Al. Collin* aus Mecheln, 1566. 1. Vermählung Maximilians mit Maria von Burgund 1477. — 2. Sieg Maximilians über die Franzosen bei Guinegate 1479. — 3. Einnahme von Arras 1492. — 4. Krönung Maximilians 1486. — 5. Treffen zwischen Venetianern und den von Maximilian unterstützten Tyrolern unweit Trient 1487. — 6. Maximilians Einzug in Wien nach Vertreibung der Ungarn 1490. — 7. Eroberung von Stuhlweissenburg 1490. — 8. Margarethe, des Kaisers Tochter, kehrt als verschmähte Braut des französischen Kronprinzen zurück 1493. — 9. Vertreibung der Türken aus Kroatien. — 10. Bündniss Maximilians mit dem Papst, Venedig und Mailand gegen Frankreich 1495. — 11. Belehnung des Lud. Sforza mit dem Herzogthum Mailand. — 12. Philipp der Schöne, des Kaisers Sohn, vermählt sich mit Johanna von Arragonien 1496. — 13. Niederlage der Böhmen im bayrischen Erbfolgekriege 1504. — 14. Belagerung von Kufstein 1504. — 15. Herzog Carl von Burgund unterwirft sich dem Kaiser 1505. — 16. Max schliesst mit dem Papst, Spanien und Frankreich die Ligue zu Cambray gegen Venedig 1508. — 17. Max zieht in Padua ein 1509. — 18. Herzog Max. Sforza wird in Mailand wieder eingesetzt 1512. — 19. Zweite Schlacht bei Guinegate gegen die Franzosen. — 20. Max und Heinrich VIII. nach dieser Schlacht. — 21. Schlacht gegen die Venetianer bei Vicenza 1513. — 22. Vertheidigung von Murano gegen die Venetianer 1514. — 23. Max und König Wladislaus von Ungarn besprechen die Wechselheirath zwischen den Enkeln des Kaisers Ferdinand und Maria mit Anna und Ludwig, des Königs Kindern, 1515. — 24. Vertheidigung Veronas gegen die Venetianer 1516. — Dieses Denkmal umstehen 28 Statuen aus Bronze von *Gregor Löffler, Hans Lendenstrauch, Stephan* und *Melch.Godl; Pet. Fischer;* (rechts): 1. Chlodwig, König der Franken † 511. 2. Philipp der Schöne, des Kaisers Sohn, † 1506. 3. Kaiser Rudolph von Habsburg † 1291. 4. Herzog Albrecht der Weise, des Kaisers Urgrossvater, † 1358. 5. Theodorich, K. der Ostgothen, † 526. 6. Ernst der Eiserne, des Kaisers Grossvater, † 1421. 7. Theodbert, Herzog von Burgund, † 640. 8. König Arthur von England † 542. 9. Erzherz. Sigmund † 1496. 10. Maria Blanka Sforza, zweite Gemahlin des Kaisers, † 1510. 11. Erzherzogin Margaretha, des Kaisers Tochter, † 1530. 12. Cymburgis von Massovien, Gemahlin Ernsts des Eisernen, † 1429. 13. Carl der Kühne von Burgund, des Kaisers Schwiegervater, † 1477. 14. Philipp der Gute, Herzog von Burgund, des Vorigen Vater, † 1467. (Links): 15. Kaiser Albrecht II., † 1439. 16. Kaiser Friedrich III., des Kaisers Vater, † 1495. 17. Leopold d. Heilige, Markgraf von Oestreich, † 1136. 18. Rudolph von Habsburg, des Kaisers Rudolph Grossvater, †

1232. 19. Leopold III., des Kaisers Urgrossvater, † bei Sempach 1386. 20. Friedrich IV. mit der leeren Tasche, † 1439. 21. Kaiser Albrecht I., ermordet 1308. 22. Gottfried von Bouillon, † 1100. 23. Elisabeth, Kaiser Albrechts II. Gemahlin, † 1442. 24. Maria von Burgund, des Kaisers erste Gemahlin, † 1482. 25. Eleonora, Prinzessin von Portugal, des Kaisers Mutter. 26. Kunigunde, Herzogin von Bayern, des Kaisers Schwester, † 1520. 27. Ferdinand der Katholische, † 1516. 28. Johanna, Königin von Spanien, des Kaisers Schwiegertochter. — Hiezu gehören noch 23 Statuetten von Erz an der Seitenwand der silbernen Capelle, Heilige, die in irgend einer Verbindung zum Hause Habsburg, aber schwerlich alle in einem Heiligen-Lexikon stehen: 1. S. Adelgunde; 2. S. Adelbert; 3. S. Doda; 4. S. Hermelinda; 5. S. Guido; 6. S. Simpert; 7. S. Jodock; 8. S. Landerich; 9. S. Chlodwig; 10. S. Oda; 11. S. Pharaild; 12. S. Richard; 13. S. Reinbert; 14. S. Roland; 15. S. Stephan von Ungarn; 16. S. Verantius; 17. S. Waltrude; 18. S. Arnulf von Metz; 19. S. Chlodulf; 20. S. Gudula; 21. S. Pipin Tento; 22. S. Trudo; 23. S. Vincenz. — Die silberne Capelle, gestiftet von Erzherz. Ferdinand und seiner Gemahlin Philippine Welser, einer Kaufmannstochter aus Augsburg, 1578, mit seinem Grabmal von *Al. Collin* (?). — Denkmal Andreas Hofers, der von Oestreich ausgeliefert und auf Befehl Napoleons am 20. Februar 1810 zu Mantua erschossen wurde, in Marmor ausgeführt von *Schaller d. Ae.* — Denkmal der gefallenen Landesvertheidiger von *Krismaier* 1842. Die Dreifaltigkeitskirche mit der Dreifaltigkeit von *Rubens* (?), in der Sacristei Denkmal des Weihbischofs Nass von *Al. Collin*, und

ein Christuskopf von *A. Dürer* (?). Unter der Kirche die Fürstengruft. Auf dem Gottesacker mehre bedeutende Grabmäler von *Collin* etc. Malereien und Sculpturen. Die Capucinerkirche von 1593 mit dem s. g. Maximiliansgärtchen; sodann einer Madonna von *Lucas Cranach* und einer Madonna in tr. von einem unbekannten italienischen Meister.

Die Servitenkirche mit allerhand Kunstproductionen neuerer Zeit, und schöner Aussicht; dessgl. die Nepomukkirche und die Mariahilfkirche.

Die kaiserliche Burg, ursprünglich von K. Maximilian erbaut, modernisirt 1766—70 von *v. Walter;* der Riesensaal mit Malereien von *Maulpertsch.* Die Schlosscapelle wurde von Maria Theresia an der Stelle errichtet, wo ihr Gemahl Franz I. vom Schlage zu Tod getroffen wurde. Der Erker mit vergoldeten Dachplatten von dem Bau Friedrichs mit der leeren Tasche, mit Resten interessanter alter Mauergemälde.

Sammlungen. Vereine, **Ferdinandeum,** Montag, Mittwoch und Samstag von 9—11 und 3—5 Uhr offen, für Fremde täglich; ein Museum im Universitätsgebäude, das aus Privatmitteln entstanden, durch seine Sammlungen von Kunst-, Natur- und andern Gegenständen zum Landesinstitut geworden. Es enthält eine Galerie von Gemälden und Sculpturen tyrolischer Künstler, eine Urkundensammlung für die Geschichte Tyrols; römische Alterthümer aus Tyrol, eine dergl. Münzsammlung, eine tyrolische Bibliothek, Waarenmuster-Sammlung, Mineralien, Pflanzen und Merkwürdigkeiten aller Art aus Tyrol.

Universitätsbibliothek (tägl. von 9—12 und von 4—6 offen) nebst Kupferstichsammlung.

Der geognostische Verein.

Das Lesecasino (für Fremde zugänglich).

Umgegend. *Der Schlossgarten. Das Dorf Pradl. Schloss Ambras, die ehemalige Hauptburg des Grafen von Tyrol, seit 1563 kaiserliches Erbgut. Wohnsitz Ferdinands und der Philippine Welser, der die berühmte jetzt in Wien befindliche A. Sammlung anlegte; jetzt Caserne. — Höher nach dem Gebirge zu das Heilbad Egerdach, beliebter Spazierort; nahe dabei der Tummelplatz, ein Wallfahrtsort und Grabstätte der im Schloss Ambras verstorbenen Soldaten. — Wilten, an der Stelle des römischen Veldidena mit einer Prämonstratenser-Abtei, welche die Sage vom Recken Haymon nach Bezwingung des Riesen Thyrsus (beide sind am Eingang abgebildet) und nach Ueberwindung eines Drachen erbaut sein lässt. In der Kirche ausser einigen neuern Malereien ein uraltes steinernes Madonnenbild. — Der Berg Isel mit schöner Aussicht. Von hier ward am 11. und 12. April 1809 Innsbruck gestürmt; am 29. Mai focht hier Hofer gegen Deroy und am 13. August gegen Lefèbre, beidemal siegreich. Hier ist auch der besuchte Schiessstand des Tyroler Jägerregiments und das Bad Ferneck (Husslhof), beide mit schönen Aussichten. — Das Waldhüterhänschen oberhalb der Gallwiese.

Das Dorf Völs am Inn und dem Blasienberge 1 St. entf. — ¾ St. weiter das reizende Kematen und gegenüber Unterperfuss.

Zirl mit der Ruine Fragenstein und dem Solstein, dem höchsten Berggipfel gegen Bayern zu. ½ St. unterhalb Zirl die **Martinswand**, 1776' über dem Inn mit der (allerdings zugänglichen) Maximiliansgrotte, allwo der Kaiser sich verstiegen und von einem Bauer Zips gerettet worden. — Bei Kranewit-

ten Eingang in das enge Felsenthal Klamm.

Von Innsbruck nach Venedig hat man die Wahl zwischen fünf schönen Strassen. Ich werde sie der Vollständigkeit wegen anführen, wiewohl ich sicher bin, dass man nur in den seltensten Fällen eine andre wählen wird, als die zur nächsten Eisenbahn führt.

5. a)

Von Innsbruck nach Venedig durch das Thal von Ampezzo.

Von Innsbruck nach Brixen Eisenbahn 1865 im Bau begriffen; mit dem Eilwagen in 10½, St. für fl. CM. 5, 38. — Von Brixen nach Cognegliano in 24 St. für 14, 30. Von da Eisenbahn, in 2¼ St. für 2, 52 — 1, 90 — 1, 26.

Dieser Weg ist sehr gut und reich an seltenen Naturschönheiten.

Von Innsbruck zur Franzensveste s. 5. e. Von da über die Laditscher Brücke in das Thal der Rienz (Pusterthal). Bei Mühlbach (Sonne), wo viel Eisenwaaren gefertigt werden, die alte Veste Rodeneck, und die Klause, 1809 durch die Franzosen zerstört. Unter-Vintl. 3½, St. — Bruneck 4 St. (Post, Stern) in weiter Thalebene mit 1580 Ew. Schönster Punkt auf dem Thurm der Frohnveste. Eine neue Kirche. — Bei Welsberg das Thal Gsiess, aus dem der im Tyroler Krieg berühmte Pater Haspinger stammt. Niederndorf 4 St. (Post) in herrlicher Lage. Von Toblach geht die Strasse nach Süden ab, s. 3. a.

5. b)

Von Innsbruck nach Venedig über Trient und Bassano.

Dieser Weg ist reich an landschaftlichen Schönheiten; allein die Gasthäuser hinter Trient sind nicht die besten.

Von Innsbruck nach **Trient** s. 5. e. Pergine, 4 St., in reizender Gegend, mit einer Burg. Beim Pfarrer Gemälde. Von hier geht die Strasse nahe am Lago di Caldonaszo vorbei, der Quelle der Brenta, die durch die Val Sugana fliesst, in deren grosse, schöne Fläche man bei Levico tritt. Von hier aus könnte man leicht einen Abstecher machen zu den **Sette Communi**, oder den „Sieben Communen," einem von der wilden Valdassa durchströmten Bezirk von etwa 4 Q.-Meilen mit gegen 30,000 Ew., die, ursprünglich Deutsche (sie sollen sogar, was nicht zu erweisen, von Cimbern abstammen), altdeutsche Sitte und Sprache bis jetzt erhalten haben. Die Hauptdörfer sind Gallio, Enego, Castelletto, Rotzo, Mezzaselva Roàna. Asiàgo (Schlagl); letzteres mit 4000 Ew. und vielen Strohhutfabriken. Ueber das eigentliche Herkommen lässt sich nichts mit Bestimmtheit ermitteln; wohl aber haben neueste Untersuchungen erwiesen, dass das Deutsch der Sette Communi (sowie der benachbarten Vicentinischen XIII Communi, wo jedoch wenig mehr übrig ist) nicht über den Zustand der deutschen Sprache des 12. und 13. Jahrh. hinaufreicht. Cf. Dr. J. A. Schmeller, Ueber die s. g. Cimbern der VII. und XIII. Communen auf den venetischen Alpen und ihre Sprache. Abhandlung der Akademie der Wissenschaften zu München I. A. II. Th. 3 Abtheilung, p. 559 ff. Borgo, 6 St. (Goldne Adler, Post) mit 3000 Ew., Hauptort des Thals. Naturhistorische Sammlungen von Sartorelli. Schloss Telvana mit alten Fresken. Ruine S. Pietro, sehr malerisch. — Das Thal verengt sich mehr und mehr gegen Primolano, 7 St. Zurück ¼ P. mehr. Ruinen von della Scala, einem Schloss der Scaliger. Links in einer weiten Höhle die Festung Kofel, noch zu Tyrol gehörig, und nur durch Strickleitern zugänglich. — Unter Salagna öffnet sich die Aussicht in die heitere Landschaft von **Bassano** 8 St. (S. Antonio, La Luna), gut gebaute und wohlerhaltene Handelsstadt und Districthauptort im Friaul, Delegation Vicenza, in einer fruchtbaren Gegend an der Brenta, mit 12,000 Ew. und einer jährlichen Freimesse vom 14. bis 22. August. Vorzüglich gute Feigendrosseln, die indess zu 40 kr. das Stück bezahlt werden; Spargel; Strohhüte; Porcellan. Viele Kirchen und Häuser sind geschmückt mit Gemälden von *Jacopo da Ponte (Bassano)* und dessen Söhnen und Schülern; ferner sehenswerth die Brücke über die Brenta von *Palladio*, restaurirt von *Ferracina*, und neuerdings nach der französischen Zerstörung 1809 im Auftrag der östreichischen Regierung wieder hergestellt von *Casarotti*. Bassano ist die Vaterstadt des Tyrannen Ezzelino, der obengenannten Maler, des Kupferstechers *Volpato* und der Schriftsteller Lazzaro Bonamico, D. Verci, Giov. B. Roberti, Giov. B. Brochi. — 4 St. östlich von Bassano liegt

Asolo, schön gelegene Stadt unweit der Strasse von Treviso nach Belluno mit 4500 Ew., und den Ruinen einer römischen Wasserleitung. In der Nähe Barco, wo Catharina Cornaro, Königin von Cypern, einen Palast hatte, der jetzt als Maierei dient. — Villa Maser (j. Conte Manni) im Auftrag des gelehrten Daniel Barbaro, von *Palladio* erbaut, von *Paolo Veronese* mit Fresken (dem Olymp, weiblichen Gestalten mit musikalischen Instrumenten, von *Vittoria*, mit Ornamenten) ausgeschmückt. 2 St. nördlich von Asolo liegt

Posságno, ein Dorf zwischen Bassano und dem Flusse Piave, am Fusse der Alpen, berühmt als Geburtsort *Canova's* und von diesem mit einer Kirche in runder Tempelform mit Porticus, wie das römische Pantheon, auch wie dieses erleuchtet, beschenkt, die das Werk des Architekten *Selva* und der Gegenstand der Bewunderung aller Verehrer Canova's ist. Die Dorfbewohner haben im frommen Enthusiasmus die Steine dazu herbeigeschafft. Im Innern das Grab des Künstlers mit der Inschrift: „Hic Canova" und ein Gemälde von seiner Hand. Im Dorf sein Haus, mit Sculpturen von ihm. Bemerkenswerth ist ein alter Brauch im Dorf, dem zufolge die Frauen allein das Vorrecht haben, durch die Hauptthüre in die Kirche zu gehen. Canova musste also für die Männer 2 Nebenthüren in seinen Tempel machen lassen. (Cf. il tempio di Ant. Canova e la villa di Possagno, del Prof. Bossi. Udine 1823. mit Kupf.)

Die Hauptstrasse führt über das reizend gelegene Cittadella, 4 St., nach Padua, 9 St., von wo Eisenbahn nach Venedig in 1¼ St.

Ein gerader Weg nach Venedig führt von Bassano über Castelfranco, 6 St., die Vaterstadt *Giorgione's*. In S. Liberale Madonna in tr. von ihm, und Gemälde von *Paolo Veronese*. — Von da nach Treviso, 7 St., zur Eisenbahn nach Venedig. s. 3. a.

5. c)

Von Innsbruck nach Venedig über Roveredo und Val d'Arsa.

Von Innsbruck nach Roveredo (s. 5. e.). Von hier geht die Strasse südöstlich ins Val d'Arsa über das Joch S. Antonio nach S. Schio; ein schöner Weg, doch bis jetzt ohne Vorkehrung für Extraposten.

Malo. Vicenza. Von hier führt die Eisenbahn über Arslesega, Padova, Dolo, Mestre nach Venedig in 2 St.

5. d)

Von Innsbruck nach Venedig durch das Fassathal.

Ein überaus interessanter Weg, aber theilweis nur zu Fuss oder zu Maulthier zu machen. Man geht von Innsbruck nach Clausen (s. Nr. 5. e.), von da über Bruck in die Dolomitthäler[1] von Gröden, Enneberg und Fassa.

Das Grödnerthal (Gardena) ist 6 St. lang, bis weit an die Dolomitgipfel angebaut, und mit bunten Häusern übersäet. Hauptort S. Ulrich mit einer Madonna von *Canova*, und besonders ausgezeichnet durch die „ladinische" Sprache und durch die Holzschnitzerei von Spielwaaren in Zirbelkieferholz. — Höher hinauf gewinnt das Thal einen sehr ernsten Charakter durch die hochaufragenden Dolomitmassen. Am Eingang der dritten Thalstufe Burg Fischbach mit hübschen Glasgemälden in der Capelle; höher hinauf die unzugängliche Ruine Wolkenstein. Von S. Maria führt ein Weg links nach Colfosco ins wilde, rauhe, aber an wechselvollen Aussichten reiche Enneberger Thal. Hauptort: Abtei S. Leonhard. Beim Wirth Dapunt findet man Petrefacten des Thals

[1] Dolomiten, genannt nach Dolomieu aus der Dauphiné, geb. 1750, † 1801, der zuerst diese Gattung des röthlich gelben und weissen kohlensauren Kalks entdeckte. Steub (»Drei Sommer in Tyrol«) beschreibt die Dolomitenwände hinter der Alpe Valparola über S. Cassian im Enneberger Thale mit folgenden Worten: »Da ist weit und breit kein Grün mehr zu sehen, aber überall bis in die fernste Ferne hechelmässig aufgeschossene, ragende, schroffe, senkrechte Zinken und Hörner, aus denen sich wieder andere, schwarze, ungethüme Stifte hervorschieben und sich kreuzschnabelartig über einander legen — alles anzusehen wie Masten, Planken und Latten aus dem Schiffbruch einer Welt. Von Wiesen und Feldern keine Andeutung, noch weniger von Häusern. Indess vermehrt den feierlichen Ernst der Landschaft, dass sich etwas unter dem Joche auch noch die Aussicht auf ein Schneefeld einstellt, das zur Rechten aufzieht, weiss, schön und still.«

(1 kr. das Stück). Ein bequemer und durch seine Ansichten des 10,400' hohen Marmorlatta und seiner Gletscher, wie der märchenhaften Dolomitgebilde überaus interessanter Weg führt über das Sellajoch nach dem Fassathal. Hauptort: Vigo, Gasth. von Rizzi. Von da nach Predazzo durchs Fleimserthal über den Sadole (6341' h.) in das Val di Can. S. Bovo und über Fonzaso nach Primolano, Bassano etc. S. 5, b.

5. e)
Von Innsbruck nach Venedig über Verona.

Von Innsbruck nach Botzen Eisenbahn 1865 im Bau begriffen; Eilwagen täglich 1½ Nm. und 7½ Ab. in 16½ St. für 9 fl. 52 kr. Stellwagen täglich zweimal mit Uebernachten in Brixen. Retourwagen findet man häufig, den Platz zu 5 bis 6 fl.

Von Botzen nach Verona Eisenbahn in 5 St. für 7, 20. — 5, 40. — 3, 60. Von Verona nach Venedig in 4 St. für 5, 51. — 4, 14. — 2, 76.

Die Strasse führt über den Brenner, und hat den Vorzug das ganze Jahr fahrbar zu sein. Wiltau mit einer alten Abtei; rechts der Berg Isel, das berühmte Siegesfeld von Hofer und Speckbacher 25., 29. Mai und 13. August 1809, wo bei dem ergreifenden Dankgebet der Landesvertheidiger die gefangenen Bayern und Franzosen mit aufs Knie fielen. Schöner Rückblick. Die Strasse, zuerst von den Römern gebaut, wurde unter Ferdinand II. 1582—84 neu angelegt, und 1777 verändert; in den letzten Jahren ganz neu gebaut. Zu Fuss geht man der schönern Aussicht wegen die alte Strasse nach Oberschönberg 4 St. Gutes Wirthsh. Dahinter, oder auf dem Rain schöne Aussicht in das durch den Hochgrindl 9700' und den Alpeiner Ferner 9000' in der Tiefe geschlossene,

von kräftigen, kühnen und ausdauernden Menschen bewohnte Stubeythal, das durch Wasserfälle und Gletscher, Alpen, Mineralien und Gewerbe den Reisenden anzuziehen vermag. Am Eingang erhebt sich links die 8570' h. Kalkpyramide der Waldrasterspitze, rechts der Dolomitgipfel der Nockspitze 7587'. Fast 10 St. lang geht das Thal gerade und ohne Unterbrechungen hinan. In Miedern ist die Traube ein gutes Wirthsh. Fulpmes, Hauptort des Thales (Lutzwirth) mit berühmten Eisenschmieden, in denen man 2200 Ctr. verarbeitet, während zugleich mit fremden Eisenwaaren Handel getrieben wird.

Mattrey, vorzügliches Gasthaus. Steinach 4 St. (Post, Steinbock) mit einem Denkmal und Gemälden von *Mart. Knoller*, der von hier stammt. Bei Stafflach öffnet sich das Felsenthal mit der Saxalpenwand rechts und der Hohenwand links. Uebergang ins Dux. — Bei Gries öffnet sich das kleine, aber reizende Thal Oberberg.

Bei dem Lueg ist ein Denkmal an der Stelle, wo 1530 Carl V. seinem Bruder Ferdinand begegnete.

Die Post auf dem Brenner, 4 St. 4375' ü. d. M. bezeichnet die Wasserscheide zwischen Inn und Etsch, man tritt in das geognostisch wie überhaupt höchst interessante Gebiet des Eisack ein.

An der Mündung des wegen seines milden Klimas und seiner schönen Alpenwirthschaft berühmten Pflerscher Thales vorüber nach Sterzing 4 St. (Krone, Post) alterthümliche Stadt (das römische Vipitenum), mit 2818 Ew. Der Zwölferthurm von 1468. St. ist durch seine Lage zwischen Joch-, Ueber- und Thal-Ausgängen und Engpässen, wodurch Verbindungswege mit allen Theilen des Landes hergestellt sind, strategisch wichtig, und sah desshalb viele blutige Kämpfe. Hier wurde 1703

Max Emanuel von Bayern zum Rückzug genöthigt; Joubert 1797; 1809 die Bayern zweimal durch Hofer vom Jaufen her, durch Speckbacher vom Gaisalpenthal und durch Haspinger von Au, und Lefèbre mit seinen Franzosen unmittelbar darauf. Beste Uebersicht der Gegend in Thuins ¹/₄ St. auf dem Weg nach Telfes. Auch von Burg Reifenstein schöne Aussicht.

Von Sterzing ¹/₂ St. südlich an der Landstrasse unter der Burg Sprechenstein steht eine Capelle mit der Inschrift: „Bis daher und nicht weiter kamen die feindlichen Reiter," Denkmal des o. e. Rückzugs des General Joubert. Nun betritt man die Engpässe, die zu wiederholtenmalen den Franzosen, Bayern und Sachsen verderblich geworden sind. Mittewald 4 St. (Post). Bei Unterau erhebt sich gleich einem Felsblock die neuerbaute mächtige Franzensveste, die zugleich den Uebergang über den Brenner und die Verbindung mit dem Puster- und Eisackthal deckt. An der Laditscher-Brücke über den Eisack schlug der Capuciner Haspinger am 4. August 1809 die von Lefèbre vorgeschobenen Sachsen.

Brixen 4 St. (Elephant, Sonne), Sitz eines Bischofs. Der Dom von 1754 mit einem schönen alten Kreuzgang, darin alte Fresken, und die Johanneskirche mit dem Grabmal des Guibert von Ravenna, † 1080, Gegenpapstes von Gregor VII., dessen Absetzung auf dem hiesigen Concil ausgesprochen worden. Grabmal des H. v. Hauenstein, † 1445. Die Pfarrkirche von 1038 sehr modernisirt. — 1 Stunde entfernt Neustift mit der grössten Bibliothek Tyrols.

Das Eisackthal nimmt von hier einen immer südlicheren Charakter an; Strasse und Aussichten sind entzückend, der Bau der Eisenbahn bewundernswürdig! An einer Thalenge liegt Klausen 4 St. (Gans,

Rössl). In der alten Pfarrkirche das Grabmal des 1735 gest. östr. Generals v. Ziegenberg, eines gebornen Türken. — Das Kapucinerkloster vom Beichtvater der Königin Maria Anna von Spanien 1699—1701 gegründet, mit allerhand Kunstwerken und Raritäten, und vorzüglich schöner Aussicht im Garten. — Das hochgelegene Benediktiner-Nonnenkloster Seben mit 3 übereinanderliegenden Kirchen, ursprünglich rhätische Felsenburg, dann ein römisches Castell Sabiona mit einem Isistempel, im Mittelalter bischöfliche, dann ritterliche Burg; seit 1685 Kloster. Man sieht hinab ins Latzfonser-Thal, berühmt durch seine kriegerischen Frauen und Mädchen, die 1797 den General Joubert mit seinen Franzosen geschlagen.

In der Nähe von Colman am linken Eisackufer liegt das Bad Ratzes eines der besten in Tyrol, 1¹/₂ St. von Castelrutt, von wo aus die belohnende Ausflug nach der Seisser-Alpe und dem hohen Schlern 8094' zu machen ist, dem bei weitem wichtigsten Punkte zur Kenntniss dieser überaus merkwürdigen Gebirgswelt. — Nahe bei Bruck die hochgelegene Trostburg, eine der besterhaltenen in Tyrol.

Hinter Atzwang 4 St. kommt der Rösslerbach herab von Klobenstein und Lengmoos, den glänzendsten Sommerfrischen Botzens. Am obern Finsterbach aber stehen die berühmten Erdpyramiden. — **Botzen** 4 St. (Kaiser-Krone vorzüglich), 9000 Ew., viel Obst- und Weinbau, Handel (4 grosse Messen). Schöne Aussicht auf dem Calvarienberg und auf dem Kirchhof. Hauptkirche aus dem 15. Jahrh. mit etwas italienisirender Gothik, auch einigen neuern Altarbildern. Das Franciskanerkloster mit schönem Kreuzgang, und einem sehr schönen Altarschnitzwerk von *M. Pacher* in der Capelle desselben. ¹/₂ St. das Dorf Gries mit einem trefflichen und grossen Altarschnitzwerk von *M. Pacher* in der sehr hübschen Kirche aus dem 14. Jahrh. Von Botzen nach Verona Eisenbahn in 5 (bis 6) St. für fl. 7. 20. — 5. 40. — 3. 60. Die Bahn am l. Ufer der Etsch bietet zunächst wenig Anziehendes; die Niederung ist ungesund, die Bevölkerung ein Mischvolk aus Deutschen und Wälschen, nicht angenehm; so wenig als die Wirthshäuser. Angenehmer ist der Weg auf dem r. Etschufer über Kaltern, wo Frln. Maria v. Mörl, geb. 1812, seit 1832 durch die eigenthümlichen Erscheinungen religiöser Ekstase grosses Aufsehen erregt hat; und wo alte Burgen und Kirchen die Landschaft mannichfach beleben, und gutmüthige Menschen (in Altenburg, wo eine sehenswerthe alte Kirche) und Weingelände (Tramin, Geburtsstätte aller Traminer!) das Herz erfreuen. Bei Branzoll wird die Etsch schiffbar. Schöner Rückblick auf Kaltern, auf die Schlösser Leuchtenberg und Laimburg, Altenburg, Tramin und Kartatsch. — Bei Auer überschreitet die Bahn die Etsch; die Ruinen von Castel Feder. — l. Neumarkt (Egna). — Bei Salurn ist der Engpass, der die Grenze zwischen Deutsch- und Wälsch-Tyrol macht. Gegenüber von S. Michele am r. Ufer ist der Eingang ins Val di Non zwischen Mezzo tedesco und Mezzo lombardo. — Die Bahn geht wieder aufs l. Ufer vor Lavis.

Trient.

Trento, Tridentum (Europa, Corona, köstliche Tocaccie und Confetti im Café Lutterotti am Dom; Vino Santo), alte aber wohlgebaute Hauptstadt des gleichnamigen Kreises, welcher das ganze italienische Tyrol umfasst. Von Rhätern oder Etruskern gegründet, war Trient den Römern und Gothen unterthan; dann den Longobarden, die das Trientiner Gebiet zu einem Herzogthume erhoben. Von Kaiser Konrad im J. 1027 zu einem Hochstifte umgestaltet, verblieb es im Reichsverbande bis zum Luneviller Frieden; dann kam es an Oesterreich, 1805 an Bayern, 1809 an das Königreich Italien und 1813 wieder an Oesterreich. — Trient zählt 15,000 Ew., viele Wohlthätigkeitsanstalten, ein Gymnasium, städtische Gewerbeschulen, ein Museum und eine Bibliothek mit 36,000 Bänden, deren mehr als 10,000 die Geschichte und Literatur des italienischen Tyrol betreffen; zwei Theater. Die Etsch ist hier schiffbar; die Stadt treibt starken Seidenhandel und hat zwei Messen im August. Trient ist die Vaterstadt des Bildhauers *Alessandro Vittoria*, und es lebt hier gegenwärtig Prof. Lunelli (Physik).

Alterthümer. Römischer runder Thurm des Castello, Reste des römischen Schlosses Verucca auf dem Dos Trento; ältere Theile der Mauern von Theodorich gebaut; römische Inschriften im Stadthause; im Museum Götterbildnisse, Münzen etc., eine interessante hier aufgefundene etruskische Sittula und der slavische Codex: Glagolita Clozianus aus dem 11. Jahrh.

Kirchen. Dom, sehr schöne Kirche im Rundbogenstyle, aus dem 12. und 13. Jahrh. und einer Absis aus älterer Zeit, aber auch theilweise modernisirt. Besonders beachtungswerth das Aeussere der Absis von *Adamo di Arogno Comacino* († 1212). Im Innern Reste alter Fresken aus dem 14. Jahrh. Grabmäler: des berühmten Botanikers Pietro Andrea Mattiolo, des venetianischen Feldherrn Roberto Sanseverino und des Fürsten Cardinal Bernardo Clesio mit einem Gemälde von *Palma giov.* — In der Sacristei eine schöne Madonna aus der Schule des *Perugino*.

S. Maria maggiore, wo das Concilium gehalten wurde. Im Chor eine Abbildung davon. Schönes Südportal in reicher Renaissance von 1500 ca. Am zweiten Altar rechts Madonna mit Johannes Ev. und vier Kirchenvätern von *Moretto*. Das Orgelchor mit köstlichen Ornamenten und Reliefs aus carrarischem Marmor von *Vincenzo Vicentino*, 1534. Anbetung der Könige, der Hirten, 4 singende Knaben, 8 Sibyllen und kleinen mythologischen Reliefs.

S. Pietro, mit einer neuen Façade von *Pietro Selvatico*.

S. Apollinare, ausserhalb der Stadt, alte Kirche auf den Trümmern eines alten Tempels erbaut.

Paläste. **Il Castello**, ehemalige Residenz der Fürstbischöfe, der neuere Theil aus dem 16. Jahrh. wahrscheinlich nach den Plänen des *Falconetto*, früher berühmt durch seine Kunstschätze, jetzt Kaserne. Die Erlaubniss zum Besuche ist beim Platzkommando oder dem wachhabenden Offizier zu erbitten. Der Löwenhof mit den Bildnissen von Max I., Carl V. etc. in Medaillons. Am besten erhalten sind noch die Fresken im oberen Portikus, theils von *Girolamo da Trevigi*, theils von *Romanino;* zwei grosse Säle mit prächtig und geschmackvoll casettirten Decken, mit Bildnissen und Liebesgöttern von *Romanino;* die Kanzlei, eine Rotunde mit Bildern aus der römischen Geschichte und geschmackvollen Verzierungen, im Styl des *Giul. Romano.* Von den Werken der *Dossi*, des *Palma*, des *Volterrano*, *Albrechts Dürer* etc., die ehemals hier aufbewahrt waren, ist leider alles verschollen oder zu Grunde gegangen.

P. **Tabarelli**, nach den Entwürfen des *Bramante* gebaut.

P. **Zambelli**, im späteren italienischen Style. Es gehörte ehemals der Familie des berühmten General Gallas, welcher hier geboren ist.

Casa Tevini, mit Fresken an der Façade. In diesem Hause wurden, während der Liga von Cambray, Friedensunterhandlungen zwischen Kaiser Maximilian und den Venetianern gepflogen.

Im Hause des Barons Valentino Salvatori ein Bildniss von *Tizian*, nebst einem S. Hieronymus und zwei andren Bildnissen des *Morone*.

Auf der Façade eines Hauses der Grafen Cloz (S. Marco) historische Fresken von *Domenico Ricci Brusasorci*.

Umgegend. Die östlichen Hügel, mit Landhäusern besäet, geben eine reizende Ansicht. Die nächsten Nebenthäler Pergine, Lago di Calceranica, Castel Toblino; entfernter: Val: di Non, Giudicaria, Valle di Sarca mit dem Gardasee.

Von Trient führt eine neue schöne Strasse in 6 St. durch das Surcathal nach Riva am Gardasee, von wo das Dampfschiff nach Desenzano oder Peschiera führt.

Roveredo, (Cavaletto, Corona) gut gebaute aber uninteressante Stadt, die aber doch guten Wein schenkt. — Bald darauf kommt man zu dem bereits von Plinius erwähnten grossen Bergsturz „Lavini di Marco." — Von Ala führt eine Strasse südöstlich durch das Thal Ronchi über den 4796' hohen Revetta-Pass nach *Giazza* zu den **Tredeci Communi**, 13 Ortschaften an dem obern Brogno und in den benachbarten Bergen (Giazza, Campo Silvano, Folgaria, Lavarone, Vignola, Roveda, Frassilongo, Fierozzo etc.), ursprünglich deutsch, jetzt bis auf die beiden ersten fast ganz italienisirt.

Dieselbe auch mit Extrapost fahrbare Strasse führt nach Recoaro, (Europa) 6 St., einem kleinen Ort mit gut eingerichteten Bädern, die gegen gastrische und Lungenkrankheiten, sowie gegen Hysterie gebraucht werden. Die besuchteste Zeit ist Junius bis September. Von da ist es noch 13 St. nach Vicenza.

Peri, zwischen Peri und Volargne die berühmte Veroneser Clause (Chiusa), wo auf eine Länge von 4800' die Thalöffnung nur 60 Klafter beträgt, durch welche die Etsch und die Strasse, von hohen Felsen ein-geschlossen, hingeht. Hier vereitelte 1180 Otto von Wittelsbach durch kühnen Ueberfall den von italienischen Meuterern unter Graf Alberich dem deutschen Heere unter Barbarossa gelegten Hinterhalt.

Volargne, von hier übersieht man die raudischen Gefilde, in denen Marius die Cimbern schlug 101 a. C.

Verona.

Wirthshäuser: Due Torri. Torre di Londra. In beiden: Z. 3 Fr. (2 Betten 5 Fr.), L. 1 Fr, M. ohne Wein 4 Fr., Bed. 1 Fr. Gran Czara del Teatro filarmonica. Z. von 1 Fr. 35. M. o. W. 2 Fr., B. 40 S. Aquila nera. Alb. di Venanzio Besozzi, Via nuova, mit schönem Portal und Hof. — Deutsches Wirthshaus: die Taube (Colomba d'oro), Branca dessgl., S. Lorenzo, billig und nicht übel. Trattorie: Hôtel garni und Restaurazione von Vicentini, an Piazza Brà sehr gut. Osteria al Giardino S. Luca, deutsche Restauration und Bäder von Bauer an Piazza S. Luca. Korper, alla Ristori. — Crespi bei Ponte delle Navi. — Im deutschen Casino im Pal. della gran Guardia antica.— **Fiaker** ¼ St. 25 kr., 1 St. 40 kr. **Café:** C. Ferrari unter Pal. verde. C. dell' Europa od. militare. C. della Pace. C. Morosini. C. Zampi, allo an Piazza Brà. C. Capobianco an Piazza dei Signori. Christoffel, Piazza dei Signori, deutsches Café. Deutsche Buchhandlung von Nussbaum, sonst Münster, mit Leihbibliothek. — Getzner, Baumwollenfabrik; Goldschmidt dessgl., beide deutsche Häuser. Fratelli Münster, Kurzwaaren. Centralbahnhof vor Porta Vescovo; für Mantua, Tyrol und die Lombardei vor Porta nuova. Wer zum Dampfschiff über den Gardasee in Peschiera eintreffen will, muss mit dem Zug 9½ U. f. von Verona abgeben. Thorschluss um 10 U. Ab. bis 4 U. M.

Geographisch-statistische Notizen. Verona, schön gelegene Stadt von etwas verfallenem Aussehen, im lomb.-venet. Königreich, unterm 28° 40' 39" L. und 45° 26' 9" n. Br., am Fuss der Alpen, in einer fruchtbaren Ebene an der Etsch, die es in zwei ungleiche Theile theilt, mit 61,500 Einw.; 6 Brücken über die Etsch, 12 über kleinere Canäle; 4 Hauptplätzen; 27 kleineren; 46 Hauptstrassen, 77 Nebenstrassen und 143 Gässchen; ferner 14 Parochialkirchen, und ebensoviel Nebenkirchen mit 28 Oratorien, so wie einer jüdischen Synagoge, 22 Casernen für 18,000 Mann Infanterie, und 17 für 4000 Pferde und 3500 Mann Cavallerie, 4 Militärspitälern, 3 Montirungshäusern etc. Für den Civildienst zählt Verona 31 öffentliche Gebäude. Hier ist ein oberstes Tribunal, eine kaiserliche Delegation, ein Tribunal erster Instanz, ein Rechnungshof etc. Haupterwerbsquellen: Reis, Seide und Getreide.

Geschichte. Verona schreibt seine Gründung euganeischen und rhätischen Volksstämmen zu, und wurde nach Vertreibung der sennonischen Gallier, die mit den Henetern um seinen Besitz gekämpft, von den Römern genommen, jedoch zur Municipalstadt ernannt. Im Jahr 113 v. Chr. besiegte unweit von hier in der raudischen Ebene Caj. Marius die Cimbern. Verona verlor seine alten Gerechtsame, erhielt sie aber unter Augustus zurück und wurde, wie man aus den vorhandenen Denkmalen jener Zeit ersieht, von Umfang und Bedeutung. Während der Völkerwanderung wurde Verona von Attila verwüstet. Odoaker, König der Rugier und Heruler, schlug nach der Eroberung Italiens und der Vertreibung des Romulus Augustulus hier seine Residenz auf; nach ihm der Ostgothenkönig Theodorich, der ihn im Jahr 489 in den Feldern von Verona gänzlich besiegt. Nach ungefähr 60jähriger Herrschaft wurden die Gothen von Narses, dem Feldherrn Justinians, aus Italien vertrieben 553; Verona wurde griechische Provinzstadt, bis 572 die Longobarden in Italien ihre Macht ausbreiteten, die durch Carl den Grossen ihr Ende erreichte. Verona blieb die Hauptstadt des Königreichs Italien unter Pipin, dem Sohne Carls und dessen Nachfolgern, bis nach vielen Kämpfen italienischer Fürsten um seinen Besitz es sich 1201 zur Republik erklärte. Nach einer 35jährigen Herrschaft des Tyrannen Ezzelino gelangte die Familie der Scaliger 1262 zum Primat über die Republik, welches sie 127 Jahre behauptete, und zwar wurde zuerst Mastino della Scala zum „Capitano del Popolo" vom Volk erwählt. Er wurde 1277 unter dem Portal der Piazza dei Signori (il Volto barbaro) von Verschwornen ermordet aus Rache für vermeintlich nicht geschützte Ehre. Ihm folgte sein Bruder Alberto I., ein durch friedliche Tugenden ausgezeichneter Mann und Wohlthäter Verona's † 1301. Nach ihm kam sein zweiter Sohn Bartolommeo, ein edler und menschenfreundlicher Herr, † 1304, zu dessen Zeiten Romeo de' Montechi und Giulia de' Cappelletti lebten. Alboin I., der ihm folgte, liess sich von Heinrich VII. als erblichen kaiserlichen Vicarius bestätigen 1311, nahm aber seinen Bruder, Cangrande, den energischen Ghibellinen, zum Mitvicarius an, der Vicenza, Padua, Feltri, Belluno und Bassano in Abhängigkeit von sich brachte, und einen grossen glänzenden gastfreien Hof, namentlich für politisch Verfolgte ein freundliches Asyl bildete, wo auch Dante nach seiner Verbannung aus Florenz aufgenommen war. (Cf. Paradiso XVII. 55. ff.) Nach dem Tode von Cangrande 1329, der von Ludwig dem Bayer noch zum Reichsvicar für Mantua ernannt worden, folgte Alberto II., sein Neffe, und diesem sein Neffe Mastino II., mit welchem der Glanz des Hauses zu erbleichen anfängt. Er war eitel und glanzsüchtig und schwankend. Er starb 1351. Sein Nachfolger Cangrande II., der Erbauer von Castel vecchio und der Etschbrücke, wurde ermordet von seinem eignen Bruder Cansignorio 1359, der ihm in der Regierung folgte und ungeachtet vieler Verbrechen die Macht behielt bis zu seinem natürlichen Tode 1375. Sein Sohn Bartolommeo II. ward ermordet 1381 durch seinen Halbbruder Antonio. Dieser ward verbannt, und obwohl sein Sohn

Guglielmo und sein Enkel B r u n o r o vom Kaiser bestätigt wurden, erkannten die Veroneser sie nicht an und unterwarfen sich lieber 1389 der Gewalt des Visconti von Mailand, 1405 der des Carrara von Padua, und ergaben sich nach dessen Fall 1409 der Republik Venedig, die zwar im grossen venetianischen Kriege zu Anfang des 16. Jahrh. Verona wieder verlor, aber im Vertrag mit Frankreich 1517 zurück erhielt. Danach hat Verona die Schicksale Venedigs bis auf die neuesten Zeiten getheilt. Es ward im Jahr 1797 der cisalpinischen Republik unter französischer, und 1815 dem lombardisch-venetianischen Königreich unter östreichischer Oberherrschaft einverleibt. 1822 war hier der berühmte europäische Congress. 1848 blieb Verona der Haltpunkt der östreichischen Macht in der Lombardei gegen die Revolution.

Kunstgeschichtliches. Die Verhältnisse Verona's waren von jeher der Kunstentwickelung günstig. Zwar finden sich weder aus den Zeiten der Gothen noch der Longobarden zuverlässige Baudenkmale (obwohl aus denen der Römer), allein von dem, was jetzt noch vorhanden, reicht manches in die Zeit der Carolinger hinauf. Zu besonderer Vollendung gelangte in Verona eine Kirchenbaukunst, die man (nicht von den Longobarden, sondern von der Lombardei, worin sie herrschend ist) die lombardische heissen kann, und die die Mitte hält zwischen romanischem und germanischem Styl, und hier schon im 11. Jahrhundert anfängt. Der Dom, S. Zeno sind die ältesten, S. Fermo Maggiore und S. Anastasia die neuesten und vollendetsten Werke der Art. Nachdem man angefangen, die Architektur vom classischen Rom aus zu reformiren, hörte die Originalität auf; aber Verona hat den Ruhm, drei in dieser Richtung bedeutende Architekten geboren zu haben. *Falconetto*, gest. 1534, *Fra Giocondo*, um 1513, und *Sanmicheli*, gest. 1559, von welchem letztern die Paläste Canossa, Bevilacqua, Pellegrini, Pompei und Verzi. — Was die Malerei betrifft, so gibt es in Verona schon vor *Giotto* und gleichzeitig und in Geschmackverbindung mit ihm und seiner Schule namhafte Meister, wie *Stefano da Zevio*, *Turone* etc., und Wandgemälde, wie die in S. Nazario, S. Zeno und S. Anastasia; sodann spätere wie *Liberale*, *dai Libri*, *Franc. Morone*; allein — ihrer einzelnen Verdienste ungeachtet — findet man bei ihnen nirgend eigenthümlichen Geist, weder in Auffassung noch Zeichnung, noch Behandlung und Färbung. Dieses tritt erst mit *Fr. Carotto* ein, dem Schüler *Liberale's* und *Mantegna's*, der in seinen frühern Werken (s. S. Tommaso), Charakter in der Zeichnung, in seinen mittlern (S. Eufemia) Milde und Tiefe in Ausdruck und Färbung, und in seinen spätern (S. Fermo maggiore) volle Freiheit der Composition, fast bis zum Uebermass zeigt. — Ihm gleichzeitig sind *Torbido*, dessgleichen *il*

Moro und *Cavazzuola;* sodann *Giolfino* und *Badile.* Unter den Nachfolgern
von diesen zeichneten sich mehr durch glänzende Aeusserlichkeiten *Battista del Moro.* P. *Farinato* und *Brusasorci,* dagegen durch Genialität der
Auffassung und leuchtende Farbengebung *Paolo Veronese* aus. (S. Venedig.)
   Unter den ausserdem berühmten Veronesern nennt man: Catull, Cornelius Nepos, Aemilius Macer, den Freund Virgils; Pomponius II., den grössten tragischen Dichter der Römer; Vitruvius und
den ältern Plinius; später Julius Scaliger, Lod. Nogari, Onofrio, Panvinio, den Geschichtschreiber; Fracastori, den Dichter und Naturforscher, einen der ersten, der die Versteinerungen nicht für Naturspiele erkennen wollte, und Sc. Maffei, der sein Leben dem Ruhme
Verona's geweiht. — In Verona fand Dante nach seiner Vertreibung
aus Florenz gastfreundliche Aufnahme, und hier hat sein Geschlecht
bis ins sechste Glied geblüht.

   Hauptsehenswürdigkeiten in topographischer Folge: Piazza delle Erbe,
Piazza degli Signori und das Grabmal der Scaliger (S. Maria antica).
S. Anastasia. S. Eufemia. Corso. (Porta de' Borsari). S. Zenone. S. Bernardino. Arco de' Leoni. Amphitheater. S. Fermo maggiore. Museo civico.
S. Tommaso. S. Nazario e. Celso. Villa Giusti. S. Maria matricolare
(Kathedrale). S. Giorgio.

   Anm. Die beigesetzten Ziffern beziehen sich auf den Plan.

Alterthümer. Das **Amphitheater.**
(34) auf Piazza Brà, von Veroneser
Marmor; die Zeit der Erbauung ist
ungewiss, fällt aber mit Wahrscheinlichkeit in die des Antonin; 1184
hat es durch ein Erdbeben gelitten;
und damit zu allen Zeiten für seine
Erhaltung besondere Vorsorge getroffen werden könnte, wurde (1228) festgesetzt, dass jeder Podestà 500 L. dafür geben musste (1568 wurde eine
freiwillige und 1579 eine gezwungene
Steuer dafür erhoben etc.); und so ist
es in ziemlich gutem Zustand. Der
Eingang ist durch eine der in die
Arcaden gebauten Buden. Längendurchmesser 513' (Arena 248'/,').
Breitendurchmesser 410' (Arena
147'), Umkreis 1470' Höhe 100'.
Es zählt aussen 72 Arcaden von toscanischer Ordnung. Im Innern erheben sich 45 Stufenreihen über einander, darauf 25,000 Menschen sitzen, aber 75.000 stehen können.

Jetzt wird es häufig zu Theater- u.
andern Vorstellungen benutzt.
   Arco de' Leoni, Rest eines von
Titus Flavius Noricus erbauten Thores, mit römischen, cannelierten Säulen, ionischer, mit Perlen besetzter
Archivolte; über dem Giebel 3 halbkreisrund abgeschlossene Fenster;
ganz oben eine gewundene korinthische Säule Die Inschrift: Ti. Flavius P. Noricus . . . . viri D. — Porta de' Borsari, Rest eines unter
den Antoninen, oder wenn die vorhandene Inschrift am Thore gilt,
unter Galienus um 265 p. C. erbauten Thores. [1] — Ponte della
pietra (3), drei Bogen sind antik.
— Das alte Capitolium (6), jetzt
Castell S. Pietro, ist ganz überschüttet und überbaut, ebenso wie
das am Fuss desselben gelegene

[1] Ein drittes Thor, Arco de' Gaffii, erbaut von L. Vitruvius Cerdo, wurde 1805
unter französischer Herrschaft zerstört.

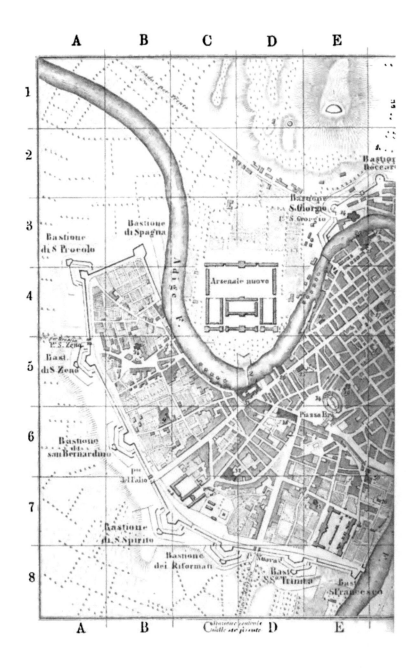

F G H I

VERONA.
Öffentliche Plätze, Brücken, Alterthümer: 1
(Places, publiques, ponts, antiquités) :

1. Piazza Brà . . . . E 6
2. Pont. diCast. vecchio D 5
3. „ della Pietra . F 3
4. „ Nuovo . . . . F 4
5. „ delle Navi . . F 5
6. Castel. S. Pietro F G 3
7. Teatro antico . . . F 3

Kirchen, Paläste, Sammlungen: 3
(Églises, palais, collections) :

8. S. Anastasia . . . F 4
9. S. Bernardino. . . B 6
10. S. Eufemia . . . . E 4
11. S. Fermo maggiore F 5
12. S. Giov. in Fonte F 3
13. S. Giov. in Valle G 3
14. S. Giorgio in Braida E 3
15. Cattedrale . . . . . E 3
16. S. M. antica s. 21.
17. S. M. in Organo . G 4
18. S. Nazario e Celso H 5
19. S. Niccolo . . . . . E 5
20. Orfano trofio delle Franceschine . . . . . F 7
21. Sepolcri d. Scaligeri F 4
22. S. Tommaso Cantuar G 4
23. S. Trinità . . . . E 7
24. S. Zeno maggiore . B 5
25. Pal. Bavilacqua . . D 5
26. „ Canossa . . . D 5
27. „ del Consiglio . F 4
28. Mus. Lapid. e Teatro D 6
29. Il Vescovado . . . E 3
30. Accad. di agricolt. E F 6
31. Dogana . . . . . F 6
32. Civico Ospedale C 6, 7
33. Castel. vecchio. . . D 5
34. Anfiteatro . . . . . E 5
35. Teatro Morando . F 5
36. Orto botanico . . . F 4
37. Uffizio della Polizia F 4
38. „ „ Posta. F 5
39. Allberg. alle dueTorri F 4

Teatro antico (7); doch kann man an einigen Stellen in die begrabenen Gänge eintreten.

Befestigungen, Mauern, Thore. Von den ältesten Befestigungen sieht man noch Mauerreste im Vicolo di San Matteo und das eben erwähnte Thor Porta de' Borsari. Von den Mauern Theodorichs aus Quadern und Backsteinen ist sehr viel, von denen Carls d. Gr. ein Stück an der Etsch übrig; ein anderes daneben und über den Mauern Theodorichs mit Thürmen u. Mauerkronen rührt von den Scaligern her. Die äussersten Mauern sind 1520 unter den Venetianern grossentheils von *Michele di Sanmicheli* aufgeführt worden, von dem auch die runde Bastione delle Boccare und die vieleckige Bastione della Maddalena erbaut worden. Dessgleichen sind von ihm die Porta di San Sisto oder del Palio und die Porta nuova. In neuester Zeit wurde an der Stelle der Burg Theodorichs auf dem Berge San Pietro eine starke Veste, ausserdem die Casernen S. Spirito, Campo fiori etc., das Arsenal vor Porta S. Giorgio; ferner eine grosse Anzahl Forts, z. B. Radetzky, d'Aspre, S. Michele, S. Lucia, S. Massimo etc. unter der Leitung des Conte Bolza erbaut.

Oeffentliche Plätze. Piazza dei Signori mit den Palästen der Scaliger; und der Statue Dantes von *Zanoni.*

Piazza delle Erbe, an der Südwestseite von P. dei Signori, ehedem Forum der Republik. Auf der kleinen offenen Tribune erhielten die erwählten Podestà die Zeichen ihrer Macht, später verurtheilte Verbrecher oder Schuldner ihre Sentenz. Ueber den Bogen die Statuen von Fracastori und Maffei. Der Brunnen auf dem Platz und der Thurm am Ende desselben rühren von Cansignorio her 1368. An der Seite aber steht die Casa dei Mercanti von

Alb. Scaliger 1301 mit einer Madonnenstatue von *Campagna.* Die Säule auf dem Platz, ehedem mit dem Marcus-Löwen von *Mich. Leo*, ist das Denkmal der Unterwerfung Verona's unter die Macht der Venetianer 1524.

Piazza di Brà (1) mit dem Amphitheater, dem Pal. pubblico, der Gran Guardia vecchia von Cartone (oben Casino militare) dem neuen Theater etc.

Kirchen: *S. Anastasia (8), aus dem 13. und 14. Jahrh. (1261 angefangen) mit gleichzeitigen Sculpturen am Portal. Die übrige Façade unvollendet. Vermischung von Antikem und Gothischem. Säulen tragen ein Fries mit der Verkündigung Mariä, Geburt Christi, Verkündigung der Hirten, Anbetung der Könige; ferner Kreuztragung, Kreuzigung, Auferstehung; darüber in den Lunetten: S. Benedict, S. Augustinus, und Donatoren beten zur Dreieinigkeit, die von Maria, Johannes und schwebenden Engeln umgeben ist. Am breiten Pilaster r. Predigt und wunderbare Errettung eines Mönchs. Im Innern viele Wandmalereien und einige Sculpturen aus dem 14. Jahrh., auch schöne Holzschnitzwerke. Der erste Altar zur Rechten von *Danese Cataneo da Carrara.* — 3. Cap. r. Miniscalchi 1500 von schöner Architectur, Ornamentik und mit guten Sculpturen. 4. Cap. r. Altarbild: S. Martin von *Fr. Carotto.* (Hiebei ist ein grosser fossiler Knochen aufgehängt.) — Letzte Cap. r. sehr schöne Architectur von 1500. Madonna in trono mit S. Augustin, Thomas von Aquino und den Donatoren von *Fr. Morone.* — An der Chorseite: Capella Cavalli mit einem schönen Votivbild, die Familie wird von S. Georg zur Madonna und dem Christkind geführt, a fresco von 1390. Daneben Cap. Pellegrini mit der Geschichte Christi in Terra cotta von zugleich alterthümlichem und spätem Aussehen. Madonna in tr. mit den Donatoren und Heiligen a fresco von (?) 1390. Gegenüber eine Nische von der schönsten Architectur mit trefflichen Sculpturen und einem Frescobild, Madonna in tr. mit Heiligen von 1391. Madonna in tr. von *Girolamo dai Libri*. Ausgiessung des heil. Geistes von *Giolfino*. — Gebet am Oelberg, Kreuztragung und Kreuzabnahme von *Liberale*. — Madonna in trono von *Brusasorci*. 2 Cap. 1. Madonna mit Heiligen von *Fr. Carotto*. Capella del Rosario mit einem Altarbild ans dem 14. Jahrhundert, darauf die Bildnisse von Mastino II. della Scala und seiner Gattin Taddea Carrara. — Capella di S. Gemignano mit Wandgemälden aus dem 14. Jahrhundert. — Denkmale: des Fed. Cavalli in der Capelle d. N. von 1390, mit einem Wandgemälde: Madonna mit den Donatoren aus ders. Zeit. — Des Feldherrn Cortesia Sarego, 1432. — Dicht bei dieser Kirche und mit dem anstossenden Kloster (j. Lyceum) verbunden ist die kleine aber sehenswerthe alte Kirche S. Pietro martire, mit dem schönen Grabmal der Grafen von Castelbarco über dem Eingang. * S. Bernardino (9), um 1452 erbaut (1851 Kornmagazin). Ueber dem Klostereingang ein S. Bernardinus von *Cavazzola*. — Ueber dem Portal S. Franciscus, Sculptur aus dem 14. Jahrh. — Capelle der Peres mit der Geschichte des heil. Franz, a fresco von *Niccolo Giolfino*, Altarbild von *Cavazzola*. — Zweiter Altar: Madonna in trono von *Fr. Bonsignori*. — Capella dei Torri mit Christus am Kreuz und die Fusswaschung von *Fr. Morone*. Christus vor Pilatus von N. *Giolfino*. S. Bartolommeo, S. Francesco und Christus von *Carotto*. Madonna mit SS. Franz, Anton und Engeln von *Fr. Morone*, darunter S. Elisabeth von *Cavazzola* (?). — Die Capella

dei Pellegrini von *Sanmicheli* erbaut. Altarbild von *Bernardino India*. — In der ehemaligen Bibliothek Fresken von *Cavazzola*. * S. Eufemia (10). aus dem 13. Jahrh. (1851 Heumagazin). Ueber der Seitenthüre Fresken von *Stefano da Zevio*. — Altarbild: S. Barbara von *Torbido*, Madonna mit 4 Heiligen von *Brusasorci*. — In der Capella degli Spolverini die drei Erzengel von *Fr. Carotto*. In der Sacristei und an andern Altären Bilder von *Brusasorci* und *Moretto di Brescia*. (SS. Onofrius und Antonius.) Grabdenkmäler des Marco und Pier Antonio Verita von *Sanmicheli*; des Lucchino, Petrarca's Sohn. Der Kreuzgang von *Sanmicheli*, verfallen.

S. Elena neben S. Giov. in fonte, mit alten Inschriften und Grabmälern. SS. Helena und Katharina von *Liberale* 1490. S. Helena u. a. Heilige von *Brusasorci*.

S. Fermo maggiore (11), aus dem 13. Jahrh., mit bedeutenden Restaurationen aus dem 14. Jahrb.; Krypta von 1065, mit Resten alter Wandgemälde. An der Aussenseite wechseln rothe Ziegel- und weisse Steinlagen. Die Laibung des Portals mit Rundstäben ohne Capitäle, aber mit Basen ausgesetzt, an einer Nische über einem Sarkophag Fresken von *Stefano da Zevio*, doch fast ganz zerstört. — Seitenportal mit einer offenen Vorhalle mit 2 mal 7 breiten Stufen. Ueber dem Eingang: Andacht zum Kreuz aus dem 14. Jahrh. a fresco. Im Innern die künstliche Decke von Nussbaumholz mit vielen Bildnissen von Heiligen. — Die Kanzel, mit umgebenden Malereien von *Stefano da Zevio*. — Ueber der Capella degli Agonizzanti die drei Könige von *Pisanello*; und über dem Mausoleo de' Brenzoni eine Verkündigung von *dems*. — Altarbilder: drei heilige Franciscanerinnen von *Torbido*, der Engel Raphael mit Tobias von *dems.* — Madonna mit Engeln und Heiligen von *Paolo Veronese* (sehr verdorben). — S. Anton mit zwei andern Heiligen von *Liberale.* — Madonna in trono von *Bonsignori.* — Grosse Capelle l. * Madonna in Wolken, darunter S. Petrus, S. Rochus und S. Sebastian von *Fr. Carotto* (das vollendetste Werk dieses Meisters vom Jahr 1528). — Unter den Denkmälern: das des Pietro und Lodovico Aligeri, als der letzten männlichen Nachkommen des Dante Alighieri; des Barnabas de Moranis de casa Mutina, der viele der alten Fresken hat malen lassen, aus dem 14. Jahrh. in einer Seitencapelle r. — Ferner des Giov. Scaligero von 1359, des Brenzoni mit Sculpturen von 1400, des Girolamo und Marc Antonio Torriano, Professoren zu Padua, aus dem Anfange des 16. Jahrhunderts mit Statuen und Reliefs in Bronze von *Andrea Riccio.*

* S. Giovanni in Fonte (12), 1122—1135, Altarbild: Taufe Christi von *Paolo Farinati.* Der alte Taufbrunnen mit Reliefs aus dem 12. Jahrh.: Verkündigung, Heimsuchung, Geburt, Verkündigung der Hirten, Anbetung der Könige, Kindermord, Flucht in Aegypten, Taufe. Der Kirche gegenüber Grabmäler aus dem 14. Jahrh. und eine alte Kanzel.

S. Giovanni in Valle (13), eine sehr alte Kirche mit antiken Inschriften, Reliefs und sonstigen Fragmenten antiker Sculptur. In der Krypta zwei altchristliche Sarkophage aus dem 5. oder 6. Jahrh. mit Reliefs.

S. Giovanni in Sacco mit dem Denkmal des Spinetta Malaspina von 1352.

* S. Giorgio in Braida (14) von *Sanmicheli* (die Kuppel 1604 vollendet). Ueber dem Haupteingang Taufe Christi von *J. Tinto-*retto. Hauptaltarbild: Martyrium d. h. Georg von *Paolo Veronese;* an den Seiten des Chors die Mannasammlung von *Brusasorci,* die Speisung von *P. Farinati.* — Vier Bilder neben dem Orgelchor von *Romanino.* — S. Cecilia und andere Jungfrauen von *Moretto.* Madonna in trono von *Girolamo dai Libri;* S. Rochus und Sebastian von *Fr. Carotto;* von *demselben* die heil. Ursula mit ihren Jungfrauen (u. eine Verkündigung?).

S. Girolamo mit einer Verkündigung von *Fr. Carotto* 1508.

Die Kathedrale, S. Maria matricolare (15), aus den Trümmern eines Minerventempels(?)erbaut, und von Archid. Pacificus im 9. Jahrh. restaurirt (wie sein Grabstein in der Kirche besagt), neu eingeweiht 1187, aus welcher Zeit der grössere Theil der Kirche herstammt. Die Gewölbe von 1402—1514; Modernisirung von *Sanmicheli* 1534. Façade aus dem 12. Jahrhundert, mit den Statuen der Paladine Carls des Grossen, Roland und Olivier, den Bildnissen seiner Mutter, Gattin und der Gattin des Desiderius (?) mit den Inschriften Fides, Spes, Caritas; dazu allerhand wunderliche, selbst satirische Sculpturen. In gleicher Weise bemerkenswerth ist das Seitenportal. — Inneres: Grabmal des Archid. Pacificus (Salomon, Irenäus), 778 bis 846, ferner des Papstes Lucius III., der, von Rom vertrieben, hier starb 1185. Sarkophag mit dem Medusenhaupt. Altarbilder: die drei Könige von *Liberale.* (Von demselben Meister eine Madonna in der Sacristei der Canonici.) Die Himmelfahrt Mariä von *Tizian.* SS. Petrus und Paulus von *Moroni;* das Abendmahl von *Giolfino;* Madonna von *Farinati.* Der Chor ist nach *Giulio Romano's* Zeichnung a fresco gemalt von *Franc. Torbido, il Moro.* Capella del Rosario mit einem alten Madonnenbild. Capella della S.

Agata, mit schönen Marmorornamenten. — Nebenan das Baptisterium S. Giovanni in Fonte s. d. Im anstossenden Kloster zeigt man noch einen Theil, der älter sei als der Dom. Die Bibliothek, das Vescovado s. u.

S. Maria della Scala, das Aeussere noch von *Fra Giocondo*, mit einem ältern Frescobild und dem Grabmal von *Maffei*, dem berühmten Geschichtschreiber und Alterthumsforscher von Verona, † 1755.

S. Maria l'antica (16) neben der Piazza dei Signori, eine kleine Kirche, bedeutend durch die „Sepolcri dei Scaligeri" vor derselben (vgl. oben Geschichte). 1) Grabmal des Mastino, † 1277, ein einfacher Sarkophag mit einem Kreuz und der Inschrift. Der Baldachin, der ihn deckte, ist zu einem Kirchenpflaster verwendet worden. — 2) Grabmal des Alberto I. (muthmasslich), † 1301, ein unbezeichneter Sarkophag mit dem Bildniss des Verstorbenen in Waffen. — 3) Grabmal des Cangrande, † 1329, gleichsam das Portal der Kirche. Er liegt in einfacher Kleidung auf seinem Sarkophag, aber auf der Pyramide darüber steht er in Waffenschmuck zu Ross.—4) Grabmal von Mastino II., † 1351, gleichfalls mit doppelten Bildnissfiguren. — 5) Grabmal des Cansignorio, 1375, von *Bovinio di Campilione*. Es hat 4 Stockwerke, und die Reiterstatue des Fürsten auf der Spitze. Der Grundplan ist ein Sechseck, und 6 kriegerische Heilige stehen an den Kanten: SS. Quirinus, Valentinus, Martin, Georg, Sigismund und Ludwig; darüber sodann Glaube, Liebe, Klugheit u. s. christliche Tugenden, die dem Helden im Leben gefehlt.

S. Maria in Organo (17) von 1481; Façade von *Sanmicheli*. Madonna mit dem Kinde von *Girolamo dai Libri*. S. Francesco von *Guer-*

cino; der Erzengel Raphael von *Cavazzola*. Madonna mit SS. Vincenz und Moriz von *Carotto* (?). Capelle der heiligen Helena, Fresken von *Giolfino*. Landschaften von *Fr. Carotto* und von *Brusasorci* auf den Holzgeländern. Im Chor und in der Sacristei ausgelegte Holzarbeit von *Fra Giovanni di Verona* (1499). Viele Bildnisse von Mönchen, Fresken von *Fr. Morone;* eine Madonna in trono von *dems.* — Auf dem Kirchhof bemerkenswerthe Grabsteine.

* S. Nazario e Celso (18) von 1446. Im alten Presbyterium interessante sehr alte Wandgemälde, Christus, Michael, die Apostel, die Taufe etc. In der Sacristei Madonna in trono von *Brusasorci;* in einer andern ein todter Christus mit Engeln von *Stefano da Zevio*. Im Chor vier Gemälde von *Bart. Montagna*. Von *dems.* und von *Falconetto* die Fresken der Capelle di Biagio, aus dem Leben dieses Heiligen. Im Luogo della dottrina eine Taufe Christi von *Cavazzola*. Mehre Bilder von *Brusasorci*.

S. Pietro Martire, s. S. Anastasia.

S. Sebastiano, in der Strada Leoni mit einer ganz modern-antiken Theaterfaçade. Nahebei der Rest eines antiken Gebäudes, s. Alterthümer.

S. Stefano aus dem 11. Jahrh., aber modernisirt, doch Portal und Thurm sind alt. 20 Bischöfe von Verona liegen hier begraben, und noch bewahrt man hier einen alten Bischofstuhl. In der Krypta altchristliche Grabmäler. Altarbilder: Madonna mit SS. Peter und Andreas von *Carotto;* Madonna mit SS. Moriz, Simplicianus und Placida von *Giolfino*. Bilder von *Brusasorci*.

* S. Tommaso Cantuariense (22), restaurirt von *Sanmicheli*. Altarbilder: Hiob, Rochus und Sebastian von *Fr. Carotto*, Madonna in

tr. von *Brusasorci*. In der Sacristei Madonna von *dai Libri*.

S. Trinità (23) von 1115. Fresken von *Brusasorci*; 8 Apostel auf dem Band über dem Hochaltar, letzter Ueberrest von Malereien aus dem 14. Jahrh.

S. Zenone (24), Neubau von 1138 bis 1178, der Chor aus dem 15. Jahrhundert, dem heiligen Zeno, aus Africa, 362 Bischof von Verona, geweiht. Der Glockenthurm von 1045—1178, aus welcher Zeit auch die Sculpturen (u. a. die Deputation des Kaisers Galienus bei S. Zeno, Altes und Neues Testament, die Monate, und zwar mit März beginnend, Theodorich (?) in der Gewalt des Teufels [als Arianer]) an der Vorderseite von *Niccolo da Ficarolo*[1] und dem Meister *Wilhelm* und die bronzenen Thüren sind. — Im Innern Wandmalereien aus dem 14. Jahrhundert, unter denen ältere aus dem 12. zum Vorschein kommen. Statuen von Christus und den 12 Aposteln aus dem 12. Jahrhundert. Ein antikes Gefäss von rothem Porphyr, 27 Fuss im Umkreis; Coppa di S. Zenone, in einer kleinen Kammer neben dem Eingang, ein bacchischer Stuhl mit Tigerköpfen, worauf S. Zeno sitzt. In der Krypta der Sarkophag des h. Zeno. — Altarbild: im Chor Maria in tr. mit Heiligen von *A. Mantegna*, eines der besten und erhaltensten Gemälde dieses Meisters. Grabmal der Augusta Atilia Valeria, altchristlich. St. Proculus, Statue von *Giov. Rigini* 1392.

Nebenan Reste des Palastes, in welchem die deutschen Kaiser und Könige von Italien residirten; ferner altrömische Grabsteine, Inschriften und das apokryphe Grabmal des Königs Pipin.

Paläste, Sammlungen, Anstalten. Accademia di agricoltura (30).

[1] Eine Inschrift in S. Giovanni in fonte soll dafür einen Meister *Briolotus* nennen.

Das Arsenal mit Kanonengiesserei, sehr grossartig. Zum Eintritt muss man einen Erlaubnissschein des Artilleriedirectors haben.

Archive. Archivio capitolare, ältere Urkunden von 806. — Cancellaria vescovile. — Stadtarchiv (unbedeutend). Cf. Maffei Verona illustrata.

Bibliotheken. Biblioteca capitolare, in dem 9. Jahrhundert gegründet und wegen der hier gefundenen Palimpsesten wichtig. Hier entdeckte Niebuhr 1817 die Institutionen des Gaius in einem Cod. rescr. Sonst noch merkwürdige Mss.; einige Blätter des Livius, Scholien zum Virgil, einige Blätter philosophischen und mathematischen Inhalts. — Die Communal-Bibliothek mit 18,000 Bänden; Ms. longobardischer Gesetze. Einige Alterthümer.

Casa Bernasconi (bei S. Paolo di Campo Marzo mit einer ausgezeichneten Gemäldesamml. *Tizian:* heil. Familie. *Fr. Bonsignori*, Madonna mit dem schlafenden Kinde. *Giov. Bellini*, Madonna mit mehren Heiligen. *Ant. di Vendri* (1517) Madonna mit Heiligen. *Fr. Licinio* (?) Bekehrung Sauls. *Cavazzola*, Pietà. *Vinc. Catena*, Anbetung des Kindes. * *Raphael*, Anbetung der Könige, vielleicht von 1503. *Pinturicchio* (?) Anbetung des Kindes durch Madonna und das Johanneskind. *Parmeggianino*, Heilige Familie. *Marcello Fogolino*, Anbetung des Kindes. *Giul. Romano*, Carton in Oelfarben zu der Madonna im Dresdner Museum. * *Fr. Francia*, Madonna mit einem Engel und zwei Heiligen; sehr schön. Ein männliches Bildniss von? Eine Heil. Familie mit Motiven aus der H. Familie bei Lord Bridgewater, aber nicht von Raphael.

Casa Cappelletti, wo Romeo einst Julien fand, jetzt eine Fuhrmannsherberge.

Casa Gazzoli mit einer Sammlung Petrefacten von Monte Bolca.

Castello vecchio (33) von Cangrande II. 1355, theils zerstört, theils modernisirt, doch auch zum Theil noch alt. Dicht dabei Ponte del Castello von demselben, mit Bogen von verschiedener Spannung (einer hat 161'). Schöne Aussichten von der Brücke.

Colle di San Pietro mit der Burg Dietrichs von Bern (Theodorichs von Verona), die zum Theil zerstört worden für den Bau von S. Pietro in Castello: von Galeazzo Visconti 1393 zur Festung umgeschaffen, 1801 von den Franzosen zerstört, 1850 neu erbaut; j. als feste Caserne aufgerichtet. Schöne Aussicht. Fundort vieler Fossile.

* Museo civico (35) sonst Pal. Pompei von San Micheli mit einer Sammlung von Petrefacten, Statuen, kleinen antiken Bronzen und andern Anticaglien, und vielen Gemälden der alten Veroneser Schule: Altarwerk von *Turoni* 1360. Die Erfindung des Rosenkranzes von *Pisanello*. Geburt Christi von *Joh. Mansuetis*. Madonna mit Heiligen von *Cima da Conegliano*. Bildniss des Ritters Guarienti von *Paolo Veronese*. * Ein grosses Altarbild und die Passionsgeschichte in vielen Bildern 1517 von *Cavazzola*, ehedem in S. Bernardino. Die Dreieinigkeit von *Fr. Morone;* ein Concert von *Paolo Veronese*. Die Fusswaschung von *Fr. Carotto*.

* Museo lapidario (28), eine Sammlung griechischer, etrurischer und römischer Statuen und Alterthümer, in einem Säulengang am Teatro filarmonico, gegründet 1617 von der Accademia filarmonica, erweitert und vermehrt (auch beschrieben) von *Maffei*, und nachmals noch von andern Veronesern beschenkt; wichtiger durch Inschriften etc. als durch Kunstwerke. Der Grabstein des Diogenes. Der Custode wohnt in der Nähe.

Orfanotrofio (20). Im Garten ein Sarkophag von röthlichem Marmor, der ohne allen Grund für die Grabstätte Julia's ausgegeben und verehrt wird.

Paläste. Pal. dell' Aquila, ehedem Eigenthum der Scaliger, dann der Ritter von Brandenburg, die dem Cangrande gegen seinen Bruder Frignano beigestanden.

P. Bevilacqua (25), von *Sanmicheli*.

P. Buri mit Gemälden von *Carotto*, *Gior. Bellini* etc. Miniaturen von *Gir. dai Libri*.

Pal Canossa (26) von *Sanmicheli* 1527—1560, mit einem Hunde-Fries, 8 colossalen Statuen — darunter 2 Hundeführerinnen — auf der Attike; Renaissance-Façade mit korinthischen Pilastern. Das Innere mit Fresken von *India* und *Tiepolo*, Oelgemälden von *Brusasorci*, *Farinati*, *Orbetti*, und einer ansehnlichen Mineralien- und Fossiliensammlung.

Pal. Carli, Wohnung ehedem des Feldmarschalls Radetzky, jetzt des Armeecommandanten.

* Pal. del Consiglio (27) von *Ant. Rizzo* (oder n. A. von *Fra Giocondo*. (Sein Bildniss in Relief am Arco delle foggie.) Oben auf dem Palast Statuen berühmter Veroneser, als Plinius der Jüngere (?), Cornelius Nepos, L. Vitruvius Cerdo, Catullus etc.

Pal. Giusti mit Gartenanlagen und der schönsten Aussicht auf Verona und die Umgegend.

Pal. Guastaverza von *Sanmicheli*.

Pal. Maffei mit schöner Treppe und einer Serapis-Statue.

Pal. Pompei s. Museo civico.

Pal. Portalupi (Via de' Borsari) mit grandioser Renaissance-Façade.

Pal. Ridolfi mit der Krönung Carls V. zu Bologna von *Ricci*.

Pal. Versa, j. Sparavieri von *San Micheli*.

Theater: Teatro filarmonico,

im Herbst für Oper, und im Carneval für Oper und Ballet. — T. nuovo an Piazza di Brà, erbaut 1846.

Il Vescovado (20) neben der Kathedrale, renovirt 1356. Im Synodalsaal Reihenfolge von Bildnissen veronesischer Bischöfe. In einem Zimmer die Kreuzigung von *Jacopo Bellini;* im Oratorium die Erweckung Lazari von *Fr. Carotto* und Geburt und Tod Mariä und Anbetung der Könige von *Liberale.*

Umgegend: Madonna di Campagna von *San Micheli,* ½ St. vor Porta Vescovo. Villafranca 1½ Post auf der Strasse nach Mantua mit einem Castell aus dem 14. Jahrh.

Borghetto auf der Strasse nach Brescia mit dem Castell von Vallegio, von den Scaligern erbaut, und einer befestigten Brücke von Gio. Galeazzo Visconti von 1393.

S. Giorgio im Val Policella unweit Volargne nahe der Strasse nach Trient, mit einer schönen Kirche, erbaut unter dem Longobardenkönig Luitprand 712—744 von Magister Ursus.

Madonna delle Stelle bei Quinto, 1½ St. nördlich von Verona, mit einer römischen Krypta (vielleicht Bad), darin Mosaiken und ein Sarkophag. Eine halbe Stunde weiter:

Grezzana, berühmt durch die zahlreichen Fossile v. grossen Landthieren, die man in der Gegend gefunden. Dabei die Villa Cuzzano mit Fresken von *P. Veronese.*

Val Policella guter Wein und Val Pontena, sehr gut gebaut. Ponte della Veja, eine natürliche sehr malerische Felsenbrücke von 150′ Spannung und 10—15′ Breite.

Soave an der Strasse nach Vicenza mit Festungswerken der Scaliger.

Val Cunella mit dem Monte del Diabolo, einer merkwürdigen Basaltformation. Vestena dessgl.

Monte Bolca, der bedeutendste Fundort fossiler Fische. (Nieder-

lage davon in Verona im Amphitheater.)

———

Eisenbahn nach Venedig in 4 St. für 1l. 5,51. — 4,14 — 2,76. Fruchtbare Ebene; Anblick der Alpen zur Linken. Bei S. Michele sieht man an der andern Seite der Etsch das 1591 nach *Sanmicheli's* Zeichnung gebaute Lazareth (j. Pulvermagazin). In S. Michele war ehedem ein Kloster, in welchem die Enkelinnen Dantes, Alighiera, Gemma und Lucia als Nonnen, die letztere 1402 als Aebtissin gelebt. — Madonna di Campagna, eine nach *Sanmicheli's* Zeichnungen erbaute Kirche, in welcher der hier ermordete Geschichtschreiber Davila begraben liegt.

Caldiéro (Caldarium) mit bedeutenden aber wenig beachteten warmen Mineral-(Schwefel-) Bädern. Die erste Anlage ist von Petronius Probus i. J. 753 U. (1. p. C.) Ezzelino zerstörte sie 1240; die Venetianer stellten sie um 1490 wieder her. 11. Nov. 1796 Gefecht zwischen Bonaparte und den Oestreichern, in welchem die letzteren siegten. 29. bis 31. Oct. 1805 Sieg des Erzherzogs Carl über Massena. — Villanuova; in der Kirche am Altar ein Relief aus dem 13. Jahrh. Der Glockenthurm war einst ein Wartthurm.

S. Bonifazio. Nahebei, südlich, Arcole am Alpone, wo Bonaparte am 15., 16., 17. Nov. 1796, nach der Schlappe von Caldiéro, die Oestreicher unter Alvinzi geschlagen, nachdem er, den wankenden Sieg zu stützen, mit eigener Hand die Fahne auf der vom Feind vertheidigten Brücke aufgepflanzt. Der Fall von Mantua war die Folge dieses Siegs. Der zum Andenken daran errichtete Obelisk ist etwas unkenntlich geworden. — Reizende Ansicht der Monti Berici im Süden. — Bei Torre de' confini die alte Grenze zwischen Vicenza und Verona.

Vicenza,

Vicentia (Wirthsh.: Hôt. de la Ville. Stella d'oro. Tre Garofali. Due morti. Café im Bahnhof. Café militare (sonst dei Nobili) im Corso. C. Porta Castello und C. Hasardo nahe beim Hôtel de la Ville. C. Maneghini an Piazza dei Nobili. — Um die Kirchen und Paläste ohne Zeitaufwand zu sehen, thut man gut, einem kundigen Führer — wie er im Hôt. de la Ville zu erfragen — sich anzuvertrauen. Hauptsehenswürdigkeiten in topographischer Folge: Corso. S. Lorenzo. Kathedrale. Piazza dei Signori. Pal. Bigafetta. Pinacoteca. S. Corona. Teatro Olimpico. Monte Berico). Hauptstadt einer Delegation im lombardisch-venetianischen Königreich im N.O. der Gebirgskette Berici am Zusammenfluss des Bacchilione und Retrone, von hier an schiffbar, in einer fruchtbaren und augebauten Ebene, mit vielem Handel von Getreide und Wein (von Braganza), Seide, Seidenstoffen, Strohhüten, Porcellan etc., mit Mauern und Gräben, 9 Brücken und 30,000 Ew. Ueber seine Bedeutung im Alterthum wissen wir wenig; Tacitus nennt es ein unbedeutendes Municipium. Im Mittelalter war es eine der ersten gegen Barbarossa verbündeten lombardischen Städte. 1236 wurde es von Friedrich II. erobert und zerstört. Nach vielem Herrenwechsel kam es 1404 an Venedig und mit diesem zuletzt an das Haus Oestreich. 1848 war es der Revolution beigetreten, aber am 10. Juni durch Radetzky mit Waffengewalt wieder unterworfen worden. Sein elegantes, ja prächtiges Aussehen dankt es hauptsächlich dem daselbst geborenen Baumeister *Palladio*, der hier eine grosse Anzahl seiner vorzüglichsten Bauten aufgeführt. Gleicherweise berühmt

Anm. Die beigesetzten Ziffern beziehen sich auf den Plan.

sind der gleichzeitige Dichter und Redner *Giangiorgio Trissino* und *Vincenzo Scamozzi*, der Architekt. *Oeffentliche Plätze:* Piazza dei Signori, mit den beiden Säulen Venedigs, durch welche dieser Staat seine Herrschaft bezeichnete, und dem 300' hohen und nur 20' breiten Glockenthurm aus dem 11. Jahrh. 1311 bis zur Cella und 1446 bis zur Spitze vollendet; dem P. della Ragione, Monte di Pietà v. 1486 und 1553.

Kirchen: * Kathedrale im germanisch-italienischen Styl, 1383—1483, mit 5 spitzbogigen Arcaden an der Façade, 1 Portal, 2 schmalen Fenstern, damenbrettartiger Bekleidung von weissen und rothen Steinen; an der Nordseite vorgebauten polygonen Capellen, halbkreisrundem Chorabschluss. Inneres: ein Schiff, an beiden Seiten tiefe Capellen statt der Nebenschiffe. 4 Gewölbfelder, 8 Arcaden an jeder Seite. 5 Cap. r. Altarwerk aus dem 14. Jahrh. mit dem Tod Mariä und vielen Heiligen auf Goldgrund. Daneben 2 Apostel a Fresco aus dem 16. Jahrh. — 4 Cap. l. Fresken aus dem 16. Jahrh. von? Die Passionsgeschichte r. und die Legende des H. Montanus l. — 2. Cap. l. Martyrergeschichten von? — Von *Zelotti:* die Bekehrung Sauls. Im Oratorium des Doms Madonna und Christus im Tempel von *Maganza.*

S. Corona im venetianischen Styl von 1300; 3 Schiffe; 2mal 4 spitzbogige Arcaden auf runden Säulen; polygoner Chorschluss. — 1 Cap. l. * Sta. Magdalena mit Hieronymus und Martha, Augustinus und Monica von *Bart. Montagna!* 4. Altar l. * Taufe Christi von *Giov. Bellini!* mit köstlicher architectonischer Einfassung. — Die als „Sta. Iphigenia" hier früher verehrte antike Musenstatue ist jetzt im Museo. In der Vorhalle des Seitenportals alte Bildwerke und Inschriften.

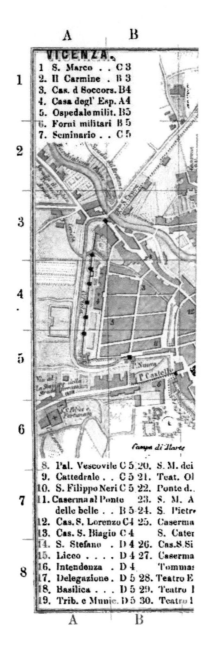

A **B**

VICENZA.

1 S. Marco . . C 3
2. Il Carmine . B 3
3. Cas. d Soccors. B4
4. Casa degl' Esp. A4
5. Ospedale milit. B5
6. Forni militari B 5
7. Seminario . . C 5

1
2
3
4
5
6

8. Pal. Vescovile C 5 20. S. M. dei
9. Cattedrale . . C 5 21. Teat. Ol
10. S. Filippo Neri C 5 22. Ponte d.
11. Caserma al Ponte 23. S. M. A
    delle belle . . B 5 24. S. Pietr
12. Cas. S. Lorenzo C4 25. Caserma
13. Cas. S. Biagio C 4   S. Cater
14. S. Stefano . D 4 26. Cas. S. Si
15. Liceo . . . . D 4 27. Caserma
16. Intendenza . D 4   Tommas
17. Delegazione . D 5 28. Teatro E
18. Basilica . . . D 5 29. Teatro I
19. Trib. e Munic. D 5 30. Teatro I

7
8

A **B**

Gemälde: Mehre Heilige von *Montagna*. Die Taufe Christi von *Giov. Bellini*. Die Anbetung der Könige von *Paolo Veronese*.

S. Domenico aus dem 14. Jahrh., die Anbetung der Könige von *Maganza*.

In der Kirche dell' Ospizio dei Poveri Gemälde von *Maganza*, und eine Felicitas von *Canova*.

S. Gaetano. Gemälde von *Bassano*.

S. Lorenzo v. 1280, mit Sculpturen von 1343, Altäre mit Gemälden und Bildwerken aus dem 15. Jahrh. auch merkwürdigen Grabmälern des 14. und 15. Jahrh.

S. Pietro mit Gemälden von *Maganza*. Dabei das Ospizio de' Poveri, mit einem Basrelief von *Canova* über der Thüre: Ottavio Trenta, Gründer des Hospitals, von der Caritas geehrt.

S. Rocco mit einer Madonna von *Marescalco*.

S. Stefano mit einem Altarbild von *Palma vecchio*.

Paläste und Sammlungen. La Basilica, Palazzo della Ragione, das Rathhaus, ein mittelalterliches, 1236 und 1389 abgebranntes, 1444 neuerbautes von *Palladio* 1549 restaurirtes Gebäude, mit grossen, offnen Arcaden, unten und oben, in nahebei Bramantesken Formen. Daneben die Statue Palladios von *Vincenzo Gajassi* Romano.

Pal. Prefettizio mit reicher, korinthischer Façade, an der Ostseite die Anordnung eines röm. Triumphbogens von *Palladio*.

Das Haus des Palladio, von diesem (?) für die Familie Cogollo erbaut.

Die Paläste: im Corso: no. 6. Bonin, sonst Thiene aus *Palladios* Zeit. no. 12. Casa Barbaran-Capra, sonst Thiene 1572 mit Fresken aussen von *del Moro*. no. 14. Pal. Annibale Thiene im venetianischen Styl aus dem 14. Jahrh.

no. 588. P. Braschi, dessgl. no. 2140. P. Trissino von *Scamozzi* 1592 ionisch und korinthisch; 14 freie Säulen. Daneben Casa Trissino von 1530. no. 873. P. Schio. aus dem 15. Jahrh. mit schönen Sculpturen am Portal, und Antiken in der Vorhalle. — Contrada S. Lorenzo no. 579. P. Valmarana von *Palladio* 1566 mit Riesenpilastern und ionischer Hofhalle. — Contr. Riale 601. P. Porto-Barbarano, von *Palladio* 1570. no. 847 P. Thiene mit schön verziertem Portal. 858 P. Thiene von *Palladio* 1556 mit feinen Sculpturen, am Portal. — Contr. Porto 605. P. Colleoni-Porto, von *Palladio* 1552.—604, P. gleichen Namens aus dem 14. Jahrh. 603. P. da Porto von 1481. no. 843. P. Conte Orgian-Tornieri, mit antiken Sculpturen und Inschriften in der Vorhalle. — Pal. Conte Plovene von *Palladio* und Calderari mit einer gemalten Treppe im Hof. — Pal. Conte Orian mit Antiken im Vestibul; gegenüber Pal. der Contessa Colleoni im venetianischen Styl. — Casa Bigafetta des I. Bischofs von Vicenza von 1481 in der Via Luna mit schönen Altanen, und reich verziertem Portal, daran die Inschrift „Il n'est Rose sans Espine." — Ferner Conte Porto Leoni, gegenüber vom Hôtel de la Ville. Ca' del Diabolo, nur zum Theil fertig: 3 immense Säulen vor einem kleinen Hause; daher sein Name. — Pal. Contessa Loschi. Barbarano von ionischer und korinthischer Ordnung mit Fresken; Pal. Capitanale in ruinösem Zustand; Trissino in Cricoli vor Porta di S. Bartolommeo, sämmtlich von *Palladio*. Folco, gen. Franceschini von *Bertolti*. P. Conte Cordellino von Ottone Calderari im Styl des *Palladio*.

* Teatro Olimpico, nach der Zeichnung des *Palladio*, und im

antiken Geschmack. erbaut und vollendet von seinem Sohn 1580. Um
diese Zeit führte man Uebersetzungen griechischer Tragiker darin auf.
Auch 1847 wurde der Oedipus Ty-
rannus des Sophocles für den Ge-
lehrtencongress von Venedig darin
gespielt.

* Pinacoteca oder Museo im
ehemaligen Pal. Chiericati von *Palladio* 1568 mit dorischem Porticus,
mit antiken Sculpturen, namentlich
der schönen Muse (Iphigenia) aus
Sta. Corona, mit Gemälden, die vormals zum Theil im Palazzo della
Raggione waren: *Marescalco:* Pietà.
Bart. Montagna: Anbetung des Kindes. Darstellung im Tempel. — Madonna in tr. — *Marcello Fogolino:*
Anbetung der Könige. *Giov. Spe-
ranza:* Himmelfahrt Mariä. — *Paul-
lus de Venetia.* 1333: Tod und Himmelfahrt Mariä. *Marco Palmeggiano:*
Pietà. *Hieronymus Moceto,* Madonna
mit dem Kind. *Cima da Conegliano*
Madonna in tr. mit Heiligen 1489.
Giov. Bellini: Madonna mit dem
Kind. *Bernardino di Murano:* Madonna in tr. mit Heiligen. *Paolo
Veronese* Madonna mit Heiligen. *Rubens* die 4 Alter des Menschen. —
Originalzeichnungen von *Palladio,*
und Manuscripte von *Giov. Giorgio Trissino.* Viele Bronzen und
über 6000 Münzen und Medaillen
von Consuln, Kaisern, Päpsten etc.
auch Naturalien.

Bibliothek (gen. la Bertoliana)
mit 36,000 Bdn. u. 200 Mss. Viele
schöne erste Ausgaben, als: des Livius, Quinctilian, Petrarca, ein Decret Gratians. Ein Ariosto auf Vel-
lin, mit dessen Bildniss nach *Tizian.*
Von Mss.: Bibeln aus dem 13. Jahrh.,
ein Virgil aus dem 14., und ein
Catull etc. aus dem 15. Jahrh.

Spaziergänge. Campo Marzio.
Auf dem Hügel S. Sebastiano viele
Villen und Gärten: die berühmte
Rotonda Paladiana oder Capra,

die Villa Palladio's, von welcher
Goethe besonders entzückt gewesen.

Unter Arcaden geht man ¹/₂ St.
nach **Monte Berico,** wo eine köstliche Aussicht und eine Madonnen-
kirche von 1428, 2 Schiffe, dicke,
kurze Säulen, spitzbogige Arcaden,
Altar r. Pietà mit Madonna, Petrus,
Johannes, Magdalena, 1500. Die neue
Kirche von *Palladio* 1579, vollendet
1668 von *Borella.* In der Kirche
eine Pietà von *Montagna.* Im Refectorium des Klosters: * Christus als
Pilger an der Tafel Papst Gregors d.
G. von *Paolo Veronese.* Ein schöner
kleiner Klosterhof, und zierliche
Klosterpforte.

Die ganze Bergkette der beri-
schen Hügel, 14 M. l., 7 br., ist
vulcanischen Ursprungs, und hat
sehenswerthe Kalksteinbrüche, die
für Vicenza's Paläste die Steine ge-
liefert, und in Kriegszeiten (1509)
Zufluchtstätten der Bewohner gewesen.

Ausserdem in der Nähe la grotta
di Castrozzo, die Vorstädte Tiene
und Schio, Nova und Breganza, die
Landhäuser in Valdagno und Re-
conro (S. Abth. I. Bäder), Lonigo
und Camisano. Auch besucht
man von hier aus die Sette Communi. S. 5 b.

Mit dem Fest des Corpus Domini ist in Vicenza ein besonderes
Volksfest, della Rua, verbunden,
wobei ein grosser, thurmartiger, ge-
schmückter und bunt besetzter Wagen von Menschen durch die Stadt
gezogen wird, zum Andenken an
die Tapferkeit der beiden Ritter Bassano und Verlato, die den Tyrannen
Ezzelino verjagt. Cf. Arnaldi Descr.
delle architetture etc. di Vicenza 1779.

Von Vicenza führt die Eisenbahn
durch eine mit reizenden Villen und
Gärten geschmückte mit reicher Vegetation gesegnete Gegend, in welcher südlich die Euganeischen Hügel
sichtbar sind, nach

Padua.

Patavium, it. **Padova.** — Stella d'oro (34). Hôtel de la ville. Aquila d'oro (35). Croce d'oro. Imperatore Romano. Deutsches Bräuhaus gegenüber S. Sofia. Spelsezettel: Costolette di montone. Lingue salmistrate. Focaccia. — **Café: "Pedrocchi. — Buchhandlung:** Zambeccari. — Wer von hier über Rovigo und Ferrara nach Bologna reisen will, findet ausser den Vetturinen und dem Eilwagen, der in der Nacht fährt (in 5¼ St. für 5 fl.), Diligencen (Bureau in Stella d'oro), die für 4 fl. 77 S., die Eisenbahnfahrt von Lagoscuro inbegriffen, den Reisenden in 9 St. nach Ferrara bringen.

— 45° 23′ n. Br., 29° 32′ Länge, Hauptstadt einer Delegation im lombardisch-venetianischen Königreich, in einer fruchtbaren Ebene am Bacchilione, von alterthümlichem Aussehen, mit engen Strassen, grossen Palästen und Kirchen, einer Universität, 7 Thoren, hohen Wällen und 50,000 Ew. In der Mitte des Junius grosser Rossmarkt.

Sein Ursprung fällt in die Sagenzeit; Livius schreibt ihn dem Trojaner Antenor nach der Eroberung Troja's zu; unter römischer Herrschaft war es eine auch durch Handel bedeutende Stadt. Es sandte 500 Ritter zum römischen Heer, und wurde 705 U. in die Tribus Fabiana als römische Bürgerschaft eingeschrieben. Im Mittelalter Freistaat, litt es zu Anfang des 13. Jahrh. lange unter den Bedrückungen des kaiserlichen Vogts Ezzelino, gewann indess durch den demselben geleisteten Widerstand Macht, erlangte aber erst im 14. Jahrh. unter der Herrschaft der Familie **Carrara**, namentlich des Ubertino C. 1330, und des Francesco, 1370 bis 1380, Glanz und Bedeutung wieder. 1403 kam es an die Republik Venedig, deren Schicksale es seitdem getheilt.

Padua ist die Vaterstadt des römischen Geschichtschreibers **Titus Livius**, des im 14. Jahrhundert berühmten und als Zauberer verurtheilten Astronomen und Mathematikers **Pietro d'Abano**, der Maler **A. Mantegna, Campagnola, Varotari**, des Dichters **Albertino Musato** etc.

Gegenwärtig leben hier viele ausgezeichnete Gelehrte, u. A. **Luigi Citadella**, Cav. Andr. Citadella und Berti (Geschichte), Vedova (paduanische Geschichte). S. u. Universität. Das einzige hier erscheinende wissenschaftliche Journal ist „il Brenta."

In der Geschichte der christlichen Kunst vermittelt Padua Toscana, von wo die neuen Bestrebungen ausgegangen, mit der Lombardei und mit Venedig. Der im 13. Jahrhundert in Italien herrschend gewordene germanische Baustyl erscheint hier aufs schönste durch italienischen Einfluss gemässigt, wie an den ältern Kirchen und Palästen ersichtlich, was die Angabe Vasari's, dass **Niccolo Pisano**, dieser Verehrer der Antike (s. Pisa), S. Antonio gebaut, etwas in Zweifel stellt. — Auch im 14. Jahrh. zeigt sich die Architektur hier noch edel

und eigenthümlich, wie bei den verschiedenen Klosterumgängen zu sehen
ist, und von ihrer Wiederversöhnung mit der Antike zeugen mehre
öffentliche Gebäude (die Universität, S. Giustina etc.) Einer der ersten,
die dem Vitruv und der römischen Antike hier folgten, war *Falconetto*.
Deutlich ist der Einfluss der Pisaner Bildhauer-Schule und
des *Giovanni Pisano* unmittelbar an den Grabdenkmalen des 14. Jahrh.,
deren Padua sehr viele und sehr schöne bewahrt, und in denen Architektur, Sculptur und Malerei harmonisch zusammenwirken (in S. Antonio, Agli Eremitani, Madonna dell' Arena). Am einflussreichsten war
Donatello's Wirken in Padua (S. Antonio), und seiner Strenge in Betreff
der Form und Ausführung dankt vornehmlich *Andrea Riccio* seine grössere Ausbildung (S. Antonio).

Auf die Malerei wirkte der Gründer der neuen Richtung, *Giotto*,
persönlich (cf. Florenz), da er hier lange Zeit gelebt und grosse Werke
ausgeführt, von denen das eine (Madonna dell' Arena) das umfassendste,
durchgebildetste dieses grossen Geistes, grossentheils wohl erhalten ist.
Von dem, was unmittelbar nach ihm durch seine Schüler ausgeführt
worden, hat sich wenig erhalten. — Der bedeutendste seiner Nachfolger
in dieser Gegend war *Aldighiero da Zevio* (Capella S. Felice in S.
Antonio), der mit seiner kräftigern Schattengebung den Uebergang zu
einer neuen Erscheinung bildete. *Jacopo d'Avanzo* [1] (ebendaselbst und
Capella di S. Giorgio) gewann die Wirkung der Rundung und Perspective, ohne deren Gesetze zu kennen, und fand die kalten Mittel- und
die tiefen Localtöne in der Malerei, und ward auf diese Weise mit Wahrscheinlichkeit Begründer des venetianischen Colorits, wenigstens ist seine
Wirkung auf *Giovanni Bellini*, der als Jüngling mit seinem Bruder
und unter seinem Vater für die Capella di Gattamelatta in S. Antonio
1460 eine Altartafel gemalt, nicht zu bezweifeln (s. Venedig). Der noch
von *Aldighiero* überlieferte Sinn für das Feierliche wurde durch seine
Richtung aufs Natürliche gemässigt, wie letztere durch jenen stets in
einer reinen Höhe gehalten. — Der Natur gegenüber haben sich Giotto
und seine Nachfolger mehr auffassend als nachbildend verhalten. Als
aber um den Anfang des 15. Jahrh. *Franc. Squarcione* von seinen Reisen
aus Griechenland und Italien eine grosse Anzahl Antiken mitbrachte,
da meinte man deren Vollkommenheit nur auf dem Wege getreuester
Nachbildung erreichen zu können, und hielt sich sowohl an sie, als an
lebendige Modelle. Aus einer Schule von mehr als 100 Schülern ging
als deren bedeutendster *Andrea Mantegna* hervor; in ihm bildet sich
die Richtung aufs Natürliche zum Streben nach Illusion aus, das in

---

[1] Nicht zu verwechseln mit einem gleichzeitigen Maler dieses Namens aus Bologna.
(S. Rom, Pal. Colonna.)

den Gesetzen der Perspective, im Studium des Nackten, der Costüme,
Sitten, Architekturen etc. wesentliche Mittel der Darstellung sieht (agli
Eremitani) und selbst mit Beeinträchtigung der höhern, auf freier Anschauung ruhenden Kunst — wesentliche Hindernisse der Vollendung
beseitigt, so dass er in Mantua (s. d.) und Venedig (s. d.) von ent-
schiedenem Einfluss sein konnte. Ueber die Richtung des *Giusto Padovano* lässt sich mit Bestimmtheit noch nichts angeben, da die ihm
bisher zugeschriebenen erhaltenen Werke mit grösserer Wahrscheinlichkeit zweien unbedeutenden, *Giovanni* und *Antonio* aus Padua, gehören.
Seine Malereien bei den Eremitanern sind zu Grunde gegangen. Ein
kleines beglaubigtes Gemälde von ihm ehedem in der Sammlung des
Fürsten Wallerstein zu München zeigt ihn obigen Malern verwandt, aber
weit überlegen. Der letzte Schimmer Giotto'scher Schule liegt auf den
Malereien des Salone und des Chors der Eremitaner, doch sind alle
Formen abgerundeter, weicher, die Verhältnisse und Charaktere dagegen
unsicher. Mit Wahrscheinlichkeit kann man *Giov. Miretto* als Meister
nennen. In der Folge, als Padua dem venetianischen Staate einverleibt
worden, sind auch seine Künstler bloss Mitglieder der venetianischen
Schule. *Campagnola* und *Varotari* sind die bedeutendsten.

Hauptsehenswürdigkeiten in topographischer Folge: S. Antonio. S. Giorgio. Scuola del Santo Botanischer Garten. S. Giustina.
Prato della Valle. Dom. Madonna dell' Arena. Agli Eremitani. Palazzo
della Ragione.

Anm. Die beigesetzten Ziffern beziehen sich auf den Plan.

Thore: S. Giovanni und Savonarola von *Falconetto*.

Oeffentliche Plätze: Piazza dei
Signori (1), so genannt weil hier
ehedem der Palast der Carraresen
stand, mit dem Pal. del Capitanio,
der Loggia del Consiglio mit dem
schönen Porticus von *Biagio Ferrarese*, und einer mit neuem Capital
und Postament versehenen antiken
Säule. Piazza delle Erbe (2) u.
Piazza de' Frutti (3), wo die
meisten Lebensmittel, liegen zu beiden Seiten des öffentlichen Palastes.
An einem der öffentlichen Plätze die
Statue Dantes von Vela 1865. An
Piazza dell' Uva Fresken von
Campagnola oder *Gualtieri*. Piazza
delle Biade, Getreidemarkt neben
dem Café Pedrochi.

Prato della Valle(4), der grösste
Platz der Stadt, in dessen Mitte ein
angenehmer von Wiesen gebildeter,
mit schattigen Bäumen bepflanzter,
Spaziergang ist. Fliessendes Wasser
umgibt ihn; 74 Statuen berühmter
Paduaner oder um Padua verdienter
Ausländer schmücken ihn.

Kirchen: S. **Antonio** (il Santo)
(5), mit dem Grab und den Reliquien dieses Heiligen, der im Jahr
1231 gestorben. 1256 ist der Bau
(angeblich von *Niccola Pisano*) begonnen und 1307 vollendet worden.
Die orientalisirenden Kuppeln fügte
man im 15. Jahrh. hinzu. Ueber
dem Haupteingang ein leider ganz
übermaltes Bild von *A. Mantegna*,
die HH. Antonio und Bernardino.
— Vor der Kirche die Reiter-

statue des venetianischen Feldherrn
Gatta-Melatta von *Donatello*, das älteste italienische grosse Gusswerk
neuerer Zeit. — Das Innere der
Kirche hat durch Modernisirung
(vornehmlich durch Umkleisterung
der Säulen) sehr an Charakter gelitten, ist aber unendlich reich an
Kunstdenkmalen. Geht man durch
den Eingang linker Hand, so sieht
man am ersten Pfeiler ein Madonnenbild (Madonna dei Ciecchi) aus
dem 14. Jahrh. (angeblich von *Stefano di Ferrara*, restaurirt von *Zanoni*). — Denkmal des Horazio Sec-
co, † 1683 bei der Belagerung von
Venedig durch die Türken, von *Filippo Parrodi Genovese*. — Ueber
dem Weihbecken Christus, von *Tiziano Aspetti*. — Denkmal des Antonio Trompetta, Erzbischofs und
Schriftstellers, † 1517, mit dessen
Büste in Bronze, von *Andr. Riccio*.
— Denkmal und Büste des Domenico Ornani Corso, † 1619; — des
Giov. Batt. Selvatico, † 1629, und
das prächtige des Feldherrn Alessandro Contarini, nach der Zeichnung des *M. Sanmicheli;* Sculpturen
von *Aless. Vittoria, Pietro da Salò*
und *Agostino Zoppo*, die Büste von
Danese Cataneo, errichtet 1555. —
Anbetung der Könige, Oelgemälde
von *Pietro-Paolo Santa Croce* 1591.
— Denkmale und Büsten des Grafen Dohna, † 1614, und des Prof.
Ottonello Discalzi, † 1607. — Büste
der gelehrten Elena Cornaro Piscopia, von *Ant. Verona*. — Denkmal
und Büsten des Costantino Dottori,
† 1670, der Familie Lazzara 1651.
die Büsten von *Matteo Guario Allio;*
des Girol. Michiel, † 1558. —
Die Capella del Santo, Architektur von *Giac. Sansovino;* mit
einer Façade von 5 Bogen auf 4 Säulen und 2 Pilastern, darüber eine
Nischenreihe mit Statuen. Die Pilaster zur Linken von *Gir. Pironi*,
die zur Rechten von *M. Allio Milanese* und seinem Bruder, bemerkens-

werthe Arbeiten voll Anmuth, Geist
und Natur, wie sie in der Zeit dieses
Künstlers (1660—80) sonst nicht vorkommen. Der Altar des Heiligen
vom Jahr 1598 ist mit (Verde antico)
Marmor bekleidet; die Bronzestatuen
der Heiligen Antonius, Bonaventura, Ludwig und die 4 Engel, welche die Leuchter halten, sind von
Tiziano Aspetti. Die Marmorgruppe
von Engeln links mit dem silbernen
Leuchter (1607 Unzen schwer), von
Filippo Parodi 1584, und rechts
(der Leuchter, 1450 Unzen Silber),
von *Orazio Marinali*, 1673. — Reliefs an den Wänden der Capella: 1) Antonius nimmt das Or-
denskleid der Franciscaner von *Antonio Minello de' Bardi* 1512. 2) Der
Heilige führt eine von ihrem eifer-
süchtigen Gemahl ermordete Frau
ins Leben zurück, von *Paolo Stella* (?)
(n. A. von *Juan Maria Padovano*).
3) Der Heilige erweckt einen Jüngling vom Tode, damit dieser die
Unschuld seines des Mordes ange-
klagten Vaters kund thue, von *Ant.
Campagna Veron*. 4) Todtenerwe-
ckung eines Mädchens, die sich
selbst ertränkt hatte, von *Jac. Sansovino*. 5) Der Heilige erweckt den
jungen Parasio vom Tod, von *Cataneo* (?) (n. A. von *Paolo Peluca*).
— 6) Der Heilige öffnet den Leichnam eines Geizigen, und findet an
der Stelle des Herzens einen Stein,
von *Tullio Lombardo*. 7) Der Heilige heilt einem Knaben das zerbrochene Bein, von *dems.* 8) Ein gewisser Alcardino wird durch ein
aus dem obern Stock eines Hauses
geworfenes und nicht zerbrechen-
des Glas von der Wunderkraft des
Heiligen überzeugt, von *Danese Cataneo* (n. A. von *Giov. Minio* und
Giuliano Fornasiero). 9) Der Heilige bringt ein Kind von wenig
Wochen zum Sprechen, damit es
gegen den Vater die Unschuld seiner Mutter beweise, von *Antonio
Lombardo*. — Denkmal des Juristen

Google

Raffaello Fulgoso. — Capella della Madonna Mora, mit der sitzenden Marmorstatue der Madonna von 1392. — Capella S. Luca, mit Wand- und Deckengemälden von *Giovanni* und *Antonio Padovani* (n. A. von *Giusto Padovano*) 1382. Votivgemälde hinter dem Altar. An der Decke die vier Evangelisten, das Geschlechtsregister Christi, Christus als Einsetzer von Taufe u. Abendmahl. Lunette der Chornische: Verkündigung. Seitenfelder: Petrus und Paulus. Aus der Geschichte des jüngern Jacobus: Die erste Messe von Christus selbst nach der Auferstehung seinem Bruder gehalten. Gegenüber: Erste Apostelversammlung, in der Jacobus beim Streit über die Beschneidung der Heiden den Ausschlag gibt. 1. Lunette: Jacobus wird während der Predigt zu Jerusalem von den Pharisäern von der Kanzel geworfen. 2. Lunette: Jacobus wird im Gebet für seine Feinde von einem derselben mit einem Scheit Holz erschlagen. — Jacobus befreit einen Gefangenen aus dem Schuldthurm, lässt einen verirrten Knecht Brod und den rechten Weg finden. — Aus der Geschichte des Philippus: Die Exsecration des Marstempels und Erweckung der durch den Drachen Getödteten, und die Kreuzigung des Heiligen in Hierapolis. — Aus der Legende des seligen Lucas von Padua zu beiden Seiten des Altars: Lucas erhält von S. Anton die Zusage der Befreiung Padua's vom Tyrannen Ezzelino, und von Christus die Gabe, Kranke und Krüppel zu heilen. — Das Presbyterium: durchaus eingeschlossen; die Bronzethüren mit S. Anton und Prosdocimus, und allegorischen Figuren von *Tiziano Aspetti;* unter den Cantorien der vier Orgeln die vier evangelischen Zeichen in Bronze, von *Donatello.* — Zwölf Reliefs in Bronze, alttestamentliche Geschichten, von *Vellano* 1488, *Andrea Riccio* 1507

(David vor der Bundeslade, Judith und Holofernes). — Das Parapetto des Altars mit Reliefs in Bronze, von *Donatello:* Christus, 2 Wunder des h. Anton, und an der Seite Engel. — Die Erzstatuen der Heiligen Prosdocimus und Ludwig neben dem Altar von *Tiziano Minio;* rechts der grosse Candelaber zur Osterkerze von *Andrea Riccio* 1507. — Das grosse Bronze-Crucifix nebst Madonna mit den 4 Schutzheiligen der Stadt, von *Donatello.* Links unter der Orgel ein altes Mauerbild des h. Antonius. — Im Ausgang nach der Tiefe des Chors Christus im Grabe, Relief von *Donatello.* Das Sanctuarium, erbaut von *Giov.* u. *Jac. Grossi* 1690, mit verschiedenen Reliquien, unter andern der Zunge und dem Kinn des heil. Anton: mit Sculpturen von *Fil. Parodi, Pietro Roncajolo, Adolf Gaab, Andrea Barci* und *Angiolo Scarabello.* — In der Sacristei mehre interessante Sculpturen und eingelegte Holzarbeiten; im ehemaligen Capitelsaal einige Heilige, Wandgemälde von *Giotto.* — Capella S. Felice, s. g. seit 1503, wo der Leichnam dieses Heiligen hieher versetzt worden, ursprünglich von einem Marchese di Soragna, Bonifazio de' Lupi, als Begräbnisscapelle dem h. Jacobus maj. gewidmet und nebst mehren evangelischen Darstellungen und Figuren mit der Geschichte desselben in Bildern geschmückt von *Aldighiero da Zevio* und *Jacopo d'Avanzo* 1376. 1) Predigt des Apostels in Jerusalem nach seiner Rückkehr aus Spanien, dabei Verabredung der Pharisäer Hermogenes und Philetus gegen ihn, und ihre Gemeinschaft mit Satanas. 2) Satan gibt auf das Gebot des Apostels den Hermogenes und Philetus etc. heraus; das im Feuer unverbrennliche Evangelium überzeugt diese von der Göttlichkeit desselben; sie lassen sich taufen. 3) Der Apostel, von Herodes Agrippa zum Tode geführt, heilt auf dem Weg zum Richtplatz einen Gichtbrüchigen. 4) Hermogenes, Philetus und andre Freunde haben unter dem Beistand eines Engels den Leichnam des Heiligen nach Spanien gebracht, und bitten um Aufnahme desselben im Schloss der Gräfin Lupa. 5) Die Freunde des Apostels kommen zum König des Landes und werden 6) ins Gefängniss gesteckt. 7) Auf Geheiss des Apostels befreit sie ein Engel, ihre Verfolger stürzen ins Wasser. (Die genannten Bilder sind mit Wahrscheinlichkeit von *Aldighiero da Zerio*; die folgenden von *Jacopo d'Avanzo*). 8) Der Leichnam des Apostels wird von wilden Ochsen, die durch jenen zahm geworden, ins Schloss der Gräfin Lupa geführt. 9) Die Gräfin mit ihrem ganzen Gesinde geht zum Christenthum über. — Hierauf folgt an der untern Ostwand die Geschichte des unter dem Beistand des Apostels über die Saracenen erfochtenen Siegs des Königs Ranimirus bei Clavigium: 1) S. Jacob erscheint dem König im Schlaf, und ermuntert ihn zum Krieg, der sodann in grosser Rathsversammlung beschlossen wird. 2) Die oben angeführte Schlacht. — Hinter dem Altar die Kreuzigung; rechts davon das Votivgemälde der Familie und der ganz übermalte S. Christoph. — Die Sculpturen der Capelle gehören dem 14. Jahrh. an, ebenso die des Altars. — Die Capelle des Sacraments; am Altar Reliefs in Erz von *Donatello*: eine Pietà und zwei Wunder des H. Anton (der das Sacrament anbetende Esel, und das seinen Vater bezeichnende Kind), ausserdem noch Engel an den Seiten. — Ueber der Kanzel ein kolossales Madonnenbild a fresco aus dem 14. Jahr. — Sowohl die Kirche als die anstossenden Kreuzgänge und deren Verbindungsgänge mit erster sind reich an interessanten Grab-

denkmalen, von denen die aus dem 14. Jahrh. eine beachtenswerthe Vereinigung der drei bildenden Künste zeigen.

Auf dem Platz vor der Kirche und in Verbindung damit (neben einem Grabmal aus dem Anfang des 14. Jahrhunderts).

Capella S. Giorgio (6), von Raimundo Marchese di Soragna, aus der Familie der Lupi, als Begräbnisscapelle erbaut, 1377, mit Wandgemälden von *Jacopo d'Avanzo*. An der Seite der Sarkophag des Stifters (ehedem mit den 10 Marmorstatuen der Lupi umgeben und mit einem Baldachin, der auf 10 Säulen ruhte, gedeckt).[1] Ausser den Fensterverzierungen (die Decke war mit den Bildnissen von Propheten geschmückt) sieht man an der Rückwand die Verkündigung; die Anbetung der Hirten; der Könige; die Darstellung im Tempel und die Flucht nach Aegypten; gegenüber die Krönung Mariä und die Kreuzigung. Links die Geschichte des h. Georg, den Kampf mit dem Drachen, die Taufe des Königs Zevius von Silena, und das Votivbild der Familie; Georg trinkt auf Befehl Diocletians den Giftbecher ohne Schaden; — er wird gerädert, aber himmlische Mächte zerschellen das Rad. Im Hintergrund: die Tribunen lassen sich von ihm taufen; der Kaiser

[1] Im Jahr 1582 wurde dieser nebst den Statuen abgebrochen, weil er ein neubeschafftes Altarbild verdeckte. Die Statuen befestigte man an Nägeln, die man in die Bilder schlug. Zur Zeit der franz. Invasion Militärspital, kam die Capelle ganz in Verfall und diente später der Kirche S. Antonio als Kehricht- und Rumpelkammer bis zum März 1837, wo der Verf. dieses Buches so glücklich war, zu entdecken, dass die scheinbar ganz zerstörten Gemälde unter einer dicken Staubkruste wohl erhalten seien. Die Kirchenverwaltung, an ihrer Spitze der Conte Zaccbo, sorgte sodann in Verbindung mit dem Fremdling für Wiederherstellung. Cf. Die Wandgemälde der S. Georgencapelle zu Padua von Dr. E. Förster. mit 14 Abbildungen, Berlin bei Reimer, 1841.

macht ihm harte Vorwürfe. — Er soll die Götter verehren, aber auf sein Gebet stürzen die heidnischen Tempel ein; er wird hingerichtet. Gegenüber oben Geschichte der heiligen Katharina: ihre Weigerung die Götter zu verehren; ihr Streit mit den'Philosophen; ihr Martyrium am Rad und ihre Enthauptung. Darunter die Geschichte der H. Lucia: ihre Verantwortung vor dem Präfect von Syracus; der vergebliche Versuch, sie. die durch die Kraft Gottes gehalten wird, zur Richtstatt zu schaffen; die verschiedenen Anstrengungen, sie zu tödten mit Feuer, siedendem Oel, endlich mit dem Dolch, was gelingt; zuletzt die Ausstellung ihres Leichnams.

Scuola del Santo (7), ein Oratorium neben gedachter Capelle, mit Fresken von *Tizian und aus seiner Schule* (desshalb auch Scuola di Tiziano), Wundergeschichten S. Antons: 1) Der Heilige lässt ein Kind reden zur Bezeugung der Unschuld seiner Mutter, von *Tizian.* 2) Der Heilige findet an der Stelle des Herzens eines alten Geizigen einen Stein, von *Dom. Campagnola* (n. A. von *Contarini*). 3) Ein Maulthier fällt vor dem Corpus Domini auf's Knie, von *dems.* 4) Der Heilige erscheint dem seligen Lucas. um ihm Padua's Befreiung vom Tyrann Ezzelino zu verkünden, unbekannt von wem. 5) Tod des Heiligen und sein Ausruf als solcher durch die Stimmen der Kinder, unbekannt von wem. 6) Oeffnung vom Sarg des Heiligen in Gegenwart des Cardinals Guido von Montfort u. A., von *Contarini.* 7) Die Bekehrung Alcardino's zum Glauben an den Heiligen durch das herabgeworfene und nicht zerbrochene Glas, unbekannt von wem. 8) Der Heilige macht dem Tyrann Ezzelino Vorwürfe über seine Grausamkeit, unbekannt von wem. 9) Grau in Grau S. Franz und S. Anton, von *Dom. Campagnola.* 10) Der

Heilige verscheucht ein Donnerwetter, unbekannt von wem. 11) Ein eifersüchtiger Ehemann tödtet seine Frau (die hernach der Heilige wieder erweckt), von *Tizian.* 12) Der Heilige heilt das zerbrochene Bein eines Knaben, von *dems.* 13) Der Heilige belebt ein in einen Kessel siedenden Wassers gefallenes Kind wieder, unbekannt von wem. 14) Der Heilige erweckt einen ermordeten Jüngling, damit dieser die Unschuld seines Vaters bezeuge, unbekannt von wem. 15) Verklärung des Heiligen, Oelbild von *Buttafogo* 1777. 16) Wiedererweckung eines Mädchens, Copie in Oel. 17) Ueber der Thür Wiedererweckung eines Knaben, von *Campagnola.* Die Figuren am Eingang hält man auch für *Tizians* Arbeit.

Der * Dom (8), 1552—1570, angeblich nach Zeichnungen *Michel Angelo's*, erbaut von *Andrea della Valle* und *Agost. Righetto.* Denkmale: des Philosophen Sperone Speroni und seiner Tochter, des Bischofs Pietro Barocci, vom venetianischen Senat errichtet; die Büste Petrarca's, von *Rinaldi.* — In der Sacristei Gemälde von *Padovanino, Campagnola, Franz Bassano, Sassoferrato* etc. und ein altes Bildniss von Petrarca. Eine griechische silberne Vase zum Dienst der Confirmation. Ein Evangeliarium von 1170; die Episteln von 1259 und ein Missale, erster Druck von 1491 mit Miniaturen (wenn diese Dinge nicht jetzt in der Dombibliothek sind, s. Bibliotheken). — Das Wunderbild Mariä ist nicht, wie man sagt, von *Giotto.*

Das * Battisterio (9) neben dem Dom, von Fina Buzzacarina, der Gemahlin Franz Carrara's des Aeltern erbaut, und in ihrem Auftrag um 1380 mit Gemälden aus dem alten und neuen Testament, der Glorie des Himmels, der Schöpfung, der Geschichte der Erzväter, der Passion und der Geschichte des Täufers, endlich mit Darstellungen aus der Apokalypse, geschmückt von *Giovanni* und *Antonio Padovano* (n. A. von *Giusto*).

Agli Eremitani (10), Augustinerkirche, erbaut 1276 (oder schon 1264), Altar S. Nicolas rechts vom Haupteingang aus dem 14. Jahrh. — Grabmäler: des Ubertino und Jacopo Carara, die Grabschrift des letztern ist von Petrarca; an der Westseite 2 Grabmäler mit Sculpturen, Malereien und Ornamenten in reicher Renaissance. — des Juristen Mantova Benavides von *B. Ammanati Fiorentino* 1546 (Mantova hat sich dasselbe noch bei seinen Lebzeiten errichtet. Er selbst sitzt in der Mitte, ihm zur Seite Ehre und Ruhm, zu seinen Füssen Wissenschaft und Ermüdung; über allen die Unsterblichkeit). — Der Chor ist mit dem jüngsten Gericht, ferner mit Geschichten des Augustinerordens, von einem Maler aus dem Anfang des 15. Jahrh., n. A. von *Guariento* gemalt. Es ist fast alles übermalt, bis auf einige Köpfe von Heiligen und die Figuren der Planeten im Sockel. — Die Capella SS. Jacopo und Christoforo, ganz ausgemalt von *A. Mantegna und seinen Schülern*. An der Decke die Evangelisten. Altarwand: Himmelfahrt Mariä, darüber Gott Vater, Petrus und Paulus, die 4 Kirchenlehrer etc. von *Niccolo Pizzolo*. Links: 1) Berufung S. Jacobs zum Apostel. 2) Die Predigt Jacobi und seine Widersacher (cf. Capella S. Felice im Santo). 3) Taufe des Hermogenes. 4) Jacobus vor Agrippa. 5) Gang zum Richtplatz und Heilung des Gichtbrüchigen. 6) Enthauptung. Sämmtliche sechs von *Andrea Mantegna*. Gegenüber Geschichte Christophs. 1) und 2) aus der Kindheitsgeschichte des Heiligen. 3) Er trägt das Christuskind durchs Wasser, von *Buono Ferrarese*. 4) Bekehrt viele zu seiner Verfolgung abge-

schickte heidnische Kriegsknechte, von *Ansuino*. 5) Martyrium und Tod des Heiligen, von *Andrea Mantegna*. Auf dem Altar: Madonna in tr. mit den Heiligen Christoph, Jacobus, Antonius Abbas, dem Täufer, Antonius von Padua und Domenicius aus bronzirter Terra cotta, von *Giovanni Pisano* (dem Schüler Donatello's). — In der Sacristei ein Johannes in der Wüste, von *Guido Reni*. Grabmal Wilhelms von Oranien, von *Canova*. Auf dem kleinen Kirchhof neben der Sacristei das Grabmal einer deutschen Protestantin, der Baronin Luise Calemberg, mit der Büste der Verstorbenen aus *Canova's Werkstatt*, und einem andern gleichfalls einem Protestanten angehörigen.

Madonna dell' Arena (11), eine Begräbnisscapelle vom Jahr 1303, mit dem Grabmal des Stifters Enrico di Scrovegno von *Giovanni Pisano*, und einem grossen christlichen Bildercyklus von *Giotto*, die Geschichte der Jungfrau und ihrer Eltern, verbunden mit der Lebens- und Leidensgeschichte Christi, alles in Bezug auf den Glauben an Unsterblichkeit der Seele. [1] — Decke: Christus, Madonna, Propheten, Vorfahren Christi. Triumphbogen über dem Chor. Christus in der Engelglorie. Rechts davon oben beginnt die Geschichte: 1) Verstossung Joachims aus dem Tempel, weil er — obschon kinderlos — an einem Feste der Väter Theil genommen. 2) Er geht, darüber traurig, zu den Hirten der Wüste. 3) Anna, seine Frau, betet daheim um ein Kind. 4) Joachims Gebet auf dem Feld. 5) Sein Traum und die Verheissung. 6) Seine Heimkehr. 7) Geburt Mariä. 8) Mariens erster Tempelgang. 9) Zufolge eines Orakels soll der Mann aus Davids

[1] Einzelne der Gemälde haben durch spätere Uebermalung gelitten, namentlich die des Chors; andere sind zerstört; doch der grössere Theil ist wohlerhalten.

Stamm ihr Gatte werden, dessen Stab blühen wird. Der Priester sammelt die Stäbe ein. 10) Alle harren im Gebet des Wunders. 11) Vermählung Josephs mit Maria. 12) Gang der Vermählten zur Hochzeit. 13) (in getrennten Räumen am Triumphbogen) Verkündigung. 14) Heimsuchung. 15) Geburt Christi. 16) Anbetung der Könige. 17) Darbringung im Tempel. 18) Flucht nach Aegypten. 19) Kindermord. 20) Christus als Knabe im Tempel. 21) Taufe. 22) Hochzeit zu Cana. 23) Erweckung des Lazarus. 24) Einzug in Jerusalem. 25) Tempelreinigung. 26) Des Judas Kaufvertrag. 27) Abendmahl. 28) Fusswaschung. 29) Judas' Verrath. 30) Christus vor Caiphas. 31) Verspottung Christi. 32) Kreuztragung. 33) Kreuzigung. 34) Grablegung. 35) Auferstehung. 86) Himmelfahrt. 37) Ausgiessung des heil. Geistes. — Im Chor links oben 38) unkenntlich. 39) Maria spricht zu den Aposteln von ihrem nahen Tod. 40) Tod der Maria. 41) Begräbniss. 42) Himmelfahrt. 43) Krönung Mariä. (Ausserdem mehre Kirchenheilige, auch eine schöne Madonna mit dem Säugling.) — Die Bänder zwischen den genannten Bildern mit Arabesken und Heiligen; auch mit, auf jene bezüglichen, alttestamentlichen Gegenständen. — Ueber dem Ausgang der Capelle das Weltgericht, und in Beziehung darauf am Sockel der Seitenwände Grau in Grau allegorische Gestalten (zur Rechten Christi) der Tugenden: Klugheit, Stärke, Mässigung, Gerechtigkeit, Glaube, Liebe und Hoffnung, und auf der andern Seite der Untugenden: der Dummheit, Unbeständigkeit, des Zorns, der Ungerechtigkeit, Bilderdienerei, des Neides und der Verzweiflung. — In der Sacristei die lebensgrosse Porträtstatue des Stifters.

S. Carmine (12) von 1523 mit einem grossen Frescogemälde von *Padovanino*, im Chor.

Daneben die *Scuola di S. Carmine von 1376, ein Betsaal mit Wandgemälden aus dem Leben der Maria. Sie sind sehr beschädigt und obendrein von untergeordnetem Werth. Nur kann man da einen Meister kennen lernen, dem man sonst nicht oft begegnet, *Girolamo da S. Croce*, und auch einige Gegenstände sind anziehend. Die Folge beginnt links am Altar: Verstossung Joachims aus dem Tempel; sein Gebet in der Wüste; seine Wiedervereinigung mit Anna (angeblich von Tizian); Geburt Mariä; nun folgt eine eigenthümliche Darstellung des Hauslebens Mariä bei ihrer Mutter, wo man sie arbeiten und beten sieht, aber auch vorn vornehmen Frauen beobachtet sieht; dann ihr erster Tempelgang und ihre Vermählung mit Joseph, die letztgenannten vier Bilder von *Girolamo da Santa Croce;* dann die Geburt Christi von *Campagnola;* die Darstellung im Tempel; die Flucht nach Aegypten; Christus als Zimmermanns-Lehrling bei Joseph; Maria als fleissige Hausfrau; Christus im Tempel; Ausgiessung des h. Geistes; Tod Mariä; im Chor Verklärung Mariä; sämmtl. von verschiedenen Meistern. Am Altar ein schönes Madonnenbild von *Palma vecchio.*

* S. Francesco (13) von *Jac. Sansovino*, mit einer von *Girolamo da Santa Croce* ausgemalten Capelle, Geschichten der Jungfrau.

S. Giustina (14) von *Andrea Riccio* 1521, vollendet von *Andrea Morone* 1549. Ausser der prachtvollen Architektur — das Grab des heil. Lucas Evangelista von *Gualpertino Mussato* 1315; das Martyrium der heiligen Justina von *Paolo Veronese* und eine *Madonna in tr. mit Engeln und den HH. Benedict und Justina, Prosdocimus und Scholastica, nebst Predellenbildern von *Romanino da Brescia* in der Sacristei. Auch der Rahmen von schönster Renais-

sance (1510 ca) ist sehr beachtenswerth. — Eine räthselhafte alte
Sculptur in einem verlassenen Gange.
— In einer zweiten Sacristei werthvolle, mittelalterliche Sculpturen.
* Santa Maria de' Servi (15)
aus dem 14. Jahrh., gestiftet von
Fina Buzzacarina, der Gemahlin
Francesco's des Aeltern, auf dem
Grund vom Hause des Niccolo Carrara, das man, weil er die Republik
an Can della Scala hatte verrathen
wollen, nach Gemeindebeschluss niedergerissen. — Altarbild in drei Abtheilungen, Madonna mit Heiligen
von einem nicht genannten guten
Meister des 15. Jahrh. — Eine Pietà
a fresco aus wenig späterer Zeit.
— Denkmal der Juristen Paolo de
Castro und seines Sohnes Angelo
von 1492.
S. Canziano (16) mit S. Antons
Wunder vom Geizhals von Damini
(mit dem Bildniss des Anatomen
Hier. Fabricius), und einer Pietà in
terra cotta von Andrea Riccio.
S. Bovo (17) mit dem Hauptaltarbild a fresco von S. Florigerio.
Paläste: Pal. della Ragione (18)
mit dem Salone, an Piazza delle
Erbe, dem grössten Saal auf der
Erde, 256' l., 86' br., 75' hoch, erbaut 1209 von Pietro Cozzo, nach
einem grossen Brande restaurirt
1420, mit einem Cyklus von etwa
400 Wandgemälden aus dieser Zeit
(und mit Wahrscheinlichkeit von
Giovanni Miretto und seinen Gehül-
fen), in denen die Ereignisse und
Erscheinungen des Menschenlebens
unter dem Einfluss der Gestirne und
Jahreszeiten dargestellt sind. Man
erkennt Apostel, Planeten, Monate
und Tugenden etc., endlich in der
Tiefe S. Marcus in tr., das Zeichen
venetianischer Herrschaft. (Ohne Berücksichtigung geschichtlicher That-
sachen und ohne Kritik hat man
diese Arbeit dem Giotto und seiner
Schule, die Erfindung aber dem
Astronomen Pietro d'Abano Schuld

gegeben.) Unter S. Marco das Monument des Tit. Livius, mit den
apokryphen Gebeinen desselben. —
Der Schandstein (Lapis vituperii),
noch im vorigen Jahrhundert im Gebrauch, war für böse Schuldner bestimmt, die vor aller Welt darauf
stehend ihr Unvermögen ausrufen
mussten. — Zwei ägyptische Statuen, Geschenke des paduanischen
Reisenden Belzoni. — Denkmal
des Sperone Speroni von 1594. Das
hölzerne Pferd des Donatello. — In
den offenen Umgängen eine Anzahl
römischer und anderer Alterthümer, namentlich Inschriften.
Pal. municipale mit einer
Sammlung grossentheils verdorbe-
ner oder werthloser Gemälde, unter
denen aber ein sehr schönes Bild
von Garofalo ist. Ausserdem Bronzen und sonstige Kunst-Alterthümer.
Pal. del Capitanio (19), Architekt Falconetto, mit kolossalen Fresken unter dem Eingang von Seb.
Florigerio. Im Innern die Druckerei
„della Minerva“.
Pal. del Podestà (20) mit Gemälden von Dom. Campagnola, Damini, Padovanino etc.
Pal. Trento Pappa-Fava (21)
mit einer Marmorgruppe aus einem
Stück, den Sturz von 60 Teufeln
vorstellend, von Agostino Fasolato.
Neuere Fresken von Demin.
Pal. Giustiniano al Santo (22)
von Falconetto, mit Fresken von Campagnola, nach Zeichnungen Raphaels.
Pal. Lazzara a S. Francesco
(23) mit vielen Inschriften und anderen Alterthümern, sowie einer
Sammlung von Gemälden von der
venetianischen Schule.
Pal. Pisani (24) mit einer alten
Hauscapelle, darin Fresken aus dem
Leben Jesu von Jac. Veronese von
1397; nur wegen der Bildnisse der
Carraresen, die dabei angebracht
sind, von Interesse.
Oeffentliche Anstalten: Die Universität, genannt il Bò (25), vom

Anfang des 13. Jahrh., zählte 1857 1800 Studenten, im 16. und 17. Jahrh. deren 6000. Das jetzige Gebäude ist vom Jahr 1493 bis 1552, mit einem Säulenumgang von *Sansovino*, in welchem man ausser den Namen und Wappen der hier graduirten Doctoren auch die Statue der durch ihre Sprachkenntnisse, Philosophie, Theologie, Mathematik, Astronomie etc., sowie durch ihre Schönheit berühmten HelenaLucretiaCornaroPiscopia sieht, die an der Universität zum Dr. der Philosophie promovirte. Es bestehen 5 Faculäten: die theologische mit 6 Prof., die juristische mit 9, die medicinische mit 15, die philosophische mit 7, die mathematische mit 9 Prof. Der Staat verwendet jährlich 110,000 fl. auf diese Anstalt. — Zu den geehrtesten Lehrern gehören Santini, Turrazza, Minich, Bellavitis (Mathematik), Menin (Allg. Geschichte), Poli (Philosophie), Rocchetti (Jurisprudenz), Catullo (Naturgeschichte). — In Verbindung mit der Universität: das physikalische Cabinet, wo ein Rückenwirbel Galilei's, der hier 18 Jahre Philosophie lehrte, aufbewahrt wird. — Das anatomische Theater von 1594, mit einer sehr reichhaltigen Embryonensammlung. — Das Naturaliencabinet. — Die Sternwarte auf dem Thurm des Ezzelino. — Der botanische Garten, seit 1546. — Ausserdem ein vortreffliches landwirthschaftliches Institut. — Ospedalenuovo. *Bibliotheken*: 1. Der Universität, in dem von *Campagnola* ausgemalten Salone de' Giganti, 1629 gegründet, mit 50,000 Bdn. Von den ehemaligen Malereien aus dem 14. Jahrh. ist nur noch die Bildnissfigur Petrarca's übrig. — 2. Bibliothek des Seminars mit mehr als 40,000 Bdn., 800 Mss. ausgezeichneter Kupferstich- und Münzsammlung. Unter den Mss. ein Sacramentarium aus dem 11. Jahrh.; die Decretalen Gregors IX.

aus dem 14. Jahrh., dessgl. die Constitutionen Clemens V.. ein Evangeliarium von 1170, mit Miniaturen eines Malers *Isidorus*, die Episteln von 1259, gleichfalls mit Miniaturen. — Im Vorzimmer einige Tafeln von *Nicholeto Semitecolo*, Geschichten des heiligen Sebastian. Eine Bibel von Faust gedruckt etc. — 3. Bibliothek von S. Antonio. — Die Biblioteca municipale und die B. Pizza, mit Büchern und Mss., wichtig für die Geschichte von Padua.

Archive: Das städtische und das der Domkirche.

Teatro nuovo von 1846 (31). T. de' Concordi.

Teatro diurno, gegenüber vom Café Pedrocchi.

Spaziergänge: Prato della Valle s. o. auch geht sich's angenehm auf den Wällen, namentlich hinter S. Giustina, wo man eine schöne Aussicht nach den nahen Euganeischen und Bassaner Gebirgen hat. — Della Acquette, sehr anmuthig. — Die Gärten Piazza, Pacchierotte, Treves sind sehr schön und immer zugänglich; ebenso der Orto agrario.

Umgegend: Landhäuser an der Brenta.

Legnaro, auf dem Weg nach Piove, ein Dorf, 5 Miglien von Padua, wo Sgr. Cav. Businello ein Museum ausgewählter antiker Bildwerke und dgl. besitzt. Vaterstadt des berühmten Anatomen Al. Benedetti, † 1525.

Savonara mit einem schönen Park des Grafen Andr. Citadella, vom Arch. Giapelli.

Die Euganeischen Hügel, so genannt von den Ureinwohnern der Gegend (Monti padovani), in einem Umkreis von 35, einer Längenausdehnung von 10 und einer Breite von 9 Miglien in der Paduanischen Ebene sich erhebend, vulcanischen Ursprungs, mit grossen Trachyt-Steinbrüchen, warmen Mineralquellen; von beiden Seiten schiffbare Canäle.

Höchster Punkt Monte Venda 1776' mit den Trümmern eines Klosters; Monte Rua mit denen eines andern und einem Fichtenhain.

Arquà, oder Arquato, kleiner Markt in den Euganeischen Hügeln, mit 1500 Ew.; hier lebte und starb (1374) Petrarca in einem kleinen Haus, das man (nebst einem Stuhl, seinem Dintenfass und seiner Katze) noch zeigt, sowie sein Grabmal, neben der Kirche von seinem Schwiegersohn Brossano errichtet, die Büste vom Jahr 1667. Cf. Petrarca in Arquà. Padua 1800. — Sehr gute Feigen, guter Wein.

Abàno, ein Städtchen am Abhang der Euganeischen Berge, mit 2800 Ew. Hiebei die berühmten heissen Bäder (Aquae oder Fons Aponi der Römer, Aquae Patavinae des Livius), Bagni grandi del Orologio genannt, mit 16 Badstuben, guter Restauration und gutem Café, und vollständiger Einrichtung zur Aufnahme und Bedienung der Fremden. Die Temperatur des Wassers, wie es aus der Erde quillt, ist so hoch, dass man Eier in wenig Minuten darin sieden kann. Auch

werfen die Quellen Schlamm aus, der zu ganz besonders wirksamen Bädern (bei Gicht und rheumatischen Uebeln) verwendet wird. Nahebei die Villa Catajo mit Fresken von Paolo Veronese und einer Sammlung Antiken und Schnitzwerke aus der ältern christlichen Zeit; dessgl. alter musikalischer Instrumente; — und das Dorf Battaglia, das in der Regel die Badegäste aufnimmt. Badeinrichtungen findet man ebenfalls an den nahegelegenen Quellen: Montortone (Militärbäder), S. Pietro Montagnone, Montegretto, S. Bartolommeo, Ceneda, Monte Gotardo, S. Daniele in Monte und St. Elena. In Montegrotto (Mons Aegrotorum) waren die alten Römerbäder, wohin die invaliden Krieger geschickt wurden, und noch sieht man das antike Badebecken. Uebrigens s. S. 41. Bäder. Cf. Moschini Guida di Padova. Der neueste Guida ist für den wissenschaftlichen Congress in Padua verfertigt worden.

In der Nähe von Dolo schöne Landhäuser an der Brenta. Der kaiserliche Palast in Stra. Pal. Zuanelli, Tiepolo, Bembile.

Venedig.

Vorerinnerungen (alphabetisch geordnet).

Ankunft: Am Bahnhof stehen Omnibus-Gondeln bereit, die für 10 Soldi die Person (7 Soldi für jedes Gepäckstück, das man nicht in der Hand trägt) nach dem Gasthof, den man anruft, fahren; eine eigene Gondel: 40 Soldi mit einem Ruderer (links vom Bahnhof), die Gondeln mit zwei Ruderern gerade vor dem Bahnhof 80 Soldi. — Wer mit dem Dampfschiff ankommt, ankert der Piazzetta gegenüber, und bedient sich zur Fahrt ins Hôtel einer Gondel, zu eben genannten Preisen.

Abreise: Zwei Eisenbahn-Züge gehen täglich in der Richtung nach Mailand ab. Vier Züge täglich in der Richtung von Treviso, Conegliano und zwei nach Triest. — Dampfschiff nach Triest Di. Do. Sa. 12 U. N. in 6—8 St. Bureau an der Piazzetta. — Man sei mindestens ¾ St. vor der Abfahrt im Bahnhof und auf eine sehr strenge Visitation gefasst!

Alberghi (Gasthäuser): (Man habe im Sommer und Herbst Acht, dass die Betten gegen die Mücken geschützt seien!) I. Albergo reale di Danieli (a) (ehedem Pal. Bernardo aus dem 14. Jahrh., neben Palazzo ducale mit herrlicher Aussicht. S. Marco in den alten Procurazien am Marcusplatz, no. 109, feste Preise. Hôtel de la ville (Pal. Loredan), am Canal grande. — Hôtel Barbesi (Pal. Zucchelli) am Canal grande mit Garten. Europa (b) ehem. Pal. Giustiniani am Canal grande. Hier überall erhält man eine schöne möblirte Wohnung für 6 Personen täglich ungefähr um 1 Napol. (sonst das Zimmer 1—5 fl.) Frühstück 1½ Fr. Table d'hôte zu 3—5 Fr. Für die Dienerschaft Kost und Logis die Person täglich 5 Fr. — H. Hôt. Città di Monaco (Stadt München) (g), deutsches Haus am Canal grande, nahe der Piazzetta mit herrlicher Aussicht, eleganter Einrichtung, guter Wiener Küche. Z. 70 S. bis 1 Fr. 20 S. Table d'hôte 2 U. 3 Fr. Frühstück 1 Fr. mit Butter. Hôt. Bauer (Stella d'oro) nahe beim Marcusplatz und S. Moise. (Zimmer von 70 kr. bis 1 fl. 40 kr.) Deutsche Küche, zugleich Restauration, gutes Wiener Bier. — Belle vue, Piazza Leoncini. — Italia (c). Luna. Fenice risorta, Calle del ridotto, von Juden besucht. — Hôtels garnis: Restaurant, Campo S. Gallo 1093. — Hôt. National, Riva degli Schiavoni. — Mad. Spaletta, Corte Iron. — Pal. Wetzlar (deutsch), S. Maria Zobenigo, Mr. Barbier (französisch), S. Vio; Pal. Barbaro (englisch), S. Stefano; diese vier am Canal grande.

Aerzte: Anamias, Alessandri. Fario. (Augen). Minich (nur zu Consultationen: von 4—6 U. zu sprechen). Richetti. Asson. Calegari. (Chirurgen.) Deutscher Arzt während der Wintersaison: zu erfragen in der Buchhandlung von Münster.

Antiquare: Favenza. Zen. Righetti. Rietti.

Apotheken: Mantovani mit der grossen Fabrik von Wermuthtinctur (tintura d'assenzio). Orgarato. Ponci. Zampironi. Galvani. Pisanello. Die Pillen des Piovano, ein leichtes Abführungsmittel (3—4 genügen) in der Farmacia S. Fosca. English Dispensary auf dem Campo S. Luca, ausgezeichnet. Bei den Capucinern al Redentore, Acqua di Melissa, sehr wohlriechendes Wasser.

Bäder: In den Hôtels der Italia und der Luna, 60'—80 S. Badeanstalt der Gebr. Barbesi. calle del traghetto della Salute. Seebad-Anstalt Galleggiante des Hrn. v. Rima, vis-à-vis der Piazzetta eine andere mit Badecabinetten und einem offenen Becken für Schwimmer. Ueberfahrt von der Piazzetta 2 S., 1 Bad im Becken 40 S., im Cabinet 1 fl. — Auch ein gemeinsames Frauenbad. — Chitarin am Canal grande, neben der Kirche della Salute. Ausserdem offene Seebäder am Lido. Cf. Venedig als Curort (zum zweckmässigsten Gebrauch der Seebäder) von Dr. Taussig. Vened. Münster.

Bierhäuser: Fabrica di birra, Campo S. Angelo 3584. mit Restauration. Città di Vienna; Fiamma d'oro in Calle del ridotto. — Birreria S. Moisé 1473. — Telegrafo S. Polo mit Garten. S. Gallo, Stadt Graz, Città di Roma, S. Trattorien. Sehr besucht als Bierhaus ist Bauer bei S. Moisé.

Briefpost: (76) Ausgabe täglich 9 U. f. — 7 U. A. Annahme bis 8 U. Ab. — Im Bureau des Lloyd (Piazzetta) befindet sich ein Briefkasten, wo Briefe bis 11 Ab. aufgegeben werden können, am Dampfschiff bis 12 Nachts. Briefkasten überall, namentlich an Tabakläden, wo auch Briefmarken.

Buchhandlungen: Deutsche Buchhandlung von H. F. u. M. Münster am Westende des Marcusplatzes (all' Ascenzione). Daselbst findet man Müllers Wegweiser durch Venedig; eine vollständige Auswahl von Beschreibungen und Ansichten von Venedig, Photographien, Reisehandbücher in allen Sprachen, Reisekarten, Sprachlehren etc. zu festen Preisen. — Farai. Milesi. Antonelli. — Bücherantiquare: Canciani. Gnoato. Paoletti.

Cafés: Florian am Marcusplatz. Engl., französ. und deutsche Journale. Café Suttil, nebenan. C. Degli Specchi unter den alten Procurazien. Quadri, besonders Militär-Kaffeehaus, diese beiden auch bei Nacht offen. Imperatore d'Austria, eigentlich deutsches Kaffeehaus. Vittoria. Café und Restauration S. Gallo, zugleich mit guten möblirten Wohnungen. C. Français unter dem S. Marcus-Hôtel. — Sorbetto (Gefrornes), Granito (Halbgefrornes), Mistrà (Anis-Extract, den man zum Wasser giesst).

Gold: Man rechnet nach Gulden Oe. W. zu 100 Soldi, od. nkr. 40 Soldi = 1 Fr. Nur Silber und Gold, kein Papier! Ducaten = 4 Fr. 76 S. Napoleon 8 fl. 6 S.

Gondeln mit polizeilichem Tarif. 1 Gondoliere die erste Stunde 40 S., die folgenden je 20 S. 2 Gondoliere das Doppelte. Für jedes Gepäckstück, das man nicht in der Hand trägt. 7 S. Für eine Ueberfahrt an den Traghetti zahlt man am Tag 2 Soldi, am Abend 3 S. (mehr nicht! sonst wird noch mehr gefordert). Zum Besuch von Kirchen und Palästen thut man gut, eine Gondel für den ganzen Tag (2 fl. 40 S.) zu nehmen und die Punkte, die man will, alle im voraus dem Gondoliere anzugeben, der sodann die besten Wege wählt.

Handschuhe: Fr. Milani, Merceria a. S. Antonio 776.

Klima und Luft sind gesund, besonders für Lungenleiden und Scropheln. Dahin wirken auch wegen des Seegrases und Schlammes die Seebäder. Vgl. Venedig als Curort etc. s. o. Im Sommer stellen sich, jedoch nur auf den bewohnten Lagunen-inseln, Fieber ein. Von der Cholera hat Venedig früher wenig gelitten, aber 1849 starben während der Belagerung mehr als 500 Personen täglich an der Cholera. Im Frühjahre sind die Südostwinde sehr kühl. S. u Privatwohnungen.

Kirche: Musikalische Messe in S. Marco, So. 11 Vm. — Evangelische K. in der ehem Scuola dell' Angelo Custode, Campo SS. Apostoli, deutsch, So. 12½ U. — Englischer Gottesdienst, Pal. Civran 5751.

Kunst- und Antiquitäten-Handlungen: Righetti, Calle dei Fuseri; Fornasieri, Calle delle Ballite; Dina, bei S. Gallo; Münzen und Medaillen: Zen gegenüber von Pal. Vendramin.

Lebensart: Das Sprichwort sagt: »Venedig verwandelt die Nacht in Tag.« Die Kaffeehäuser am Marcusplatz sind die ganze Nacht hindurch erleuchtet und belebt. Es ist in vielen Häusern Sitte, um 11—12 Mittags aufzustehen, von 3—5 spazieren zu gehen, um 6 zu diniren, von 9—12 im Theater zu seyn und um 1 Uhr nach Mitternacht Gesellschaften zu besuchen. Desshalb geben und empfangen die Nobili Besuche in den Logen des Theaters (Fenice).

Lesecabinet und Conversation findet man im Casino di Commercio am Marcus-platz, wo deutsche Zeitungen gehalten werden und Fremde Zutritt haben. Vor den Fenstern spielt Sonn- und Festtags die Musik eines kaiserlichen Regiments. Schiller-Casino, Campo S. Angelo 3584. 1, ein geschlossener deutscher Verein zur Unter-haltung mit Lesezimmer und Restauration. Einführung durch ein Mitglied. — Eine reichhaltige Leihbibliothek in der deutschen Buchhandlung von Münster, mit Wo-chen- und Monat-Abonnement.

Ein Lohnbedienter erhält für den Tag 5 Fr. Kundige und ordentliche Führer zu erfragen in der Buchhandlung bei Munster, im deutschen Kaffeehaus am Marcusplatz und in der Luna. Ausserdem Lohndiener in allen Gasthöfen. Sie übernehmen in der Regel die Auslagen für Gondeln und Trinkgelder.

Modehandlung: Mde. Breant, Pal. Capello hinter S. Marco. Mdo. Logache, all'Ascenzione hinter dem Marcusplatz.

Papierhandlung bei Ripamonti S. Marco.

Photographien: Ponti, Riva de' Schiavoni. Perini unter dem Marcusthurm. Münster, bei S. Moisé. Sorgato, S. Zaccaria, Campiello del Vin 4674. Vogel, Pal. Pisani, bei S. Stefano.

Privatwohnungen 8—16 fl. monatlich erfragt man im Anfragebureau am Marcus-platz; auch bei Maranzoni am Marcusplatz, der auch Theaterbillette verkauft. Als ein gutes, ehrliches Haus ist mir No. 1313 in Calle Valaressa gerühmt worden, wor-über — da es von der »Europa« abhängt — der dortige Lohnbediente Carlo Girtona Auskunft ertheilt. Calle lunga S. Moisé, Calle Pedrocchi Nr. 2280/1., überhaupt in den dem Marcusplatz nächsten Strassen. Hr. Hofrath R. Wagner hat mir mitgetheilt: dass an der Riva oder vielmehr den Fondamente delle Zattere in neuerer Zeit recht gute Frem-denquartiere eingerichtet wurden und dass man einige ältere Paläste für Familien äusserst wohnlich restaurirt hat. Der ziemlich breite von Ponte lungo bis zum Canal von Fusina aufgeworfene Quai ist sehr sonnig, still und ruhig gelegen, und mit einer Akazienallee bepflanzt; die Aussicht nach den Alpen und Euganeen ist anmuthig. An vielen Häusern finden sich kleine Gärten. Den namentlich im Frühjahr sehr kühlen Südostwinden sind freilich die sonst sonnig gelegenen, den fremden Kranken zur Wohnung empfohlenen Gegenden und Spaziergänge: Riva dei Schiavoni, Molo und Marcusplatz, Fondamente delle Zattere sehr ausgesetzt. An solchen Tagen ist es gut, wenn zarte Personen sich mehr in den engen und warmen Gassen der Merceria aufhalten; sonst bieten bei solchen Winden auch die Fondamente nuove einen geschützten Spaziergang, der freilich etwas einsam ist und die Aussicht — zwar nach den Alpen, aber auch — nach der Gräberinsel hat.

Restaurationen: Restaurant français, unter den Procurazien am Marcusplatz, Restaurant im Campo S. Gallo 1093. Künstler lieben die Osteria di San Benedetto. Stadt Graz in Calle longa S. Moisè (gutes Wiener Bier), Città di Roma, Ponte dei Baretteri. Vapore. Cavaletto. Bella Venezia, al ponte delle Ballote (hinter der Merceria bei S. Salvatore). Dem Zahlkellner ein Trinkgeld von f.—10 nkr.

Speisezettel: Rinder aus Steyermark. Kälber aus Chioggia. Wildpret und Geflügel vom nahen, sumpfigen Festland (Beccannotti 25 S.) Fische aus dem adriatischen Meer, namentlich Triglie, Rombi, Sardelle (20 für 5 kr.), Sfoglie, Branzini, Sacchette, Paganelli, Tonno (vom August bis October). Die Austern des Arsenals sind nur mit feinen Kräutern zubereitet verdaulich. Im Junius und Julius fängt man Pidocchi. — Vortreffliche Früchte von Battaggia, Este und der Umgegend. — Weine sind nicht überall gleich gut: Cyperwein in den Cafés. Ausserdem Val Policella und Vino nero di Conegliano, Picolit und Refosco aus dem Friaul.

Telegraphenamt im kaiserl. Palast (65), Eingang von der Piazzetta, 1. Thor r. im ersten Stock.

Theater. Das Entrée gilt nur für einen Stehplatz im Parterre und muss auch von denen, die Logen oder Sperrsitze genommen, bezahlt werden. Logen für Fenice bei Maraugoni, Alte Procurazien 112. — Für Benedetto bei Gallodas 113.

Waarenhandlungen: die vorzüglichsten am Marcusplatz, in der Merceria und Frezzeria. Feine goldene Ketten bei Sandoni, Ruga di Rialto. Perlen von Murano, Hauptfabrik Dalmistro Türkische, persische, chinesische Waaren in der Merceria; venetianische bei Brocchieri unter den alten Procurazien; Olivieri; alla Gondola.

Weinhäuser: Giacomuzzi, Calle Valaressa. — Ponte Corte Cà Balbi, Calle S. Antonio hinter S. Giuliano. (Kleine Lagunenaustern!)

Zuckerbäcker: Rosa: persicate beste venetianische Confituren. Bestes Gefrornes bei Florian, Suttil und der Vittoria in pezzi.

Geographisch-statistische Notizen. Venedig (Venezia) liegt unter $45°\,27'$ nördl. Br. und $29°\,50'$ östl. Länge in den Lagunen des adriatischen Meeres, die während der Fluth einen Wasserspiegel von geringer Tiefe, während der Ebbe aber viel Sandbänke zeigen, zwischen denen flussähnliche Wasserstrassen, fast nur für kleinere Fahrzeuge, sich hinziehen; in einem Wasserbecken von 5 Ml. L. und $1\frac{1}{2}$—2 Ml. Br. gegen die Seeseite durch einen schmalen Landstreifen, Lido, mit 3 befestigten Einfahrten, geschlossen; auf 70—90 Inseln, die durch 400 Canäle, darunter der die ganze Stadt in Form eines S durchströmende Canale grande, welche die Strassen bilden, getrennt, und durch 450 Brücken verbunden sind; fast alle Häuser und Paläste sind auf eingerammten

Pfühlen gebaut; die Vorderseiten sind nach den Canälen gekehrt. Es gibt hier 41 öffentliche Plätze, deren bedeutendster der Marcusplatz ist; 29 katholische Pfarrkirchen ausser der Patriarchalkirche, ferner Kirchen für Armenier, Griechen und Protestanten, und 7 Synagogen. Man zählt 15,000 Häuser und 122,893 Ew., darunter 32,740 eingeschriebene Arme, von denen 11.100 durchaus gar nichts haben. — Venedig hat gegen seine frühere Grösse an Glanz und Thätigkeit ungemein verloren; man darf nur den gegenwärtigen Zustand der meisten Paläste und ihrer Bewohner betrachten, oder daran denken, dass die Republik stets 24 Linienschiffe zum Auslaufen und 200 Galeeren unter den Cantiers in Bereitschaft hatte; doch ist nicht zu übersehen, dass vor der Revolution von 1848 viel geschehen ist, das gesunkene Ansehen zu heben, Paläste wurden neu aufgebaut und von angesehenen Familien bezogen (wie Pal. Giovanelli, Duchessa di Berry etc.). So findet man auch bedeutende Manufakturen in Tuch, Gold- und Silberstoffen, Seife, Wachs (Masken), Cremor-Tartari, Theriak und andern chemischen Producten, Spiegeln und andern Gläsern. Der Hafen ist sicher und geräumig und nimmt jährlich gegen 350 Fahrzeuge auf.[1] Durch den Freihafen (seit 1830) war auch wieder Leben in die Stadt gekommen, mehr noch durch die Eisenbahn über die Lagunen. Venedig ist Sitz eines Patriarchen; sechs befestigte Inseldämme beschützen die Stadt von der Seeseite gegen kriegerischen Ueberfall, eine künstliche Felsenmauer, die Murazzi, gegen das Meer, dessgleichen ein neuer für die Einfahrt aufgeführter gewaltiger Damm. — Eine fast unerträgliche Plage im Sommer und Herbst sind in Venedig die Mücken.

Geschichte. Venedig verdankt seinen Ursprung den Bewohnern der nordwestlichen Küste des adriatischen Meeres (Heneti oder Veneti), die sich vor den Hunnen (452) und Longobarden (568) auf die Laguneninseln flüchteten. Sie bildeten allmählich einen Staat mit republikani-

---

[1] 1841 liefen 157 Schiffe von langer Fahrt und 1320 grosse Küstenfahrer aus. Der Stand der venetianischen Handelsmarine, wozu der Aushülfshafen von Chioggia mitgerechnet wird, betrug Ende 1847 im Ganzen 418 Schiffe mit 43,575 Tonnen, 36 Schiffe weniger als 1827. S. Mittermaiers Ital. Zustände 1844 p. 83. Dagegen gibt die Allg. Zeitung vom 13. Januar 1845 für dasselbe Jahr 377 Kauffahrer und 3476 Küstenfahrer an; für 1844: 560 Kauffahrer und 4219 Küstenfahrer. Das neueste grosse Werk über Venedig, Venezia e le sue Lagune 1847 gibt für 1841 an: 3334 kleine, 410 grosse Küstenfahrer und 94 Schiffe langer Fahrt; für 1845 aber 3553 kleine Küstenfahrer mit 235,986 Tonnen, 526 grosse Küstenfahrer mit 48,542 Tonnen und 154 Schiffe langer Fahrt mit 27,215 Tonnen. Der Gesammtwerth der Einfuhr betrug in diesem Jahre 230,927,025 xxgr., die Ausfuhr 143,042,475 xxgr. Dagegen sagt der Bericht von Czörnig von 1851: »Der Werth der Einfuhr ist im Verlauf von 20 Jahren unverändert geblieben, nehmlich etwa 15 Mill. fl.; die Ausfuhr hat sich von 2½ Mill. auf 8½ Mill. erhöht.«

scher Verfassung und einen auf Lebenszeit gewählten Dogen an der Spitze, deren erster Paoluccio Anafesto war im Jahr 697. Der Sitz der Regierung war zuerst Heraclea, sodann von 742 an wegen fortdauernder Unsicherheit Malamocco, und endlich im Jahr 809 auf Veranstaltung des Dogen Angelo Participazio, der vorher die Flotte Pipins, der Heraclea zerstört, geschlagen hatte, die Insel Rialto, womit zum heutigen Venedig der Grund gelegt ward. Es wurde bald ein mächtiger Handelsstaat und machte Eroberungen in Istrien und Dalmatien. Durch die Kreuzzüge, an denen Venedig indess erst 1098 unter Michiel I. theilnahm, wuchs das Ansehen und der Reichthum Venedigs so, dass es sich zu der mächtigsten Stadt der Lombardei erhob. Nach vielen Eroberungen im Orient und nach den Siegen gegen Friedrich I., dessen Flotte sie bei Salvore geschlagen und den sie zum Frieden mit P. Alexander III. gezwungen, besetzten die Venetianer unter dem Dogen Enrico Dandolo, den der griechische Kaiser hatte blenden lassen, mit Hülfe französischer Kreuzfahrer Constantinopel 1204, Candia u. a. Inseln im Archipel; mussten ersteres aber 1260 wieder aufgeben. 1289 unter Giov. Dandolo wurde die Inquisition eingeführt und die ersten Zechinen geschlagen; 1291 verlegte der deutsche Orden seinen Sitz nach V. 1297 wurde unter dem Dogen Gradenigo die Erbaristokratie festgestellt (kein Bürger durfte Mitglied des grossen Rathes werden, dessen Familie nicht seit 1172 zu demselben gehörte), gegen welche der unglückliche Doge Marino Falieri eine Verfassungsänderung beabsichtigte, eine Unternehmung, die er 1355 am 15. April mit seinem Kopfe büssen musste. — Nach der Besiegung Genua's, das Chioggia besetzt hatte, dann aber daselbst eingeschlossen worden, 1381 breitete Venedig seine Herrschaft in der Lombardei aus; eroberte durch Malatesta 1404 Vicenza, Verona, Bassano, Feltre, Belluno und Padua (1405), sogar durch Carmagnola, der nachmals 1432, weil ihn sein Kriegsglück verlassen hatte, in Venedig hingerichtet wurde, Brescia (1426); Bergamo und Crema (1428), und durch Peter Loredano das dalmatische Küstenland bis nach Corfu, so dass es das ganze adriatische Meer beherrschte. Es zählte 190,000 Ew., war der Stapelplatz des Welthandels und auf dem Gipfel seines Glücks. Durch Katharina Cornaro, eine edle Venetianerin, kam Cypern, dessen König Jacob sie heirathete, 1489 an V. und blieb dabei bis 1570; 1483 nahm V. auch die Insel Zante. Dazu besass es die Mark Treviso, Ravenna, das Polesine von Rovigo, Friaul. Auch Candia gehörte ihm, dazu Lepanto, Patras, Coron, Modon und Napoli di Romania. Das Staatseinkommen betrug 1,200,000 Duc. Allein mit der Entdeckung des neuen Handelsweges nach Ostindien (1498) wurde Venedig der Lebensnerv durchschnitten; zufolge der Ligue von Cambray zwischen Rom,

dem Kaiser. Frankreich und Spanien zur Vernichtung Venedigs 10. Dec.
1508 kam V. in ununterbrochene Kämpfe bald mit dem einen, bald mit
dem andern und erlitt fast immer Verluste. Nach und nach verloren die
Venetianer an die Osmanen ihre Besitzungen im Orient, so 1540 Skio,
Palmosa, Cesino, Nio, Paros, Nauplia, 1570 Cypern, 1669 Candia, 1718
Morea, und blieben nur noch im Besitz von den Inseln und Ufern der
Lagunen (dem Dogat), von Bergamo, Brescia, Crema, Verona, Vicenza,
dem Polesin von Rovigo, der Mark Treviso, Feltre, Belluno und Cadore,
Friaul, Istrien und einem Theil von Dalmatien nebst den Inseln, einem
Theil von Albanien und den Inseln von Paxo, Santa Maura, Cephalonia,
Theaki, Zante, Asso, den Strophaden und Cerigo, mit einer Bevölkerung von 2¹/₂ Mill. Ew. und 6 Mill. Duc. Einnahme, aber 28 Mill. Duc.
Staatsschulden. Unmächtig gegen seine Feinde, musste es sich Demüthi-
gungen von den Türken, Franzosen etc. gefallen lassen und den Raub-
staaten Tribut zahlen; die Flotte bestand noch in 8—10 Linienschiffen,
einigen Fregatten und 4 Galeeren, die Landarmee aus 14,000 Mann
schlechter Truppen, und so lebte die Republik gewissermassen nur in
der Erinnerung ihrer Grösse, obwohl mit Beibehaltung ihrer Selbstständigkeit und Verfassung, bis im Jahr 1797 diese unter der Macht der
Franzosen brach, gegen welche V. von Anfang der Revolution an sich
entschieden feindselig verhalten hatte. Am 16. Mai rückten die Franzosen in V. ein, das bis dahin noch kein Feind betreten hatte. Im
Frieden zu Campo Formio 18. Jan. 1798 kam es an Oestreich; aber im
Frieden zu Pressburg 26. Dec. 1805 an das Königreich Italien, während
dessen Dauer alle Klöster aufgehoben wurden 1810; und im Pariser
Frieden 1814 abermals an Oestreich, und war seit 1815 die zweite
Hauptstadt des lombardisch-venetianischen Königreichs unter östreichischer Herrschaft. — Am 13. März 1848 brach in Venedig in Zusammenhang mit dem Aufstand der Lombardei eine Revolution aus, in der sich
Venedig von Oestreich unabhängig erklärte, und als Republik consti-
tuirte; obschon es auch vorübergehend sich Sardinien einverleibte. Nach
einer Belagerung vom 12. Mai 1848 bis 23. August 1849 ergab sich
Venedig an Gen. Radetzky, wodurch die kaiserliche Regierung wieder
hergestellt ward. Nach der Abtretung der Lombardei 1859 ist Venedig
die alleinige Hauptstadt des lombardisch-venetianischen Königreichs.

So war Venedig erst Demokratie (420—697), dann Monarchie (697
bis 1296), zuletzt Aristokratie. Die Zahl der Nobili belief sich auf
1200 Familien, die in 5 Rangklassen getheilt und in das goldene Buch
eingeschrieben waren. Sie trugen ein schwarzes langes Kleid von Wolle
und gleichen Mantel. Kein Nobile durfte von einem fremden Fürsten
ein Geschenk annehmen, oder (bei Todesstrafe) mit fremden Ministern

verkehren; nie von der Regierung Uebels sprechen (bei Todesstrafe nach zweimaliger Warnung). Staatsangelegenheiten wurden nur öffentlich unter den Hallen von San Marco, nie in Privatcirkeln, besprochen. Mit 25 Jahren war der Nobile fähig den grossen Rath zu besuchen. Das Volk war staatsrechtlos. Der Doge wurde auf Lebenszeit erwählt; allein die Macht ruhte bei dem grossen Rath, dem Rath der Zehn, einem obersten Tribunal und der Staatsinquisition, einem geheimen Gericht von 3 Mitgliedern, 2 aus dem Rath der X und 1 aus der Signoria, einer Art Staatsrath, vom grossen Rath gewählt und dem Dogen beigegeben. Die politische Beschränkung wurde mit Härte und Grausamkeit von der Regierung festgehalten, und während sie sonst für Lustbarkeiten und Straflosigkeit für Alle sorgte, wurden Vergehen gegen ihre Allmacht in den schauerlichen Gefängnissen der Bleidächer oder in den „pozzi" (d. i. sehr engen Zellen im Erdgeschoss) gebüsst. Eine grosse Feierlichkeit war seit 1177 die jährliche Vermählung des Dogen mit dem adriatischen Meere (am Himmelfahrtstage). Er fuhr von allen Gesandten und Räthen umgeben auf dem Bucintoro ins adriatische Meer und warf einen goldenen Ring hinein zum Zeichen von Venedigs Herrschaft darüber. Damals waren die Barken bunt gedeckt; allein seit dem Fall der Republik, sagt man, haben sie Trauer angelegt und bis jetzt behalten.

In der neueren Kunstgeschichte vermittelt Venedig Italien und Griechenland. In Italien war vom 7. Jahrh. an die Kunst in immer tiefern Verfall gekommen, während in Griechenland wenigstens technische Vortheile und eine Reihe alter bildlicher Vorstellungen sich erhalten hatten. Durch den Handel stand Venedig mit Griechenland in enger Verbindung. Als daher die Venetianer zu Ende des 10. Jahrh. dem heil. Marcus ein grosses religiöses Denkmal zu errichten beschlossen, wählten sie griechische Vorbilder und griechische Künstler. S. Marco wurde nach dem Muster der Sophienkirche in Constantinopel aufgeführt. Die Anlage war der Art, dass alle Künste dabei in Anspruch genommen wurden. Orientalische Prachtliebe, unterstützt durch venetianischen Reichthum, verlangte an Säulen, Wänden und Thüren Sculpturen, an Decken auf goldenen Gründen Malereien, auf Fussböden bunte Verzierungen. Für Alles musste Form und Inhalt, erfunden oder geborgt, in jedem Fall geschafft werden; dabei entfalteten sich nothwendig künstlerische Kräfte, und wir können deren Wachsthum in der Marcuskirche bis ins 14. Jahrh. verfolgen. Byzantinisch aber blieb lange noch alles, wie aus einzelnen Reliefs in S. Marco über dem nördlichen Eingang und im Innern, und aus den Altarbildern des *Niccolò Semitecolo* u. A. erhellt. Im 13. Jahrh. trat an die Stelle der byzantinischen Bauart die germanische (s. g. gothische), obwohl in einer durch italienischen, namentlich

toskanischen Einfluss veränderten, durch Aufnahme von Reminiscenzen
an die Antike bezeichneten Weise. (S. Maria dell' Orto, Ai Frari. Die
meisten Paläste dieses und des folgenden Jahrhunderts.) Hin und wieder
versuchte man auch orientalischen Geschmack mit dem genannten zu
verschmelzen. (Palazzo Cà Doro, Fondaco dei Turchi etc.) Obgleich
nirgend in Italien der germanische Baustyl eine so glänzende Aussenseite zeigt, als eben an den venetianischen Palästen, so musste er doch
bei wachsender Vorliebe für das römische Alterthum schwinden. Die
Künstlerfamilie *Lombardi* aus Ferrara hat im 15. Jahrh. in dieser Beziehung den grössten Einfluss ausgeübt. (Pal. Vendramin Calergi.) Ihre
Vollendung erhielt diese antikisirende Richtung durch *Michele San Micheli*
(Pal. Cornaro), *Falconetti* (Collegio S. Giovanni degli Incurabili), *Jac.
Sansovino* (Scala dei Giganti im Dogenpalast, S. Gemignano, S. Giorgio),
Antonio da Ponte (Rialto, Gefängnisse), und endlich *Palladio* (Redentore,
Pal. Tiepolo, Grimani etc.), welche sämmtlich die Formen und Verhält-
nisse der alten (dorischen, jonischen, korinthischen, römischen und tos-
canischen Säulenstellungen wieder aufnahmen, und nur in neuen Com-
binationen derselben Neues versuchten. Nachdem die Kunst durch gedachte
Meister die auf dem eingeschlagenen Weg mögliche Vollendung erreicht,
fiel sie durch ein falsches Streben nach Pracht und Reichthum in Ueber-
ladung, Ungeschmack und Charakterlosigkeit *Vinc.* Scamozzi (Bibliothek,
Pal. Contarini), *Bart. Longhena* (S. Maria della Salute), *Benoni* (Dogana),
wobei sie vom 17. Jahrh. an bis auf unsere Zeiten mit wenigen Unterbrechungen geblieben. Was die neuesten etwa vermögen, möchte der
Pal. patriarcale verrathen, wenn nicht die neuerwachte Lust an den
alten Palästen bessere Wege öffnet, die inzwischen mit den Restaurationen der letzten Jahre noch nicht betreten sind.

Die toscanischen Bestrebungen des 14. Jahrh. in der Sculptur haben
in den Entwicklungsgang venetianischer Kunst sichtbar eingewirkt; was
man an den Reliefs an der Aussenseite von ai Frari, im Innern von
S. Marco etc., bei *Jacobello* und *Pietro e Paolo delle Massegne di Venezia*
wahrnehmen kann. Im 15. Jahrhundert glänzte in V. in der Sculptur
die Familie *Lombardi* durch Einfachheit, Strenge und Vollendung, worauf *J. Sansovino* Einfluss und eine grosse Schule gewann, und Technik
und Naturnachahmung beträchtlich förderte. Nach einer langen Zeit
tiefen Verfalls hob in neuern Zeiten (Ende des 18. Jahrh.) *Canova* die
Kunst zur Beachtung der Schönheit empor, wenn es ihm auch nicht
gelang der Natur für seine Statuen die Lebensfähigkeit, der Antike den
Styl und beiden die Unbefangenheit abzugewinnen. Unter seinen Nachfolgern wird vornehmlich *Ferrari* gerühmt.

In der **Malerei** sieht man den Einfluss deutscher Kunst namentlich

durch *Giovanni d'Allemagna* auf die *Vivarini*. — Wie in frühern rohern
Zeiten die Pracht, so entsprach nun nur die Heiterkeit dem venetianischen Sinne; statt ernster Abstraction verlangte man Wirklichkeit, statt
der Form die Farbe. In dieser Beziehung wirkten die Schulen von
Padua belebend auf die von Venedig. Dort hatte zu Ende des 14. Jahrh.
Jacopo d'Avanzo, ein Nachfolger Giotto's, die Charakteristik durch Individualisirung und Beachtung kleiner Züge im täglichen Leben ge-
steigert, die Darstellung durch Architektur, die er der Gegenwart ent-
nahm, bald feierlicher, bald heiterer gemacht, und endlich das Gesetz
des Colorits gefunden. Hierauf gründete *Squarcione* die Schule, in
welcher durch Studium nach dem Runden (nach Antiken und Abgüssen)
der Sinn für das Hervortreten der Gestalten geschärft wurde, der sich
durch *Mantegna's* Bemühungen um Perspective und Costüm ganz ver-
vollkommnete. Diese Vortheile eigneten sich zuerst die *Vivarini*, sodann
aber in grösserm Masse und in Verbindung mit religiösem Ernst nächst
Rocco Marconi, *Vittore Carpaccio*, *Marco Basaiti*, *Palma vecchio*, dessen
tiefes Gefühl für Wahrheit und Harmonie der Farben kaum wieder von
einem Meister erreicht worden, vornehmlich *Giov. Bellini* an, der schon
als Jüngling in S. Antonio zu Padua gemalt, und dem noch obendrein
die durch *Antonello von Messina* aus den Niederlanden eingeführte Oelmalerei das letzte Mittel in die Hand gab, der Gründer einer ganz auf
die Uebereinstimmung mit der Natur gebauten Kunstschule zu werden.
— Die Madonnen erscheinen in hochgewölbten und geschmückten Hallen
mit freier Aussicht; Engelknaben musiciren; es tritt ein Verkehr ein
zwischen Lebenden und den Heiligen des Himmels, ja es steigen zuletzt
diese zu den Menschen und ihren Gewohnheiten herab, selbst die Vergangenheit tritt — denn man will sie unmittelbar empfinden — in die
Gegenwart, und die venetianischen Grossen feiern die Hochzeit von Cana,
und die Republik umgibt sich mit den Göttern des Olymp. Mit allen
Kräften werden Leben und Wirklichkeit ergründet und erfasst, religiöse
Gegenstände verlieren dabei den Ernst symbolischer, geschichtliche die
Form poetischer Auffassung. Die Kunst des Portraits musste auf diesem
Wege zur Vollendung gelangen, und Sinnlichkeit, Heiterkeit und Pracht
die Seele der Darstellungen werden, als deren Meister wir *Tizian* (höchste
Wahrheit und Schönheit im Colorit und vornehmlich der Carnation),
Giorgione (Gluth der Farbe), *Pordenone* (Grossheit und Adel der Ge-
stalten), *Florigerio* (Milde des Charakters, Kraft der Farbe), *Paris Bor-
done* (Weichheit und Lieblichkeit), *Jacopo da Ponte*, gen. *Bassano* (Naturwahrheit ländlicher Scenen), *Bonifazio* (Nacheiferung Tizians), *Sebastian
del Piombo* (durch römischen Einfluss modificirte Charakeristik und
Kraft der Farbe), *Tintoretto* (vornehmlich im Portrait und in der freien

Handhabung aller technischen Vortheile der Oelmalerei), *Paolo Veronese* (im freien Humor, im Glanz des Colorits und in der Pracht der Anordnung) und andere bewundern. — Nach diesen, von denen schon einige hin und wieder geistlos und handwerksmässig arbeiten, sinkt die Kunst zur Unbedeutendheit unter *Palma giovine*. *Padovanino* (charakterlose Weichheit bei schöner Farbenharmonie), *Leandro Bassano* (manierirte Modellirung durch Glanzlichter), *Tiepolo*, dessen Geschmacklosigkeit und affectirtes Wesen an Tollheit gränzt. — Im 18. Jahrh. tritt der Geist der alten Schule noch einmal auf originelle Weise hervor in *Antonio Canale* und *Bern. Belotto*, seinem Neffen (beide *Canaletto* genannt), deren Prospecte von grosser Wirkung sind. In neuerer Zeit nennt man *Politi*, *Santi*, *Giov. Demin*, *M. A. Grigoletti*, *Gius. Lorenzi*, *Lat. Querena*, *Giov. Busato*, *Giov. Servi*, *Giov. Darif*, *Plac. Fabris*, *Cosroe Dusi*, die beiden *Schiavoni* und *Lipparini* als Historienmaler. Auch *Hayez* ist hier geboren.

Literaturgeschichte. In gleicher Weise, wie die Kunst, hat die Literatur in Venedig nicht Vertreter gefunden, allein wie schon die Ausgaben des Aldus um die Philologie wesentliche Verdienste haben, so fehlt es auch nicht an Gelehrten und Dichtern von Bedeutung; vornehmlich aber nicht an ausgezeichneten Rednern. Unter den ältern Geschichtsschreibern ist zu nennen J. F. C. Nani 1616, † 1678 (Storia della Repubblica Veneta); Paolo Sarpi 1552, † 1632 (Storia del Concilio di Trento und verschiedene Schriften gegen P. Paul V.); für Kunstgeschichte Temanza (Vite degli Architetti Ven. 1778); A. M. Zanetti (Della pittura Ven. etc. 1771); Cicognara (Storia della scultura); für Kunstphilosophie Fr. Algarotti; für Dichtkunst Pietro Bembo, Bart. Giorgi, Giov. Quirini, Leonardo Giustiniani (Laudi spirituali), Luigi Priuli, Jacopo Zane, Dom. Veniero, Celio Magno. (Cf. Leopardi Crestomatia poetica, Milano 1828.) Für Länder- und Völkerkunde waren mit grossem Erfolg thätig: Marco Polo 1254, † 1323 (Reise nach China); Niccolo Zeno im 15. Jahrh. (Reise nach Grönland); Nicc. Conti 1449 (Reise nach Asien); Luigi Roncinotto 1529 (Asien und Africa) etc. Gegenwärtig werden mit Ruhm genannt für Geschichte von Venedig: Em. Cicogna; für Kirchengeschichte: Cappelletti; für Philosophie: Concina; für Philologie: die Brüder Canal; Medicin: Namias; Mathematik: Meduna; Aesthetik und Kunstgeschichte: March. Pietro Estense Selvatico j. in Padua; Literatur: Carrer und Locatelli.

Musik. Der venetianische Dialekt eignet sich gleich dem neapolitanischen besonders für den Gesang, und Venedig ist reich an Volksgesängen. Die beste Sammlung derselben ist von Peruchini; eine neuere von Ant. Buzzola. Die Epoche der höhern Musik in Venedig

beginnt mit dem Niederländer Adrian Willaert 1527. Ihm folgte
Roor von Mecheln (Rore) 1563. Gius. Zarlino von Chioggia (1565);
Andrea Gabrielli und Claudio da Correggio; Bald. Donati
(1590); Giov. Croce (1603); Monteverde von Cremona (1568,
† 1643). Diese Tonkünstler waren sämmtlich Capellmeister von S.
Marco, und hielten, obschon ausgezeichnet in Madrigalen, doch für die Kirchenmusik am strengen Style fest. Diesen brach zuerst Rovetta (1643) und
Fr. Caletto, genannt Cavalli, 1668, die viel fürs Theater schrieben,
und den Theaterbrauch in die Kirche übertrugen. Neues Leben gewann
die Tonkunst mit Ant. Lotti (1736) und seinen grossartigen und tief
religiösen Kirchenmusiken; und in seiner Richtung wirkten ruhmvoll
Bald. Galuppi il Buranello (1762), Ferd. Bertoni von Salò
(1785), und Bonav. Furlanetto (1814). Perotti von Vercelli dirigirt gegenwärtig die Capelle in gleichem Geiste. — Was die Oper betrifft, so wurde die erste, Andromeda, von Ferrari und Manelli,
1637 öffentlich aufgeführt. Ausser Monteverde und Cavalli waren
für das Theater besonders thätig Pollarolo, Lotti, Caldara; und
für die Opera buffa Giov. Croce (La mascherata, la canzonetta dei
bambini; Usignuolo e cuculo etc.), Galluppi, Pescetti, Latilla.
In neuester Zeit Galli, Combi und Levi, Ferrari (Maria Tudor,
Candiano IV., ultimi giorni di Suli).

Hauptsehenswürdigkeiten in topographischer Folge. Marcusplatz, S. Marco. Dogenpalast. Piazzetta. Riva dei Schiavoni. S. Zac-
caria. Arsenal. Giardino pubblico. S. Pietro di Castello. In der Gon-
del nach S. Francesco della Vigna. S. Giovanni e Paolo. Gesuiti.
S. Maria Formosa. S. Giorgio. S. Maria della Salute. Il Redentore.
— Fahrt im Canal grande von der Piazzetta bis zum Museo Correr und
nach S. Maria dell' Orto und zurück bis zur Accademia delle belle Arti.
S. Sebastiano. S. M. ai Frari. S. Rocco und Scuola di S. Rocco. Rialto.
S. Giov. Grisostomo. S. Salvatore. Merceria. — Murano. Torcello.
S. Lazzaro. Lido. Chioggia. — Der Reisende thut wohl, sich mit
Hülfe des Planes und der hier gegebenen Nachweisungen sich seine Wege
(oder Gondelfahrten) nach der Zeit, die er für den Aufenthalt in Vene-
dig bestimmt hat, einzurichten, und wo möglich, sich nicht zu viel auf
einmal vorzunehmen.

Ich empfehle vor Allem eine Besteigung des Marcusthurmes,
um eine Vorstellung von der Anlage dieser merkwürdigen Stadt zu be-
kommen; und zwar einmal zur Zeit der Ebbe und ein anderes Mal zur
Zeit der Fluth; alsdann eine Gondelfahrt durch den Canal
grande, und Abends den Besuch des Marcusplatzes. Nichts
aber ist so sehr geeignet, die eigenthümliche grossartige und pracht-

liebende Richtung der alten Venetianer zu zeigen, als die Kirchen, in deren weiten und hohen mit Kunstwerken bis fast zum Uebermaas erfüllten Räumen sie eine Entschädigung sich geschaffen zu haben scheinen für den Mangel breiter Strassen und luftiger Wohnungen. Findet man sie geschlossen, so frägt man nach dem Kirchendiener (Nonzolo), der gegen ein Trinkgeld (25—35 S.) aufschliesst. Zu Gondelfahrten eignet sich der späte Nachmittag und der Abend, namentlich bei Mondschein, am besten.

Anmerk. Die beigesetzten Ziffern beziehen sich auf den Plan. — Werke über Venedig: Venedig im Jahr 1844 von A. v. Binzer, Pesth, bei Heckenast. — Venise ou coup d'oeil littéraire, artistique etc. sur les monumens et les curiosités de cette cité. Par Jules Lecomte Paris 1845. — Venezia e lo sue lagune. Venez. 1847. 3 Bd. gr. 8, das für den wissenschaftlichen Congress veranstaltete Prachtwerk. Venedigs Kunstschätze und historische Erinnerungen von Adalbert Müller. Venedig bei Münster.

Oeffentliche Plätze, Canäle, Brücken etc. Marcusplatz (1), in Form eines Winkelhakens, 680' lang, 350' breit, von Arkaden mit Kaffeehäusern, Lesecabinetten, Kaufläden und Prachtgebäuden eingeschlossen, ganz mit Marmorquadern belegt; der Mittelpunkt des venetianischen öffentlichen Lebens. Steht man am westlichen Ende, so hat man rechts den Palazzo reale (65), oder die neuen Procurazien (von *J. Sansovino*), links die alten (von *M. Bartolommeo*); hinter sich das Atrio del Palazzo reale, unter napoleonischer Herrschaft 1810 von *Cav. Soli* aus Modena an der Stelle der Kirche S. Gemignano aufgeführt; vor sich die Marcuskirche (26). Links von dieser den Thurm dell' Orologio (72), von *Pietro Lombardo*, 1496, mit einem schönen vergoldeten Madonnenbild und der Glocke, die von zwei ehernen Mohren angeschlagen wird, was vom Marcusthurm am besten zu sehen ist; vor der Kirche die drei Standarten, mit bronzenen Piedestalen von *Al. Leopardo*, von 1505; und der Glockenthurm (26a) (335' hoch), an welchem vom Jahre 911—1591 gebaut worden, und von welchem man eine vollständige Uebersicht der Stadt und der Lagunen hat. Von seinen Bau-

meistern kennt man nur *Nicc. Barattieri* um 1180, *Montagnana* 1329, und *Mastro Buono* 1510. Am Fuss desselben die Loggetta, 1540 von *J. Sansovino* mit Sculpturen in Marmor und Erz, von denen Minerva, Apoll, Mercur und die Friedensgöttin aussen und die Madonna im Innern ebenfalls von *Sansovino* sind. Südlich an die Marcuskirche grenzt der Palazzo ducale (52), der mit der gegenüberliegenden Ostseite des Palazzo reale die Piazzetta (2) bildet, an deren Südende die beiden grossen Granitsäulen stehen, welche der Doge Michiel um 1120 als Trophäen aus Syrien gebracht, und *Niccolo Barattieri* im Jahre 1180 aufgerichtet, und welche mit dem geflügelten Löwen (dem Sinnbild) und dem H. Theodor (vor St. Marcus, dem Beschützer Venedigs) von *Pietro Guilombardo* 1329 geschmückt sind. — Unter dem Thore dell' Orologio durch geht man nach der Merceria, wo die schönsten Kaufläden sind und der meiste Verkehr. La riva degli Schiavoni (3), belebter Spaziergang längs dem Ufer zwischen der Piazzetta und den *Giardini pubblici (4)*, 1807 unter der Herrschaft Napoleons von *Giov. Ant. Selva* angelegt, einem der wenigen Plätze in Venedig, wo

Bäume wachsen. Interessanter Anblick der Stadt und des Hafens. — Andere schöne Gartenanlagen sind der botanische Garten s. u., der sehr liebliche Garten des Grafen Papadopoli, auf der Stelle der abgebrochenen Kirche della Croce (Zutritt durch den Gärtner, Fondamenta Condulmer) und einige auf den Inseln.

Um eine Ansicht der schönsten Paläste der alten venetianischen Familien und überhaupt der Eigenthümlichkeit Venedigs zu gewinnen, macht man eine Fahrt durch den

Canal grande, Canalazzo im Munde des Volkes, die breite Wasserstrasse, der Corso von Venedig, wo die Prachtpaläste der Grossen stehen, die Regatten (Gondelwettfahrten) abgehalten und die Fresco's (s. „Feste") gefeiert werden. Von der Piazzetta ausfahrend, sieht man zuerst die Dogana di Mare (56), *von Giuseppe Benoni* 1682, mit einer auf einem Globus schwebenden Fortuna als Wetterfahne; S. Maria della Salute (25) mit dem Seminario patriarcale (69); R. die Paläste Emo (Treves) (67) aus dem 17. Jahrh.; Tiepolo (Zucchelli) (66). Contarini-Fasan und der kleine Pal. Manolesso-Ferro (14. Jahrh.), Haus der Desdemona. Fini (Wimpfen) von *Andrea Tremignano*, Corner delle Cà Grande (k. k. Statthalterei) von *J. Sansovino,* 1532 und Cavalli (Graf Chambord) von deutsch-lomb. Architektur, neu hergestellt; L. die Paläste Dario Angarani (51) 15. Jahrh. mit Marmorornamenten, und Venier, unvollendet, darauf die eiserne Brücke von 1854; und L. die Akademie der Künste (42), ehedem S. Maria della Carità aus dem 13. Jahrh.; Contarini dagli Scrigni von *Scamozzi,* 16. Jahrh.; Rezzonico (Infant von Spanien) von *Longhena* und Giorg. Massari, 17., 18. Jahrh.; dann die Paläste Giustiniani von

deutsch-lomb. Bauart; Foscari (57) dessgleichen, 14. Jahrh. 1847 hergestellt und als Caserne benutzt. R. P. Grassi (Baron Sina) von Massari, 18. Jahrh. in 3 Säulenordnungen. Moro Lin. von *Seb. Mazzoni*, 17. Jahrh. L. Balbi (44), von *Aless. Vittoria,* 1590 neu hergestellt. R. Contarini in deutsch-lomb. Styl, 1504, ebenfalls; Mocenigo, wo Lord Byron gewohnt. L. Pisani a S. Polo, 15. Jahrh., (64), Barbarigo della Terrazza; P. Tiepolo (Stürmer), 16. Jahrh. (45). R. Corner Spinelli (Taglioni von *Pietro Lombardi* (48), Grimani (76) von *Sanmicheli* (jetzt Post), Farsetti (63), von der Stadt zum Rathhaus angekauft; Manin (62) von *J. Sansovino.* Nach der Brücke des Rialto: R. Fondaco dei Tedeschi, das alte Kaufhaus der Deutschen, j. Mauth; L. Pal. dei Camerlenghi (Appellations-Gericht) von *Gugl. Bergamasco* 1525. Fabriche nuove und vecchie. Fischmarkt. — R. Mangilli Valmarana von *A. Vicentini;* Michieli delle Colonne, (Martinengo) 17. Jahrh., Sagredo, halbmaurisch; Cà Doro (Taglioni) halbmaurisch, aus dem 14. Jahrh., L. Corner della Regina (50) von *Rossi*, 1724; Pesaro (Bevilacqua) (63) von *Longhena:* R. Grimani (della Vida) von *Sanmicheli;* L. Battaggia von *Longhena,* R. Vendramin-Calergi (80) von *Pietro Lombardo* 1481, seit einigen Jahren im Besitz der Herzogin von Berry, und schön eingerichtet; L Fondaco dei Turchi aus dem 10. Jahrh.; Correr (49) mit einem Museum; R. Labia (61) von *Caminelli,* am Canarreggio, dessgleichen Manfrin (59), Gorivagna (58) und Corniani d'Algarotti.

Ponte Rialto (5) von *Antonio da Ponte* 1588 ein einziger Bogen 70' weit, 43' breit, 30' hoch über dem Canal mit zwei Reihen Botteghen und drei Strassen. Mittelpunkt des venetianischen Markttreibens u. stets belebt. Hiebei links auf der Riva di ferro der kleine Fischmarkt. Nahebei Campo di S. Giacomo (17), grosser Gemüsemarkt, und weiter NW. die Pescheria, der grosse Fischmarkt (54).

Die eiserne Brücke von 1854 verbindet Campo S. Vidal und C. della Carità, und führt zur Acc. delle belle Arti.

Murazzi, die 30' hohe, 40—50' breite Riesenmauer, von Malamocco bis Chioggia reichend, 1744—1782 in einer Länge von 5227 Meter um 20 Mill. Lire venete aufgeführt, die Lagunen gegen den Andrang des Meeres zu schützen; fortgesetzt von der österr. Regierung 1826. Man besucht sie am besten mit dem Dampfschiff, das tägl. Nm. 3 U. So. 11 U. Vm. nach Chioggia fährt, (Bureau an der Piazzetta.) Von Chioggia lässt man sich in einer Barke nach Sotto marina übersetzen und geht dann zu Fuss.

Die Brücke über die Lagunen (6), 1842 begonnen, 1846 vollendet, mit 2 Brückenköpfen, 222 Bogen und 5 freien Plätzen, fast eine Stunde lang (3596 Meter), nach den Zeichnungen von *Tomm. Meduna* und *Luigi Duodo*, ausgeführt von *Petich* unter der Direction von *Ant. Noale*, nach der Revolution von 1849 hergestellt von *Casp. del Meyno.*

Die Scala a lumaca mit einem schönen Blick über Venedig.

Alterthümer: Auf der Insel dei Borgognoni bei Torcello entdeckte Joh. Dav. Weber um 1838 die Ueberreste eines Tempels 57' l., 36' br., der nachmals als Kirche gedient (Nachrichten in einer 1839 gedruckten Abhandlung Ang. Bonvecchiato). In Le Mura, der Gemeinde Cava Zuccarina stehen noch die ansehnlichen Ueberreste einer römischen Basilica; dann nahebei in Le Motte ein römisches Gebäude, das zur Kirche umgewandelt worden, mit altchristlichen Sarkophagen, antiken Mosaiken und Inschriften.

Kirchen: S. Alvise, s. S. Ludovico.
S. Andrea von 1475, innen modernisirt, mit Gemälden von *P. Veronese* und *Paris Bordone.*

SS. Apostoli (7) von 1575, mit dem Mannaregen von *P. Veronese* und der Grabcapelle der Familie Corner von *Guglielmo Bergamasco.*

S. Barnaba von 1749, mit Gemälden von *Giov. Martini* (die HH. Bernhardin von Siena, Clara und Margaretha von Cortona), *P. Veronese* (Maria mit dem Kind).

S. Bartolommeo von 1723, mit 4 Heiligen von *Seb. del Piombo*; ferner Gemälden von *Palma giov., Pietro Vecchia* etc.

S. Casiano von 1611, mit Gemälden von *Palma vecchio* (S. Johannes d. T. u. a. Heilige). *Leandro Bassano* (Heimsuchung), *J. Tintoretto* (Kreuzigung, Höllenfahrt und Auferstehung), *Politi* (mater dolorosa) in Verbindung mit einem todten Christus in Wachs von *Zandomeneghi.*

S. Caterina, mit Gemälden von *P. Veronese* (Vermählung der H. Katharina), *Tizian?* (Tobias mit dem Engel); in *Vivarini's* Art (S. Augustin) etc.

SS. Ermagora e Fortunato von 1728, mit einer Madonna von *Tizian.*

S. Eustachio (S. Stae) von 1678 bis 1709, mit einer heil. Familie von *Palma vecchio.*

S. Fantino (9) von 1506, der Chor 1533 von *J. Sansovino.* Grabmal des Vinciguerra Dandolo † 1517, u. Bernardino Martini, † 1518. Heil. Familie von *Giov. Bellini.*

**S. Francesco della Vigna (10), (j. als Magazin benutzt), Façade von *Palladio*, das Innere von *J. Sansovino*, 1534 Sculpturen: Paulus und Moses von *Tiz. Aspetti*; die Capella Giustiniana reich an Sculpturen aus der Schule der *Lombardi.* Altarbilder von *Fra Antonio da Negroponte* (Madonna mit dem Kind

und S. Bernhardin in der Sacristei);
Giov. Bellini (Madonna mit Heiligen
1507) M. Basaiti (Pietà); Franc.
Santa Croce (Abendmahl); P. Vero-
nese (Auferstehung. Madonna mit
Heiligen, Madonna in der Glorie);
Salviati (Maria mit Antonius Abb.
und Bernhard, dann vier andere
Heilige), Pennachi; Palma giovine,
Girolamo da S. Croce (Gott Vater),
und Battista Franco (Taufe Christi).
SS. Gervasio e Protasio (11),
von Palladio 1584. Der Altar des
Sacraments aus dem 15. Jahrh. Ein
anderer Altar links vom Seitenein-
gang mit Sculpturen aus dem 15.
Jahrh. Madonna von Giov. Bellini;
die Versuchung des H. Antonius von
J. Tintoretto.

✓ S. Giacomo di Rialto (17)
gilt als die älteste, schon nach Ala-
richs Einfall 421 erbaute Kirche;
restaurirt 1531. Auf dem Platz der
„Gobbo di Rialto" eine gebückte
Figur, über welche eine Treppe zu
einer kurzen Säule führt, von welcher ehedem die Gesetze der Republik verlesen wurden.

S. Giobbe aus dem 15. Jahrh.,
mit Sculpturen über dem Eingang,
SS. Bernhard, Ludwig und Anton
und Hiob vor St. Franz; Gemälden
in der Sacristei von Bart. Vivarini
(Verkündigung mit Heiligen), Gentile Bellini (Bildniss des Dogen
Crist. Moro), Giov. Bellini (Maria
mit Johannes und Katharina).

S. Giorgio dei Greci (13) von
J. Sansovino, 1539, eines seiner besten Gebäude, aber durch Zuthaten
entstellt 1548 von Gianant. Chiona,
reich an Sculpturen und Mosaiken.
Schöne Gemälde in der Kuppel und
an Altären.

* S. Giorgio maggiore (15),
mit Klosterumgängen und Refectorium von Palladio, 1565, vollendet
1610 von Scamozzi. Im Innern Gemälde von J. und L. Bassano, Tintoretto. Schnitzwerk im Chor von
A. Fiamingo, und ein Crucifix 2

Altar r. von Michelozzi oder Brunelleschi. Im Corridor l. vom Chor:
Grabmal des Dogen Domenico Michiel, des „terror Graecorum" von
Longhena 1637. — Schöne Aussicht
vom Glockenthurm.

Scuola di S. Giorgio dei
Schiavoni an dem Canal zwischen
Riva dei Schiavoni u. dem cau. degli
Fondamenti nuovi in G. 3. mit Ge-
mälden aus dem Leben der HH.
Georg, Tryphon und Hieronymus,
dessgl. von Christus von Carpaccio
(mit orientalischen Landschaften u.
Trachten). Ueber 1 Treppe Plafond-
gemälde von Palma vecchio.

*S. Giovanni in Bragora von
1475 und 1728, mit Portal von 1539,
und Gemälden von Luigi Vivarini
(Auferstehung Christi) Antonio Vivarini (S. Andreas mit Hieronymus
und Martin, nebst Geschichten derselben in der Predella), Bartol. Vivarini (Christus mit Johannes und
Marcus; Maria mit Andreas u. dem
Täufer), Giov. Bellini (Madonna mit
dem Kind) und Lazarus Sebastiani
(Christi Leichnam), letztere beide
im Magazin der Kirche? Cima daCo-
negliano (Kreuzfindung), Paris Bordone (Abendmahl), Rocco Marconi
(Christus), Palma Giov. (Fusswaschung. S. Veronica). In der Sacristei ein kostbares altes Crucifix und
dergl. Pace.

*S. Giovanni Elemosinario
(14) (San Zuan di Rialto), von Ant.
Scarpagnino 1527, mit Gemälden
von Tizian (S. Johannes. Almosen
spendend), Pordenone (SS. Sebastian.
Rochus und Katharina), Marco di
Tiziano (S. Johannes als Almosen-
geber, nebst S. Marcus und einem
Geistlichen, der dem Dogen Leonato
Donato das Weihwasser spendet),
Bonifazio? (Madonna mit Heiligen).
Madonnenstatue von Zandomeneghi.

S. Giovanni Evangelista von
1582 mit einem kostbaren Krystall-
kreuz aus dem 14. Jahrh., darin
eine Reliquie vom Kreuz Christi.

Dabei eine Scuola, mit einem Portal von *Pietro Lombardo* 1481.

S. Giov. Crisostomo (8), von *Moro Lombardo?* 1489. 1 Cap. l. Die Krönung Mariä in Gegenwart der Apostel, Relief von *Tullio Lombardo*. 1 Altar r.* von *Giov. Bellini*. (S. Hieronymus in der Wüste mit Christophorus und Augustinus)1506. * *Sebastiano del Piombo* Hochaltar (SS. Giov. Chrisostomus, der Täufer, Georg, Antonius, Magdalena, Barbara, Caterina etc.) wohl sein schönstes Werk. In der Sacristei einige Heilige von *Mansueti?*

SS. Giovanni e Paolo (16) im lat. Kreuz mit 3 Schiffen, im Spitzbogen gewölbt, von 1246 — 1395, ursprünglich Dominicanerkirche. Hier fanden die Begräbnissfeierlichkeiten der verst. Dogen statt, und die Kirche ist reich an Grabdenkmälern derselben. Vor der Kirche die Reiterstatue des Feldherrn Bart. Colleoni von Bergamo, von *Alessandro Leopardo* 1495. Façade mit reichem gothischem Portal; in der Mauer Sculpturen aus dem 8. und 9. Jahrh. Dogengrabmäler aus dem 13. Das Innere 291' l., 196' br., 109' h. macht mit seinen vielen Sculpturen und Gemälden den Eindruck eines grossen Nationalmuseums. Rechts vom Eingang: *Grabmal des Pietro Mocenigo von *Tullio Lombardo* und seinen Söhnen 1476; die Pilaster u. Archivolten mit etwas stumpfem Blumen- und Blätterwerk. Der Doge in Rüstung zwischen zwei Schildträgern auf seinem Sarge stehend, den 3 Männer in römischer Waffentracht tragen. An jeder Seite je 3 eben solche Männer in Nischen über einander. Ganz oben die Marien am Grabe und Christi Auferstehung zwischen 2 Engeln; des Admirals Girolamo Canal 1535 ; Grabplatte des Dogen Ranieri Zeno, 13. Jahrh. 1. Altar, *Madonna mit Heiligen u. Engeln von *Giov. Bellini*, 1464; von grossartiger Schönheit, vornehm-

lich der Frauen! 2. Altar eine Tafel in 9 Abtheilungen von *V. Carpaccio* (?) — Im Querschiff r. S. Augustin u. a. Heilige von *Bart. Virarini*. Ueber der Thür: Grabmal des Feldherrn Dionigi Naldo von *Lor. Bregno*, 1510 und des Niccolo Orsini 1509, welche im Kampf gegen die Liga von Cambray gefallen. Glasfenster von *Gir. Mocetto* 1473 nach *Vivarini;* hinter dem Hochaltar die Grabmäler: *des Andrea Vendramin, ein ungemein reiches Werk 1478 von *Al. Leopardi* (?) in grossartiger, der römischen Antike nachgebildeter Renaissance, mit verkropften Gesimsen, korinthischen Säulen und Pilastern und horizontalem Abschluss. In der Lunette: Madonna in tr. Relief; darunter der Doge auf dem Sarge liegend, an dem 3 Pagen Wache halten. Am Postament 5 weibliche Figuren, Tugenden. In den Nischen römische Krieger; des Leonardo Loredano von *Gir. Grapiglia* 1572; des Michele Morosini 1383 und des Marco Cornaro 1368, 1. Cap. links vom Hochaltar: Grabmäler von Pietro Cornaro und Andrea Morosini 14. Jahrh. 2. Cap. Grabmal des Feldherrn Jacopo Cavalli von *Paolo dalle Masegne* 1384; des Giov. Dellino 1361; im Kreuzschiff des Ant. Venier 1400. Die Rosenkranzcapelle (reich, nicht schön) von *Al. Vittoria* um 1575, zum Gedächtniss des Sieges bei Lepanto 1571. — Im l. Seitenschiff: Grabmal des Dogen Tomm. Mocenigo, 1423 von *Pietro da Firenze* u. *Martino da Fiesole;* des Nicc. Marcello 1474; Krönung Mariä von *Vitt. Carpaccio;* Grabmal des Giov. Mocenigo von *Tullio Lombardo;* des östr. Generals Chasteller, † 1825, von *Zandomeneghi* u. *Giaccarelli.* — Zwei alte Reliefs: Daniel in der Löwengrube und die Verkündigung und eine grosse Anzahl Sculpturen meist späterer Zeit. *Lo. renzo Lotto* (S. Antonin mit Mönchen),

Rocco Marconi (Christus zwischen Petrus und Andreas), 2. Cap. 1.: *Tizian* Tod des Pietro Martire, (1537). Ferner *Bonifazio* Jacobus u. Paulus; Magdalenä Fusswaschung; Johannes u. Antonius Abb.; Michael und Satan; Vitus und Ascanius, u. a. Heilige); *J. Tintoretto* (Madonna mit Heiligen, die Schlacht bei Curzolari, u. a. m.), Gemälde von *Francesco da Ponte*, *Leandro Bassano*, *P. Veronese*, *Salviati*, *Palma*, *Giov.* etc.

S. Giuliano von *J. Sansovino*, 1553, mit einer Pietà in Marmor von *Gir. Campagna.* Gemälde von *Gir. da Santa Croce* (Krönung Mariä), *Boccacino* (Madonna und Heilige), *P. Veronese*, Pietà und Abendmahl).

S. Lodovico von 1388; im Innern restaurirt im 17. Jahrhundert. Gemälde: *Marco Veghia* (aus dem Leben Ludwigs), *Jacobello del Fiore* (Bildniss des Gambacorta von Pisa).

S. Luca (18) v. 1581, mit einem Altarbild S. Lucas von *Paolo Veronese*, und einigen Werken neuester Künstler, *Politi etc.*

S. Lucia (19) von Palladio 1609, mit Gemälden von *Jacopo Palma* und *Leandro Bassano.* Soll neuerdings militärischen Zwecken dienen.

S. Marco (26) am Markusplatz, (neuerdings einer Restauration unterworfen) merkwürdig wegen seiner halb orientalischen, halb spätgermanischen Bauart, wegen seines Reichthums an Säulen, Sculpturen und Mosaiken aus fast allen Zeiten der Kunst. Die Gründung dieses Gebäudes, das errichtet wurde zu Ehren des Leichnams vom h. Marcus, der unter dem Dogen Agnello Participazio im Jahr 828 in Alessandria gestohlen, und, nach Venedig gebracht, als Heiligthum betrachtet ward, fällt in das Dogat des S. Pietro Orseolo I. 977; die Vollendung 1071; die Einweihung 1083 (84. 94?) in das Dogat des

Vitale Falier. Feuersbrünste erfuhr der Bau 1106, 1230, 1419, 1429. Die Ausschmückung der Giebel gehört dem 14. Jahrh. an. Die alte Gestalt der Kirche im 13. Jahrh. sieht man an einer musivischen Abbildung über dem nördlichsten Eingang der Vorderseite. Diese ist 220 venet. Fuss lang, 148 breit (180 im Kreuz), und 110 hoch. An der Aussenseite bemerkt man ausser einigen altgriechischen, ferner mehren für christliche Symbolik nicht unbedeutenden älteren Sculpturen an den Portalen und an den Wänden und einigen vortrefflichen (z. B. S. Marcus auf dem mittlern Giebel) aus dem 14. Jahrh., ferner ausser den meist modernen Mosaiken (nach Zeichnungen von *Maffeo Verona* und *Alvise dal Friso* von 1512, *S. Rizzi*, *Latt. Querena* etc.) die vier grossen Rosse aus vergoldeter Bronze, wahrscheinlich römische, nach dem Orient geführte Arbeit, die einst der Podestà Mareno Zeno nach der Eroberung Constantinopels 1206 aus dem dortigen Hippodromus nach Venedig gebracht. 1797 wurden sie nach Paris geführt, von wo sie nach dem Frieden von 1815 auf ihre jetzige Stelle zurückkehrten. — Beachtenswerth sind auch zwei viereckige Marmorsäulen an der Südseite der Kirche, die aus einer der ältesten christlichen Kirchen, S. Saba in Acre, stammen, und 4 räthselhafte Figuren aus rothem Porphyr, die noch ihrer sichern Lösung harren. — Von drei Seiten ist S. Marco von einer Vorhalle umgeben, die indess an der Südseite in zwei abgeschlossene Capellen, in die des Baptisteriums und die des H. Zeno, verwandelt ist. Hier und im ganzen Umgang sehr beachtenswerthe Mosaiken an den Wölbungen und Lunetten, die grösstentheils dem 13. Jahrh. angehören, und bereits sichtbare Zeichen des Wiederauflebens der Kunst an sich

tragen, und viele Dogengrabmäler.
Ausserdem: Im Baptisterium ältere
Sculpturen hinter dem Altar, ein
alter Bischofsstuhl aus Alexandrien,
mit altchristlichen Symbolen, das
Geschenk des Kaisers Heraclius; das
Taufbecken mit bronzenem Deckel
von *Tiziano Minio* und *Desiderio
da Firenze,* der Täufer darauf von
Segala Padovano. — Das Monument
des Dogen Andrea Dandolo etc.
— In der Capelle S. Zeno das
Denkmal des Cardinals Giov. Batt.
Zeno mit seiner liegenden Gestalt,
und vielen Allegorien in Erz von
Pietro Lombardo und *Zuanne delle
Campane* 1515. Der Altar mit seinen grossen Erzfiguren (Madonna
mit dem goldenen Vorschuh etc.)
von *demselben,* 1516. Unter den
ältern Reliefs ein byzantinisches Madonnenbild, ehemals ein Brunnen-
schmuck in Constantinopel. — Im
eigentlichen Umgang Säulen, Statuen, Sarkophage etc. aus dem 12.
und 13. Jahrh. S. Marcus über dem
mittlern Eingang, Mossik nach einer
Zeichnung *Tizians;* die acht Säulen
dieser Thüre sind eine Beute aus
dem eroberten Constantinopel. —
Inneres. Der Grundriss ist ein
griechisches Kreuz. 6 Pfeiler und
6 Säulen scheiden das Hauptschiff
von den Abseiten; 5 Kuppeln wölben sich über dem Ganzen. Die
Mosaiken im Innern — dessen Fussboden mit alter Marmormosaik belegt ist — gehören, mit Ausnahme
der modernen nach den Zeichnungen
von *Zuccato, Pilotti, Padovanino* etc.
dem 11. und 12. Jahrhundert an,
und tragen grösstentheils das Gepräge der starren byzantinischen
Kunstweise. — Doch finden sich
ausserdem in der Kapelle der Madonna dei Mascoli Mosaiken von
Michel Giambono von 1430, und in
der Capella St. Isidoro Sculpturen
und Mosaiken aus dem 14. Jahrhundert; beachtenswerth als Zeitbild
ist gegenüber dem Altar des Sacra-

ments im linken Seitenschiff die
sehr alte Darstellung, wie der Doge
Ordelafo Faliero mit allem Volk
Gott dankt für die Wiederauffindung
des H. Marcus. — Ueber der Cor-
niche des Parapets, welches Chor
und Kirche scheidet: Crucifix von
Jacobus Magistri Marci Benato, mit
Madonna, Marcus und den 12 Aposteln in Marmor von *Jacobellus und
Petrus Paulus dalle Masegne* von
Venedig, 1393. 88. Paulus und
Jacobus von *P. Lombardo.* Zwei
Kanzeln von Marmor, sechs bronzene
Reliefs aus dem Leben des h. Marcus von *J. Sansovino.* — Die Säulen der Tribüne über dem Hochaltar sind ganz mit Reliefs aus dem
Leben Jesu (12. Jahrh.) bedeckt.
Die Hauptaltartafel (Pala d'oro) ist
ein kunst- und juwelenreiches Heiligthum, vom Jahr 1105 und 1209
restaurirt, welches Geschichten des
alten und neuen Testaments und
viele Heilige enthält. Der zweimal
in der Woche zugängliche Kirchen-
schatz (il Tesoro) bewahrt noch
mehr Alterthümer dieser Art, und
eine grosse Anzahl heiliger Gefässe, Crucifixe u. s. w. von erstau-
nenswürdigem Reichthum. Eine andere Altartafel ist vom Meister *Paulus,* und seinen Söhnen *Lucas* und
Johannes, 1344, und enthält in 14
Abtheilungen neutestamentliche Geschichten. Die Thüre der Sacristei
nach *J. Sansovino.* — Cf. Kreuz, S.
Marco etc. grosses Prachtkupferwerk.

Scuola di San Marco (27)
neben S. Giov. e Paolo, 1485 von
Martino Lombardo, mit Reliefs von
Tullio Lombardo, an der Vorderseite, jetzt Civil-Spital.

S. Maria Assunta dei Gesuiti
(12) von *Fattoretti* und *Rossi* 1715,
mit Gemälden von *Tizian* (Martyrium des H. Lorenz), *J. Tintoretto*
(Himmelfahrt Mariä, beide im linken
Seitenschiff; Beschneidung Christi),
Palma giov. etc. Grab des letzten
venetianischen Dogen Manin. — Hie-

bei die Scuola dei Sarti mit einer Madonna und Heiligen von *Giorgione.*

* Maria del Carmine (20), von 1290, Façade modern, mit Gemälden von *Cima da Conegliano* (Geburt Christi und Heilige 3. Altar r.); *J. Tintoretto* (Beschneidung; 1. Altar r.) *Lor. Lotto* (S. Nicolaus u. a. Heilige und Engel 1529); *Schiavone, Palma giov.*, *Padovanino,* und ein heil. Anton von *Querena.* Eine sehr schöne Orgel. — Am Platz: Pal. Moro, genannt Casa di Otello, die Wohnung des berühmten Mohren von Venedig.

S. Maria Formosa (21) von 1688 (das Innere von 1492). Gemälde: *Bart. Vivarini* (Madonna mit der Gemeinde unterm Mantel); *Vinc. Catena* (Beschneidung); * *Palma vecchio* (die H. Barbara, ein sehr berühmtes und wundervolles Bild! r. vom Eingang. Darum noch 4 Heilige (Sebastian, Antonius Abbas, Johannes Bapt. Francesco di Paola und die Madonna mit dem todten Christus von ihm); *Palma giov., Leandro Bassano.*

S. Maria Gloriosa ai Frari (22), im deutsch-italienischen Styl, nach Vasari von *Niccola Pisano* 1250, alsdann im 14. Jahrh. von *Fra Pacifico,* eine der grössten und schönsten Kirchen Venedigs; reich an Monumenten, Sculpturen und Gemälden. Aussen über dem Haupteingang Madonna, eine Auferstehung, S. Franz, Madonna mit dem Kind, gute Sculpturen aus dem 14. Jahrh. Inneres: rechtes Seitenschiff: Grabmal Tizians, ein Triumphbogen mit Sculpturen von *Luigi* und *Pietro Zandomeneghi.* Figuren: das 16. Jahrhundert mit dem Adelsdiplom Karls V. für Tizian, von 19. mit dem Befehl Kaiser Ferdinands 1. zur Errichtung des Denkmals. In der Mitte Tizian zwischen dem Genius der Kunst und der Göttin der Natur; ferner Malerei, Holzschneide-

kunst, Baukunst und Bildhauerei. Darüber in Reliefs die Hauptgemälde Tizians: die Assunta, das Martyrium des heiligen Laurentius und des Petrus Martyr; ferner die Heimsuchung als sein erstes und die Grablegung als sein letztes Bild. — Im r. Kreuzschiff: Grabmal des Jacopo Marcello 1484. * Madonna in tr. mit Petrus, Paulus u. a. Heiligen von *Bart. Vivarini* 1487. Grabmal des Fra Pacifico 1437. Ueber der Thür Grabmal des Admirals Benedetto Pesaro 1503 von *Lor. Bregno, Baccio da Montelupo,* (Mars und Neptun) und *J. Sansovino.* — In der Sacristei * Madonna in trono mit Heiligen und musicirenden Engeln von *Giov. Bellini* 1488. — Hinter dem Hochaltar: Chorstühle v. *Gianpietro da Vicenza* 1468. Denkmal des Dogen Francesco Foscari, 15. Jahrhundert; des Dogen Niccolo Trono von einem *Lombardi* 1471, und * *Ant. Riccio,* ein sehr reiches Denkmal mit Statuen von Kriegern, Allegorien der Weisheit und Tugend, der Gaben des heil. Geistes, ferner des Reichthums, der Tapferkeit und der Klugheit, den Büsten Julius Caesars und römischer Matronen und endlich der Statue des Fürsten selbst; ganz oben Christus und die Verkündigung; alles aus Marmor von Istrien. Christus, Seraphicus und Antonius. Statuen am Hauptaltar von 1516. In der Capelle links: * Madonna in trono mit Heiligen von *Pordenone.* 2. Cap. Grabmal des Generals Melchior Trevisano von *Dentone* 1500; am Altar der Täufer Holzsculptur von *Donatello.* 3. Cap. St. Ambrosius mit andern Heiligen von *B. Vivarini* und nach dessen Tode von *Marco Basaiti.* — Linkes Kreuzschiff St. Marcus mit dem Täufer, Hieronymus u. a. H. von *Bart. Vivarini* 1474. Grabmal der Generosa Orsini Zen. 15. Jahrh. — Im linken Seitenschiff Grabmal des Bischofs Pietro Miani 1464, darunter der Taufstein mit dem Täufer von *J. Sansorino;* Madonna in tr. mit den HH. Franz, Petrus, Georg und den Bildnissen der Familie Pesaro von *Tizian* 1519. Grabmal des Dogen Giov. Pesaro von *Longhena* und *Melchior Barthel* 1669 mit Mohrenfiguren, ein Beispiel reicher Geschmacklosigkeit. Grabmal Canova's †den 13. Oct. 1822, von ihm selbst für Tizian entworfen, aber auf Kosten Europas für ihn ausgeführt 1827, durch *Bart. Ferrari* (Sculptur) *Rinaldo Rinaldi* (Genius der Sculptur und Löwe) *L. Zandomeneghi* (Architectur und Malerei) *Jac. de Martini* (ihre Genien) *Fabris* (Genius der venetianischen Sculptur) *Ant. Uosa* (Bildniss Canova's). — Im Convent ist das Staatsarchiv. S. Archive.

S. Maria Mater Domini von *Pietro Lombardo?* 1505. Gemälde: *Vincenzo Catena* (S. Cristina). *Fr. Bissolo* (Transfiguration). *Bonifazio* (Abendmahl), *J. Tintoretto* (Kreuzfindung).

S. Maria dei miracoli (23) von *Pietro Lombardo* 1480, ganz mit buntem Marmor bekleidet und reich verziert. Ueber dem Eingang Madonna von *Pyrgoteles.* Im Innern Sculpturen von *Pietro Lombardo* (Verkündigung etc.).

S. **Maria dell' Orto** (24) von 1399 mit den Aposteln in den Nischen der Façade von *Mastro Bartolommeo.* Gemälde von *Giov. Bellini* (Madonna, übermalt), *Cima da Conegliano* (der Täufer mit Paulus, Hieronymus, Marcus und Petrus), *Palma vecchio* (S. Lorenz, Justinian und Helena), *Giorgione??* (Grablegung), *Tintoretto* (Jüngstes Gericht, S. Agnes, die Anbetung des goldnen Kalbes u. a. m.)

S. Maria della Pietà von 1745 mit einer Fusswaschung Magdalenä von *Moretto.*

* S. Maria della salute (25) nebst dem Seminario von *Longhena*

1630, mit 13 Gemälden von *Tizian* S. Marcus mit Rochus und Sebastian, Cosmus und Damianus, eine Jugendarbeit, in der Sacristei; an der Decke daselbst der Tod Abels, das Opfer Abrams und der Sieg Davids über Goliath; im Chor der Kirche die Evangelisten und Doctoren; in der Kirche der Tod des heil. Paracletus, von 1541. In der Sacristei sind auch noch Gemälde von *Tintoretto* und *Salviati*, in der Kirche von *Luca Giordano.* Denkmal des Jac. Sansovino zwischen Sacristei und Oratorium, — Im Seminario ist eine werthvolle, ehedem dem March. Manfredini gehörige Sammlung Gemälde von *Guido Reni, Leonardo da Vinci* (Madonna mit den Donatoren, angeblich aus der Familie Pallavicini), *Sebast. del Piombo Filippino Lippi* etc.

S. Maria delle Zitelle (41) auf der Giudecca von *Palladio.*

S. Martino (28) von *J. Sansovino* 1450. Ein Altar von *Pietro* oder *Ant. Lombardo* 1484 (früher in S. Sepolcro), Gemälde von *Girolamo da Santa Croce* (Abendmahl von 1549), *Cima da Conegliano* (Auferstehung), *Cosroe Dusi* (S. Filomena).

S. Marziale von 1693 mit einem Tobias von *Tizian.*

S. Nicola di Tolentino (39) v. *Scamozzi* 1591 mit Gemälden v. *Bonifazio, Leandro Bassano, Palma giov.*

S. Pantaleone (29) von 1668 mit einer Krönung Mariä von *Giov.* und *Antonio da Murano* 1444. 3 Gemälde von *P. Veronese;* andre von *Palma giov., Padovanino* etc.

S. Pietro di Castello (30) nach *Palladio's* Zeichnung von 1557 mit Veränderungen ausgeführt v. *Franc. Smeraldi* 1594. Hauptaltar von *Longhena* und *Clemente Moli.* Gemälde von *M. Basaiti* (S. Georg, 1520; S. Petrus u. a. Heilige); *P. Veronese* (Petrus, Paulus und Johannes). Ein alter Bischofstuhl mit arabischen Inschriften.

✝

Die protestantische Kirche mit einem Gemälde von *Tizian.*

* S. Redentore (32) auf der Insel Giudecca, von *Palladio*, 1576, eines seiner besten Werke. In der Sacristei Madonna, das schlafende Jesuskind anbetend, von *Giov. Bellini* (gänzlich übermalt), eine Madonna von *dems.*, die Taufe von *Paolo Veronese.* In der Kirche Altarbilder von *Palma, Bassano, Tintoretto.*

* S. Rocco (33) von 1490 und 1725. Der Hauptaltar mit der Statue des h. Rochus von *Mastro Buono.* Gemälde von *Tizian*(Kreuztragung), *Tintoretto* (Petri Fischzug, Geschichten des h. Rochus). *Pordenone* (S. Sebastian a fresco; S. Martin). Hiebei die s. g. Scuola di S. Rocco (34), ein reiches Bauwerk mit vielen Gemälden von *Tintoretto* (Verkündigung, Kindermord etc.), *Tizian* (Verkündigung auf der Stiege). Im „Archivio antico" viele Werke von *Tintoretto* (Kreuzigung etc.)

S. Salvatore (35) von *Tullio Lombardo* und *Jac. Sansovino* 1520 bis 30. Die Laterne von *Scamozzi* 1569; die Façade von *Longhena?* 1663. Grabmal des Dogen Fr. Venier von *J. Sansovino*, von kolossalen Formen, der Catharina Cornaro von *Bernardino Contino.* Uebergabe der Krone von Cypern an den Dogen von Venedig. 1570. Gemälde von *Tizian* (Verkündigung, Transfiguration), *Giov. Bellini* (Christus mit vier Männern zu Tisch, in *Tizians* Weise; wenig ausdruckvoll, als Malerei aber vielleicht das vollendetste Werk dieses Meisters). Am Hauptaltar (verschlossen) eine Tafel mit Reliefs in Silber von 1290, Madonna, Engel, Apostel und Propheten (an hohen Festtagen geöffnet).

* S. Sebastiano (37) von *Ant. Scarpagnino* 1506. Denkmal des Livio Podacataro von *J. Sansovino* 1555. Madonna mit dem Kind und dem Täufer von *Tom. Lombardo.*

Gemälde von *Tizian* (S. Nicolaus), *P. Veronese*, der hier begraben liegt: die Evangelisten an der Decke der Sacristei; die Geschichte der Esther an der Decke der Kirche; Geschichten des h. Sebastian, die Apostel, die Verkündigung, 2 Sibyllen; Madonna in der Glorie am Hauptaltar; Mariä Reinigung und der wunderbare Fischzug an der Orgel; Taufe und Kreuzigung Christi; S. Colomba mit dem Bildniss des Bern. Forlioni; Martyrium des S. Marcus und Marcellianus.

S. Simeone profeta von 967 mit der Statue des Heiligen aus dem 13. Jahrb., der Dreieinigkeit von *Vinc. Catena*, dem Abendmahl von *Tintoretto* etc.

S. Stefano (38) von 1294 mit vielen Denkmalen aus dem 16. Jahrb., einem Johannes und Antonius von *Pietro Lombardo*, und einer heiligen Familie von *Palma vecchio.*

S. Vitale von 1700 mit einer Madonna in tr., Engeln und Heiligen (Vitalis zu Pferd) von *Vitt. Carpaccio.*

S. Zaccaria (40) von 1456. (Spuren des ältern Baues in der Capella di S. Tarasio). Eigenthümlicher Chor mit 2 offenen Arcadenreihen, unten Rundbogen mit korinthischen Säulen, oben Spitzbogen mit durchbrochenem Masswerk. Eine Halbkuppel darüber; ein Umgang dahinter. Im Schiff römische Säulen auf achteckigen hohen Sockeln, mit barocker Basis und viereckigem Postament. — 2. Alt. 1. * *Giov. Bellini*: Madonna in tr. mit den HH. Catharina, Petrus, Magdalena und Hieronymus; dazu ein Geige spielender Engel. 1505. — In einer grossen Seitencapelle r.: * *Giov. Bellini*, Madonna in tr. mit den Heiligen Paulus, Gregorius, Dominicus, einem Bischof, einem gekrönten Heiligen und einem Geige spielenden Engel. *Tizian: Mater dolorosa. — In einer Cap. 1. hinter dem Chor: *Giov.*

Bellini, Beschneidung Christi. — Im
Seitenschiff: Madonna mit Heiligen
von *Palma vecchio;* die Geburt des
Johannes von *Tintoretto.* — * In
einer verschlossenen Capelle S. Sa-
bina (Capella d'oro) 3 Altarwerke
in vergoldeter Gothik; Schnitzwerk
von *Lodovico da Forli,* die gemalten
Figuren von *Johannes u. Antonius
de Murano* 1443 u. 1444.

Paläste. Sammlungen. Anstalten.
Accademia delle belle Arti
täglich offen von 12—3. (Durch
eine 1854 erbaute eiserne Brücke
über den Canal grande zugänglich)
(42) (Katalog beim Academiediener)
enthält eine vollständige, gut geord-
nete und geschmackvoll aufgestellte
Sammlung von Werken der venetianischen Malerschule. Nach dem Plan:
a. Eingang. b. Corridor mit architectonischen Entwürfen. c. Saal mit
Marmorarbeiten von *Rinaldo Rinaldi* u. A. I. Sala delle ant.
pitture. 1. *Bart. Vivarini,* Madonna und 4 Heilige. — 2. *Mich.
Mattei di Bologna,* Altarbild mit
vielen Abtheilungen. — 3. *Mich.
Giambono,* der Heiland mit 4 Heiligen, darunter 2 von *Mastro Paolo.*
2 von *Bart. Vivarini.* — 8. * *Giov.*

ed *Antonio da Murano,* Krönung
Mariä. — 4., 6. *Marco Basaiti,* 2
Heilige. — 11., 13. *Vincenzo Catena,*
2 Heilige. — 16. Theils von einem
Unbekannten, theils von *Stefano
pievano.* 1381. — 22. *Jacobello del
Fiore,* Madonna und 2 Heilige. —
9., 14., 21. *Bart. Vivarini,* 3 Heilige. — 17—21. *Luigi Vivarini,* 4
Heilige. — 23. * *Giov.* d'*Alemagna*
ed *Antonio da Murano,* Madonna in
tr. mit Engeln und Kirchenvätern.
— 11. Sala dell' Assunta: 24.
* *Tizian,* Mariä Himmelfahrt (l'Assunta). — 25. *Tintoretto.* Adam und
Eva. — 26. *Bonifazio,* S. Hieronymus. — 27. *Ders., S.* Marcus. — 28.
Ders., S. Bruno und Catharina. —
29. *Ders.,* S. Barnabas und S. Sylvester. — 31. *Marco Basaiti,* die
Berufung der Apostel Johannes und
Jacobus. — 32. * *Tintoretto,* Madonna in tr. und drei Senatoren.
— 33. * *Tizians* letztes, von *Palma
giov.* vollendetes Werk: Grablegung.
— 35. *Desselben* erstes Werk: Heimsuchung. — 36. *Tintoretto,* Auferstehung. — 37. * *Giorgione,* Meeresturm,
von S. Marcus beschwichtigt. — 38.
Giov. Bellini, Madonna mit Heiligen. — 41. *Contarini,* Bildniss eines

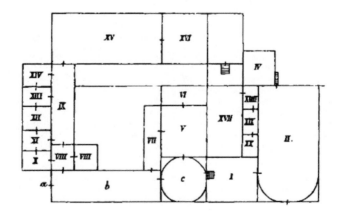

Dogen. — 43. *Palma Giov.*, S. Franciscus. — 44. und 46. *Paolo Veronese*, Ezechiel und Jesaias, Grau in Grau. — 45. *Tintoretto*, wunderbare Befreiung eines zum Tod verurtheilten Sklaven durch S. Marcus. 47. *Padovanino*, Hochzeit zu Kana. — 50. *Bonifazio*, die Ehebrecherin vor Christus. — 51. *Tintoretto*, Bildniss des Dogen Mocenigo. — 56. *Carlo Cagliari*, Kreuztragung. — 55. *Paolo Veronese*, Madonna in der Glorie mit dem h. Dominicus, der Kronen vertheilt an den Papst, Kaiser, König, Dogen etc. — 59. *Palma vecchio*, Himmelfahrt Mariä. — 60. *Rocco Marconi*, Christus mit Petrus und Johannes. — 61. *Leandro Bassano*, die HH. Thomas, Vincenz und Petrus Martyr. — 62. *Paolo Veronese*, die heilige Christina. — 63. *Tintoretto*, der Tod Abels. — Im Saal rechts: 71. *Giov. Bellini*, Madonna mit dem Kind. — 73. *Tintoretto*. Wunder der H. Agnes. — 74. *Cima da Conegliano*, der Täufer und andere Heilige. — IV. Sala delle sedute, Eingang neben der Assunta Tizians; offen Mittw. und Samst. von 12—3, mit Handzeichnungen in 38 Rahmen von *Raphael*, (101, freilich nicht alle ächt) darunter die Zeichnung zu Apoll u. Marsyas des Morris Moore; Federzeichnungen nach Idealköpfen alter Dichter, Philosophen etc. von einem altflandrischen Meister; von *Mich. Angelo*, *Leonardo* etc. Der Katalog ist beim Akademiediener zu kaufen. — V. — VI. Pinacoteca Contarini. 78. *Pietro Vecchia*, Christus mit dem Zinsgroschen. — 83. *Rocco Marconi*, Christus. — 84. *Palma vecchio*, Christus und die Wittwe zu Naim. — 94. 101. *Giov. Bellini*, Madonna mit dem Kind. — 125. *Cima da Conegliano*. Madonna und Heilige. — 124. *Vincenzo Catena*, dass. — Im Gabinetto VII. Ebenholzschnitzwerke von *Andr. Brustolini* von geringem Werth. —

VIII. Ein Cabinet mit Ankäufen aus der Galerie Manfrin: Fusswaschung Petri von 1500. — IX. Galerie neben den Sale Paladiane: verschiedene Niederländer: *Berghem*, *Hondekoeter*, *Wouwermans* etc., dann *Giov. Bellini*, Madonna.—319. *Tizian* Bildniss. — 323. Alte Copie nach der Vermählung der H. Catharina von *Memling* im Ursulakloster zu Brügge. — 324. *Pordenone*, Engel. — 349. *Antonello da Messina*, Madonna. — 352. Tommaso di Mutina, 1351. S. Catharina. — Sale Palladiane: Saal X.: 361. *Bart. Montagna*, Madonna in tr. — 366. *Tizian*, Johannes in der Wüste. — 372. *Giov. Bellini*, Madonna mit dem schlafenden Kinde. — Saal XI.: 382. *Gentile da Fabriano*, Madonna. — 384. *Florigerio*, Madonna in tr. mit SS. Augustinus und Monica. — 385. *Vincenzo Catena*, Madonna. und Heilige. — 387. *Bart. Vivarini*, Madonna delle grazie. — 388. *Giov. da Udine*, Christus unter den Schriftgelehrten. — Saal XII.: 394. *Niccolo Semitecolo*, Krönung Mariä 1351. — 402. *B. Vivarini*, Madonna. — 410. *Jacopo Avanzi*, 1367. Grablegung. — XIII. (Pinacoteca Renier): 428. *Paris Bordone*, Bildniss. — 436. *Giov. Bellini*, Madonna. — 421. *Cima*, dessgl. — 427. *Fioravante Ferramola*, dessgl. — 430. *Carpaccio*, dessgl. — 429. *Cima*, Pietà. — 433. *Morone*, Bildniss. — XIV.: 441. *Tintoretto*, Bildniss. — 443. *Jacopo Bellini*, Madonna (mit Unterschrift). — 444. *Cima da Conegliano*, S. Christoph. 445. *Tintoretto*, Auferstehung Christi. 456. *Cima da Conegliano*, Christus und Heilige. — 465. *Tizian*, Bildniss von Ant. Capello. — XV.: 470 471. *Paolo Veronese*, Passionsengel. — 478. 479. *Carlo Cagliari*, Passionsengel. — 472. *Giorgione* (?), Bildniss. — 485. *Vitt. Carpaccio*. Darstellung im Tempel 1510. — 486. *Pordenone*, Madonna del Carmelo (ein Geschenk Canova's). —

487. * *Tizian*, Mariä erster Tempelgang. — 489. *Paolo Veronese*, Verkündigung. — 23. * *Cima da Conegliano*, Madonna mit Heiligen. — 490. * *Pordenone*, 4 Heilige. — 491. *Paolo Veronese*, Kreuzigung. — 492. *Paris Bordone*, der Fischer, welcher dem Dogen den von S. Marcus empfangenen Ring bringt. — 495 * *Rocco Marconi*, Kreuzabnahme. — 500. * *Bonifazio*, ein Familienconcert oder vielleicht die Parabel vom reichen Manne und dem armen Lazarus. — 505. *Ders.*. Christus in tr. mit Heiligen. — 510. 512. 521. *Paolo Veronese*, aus der Legende der H. Christina. — 46. *Palma vecchio*, S. Petrus in tr. mit Heiligen. — 526. *Paris Bordone*, das Paradies. — 519. *Paolo Veronese*, Madonna mit Heiligen. — 524. *Bonifazio*, Kindermord. — XVI.: 527. * *Pordenone*, Madonna in tr. mit Heiligen. — 529. *Gentile Bellini*, wunderbare Auffindung einer Kreuzpartikel im grossen Canal. — 530. 531. *Cima da Conegliano*, die Gerechtigkeit, die Mässigung. — 533. 537. 539. 542. 544. 546. 549. 554. 560. *Vittore Carpaccio*, Geschichte der H. Ursula. — 534. *Marco Basaiti*, Gebet am Oelberg. — 547. * *Paolo Veronese*, das Gastmahl im Haus des Leviten 1572. — 551. *Seb. Florigerio*, Heilige. — 552. *Vitt. Carpaccio*, S. Anna und Joachim. — 555. *Gentile Bellini*, die Procession von 1496 in Venedig. — 556. *Seb. Florigerio*, Madonna mit Heiligen. — 564. *Vittore Carpaccio*, ein Wunder vermittelst einer Kreuzpartikel. — XVII.: 565. *Paolo Veronese*, Krönung Mariä. — 566. *Tintoretto*, Bildniss des Procurators Marcello 1595. — 572 * *Bonifazio*, Anbetung der Könige. — 578. *Tintoretto*, Bildniss des Procurators Dandolo. — 581. 583. *Gior.* und *Ant. Vivarini*, Verkündigung. — 582. * *Cima da Conegliano*, Madonna in tr. mit den HH. Sebastian, Georg, Nicolaus, Antonius, Catharina und Lucia. — 593.

* *Palma vecchio*, S. Peter auf dem Thron. — 597. *Charles Lebrun*, Christus und die reuige Magdalena. — 603. *Paolo Veronese*, Himmelfahrt Mariä. — XVIII. Neuere Gemälde, zum Theil von Professoren, zum Theil von Zöglingen der Akademie. — XIX. Gemälde aus dem 18. Jahrh., darunter ein Architekturbild: 651 von *Canaletto*. — XX. Neuere Gemälde: 674. *Nerly*, Landschaft. — 688. *Marko*, dessgl. — 689. *Jul. Lange*, dessgl. — 678. *Ant. Zona*: Tizian trifft mit dem jungen Paolo Veronese zusammen. — 681. *Hayez*, das Bildniss M. Angelo's. — Ausserdem besitzt die Akademie eine reiche Sammlung architektonischer Zeichnungen, Abgüsse von Antiken und von Werken *Canova's*, endlich dessen rechte Hand in einer Urne.

Archive. Das k. k. Central-archiv ai Frari (82) (Archivio generale politico), neu geordnet und Do. 10—3 U. zugänglich, enthält in 400 Räumen aus 2276 Archiven 14 Millionen Bände mit Documenten vom Jahr 883—1845 u. interessanten Autographen. Der Plan der Anordnung und Eintheilung ist von Jacopo Chiodo. — A. del Seminario patriarcale mit politischen, literarischen und allgemeinen Documenten. — A. di S. Rocco. — A. della biblioteca Marciana. — A. del Museo Correr, 1557 Bände.

Das **Arsenal** (43) (zum Eintritt bedarf es einer Erlaubniss des Marine-Commando's, oder auch nur des Reisepasses), eine Reihe Gebäude von mehr als zwei Miglien im Umkreis. Gegründet 1404 bei Gelegenheit eines Kreuzzuges, war es der wichtigste Platz der Republik und die Arbeiter darin (Arsenalotti) waren hoch angesehen und mit Privilegien bedacht. Ihre Anzahl war im 16. Jahrh. 16,000. Jetzt sind es noch über 3000; am 2. Ostertage halten sie eine grosse Procession zur Einsegnung des Arsenals. Vor dem Eingang von 1460 (der Bogen von 1571) sieht man vier Löwen aus pentelischem Marmor, deren zwei grösste ehedem im Hafen von Athen lagen, von wo sie 1687 durch Fr. Morosini entführt wurden. Ueber das Alter dieser Löwen ist man in Ungewissheit, wie über die Schrift auf dem Rücken des einen. Die h. Justina mit dem Marcuslöwen über der Attike des Portals ist ein Denkmal des am Tage dieser Heiligen erfochtenen Seesiegs von Lepanto, 1591.

Das Museum des Arsenals, (zugänglich täglich von 10—4 U., gegen Anmeldung im Hafenadmiralat). — Sala d'armi mit der Rüstung Heinrichs IV. Monument des Generals Emo von *Canova; des* Vittore Pisani; viele Waffen und Geschütze. — Sala dei Modelli, mit dem Modell des Bucentaurus (Bucintoro, von *Michele Sanmicheli* 1544), auf welchem ehedem der Doge die Vermählung mit dem Meer feierte. Werk- und Baustätten der Schiffe etc. — Das Innere des Arsenals ist dem Fremden nicht zugänglich. Das älteste Bassin (Arsenal vecchio) ist vom J. 1104; das zweite Vasca delle Galeazze hat der Doge Pietro Lando im 16. Jahrh. angelegt; das dritte und grösste, Darsena nuovissima grande, rührt vom Dogen Nicc. Marcello 1743 her. Hier können die grössten Linienschiffe gebaut werden. — Das vierte Bassin, Arsenal nuovo, war schon 1326 eingerichtet. — Höchst interessant sind die grossen Werkstätten der Eisen- und Kupferarbeiter, der Seiler, die Kanonengiesserei etc. Sehenswerth das Denkmal des J. M. Grafen v. d. Schulenburg, der als Feldmarschall der Republik Corfu vertheidigte 1715—1716.

Ateliers: Bildhauer: *Luigi Ferrari, Zandomeneghi, Boro, Boza.* Maler:

Blaas (sulle Zattere) *Maja. Giacomelli, Grigoletti* Prof., *Nerly,* Vater und Sohn, Pal. Pisani, Piazza S. Stefano nur im Winter. *d'Andrea, Roi, Rotta, Bressolin, Santi, Salviati* in Campo S. Vio, Mosaicist mit grossen Arbeiten für England beauftragt.

Bibliotheken: 1. * S. Marco 1468 gestiftet mit 106,000 Bänden und etwa 10,000 Mss., darunter 800 griechische, 2 Homere aus dem 10. und 11. Jahrh., ein N. Testament aus dem 9. Ferner ein Ms. De septem artibus liberalibus mit reizenden Miniaturen des Florentiners *Attavantes* vom Jahr 1468. — * Brevier des Card. Grimani mit Miniaturen von *Memling, Gerhard von Gent, Lieven van Antwerpen* u. A. Herausgegeben in Photographie: Facsimile delle miniature contenute nel Breviario Grimani, conservato nella Biblioteca di S. Marco, eseguite in Fotografia da Antonio Perini coll' illustrazioni di Franc. Zanotto. Venezia 1862. Bibliothekar, der ebenso gefällige als höchst kenntnissreiche Sgr. Valentinelli. — 2. Der Armenier zu S. Lazzaro, s. Inseln. — Die Bibl. des Seminario mit 40,000 Bdn. — Des Emanuele Cicogna mit 3000 Mss.; Manin mit 2000 Mss. von S. Francesco della Vigna etc. Alle übrigen reichen Bibliotheken Venedigs sind theils entführt, theils veräussert worden.

Campanile (26) (s. Marcusplatz).

* Dampfmahlmühle des schwedischen Consuls in der aufgehobenen Kirche S. Girolamo, wo durch Dampf und Walzen in einem Tage 300 Säcke Mehl gemahlen werden.

Dogana, Fondaco dei Tedeschi, nach dem Brand von 1505 neuerbaut von *Fra Giocondo,* und ehedem aussen geschmückt mit Fresken von *Giorgione* und *Tizian,* von denen einige Spuren übrig sind.

Dogana da mare alla Salute (56) von *Longhena.*
Giardini pubblici (4) s. o. Oeffentliche Plätze.
Giardino botanico, mit 5000 Bäumen, von denen 1815 der erste gepflanzt wurde.
Sgre. Mantovani besitzt ein Buch mit 99 Handzeichnungen von *Giac. Bellini.*
Ospedale civile. Zu diesem sind das ehemalige Dominicanerkloster von S. Giov. e Paolo, die Confraternità von S. Marco und S. Maria della Pace und das ehemalige Leprosenhaus S. Maria dei Mendicanti mit ihren langen Säulen, Corridoren, Höfen, Gärten etc. vereinigt, so dass gegen 900 Kranke und 300 weibliche Irre hier Verpflegung finden (gegen 2000 aber finden können).
Paläste. P. Badoaro-Partecipazio, bei S. Giovanni in Bragora, sehr alt, namentlich die Keller, aber durch Restaurationen von 1600 sehr entstellt.
P. Barbarigo (45) aus dem 16. Jahrh. (Die hier ehedem befindliche Galerie hat 1850 der Kaiser von Russland gekauft.)
P. Barozzi mit des Cav. Jac. Treves Sammlung von Werken neuerer Künstler: Ajax und Ulysses von *Canova :* Sculpturen von *Ferrari, Zandomeneghi* etc. Gemälde von *Camuccini, Hayez* etc.
P. Bianca Capello bei S. Apollinare im gemischten Styl der Renaissance. Hier ist die in der Geschichte von Florenz übelberüchtigte schöne Bianca Capello 1548 geboren.
P. Bollani von 1310, wohlerhalten (sul rivo di S. Marina).
P. Bragatin, j. Bigaglia (bei S. Giov. e Paolo) aus dem 15. Jahrh. Ueber dem Eingang ein altchristliches Basrelief: Daniel in der Löwengrube.
P. Cà Doro, j. Taglioni aus dem 14. Jahrh.

P. Contarini Fasan am Canale grande, sehr alt, 1857 restaurirt.
P. Contarini dai Scrigni von *Scamozzi* 1609. Die ehedem hier befindliche Galerie ist von *Sgr.* Girol. Contarini der Galerie der Akademie zum Geschenk gemacht worden; s. d.
P. Corner della Cà grande, j. k. k. Statthalterei. 1532 von *J. Sansovino* und *Scamozzi;* mit dorischer, ionischer u. gemischter Ordnung, u. einem grossen Hof; erlitt 1817 einen Brand; neu hergestellt 1857.
P. Correr oder Museo Correr (49), j. Balbi Valier, theils byzantinisch, theils barok. Die j. städtische Sammlung (Mittwoch und Samstag offen) enthält Waffen. Gemälde von *N. Semitecolo, Lor. Veneziano* 1369, *Pasqualino* 1496, *Mantegna, Gentile Bellini, Leonardo?* (C. Borgia) *Tizian, Seb. del Piombo, Giorgione, M. Schön, Alb. Dürer, Holbein, Cranach ;* Reliefs von *Canova ;* einen Plan Venedigs von *Dürer?* Die Zoppettische Sammlung Cameen, Kostbarkeiten, Seltenheiten; Miniaturen, die Hinterlassenschaft *Canova's* an Skizzen etc. und eine Bibliothek.
P. Dario (51), von 1450, mit schönen Marmorverzierungen.
Pal. Ducale (52), [1] Dogenpalast, neuerdings einer Restauration unterworfen. Venedig verdankt seine schönste Zierde den beiden Männern, von denen es den einen köpfen, den andern hängen liess, weil sie gewagt hatten die Verfassung des Freistaates anzutasten. Der letztere, der Architekt und Bildhauer *Filippo Calendario,* erbaute unter der Regierung des erstern, des Dogen Marino Falieri (1342—1354) den (jetzigen) Palazzo ducale an der Piazzetta. Doch hat sich ergeben, dass der Bau schon früher begonnen und namentlich durch den Architekt

[1] Offen täglich 9—4 Uhr. In jeder Abtheilung ein Trinkgeld von 25 S.

Pietro Basegio gefördert worden. Zwei grosse Feuersbrünste i. J. 1574 und 1577 haben dem Palast grossen Schaden gebracht und viele Werke von *Bellini, Carpaccio, Tizian* und *Pordenone* (die Triumphe der Republik etc.) zerstört. Die Façade mit ihren Säulengängen, die mannichfaltigen Sculpturen an der Aussenseite, wie an den Portalen und im Hofraum (z. B. Adam und Eva von *Ant. Rizzo*) verdienen Beachtung. Schöne antike Statuen in Nischen neben und über der grossen Uhr. Neubauten begannen 1422. *Pietro Lombardo* leitete sie 1495 und *Scarpagnino* vollendete 1546 die innere Façade. Auf der nach den beiden Kolossen des Mars und Neptun von *J. Sansovino* am Eingang (Porta della Carta) benannten Riesentreppe, Scala dei Giganti, von *Ant. Rizzo*, 1483, steigt man ins Innere des weitläufigen Palastes. Die bedeckte Treppe, auf der der Doge nach S. Marco ging, ist von *Tizian* und seinem Bruder *Francesco Vecellio* mit Fresken geziert. Man geht am besten auf den Scale dei Censori, die zum II. und III. Stockwerk führen, nach der Bibliothek (s. vorher) und dem Museo archeologico (ehedem Appartemento del Doge), und zwar zuerst nach der Galeria delle statue (Pallas, Silen, Torso einer sitzenden Frau, Bacchus mit einem Faun, Venus hortensis, 2 Musen, 2 Altäre), Camera degli Scarlatti mit einem Kamin von Pietro Lombardo und einem Relief über der Thüre, ehedem Schlafzimmer (Leda, Apollo Citharödus, Ganymed, Cleopatra, zwei Fechter, Diana, Ulysses, ein sterbender Fechter); Sala dello scudo e delle Mappe, mit den Landkarten der Reisen des Marco Polo und andrer berühmter venetianischer Reisenden; Sala dei bassorilievi e delle lapidi, ehedem Camera degli Scudieri (Genien

mit den Attributen von Jupiter und Mars, aus Ravenna; ein Athenienserdecret von der Insel Delos; ein Niobide, Kopf eines Bacchus); prima stanza della Signoria, j. dei Busti (Venus, Hygiea, Faun und Faunin, Minerva); seconda stanza della Signoria (Bronzen, Terracotten, Cimelien, Münzen, Medaillen, Cameen!) — Weiterhin im obern Stockwerk zum Istituto di scienze, lettere ed arti, ehedem Sala dell' armamento; in die Camera della Bussola dei capi mit Deckengemälden von *P. Veronese:* in die Camera dei tre Cai; degli Inquisitori; zur Sala del Consiglio di Dieci mit Deckenbildern von *P. Veronese* u. A., und Wandbildern von *Marco Vecellio* u. A.; zum Salotto mit einem Bild von *Tintoretto.* (Der Doge Gir. Priuli empfängt von Venedig und der Gerechtigkeit Schwert und Wage.) Hiebei die Scala d'oro, ursprünglich von *Sansovino*, zuletzt 1793 decorirt. — Von hier nach Sala delle quattro porte, nach der Zeichnung des *Palladio*, nach 1574. Der Glaube des Dogen Ant. Grimani von *Tizian*, die beiden Krieger von *Marco Vecellio.* — Sala dell anticollegio mit dem ✻Raub der Europa von *P. Veronese*, einem seiner herrlichsten Bilder. — Sala dell collegio, einer der glänzendsten, nach dem Brand von 1574 von *Ant. da Ponte* neu angeordnet, mit vielen allegorischen Gemälden von *P. Veronese* und *J. Tintoretto.* — Sala dei Pregadi mit Gemälden von *Marco Vecellio* u. A. — Antichiesetta mit der Vertreibung der Käufer aus dem Tempel von *Bonifazio.* — Chiesetta, hinter welcher im Grunde einer Treppe ein S. Christophorus von *Tizian* a fresco gemalt ist. — Sala dei filosofi, neben dem in einem Zimmer Gemälde sind von *Pordenone* (Christi Leichnam), *Bonifazio* (Anbetung der Könige

Salviati (Madonna). — Stanze del bibliotecario mit der Anbetung der Könige, Deckenbild von *P. Veronese.* — Sala del maggior consiglio, der grösste und reichste von allen, 154' l., 75' br., 45' h. Die Geschichten von P. Alexander und Barbarossa im Sinne der Venetianer von den Nachkommen des *P. Veronese*, von den *Bassani*, *Tintoretto*, *Palma giov.*, *Zuccheri* u. A. Die Rückkehr des D. Andr. Contarini nach dem Sieg über die Genuesen bei Chioggia von *P. Veronese*, die Geschichte der Einnahme Constantinopels von *Vicentino*, *Palma giov.* u. A. Das Paradies von *Tintoretto*, das grösste Oelgemälde in der Welt, 74' br., 30' h. Hinter diesem, leider unsichtbar, die Krönung Mariä von *Guariento*, welchem Dante dazu folgende Strophe gedichtet, die dabei geschrieben ist:

L'amor che mose già l'Eterno padre
Per figlia aver di sua deità trina
Costei, che fu del suo figliuol poi madre,
Dell' universo qui la fa Reina.

An der Decke von *P. Veronese*: Venezia von Ruhm gekrönt, von der Ehre, dem Frieden und der Freiheit zu den Göttern Juno und Ceres geleitet, als zu Grösse und Glück; von *Tintoretto*: Venezia mit dem Dogen da Ponte unter den Göttern; von *Palma giov.*: Venezia, vom Sieg gekrönt und von Tugenden umgeben. Die Bildnisse der Dogen von Angelo Partecipazio bis Lodovico Manin (nur Marino Falieri's Stelle ist leer). — Sala dello scrutinio mit der Fortsetzung der Dogenbildnisse und mit Darstellungen aus der venetianischen Geschichte von spätern Meistern, doch auch einiges von *Pordenone*. — Im obersten Stockwerk: Die Cancelleria ducale mit den Kanzleischränken aus der Republik; Camerini dei Notai und Piombi, die berüchtigten Bleikammern der freien Republik. — Grosse Restaurationen des Dogen-

palastes sind im J. 1853 begonnen worden.

P. Emo j. Treves, neu hergestellt mit Statuen von *Canova* und modernen Gemälden.

P. de' Faliero (bei S. Apostoli) mit wenigen Resten aus der Zeit seiner Entstehung, dem 11. Jahrh.

P. Farsetti aus dem 11. Jahrh. mit schönen Treppen und Sälen und Frucht- und Blumenkörben, den ersten Marmorarbeiten *Canova's*, j. Rathhaus.

*P. Fondaco dei Turchi, ehedem der Herzoge von Ferrara, 1621 Wohnung der Türken, jetzt Magazin der k. k. Tabakfabrik, aus dem 10. Jahrh. mit Colonaden von griechischem und orientalischem Marmor.

*P. Foscari (57) 14. Jahrh. von *Zuanne Buono*? 1847 restaurirt.

*P. Giovanelli von *Calendario*? bei S. Fosca, restaurirt im alten Styl 1847.

P. Giustiniani (bei S. Pantaleone am Canal gr.) mit der Gemäldesammlung der Malerfamilie Schiavoni. (?)

P. Giustiniani sulle Zattere mit Gemälden von *Ant. da Messina*, *Carrotto*, *Cima*, *Bellini* (S. Scholastica), *A. Mantegna* (Madonna mit Heiligen), *Tizian* (S. Hieronymus). Auch mehre Antiken.

P. Grimani (60) von *Sanmicheli*, jetzt Post, in korinthischem Styl.

P. Grimani bei S. Maria formosa aus dem 16. Jahrh. Im Erdgeschoss Marcus Agrippa, kolossale Statue aus dem Pantheon. In den obern Räumen: Fresken von *Giov. da Udine*. Bildnisse von *Tizian*, *P. Veronese*, *Tintoretto*, *Fr. Bassano.*

P. Loredan bei S. Luca, im maurisch-byzantinischen Styl aus dem 11. Jahrh. mit reichen Marmordecorationen. Hier ist die gelehrte Dr. Helena Piscopia Cornaro geboren 1646 † 1684.

P. Manfrin (59), in Cannaregio bei Ponte delle aguglie. Die Gemäldesammlung hat vor Kurzem ihre besten Schätze eingebüsst. Doch führen einige Gemälde noch Namen wie *Rocco Marconi*, *Tizian*, *Giorgione*, *Raphael*, *Giul. Romano*. P. Manin (62), von *J. Sansorino*, umgeändert von *Giannant. Selva*. Hier starb der letzte Doge Venedigs.

P. Martinengo bei S. Benedetto.

P. Mocenigo, sonst Contarini an der riva delle poste aus dem 16.Jahrh. mit einigen Ueberresten aus dem 13.

P. Mocenigo (47), sonst Corner (bei S. Polo) von *Sanmicheli*.

P. Molin (bei S. Fantino) von 1468, doch bedeutend abgeändert.

P. Nani-Mocenigo bei S. Trovaso, aus dem 14. Jahrh. mit ansehnlichen Veränderungen von 1501.

P. Patriarcale (69), ein Neubau von *Lor. Santi*.

*P. Pesaro (63), jetzt Correr (bei S. Benedetto) aus dem 13. Jahrh., von allen 4 Seiten frei; malerisch und schön, aber verfallen.

P. Pisani Moretta (64), im alterthümlichen Styl. Eine heil. Familie von *Palmavecchio*, einige Tafeln von *Giov. Bellini*. Dädalus und Icarus, Marmorgruppe von *Canova*. — Die Toilette der Katharina Cornaro.

P. Pisani, Campo S. Stefano. In diesem Palast ist das Atelier des Malers *Nerly*, dasselbe, in welchem der franz. Maler Robert einen freiwilligen Tod fand.

P. de' Priuli, auch de' Bono am rivo di S. Severo, von alterthümlichem malerischem Aussehen.

P. Priuli in campo di S. Severo aus dem 14. Jahrh., zum Theil vernachlässigt und entstellt, doch malerisch.

* P. Reggio (65): 1. Antica Libreria di S. Marco, veranlasst durch die Bücherschenkungen von Fr. Petrarca, (Mss. von Homers Ilias und Odyssee, von Sophokles, Quinctilian, vieles von Cicero etc. die alle zu Grunde gegangen), Card. Bessa-

rion, Gir. und Leandro Grimani, und erbaut 1536 von *Jac. Sansovino* im dorischen und ionischen Styl jener Zeit. Die Götterstatuen sind von *Ammannati*, *Danese Cattaneo* etc. Der Saal, in welchem sonst das Museum war, ist von *Scamozzi*, die gekrönte Weisheit von *Tizian*. Der grosse Saal ist von *Sansovino* und *Scamozzi*, die Gemälde sind von *P. Veronese*. (Allegorien der Musik, Geometrie, Arithmetik und Ehre, wofür der Meister ausser dem bedungenen Lohn eine goldene Kette erhielt), *Salviati*, *Batt. Franco*, *Zelotti* u. A. 2. Procurazie nuove, von *Scamozzi* 1584; fortgesetzt von *Longhena*. Gemälde: *Giov. Bellini* (Madonna mit dem Kind); *Cima da Conegliano* (dessgleichen); *Tizian* (der Durchzug durchs rothe Meer), *Giorgione* (Höllenfahrt), *P. Veronese* (Christus am Oelberg, Adam und Eva), *J. Bassano* (Verkündigung der Hirten), *Bonifazio* (die wunderbare Speisung, Christus, Maria in tr. und Heilige von 1533 etc.), *Rocco Marconi* (die Ehebrecherin vor Christus), *Qu. Messys* (Ecce homo). — 3. Der Neubau von 1810 von *Gius. Soli* mit einem Deckenbild von *Politi*, und einem andern von *P. Veronese* (Venezia mit Hercules, Ceres etc.). — Damit sind verbunden die Procurazie vecchie aus dem 15. Jahrh. (?), das zweite Stockwerk von *Pietro Lombardo* 1502, vollendet von *B. Buono* 1617; ehedem Wohnung der Procuratoren von S. Marco, jetzt Privatwohnungen.

P. Reale, ehem. Guizetti am rivo della Fava, im feinsten Geschmack der *Lombardi*, reich an Verzierungen und von ausgesuchten Marmorarten.

P. Sanudo (S. Maria de' Miracoli) im Spitzbogenstyl, mit schönem Hofraum und schöner Treppe.

P. Valmerana — Guillon mit einer Wiederholung der Grablegung Christi von *Tizian*.

*P. Vendramin-Calergi (80), jetzt der Herzogin von Berry, von *Pietro Lombardo* 1481. Spätrer Anbau von *Scamozzi.* Gemälde von *Giov. Bellini, Tiziano, Paris Bordone, Pordenone; Guido, Perugino, Lucas v. Leyden (?) Rubens;* verschiedene Niederländer und Franzosen; endlich Bilder von *Gerard, Hersent, Hor. Vernet* etc. Auch Adam und Eva von *Tullio Lombardo.*

P. Wimpfen (Fini) von Andr. Tremignan, aus dem 18. Jahrh. mit neuern Gemälden.

P. Zaguri, jetzt Braganze bei S. Maurizio, aus dem 14. Jahrh., wohlerhalten.

P. Zorzi an Ponte dei Greci, im Spitzbogenstyl mit vielen wohlerhaltenen Theilen im Innern.

Prigioni e ponte dei Sospiri, neben Pal. Ducale von *Ant. da Ponte* 1589, mit starkem Rustico bekleidet und im dorischen Styl der Zeit verziert. Die Seufzerbrücke, ein bedeckter, durch eine Zwischenmauer verdoppelter Gang, führt aus dem Gefängniss nach dem Gerichtssaal und hat daher seinen ominosen Namen.

Procurazie nuove, s. Pal. reggio.

Procurazie vecchie, s. Pal. reggio.

Schiavoni, s. P. Giustiniano.

Theater: [1] La Fenice (71). S. Benedetto (74). Apollo (72). Gallo, beide das ganze Jahr offen, für Oper, Drama, Lustspiel. Camploy, für komische Opern. Malibran (75), im Sommer, Tagtheater, mit Volksstücken. Marionettentheater. Im Ridotto a. S. Moisé zu Winterszeit maskirte Bälle; ausserdem Panoramas und sonstige Darstellungen.

Torre dell' Orologio (70), s. Marcusplatz.

Wissenschaftliche Anstalten und Sammlungen. I. R. Istituto di

[1] Wegen der Billette s. S. 171.

scienze, lettere ed arti von 1838 mit einer jährlichen Dotation von 45.000 L. Sie hält Sitzungen, gibt Verhaudlungen heraus etc. — Der botanische Garten, nahe bei S. Giobbe (B. 2.) mit vielen in- und ausländischen Gewächsen, sehr reichen Glashäusern und sehr schönen zu Spaziergängen einladenden Alleen und Laubengängen und einem Hügel mit interessanter Aussicht auf die Stadt. — Ateneo Veneto von 1810, hat jeden Donnerstag eine Sitzung und publicirt die Verhandlungen. — Gabinetto di lettura mit 60 Journalen etc. — Gabinetto di fisica des Liceo convitto di S. Caterina, mit Modellen und Apparaten. — Eine technische und Naturaliensammlung im polytechnischen Institut. Naturaliencabinet des Gian. Dom. Nardi (Conchylien) etc. Medaillen und Münzen (ausser der Bibliothek S. Marco, dem Seminario patriarcale und P. Correr) besitzen Ang. Malipiero, Dom. Zoppetti, Pietro Pasini, Ben. Valmarana, Em. Cicogna, Gir. Morosini.

Wohlthätigkeits-Anstalten. Casa di Ricovero zur Aufnahme und unentgeltlichen Verpflegung von 716 armen Alten. — Pia casa delle Penitenti am Canareggio zur Besserung gefallener Mädchen. — S. Maria del Pianto an Fondamente nuove, Erziehungshaus für arme kleine Kinder. Ospedale civile s. o. etc.

*Zecca (81), die Münze, von *J. Sansovino* 1535, Vorhalle von *Scamozzi*, mit zwei Riesen, die den Eingang wehren, von *Tiziano Aspetti* und *Gir. Campagna*; im obern Säulengang ein Apollo von *Danese Cataneo.* Die Königin von Saba bei Salomo von *Bonifazio.*

Feste: Am 17. Jul. wird in S. Marina die Acquisition Padua's gefeiert; am 3. Sonntag im Julius in der Giudecca die Befreiung von der Pest 1576 mit grosser Lustbarkeit;

kurz darauf das gleich laute Fest von S. Marta mit Gondelfahrten, deren schönste auf Corpus Domini fallen. Im September werden Montags Ausflüge nach dem Lido gemacht. Gondelfahrten, Musik, Frittüren aller Art, frische Getränke und die Sorge um die Heimkehr geben die Materialien zum Feste. Zu den ausserordentlichen Vergnügungen gehören die Gondelwettfahrten (**Regate**) von den Giardini durch den Canal grande und zurück, die Fresco's Spazierfahrten auf dem grossen Canal bei Abend oder bei Nacht mit Musik, Fackeln und bunten Laternen; die **Illumination der Merceria**, wobei die Läden aufs schönste ausgeputzt sind. Der **Carneval.**

Umliegende Inseln.

Burano und **Mazorbo** (Majurbium) 3 Stunden östlich, beide durch eine hölzerne Brücke verbunden, mit 5878 Ew. (inbegriffen Torcello), die sich durch eigenthümlichen Dialekt und Betonung auszeichnen. Haupterwerbszweig: Spitzen (Merletti di Burano). Kirche S. Martino mit Gemälden von *Vitt. Carpaccio, Santa Croce* etc.

***Chioggia** (südwestlich, täglich geht das Dampfschiff dahin), berühmt durch die Niederlage der Genueser 1379—80, enthält 4 Gemeinden mit 27,700 Ew., hat einen dem Marcusplatz ähnlichen Platz, 2 Canäle, 1 Hafen, 1 Fort S. Felice, und ist mit dem Festland durch eine Brücke von 43 Bogen und durch die Murazzi mit Venedig verbunden. Die Cathedrale von *Longhena* 1633. S. Andrea, sehr alt, aber 1734 restaurirt, mit Mosaikfussboden und einem Altar von *Sansovino* in der Taufcapelle. S. Jacopo mit einem Bild von *Giov. Bellini*. S. Domenico mit einem berühmten Kreuzbild.

***S. Giorgio maggiore**, dicht bei Venedig, ursprünglich Saline, dann Garten, seit dem 10. Jahrh. ein Benedictinerkloster mit Kirche, die 1565 von *Palladio* neu erbaut und 1610 von *Scamozzi* vollendet wurde (S. o.). Hier war 1799 das Conclave, in welchem Pius VII. zum Papst erwählt wurde. 1808 bis 1829 war die Insel Freihafen, sodann grosse städtische Lagerstätte. In neuester Zeit ist diese Insel in den Festungsrayon gezogen worden.

***La Giudecca**, dicht bei Venedig, ehedem ihrer Form wegen Spinalunga, eigentlich 8 kleine Inseln, auf denen die ersten Juden sich angesiedelt. (?) Früher zählte die Insel 8000 Ew., jetzt 3000, aber mehre Kirchen (Redentore, Zitelle s. d.), Klöster, Paläste, Schulen. Auch hat hier B. Rothschild in Wien eine Asphaltfabrik errichtet, die mit Dampfmaschinen betrieben wird und die rohen Materialien aus den eignen Gruben in Dalmatien bezieht.

* S. **Lazzaro** (²/₄ St. südlich), ursprünglich ein Hospital für Aussätzige. 1717 aber gänzlich verlassen, wurde die Insel von dem Armenier **Mechitar** aus Sebaste erwählt zum Ort der Vereinigung von Landsleuten und Glaubensgenossen, die sich denn auch hier in stiller Abgeschiedenheit erhalten und den Wissenschaften leben. Besonders wichtig ist ihre Bibliothek mit orientalischen Handschriften. Am denkwürdigsten sind die armenischen Mss. aus Uebersetzungen griechischer, jetzt im Original verloren gegangener Werke. z. B. die Chronik des Eusebius, Werke des Juden Philo, Fabeln etc.

Lido mit der Kirche (Grabmal des ersten Erbauers, des Dogen Dom. Contarini 1043—1070 über dem Portal) und dem Fort S. Nicolò am Hafeneingang. Man steige bei S. M. Elisabetta aus, sende die Gondel nach S. Nicolò, und gehe quer über die Insel, durch Gärten in die Dünen (guter Badeort). Auf dem Rückweg betrachte man das Fort S. Andrea von Sammicheli 1545. Man kehre wo möglich Abends zurück, um den Anblick der Lagunenstadt im Glanze der untergehenden Sonne zu haben. Preis der Ueberfahrt 21 S. Malamocco am Lido, im 9.Jahrh. Sitz der Regierung von Venedig, wurde es vom Meer überschwemmt. Im 12. Jahrh. fing die Insel wieder an sich zu bevölkern und zählt jetzt mit dem Lido 1000 Ew. S. Michele e S. Cristoforo östlich von Venedig, allgemeiner Begräbnissplatz. Auf S. Cristoforo wurde 1441 der Friede zwischen Mailand (Franz Sforza) und Venedig geschlossen. Auf S. Michele errichteten 1466 die Camaldulenser Kirche und Kloster. Dabei die Capelle Emiliana von *Giul. Bergamasco* 1430. Schöne Ansicht von Venedig.

Murano (Amuriana), ¹/₂ St. östlich, mit 4500 Ew. und den berühmten Spiegel- und Krystallfabriken. Kirchen: S. Pietro Martire von 1509 mit Gemälden von *Vivarini, Basaiti, Giov. Bellini, Tintoretto, P. Veronese* etc. — S. Donato von 1140 von sehr beachtenswerther Architectur. Schnitzwerk von 1310.

S. Servolo seit dem 9. Jahrh. von Mönchen des S. Hilarion bewohnt, jetzt Kloster, Hospital und Irrenanstalt der Mönche von S. Giovanni di Dio.

Torcello, 3 St. östlich. Die Reste der alten gewerbfleissigen und reichen Stadt Altinum (?) mit der Strasseneintheilung, sind noch zum Theil unter dem Wasser sichtbar. Ueber demselben stehen ausser einigen kleinen Häusern 2 Kirchen: * Der Dom S. Maria von 1008, eine dreischiffige Basilica mit amphitheatralisch angeordneten steinernen Chorherrensitzen, und einem jüngsten Gericht, einem bewundernswürdigen, höchst inhaltvollen Mosaik aus dem 12. Jahrh. — * S.

Fosca aus dem 9. Jahrh. von achteckiger Form mit Absis und Seitennischen und einer halbherumlaufenden Vorhalle.

6.

Von Innsbruck nach Mailand.

a) über das Wormser Joch
125 St.

Reisekarten I. IV. III.

Eilwagen von Innsbruck bis Landeck tägl. 5 U. fr. für 6 fl. 16 kr. in 9¹/₄ St. — zurück 12¹/₄ U. Nm. — auch Stellwagen tägl. — von Landeck nach Mals So. Di. Mi. Fr. 3 U. Nm., zurück Mo. Mi. Do. Sa. — auch Stellwagen. Zwischen Mals u. S. Maria kein Posteilwagen; wohl aber kann man einspännige Extrapost haben. Zwischen S. Maria und Colico tägl. Eilwagen.

Dieser Weg ist wegen seiner mannichfaltigen An- und Aussichten, der zum Theil hocherhabenen Naturschönheiten und wegen der bewundernswürdigen von 1820—1825 erbauten Strasse über das Joch (Monte Stelvio), und sodann wegen des überwältigend herrlichen Eintritts in Italien und zu der Pracht des Comersees, einer der beglückendsten in der Welt; aber seit dem Ausgang des Kriegs von 1859, durch den das Königreich Italien seine Grenze bis an das Wormser Joch vorgeschoben zur bedenklichen Bedrohung Tyrols, hat die östreichische Regierung die Strasse vernachlässigt; doch ist sie von Juni bis October fahrbar; ausserdem richten die Lawinen oft Unheil an.

Von Innsbruck auf dem linken Ufer des Inn nach Zirl 3¹/₂ St. R. die 3600' hohe Martinswand, an der ein Kreuz die Stelle bezeichnet, wo Kaiser Maximilian 850' über dem Inn in Lebensgefahr geschwebt, als er auf der Jagd den Felsen herabgefallen, oder sich verstiegen hatte.

Die Lagunen von Torcello bis Chioggia.

— Ueber Zirl R. die Burgtrümmer von Fragenstein. Telfs 4 St. (Post), am Fuss des hohen Mundi, 2000 Ew.; schöne Aussicht vom Calvarienberg. Von hier hat man zwei Wege vor sich: entweder nach Miemingen, 3 St., und über die fruchtbare, alpen- und aussichtreiche Terrasse des Mieminger Berges, den Ruinen von Freundsheim vorüber nach Nassereit, 4 St. (Post), und von da durchs Gurglthal über Tarenz, 4 St., ein Dorf voll Sensen- und Sichelschmiede, am Fusse des Wanneck, 7651', und des Hornberges, den Ruinen von Altstarkenberg an den Abstürzen des Muttekopfes vorüber nach Imst, 4 St.; — oder auf dem rechten Innufer nach Stamps, 10 St. Das Cisterzienserkloster daselbst ist gestiftet 1271 von Elisabeth von Bayern, der Mutter des letzten Hohenstaufen Conradin, nach seiner Hinrichtung, und zu ihrer und ihrer Ahnen und Nachkommen Grabstätte. Auch Friedrich mit der leeren Tasche, † 1439, ruht hier. Hier liess der türkische Sultan Bajazeth, mit dem Versprechen ein Christ zu werden, um Kaiser Maximilians I. Schwester Kunigunde werben 1497. Nach dem Brand von 1593 wurde Kloster und Kirche neugebaut. Hochaltar aus dem 14. Jahrh. Feldaltar Maximilians von *A. Dürer* (?). Sculpturen von *Collin*.

Silz, 1 St. (Steinbock). In der neuerbauten Kirche ein Altarbild von *Hellweger*. Nahebei die wunderbar schön gelegene, wohlerhaltene Welfenburg Petersberg, in welcher einst Margaretha Maultasch von den Böhmen (wegen Vernachlässigung ihres Gemahls Johann von Böhmen) gefangen gehalten wurde, und die jetzt dem Grafen von Wolkenstein-Rodeneck gehört. — Von Haimingen über den Inn nach Imst, 5 St. (* Post), einem im weiten Kessel des Gurglthales gelegenen Markt, und für grosse belohnende Ausflüge besonders günstigen Standort. 2200 Ew., die früher einen weitausgebreiteten Handel mit Canarienvögeln trieben. Die Pfarrkirche von 1822. Der Calvarienberg mit herrlicher Aussicht. Darunter eine merkwürdige alte Grabcapelle. — Gunglgrün, ³/₄ St. (vortrefflicher Kaffee) mit schönster Aussicht ins Oetz- und Pitzthal, dann Innthal auf- und abwärts.

Bei Mils, von dessen Felswand 1809 viele Steinblöcke auf den Feind gerollt, ein schöner Wasserfall. Die Trümmer von Kronburg am rechten Innufer auf freiem Felsenkegel. Letz mit einem sehr merkwürdigen, aber nur gegen Eintrittsgeld sichtbaren Wasserfall. Zams in wohlangebauter, obstreicher Gegend. Die Zamser Brücke ist berühmt durch die Kämpfe von 1809, wobei sie von den Tyrolern abgebrochen und den Franzosen der Rückzug abgeschnitten wurde, dass sie sich ergeben mussten. — Landeck, 6 St., mit 1470 Ew., in reizender Lage (schwarzer und goldner Adler, Post). In der Kirche aus dem 15. Jahrh. Grabmal des Ritters Oswald von Schrofenstein von 1492, und der gleich alte Schrofensteiner Altar mit Schnitzwerk. Auf dem Felsen die Veste Landeck, jetzt Kaserne, mit schöner Aussicht. Gegenüber die Trümmer von Schrofenstein. In Landeck sammelte einst Friedrich mit der leeren Tasche die ersten Getreuen zur Wiedereroberung seines ihm von Kaiser Sigismund genommenen Erblandes Tyrol. 1703 erhielten die Landecker wegen ihrer Treue von Kaiser Leopold einen goldnen Becher, der im Archiv zu sehen ist.

Unter dem Dorfe Fliess der alte Zoll mit gutem Wirthsh.; darüber Schloss Bideneck, dem H. v. Bach gehörig. Steile Felsen schliessen das Thal ein. An der Pontlatzbrücke erlitten die vereinigten Bayern unter Tauffkirchen und Franzosen unter

Novier 1703 durch die Tyroler Schützen unter Martin Sterzinger von Landeck, und am 8., 9. Aug. 1809 unter Burscheid und Vassereau eine furchtbare Niederlage. — Prutz, reizend gelegen, mit den Burgtrümmern von Landegg, am Eingang des an Gletschern und Wasserfällen reichen Kaunser-Thales. — Ried, 4 St. (Post), mit dem Schloss Sigmundsried, mit alten Glasgemälden, Eigenthum des Posthalters; ferner einem im 17. Jahrh. gegen die eindringende Reformation erbauten Capucinerkloster. Man sieht die Spitzen der Oetzthaler Gletscher, und südöstl. den Mondjn-Ferner. — Stuben, 4 St. Gegenüber Pfunds (Traube) am Eingang ins Radurschlthal, dessen Hintergrund die gewaltigen Eismassen der Oetzthaler Ferner bilden. — Nun gelangt man auf einer 1855 mit kühnen Brücken und Dämmen neuerbauten, bewundernswürdigen Strasse mit herrlichen An- und Aussichten nach Hoch-Finstermünz (gutes Gasth.). In der Tiefe der wildromantische Engpass von Alt-Finstermünz, dessen älteste Befestigungen von Herz. Welf 1079 herrühren, während 'die neuesten bei der „Niclasmauer" im Jahr 1846 angelegt worden. Die Burg-Ruine Sigmundsegg stammt aus der Mitte des 15. Jahrh. — Nauders, 4 St. (Mondschein. Post), mit der Veste Naudersberg, 4200' ü. M. an dem Ausgang des Unter-Engadins.

Bei Reschen (Stern), 4564' ü. M. Wasserscheide; Quelle der Etsch, die sogleich durch 3 kleine Seen (Reschen-, Graun- und Heidersee) fliesst. An der Kirche von Graun herrliche Ansicht des Ortlers, der sich im See spiegelt. Auf der Malser Haide schlugen im Jahr 1499 8000 Schweizer 16,000 Oestreicher. Bei Burgeis die Benedictiner-Abtei Marienberg, 1146 gegründet, 1816 hergestellt, mit Gemälde-Sammlung des Abtes und schöner Aussicht.

Hier war Beda Weber (gest. 1857) Ordensgeistlicher. — Mals, 7 St., 3174' ü. M. (Post. Hirsch), ein Markt mit Mauern, Burg- und Kirchthürmen, 1067 Ew., am Punibach, in schöner von der Eispyramide des Ortler überragten Landschaft am Ausgang des Plenailthales. Die Ruinen der Fröhlichsburg und der Veste Trosttburm im Markt. Bester Standpunkt die Anhöhe bei der Post. — In Laatsch schöne alte Kirche St. Leonhard. Hier öffnet sich das Münster- oder Tauferser-Thal, das mit seinem obern (romanischen) Theil zur Schweiz gehört. — Glurns hat eine sehr alte Kirche. Von da auf Fusspfaden über Lichtenberg (mit hochgelegener prächtiger Burg) nach Prad, 4 St. (Ross, unweit der Post).

Man kann auch von Mals, auf der Hauptstrasse bleibend, über Tartsch und Schluderns (am Ausgange des wilden, noch von Wölfen heimgesuchten Matschthales, in welchem Matsch und seine Kirche des Besuches werth gelten), und hier die merkwürdige Churburg nebst Archiv und Rüstkammer sehen, und kommt dann bei Spondinig über die Etsch nach Prad.

Hier beginnt die bewundernswürdige, von *Carlo Donegani* und *Francesco de Domenici* erbaute Strasse über das Stilfser- oder Wormser Joch, die höchste in Europa 8900'.[1] Ihre Steigung beträgt nur 5 oder 7 zu 100, sehr selten 10. Alle den Lawinen ausgesetzten Stellen waren durch Galerien geschützt, alle Abhänge durch Barrièren begrenzt. Die 6 Cantonirhäuser haben breiten Durchgang. Zu Fuss kann man in 5—6 St. zur Höhe gelangen; Wagen gelangen nur noch bis Trafoi. R. über Prad das Dorf Stilfs. Bei Gomagoi östr. Pass- u. Mauth-

---

[1] Splügen 6\50'. St. Gotthardsstr. 6388', Mont Cenis 6360', Mont Genèvre 6258', Simplon 6172', Brenner 4371'.

amt, mit einer 1860 erbauten „Defensivcaserne."

Am Ausgang des 3 St. langen wilden Suldenthals (links) vorüber, durch die grossartigste, von hohen Fernern eingeschlossene Landschaft nach Trafoi 5 St. (Post). Der Ortler, 12,060', ist von hier aus mehrmals bestiegen worden; zuerst auf Veranlassung des Erzherzogs Johann 27. Sept. 1804 von Jos. Pichler; zuletzt von Prof. Thurwieser 12. Aug. 1834 mit Hülfe des J. Pichler. In ³/₄ St. macht man einen Spaziergang nach den Drei Brunnen, von denen der Ort den Namen hat (Tres fontes). Herrliche Ansicht der Gletscher!

Die Strasse steigt in vielen Windungen auf, zum Theil noch durch Strichwände gegen Lawinen geschützt, und von Zeit zu Zeit mit Zufluchtshäusern (Cantonièren) besetzt. Bei Franzenshöhe, 3 St., nach der Zerstörung von 1848 als Schafstall benutzt, sieht man die Ortelspitze in ganzer Klarheit, und kurz vorher den mächtigen Matatschgletscher. Rechts vom Ortler ragt die 11,916' hohe Königswand empor. — Auf der Höhe des Joches, 1¹/₂ St., 8662' ü. M., steht in ewigem Winter ein bewohntes Haus, dessen Wirth einen leidlichen Glühwein bereitet. Hier hat man die schönste Ansicht des Ortler. Seit 1859 bezeichnet hier eine Säule die Grenze zwischen Tyrol und dem Königreich Italien. — Auf einer ungefähr 20 Min. entfernten Felsenspitze eine wundervolle Rundschau.

Sta. Maria jenseits des Joches, und von diesem 2¹/₂ St., 8100' ü. M., Post- und Gasthaus, ital. Mauth- und Passamt. — Die Strasse geht in vielen Windungen zwischen Felsen und Wasserfällen und durch viele Schutzgalerien, an mehren Cantonièren (Schutzhäusern) vorbei, am Brauglio hinab, über kühne Brücken und Felsenvorsprünge zu den „alten Bü-dern," deren Brücke 1859 von den Oestreichern gesprengt worden. Jetzt steht auf einer Terrasse in der Höhe das „neue Bad," das im Julius und August sehr besucht ist, und ein gutes und billiges Curhaus hat.

Durch die Bäder-Galerie nach Bormio oder Worms, 6 St., die man abwärts in 2 zurücklegt. (Post. Lamm. Besser aber in den Wormser Bädern, Bagni nuovi di S. Martino, 1 St. vorher.) Die Quellen haben 28—30° R. und gehören zu den Salz- und Schwefelbädern. 3800 Ew. Im Curhaus macht man guten Glühwein, der bei nasskaltem Wetter zu empfehlen ist.

Hier beginnt das zur Lombardei gehörende Veltlin (Valtellina), und bietet dem abwärts Reisenden bald die Reize südlicher Landschaften in vollem Mass; aber leider auch physische und moralische Verkommenheit der Bewohner, und neben prachtvoller VegetationVersumpfung des Bodens.

Durch enge Felsschluchten, den Engpass La Serra, zwischen brausenden Wasserfällen, über kühne Brückenbogen (die Teufelsbrücke, 1859 zerstört) führt die Strasse über Bolladore (Post), 5 St., nach dem schon ganz wirthlichen Tirano, 5 St. (Due Torri bei der Post), bis wohin von Bormio die Adda 2405 F. fällt. Hier öffnet sich das schöne Thal von Poschiavo. Sehenswerthe Vorkehrung gegen Ueberschwemmungen, die 1807, 1855 und 1862 grosse Verheerungen angerichtet. Berühmtes Heiligthum der Madonna. Guter Wein. — In Ponte eine Madonna von *Luini*. Auch ist Piatti, der Entdecker des Planeten Ceres, 1746 da geboren. — Sondrio, 7 St. (Maddalena. Corona), Hauptort des Veltlin mit 4000 Ew., am Zusammenfluss der Adda und des Malerno, schön gelegen. Trümmer eines alten Schlosses. — In der Kirche von Castione ein Bild von *Luini*. —

Malerische Lage in der Höhe der Kirche von Sassella.

Morbegno, 7 St. (gutes Wirthshaus in der Post), sehr reizend gelegene und mit herrlicher Vegetation und Seidenzucht gesegnete Stadt; ehedem herrschte in der sumpfigen Ebene von da bis zum Comersee ungesunde Luft, vornehmlich des Abends, die aber durch Trockenlegung des Bodens grosse Besserung erfahren. Nun folgt man der Adda nach

Colico, 4 St. (Angelo; doch muss man sich wegen der Zeche im voraus in Sicherheit setzen; man sucht und handelt sich seine Speisen in der Küche aus. Auch herrscht Aria cattiva, und schlafen soll man wo möglich nicht da.) Von hier kann man das Dampfschiff über den Comersee benutzen; s. d. Der Landweg geht am Ufer des Comersees, zuletzt durch die in den Felsen gehauenen Galerien nach

Varenna, 5 St. (Vortreffliches Gasthaus zur Post.) Citronen im Freien. Gegenüber das Vorgebirge Bellagio.

Lecco, 6 St. (Leon d'oro. Croce di Malta. Albergo reale), mit beträchtlichen Seidenmanufacturen und Fabriken in Kupfer und Eisen. Von hier aus macht man leicht einen Ausflug in die Brianza. S. Como, Umgegend. — Man kann von hier auf der Eisenbahn über Bergamo nach Mailand gehen.

Carsaniga, 6 St. In der Nähe Merate mit einem verlassenen Benediktinerkloster und dem Schloss und Garten der Familie Belgiojoso. — Bei Arcore wurde eine Ehren-Inschrift auf Drusilla, Tochter des Germanicus und Schwester Caligula's, gefunden. In 4 St. nach

Monza,

Modoëtia, (Palazzo Reale. Angelo. Falcone. Albergo del Castello). Eisenbahn nach Mailand in 25 Min.

für Lir. 1. 50. bis 1. 25.). Ehedem Residenz der longobardischen Könige, mit einem bedeutenden Rossmarkt im Junius und mit 22,106 Einwohnern. — Im Dom, den Königin Theodolinde gegründet, der aber im 14. Jahrh. von Arch. *Marco Campione* durchaus erneuert worden, sind Gemälde von *Montalto* und *Cesare Procaccini*, die Heimsuchung von *Guercino*. Il Paliotto, Hauptaltarbekleidung von Silber und Email vielleicht aus dem 10. Jahrh. Schöne Singchöre und Chorstühle aus dem 15. Jahrh. In der Capella S. Stefano, Relief mit einer Kaiserkrönung aus dem 13. Jahrh. (aber ohne den König von Böhmen!) — In der Sacristei sind viele Kostbarkeiten und Weihgeschenke, darunter auch Reliquien aus der Zeit der Longobarden, namentlich Diptychen, welche der Königin Theodolinde von Gregor I. verehrt worden (601), dessen Gradual in Purpurschrift, und ein Verzeichniss von Reliquien auf Papyrus geschrieben, von demselben; ein silbernes Huhn mit 7 Küchlein etc. Die eiserne Krone der Longobarden, der Sage nach aus einem Nagel des Kreuzes Christi geschmiedet, ein einfacher eiserner Ring im Innern einer goldenen mit Perlen und Edelsteinen besetzten Krone, ist in der Nacht des 22. April 1859 von den Oestreichern nach Mantua gerettet und dann nach Wien gebracht worden. Eine Copie davon kann man ohne besondere Umstände in der Sacristei sehen. — Eine Capelle mit Reliefs und Malereien aus dem 14. und 15. Jahrh.

Der Palazzo Imperiale mit vortrefflichem Park, dem grössten in Italien, darin Fasanen, Hasen, Hirsche etc. von *Piermarini*. In der Rotonda della Orangeria die Geschichte der Psyche von *Appiani*. — Die Reste des Palastes von Friedrich Barbarossa (il Broletto) sind als Stadt-

eigenthum zu einem Magazin verwendet.

Nahebei die Villa Girnetto,
Eigenthum des Grafen Mellerio, reizend gelegen. Malereien und Sculpturen neuerer Künstler. — Frisi,
Memorie della Chiesa Monzese Milano
1774. 3 Bände. Desselben Mem. di
Monza e sua Corte, 1794. 3 Bände.

Comer See.

Man kann auch von Colico aus das
Dampfschiff über den Comer See
nach Como benützen, 4 U. fr. und
1 U. Nm. Dienst., Donn. u. Samst.
auch 6³/₄ fr. für 4 Fr. oder 2 Fr.
10 c. in 3 St. und alsdann nach
Camerlata ¹/₂ Stunde zur Eisenbahn
gehen, die in 1¹/₂ St. nach Mailand
führt.

Der Comer See, Lacus Larius,
ein 9—10 St. langer, 1—1¹/₂ Stunden breiter, im Süden in zwei Arme
getheilter, von der Adda durch-
strömter See, auf der Südseite des
Splügen, 654' ü. M., reich an den
schönsten abwechselnden An- und
Aussichten, beglückt durch Lage,
Klima und Vegetation. Von den
vielen guten Fischarten rühmt man
vornehmlich Forellen (trutte) und
Agone. — ¹ Gegenüber von Colico
liegt Domaso, weiter südlich Gra-
vedona und Musso, L. Dorio
und Coreno, rechts Cremia und
Vezze, links Dervio, am Monte
Legnone (8000') und dem Ausfluss
des Varronne, R. Rezzonico,
Samnago, S. Abondio, L. Bel-
lano am Monte Grigna und der
Grigna, R. Nobiallo. Menaggio

¹ Obschon ich nicht dazu rathen kann,
Ort nach Ort mit dem Verzeichniss in der
Hand zu verfolgen, da man darüber den
Gesammteindruck landschaftlicher Schönheit leicht aus den Augen verliert, so will
ich doch die Ortschaften mit R. (rechts) und
L. (links) aufführen und nur bemerken,
dass wir in der Richtung nach Como zu
uns befinden.

von wo ein schöner Weg nach Lugano führt, L. Varenna herrlich
gelegen mit vortrefflichem Gasthaus.
Am Vorgebirge, wo sich der See
theilt, Bellagio mit guten Gast-
häusern, Gennazzini (deutsche Zeitung), *Grande Bretagne. Hôtel
Grandi. Eine Barke nach den Villen
Carlotta und Melzi 2 Fr., der schönste
Punkt am ganzen See mit der hochgelegenen Villa Serbelloni, von
der aus man den ganzen See übersieht. Zum längern Aufenthalt ist
Bellagio besonders geeignet. Villa
Melzi mit reizenden Gartenanlagen.
Im Hause u. a. die Büste *M. Ange-
los*, vielleicht Selbstbildniss.— Villa
Frizzoni mit hübschem Wohnge-
bäude, schönen Gartenanlagen und
Aussichten. R. Cadenabbia, mit einem
guten Gasthaus und Villa Carlotta,
ehedem Sommariva, Eigenthum
des Erbprinzen von Sachsen-Meinin-
gen, als Erbtheil von seiner verewig-
ten Gemahlin, der Tochter der Prinzessin Charlotte Albrecht von Preussen, welche die Villa vom Grafen
Sommariva gekauft hatte; mit ausgezeichneten Gartenanlagen u. Kunstwerken, dem Alexanderzug von
Thorwaldsen, einem Sarkophag von
Marchesi, Mars von *Canova*, Mars
und Venus von *Acquisti*, Amor und
Psyche von *Canova*, Magdalena von
dems., Palamedes von *dems.*, Amor
mit Tauben von *Bienaimé*. Conte
Sommariva von *Acquisti*, S. Maria
novella in Florenz von *Migliara*,
Romeo und Julie von *Hayez*, Virgil
und Augustus von *Wicar*. — Die
Gemälde hat der Erbprinz grossentheils nach Meiningen bringen lassen. — Weiter L. S. Giovanni,
R. Tremezzo (Alb. Bazzoni). Weiterhin R. Lenno mit Ueberresten
antiker Bauten; Vorgebirge La-
vedo mit Schlössern und Gärten
auf einer Halbinsel, mit der Villa
Balbianello auf seiner Höhe;
Campo in der Bucht; Sala mit der
kleinen Insel Comacino, wo öfters

politische Versammlungen stattgehabt. Colonna. Diese ganze Gegend heisst Tremezzina und ist der schönste und am reichsten mit allen Gaben des Südens geschmückte Theil dieses Ufers, neben den tiefsten und bei Sturm gefährlichsten Stellen des Sees. — L. Lezeno, grosse Seetiefe! R. Argegno am Ausgang des Intelvithales. L. Borgo im Hintergrunde der Monte Primo. Orido di Nesso mit einem Wasserfalle und dem Piano del Tivano; Careno; Quarzano; Pognana; Palanzo; in der Höhe Lemna. R. Brienno; Torrigia, beide mit vielen Lorbeerbäumen u. Gebüschen; Villa Galbiati, 1855 bunt bemalt! Laglio, schmalste Stelle des Sees mit der Villa Antonina, ehedem Gaggi; Corate; Urio; Moltrasio mit einem Wasserfalle und der Villa Colobiano, die grün und roth ist, und eine Grabpyramide des Prof. Jos. Frank zu Pavia, gest. 1851, enthält, die er sich selbst hat setzen lassen. Im Hintergrund der Monte Bishino (4116′). — L. Molina. — Villa Pliniana mit der periodischen, täglich mehrmals intermittirenden Quelle, einem Wasserfalle und einem neuen Palaste des Grafen Anguisola, eines der vier Mörder des Pier Luigi Farnese 1570, jetzt Eigenthum der Fürstin Belgiojoso, bekannt aus der ital. Revolution von 1848. — Aus Plinius Epist. IV. 30 hat man geschlossen, dass die beiden Plinius hier gelebt haben und die Villa nach ihnen benannt. Die angeführte Stelle besagt aber bloss das Dasein der Quelle in einem kleinen Gemache. — L. Torno mit Terrassen von Orangen, Pinien, Cypressen und einer hübschen alten Kirche. R. Pizzi Rovenna und Villa Mugiasca. — L. die Villen Taverna, sonst Faroni; V. Pasta, der Sängerin; V. Taglioni, der Tänzerin, jetzt ihrem Schwiegersohn, Fürst Trubetzkoi, gehörend, mit einem Haus im Schweizerstyl; V. der Gräfin Boccarmé aus Belgien, thurmartig; Artaria; Cosway u. Compton; Blevio. R. Villa Pizzo, ehedem Eigenthum des Erzherzogs Rainer; Cernobbio mit dem Palast Garvo (Villa d'Este), wo Königin Caroline von England, gest. 1821, lange verweilte. Endlich die Villa Odescalchi, jetzt Raimondi und der Berg Lompino (Olympinus) nach dem Ausfluss der Breggia.

Como,

Comum, Novocomum (Angelo am See; ein Badehäuschen ganz nahe. Albergo d'Italia. Corona Italiae. Capello. Leoncino).[1]

Eisenbahn nach Mailand von Camerlata aus, wohin Omnibus führen) in 1½ St. für Fr. 5, 45. — 4. — 2, 85. Dampfschiff nach Colico 5. 45 M. und 8 M. in 3½ St.; nach Lecco 12. 45 Nm. Von hohen Bergen umgeben, im Halbkreis am See gl. N., reizend gelegen, mit doppelten Mauern und Thürmen, einem Bischof und 20,614 Ew., mit Fabriken von Tuch- und Seidenstoffen (Mantini, Amorelle), physikalischen und optischen Instrumenten; seit 1849 durch eine Eisenbahn mit Mailand verbunden. Ursprünglich griechische Colonie, erweitert von Pompejus, Strabo und Cornelius Scipio, von Hannibal zerstört, wurde es von Julius Cäsar von neuem colonisirt, sodann röm. Municipium; im Mittelalter war es oft Mittel- oder Stützpunkt streitender Parteien. 1127 von den Mailändern zerstört, ward

[1] Miethet man eine Barke, so sehe man darauf, dass sie geräumig sei und gedeckt. Jenachdem die Gesellschaft ist, nimmt man mehr oder weniger Ruderer: bei vier Ruderern zahlt man jedem täglich 4 Fr. und ein Trinkgeld; für die Stunde jedem 1 Fr. die Barke. Man vergesse nicht auszumachen, dass die Schiffer sich für eigne Rechnung beköstigen. — Cf. Cesare Cantù Guida al Lago di Como, Como 1847, mit einer Karte.

es von Barbarossa neu erbaut 1155 und alsdann befestiget. Obschon unter den Visconti's, behielt es seine republikanische Verfassung, theilte aber alsdann das Schicksal von Mailand. — Como ist die Vaterstadt des Dichters Cäcilius, der beiden Plinius (? s. Verona), des Benedetti (? s. Legnano), Paolo Giovio, der Päpste Innocenz XI. (Familie Odescalchi), und XIII. (Familie [Rezzonico) und des berühmten Physikers Volta. Gegenwärtig lebt hier der berühmte Philolog Gius. Brambilla. Ein *Guido di Como* war im 13. Jahrh. ein berühmter Bildhauer.

Oeffentliche Plätze: Piazza di Volta, mit der Statue Volta's. von *Marchesi.*

Kirchen: Die **Kathedrale** aus Marmor im gemischt lombardischen Baustyl, von *Lor. de' Spazi* 1396; Façade von *Lucchino di Milano* 1460, vollendet von *Tomm. Rodario* 1526; die Kuppel von *Juvara* von 1732. Unter den Sculpturen der Façade: die Statuen der beiden Plinius, von *Rodario*, Gemälde von *Gaud. Ferrari* (Sposalizio, Flucht nach Aegypten) und *B. Luini* (Anbetung der Hirten und Anbetung der Könige). Der Altar der heiligen Lucia mit Sculpturen und Candelabern von *Rodario* 1492. In einer Nische im N. Querschiff ist eine antike Statue in einen heiligen Sebastian verwandelt. — S. Joseph mit dem Christkind von *Marchesi.* Grabmal eines Bischofs Bonifazio von 1347, mit Sculpturen. Grabmal des Historikers Benedetto Giovio von Como, † 1544. In der Sacristei Madonna in tr., von *Bern. Luini.*

Das Baptisterium angeblich von *Bramante.*

S. Fedele, ein sehr alter, angeblich longobardischer Bau mit wunderlichen Sculpturen.

S. Abondio mit mehren bischöflichen Grabmälern.

Paläste: 1) Broletto, der alte öffentliche Palast von 1215.

Pal. Giovio mit Bibliothek und Antiquitätensammlung. — Naturaliensammlungen der HH. Moccheti, Solari und Carloni. — Erziehungsanstalt: Collegio Gallio. In der Vorstadt Borgo di Vico die Paläste Gallio und al Olmo, letztere von einer Ulme so genannt, in deren Schatten Plinius oft geruht haben soll. Auf einem nahen Berge die Veste Baradello.

Umgegend. Ausser dem Comer See vornehmlich die

Brianza,

der Landstrich von fruchtbaren, bebauten Hügeln, Bergen und Niederungen zwischen den beiden Armen des Comersees, nebst dem südlichen, hügligen Abhang nach der Ebene, 12 Q.M., mit mehren kleinen Flüssen und Seen, köstlichem Trinkwasser, zahlreicher und heiterer Bevölkerung, das Paradies der Lombardei, dessen höchster Punkt, Villa Brianza mit einem Thurm, ehedem der Königin Theodolinde zum Wohnsitz gedient haben soll.

Schönste Punkte: Hinter Monza der Garten Traversi, Monticello an einem Hügel, von dem man die ganze Brianza übersieht. Bei Seregno (Desio) das Schlachtfeld von 1277, wo die Visconti die Torriani besiegten; Villa Crivelli, Garten Orrido.

Von Como aus leicht zu besuchen: Erba (tägl. Diligenz), Orsenigo und die Villa Appiani, von wo man das Piano von Erba überblickt. Besonders empfiehlt sich ein Ausflug von Como, auf der Strasse nach Lecco, nicht links nach Albesio, sondern rechts nach dem Landgut Urago, 2 St. von Como, durch den Hof und von der hintern Park-Gitterthüre den isolirten Hügel hinan, wo man nach 20 Min. den rothen Pavillon und die herrlichste Rundsicht erreicht. In Taverno gute Osteria von Sala! — Anzano mit der Villa Cascano; Inverigo auf der Strasse von Erba nach Mailand, mit dem Palast und Garten des Marchese Cagnola mit herrlicher Aussicht von der Plattform. Montorfano, Castelmarte, Canzo, Oggionno, die Seen von Bussiano, Alserio, Sacrino und Annono und die Thäler des Lambro, Ello, Galbiate. Oberhalb der Seen Asso mit einem schönen Wasserfall und römischen Inschriften, Barni mit berühmter Schneckenzucht und Magrele mit der merkwürdigen Höhle, in welcher die Quelle des Lambro (Menaresta) ist, die 3 Minuten lang wächst, 5 Minuten lang abnimmt, dann 8 Minuten lang sich gleich bleibt. — Civate; Monte Bar; die Reste des alten Licimiforum, die Bleigrotte, die Villen Sormani und Soldo. Von da durchs Thal Assina nach dem Vorgebirge Bellagio in der Mitte des Sees. Santo primo, höchster und schönster Punkt.

6. b)
Von Innsbruck nach Mailand durch das Engadin.

Reisekarte I.

Diess ist keine Poststrasse; sie ist aber kürzer als die vorige, und steigt nicht so hoch. An landschaftlichen Schönheiten ist sie sehr reich. Von Innsbruck nach Nauders (s. 6. a). Bei Martinsbruck, 1 St. geht man über den Inn und tritt in das Unterengadin. Ueber dem Inn das Schloss Serviezel und Trümmer einer 1635 von Herzog Rohan angelegten Landwehr. — Remüs, 1³/₄ St., mit einem alten Schloss. Hier ist vornehmlich der Schauplatz engadinischer Tapferkeit in den Kämpfen des 15. und 17. Jahrh. Von hier ist der heldenmüthige Gebhard Wilhelm, der mit dem übermüthigen Tyroler den Zweikampf bestand; hier focht und fiel der kleine Haufe, dessen Niederlage den Kampf und Sieg auf der Malser Heide zur Folge hatte, 1499. Hier lebte auch einst der H. Florian, und wirkte Wunder, bis die Reformation dem Glauben daran und ihnen selbst ein Ende machte. — Auf der Brücke bei Punt Peidra, ³/₄ St., schöne Ansicht vom Wraunkatobel. — Bei Schuls, ³/₄ St., Mineralquellen und tödtliche Mofatten; bei Fettan, 1 St., eine Stalaktitenhöhle; gegenüber Tarasp, der einzige katholische Ort im Engadin, mit Mineralbad und Schloss. — Bei Lavin sieht man den Piz Lingard 10,518', von dem häufig Lawinen niedergehen. — In Süss, ½ St., wurde 1537 ein Religionsgespräch gehalten, worauf die Einführung der Reformation folgte. Der alte Thurm bei Zuz, 4³/₄ St., gilt als das Stammschloss der Planta. — Bevers, 2 St. Zoologische Sammlung bei Bovelins Erben. — Samaden, 1¹/₄ St. Vortreffliches Wirthshaus. Ueber Celerina ³/₄ St. nach S. Moritz, 1 St. Das obere Engadin ist zwar kalt und rauh, aber doch bebaut, und macht mit seinen grünen Fluren am Fuss der mächtigen Eisgebirge, seinen fleissigen und gemüthlichen, europakundigen Bewohnern einen sehr angenehmen Eindruck. Von S. Moritz führt ein interessanter Weg über den Bernina-Pass ins Veltlin, sodann eine Poststrasse von 10³/₄ St. (mit Eilwagen) über die Maloja nach Chiavenna, ein überaus herrlicher Weg! Die Seen entlang nach Silvaplana, 1¹/₂ St., und Sils, 1 St. (vortreffliche Forellen!), und steigt sodann zur Maloja empor, 1¹/₄ St., 5850' ü. M. Jenseits bildet das Thal der Meüra verschiedene Abstufungen, Vico Sopra 3 St., Stampa 1 St., bis zu dem Engpass, nach welchem man in das Bereich südlicher Vegetation eintritt. — Villa, 1¹/₂ St., ist der östreichische Grenzposten. Mit jedem

Schritt kommt man in schönere Gelände, üppige Vegetation bedeckt die 1618 verschütteten Ortschaften Plürs und Schilano. Bei Prosto, 1 St., Lavez-Steingruben und Niederlage von fertigem Geschirr. — Chiavenna, ½ St. S. Nr. 7. a.

6. c)

Von Innsbruck nach Mailand über den Gardasee.

Reisekarte I. IV. VIII.

Von Innsbruck nach Botzen Eilw. 16—18 St. Von Botzen nach Trient Eisenb. 1¾ St. Von Trient nach Riva 6 St. Von Riva nach Peschiera Dampfboot 3 St. Von Peschiera nach Mailand 4 St. — Zur Rückreise von Peschiera nach Trient ist nicht wohl zu rathen, da es in Riva oft an Fuhrwerk fehlt, und nur nach der Ankunft des Nachm.-Dampfboots ein Stellwagen ohne Beiwagen nach Mori (3½ St.) zur Eisenbahn fährt (vom Café Andreis).

Man führt auf der Veronastrasse (Rr. 5. e) bis Trient oder bis Mori. Von Trient aus führt eine gute Strasse und ein Omnibus durch das Sarcathal nach Riva am Gardasee in 6 St. Dieser Weg ist reich an überraschend schönen Landschaften, vornehmlish an malerischen Bergansichten. Er führt durch die Felsschlucht Buco di Vela über Terlago, mit einem kleinen See, nach Vezzano und hinter Padernione am Toblino-See vorbei nach dem weinund obstreichen Arco, dem Stammschloss der bayr. Grafen d. N. und nach Riva (Sole, Giardino, leidlich). Café Andreis (deutsch). Restauration *Dal Vilano. — Die neue Strasse am westl. Ufer des Sees durch das Ledrothal nach Brescia; sehenswerth wegen Anlage, Ausführung und schöner Aussichten.

Das östr. Dampfboot fährt täglich (Sonnt. ausgenommen) früh 6½ U. nach Peschiera in 3 St. für

fl. 1. 58. — 1. 5. — Um 1 U. zurück, berührt aber das westliche, italienische Ufer nicht. — Das italien. Dampfboot fährt Mo. Do. 11 U. Vm. von Limone nach Desenzano, in 4 St., Di. Sa. 6½ U. früh von Desenzano nach Limone (I. Pl. 3 Fr. 60. II. Pl. 2 Fr.). Halteplätze: Limone, Tremosine, Gargano, Maderno, Salò, Desenzano. Von Riva nach Limone muss man in der Barke oder auf der neuen Strasse fahren.

Der **Gardasee** (Benácus) ist der östlichste der oberitalienischen Landseen, 5—12 Miglien breit, und 35 Miglien lang. Die Ufer sind fruchtbar, haben südliche Vegetation, Oliven, Feigen (von Bardolino), Weinetc. und sind bei Desenzano und Salò besonders schön. Vorzüglich baut man viel Limonen daselbst, mit denen, so wie mit Fischen [1] ein beträchtlicher Handel getrieben wird. Gegen Norden ist der See eingeschlossen von den ziemlich hohen Bergen Brado, Tremalgo und Fraine; gegen Süden endigen die beiderseitigen Ufer in sanftere Hügel. Im Frühling steigt der See oft um 5 Fuss durch das Gletscherwasser; er ist äusserst klar und tief (bis zu 290 Mètres). Der Wechselwinde wegen ist die Schifffahrt darauf nicht ganz ohne Gefahr. Nur das östliche Ufer nebst Riva und dessen nächster Umgebung gehört seit 1859 noch zu Oestreich, das westliche gehört zum Königreich Italien. Südlich, wo der Mincio aus dem See fliesst, ist ein Hafen, der durch die Festung Peschiera (mit 2500 Ew.) beschützt wird. In naturhistorischer Beziehung bietet die Gegend vielfaches Interesse an Versteinerungen, Conchylien etc. Die Ufer des Sees sind durch Villen, Gärten und Dörfer belebt; Haupt-

[1] Die besten Fische sind: die Sardine, im Frühling und Herbst in zahlloser Menge. — Die Trutte (Forellen) von vorzüglichem (Lachs-) Geschmack, Aale, die man bratot, Carpione (Lachse) u. s. mehr.

Förster, Italien. 8. Aufl. I.   14

hafen und Handelsplätze sind: Desenzano, Salò, S. Vigilio, *Lazise, Malsesine und der grösste Riva. ¹ In der Mitte des Sees eine Insel, 1 Miglie lang, mit einem vom Grafen Louis Lecchi erbauten schönen Wohnhaus nebst Gartenanlage. — Die bemerkenswerthesten Punkte sind, am östlichen Ufer: Malsesine, mit gutem Hafen und einem alten Schloss, das neuerdings wieder befestigt worden; dahinter der Fels Isoletto; weiterhin die Insel Tremelone. Es folgen sich S.Giovanni,Castelletto,Torri. Das Vorgebirge S. Vigilio, von wo aus man eine schöne Ansicht des Sees hat, ist durch Oliven-, Wein-, Feigen- u. a. Obstbau ausgezeichnet. Garda am Ausfluss des Tesino, in einer Bucht, mit dem Schloss des Grafen Albertini zu Verona. Die 2 Migl. lange Insel Sermione (Sirmio) mit den Ueberresten des Landhauses von dem römischen Dichter Catullus (p. 82) (Grotte di Catullo) und einem Schlosse der Scaliger: Bardolino, auf dessen Hügeln die trefflichsten Feigen wachsen. Lazise mit einem Hafen. Peschiera, östr. Festung, mit Mauthund Passbureau; 1848 von Feldzeugmeister Rath tapfer vertheidigt, aber am 30. Mai den Piemontesen übergeben, am 1. August zurückerobert. — Am westlichen Ufer: bald nach der Abfahrt von Riva: der Wasserfall des Ponale, vom Schiff aus zu sehen. Limone, 1¹/₂

¹ Entfernungen von Riva nach
Gargnano 14 Migl.
Malsesine 7 »
Garda 22 »
Lazise 25 »
Salò 22 »
. von Peschiera nach
Desenzano 9 »
Salò 13 »
Sermione 5 »
Gargnano 15 »
Riva 28 »
Malsesine 24 »
Garda 3 »
Lazise 4 »

St. weiter nach Süden, mit vielem Limonen- und Olivenbau. Tremósine, hoch gelegen auf steiler Felswand. Gargnáno mit vielen Oliven- und Limonenpflanzungen und der Villa des Grafen Bettoni zu Brescia. Maderno mit Papiermühlen. Salò, in tiefer Bucht, Mittelund Ausgangspunkt der ital. Dampfschifffahrt auf dem Gardasee, mit reicher Vegetation. In Desenzano schöner Rückblick auf den See und die Gebirge im Norden. — Cf. Le lac de Garda et ses environs, décrits par G. S. Volta 1833.—Riccordi d'un viaggio pittorico ai laghi di Garda, di Loppio e di Ledro per Mosconi.

Die Eisenbahn-Trattoria in Peschiera hat nichts; eine leidliche ist am Landungsplatz des Dampfschiffes. — In Desenzano: Mayers Hôtel,schön gelegen. Vittoria. Aquila.

6. d)

Von Innsbruck nach Mailand über Trient und Giudicaria.

Reisekarte I. IV.

Von Innsbruck nach Trient (s. 5. e). Von da über Vezzano 1¹/₂ St., nach Sarce, 1 St., wo der Weg ins untere Sarcathal und nach dem Gardasee abgeht, die Felsenstrasse hinauf nach dem Bad Comano, ³/₄ St., über Poja und Caro, ins obere Sarcathal nach Stenico (Wasserfall) 2 St., Tionne, 2 St., 1600' h., wo man die Sarca verlässt und über die Wasserscheide bei Bondo, 1 St., 2231' nach Rancon, ¹/₂ St., ins Chiesethal geht, und nach Pieve, 1 St., Condino, 1 St., Lodron, 1¹/₄ St., am Lago d'Idro entlang nach Lavelone, 2 St., Vestone, 1 St., immer an der Chiese fort durch das Val Sabbia über Vobarno, 2¹/₂ St., um den Monte Selva herum nach Govardo, 2 St., wo man die Chiese verlässt und nach Brescia, 3 St., und zur Eisenbahn gelangt.

BERGAMO.

1. Cittadella, ora Palazzo
   della R. Prefettura . C 2
2. Chiesa di S. Andrea E 3
3. Pal.Mun.nell' alta Città D 3
4. Teatro della Società D 3
5. Palazzo vecchio d.Bibl. D 3
6. Chiesa di S. M. Magg. D 3
7. Museo . . . . D 3
8. Duomo . . . . D 3
9. Canonica e Libreria . D 3
10. Accademia Carrara . G 2
11. Chiesa di S. Alessan-
    dro della Croce . . . F 3
12. Chiesa di S. Bernard. G 4
13. Chiesa di S. Spirito G 4. 5
14. Teatro Riccardi . . . F 6
15. Chiesa di S. Bartolom. F 5
16. Orto Botanico . . . . E 5
17. Chiesa di S.Aless. inCol. D6
18. Chiesa di S. Lazzaro D 7
19. Chiesa di S. Bernard. D 7

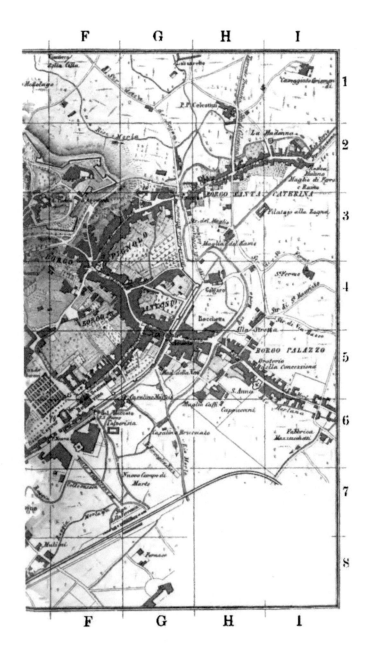

Google

6. e)

Von Innsbruck nach Mailand durchs Val di Non und di Sole.

Reisekarten I. IV. VIII.

Von Innsbruck bis S. Michele
s. 5. e.

Dieser Weg, grossentheils nur zu Fuss oder auf Saumthieren auszuführen, gehört zu den interessantesten, ist aber nicht der kürzeste. Man kann schon von Botzen über das durch seine wunderleidende Maria von Mörl berühmte Kaltern über die Mendola nach Fondo, besser aber von S. Michele zwischen Mezzo lombardo und Mezzo tedesco ins Val di Non gehen. Das Volk ist gutgeartet, fleissig, versteht deutsch, spricht aber ein verdorbenes Italienisch. Eine fahrbare Strasse führt durch die schauerliche Rochetta, bei der kleinen Kirche S. Pancrazio, Aussicht auf zahllose Dörfer, Schlösser und Hütten. Viel römische Alterthümer, Denksteine mit Inschriften. — Spor maggiore mit dem Schloss des Grafen Spaur ist der Hauptort des untern Thales. Der Nosbach geht in so tiefer Spalte, dass man ihn fast nirgends sieht; oben aber breiten sich die gesegneten und mit reizenden Dörfern, prachtvollen Schlössern und Kirchen übersäten Fluren des Nosberges aus. Da wo der Nosbach sich nach SW. umwendet, beginnt der Sulzberg, Val di Sole mit seinem nicht breiten Thalboden, weiten Forsten, grünen von den Fernern überragten Alpen. Oberhalb S. Bernardo liegt der sehr wirksame Sauerbrunnen Rabbi (Al fonte).

Von Osanna, dem höchsten Ort im Val di Sole, geht man auf einem Saumpfade durchs Val Vermiglia über den Tonalpass in das Val Camonica und an den Oglio. Von Edolo aus kann man entweder ins Veltlin und an den Comersee, oder den Oglio hinab im Val Canonica

nach Lovere (Kunstinstitut des Conte Taddini mit 400 Gemälden etc. Jacopo Bellini, Civecchio, Giorgione, Callisto da Lodi etc. In S. Maria Wandmalereien von *Andrea de Manerbio* von Brescia 1535) an den Lago d'Iseo kommen und von da durch das Val Cavallina nach Trescorre und Bergamo, von wo die Eisenbahn in 1³/₄ St. für Fr. 6, 30. — 4, 60. — 3, 30. nach Mailand führt.

Bergamo,

Pergamus (Italia. Albergo Reale. — Vortreffliche Früchte. Forellen aus dem Lago d'Iseo. Polenta agli uccelli. Confetti), — Eisenbahn nach Lecco in 1¹/₄ St., nach Mailand in 1³/₄ St., wohlgebaut, aus einer obern (Città) und einer untern (Borgo S. Leonardo) Stadt bestehend, beide verbunden durch die Str. Vittorio Emanuele, Handelsstadt und Sitz einer Delegation, am Fuss der Alpen, auf mehren Hügeln, von Canälen durchschnitten, in fruchtbarer reizender Gegend mit vielem Seidenbau, einer Citadelle mit herrlicher Aussicht und einem festen Schloss ausser der Stadt (Capella), einem Bischof, einer grossen Messe, Fiera di S. Alessandro, von Mitte August bis Mitte September, die schon seit 913 besteht, und 35,179 Ew. Die Bewohner der Città, die noch viele Zeichen ihres Mittelalterthums an sich hat, scheiden sich ziemlich scharf von denen des Borgo. — B. ist die Vaterstadt von Rubini und Donizetti, und findet man überhaupt gute Singstimmen hier.

Kirchen: S. Alessandro della Croce mit Gemälden von *Cignaroli* (Kreuzabnahme); *L. Bassano* (Himmelfahrt); *Salmeggia* (Antonius Abbas), *Moroni* (Krönung Mariä); in der Sacristei von *Palma vecchio*, *Previtali*, *Moroni*, *Bramantino* etc.

S. Alessandro in colonna aus dem 15. Jahrh. mit neuer Kuppel. Gemälde in der Sacristei: *Caligarino* (Abendmahl), *Palma giorine* (S. Johannes) im Oratorium, von *Gavazzi,* 1512.

S. Andrea mit Gemälden von *Moretto* (Madonna in tr.); *Padovanino* (Geschichte des Titelheiligen).

S. Bartolommeo, mit Gemälden von *Lorenzo Lotto* (Madonna mit den HH. Bartholomäus, Alexander, Stephan, Sebastian, Dominicus und Thomas von Aquino); in der Sacristei von *Bramantino, L. Lotto, Guercino* etc.

S. Bernardino mit Gemälden von *Lor. Lotto.*

Dom, ursprünglich longobardischer Bau, allein erneuert im 17. Jahrh. von *C. Fontana*; mit Gemälden von *Previtali* (S. Benedict); *Cavagna* (Kreuzigung); *Cignaroli, Moroni, Ceresa;* in der Sacristei von *Lor. Lotto, Moroni, Palma giov.* Denkmal des Componisten Donizetti von Vinc. Vela, und das seines Lehrers Giov. Sim. Mayr, gest. 1845. In der Capella Colleoni Denkmal des venet. Feldherrn Bart. Coleoni, gest. 1475.

S. Erasmo, mit einem Gemälde von *Giov. Colleoni.*

Oratorio al Gesù mit einem Gemälde (Christus der das Kreuz trägt), von *Giov. Batt. Castello.*

S. Grata, ehemalige Benedictinerinnen-Klosterkirche, mit einer Madonna von *Salmeggia.*

S. Lazzaro mit einem Bild von *Giac. Barbello.*

S. Maria delle Grazie mit Gemälden von *Zucco* und *Cavagna.*

S. Maria maggiore, eine der ältesten Kirchen von Bergamo, die Nordseite von *G. di Campello* 1360; mit Löwen von rothem Marmor am Eingang, und Gemälden von *Cavagna* und *Erc. Procaccini, Lolmo* (S. Rochus und Sebastian), *Liberi, Salmeggia, Cariani.* Hiebei die

Capella Colleoni Grabmal des berühmten Feldherrn von 1475, mit Sculpturen von *Ant. Amadeo* und Malereien von *Spagnoletto* und *Angelica Kaufmann.*

S. Maria di S. Sepolcro mit einem Gemälde von *Previtali.*

S. Spirito, ehemalige Klosterkirche mit Gemälden von *L. Lotto, Cavagna, Cariani.*

Paläste und Sammlungen: Palazzo nuovo von *Scamozzi,* mit Gemälden von *Salmeggia.* Pal. Vaglietti. Accademia Carrara (Director *Diotti*), mit Sammlung, ebenso bei Conte Lochis (Madonna, von *Boltraffio*), C. Andrea Verdois, C. Morroni. Atelier des Malers *Diotti.* Galerie Frizzoni mit einer Kreuzabnahme von *Moretto* von 1554.

Das Messhaus (Fiera) in Borgo S. Leonardo. Auf dem Marktplatz j. Piazza Garibaldi, in der Città: Il Broglio mit offner Halle und Statue von Bernardo Tasso, den die Bergamasken als Landsmann ansprechen.

Schöne Spaziergänge auf den Stadtmauern und vor Porta d'Ossio.

Umgegend. Das Schloss Malpaga, mit Fresken von *Cariani* (Geschichte des Besuchs Christians II. bei Colleoni). Dem Schloss gegenüber Basella, eine kleine Capelle mit dem Denkmal einer Tochter Colleoni's vom J. 1494. — Ferner Trescore auf dem Weg nach Brescia, eine Capelle mit Fresken von *Lor. Lotto.* — In Pallazzola, Madonna in trono mit Johannes und Alexander, von *Vincenzo Civerchio,* vom J. 1525. — In Gorlago ein Stall (ehedem ein Saal) mit Fresken von *Giulio Romano.* — Lago d'Iseo ein anmuthiger Landsee mit vortrefflichen Fischen und fruchtreichen, durch Handel belebten Ufern. Täglich geht von Iseo ein Dampfboot über den See.

Eisenbahn bis Mailand.

7. a.

Von Lindau nach Mailand

über den Splügen. [1]

Reisekarte VIII.

Diess ist eine der besuchtesten und bequemsten Strassen; überall gute Gasthäuser und Naturschönheiten. Nur hat die Schweiz bei weitem nicht so sorgsam und schön gebaut, als die Lombardei! Von Lindau (Bayr. Hof, Krone, Gans, Sonne) täglich 4mal in 1¼ St. für fl. 1, 30—1. mit dem Dampfboot nach Rorschach und von da Eisenbahn nach Chur in 3½ St. für Fr. 9. 80—6. 85.—4. 90. Von Chur nach Colico v. 1. Juni bis 31. Oct. mit unmittelbarem Anschluss an das Dampfboot nach Como. Man kann das Billet in Chur bis Mailand nehmen. — Im Winter, wo der Postwagen Abends in Colico ankommt, so dass der Reisende dort zu übernachten hat, thut man besser, das Billet nur bis Chiavenna zu nehmen, wo gute Gasthäuser sind und gesunde Luft herrscht; alsdann am Morgen nach Colico — freilich in sehr früher Morgenstunde — zu fahren, um das Dampfboot zu erreichen, das 6½, fr. (u. 1½, Nm.) nach Como geht, mit Anschluss an die Eisenbahnzüge nach Mailand. Vom Landungsplatz führt eine Zweigbahn nach dem Bahnhof. Die Eisenbahn geht im Rheinthal aufwärts durch ein reiches Obstgelände; r. und l. schöne Berglandschaften. Der Station Buchs gegenüber am r. Ufer liegt Vaduz, die Hauptstadt des Fürstenthums Lichteustein, mit einem Schloss. — Bei Sargans mündet die Eisenbahn von Zürich. — Weiter aufwärts der Fläscherberg mit dem befestigten Engpass Luciensteig am r. Rheinufer. — Ragatz (Hof Ragatz) an der

[1] Von Lindau nach Mailand über den St. Gotthard s. 9.

wilden Tamina. Auf dem Kirchhof Denkmal des hier 1854 gestorbenen Philosophen Schelling, von König Max von Bayern errichtet. (1 kleine Stunde entfernt das Bad Pfäffers im engen Felsenthal der Tamina.) — Die Bahn überschreitet den Rhein bei der Stat. Mayenfeld. Bei Zizers der Landsitz des Bischofs von Chur, Molinära. R. Ansicht des schneebedeckten Calanda, am linken Rheinufer die Burgruinen von Krottenstein, Liechtenstein und Haddenstein.

Chur. (Steinbock, Freieck u. Weisses Kreuz, Lukmanier, am Bahnhof. Stern, Rother Löwe neben der Post.) Ein guter Wein ist der Kompleter. — * Kathedrale aus dem 8. Jahrh. mit vielen Sculpturen, höchst wunderlichen Capitälen, sehr altem Altar, Hochaltar-Schnitzwerk von Jacob Rösch 1491, Altargemälden aus der Schule Dürers, und Denkwürdigkeiten des hohen Mittelalters. — Von hier Eilwagen täglich in 14 St. über den Splügen s. o. Aber wer nicht zu Fuss oder im offenen Wagen reist, wird wenig haben von der Herrlichkeit dieses Wegs. — Felsberg, am Fuss des Calanda, traurig berühmt durch die erlebten Bergstürze, die zum leider hässlichen Neubau an anderer Stelle Veranlassung gegeben. Kegelförmige Hügel der Umgegend gelten im Munde des Volks als Pferdegräber, den Geologen als Ueberbleibsel von Schlammströmen. —Bei Reichenau (Adler) vereinigen sich Vorder- und Hinterrhein; schönste Ansicht im Schlossgarten. Im Schloss (j. des Hrn. v. Planta) war einst die Erziehungsanstalt von Tscharner, in welcher 1793 der nachmalige König der Franzosen, Louis Philipp, unter dem Namen Chabaud 8 Monate lang Lehrer, und Benj. Constant Schüler war. Zu bemerken ist in der ganzen Gegend die Verschiedenheit der Dörfer nach Stamm und Religion;

die romanischen sind in der Regel katholisch; die deutschen reformirt. Wohl aber haben die Romanen des Albulathales und Engadins trotz aller blutigen Verfolgungen (1625) den Protestantismus selbst mit puritanischer Strenge festgehalten. — Rhäzüns mit dem hochgelegenen Schlosse gl. N. war früher Sitz des österreichischen Gesandten in Bündten, kam 1805 an Bayern, und im Dec. d. J. an Frankreich, 1814 wieder an Oesterreich, aber durch den Wiener Congress an Graubündten. Nun kommt man in das Domleschgthal, dessen vom Rhein mit Sand und Gerölle überschüttete, weite Fläche von Burgen, Schlössern und Dörfern auf freundlichen Fruchthügeln von hohen Bergen umkränzt ist. Gegenüber von Thusis (Post, Goldner Adler) 5½ St. von Chur oberhalb Sils liegt die Burg Hohenrhätien, der irrigen Sage nach von Rhätus, dem Führer der von den Galliern vertriebenen Etrusker 587 a. C. erbaut. Im Rheinthal aufwärts durch „Verloren Loch," einen im Jahr 1822 durch den Felsen gesprengten 216' l. Tunnel, nach der schauerlich erhabenen Via mala der durch die geborstenen Felsmassen geführten Strasse, unter welcher oft 2 bis 300' tief der Rhein tost. Die merkwürdigste Stelle ist zwischen den beiden Brücken hinter Rongella. — In dem freundlichen gelegenen Zillis, 1¼ St., steht die älteste Kirche der Gegend, 940 von K. Otto I. an Bischof Waldo geschenkt. Bei Donat die Burgtrümmer des letzten Vogts im Schamserthal, den der Bauer Johann Caldar in dem heissen Brei erstickte, in welchen der übermüthige Zwingherr gespuckt. — Andeer, ¾ St. (Post mit guten Mineralbädern). Wasserfälle (u. a. der Rofflafall) und öde Felsmassen beleben fast noch allein die Gegend bis Splügen 3 St. (Post, gut), an der Vereinigung der Strassen über Bernhardin und Splü-

gen gelegen, 4430' ü. M. In 7—8 St. kann man den Weg nach der Quelle des Hinterrheins, der aus einem tiefen dunkeln Gletscherkessel hervortritt, hin und zurück machen; nehme aber einen Führer mit! Zwei Stunden lang steigt man in 16 Windungen bis zur Höhe des Passes 6450', zwischen dem Surethorn in O. und dem Schneehorn in W. zum „Berghaus" (Zufluchtsort und Wirthshaus). In Campo dolcino ist die italienische Dogana und das Passbüreau. Sehr beachtenswerth ist der Bau der Strasse (ausgeführt 1818 bis 1823 von *Carlo Donegani* unter Franz I.), der gegen die Lawinen geführten Galerien, der Brücken, Mauern, Windungen, wodurch es möglich wird, die steile Wand ohne Vorspann hinauf, ohne Hemmschuh hinab zu fahren. Sehr schöner, dicht neben der Strasse hinabbrausender Wasserfall des Madesimo 700'. Durch Felsblöcke und mächtige Bergtrümmer, auf und zwischen denen nach und nach Vegetation erscheint, bis sie zur üppigen Pflanzenwelt wird, ist die Strasse durchgeführt nach Chiavenna (6 St. von der Spitze). Schöne Aussicht auf der Burg und im Paradiso. (Gasth.: Conradi neben der Post. Chiave d'oro, am Markt. Von beiden Häusern gehen Omnibus nach Colico zum Anschluss an die Fahrten des Dampfschiffes). 3000 Ew. In der Kirche ein Taufstein mit Reliefs aus dem 12. Jahrhundert. Auf einem Felsen Trümmer einer alten Strasse. Producte: Wein, gutes Bier! und Seide; leichte aber dauerhafte Kochgeschirre, „Lavegi", aus Stein, den man in den nahen Felsenhöhlen findet. Denkmal des Lodovico Castelvetro im Garten des G. Girolamo Stampa. — Vier Miglien entfernt der Wasserfall di Gordona. — Die neue Strasse ist sehr gut, und besonders in den Morgenstunden, wenn die Sonne noch hinter den wunderbaren zackigen Felsenmauern steht, überaus anziehend. **Riva. 1. Colico 1.** Von hier kann man mit dem Dampfschiff nach Como gehen. Will man die Morgenfahrt benutzen, so muss man, wenn man Chiavenna nicht sehr früh verlässt, des Nachts in Colico bleiben. (Im Gasthaus all' Angelo wird für das Bett 1 Fr. verlangt.) S. 6. a. Von da bis Mailand s. 6. a.

7. b.

Von Lindau nach Mailand

über den Bernhardin.

Reisekarten III. II.

Dieser Weg ist gut und bietet den Vortheil, dass er in kürzester Zeit an den Lago maggiore führt. Post in 15 Stunden täglich, ist um Mittag in Splügen, 10 Uhr Abends in Bellinzona. Bis Splügen s. Nr. 7. a. Auch für die Fahrt über den Bernhardin kann man in Chur das Billet bis Mailand nehmen. In Ebi ist eine schöne Matte, auf der am ersten Sonntag im Mai Landsgemeinde gehalten wird. — Oberhalb Hinterrhein 2 St. steigt die Strasse in 16 Windungen aufwärts zum Gipfel des Passes 6584', wo die Moësa entspringt, 2 St. Ehe man an die erste Brücke (Victor-Emanuels-Brücke) gelangt, prächtiger Wasserfall! S. Bernardino 1¼ St. (Hôt. Brocco. Hôt. Ravizza. Hôt. Motto), mit einem besuchten Sauerbrunnen. Steil fällt das Thal über die Strasse führt in vielen Windungen sanft hinab. Bei Cevia prächtiger Wasserfall. Auf der Brücke von S. Giacomo 2 St. reizende Aussicht ins Thal. In Cremeo, (Toscani, neben der Post) einem schmutzigen, aber wunderschön gelegenen Dorfe, beginnt die südliche Vegetation. Das Schloss von Misocco, ¾ St., gehörte dem Grafen

zu Sax, der den Bund der 3 Bünde beschworen und doch die Thäler von Misocco und Calanca an die Triulzi von Mailand verkauft hatte, wesshalb es später 1526 von den Bündtnern zerstört wurde. Bei Soazza, ¾ St., die Spuren der Ueberschwemmung von 1834. Unterhalb schöner Wasserfall der Buffalora. Bei Grono eine Capelle mit alten Wandgemälden. Gegenüber von Rogeredo (Canone d'oro. Post.), 3¾ St., wo Triulzi einen Palast hatte, das wilde Calanca-Thal mit der schön gelegenen Kirche von S. Maria und den Ruinen des Castells von Calanca. Schöne Aussicht auf der Brücke oberhalb der Vereinigung von Moësa und Tessin. Bei Lumino tritt man in den Canton Tessin. Bei Arbedo erlitten 3000 Schweizer gegen 24000 Mailänder 1422 eine furchtbare Niederlage. — Bellinzona, 3 St. (Angelo nicht zu empfehlen. Hot. de ville. Cervo. Aquila d'oro, man thut besser, weiter zu reisen, wenn es die Jahreszeit und Umstände gestatten), Hauptort des Cantons Tessin in wundervoller Lage, 1200 Ew., mit 3 festen Schlössern: Castello di mezzo, C. Corbario und C. Grande, jetzt Arsenal und Zuchthaus. Die Hauptkirche SS. Peter und Stephan. Die Klosterkirche S. Biagio, sehr alt. Schöne Aussichten auf dem Castello Grande, dem Sasso Carbé, in dem Dorf Artore bei Kirche Madonna della Salute, bei der Einsiedelei Madonna della neve.

Von Bellinzona hat man 2 Wege, den weitern über den Lago maggiore, den kürzern über Lugano (p. 219). Beide sind gleich schön und wundervoll. Zum ersten geht man unter schattigen Nuss- und Kastanienbäumen nach Magadino 4 St. (Batello a Vapore, gut; Belle vue), wo aber wegen ungesunder Luft im Sommer vom Uebernachten abgerathen wird.

Lago maggiore.

Dampfschiffe gehen tägl. 4mal von Magadino nach A r o n a (u. zurück) für Fr. 4, 15—2, 60 in 4¹/₄—5¹/₂ St. — mit Anschluss an die Eisenbahnfahrten nach Genua und Turin und den Schweizer Eilwagen über den St. Gotthard, und den Simplon. Bis zu den Borromeischen Inseln (man landet in Isola bella; doch nicht mit jeder Fahrt!) fährt man in 3 St. (3 Fr. 5 Ct. die Person. Von da nach A r o n a in 1 St. für Fr. 1, 70—90.) Die Bewirthung auf dem Dampfschiff ist unverhältnissmässig theuer. Das Schiff landet fast an allen Ufer-Orten von Bedeutung, so dass es selbst von Canobbio nach Luino und dann wieder über den See nach Canera fährt. Landebrücken sind aber nur bei Magadino, Luino, Intra, Pallanza, Arona und Sesto Calende. Wegen anderer Schiffsgelegenheit s. die betreffenden Notizen bei Como; die daselbst angegebenen Preise gelten auch hier. Sehr grossen Genuss gewährt der Uferweg.

Der Lago maggiore, Langensee, Lacus Verbanus, 650' ü. M. und an seiner tiefsten Stelle bei der Capella la Bardia, Locarno gegenüber, 335' tief, ist 44 Miglien lang und bei Luino und Feriolo 8 Miglien breit. Im Norden ergiessen sich der Tessin, die Verzasca und Maggia, im Westen die Tosa (Toccia) in denselben, im Süden fliesst der Tessin wieder aus ihm. Der See ist stets schiffbar; es wehen zwei regelmässige Winde darauf: von 2 Uhr Nachts bis 10 Uhr Morgens der Tevano von Norden nach Süden; von Mittag bis Mitternacht der Breva von Süden nach Norden. Der See ist sehr fischreich, besonders an Forellen (trutte). Die Ufer sind abwechselnd wild und steil und sanft und bebaut, reich mit Ortschaften und Villen besetzt und gewähren den schönsten Anblick. In den Bergen wird auf Eisen, Kupfer u. Blei gebaut. Auch finden sich schöne Marmorbrüche. Das östliche und das westliche Ufer gehören zum K.R. Italien, das nördliche von Zenna bis Brissago zum Schweizer Kanton Tessin. Das Dampfboot geht Magadino gegenüber rechts nach Lo c a r n o, Lugarus (Corona am See. A l b e r g o S u i z z e r o), an der Maggia, mit einem, jeden 15. im Monat, oder jeden 2. Donnerstag wiederkehrenden, nicht unbedeutenden und durch den Zusammenfluss der verschiedenen Thalbewohner interessanten Markt. Schönste Aussicht bei der Madonna del Sasso. In der Kirche Fresken von *B. Luini;* Spaziergänge nach Tenero, Villa Tenia und Ponte Brolla. — An A s c o n a und R o n c o vorüber nach dem reizend gelegenen Brissago (Alb. antico), dem Schweizer Grenzort — dann S. A g a t a vorüber nach Canobbio, einem der ältesten und reichsten Orte des Sees, an der Mündung eines gleichnamigen Thales. Das Fort Vitaliana ist von der Familie Borromeo erbaut. In der Kirche della Pietà von *Bramante* Fresken von *Gaudenzio Ferrari?* Nahebei der Wasserfall Orrido di S. Anna. — L. Luino, Bellevue in herrlicher Lage, mit einem Palast der Familie Crivelli und einigen, aber sehr beschädigten Gemälden des von hier gebürtigen *Bernardino Luini.* — R. Nahe bei Cannero, das sich vor allen durch seine milde Luft und geschützte Lage, sowie durch seine Wein- und Olivenpflanzungen auszeichnet, liegen zwei kleine Fischerinseln mit den Trümmern eines Gebäudes, das einst fünf gefürchteten Seeräubern Namens Mazzarda zum Aufenthalt diente, mit deren Vertilgung Maria Fil. Visconti zwei Jahre zu thun hatte. — Bei C a l d e, L. sieht man ein Castell, in welchem S. Arialdus den Märtyrertod fand. — R. Intra (Vitello d'Oro) zwischen den Ausflüssen des Bernardino und S. Giovanni, sehr gewerbreich. Zwischen den Bergen bei Intra sieht man auf die Gipfel des Strahlhorns, des Cima di Jazi und des Mischabel. Pallanza (Universo. Italia), wunderschön gelegen am reizenden und fruchtbaren Ufer der von der Tosa gebildeten Bucht. Römische Alterthümer, ein Cippus in S. Stefano u. s. w. (Eine Barke nach den Inseln und zurück mit 2 Ruderern 4 Fr. — nach Baveno 3 Fr. Omnibus nach Orta — L. Laveno (Post), am Fuss des Monte Nudo und von andern ziemlich hohen Bergen umgeben, mit lebhaftem Handel, vornehmlich in Getreide. Nahebei eine kleine Kirche, S. Caterina del Sasso, so genannt, weil sie durch einen Felssturz vernichtet worden wäre, wenn nicht ein vorausgefallener Felsblock den nachfolgenden aufgehalten hätte. Schöne Aussichten auf den See und die Hochalpen vom Fort Garibaldi, und vom Sasso del Ferro. Von hier führt ein guter und reizender Weg (Omnibus täglich) nach Gavirate am Lago di Varese und nach **Varese** (Wirthsh.: Angelo. Stella.), dem beliebten Sommeraufenthalt der Mailänder. Man findet stets Wagen in Laveno nach Varese und in Varese eine Diligence nach Mailand. Sehenswerth die Basilica S. Vittore mit Gemälden von *D. Crespi*; die Paläste Bassi, Khevenhüller, Mozzoni, Besra; die Villen der Umgegend Morosini in Casbegno, de' Cristoforis und S. Pedrino, Litta in Biume di Sotto. Ueber der Stadt Wallfahrtsort der Madonna mit herrlicher Aussicht. R. Baveno. (Beccaccia am See; nahebei gutes Café mit Restauration) Ausflüge nach dem Lago di Mergozzo, der mit dem L. maggiore durch einen Canal verbunden ist; — nach der Marmorhöhle der Candoglia. (Von Baveno zahlt

man für ein Boot mit zwei Ruderern, nach Isola bella, wenn man 2 St. auf der Insel bleiben will, 5 Fr.; für jede weitere Stunde 1 Fr. mehr. Wer zu Dampfschiff nach Isola bella will, muss in Stresa an Bord gehen, weil es in Baveno nicht anlegt. Den reizendsten Punkt auf dem Lago maggiore bilden die **Borromeischen Inseln**, Eigenthum der Familie Borromeo; bis 1671 nackte Felsen, in welchem Jahr Vitaliano Borromeo sie mit Erde bedecken und anpflanzen liess. Isola bella (Delfino), die grössere von ihnen, besteht aus 10 Terrassen, deren höchste 120′ über dem See und 30′ im Quadrat ist. Die Aussicht von dieser Terrasse auf den See, die Ufer und die Alpen ist entzückend. Leider ist der Besuch des Gartens nur unter steter Begleitung eines Aufsehers möglich; und da ausser diesem Garten die Insel keine Stelle zu einem Spaziergang hat, so ist eigentlich ein Aufenthalt auf der Insel nicht zu machen, wenn man mit dem Wirthshauszimmer und Barkenfahrten auf dem See und nach den andern Inseln nicht sich begnügen will. Im Palast ist eine wenig werthvolle Gemäldesammlung, meist Copien, und eine Reihe Muschelgrotten. Für Freunde deutscher Dichtkunst hat diese Insel das besondere Interesse, dass Jean Paul den Anfang des Titan hierher verlegt, und dabei die Schönheit der Insel und ihrer Umgebung, die er nie gesehen, auf eine bewundernswürdige, wahre und ergreifende Weise schildert. Die Vegetation ist ganz südlich. Man zeigte ehedem einen hohen Lorbeerbaum, in dessen Rinde Napoleon vor der Schlacht von Marengo das Wort „bataglia" schnitt.

Isola madre, eine halbe Stunde von Isola bella, hat 7 Terrassen u. Parkanlagen und ist in Betreff der Gartenkultur und Vegetation dieser vorzuziehen. Vorzüglich schön blühen hier Hortensia notabilis, Ranunculus Hydrangea hortensis und selbst die Agave filamentosa; ferner Lorbeer, Orangen, Pinien, Cypressen und immergrüne Eichen, die alle im Freien überwintern. Die übrigen Borromeischen Inseln sind: I. di S. Giovanni oder L'Isolino, S. Michele, anmuthig, doch selten bewohnt und dei Pescatori mit 200 Ew. R. Stresa (Hôt. des Isles Borromées, deutsch. Albergo Reale.) Der Postwagen von und nach Domo d'Ossola hat keinen Beiwagen. Auf der Höhe ein neues Kloster der Rosminianer.

Von Baveno, besser von Stresa oder von Arona (Omnibus in 2½ St. für 3 Fr.) aus kann man einen belohnenden Ausflug machen nach dem Lago d'Orta. (Von Stresa nach Orta geht man in 7 St.; von Orta nach Varallo in 5 St., von da fährt man nach Arona in 6 St. Ein Führer ist bis zur Passhöhe nöthig; (4 Fr. — nach Orta 8 Fr.) auch mit einigen Lebensmitteln versehe man sich! Im Aufsteigen über den Monte Monterone schöne Rückblicke nach dem See. Der Gipfel des Monte Monterone bietet eine wundervolle Alpen-Rundschau. Man geht an der Kirche Madonna di Luciago vorüber nach Chégino, Arméno, Masino, Ronchetti (von wo der Monte Sagro in 10 Min. zu erreichen) und nach Orta. (Leone d'oro. S. Giulio) am Ufer des Sees gl. N. und am Fusse des Monte Sagro malerisch gelegen; enge, mit Marmorplatten belegte Strassen. Auf dem See die Insel S. Giulio, (Barke hin und zurück 1 Fr.), so genannt nach dem Heiligen, der hier gelebt und der in der sehr alterthümlichen Kirche begraben liegt. Reste alten Mosaikbodens, alte Gemälde, antike Säulen. In der Sakristei die Haut eines Drachen, den der Heilige erlegt hat (sie soll einem Wallfisch angehören). Monte Sagro, ein durch reiche südliche

Vegetation und köstliche Aussichten, namentlich vom Thurm in der Höhe, höchst anziehender Hügel, an welchem hinauf 19 Capellen mit werthlosen Fresken und bunten Sculpturen aus dem Leben des heil. Franz v. Assisi und auf dessen Gipfel ein Kloster und eine Kirche stehen. — **R. Aróna** (Italia, Hôt. Royal; beide nahe dem Bahnhof; im Café nebenan Post, von wo aus allabendlich die Diligence nach dem Simplon abgeht. Café del Lago), mit einem festen Schlosse, einem Landungsplatz, einer Schiffbau-Schule und 5000 Einw. Hauptkirche mit einem schönen Altarbild (Madonna in tr. und Heilige), von *Gaudenzio Vinci*. Nahe bei der Stadt auf einem Hügel die 1650 errichtete, 66' hohe Statue des von hier gebürtigen S. Carlo Borromeo, von *Siro Zanello* aus Pavia und *Bern. Falconi* aus Lugano, aus dessen Augen man die herrlichste Aussicht über den See, die Alpen und Städte, Villen und Dörfer umher hat. Vier Personen haben bequem Platz im Kopf (zweiunddreissig im Kopf der Bavaria zu München!), zu dem man im Innern auf einer Treppe aufsteigt. Kopf und Hände sind von Erz, das übrige ist von Kupfer. Das Piedestal ist 46' hoch. Wer in den Kopf steigen will, accordire vorher mit dem Custode um den Preis! — Eisenbahn über Novara nach Mailand, in 3, 4, 5 und 7 St. für Fr. 9, 90 — 7, 5 — 5, 5. mit einigem Aufenthalt in Novara; dessgleichen nach Genua und Turin. Das Dampfschiff fährt auf dem See weiter südlich.

Gegenüber von Arona L. Angera, mit Tempelresten im Garten Castiglioni; in den Trümmern einer alten Bergveste Spuren alter Frescomalereien (die Geschichte des Erzbisch. Otto Visconti), römische Inschriften im Garten. Höchst malerische Gruppirung der Felsen von Laveno und Baveno. Sesto Calende, Landungs-

platz. (Post) Eisenbahn nach
Mailand, von Gallarate an, wohin
Omnibus gehen, in 1¼ St. für
Fr. 5. — 3, 65. — 2, 60.

Entfernungen der Ortschaften
des Sees von einander:
von Sesto nach Arona 4 Migl.

„	Aroua	„	Feriolo	12 „
„	„	„	Laveno	10 „
„	„	„	Isola bella	9 „
„	„	„	Pallanza	10 „
„	„	„	Intra	11 „
„	„	„	Luino	17 „
„	Laveno	„	Intra	2 „
„	„	„	Pallanza	3 „
„	„	„	Feriolo	5 „
„	„	„	Isola bella	4 „
„	Luino	„	Locarno	13 „
„	„	„	Magadino	14 „
„	Pallanza	„	Intra	3 „
„	„	„	Luino	10 „
„	„	„	Canobbio	12 „
„	„	„	Magadino	22 „
„	„	„	Isola bella	2 „

Von Sesto (Omnibus zur Eisenbahn nach Gallarate) nach Somma,
Soma, berühmt durch die Schlacht
des Marcellus gegen die Insubrer und
des P. C. Scipio Niederlage durch
Hannibal 218 a. C. Eine uralte
riesengrosse Cypresse zeigt man dort;
Innocenz V. ist daselbst geboren.
Römische Münzen und Grabsteine
werden da gefunden. Cf. Monumenta Somae locorumque circumjacentium. Mediolani 1784. Ein
neueres Werk von Ciani.

Gallaráte, reich und alten Ursprungs. Römische Inschriften an
einer Art Obelisk vor der Kirche,
andre an einem Thurm. — Nahebei Arsa, wo ein Octogon mit der
Inschrift: Herculi Victori. — Weite
unfruchtbare Felder (Brughiere) bis
Busto Arsizio, Kuppelkirche von
Bramante, darin Gemälde von *Gaudenzio Ferrari, Crespi* und *Tatti.*

Legnáno mit einer Kirche von
Bramante u. Malereien von *Lanino.*
Interessante Inschrift über der Haupt-
thüre. Hier erlitt 1175 Barbarossa

eine Niederlage von den Mailändern
Eine räthselhafte epidemische Krankheit, Pellagra, herrscht in der Umgegend unter den Landleuten. Berühmte Seidenfabrik und Rothfär-
berei von Cantoni, Krumm und
Amman.

Rhó. In der Nähe die Kirche
Madonna de' miracoli mit Gemälden
von *Proccaccino* und die Certosa von
Garignano.

Der zweite Weg (S. p. 215)
führt von Bellinzona (Eilw. 2 mal
tägl. in 7½ St. zur Eisenbahn nach
Camerlata für Fr. 8,70 — 10,60)
auf einer der anmuthreichsten Strassen über den Monte Cenere, von
dessen Höhe man sehr schöne Aussichten nach dem Lago maggiore, und
und südlich nach dem Luganer-See
hat, nach Taverne inferiori,
4½ St. (gutes Wirthsh.), und zu
dem schön gelegenen Capucinerkloster
Bigorio. Bei Vescia, 1¼ St., die
Kirche Madonna di S. Martino mit
herrlicher Aussicht.

Lugano, ½ St. (Hôtel et Pension du Parc, ehedem Kloster
S. Maria degli Angeli, zu einem
längern Aufenthalt durch schöne
Lage und gute Bewirthung besonders geeignet; Corona; Lo Suizzero,
Privatwohnungen in der Villa Tan-
zina. — Dampfboot nach Capo-
lago 6 M. 3 Nm. — zurück 7 M.
4 Nm, 1 Fr. — 60 c. — n. Porlezzo
12 M. zurück 1¼ Nm. 2 Fr. — 1 Fr.
— Diligenza n. Luino 9 M. zurück
3½ Nm. in 2½ St. für Fr. 3, 60. —
2, 90. — n. Bellinzona u. über
den St. Gotthard 11 Vm. u. 8 Ab.
— n. Chur über den S. Bernardin
8 Ab. — n. Camerlata 3 M. u.
12½ Nm. Die Landstrasse führt auf
einer neuen 24' breiten Brücke zwischen Melide u. Bissone über den
See), schön gelegene Stadt am Luganer See, dem Monte Caprino gegenüber, der durch seine Ziegen-
höhlen und Weinkeller (Grotti)

bekannt ist, zum Canton Tessin gehörig seit 1512, mit 5000 Ew., vielen Fabriken und Giessereien, mit — jetzt bis auf 2 — aufgehobenen Klöstern und mehren Kirchen. In der Kirche S. M. degli Angeli vortreffliche Frescomalereien von *Bernardino Luini*. 1. Cap. r. Madonna; am Lettner Kreuzigung; l. Abendmahl — S. Lorenzo, hoch gelegen mit schöner Aussicht, angeblich nach dem Plan *Bramantes* erbaut. — Das neue Regierungsgebäude mit der zu beherzigenden Inschrift: „In legibus libertas. Quid leges sine moribus et fides sine operibus?" Auf der Treppe: Büste des Generals Dufour u. Denkmal des Architekten Canonica di Tesserete. — Die Villen Vasalli und Ciani sind des Besuches werth. — Am Wertt die Statue W. Tells von *Vela*, einem Künstler, von dem auch in den nahe gelegenen Orten Pambio u. Abbondio Denkmalstatuen stehen. Im October grosser Viehmarkt. Dienstags Wochenmarkt

Umgegend. * Monte Bré, 2½ Stunde mit herrlicher Aussicht; Führer von Bré aus. — Agno und Ponte Tresa, Rückkehr über Viglio. — * S. Salvadore, 2 St., mit unvergleichlicher Aussicht, vornehmlich am Morgen, auf den vielarmigen See, den Monte Rosa, das Matterhorn, S. Gotthard, Bernina etc. Ein Führer: 4 Fr. — Vor allem der **Luganer See**, Gauni lacus, Lucanus, Ceresius, ein sehr fischreicher Landsee, 10 St. lang, 1 St. breit, 822′ ü. M. und 155′ über den Lago maggiore, in den er sich durch den Tresa ergiesst. Fast überall erheben sich steil die Ufer, die viele Buchten bilden; doch mangelt es nicht an Villen und Dörfern. Der Handel auf dem See ist äusserst lebhaft.

Auf einem entzückend schönen, auch wegen der Dolomit- und Porphyrfelsen geologisch interessanten Wege über Capo di Lago und

Mendrisio (Angelo. Von hier besteigt man — mit einem Führer — in 5 St. den * Monte Generoso, der die herrlichste Alpenüberschau bietet;) über den Monte Lompino nach Como, 5 St., zur Eisenbahn von Camerlata ½ St., nach Mailand 1½ St., für L. 4.50 — 3,50. — 2,75.

7. c.

Von Lindau nach Mailand

über den S. Gotthard.

Dieser Weg führt durch die schönsten Schweizergegenden und durch eines der reizendsten norditalienischen Thäler, das Levantiner Thal. Man fährt im Dampfschiff über den Bodensee nach Romanshorn in 1½ St., von da auf der Eisenbahn in 8 St. über Winterthur nach Zürich, Aarau und Luzern, von wo man am andern Morgen (in 3 St.) mit dem Dampfschiff über den Vierwaldstätter See nach Flüelen, und von da mit dem Postwagen, für welchen, sowie für die ganze Reise nach Mailand, man sich schon auf dem Schiff den Platz nehmen kann, über den St. Gotthard nach Mailand in 24 St. kommt.

Zürich (Hôt. Baur. Pension Baur am See. Schwert. Züricher Hof. Schwan. Schweizerhof. Falke. Storch. Bellevue.). Hauptstadt des Cantons gl. N. mit 18000 Ew. (meist Reformirten) mit herrlichen Aussichten von den nahen Höhen (Hohe Promenade, Lindenhof, Bauschanze, Katz), schönen Häusern, vielen Baumwollen- und Seidenfabriken, einer Universität etc. Das grosse Münster aus dem 11. Jahrh. mit einer Krypta. Die Frauenmünsterkirche aus dem 13. Jahrh. Das Polytechnicum; die * Cantonsschule, das Belvedere im Garten des S. Leonhard-Pfründhauses. Der botanische Garten. Der Kreuzgang aus dem 13. Jahrh. an der Töchterschule. Das Zeughaus mit alten Waffen. Die Platzspitze, schöner Spaziergang. Die Anlagen mit dem Denkmal Sal. Gessners, gest. 1788. — Knonau, 5. St. Bei Gislikon, wo eine bedeckte Brücke über die Reuss führt, fand im Nov. 1847 das Treffen statt, das den Sonderbund sprengte. Aarau. (Wilder Mann. Löwe. Ochs. Krone. Rössli) Hauptstadt des Cantons Aargau, in angenehmer, fruchtreicher Gegend an der Aar mit 4200 Einw. (grossenth. Prot.), Fabriken in Eisenwaaren, Seide, Kattun, Leder, Vitriol; Indienne (Herose und Rothpelz), 7 Jahrmärkten, einer Kanonengiesserei, einem ber. Lehrerverein. Im 11. Jahrh., als eine Burg vom Grafen v. Rohr erbaut, kam es an Habsburg, hielt zu Oestreich, ward 1315 von den Bernern erobert und 1528 protestantisch. Hier ward 1712 der Toggenburger Krieg durch Friedensschluss geendet. 1798 ward es Hauptstadt des durch die Franzosen geschaffenen neuen Cantons. — Hier lebte H. Zschokke.

Sehenswerth: Das Rathhaus. Die Cantonsbibliothek. Einige Mineraliensammlungen. In der Umgegend: Bäder; römische Denkmäler; das Eisenbergwerk am Hungersberg. — Loge: Zür Brudertreue.

Luzern. (*Schweizer Hof. *Englischer Hof. *Hôt. de Rigi. *Schwan. * Waage. Rössli. Adler. * Post. Hirsch. Kreuz. Wilder Mann). Hauptstadt des Cantons gl. N. mit 14500 Ew. (kathol.) in herrlicher Lage, mit alterthümlichen Mauern und Thürmen, schönen Strassen, Seiden- und andern Fabriken, vier Brücken (Capellbrücke mit der Schweizergeschichte, Mühlbrücke mit dem Todtentanz, Hofbrücke mit der bibl. Geschichte, Reussbrücke), 4 Kirchen, einem Zeughaus mit alten Waffen, schönen Spaziergängen,

(auf die Götsch, ¼ St. nach Allewinden und nach Gibraltar, nach den * drei Linden ³⁄₄ St., wo überall herrliche Aussichten, so wie zum Löwendenkmal von Thorwaldsen, 1821 im Auftrag des Generals Pfyffer zum Andenken an die 1792 in Paris bei Vertheidigung des Königs gebliebenen Schweizer vor dem Wäggisser Thor in einem öffentlichen Garten an der Züricher Strasse.

Ueber den Vierwaldstätter See mit dem Dampfschiff nach Flüelen 2¼ St. für Fr. 4,60. Omnibus nach Altorf 5 Batzen. Einspänner nach Hospital 15 Fr. Zweispänner 20 — 24 Fr. in 7 — 8 St. Der Eilwagen mit dem Morgendampfschiff (rückwärts mit dem Abend-Dampfschiff) in Verbindung, ist 2 Uhr Nachm. in Andermatt, 6¼ Ab. in Airolo. Diesen Weg soll man aber zur Zeit der Schneeschmelze nicht machen! Durch Lawinen gefährdet sind an der Nordseite die Schöllenen und das s. g. Feld, auf der Südseite die Gegend unterm Hospiz, La Piota, S. Antonio, S. Giuseppe, Val Tremola und Madonna ai Leit; Schneewirbel (Guxeten) von der Roduntbrücke zum Hospiz. Der See ist einer der schönsten der Welt. Gleich nach der Ausfahrt hat man einen herrlichen Blick auf die Stadt, auf Rigi und Pilatus, u. auf die Hochalpen: Jungfrau, Mönch, Eiger, Wetter- und Schreckhörner. Wäggis, am Fuss des Rigi, Fitznau, Beckenried und Gersau vorbei nach Brunnen (Rössli, Hirsch), von wo die mächtigen Felsmassen enger zusammentreten. Gegenüber am Fuss des Seelisberges das Grütli, der Ort der Verschwörung vom 7. — 8. Nov. 1307 zur Befreiung der Schweiz. — L. die Tellsplatte mit einer kleinen Capelle. — Flüelen (Adler, Kreuz) am südlichen Ende des Sees. — Von Flüelen an fährt man unter Prachtnussbäumen, zwischen hohen, auf das mannichfachste gestalteten,

Felsenmassen mit zackigen Kronen und steilen Wänden durch ein reiches, frisches Wiesenthal nach Altorf ½ St. (Schwarzer Adler. Löwe. Schlüssel.) Zur Erinnerung an Tells Apfelschuss sind hier zwei Brunnen auf Stand und Ziel errichtet, u. 1861 von den Züricher Schützen eine kolossale Gypsstatue Tells. Schönste Aussicht im Pavillon Waldeck beim Capucinerkloster. — Bürglen gilt als der Geburtsort Tells. Eine Capelle steht an der Stelle seines Vaterhauses. Wer mit Schweizern reist und Frieden haben will, der rüttle ja nicht an der Tells-Sage! Es gibt auch weltliche Glaubensartikel.

Der Weg über den S. Gotthard ist eine Galerie von Naturschönheiten, die aber nach und nach beim Aufhören aller Vegetation dem schauerlich Erhabenen Platz machen, das in gänzliche Einöde übergeht, bis auf der Südseite des Gebirges, nur in kürzeren Zwischenräumen die Uebergänge zur lebendigen Natur, zur Schönheit und Anmuth der Landschaft wiederkehren. Bötzlingen gegenüber, wo am 1. Mai die Landesgemeinde stattfindet, liegt Attinghausen, von wo Walter Fürst, einer der „drei Schweizer" stammt. Bei Erstfelden im Hintergrund des Thals der Schlossberggletscher. Bei Clausen, 2¼ St., verengt sich das Thal. Bei Sillinen Burgruinen, von denen die am linken Ufer für das 1308 zerstörte Zwing-Uri gilt. — Amstäg, 1¼ St. (Kreuz. Hirsch. Stern. Löwe), an der Oeffnung des durch seine Gletscher und Wasserfälle interessanten Maderanerthals. Nun beginnt die eigentliche Gotthardstrasse, von 1820 — 1830 von Uri und Tessin erbaut. Reich an Abwechslung ist die Strasse, die auf kühnen Bogen bald rechts, bald links über die in der Tiefe schäumende Reuss setzt, an ärmlichen und doch schönen Hütten und Dör-

fern (Gurtnellen), an vom duftenden röthlichen Veilchenmoos bedeckten Felsen und Wasserfällen vorüber, durch den Wasenerwald nach der Brücke am „Pfaffensprung", wo einst ein Mönch sich und sein Mädchen durch einen beherzten Sprung über die Reuss vor seinen Verfolgern gerettet. — Hinter der Mühle am Leggisstein steigt die Strasse nach Wasen empor 2½ St. (Ochs), wo ein Zoll erhoben wird (Fussgänger ½ Batzen, 1 Pferd 1½ Fr., 1 Wagen 1½ Fr.). Man kann aber von der Brücke an der Mühle einen Fussweg nach Wattingen einschlagen, ohne Wasen zu berühren. Bei Göschenen, 1 St., prachtvoller Anblick des Galenstocks und der angrenzenden Eisberge. Bei der Häderlibrücke beginnt der im Frühling von Lawinen bedrohte Felsenschlund der Schöllenen. Die neue Teufelsbrücke (1 St.) von 55′ Sprengweite, 95′ über der Reuss, oberhalb der alten, jetzt gefährlichen, mit köstlicher Ansicht des grossen Reusswasserfalls. Das Urnerloch, ein Felsentunnel über der Reuss von 180′ L., 14′ H. und 16′ Br. vom Jahr 1707, vor welcher Zeit der Weg über eine an dem Felsen in Ketten hängende Brücke ging. — Die Teufelsbrücke war im Aug. und September 1799 der Schauplatz verwegener Kriegsthaten, zuerst der Franzosen und Oestreicher, welche letztere (obschon vergebens) einen Nebenbogen der Brücke sprengten, und dann der Franzosen und Suwarows, der mit einem Heer aus Italien über den S. Gotthard gekommen und die Franzosen zum Vierwaldstätter See trieb.

Andermatt oder Ursern (Drei Könige. S. Gotthard), ¼ St. vom Urnerloch, hat guten Käse von seinen 3 St. langen grünen Matten, vortreffliche Forellen und Honig. Mineralien bei Meier, Nager und Müller; Vögel bei Nager; lebendige Murmelthiere im „Thiergarten." — Hospital, ¾ St. (Löwe, gut). Hier und in Andermatt gute Führer und Saumthiere, namentlich zur sehr lohnenden Excursion über Realp, Sidli-Alp, Furca nach Grimselspital, 9 St. — Auf öden gewundenen Wegen über das von Schneewirbeln bedrohte „Feld" steigt man zum Hospiz, 2¼ St., 6808 F. ü. M., gestiftet, zur Aufnahme armer Reisenden; nahebei die Sust oder Mauth, wo man auch Unterkommen findet. — Auf dem Wege abwärts, den Tessin entlang, bei Val Tremola ist im Felsen die Inschrift: „Suwarow Victor" zur Erinnerung an den 25. Sept. 1799, wo er nach hartnäckigem Kampfe die Franzosen über den Gotthard warf. In 2 — 2½ St. kann man zu Fuss nach Airolo kommen. Camossi, wo auch Mineralien zu haben sind. Bei dem Engpass Stretto di Stalvedro ein von Desiderius 774 erbauter Thurm, wo 1799 eine Schaar von 600 Franzosen sich gegen 3000 Russen schlug. Bei Daziogrande, 2¼ St. Felsenenge und prächtiger Wasserfall. Faido, 1¼ St. (Angelo), Lavorco, 1¾ St. in wild malerischer Gegend. Schöner Fall des Tessin. Die Landschaft nimmt allmählig südlichen Charakter an. Bei Giornico, ¾ St. Sieg der 600 Schweizer 1478 über 14000 Mailänder. Alterthümliche Gebäude; schöne Wasserfälle. Pollegio, 1½ St. (Kreuz). Osogna, 1¾ St. (Krone). Bei Claro Trümmer einer Burg der Herzoge von Mailand. Bellinzona, 3¼ St. von da nach Mailand s. R. 7. b.

8. a.

Von Basel nach Mailand

über den S. Gotthard.

In Basel u. Aarau kann man Fahrbillete nach Mailand haben, für Fr. 53, 45. — 49, 25. Eisen-

bahn von Basel nach Luzern, in 4½ St. für Fr. 9, 90 — 6, 95 — 5. — Im Rheinthal aufwärts nach Pratteln, wo 3. Aug. 1833 das Gefecht statt hatte, das Stadt und Land Basel in 2 Cantone theilte. Liestal 3 St. (Falke. Schlüssel), Hauptort von Baselland. Im Gemeindehaus die 1486 erbeutete Trinkschale Carls des Kühnen. — Der Hauenstein-Tunnel, 8340' l., der am 28. Mai 1857 63 Menschenleben kostete. — Olten (* Restauration im Bahnhof. Hôt. de la Gare. Thurm. *Halbmond. Kreuz). Aarburg (Bär. Krone), malerisch gelegen mit Festungswerken über der Stadt, darin jetzt ein Weiberzuchthaus. — Zofingen (Ochs. Rössli. Römerbad). Neben dem Schützenhaus zwei alte Linden, in deren Aesten ein Tanzboden angebracht ist. Interessante Bibliothek mit Handschriften und Schweizer-Denkwürdigkeiten. Römische Alterthümer. Grosse Fabrikthätigkeit. — Bei Adelboden hielt Herzog Leopold von Oestreich 1381 ein grosses Turnier mit 600 Rittern. — Sursee (Sonne. Hirsch), unweit des Sempacher Sees, in schöner, fruchtbarer Gegend. Obschon am 8. Juli 1386 an diesem See die Schlacht gegen Oestreich durch Winkelrieds Opfertod gewonnen worden, steht doch noch heut der Habsburgische Adler über dem Stadtthor von Sursee. Bei Nothweil liegt das Schloss Tannenfels. Am Sempacher See entlang (gute Forellen, Ballen und Krebse!) nach Emmenbruck, wo 1845 die Freischaaren von einander gesprengt wurden, und nach Luzern. Von hier bis Mailand s. Rr. 7. c.

8. b)

Von Basel nach Mailand

über Gemmi und Simplon.

Eisenbahn von Basel nach Bern in 3¼ St. für Fr. 11,15 — 7,70

— 5, 60. Von Bern nach Thun Eilwagen; von Thun zu Fuss oder zu Saumthier nach Sitten (Sion) im Rhonethal. Von da Eilwagen nach Arona. Man kann in Sitten Fahrbillette haben bis Mailand. (Von Sitten bis Arona in 24¹/₄ St. für 20 Fr. 80 C. — 35, 50. Von da bis Mailand Eisenb. über Novara (1865: früh 4. 25 bis 10. — 8, 30 bis 11, 45. — Nm. 12, 40 bis 7, 25 u. 5 bis 9, 5.) für Fr. 9,90 — 7,5 — 5,5, oder wenn man mit dem Dampfboot nach Sesto und mit der Diligenzu nach Gallarate zur Eisenbahn geht, von da in 1¹/₄ St. für 5. — 3, 65. — 2, 60 nach Mailand. Vergl. Lago Maggiore p. 216. Von Basel bis Aarburg s. Rr. 8.a. Bei Herzogenbuohsee zweigt sich die Bahn nach Bern ab. Burgdorf, an einem Hügel gelegene gewerbreiche Stadt mit einem Schloss, in welchem Pestalozzi 1798 seine Erziehungsanstalt gegründet. In der Nähe von Schönbühl sieht man die Gebäude von Hofwyl, wo Fellenberg sein berühmtes Institut hatte. — **Bern** (Berner Hof. Z. 3 Fr. u. mehr, L. 1 Fr., Frühst. 1¹/₂ Fr., Mitt. 4 — 4¹/₂ Fr., Serv. 1 Fr. — Bellevue etwas billiger. Ebenso: Hôt. du Boulevard (bayr. Bier) — Hôt. de l'Europe. Falke. Pfistern. Schmieden. Mohr. Affe. (Zimmer 1¹/₂ — 2 Fr.) Noch billiger: Storch. Schlüssel. Hauptstadt des Cantons und Schweizer Bundesstadt mit 22,000 Einw., einer Universität, grosser Fabrikthätigkeit und vielem Handel. Der Münster von 1421 bis 1502, dabei das Denkmal Rudolphs von Erlach von *Tscharner*. Auf der Münsterterrasse das ehrne Denkmal Bertholds von Zähringen von 1847, des Gründers von Bern, und schöne Aussicht. Der Bundespalast von 1857. Das Museum mit Alterthümern u. naturhistorischen Merkwürdigkeiten. Hier werden auch die Teppiche vom Zelt Carls des Küh-

nen von Burgund aufbewahrt, die die Schweizer in der Schlacht von Crecy erbeutet. — Schöne Aussichten auf das Oberland von der kleinen, von der grossen Schanz, vom Falkenplätzli und von dem Schänzli. — Der Bärengraben mit den lebendigen Wappenthieren von Bern. Es führen zwei Strassen von Bern nach Thun über Münsingen und über Kirchdorf. Eilwagen,mehrmals täglich. Auf dem Muristalden schöner Rückblick. — Thun 5¹/₂ St. (Freienhof. Falke. Weisses Kreuz. Krone. Bellevue.) Das alte Schloss von 1182, das neue von 1429. Schöne Aussichten bei der Kirche, auf dem Schloss, dem Jakobshügel (Abends). Von Thun nach dem Rhonethal über Leuk; grossentheils nur zu Fuss oder auf dem Saumthier zu machen. Von Thun nach Kandersteg 7¹/₂ St., von da nach Leuk 9¹/₂ St. Bei Wyler jenseits der Kander schöner Blick auf den See, auf die Burg Wimmis und die Hochgebirge im Süden. Bei Mühlenen 3¹/₄ St. (Bär), öffnet sich das Kander- und das Suldthal, bei Reichenbach ¹/₂ St. (Bär), das Kienthal, bei Frutingen 1¹/₄ St. (Helvetia. Adler), das Adelbodenthal. Bei Mitholz 2 St. schöne Ansicht der Blümlisalp. Kandersteg ³/₄ St. (Rössli) schön zwischen hohen Felsen und Schneegebirgen auf grünen Matten gelegen. Ein Saumthier bis zum Bad 8 Fr. und 1¹/₂ Fr. für den Treiber. Ein Träger 5 Fr. Der Weg nach der Gemmi bietet anfangs noch viele prächtige Gebirgsansichten, wird aber bald sehr öde. Am Zollhaus von Schwarrenbach 3¹/₂ St. ist Zoll zu entrichten (¹/₂ Batzen vom Fussgänger, 3 Batzen für das Saumthier). Der Daubensee 7160' ü. M. ¹/₂ St. lang, ist 8 Monate zugefroren. Hier auf der Gemmi ⁵/₄ St. sieht man den Lammerngletscher, und von einer kleinen Anhöhe links die Bergkette der penninischen Alpen im Süden, und das Thal von Leuk, in welches ein in den J. 1737—1740 künstlich in den Felsen gehauener und gezimmerter, für schwindelfreie Wanderer ungefährlicher Weg über eine 1560' hohe fast senkrechte Wand hinab führt zum Leuker Bad 2 St. (Hôt. des Alpes. Bellevue. Union. Hôt. de France. Weisses Haus. Kreuz). In enger Felsschlucht 4404' ü. d. M. gelegen hat es ein ziemlich rauhes Klima, ist unansehnlich, aber ein wegen seiner heissen Quellen (30—40°) sehr besuchter, doch nur vom Mai bis October bewohnter Badeort, der seine Lebensmittel aus dem Rhonethal erhält. Die 20 Quellen entspringen in und bei dem Dorf, Bäder aber sind nur 6. Da man hier zu einen Stunden langen Bädern verurtheilt wird, so sind sie für Gemeinschaft eingerichtet, für Spiel und Lektüre, und selbst für Essen und Trinken im Wasser — ein sehr ergötzliches Schauspiel für den, dessen Kopf nicht mit aus dem Badezuber vorschaut. Für Beobachtungen des Anstandes ist strengstens gesorgt. Ein besuchter, aber nicht ganz gefahrloser Spaziergang ist zu den Leitern (1 St.) und nach Albinen 1¼ St. zum Sturz der Dala ½ St., zum Dalagletscher 3 St.; auf das Gelmhorn 3 St.

Vom Bad hinab ins Rhonethal führen zwei Wege, über Leuk, 3 St. (Sonne. Kreuz), und grad nach Siders, 4½ St. (Sonne), wobei man die Felsengalerie zwischen Inden und Varen passirt. Schöne Aussicht bei den Ruinen der Karthause La Géronde. Das Rhonethal aber ist hier ungesund; man sieht viele Cretins und Kröpfige.

Von Siders über den Simplon nach dem Lago maggiore (Baveno) 29¾ St.

Die gut gebaute Poststrasse führt durch theilweise versumpfte Gegenden. Extrapostpferde thut man gut

durch Laufzettel zu bestellen. 1 auch 2 Pferde Vorspann von Brieg und von Domodossola zu Berg. Postgeld für den Uebergang über den Simplon, in Wallis: für jedes Pferd und jede Post vom 1. Mai bis 31. October 1 Fr. 50 Ct.; vom 1. November bis 30. April 2 Fr. — In Piemont: jedes Pferd, jede Post 2 Fr. 75 Ct. Postillons 1 Fr. 50 Ct. (doch zahlt man 2 Fr. 50 Ct., auch 3 Fr.). Visp, 5¼ St. (Sonne. Post), ist sehr den Ueberschwemmungen und Erdbeben ausgesetzt, zumal das Bett der Visp 13' über der Thalsohle liegt. Schöne Aussichten an der Schleusse und auf dem Kirchhof. Im Hintergrunde des Vispthales der 11,636' hohe Balferin. Brieg, 1¼ St. (Post. Englischer Hof. Hôt. de Simplon). Schöne Aussicht auf dem Calvarienberg und auf dem Gerstenhorn.

Hier beginnt die Simplonstrasse. Sie ist die erste ihrer Art, ausgeführt auf Befehl Napoleons von *Céard*, 1800—1806, und kostete über 18 Mill. Fr. Sie ist über 25—30' br., hat 611 Brücken, 7 Galerien und 20 Schutzhäuser. Vom ersten Schutzhaus schöner Rückblick. Mit jeder Wendung der Strasse eine neue Ansicht! Herrlicher Rückblick aufs Berner Oberland vom vierten Schutzhaus über den Aletschgletscher nach dem Breithorn, Mönch und der Jungfrau. Beim Austritt aus der Schalbetgalerie sieht man den Kaltwassergletscher. Oberhalb des fünften Schutzhauses beginnt die Gletschergalerie, eine bei Lawinensturzzeit gefährliche Stelle. Auf der Höhe des Passes 6578' steht ein hölzernes Kreuz. Nahebei das grosse, 1825 vollendete Hospiz, 5½ St., wo Bernhardinermönche die freundlichen Wirthe machen. Auch einige der berühmten Hunde werden hier gehalten. Dorf Simpeln, 2½ St. (Post) 4550' ü. d. M. in einem Kessel, zu welchem 6 Gletscher niedergehen. (Nach dem sehr schönen Rossboden-Gletscher, 1 St.). Jenseits der 240' langen Galerie von Algaby betritt man die wildschauerliche Schlucht von Gondo, und dann die 680' lange Galerie von Gondo, hinter welcher ein schöner Wasserfall. Bei Isella, 2¹/₂ St.(Post). Italienisches Grenzzollamt. — Nach der siebenten Galerie erreicht man Crevola, 2¹/₂ St. Herrliche, hohe Brücke über die Doveria. Schöne Aussicht ins Thal. Es beginnt südliche Vegetation. D o m o d'O s - sola, ³/₄ St. (Hôtel de l'Espagne. Grand Hôtel de la ville od. Post). Eine herrliche Strasse führt durch das von prächtigen Gebirgen eingeschlossene, fruchtbare, reizvolle Thal der Tosa, die bei Vogogna 3¹/₂ St. (Post. Löwe) schiffbar wird. In V o g o g n a an der Tosa (Corona) werden allerhand Gefässe aus Topf- und Lavezstein gefertigt.

Von Vogogna kann man einen sehr schönen Ausflug durch das Val d'A n z a s c a nach dem M o n t e R o s a machen. Fahrweg bis Ponte grande. Herrliche Aussicht auf der Brücke bei Vanzone. Gutes Wirthshaus in M a c u g n a g o, dem höchsten Dorf des Thals, mit deutscher Bevölkerung. In P e s t a r e n a, 1 St. entfernt davon, Goldminen, deren Gruben Minesone und Cavone jährlich 120 Kilogr. Gold liefern. Der Monte Rosa 14,580' ü. M. hat einen Kranz von fast gleich hohen Felsenhörnern und steht mit 8 Gebirgsketten in Verbindung. Schönste Ansicht auf dem Rothhorn 9000'. B a v e n o, 4³/₄ St. (Adami). Nach Isola bella ein Nachen mit 2 Ruderern hin u. zurück (2 St. Aufenthalt) 5 Fr. Will man das Dampfschiff nach Sesto (Mailand) benützen, so muss man früh 9 Uhr in Pallanza, oder um 11 Uhr in Arona seyn. Siehe den Lago maggiore und wegen des Weges von da nach Mailand s. Rr. 7. b.

8. c)

Von Basel nach Mailand

über V e v e y.

Reisekarten II. VII.

Eisenbahn über Freiburg, Vevey und bis Sitten in 12 St. für Fr. 20, 60 — 14, 25 — 10, 30; Eilwagen bis Arona, in 24¹/₄ St. für Fr. 29, 80 — 35, 50. Eisenbahn bis Mailand s. Rr. 8. b. Von Basel nach Bern s. Rr. 8. b. Die Eisenbahn fährt nach Freiburg durch eine wohl angebaute, aber nicht sehr interessante Gegend, und überschreitet vor Freiburg das tiefe Thal der Saane.

Freiburg (Zähringer Hof. Krämern), reich und links auf Felsenabhängen an der Saane, mit 8500 Ew. Die Drahtbrücke 145' über der Saane, 834' lang, von dem französischen Ingenieur C h a l l e y 1834. Die Hauptkirche S. Nicolaus aus dem 15. Jahrh. Das Bürglenthor mit köstlicher Aussicht. In Posieux war 1852 eine grosse conservative Volksversammlung. Bei Bulle bietet die Gegend schöne Landschaften dar. Durch eine ziemlich langweilige Strecke bis La meure blanche an der Grenze von Waadt, wo man durch die herrlichste Aussicht überrascht wird.

V e v e y (Drei Kronen. H ô t. d u L a c. Drei Könige. Weisses Kreuz. Falke) angenehme, gutgebaute Stadt mit 5000 Ew. warmen und Seebädern, grosser Fabrikthätigkeit und schönen Spaziergängen. In der S. Martinskirche liegen Edmund Ludlow, einer der Richter Carls I. von England und Andr. Broughton, der ihm das Todesurtheil vorgelesen, begraben. — Zwischen M o n t r e u x (Union) und V i l l e n e u v e (Hôt. du Port. Adler.) sieht man auf einem Fels im See das S c h l o s s C h i l l o n, durch eine Brücke mit dem Ufer verbunden, und durch L. Byrons „Prisoner of Chillon" allgemein bekannt. Es war eine Festung der Grafen von Savoyen und diente später als Gefängniss. Von Villeneuve Eisenbahn bis Martinach. Der Weg von Villeneuve an ist nicht sehr anmuthig. Bex (Les Bains. Union. Hôt. de ville) schön gelegene, vielbesuchte Soolbäder. Salzbergwerke und Salzsiedereien. Geognostische und mineralogische Sammlung des Hrn. v. Charpentier. — S. Maurice (Union. Ecu de Valais. Post), ein finsterer, schmutziger aber malerisch gelegener Ort mit einer Augustiner-Abtei. In 1³/₄ St. kann man den berühmten Wasserfall der Sallenche, Pisse vache, besuchen. — Martinach (Martigny) (Hôt. Clerc. Z. mit Licht 2¹/₂ Fr. Fr. 1¹/₂ Fr. M. 3. Bed. ³/₄. Thurm. Post. Schwan: etwas billiger). Octodurum od. Forum Claudii, unter Jul. Cäsar Winterlager der XII. Legion gegen die Anfälle der Veraguer und Seduner. Röm. Inschriften an der Hauptkirche. Trümmer des Schlosses la Batia. Von hier aus besucht man gern das 9 St. entfernte Thal von Chamouny (Hôt. R. de l'Union. H. de Londres. Couronne), Thal in Savoyen, 3174' ü. d. M., am Fuss des Montblanc gelegen, 4—5 St. lang, ¹/₄ bis ¹/₂ St. breit, mit dem Flüsschen Arve und den herrlichsten Ansichten des Montblanc, wie überhaupt reich an wunderbaren Naturerscheinungen, angeblich erst seit 1741 von zwei Engländern, Pocock und Windham entdeckt, denen zu Ehren noch ein Granitblock der Stein der Engländer heisst, aber ein Jahrhundert früher der Schauplatz der menschenfreundlichen Frömmigkeit des heil. Franz von Sales. — Der Montblanc, die Hauptperson des Thals, der höchste Berg in Europa, 14,700' ü. d. Meer, unter 45° 41' n. Br. und 24° 24' L., zuerst 1786 am 8. August von Jaques Balmat und Dr. Paccard, dann im

August 1787 von Saussure, und im Ganzen bis 1830 16mal erstiegen. 17 Gletscher, mehre von 4—5 Stunden Länge, gehen von ihm herab. Die bedeutendsten sind das Eismeer (Mer de Glace), dessen Fortsetzung der Waldgletscher (Glacier des Bois), das Gletschergewölbe des Arveiron und die Gletscher der Allée blanche. Die beste Ansicht gewinnt man ausser dem Chamouny auf dem Mont Brevent, dem Col de Balme und dem Buët; in Süden auf dem Crammont, in SW. auf dem Col de la Seigne; in NO. auf dem Col de Géant; in NW. auf dem Croix de la Flegère.

Sehenswerth: der Montanvert mit dem Eismeer, der Chapeau, die Quelle des Arveiron, der Col de la Flegère (Hauptansicht des Montblanc), der Gletscher des Bossons, der Wasserfall bei Chède auf dem Wege nach Sallenches. (Führer erhält man in dem Ort oder der Prieurée des Thales, auch Saumthiere, beides zu vom Gouvernement festgesetzten Preisen). Der Wasserfall Nant d'Arpenay; St. Gervais mit Mineralbädern.

Drei Wege ins Chamounythal sind die besuchtesten: von Genf über Sallenches und Servoz (18 Stunden). Von Thonon oder Evian am Genfer-See über Samoens und die Abtei Sixte (15 Stunden; letzter auf Charabancs zu machen). Von Martinach über die Tête noir oder den Col de Balme nur zu Fuss oder auf Saumrossen, 8 Stunden). Cf. M. Gottschalk, das Chamounythal, Halle 1811. Lechevin, Voyage à Genève et dans la vallée de Chamouny, Paris et Gênes 1812. — v. Malten, Itinéraire abrégé du voyage à Chamouny 1828. — Von Martinach führt die Eisenbahn weiter im Rhonethal durch ein sehr fruchtbares, häufig künstlich bewässertes Gelände mit vielen Ortschaften und Schlössern nach Sitten (Sion) (Goldner Löwe.

Post) und auf einem sehr schatten-
losen, selbst ungesunden Weg nach
Siders (Sonne). Von da über den
Simplon nach Mailand. s. 8. b.

9.

Von Genf nach Mailand

über den Simplon.

Reisekarte II. VII.

Genf (auf dem rechten Ufer Hôt.
des Bergues. Hôt. d'Angle-
terre, 2 — 3 Fr. das Z. 3 — 4 Fr.
Mitt. Victoria, etwas billiger),
Hôt. de Genève. — (Auf dem linken
Ufer Hôt. de la Metropole. Z. 3 — 4
Fr. L. 1 Fr. 1½ Mitt. 4 od. 5 Fr.
Serv. 1 Fr. Couronne etwas bil-
liger. Ecu de Genève. Hôt. du Rhone.
Poste (deutsch, billig.) Hôt. du
Montblanc (deutsch.) Grand Aigle
und Lion d'or, dessgl.

Für diesen an Naturschönheiten
aller Art reich gesegneten Weg öffnen sich drei Strassen: a) am südlichen (Eisenbahn begonnen), b) am
nördlichen Ufer des Sees. Eisenbahn,
c) über den See selbst mit dem
Dampfschiff nach Villeneuve, in
4½ St. für Fr. 6 — 3, von wo Eisenbahn nach S. Maurice und Sitten in
2½ St. für Fr. 2, 20. — 1, 50. — 1, 20.

a) Am südlichen Ufer von
Genf nach S. Maurice bis zur
Vollendung der Eisenbahn. Eilw.
bis Bouveret.

Oberhalb Cologny köstliche Aussicht auf den See und seine Ufer,
die Schweizer- und die Savoyischen
Alpen. In Douvaine 3¼ St. französisches Mauth- und Passbureau,
wo man gut thut, sein Gepäck
plombiren zu lassen, da man das
Kaiserreich bald wieder verlässt, um
zur Simplonstrasse zu gelangen. —
Thonon 3½ St. (Waage.) Schöne
Aussicht von der Terrasse. — Das
Schloss Ripaglia mit 7 Thürmen,
wo Amadeus VIII., Herzog von
Savoyen, 1434 nach 40jähriger Re-

gierung mit 6 60jährigen Kriegs-
und Staatsdienern sich zur Ruhe
setzte, 1439 aber zum Papst erwählt,
als Felix V. 10 Jahre regierte, dann
aber auch die dreifache Krone niederlegte und 1451 in den Mauern
von Ripaglia starb. — Evian, 2¾
St. (Hôt. du Nord. Post) mit den
vielbesuchten Bädern Cachat. —
S. Gingolph (spr. Schengol) 4 St.
(Post mit herrlicher Aussicht auf
den See) an der Morges, die in tiefer Schlucht die Grenze zwischen
Savoyen und Wallis bildet. Pass-
und Mauthhaus. Weiterhin schöne
Landschaften! Herrlicher Anblick
der Pyramide des Mont de Catogne
bei Martigny zwischen Dent de Midi
und Dent de Morcles. Von Bouveret
an Eisenbahn!

Der Eingang ins Wallis bei Vauvrier wird durch ein Thor, Porte
du Sex, geschlossen. Die Gegend
bleibt ebenso anmuthig, als malerisch interessant, namentlich liegt
Muraz sehr schön. Canalbauten
zur Entsumpfung der Gegend. Monthey (Croix d'or), gut gebaut mit
einem Schloss, trefflichem Wein, und
einem sehenswerthen, grossen Mühl-
werk. — S. Maurice am Fusse
der Dent du Midi (Union. Post).
Von hier bis *Mailand s. 8. c. u. b.

b) Am nördlichen Ufer nach
Villeneuve Eisenbahn bis Sitten in
8 St. für Fr. 16, 95 — 11, 50 — 8, 55.

Die Ufer sind aufs reichste und an-
muthigste mit Landhäusern besetzt;
in Genthod wohnten die Naturforscher Bonnet und Saussure, auch die
Fürstin Gallizin, in Tourney Voltaire. Oberhalb Coppet das Schloss
des berühmten Ministers Necker, der
1804 hier starb, und mit seiner
Tochter, Frau von Staël, die hier
ihre geistreichen Männer-Cirkel
hatte, begraben liegt. — Nyon
(Krone. Sonne) war eine grosse, von
Julius Cäsar gegründete Station
römischer Reiterei (Noviodunum).
Im alten Schlosse wohnte v. Bon-

stetten und sah oft bei sich J. v. Müller, Salis, Matthisson etc. Bei Promenthoux hat man die weiteste Aussicht nach beiden Enden des Sees. — Von Rolle kann man durch einen kleinen Umweg über Perroy zum Signal von Bougy (1 St.) gelangen, wo die reichste und herrlichste Aussicht über den Genfer-See und die savoyischen Gebirge ist. In $\frac{1}{2}$ St. geht man nach Allaman herunter (Pflug). Von da bis Lausanne $4\frac{1}{4}$ St. ist der Weg wie ein Garten mit schönen Spaziergängen und Aussichten.

Lausanne (Hôt. Gibbon, dessen Garten einst Besitzthum des berühmten englischen Geschichtschreibers war. Falke. Bellevue. Post. Grand Pont), Hauptstadt des Canton Waadt mit 18,200 Ew., 1 Akademie, Blindenanstalt, Irrenhaus, in herrlicher Lage auf 3 Hügeln, von denen der S. Lorenz- und der S. Franzenshügel durch einen Viaduct, die Thäler durch einen Tunnel verbunden sind. Die Kathedrale von 1275. Das Cantonsmuseum mit Naturalien und Alterthümern. Schönste Aussicht auf der Terrasse der Kathedrale.

Die bei trockner Sommerwitterung sehr heisse und staubige Strasse führt zwischen Weinbergmauern, hinter denen der vorzügliche „Ryfwein" wächst, nach Vevey S. 8. c.

c) Den kürzesten, schönsten, durchaus staublosen und bequemsten Weg führen die Dampfschiffe, die täglich zweimal in $4\frac{1}{2}$ St. von Genf nach Villeneuve und umgekehrt fahren, in Coppet, Nyon, Rolle, Morges (schönste Ansicht des Montblanc!), Ouchy (Lausanne) u. Vevey anlegen und mit der Eisenbahn nach S. Maurice etc. correspondiren.

Mailand,

Mediolanum — Milano. **Ankunft:** Im Bahnhof Omnibus nach den verschiedenen Gasthöfen, sowie Fiacres. S. u. ,

Abreise: Aus allen Gasthöfen Omnibus nach dem Bahnhof. Andere Wagen s. u. Fiaker. Eisenbahnen nach Bergamo, Brescia, Verona (Botzen); Venedig; nach Parma, Bologna, Ancona, Florenz; nach Genua; nach Turin (Mont Cenis); nach Arona (am Lago maggiore); nach Como und Lecco am Comer See. — Unmittelbare Postverbindung für Reisende und Gepäck über den S. Gotthard nach Luzern in 24 St.; über den S. Bernhardin und über den Splügen nach Chur in 22 St. in der Impresa Merzario, Via S. Dalmazio no. 2, nahe der Scala. Man kann Billote lösen bis München, Stuttgart, Basel, Frankfurt, Paris. Man erhält ein Buch mit Fahrbilletten für die Eisenbahnen, Omnibus, Dampfschiffe auf die ganze Reise, gültig auf 8 Tage, ohne genöthigt zu sein, ohne Unterbrechung zu reisen. Man kann aber sich auf die Abfahrt von Camerlata oder von Colico einschreiben lassen (was besonders anzurathen, wenn man im Coupé Plätze haben will); dann aber muss der Tag der Abreise eingehalten werden. Es verbleibt in diesem Fall dem Reisenden die Zeit, sich in Como, Bellagio oder sonst am See einige Tage aufzuhalten. — Täglich unmittelbare Postverbindung ebendaselbst über Arona, Domodossola, den Simplon nach Genf. — Paquete befördert die Impresa Franchetti nach Livorno, Civita vecchia, Napoli, Marseille etc.

Alberghi (Wirthshäuser): I. Hôtel de la Ville, Sgr. Bär (95) auf dem Corso Vittorio Emanuele, Zimmer 3 Fr. (2 Betten 6 Fr.), Frühstück $2\frac{1}{2}$ bis $3\frac{1}{2}$ Fr., Licht 1 Fr., Table d'hôte 5 Fr. Hôt. Royal Sgr. Bruschetti (93). Es liegt rückwärts vom Postgebäude in der Nähe des Doms, in einem Theil des ehemaligen Palastes der Herzoge Visconti und Sforza, und enthält eine Sammlung Gemälde und Antiken. Gleiche Preise. Hôt. Reichmann (92); hier kehren meist die Deutschen ein. Der Wirth besitzt eine hübsche Roritätensammlung. Tabl. d'hôte $3^1/_2$ Fr. Preise mässig, eignet sich sowohl für Einzelne wie für Familien. Albergo di Milano (neu, nahe dem öffentlichen Spaziergang, vornehmlich von Italienern besucht). Zimmer von 1. 50—5 Fr. Pranzo 4 Fr. — Albergo di Roma im Corso Vittorio Emanuele, nahe dem Dom. — H. Manin, bei den Portici di Porta Nuova. — Albergo Cavour, Piazza Cavour. — Hôt. Marino mit Bädern und Restaurant à prix fixe und à la carte. Franz. Küche, theuer aber gut. Hôt. de la Grande Bretagne, Sgr. Scazzosi (95). Via della Palla. Table d'hôte 5 Fr. H. S. Marco. Via del Pesce. Pension Suisse (97). Via de' Visconti. Albergo dei tre Svizzeri, Via larga, Zimmer $1^1/_2$ Fr., nahe der Post, neben dem Teatro d. Canobbiana. Wirth und Lohnbedienter sind Deutsche. Bella Venezia; Piazza S. Fedele. Europa, Corso Vittorio Emanuele mit neuem prächtigem Café. Albergo del Pozzo, in der Nähe der Ambrosiana.

Aerzte: Capelli (spricht deutsch). Stramblo. Cav. Prof. Trezzi (Chirurg u. Arzt), Contrada dei Bigli. Guallni (Augenarzt). Sormani. Sola. Sapolini. — **Klima:** Der Winter ist streng; im Frühling und Herbst viel Nebel. Die gesundesten Stadtviertel sind die von Porta orientale, Nuova, Comasina, Tenaglia; nur nicht für Lungenleiden.

Apotheke neben dem Teatro della Scala. Erba, neben der Brera.

Antiquare: Baslini (Corso Porta Venezia). Arrigoni (via de' Capellari). Lavezzari (via di tre Alberghi).

Bier: Birreria der Scala. B. nazionale am Dom.

Bäder: (Bagni) del Giardino. Corso V. E. 600 — del Marino im Hôt. gl. N. Im Sommer kauft man in fast allen Tabaksläden die Billette für die grösseren Bagni für 60—80 Cent., während man in den Bädern selbst $1^1/_2$—2 Fr. zahlen muss. Ein Schwimmbad vor Porta Venezia.

Banquiers: Brot (Corsia del Giardino). Bellinzaghi (Via de' Andegari). Ubaldi (Via Pantano). Mylius, Contr. del Clerici.

Die **Briefpost** (87) Via de' Rastrelli ist offen von 8 bis 8 Uhr; Briefkästen in allen Strassen. Ein einfacher Brief nach dem Zollverein kostet 60 Cent., nach Frankreich 40 Cent., nach der Schweiz 30 Cent., in Italien (mit Ausnahme Roms) 20 Cent.

Buchhandlungen: Deutsche: Fajini u. Co. (Nachfolger von Meiners). Längler, Galeria de' Cristoferis. Corso V. E. no. 1. — Franzs. u. Engl. Dumollard (Corso V. E.). Ital. Brigola. Sonzogno. Ferrari. — **Kunst- und Gemäldehandlungen:** Artaria (Via S. Margherita). Auch im Corso Vittorio Emanuele sind deren einige (Durono. Pozzi, Galeria de Cristoferis), die namentlich eine Auswahl von Photographien nach Kunstwerken und Ansichten haben.

Cafés: Cova, mit dem Restaurant Canetta verbunden. — Ex-Martini u. Accademia, beide auf dem Scalaplatze. Europa (Corso Vittorio Emanuele) neu und sehr prächtig. Merlo, im Sommer vortreffliches Eis, auch am Corso V. E. — al Duomo, an der linken Seite des Doms, mit Lesecabinet, wo nicht geraucht wird. Allg. Zeitg. — C. Premoli, in der Nähe des Doms; Köln. Zeitg. — C. del Giardino pubblico, auch C. Balzaretti, im neuangelegten reizenden Giardino pubblico, im Sommer wöchentlich zweimal Musik, ohne Entrée. — **Conditorei:** Biffi am Domplatz. Gute Chocolade. In heisser Zeit Acqua di Cedro, sehr kühlend.

Consuln: Gennis, für die Schweiz. Bellinzaghi, für Belgien. Schramm, für Preussen.

Delicatessen, Südfrüchte u. südl. Weine, Rainoldi im Corso V. E. bei Hôt. de ville. Dessgl. bei Hagy, nicht weit davon. (Gesellschaft von 3—5.)

Fattorini (Packträger) mit bestimmten Tarif auf Piazza dei Mercanti.

Fiaker und »Broms« (Broughams) auf fast allen grossen Plätzen und Strassen. Feste Preise: 1 Corsa im Innern der Stadt und bis zu einem Eisenbahnhof: 75 Ct. $1/_2$ Stunde 75 Ct., 1 Stunde 1 Fr. 50 Ct. Von Mitternacht bis 6 U. früh der Curs und die Stunde um 50 Ct. theurer. Ein Wagen nach dem Theater und zurück 6 Fr. Für jedes Gepäckstück, das im Innern des Wagens nicht Platz hat, 25 Ct. — **Omnibus** vom Domplatz aus nach allen Thoren der Stadt und zurück, bei Tage 10 Ct. die Person, Abends 20 Ct. Nach und von den Bahnhöfen 50 Ct. ohne Gepäck.

Die **Jagd** ist unbedeutend. Der Hauptfang sind Lerchen, Krammetsvögel etc.

Münze, Maass und Gewicht sind ganz dem französischen gleich (1 Fr. = 1 lira ital. 1 Sous = 1 Soldo. 1 Contime = 1 Centesimo) Doch circulirt noch ältere Münze: 1 xxg. = 80 Cent. 1 fl. Oe. W. = 2 Fr. 47 Cent. ¹/₄ fl. = 62 Cent.

Protestantische Kirche, deutsch und französisch: In der neuen protestantischen Kirche Via del Principe Umberto bei S. Angelo. Ausserdem gibt es eine englische und mehre italienische protestantische Kirchen.

Restaurationen: Canetta, Via S. Giuseppe, neben dem Teatro della Scala mit elegantem Garten und Café, wo im Sommer mehre Abende in der Woche Concert ist: theuer aber gut. — Gallo, in der Nähe der Piazza de' mercanti und der Börse; Preise mässig, italienische Küche, gut. — Hôt. Marino, s. o. — Rebecchino; La Borsa; La Corvetta; sämmtlich in Via Rebecchino, nahe dem Dom; italienische Küche, Preise mässig. — Im Sommer Isola Della vor Porta Nuova, nahe der Eisenbahn: Isola Botta nahe dem Arco della Pace (beide nicht sehr sauber) — **Speisezettel:** Costolette di Vitello, Risotto, Riseverze, Riso ai bagiani und überhaupt Reissspeisen. Klösschen (polpette), vitello alla cassola, frittura de' fegatelli di porco (von Schweinsleber), überhaupt Fr. di fegato, und di cervello (Nationalgerichte) und Capaune. Champignons. Pasticetti und Panettoni. Un Giardinetto (Dessert). Strachino.

Telegraphenbureau auf Piazza mercanti. Eine Depesche von 20 Worten für das Inland 1 Fr. 20 C. — 2. 40, nach Frankreich 4 Fr., nach England 10 Fr. 50 C.

Geographisch-statistische Notizen. Mailand, unter 26° 51′ der L., 45° 28′ nördl. Breite. 412 P. Fuss über der Meeresfläche, auf der linken Seite des Olonaflusses, zählt über 200,000 Ew. und über 6000 Häuser und ist eine der reichsten Handels- und Manufacturstädte Italiens, besonders für Seidenwaaren, und zwar von fast ganz modernem Aussehen. Sie besteht aus zwei Theilen, dem alten, den der Naviglio begrenzt, dem neuen vom Naviglio bis zu den Mauern der ehemaligen Vorstädte. Drei Canäle durchschneiden die Stadt und befördern Handel und Gewerkthätigkeit der Lombardei: 1. Naviglio grande, vom Ticino gespeist, 1179 begonnen, 1257 von Beno di Gozzadini beendigt; — 2. Naviglio della Martesana, nimmt in der Adda unweit Trezzo seinen Ursprung und ward 1455 vom Herzog Francesco Sforza begonnen; — 3. Naviglio di Pavia, ein Seitenarm des N. grande, unter Napoleon I. begonnen und 1819 der Schifffahrt übergeben (33,100 Mètres). Sehr vorzüglich! Die Schiffe fahren in 12 St. von Mailand nach Pavia, in 28 St. von da nach Mailand. — Die Bastionen oder Wälle, die die Stadt umgeben und ohne militärische Bedeutung sind, wurden im 17. Jahrh. von Ferrante Gonzaga aufgeworfen. Sie dienen seit 1750 als Spaziergang; ein Theil derselben von Porta Venezia bis Porta nuova der eleganten Welt von 4—7 im Sommer als Corso. Sehr bedeutend war ehedem der Buchhandel (doch gibt es noch 90 Buchhandlungen, aber mit nicht sehr ausgedehnten Geschäftsverbindungen, 36 Buchdruckereien,

16 Zeitschriften.) 11 Thore, breite Strassen, schönes Strassenpflaster mit eingelegten Granitplatten für die Wägen, hohe elegante Häuser, lebhafter Verkehr, Luxus und Bequemlichkeiten aller Art. Mailand hat 5500 Häuser, 43 Kirchen, viele andere öffentliche Gebäude und das grösste Theater Italiens. Ausserhalb der Ringmauern liegen die s. g. Corpi santi in einem Umkreis von 3 Miglien mit 40,000 Ew. Im Mittelalter unter der Jurisdiction des Bischofs, der zugleich Graf von Mailand war, und Eigenthum der Kirche, haben diese Corpi santi noch eine eigene Verwaltung mit einem eigenen Sindaco (Bürgermeister). — M. ist der Sitz eines Erzbischofs, der aber seit 1859 vacant ist und durch einen Vicar verwaltet wird; ferner des Gouverneurs der Provinz Mailand, des General-Militär-Commando's der Lombardei, einer Academie der schönen Künste und der Wissenschaften, eines Conservatoriums der Musik, einer Veterinärschule, zweier erzbischöflichen Seminarien, eines kön. Cadettenhauses, einer Münze, der Administration der ehemaligen lombardischen Schuld etc. In Mailand herrscht der Ambrosianische Cultus der katholischen Kirche, der manche Abweichungen vom römischen zeigt. Der Carneval, der in der übrigen katholischen Welt durch Aschermittwoch geschlossen ist, dauert hier vier Tage länger unter dem Namen Carnevalone in Folge einer der Stadt vom heil. Ambrosius gegebenen Erlaubniss, Carneval zu feiern bis zu seiner Rückkehr aus Rom, die sich zufällig um vier Tage verspätete. Cf. Fasti della Metropoli e della Metropolitana di Milano di M. T. Villa.

Geschichte: Von den unter Bellovesus in Italien einfallenden Celten 584 a. C. gegründet, war M. Sitz des Druidendienstes und noch 222 des Königs Viridomarus, in welcher Zeit es von den Römern erobert ward. Marcus Claudius Marcellus machte daraus die römische Provinz Gallia Cisalpina, Pompejus als Consul nannte es Roma secunda. Maximianus zierte die Stadt mit schönen Gebäuden, und Constantin führte 313 die christliche Religion daselbst ein. Aus diesen frühern Zeiten sind wenig Spuren geblieben, denn was die Hunnen verschonten und was etwa unter der darauf folgenden Periode der Longobarden und Franken aufgebaut worden, fiel bei der gründlichen Zerstörung durch Friedrich Barbarossa 1162, welche sich die Mailänder durch Treubruch und Ungehorsam zugezogen hatten. Nach der Wiedererbauung 1167 blieb Mailand Reichslehen und freie Stadt zuerst unter der Herrschaft der guelfischen Familie della Torre (Pagano della Torre der erste Podestà 1237), dann 1312 der ghibellinischen Visconti (Matteo, † 1322, Galeazzo I., † 1328). Azzo eroberte fast die ganze Lombardei; † 1338. Luchino und sein Bruder Giovanni vergrösserten den Staat noch durch Genua und Bologna, 1395 kaufte Giov. Galeazzo von Kaiser Wenzel den Herzogstitel, obschon der Staat bereits wieder sehr klein geworden war; er starb 1402. Sein grausamer Sohn Giov. Maria wurde 1412 ermordet. Ihm folgte Fil. Maria, der durch Franc. Carmagnola die ganze Lombardei eroberte, seine Gattin hinrichten liess, Carmagnola verbannte, seine natürliche Tochter Bianca Maria an den Condottiere Franz Sforza verheirathete und somit diesem Hause zum Besitz von Mailand den Weg bahnte. Er † 1447. Franz I. Sforza ward von den Mailändern als Herzog anerkannt, machte grosse Eroberungen, regierte gut und † 1466. Sein grausamer Sohn Galeazzo Maria ward 1476 erstochen und dessen Sohn Giovanni von seinem Oheim Ludovico il Moro 1494 vergiftet. Dieser verlor in einem Kriege mit Frankreich Herzogthum und Freiheit 1500. Zwar eroberte sein Sohn Maximilian Sforza M. wieder 1512, verlor es aber auch wieder nach 3 Jahren an Franz I. Kurze Zeit trat Maximilians Bruder Franz II. in Besitz, 1535 aber starb mit ihm das Haus Sforza aus. Carl V. gab es nun an seinen Sohn Philipp II. von Spanien, bei dessen Krone es bis zum Frieden von Rastadt 1714 blieb, wo es Oestreich behielt, bis es am 15. Mai 1796 die Franzosen nahmen und zur Hauptstadt der cisalpinischen Republik und nachmals des Königreichs Italien machten. Nach dem Pariser Frieden 1815 wurde es erste Hauptstadt des lombardisch-venetianischen Königreichs unter östreichischer Herrschaft und Residenz des Vicekönigs, was es bis zum 17. März 1848 geblieben. Da erlebte M. eine blutige Revolution, in welcher die östreichische Besatzung gezwungen wurde, die Stadt zu verlassen. Seit der Wiedereroberung durch Radetzky am 6. August 1848 war M. im Belagerungsstand, der nicht verhindert hat, dass am 6. Februar 1853 ein sehr ausgedehnter meuchelmörderischer Anfall auf Soldaten und Offiziere gemacht wurde, der viel Menschenleben kostete. Mit dem Besuch des Kaisers Franz Joseph (Januar bis März 1857) und der erlassenen Generalamnestie schien Versöhnung eingetreten zu sein; die Ereignisse aber von 1859 haben uns eines andern belehrt. S. p. 59.

Wissenschaft. In Mailand leben viele ausgezeichnete Gelehrte, u. A. Aless. Manzoni (vaterländ. Geschichte und Dichtkunst), Cesare Cantù (allgem. Geschichte und Belletristik), Franc. Gherardini (Philologie), Giul. Carcano (Dichtkunst), Carlini und Frisiani (Astronomie), Lombardini (Mathematik), Polli, Fr. Ferrario, Provincial der barmherzigen Brüder (Chemie), Jos. Sacchi (Statistik), Cornalia, Villa (Naturgeschichte).

Kunstgeschichte. Die mailändische Kunstgeschichte bietet vor Ablauf des 15. Jahrh. wenig Erhebliches dar. Zwar hat Mailand einige Denkmale aus alter Zeit. wie die Basilika des h. Ambrosius, die der Architektur des 10. und 11. Jahrh. und in ihrem Grundplan den frühesten

Zeiten des Christenthums angehört, oder den Sarkophag in derselben, mit biblischen Darstellungen ganz im Styl der spätern römischen
Kaiserperiode, oder die gemalten heiligen Gestalten im Cortile der Ambrosiana: — zwar sind aus dieser Gegend Künstler hervorgegangen, die
fremde, namentlich toscanische Schulen schmückten; allein eine eigent-
thümliche Schule hat sich früher nicht gebildet, selbst nicht durch die
Einflüsse der Pisaner Bildhauer — denn die alten Sculpturen am Dom
sind in der That unbedeutend — noch durch Giotto, der hier gearbeitet
haben soll. Die eigentliche Bewegung in der Kunst zu Mailand kam
von zwei Ausländern, von *Donato Lazzari*, gen. *Bramante*, aus dem
Herzogthum Urbino, und von *Leonardo da Vinci* aus Florenz. Erster,
zugleich Maler und Architekt, gewinnt doch nur in letztgenannter Eigenschaft Bedeutung durch seinen nach der Antike geläuterten Baustyl, in welchem auch *Averulino* (Ospedale grande) und *Michelozzo* (Palast des Cosmus
Medicis in Mailand) wirkten. *Nolfo* und *Bartolommeo Suardi*, genannt
Bramantino, sind seine Schüler in der Malerei, die er auf eine dem
Mantegna verwandte Weise formell (in Perspective und Rundung) zu
verbessern gesucht, wesshalb die Gemälde der letztern häufig nach blossen auffallenden Aeusserlichkeiten construirt zu sein scheinen. Das
Leblose der Composition, das Trockne, oft sehr Mangelhafte und Uner-
freuliche der Zeichnung theilen fast alle ältern Mailänder Maler, *Civer-
chio*, *Zenale*, *Buttinone*, *V. Foppa*, *der Aelt. und der Jüng.* (S. Brera).
Leonardo di Bisuccio (Neapel, S. Giov. a Carbonara), *Andrea di Milano*, *Montorfano*, *Ambrogio Borgognone* etc., und nur der Ernst der
Auffassung (wie bei der Madonna in trono von 1480 in einer Seitencapelle von S. Lorenzo) oder das unverkennbare Gemüth (wie in einigen
Köpfen Borgognone's von wahrhaft lieblichem Ausdruck) können das
Interesse an diesen Dingen lebendig erhalten. — Eine neue Zeit beginnt
mit *Leonardo*, dem eigentlichen Gründer der Mailänder Malerschule.
Ernstes wissenschaftliches und Naturstudium machte er zur Basis der
Kunstübung und zog damit fast lauter tüchtige Schüler. Zwar hat sich
von ihm selbst wenig in Mailand erhalten; allein seine Schüler, den
milden *Luini*, den kräftigen *Gaudenzio Ferrari*, der später auch Rafael
besuchte und nach Correggio studirte (S. Saronno), den ernsten, fast
kalten *Beltraffio*, den strengen und dem Meister verwandtesten *Cesare
da Sesto; Marco d'Oggionno*, der durch Farbe, *Salaino*, der durch Helldunkel erfreut etc., kann man hier in vielen ihrer besten Werke kennen
lernen (S. Brera und Kirchen). Nach diesen verliert sich die Eigenthümlichkeit der Schule. Nur *Bern. Lanino*, obschon kein ausserordentliches Talent, bewahrt einiges aus der Schule des Gaudenzio. Im 17.
Jahrhundert erlangten vornehmlich die *Procaccini* und *Crespi* Ruhm und

Einfluss in Mailand, welchem letztern Charakteristik und Eigenthümlichkeit nicht abzusprechen ist. — Den Glanzpunkt der neuern, die französische nachahmenden Schule bildete *Appiani;* die neuesten schliessen sich gleichfalls zum grossen Theil an die gegenwärtige Kunst in Frankreich an. Die alte akademische Weise dürfte am entschiedensten und glänzendsten vertreten sein durch *Sabatelli*, †, die neuere des Vernet durch *Hayez.* — Sehr Ausgezeichnetes wird von einzelnen Bildhauern geleistet, S. Pal. del Duca Litta und die u. g. Ateliers, wobei ich vornehmlich auf die Arbeiten von *Raffaele Monti* aufmerksam mache, der aber seit 1848 in London lebt. Grossen Ruf hat sich Cav. *Marchesi* erworben und der fruchtbare *Fraccaroli.*

Hauptsehenswürdigkeiten (topographisch geordnet): Dom. Piazza della Scala. Brera. Arena und Arco della Pace. S. Maria delle Grazie. S. Vittore. S. Ambrogio. Monastero maggiore. Ambrosiana. S. Lorenzo. S. Eustorgio. Ospedale grande. S. Maria presso di S. Celso. Giardini pubblici. S. Carlo.

Anmerkung. Die in Klammern beigefügten Ziffern beziehen sich auf den Plan.

Oeffentliche Plätze: Piazza del Duomo, der Domplatz schon unter Napoleonischer Herrschaft zur Vergrösserung bestimmt durch Vereinigung mit der Piazza de' Tribunali, wird jetzt durch Niederreissung des Portico de' Figini und der Häusergruppe zwischen dem Domplatz und der via Rebecchini erweitert. — Piazza de' Tribunali (3) — Piazza de' Mercanti viereckig mit 5 Thoren, Mailands schönster Platz mit dem Pal. della Ragione (66) und der Loggia degli Ossii. — Piazza Fontana (2), sehr regelmässig, mit dem erzbischöflichen Palast, und einem Brunnen von rothem Granit, daran 2 Sirenen in Carrara-Marmor von *Franchi*, von Lodovico il Moro im 15. Jahrh. eröffnet. — Piazza Borromeo mit der Statue des Heiligen vor seinem Vaterhause von *Bussola.* — Piazza S. Fedele, wo vor 1811 der Palast des Ministers Prina stand. — Piazza della Scala mit Gartenanlagen und Ruhebänken. — Piazza d'Armi (1) einer der grössten Plätze Italiens, 650 m. br. 712 m. l. theilweise mit Bäumen bepflanzt, dient als Exerzierplatz. (Campo Marte), vor dem Castello (s. d.). Hier der Arco della Pace und das Anfiteatro dell' Arena.

Thore: Porta Garibaldi (Comasina) von *Moraglia* 1823 mit den 4 Hauptflüssen der Lombardei und einer Inschrift auf den Sieg Garibaldis bei Varese. — P. nuova von *Zanoia* 1810. — P. Venezia (orientale) von *Vantini* 1828, mit Sculpturen von *Monti, Marchesi, Pandolfi.* — P. Vittoria zur Erinnerung an die Märztage 1848, Tosa). — P. Romana, von *Bassi* 1598, erbaut zum Empfang Margaretha's von Oestreich, Gemahlin Philipps III. von Spanien. — P. Vigentina u. P. Ludovico, von Lodovico il moro im 15. Jahrh. eröffnet. — P. Ticinese, sonst Marengo, weil Napoleon nach dem Siege von Marengo hier einzog, von *Cagnola* 1815. — P. Magenta (Vercellina) von *Canonica* 1805, durch welches Napoleon einzog, als er kam, die eiserne Krone zu holen. — P. Tenaglia und zwischen beiden letzten **Arco della Pace,** ein Triumphbogen im Style der kaiserlichen in Rom, mit 3 Eingängen, vielen Säulen und Reliefs und Statuen. und reich ornamentirt mit Casetten und andern architektonischen Zierrathen, 1806 im Auftrag des Communalrathes zur Hochzeitfeier des Vicekönigs Eugène Beauharnais von Marchese *Luigi Cagnola* entworfen, sodann 1807 mit Veränderungen als „Arco di Sempione" zur Verherrlichung der Siege Napoleons begonnen, nach den Ereignissen aber von 1813—15 zur Verherrlichung der Siege über Napoleon, seit 1859 mit Inschriften in der Attike beider Seiten, zur Verherrlichung des Siegs über die Oestreicher und des Einzugs Napoleons III. und Victor Emanuels ausgeführt um die Summe von 4½ Mill. Lir. Austr. und eröffnet 1838, neben seinen geschichtlichen Beziehungen wichtig als ein Denkmal der neuern Kunst in M. und der Art, wie dieselbe Ereignisse der Jetztzeit aufzufassen und darzustellen vermag. Auf der Plattform steht die Friedensgöttin auf einem von 6 Rossen gezogenen Wagen von *Abondio Sangiorgio*, in Erz gegossen von *Manfredini;* an jeder Ecke eine Victoria zu Ross, von *Giov. Putti.* Zunächst der Plattform die 4 Flüsse des lombardisch-venetianischen Königreichs in kolossalen halbliegenden Gestalten: Ticino und der Po von *Cacciatori;* der Adige und der Tagliamento von *Marchesi.* Reliefs: Auf der Stadtseite: Der Uebergang der Verbündeten über den Rhein von *Marchesi.* Die Stiftung des lomb.-venet. Königreichs von dems. Besitzergreifung von Lyon, von *dems.* Die Imagination, von *Buzzi.* Apollo von *Pizzi* und Minerva von *Pacetti.* Im Schlussstein des Hauptbogens die Stadt Mailand von *Claudio Monti.* Die Victorien daneben von *Pacetti* und *Cacciatori.* — Der Sieg von Culm von *G. Monti.* Einzug Franz

I. in Mailand von *Cacciatori.* Die Capitulation von Dresden von *Pacetti.* Die Astronomie von *Comolli.* Mars von *Pacetti.* Hercules von *Gaet. Monti.* — An der Südwestseite: die Schlacht bei Leipzig von *Marchesi.* — An der Nordostseite: die Schlacht von Arcis-sur-Aube von *Fr. Somaini.* — An der Landseite: die Stiftung des Ordens der eisernen Krone von *G. B. Perabò.* Der Congress von Wien von *Perabò.* Der Einzug in Mailand von *Gaet. Monti.* — Ceres von *Luigi Marchesi.* Die Wachsamkeit von *Pizzi.* Die Geschichte von *Acquisti.* Der Congress von Prag von *Acquisti.* Die Unterredung der drei alliirten Monarchen von *Gaet. Monti.* Das lomb.-venet. Königreich mit einem von Seidenwürmern (!) besetzten Maulbeerkranz von *Comolli.* Zwei Famen von *Marchesi.* Der Einzug der drei Monarchen in Paris von *Grazioso Rusca.* Der Frieden von Paris von *Gaet. Monti.* Der Einzug des Kaisers Franz I. in Wien von *Acquisti.* Im Schlussstein Pomona von *Pasquali.* Die Poesie von *Acquisti.* Insubrien am Piedestal einer Säule von *Gaet. Monti.* Im J. 1859 verschwand die alte Inschrift; an ihrer Stelle steht eine andere zur Erinnerung an den Einzug Napoleons III. und Victor Emanuels. Aussen: Entrando coll' armi gloriose Napoleone III. e Vittorio Emanuele liberatori Milano esultante . . . . . da questi marmi le impronte servili e vi scrisse l'independenza d'Italia MDCCCLIX. Innen: Alle speranze del Regno Italico auspice Napoleone I. i Milanesi dedicarono l'anno MDCCCVII e francati da servitù felicemente restituirono l'anno MDCCCLIX. Das ist das sechste Mal, dass eine neue Inschrift die alte verdrängt hat. — Das Besteigen der Plattform ist nur schwindelfreien Personen anzurathen.

Alterthümer: Die 16 korinthi-

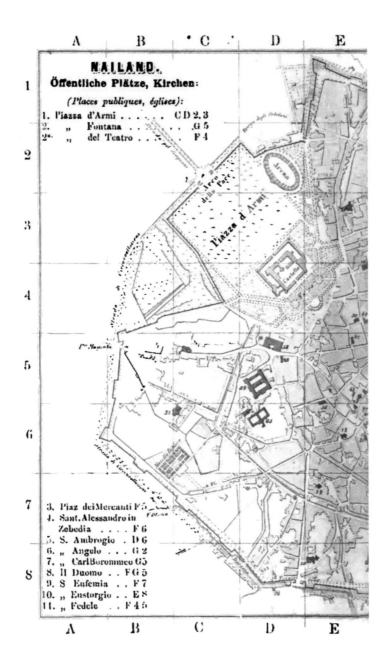

MAILAND.

Öffentliche Plätze, Kirchen:

(Places publiques, églises):

1. Piazza d'Armi . . . . . . CD 2.3
2. „ Fontana . . . . G 5
2ª. „ del Teatro . . . . . . F 4

3. Piaz. dei Mercanti F 5
4. Sant. Alessandro in
   Zebedia . . . . F 6
5. S. Ambrogio . D 6
6. „ Angelo . . . G 2
7. „ Carl Borommeo G 5
8. Il Duomo . . F G 5
9. S. Eufemia . . F 7
10. „ Eustorgio . . E 8
11. „ Fedele . . F 4 5

jetzt
J ahrh.
Grab
seines
1 spert.
ahme.
-i. Im
s als
₂n be-
dems.
Ein
Cunter
Georg
iligen,
Quer-
empel
Heilige
Capelle
innnt,
Faust,
henar-
Jahrh.,
h. mit
Giov.
n Her-
ingren-
spital)
scobild
torium.
Cruci-
antino

7) von
ild des
l. und
det mit
'. *Mar-
V*enerdi
unione
I. Carlo
il führt
schlos-
tragung
ervi ge-
istdenk-
rlo ge-
ine Ma-
ief. und
d *Luini*

aro.

schen Säulen vor S. Lorenzo, wahrscheinlich zu den Thermen des Maximinianus gehörig. — Inschriften in der Vorhalle von S. Ambrogio. — In Casa Archinti ein antikes Relief in Marmor, Gladiatorenkämpfe. Vor S. Ambrogio ein antiker Säulenschaft. — An der Corsia de' Servi eine antike Statue, im Munde des Volks uomo di pietra, von ungewisser Bedeutung, eine Art Marforio der Mailänder.

Kirchen: S. Alessandro in Zebedia (4) von *Lor. Binaghi,* 1602, mit Gemälden von *Procaccini, Fiammenghini, Santagostini, Dan. Crespi, Ant. Campi.* Grabmal des berühmten Mathematikers Paul Frisi von *Franchi.*

S. Ambruogio (5), eine Basilica, vom Heiligen, dessen Leichnam sie auf- und dessen Namen sie annahm, erbaut 387 und der vor dem Portal derselben den Kaiser Theodosius zurückwies, bis er sich vom Mord der Thessalonicher durch Kirchenbusse gereinigt haben würde; mit einem Porticus aus dem 10. Jahrh., in welchem verschiedene alte Inschriften und Wandmalereien aus dem 12. bis 15. Jahrh. zu sehen sind. Mosaik der Chornische aus dem 11. Jahrh. (der Christuskopf später). Holzreliefs am Portal aus dem 13. Jahrh. Ein andres Mosaik: S. Ambrosius schläft, während er Messe liest, ein. Kostbare und kunstreiche Bekleidung des Hauptaltars aus dem 9. Jahrh. von *Volvino.*[1] Die Reliefs haben unter Restaurationen und Polirungen sehr gelitten; mehre gehören ganz dem 18. Jahrh. an. Aecht und gut erhalten sind einige Köpfchen von eingelegter Arbeit mit goldenen Contouren. Ein altchristlicher Sarkophag angeblich des

[1] Sie zu sehen bedarf es besonderer Erlaubniss der Kirchenbehörde und ist der Zusammentritt mehrer Personen zu empfehlen, da die Unkosten des Aufdeckens beträchtlich sind.

Stilico, aus dem 6. Jahrh., jetzt unter der Kanzel aus dem 11. Jahrh. und mit ihr verbunden. — Grab Kaiser Ludwigs II. 875 und seines Zeitgenossen, des Erzb. Anspert. Eine Capelle mit der Kreuzabnahme. Fresco von *Gaudenzio Ferrari.* Im rechten Seitenchor Christus als Kreuzträger, dem die Marien begegnen, in 2 Bildern von *dems.* Madonna in tr. von *dems.* Ein Ecce homo von *B. Luini* (unter Glas). Die Capelle des h. Georg mit der Geschichte des Heiligen, Fresco von *Lanini.* Im linken Querschiff Christus als Kind im Tempel von *Luini*; Madonna und Heilige von *A. Borgognone.* Die Capelle S. Satiro, „Basilica Fausta" genannt, weil sie von einem Deutschen, Faust, erbaut sein soll. (?) Im Kirchenarchiv Urkunden aus dem 8. 9. Jahrh., ein Missale aus dem 15. Jahrh. mit Miniaturen (die Krönung des Giov. Galeazzo Visconti zum ersten Herzog von Mailand). Das angrenzende Kloster (jetzt Militärspital) von *Bramante,* mit einem Frescobild von *Callisto Piazza* im Refectorium.

S. Angelo (6) mit einem Crucifixus und Heiligen von *Bramantino* in der Sacristei.

S. Carlo Borromeo (7) von *Amati,* 1838 nach dem Vorbild des römischen Pantheons, 105′ l. und 149½′ hoch, seit 1850 vollendet mit 2 Marmorgruppen vom Cav. *Marchesi* „La buona madre nel Venerdi Santo" und „La prima communione di S. Luigi Gonzaga per S. Carlo Borromeo." Zum Hauptportal führt ein von hohen Arcaden umschlossener Platz, der durch Abtragung der Kirche S. Maria dei Servi gewonnen wurde, deren Kunstdenkmale ihren Platz in S. Carlo gefunden haben, namentlich eine Madonna mit dem Kinde in Relief. und Gemälde von *Borgognone* und *Luini* (Anbetung der Könige).

S. Caterina. s. S. Nazzaro.

* Der Dom (8). Dieses bewundernswürdige Gebäude, 454 F. lang, 270 F. breit, ganz aus weissem Marmor aufgeführt, mit seiner Verbindung der widersprechendsten Baustyle (des 14. und 16. Jahrh.) ist ganz geeignet, den Blick zu verwirren, wenn man seine Geschichte nicht zur Führerin hat. Unter Johann Galeazzo Visconti und von dem Baumeister *Heinrich Arler von Gmünd* (gen. *Gamodia*) wurde 1386 der Bau begonnen und damit lange Zeit in der angefangenen Weise fortgefahren (1490 die Kuppel gewölbt), bis der Arch. *Pellegrini* im Auftrag des Erzbischofs Carl Borromäus den modernen griechisch-römischen Styl zunächst bei der Façade in Anwendung brachte, an dessen Stelle indess auf Befehl des Cardinals Friedrich Borromäus 1646 durch *C. Bazzi* der alte Styl wieder eingeführt wurde. 1790 warf man die Neuerungen *Pellegrinis's* mit Ausnahme der Fenster und Thüren herunter und unter Napoleon brachten *Zanoja* und *Amati* von 1805 an den Bau nach dem ursprünglichen Muster so zu Stande, wie wir ihn jetzt sehen. So wenig die als Zierrathen angebrachten Statuen und Reliefs aus dem 16. bis 18. Jahrh. mit den ältern, deren man noch viele am äussern Chor sieht, übereinstimmen, so wenig thut es die neuere Architektur, deren Formen nur eine oberflächliche Aehnlichkeit mit den alten haben. Dessenungeachtet bleibt es höchst interessant das Dach des Domes zu besteigen, wo man gewissermassen in einen Wald von Thürmen und Statuen eintritt. [1] Der Thurm ist von *Fr. Croce* vom Jahr 1772 und 335½.

[1] Man hat die Zahl sämmtlicher Statuen an der Aussenseite des Doms auf 4500 angegeben; an der Façade allein auf 250. Der Eingang zum Thurm in der Nähe der Capella S. Giovanni. Schönste Aussicht vom Belvedere, der höchsten Spitze des Thurmes.

F. hoch, auf der Spitze mit einer vergoldeten Madonnenstatue von *Bini* geziert. — Schön und erhebend ist das Innere von 5 Schiffen und 52 mit Statuen geschmückten Säulen, gemalten Fenstern etc. Der weitere Schmuck gehört den spätern Epochen an, als: die an Gold und Juwelen reiche Capelle des heil. Borromäus (Scurolo), die ihr jetziges Aussehen hauptsächlich dem Architekten *Pestagalli* in dem Jahr 1817 verdankt: mit dem Sarg des Heiligen, einem Geschenk Philipps IV. von Spanien. — Im Hochaltar aus dem 16. Jahrh. ein Nagel vom Kreuz Christi. Die Statuen des Altares am Eingang, S. Borromäus und Ambrosius von *Monti di Ravenna* und *Marchesi*. Eine Inschrift an der Thüre besagt, dass P. Martin V. den Hochaltar, Carlo Borromeo die Kirche eingeweiht. Wenige Schritte von der Thüre ist der 1786 ermittelte Meridian von Mailand. Im rechten Seitenschiff 3. Cap. Madonna mit SS. Vittore und Rocco von *Fiammenghino*, Denkmal des Marcus de Carellis von 1394. Der Taufbrunnen, angeblich aus den Bädern des Maximian, später der Sarkophag des heil. Dionysius, Bischofs von Mailand, erhielt seine jetzige Bestimmung von Carl Borromäus. — Grabmal von Giacomo und Gabriele Medicis, Brüdern Pius IV. und Onkels des heil. Carlo, nach der Zeichnung *M. Angelo's* mit Statuen von *Leone Leoni*. Ausserdem die widerwärtige Anatomiefigur unter dem Namen S. Bartholomäus von *M. Agrate*. — In der nördlichen Sacristei Fresken von *Cesare Procaccini*; kostbares Kirchengeräthe aus späterer Zeit. Das Pallium mit der Geburt der Jungfrau, Stickerei von *Lodovica Pellegrini*, der Lombardischen Minerva im 17ten Jahrh. Die Capella del Albero von dem baumförmigen Candelaber darin so genannt. Neue Glasmalereien im Seitenschiff: Ge-

schichte des H. Giambuono, der HH.
Protasius und Gervasius von *Bertini.*
Im Chor die Geschichte Christi in
vielen Abtheilungen, und im 2.
Seitenschiff die Geschichte der Maria
in einer Reihenfolge von Glasgemälden. Im Chor die Statue Martins V, von *Jacopo di Tradate.* Madonna del Parto, darüber Gedenk-
schrift auf die Capitäne Niccolo und
Francesco Piccinino. Grabmal des
Card. Caracciolo von *Bambaja.*
Mausoleum der Erzb. Ottone und
Giovanni Visconti, Pius IV. von
Angelo Siciliano; um 1520. — In
der südlichen Sacristei: Der Dom-
schatz, ein Evangeliarium aus dem
11. Jahrh. (wenn nicht älter); ein
elfenbeinernes Gefäss mit Reliefs,
Geschenk des Erzb. Godfried 978.
2 byzantinische Diptychen mit griech.
Inschriften und Reliefs. Ausserdem
verschiedene Kostbarkeiten u. Heilig-
thümer. Die Geisselung Christi von
Solari; Silberstatuetten der HH. Am-
brosius u. Borromäus von *Sparsetti*
und *Vertua* (u. *Biffi*) um 1600; das
goldene Pace von *Caradosso* (*Ambr.*
Foppa um 1500). — Unweit des
Doms im Corso Vitt. Emanuele am
Hause 605 ist das Wahrzeichen von
Mailand, „il uomo di pietra,“ eine
Statue, die selbst die Zerstörung
durch Barbarossa überlebt hat.

S. Eufemia (9) mit einer Madonna in tr. von *Marco d'Oggionno.*

✱S. Eustorgio (10), angeblich
aus dem 4. Jahrh., restaurirt von
Tommaso Lombardino, und später
von *F. Richini.* Der Glockenthurm
von 1309. Im Innern eine Capelle
und das Mausoleum des Brivio von
Bramante 1485. Mausoleum des
Brivio, Hauptmanns von Filippo
Maria Visconti, 1417. Das Grabmal des Pietro Martire von *Giov.*
Balduccio Pisano 1339. In demselben Styl die 8 Reliefs aus der Passion am Hauptaltar. Madonna mit
Heiligen von *A. Borgognone.* In
der Capella S. Vincenzo von 1307

eine Enthauptung Johannis von *Ce-*
sare, Camillo und *Antonio Procaccini.*
In der Capelle der Verkündigung
Fresken von *Dan. Crespi.* In der
Capelle der h. 3 Könige noch der
Sarkophag mit der Inschrift: Se-
pulcrum trium magorum, in welchem ehedem die heil. Körper lagen,
die der Kaiser Barbarossa nach der
Eroberung Mailands der Stadt Cöln
am Rhein verehrte, wo sie die Veranlassung zu dem grossen Dombau
wurden. An der Wand ein Relief
aus dem 14. Jahrh.

S. Fedele (11) von *Pellegrini,*
mit Reliefs an der Façade von *Gart.*
Monti.

S. Giorgio in Palazzo (12),
1600 von Federigo Borommeo erbaut,
restaurirt 1800 und 1820, mit Gemälden von *Luini* (Ecce homo, Pietà,
die übrigen Bilder aus der Passion
von seinen Schülern) und *Gauden-*
zio Ferrari, und Fresken von *Mon-*
talto.

S. Giovanni in conca (13) eine
jetzt verlassene Kirche aus dem 15.
Jahrh. Interessante Architektur.

S. Gottardo im kön. Palast
hinter dem Dom, mit einem gothischen Thurm.

S. Lorenzo (14) eine der ältesten
Kirchen, aber zum grossen Theil un-
ter C. Borromäus von *Martin Bassi*
modernisirt. Die Taufe von *Aurelio*
Luini. In einer Seitencapelle (S.
Aquilino) aus dem 5. Jahrh. alte
Mosaiken: Christus mit den Aposteln
und das Opfer Isaaks. Capelle rechts
Martyrium der H. Natalia von *C.*
Procaccini. Daselbst Sarkophag des
Gothenkönigs Ataulph und seiner
Gemahlin. In der Capelle hinter
dem Chor 4 antike Säulen und das
Mausoleum der Giov. Visconti von
1538. Gemälde von *Luini.* Die
Säulen vor der Kirche s. o. Alter-
thümer.

S. Marco (15) von 1254, im Innern modernisirt, mit alten Sculpturen und neuen Fresken aussen.

Denkmal des Lanfranco Settala, †
1264.

S. Maria del Carmine (16)
von 1446, modernisirt 1660 von
Richini, im alten Styl hergestellt
1835 von *Pestagalli*, mit Gemälden
von *B. Luini* und *Ces. Procaccini*,
und einigen ältern Meistern.

*S. Maria presso di S. Celso
(17) von *Bramante* 1491 (nach Vasari von *Solari*). Façade von *Gal.
Alessi*. Daselbst Adam und Eva
Marmorstatuen von *Lorenzi*. Kreuzabnahme und Martyrium der Hll.
Nazarus und Celsus von *Ces. Procaccini*. Die Taufe von *Gaudenzio
Ferrari*; Bilder von *Moretto* (Bekehrung Pauli), *Ant. Campi*, *Callisto Piazza*, *Paris Bordone*. (S. Hieronymus.) Um das Chor Deckengemälde von *Moretto* und *Callisto*.
Im linken Kreuzschiff die Himmelfahrt von *C. Procaccini*. Die 4 Evangelisten und die 4 Kirchenväter,
Fresken von *Appiani*. Das silberne
Kreuz und 6 silberne Leuchter des
Altars hat Kaiser Joseph II. für die
Ruhe auf der Flucht von Rafael
gegeben, die, ehedem hier, jetzt in
Wien sich befindet. Eine gute Copie
der heil. Familie von *Leonardo da
Vinci*. Unter dem Altar des H. Nazarus ist ein Sarkophag mit Reliefs
aus dem 4. Jahrh.; in der Sacristei
ein Kranz aus dem 8. Jahrh.

S. Maria delle grazie (18) aus
dem 15. Jahrh. dreischiffig, spitzbogig, mit Kuppel und Chor 1463
von *Bramante*. Auf der Mittelthüre
die Bildnisse von Lodovico u. Beatrice Sforza, in deren Auftrag Bramante den Bau geführt. Eine Capelle
mit Fresken (Geisselung und Kreuzigung) von *Gaudenzio Ferrari*; am
Orgelchor Madonna von *B. Luini*.
In der Sacristei ein Johannes mit
Donatoren von *Marco d'Oggionno* und
schön geschnitzte Schrankthüren aus
dem 15. Jahrh. Hier befand sich
das vom Card. Ghislieri, nachmals
Papst Pius V., gegründete Inquisi-

tionsgericht bis zu seiner Abschaf-
fung 1769. — Im Refectorium des
ehemaligen Klosters eine Kreuzigung
von *Jo. Donatus Montorfanus* 1495
und das berühmte, aber leider fast
ganz zerstörte Abendmahl von *Leonardo da Vinci*.

S. Maria Incoronata (19) von
1451 mit Gemälden von *Ercole Procaccini* und *Montalto*, Sculpturen aus
dem 15. und 16. Jahrh. und dem
Grabmal des Giov. Tolentino 1517.
Dessgl. des Gabr. Sforza 1458.

S. Maria della Pace, jetzt Ma-
nufactur. Reste von Fresken des
Marco d'Oggionno.

S. Maria della Passione (20)
von *Birago* 1485, die Kuppel von
Solaro 1530. Façade von *Rusnati*
1692. Bilder von *Dan. Crespi*, *Cam.
Procaccini*. Eine Pietà von *B. Luini*.
Abendmahl von *Gaud. Ferrari*. Aeltere Bilder in der Sacristei. Denkmäler: des Dan. Birago von *Andr.
Fusina* 1495 und des Atheners Deme-
trius Chalcondylas, des berühmten
Gründers griechischer Studien im
Occident, von seinem Schüler Trissino errichtet 1512. — Im aufgeho-
nen Kloster dabei das Conservatorio
della musica.

*S. Maria e S. Satiro (21) un-
ter Lodovico il Moro von *Bramante*,
angeblich auf dem Grund eines antiken Tempels. Man bewundert die
Anlage des Kreuzschiffs, sowie die
im Achtecke gebaute Sacristei. Links
vom Hauptaltar eine Grablegung
von *Carabelli* (1757). Bildnisse von
Galeazzo Maria Visconti und Isabella
und eine S. Apollonia von *Beltraffio*.
Evangelisten von *Bramantino*. Die
alte Kirche S. Satiro, gegründet
869, neuerbaut 1480, hängt damit
zusammen.

S. Maurizio oder Monastero
maggiore (23), von *Dolcebono* 1497,
die Façade von *Perorano* 1565, mit
herrlichen Fresken von *B. Luini*
(Mariä Himmelfahrt, zwei Bilder
aus der Geschichte des H. Mauritius.

weibliche Heilige, Engel etc. im Chor, und die Geisselung Christi in einer Seitencapelle) und andern von *Callisto Piazza, A. Campi* etc. Ein zweiter Theil der Kirche hinter der ersten soll gleichfalls von *Luini* ausgemalt sein.

S. Nazzaro grande (24), ursprünglich von dem H. Ambrosius auf den Ruinen eines antiken Theaters erbaut 382; von Carl Borromäus neuerbaut 1576. Abendmahl von *B. Lanino.* Grabmal des Johann Jac. Trivultius, † 1518, des Gründers der französischen Militärverfassung, und eine ganze Reihe Grabmäler dieser Familie in ihrer Capelle angeblich von *Bramante* gebaut. Schöne Glasmalereien. Grabmäler der Erzbischöfe Engelbert Pusterla (9. Jahrh.), Settala (17. Jahrh.); ferner die Dichter Carlo Maggi und D. Balestrini. Hiebei die kleine Kirche S. Caterina mit Fresken von *B. Lanino* 1546.

Unweit dieser Kirche an einem Hause im Corso di porta Romana, nahe der Brücke, ein Relief: die Rückkehr der Mailänder in die neuerbaute Vaterstadt nach der Zerstörung Barbarossa's; gleichzeitig.

S. Paolo (25) von *Gal. Alessi* mit Gemälden von *Ant.* u.*Bernardo Campi.*

S. Pietro in Gessate (26), mit einer Madonna von *Luini,* und einer andern von *Vinc. Foppa;* ferner Gemälden von *Moncalvo, Crespi* (St. Marcus); Fresken aus der lombardischen Schule des 15. Jahrh. Das zugehörige Kloster dient als Waisenhaus. Nebenan die grosse Caserne S. Prassede.

S. Satiro S. S. Maria e S. Satiro.

S. Sebastiano (27), im Auftrag des O. Borromäus von *Pellegrini* 1576. Martyrium des Heiligen von *Bramante.* Verkündigung und Kindermord von *Montalto.*

S. Sepolcro (28), mit Thürmen aus dem 11. Jahrh. Das übrige ist neu. Pietà von *Bramantino* über

dem Eingang. In der Krypta Dornenkrönung von *B. Luini.*

S. Simpliciano (29), im germ. lombard. Styl, mit Gemälden von *Bern.* da *Treviglio* (Verkündigung), *Fr. Terzi* und *Ambr. Borgognone.*

S. Tommaso in terra mala (80) von 1580, mit einer H. Magdalena von *Luini.*

*S. Vittore (31), von *Galeazzo Alessi* 1542, mit einer Kuppel, deren Casettirungen reich und anmuthig a fresco ausgemalt sind von *Moncalvo,* darunter Sibyllen und Propheten von *D. Crespi.*

Paläste und andere öffentliche Gebäude, Sammlungen, Anstalten etc.

P. Albertoli (32), Gemälde von *Appiani.*

Ambrosiana (33), mit 60,000 Büchern und 10,000 Mss.; gestiftet von Friedrich Borromäus 1607, eine der ersten dem öffentlichen Nutzen gewidmeten Bibliotheken mit 5500 Mss. Fragmente von der Bibel des Ulfilas. Ein architektonisches Heft von Bramante. Vite degli Arcivescovi di Milano mit Miniaturen von 1500. — Dante. Miniaturen von *Symon von Siena,* das dem Petrarca gehörte und noch seine Handschrift enthält; man sieht im Bilde den Persius, den Erklärer Virgils, einen Vorhang zurückschlagen, hinter welchem der Dichter der Aeneis die Musen anruft, Aeneas in Waffen erscheint, und ein Hirt und ein Landmann (Bucolica und Georgica) zu sehen sind. — Josephus, Papyrus-Mspt. aus dem 7. Jahrh. — Die Palimpsesten verschiedener Reden des Cicero, der Briefe Marc-Aurels und des Fronto. — Briefe der Lucretia Borgia an den Cardinal Bembo, mit einer ihrer blonden Locken. — Eigenhändiges Gedicht, „Lamento disperato“ von Virginia Accorombona auf die Ermordung ihres Gemahls. — Iliade mit Miniaturen. Der Codice atlantico von Leonardo da Vinci mit Zeichnungen, und von der Rechten zur Linken geschrieben.[1] Im Vorhof antike Inschriften, mehre Fresken und Denkmal des D. Romagnosi von *Sangiorgio* 1844. Reiche Sammlung von G e m ä l d e n und H a n d z e i c h n u n g e n : Untere Galerie des Sgre. Cav. de' Peccis. In der Weise des *Lucas von Leyden*, aber nicht von ihm. Anbetung der Könige (halbe Figg.) Bronzen. Sculpturen von *R. Schadow*, *Thorwaldsen*. Giov. de' Peccis von *Monti* etc. Obere: Der Carton zur Schule von Athen von *Raphael*. (Es fehlen darauf Herakleitos, und die Bildnisse von Perugino und Raphael, auch das architectonische Beiwerk); Christus am Kreuz von *Guido Reni*. verschiedene Studien von *Leonardo* und *B. Luini*, von ersterem die Bildnisse des Ludovico il Moro und seiner Gemahlin Beatrice d'Este, sogar Pastellzeichnungen. Oelbilder von diesen und andern lombardischen Meistern, auch einige altdeutsche, heilige Familie und Landschaft mit Tobias von *Giorgione* etc., Fragmente vom Grabmal des Gaston de Foix von *Baccio da Montelupo; Borgognone,* Madonna mit dem Kind und Heilige. *Al. Moretto,* Tod des Pietro Martire. *A. Mantegna,* Daniel in der Löwengrube; ferner ein grosses Fresco, die Dornenkrönung von *B. Luini.*

*Das A m p h i t h e a t e r (34), Arena 750' lang, 375' breit, fasst 30,000 Zuschauer, bestimmt für Pferde- und

---

[1] Die Bibliothek ist geöffnet früh von 9½—11½, Nachmittags im Jan., Nov. und Dec. von 2½—4½, im Febr. von 3—5, im März von 3½—5½, im April, Mai und Aug. von 4—6, im Jun. und Jul. von 4½—6½, im Oct. von 10—3. Ferien alle Sonn- und Festtage und Festzeiten; ausserdem im Jan. den 1, 5 (Nachm.), 6, 7, 15, 17, 20, 22, im Febr. 2, 7, im März 7, 12, 19, 24, 25, im April 24, 25, 29, im Mai 1, 3, 26, im Jun. 11, 13, 19, 24, 29, im Jul. 2, 14, 22, 25, 26, im Aug. 1, 4, 5, 10, 14, 15, 16, 20, 24, 28, im Sept. 1, im Nov. 12, 24, 25, 30, im Dec. 6, 7, 8, 13, 21, 24—31.

Wagenrennen, und da es mit Leichtigkeit durch den die äussere Mauer umgebenden Canal in wenigen Stunden unter Wasser gesezt werden kann, auch für Naumachien (Schiffwettfahrten, Regate), miteinem schön verzierten Saale unter französischer Herrschaft erbaut von *Canonica,* 1805. Schön ist die Anordnung der „Carceri" mit prächtigen Thürmen, dem Eingangs-Porticus gegenüber; die „Porta Libitinaria," gegenüber der „Pulvinara."

P. A n d r e a n i (35), mit schönem Garten und Gemälden. Madonna mit Heiligen von *Mantegna.*

P. A n o n i (36), Gemälde von *Rubens*, *Van Dyk*, Waffensammlung.

P. A r c h i n t i (37), mit Gemälden, Kupferstichen und Bibliothek.

A r c h i v e : Das Regierungsarchiv im Kloster S. F e d e l e (wichtig für die Zeit der Sforza) und das D e i N o t a r i , letzteres mit über 100,000 Urkunden. (v. Raumer nennt das allgemeine und das diplomat. Archiv, doch beide unbedeutend.)

P. A r c i v e s c o v i l e (38) am Domplatz von *Pellegrini* und *Mangone,* die Façade gegen Piazza Fontana von *Piermarini.* Gemäldesammlung: *Giul. Campi,* Madonna mit Engeln, ursprünglich eine Fahne. *Leonardo da Vinci* (?), Madonna mit dem Kind und Lamm. *Gaudenzio Ferrari,* Geburt Christi. *Tizian,* Anbetung der Könige. *Bramantino,* Madonna. *A. del Sarto,* Magdalena. *Leonardo* (?) Madonna. *Palma vecchio,* die Ehebrecherin vor Christus. *Guido Reni,* S. Joseph mit dem Kind. *M. A. Buonarroti* (?). Schlachtscene. *Tizian,* Julius III. *A. del Sarto,* Gebet am Oelberg. *Raphael* (?) Handzeichnung: einige Figuren die nach dem Ziel schiessen. *Leonardo,* Handzeichnung: einige Kindergestalten. *Mabuse,* Madonna. *A. Dürer,* S. Hieronymus. *Paris Bordone,* 2 heil. Familien. *Pordenone,* Madonna. *Tizian,* eine heilige Familie mit S. Georg.

Ateliers. Maler (leben gegen 300 in Mailand.) Historienm. *Andr. Appiani*, Monforte 231. *Gaetano Barabini*, S. Vittore al teatro 2492. Cav. *Gius. Bertini*, Guastalla 105. *Luigi Bianchi*, Tre Alberghi 20. *Ant. Bignoli*, Passarella 514. *Fed. Buzzi*, Monforte 2. *Enr. Cadolini*, Torre moriggi 10. *Ant. Caimi*, Pal. di Brera. *Raff. Casnedi*, Via Manin 1409. *Gugl. Castaldi*, Guastalla 2. *G. Darif*, Annunziata 10. *S. de Albertis*, Ciovasso 1635. *Z. de Maurizio*, Via Manin 3. *De Notaris*, S. Paolo 9. *Al. Focosi*, S. Spirito 1308. *M. A. Fumagalli*, Borgo novo 1528. *Bart. Giuliani*, Brera 5. *A. Grezzi*, Borsinari 7. *Fr. Hayez*, S. Paolo 1. *Dom. Indemo*, S. Gio. in Bra 412. *Gir. Indemo*, Via S. Primo 3. *Gius. Mazza*, S. Calocero 3029. *Gius. Mazzola*, Pontaccio 1996. Cav. *Molteni*, Monte Pietà 1578. *Eleut. Pagliano*, Via Manin 5. *G. Pallavera*, S. Romano 14. *B. Pasta*, Ciovasso 9. *G. Pinnuti*, Ciossetto 9. *A. Pietrasanta*, S. Paolo 8. *A. Ribossi*, S. Primo 3. *P. Riccardi*, Monte Pietà 1578. *D. Scatola*, S. Vito al Pasquirolo. *Savella*, S. Calocero. *G. Valtorta*, Ciovasso 9. *L. Zuccoli*, S. Vittorio al teatro.

Landschaftsmaler: *L. Astleon*, Piazza Borromeo 2840. *Fulvia Bixi*, Bossi 2. *Gaet. Fasanotti*, S. Pietro Celestino 7. *Carlo Jotti*, Monforte 2. *G. B. Lelli*, S. Primo 3. *C. Mancini*, Fiori oscuri 8. *Salv. Mazza*, Via Amadei 1. *E. Praja*, Zeuzuino 5. *Gir. Trenti*, Fate bene fratelli 5. *Gott. Valentini*, Guastalla 2.

Bildhauer (gegen 100). *L. Agliatti*, Via Manin 5. *G. Argenti*, Ciovasso 9. *Giov. Bellora*, Dazio di P. Nova 10. *P. Bernasconi*, S. Agnese 5. *A. Biella*, S. Agnese 2. *A. Bottinelli*, Ponte S. Marco 8. *Buzzi Leone*, S. Teresa 6. *B. Cav. Cacciatori*, S. Agnese 2767. *L. Cocchi*, Corso S. Celso 4923. *R. Corbellini*, Vicolo Rasini. *Cost. Corti*, S. Gi-

rolamo 3. *L. Crippa*, S. Primo 3. *G. Croff*, S. Angelo 1425. *G. Emanueli*, Borgo Pietà Venezia 722. *Inn. Fraccaroli*, P. S. Marco 1984. Cav. *P. Magni*, P. Cavour 747. *S. Micoti*, S. Marco 1984. *P. Miglioretti*, Passarella 498. *Gio. Pandiani*, S. Calimero. *Gius. Pierotti*, P. Cavour 9. Cav. *Puttinati*, S. Marco 1984. *C. Romano*, S. Calocero 10. *Al. Rossi*, S. Girolamo 7. Cav. *Sangiorgio*, S. Giov. sul muro. *G. Selleroni*, S. Angelo 1429. *G. Strazza*, Lauro 2. *Ed. Tabacelli*, S. Angelo 1429. *Ant. Tantardini*, S. Marco 1489. *L. Vela*, Annunziata 10, wenn nicht in Turin.

P. Beccaria (39) Münzsammlung.

P. Belgioioso (40) von *Piermarini*, mit Gemälden und Sculpturen.

Bibliotheken: 1. Ambrosiana s. oben. 2. La Brera, B. nazionale mit 1000 Mss. und 70,000 Büchern, darunter viele erste Drucke (täglich von 7 — 10 Uhr offen mit Ausnahme der Sonn- und Festtage, der letzten Tage des Carnevals, der Charwoche und der letzten acht Tage im Jahr). 3. S. Ambrogio, mit etwa 40 Mss. und einigen alten Drucken. 4. Melzi mit ital. Mss. 5. Marchese Triulzi, mit 3000 Büchern und 2000 Mss., darunter ein (eigenhändiger?) Petrarca, ein anderer mit Miniaturen von 1472, ein Stundenbuch mit Vignetten von *Leonardo*, ein Tractat über die Architektur von Filarete, einer über die Musik vom Priester Florenzio, Gedichte von Tasso's Hand etc. 6. Conte C. Archinti ein Ms. mit Miniaturen aus Giotto's Schule.

Casa Bianca (41), mit Bildnissen aus der Familie Sforza und Fresken von *Luini*.

Casa Bordini (42), nahe bei Duca Litta, mit schönen Gemälden.

*Casa Borromeo (43), von ital. germanischer Architektur (aussen) mit Mineraliensammlung, seit 1848 Polizei-Caserne. Gemäldesammlung, *Luini* etc.

P. Bossi (44) s. Vismara.
*P. di Brera (45) Pal. delle
scienze ed arti, ehedem Jesuiten-
Collegium S. Maria in Brera, d. h.
auf der Wiese, von *Fr. Righini*
(Façade von *Piermarini*). Alle Jahre
im Herbst ist hier eine öffentliche
Kunstausstellung u. alle 2 Jahre eine
Industrieausstellung. Dieses pracht-
volle Gebäude vereinigt die Aka-
demie der Wissenschaften u.
Künste, die Gemäldesamm-

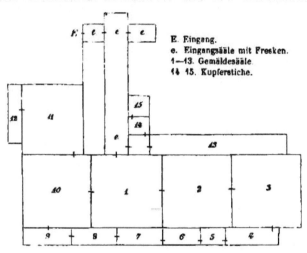

E. Fingang.
e. Eingangsääle mit Fresken.
1—13. Gemäldesääle
14 15. Kupferstiche.

lung, eine Sammlung Gyps-
abgüsse, die Bibliothek (s.
oben), ein sehr reiches Münz-
cabinet, ein Observatoriumetc.
Im Vorhof seit 1859 die unbekleidete
Erzstatue Napoleons I. von *Canova*,
die bis dahin im Keller gelegen. Fer-
ner Bonaventura Cavalieri von *Giov.
Ant. Labus;* C. O. Castiglione von
A. Galli; L. Cagnola Arch. von *Cac-
ciatori;* Pietro Verri von *Fraccaroli;*
Gabrio Piola von *Vela;* Tommaso
Grossi von *dems.* Grabmäler des
Bernabò und anderer Mitglieder der
Visconti'schen Familie (ehemals in
S. Giovanni in conca). Auf der
Treppe die Statue Beccaria's von
Marchesi, und die des Dichters Pa-
rini von *Monti.*
   Die Gemäldesammlung (offen von
10—3, Sonntags von 12—3) ist eine

der reichsten und herrlichsten Italiens. Der Katalog ist am Eingang
zu haben. Die Namen der Künstler
stehen unter den Bildern. Diese
sind mehrfach umgehängt worden,
so dass die Nummern nicht in der
Reihenfolge gehen. Möglich, dass
neue Veränderungen vorgenommen
werden (1865). [1] In den Eingangs-
sälen findet man eine Anzahl Fresken aus der lombardischen Schule,
die von den Wänden aufgehobener
Kirchen und Klöster und verlassener
Paläste abgenommen und zum Theil
auf Leinwand übertragen worden.
Das Abendmahl Leonardo's, Copie
von *Marco d'Oggionno.* 1. *Luini,*
3 lautenspielende Mädchen. 7. *Ders.,*
Maria u. Joseph zur Trauung gehend.

[1] Zur Orientirung diene der obige Plan.

8. *Bramantino*, Maria mit dem Kind.
13. *Luini*, Maria mit dem Kind.
15. *Ders.*, der Traum Josephs. 20.
31. 35. 38. *Ders.*, Engel. 30. *Ders.*,
Die Geburt des Adonis. 32. 33. *Ders.*,
Scenen aus dem Leben der Jungfrau. 34. *Ders.*, Begräbniss der h.
Katharina. 36. *Ders.*, Madonna mit
dem Kind, S. Antonius Abbas, S.
Barbara und einem lautenspielenden Engel. 39. *Ders.*, Darstellung im
Tempel. 43. *Gaudenzio Ferrari*, aus
dem Leben Joachims. 44. *Marco
d'Oggionno*, Adam und Eva. 46.
48. 49. 50. 53. 54 und 52. *Gauden-
sio Ferrari*, aus dem Leben Mariä.
51. *Luini*, 2 Engel. 55. 63. *Marco
d'Oggionno*, Himmelfahrt Mariä. 56.
Bern. Luini, Auferstehung. 59. *Ders.*,
Vermählung der Jungfrau. 64. *Bern.
Lanino*, musicirende Engel. — I.
Saal. 6. *Tizian*, S. Hieronymus.
220. *Palma vecchio*, Triptychon mit
Constantin u. Helena, Sebastian u.
Rochus. 10. *Van Dyk*, Madonna mit
Heiligen. 15. *Paris Bordone*, Christus in der Glorie. 434. *Cristoforo
Caselli di Parma*, eine Königstochter
am Altar vor einem Bischof knieend.
21. *Ag. Caracci*, die Ehebrecherin
vor Christus. 18. *Domenichino*, Ma-
donna mit Heiligen. 22. *Lod. Caracci*,
das cananeische Weib. 26. *Paris
Bordone*, Taufe Christi. 27. *Ann.
Caracci*, die Samariterin. 36. *Daniele Crespi*, Kreuztragung. — II.
Saal. 45. *Garofalo*, Pietà. 49. 50.
51. *P. Veronese*, Anbetung der Könige. *56. *Moretto*, Madonna in der
Glorie mit Heiligen. *58. *Timoteo
della Vite*, Madonna, der ein Engel
das Christkind zeigt, zwischen Johannes Baptist. und Sebastian. *59.
Romanino, Madonna mit Heiligen und
Engeln. *60. *Palma vecchio*, Anbe-
tung der Könige. 61. *P. Veronese*,
Hochzeit zu Cana. 63. *Vincenzo
Catena (?)*, S. Stephan. 64. 67. *Moroni*, Bildnisse. 65. 66. *Moretto*,
Heilige. 68. *Moretto*, S. Franz. 69.
Palma vecchio (Bonifazio?), die Ehe-

brecherin. 70. *Tintoretto*, Andacht
zum Kreuz. 71. *P. Veronese*, Heilige. — III. Saal. 75. *Gentile da
Fabriano*, Krönung Mariä. 77. *Niccolo Alunno*, 1465. Madonna in der
Glorie. 78. 79. 87. 89. *C. Crivelli*,
1412. Madonna in tr. mit Heiligen.
90. *Gent. Bellini*, die Predigt des
Marcus in Alexandria. 91. *Luca
Signorelli*, die Geisselung. 93. *Ders.*,
Madonna in der Glorie. 96. *Cima
da Conegliano*, Heilige. *97. *Giov.
Santi*, die Verkündigung. 100. *Niccolo Alunno*, S. Franz, und darüber
noch einige Tafeln von ihm. 103.
Marco Palmezzano, Geburt Christi.
105. *A. Mantegna*, S. Marco mit
Pietà und Heiligen. 107. *Fra Carnevale*, Madonna mit Heiligen. 110.
Niccolo Alunno, S. Bernardino. 112.
P. Veronese, das Gastmahl des Pha-
risäers. 125. *Giotto*, Madonna mit
dem Kind, zu dem Altarwerk in der
Pincoteca von Bologna gehörig. 126.
M. Basaiti, S. Hieronymus. — IV.
Saal. 127. *M. Palmezzano*, Madonna
mit Heiligen. 128. *C. Crivelli*, Ma-
donna in trono. 132. *Giov. Bellini*,
Madonna. 133. *Girolamo da S. Croce*,
dessgl. mit Heiligen. 163. 153. Zwei
Studienköpfe von *Cesare da Sesto (?)*.
160. 182. *V. Catena*, Heilige. 188.
Giov. Bellini, Pietà. 144. *Vittore
Carpaccio*, Streit des h. Stephanus.
148. 151. *Hobbema*, Landschaften. —
V. Saal. 166. *Palmezzano*, Krönung
Mariä. 168. Altniederländisch, An-
betung der Könige. 169. *Morone*,
Madonna mit Heiligen. 176. *Bern.
Lanino*, dessgl. — VI. Saal. 183.
Van Dyk, Bildniss. 189. *Cima da
Conegliano*, S. Petrus auf dem Thron,
mit Heiligen. 202. *Ann. Caracci*,
sein Bildniss. 204. *Giov. Bellini*,
Madonna. 208. *Moroni*. Madonna
und Heilige. 209. *Giov. Bellini*,
1510. Madonna und das Kind. —
VII. Saal. *230. *Raphael*, das Sposalizio, 1504, ehedem in Città di Castello. 210. *Marco d'Oggionno*, Madonna und das Kind und Heilige. 213.

217. *Cima da Conegliano*, Heilige.
184. *Cesare da Sesto*, Madonna mit
dem Kind. 251. *Rembrandt*, weibl.
Bildniss. 137. *Moroni*, Bildniss.
*247. *Bernardo Luini*, Madonna mit
dem Kind. 254. *Velasquez*, Bildniss
eines todten Mönchs. *416. *Leonardo
da Vinci*, Studium zum Christus im
Abendmahl von S. Maria delle Grazie. 214. *Guercino*, Verstossung
Hagars. 234. *Tixian*, Bildniss eines
Alten. — VIII. Saal. 241. *Fil. Mazzola*, Bildniss. 218. *Vittore Carpaccio*, Vermählung Mariä. 222.
Ders., erster Tempelgang Mariä.
226. *A. Mantegna*, Pietà, als per-
spectivisches Studium. *235. *Michel
Angelo*, das s. g. Götterschiessen
(„il bersaglio de' Dei"), war im Besitz Raphaels, und galt als eine Zeichnung von ihm, obschon die Unter-
schrift „Michelle angelo bonarota"
von seiner Hand ist; eine Gruppe
Nackter, Zeichnung. 236. *Andrea
Solari*, Bildniss. *237. *Guido Reni*,
Paulus und Petrus. 243. *H. Bles?*
Geburt, Anbetung, Flucht. 246.
248. *Canaletto*, Landschaften. —
IX. Saal. 136. *Van Dyk*, weibliches
Bildniss. * *Lorenzo Lotto*, 3 Bildnisse,
Geschenk des Königs. 257. *Bonifazio*, Findung Mosis. 259. *B. Luini*,
Noah. 278. *Moretto*, Mariä Himmelfahrt. — X. Saal. 321. *Bonifazio*,
Christus in Emaus. 332. *Salvator
Rosa*, S. Hieronymus in der Wüste.
284. *G. Poussin*, S. Johannes in der
Wüste. — XI. Saal. 336. *Beltraffio*,
der Täufer. 337. *Salaino*, Madonna
und Heilige. 338. *Callisto Piazza*,
dessgl. 339. *Marco d'Oggionno*, Mariä Himmelfahrt. 342. *Ders.*, Sturz
des Lucifer. *343. *Gaudenzio Ferrari*,
Martyrium der h. Katharina. 344.
Bern. Zenale, Madonna mit Heiligen
u. den Donatoren Lodovico il Moro
nebst Familie. 345. *Bern. Luini?*
1515, Madonna mit Heiligen. 355.
Talpino, dessgl. 361. *Gian. Petrino*
nach *Leonardo*, dessgl. nur angefangen. 370. *Ambr. Borgognone*, Ma-

riä Himmelfahrt. — XII. Saal. *Ussi*,
männl. Bildniss.

Casa Brocca (46). Corso Francesco 603, spanische Gemälde;
Abendmahl von *B. Luini*, heil. Familie von *Raphael*, alte Copie. Münzen. Medaillen.

Casino dei Mercanti (48), V.
S. Paolo 833, Plafond von *Sogni*,
seit 1850 reconstituirt, unter dem
Namen: Società del Giardino,
geschlossene, doch dem Fremden
zugängliche Gesellschaft für Lec-
ture, Musikunterhaltung, Bälle etc.

Casino dei Nobili (49), Via
S. Giuseppe 1602. Plafond von *Bel-
losio*, 1846; seit 1848 Caserne.

Castello, an Piazza d'Armi gelegen; als Festung erbaut 1358 von
Galeazzo Visconti, und nach einer
Zerstörung wiederaufgebaut von
Herzog Joh. Galeazzo I. Nach der
Belagerung durch die Franzosen
1796 wurden die Aussenwerke ohne
die Thürme zerstört, die 1848 auch
fielen. Radetzky liess 1849 auch
das Glacis rasiren, und jetzt ist das
Castello nur noch eine Caserne.

Club degli artisti, Contr. del
Giardino.

Collegio militare (51), gegründet 1802 von General Theulié,
eine der vorzüglichsten derartigen
Anstalten, seit 1848 Militärspital.

Conservatorio di Musica (52).

Galeria de' Cristoforis (53),
in der Weise der Pariser Passages, mit
70 eleganten Boutiquen; vornehmlich bei Winterszeit Spaziergang.

Giardini pubblici (54), 1859 bedeutend vergrössert von Balzaretti,
mit Seen, Grotten, Felspartien und
Blumenbeeten (was 3 Mill. Frcs. gekostet). Brillantes Café. Italia als
Städtebegründerin und Carlo Alberto, 2 Statuen aus Marmor; dessgleichen die Statue Cavours; mit
öffentlichen Festlichkeiten
immer an Sommer-Sonntagen; mit
einem Tagtheater von Mai bis November.

P. del Governo (55), mit Fresken von *Appiani;* Sitz des Civil-Gouverneurs von Mailand.

Istituto topografico (56), eines der besten in der Welt, ist nach Wien verlegt.

Lazzaretto (57) vor der Porta Orientale von *Bramante* 1489, jetzt Armenhaus.

＊P. del Duca Litta (58). Corso di Porta Vercellina von *Richini,* mit ausgezeichneten Fresken von *B. Luini.* Porträts von *Tizian;* Pietà von *Murillo;* die Vermählung der h. Katharina von *B. Luini.* Votivbildnisse mit Heiligen von *Borgognone.* Die Königin Elisabeth von *Appiani.* Sculpturen von *Motelli,* Genius der Malerei. (Mädchen mit dem Hund.) Kletternde Kinder von *Manfredini* etc. Bibliothek.

Macello pubblico P. Marino (59) von *Gal. Alessi* 1525; jetzt Municipio.

Casa Melzi (60) mit Bibliothek und Gemälden.

Loggia degli Ossii an Piazza de' mercanti, nach einer uralten Mailänder Familie benannt; begonnen unter Matteo Visconti 1316, unter seinen Nachfolgern fortgesetzt; mit 2 Porticus mit je 5 Bogen, die Wand mit Platten von schwarzem und weissem Marmor belegt. Hier wurden früher die Gesetze und Todesurtheile publicirt. Jetzt ist die Handelskammer da, das Hypothekenamt, die Oberinspection der Elementarschulen und Lyceen, die Direction und das Bureau des Telegraphenamts und das Generalcommando der Nationalgarde.

Ospedale de' Fate bene fratelli (62), mit besonders schöner innerer Einrichtung und einem S. Johannes von *Pompeo Marchesi.*

O. de' fate bene Sorelle (63) mit einem Relief von *Marchesi.*

＊Ospedale grande (64) von *(Antonio Filarete) Averulino* 1456 in Auftrag des Franc. Sforza IV. und seiner Gemahlin Bianca Maria. Der Porticus rechts von *Bramante.* Man pflegt gewöhnlich gegen 2000 Kranke; doch stieg die Zahl schon auf 4500.

Ospedale militare (65), ehedem ein Kloster, von *Bramante,* mit einem Abendmahl von *Calisto Piazza.*

Privatgärten: Andreani, Bellati, Castiglioni (mit Antiken), Pertusati, Perego, Rossi und Belgiojoso (im englischen Geschmack).

P. della Ragione (66) (ausser Gebrauch), an Piazza de' Mercanti von 1228, vollendet von dem glaubenseifrigen Podestà Oldrado Grosso de Fressino, dessen Bildniss aussen angebracht ist mit der Unterschrift: Qui solium struxit, catharos, ut debuit, uxit. — Dann an einer andern Stelle die halbgeschorne Sau, von der Mailand (in medio lanae) seinen Namen haben soll. Ehemals diente er zu den Sitzungen des Rathes der Sechzig. Jetzt enthält er das Archiv der notariellen Acte u. der geschichtlichen Documente Mailands. Seit 1859 ist im Erdgeschoss die Börse. Das Gebäude mit dem Thurm wurde von Pius IV. von Medici erbaut und diente ursprünglich als Collegio dei Dottori. Früher wurden hier die Capitel-Sentenzen ausgeführt, und die Glocke gab dann das Signal zur Hinrichtung. Unterhalb des Thurms mit der Armensünderglocke steht die Statue des h. Ambrosius von *Scorzini* 1834 in einer Nische, darin früher die Statue Philipps II. von Spanien aufgestellt war, der man in der franz. Revolution den Kopf des Brutus aufsetzte. Der h. Ambrosius ward von den Oestreichern eingesetzt.

P. Reale (67) von *Piermarini.* Sala di Audienza, Sala del Trono Imperiale mit Fresken von *Appiani,* aus dem Leben Napoleons; Sala di Representazione mit Fresken von *Appiani* und Sala di Trono attuale, mit der Vermählung Napoleons von *Hayez,* Jupiter und Mercur von *Palagi.* Im Gewölbe Bildnisse Napoleone; eine Marmorbüste desselben mit der eisernen Krone.

Casa Samoyloff (68), Via di Borgo nuovo 1531, Malereien und Sculpturen, jetzt Castelbarco, mit der trefflichen Copie einer heiligen Familie von *Raphael*, davon das Original in der kön. Galerie zu Madrid ist.

P. Saporiti (69), Corso di Porta Orientale 722, Sculpturen von *Marchesi*.

Casa Scotti Gallerati (70) mit einer Taufe von *Cesare da Sesto*, die Landschaft von *Bernazzano*.

Il Seminario (71) mit schönem Cortile.

* Senavra (72) vor Porta Vittoria, Irrenanstalt.

Casa Silva (73) mit ausgesägten Fresken zu Ovids Metamorphosen von *B. Luini*.

P. Taverna (74), via dei Bigli, Gemälde von *Rubens, Gaud. Ferrari*, und im Hof Fresken aus Leonardo's Schule.

Spaziergänge: vornehmlich der Corso längs den mit Kastanien und Acazien besetzten Bastionen zwischen Porta Romana, Porta Nuova und der Porta Venezia, innerhalb der Umfassungsmauer. Hier versammelt sich täglich gegen Abend die elegante Welt zu Wagen, zu Pferd und zu Fuss.

Theater: **La Scala** (75) von *Piermarini*, 1778, 265′ 3″ l., 100′ 5″ br., fasst 3600 Zuschauer, Malereien von *Hayez*; beste Oper in Italien und Ballet. Die Logen sind grossentheils Privateigenthum, der 6te Rang wird gewöhnlich von der Theater-Impresa an Privatgesellschaften vermiethet, die daselbst zu Conversation, Spiel, Lectüre etc. zusammenkommen. — T. della Canobbiana (76) von *Piermarini* mit Komödie und Ballet im Carneval, und Oper und Ballet während der Frühjahr-, Sommer- und Herbst-Saison. — T. Re (77), vorzüglich für Lustspiele. — T. Carcano

(78), günstig für Musik. — T. Filodramatico (79), von Dilettanten in Declamation und Gesang; Vorstellungen gewöhnlich Freitags. — T. Lentasio (80). — Mit Ausnahme der Canobbiana sind sämmtliche bisher genannte Theater auf Kirchen- oder Klostergrund gebaut. — T. Fossati. T. Diurni della Stadera dei Giardini Pubblici, Stadera und della Commenda, und das T. Fiando, o delle Marionette, in welchem letztern mit grosser Virtuosität gespielt wird. — Opera comica. T. Re, Porta Garibaldi (nicht viel).

Pal. Triulzi (81) mit einer kostbaren Sammlung von Alterthümern, namentlich Diptychen und andern Elfenbeinschnitzwerken, Bibliothek. (Schwer zugänglich).

Casa Uboldi (82), via del Pantano 1690, neuere Gemälde und Sculpturen; alte Waffen.

Villa reale (83) neben dem Giardino Pubblico, von *Leop. Pollack*, Fresken von *B. Luini* und *Appiani*. Englische Gartenanlage, bis 1848 Sommerresidenz des Vicekönigs, später Absteigequartier des Feldmarschalls Radetzky; jetzt?

P. Vismara (84) mit 2 Statuen an der Façade von *Michelozzo Michelozzi*.

Zecca (85), Via S. Angelo mit sehenswerther Maschinerie zur Prägung der Münzen. Sammlung von Petrefacten.

Umgegend: (Reisek. II. III. VII.) Die lohnendsten Ausflüge von **M.** macht man an den Lago maggiore, Lago di Como (mit Bequemlichkeit von früh 5 bis Abends 9 Uhr auszuführen), die Brianza, Monza etc., s. dd. In der Nähe von Mailand ist die Simonetta, ein ziemlich verfallenes Landhaus mit einem frappanten Echo; erbaut von Marchese Gonzaga, Vater des Heiligen Aloysius Gonzaga.

* La Certosa di Carignano mit Fresken von *D. Crespi*; Petrarca wohnte hier. — 3 Miglien vor Porta

Rom. die ehemalige Cistercienser-Abtei Chiaravalle mit interessanten Grabmälern (Pagano della Torre, † 1241 etc.). Die **Certosa von Pavia** (Eisenbahnstation). Dieses von Gian Galeozzo gegründete, durch Joseph II. aufgehobene, 1844 aber wieder hergestellte, 15 Miglien von Mailand, 5 Miglien von Pavia entfernte Kloster verdient wegen der prachtvollen Kirche besucht zu werden. Grundplan von 1396 (nach Malaspina) von *Marco di Campione*, Façade von *Ambros. Fossana*, gen. *Borgognone*, 1473; daran Sculpturen von *Ant. Omodeo* u. A. aus dem 16. und 17. Jahrh: die Gründung der Kirche, Begräbniss des Gründers etc. Inneres 235′ l., 163′ br., 3 Schiffe mit 14 Capellen, eine Kuppel. Frauen dürfen nur das Schiff betreten; die andern Räume sind ihnen unzugänglich. **4.** Cap. r. Christus am Kreuz von *Borgognone;* 6. Cap. r. Madonna mit SS. Peter und Paul von *Guercino;* 2. Cap. l. ein Altarwerk, in welchem Gott Vater, von *Perugino;* die vier Kirchenväter v. *Borgognone;* 6. Cap. S. Ambrosius von *dems.* Im Querschiff das Grabmal von Gal. Visconti; am Ende Cap. S. Bruno mit einem Votivbild der Familie Visconti von *Bramantino.* Im 12. Querschiff Grabmal des Lodovico Moro und seiner Gemahlin Beatrice d'Este. Im Chor Holzschnitzwerke und eingelegte Arbeit von *Virgilio Conti* und *Bart. da Pola.* Die neue Sacristei mit Fresken von *Sorri.* — S. Ambrosius und die einzelnen Capellen und Altäre sind reich an kostbaren Säulen und Steinen, und Gemälden von *Borgognone* (Anbetung des Kindes in der Capelle der heil. Veronica, 2. Cap. r.). — Die Glasmalereien der Fenster sind zu beachten, so wie die Altarbekleidung aus Nilpferdzahn in der alten Sacristei von *Bernardo degli Ubriachi Fiorent.*

Cascina del Buon Gesù — an der Eisenbahn nach Camerlata, in der Nähe Legnano mit Resten des Forts Licinius, eines Feldherrn Carls des Gr., wo Barbarossa 1175 eine Niederlage erlitt. Kirche von *Bramante.* Gemälde von *Lanino.*

Villa Ghirlanda Silva in Cinisello zwischen den Strassen von Monza und Desio, erbaut um 1600, mit einem schönen Garten, verschiedenen Alterthümern, Kunstwerken und Naturalien.

In Busto Arsizio eine Kirche von *Bramante*, Gemälde von *Gaud. Ferrari.*

Saronno, an der Strasse nach Varese, 3 St., Kirche der Madonna von *Vincenzo dell' Orto* 1498, Façade von *Pellegrini*, Kuppel aus dem 16. Jahrh. mit Fresken aus dem Leben der Jungfrau von *Bernardo Luini*, Sculpturen von *Marchesi*, Gemälde von *Gaud. Ferrari*, *Ercole grandi*, *B. Lanino* und *Cam. Procaccino.* — Weiter auf der Strasse nach Varese nahe bei Tradate liegt Castiglione di Olona; hier sind in der Kirche Fresken von *Masolino di Panicale* 1448, aus dem Leben Mariä und der HH. Stephan und Lorenz.

Somma, Soma, an der Eisenbahn nach Arona, berühmt durch des P. C. Scipio Niederlage durch Hannibal, 218 a. C. Eine uralte, riesengrosse Cypresse zeigt man dort; Innocenz V. ist daselbst geboren. Römische Münzen und Grabsteine werden da gefunden. (Cf. Monumenta Somae locorumque circumjacentium. Mediolani 1784. Ein neueres Werk von Giani.)

Rhò, 2 St. an der Eisenbahn nach Arona. In der Nähe die Kirche Madonna de' Miracoli, mit Gemälden von *Procaccino* und die Certosa von Garignano, s. o. (Einen ausführlichen Wegweiser für Mailand und die Umgegend haben Ferdinand Artaria et Fils herausgegeben. Preis 4 Francs.)

10. a

Von Genf nach Turin

über den grossen S. Bernhard.

Reisekarte II. VII.

Dieser überaus herrliche Weg muss theilweise zu Fuss oder auf Saumthieren zurückgelegt werden. Von Genf nach Martigny 13 St. Dampfschiff 2mal täglich nach Villeneuve. Von da nach Martigny Eisenbahn. S. S. c und 9. Von Martigny nach Aosta 16 St.

Bis Liddes kann man fahren, dann Saumweg bis Etroubles, von wo Fahrweg nach Aosta. Von da Diligence 9 St. nach Ivréa zur Eisenbahn. in 2 St. für Fr. 6, 30 — 4.60. 3, 20 nach Turin. Wagen, Saumthiere, Führer und Träger findet man in Martigny, Orsières, Liddes und S. Pierre, Saumthier u. Treiber bis Liddes 7 Fr., 1 Wagen zu 2 Plätzen 15 Fr., zu 3 Plätzen 20 Fr. Von Liddes zum Hospiz Saumthier 4 Fr. Ein Führer von Martigny zum Hospiz 10 Fr. Hier findet man immer Retour-Säumer.

Hinter Bovernier die grosse Galerie Monnage 1½ St. mit den Ruinen eines Trappistenklosters. Bei St. Branchier ½ St. vereinigen sich die beiden Arme der Transe in einem anmuthigen Thalkessel. Bei Orsières 1 St. (Krone. Löwe) die Trümmer der Burg Chatelard. Liddes 1 St. (Union). Von S. Pierre 1 St. steigt der Weg ziemlich steil empor, und doch war der alte, den die französische Armee vom 15. — 21. Mai 1800 vor der Schlacht von Marengo mit schwerem Geschütz zurücklegte, viel beschwerlicher. Bald hört alle Vegetation auf; im Todtenthal steht die Capelle, in der verunglückte Reisende beigesetzt werden, ohne zu verwesen. In der Nähe ein kleines Hospital, wo man zur Noth Unterkunft findet. Das Hospiz auf dem S. Bernhard 3½ St. 7680' ü. d. M. an einem kleinen See an der Grenze Piemonts. Gegründet angeblich 962 vom heil. Bernhard von Menthou, wird es von 10—12 Augustiner-Chorherren verwaltet. Das jetzige Gebäude aus dem 16. Jahrh. ist 1822 vergrössert worden. Die Fremdenzimmer enthalten 70—80 Betten. Zu den Sehenswürdigkeiten des Klosters gehören ausser den Fremdenbüchern eine Sammlung Alterthümer und Naturalien; ferner das von Napoleon dem bei Marengo gefallenen General Desaix errichtete Denkmal. Die Mönche haben die Verpflichtung, Reisende unentgeltlich zu verpflegen und ihnen im Fall der Gefahr zu Hülfe zu kommen, wobei sie von den grossen Hunden des Klosters treulich unterstützt werden. (Frauen werden in einem Nebengebäude untergebracht. Um 12 Uhr und um 6 Uhr ist gemeinsame Tafel.) Dafür hinterlässt der Reisende ein Geschenk im Armenstock der Capelle zurück. 15 Jahre ist die Dienstzeit eines Mönchs im Hospiz. Das Klima ist etwa dem von Spitzbergen gleich, kaum 10—11 Tage im Jahr sind heiter und der Aufenthalt desshalb nicht neidenswerth. Der Holzbedarf wird im August aus dem Verexthal heraufgeschafft. — Auf dem Weg nach Aosta kommt man nach der Vacherie ¾ St., wo die Kühe des Hospizes weiden, und wo man die Bergspitze „pain de sucre" deutlich sieht. In S. Remi 1¼ St., wohin ab man im Zickzack steigt, ist eine Dogana. Beim Wirth Marcor erhält man einen kleinen Wagen nach Aosta für 10 Fr. In Oyen 1 St. und Etroubles ½ St. Passvisitation. Bei La Cluse 1¼ St. ein Römerthurm. Von Gignod an 1 St. nimmt die Vegetation bereits den südlichen Charakter an. Aosta 1½ St.

Aosta, Augusta praetoria. (Hôt. du Montblanc. — Corona grossa, table d'hôte à 50 Sous. Ecus du Valais. Vortreffliche Forellen; Weine:

Torette, Donnaz, Chateigne, Muscat blanc. Reiche Jagden vom August an, auf Fasanen, Rebhühner und Krammetsvögel; nach der Weinlese auf Hasen und Ende October auf Schnepfen. — Einspänner nach S. Remy 10—15 Fr. Diligence nach Cormayeur. Diligence in 9 St. nach Ivréa.) Stadt in Piemont am Fuss des grossen Bernhard, in einem an Wein, Mandeln und Feigen fruchtreichen, durch sein Klima, sowie durch seine überaus herrliche Lage am Montblanc, Mont Cervin (Matterhorn, oder M. Silvio) und Monte Rosa ausgezeichneten Thale, an der Dora Baltea (Dora maggiore), in den ältern Theilen finster und enge, jedoch mit einem schönen Platze (Piazza Carlo Alberto) und einem stattlichen neuen Rathhaus im römischen Styl, mit 6000 Einw. Augustus gründete die Stadt nach Besiegung der Landeseinwohner (Salasser) im Jahr 729 U. oder 25 a. C und legte eine Militärcolonie daselbst an. Die Anlage ist regelmässig, ein längliches Viereck, durch Strassen und Cloaken in 3 Quadrate getheilt, mit 2 Thoren an den schmalen Seiten, 18 Thürmen und Mauern von Quadern, die zum Theil noch sichtbar sind.

Alterthümer aus der römischen Zeit: Porta Prätoria; das Militärmagazin (Marché des Romains) mit 3 kleinen Tempeln; das Theater mit mächtigen Strebepfeilern; das Amphitheater; der Ehrenbogen des Augustus. Cf. Cav. Carlo Promis, le antichità di Aosta misurate, disegnate, illustrate etc. 1862.

Kirchen: Dom, im germanischen Styl mit dem Grabmal eines alten savoyischen Fürsten. — Franciscanerkirche; Grabmal Challants, Marschalls von Savoyen.

In der *Umgegend* von Aosta Kupferminen (in Val Pellina), eine römische Brücke Ponte di El zwischen zwei Bergen und in den benachbarten Thälern viele Cretins.

— Cormayeur zwischen dem grossen Bernhard, Col di Ferret, Monte Gigante, Montblanc, Col de la Seigne und dem kleinen Bernhard höchst malerisch gelegen, mit warmen Mineralbädern und silberhaltigen Bleigruben in der Nähe. — Das Dorf Alpe-Betta das höchstgelegene stets bewohnte in Europa 7158'. — Das Fort Bard an der Dora im Thal von Aosta auf einem Berge 4560' von den Franzosen zerstört, von Carl Albert wieder hergestellt und unüberwindlich und bestimmt die schon im grauen Alterthum durch die Felsen gesprengte Strasse zu decken. — Chatillon Castiglione (Palais royal. Leone d'oro. Tre Ré) mit Hammerwerken. In der Nähe das Dorf Chambave, wo ein vortrefflicher Wein gekeltert wird, u. eine köstliche Aussicht auf den Monte Rosa, den Montblanc und die zwischenliegenden Alpen die Besteigung eines Hügels lohnt.

S. Vincent mit einem Gesundbrunnen (gute Wirthsch.) und reicher Vegetation. — Durch den steilen Engpass von Montjovet hinab nach dem breiten Thal von Verez (Post. Corona) auf welchem Weg man mehre Wasserfälle der Dora sehen kann. — Weiterhin auf der steilen Höhe des Felsen-Engpasses von Donnaz das Fort Bard, von welchem aus im J. 1800 eine östreichische Besatzung von 400 Mann 8 Tage lang die französische Armee nach dem Uebergang über den grossen S. Bernhard aufgehalten. — Eine hohe Römerbrücke führt über den vom Monte Rosa kommenden Lysbach im Dorathal durch Settimo, Vittone und Carema nach Ivréa, Eporedia (Europa), Hauptstadt der gleichnamigen Provinz, zwischen zwei Hügeln an der Dora baltea, über die eine von den Longobarden erbaute Brücke führt, mit einem alten Schloss (Castellazzo), jetzt Staats-Gefängniss, Festungs-werken und 8000 Ew. Die feuchte Lage erzeugt hier viele Scorpione, wogegen vornehmlich im Sommer Vorsicht zu empfehlen. Die Kathedrale im mittelalterlichen Styl, angeblich auf dem Grund eines Sonnentempels aufgeführt. Nahe der Stadt altrömische Mauerreste. Bolenga mit der schönen Anlage der Vigna Volsa. Das Felsenthal von Bard mit sehenswerthen Festungs-werken; und der Felsenweg über den Arnaz und Verez nach Aosta und dem Mont Jou (mons Jovis). Eisenbahn bis Turin, 3mal tägl. — um 11 Vm. in 1³/₄ St. um 5 Fr. u. 5³/₄ Nm. wegen Aufenthaltes in Chivasso in 3 St. — in 2 St. für Fr..6.30. — 4, 60 — 3,20. Caluso. Rückblick auf Montblanc, S. Bernhard und Monte Rosa! Chivasso. Settimo. Turin.

10. b)
Von Genf nach Turin
über den Col de la Seigne oder über den kleinen Bernhard.

Reisekarte II. VII.

Dieser Weg ist nur bis Salenches für Postfuhren eingerichtet und muss dann grossentheils zu Fuss oder auf dem Saumthier zurückgelegt werden. Täglich geht ein Eilwagen nach Sallenches in 5¹/₂ St. für Fr. 5. (Ein Miethwagen kostet 24 — 30 Fr.)

Bei Annemasse ist das französische Pass- und Mauthamt. Bei Collonge sieht man die Felspyramide des Môle 5800', an dessen Fusse das grosse Dorf Contamines mit den Trümmern von Faucigny liegt.

Bonneville 5¹/₄ St. (Krone), Städtchen an der Arve am südlichen Fuss des Môle. Auf der Brücke die 95' hohe Denksäule des Königs Carl Felix und seiner Vorsorge gegen die Verheerung der Ueberschwemmungen. Unter schattigen Nuss- und Kastanienbäumen nach Cluses

2³/₄ St. (Union. Ecu de France), einem Uhrmacherstädtchen, das nach dem Brande von 1844 neu aufgebaut ist. Man betritt nun eine tiefe, düstre Schlucht zwischen den Bergen S. Sigismund und Douron, über der die Trümmer eines alten Schlosses stehen. — 800 F. über dem Dorfe Balme die berühmte 1600 F. lange Stalaktiten-Grotte d. N., zu deren Besuch 2 Stunden hin und her erforderlich. — Ausserhalb Douay der Wasserfall Nant d'Arpenaz. Wo das Thal sich erweitert, sieht man die Felsennadeln „Aiguilles de Varens", und bald darauf den Montblanc. S. Martin 5¹/₂ St. (Hôt. du Montblanc) und Sallenches ¹/₄ St. (Bellevue. Angleterre), ein hübsches, seit dem Brande von 1840 neugebautes Städtchen mit vieler Fabrikthätigkeit. Von beiden Orten erhält man gute Führer und Saumthiere ins Chamounythal. — Für 6 Fr. kann man einen Einspänner haben nach den schöneingerichteten, warmen Bädern von S. Gervais 1 St., in Contamines 1 St. (wenn nicht vorher) versorge man sich mit Mundvorrath. Auch soll man bei bedenklichem Wetter den Weg über den Col de Bonhomme nicht unternehmen. In einer tiefen Schlucht am Fusse des Mont Joli die Wallfahrtscapelle N. Dame de la Gorge, deren Tag am 15 August ist. Hinauf zu den Sennhütten von Nant-Bourrant 2 St., Mont Joli und Mont Joie, wo der Gletscher des 12990' h. Trélatête einen prachtvollen Anblick gewährt. Auf steinigem Wege im Zickzack zum Plan des Dames und nun über Schneefelder zu Croix du Bonhomme 7682' ü. M., wo man eine unvergleichliche herrliche Aussicht hat, obschon der Montblanc nicht sichtbar ist. In Chappiu 5¹/₂ St. trifft man eine nothdürftige Unterkunft. [Im hohen Sommer kann man einen 2 — 3 St. nähern und noch schönern Weg

einschlagen. Statt vom Col di Bonhomme nach Chappiu hinabzusteigen,
geht man links noch etwa 5—600'
zum Col du Four hinauf und von
da gerade nach Molet hinab. Vom
Gipfel des Four, der sich rechts vom
Col noch etwa 100' höher erhebt, hat
man eine der grossartigsten Fernsichten in den Alpen. Auch den
Gipfel des Montblanc sieht man hier,
in grösster Nähe.
Ueber Motet 2½ St. (Schlechte
Einkehr!) nach dem Col de Seigne
1½St., wo man die wunderbarste
Ansicht der Montblancgruppe hat.
Wasserscheide zwischen Po und
Rhone. Ueber Schnee und Alpen,
an den Gletschern der Estelette und
de l'Allée vorbei zu dem Combal-
see, dessen Moräne aus vier halb-
mondförmigen Terrassen besteht, deren unterste den Piemontesen 1494
als Befestigung diente. Die Doire
entlang ins Val di Véni, rechts der
Mont Chetiff oder Zuckerhut. Prachtvoller Anblick des Brenvagletschers
bei der Capelle Notre Dame de
Guérison. Ueber die Bäder von Saxe
nach dem herrlich gelegenen Dorfe
Cormajeur 6 St. (Angelo, gut.
Montblanc) 4211' ü. M.
Will man über den kleinen
Bernhard, so geht man von Chappiu durch eine wilde, öde Schlucht
nach Bourg S. Maurice 3 St.
(Mayet, sehr gut) an der Isère, durch
angebautes Gelände nach Scez und
auf Felswegen im Zickzack nach
S. Germain in 3 St. und zum
Hospiz des kleinen S. Bernhard
6746' einem Filial des Hospizes vom
grossen S. Bernhard 2 St., wo man
leidliche Bewirthung findet. Auf der
Ebene beim Hospiz ein Kreis von
Steinblöcken von 260 Ellen im Umkreis, wo Hannibal beim Uebergang
über diesen Pass Kriegsrath gehalten
haben soll. Die Colonne de Joux
(Colonna Jovis) daneben. Das Belvedere. — Ueber den Pont Serrant
nach den warmen Bädern von S.

Didier 5 St. (Bär); überall herrliche Gebirgs-Ansichten. Nach Cormajeur 1 St.
Von da nach Aosta sind es 3 St.
Ein Wagen für 2, 3, 4 Personen
kostet 12, 15, 20 Fr. Bei Villaret
rückwärts herrliche Ansicht des
Montblanc! In Arvier vortrefflicher
Weinbau. Hoch über Villeneuve
das Schloss Argent; über S. Pierre
auch ein Schloss, malerisch gelegen,
ebenso bei Sarraz deren zwei (Sarraz und Aimaville). Viele Cretins
und entsetzlicher Schmutz. **Aòsta**
S. Rr. 10, a.

10. c.

Von Genf nach Turin.

über Annécy und Albert-Ville.

Reisekarte II. VII.

Eilwagen bis Aiguebelle. Von da
Eisenbahn bis S. Michel. Dann Eilwagen über den Mont Cenis in 9½ (zurück in 11½) St. nach Susa; u. Eisenbahn von Susa nach Turin in 1¾ St.
Von Genf nach S. Julien 3 St.
¼ Post Vergünstigung. Pass- und
Mauthhaus von Frankreich. Schöne
Landschaften bis Cruseilles 4 St.
Annécy 5 St. 1 Pferd Vorspann
zurück. (Hôt. du Genève.) Lieblich
an einem See gelegene Stadt mit
10,737 Ew. Sitz eines Bischofs, mit
bedeutender Industrie: Glasfabriken,
Woll- und Baumwollenspinnereien,
Kattundruckereien, Gerbereien, Ei-
sen- und Messerschmieden, vielen
Mühlen und nicht unbeträchtlichem
Handel. Ein kaiserl. Gestüte. Eine
grosse Hängebrücke bei La Caille
von *Belin* und *Behain.* Ein altes
Castell, jetzt Caserne. Der erzbischöfliche Palast diente 1535 den
aus Genf geflüchteten Bischöfen als
Zufluchtstätte. Die Kathedrale. In
der Kirche des Klosters de la Visitation die Grabmäler von Franz v.
Salis und Joh. von Chantal. Das
Stadthaus, modern, mit Bibliothek
und Naturaliencabinet. Vorzügliche

Fische: lotte und vairon. An den Ufern des schönen Sees, an welchem das vielbesuchte Schloss von Duing auf einer Landzunge liegt, gegenüber von dem malerischen Talloires, dem Geburtsort des berühmten Chemikers Berthollet (1756, † 1822), durch reizende Gegenden nach Verges 7 St. Von da über Ugine 6 St. ins Thal der Isère nach Albertville 6 St. Der Freund römischer Alterthümer findet deren einige in dem kleinen Städtchen Aime mit 900 Ew. an der Isère 10 St. aufwärts). Nahebei Macot und Pesay mit silberhaltigen Bleibergwerken. — Im Thal der Arc aufwärts nach

Aiguebelle 6 St. malerisch gelegen. 1760 durch ein Erdbeben verwüstet. 1742 Sieg der Franzosen und Spanier unter dem Herzog von Parma gegen das sardinische Heer. Geburtsschloss der Herzoge von Savoyen, della Carboniera. Von hier Eisenbahn (vorläufig) bis S. Michel. Grande-Maison. In dieser Gegend gibt es viele Cretins.

S. Jean de Maurienne (Europe). Hier starb Karl der Kahle an Gift von seinem Leibarzt dem Juden Zedekias 877. S. Michel. (Hôt. de la Samaritaine, gut und theuer). Von hier bis zur Vollendung der Eisenbahn Eilwagen in 16³/₄ St. nach Susa. Modane (Lion d'or) 3 St. 1 Pferd mehr hin und zurück. Hier beginnt der grosse Tunnel, der 12700 Mètres lang sein und 38 Mill. Francs kosten soll. (Fertig sind 1770 Mètres.) 1 Miglie seitwärts der Strasse ein schöner Wasserfall. Die Feste Bramant d'Essilon, hoch über dem Arc, durch eine „Teufelsbrücke" mit der Strasse verbunden, soll nach dem Vertrag vom 24. März 1860 zwischen Italien u. Frankreich geschleift werden.

Verney, 2¹/₂ St., 1 Pferd mehr zurück. Lans-le-Bourg 2 St. (Europe) 1 Pferd mehr zurück.

Letztes savoyisches Dorf, dessen Einwohner davon leben, Reisende über den Berg zu befördern. Das Hôtel Royal hat Napoleon bauen lassen. Guter Käse.

Hier beginnt die Strasse über den Mont-Cenis, die Hauptstrasse zwischen Frankreich und Piemont, auf Befehl Napoleons in 5 Monaten von *Giov. Fabbroni* 1805 mit 3000 Arbeitern vortrefflich gebaut, durch Felsen und über Abhänge geleitet, nirgends steil und jahraus jahrein fahrbar; am schönsten indess auf der italienischen Seite. Ihre höchste Höhe ist 6098' (6360 nach Martens). Von Lanslebourg bis Susa braucht man bei guter Jahreszeit 8 — 9 Stunden. Schon Pipin und Carl der Grosse haben den Pass gekannt und öfters überschritten, ebenso Pompejus, selbst Hannibal scheint hier übergegangen zu sein. Seit 5 Jahren arbeitet man an der Durchbohrung des Berges für die Eisenbahn. Die Reise über den Mont-Cenis mit Post ist theurer als andre ähnliche, wegen des doppelten Postgeldes und der vielen Vorspann. 26 kleine Häuser (Refuges) in gleichmässigen Distanzen von einander gewähren Schutz vor Kälte, Lawinen und andern Unfällen der Art und sind zugleich Wohnungen der Strassenaufseher (Cantoniers). — Von Lanslebourg, jenseits der Arc, fängt die Strasse an zu steigen, ¹/₂ Stunde hinter dem obersten Haus (Ramasse) auf der Hochebene des Passes (Madelino), steht Mont Cenis (Tavernettes), wo Postenwechsel ist, und ¹/₄ Stunde weiter das angeblich von Ludwig dem Frommen gestiftete, von Benedictinern bewohnte Hospitium, wo man mit vortrefflichen Forellen aus dem nahen See bewirthet wird, auch sonst Unterkunft findet. Dabei sind Casernen für 1000 Mann. Ueberall findet man Wirthshäuser, doch thut man besser, in Lanslebourg oder in Molaretto zu übernachten. 1 Pferd mehr zurück, aber vom 1. Nov. bis 30. April hin und zurück. Von da geht es abwärts nach Molaretto (Grenze Italiens) im Thal der Dora nach Susa ¼ St. Postvergünstigung hin und zurück. Gepäckvisitation. Segusium (Wirthshäuser: Hôt. de France. Buffet an der Eisenbahn. Hôt. de Savoie. Poste.), Hauptstadt der Provinz gl. N., am Flusse Dora riparia, sehr alt, nicht gut gebaut, mit 3300 Einwohnern und vortrefflichem Obst (Aepfel) und Wein. Vor der Herrschaft der Römer unter einem eigenen Fürstengeschlecht der Cottier (davon noch jetzt die cottischen Alpen, wenn nicht umgekehrt), kam es unter Augustus an Rom. Der diesem Kaiser zu Ehren errichtete, sehr schöne Triumphbogen steht noch wohlerhalten im Garten des Governatore. Er ist 48½' h., 40' br., 25' t. Das Thor ist 20' br. und 40' hoch. An den 4 Ecken springen corinthische Säulen vor. Der ringsherum laufende Fries ist an den beiden schmalen Seiten sehr beschädigt; die beiden langen, gut erhaltenen Seiten sind einander sehr ähnlich und stellen Opferscenen dar. Die Inschrift (ursprünglich eingelegte Metallbuchstaben) sagt, dass Cottius, des Königs Donus Sohn, als Präfect und die ihm untergebenen Völker den Bogen 745 U. dem Augustus errichteten. (Cf. Massarra, Arco di Suza, Torino 1750 — G. Ponsero, cenno sovra l'arco triomfale nella città di Susa, Torino 1841.) In der Kathedrale aus dem 11. Jahrh. doch mit spätern Veränderungen, sehr altes Taufbecken, die Statue der Adelheid, Gräfin von Susa, und eine Gruppe Madonna mit S. Georg und einem Kreuzfahrer aus dem 12. Jahrh. — Altes Triptychon.

In der Umgegend: die Trümmer der Veste von La Brunette, 1798 von den Franzosen zerstört; der Pass von Susa und der von Exilles. Die Eisenbahn von da nach Turin sehr belebt und freundlich. Sant-Ambrogio mit der Abtei San-Michele della Chiusa berühmt durch ihre Gräber, die die Leichname in natürliche Mumien verwandeln. Von Susa Eisenbahn in 1¾ St. für Fr. 5. 85 — 4, 10 — 2, 95 bis Turin.

Nach der Station Condove ist die Chiusa, die einst K. Desiderius gegen Karl den Grossen befestigt hatte.

S. Antonio.

Avigliana ehedem eine mächtige Stadt, jetzt ein kleiner Flecken mit 3000 Ew. und einer sehr alten Kirche S. Pietro.

S. Ambrogio 4 St. Rivoli 7 St., in reizender, gesunder und fruchtbarer Gegend, die ringsum mit Villen und Landhäusern geschmückt ist, unter denen die des Avvocato Colla durch einen schönen botanischen Garten sich auszeichnet. Im Palast (von *Juvara*) sass König Victor Amadeus II. gefangen, da er sich nach seiner Abdankung 1730, verleitet durch den Ehrgeiz seiner geheimen Gemahlin, der Marquise S. Sebastian, der Regierung wieder bemächtigen wollte, und starb hier 1732. Hier ward Carl Emanuel I geboren 1562. — Bis hierher erstreckt sich die „goldne Au" der Lombardei. **Turin**, Omnibus nach allen Gasthöfen 1 Fr. — Brougham 1½ Fr.

10. d)

Von Genf nach Turin.

über Chambéry.

Reisekarte II. VII.

(Theilweis Eisenbahn.) Von Genf nach S. Michel in 6—7 St. für Fr. 18, 95. — 14, 25. — 9, 90. — bis Turin 49, 45. — 42, 20. — 34, 85. Von S. Michel nach Turin s. Rr. 10, c. Man kommt sogleich auf französisches Gebiet. Am Abhang des Jura über Meirin, Sattigny, La Plaine Chancy. Fort de l'Ecluse, unter Ludwig XIV. von Vauban erbaut, 1814 von den Oestreichern zerstört, 1825 von den Franzosen mit einer unterirdischen Treppe von 1000 Stufen hergestellt, sichert Frankreich gegen jeden feindlichen Einfall von dieser Seite. — Hinter Collonges der nahebei 4000 Mètres lange Tunnel Credo. — Vereinigung der Rhone und Valserine in einem Felsenthal. Vor der Station Bellegarde (Französ. Zoll- und Passamt) die Perte de Rhône, wo die Rhone in einem Felsenschlund verschwindet. — Bei Culoz zweigt sich die Bahn nach Lyon ab. Die Bahn geht am östlichen Ufer des du Bourget nach Aix-les-Bains (H. Impérial. Hôt. Guillard. Hôt. Venat (Z. 2. M. 5 Fr.) Hôt. du Parc.) Aquae Allobrogorum, mit 2000 Ew., sehr besuchten warmen Bädern (35 bis 36° R.) Ueberresten römischer Bauten (von einem Triumphbogen, einem Venustempel, Dampfbad etc., angeblich von Kaiser Gratian) im Hôtel Charpentier und einem grossen neuen Badehaus (Le Cercle). Malerische Umgebung, der See Bourget mit einer Hungerquelle (Fontaine des merveilles), und der Abtei Hautecombe (Altacomba) von 1125, mit den Erbbegräbnissen der Fürsten von Savoyen, in der Revolution zerstört, 1824 durch Carl Felix von Sardinien mit prächtigen Grabmälern hergestellt; der See Annecy mit der Stadt gl. N., wohin eine Eisenbahn gebaut werden soll. Das Dorf Lemenc, wo die Frau v. Warens (cf. Confessions de Rousseau) begraben liegt.

Chambéry, Forum Voconii (Hôt. de France beim Bahnhof, Z. u. L. u. S. 2 Fr. Europe. * Petit Paris. Poste. Hôt. des Princes.) Hauptstadt von Savoyen, Sitz eines Erzbischofs, schön inmitten malerischer Berggruppen gelegen in einem fruchtbaren durchwässerten Thal, mit einem Collegium, Theater, vielen Wohlthätigkeitsanstalten etc. 19,959 Einw. und den schönsten Frauen Savoyens. Angeblich von Ritter Berius aus Artus Tafelrunde (Campus Berii) gegründet, erscheint es erst 1029 in der Geschichte und kam 1232 an Savoyen, 1860 durch Vertrag mit Victor Emanuel an Frankreich. Sehenswerth die Kathedrale im Spitzbogenstyle des 14. Jahrh. mit Basilicafaçade vollendet 1506; Denkmal des 1830 verstorbenen Generals Benedict von Brigne, der sein in Indien erworbenes Vermögen von 3¹/₂ Mill. seiner Vaterstadt Chambéry vermacht hat, oder der Elephantenbrunnen; das alte meist zerstörte Schloss, aus dem 13. Jahrh. mit Anbauten aus fast allen nachfolgenden Zeiten. Die Fontaine de Langs; das Collège et Musée des Arts mit einer Gemäldegalerie; die Bibliothek mit 13,000 Bänden; der botanische Garten; auf einem Felsen über der Stadt: Lemenc, das Lemnicum der Römer, mit Alterthümern. Die Charmettes, berühmt durch Rousseaus und Mad. de Warens Zusammenleben daselbst, und der Spaziergang Verney. — Weiter führt die Bahn an den Schlössern Bâtie und Chignin vorüber nach Montmeillan, wo die Ruinen des von Ludwig XIV. 1705 zerstörten Schlosses zu sehen sind, und ein guter Wein wächst. Aiguebelle. Von da bis Turin s. Rr. 10. c.

11. a)

Von Briançon nach Turin

über den Mont Genèvre und Susa 15¹/₂ Posten.

Reisekarte VII.

Von Briançon nach Les Alberts 4 St. Cesana, Singomagus bei Strabo, 8 St., die Dora entlang nach Oulx 3 St. Exilles, Castrum exiliorum 3 St., von *Ant. Bertola* so trefflich befestigt, dass ihn Carl Emanuel zum Grafen von Exilles gemacht. Susa 8 St. Eisenbahn nach **Turin** S. 10. c.

11. b)

Von Briançon nach Turin

über den Mont Genèvre und Fenestrelle 14³/₄ Posten.

Reisekarte VII.

Von Briançon nach Cesana 3 P. Durch das an malerischen Gebirgsansichten reiche Valle di Pragelas nach Fenestrelle 3 P., am Chisone mit einem festen Schloss aus dem 16. Jahrh. mit 5 Forts, einem über dem andern, und einer bombenfesten über 1 Miglie langen Treppe.

Pinerolo 4¹/₄ P. Von da Eisenbahn 1 St. für Fr. 3,35 — 2.55 — 1,70. (Kanone. Krone.) Hauptstadt der piemontesischen Provinz gleiches Namens, ehedem bedeutende Festung und Staatsgefängniss, wo die eiserne Maske, Fouquet und Lauzun gefangen gesessen; zufolge des Utrechter Friedens geschleift; an der Limara und am Fuss der Alpen schön gelegen, mit einem Bischof, 15,000 Einw. und Handel von Tüchern, Papier, Käse, Getreide und Seide. Beachtenswerth die Kathedrale. Ein Omnibus fährt von hier in 1 St. nach **Torre Luserna**, dem Hauptort der Waldenser (Orso. Leone d'oro). — **None.** **Turin.**

Ausserdem führen noch folgende Saumpfade aus der Schweiz nach Italien.

1. Reisekarte II. Aus Wallis über den Ferret-Pass, von Martigny das Dransethal hinauf nach Orsières, ins Thal Ferret, über die

Walliser Alpen, bei dem Col di Ferret ins Thal Entrèves nach Aosta.

2. Ueber den Pass am Matterhorn (M. Cervino) sehr schön, aber nur im hohen Sommer gehbar. 10,644' über dem Meer, das Visp- und Nicolaithal auf-, das Lesathal abwärts nach Aosta. Auf dem Pass des Matterhorns hat man südlich das Thal von Tournanche vor sich. Um aus diesem in das Lesathal zu gelangen, muss man zunächst die hohe Bergkette überschreiten, die das Thal von Tournanche vom Thal von Challant trennt, und dann noch eine zweite über 8000' hohe Kette, die das Thal von Challant vom Lesathal trennt, überschreiten. Geht man das Lesathal hinab, so gelangt man etwa 15 St. unterhalb Aosta in das Thal der Dora.

3. Ueber den Pass am Griesberg aus Wallis durch das Eginenthal in das Formazzathal nach Domo d'Ossola.

4. Reisekarte II. III. Ueber den Pass von Villa aus dem Tessiner Thal bei Villa nach dem Lavezarathale, nach Fusio über Sornico, Broglio, Lodone, Someo nach Maggia ins reizende Maggiathal und über Avegno nach Locarno am Langen-See.

5. Reisekarte I. III. IV. Ueber den Bernina-Pass durch das Veltlin aus Graubündten und dem Engadin nach Pisciadella und dem See von Poschiavo über Brusia ins Veltlin nach Tirano. (Jetzt Fahrstrasse.)

6. Reisekarte III. Aus dem vordern Rheinthal von Dissentis über den Lucmanier und das Bleynothal nach Olivone und Bellinzona.

7. Aus dem Thal Oberhallstein in Graubündten von Stella über den Septimer in das Bregoliothal und nach Chiavenna.

8. Reisekarte II. Aus Oberwallis durch das Binnenthal über den Albrunpass in das Formazzathal und nach Domo d'Ossola.

Förster. Italien. 8. Aufl. I.   17

9. Aus Oberwallis durch das Visper- und Seeferthal über den Monte Mora nach Macugagna im Thal der Anza und nach Vogogna im Val d'Ossola.

10. Von Martigny durch das Bagnethal über den Col de Fénêtre in die Val Tellina und nach Aosta.

B. In Oberitalien.

1.

Von Triest nach Venedig.

S. Rr. A. Nr. 4.

2.

Von Venedig nach Mailand.

Reisekarte VIII.

Eisenb.: 2mal täglich in 10—11 St. für — bis Peschiera — fl. 6,98 — 5,24 — 3,49 — von da bis Mailand — Fr. 17,45 — 12,70 — 9,5, nach Verona täglich 3mal — nach Padova 4mal. auch von Peschiera nach Mailand 4mal.
Von Venedig nach Verona S. Rr. A. 5, e.
An S. Lucia (l.), dessen Kirchhof 1848 von den Oestreichern tapfer vertheidigt wurde, vorbei nach Somma Campagna, wo am 24. Jul. 1848 die Oestreicher von den Italienern geschlagen wurden. — Castelnuovo mit den malerischen Ruinen der alten Festung. — Die Bahn überschreitet den Mincio vor der östreichischen Grenzfestung Peschiera am Gardasee, die 1848 von den Piemontesen belagert, am 30. Mai durch Hunger zur Uebergabe gezwungen, am 9. August wiederum von den Oestreichern besetzt worden. Seit dem Frieden von 1860 ist hier die Grenze von dem Königreich Italien. — Oestreichisches Pass- und Mauthamt. — Am Seeufer entlang, mit schöner Aussicht auf den See und die Gebirge im Norden nach Desenzano (Meyers Hôtel. Vittoria. Aquila). S. Rr. A. 6, c. Italienisches Pass- und Mauthamt. Von hier ist leicht ein Ausflug zu machen nach der Halbinsel Sermione (in 2 St. zu Land, in 1½ St. zu Wasser), wo ein Schloss der Scaliger aus dem 14. Jahrh. und in der Kirche S. Pietro ein Jüngstes Gericht von 1321. Auch die Ueberreste der Villa des Catullus zeigt man, von wo die Aussicht über den See am schönsten ist. — Lonato mit mittelalterlichen Stadtmauern an der Hügelkette, die sich südlich nach Solferino zieht, wo am 24. Juni 1859 die Oestreicher unter Anführung ihres Kaisers Franz II. die unglückliche Schlacht gegen Italiener und Franzosen unter Anführung Napoleons III. schlugen, die ihnen 20,000 Todte und Verwundete, 7000 Gefangene, 30 Kanonen und die Lombardei kostete und sie zum Frieden von Villafranca zwang. — Nach Ponte San Marco überschreitet die Bahn die Chiese und führt nach

Brescia,

Brixia (Albergo Reale, Z., L. und S. 3½, M. 3 Fr. Torre di Londra. Gambero, Z., L. und S. 2 Fr. Scudo di Francia, Z. 1 Fr. — Café am Domplatz und neben dem Gambero. Bierhaus von Wührer nahe bei S. Clemente. — Droschke 1 St. 1½, Fr.) 45° 32′ n. Br., 27° 53′ L. an den Flüssen Melle und Garza, in einer fruchtbaren und anmuthigen Gegend, wohlgebaut und gut erhalten. mit bedeutenden Gewehr-, Messer- (Stahl von Brescia), Leinwand- und Seidenfabriken, einem Bischof, 34.932 Ew., vorzüglichem Wasser, 72 Fontänen, sehr gutem Käse und Butter, und dem vortrefflichen Vino Santo. Ehedem, schon 380 a. C., Hauptstadt der Cenomanen, cisalpinischer

Gallier, wurde es nach 218 römische Colonie u. 452 p. C. von den Hunnen zerstört. Im Kampfe der Guelfen und Ghibellinen stand B. auf Seite der erstern, hielt 1238 eine Belagerung Friedrichs II. ans, erlag aber der des Ezelino 1258, der eine Signoria einsetzte. Dennoch blieben auch nach wiederholten Niederlagen die Guelfen die herrschende Partei. 1330 war Johann von Böhmen Signore und die Ghibellinen Herren; aber ihm folgten bald 1337 Azzo, 1339 Luch. Visconti. 1349 Giov. Visconti u. a. m. bis Carmagnola 1426 B. für die Venetianer eroberte. 1438 ward es von Mailand vergeblich belagert: aber 1509 von den Franzosen genommen. 1512 empörte sich die Stadt unter Conte Avogadro und trieb die Franzosen in die Veste; aber Gaston de Foix belagerte, eroberte und plünderte Brescia, bei welchem Sturm auch Bayard verwundet und in B. zart verpflegt wurde. Zwar wurde 1517 B. den Venetianern zurückgegeben, aber der alte Glanz war dahin. 1796 von den Franzosen genommen, und 1797 wieder verloren, im Frieden zu Campo Formio der italienischen Republik einverleibt. kam es 1814 an Oestreich und 1859 an Sardinien. — B. ist die Vaterstadt von dem berühmten religiösen und politischen römischen Reformator Arnaldo, einem Schüler Abälards, der 1155 zu Rom verbrannt wurde; des Feldherrn Martinengo; des Mathematikers Tartaglia, der als Kind bei der Erstürmung von Brescia 1512 von einem Franzosen so verstümmelt wurde, dass er lebenslang stammelte, daher sein Name; des Mathematikers und Hydraulikers Benedetti Castelli 1577, † 1644; der Maler *Gambara. Romanino, Moretto* etc., und gehört zu den Städten Italiens, in denen die Kirchenreformation des 16. Jahrhunderts bedeutenden Anklang gefunden. Cf.

Thomas M'Crie, history of the progress and suppression of the Reformation in Italy. Edinburgh and London 1827. Gegenwärtig lebt hier der ber. Rechtsgelehrte Sgre. Salieri.

Die Hauptsehenswürdigkeiten sind in topographischer Folge: Duomo vecchio, Duomo nuovo, Broletto; die öffentliche Bibliothek. S. Clemente. Museo Patrio. Galeria Tosi. S. Giovanni Evang. Pal. Municipale. S. Nazzaro e Celso. S. Afra. S. Pietro in Oliveto. Campo Santo.

Im Jahr 1820 hat man Ausgrabungen veranstaltet, und ist dabei auf höchst sehenswerthe *Alterthümer* gekommen:[1] Das Forum des Arrius mit der Curia, an der Piazza del Novarino. **Museo Patrio** (tägl. — mit Ausnahme der Sonn- und Feiertage offen von 11—3 U.) in dem 1822 aufgefundenen und hergestellten, ursprünglich von Kaiser Vespasian im J. 72 p. C. erbauten Tempel des Hercules. Er ist von weissem Marmor, hat ein Peristyl von 6 (zum Theil erhaltenen) Säulen korinthischen Styls, ist 200′ breit, mit hohem Aufgang von etwa 60 Stufen; das Innere hat drei Zellen mit drei Altären; hier hat man die bei der Ausgrabung gefundenen Antiquitäten, Inschriften und Sculpturen aufgestellt, unter denen eine Victoria alata mit silbernem Lorbeerkranz, ein Werk vortrefflichster griechischer Arbeit; ferner die Statue eines Gefangenen; viele Büsten von Kaisern und Kaiserinnen; ferner Inschriften: Dis Manibus. Divo Trajano. Fatis Dervonibus. Herculi. Junoni Reg. Volcano. Volcano miti (s)ive Mulcibero. Ein Sarkophag u. s. w. Cf. Museo Bresciano illustrato Brescia 1838, wo auch die andern Kunstwerke: Ein Gefangener; die Schlacht von Marathon,

[1] Cf. Intorno varj antichi monumenti scoperti in Brescia, dissertazione del D. Giov. Labus etc. Brescia 1823.

Relief; Altäre, Marmorstatuen und Broncebüsten; dessgl. verschiedene Mittelalterthümer beschrieben sind. — S. auch Illustrazione della storia del Museo, del Dott. Labus.

Kirchen: S. Afra, sehr alt, aber modernisirt: mit einer Krypta. Martyrium der h. Afra von *Paolo Veronese;* — die Ehebrecherin vor Christus von *Tizian;* — Madonna mit dem Kind von *Cesare Procaccino;* — S. Faustin und S. Giovita theilen zur Nacht das Abendmahl aus von *L. Bassano.* — Transfiguration von *Tintoretto.* — Martyrium des h. Felix von *Palma giovine.*

S. Barnaba an der Stelle eines Herculestempels, im 14. Jahrh. erbaut, mit Gemälden von *Palma vecchio* (S. Onofrio), *Foppa* (Abendmahl), *Savoldo* (Anbetung der Hirten), *Civerchio* etc.

S. Carmine, mit dem Grabmal des grossen Musikers Marcello, einer Verkündigung von *Ferramola* und einem Wunderbilde Maria's.

* S. Clemente, in der Sacristei eine Anbetung des Kindes von *Callisto Piazza* 1524. Madonna mit Heiligen von *Moretto.* Die HH. Lucas, Caecilia und Barbara; die h. Ursula und ihre Gefährtinnen; Abraham und Melchisedech; S. Hieronymus u. Paulus, alle von *demselben.* Das Denkmal dieses Künstlers von *Sangiorgio.*

S. Domenico mit einer Krönung Mariä von *Romanino.*

* Duomo nuovo, aus Marmor von 1604—1825, an der Stelle des alten von Theodolinde erbauten Baptisteriums, von *Giov. Batt. Fontana.* Kuppel von *Basilio Mazzoli.* Grabdenkmal des Bischofs Nava, † 1831, von *Monti* aus Ravenna. 2 Alt. r. der Glaube von *Selaroni,* die Hoffnung von *Emanueli;* Christus Kranke heilend von *Gregoletti.* — 3 Alt. r. Ein Sarkophag aus dem 16. Jahrh.

* Duomo vecchio oder La Rotonda (im Sommer geschlossen; der Küster des Neuen Doms hat den Schlüssel), im lombardisch-germanischen Baustyl, angeblich aus dem 7. Jahrh. mit einer Krypta. Reliquiarien mit einem Stück vom Kreuz Christi und der Oriflamme (croce d'oroflamma), die angeblich Bischof Albert im Kreuzzug von 1221 auf den Mauern von Damiette aufgepflanzt. Sculpturen: Glaube und Liebe von *Al. Vittoria;* Mausoleum des Bischofs Domenico Domenici. Denkmal des Bischofs Lambertus 1349. Malereien: S. Martin von *Pietro Rosa,* das Osterlamm, das Opfer Abrahams, Abraham u. Melchisedech, Elias, David, Lucas, S. Marcus, Himmelfahrt, sämmtlich von *Moretto.* Die Geburt Christi von *Giorgione,* Mannaregen von *Romanino.*

S. Eufemia: Madonna in tr. mit Heiligen von *Moretto.*

S. Faustino e Giovita, mit Gemälden auch im Klostergang von *Gambara* (Geburt).

S. Francesco von 1254, doch fast ganz erneut. *Romanino:* Madonna mit Heiligen. *Moretto:* SS. Franz, Hieronymus und Margareth von 1525. *Francesco da Prato di Caravaggio:* das Sposalizio, von 1547.

S. Gaetano mit Gemälden von *Al. Maganza* (Verkündigung, Flucht in Aegypten, Heilige).

S. Giorgio, in der Sacristei ein S. Michael mit dem Drachen, aus dem 15. Jahrh. von *Montorfano.*

* S. Giovanni Ev., Gemälde von *Moretto* (Kindermord, Johannis Abschied von seinem Vater, Predigt in der Wüste, Madonna mit Heiligen, ferner Mannaregen, Elias, Abendmahl, Evangelisten und Propheten, Dreieinigkeit). *Romanino* (Fusswaschung, Auferstehung des Lazarus, das Sacrament des Abendmahls, Evangelisten und Propheten, Sposalizio), von *Giov. Bellini* (Grablegung). In der Taufcapelle die Anbetung der Dreieinigkeit im Styl des *Fr. Francia (?).*

S. Giuseppe, mit Gemälden von Moretto und Romanino, auch im Kloster.

S. Julia, gegründet von Desiderius; es steht nur noch eine Kapelle im Winkel des Hofes.

S. Maria di Calchera, mit Gemälden von Romanino: S. Apollonius ertheilt dem Volk das Abendmahl. — Moretto: Christus zwischen Hieronymus und Dorothea; u. Christus u. Magdalena. — Heimsuchung von Callisto Piazza, 1525.

S. Maria delle grazie, mit Gemälden von Moretto (S. Antonius von Padua, u. a. Heilige, Geburt Christi). Ferramola, P. Moroni und andern Brescianern.

S. Maria dei miracoli von 1487. S. Nicolas von Moretto, die Himmelfahrt von Pietro Moroni, u. aussen Sculpturen aus dem 14. Jahrh. von Brignola.

S. Nazzaro e Celso, mit Gemälden von Tizian (Verkündigung, Auferstehung Christi, S. Nazzaro, und S. Abtheilungen) von 1522; von Moretto: die Krönung Mariä, Christus zwischen Heiligen. Geburt Christi; von V. Foppa: das Martyrium der HH. Nazzaro und Celso; von Romanino: die Anbetung der Magier; L. Gambara, S. Barbara nebst Donator.

*S. Pietro in Oliveto, erneut von Sansovino, Gemälde von Moretto: S. Lorenz, der auf den Rath der Weisheit lauscht, und S. Johannes; — Krönung Mariä, dabei Petrus und Paulus, und Frieden und Gerechtigkeit (am Hauptaltar). — S. Petrus und Simon Magus; von Vincenzo Foppa SS. Ursula, Petrus, Paulus, die Kreuztragung. Ferner Gemälde von Capucino, Angelo Trevisani, Celesti etc. Nahebei in S. Eucharistia das Monument des Martinengo von 1526.

S. Salvatore, vom Longobardenkönig Desiderius, j. Magazin.

Paläste und Privatsammlungen: Palazzo Averoldi von 1544 mit Gemälden von Morone, Tizian, Giov. Bellini, Moretto etc. und mit Medaillen. Broletto, der alte Palast der Republik von 1187—1213, mit Bildern aus der Apokalypse von Latt. Gambara.

P. Communale oder della Loggia. erstes Stockwerk von Tommaso Formentone von 1490; zweites von Sansovino; die grossen Fenster von Palladio. Ueber der Thüre Geburt Christi von Moretto; S. Faustin und S. Giovita von V. Foppa. Die Kreuztragung von dems. Sala del consiglio mit Fresken von Giul. Campi. (Die Geschichte der Susanna. das Urtheil Salomons, der von Kambyses geschundene Richter, der von Philipp von Macedonien entschädigte Machetas, Selbstbestrafung des Charontas, Gesetzgebers von Thurium, für das von ihm gegebene u. gebrochene Gesetz, nicht bewaffnet in die Volksversammlung zu gehen; Manlius Torquatus, seinen Sohn verdammend: Trajan, im Begriff ins Feld zu ziehen, gibt einer von seinen Soldaten gekränkten Wittwe Genugthuung; Zaleucus, König und Gesetzgeber der Locrier.) Die Bibliothek s. u.

Pal. Fenaroli mit Gemälden von Velasquez, Van Dyk, Rubens, Paolo Veronese, Guido, Moretto etc.

*P. Conte Lecchi, Gemälde: Madonna mit Heiligen von Cal. Piazza, Mariä Himmelfahrt von Gambara, und mehre Bilder der alten Schule, namentlich eine heil. Familie aus der des Leonardo. Bildnisse von Tizian, Morone, P. Bordone, Lor. Lotto, Bronzino, A. del Sarto, Tintoretto, Van Dyk. Ausserdem Gemälde von Luini, Fr. Francia, Giorgione (Orpheus und Eurydice), Pordenone, Tizian, Moretto, Romanino, Gambara.

P. Martinengo-Colleoni: Gemälde von Tizian (Königin von

Cypern), *Romanino* (Oelgemälde auf der Mauer).

P. Martinengo - Cesareschi mit ausgezeichneter Architektur.

P. Martinengo della Fabrica mit einem von *Moretto* a fresco ausgemalten Zimmer.

Torre dell'orologio von 1522. Torre di Pallade von ungewissem Ursprung, jetzt Glockenthurm.

*P. Tosi: Gemälde von *Raphael*, um 1505, ein Christus mit den Wundenmalen; Fra *Bartolommeo*, H. Familie; *A. d. Sarto*, dessgl. Ausserdem vornehmlich neuere Werke von *Landi, Migliara, Palagi, Diotti, Hayez, Canova, Thorwaldsen* etc. Der Besitzer ist gestorben und hat die Stadt zum Erben seiner Sammlung gemacht.

Ausserdem das Haus des Gambara Contrada delle tre spade, Nro. 318, mit allegorischen Bildern a fresco von *ihm selbst*;[1] das des Sabatti mit der Sündfluth von *Gambara*. Donna Flaminia della Corte, Fresken von *Fioravanti Ferramola*. Luigi Torre, Gemälde von *Girol. Savoldo* (Grablegung). Rondi, Opfer Abrahams (nach Cicognara die grösste) Elfenbeinschnitzerei von *Gerard van Opstal*.

Oeffentliche Anstalten: Pio luogo della congrega zur Unterstützung Nothleidender von guter Herkunft.

Campo Santo, 1815 von *Vantini* erbaut, mit Begräbnissstätten in Weise der alten Columbarien, und in der Kuppel der Capelle mit einer Reihenfolge von Bildnissen der Zeitgenossen u. Zeitgenossinnen des Architekten aus Brescia. — Ospedale grande von 1447. — In der Cancelleria Gemälde von *Moretto* (Christus in Emaus) und *Romanino* (Madonna und das Kind und Kreuz-

tragung). — La Pietà, ein Hospital von 1523.

Bibliotheken: 1) Oeffentliche Bibliothek im bischöflichen Palast, gestiftet vom Cardinal Quirini 1750; 70,000 Bde. und viele kostbare Handschriften. Täglich (mit Ausnahme von Mittwoch und den Feiertagen) von 9 — 1 Uhr offen. Das Evangeliarium aus dem 6. oder 7. Jahrhundert auf Purpurpergament. Ausgabe des Petrarca (1470) mit Miniaturen aus der Schule *Mantegna's;* ein Koran, ein Kreuz, von Desiderius, letztem König der Longobarden, an seine Tochter Ansberg, Aebtissin von S. Julia von Brescia, geschenkt; nach Andern das Kreuz der Galla Placidia 425; es ist mit 212 (antiken) Cameen geschmückt, darauf Musen u. Grazien und viele andre weniger unverfängliche mythologische Gegenstände abgebildet sind; eine Madonna auf Lapis Lazuli von *Tizian (?)*. Heilige Familie von *Moretto*. Zwei Consular-Diptychen, das eine von Manlius Boëthius 487, das andere von Lampadius 530. Dann ein drittes mit Paris, Helena und Cupido. - Ein schönes Reliquiarium von Elfenbein. Documente aus dem 8., 9., 10. Jahrh. 2) Agostino Fontana. 3) Conte Mazzuchelli. 4) Stef. Marcheselli.

Archive: 1) S. Giulia mit 32 Urkunden von Königen und Kaisern von 759 — 997. 2) S. Pietro in Oliveto. 3) Das Capitulararchiv. Cf. Codex diplomaticus Brixiensis ab a. C. 847—1312 ab Joanne Ludovico Luchi Brix. Monacho collectus; und Joh. Franciscus Florentinus, Sammlung brescianischer Urkunden. Nuova Guida di Brescia von Brognoli 1826 (mit allerlei Irrthümern). Guida di Brescia von Sala.

Spaziergänge: Vor der Porta Torlunga. Dann zwischen Porta S. Giovanni und S. Nazzaro, mit einer Statue (Brescia) auf einem Brunnen.

---

[1] Auch eine ganze Strasse in Brescia. Cont. della Loggia, hat dieser Künstler a fresco gemalt; allein es ist nicht viel davon mehr übrig.

Von Brescia lässt sich leicht ein Ausflug nach dem Lago d'Iseo machen, der an landschaftlichen Schönheiten mit den übrigen norditalienischen Seen wetteifert. Tägl. 5½ U. fr. fährt ein Post-Omnibus aus dem Albergo Reale über Iseo nach Pisogne. In Iseo (Gasth. Leone) Dampfboot über den See nach Lavere, in 1½ St. Von Pisogne (Alb. Grisoni) Postverbindung nach dem Veltlin.

Bergamo S. Rr. A. 6. e. p. 211. Die Eisenbahn führt über Treviglio nach Mailand. — Die Landstrasse geht über Ossio di sotto, mehr rechts; 3¾ P. bis Mailand. — Hinter Canonica geht man über die Adda nach Vaprio. Unter den schönen Landhäusern ist das des Duca Melzi beachtenswerth, wegen eines Madonnenbildes aus Leonardo's Schule (v. *Melzi?*). — Gorgonzola, berühmt durch seine Landgüter mit dem besten Strachino; durch die Niederlage der Mailänder gegen K. Barbarossa 1158; durch die Gefangennehmuug des K. Enzio 1245, und durch den Sieg der Sorriani über die Visconti 1278. —

3.

Von Padua nach Bologna

über Ferrara.

Bis Ferrara Reisekarte VIII.

Bis zur Vollendung der im Bau begriffenen Eisenbahn gehen von dem Gasthaus Stella d'oro in Padua täglich Diligencen für fl. 5 in 8 St. nach Ponte Lagoscuro, von wo Eisenbahn nach Ferrara in ¼ St. für 55 c. — 45 c. — 35 c., wie von da nach Bologna in 2 St. für Fr. 5, 20. — 4, 15. — 3, 15.

Die Strasse führt am Canale di Battaglia hin: r. sieht man die Euganeischen Berge. Vor Battaglia, dessen Schlamm und heisse Bäder viel besucht sind, das Schloss Cattajo. Eigenthum des Herzogs von Modena, mit einer ziemlich bedeutenden Sammlung von Waffen, Gemälden und Alterthümern. — Monselice (1½ P.), Stadt von 8000 Ew., mit Padua durch den Canal verbunden; ehedem stark befestigt. In den Ruinen des alten Schlosses fängt man die Vipern. aus denen in Venedig der Theriak bereitet wird. Daneben weiden die Schafe, welche die vortrefflichsten Costelette liefern. — Nun über den Canal Gorzone und über die Etsch nach **Rovigo** 1½ P. (Capello d'oro. Corona di ferro), Hauptstadt einer Delegation gl. N. am Adigetto, mit einem Bischof und 9000 Ew. — In S. Francesco das Grab des berühmten Cöl. Rhodiginus, der der Varro seiner Zeit genannt wurde. Ein deutscher Offizier, erzürnt, das Grab ohne Grabschrift zu finden, hat mit seinem Degen die Worte darauf geschrieben: „Hic jacet tantus vir." — Academia dei Concordi und ihre Bibliothek, eine Naturaliensammlung und die städtische Bildergalerie (früher dem Grafen Casilini gehörig) auf dem Marktplatz: *Giorgione*, die Geisselung Christi. *Dosso Dossi*, Heilige, (beschädigt). — Biblioteca Silvestri mit einer venetianischen Uebersetzung der Genesis und des Buches Ruth mit Miniaturen aus dem 14. Jahrh., auch Sculpturen. Cf. Fr. Bartoli, le pitture etc. di Rovigo. Venedig 1793. Genaue Kenntniss der Stadt besitzt der sehr gefällige Arciprete Don Luigi Ramello. Lebt er noch?

Von Rovigo östlich 2—3 St. entfernt liegt Adria, Stadt und Bischofsitz am Canale Bianco, 2 St. vom adriatischen Meer und vom vielarmigen Ausfluss des Po, in sumpfiger, ungesunder Gegend mit 8000 Ew., auf den Trümmern der alten tuskischen Stadt Adria, die

noch zu Augustus Zeit Seehafen
war, und dem adriatischen Meere
den Namen gegeben.
    Von Polesella am Ufer des Po
nach Ponte di Lagoscuro, wo man
in einer Fähre den Po überschreitet.

Italienisches Pass- und Mauthamt.
(Diesseit das östreichische), auf der
Eisenbahn in ¼ St. nach Ferrara,
und von da über Malalbergo in 2
St. nach Bologna.

Ferrara,

Forum Alieni (Europa: der Post gegenüber, sehr schön, gute Küche.
(Z. 2—4 Fr. M. 3½, Fr. Fr. 1, 25. S. 1 Fr.) Stella d'oro, neu. Tre
Corone. Trattoria: del Pellegrino. Café Magni beim Castello. —
Fahrgelegenheit: Eisenbahn n. Padua (1864 im Bau, sollte 65 vollendet sein) geht erst nach Lagoscuro, von wo man über den Po nach S.
Maria Maddalena fährt. Hier stehen bis zur Vollendung der Eisenbahn die Diligencen, deren Bureau aber in Ferrara ist. — Schön-
gebaute, aber nicht volkreiche Stadt, 44° 50' n. Br., 29° 16' L.; unweit der Grenze des lomb.-venet. Königreichs mit 67,593 Ew., guten
Fischen (Stören) aus dem Po und Salame da sugo. — Das alte aus Toscana stammende, schon im neunten Jahrh. berühmte Haus Este hatte
über Ferrara das Vicariat. Azzo VI. (1208) wurde beständiger Herr
von Ferrara genannt. Zu Anfang des 14. Jahrh. waren dem Haus Este
mehre Besitzungen verloren gegangen. 1310 ward Clemens V. Herr von
Ferrara. 1327 trat Este gegen Tribut in die alten Rechte ein. 1471
wurde Borso, natürlicher Sohn des Markgrafen Nicolaus III., von P.
Alexander VI. zum Herzog ernannt. Mit Alfons II. erlosch 1597 die
Hauptlinie des Mannsstammes der Este. 1598 riss Clemens VII. Ferrara
an den Kirchenstaat gegen die Ansprüche des Cesare d'Este, von einer
Nebenlinie. Von jeher waren die Fürsten dieses Hauses Freunde und
Pfleger der Künste und Wissenschaften, und Hercules I. (um 1503) theilte
den Ruhm Ariosto's wie Alfonso (um 1580) den Tasso's, und die Herzogin Renata, Gemahlin Hercules II., gewährte den Reformatoren Calvin
und Marot eine Zeitlang ein Asyl und legte selbst das evangelische
Glaubensbekenntniss ab, wofür sie von Kindern und Gemahl getrennt
wurde. — In den neuesten Zeiten, 1831, war Ferrara der Mittelpunkt
der gegen das päpstliche Gouvernement ausgebrochenen, jedoch durch
Oestreichs Einschreiten unterdrückten Revolution, welche ihr Ziel erreicht,
indem am 11. Juni 1860 die Oestreicher Ferrara räumen. Cf. Memorie
per la storia di Ferrara da Ant. Frizzi.
    In Ferrara lebte der durch seine landwirthschaftlichen Schriften
berühmte Sgre. Rechi.
    Kunstgeschichtliche Notizen. Weniger in Architektur und Sculp-
tur, als in Malerei haben sich in Ferrara Talente entwickelt, die.

so sehr sie sich auch von Aussen her bestimmen lassen, doch ihre Eigenthümlichkeit nicht verläugnen, die sich vornehmlich in einer seltenen
Farbenglut ausspricht. Bevor das Interesse für diese Richtung überhaupt angeregt war, zeigen sich in Ferrara keine bedeutenden Kunst-
erscheinungen. Der erste namhafte Meister, wenn man solche, wie
Galasso Galassi etc. um 1400, von dem nichts mehr vorhanden, und
Andere übergeht, ist *Cosimo Tura*, ein Schüler *Mantegna's*, und Nachahmer von dessen Härten und Aeusserlichkeiten (der Verzierung, Bekleidung etc.); S. Rathhaus und Dom. Aus derselben Schule ging
Lorenzo Costa hervor, der sich später an *Fr. Francia* in Bologna an-
schloss und von seinem Schüler *Ercole Grandi* in Kraft des Gedankens
und im Colorit übertroffen wurde. Auf diesen folgte *Lodovico Mazzolino*,
mit vorherrschendem Verdienst der Farbenglut und der saubern Ausführung; allein ohne Halt für Composition und Zeichnung des Ausdrucks und der Charaktere, die er leicht carrikirt. Die genannten Verdienste machen besonders seine kleinern Gemälde angenehm. Zu Anfang des 16. Jahrhunderts treten *Gior. Batt.* und *Dosso Dossi* auf, nebst
Benvenuto Tisio (Garofalo), die theils in Rom, theils in Venedig nach
den grossen Meistern ihrer Zeit sich gebildet und von Alfons I. vielfach in Ferrara beschäftigt wurden. *Garofalo* bildete sich möglichst nach
Raphael, und zeigt nur in der tiefen Glut seiner Farben die Ferrare-
sische Abkunft; die *Dossi* aber neigten sich mehr den Venetianern zu.
deren breite Behandlung ihnen lieber gewesen zu sein scheint, als die
strengere der römischen Schule (Pal. ducale). Nach ihnen verflachte
sich die ohnehin nur von aussen gehaltene Ferrarer Schule gänzlich in
Eklekticismus, der unter *Bonone* systematisch gelehrt wurde.

Die **Hauptsehenswürdigkeiten** in topographischer Folge sind:
Dom. Pal. Ducale. S. Benedetto. Das Haus des Ariosto. Pinacoteca.
Piazza d'Ariosto. Tassos Gefängniss. Studio pubblico. S. Maria in
Vado. S-Andrea.

Oeffentliche Plätze: Piazza
d'Ariosto mit seinem Denkmal.

Kirchen: Dom, im germanisch-
byzantinisch-italienischenGeschmack
von 1135 mit Reliefs an der Façade
aus demselben und dem folgenden
Jahrhundert; Christi Leidensgeschichte, das Weltgericht mit Hölle
und Paradies (Abrahams Schoos),
die sieben Todsünden; ferner eine
als Madonna verehrte antike Büste
über der linken Seitenthüre, und die
Statue Alberts von Este als Pilger,

als welcher er 1390 von Rom sich
Ablass seiner Sünden geholt. Inneres: modernisirt, mit Gemälden von
Garofalo (SS. Petrus und Paulus;
Madonna in tr. mit Heiligen. Himmelfahrt Mariä), *Bastianino* (das
jüngste Gericht mit interessanten
Bildnissen), *Cosimo Tura* (Verkündigung und S. Georg). *Dosso Dossi*.
Die **Miniaturen** der 23 Messbücher des Chors. Grabmal Papst
Urbans III. Alter Altar mit Bronzestatuen von *Bindelli* und *Marescotti*.

S. Francesco, mit Gemälden von *Garofalo* (Gefangennehmung Christi; Madonna mit Heiligen; heilige Familie; Auferstehung Lazari; Kindermord); *Ortolano* (heilige Familie); *Monio, Scarsellino*. Grabmäler verschiedener Mitglieder der Familie d'Este, so wie das Pigna's, des Secretärs von Alfonso, des Nebenbuhlers von Tasso. In dieser Kirche ist ein sechzehnfaches Echo.

S. Benedetto mit beachtenswerther Architektur (das Kloster ist jetzt Militärspital. Gemälde von *Dosso Dossi* (Christus am Kreuz mit Heiligen). *Garofalo, Bonone* etc. In der Klosterhalle das Paradies mit dem Engelchor, unter dem Ariosto sich von *Dosso Dossi* malen liess.

* S. Paolo, mit Gemälden von *Ercole Grandi (?) Bonone, Scarsellino;* Denkmäler von Giov. Batt. Dossi, Bastaruolo und Antonio Montecatino.

S. Maria del Vado (mit der Wundergeschichte der blutenden Hostie von 1264). Gemälde von *Bonone, Dosso Dossi,* (Johannes Evang. vor der babylonischen H..., die, ursprünglich nackt, von einem frommen Bologneser überkleidet worden), *D. Panetti*(Heimsuchung). *Palma vecchio* (Zinsgroschen). Am Bild der Gerechtigkeit und Stärke das berühmte Rathsel von Aless. Guarini. in lateinischer Sprache, das bis jetzt noch Niemand gelöst. *Carpi* (Wundergeschichte S. Antons), *Vitt. Carpaccio* (der Tod Mariä von 1508). In der Sacristei eine Verkündigung von *Panetti*, und eine Flucht zur See nach Aegypten, venetianische Schule. Grabmäler von den Dichtern Tit. Vesp. Strozzi und seinem Sohne Hercules, von *Garofalo, Ortolano, Bonone, Bastianino, Dielai.*

*S. Andrea, erster Altar rechts Madonna in tr., von *Mich. Cordellini (?)* 1508. Dritter Altar: Himmelfahrt Magdalena's, unbekannt. Der h. Andreas von *Panetti* u. S. Niccola di Tolentino von *Alfonso Lombardo.* Im Chor Madonna in tr., mit Heiligen. *Garofalo* (angeblich unter Beistand *Raphael's*).

S. Maria della consolazione mit dem Epitaphium. das Hercules Bentivoglio seiner vierjährigen Tochter Julia gesetzt hat.

Die Kirche des Campo Santo, angeblich von *Sansovino*, mit Malereien von *Bonone, Dielai* etc. Im Klosterhof beachtenswerthe Grabmäler.

S. Domenico mit Statuen an der Façade von *Ferreri,* und Gemälden von *Garofalo* und *Bonone.*

Al Gesù mit dem Grabmal der Herzogin Barbara, der Gemahlin Alfons II.

S. Romano in schöner Backstein-Architectur von ca. 1500, Renaissance mit gothischen Erinnerungen; jetzt Magazin.

Paläste, Sammlungen, Anstalten etc.

*Pal. Ducale mit einem Graben umgeben, ehedem Wohnsitz der herzoglichen Familie, später des Cardinal Delegaten, der möglichst alle Spur alter Zeit verwischt hat. Doch sind noch bedeutende Ueberreste von den Malereien der Gebrüder *Dossi* vorhanden, namentlich in einem kleinen Saal die 4 Tageszeiten und ein lustiger Kinderfries; in einem grossen gymnastische Spiele, diese jedoch — obschon man sie an *Tizian* und *Dosso* vertheilt, von geringem Werth.

Pal. del magistrato, mit Gemälden von *Dosso Dossi* (Arche Noä), *Garofalo* (die 12 Apostel, das Gebet am Oelberg, Auferstehung und Ausgiessung des Geistes). *Cosimo Tura* (Martyrium des h. Maurelius), *Guercino* (S. Bruno), *Ag. Caracci* (Manna in der Wüste), *Ortolano, Bastianino* etc. Hier hält die Accademia Ariostea ihre Sitzungen.

*Pal. Roverello (ganz nahe beim Hôt. dell' Europa) von den Lombardi, in der reizvollsten Renaissance-Architectur von Backstein, 1500. Pal. di Schifanoia, erbaut vom Marchese Alberto d'Este; in dem obern Stockwerk Fresken von *Piero della Francesca*, gemalt um 1470; neu aufgedeckt 1840.

*Pinacoteca oder Ateneo civico, mit Gemälden vornehmlich der Ferraresischen Schule in 8 Sälen, in dem unter dem Namen des Diamanten-Hauses benannten Pal. Ercole Villa. Täglich zugänglich von 9—3. Im 3. Saal ist das grosse Frescobild von *Garofalo*, der Triumph des Christenthums, ehedem im Klosterhof von S. Andrea; 1841 aber von Pellegrino Succi in Auftrag des Papstes Gregor XVI. von der Mauer abgelöst. Im 4. Saal der Zinsgroschen von *Palma vecchio*. Im 5. Saal Johannes auf Patmos von *Dosso Dossi;* Madonna und Heilige von *Stefano di Ferrara;* die Anbetung der Könige von *Garofalo*, die Geburt Christi von *Mazzolino.* Im 8. Saal Madonna mit Heiligen von *Dosso Dossi.*

Studio pubblico, eine Art Hochschule für Medicin und Jurisprudenz. Die Vorhalle, mit griechischen und römischen Inschriften und **Antiken**, u. a. Grabrelief einer *Hippodameia*, griech. — Cippus eines P. Pubius. — Kolossaler Sarkophag, von Aurelia Eutychia ihrem Gemahl, einem Syrer, mit dem sie 43 Jahre gelebt, geweiht. **Reiche Münzsammlung.** — In der **Bibliothek**, 1746 entstanden, und sodann aus der des Cardinals Bentivoglio 1750 vermehrt, das Denk- und Grabmal Ariosto's mit seinen 1801 von den Franzosen aus S. Benedetto hierher versetzten Gebeinen. Hier 80,000 Bde., darunter eine vollständige Sammlung aller von Ferraresen geschriebenen Bücher, 900 Manuscripte, die aber nicht über das Ende des 13. Jahrhunderts hinaufreichen; griechische Palimpsesten des Gregor von Nazianz, Chrysostomus etc., Choralbücher mit Miniaturen des 15. Jahrh., eigenhändiges Manuscript von Fragmenten des rasenden Roland von **Ariosto**, dessgleichen das befreite Jerusalem von **Tasso** mit eigenhändigen Noten von ihm, daran er im Gefängniss geschrieben, auch einige Sonette aus dem Gefängniss, und des ersteren Armstuhl und Tintenfass; ferner das eigenhändige Manuscript des Pastor Fido von **Guarini.**

Pal. Costabili mit Gemälden von *Pisanello* etc. (den einzig beglaubigten dieses Meisters).

Das Haus des Ariosto mit der Inschrift:

Parva sed apta mihi, sed nulli obnoxia, sed non Sordida, parta meo sed tamen aere domus.

Das Haus des Guarini mit der Inschrift:

Herculis et Musarum commercio favete linguis et animis.

Das Gefängniss Tasso's. Als Tasso nach zweimaligem heimlichen Entweichen aus Ferrara, wozu ihn der Argwohn, als sei er von Feinden umgeben, getrieben, 1579 zurückkehrte und kalte Aufnahme fand, mässigte er sich nicht in seinen Aeusserungen über den Herzog Alfons II., und wurde von diesem als Verrückter ins S. Annen-Hospital gebracht und 7 Jahre daselbst gefangen gehalten. Er überarbeitete in dieser Zeit sein befreites Jerusalem, und schrieb ausserdem viel Poetisches und Philosophisches. Es bleibt nun dem Besucher des obengenannten „Gefängnisses" die Glaubwürdigkeit der Tradition zu beurtheilen überlassen, wobei ihm als Fingerzeig die Aeusserung Tasso's in einem seiner Briefe aus dem Gefängnisse dienen kann, „dass er aus dem Fenster desselben den Thurm des Palastes sehen könne, wo Leonore wohne." (Cf. Valery Voyage en Italie VII. 14.) Nach Andern hätte er nur von März 1579 bis December 1580 hier zugebracht, wo er dann in ein bequemeres Gefängniss gebracht worden. Uebrigens findet der Fremde hier den Namen von Lord Byron, Delavigne u. A. eigenhändig angeschrieben.

Das **Theater** gehört zu den vorzüglichen.

Die **Kunstgärten** Ferrara's sind berühmt.

Bibliotheken: 1) Universitäts-bibliothek Notizie della pubblica biblioteca di Ferrara 1818). täglich von 8—12 und von 3—5 Uhr offen. S. o. Studio pubblico. — 2) Gio. Costabile Cotaini mit 50 meist italienischen Manuscripten und einem der Briefe des h. Hieronymus.

Archive. 1) Domarchiv. 2) Der Carmeliter. 3) Stadtarchiv (zum Theil mit der Familie Este nach Modena gewandert). 4) March. Fr. Calcagnini. 5) Museo Scalabrini mit Inschriften.

4.

Von Padua nach Mantua

über Legnago.

Reisekarte VIII.

Poststrasse 6¼ P. in etwa 12 St. Bis Monselice s. Rr. 3.

Este (Ateste) 1 P., Stadt am Fusse des Monte Murale mit einem schönen Platz, einer Kirche S. Martino nebst schiefem Glockenthurm im romanischen Styl, altem Schloss und 7000 Einw., das Stammhaus der Herzoge von Modena und Braunschweig, sowie der Könige von Grossbritannien.

Motagnana 1¼ P., mit alterthümlichen Befestigungen und Kirchen. 1 Pferd mehr wegen sandigen Weges. Ueber Bevilacqua — schönes Schloss mit Theilen von 1354 — nach

Legnago 1¼ P., einer starken Festung an der Etsch. Mehre Werke sind von *Sanmicheli*. In Cerea und Sanguinetto sind alte Schlösser. — **Nogara** 1½ P. dessgleichen. **Mantua** 1¾ P. S. Rr. 5.

5.

Von Verona nach Bologna

über Mantua.

Reisekarte VIII.

Eisenbahn von Verona nach Mantua in 1¼ St. für fl. 1, 80 — 1, 25—90. Von Mantua nach Reggio täglich Diligence von Aquila d'oro, 9 U. Fr. in 9 St. Von Reggio Eisenbahn nach Bologna in 1½ —2¼ St. für 6 Fr. 70 — 5,35 — 4. 05.

Die Eisenbahn geht durch reichangebaute Fluren nach Villafranca. dessen Castell aus dem 14. Jahrh. in neuer Zeit berühmt geworden durch die Zusammenkunft der Kaiser Napoleon III. und Franz II. am 11. Jul. 1859 nach der Schlacht von Solferino. wobei die Friedenspräliminarien festgestellt wurden. denen der Friede von Zürich folgte.

Die Ankunft in Mantua ist nicht angenehm. Der Bahnhof ist fast eine Stunde entfernt. Omnibus nach den Gasthöfen in 40 Min. für 26 Soldi. (Von Mantua nach dem Bahnhof fahren die Omnibus 1½ Stunden vor Abgang des Bahnzugs ab.) Auf halbem Wege ist die Cittadelle Passabgabe: dann über den bedeckten Zwölf-Mühlendamm nach der Stadt. •

Mantua,

Mantova (Fenice. Croce Verde. Aquila d'oro ¡Bureaux der Diligencen nach und von Parma etc.)). — **Fahrgelegenheit:** Eisenbahn nach Verona. Nach Florenz: Courier. So. Di. Do. Ab. — nach Ferrara, Mo. Do. Sa. 5 U. früh — nach Parma und Mailand täglich; nach Modena. Impresa Estense Liborio nach Ankunft der Eisenbahnzüge.

Hauptstadt und Festung der Delegation gl. N. im lombardisch-venetianischen Königreiche, unter 45° 9' NBr. und 28° 27' L. auf einer Insel im Mincio, der hier einen Landsee mit morastigen Ufern bildet, mit wohlgebauten Strassen, grossen Palästen und Kirchen (meist aus dem 16. Jahrh.), einem Bischof und 30,000 Ew., darunter 3000 Juden. Der Canal, der durch die Stadt fliesst, bildet am Ausgang einen Hafen für die Schiffe, die vom Po oder andern Flüssen, oder selbst vom Meer kommen. Die Vorstädte sind durch lange Brücken mit der Stadt verbunden, so wie die befestigte Insel Cerese (il Te), während das Fort Pradella abgesondert in den Sümpfen liegt. Die Luft ist wegen der letztern äusserst ungesund und die Besatzung muss desshalb stets gewechselt werden.

Ihr Ursprung ist unbekannt, doch setzt man ihn in die Zeit der etrurischen Herrschaft und des trojanischen Kriegs. Die Römer eroberten es von den Galliern und machten es zum Municipium. Augustus vertheilte das Land umher unter seine Soldaten, gab aber dem Virgil sein Landgut wieder, worauf dessen erste Ekloge deutet. Bis auf Carl d. Gr. theilte es die Schicksale von ganz Italien unter dem Einfall und der Herrschaft nordischer Völker. Als Republik litt es unter fortwährenden Parteikämpfen, die mit einer tyrannischen Herrschaft der Bonaccorsi endeten, der indess 1328 die Gonzaga (Ludovico I.) ein Ziel setzten, die sich als Beförderer von Kunst und Wissenschaft einen guten Namen gemacht und von denen Giov. Francesco I. 1433 zum souveränen Markgrafen ernannt wurde. Unter seinen Nachfolgern zeichnete sich Giov. Francesco II. durch Tapferkeit aus, † 1519. Seinen Sohn Friedrich II. machte Carl V. 1530 zum Herzog und sieben Herzöge aus der Familie der Gonzagen folgten sich. Die Hauptlinie erlosch mit Vincenzo II. 1627, worauf der Mantuanische Erbfolgekrieg zwischen Frankreich, Spanien und Oestreich ausbrach, in welchem Mantua, von den Kaiserlichen erstürmt, seiner Kunstkammer und Gemäldegalerie beraubt wurde, und der im Frieden zu Cherasco 1631 sein Ende fand. Mantua kam allmählich in Abhängigkeit, ja in den Besitz von Frankreich; allein Joseph I. erklärte diesen Besitz, obschon mit des Herzogs Carl IV. von Gonzaga Einwilligung vollzogen, für ungültig, und zog Mantua als Reichslehen ein 1708. Am 2. Februar 1797 ergab es sich nach Wurmsers

tapfrer Gegenwehr an die Franzosen, und kam zur cisalpinischen
(dann italienischen) Republik. 1799 ward es nach viertägigem Bombardement von Foissac-Latour an die Oestreicher (Kray) übergeben.
Kurze Zeit gehörte es zu Napoleons Königreich Italien und ist seit 1814
beim lombard.-venet. Königreiche, nahm auch 1848 an der Revolution
nicht Theil.

1630 war Mantua von der Pest verheert worden. — In Mantua
lebt der um Geschichte und Kunst vielfach verdiente Gelehrte Carlo
d'Arco.

Kunstgeschichte. Herzog Friedrich II. Gonzaga sagte von seiner
Residenz: „Mantua ist nicht meine Stadt, sondern die des
Giulio Romano." Im Grunde liegt in diesen Worten die ganze Kunstgeschichte von Mantua, dem gedachter Künstler mit seiner Schule den
Charakter aufgedrückt hat, der uns noch heut in die Augen fällt. Zwar
war mit der Herrschaft der Gonzagen zugleich ein Interesse für Kunst
und Wissenschaft begründet worden, und sie werden mit Recht die
Mediceer Mantua's genannt: so hatte Marchese Lod. Gonzaga den
genialen und universellen *Leon. Batt. Alberti* (s. Florenz) zu gewinnen
gewusst, und durch ihn der Baukunst in Mantua die Richtung auf die
Antike gegeben. (S. Andrea) 1467—1471; ebenso den höchst originellen
und hochbegabten *Andrea Mantegna* (S. Padua), der hier erst seine
Kunst, wie Alberti, mit Hülfe der Antike vollendete, [1] und eine blühende Schule gründete, in welcher, ausser seinen Söhnen *Franz* und
Ludwig, sich besonders *Lorenzo Costa, Gian. Francesco Carotto* (der
nach Verona ging) und *Franc. Monsignori* auszeichneten (welche beide
nicht mit ihren Brüdern *Giov. Carotto* und *Giov. Monsignori* zu verwechseln sind.) Allein eine durchgreifende Kunstrichtung trat erst ein,
als Friedrich Gonzaga II. *Giulio Romano* nach Mantua rief, und ihn
als Baumeister und Maler beschäftigte. Paläste und Kirchen, Häuser
und Villen entstanden nach seinen Zeichnungen, und da er sie auch
mit Gemälden zu schmücken hatte, bildete er sich rasch eine zahlreiche
Schule. Als Raphaels Schüler und Gehülfe war er stets dessen Spuren
gefolgt, ohne dass die ihm eigne Natur der Lust und des kecken Ueber-
muthes hätte zur Entwicklung kommen können. Gleich nach Raphaels
Tode indess machte diese sich Luft (Saal des Constantin im Vatican),
und als er durchaus selbständig in Mantua als Haupt einer Schule auftrat, kannte sie keine Grenzen, und so sehr wir auch Geist, Phantasie
und Talent an ihm bewundern, lässt sich doch auch nicht verkennen,

---

[1] Leider sind die beiden Hauptwerke *Mantegna's* in Mantua nicht mehr daselbst,
das Siegesbild: Madonna mit Heiligen, und Franc. Gonzaga nebst Gemahlin ist in Paris
und der Triumphzug Cäsars in Hamptoncourt bei London.

dass die Grazien Raphaels nicht mehr seine Gedanken zügelten, seine Bewegungen milderten, seine Formen und seine Farben mässigten (Pal. del Te, aber mehr noch der trojanische Krieg im Pal. ducale). Auffallender als bei ihm selbst, zeigt sich bei seinen Schülern, dass der Genius eines Meisters sich nicht verpflanzen lässt. Ausser *Primaticcio*, der mehr Gehülfe als Schüler Giulio's war, bildeten sich unter ihm *Ben. Pagni* (S. Andrea), *Rinaldo* (Pal. del Te), *Fermo Guisoni* (S. Andrea), *Teodoro Ghigi*, *Ippolito Andreasi*. Nach dieser Zeit theilt die Schule von Mantua das Loos der Kunst in Italien überhaupt. Cf. Monumenti di pitture e sculture trascelti in Mantova e suo territorio; mit Kupfern. — Dipinti nuovamente scoperti in Mantova, d'invenzione di Giulio Romano; mit Kupfern. Auch hat Volta ein Werk über die Geschichte der Kunstschule von Mantua herausgegeben.

Die Hauptsehenswürdigkeiten in topographischer Folge sind: S. Andrea. Corte Imperiale. Archivio (Castello di Corte) Duomo. Accademia, Museo. Pal. Municipale. Pal. del Te.

Anm. Die in Klammern beigefügten Ziffern beziehen sich auf den Plan.

Oeffentliche Plätze. Spaziergänge. Piazza di Virgilio mit der Statue des Dichters und einem Teatro diurno (17), zugleich Exerzierplatz der kaiserlichen Truppen. — Porta Mulina mit der anstossenden Brücke und den 12 Mühlen, die den 12 Aposteln gewidmet sind. — Piazza Teofile Folenga.

Kirchen: S. **Andrea** (3), Arch. *Leon. Batt. Alberti*, 1492 Kuppel von einem Spanier *Juvara*. Vorhalle mit Resten von Freskogemälden *Mantegna's* und seiner Schüler. Portalverzierungen von *Ant.* und *Paolo Mola.* — Grabmal des Hieronymus Andreasi und seiner Gemahlin Hippolita Gonzaga, von *Giul. Romano (?)* im südl. Kreuzschiff. Grab des A. Mantegna mit seiner Büste in Bronze, von *Sperandio*; das Grabmal des Pietro Strozzi, von *Giul. Romano (?)* im nördl. Kreuzschiff; des Bischofs Georg Andreasi, von *Prospero Clementi.* — In einer Capelle die Gräber berühmter Mantuaner, des Botanikers Marcello Donato, des Dichters Cantelmi und Lelio Capilupi, und des Philosophen Pietro Pomponaccio.

— Gemälde: Verkündigung von *Andreasi.* Anbetung der Könige, von *Lorenzo Costa*, a fresco. Kreuzigung, von *Fermo Guisoni.* In der Capelle S. Longino: Fresken von *Rinaldo*, nach Zeichnungen *Giulio's* und ausserdem nach eignen (S. Sebastian), S. Anna, von *Brusasorci.* — An der Südseite, am Altar der 3 Capella S. Longino, wo ein Blutstropfen Christi bewahrt wird, die Statuen des Glaubens und der Hoffnung aus der Schule des *Canova.* S. Apollonia mit Gemälden aus der venetianischen u. ferraresischen Schule.

S. Barbara (2) von *Giov. B. Bertani*, mit der Taufe Constantins, u. S. Hadrians Martyrium nach *Bertani's* Zeichnung von *Lor. Costa* (?). In der Sacristei ein silbernes Becken, angeblich von *Benvenuto Cellini*, mit der h. Barbara unter Nereiden und Tritonen.

S. Barnaba (4), wunderbare Speisung, von *Lor. Costa.* Der Traum des Romuald von *Bazzani*, S. Philippus, von *Orioli.* Hochzeit zu Kana von *Maganza.* S. Sebastian, von *Pagni.* In der Sakristei eine

Madonna, von *Monsignori*, und eine andere nach *Giulios* Zeichnung, von *Giov. Battista Mantovano*. Grab des Giulio Romano.

S. Egidio (6) mit dem Grabstein von Tasso's Vater, Bernardo Tasso, der gleichfalls als Dichter sich einen Ruf erworben.

* Die Kathedrale. (1) Das Innere nach der Zeichnung des *Giulio Romano*, Façade von einem östreichischen Ingenieur 1761, mit dem Leichnam des h. Anselmus, Schutzpatron, den Statuen der Propheten und Sibyllen von *Primaticcio*. Malereien der Kuppel von *Andreasi* und *Teodoro Ghigi*. Im Oratorio dell' Incoronata, Madonna von *Mantegna*.

S. Maurizio (5) mit einer Verkündigung, von *L. Caracci*, eine S. Margaretha, von *demselben*. Zur Zeit, als diese Kirche dem „Divo Napoleoni" (die Inschrift erkennt man noch über der Thüre) geweiht war, hat General Creuzer daselbst eine Capelle gegründet 1807, worin das Andenken berühmter Krieger geheiligt ist, und deren Grabschriften solcher aus Carls V., aus Ludwigs XIV. und Napoleons Zeiten gedenken.

S. Sebastiano, (7) von Lodovico Gonzaga, Arch. *Leon. Battista Alberti*, 1460 mit (leider fast zerstörten) Fresken von *Mantegna* an der Façade. Das Martyrium des heil. Sebastian, von *Lor. Costa*.

Paläste. Sammlungen. Anstalten.

* Accademia delle belle Arti (13) mit Gemälden von wenig Belang von *Vianino*, *Borgani* etc., eine Kreuzabnahme von *Gir. Monsignori*; dagegen mit einer bedeutenden Antikensammlung: Büsten des Euripides, Virgil, mehre Kaiser: Tiberius, Caligula, Hadrian, Marc-Aurel etc. Reliefs: Philoktet. Thaten des Hercules. Amazonenschlacht, Pluto, Proserpina, Mercur; Orpheus' Gang in die Unterwelt, Medea. Ein dem Jupiter pluvius(?)dargebrachtes

Opfer. Statuen der Diana und des Apollo alten Styls, einer trag. Muse (alterthümlich, ohne Hände), Commodus als Merkur, Venustorso. Etrurische Graburnen, eine griechische Graburne mit Relief, und ein Amor von einem Schüler des Mich. Angelo (?). Die Bibliothek s. u.

Casa Marc-Anton. Antimaco, des berühmten Philologen mit der Inschrift: „Antimachum ne longius quaeras."

Archive: 1. Das Hauptarchiv im Castello di Corte, 2. Das Stadtarchiv (unbedeutend).

Conte Antonio Beffa besitzt eine Madonna von *Palma vecchio*.

Casa Bertani des Architekten, mit zwei Säulen, daran die Regeln der korinthischen Baukunst dargethan sind.

Bibliotheken: die öffentliche Bibliothek, (12) von Maria Theresia angelegt, mit 80,000 Bänden und 1000 Mss., darunter ein Pindar, Hecuba, Orest und die Phönizierinnen des Euripides, ein Panegyricus Trajans, ein Virgil. Handzeichnungen von *Mantegna*. Ferner ein autographischer Briefwechsel zwischen Voltaire und Bettinelli.

Die Bibliothek Capilupi mit 129 Mss., besonders wichtigen aus dem 15. Jahrh., für dessen Geschichte und Literatur sie manchen Aufschluss gewähren.

Casa Biondi mit einem Gemälde (Ariadne (?) von *Giul. Romano*).

Die Citadelle auf dem Wege zwischen Porta Mulina u. dem Bahnhof, mit dem Grabstein Andreas Hofers, der hier am 20. Februar 1810 auf Befehl Napoleons I. erschossen worden.

* Castello di Corte, (25) erb. unter Fr. Gonzaga IV., 1393—1406 von *Bertolino Novara*, jetzt zum Theil Gefängniss; im Archiv die Bildnisse der Familie Gonzaga, von *Andrea Mantegna*.

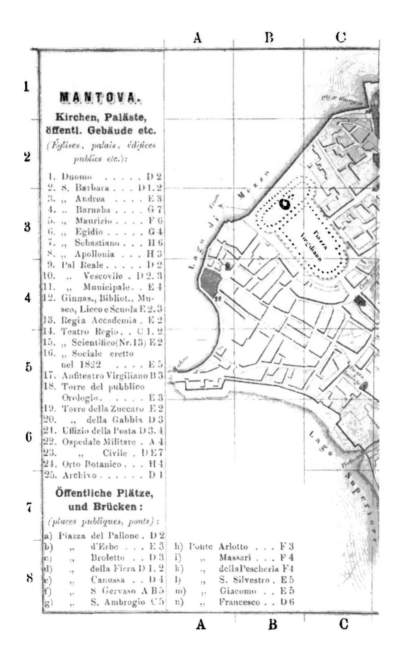

MANTOVA.

Kirchen, Paläste,
öffentl. Gebäude etc.
(Églises, palais, édifices publics etc.):

1. Duomo . . . . . D 2
2. S. Barbara . . . D 1.2
3. „ Andrea . . . . E 3
4. „ Barnaba . . . . G 7
5. „ Maurizio . . . . F 6
6. „ Egidio . . . . . G 4
7. „ Sebastiano . . . H 6
8. „ Apollonia . . . H 3
9. Pal Reale . . . . . D 2
10. „ Vescovile . D 2. 3
11. „ Municipale . . E 4
12. Ginnas., Bibliot., Museo, Liceo e Scuola E 2.3
13. Regia Accademia . E 2
14. Teatro Regio . . C 1. 2
15. „ Scientifico(Nr.13) E 2
16. „ Sociale eretto nel 1822 . . . . E 5
17. Anfiteatro Virgiliano B 3
18. Torre del pubblico Orologio . . . . . E 3
19. Torre della Zuccaro E 2
20. „ della Gabbia D 3
21. Uffizio della Posta D 3. 4
22. Ospedale Militare . A 4
23. „ Civile . D E 7
24. Orto Botanico . . . H 4
25. Archivo . . . . . D 1

Öffentliche Plätze,
und Brücken:
(places publiques, ponts):

a) Piazza del Pallone . D 2
b) „ d'Erbe . . . E 3
c) „ Broletto . . D 3
d) „ della Fiera D 1. 2
e) „ Canossa . . D 4
f) „ S Gervaso A B5
g) „ S. Ambrogio C 5
h) Ponte Arlotto . . . F 3
i) „ Massari . . . F 4
k) „ della Pescheria F4
l) „ S. Silvestro . E 5
m) „ Giacomo . . E 5
n) „ Francesco . . D 6

'u-
nd
für
?o-
ıck
las
ler
le-
;en
as-
r a
ed-

—

Fa-
ırn
ınd
ıa-
nit
ıer
rn,
:ra
des
rn:
ıen
/on
ʒli
ʃıs-
ınz
an-
die
an-
·rin
die
nd,
Gi-
.ür-
Im
ıbei
das
·urt
Bil-
ich-
·rn.
che
del
.an-

von
·au-
mit
öbe

*Corte imperiale, (9) der alte herzogliche Palast, zum Theil im mittelalterlichen Styl unter Guido Buonacolsi Bottigella erbaut 1302, zum grössten Theil durch *Giulio Romano* erneuert. In der Scalcheria: Jagd der Diana und eine dem Amor in GegenwartVulkans schmeichelnde Venus von *Giulio*. Plafond, der Wagen des Apollo und andere Malereien, von *seinen Schülern*. Im Paradiso liest man unter den Verzierungen von zwei Cabinetten den Namen der Isabella d'Este, Tochter des Herkules vonFerrara, Gemahlin FranzIII. Gonzaga. — Das Appartamento di Troja mit Fresken, Darstellungen aus dem trojanischen Kriege, von *Giulio Romano* und Amoretten aus *Mantegna's Schule*. — In den Camere degl' Arrazzi sind Teppiche nach den bekannten Cartons von *Raphael* aus der Apostelgeschichte. — La Galeria dei Specchi mit Malereien aus *Giulio's Schule*.

P. Colloredo, von *Giul. Romano*, mit Gemälden von diesem und seiner Schule.

Palazzo del Diavolo hat seinen Namen von der Schnelligkeit, mit der sein Gründer, Paris Ceresera, ihn erbaut.

Casa di Giulio Romano, von ihm selbst gebaut, mit einer kleinen antik-griechischen Mercurstatue über der Thüre. Verzierungen von *Primaticcio*.

Casa di Mantegna gegenüber S. Sebastiano.

Alessandro Niero besitzt eine Verkündigung von *Garofalo*.

Pal. della Ragione (11) von 1198 bis 1250, ziemlich alterthümlich erhalten, mit einem Thurm von 1478, und einer etwas seltsamen Statue Virgils (?) aussen an der Mauer.

Casa del Sgre. Gaetano Susanni, mit Gemälden von *Mantegna*, *Guido*, *Fr. Francia*, *Parmeggianino* etc.

Pal. del Te vor der Porta Pusterla, im Auftrag Friedrich II. und zwar ursprünglich als Ruhepunkt für Spazierritte erbaut von *Giul. Romano*, so genannt von dem Stück Land, auf dem er steht, und das seit alten Zeiten Te hiess. In der Loggia gegen den Garten die Geschichte Davids, nach Zeichnungen *Giulio's* von seinen Schülern; Basreliefs von *Primaticcio*. — Camera dei Cavalli mit den Pferden Friedrichs, von *Pagni* und *Rinaldo*. — Camera di Psiche, mit der Fabel der Psyche in vielen grössern und kleinen Gemälden in Oel und Fresco von und nach *Giulio Romano*. — Camera del Zodiaco mit den Jahreszeiten, an der Decke der Thierkreis in vielen kleinen Feldern, von *Giulio's Schülern*. — Camera di Fetonte mit dem Sturz des Phaëton; in den kleineren Bildern: Centauren und Lapithen, Amazonen und Meergötter, nach *Giulio* von *seinen Schülern*. — Sala degli Stucchi, der Triumphzug Sigismunds bei der Ernennung von Franz Gonzaga zum Marchesen von Mantua, von *Primaticcio*. Scipio, die Gefangenen zurückgebend. Alexander, den Schrank öffnend, worin er den Homer bewahrt; Cäsar, die Briefe des Pompejus verbrennend, von *dems*. — Der Saal der Giganten mit Darstellung ihrer Stürmung des Olymp, von *Giulio*. Im Garten ist eine Grotte und dabei ein Gartenhaus, in welchem das menschliche Leben von der Geburt bis zur Auferstehung in vielen Bildern dargestellt ist, nach den Zeichnungen *Giulio's* von *seinen Schülern*. Cf. Le pitture di Giul. Romano che si osservano eseguite a fresco del R. Palazzo del Te fuori di Mantova. Mantova 1831.

Torre della Gabbia, (20) von Guido Buonaccolsi 1302 zu grausamen Zwecken gebaut, ist jetzt mit einem freundlichen Salon in der Höhe

18

versehen, von wo aus man die herrlichste Aussicht über die Stadt und Umgegend bis an die fernen Gebirge geniesst. Torre delle Zuccaro (19) aus derselben Zeit. *Umgegend:* Fünf Miglien von Mantua liegt die Kirche S. Maria delle Grazie, gegründet 1399 von Franz Gonzaga und den Mantuanern, zufolge des während der Pest gethanen Gelübdes; mit Gemälden von *Lor. Costa, Lact. Gambara, Monsignori* etc. als sehr besuchter Wallfahrtsort, mit vielen Wachsfiguren frommer Besucher, unter denen man Carl V. und seinen Bruder Ferdinand, Pius II., den Connetable von Bourbon, selbst einen Gesandten von Japan sieht. Jede Figur hat ihre, häufig sehr ergötzliche, Unterschrift in Versen. Weihgeschenke aller Art findet man hier, unter anderen ein von einem Mantuaner erlegtes Krokodil. Die Kunst, so grosse Wachsfiguren zu machen (die übrigens von Zeit zu Zeit restaurirt werden müssen), erfand ein Franziskaner d'Acqua Nera 1521. Das Wunderbild der Madonna wird dem h. Lukas zugeschrieben; der Hauptfesttag ist Mariä Himmelfahrt im August, zu welcher Zeit die Kirche von 80 bis 100,000 Wallfahrern besucht wird. — Denkmale des Bernardino Corradi 1489, Sohn des berühmten savoyischen Feldherrn Louis Corradi; des Balthasar Castiglione, des Freundes und Rathgebers von Raphael und Michel Angelo, des Verfassers vom Cortegiano, in welchem Buch ein Spiegel seiner Zeit sammt ihrer Literatur und Moral, ihren Vorurtheilen und Irrthümern, Lächerlichkeiten und Verderbnissen etc. aufgestellt ist, nach der Zeichnung des *Giulio Romano* und einer Grabschrift von Card. Bembo; daneben das Grab seiner jungen Gemahlin, die als Dichterin in lateinischen Versen gerühmt wird, mit der schönen Grabschrift von

ihm. — Auch die Inschriften und Exvotos am Aeussern der Kirche verdienen Beachtung. Zwei Miglien von Mantua ist Pietola, der Sage nach (der auch Dante folgt, Purg. 18, 83) Andes, der Geburtsort Virgils. Hier der herzogliche Palast Virgiliana, in welchem einst Cardinal von Medicis nach der unglücklichen Schlacht von Ravenna Zuflucht fand, und wo der französische General Miollis sein christlich-heidnisches Gastmahl gab, bei dem er in einem extemporirten Apollo-Tempel Kirchen-Heilige die Rolle von Göttern spielen liess. Der Palast ist sehr verfallen.

Borgoforte 1 P. mit einem von den Mantuanern 1211 erbauten festen Schlosse. Ueber den Po und Luzzara. Hier wurden Prinz Eugen und die Oestreicher 1702 von den Franzosen geschlagen.

Guastalla 2 P. (Guardistallum, Vastalla). (La Posta. Croce rossa. Capello verde. Leone d'oro), eine wenig alterthümliche Stadt mit 4000 Einw. Ehedem bald zu Mantua, bald zu Cremona, bald zu Parma gehörig, zur Stadt erhoben und zum Mittelpunkt eines glanzvollen Hoflebens unter Don Cesare Gonzaga im 16. Jahrh., wurde es im vorigen Jahrh. mit letzterem vereinigt, kam aber 1848 an Modena. Papst Urban II. und Paschalis II. haben hier Concilien gehalten (cf. des Pater Affò Geschichte der Stadt in 4 Bdn. Guastalla 1785—1787). Hier erlitten am 19. Sept. 1734 die Oestreicher unter Graf Königseck gegen die französisch-sardinische Armee eine Niederlage. Der Dom (unbedeutend); das alte Schloss verfallen: die Erzstatue Ferdinands von Gonzaga (der Guastalla 1539 von Lodovica, Tochter des Grafen Achilles aus der Familie Torelli gekauft), von *Leone Leoni*, 1594. Die Bibliothek von 6000 Bdn., ein Legat des Don Marc-Antonio Maldotti.

CREMONA.

1. Pal pubblico . . . . G 6
2. Uffizio Postale delle
   lettere . . . . G 5
3. Posta dei Cavalli
4. Uffizio della Diligenza D 3
5. Teatro della Concordia E6.7
6. Teatro Filodrammat. GH4
7. Ospedale civico . . . H 3
8. Seminario Vescovile H 4
9. Monte di Pietá . . . I 4
10. Casa di ricovero, e di
    lavoro . . . . F 2

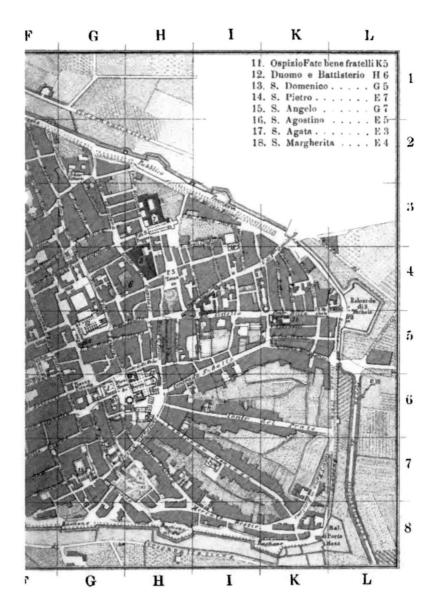

11. OspizioFate bene fratelli K5
12. Duomo e Battisterio H 6
13. S. Domenico . . . . . G 5
14. S. Pietro . . . . E 7
15. S. Angelo . . . . . G 7
16. S. Agostino . . . . . E 5
17. S. Agata . . . . E 3
18. S. Margherita . . . . E 4

Reggio 3 P. und von da nach Bologna s. Rr. 8.

6.

Von Verona nach Bologna

über Mirandola. 10¾ Posten.

Bis Ostiglia Reisekarte VIII.

Nogara 2 P. Von Verona nach Ostiglia 1¼ P., über den Po nach Revere. Man kommt nach 2 St. an die italienische Dogana. **Mirandola** 2 P., Hauptstadt der Provinz gl. N., ehedem eines Herzogthums, das der Familie Pico gehörte, mit breiten Strassen, schönen palastähnlichen, zum Theil alterthümlichen Gebäuden, guten Befestigungen und 2600 Einw. — Die ersten Besitzer waren der Abt Nonantola und die Gräfin Mathilde. Von der letzteren kam es an Manfred, und so an die Pii, Pichi, Manfredi und Guidoni, die es an die Modenesen verkauften. Von diesen kam es an Franc. Pico und seine Nachfolger, denen es jedoch 1711 zu Gunsten des Hauses Este genommen wurde. — Sehenswerth sind das alte Schloss, der Dom, die Kirche Gesù, die Hospitäler etc. Geboren sind hier Antonio Bernardi und Giov. B. Susio, Literaten des 16. Jahrh. Crista 1½ P. Modena 1¼ P. Eisenbahn in 1¼ St. nach Bologna. Man überschreitet auf einer langen Brücke den Reno, und sieht in der Ferne den Hügel mit der Madonna di S. Luca.

7.

Von Mailand nach Cremona.

Reisekarte VIII.

Eisenbahn 3mal täglich in 3–3½ St. für Fr. 8. — 5. 80. — 4, 10. Von Mailand fährt man zuerst auf der venetianischen Eisenbahn

nach Treviglio. Von hier (Wagenwechsel nach Caravaggio, Stadt mit 6000 Ew. In der Hauptkirche Gemälde von *Campi*. Hier sind die beiden berühmten Maler Polidoro Caldara und M. A. Merigi, die beide Caravaggio heissen, geboren. **Crema**, Stadt mit 10,000 Einw. Im Dom ein Gemälde von *Vincenzo Civerchio d. J.* (Sebastian, Rochus und Christoph) 1515. 3 Stunden entfernt Castiglione mit einem grossen Altarwerk von *Albertino* und *Martino Piazza* in der Kirche All' Incoronata. In Crema lebt der für wissenschaftliche Landwirthschaft sehr thätige Sgre. Sanseverino. 2 St. östlich von der Station Casalbuttano liegt

Pizzighetone (Forum Intuntorum oder Dioguntorum) kleine feste Stadt an der Adda, mit 4000 Ew.; berühmt dadurch, dass Franz I. von Frankreich nach der Schlacht von Pavia hier so lange gefangen gehalten wurde, bis ihn Carl V. nach Spanien bringen liess. Nahebei der Borgo Codogno mit den grössten Käsefabriken und 8000 Ew. In der Parochialkirche Himmelfahrt Mariä, das beste Bild von *Callisto Piazza*, 1533.

Cremóna (Sole d'oro. Italia. Capello. — **Speisezettel**: Scarpazzone, vortreffl. Milchspeise. Mostarda, eine feine Confiture aus Früchten etc. Mandelkuchen, Forrone. Guter Käse.) 45° 7' nördl. Br., 27° 41' L., in einer fruchtbaren Ebene am Po, mit beträchtlichem Handel und 28.521 Ew. Zur Zeit der Etrusker eine Pfalz (Cucamonia), kam es später in Besitz der Gallier und Cenomanen. Als römische Colonie 535 war es der tribus Aniensis einverleibt, und litt in den Bürgerkriegen, vornehmlich durch Octavian und die Kämpfe zwischen den Vitellianern und Antonius. (Cf. Tacitus hist. III, 32 ff.) Im Kampf mit den Longobarden leisteten die Cremoneser so erbitterten

Widerstand, dass König Agilulf ihre Stadt zerstörte. Aus Crema, wohin sie geflüchtet, liess sie Theodolinde in ihre Stadt zurückkehren, die sie von neuem aufbauten. Im Mittelalter, im Kampfe der Ghibellinen und Guelfen hielt Cremona zu ersteren und unterstützte Kaiser Barbarossa gegen Mailand u. Crema. Nachgehends den Parteikämpfen verfallen, regierten es mehre Familien, bis es von Fondula an Fil. Visconti und durch diesen an seine Tochter, Gemahlin des Fr. Sforza, also an Mailand kam.

Für Musiker ist Cremona wegen der vortrefflichen Geigen und Violen des Amati, Stradivarius, Guarneri etc. von Wichtigkeit; gegenwärtig besteht keine derartige Fabrik mehr; es ist die Vaterstadt des Dichters Vida, des „christlichen Virgils" † 1566.

Kirchen etc.: * Dom v. J. 1107, im germanisch-lombardischen Styl. mit reichornamentirten Fenstern und Rosetten, Gesimsen und Portalen. An der Façade Sculpturen aus dem 13. Jahrh. (Die Propheten von *Jacob Porrata* 1274.) Inneres: drei Schiffe und Querschiff mit Seitencapellen, was in dieser Weise sonst nicht leicht vorkommt; daselbst (characterlose) Malereien aus dem 14. Jahrh. — An den Wänden des Mittelschiffs die Geschichte der Maria in Fresken von *Boccacino*. (1. Joachim bei den Hirten. 2. Heimkehr Joachims. 3. Geburt Mariä. 4. Vermählung Mariä. 5. Verkündigung. 6. Heimsuchung. 7. Anbetung der Hirten. 8. Beschneidung); von *Bembo* (9. Anbetung der Könige. 10. Simeon im Tempel); von *Altobello Meloni* (11. Flucht nach Aegypten. 12. Kindermord); von *Boccacino* (13. Christus im Tempel). — Darnach die zweite Seite von *Altobello Meloni, Malosso, Moretti, Romanino* und *Pordenone;* dazwischen im Chor Christus in der Glorie mit vier Heiligen im Styl der ältern

Venetianer. — Altartafel im linken Querschiff von *Bern. Ricca* eine Madonna in tr. mit Heiligen.

Durch eine Reihe Loggien ist mit der Kathedrale verbunden der Torrazzo, berühmt als der höchste (396' h.) italienische Glockenthurm. Battisterio aus dem 10. Jahrh.

Campo Santo bei der Kathedrale (jetzt Archiv) in einer Vertiefung ein merkwürdiges altes Mosaik, Kämpfe von Centauren etc.

S. Nazzaro, mit Gemälden der cremonesischen Maler *Campi*, die hier begraben liegen (zwei Madonnen, die eine am Hauptaltar), *Altobello, Malosso*.

S. Domenico, Gemälde von *Galeazzo Campi* (der Rosenkranz), *Bern. Campi* (Geburt), *Malosso, Ces. Procaccini* etc. ein altes Bild über der Sacristeithüre von *Thoma de Alienis* von 1515.

S. Agata von interessanter Architektur, mit dem Martyrium der H. Agathe von *Giulio Campi*.

S. Margherita mit Gemälden von *Giulio Campi* (Beschneidung etc.).

* S. Agostino e Giacomo in Braida, ein interessantes Bauwerk des 14. Jahrh. Gemälde von *Pietro Perugino* (Madonna in tr. mit S. Johannes Ev., S. Paul und S. Augustin 1494), *Galeazzo Campi* (Madonna) zwischen alten Bildnissen der Visconti a fresco.

S. Angelo, Madonna von *Bembo*.

S. Pietro, eine der ältesten Kirchen, die Kreuzabnahme des *Daniel da Volterra* mit einigen Zuthaten von *Bern. Ricca*.

S. Giorgio mit einer Geburt Christi von *Sojaro* (Nachahmung von Correggio's Nacht).

S. Pelagia, mit Fresken von *Giul. Campi*.

* S. Sigismondo, vor der Stadt, nach Mantua zu, mit Gemälden der *Campi* u. A. Francesco Sforza und Bianca Visconti, die Wiedererbauer der Kirche, von Heiligen der Madonna

empfohlen, von *Giul. Campi* 1540,
und des *Camillo Bocaccini* (die Evan-
gelisten).
Palazzo pubblico mit einem
reichverzierten Kamin ans Marmor,
von *G. C. Pedone* von 1502.
Pal. San Secondo mit Sculp-
turen aussen von *B. Sacchi.*
Pal. Raimondi von *Pedone.*
Privatsammlungen besitzen:
Marchese Pallavicino, Conte Schizzi,
Conte Pedretti, Sgre. Beltrami.
Galerie des Sgr. Ala di Ponzone
mit Handzeichnungen von *Michel
Angelo* und Münzsammlung.
Nahebei die Villa Sommi (bei
dem Dorfe le Torri, mit köstlichen
Gartenanlagen, Gemäldesammlung
und Bibliothek).

8.

Von Mailand nach Bologna.

Bis Piacenza Reisekarte VIII.

Eisenbahn in 6 St. für Fr. 24, 55.
— 19, 05. — 14, 10. (bis Lodi in
41 Min. für 4. — 2, 95. — 2, 10.
— bis Piacenza in 2 St. für 8, 35
— 6, 10. — 4. 35. — bis Parma
in 4 St. für 14, 75. — 11, 25. —
8. 20. — bis Modena in 5 St. für
20, 45. — 15, 80. — 11, 65.)
Die zweite Station ist Melegnano, berühmt durch den Sieg
Königs Franz I. über die mit Mailand
verbündeten Schweizer 14. Sept.
1515; und der mit den Piemontesen
verbündeten Franzosen unter Marschall Baraguai d'Hilliers über die
Oestreicher unter Benedek 7. Jun.
1859.
Lodi (* Sole. Europa. Tre Rè.) an
der Adda, mit breiten wohlgebauten Strassen u. 20,000 Einw. Höchst
bedeutend ist die Viehzucht und der
Wiesenbau; gegen 30.000 Kühe werden in der Umgegend gehalten, und
der beste Parmesan Käse wird hier,
(nicht in Parma) gemacht, von dem
an 16 Mill. Pfund jährlich bereitet

werden. Die Wiesen werden fünf-
mal gemäht, und gibt es dreierlei
verschiedene Arten von Wiesen: mar-
cito, stets bewässerte; irrigatorio
stabile, zeitenweis bewässerte, und
erbatico, auf denen abwechselnd auch
Getreide, Reis etc. gebaut wird. Vom
Kaiser Barbarossa gegen die Mailänder erbaut, kam es im 15. Jahrh.
an diese unter den Visconti, und
theilte ihre Schicksale. Am 10. Aug.
1796 erfocht Bonaparte hier gegen
die Oestreicher unter Beaulieu den
durch die Erstürmung der Brücke,
die ihm 12.000 Mann kostete, berühmten Sieg. — — Der Dom von
alterthümlicher Bauart mit neuauf-
gefundenen Wandmalereien von *Gugl.*
und *Alberto di Lodi*, und einem
sehr alten Abendmahl in Relief. —
Incoronata von 1474, von *Bramante*, mit Fresken und andern Gemälden von *Callisto Piazza.* Krönung Mariä und Seitentafeln von
Albertino und *Martino Piazza.* Derselbe Gegenstand, ehedem Fahne,
von *Alberto Piazza.* — In S. Tommaso del Seminario. Tod Mariä
von *Mart. Piazza.* — S. Agnese,
Madonna mit vielen Heiligen und
Donatoren, reiches und schönes Bild,
von *demselben*, 1520. — — Paläste:
Merlino, Barni und das Vescovado mit einer kleinen, aber sehenswerthen Bildergalerie. — Der Marktplatz mit einem schönen Säulenumgang. — Das grosse Hospital
mit mehren antiken griechischen
und lateinischen Inschriften. (Cf.
Zaccaria de episcop. Laudensibus.) —
Die Communalbibliothek ohne
besondern Werth. Doch ist Lodi in
der Literaturgeschichte merkwürdig
dadurch, dass hier das älteste Ms.
von Ciceronis orator, de oratore, de
claris oratoribus, ad Herennium et
de inventione vom Bischof Landriani
(1418—1427) gefunden worden ist.
— Drei Miglien von Lodi ist das
alte Lodi (Lodi vecchio, Laus Pompeja), eine vom Vater des Pompejus

gestiftete röm. Colonie, im 12. Jahrh. von den Mailändern zerstört. — — Auf dem Wege nach Treviglio liegt der Flecken A g n a d e l l o, wo 1509 die Venetianer gegen die Franzosen eine Schlacht verloren und 1705 im spanischen Erbfolgekrieg Prinz Eugen von General Vendôme geschlagen wurde.

Piacenza,

P l a c e n t i a. (Wirthsb.: S. Marco, Italia. Croce bianca) in einer fruchtbaren Ebene, nahe am Po gelegen, über den eine Schiffbrücke unterhalb der Einmündung der Trebbia führt; weit und gross, doch menschenleer, mit 30,967 Einw. (während deren 100,000 Platz haben), mit breiten Strassen (die breiteste heisst il Stradone), grossen Palästen und angenehmem Klima. Von den Römern zugleich mit Cremona im Jahr 535 U. gegründet (219 a. C.), litt es später im zweiten punischen Kriege beträchtlich durch die Karthager. Im Kriege zwischen Otho und Vitellius 70 p. C. wurde es fast ganz zerstört. Im Mittelalter stritten um seinen Besitz die Scotti, Arcelli, Landi, Anguissola, Torriani und Visconti. Endlich kam es an das Haus Farnese, dessen erster Herzog, Pietro Lodovico, wegen Tyrannei verhasst, vom Balcon seines Palastes durch Verschworne herabgeworfen wurde. Von der Zeit an theilte Piacenza das Schicksal von Parma, schreibt aber seinen Verfall von der fürchterlichen Plünderung durch Franc. Sforza 1488, wobei an 10.000 Ew. als Sclaven fortgeführt wurden.

Von Gelehrten werden mit Auszeichnung gerühmt: L u c i a n o S c a r a b e l l i (Geschichte und Philologie). P i e t r o G i o r d a n i (Philologie). F r e s c h i (Medicin). G i o j a (Jurisprudenz). T e s t a (Philosophie).

Oeffentliche Plätze: P i a z z a de'

cavalli, oder P. del Palazzo p u b b l i c o mit den kolossalen Reiterstatuen in Bronze von Aless. Farnese u. seinem Sohn Ranuccio von *Franc. Mocchi di Montevarchi.* P. reale. P. del Duomo. *Kirchen:* S. A g o s t i n o von *Vignola,* neuerdings wieder hergestellt. *S. A n t o n i o, ehedem Kathedrale, von 903, 1104 und 1562, mit einem schönen alten Vestibul, genannt il Paradiso. Gott Vater in der Engelsglorie und ein Greis aus der Apokalypse, Deckengemälde im Sanctuarium von *C. Cavazetti.* Eine alte Tafel mit Geschichten des h. Antonius, vielleicht aus dem 14. Jahrh.

S. F r a n c e s c o g r a n d e, aus gleicher Zeit ungefähr, mit Gemälden von *Campi, Malasso* und einer Copie des im Escurial befindlichen Martyriums S. Lorenz von *Tizian.*

S. G i o v a n n i d i C a n a l e, ein Kloster, mit Malereien aus dem 12. oder 13. Jahrh. In der Capella del Rosario: „Weinet nicht über mich!“ von *M. Landi,* und die Darstellung im Tempel von *M. Camuccini.* Capella S. Caterina mit dem Denkmal des O r a z i o S c o t t i, Grafen von Montalbo, von *Algardi.*

Die Kathedrale, 1122—1132 im romanisch-lombardischen Styl; von *Rainaldo Santo da Sambuceto;* der mittlere Porticus von 1564 mit Zusätzen von 1775. Das Querschiff ist niedriger als die Langhaus; die Säulengalerie an der Façade ist höher als der First des Daches. In der Kuppel Propheten und Sibyllen a fresco von *Guercino;* Beschneidung, Anbetung der Könige und Josephs Traum von *M. A. Franceschini* und *Lod. Quaini;* 4 Allegorien: Liebe, Wahrheit, Scham und Demuth, von *Guercino.* Im Chor die Himmelfahrt von *Cam. Procaccini,* die Decke von *Lod. Caracci* (Nachahmung der Kuppel S. Giovanni zu Parma von Correggio). Der Tod der Jungfrau in 2 Bildern von Landi, S. Martino

von *Lod. Caracci.* — Am Glockenthurm sieht man einen der eisernen
Käfige, deren man sich im 13. und
14. Jahrh. an verschiedenen Orten
Italiens als peinigendster Gefängnisse
bediente.

* S. Maria di Campagna von
Bramante, vor dem Thor, mit einer
Kuppel, a fresco gemalt von *Pordenone.* Capella S. Caterina dessgl.
nebst Oelgemälden von *dems.*

S. Michele mit einem Gemälde
S. Ferdinands von der Hand der Herzogin *Antonia Bourbon*, Tochter
Ferdinands, und Ursulinerin in Piacenza, vom Jahr 1797.

S. Savino, ganz modernisirt, indess besteht noch die Unterkirche
aus dem 10. Jahrh. mit interessanten Säulen und Mosaiken.

S. Sepolcro von *Bramante.*

* S. Sisto, die reichste Kirche von
P. Denkmale der Kaiserin Engel-
berga und das der Margaretha von
Oestreich, Carls V. natürlicher Toch-
ter, Gemahlin Ottavio Farnese's, von
Giacinto Fiorentino. Gemälde von
*Cam. Procaccini, Palma giov., Tad-
deo Zuccaro* etc.; von unbekannten
Meistern sind die Kinder im Schiff
und die Madonna in der Capella della
vergine. Hier war ehedem *Raphaels*
Madonna di S. Sisto, die an den
König August I. von Sachsen für
20,000 Duc. verkauft in die Dresdener
Galerie gekommen und durch eine
Copie von *Nogari* ersetzt worden.

Paläste. Sammlungen. * Pal.
Pubblico, aus dem Ende des 13.
Jahrh., mit schönem Porticus.

P. Farnese, genannt della Cittadella, von *Vignola*, von dem mehre
andere Paläste der Stadt.

Bibliothek mit 30,000 Bdn. und
mehren werthvollen Mss., darunter
eine Palimpseste aus dem 9. Jahrh.
und das Psalterium der Kaiserin
Engelberga, Gemahlin Ludwigs II.,
von ihrer eigenen Hand um 847 geschrieben.

Bibl. des March. Landi.

Der botanische Garten.
Casa Cortesi mit einer ausgezeichneten geologischen Sammlung
aus der Umgegend.
Casa Zanetti, dessgl.
Istituto Gazzola, eine Anstalt
zur Versorgung armer Mädchen.

Umgegend. Eine Miglie entfernt
die neue Brücke über die Trebbia.
Die verschüttete Stadt Velleja, S.
Fiorenzuola und Parma (Museo ducale). Cf. Ant. Dom. Rossi, storia
di Piacenza 1836. Poggiali mem.
storiche etc. 1757. 12 Bde.

[Ein nicht zu grosser Ausflug liesse
sich von Piacenza im Thal der Trebbia aufwärts machen nach
Bóbbio, einer Stadt mit 4000 Ew.,
berühmt durch die Bibliothek des
hier von S. Columban 612 gestifteten
Klosters und des von Heinrich II.
1014 gestifteten Bisthums, die bei
der Aufhebung des Klosters nach
Rom, Paris und Turin zerstreut
worden, und in welchem Angelo
Mai seine grossen Entdeckungen
von den Palimpsesten gemacht, in
denen er viele untergegangene Werke
der Alten wieder fand. Noch vorhanden ein Sacramentarium gallicum
aus dem 6. Jahrh. Schwefelquellen.]

Von Piacenza, S. Lazzaro vorüber, dessen Hospital mehre gute
Gemälde *(P. Perugino* etc.) enthält,
und Fontana fredda, wo ehedem
der Gothenkönig Theodorich einen
Palast hatte (Fons Theodorici) und
die Longobardenkönige residirten,
über die Arda, deren Reichthum an
Mineralien Naturkundige rühmen,
durch ein weinreiches Land (vino
santo!) nach Fiorenzuola, Flecken
mit 3000 Einw. — Nahebei die
Trümmer der alten Stadt Velleja,
die durch Bergsturz oder vulkanische
Ausbrüche im 4. Jahrhundert verschüttet worden sein muss. Die
Stadt, jetzt 20' unter dem Felsen-
schutt, scheint am Abhang eines

Berges gestanden zu haben, und ziemlich wohlhabend gewesen zu sein. Mosaikfussböden, mehrstöckige Häuser, kostbare Gefässe etc. hat man ausgegraben. Hier ist auch die berühmte **trajanische Tafel** gefunden worden, die nach Muratori, De Lama und Furlanetto das Geldwesen der Römer bestimmte. Ein Hydrogengasvulkan ist ganz in der Nähe.

Borgo San Donino, (Croce bianco. Angelo.) mit 4000 Einw., Sitz eines Bisthums mit einem Seminar, einem Collegium und einem merkwürdigen Bettlerdepot. Sehr schöne Kathedrale aus dem 13. Jahrh. Rui-

nen einer alten Stadt (Julia Crispoli oder Fidantia?).

Castel Guelfo, mit einem alten Schloss, Torre d'Orlando, von dem Ghibellinen Orl. Pallavicino, der aber seinem guelfischen Gegner Ottone Terzi von Parma 1407 unterlag, zum Theil in Trümmern, zum Theil modernisirt. Ueber das steinreiche und im Sommer wasserlose Flussbett des (im Herbst und Frühjahr ziemlich reissenden) Taro ist von 1816—1821 eine grosse mit Statuen geschmückte Brücke von 20 Bogen gebaut worden. Schöne Fernsichten auf die Apenninen im Süden. Eigenthümliche Frauentrachten.

Parma.

Der Bahnhof ist nahe dem Thor S. Barnaba.—Omnibus zu den Hôtels. — **Wirthshäuser:** La Posta (Post, Z., L., S. 2¾ Fr.). *Croce bianca, nahe bei der Station. Italia. — **Speisezettel:** Vortrefflicher Schinken, spalla di San-Secondo. Wurst Bondiala. Pofische und Forellen. Käse. Melonen und Champignons. Weine: Marzemino, süss, Vino santo, Muscat. — **Arzt:** Tommassini, einer der ersten Aerzte Italiens. — **Chirurg:** Rossi. — Das **Klima** ist gemässigt, die Luft etwas feucht, ohne ungesund zu sein. — Parma (Julia Augusta). Unter 28° Länge und 44° 48' nördl. Br., in einer fruchtbaren Ebene, an beiden Ufern der Parma, über welche 3 Brücken führen, mit vielen, obschon verödeten Palästen, einem Bischof und 45,673 Ew.

Von sehr altem, doch unbestimmtem Ursprung, wurde Parma römische Colonie im Jahr 571 U. (183 a. C.) unter dem Consulat des M. Marcellus und Q. Fabius Labeo. In den Bürgerkriegen litt es vornehmlich durch die Grausamkeiten des Antonius; Augustus aber beförderte das Wiederaufleben der Stadt, die auch nach ihm den Namen führte. Im Mittelalter Republik, hielt sie zur Partei der Guelfen, und musste 1245 eine harte Belagerung von Friedrich II. aushalten, der ihr zum Trotz das Fort Vittoria in der Nähe erbaute. 1248 zerstörten dieses die Parmesaner und wählten den Papst zu ihrem Herrn, was jedoch den Kampf der Parteien der Corregieschi, Visconti, Scaligeri, Rossi di San Secondo, Estensi, Torelli, Sanvitali, Terzi, Sforzeschi, der Franzosen und Spanier um ihren Besitz nicht verhinderte. Endlich 1545 erhielt es Papst Paul III. für seinen Sohn Lodovico Farnese. 1731 nach dem Aussterben männlicher Descendenten nahm es Philipp V. von Spanien, als Gemahl der Elisabetha Farnese, in Besitz für seinen Sohn Don Carlos, und als dieser 1736 Neapel nahm, gab er Parma an Kaiser Carl VI., nach dessen Tode Spanien von neuem Ansprüche machte. Durch Napoleon wurde es zuerst kaiserliches Grosslehen, dann 24. Mai 1808 mit Frankreich vereinigt; 1815 zu Gunsten seiner Gemahlin Marie Luise ein selbstständiges Herzogthum, jedoch ohne Erbfolge, in welche Lucca eingetreten. Oestreich hatte das Recht der Besatzung. 1859 wurde die Herzogin vertrieben und Parma dem Königreich Italien einverleibt. (Cf. P. Affò storia di Parma.) Parma war die Vaterstadt von Cassius, des Mitverschwornen von Brutus. — Hier leben gegenwärtig der Geschichtsforscher Angelo Pezzana, der Philolog Michele Leoni und die Rechtsgelehrten Niccolosi und Maestri.

In der Geschichte der neuern Kunst gewinnt Parma erst zu Anfang des 16. Jahrh. wirkliche Bedeutung und in der That auch nur durch einen einzigen Künstler, *Antonio Allegri da Correggio.* Zwar hat Parma schon im 13. Jahrh. Meister von Bedeutung beschäftigt, und sowohl die Sculpturen als Malereien des Baptisteriums aus jener Zeit zeigen einen vom byzantinischen Formalismus sich losreissenden lebendigen Geist. Auch im 14. und 15. Jahrh. hat man Kunstwerke geschaffen, die neuerdings zum Theil wiederum zum Vorschein gebracht worden und manche lobenswerthe Bestrebung bethätigen. Von Bologna aus wirkte *Francia* durch seinen Schüler *Lodovigo da Parma;* von Venedig *Gior. Bellino* durch *Cristof. Caselli* auf die Kunst in Parma, als *Allegri* mit seinem ans Wunderbare grenzenden Talent auftrat. Wie für die Zeit, so für seine durchaus lebendige und sinnlich heitere Phantasie hatte die herkömmliche Form der Kirchenbilder sich überlebt. Die Vorstellung einer ewig feierlichen Andacht, wie sie die alte Schule festgehalten, warf er von sich, er entband seine Heiligen der schweren Verpflichtung, die der Altardienst ihnen aufgelegt, und wenn die Venetianer wieder Menschen aus ihnen gemacht, so versetzt er sie unter die olympischen Götter und beseelt sie mit Lust, Liebe, Laune, ja sogar mit Thorheit. (Diess bestätigen vor allen die Bilder in Dresden und Hieronymus in der Galeria zu Parma.) In dieser rein humoristischen Richtung entfernte er sich zugleich von den formellen Gesetzen der Darstellung, und an die Stelle der einfachen Bewegung, der grossen Linien und Massen in der alten Kunst treten bei ihm formlose Zerstückelung und Verkürzung. Dafür aber gelang es ihm, der Malerei einen neuen Reiz in der Behandlung des Helldunkels abzugewinnen, die er zur höchsten Vollkommenheit steigerte, was ihm um so leichter wurde, als ihm (der schon in seinem 18. Jahre das grosse Bild des S. Franciscus in Dresden gemalt) die Ueberwindung aller technischen Schwierigkeiten angeboren schien. Wie viele Gegner er auch fand, dennoch steigerte sich sein Ruf unglaublich, und er wurde das Haupt einer

grossen Schule, der er aber freilich von seinem ursprünglichen alles
belebenden Humor nichts mitgeben konnte und in der wir daher nur
seine Aeusserlichkeiten, die Verkürzungen, die gebrochenen Linien und
Massen und alles Verwandte, was von seiner Wurzel losgetrennt. sogar
ein unerfreuliches Aussehen haben kann, nachgeahmt finden. (Galerie
von Parma, Dom, S. Giovanni, S. Paolo. Cf. Briefe über Malerei von
Dr. E. Förster. Stuttgart 1838 p. 100 ff.) Unter seinen Schülern verdienen genannt zu werden sein Sohn *Pomponio Allegri; Fr. Maria Rondani*, der etwas kleinlich in den Beiwerken ist; *M. A. Anselmi; Bernardino Gatti* mit süssem Colorit; *Giorg. Gandini. Lelio Orsi* etc., aber
vor allen *Fr. Mazzuoli*, gen. *il Parmeggianino*, dessen Beweglichkeit
und lebendiger Ausdruck fast durchweg in Ziererei und Gefallsucht aus-
geartet ist.

Die Hauptsehenswürdigkeiten in topographischer Folge sind:
La Steccata. Baptisterium. Dom. S. Giovanni Ev. S. Paolo. Accademia
delle belle Arti. Teatro Farnese. Museo. Biblioteca. S. Annunziata.
Pal. di Giardino. Lo Stradone.

Anmerk. Die in Klammern beigefügten Ziffern beziehen sich auf den Plan.

Oeffentliche Plätze: Piazza
grande (2) in der Mitte der Stadt,
von mehren öffentlichen Gebäuden
umgeben, von Pal. del Governo (27),
Pal. del Commune.

Kirchen: S. Alessandro (7),
mit Gemälden von *Tiarini* und *Gir.
Mazzuoli*.

* S. Annunziata (8), mit den
Resten einer Verkündigung, a fresco,
von *Correggio*. Madonna in tr. von
Zaganelli da Cotignola 1518.

S. Antonio Abate mit dem
Grabmal des Pietro Rossi von 1438.

Das Baptisterium (9) von *Benedetto Antelami* von 1196 — 1270,
im byzantinisch-lombardischen Styl,
mit vielen Sculpturen an der Aussenseite; Anbetung der Könige, Taufe,
Tanz der Tochter der Herodias etc.
Einzelne fürstliche Gestalten. Am
Abendportal eine Art Weltgericht;
dazu Andeutungen der Culturge-
schichte der Menschheit, (oder „die
guten Werke?“) Ringsum Drachen,
Vögel, Centauren. Am Mittagspor-
tal ein durchaus mystisches Bildwerk mit mythologischen Beziehungen. Sonne und Mond auf Rosse-
wagen. Ein Drache unter einem
Baume, darauf eine Jungfrau. Am
Nordportal: Anbetung der Könige; Geschichte des Täufers Johannes; die Stämme und Könige
Juda in der Arabeske. Im Innern
Sculpturen aus derselben Zeit, die
12 Monate etc., von *Benedetto Antelami*; ferner Evangelisten, Propheten etc.; Geschichten Abrahams,
des Täufers, Mosaiken aus dem 13.
Jahrh. Heilige Gestalten in den
Halbkuppeln der untern Nischen,
auch Geschichten S. Georgs, die
Taufe Christi etc. aus dem 14. Jahrh.
Altarbild: Taufe Christi, von *Filippo Mazzuoli*, der Taufbrunnen von
1294.

S. Cristina, mit dem Denkmal
der Familie Toccoli aus dem 12.
Jahrh.

S. Francesco del Prato (10),
grösstentheils Gefängniss, doch in
der erhaltenen Capelle Fresken von
Anselmi.

11.

S. Giovanni Evang. (11), von 1510, Arch. *Bernardino de' Zaccagni da Torchiera*, gen. *Ludedera* (nicht von Bramante, wie man vorgibt), Façade neu. Das Innere drei Schiffe, deren Gewölbe von gegliederten Pilastern in guter Renaissance getragen werden. An der Seite des Eingangs Correggio's Porträt, von *Gambara.* Die Kuppel mit Christus in der Glorie aufschwebend, dazu die Apostel und die Engel auf Wolken, von *Correggio.* [1] In der Kuppel des Chors Krönung Mariä von *Mazzuoli* nach Correggio. Christi Kreuztragung von *M. A. Anselmi.* 4. Cap. l. Vermählung der h. Katharina, von *Fr. Parmeggianino* (nach A. von *Girol. Mazzuoli*). 3. Cap. r. Anbetung der Könige von einem Meister des 15. Jahrh. 2. Cap. r. Anbetung der Hirten, von *Giacomo Francia* 1519. Madonna in Wolken mit S. Michael und S. Hieronymus, von *Aless. Araldi* 1500. Fresken: Fries im Langschiff von *Correggio's* Schülern. Sacristei mit S. Giov. Battista und S. Sebastian von *M. Angelo* (?). — Die Chorstühle von *Zucchi, Pascal* und *Testa.* Im Kloster einige Fresken von *Anselmi* und *Tonelli*, und 4 Statuen von *Ant. Begarelli.* — Ausserdem rühmt es sich dreier berühmten Gäste. Carl Emanuel, König von Sardinien, als Flüchtling vor den Franzosen 1798; Pius VI. als französischer Gefangener 1799; und Pius VII. auf seiner Rückkehr von Paris 1805.

Die Kathedrale (12) im byzantinisch lombardischen Styl aus dem 12. Jahrh. An der Façade ein antik-römisches Monument mit drei Bildnissen. Inneres: dreischiffig, mit rundbogigen Arcaden auf vielgegliederten Pfeilern mit Blattcapitälen; im Mittelschiff die Gewölbträger zum Fuss der Kreuzgewölbe emporgeführt; 6 Arcaden, darüber eine Em-

[1] Von 1520—1524 für 262 Ducaten und ein kleines Pferd gemalt.

por mit Galerie von je 4 Arcaden mit kleinen Säulen. Ueber der Kreuzung eine Kuppel. Ans der Zeit des Dombaues scheint das Basrelief am Hochaltar, Christus und die Apostel nebst mystischen Gestalten aus weissem u. rothem Marmor zu sein. In der Mauer links eine Kreuzabnahme. Relief von *Benedetto Antelami* 1170. — In der 5. Seitencapelle und der 4. l. sind neuerdings durch einen Geistlichen der Kirche Malereien aus dem 15. Jahrh. vom Kalküberzug befreit worden, sind aber werthlos. — In der Kuppel die Himmelfahrt Mariä, von *Correggio* 1526 — 1530; fast ganz zerstört. Seiner Zeit gab es Leute, die diese Arbeit wegen der Masse sich durchkreuzender Beine ein Froschragout nannten. — Im Chor David und S. Cecilia, von *C. Procaccini.* Hinter dem Hochaltar ein alter Bischofstuhl. Die Fresken im Schiff aus der Lebensgeschichte Christi, von *Lact. Gambara.* — Denkmale des Canon. Bart. Montini, von *Fra Giov. da Grado* 1507; — des Juristen Bart. Prati, von *Clementi*, einem der besten Schüler M. Angelo's; des Bernardo degli Uberti von *dems.* — In der Capella S. Agata Ehrendenkmal des Petrarca, der Archidiaconus des Doms von Parma war. — Grabsteine des Ag. Caracci und Lionello Spada.

S. Michele (14), mit einer Madonna in tr. von *Lelio da Norellara* (Orsi.)

***Madonna della Steccata** (15), von den Parmesanern für ihre schönste Kirche gehalten, erbaut 1521 von *Giov. Franc. Zaccagna.* 1. Cap. r. Madonna in tr. mit Heiligen von 1508 ca. In der Tribune hinter dem Hochaltar Krönung Mariä nach der Zeichnung des *Giul. Romano*, von *Anselmi.* An der Decke Grau in Grau: Adam und Eva, Moses zerbricht die Gesetztafeln, von *Parmeggianino.* Die

Kuppel mit Christus und Maria in der Glorie, von *Sojaro*. Denkmäler des Sforzino Sforza, von *Da Grado* 1523; — des Bertrand Rossi von 1527. — In einer unterirdischen Gruft, erbaut 1823 unter den Gräbern der Fürsten von Parma auch das des Alexander Farnese, Nebenbuhlers u. Besiegers Heinrichs IV. **S. Paolo**, j. S. Ludovico, (13) aufgehobenes, nun zu Erziehungszwecken wiederhergestelltes Kloster. Denkmal des Grafen Neipperg von *Bartolini*. Ein Zimmer mit Fresken, von *Correggio*, gemalt im Auftrag der Aebtissin Donna Giovanna, Tochter des Marco von Piacenza, zwischen 1519 — 1520. Diana, von zwei Hindinnen gezogen (über dem Kamin). An der Decke Amorinen mit allerhand Jagdemblemen, durch die Oeffnungen einer grünen Laube gesehen. Am Fries Grau in Grau: die Grazien, Fortuna, Adonis, Endymion, Juno, mit einem Amboss an den Füssen, am Himmel hängend etc. Im Garten Scenen aus dem Leben der h. Katharina, a fresco von *Araldi* oder *Temperello*. Von *denselben* noch ein Zimmer im Kloster mit heiligen Geschichten, Kindern, Thieren und Arabesken.

S. Sepolcro mit Gemälden von *Gir. Mazzuoli*. S. Udalrico (16), mit Gemälden von *Gir. Mazzuoli*, und Chorstühlen aus dem 16. Jahrh. *Paläste und Sammlungen:* Pal. reale (17), mit der Toilette Marie Luisens und einer Sammlung neufranzösischer Gemälde (von *David, Gérard, Le Gros* etc.) *Pal. di Giardino* (18), mit Fresken von *Agost. Caracci* (die himmlische, die irdische und die feile Liebe. Aeneas in Italien und Venus. Mars und Venus. Amor und zwei Nymphen. Thetis und Peleus), der vor Vollendung derselben starb: und an den Wänden von *Cignani*. — Aus dem im französischen Geschmack geordneten Garten übersieht man das Schlachtfeld, wo Maréchal de Coigny 1783 die Oestreicher schlug.

Accademia delle belle arti (19). Täglich mit Ausnahme der Sonn- u. Festtage offen von 8 — 4. Kein Katalog (1865), an die Gemälde sind aber Namen geheftet. Der beigefügte Plan wird als Wegweiser dienen. Die meisten Bilder sind in den Räumen 2 — 6. In der ovalen Halle sind die colossalen Basalt-

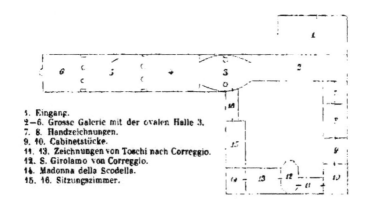

1. Eingang.
2—6. Grosse Galerie mit der ovalen Halle 3.
7. 8. Handzeichnungen.
9. 10. Cabinetstücke.
11. 13. Zeichnungen von Toschi nach Correggio.
12. S. Girolamo von Correggio.
14. Madonna della Scodella.
15. 16. Sitzungszimmer.

statuen von Hercules und Bacchus aus den Kaiserpalästen in Rom; im 6. Raum die Marmorstatue von Maria Luisa von *Canova*; darin die Gemäldegalerie: *Madonna mit dem Kind, dabei 88. Magdalena und Hieronymus (desshalb Madonna di S. Girolamo, Zimmer 12), von *Correggio*. *Die Ruhe auf der Flucht (Madonna della Scodella, Zimmer 14). von *dems.* *Kreuzabnahme von *dems.* (scheint sehr gelitten zu haben). *Martyrium der HH. Placidus und Flavia von *dems.* *Die Kreuztragung von *dems.* (jetzt dem *M. A. Anselmi* zugeschrieben). *Madonna mit dem Kind (Madonna della scala, a fresco), von *dems.* Heilige Familie, von *Pomponio Allegri*, Correggio's Sohn. Madonna und Heilige, von *M. A. Anselmi*. Verkündigung, von *Araldi*. Madonna und Heilige. von *Guercino*. Madonna mit dem Kind, von *dems.* S. Hieronymus, von *dems.* S. Magdalena, von *dems. (?)* Thetis übergibt ihr Kind Achilles dem Chiron, von *Pomp. Battoni*. *Christus als Knabe mit der heil. Schrift, von *Giov. Bellini*. Madonna, alte *Sieneser Schule*. Heil. Familie, von *Angelo Bronzino*. Madonna und Heilige, von *Agost. Caracci*. Madonna und das Kind, a fresco, von *dems.* Pietà, von *Ann. Caracci*. Madonna im Sternenkranz, nach *Correggio* a fresco, von *dems.* (Das Original in der Bibliothek.) Begräbniss Mariä, von *Lod. Caracci*. Himmelfahrt Mariä, von *dems.* Amor, von *Cignani*. *Madonna in tr. mit dem Täufer, den HH. Cosmus, Damianus, Apollonia, Katharina und Paulus, von *Cima da Conegliano*. Himmelfahrt Mariä, von *Lor. di Credi*. Bart. Rentaglia, Minister des Herzogs Borso d'Este, wird von Friedrich III. zum Ritter geschlagen, von *Dosso Dossi*. Madonna mit dem Kind, von *Van Dyk*. Kreuzabnahme von *Francesco Francia*. *Madonna

in tr. mit den HH. Justina, Benedict, Scholastica, Placidus, auch dem kleinen Johannes, von *Fr. Francia* 1515. Madonna mit S. Hieronymus und S. Bernardinus von Feltre, von *Parmeggianino*. Die Empfängniss, von *Gir. Mazzuoli*. Madonna und Heilige, von *Pier Ilario Mazzuoli*. Anbetung der Könige, von *Fra Paolo da Pistoja*. Christus in Emaus, von *Jac. Bassano*. Die 12 Apostel, von *Spagnoletto*. *Christus in der Glorie, vor ihm Madonna und Johannes, S. Paul, S. Katharina, von *Raphael*. Pietà, von *Andrea del Sarto*. Grablegung, von *B. Schedone*. S. Vincenzo da Valencia deutet auf die Zukunft Christi, von *Gher. Starnina*. Kreuztragung, von *Tizian (?)*. Neu hinzugekommen eine Pietà, von *Tintoretto*. Von einem ältern, jedoch nicht genannten, parmesanischen Meister sind 2 schmale Tafeln, S. Hieronymus und S. Johannes der Täufer. Von *A. Mantegna* die Skizze zu dem Martyrium des S. Cristoforo in Eremitani zu Padua. Von *Sisto Badalocchio* eine Andromeda, und ein S. Franz, der die Wundmale empfängt. — *Die Aquarellen *Toschi's* nach Correggio (Zimmer 11, 13).

Sculpturen: A. Antike. 1. *Kolossaler Jupiterskopf, gefunden zu Colorno bei Parma. 2. *Hercules und 3. *Bacchus, kolossale Statuen von Basalt, gefunden 1724 in den Kaiserpalästen zu Rom (Orto Farnese), wahrscheinlich aus der Zeit des Domitian. 4. *Torso eines Amors. 5. *Livia, Gemahlin des Augustus, im Gewand einer Vestalin, Kolossalstatue aus carrarischem Marmor, gefunden in Velleja s. u. 8. Caligula als Jüngling (?) aus Velleja. 9. Drusilla aus Velleja. 10. Agrippina die jüngere, von carrarischem Marmor, gefunden in Velleja. 11. und 12. Römische Hauptleute. dessgl. 13. Vitellius, Büste.

14. Dessgl. 15. Lucius Verus. 16. Galba (der Kopf neu). 17. Eine Nymphe, Kopf und Leib antik. 18. Eine männliche Statue als Faun restaurirt. Hier ist auch die Tabula Trajana, e. S. 280. B. Moderne: 1. Anbetung der Weisen und 2. Flucht nach Aegypten, Reliefs aus dem 15. Jahrh., *toscanische Schule.* 3. Marmorbüste des Vesp. Gonzaga, von *Tommaso della Porta, Milanese.* 4. Ein knieender Johannesknabe. von *Bernini.* — Die Büste von Marie Louise ist von *Canova.*

Teatro Farnese (20), in demselben Gebäude, eröffnet 1618 unter Ranuccio I. Varnese. Archit. *Giambattista Aleotti d'Argenta*, fasst 4500 Zuschauer und ist in akustischer Hinsicht vortrefflich gebaut. Director der Academie ist gegenwärtig *P. Toschi*, als Kupferstecher berühmt und um die ausgebreitete Kupferstecherschule in Parma sehr verdient. — Bildhauer: *Baldini.*

* Das Museo reale, in demselben Gebäude, enthält eine grosse Anzahl römischer Alterthümer, gegen 20.000 Münzen, die berühmte tabula Trajana mit Trajans Edict über die Pflege der Armenkinder. Der grösste Theil dieser Alterthümer ist zu Velleja, einer römischen Municipalstadt, 18 Miglien südlich von Piacenza, im 4. Jahrh. durch einen Bergsturz verschüttet, seit 1760 ausgegraben worden. S. Fiorenzuola. Das Teatro reale (21), neu erbaut.

Congregazione della carità mit einer schönen Sammlung Gemälde und Handzeichnungen (auch von *Correggio*), einst Eigenthum des H. Stuardi.

* Die Bibliothek (22) in demselben Gebäude; mit 3 Fresken von *Correggio*, 80,000 Bänden und 4000 Mss. gesammelt durch den berühmten P. Pacciaudi unter den Infanten Don Filippo und Ferdinando, Herzögen von Parma, und eröffnet 1770;

später aus aufgehobenen Klöstern und der Bibliothek de' Rossi's vermehrt. Der beträchtlichste Reichthum der Sammlung besteht in orientalischen Handschriften. Man zeigt einen Koran auf feinem türkischem Papier, den Kaiser Leopold nach aufgehobener Belagerung von Wien im Zelt des Veziers Kara-Mustapha gefunden und seiner Gemahlin Eleonore geschickt, die ihn ihrem Beichtiger Carlo Costa zum Geschenk gemacht. Durch diesen kam er an seinen Neffen Giacomo Costa, der sich damit 1707 zum Bibliothekar machte. — Ferner: das Livre d'Heures von Heinrich II., mit dem Halbmond, dem Zeichen seiner Geliebten; dem hebräischen Psalter, ehedem Eigenthum Luthers und mit eigenhändigen Noten von diesem. Unter den Mss. ein Virgil aus dem 12. Jahrh., ein Terenz von 1470, ein von Petrarca eigenhändig geschriebener Dante von 1370, ein Petrarca von 1500, eine geographische Karte von 1367.

Tipografia reale unter der Direction von Bodoni; wegen des schönen Drucks, besonders auch des Notendrucks berühmt.

Die Universität (23) mit etwa 500 Studenten. — Collegio dei Nobili, 1816 den Benedictinern übergeben, mit 31 Zöglingen. Aus demselben sind berühmte Männer, wie Scipione Mattei, Cesare Beccaria, Pietro und Carlo Verri. Giamb. Giovo etc. hervorgegangen. — Collegio Lalatta (24) von 1563, mit 50 Zöglingen aus dem Mittelstand. Ein Armenhaus, Gebärhaus, eine Gewerbsschule etc. sind Stiftungen von Maria Louise.

Pal. Sanvitale, mit literarischen Schätzen und Gemälden: Taufe Christi von *Parmeggianino*, sein erstes Bild aus seinem 16. Jahre.

Capo di Ponte mit einer Verkündigung von *Correggio*.

Spaziergang: Lo Stradone (28), ein aus den Festungswerken entstandener Boulevard.
Umgebungen. Das Schloss Colorno am Lurro mit englischen Anlagen und Treibhäusern. (Cf. Affò storia della cità di Parma 1792—95. Indicazione di alcune celebri pitture Parmesane, 1809.)

Man geht neben der alten Via Aemilia durch das Thor des Hospitals von S. Lazzaro über die (im Winter reissende)Enza bei S. Ilario. **Reggio** (Regium Lepidi) (La Posta. Il Montone. Giglio), gutgebaute, freundlich gelegene Stadt, ehedem zu Modena gehörig, am Crostolo, mit Mauern und Wällen, einer schlechten Cittadelle. breiten, zum Theil mit Arkaden versehenen Strassen, 46,222 Ew., einem ziemlich lebhaften Handel von Wein (der weisse di Scandiano ist zu empfehlen), Seide, Hanf, Hornvieh und Käse, und einer jährlichen Messe im März; berühmt als Vaterstadt des Ariosto, dessen Geburtshaus man (wiewohl ohne Verlass) noch zeigt. — Kathedrale, Madonna della Chiara, ein kleines Abbild der römischen Peterskirche, wie sie *M. Angelo* (im griechischen Kreuz) entworfen hatte; mit einem Gemälde von *Guido* und einem Crucifix vom Jahre 1199. Denkmal des Bischofs Rangoni. S. Giovanni und S. Agostino mit Gemälden. Gegenüber dem Haus Cerati an der Strassenecke eine zerbrochene Statue angeblich des Brennus, wahrscheinlich ein mittelalterliches Werk. — In der Vorhalle der Municipalität die antike Statue des hier gebornen Caec. Metellus. — Liceo; Schulanstalt mit der Naturaliensammlung des berühmten Spatanzani. Die Mineraliensammlung des Professors Marosi. — Das Theater.

Etwa 3 St. von Reggio nordöstlich liegt **Correggio** (Hauptstadt eines seit dem 17. Jahrh. zum Herzogthum Modena gehörigen Fürstenthums), ehedem Eigenthum der Familie Siro, mit 4000 Einw. Vaterstadt des berühmten Malers *Antonio Allegri*, genannt *Correggio*, von dem sich noch von zwei Gemälden alte Copien hier befinden: vier Heilige, Petrus, Margaretha, Magdalena, Raimund in einer Landschaft. Ursprünglich in der Bethalle der Misericordia, später im Besitz eines Hrn. Antonio Armanno, dann des Lord Ashburton in London. Das andere war in der Kirche der Conventualen, eine Ruhe in Aegypten mit Bartholomäus und Johannes; beide Bilder aus des Malers zwanzigstem Jahr.
Etwa 3 St. südwestlich von Reggio an der Quelle des Flüsschens Crostollo liegt Canossa, Trümmer des festen Schlosses der Gräfin Mathilde, wo Kaiser Heinrich IV. vor Gregor VII. im härnen Gewande Kirchenbusse that. — An der Eisenbahn: Rubiera, ein befestigter Ort an der Secchia, in der man noch die Reste einer römischen Brücke sieht. Modena.

Modena,

(Gran Albergo reale. S. Marco. Montadora. Leopardo. — **Speisezettel**: Zampone, Schweinsfüsse. Spongate und pani speciali, Mehlspeisen. Vino tosco, roth; trebbiano, weiss. — Rosoglio di Garofolino; — cordiale. Das Wasser rein und frisch; acqua moreale führt ab. — **Klima**: der Winter ist sehr rauh; der Sommer sehr heiss).

Modena (Mutina) am linken Ufer der Secchia und am rechten des Panaro (Scultenna) in einer fruchtbaren Ebene mit 58,442 Ew., gutgepflasterten Strassen und Trottoirs, weiten Bogengängen; einem Erzbischof, einer Universität, Kunstakademie, vielen wohlthätigen Anstalten (S. Paolo, wo man 100 arme Mädchen erzieht; Istituto degli

Bernardini e Filippini etc.) und (alle Montag einen grossen Viehmarkt). Schon unter P. Corn. Scipio und T. Sempronius Longus 536 U. eine feste Stadt. wurde es 571 römische Colonie. Brutus hielt hier nach Cäsars Ermordung eine Belagerung aus, worauf das Triumvirat des Lepidus, Octavianus und Antonius folgte, wobei Modena dem letztern anheimfiel. Es sank in den ersten Jahrhunderten p. C. so tief, dass S. Ambrosius in einem Brief an Faustinus es einen „Cadaver" nennt. Unter den Longobarden und später unter den Franken wurde es von Grafen regiert, gehörte aber sodann zu den Mathildischen Besitzungen und machte später sich frei. Im 13. Jahrhundert kämpften die Familien der Agioni (Guelfen) und Grossolfi (Ghibellinen) um die Herrschaft, die indessen 1288 (15. Dec.) Obizzo d'Este erhielt. Er sicherte sie seinen Nachkommen, die sie vom J. 1452 an als Herzoge behaupteten, von denen Hercules III. der berühmteste wurde. Maria Beatrix, dessen Tochter, verheirathete sich mit Erzherzog Ferdinand von Oestreich; ihr Sohn Franz IV., gleichfalls Erzherzog von Oestreich, der sich durch sein absolutestes Regierungssystem, durch sein Pressgesetz (von 1828), wonach jedes einzelne Exemplar eines Buches mit doppeltem Stempel versehen sein musste, durch die lange Liste verbotener Bücher, darunter z. B. die Divina commedia des Dante, und endlich durch die Nichtanerkennung der Orleans'schen Dynastie in Frankreich berühmt gemacht, starb 1846. 1859 ward es vom Herzog Franz V., der mit einem Truppencorps zu den Oestreichern gieng, verlassen und von Piemontesen besetzt und mit dem Königreich Italien vereinigt. In Modena lebt der berühmte Archäolog Celestino Cavedoni und der Philolog Gio. Galvani. Ge-

bürtig sind von hier *Pellegrino*, ein Schüler Raphaels, ferner der Bildhauer *Begarelli*, der Maler *Niccolo dell' Abate*, die Cardinäle Thomas Badia, Grey, Cortese, Giac. Sadoletto, der Geschichtschreiber Sidonio, der Anatom Faloppio, der Astronom Montanari.

Die Hauptsehenswürdigkeiten in topographischer Folge sind: Pal. Reale mit Galerie u. Bibliothek. Kathedrale. S. Francesco.

Oeffentliche Plätze: Piazza Muratori, mit der Statue des ausgezeichneten Geschichtsschreibers, errichtet im J. 1859 vom „Vaterland".

Kirchen: *Die Kathedrale*, in Auftrag der berühmten Gräfin Mathildis von *Lanfrancus* 1099 — 1108 in romanischem Baustyl erbaut, eingeweiht 1184, dreischiffig mit drei Absiden in Osten, einem schmalen zweischiffigen Querschiff ohne Ausladung und einer Krypta, mit Sculpturen an der Façade von *Nicola da Figarolo* und dem Meister *Wilhelm* (der Tod des Königs Artus von Britannien), die den tiefen Stand der Kunst um diese Zeit in Italien beurkunden. An der Aussenseite rechts die Geschichte des heil. Geminianus, Relief von *Agostino d'Antonio di Duccio di Firenze* 1442. Aus derselben Zeit der Glockenthurm (Ghirlandina) und im Innern der Bischofstuhl. Darstellung im Tempel von *Guido*. Am Hauptaltar Sculpturen aus dem 16. Jahrhundert mit einer Vermischung alter und neuer Verzierungen. Krönung Mariä mit Heiligen und kleinen Darstellungen von *Serafinus de Serafinis* 1385. — Zwei Heilige von einem neuern Meister in Nachahmung des ältern Styls. Die Kanzel von *Tommaso di Campione* 1322: die Chorstühle von 1465. In einer Nische bei der Sakristei (verschlossen) die Geburt Christi in terra cotta von *Begarelli*. Grabmäler des Claudio Rangoni und seiner Mutter Lucia Rusca von

Giul. Romano. Als Merkwürdigkeit zeigt man einen 1325 von den Bolognesen eroberten hölzernen Eimer an einer eisernen Kette (Secchia rapita).

S. Agostino mit den Grabmälern von Muratori und Sigonio. Eine Pietà in terra cotta von *Begarelli.* *S. Francesco mit einer Kreuzabnahme in terra cotta von *Begarelli.*

S. Paolo mit einer Geburt Mariä von *Pellegrino da Modena* a fresco.

Paläste, Sammlungen, Anstalten: Palazzo reale, gross u. prächtig von *Bart. Avancini.* Galerie: [1] *Dosso Dossi,* Geburt Christi und mehre Bildnisse von Herzögen von Ferrara u. A. *Pierin del Vaga,* Madonna. *Luini,* Madonna. *Guercino,* dessgl. *Cima da Conegliano,* Grablegung. *Bonifazio,* Anbetung der Könige. *Palma vecchio* Mad. in tr. mit Heiligen. *Tintoretto,* eine Lunette, Mars, Venus und Amor von *Guercino;* die Vermählung der h. Catharina, von *dems.* Das Martyrium des h. Petrus, von *dems.* Christus am Kreuz von *Guido.* S. Rochus im Gefängniss, von *dems.* Die Himmelfahrt Mariä, von *Lodov. Caracci.* Venus und Amor, von *dems.* Flora, von *dems.* Pluto und andre Götter, von *Ann. Caracci.* S. Franciscus verehrt das Christkind, von *Lionello Spada.* Madonna in der Glorie von *dems.* Madonna mit Heiligen von *Garofalo.* Christus von *Pomeranzio.* Der Tod der Clorinde von *Lod. Lana.* Aurora und Cephalus von *Albani.* Himmelfahrt Christi von *Giac. Francia.* Die Beschneidung von *Procaccini.* Kreuzigung Christi von *Mantegna.* Heilige Familie von *Andr. del Sarto.* Anbetung der Magier von *Palma giovine.* Geburt von *Munari Pellegrini.* Ein

[1] Die Hauptschätze dieser Galerie sind im vorigen Jahrhundert verkauft worden und sind nun die Hauptzierde der Dresdener Galerie.

Bauernknabe von *Murillo.* Ein Benedictiner von *Velasquez.* Weibliches Bildniss von *Giorgione.* Madonna mit dem Kind und Christus am Kreuz von *Giov. Bellini.* Ein Fresco-Fragment von *Correggio.* Madonna von *Raphael.* Bildniss von *A. Dürer.*

Die Bibliothek ist die alte Estensische, die der von Clemens VIII. aus Ferrara vertriebene Cesare d'Este mit nach Modena nahm. Anfangs vernachlässigt, bekam sie erst unter Franz II. und III. ordnende Conservatoren, darunter Tiraboschi und Muratori die berühmtesten, und zählt jetzt 90,000 Bde. und 3000 Mss., darunter ein griechisches Evangelium aus dem 8. oder 9. Jahrhundert. — Miscellanea von Theodorus Studidus, griechisch aus dem 14. Jahrh. — Missale aus dem 15. Jahrhundert. — Die Briefe des Hieronymus von 1157 für die Frauen Modena's geschrieben. — Die Kosmographie des Ptolomäus mit Karten von einem Deutschen, Niclas Hahn, im 14. Jahrh. — Storia generale des Flavio Biondo aus dem 14. Jahrh. — Desselben Tractatus De militaris artis et jurisprudentiae differentia. — Sammlung provençalischer Dichtungen von Ferrari 1254 enthält 1474 meist unbekannte Gedichte. — Dante aus dem 14. Jahrh. mit Miniaturen. — Ein Ms. mit Miniaturen von *Giov. Russi* von 1455. De captivitate Ducis Jacopi Tragoedia von Laudivius aus dem 15. Jahrh. — Herbier, französ. Ms. mit Pflanzenabbildungen aus dem 14. Jahrh. — Unter den gedruckten Büchern sind sehr viele erste Ausgaben, eine Mainzer Bibel von 1462, eine venetianische etc. — Hiebei ein Museum mit 26,000 antiken Münzen (namentlich griechischen und einigen Mittelalterthümern.

Pal. communale mit Wandgemälden von *Niccolo del Abate.*

Pal. Montecuculi mit dem Bildniss des h. Franz von *Bonaventura Berlinghieri* 1235.

Albergo delle arti, in den Säulenhallen des Museo lapidario mit antiken Inschriften und Sarkophagen.

Das Theater ist auf die Grundmauern eines alten Palastes gebaut.

Bemerkenswerth sind die Brunnen von Modena, deren Beschreibung schon 1788 Louis Ricci (Corographia de' territorj di Modena etc.) gibt, aus der erhellt, dass man schon damals die in neuester Zeit unter dem Namen „artesischer Brunnen" eingeführte Methode gekannt und ausgeübt hat.

Einer der angenehmsten und belebtesten Spaziergänge ist der Schlossgarten.

Bibliotheken: 1. B. Estense, s. Pal. reale. 2. Dombibliothek im Capitulararchiv mit 72 Mss. (davon ein Verzeichniss vorliegt), darunter I. 2 Leges Salicae Ripuariae, Longobardorum, Bajoariorum, Caroli M. etc. II. 8. Petrarcha de remediis, utriusque fortunae mit juristischen Palimpsesten. Ein Tagebuch über Erbauung und Einkünfte der Kirche aus dem 11. Jahrh. mit Miniaturen.

Archive: 1. Archivio Estense, Hausarchiv im Schloss. — 2. Domarchiv, dessen Verzeichniss im

Cod. Vatic. 4998. Index archivii ecclesiae Mutinensis. Aelteste Urkunde von 898. — 3. Archivio Segreto della città, älteste Urkunden von 1166. — (Cf. Muratori, Antichità Estensi, ed. Ital. colle pruove Modena 1717—1720. Tiraboschi Memorie stor. Modenesi col. cod. dipl. Modena 1793. Oglio G. dall'. I pregi del R. Palazzo di Modena 1811. Dichiarazione degli antichi marmi Modenesi etc. 1828. Museo lapidario Mod. dal D. Carlo Malmuso Mod. 1830).

Umgegend: Sassuolo, Stadt an der Secchia mit 3000 Einw., einer herzoglichen Villa mit schönem Park. In der Nähe der Berg Zibio mit Naphthaquellen und vulcanischen Ausbrüchen von Schwefeldämpfen und Schlamm.

$1\frac{1}{4}$ P. nördlich liegt **Carpi,** Stadt mit 5000 Einw., einer Kathedrale von *Bramante* (?), darin die Statuen des Glaubens und der Liebe von *Prospero de' Clementi,* einem alten Schloss und neuern Palais, breiten Strassen und festen Mauern. Der berühmte Salinguerra trat Carpi an Modena ab. Im 14. Jahrh. gehörte es der Familie Pii. Carl V. nahm es in Besitz und gab es an Alfonso d'Este.

Von Modena nach **Bologna** Eisenbahn in $1\frac{1}{4}$ St.

Bologna,

Omnibus nach und von den Gasthöfen (Grand Hôtel Brun [Pension Suisse], eines der schönsten und angenehmsten Hôtels in Italien. Table d'hôte 2½ Fr., Z. 2 Fr. und mehr. Hier findet man deutsche, englische, französische und italienische Zeitungen. — Albergo reale, S. Marco. Hôt. d'Italia mit Restauration und Bier. Hôt. di Commercio. Pellegrino. Europa [Handelsreisende]). — **Speisehaus:** Aquila, gegenüber von Pellegrino. — **Speisezettel:** Mortadella und Cotichini, grosse und kleine Würste. Tortellini oder Capelleti, Mehlspeise mit Parmesankäs. Cazotto, marinirter Aal von Comacchio. Coppa, eine im Carneval bellebte Wurst. — **Liqueure:** Rosoglio di Rosa, di Menta; latte di vecchia; il perfetto amore; Ratafia; Maraschino. — **Früchte:** Nüsse, Melonen, Uva paradisa, die sich sehr lang frisch erhält und einen Goldschimmer hat. Terra Cath, eine Art Pastillen gegen Uebelkeiten. — **Cafés:** C. del Corso. C. de' Servi. C. Piemontese. C. del Commercio. —. **Confituren:** C. Majani. — **Bierwirthschaft:** Nevriani nahe bei S. Petronio. — **Buchhandlungen:** Masi Rusconi.

Marsigli e Rocchi. — **Antiquar:** M. A. Gualandi bei S. Pietro: Gemälde: oggetti del Cinquecento. — **Modehandlungen:** Baroni. Pradi. — **Aerzte:** Concato (spricht deutsch, hat in Wien und Prag studirt). — **Chirurgen:** Rizzoli. — **Fahrgelegenheit:** Eisenbahnen nach Ferrara, Mailand, Turin, Genua, Florenz, Ravenna, Ancona.

Bologna (Felsina, Bononia) 44° 29′ N. Br. und 29° 1′ Länge, in einer fruchtbaren Ebene am Fusse der Apenninen, zwischen dem Reno, der Aposa und der Savena, mit 96,666 Ew., 6000 Häusern, einem Governatore, einem Erzbischof, Appellationshof, einer Universität, 130 Kirchen, 20 Klöstern, 6 Spitälern etc., hat 5 Miglien im Umkreis, und bekommt durch die bedeckten Hallen aller Strassen ein eigenthümliches Aussehen. Der Dialekt ist unverständlich, das Volk von sehr wohlhäbigem Aenssern (desshalb Bologna grassa). Das Klima ist im Winter rauh und trocken, im Sommer heiss. Das Symbol der Stadt heisst Libertas. Es lag seit dem Unabhängigkeitsversuche von 1831 kaiserliche Besatzung daselbst, die im December 1838 zurückberufen wurde. — Die Race der berühmten Bologneser-Hündchen ist ausgestorben. — Berühmt ist die Seife von B., sowie die o. e. Mortadella; dessgleichen Terra Catù.

Bologna ist die Vaterstadt von Domenichino, Guido Reni, den Caracci, von Righini, Benedict XIV. etc.

Bologna verdankt seinen Ursprung Etruskern (dem Aucnus) und hiess Felsina; wurde aber von den Galliern oder von den Boyern erobert. Im 2. punischen Kriege trat sie zu Hannibal über, wurde aber nach dem Kriege und nach Vertreibung der Bojer 565 U. (oder 189 a. C.) römische Provinz und als Bononia, wo Octavius, Antonius und Lepidus 43 a. C. auf einer Insel des Reno (nahe bei Bologna) in einer dreitägigen Zusammenkunft, bei welcher u. a. des Cicero Haupt verhandelt ward, das zweite Triumvirat geschlossen, von Augustus nach der Schlacht bei Actium erweitert und verschönert. In der spätern Kaiserzeit war sie von grosser Bedeutung und häufig Residenz. Dem Exarchat, den Longobarden und den Franken nach einander gehörig, ward sie durch Carl den Gr. freie Stadt, und bald eine mächtige Handelsstadt, die sich an den Kreuzzügen sehr betheiligte, im 12. Jahrh. die hochberühmte Universität stiftete, und über ein Heer von 40.000 M. gebot. 1240 führte Friedrich II. Krieg gegen B., aber sein Sohn und Feldherr Enzio wurde geschlagen und gefangen. Parteikämpfe führten den Untergang der Republik herbei. 1247 wurden die Lampertazzi und Geremei mit 15,000 Anhängern vertrieben und die Stadt dem Papst übergeben. Dennoch herrschten nun die Familien der Pepoli (namentlich Taddeo Pepoli, † 1348), sodann die der Bentivogli (Giovanni I., † 1401), dann der Visconti von Mailand, und wieder Bentivogli (Antonio,

Santi und Giovanni II.), bis Julius II. 1506 sie eroberte und 1512
dem Kirchenstaat einverleibte. 1515 war hier eine Zusammenkunft
von Leo X. mit Franz I. von Frankreich; 1529, 1530 und 1532
von Clemens VII. mit Carl V.; 1547 wurde das Tridentinische Concil
hieher verlegt. 1796 kam B. durch Napoleon zur cisalpinischen Republik. 1815 wieder zum Kirchenstaat. 1831 erlebte B. eine Revolution,
durch welche es vom Kirchenstaat losgerissen und eine eigene Regierung
eingesetzt wurde. Der Aufstand im J. 1849 endete mit der Beschiessung
und Besetzung von B. durch die Oestreicher am 9. August 1849, der
Aufstand im J. 1859 mit der Einverleibung in das Königreich Italien.
Cf. Compendio Storico de' diversi governi di Bologna. 1796. 4. Savioli
Annali della città di B. Bassano 1788—95. 3 Bände.

Die Kunstgeschichte Bologna's gibt — im Gegensatz gegen die
anderer italienischer Städte — das Bild eines unselbstständigen Anfangs
und eines unorganischen Fortgangs; Deutsche und Italiener, Giottisten
und Byzantiner, Umbrier und Lombarden wirkten auf entgegengesetzte
Weise an derselben Stelle; kein politischer Gemeinsinn hebt das öffentliche Leben, das Talent steht vereinzelt, und so war dieser Schule schon
in der Wiege der Eklecticismus als Erbtheil bescheert. Die lebendigste
politische Macht entwickelt Bologna gegen Ende des 14. Jahrhunderts;
aber um diese Zeit war die Architektur schon ihres neuen Princips
ungewiss geworden, und wie grossartig auch die Anlage der Petronius-
kirche ist, sie zeigt doch ein mehr äusserliches Auffassen germanischer
Baukunst, mit der sie die geraden Linien der antiken zu verbinden
sucht. Aeussere Bekleidung ward als etwas vom Bau getrenntes betrachtet, die Façade wurde eigentlich nur angeheftet, und so geschah es,
dass sie entweder unvollendet blieb, oder im Sinne späterer Zeiten und
im Widerspruch mit dem Bau selbst ausgeführt wurde. Eine Eigenthümlichkeit tritt an der germanisch-bolognesischen Architektur häufig
hervor, es schlägt die Giebelspitze noch einmal aus und trägt irgend
eine neue Fläche. (Cf. das Altarbild in der Capelle S. Croce in S. Jacopo maggiore.)

Für die Geschichte der Sculptur in Bologna ist die Arca di S. Domenico (s. S. Domenico) von Bedeutung; ihr ältester Theil gehört mit
Wahrscheinlichkeit in die zweite Hälfte des 13. Jahrhunderts, und rührt
von einem Nachahmer des Nachahmers der Antike (Niccola Pisano) her,
von *Fra Guglielmo*, der dessen seinen Meister nur in der Wahl längerer
Proportionen und in glätterer Ausführung zu überbieten sucht. In ganz
entgegengesetztem Geist wird von *Alfonso Lombardo* und *Niccolo dell'
Arca* daran fortgearbeitet. Deutsche Bildhauer, wie *Hans Ferrabech*,
bringen oberdeutschen, andere wie *Bonasuto* den pisanisch-venetianischen

Styl dahin (s. S. Petronio), allein kein grosses Talent zeigt eine eigenthümliche Richtung, oder nur die Fortbildung einer eigenthümlichen. In der Malerei schliesst sich Bologna zu Anfang des 14. Jahrh. von der allgemein herrschenden giottischen Richtung aus. *Franco Bolognese* geht von byzantinischer Anschauungsweise mit Eigenthümlichkeit zur Natur über, wird aber vom Strom der neuen Schule verdrängt und bleibt ohne Nachfolger, oder sie erschöpfen sich in ganz kleinen Leistungen, wie *Lippus Dalmasii* in Madonnen. Von den bedeutenden Schülern Giotto's kommt keiner nach Bologna, wohl aber nehmen mehre unbedeutende Talente *(Jacobus Pauli,* [1] *Symon von Bologna, Petrus Johannis etc.)* giotteske Formen für ihre geistlosen Compositionen. Mit diesen kommen umbrische und markische Meister, mit sanftem byzantinischem Anflug *(Francesco da Imola, Luca da Perusia* in S. Petronio und *Giovanni da Rimini* in S. Domenico), wiederum ohne eigentliche Folge. Endlich tritt ein grosses, höchst eigenthümliches Talent ohne irgend sichtbaren Zusammenhang mit einem frühern Meister auf, *Francesco Francia;* allein mehr mit Gemüth, als mit Phantasie begabt, hält er sich in engen Räumen, sowohl der Gegenstände, als der Formen, und hat das Unglück, dass sein bedeutendster Schüler, *Lorenzo Costa,* der aus der Schule *Mantegna's* eine durchaus entgegengesetzte Weise mitbrachte, sich vergeblich bemüht, diese mit der seinigen zu verschmelzen (s. S. Jacopo maggiore, S. Petronio, und in Bezug auf andere Schüler *Francia's* die Capella S. Cecilia). Nach dieser Zeit, da sich in Bologna selbst keine Talente entwickelt, die mit denen von Rom, Venedig, Parma und Mailand auf gleicher Höhe standen, so wurden von diesen Orten Künstler und Kunstwerke bezogen. *Bartolommeo Ramenghi (Bagnacavallo)* und *Innocenzo da Immola,* beide in der Schule Raphaels (letzterer zuerst unter Francia) ausgebildet; *Girolamo Trevisano,* halb römisch, halb venetianisch; *Boltraffio,* aus da Vinci's und *Parmeggianino,* aus Correggio's Schule, führten, trotz der Vortrefflichkeit eines jeden Einzelnen, zu der Halt- und Richtungslosigkeit der Malerei der zweiten Hälfte des 16. Jahrhunderts *(Fontana, Lavinia Fontana, Sabbatini, Calvaert, Cesi etc.)* und zu der Schule der *Caracci.* Von diesen war es *Ludovico C.,* der zuerst den eklektischen Grundsatz aufstellte, dass, nachdem von verschiedenen Meistern und Schulen verschiedenes Treffliche geleistet worden, von *Raphael* in Zeichnung, von *Tizian* im Colorit, von *Correggio* im Helldunkel, von den spätern die Technik etc.,

---

[1] Mit grossem Unrecht von den Kunstgeschichtschreibern und Localschriftstellern mit dem sehr bedeutenden *Jacobus Avantii Veronese* verwechselt; s. Padua, Capella di S. Giorgio; allein möglicherweise derselbe mit *Jac. Avanzo Bolognese.* S. Rom, Pal. Colonna.

nun die Aufgabe der Künstler darin bestehe, diese Vortrefflichkeiten
sämmtlich sich anzueignen, und zugleich in den eigenen Werken wirken
zu lassen. Seine Schüler und Vettern *Agostino* und *Annibale* waren die
ersten, die (der eine Goldschmied, der andere Schneider) ihre Werkstätten verlassend, zu seinen Aposteln sich machten. Gemeinschaftlich
bildeten sie eine Malerakademie, in der sie nach obigen Grundsätzen
und im Widerstreit der gänzlichen Haltlosigkeit ihrer Zeitgenossen, der
Kunst, wenn auch nicht zu einem geistigen und poetischen, doch zu
einem äusserlichen Aufschwung, zu einer wissenschaftlichen Grundlage
und zu einer bewundernswürdigen Vollendung in der Handhabung der
Mittel verhalfen. Ihre bedeutendsten Schüler sind: *Guido Reni, Albano,
Domenichino, Tiarini, Massari, Cavedone, Spada, Barbieri, Brizio* etc.
Auch *Guercino* wird in diese Reihe gestellt, wiewohl er sich nur nach,
nicht unter ihnen gebildet. Später ging dann unter *Pasinelli* und *Cig-
nani*, und in der clementinischen Akademie (1708—1739) der letzte
Schimmer eigenthümlicher und ernster Kunstbildung unter.

Wissenschaft. Dass die erste Universitätsstadt Italiens ein Feuer-
herd der Wissenschaft von jeher gewesen, ist bekannt, und man darf
sich nur an Galvani's und Mondini's Verdienste (s. u. Universität)
erinnern, um Bologna's Bedeutsamkeit in der Geschichte der Wissenschaft zu würdigen. Zu den jetzt in B. lebenden ausgezeichneten Gelehrten gehören: Ant. Vesi (Geschichte); Calori (Anatomie); Bartolini (Botanik); Vittorio Emanuele, Alessandrini (vergleichende Anatomie); Maffei (Nationalökonomie); Berti Pichat (Landwirthschaft); Concato (Medicin).

Die Hauptsehenswürdigkeiten in topographischer Folge sind:
Piazza Vitt. Emanuele. Pal. pubblico. S. Petronio. Archiginnasio.
S. Domenico. S. Stefano. S. Bartolommeo (2). Torre degli Asinelli
und Garisenda. S. Giacomo maggiore. Università. Accademia di belle
Arti. — Madonna di S. Lucca. Certosa. S. Michele in Bosco.

Anmerk. Die in Klammern gesetzten Nummern beziehen sich auf den Plan.

Oeffentliche Plätze: Piazza Vitt.
Emanuele (1) mit der Fontana
pubblica von *Laureti*; Piedestal und
Becken von *Ant. Lupi*; Neptun von
Giovanni da Bologna, der im Jahr
1564 die kolossale Statue aus 20,012
Pfund Bronze für 70,000 Scudi d'oro
gefertigt. — Piazza d'armi (1, a).
— Piazza S. Domenico (1, b). —
Piazza Cavour bei der Bank. —
Piazza Rossini bei S. Giacomo.

Kirchen: S. Annunziata fuori
della Porta Mammolo mit einer Verkündigung von *Fr. Francia.*
S. Apollonia, s. Mezzarata.
S. Bartolommeo di Porta Ra-
vegnana (2), erb. 1655, mit Gemälden von *Lod. Caracci:* S. Carlo am
Grabe von Varallo. — *Albani:* die
Verkündigung, Geburt und Flucht-
gebeiss; *Guido Reni:* eine kleine
Madonna.

12.

S. Bartolommeo di Reno (3) von 1733. Geburt Christi von *Ago stino Caracci* (aus seinem 27. Jahr), 2 Propheten an der Decke der 6. Capelle von *demselben*, die Beschneidung und Anbetung der Könige von *L. Caracci*.

S. Cecilia (4) von 1319, mit Fresken von *Fr. Francia* und dessen Schülern, aus der Geschichte der h. Cäcilia: 1. die Vermählung des Valerianus mit Cäcilia, von *Fr. Francia*. 2. Valerian wird durch P. Urban im Glauben unterrichtet, von *L. Costa*. 3. Taufe des Valerian von *Giac. Francia* oder *Cesare Tamaroccio*. 4. Rosenkrönung der beiden h. Verlobten durch Engelhand, von *Chiodarolo*. 5. Enthauptung Valerians und seines Bruders Tiburtius. 6. Ihr Begräbniss. 7. Die Heilige vor dem Präfect, alle 3 von *Amico Aspertini*. 8. Das Martyrium der h. Cäcilia im siebenden Bad, von *Giac. Francia* oder *Tamaroccio*. 9. Die Heilige vertheilt ihre Reichthümer, von *Lor. Costa*. 10. Ihr Begräbniss, von *Fr. Francia*.

*Die Certosa, jetzt der Begräbnissplatz vor der Porta di Saragozza, und vollendet 1801, merkwürdig durch die eigenthümliche Anordnung der Grabstätten in gemauerten Hallen. Die Denkmale indess aus alter Zeit, die man dahin geschafft, so wie die alten Malereien sind ganz unbedeutend. Dagegen werden einer neuen Verordnung zufolge nur Marmor-Denkmäler (keine von Gyps) errichtet, und in einer besondern Halle die Büsten berühmter Bolognesen aufgestellt. Ausserdem werden hier in neuester Zeit viele schöne und prachtvolle Familiengrabmäler errichtet.

S. Clemente (5), Hauptaltarbild von *Cam. Procaccini;* in der Sacristei eine Tafel von *M. Zoppo*.

S. Cristina (6), Hauptaltarbild von *Lod. Caracci;* andere von *Giac. Francia, Passerotti etc.*

S. Domenico (7) (ehedem S. Bartolommeo), mit dem anstossenden Kloster von Benedictinermönchen dem heil. Dominicus abgetreten, der hier lebte und starb. Auf dem Platze vor der Kirche ausser 2 Säulen, der Madonna und des Titelheiligen, 2 Grabmäler aus dem 13. Jahrh., des Roland ino Passagieri mit 9 Säulen, u. der Foscherari mit Reliefs.

Im Innern: Capella S: Domenico, mit dessen Grabmal von Schülern des *Nicola Pisano* (vielleicht von *Fra Guglielmo Agnelli)* 1267; Reliefs aus dem Leben des Heiligen; Vorderseite: 1. S. Dominicus erweckt in Rom den jungen Napoleon vom Tode. 2. Bei einer Disputation mit den Manichäern bleibt das Buch des h. Dominicus von den Flammen unverletzt, während die ketzerischen Schriften verbrennen. Zwischen beiden Reliefs Madonna mit dem Kind. Auf der rechten Seite: 1. S. Dominicus empfängt von SS. Petrus und Paulus die Evangelien zur Bekehrung der Ketzer und Sünder. 2. S. Dominicus theilt die Evangelien seinen Ordensbrüdern mit. Auf der linken Seite: Die Engel versorgen den Orden der Dominicaner mit Speise. An der Rückseite: 1. Der sel. Reginald, ein Schüler S. Domenico's fällt todtkrank in die Arme eines Jünglings. 2. Die h. Jungfrau heilt ihn und gibt ihm das Kleid des Dominicanerordens. 3. Er befreit sich, indem er sich dem h. Dominicus anvertraut, von einer schweren Versuchung (?). 4. Papst Honorius III. träumt vom Einsturz des Vaticans, dem S. Dominicus vorbeugt. 5. Derselbe Papst erhält die Regel der Dominicaner, 6. und bestätigt sie. — Zwischen innen Christus am Kreuz. An den vier Ecken die vier Doctoren der Kirche. — Im Jahr 1469 wurde das Grabmal weiterhin bereichert, und *Niccolo di Puglia,* gen. *dall' Arca,* fertigte den Aufsatz mit

den Statuetten der HH. Franciscus,
Dominicus, Florianus, Proculus, Johannes Bapt., Vitalis und Agricola;
die vier grossen Propheten an den
Ecken und die Auferstehung Christi.
Auf der Spitze der Pyramide Gott
Vater. Von den beiden knieenden
Engeln ist derjenige auf der Seite
des Evangeliums von *M. A. Buonarrotti;* dessgl. von den Statuetten der
h. Petronius (1501). — Im Jahr 1532
wurde die Basis hinzugefügt, und
die Ausführung der Reliefs dem
Alfonso Lombardi übertragen. 1. Geburt Christi. 2. Geburt des h. Dominicus. 3. Der Heilige als Kind
schläft ausser seinem Bette auf
blosser Erde. 4. Wohlthätigkeit des
jungen Heiligen. 5. Sein Tod. Cf.
Memorie storicho-artistiche intorno
all' Arca di S. Domenico, del March.
Virg. Davia. Bol. 1838. — Marchese, memorie dei diù insigni pittori, scultori e architetti Domenicani. Firenze 1845. I. p. 87. — In
der Kuppel Verklärung des Heiligen von *Guido Reni.* — Ausserdem Altarbilder von *Lippo Dalmasio, Fr. Francia* (Madonnen),
von *Guercino* (S. Thomas von Aquino), *Giov. da Rimini* (Madonna),
Giacomo Francia (S. Michael). In
der innern Capelle rechts eine Madonna in tr. mit den HH. Johannes
Bapt., Katharina, Petrus, Paulus und
Sebastian, von *Filippino*, 1501. Die
Capelle des Rosario mit Gemälden von *Guido Reni* (Himmelfahrt
Mariä), von *Lodovico Caracci* (Heimsuchung und Christi Geisselung).
Ferner Grabmäler des Königs
Enzio, des Taddeo Pepoli mit guten
Reliefs von *Jac. Lanfrani*, des Guido
Reni und der Elisabetha Sirani.
Im Klostergang mehre alte Malereien und Grabsteine. — Hier der Eingang zur städtischen Bibliothek.

S. Donato (8) mit Gemälden von
Giac. Francia und *Bagnacavallo.*

San Francesco (30) früher als
Dogana benutzt, seit kurzem wieder

zur Kirche hergestellt. — Ein Bau
aus dem 14. Jahrh. mit Spitzbogen.
Verschiedene alte Denkmale des Dr.
Boccaferri von *Giul. Romano* etc.
Nahebei Arcaden mit der Geschichte
des H. Antonius von *Tamburini* und
andern Schülern Guido's.

S. Giacomo maggiore (9) gegründet 1267, erweitert 1285, gewölbt 1497. Altargemälde von *Erc.
Procaccini, Passarotti, Lod. Caracci*
(S. Rochus), *Innocenzo da Imola* 8.
Capelle (Vermählung der heil. Katharina), 14. Capelle, *Lavinia Fontana* (Madonna mit Heiligen). In der
Capelle des heiligen Kreuzes hinter
dem Hauptaltar ein altes Altarbild
in bolognesisch-gothischem Rahmen,
mit einem Crucifix, vielen Heiligen,
der Verkündigung und Krönung
Mariä von *Symone de' crocifissi* und
Jacobus Pauli vom Ende des 14.
Jahrh. — Die Capella de' Bentivoglj, von Johannes II. Bentivoglio, Madonna in tr. mit Engeln
und Heiligen von *Fr. Francia.* 1490.
Lunette darüber mit der Madonna,
die den Kelch an verschiedene Heilige austheilt, von eiuem älteren Meister, aber ganz übermalt von *Cignani.* An der Epistelseite Familienbild Johannes II., und gegenüber die
Triumphe des Lebens und des Todes,
von *Lorenzo Costa.* In der Lunette
darüber eine Madonna; Rundbild von
Lorenzo Costa, zu beiden Seiten und
gegenüber die Apostel von einem
Maler aus Perugino's Schule.

S. Giovanni in monte (10),
433 von S. Petronius erbaut, 1221
und 1824 restaurirt, mit Gemälden
von *Lorenzo Costa* und *Guercino*
(S. Franciscus) und vielen alten Madonnenbildern, darunter eines aus
dem 9. Jahrh. Hier war ehedem
Raphaels Cäcilia.

S. Giorgio (11) mit Gemälden von
Albani, Ant. Crespi, Lod. und *Ann.
Caracci.*

S. Giuseppe (12) mit Malereien
aus dem 14. Jahrh.

S. Isaia (13) von 1324 mit einem Marmorkreuz aus einem der ersten christlichen Jahrhunderte.

S. Lucia (14) mit Sculpturen von *Properzia de' Rossi.*

Madonna di S. Luca, vor Porta Saragozza, sogenannt von einem Mirakelbild, das der Evangelist d. N. gemalt haben soll, und ein Mönch Euthymios 1160 von Constantinopel gebracht hat. Die Kirche ist erbaut 1731 von *C. F. Dotti* für 386,200 R. Scudi, ungerechnet Marmor und Kunstschmuck. Ein 3 Miglien langer bedeckter Porticus führt zu der Höhe, auf der die Kirche steht, von wo aus man eine unbeschränkte Aussicht über die Lombardei hat.

S. Martino (16) von 1217, restaurirt 1819, mit Gemälden von *Gir. Carpi. Amico Aspertini* (Madonna in tr. mit Heiligen und Donatoren), *Sicciolante di Sermonetta* (Hauptaltar). — Von *Pietro Perugino* die Himmelfahrt Mariä; von *Fr. Francia* Madonna. Grabmal der Saliceti von *Andrea da Fiesole* von 1403 im Klosterhof.

Mascarella (17) oder S. Maria della purificazione, neugebaut 1706. Altarbild von *Lorenzo Costa* (Auferstehung). — Ueber der Sacristei die Celle des h. Dominicus mit dem Madonnenbilde, das zu ihm gesprochen haben soll; davor ein altes Bildniss von ihm selbst; in einer Capelle ein Crucifix aus seiner Zeit.

S. Mattia (18) mit einer Madonna in tr. von *Innocenzo da Imola.*

Mezzaratta, Madonna della oder auch S. Apollonia, vor der Porta Castiglione, ehemals Hospital, mit bildlichen Darstellungen aus dem alten und neuen Testament von *Jacobus Pauli* und *Symon* [1] vom Anfang des 15. Jahrh.

S. Michele in Bosco vor demselben Thor von 1437, das Kloster

[1] Siehe die kunstgeschichtliche Einleitung zu diesem Artikel. Wen die Bilder interessiren, der findet den Rest derselben auf dem Heuboden über der Kirche.

für Olivetaner-Mönche von 1454. Letzteres aufgehoben seit 1797, von der Stadt dem Könige Victor Emanuel geschenkt. In der Kirche einige Reste von Fresken des *Bagnacavallo* (Gott und Propheten). Im Klosterhofe Ueberreste von Fresken der *Caracci* und ihrer Schule, Geschichten der HH. Benedict und Cäcilia vom Jahre 604 ff. 1. S. Benedict im Schooss der Amme, von *Brizzi.* 2. S. Cäcilia im Gebet hört die Engel singen, von *demselben.* 3. Valerianus und Cäcilia, von *demselb.* 4. Benedict geht, von seiner Amme gefolgt, als Knabe in die Wüste von *Garbieri.* 5. S. Benedict in der Wüste, von *Guido Reni.* 6. Derselbe, in Dornen sich geisselnd, nach *Lodovico Caracci* von *Razali.* 7. S. Cäcilia vertraut ihrem Gemahl Valerian ihre mit Christo geschlossene jungfräuliche Ehe, von *Bonelli.* 8. Dieser lässt sich den Weg zu Papst Urban zeigen, von *Galanino.* 9. S. Maurus, mit Vollmacht von S. Benedict, rettet einen schiffbrüchigen Mönch von *Massari.* 10. S. Benedict findet die Manaia im Flusse wieder, von *dems.* 11. Taufe Valerians durch Urban, von *Garbieri.* 12. Er und Cäcilia erblicken einen Engel mit zwei Kränzen für sie. 13. S. Benedict treibt einen Teufel aus einem Priester, von *Lod. Caracci.* 14. Einen andern von einem Stein, der dadurch unbeweglich geworden, von *demselben.* 15. Löscht mit dem Zeichen des Kreuzes einen Küchenbrand, von *dems.* 16. S. Cäcilia begräbt mehre Märtyrer, von *Cavedone.* 17. Martyrium des Tiburtius und Valerianus. von *dems.* 18. S. Benedict flieht weibliche Versuchung, von *Lod. Caracci.* 19. Totila vor S. Benedict, von *Lod. Caracci.* 20. Eine Wahnsinnige sucht S. Benedict, von *dems.* 21. Grablegung der HH. Tiburtius und Valerianus, von *Albani.* 22. S. Cäcilia in Anhörung himmlischer Melodien, von *dems.* 23. S.

Benedict erweckt einen Todten, von
dems. 24. Wunderbare Kornvermeh-
rung, von *Massari.* 25. Geldspende
der heil. Cäcilia, von *Tommaso Campana.* 26. Dieselbe vor dem Tyrannen, der nach ihren Schätzen
fragt, von *dems.* 27. Todte Nonnen
hören Messe, von *Massari.* 28. Die
Absolution des bereits begrabenen
Mönchs, von *Tiarini.* 29. Der Teufel wirft ohne Schaden einen Mönch
vom Haus herab, von *Spada.* 30. S.
Cäcilia in Flammen, von *demselben.*
31. Enthauptung der heil. Cäcilia,
von (*L. Caracci* oder) *Carbieri.* 32.
Roger vor S. Benedict, von *Cavedone.*
33. Der Brand von Monte Casino,
von *Lod. Caracci.* 34. S. Benedict
befreit einen Bauer von Räubern,
von *Garbieri.* 35. Fromme Christen
sammeln das Blut der heil. Cäcilia,
von *dems.* 36. Grablegung derselben, von *dems.* 37. Der Tod des h.
Benedict, von *Cavedone.* — Cf. Fr.
M. Zanotti Il Claustro di S. Michele
in Bosco etc. ed. Lelio d. Volpe, mit
Zeichnungen von D. Fratta, Gaet.
Gandolfi und Jac. Al. Calvi. Im Refectorium: die Ueberfahrt des Cha-
ron nach Dante von *Ariente.*

S. Niccolo di S. Felice (19.)
mit einem Gekreuzigten, der ältesten
Arbeit *Ann. Caracci's.*

Orfane menticanti di S.
Marta (20) mit 2 Gemälden von
L. Caracci.

S. Paolo (21) vom J. 1611, rest.
1819; mit Gemälden von *L. Caracci*
(das Paradies, kleine Madonna, von
Lippo Dalmasio), und Schülern von
ihm. *Guercino* (das Fegfeuer und
S. Gregor). Die Statuen S. Pauls
und seines Henkers am Hauptaltar,
von *Algardi.*

S. Petronio (21 a.), die Kirche
des Schutzheiligen der Stadt, unvollendet, im germanisch-toscanischen Geschmack mit drei Schiffen
und zwei Reihen Seitencapellen. Der
Grundstein wurde gelegt am 7. Juli
1390 von einem bolognesischen Ar-

chitekten *Ant. Vincenzo*, nachdem
vorher acht Kirchen niedergerissen
worden waren, um Raum für den
neuen Bau zu gewinnen, der alle
bisherigen an Grösse übertreffen
sollte. Nach dem Plan war die Länge
606' und die Breite am Querschiff
436', die Kuppel von 110' Durchmesser und 250' Höhe, er sollte 54
Capellen und 4 Thürme erhalten. —
1392, am 4. October, waren vier
Capellen fertig, und man las an diesem Tage (des heil. Petronius) darin
die erste Messe. Seit 1659 ist der Bau
ins Stocken gekommen, und, nicht
ganz bis zum Querschiff vorgerückt,
beträgt die jetzige ganze Länge 330',
die Breite 147' mit den Capellen.
Mittelschiff 49' breit und 118' hoch.
Seitenschiffe 24' breit, 70'½' hoch.
Die Capellen 24' breit, 48' hoch. [1] —
Die Sculpturen an der Façade von
1393—1394 sind theils von *Bonasuto Veneziano* (SS. Petronio, Ambrogio, Francesco, Domenico, Flo-
riano), theils von *Hans Ferrabech*
(S. Paul), theils von *Giov. di Riguzzo*
(S. Petrus). Die Sculpturen des
Haupteingangs von *Giacomo di Pietro
della Fonte* von 1425; die der Sei-
tenthüren von *Ercole Seccadenari* und
Niccolo Tribolo 1525. — An den
Aussenseiten Sculpturen von *Albertino Rasconi* aus Mantua 1495, und
Franc. di Simone aus Florenz 1480.
— Im Innern der Thürschmuck (den
Jacopo del Fonte 1429 accordirt, aber
was jetzt dasteht) von *Petronio Ta-
dolini.* Capellen: 1. Madonna
della Pace, von *H. Ferrabech*, und
Gott Vater mit lobsingenden Engeln,
von *Fr. Francia.* 2. Wandmalereien
von 1417—1419. Madonna in tr. mit
Heiligen, von *Luca da Perusia* und
Franc. da Imola. Gegenüber ebenfalls
eine Madonna von 1431. 3. Pietà

[1] Ein Modell der Kirche von *Arduino
Arriguzzi*, dem 1514 der Bau übergeben
worden, zeigt man in derselben. Für Vollendung der Façade hat Pius IX. im Jahr
1857 eine bedeutende Geldsumme angewiesen.

von *Amico Aspertini* und ein alter
S. Ambrogio. 4. Altes Crucifix, restaurirt von *Fr. Francia*, Glasmalereien von *Jacob von Ulm* und seinem
Schüler *Fr. Ambrogio da Soncino.*
Das Gitter von 1483. 6. S. Hieronymus, von *Lor. Costa.* 9. S. Anton
von Padua, Statue von *Sansovino.*
Wandgemälde in Oel, grau in grau
aus der Lebensgeschichte des Heiligen, von *Girolamo Trevigiano.* Glasmalereien angeblich nach *Buonarotti's*
Zeichnungen. — Im Chor Messbücher mit Miniaturen von 1478 etc.
Einlassthörchen mit Holzschnitzerei
von 1477. 16. S. Rochus, von *Parmeggianino.* Hier sieht man auch die
durch die Kirche gezogene Mittags-
linie. 17. Madonna in tr. mit Sebastian, Jacob, Georg und Hieronymus, von *Lor. Costa* 1492. Die Lunette mit musicirenden Engeln, so
wie die Zeichnungen zu den Glasfenstern, von *demselben*, 19. Martyrium des heil. Sebastian, von *Fr.
Ferrari*, und die Verkündigung, von
Lor. Costa. Sculpturen an den Bän-
ken von *Jacopo di maestro Agostino
von Cremona* 1495. Majolicafussbo-
den von 1487. 20. (In dieser Capelle ist 1392 das erste Amt gehalten
worden.) Altarbild aus der alten
Sieneser Schule: Krönung Mariä mit
Predella und vielen Heiligen. Die
Wandgemälde, Krönung Mariä (in
Verbindung mit einer Darstellung
der Höllenstrafen, Anbetung der
Könige). vom Anfang des 15. Jahrh.,
wahrscheinlich von *Symon da Bologna.* 22. Mit der Reliquie des
Hauptes von S. Petronius, und vieler
moderner Pracht. — In der Sala
della rev. fabbrica Pläne für den
Ausbau der Kirche von 16 Architekten, und eine Büste (Conte Pepoli)
von der durch Liebe unglücklichen
Künstlerin *Properzia de' Rossi.* Dessgl.
von *derselben* 4 Basreliefs: Joseph
mit dem Weibe Potiphars, der babylonische Thurmbau; Abraham und
die Engel; Begräbniss Abrahams (?)

S. Pietro (22), Kathedrale und
Residenz des Erzbischofs, angefangen 1605 vom Pater *Magenta Barnabita*, doch die Altarcapelle älter,
von *Tibaldi* 1575. Façade von *Toreg-
giani.* Camera capitolare, S. Petrus bezeigt der Madonna sein Mitleid über den Tod Christi, von *L.
Caracci.* In der Hauptaltarcapelle
Verkündigung, letzte Arbeit von
demselben. Am Peterstag werden
hier Arazzi ausgehängt von *Raph.
Mengs.*
S. Salvatore (23) mit Gemälden
von *Inn. da Imola* (Gekreuzigter).
Garofalo (S. Johannes knieend vor
Zacharias u. a. Heilige), *Girolamo
Trevigiano* (Madonna mit Heiligen
in einer kleinen Capelle an der Epistelseite der 9. Capelle). Der erste
Tempelgang Mariä von *demselben.*
AiServi (24), mit Gemälden von
Innocenzo da Imola (Verkündigung)
und *Bagnacavallo*, *Lippo Dalmasio* etc.
S. Stefano (25), eine von S. Petronius gegründete Abtei (429—440),
903 durch die Ungarn verbrannt,
1019 wieder aufgebaut, 1149 in den
Mauern erneuert. 1475 von neuem
hergestellt, eine Verbindung von 8
Kirchen und einem Atrium, nach
einer Inschrift an der Aussenseite an
der Stelle eines alten Isistempeis,
wahrscheinlich aus dem 5. Jahrh. —
I. del Crocifisso mit alten Wandgemälden, Kreuzigung und Kreuztragung.[1] — II. Capella della B.
Giuliana de' Banzi. — III. S. Sepolcro, angeblich das alte Baptisterium,
mit antiken Säulen, höchst merkwürdiger Architektur, alten Sculpturen
und (freilich durch neue Bilder verdeckten) alten Malereien. — IV. S.
Pietro e Paolo, Crucifix von *Symon da B.*, andere alte Sculpturen
und Malereien. — V. Atrio di Pi-
lato, Krönung Mariä von *Bagnaca-*

---

[1] Man sieht das Zeichen: p. f. Malvasia
setzt sie vor 1140; sie sind unbedeutend
und eher in 1140 zu setzen.

rallo, S. Hieronymus von *Fr. Francia.*
Aeltere Malereien. — VI. I Confessi,
unterirdisch mit einem alten Marmor-
Madonnabild, einer gleichen Pietà,
San Petronio. — VII. S. Trinità,
Reliquiarium mit Emaillenmalereien
des *Jac. Rosetus* von 1380. S. Ursula
mit Gefolge von *Symon.* — VIII. Madonna della consolazione mit
vielen ältern Gemälden.
    *SS. Vitale ed Agricola, (26)
nach einer dasigen Inschrift eingeweiht von S. Petronius 428, mit
Gemälden von *P. Perugino* (Anbetung des Kindes), *Fr. Francia*
(Madonna) in der Capella degli
Angioli mit Seitenbildern von *Giac.
Francia* (Geburt Christi) und *Bagnacavallo* (Heimsuchung).

*Paläste und andere öffentliche Ge-
bäude, Sammlungen, Anstalten.* Accademia delle belle arti (Pinacoteca), (27) ehemals Jesuitencollegium, mit einer Sammlung von Abgüssen nach Antiken, einem Anatomischen Theater, einem Arsenal
mit erbeuteten Waffen der Türken,
Venetianer, römischen Schilden, dem
Dolch des Banditen Hernani (?); ferner der reichen Galerie von Gemälden, meist aus der bolognesischen Schule, die aus aufgehobenen
Kirchen und Klöstern hieher gerettet
worden. Im Erdgeschoss Sammlung
von Werken neuerer Künstler; namentlich Leistungen von Schülern
der Akademie. Im Eingang des obern
Stockwerks (a) unter mancherlei

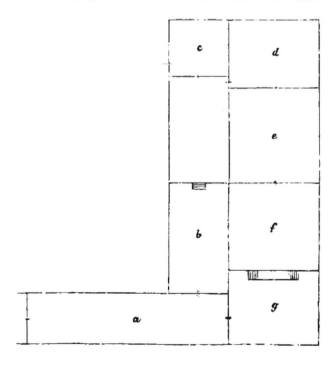

wertharmen Bildern eine Madonna von *Puntormo* und ein kleines altflandrisches Madonnenbild. Im Gange b, erst eine Anzahl Manieristen, dann eine grosse Anzahl Altartafeln aus dem 14. und 15. Jahrh., grösstentheils bolognesischer Abkunft, wie von *Vitalis da Bononia* 1320 (Madonna mit dem Kind), *Symon von Bol.* (Krönung Mariä), *Jacobus Pauli* dessgl. und Kreuzigung etc.); doch fehlen auch alte Ferraresen und Venetianer nicht, wie *Anton* und *Bartol. Vivarini da Murano* (Madonna, im Schoos das schlafende Kind). *Franc. Cossa di Ferrara* (Madonna und das Kind). Die Verkündigung von *Niccolo Alunno* ist ein Geschenk des Papstes Pius IX. Das bedeutendste sind die Seitenflügel eines Altarbildes von *Giotto* (das Mittelbild mit des Meisters Namen befindet sich in der Brera zu Mailand) aus der Kirche degli Angioli, daran vornehmlich die Predella sorgfältig ausgeführt. — Die Stufen hinauf spätere Meister wie *Raph. Mengs*, Papst Clemens XIII. Im Cabinet c. war 1854 die H. Cäcilie von *Raphael* aufgestellt; im Saale d. unter andern die Pietà von *Guido;* im Saale e. Gemälde von *Francia, Timoteo della Vite, Perugino* u. A.; im Saale f. Gemälde von *Domenichino* und den *Caraccis;* im Saale g. wieder mehres von *Francia.* Die Hauptwerke dürften sein: 12. *Guercino*, S. Wilhelm, Herzog von Aquitanien tritt in den Priesterstand; 13. S. Bruno in der Wüste. 34. *Ag. Caracci*, die Communion des Hieronymus. 36. *Ann. Caracci*, Madonna in der Glorie. mit vielen Heiligen; 38. Himmelfahrt Mariä; 42. *Lod. Caracci* Madonna mit Heiligen, 1558; 43. Die Transfiguration. 54. Copie der Madonna di S. Luca. 61. *Cima da Conegliano*, Madonna mit Engeln und Gott Vater. 78. *Fr. Francia*, Madonna in tr. und die HH. Augustinus, Franciscus, Johannes Bapt.,

Sebastian und Proculus, auch S. Monica und ein Laute spielender Engel. 79. Verkündigung. 80. Madonna mit den HH. Johannes Bapt. Augustinus, Georg, Stephan und ein Engel mit der Lilie. 81. Anbetung des Kindes. 82. Scenen aus dem Leben Christi. 83. Pietà. 89. *Innocenzo da Imola*, Madonna in der Glorie u. Heilige. 134. *Guido Reni:* Pietà. 135. Der bethlehemitische Kindermord. 138. Madonna del Rosario. 141. Krönung Mariä. 152. *Raphael:* Die h. Cäcilie hört himmlische Musik. Bei ihr stehen Paulus, Magdalena, Johannes Ev. und Petrus. Die musicalischen Instrumente, die neben der Himmelsmusik, keinen Werth mehr für sie haben, liegen am Boden; sie sind von *Giov. da Udine.* 1513—1516. 182. *Tiarini*, Kreuzabnahme. 183. Vermählung der H. Katharina. 197. *Perugino*, Madonna in der Glorie. 198. *G. Vasari*, das Gastmahl des H. Gregorius. 204. *Timoteo della Vite*, die H. Magdalena. 206. *Domenichino*, das Martyrium der H. Agnes. 207. Die Madonna del Rosario. 208. Der Tod des Pietro Martyr; (fast wie das Bild von Tizian in S. Giov. e Paolo zu Venedig.)

Accademia de' Filarmonici gegründet 1666 von Vinc. Carrati, bis vor kurzem von Rossini dirigirt, mit einer Musikschule seit 1805, bedeutender musikalischer Bibliothek (Missalen mit Miniaturen).

Archive. I. Das öffentliche Stadtarchiv im Palazzo del Podestà, die Originalurkunden von 1283 meist durch eine Feuersbrunst vernichtet, ehedem alles wohlgeordnet und zugänglich. — II. Cancelleria del Senato. — III. Dell' Istituto mit einigen höchst wichtigen Urkunden auf Papyrus, dem Codex diplomaticus Bononiensis in 44 Bänden (diess in der secretior biblioteca). — IV. Arcivescovile. — V. Capitolare. — VI. S. Clemente, das sogenannte spanische

Collegium. — VII. San Salvatore.
— Cf. Mauro Sarti und Mauro Fattorini de claris archigymnasii Bon. pro-
fessoribus a saeculo XI. I. II. 1749.
1752. Savioli Annali bolognesi, Bas-
sano1784—95, Fantuzzi notizie, degli
scrittori Bolognesi. 1781 bis 1794.)
*Arciginnasio antico(59). Le
scuole pie), erbaut 1562 von Fr. Terribilia; ehemals Universität mit vielen Wappen alter Studenten, jetzt
Stadtbibliothek und Volksschule,
und in neuester Zeit besonders sorgfältig hergestellt; mit Denkmalen
von Muratori, Malpighi, Ma-
riani. In der Capelle eine Verkündigung von Calvaert, Sibyllen und
Propheten von Cesi. Gemälde von
Guido und Domenichino.
Ateliers: Bildhauer Barruzzi. Architekten: Lodi. Antolini, Vinc. Vannini. Maler: Ferrari. Ariente. Director der Academie. Zuppini del Sasso.
Lammoggia. Decorationsmaler.
Bibliotheken: I. Dell' Istituto
mit 200.000 Bänden. jedoch wenig
Handschriften, täglich. mit Ausnahme von Mittwoch, offen. Ferien
vom 1. Sept. bis zum 5. Nov. —
II. Communale (Arciginnasio) mit
Mss.; täglich, mit Ausnahme Donnerstags, von 10—2 Uhr offen. —
III. Albornoziana, im Collegium
der Spanier zu S. Clemente, 300
Mss. — IV. S. Giacomo. jetzt
für das philharmonische Institut und
die musikalische Bibliothek eingerichtet, hat seine besten Schätze
für Geschichte der Musik aus dem
Nachlass des berühmten P. Martini.
Casino dei Nobili, im Pal.
Pepoli. (29), mit literarischen und
politischen Journalen. Conversation,
musikalischen Produktionen und
Bällen.
Club (Società Felsina) im Palazzo Loup; bürgerlich, nahe bei
S. Domenico.
Collegio de' Fiamminghi, gegründet 1650 von Joh. Jacobs mit
dessen Bildniss von Guido. — Col-

legio di S. Luigi von 1645. —
Collegio della Nazione Spagnola
von 1364, mit einem grossen Frescobild von Bagnacavallo, dem Cardinal Albornoz, Gründer des Col-
legiums von der Heiligen Familie.
Carls V. Kaiserkrönung durch Clemens VII., a fresco von Bagnacavallo. — Collegio Venturoli für
die Ungarn, von 1825.
Giardino agrario(31), Giardino botanico (32). Montag-
nola (33), ein öffentlicher Garten,
wo zuweilen Musik ist.
Liceo communale ein Conser-
vatorium für Musik, gegründet von
Rossini, im Kloster S. Giacomo.
Museo, s. Universität.
Palazzo Albergati(34), erbaut
von Baldassare da Siena 1540, mit
schöner Aussicht und einigen Ueberresten römischer Bäder.
Pal. Aldrovandi(35) von 1748,
mit einer schönen Treppe. Die Gemäldesammlung ist schwerlich mehr
vorhanden.
Pal. Arcivescovile (36) von
Tibaldi 1577, neuerdings restaurirt
und mit Malereien verziert durch
Künstler von Bologna: Frulli, Pedrini, Fancelli, Fantuzzi, Zanotti.
Pal. Bacciochi (37), sonst Ranuzzi, einst von Napoleons Schwester, Elise. bewohnt; mit Statuen
und Bildnissen dieser Familie. Façade von A. Palladio. Die hintere
Säulenhalle von Bibiena, und die
Treppe von Gius. Ant. Torri.
Pal. della Banca von Cipolle
1862—64.
Pal. Bentivoglio (38) von
schöner Architektur.
Pal. Bevilacqua (39), desgl.
angeblich von Bramantino.
Pal. Biagi, jetzt Pallavicini (40),
sonst Oderici in der Strada di S.
Stefano von Ambrosini, mit Gemäl-
den von Guido.
Pal. Bianchi (41), in derselben
Strasse miteinem Gemälde von Guido,
Aeneas und die Harpyien.

Pal. Fava. (41. a) I. mit den ersten Fresco-Gemälden von *Ag.* und *Ann. Caracci* (Geschichte Jasons in 18 Bildern). — II. *Lod. Caracci* (die Aeneide in 12 Bildern, Polyphem und die Harpyien von *Annibale* ausgeführt). — III. *Albani* (Fortsetzung der Aeneide in 16 Bildern). — IV. *Massari*, der andere Schüler Lodovico's (Fortsetzung der Aeneide). — V. *Cesi* (Schluss der Aeneide). — VI. *Annibale Caracci* (Mythe der Europa) in Weise *Tizians*.
Pal. Grassi (42), mit einem Fresco von *Lod. Caracci* (aus der Mythe des Hercules) und Cameen von *Propersia de' Rossi*.
Pal. Guidotti (43), sonst Magnanini von *Tibaldi*, mit der Geschichte des Romulus und Remus, a fresco von den *Caracci*.
Pal. maggiore del pubblico (45), auf Piazza Vittorio Emanuele, angefangen 1290, von der Stadt dem Könige geschenkt. An der Façade eine Madonna von *Niccolo dell' Arca*, vergoldet in gebrannter Erde; die sitzende Bronze-Statue in bischöflichem Ornat von *Alessandro Minganti*, stellt seit 1796 den Stadtpatron Petronius vor, ist aber ursprünglich Papst Gregor XIII. Im Innern die grosse Treppe von *Bramante*, eine Capelle mit der Madonna del Terremoto von 1505, Galerien und Säle mit Fresken aus dem 17. und 18. Jahrh., die Halle des Hercules mit der Statue des Gottes von *Alfonso Lombardo*; die Sala Farnese mit einer Statue Pauls III.
Pal. Malvezzi Bonfigli (46), mit Fresken von *Lionello Spada*, *Lucio Massari*, *Franc. Brizzi* (das befreite Jerusalem). In der Galerie Gemälde von *Guido* (eine Sibylle), *Domenichino* etc.
Pal. Malvezzi Campeggi (47), mit Teppichen nach Zeichnung des *Lucas v. Leyden*.
Pal. Mareschalchi (48), mit einer Gemäldesammlung (neuerdings

zum grössten Theil verkauft), Façade von *Tibaldi*.
*Pal. della Mercanzia (Loggia dei mercanti) (49), v. J. 1294 im germanisch-toscanischen Styl, mit einem Handelsgericht.
Pal. Pepoli (50), mit einem Portal von gebrannter Erde.
Pal. Piella (51) von *Vignola*, Eigenthum des gelehrten Achille Bocchi, des Gründers der Academie in B.
Pal. del Podestà (52), von 1201 mit einer Façade von *Bartolommeo Fioravanti* 1485. Hier starb König Enzio, Friedrichs II. Sohn, als Gefangener 1272 (s. d. Geschichte) und als Geliebter der Lucia Vendagoli, die ihm sein langes Gefängniss zu erheitern wusste durch ein Verhältniss, in welchem die Bentivoglio's ihren Ursprung sehen. In der Sala del Re Enzio war 1410 das Conclave für die Wahl Johannes XXII. Eine Verkündigung von *Jac. Pauli*. Der Thurm Torazzo dell' Aringo, von 1264, mit den Statuen der 4 Protectoren der Stadt von *Alfonso Lombardo*.
Pal. Ranuzzi sonst Lambertini (53), mit Gemälden von *Sabbatini*, *Samacchini*, *Tibaldi* etc.
Pal. Sampieri, s. Zampieri.
Pal. Tanara (54), mit Gemälden von *Domenichino*, *Innocenzo da Imola*, *Lod. Caracci* (der Judaskuss) *Ag. Caracci* (Bad der Diana), *Carlo Dolce* etc.
Palazzino Viola (55), ehedem Pallazzino di Bentivoglio, nun auch Orto agrario, mit Fresken von *Innocenzo da Imola* (Diana und Endymion, Actäon, Marsyas, Apollo und Cybele).
Pal. Zambeccari da S. Paolo (56) mit Gemälden, unter andern von *Cararaggio* (S. Johannes), *Guercino* (Sibylle), *Tizian* (Porträt), *Albani* (Vermählung der heil. Katharina), *Baroccio* (sein Bildniss), *Domenichino* (Cardinal Medicis), *Tizian*

(Carl V.). *Guercino* (Madonna mit dem Kind), *Salvator Rosa* (Landschaften), *Ag. Caracci* (ein todter Christus), *Guercino* (Elias), *Lod. Caracci* (der Traum Jacobs). *Tizian* (S. Sebastian), ferner ein Crucifix von *Benvenuto Cellini.* Pal. Zampieri (57), in strada maggiore, mit Wandgemälden: I. von *Lod. Caracci* (Jupiter und Hercules). *Ag. Caracci* (Raub der Proserpina und Klage der Ceres). II. *Ann. Caracci* (Apotheose des Hercules). III. *Ag. Caracci* (Hercules und Atlas und Hercules und Cacus). IV. *Guercino* (Hercules und Antäus)
Rossini's Haus (58). mit der Ciceronischen Inschrift: „Non domo dominus, sed domino domus," und einigen andern ;classischen Motto's in goldenen Buchstaben. — Casa Martinetti vereinigt die „haute société."
Theater: Teatro del Commune (60), eines der grössten in Italien von *Bibiena.* Teatro Contavalli (61), von 1814 in einem ehemaligen Carmeliterkloster. Teatro del Corso von 1805 (62). Teatro l'arena del sole (63). Teatro Brunetti. Ginoco di Pallone (64).
Torre Asinelli (65), erb. 1109 von *Gherardo Asinelli,* 256½' hoch und hängt 3½' über die Senkrechte.
Torre Garisenda (66), erbaut 1110 von *Filippo* u. *Odo Garisenda,* 130' h. und weicht gegen 8' von der Senkrechten ab.
Università (67) nach Salerno die älteste Universität Italiens, seit alten Zeiten durch Wissenschaften berühmt (hier wurde der Galvanismus entdeckt, hier von Mondini um 1440 die erste Leiche zergliedert etc.), jetzt mit etwa 400 Studenten, 43 Professoren der 5 Facultäten (Classes), nehmlich 6 der Theologie, 9 der Jurisprudenz, 18 der Medicin und Chirurgie, 7 der philosophisch-mathematischen und 3 der historisch-philologischen Classe. Zu den mit der Universität verbundenen Anstalten und Sammlungen gehören: die Bibliothek, die medicinische Klinik, die chirurgische Klinik, das anatomische Theater, eine eigene pathalogisch-anatomische Sammlung, das chemische Laboratorium, das Museum für Geburtshilfe, die Sammlung für vergleichende Anatomie und Veterinärmedicin, das zoologische und mineralogische Museum, das physikalische Cabinet, die Sternwarte, Antiquitätensammlung, der botanische Garten und das landwirthschaftliche Institut. Façade von *Pellegrini.* — Hier ein **Museum von Alterthümern,** theils römischen u. griechischen Inschriften und Sculpturen, theils etrurischen Niellos (Patera cospiana, Geburt der Minerva) und Votivstatuen ans Terra cotta, theils christlichen Alterthümern: Crucifix mit einem sitzenden Christus etc. Bronzestatue Bonifacius VIII. 1301. Ferner eine reiche Bibliothek. S. d.
Zecca (68) von *Terribilia* 1578.

9.

Von Verona nach Genua

in 15¼ St.

Reisekarte VIII. VII.

Von Verona bis Reggio S. Rr. 5. Von Reggio bis Piacenza Rr. 8.
Von Piacenza in 2—3 St. bis Tortona für Fr. 8, 25 — 5, 80 — 4, 15, von da bis Genua in 2 St. für Fr. 8, 40 — 5, 90 — 4, 20. Von Piacenza über die Trebbia u. den Tidone nach Cast. S. Giovanni.

Broni, schön gelegen mit 6000 Ew. und vortrefflichem Wein. Die Collegiatkirche aus dem 13. Jahrh. mit Bauresten aus dem 10. Ehemals Grenze des Herzogthums Parma. Casteggio, Clastidium mit 8500 Ew. Hier schlug Claudius Marcellus den Gäsatenkönig Viridomarus i. J. 221 a. Chr.; Hannibal den Publ. Dasius (mit Gold 218 a. Chr.); Napoleon I. die Oestreicher (Schlacht von Montebello 8. Juni 1800) und Napoleon III. mit den Piemontesen die Oestreicher unter Giulay am 20. Mai 1859. — Stradella. — Voghera (Moro. Hôt. d'Italie. Posta), Stadt mit 11,000 Einw., eine der ersten italienischen Städte, in welcher die Buchdruckkunst eingeführt worden. S. Lorenzo mit dem Grabmal des Grafen de Vesme, und eines H. Giorgi, der der Kirche einen Dorn aus Christi Marterkrone geschenkt.

Tortona (Dertona) (Croce bianca), Hauptstadt der Provinz gl. N. mit einem Erzbischof und 12400 Einw., schon zu Römer-Zeiten ein bedeutender Ort. Ihre alten Festungswerke haben 1796 die Franzosen geschleift. Ihr jetziges Aussehen ist sehr öde. — Die Kathedrale mit einem sehr schönen antiken Sarkophag mit den Dioskuren, dem Sturz des Phaëton und griech. Inschriften, des Inhalts: „Niemand ist unsterblich! und Adel bewährt sich durch Muth!“ — S. Francesco mit der Capella Garofali. 10 Miglien von Tortona. Scrivia abwärts, liegt das Städtchen Castelnuovo mit dem Palast des Fürsten Centurione. In S. Pietro eine gute (?) Copie des Leonardischen Abendmahls. — Von Tortona führt eine Eisenbahn in 1 St. nach Alessandria. — In Novi trifft die Bahn auf die Bahn von Mailand nach Genua, s. Rr. 10.

10.
Von Mailand nach Genua.
Reisekarten VII. IX.

Eisenbahn über Pavia und Alessandria nach Genua in 5½ St. für Fr. 19, 85. — 14. — 10, 5.

Pavia,

(Wirthsh.: La Lombardia und La Posta. Pozzo. Tre Ré. Croce bianca. Wein: di S. Colombano. Aerzte: Panizza und für die Augen Flarer. Operateur: Porta.) Pavia (Ticinum, Papia), alterthümliche Stadt am Tessin, der von da an schiffbar ist, den grossen, von Mailand kommenden Canal Naviglio aufnimmt und unterhalb der Stadt in den Po fällt, an einer Stelle, die durch Hannibals ersten Sieg über die Römer und durch den Heldenmuth des Scipio (Africanus), der hier seinem Vater das Leben rettete, berühmt ist; mit einer schönen Brücke über jenen, einem Canal, durch die Carona gebildet, mitten in der Stadt, mit Mauern und festen Thürmen, einer Universität, einem Bischof, einem Tribunal erster Instanz etc., einer jährlichen achttägigen Messe und 25,000 Ew. Die ganze Umgegend ist mit Reis bebaut, dessen Felder wegen des eingeleiteten Wassers besonders sehenswerth sind. Andre Produkte sind: Wein, Seide, Hanf, und vorzüglich guter Käse.

Die älteste Geschichte der Stadt ermangelt aller Sicherheit. Wir wissen nur, dass im 5. Jahrh. die Gothen sich derselben bemächtigten, die den Longobarden weichen mussten, unter deren Herrschaft sie Hauptstadt des Reichs wurde. 774 wurde Desiderius, der letzte Longobardenkönig, von Carl dem Grossen hier gefangen genommen und seinem Reich ein Ende gemacht. 924 wurde Pavia von den Ungarn ver-

wüstet; 951 von Otto I. eingenommen. — In den Kämpfen des Barbarossa stand es dem Kaiser gegen
Mailand bei, musste sich aber zuletzt
dieser Stadt unterwerfen. — 1525
fiel vor seinen Thoren die berühmte
Schlacht vor, in welcher Franz I.
von Frankreich Gefangener Kaiser
Carls V. wurde. General Lautrec
liess 1527 die Einwohner von Pavia
die Freude entgelten, die sie an der
Niederlage der Franzosen gehabt,
von welcher Zeit an die Stadt sich
nicht mehr erholt hat. Die vielen
Kriegsunbilden, die namentlich noch
im spanischen Erbfolgekrieg Pavia
erlitt, haben wenig Denkmale alter
Zeit dort übrig gelassen.

Die Hauptsehenswürdigkeiten in
topographischer Folge sind: Die Kathedrale. Brücke über den Ticino.
S. Michele. S. Francesco.

Alterthümer findet man in Pavia
fast keine, jedoch zeigt man einen
Thurm als den, in welchem Boëthius, der edle und weise Minister
des Gothenkönigs Theodorich zu Anfang des 6. Jahrh. gefangen gehalten und ermordet wurde. Von den
beiden prächtigen Denkmalen des
Boëthius, das eine von König Luitprand 726, das andere von Kaiser
Otto III. errichtet, sind keine Spuren
mehr vorhanden, wenn nicht vom
letztern in S. Agostino.

Kirchen: La **Cattedrale**, ein halb-
fertiger Bau aus verschiedenen Zeiten, angefangen 1488 von *Cristoforo
Rocchi*, einem Schüler Bramante's;
mit der Arca di S. Agostino, einem
reichen Sculpturwerk mit 290 Figuren (Heiligen und allegorischen Gestalten), aus dem 14. Jahrh. (angefangen 14. Dec. 1362, von einem
noch nicht bekannten Meister). Die
Lanze Rolands.

S. **Francesco** in beachtenswerther Backsteinarchitektur mit Gemälden, von *Campi* und *Procaccini*.

S. **Maria de' Cani** mit einer Inschrift auf Athalarich.

S. **Maria del Carmine** von 1325,
von beachtenswerther Architektur in
Backstein, mit einem Crucifix von
Malosso, S. Anna von *Moncalvo*, ein
S. Sebastian mit andern Heiligen von
Bernardino Cotignola.

S. **Maria Coronata** (di Canepa
nuova), von *Bramante*, mit Gemälden
von *Moncalvo*, *Tiarini*, *Cam.* und
Cesare Procaccini.

S. **Marino** mit einer heil. Familie, von *Gaudenzio Ferrari* (?) und
einer Madonna mit S. Hieronymus,
von *Bern. Luini.*

S. **Michele**, ursprünglich von den
Longobarden gebaut, allein neu erbaut zu Ende des 11. Jahrh. im romanisch-lombardischen Styl. Dennoch ist nicht unwahrscheinlich, dass
vom ehemaligen Bau noch Ueberreste an den Grundmauern und darüber vorhanden. Am Aeussern ein
altes Relief der Verkündigung, auf
welchem die Jungfrau schwanger
dargestellt ist. Im Innern ein Stück
alter Mosaik, darauf David und Goliath, Theseus und der Minotaurus,
ferner alte Wandgemälde, die Krönung Mariä, die Kirchenväter etc.
von *Andrino d'Edesia* aus Pavia. S.
Sebastian und S. Lucas von *Moncalvo*.

S. **Pietro in cielo d'oro** (verfallen und ausser Gebrauch) mit dem
Grabe des Königs Luitprand (sein
prächtiges Grabmal, ehedem in S.
Andriano, ist nach dem tridentini-
schen Concil zerstört worden).

Paläste und Anstalten. Pal. **Malaspina** mit den Büsten des Boëthius
und Petrarca, deren erster an dieser
Stelle (wie eine Inschrift sagt) sein
Buch „vom Trost der Philosophie"
geschrieben, der andere häufig daselbst gewohnt haben soll.

P. **Olevano**. P. **Maino**.

Das alte **Schloss**, ehedem mit
Mauern und Thürmen geschmückt,
in welchem Franz Visconti 1404
seine Schwester Katharina gefangen
hielt, um sich ihrer Güter zu bemächtigen, in gleicher Absicht Lodo-

vico Moro den Joh. Galeazzo Sforza; in welchem 1796 300 Franzosen ohne Artillerie dem Angriff von 4000 bewaffneten Pavesen widerstanden, ist jetzt Caserne.

Die Universität mit Lehrstühlen in allen Fächern, einem anatomischen Cabinet, gegründet von Scarpa, das man für das vollständigste in Italien hält, einem pathologischen, hydraulischen, naturhistorischen Cabirret, einem botanischen Garten, chemischem Laboratorium, eiuer Bibliothek und 1000 Studenten. Die Bibliothek, gegründet von Graf Firmian, zählt 50,000 Bände; die Schätze der alten, von den Sforza's gegründeten Bibliothek muss man in der Pariser Bibliothek suchen. *Schulanstalten:* CollegioBorromeo und C. Ghislieri, letzteres mit 60, ersteres mit etwa 30 Zöglingen. *Spaziergänge:* die Brücke über den Tessin mit schöner Aussicht. Der Corso in der Stadt.

Umgegend: Die Certosa, s. Mailand, Umgegend. (Cf. Notizie appartenenti alla storia della sua patria raccolte ed illustrate da Giuseppe-Robbolini, gentiluomo Pavese.)

Ueber den Tessin auf einer verdeckten Brücke, die schöne Aussichten bietet, durch die Po-Ebene (Lomellina) die 1859 von den Oestreichern unter Giulay besetzt und sehr bald wieder verlassen wurde) nach Torreberetti, wo die Eisenbahn von Arona mit der Mailänder zusammentrifft. Ringsum Reisfelder, links in der Ferne die Apenninen. Auf einer Brücke von 21 Bogen über den Po nach Valenza und **Alessandria** della Puglia. (Alb. nuovo; Italia, dell' Universo.) Stadt und Festung, in einer fruchtbaren Ebene an den Flüssen Bormida und Tánaro, mit einem Bischof, 54,354 Ew., breiten Strassen, öffentlichen Plätzen, Palästen (pubblico und Conte Ghilino), einer Akademie

der Wissenschaften und der Künste der Immobili etc. 1168 nach der Eroberung Mailands durch Barbarossa von vertriebenen Mailändern (zuerst aus Lehm und Stroh, daher della Paglia) gebaut, und nach des Kaisers Gegner, Papst Alexander III., „Alessandria" genannt. Sehenswerth die ausgezeichneten Festungswerke von 1723, sowie die neuesten, für welche ganz Italien 100 Kanonen liefert; der 1768 zu Ehren des Königs Victor Amadeus errichtete Triumphbogen im Corso; das Theater und die Kirchen S. Alessandro und S. Lorenzo; der Canal Carl Albert. — Zwei Messen jährlich, am 24. April und am 4. October. — Nahe auf dem Wege nach Novi die Abtei del Bosco mit guten Malereien und einer Sculptur, angeblich von *M. Angelo.* — Auf dem Weg nach Piacenza das Schlachtfeld von Marengo, eine Meile von Alessandria, auf dem rechten Ufer der Bormida. Hier lieferte am 14. Juni 1800 Bonaparte den Oestreichern die denkwürdige Schlacht, durch welche diese ganz Oberitalien verloren. In schräger Schlachtordnung stand die französische Armee in der Ebene von Marengo über Castel Ceriolo bis gegen Sale. Die Oestreicher passirten die Bormida, griffen das französische Centrum und den linken Flügel mit Erfolg an und warfen sie bis Giuliano und hinter Castel Ceriolo zurück; der rechte Flügel hielt sich und nahm Ceriolo wieder. Zugleich langte Verstärkung unter General Desaix von der obern Scrivia bei S. Giuliano an und entschied den Sieg. Desaix fiel, und Napoleon liess ihm hier eine Gedächtnissäule errichten. Ferner in der Nähe: Bosco, der Geburtsort von Papst Pius V., mit einer von ihm gegründeten grossen Dominicanerabtei, die Napoleon in ein Invalidenhaus (Campo di Marengo)

umgestaltete, die sardinische Regierung aber wieder herstellte.
Von Alessandria Zweigbahn nach Acqui in 1¼ St. für Fr. 3, 75. — 2, 65. — 1, 90.
Durch das Thal der Bormida nach Acqui, der Hauptstadt einer gleichnamigen Provinz des Herzogthums Montferrat, Sitz eines Bischofs, mit festem Schloss, 8000 Ew., äusserst gesunder Luft, mildem Klima und berühmten, schon von den Römern benutzten reichhaltigen heissen Schwefelquellen (Aquae Statiellae, von den Statielliern, einem ligurischen Volksstamm) von 60° R., deren ausgeworfener Schlamm gleichfalls zu sehr wirksamen Bädern für Contracte und Gelähmte verwendet wird. S. Einleitung: Bäder. Viele römische Alterthümer sind hier gefunden worden, auch sieht man noch Reste römischer Thermen und Aquäducte. — Oeffentliche Gebäude: der bischöfliche Palast, die Kathedrale aus dem 12. Jahrh., die Franciscanerkirche aus dem 14. Jahrh., von den Franzosen zerstört. Nahe bei der Stadt der Monte Stregone, aus welchem die heissen Quellen entspringen.
Die Bahn überschreitet die Bormida und trifft bei Novi zusammen mit der Bahn von Piacenza nach Genua.
Novi. Eisenbahn in 2 St. nach Genua für Fr. 3, 80. (Europa. Aquila), unbedeutende Stadt im Ducat Genua

mit 10.000 Einw. und vielen Seidenfabriken (seta candida), dient vielen reichen Genuesern als Landaufenthalt und Waarendepot zwischen Alessandria und Genua. Hier fiel am 15. Aug. 1799 Joubert in der Schlacht gegen Suwarow, der sie gegen ihn und Moreau gewann. Die Franzosen hatten eine vortheilhafte Stellung auf steilen bewachsenen Höhen, den rechten Flügel gegen die Scrivia, das Centrum bei Novi, den linken Flügel gegen den Ausfluss des Lemno in die Orpa bei Bazaluzzo. Die Alliirten, stärker an Zahl, standen in der Ebene nördlich von Novi; der rechte Flügel, Oestreicher unter Kray, gegen die Orpa unterhalb Bazaluzzo; der linke Flügel, Oestreicher unter Melas, gegen die Scrivia; das Centrum, Russen unter Suwarow. Mehrmals zurückgeschlagen vom französischen Centrum, umgeht Melas den rechten feindlichen Flügel; und entscheidet damit den Sieg, und den Rückzug der Franzosen über die Apenninen, wobei sie 6000 Mann und vieles Geschütz verloren.
Arquata. Ronco. Von hier nach Rocchetta 2400' ü. M., dem höchsten Punkt der genuesischen Apenninen, mit herrlicher Aussicht auf Genua und das Meer. Pontedecimo. Genova. Für diesen Weg von Piacenza an s. auch die Routen von Turin nach Bologna und nach Genua, 17. 18.

Genua.

Ankunft: Im Bahnhof Omnibus für die einzelnen Gasthöfe, die auch zum Empfang des Gepäckes Facchini mit Namenszeichen dort aufstellen. — Dem Facchino 1 Fr., Omnibus ½ Fr. — Ankunft zu Wasser: Man steigt aus sobald es die Sanitätscommission gestattet. An der Dogana unter der Terrasse flüchtige Visitation. Die Hôtels haben bestimmte Barken. Ausschiffen 1 Fr. — Dem Facchino zum Hôtel für den Koffer 1 Fr.

Abreise: Dampfschiffe 3mal täglich in 4 St. nach Spezia zum Anschluss an die Eisenbahn; Diligencen (Piazza Carlo Felice) ebenso tägl. 2 U. Nm. in 16 St. — Nach Chiavari 3mal tägl. (6, 10, 2 U.) von Piazza Carlo Felice. Nach Livorno 35 Fr.,

(22½ Fr.), Neapel und nach der Insel Sardinien. — Ital. Postdampfschiffe Compagnia Peirano Danovaro u. Co. täglich nach Spezia, Livorno, Neapel, Sicilien. — Barken nach oder von dem Schiff: 4 Fr. die Person mit Gepäck. Bei Spazierfahrten im Hafen bis an den Leuchtthurm 2 Fr. die Stunde. — Nach Rom ist bis zur Aussöhnung der päpstlichen Regierung die Passavisa des spanischen Consuls nöthig. — Eisenbahn'en führen nach Turin, Mailand, Arona (Schweiz), Voltri, (nach Spezia im Bau). — Diligencen gehen tägl. 2 (7 U. fr., 10 U. Ab.) in 20—24 St. nach Nizza (Piazza dell' Annunziata). — Wer ungern die Nacht fährt, geht am ersten Tag früh bis Oneglia, wo am andern Morgen der Nachmittagswagen ankommt. Man muss sich aber in Genua für den ganzen Weg in der bezeichneten Weise einschreiben lassen. — Diligence nach Savona 2mal tägl. (6 U. 25 fr., 3 U. Nm.) — Nach Pisa geht der Courier täglich Abends in 24 St. (30 Fr.), die Diligence Montag, Mittwoch und Freitag 9 U. fr. — Vetturini in 2½ Tagen nach Nizza, in 2 Tagen nach Spezia.

Alberghi (Wirthshäuser): Hôtel Feder, table d'hôte um 5 Uhr 4 Fr.; deutsche, englische, französische Zeitungen. De la Ville, Croce di Malta, Quattro nazioni, Londra. Pension Suisse. Nationale. Smith. Italia mit schöner Aussicht über Hafen und Stadt. 1½ Fr. das Bett, table d'hôte 3 Francs. Gran Bretagna. Hôtel de France. Z. 3 Fr., M. 3½ Fr., gut, aber nicht sehr reinlich. Hôtel Royal. Hôtel de Genève. — Isola bella 1—1½ Fr. das Zimmer. — Hôtel Vittoria. — Trattorien: Italia, in einem Garten nahe bei Acquasola, sehr geschmackvoll eingerichtet, sehr gut, Pranzo italiano zu 5 Fr. nur im Sommer. Concordia, sehr elegant, in einem Garten Strada nuova, sehr gut, sehr knapp und sehr theuer. Club. — Speisezettel: Geflügel, Kalbfleisch (Vitella de paiscion, d. i. adi apparizione,« von einem Dorfe S. Maria di app.). Fische: Louasse; Triglie; Nasello; Acciughe. Lucerne; Tonno, frisch; Bianchetti und Rosetti. Tagliarini, Mehlspeise. Maccaroni. Schwämme: Bolleti, Neri. Früchte aller Art. Confituren: Cedri, piccoli chinesi.

Cafés: Concordia, Allg. Zeitg. l s. o. C. d'Italia s. o. C. del gran Cairo. C. del gran Corso, gegenüber dem Teatro Carlo Felice. C. del Centro. C. Omnibus. Christ. Colombo! — Erfrischungen: Südfrüchte in Zucker: acqua d'amarena. Zucchero rosato; mit Wasser vermischt.

Tabak ist Monopol und schlecht. Auf der Direction der Doganen verkauft man ächte Havannacigarren, 5—7 Frcs. das Viertelhundert. Man bewahre aber das Kaufcertificat für etwaige Mauthvisitationen.

Aerzte: Soleri. Beretta. Viviani. Mancini. Botto (auch Chirurg). Ageno. Luxoro. Canepa. **Chirurgen:** de Negri. Sivori. Secordi (Augenarzt). Arata. Bignone. **Bäder** gibt es in allen Hôtels. Ausserdem All'Anunziata. Alle Grazie und fuori di porta del Portello. Seebäder, ziemlich gut eingerichtet, allein mitten im Hafen, wodurch ihnen an Reiz und Werth viel abgeht. Bäder in Pegli, mit glänzender Einrichtung.

Buchhandlung und **Lesecabinet:** Beuf, Strada nuovissima. Grondona, bei der Post. — **Bankiers:** Parodi. Delarue. Rondanna u. Co. P. Celesia. Enr. Mylius. Js. Tedeschi. Dapples u. Co. Louis Wüst.

Briefpost. Piazza delle Fontane amorose, offen bis 9 U. Ab. Ein Brief nach Neapel, Rom, Florenz 20 Cent., nach Frankreich 40 Cent., nach Deutschland 60 Cent., Schweiz 30 Cent.

Goldarbeiter: Schönes Filigranwerk bei Parodi und Brazi, Via degli Orefici. Massa, im Hôt. Croce di Malta.

Der protestantische, franz. und engl. Gottesdienst findet in einem Hause in der Strasse Assarotti statt; der italienische protestantische in einer neuerbauten Kirche derselben Strasse.

Wagen: Omnibus ununterbrochen von einem Thor zum andern durch die ganze Länge der Stadt und vom Theaterplatz (Carlo Felice) zur Eisenbahn. Fiaker (Cittadine) auf den Plätzen Annunziata, der Post, und Carlo Fenice, einsp. 80 Cent der Curs im Innern der Stadt. Fiaker einsp. 1½ Fr. die St.

Geographisch-statistische Notizen: Genua, Lage: 44° 23' Breite, 26° 38' L. Genua erhebt sich amphitheatralisch am Meerbusen seines Namens im Südende der nördlichen Apenninen mit seinen stolzen Palästen und Castellen (daher „Genova la superba"). Von der Landseite doppelt mit Mauern umgeben, von denen die eine unmittelbar, die andre auf den Höhen in einer Ausdehnung von 18 Miglien um die Stadt geht, hat diese enge, unregelmässig gebaute, meist nur zu Fuss zugängliche Strassen (ausgenommen sind die Via Balbi, nuova und novissima, und neuerdings die Via Carlo-Felice, Carlo Alberto, Carrettiera, Giulia und die ganze Vorstadt della Pace), von denen die schönere zwischen S. Tomaso und dem Leuchtthurm als Spaziergang dient. Die Häuser und Paläste sind fünf-, sechs-, ja acht- und neunstockig, von aussen häufig bemalt. Einwohner 119,610, mit den Vorstädten 158,000. Universität mit allen Facultäten, und 34 Professoren. Schifffahrtsschule. Marineschule. Oeffentliche Gesangsschule. Haupthandelsplatz und Freihafen. 1851 liefen ein 7323 Schiffe (5584 sardinische, 1739 fremde) mit 514,199 Tonnen. Manufacturen von Damast, Schleiern (die besten in Zualli bei Chiavari), Sammt, seidenen Strümpfen (Solei e Hebert), baumwollnen Zeugen, italienischen Hüten, Blumen, Bändern, Seife, wohlriechenden Wassern, Maccaroni, Papier etc. Man arbeitet sehr fein, fleissig in Holz (al Sole), Marmor, Alabaster, Elfenbein, Korallen, Gold (Obrgehänge in Filigran bei Barrabino, Fontana etc.), Silber und Kupfer; auch hat die Regierung eine Waffenfabrik eingerichtet. Ausfuhrartikel sind Reis, Oel, Oliven, Limonen und andere Früchte, Seidenstoffe etc. Einfuhrartikel: rohe Seide von Sicilien und Calabrien, Baumwolle aus der Levante, Getreide; Segeltuch aus Deutschland etc. Die Sprache in Genua ist unrein, der Volksdialekt ein harter, schwerverständlicher Jargon. Die Bewohner sind thätig und betriebsam, wie kein anderes italienisches Volk, gelten aber als unzuverlässig. Alfieri sagt zu Genua:

Tue richezze non spese, eppur corrotte,
Fan d'ignoranza un denso velo agli uni
Superstizion tien gli altri; e a tutti notte.

Dessenungeachtet sind die Genuesen durch Stärke und Arbeitsamkeit berühmt, und die Frauen durch Schönheit, vornehmlich ihrer Tracht. Das Klima ist mild im Winter; im Sommer ungesund wegen zu grosser Hitze. Der Wein taugt nicht viel. Genua ist die Vaterstadt von

Hadrian V., Giov. Balbi. Hier oder im benachbarten Dorfe Cogoleto wurde 1447 Crist. Colombo geboren. Im August 1824 und im October 1828 wurde Genua von heftigen Erdbeben heimgesucht, deren Spuren noch an mehren Gebäuden wahrzunehmen sind.

Geschichte. Die älteste Nachricht über Genua findet sich in Livius, der die Stadt durch Magon, einen Bruder Hannibals, von der Seeseite einnehmen und zerstören lässt. Wiedererbaut von Spurius Lucretius blieb sie bis zum Fall des Reichs unter römischer Herrschaft. Nach dem theilte sie das Schicksal aller italienischen Städte, und gewann erst unter Carl dem Grossen und seinem Sohn Pipin, der sie einem Herzog Ademar gab, unter dem sie 801 Corsica eroberte, wieder einiges Leben. Obschon erobert, zerstört und seiner Einwohner beraubt von den Mauren im 10. Jahrhundert, bildete Genua doch bald die Hauptstadt des Landes Ligurien, vertrieb in Verbindung mit Pisa die Sarazenen aus Sardinien 1022, machte sich nach Vertreibung seiner Grafen zur freien Republik, und gewann grosses Ansehen zur See, nahm 1101 unter Balduin am Kreuzzug Theil, eroberte Kaffa in der Krim und verschiedene griechische Inseln; ja so sehr wuchs ihre Macht im Orient, dass griechische Kaiser sich durch einen Tribut Ruhe erkauften. Anfangs mit der Demokratie im Kampf, zerfiel die aristokratische Republik in die Parteien der Guelfen (die Doria und Spinola) und Ghibellinen (die Grimaldi und Fieschi); so dass 1190 die Consuln abgeschafft und ein Podestà, der zur Unterdrückung der Parteiungen ein Fremder sein musste, eingesetzt wurde; musste aber zugleich harte Kämpfe mit Pisa und Venedig bestehen, in denen ihre Macht wuchs (cf. Pisa und Venedig). 1241 verlor Genua seine Flotte gegen den Kaiser; 1257 ward Giul. Boccanegra zum Capitano del Popolo gegen die Uebergriffe des Adels erwählt; 1258 erlitt Genua gegen Venedig eine grosse Niederlage bei S. Jean d'Acre, worauf es die Griechen gegen Venedig unterstützte. 1288 schlug Genua die pisanische Flotte bei Porto Venere und sprengte den Hafen von Pisa 1290; auch gegen Venedig war es glücklich, 1293—99. Inzwischen zu keiner innern Ruhe gelangt, unterwarfen sich die Genuesen 1311 dem Kaiser Heinrich VII. auf 20 Jahre, fielen aber nach seinem Tode 1313 wieder ab, ernannten sodann Robert von Neapel zum Staatsoberhaupt auf 16 Jahre; hielten jedoch auch dabei und bei den königlichen Vicarius nicht aus, sondern wählten 1339 einen Dogen mit einem Rath. Simon Boccanegra war der erste Doge. Allein auch diese Einrichtung führte zu ununterbrochenen Parteikämpfen, so dass sich die Republik, mit Aufgebung des Dogats, 1396 Carl VI. von Frankreich unterwarf, sich jedoch zu Gunsten des Herzogs von Montferrat dreizehn Jahre später wieder empörte. Auch dieser Herrschaft entzog sie sich wieder, und

suchte, nachdem sie eine Zeitlang das Dogat wieder eingeführt und end-
lose innere Kämpfe darum erlebt, in Franz Sforza einen neuen Herrn
1458. 1499 eroberte Ludwig XII. Genua, das durch die Streitigkeiten
der Familien Montalto, Fregose, Adorne, Fieschi unmächtig geworden,
und machte sich zum Herrn davon. Da trat Andreas Doria 1528
als Befreier seiner Vaterstadt auf, erneuerte die Republik und ordnete
alle Regierungs- und Verwaltungsangelegenheiten mit grosser Umsicht.
Allein der Parteigeist ruhte nicht. Eifersüchtig auf den Einfluss der
Doria, machte Giov. Luigi Fieschi, Graf von Lavagna, mit drei
Freunden, Calcagno, Verrina und Sacco, 1547 eine Verschwörung,
die auch vollkommen gelang, nur dass Fieschi beim Uebergang auf eine
Galeere ins Meer stürzte und ertrank, und seine Genossen, ihres Führers
beraubt, dem Doria das Feld räumten, der, wie bis dahin, ohne selber
Doge zu sein, doch den grössten Einfluss auf die Dogen übte. Die
nachfolgenden Kämpfe Spaniens, Frankreichs und Oestreichs um Italien,
der spanische Erbfolgekrieg etc. störten die Ruhe der Republik, die
schon seit der Entdeckung des Seewegs nach Ostindien an Macht und
Ansehen sehr verloren. Am 10. Dec. 1746, als die Republik, mit Frankreich verbunden, wegen Finale im Krieg mit der Kaiserin Maria Theresia war, als welche dieses Marquisat, das die Genuesen bereits 1713
um 1,200,000 Scudi verkauft, an Sardinien abgetreten hatte, wurden die
Oestreicher aus Genua vertrieben. Napoleons ligurische Republik 1797
war ein Schein, und verschwand schnell. 1800 hielt es die denkwürdige
Belagerung unter Massena aus, und fiel sodann an Frankreich. Nach
dem Kriege von 1814 hoffte Genua wieder Freistaat zu werden, wurde
aber durch den Wiener Congress dem König von Sardinien übergeben.
Nur vorübergehend schloss Genua sich 1849 der Revolution an, unterwarf sich aber sogleich auf die Nachricht von dem Unfalle von Novara
dem General Lamarmora. Seit dieser Zeit fängt es wieder bedeutend an
sich zu heben, und seine Schiffe durchfahren den Ocean.

    Wissenschaft. Zu den neuerdings ausgezeichneten Gelehrten in
Genua gehören: Giunti, Celesia, Morchio, Giuria (Literatur),
Michele Canale (Geschichte), Boccardo (Seerechts-Geschichte und
Staatsökonomie), Cevasco (Statistik), Lessona, Doria, Perez
(Naturgeschichte), Lor. Pareto (Geologie), Gherardi, Bancalari
(Physik), Tardy (Mathematik), de Notaris (Botanik), Carlevaris
(Chemie), Olivieri (Numismatik). Dramatische Dichter: Ippolito
d'Aste. D. Chissone.

    Kunstgeschichte. Genua unterscheidet sich, was sich aus den
ewigen Unruhen des zügellosen Parteigeistes und der Herrschsucht seiner
Geschlechter leicht erklärt, von allen Städten Italiens dadurch, dass es

von der Zeit seiner wachsenden politischen Grösse nur wenig, wo nicht
gar keine Kunstdenkmale aufzuweisen hat, und so ist die Kunstgeschichte
der reichsten Stadt ärmer als irgendeine. Fast sämmtliche Gebäude von
Bedeutung gehören einer spätern Zeit an, dürften aber in Betreff einer
grossartigen Anlage und verständigen Eintheilung als beachtenswertheste
Vorbilder im modernen Geschmack anzusehen sein. An Sculpturen
herrscht der grösste Mangel, ein einziger Bildhauer *Damiano Lercaro*
im 15. Jahrh. wird erwähnt; nur in der Malerei treten einzelne Individuen heraus. Giotto's Wirksamkeit erstreckte sich nicht hieher. Als
ältesten Maler nennt man den Mönch von *Jeres* und *Niccolo da Voltri*
im 14. Jahrh., von denen jedoch keine Werke übrig sind. Der eigentliche Vater der genuesischen Schule ist ums Ende des 15. Jahrh. *Lodovico Brea* (S. Maria della Consolazione und S. Maria de' PP. Domenicani
di Castello), der lebhafte Farben und Bewegung liebt, allein keine vor-
stechende Eigenthümlichkeit besitzt. 1515 berief der Doge Ottaviano
Fregose den Bildhauer *Giov. Giacomo Lombardo* und den Maler *Carlo
di Mantegna* nach Genua, und hiemit beginnt erst eine Art Kunstleben
daselbst. Vornehmlich thaten sich zwei Künstler, *Antonio Semini* und
Teramo Piaggia, hervor, welche die neuen Lehren mit alterthümlichem
Sinn aufzufassen bemüht waren (S. Andrea, Dominicanerkloster). 1528
nach der Einnahme Roms durch Carl V. kam *Perino del Vaga*, Raphaels
Schüler nach Genua, und fand bei Andrea Doria willkommene Aufnahme. Er übertrug den Geschmack, der - in den vaticanischen Verzierungen herrschte, in den Palast Doria's, den er mit Hülfe von einigen
Römern und Lombarden ausmalte, und woran auch die Genuesen *Lazzaro*
und *Pantaleo Calvi* (Façade von Pal. Spinola), ferner *Giov. Cambiaso*
sich bildeten, dessen Sohn *Luca* zu grösserem Ruf als sein Vater gelangt ist. In diesen und vielen andern *(Giov. Batt. Castello,* genannt *Il
Bergamasco,* von dem *Agostino* mehre Blätter zu Tasso's befreitem Jerusalem gestochen hat, *Andrea* und *Ottavio Semini, Tavarone)* erkennt man
ein, freilich nur äusserliches, Auffassen Raphaelischer Darstellungsweise.
Natürlich konnte auf diesem Wege nichts Eigenthümliches, Neues entstehen; die bald tiefgesunkene Kunst hob sich sodann noch einmal im
17. Jahrh. durch die Bemühungen einiger Ausländer, des *Rubens, Van
Dyk, Gottfried* und *Cornel. Wael* etc. und des *Giov. Batt. Paggi,* obschon auf keine Höhe; dessen Nacheiferer *Sorri* den *Bernardo Strozzi*
bildete, der unter dem Namen *Prete Genovese* ein beliebter Colorist ward.
— Cf. Raff. Soprani Vite de' pittori scultori e architetti Genovesi. II.
edizione da C. G. Ratti. Genova 1768.

Die Hauptsehenswürdigkeiten in topographischer Folge sind:
Hafen, Dogana und Arsenal. Pal. und Garten Doria. Piazza dell Acqua

verde mit dem Denkmal des Columbus.   Piazza dell' Annunziata mit
der Kirche.   Strada Balbi mit dem Pal. Reale, der Universität, Pal.
Balbi und Marcello Durazzo.   Strada nuovissima, Strada nuova mit
Pal. Brignole, Pal. della Municipalità und Pal. Spinola.   Str. Carlo Fe-
lice mit dem Pal. Pallavicini.   Teatro.   S. Stefano.   S. Ambrogio.   Pal.
Ducale.   S. Lorenzo.   S. Donato.   Brücke und Kirche S. Carignano. —
Auf dem Wege nach dem Leuchtthurm Il Scoglietto. — Piazza di Banchi
mit der Börse.   Str. degli Orefici.   Acqua sola mit Villa di Negro.
Str. Assarotti mit der Villa Gropallo.

Bemerkung.   In Genua, das vornehmlich wegen seiner herrlichen Lage und
als grosse Seestadt sehenswerth ist, treten für den Reisenden, der nicht etwa besondere kunsthistorische oder künstlerische Zwecke verfolgt, andere als die gewöhnlichen
Interessen in den Vorgrund.   Man thut also wohl, seine Zeit so viel als möglich im
Freien zuzubringen, den Hafen, die Villen, die Gärten, die Umgegend zu besuchen,
eine Meerfahrt zu machen, um den wundervollen Anblick der Stadt von der Seeseite
zu haben und sodann Höhen zu gewinnen, auf Thürme, Belvederes etc. zu steigen,
um die Umgebung zu übersehen.   Dennoch erlaube ich mir besonders Architekten auf
die Prachtanlage der Paläste, die köstlichen Säulenvorhallen und Säulenhöfe, die Loggien, die überaus grossartigen Treppenhäuser etc. aufmerksam zu machen, und auch
einige Gemäldesammlungen als sehenswerth hervorzuheben. — Die im folgenden ein-
geklammerten Ziffern beziehen sich auf den beigegebenen Plan der Stadt.

*Oeffentliche Plätze und Spazier-
gänge:* P. dell' Annunziata (1),
wo stets Miethwagen und Porte-
chaisen zu haben.   P. Amorosa,
oder delle Fontane Amorose od.
della Posta (2) mit prächtigen Gebäuden; P. dell' acqua verde(3),
Winterspaziergang der Genuesen,
mit dem Denkmal des Columbus von
Varni.   Columbus, der eine zur
Christin gewordene Indianerin in
Schutz nimmt; am Postament die
Allegorien der Gerechtigkeit, Religion, Stärke und Erdkunde.   P.
Banchi (4) mit der Börse, ist der
Sammelplatz von Geschäftsleuten
aller Art, Vetturini's und Schiffern
etc.   Statue Cavours von *Vela* in
der Börse.   Der Quai der Darsena (5).   Die Strasse von S.
Tommaso (13) nach dem Leuchtthurm (Faro) ist wegen Lage und
Aussicht einer der schönsten und besuchtesten Spaziergänge; ebenso die
Brücke Carignano (19) 80—90′
hoch, 15′ breit und 170 Schritte
lang, mit der Aussicht übers Meer.

Der gewöhnliche Abendspaziergang
der schönen Welt ist *Acqua Sola*
(20), wo Sonntags Abend Musik ist,
und der nahe Hügel eine herrliche
Aussicht bietet, neuerdings noch
bedeutend verschönert durch Vereinigung mit der Villa di Negro,
und der hohe Wall. — Die neue
Strasse Assarotti mit der italie-
nisch-protestantischen Kirche und
der Villa Gropallo.

Hier ist auch die Strasse Por-
toria, eine Nebenstrasse der Str.
Giulia hinter Piazza Carlo Felice, zu
nennen, wo das Denkmal steht des
Widerstandes der Genuesen gegen
die Oestreicher 1746 (s. Geschichte),
ein Stein (zum Andenken an den
vom Fischerknaben Balilla auf die
Oestreicher geworfenen Stein „il
Mortajo“ genannt) und eine Mauer-
inschrift, die sich auf das Ereigniss
bezieht. — Spaziergang auf der
Strasse über S. Francesco d'Albàro
nach Sturla, (Seebäder und Stabi-
limento Garibaldi). In der Nähe der
Denkstein an die von hier erfolgte

Abfahrt Garibaldis mit seinen Tausend nach Sicilien.

Der **Hafen** ist einer der bedeudendsten im Mittelmeer, halbrund. 1800 Klafter im Durchmesser, durch 2 hohe Molo's (vecchio in Osten und nuovo in Westen) geschützt, jedoch nicht gegen den Südwestwind (Libeccio), der zuweilen grossen Schaden anrichtet, wie er's z. B. in der Weihnacht 1821 gethan. Die Breite der Einfahrt zwischen den Spitzen der beiden Molo's, die nicht ganz gefahrlos ist, und immer in der Richtung von Osten gegen Westen gewonnen werden muss, beträgt 250 Klafter. An der Seite des molo nuovo, hinter der Quarantäneanstalt, erhebt sich der hohe Leuchtthurm (22), dessen Laterne alle Abend unter Kanonensignal angezündet wird, und an dessen Fuss man neue Befestigungen angelegt hat. An der Nordseite des Hafens war bisher das Arsenal (23) (Darsena, Arsenale di Marina), der Bauhof für die Staatsschiffe, berühmt durch Fieschi, der hier ums Leben kam. S. o. (neuer Zeit nach Spezia verlegt). An der Ostseite des Hafens befindet sich der Freihafen (Porto franco) mit der Dogana (24). der mit seinen vielen und reichen Magazinen zwischen den hohen Mauern wie eine kleine Stadt erscheint und mit dem Eisenbahnhof durch eine Zweigbahn verbunden ist. Er hat nur 2 Ausgänge, den einen nach dem Meer, den andern nach der Stadt durch das Bureau der Dogana, die das Recht der peinlichsten Visitation hat und ausübt. Auch nach dem Ausland kann aus dem Freihafen keine Waare ohne Transito verabfolgt werden. Den Dienst als Lastträger im Freihafen besassen die Bergamasken (Facchini di caravana) seit 1340 als ausschliessliches Recht. Jetzt besteht wenigstens die Hälfte aus Genuesen. Neben diesen arbeiten im Freihafen und zwar im Innern der Magazine die Facchini di confidenza. Ueber der Dogana befindet sich der grosse Saal S. Giorgio, ehedem Eigenthum der Banca di S. Giorgio, der grossen genuesischen Handelsgesellschaft aus dem Mittelalter, die 1815 aufgelöst worden (cf. Memorie storiche della banca di S. Giorgio compilate dal archivista Antonio Lobero, Genova 1832), mit mancher an genuesischen Patriotismus erinnernden Inschrift und der berühmten mittelalterlichen Marmorgruppe des Greifen, der einen Adler (das Sinnbild Kaiser Friedrichs II.) und einen Fuchs (Sinnbild Pisa's) in den Klauen hält; dabei die Inschrift:

Gryphus ut hos angit,
Sic hostes Genua frangit.

In einem andern Saale der Dogana findet man eine Madonna von *Domenico Piola*, und über dem Haupteingang ein Stück der Pisaner Hafenkette, von den Genuesen 1290 als Siegeszeichen heimgeführt.

Kirchen:[1] *S. Ambrogio (25), sehr reich mit Marmormosaik bekleidet, im griechischen Kreuz erbaut; dreischiffig mit Tonnengewölben und einer Kuppel, mit Gemälden 3 C. l. von *Rubens* (Heilung einer Besessenen durch Ignatius v. Loyola 3 Cap. r.), *Guido* (Himmelfahrt Mariä), 2. Cap. r. *Vouet* (Christus am Kreuz), r. Seitenschiff, Schlusscap. S. Peter im Gefängniss von *Wael.* 4 Cap. l. S. Andreä Kreuzigung von *Semini.*

*S. Annunziata (26), nach der Zeichnung des *Domenico Scorticone* und *Giac. della Porta,* Façade von

[1] Von den Parochialkirchen Genua's gehören 5 bestimmten Geschlechtern (Parochie gentilizie), nehmlich S. Matteo der Familie Doria; S. Luca der F. Spinola Grimaldi; S. Euergete der F. Catane; S. Pancrazio der F. Pallavicini; S. Maria Carignano der F. Sauli.

Parabino, die grösste und prächtigste Kirche Genua's nach der Kathedrale, erbaut in der Mitte des 17. Jahrh. auf Kosten der Familie Lomellini, ganz neu vergoldet, alle Gewölbe voll Gemälde. *Giov. B. Carlone* (Martyrium des h. Clemens), *Procaccini* (Abendmahl), *Bern. Carbone* (der h. Ludwig betet das Kreuz an). Aus dieser Kirche wurden 1861 die Franziscaner vertrieben, weil sie für Garibaldi nicht Messe lesen wollten.

S. Donato (27), interessant durch vier grosse Säulen von orientalischem Granit, die man mit Kreide und Leim überstrichen hatte, um sie schön weiss zu haben, sowie durch einen Theil der Pisaner Hafenketten. s. o. Anbetung der Könige von *Lucas von Leyden.*

S. Francesco di Paola (28), mit einer Geburt und Verkündigung von *Cambiaso*, Fusswaschung, der Kreuztragung, der Himmelfahrt von *Paggi.*

S. Giorgio (29). Martyrium des Heiligen von *Luca Cambiaso.*

Die **Kathedrale** S. Lorenzo (30), ein mittelalterliches Gebäude im germanisch-lombardischen Baustyl. Seitenportale im reichen romanischen Rundbogenstyl; das Giebelfeld des Hauptportales mit Christus und S. Lorenz aus alter Zeit, die Thürpfosten mit dem Stammbaum und der Kindheit-Geschichte Christi aus dem 14. Jahrh., eingeweiht 1118; restaurirt 1307—1312, woher die jetzt sichtbaren ältern Theile rühren; um 1540 abermals restaurirt von *Galeazzo Alessi*, welchem Chor und Kuppel zugeschrieben werden. Doppelte Spitzbogen, obere Arkadenreihe der Mittelschiffswand auf Säulen, ohne Empor mit schlechtem Tonnengewölbe. Das Martyrium des h. Lorenz am Gewölbe des Chors, a fresco von *Tavarone.* 2 C. 1. Grabmal des Bischof Georg v. 1461 mit den 4 Cardinaltugenden und seiner

liegenden Statue von Engeln umstanden. Grabmal des Bischofs Georg v. Ostia. 1461. 4 Cap. 1. Die Capelle des S. Giov. Battista[1] mit Sculpturen von *Matteo Civitali*, Adam, Eva, Zacharias etc,; Madonna und der Täufer von *Andrea Contucci da Sansovino.* Altarbild Taufe Christi von *Semini.* Sarkophag im Altar mit Reliefs aus dem Leben des Täufers von 1300. Das Altarbild SS. Pietro und Paolo mit vielen Sculpturen von *Gugl. della Porta.* Hochaltar von *Giacomo* und *Guglielmo della Porta.* Dessgleichen die 11 Statuen an der Façade des Geländers. — In der Sacristei der Sagro Catino, ein Gefäss, das während der Kreuzzüge angeblich aus Cesarea 1101 durch Guglielmo Embraico nach Genua kam, und das man — als ein Geschenk der Königin von Saba an Salomo, als den Kelch, aus dem Christus das Abendmahl gespendet, auch ausserdem als einen vermeintlichen Smaragd von (14$\frac{1}{2}$," Durchmesser), ehedem für so heilig hielt, dass ein Gesetz Todesstrafe dem drohte, der es etwa mit Gold, Silber, Stein, Korallen oder sonst etwas berühren würde, weil eine Verletzung desselben ein unersetzlicher Schaden für die Republik wäre. Man bewahrte es in einem eisernen Schrank in der Sacristei, zu dem der Doge allein den Schlüssel hatte; einmal im Jahr ward es zur Schau ausgestellt, wo es an erhöhtem Ort von einem Prälaten an einer Schnur gehalten wurde. 1809 kam es als Kriegsbeute nach Paris, wo indess der „Smaragd" für gefärbten Glasfluss erkannt ward, was seine Zurückerstattung im Jahr 1815 erleichterte. Schon vorher hatte M. de la Conda-

[1] Diese Capelle ist zur Strafe für die Unthat der Tochter des Herodes allen Töchtern Eva's, und zwar durch eine Bulle Innocenz VIII. verschlossen, einen einzigen Tag im Jahre ausgenommen.

mine die wahre Beschaffenheit erkannt, man hatte sie aber verschwie-
gen, um von den Juden ein bedeu-
tendes Anlehen auf dieses Pfand zu
machen. — Ferner der Cassone
S. Giov. Battista, [1] ein Reliquiarium, das die Ueberreste des Täufers einschliesst, 1437 aus Silber
gemacht von *Daniele di Terrano.* —
Neben der Kathedrale steht noch ein
altes, unbenutztes Baptisterium.
S. Luca (31), mit einer Geburt
von *Grechetto.*
S. Madonetta mit Gemälden
von *Paggi*, *Galeotti*, *Tintoretto*,
Carlo Dolci, *Ratti*; und einer Himmelfahrt Mariä aus *Raphaels Schule.*
S. Maria di Carignano (32) gestiftet von der Familie Sauli, deren
einer Sohn die Brücke Carignano
davor hat erbauen lassen; der ursprüngliche Plan Michel Angelo's
zur Peterskirche soll vom Architekt
Galeazzo Alessi zu Grunde gelegt
sein. S. Sebastian und Alexander
Sauli, Sculpturen von *Puget.* — Gemälde von *Guercino* (S. Franciscus
empfängt die Wundmale), von *Dominicus* und *Hieronymus Piola.* —
Von der äussern Galerie der Kuppel
hat man eine entzückende Aussicht. Bei heiterm Horizont sieht
man Corsica.
* S. Maria di Castello. eine
der ältesten Kirchen von Genua, mit
einer Verkündigung von *Brea*, Madonna in tr. von *Grechetto*; Verkündigung, Wandgemälde unter Glas,
Lunette Gott Vater, von *Justus de
Alamagna* 1441, und in der Sacristei ein Sebastian von *Tizian.*
S. Maria della Consolazione
(33), mit Malereien und Sculpturen
von *Sarzana*. S. *Croce* (Statue der
Madonna del Rosario), *Domenico
Piola* etc.
S. Maria della scuole pie
(34), mit einer Madonna von *Guido
Reni.*

[1] Wenn er nicht in der Capella di S.
Giov. Battista steht.

S. Maria delle Vigne mit der
Hafenkette Venedigs.
S. Matteo (35), restaurirt vom
Mönch *Montorsoli*. von dem auch
die Statuen im Chor und einige
andre in der Kirche sind. S. Anna
von *B. Castello.* — In einer unterirdischen Capelle das Grabmal des
Andrea Doria, dessen Inschrift
die Republikaner 1797 ausgekratzt
haben. In der Sacristei soll sich
das Schwert befinden, das Paul III.
dem Doria gesendet.
S. Sebastiano (36), mit Gemälden von *Giov. Batt. Castello* (S. Sebastian). *Bernardo Castello* (Martyrium der h. Clemens und Aga-
tagnolus).
S. Silvestro (37), eine Empfängniss von *de Matteis.*
S. Siro (38), ältere Kathedrale,
schon im 6. Jahrhundert genannt,
ganz modernisirt im 17. Jahrhundert, reich an Marmor und Stuccaturen. Malereien von *Taddeo Carlone* und *Sarzana*, Sculpturen am
Hauptaltar von *Puget.* In dieser
Kirche fanden die Volksversamm-
lungen der Republik und die Dogen-
wahlen statt.
S. Stefano (39), mit gothischer
Façade aus dem 14. Jahrh., dreischiffig, Mittelschiff nicht gewölbt,
im Chor mit dem grossen Altargemälde, der Steinigung des Heiligen, das Leo X. und der Cardinal
Julius Medicis dieser Kirche geschenkt, von *Giul. Romano* nach
Raphaels Zeichnung, dem man auch
die Ausführung des oberen Theiles
zuschreibt, gemalt. Das Bild war in
Paris, und hier restaurirte *Girodet*
(nicht David) den Kopf des Heiligen. — S. Benedict erweckt einen
Todten, von *Saltarello*; Wundergeschichte der h. Francisca, von
Capellino.
*Paläste, Sammlungen und Anstal-
ten:* Accademia ligustica delle
belli arti (65) an Piazza Carlo
Felice, mit einer Sammlung von

alten Gemälden, Modellen, einer Bibliothek etc.

Der Acquäduct, der Genua mit frischem Wasser versorgt, beginnt 12 Miglien von da bei Viganega; seine Bogen sieht man in der Stadt zwischen S. Anna und der Capucinerkirche.

Archive: (Cf. Silv. de Sacy Recherches faites dans les archives de Gênes in Millin Magazin encyclop. 1807, p. 133—147) das geheime Staatsarchiv mit werthvollen Urkunden für die Geschichte des Handels und der Schifffahrt; mit den dem Christoph Colomb vom König von Spanien ertheilten Privilegien (cf. Codice diplomatico Colombo-Americano, ossia raccolta di documenti originali ed inediti spettanti a Cristoforo Colombo etc. Gen. 1823): einer ebräischen Bibel Ms. in 8 Bd. etc. — Das Archiv der Bank (di S. Giorgio), dessen Urkunden mit 1179 beginnen.

Arsenale di marina, s. o. Hafen.

Arsenale di S. Spirito, ehedem Kloster d. N. an Piazza acqua verde. Hier bewahrt man einen antiken Schiffsschnabel und eine hölzerne und eine kupferne Kanone; angeblich im Seesieg bei Chioggia 1379 den Venetianern abgenommen; auch alte Waffen.

Bibliotheken: B. der Universität, s. d. — B. der Padri missionari urbani bei S. Matteo hat einen Theil der Mss., die der Bischof Filippo Sauli dem Hospital in Genua hinterlassen; jetzt nur noch 39 griechische, 17 lateinische (die ältesten aus dem 11. Jahrhundert) und ein mosarabisches Ms. Morgens und Nachmittags offen. — B. Berio mit 15,000 Bänden und 1500 Mss.; der Stadt von dem Abate Berio geschenkt 1773, aufgenommen in die B. civica, neben dem Teatro Carlo Felice, offen von Morgens 6 bis 10 Nachts (?). — B. Durazzo mit vielen Mss.

Combéra, oder Banca di S. Giorgio, s. Hafen.

Dogana, s. Hafen.

Heil- und Wohlthätigkeitsanstalten: Albergo dei poveri (64), vielleicht das prächtigste europäische Hospital, gegründet von einem Brignole, und zur Aufnahme von tausend Nothleidenden eingerichtet; fasst aber jetzt deren 2000. In der Kirche eine Pietà, Relief in Marmor von *Michel Angelo.* — Il Conservatorio delle Fieschine mit 300 Mädchen, die sich mit der Fabrikation künstlicher Blumen beschäftigen. — Ospedale grande (62), gegründet von Bart. Bosco, hat im Durchschnitt 1000 Kranke und 3000 Findlinge. — Ospedale degli Incurabili (63). O. del Pammatone, gegründet 1420 von Bart. Bosco und erbaut von *Andr. Orsolino,* für Kranke. Gebärende und Findelkinder. — Taubstummeninstitut, von dem Abate Ottavio Assarotti 1801 gegründet für 22 Knaben und 11 Mädchen, mit sehr eigenthümlicher Methode des Unterrichts. Ricovero di Mendicità vor Porta Pila. Das Irrenhaus (Manicomio) nahe bei Porta Pila.

Loggia de' Banchi (Börse) von *Galeazzo Alessi.* 1570—1596, eine lange Säulenhalle an Piazza de' Banchi. Die Statue Cavours von *Vela.* Dicht dabei die Strada degli Orefici mit vielen Goldschmiedwerkstätten und einer heiligen Familie von *Pellegrino Piola.*

Palazzo arcivescovile mit Fresken von *L. Cambiaso.*

Pal. Balbi-Piòvera (41), in Strada Balbi, mit schönem Porticus und Garten, von *Bart. Bianco* und *Ant. Corradi.* Gemälde: *Van Dyk,* Reiterbildniss eines Balbi; *Tizian,* S. Hieronymus; *Rubens,* Christus und Johannes als Kinder mit einem Lamm; *Tizian,* Madonna mit dem Kind, Heiligen und dem Donator;

Van Dyk, Madonna mit dem Kind; *M. Angelo (?)* Gebet am Oelberg; *Gaudenzio*, heil. Familie; *Van Dyk*, ein Reiterbildniss des K. Philipp und 2 Bildnisse aus der Familie Balbi; *Caravaggio*, die Bekehrung Sauli. Einige *altdeutsche* Bilder, Madonna mit dem Kind und Geburt Christi von *Lucas v. Leyden*, vorzüglich gemalt, aber voll fast kindischer Einfälle; *Guido Reni*. Hieronymus; Christus am Kreuz von einem *niederdeutschen* Meister; *Tizian*, sein eignes Bildniss; *Rubens* dessgl.; *Correggio*, Vermählung der h. Katharina; *Holbein*, männl. Bildniss; *Tizian*. S. Katharina, S. Hieronymus. *Paolo Veronese*, Abendmahl u. a. Bilder. angeblich von *Tizian*, *Correggio*, *Guido* etc.

*P. Brignole. Sale (Pal. Rosso) (42) (Strada nuova N. 35), mit sehr beträchtlicher Gemäldegalerie; offen von 10—3. Vorsaal: Raub der Sabinerinnen von *B. Castello*. Der Sonnenwagen, die Jahreszeiten, Winde etc. von *Dom. Piola*. Frühlingssalon: Bildniss von *Tizian*. Ein anderes von *P. Bordone*. Ein anderes (Prinz von Oranien) von *Van Dyk*. Zwei andere von dems. Christus von dems. Ein Schäfer von *Prete Genovese*. Der Marchese A. G. Brignole zu Ross und seine Frau von *van Dyk*. Bildnisse von *Bordone*, von *A. Dürer* (mit Ueberschrift), von *Tintoretto*; von *Scipione Gaetano*. Sommersalon: Christi Tempelreinigung von *Guercino*. Die Auferweckung des Lazarus von *Caravaggio*. Clorinde befreit Olind und Sofronia, von *Luca Giordano*. S. Sebastian von *Guido*. Cato's Selbstmord von *Guercino*. Der ungläubige Thomas von *Prete Genovese*. Heilige Familie von *Procaccini*. Bildniss von *Lucas von Leyden.(?)*. S. Paul von *P. Genovese*. Geburt von *P. Veronese*. Kreuztragung von *Lanfranco*. Ulysses und Circe von *Scorza*. Herbstsalon: Madonna

in tr. mit Heiligen von *Guercino*. Anbetung der Könige von *Palma vecchio*. Bildniss von *Giorgione*. Abraham von *Castiglione*. S. Francesco von *Prete Genovese*. Heilige Familie von *A. del Sarto*. Bildniss eines jungen Mannes von *Tizian*. S. Marcus von *Guido*. S. Petrus weinend von *Lanfranco*. Vulcan von *Jac. Bassano*. — Wintersalon: Madonna und das Kind mit Heiligen und Engeln von *Paris Bordone*. Ein ähnliches von *Procaccini*. Judith von *Paolo Veronese*. Ein Philosoph von *Spagnoletto*. Bildniss eines genuesischen Senators von *Rubens*. Der Zinsgroschen von *van Dyk*. Flucht in Aegypten von *C. Maratta*. S. Rochus von *Domenichino*. S. Katharina von *Baroccio*. Bildniss von *Bordone*. — 5. Salon, genannt Vita umana: 4 Apostel von *Procaccini*. Der Täufer von *Prete Genovese*, Bildniss von *Veronese*. Bildniss einer Dame aus der Familie Brignole nebst ihrer Tochter von *van Dyk*. Christus am Oelberg von *Carlo Dolci*. Amorettenzug von *Albani*. Christus erscheint Magdalenen von *demselben*. Christuskind von *Guercino*. Jesus und Veronica von *Ant. Caracci*. Im Zimmer patriotischer Tugenden Malereien von *Deferrari*: Numa setzt Opfer ein; Mucius Scävola vor Porsenna; Scipio's Standhaftigkeit; Titus Manlius Torquatus verurtheilt seine Söhne. Zimmer der Capelle: Tarquin und Lucretia von *Sarzana*. David und Saul von *Pasignano*. Christus am Oelberg von *Bassano*. Die klugen und die thörichten Jungfrauen von *Tintoretto*. — Capelle mit Fresken von *Parodi*. — 6. Salon: della Gioventù in cimento Sala grande, Denkmal des Columbus. *Rubens* und seine Frau von ihm selbst. — Cleopatra von *Guercino*. Das Martyrium eines Heiligen von *P. Veronese*. Caritas von *Prete Genovese*. Madonna und das Kind von

Jac. Bassano. Kriegsleute von *Van Dyk.* Opfer Noahs nach der Sünd-fluth von *Scorza.* Sommersalon, genannt Il Patriotismo: Einzug der Thiere in die Arche Noä von *Castiglione.* Eine Frau mit einer Ziege von *Prete Genovese.* Hirten mit ihrer Heerde von *Giov. Rosa.* Pal. Cambiaso (47) (Strada nuova, Nr. 27). Gemälde: Magdalena von *Guercino.* Anbetung der Hirten von *Dom. Piola.* Anbetung der Könige von *Castello.* David mit dem Haupt des Goliath von *Guercino.* Christus und Magdalena im Garten von *C. Maratta.* Calvin von *Holbein.* Ein Philosoph von *Qu. Messys.* Flucht in Aegypten von dems. Die Enthauptung des Täufers von *Guercino.* Vermählung der h. Caterina von *C. Maratta.* Das-selbe von *Albani.* S. Lucas von *Guido.* Heilige Familie von *Raphael(?)* — eine andere von *A. del Sarto* — eine andere von *Palma giovine.* Kreuzabnahme von *Lod. Caracci.* Drei Bildnisse von *Van Dyk.* Der Täufer von *E. Sirani.* Magdalena von *Guido.* Kreuzabnahme von *Lucas von Leyden.* Madonna und das Kind von *C. Maratta.*

P. Carega (43), Architektur von *Gal. Alessi.* Fresken von *Castello.* Anbetung der Könige von *P. Veronese.* Die Tochter der Herodias mit dem Haupt des Täufers von *Tizian.*

* Pal. d'Andrea Doria (40), Architektur von *Montorsoli.* Nach der Inschrift des Hauses erbaute sich A. Doria, welcher Admiral des Pap-stes, Carl V. und Franz I., sowie auch seines Vaterlandes gewesen, diesen Palast als Ruhestätte für sein Alter, 1529. Im Garten, von des-sen äusserster Terrasse man eine herrliche Aussicht auf Genua und den Hafen hat, steht ein Brunnen des Neptun, in Bezug auf seine glücklichen Kreuzzüge gegen Tür-ken und Mauren. Von dort sieht man auch einen kolossalen Jupiter (und das Denkmal des von Carl V. an Doria geschenkten Hundes Rou-dan.) Portal, Stuccaturen, Ara-besken der Vorhalle sind von *Pe-rino del Vaga,* ebenso die Kin-dergruppen, Horatius Cocles, der Kampf des Giganten.

Pal. Doria (Giorgio) in Strada nuova mit einem weiblichen Bildniss aus der Familie von *Van Dyk,* und einem andern von der Herzogin Sforza von *Leonardo da Vinci.(?)*

* Pal. Ducale oder del Gover-no (44), wo ehedem die Dogen resi-dirten, nach der Zeichnung des *Si-mon Carlone* 1778, der die Aufgabe hatte, wegen Feuersgefahr kein Holz in den Bau zu verwenden, restaurirt. Die Statuen berühmter Gennesen, die einst den Saal (Sala di gran consiglio) schmückten, fielen unter den Hämmern der Republikaner von 1797 und sind durch übergezogene Strohfiguren ersetzt: Wissenschaf-ten und Tugenden, die man zum Schmuck in den Saal gestellt, als Napoleon darin ein Ball gegeben wurde. Die Stanze del Consiglio mit der Büste und einer Handschrift des Colombus. — In diesem Palast wohnt der Intendente und befindet sich das Uffizio della Polizia.

* Pal. del Sigr. Marcello Du-razzo (45), Strada Balbi 227, nach der Zeichnung des *Bart. Bi-anco Lombardo,* erweitert von *Taglia-fichi Genovese.* Wundervolle Säulen-Vorhalle mit Hof, Treppe etc. Ge-mälde: *Domenichino: Noli me tan-gere. Van Dyk,* 3 prachtvolle Bil-der mit Kinderbildnissen, davon eines Tobias vorstellt, und drei zur Familie Durazzo gehören. *Ru-bens:* Philipp II. *Domenichino:* Se-bastian. *Van Dyk:* Gräfin Durazzo mit 2 Kindern. *Tizian:* ein Venus-opfer. S. Magdalena. *Lod. Ca-racci:* Geisselung Christi. *A. del Sarto:* Madonna. *Guido Reni:* die römische Caritas. *Paolo Veronese:*

ein Votivbild. *Van Dyk* und *Rubens:* ihre eigenen Bildnisse. *Tintoretto:* Graf Durazzo. *Pierin del Vaga:* Madonna. *Guido Reni:* schlafendes Christkind. *Ders.;* Porzia. Hier sind auch zwei grosse silberne Prachtgefässe von *Benvenuto Cellini,* mit Reliefs aus der Mythe der Diana, Andromeda und des Apollo, der Venus und des Aeneas. — Marmorgruppe der Marchesa Durazzo und ihres Sohnes von *Santo Varni* 1857.
* P. Reale (46), mit zwei grossen Marmorstiegen von *Carlo Fontana* und einer grossen Einfahrt, der einzigen in Genua. Sehr prächtige Zimmer. Schöne Aussicht vom Balcon. Gemälde unbedeutend.
Pal. oder Villa Giustiniani. Architektur von *Galeazzo Alessi,* mit einer antiken Isisstatue von orientalischem Granit. (In S. Francesco vor der Stadt.)
Pal. Lercari-Imperiale (49) (jetzt Parodi), Architektur von *Galeazzo Alessi.* Arabesken des Treppenhauses von *Taddeo Carlone (?).*
* Pal. della municipalità (48), ehedem Doria Tursi in Strada nuova. Hier ist die antike eherne i. J. 1506 aufgefundene Tafel aufbewahrt, darauf das Gutachten römischer Rechtsgelehrten eingegraben ist über einen Streit, den die „Genuatae und die Veiturii" hatten und der i. J. 636 U. (118 a. C.) vor dem römischen Senat zur Entscheidung kam. Sie ist ein wegen der Sprache und der Bezeichnung von Ortschaften, Bergen, Flüssen etc. merkwürdiges Aktenstück. In demselben Zimmer ist eine alte Weberei, vielleicht aus dem 11. Jahrhundert, mit dem Martyrium des H. Laurentius. In dem grossen Rathsaal sind drei altdeutsche Gemälde, ehedem im Pal. ducale, von denen vornehmlich das grosse Triptychon, Madonna in tr. mit den HH. Hieronymus und Nicolaus Beachtung verdient, von einem Meister, der

dem *Roger v. d. Weyden* und *Memling* nahe steht. In einem Schrank die Geige Paganinis u. a. Memorabilien.
* Pal. di Giov. Carlo di Negro (50), herrlich gelegen, mit entzückenden Aussichten über Stadt und Hafen, nach der Riviera di Ponente, und östlich nach dem Monte fino; und in dem Gartenhause mit interessanten artistischen, literarischen und naturhistorischen Sammlungen des geschmackvollen, leider 1857 in hohem Alter verstorbenen Besitzers. Die Villa, eine der reizvollsten Gartenanlagen mit den herrlichsten Aussichten nach allen Seiten ist jetzt öffentlicher Spaziergang und mit Acqua Sola verbunden.
Pal. Negroni (51), Piazza fontane amorose Nr. 24, mit schönem Nymphäum, mit Fresken von *Parodi,* die Tugenden der Familie Negroni vorstellend.
Pal. Pallavicini (52), Strada Carlo Felice Nr. 327 (Paolo Girolamo). Gemälde: Ein Mann zu Pferd von *Parodi.* Bildniss einer Frau mit einem Kind von *van Dyk.* Opfer Abrahams von *Franceschini.* Hagar und Ismael von *dems.* Magdalena von *Ann. Caracci.* Josephs Traum von *Lod. Caracci.* Landschaft mit Thieren von *Castiglione.* Silen von *Jordaens.* Die Ehebrecherin von *Spagnoletto.* Bathseba im Bad von *Franceschini.* Mucius Scävola von *Guercino.* Rebecca und Eliesar von *Assereto.* Die Geburt der Madonna von *Luca Giordano.* Die Darstellung im Tempel von *dems.* Zwei Laudschaften von *Bassano.* Kleopatra von *Semini.* Ein Pansopfer von *Castiglione.* Romulus von Faustulus entdeckt von *dems.* Venus und Cupido von *Cambiaso.* Familienbildniss von *van Dyk.* Die Musik von *Guercino.* S. Franciscus von *Strozzi.* Magdalena von *Romanelli.* Petrus von *Rubens.* Ma-

donna mit dem Kind von *Schedone*. Die betende Madonna von *Strozzi*. Jacob von *G. Bassano*. Der Täufer von *Ant. Caracci*. Magdalenä Himmelfahrt von *Franceschini*. SS. Hieronymus und Franz von *Guercino*. Geburt des Adonis von *Franceschini*. Heilige Familie von *Lucas von Leyden (?)*. S. Franciscus von *Guido*. Kreuzabnahme von *Qu. Messys*. Madonna mit dem schlafenden Kind von *Franceschini*.

Pal. Peschiere (53), s. g. wegen seiner vielen Springbrunnen, mit vortrefflichen Gartenanlagen und Aussichten. Architektur von *Galeazzo Alessi*, mit Fresken von *Semini*.

Pal. Saluzzi, gen. il Paradiso, vor der Stadt, vor Porta Pila, mit Fresken von *Tavarone*. — Hier wohnte Lord Byron vor seiner Abreise nach Griechenland und also ein Jahr vor seinem Tode.

Pal. Sauli (54), Architektur von *Gal. Alessi*, einer der reichsten und prächtigsten von ganz Italien, jetzt in schlechterhaltenem Zustand.

* Il Scoglietto (55), eine Villa von unbedeutender Architektur; dagegen des Besuchs sehr werth wegen der besonders im Winter reizenden, immergrünen Garten-Anlagen, Grotten und Cascaden, Orangen und Pinien und der überaus schönen Aussicht gegen das Meer.

Pal. Serra (56), Str. nuova Nr. 49, von *Galeazzo Alessi*, aber restaurirt von *Tagliafichi*, von schlechter Architektur, aber mit unendlichem Aufwand decorirt, so dass er Sonnenpalast genannt worden.

Pal. Spinola (Ferdinando) (57), Strada nuova, ehedem Grimaldi; Architektur von *Galeazzo Alessi*, mit grosser Vorhalle, a fresco gemalt von *Semini*, Treppe und schönem Nymphäum. Gemälde: Bildniss eines Mannes zu Pferd von *van Dyk*. Ein anderes von *dems*. Venus von *Tizian* (?). Madonna mit

dem Kind von *Giov. Bellini*. Drei Kinder in der Weise des *Parmeggianino*. Eine heil. Familie und ein K. David von *Guido*; ein Silen mit einer Bacchantin von *Rubens*.

Pal. Spinola (G. Batt. j. Francesco) (58) Piazza degli Geria, bei der Kirche S. Luca. Gemälde: Die Zerstörung Trojas von *Luca Giordano*. Aeneas und die Cumäische Sibylle von *Carlone*. Madonna mit dem Kind von *van Dyk*. Landschaft von *Breughel*. Ein Heiliger von *Carlo Maratti*. Der Erzengel Gabriel von *dems*. Joseph vor Pharao von *Le Sueur*. S. Sebastian von *Guido*. Madonna mit dem schlafenden Kind von *Guercino*. Des Tobias Familie von *Domenichino*. 2 Magdalenen von *Guido*. Die heilige und profane Liebe von *Guido*; die heil. Familie von *Rubens*; Madonna mit dem schlafenden Kinde von *Guercino*. S. Katharina von *Zucchero*. Pietà von *C. Maratti*. Geburt von *Schedone*. Heilige Familie von *Borgognone*. Abrahams Opfer von *dems*. Heilige Familie von *Castello*. Fische von *Camogli*, Früchte von *dems*. Madonna mit dem Kind aus der Schule der *Caracci*. Landschaft von *Tempesta*. Eine andere von *C. Poussin* (?). Eine Schlacht von *Cav. d'Arpino*. Landschaften von *de Wael*. Caritas von *Piola*. Die Hochzeit zu Cana von *Bassano*. Die Anbetung der Könige von *Parmeggianino*. Die Flucht in Aegypten von *Guido*. Eine Frau mit ihrem Kind, eine andre und zwei Männer von *Ann. Caracci*. Die Samariterin von *Luca Giordano*.

Pal. Spinola (Massimiliano) (59), j. Tagliavacche, Str. di S. Caterina, aus dem 15. Jahrh. mit schwarz- und weissen Marmorstreifen. Mit Fresken von *Luc. Cambiaso*.

* Torri di S. Andrea, aus dem 13.—14. Jahrh. mit einem Stück Hafenkette von Pisa.

Theater: Carlo Felice (66), eines der grössten in Italien; unter Carl

Felix 1628 erbaut. T. Paganini. T. Doria. T. Apollo (meist von einer französischen Truppe eingenommen). T. Colombo. — S. Agostino (68), Delle Vigne sind untergeordnet. — Ganz neu ein kleines in S. Pier d'Arena. T. delle Peschiere, Tagstheater. Ein anderes auf Acqua sola.

*Universität (60), ein prächtiges Gebäude mit breiten Treppenaufgängen, Arcaden, Säulenhallen und Terrassen; in der Vorhalle zwei colossale marmorne Löwen. Im Saal der Juristenfacultät eine Himmelfahrt Mariä und eine heilige Familie von *Galeotti;* im Saal der Theologie der englische Gruss von *Sarzana* und andere Gemälde von *Galeotti, Gir. Ferrari;* im Saale der Philosophie der englische Gruss von *Dom. Parodi,* Apollo und die Musen, Plato und seine Schüler, Aristoteles deesgleichen von *Ferrari* und Ignatius von Loyola von *Pedemonte;* im Saal der Medicin Bilder von *Ferrari* und in der grossen Aula Fresken von *And. Carlone,* die Beschneidung von *Sarzana* und sechs Bronzestatuen von *Giov. Bologna.* — Die Bibliothek der Universität zählt 45,000 meist theologische Bücher. Von den Mss. ein Quintus Curtius aus dem 15. Jahrh. von einem Portugiesen ins Französische übersetzt, mit den Thaten Alexanders in Miniatur. Auch chinesische und arabische Mss. Münzsammlung. Naturalien-Cabinet, physikalische Sammlungen und botanischer Garten, Meteorologisches Observatorium.

Villa Durazzo j. Gropallo, hochgelegen mit köstlichen duftenden Gartenanlagen, Laubgängen von immergrünen Eichen, Lorbeer, Erdbeerbäumen, Camelien, Magnolien etc.; im Casino weitreichende herrliche Aussicht.

Umgegend: Die Umgebungen Genua's sind von entzückender Schönheit und bilden gewissermassen zusammenhängende Vorstädte von Arenzano im Westen bis San Fruttuoso im Osten. Westlich von Genua liegen: [1]

S. Pier d'Arena mit 20,000 Ew., grossen Palästen. vielen Fabriken, Eisengiessereien, einem Theater und herrlichen Villen, als z. B. Villa Imperiale, j. Scassi mit köstlichen Anlagen. Spinola und Centurione mit Gemälden.

Cornigliano mit 2800 Ew., der Brücke über die Polcevera, Villa Durazzo (j. Alonbonzoni) mit Naturaliencabinet (Polypensammlung). Villa de' Ferrari auf dem Hügel Coronata mit reizender Aussicht. Villa di Pasqua San Giovanni. V. di Dom. Serra.

Sestri di Ponente mit 6000 Ew. und grossen Schiffswerften. Villa Spinola mit prächtigen Anlagen. Villa Hagermann.

Voltri, die nördlichste sardinische Stadt an der ligurischen Küste mit 8000 Ew., beträchtlichen Schiffsbauwerften, 50 Papier- u. vielen Tuchfabriken (De Albertis) und herrlichen Villen (Durazzo, Brignole-Sale etc.). Wallfahrtkirche: Madonna dell' Acqua sola.

Pegli mit 4000 Ew., 15 Tuchfabriken, grossem Seebad-Etablissement und den Villen Doria Centurioni; Lomellina; Grimaldi mit Gemälden und botanischem Garten. — Die Villa Pallavicini mit prachtvollen Anlagen, Wasserwerken etc., eine der schönsten Villen Italiens. Zum Eintritt ist ein „Permesso" nöthig, den man im Pal. Pallavicino in Genua, Via Carlo Felice 12. gegen Abgabe seiner Karte auch wohl im Seebad-Etablissement gratis erhält. Er lautet auf 4 Personen und ist nur für den Tag gültig. Eintritt von 9 bis 2 Uhr. 2 bis 3 St. sind erforderlich, alles

[1] Bis Voltri führt eine Eisenbahn 6mal des Tags hin und zurück und hält an den nachbenannten Orten.

zu sehen. Der Führer bekommt ein
Trinkgeld von 2—3 Fr. Die Eisenbahnstation und Restauration dicht
beim Eingang der Villa.
Mele mit dem Pal. Centurioni
und vielen Papiermühlen.
Arenzano mit der Villa Pallavicini.

Das reizende **Thal von Polcevera**, durch welches die Eisenbahn
nach Turin geführt ist; berühmt
durch die Dichtheit seiner Bevölkerung und der durch Fleiss hoch-
gesteigerten Fruchtbarkeit des Bodens. In S. Cipriano ist am 14.
Sept. ein berühmtes Kirchweihfest
mit Jahrmarkt. Wallfahrtskirche:
Madonna della Guardia, sehr hochgelegen; Hauptfest am 29. Aug.

Oestlich von Genua ist zunächst
das **Thal des Bisagno** mit ebenso
gedrängter Bevölkerung, der grossen
Wasserleitung für Genua und den
Ortschaften Marassi mit schönen
Villen, S. Martino und S. Fran-

cesco d'Albára mit Tag und
Nacht, a fresco von *Pierin del Vaga*,
dessgleichen. Villa Brignole; Cambiaso; Saluzzo.

San Fruttuoso mit 3700 Ew.,
mit der Villa d'Albero d'oro, darin
der Raub der Sabinerinnen von *Luc.
Cambiaso.*

S. Maria del Monte, Wallfahrtsort mit berühmtem Fest am Oster-
montag und Dienstag.

La Foce an der Mündung des
Bisagno mit einer Militärschiffswerfte
und einem Lazareth.

Nervi mit reichen Limonenpflanzungen.

Von Genua macht man leicht
einen Ausflug nach der Insel Sardinien, wohin wöchentlich 4 Dampfschiffe gehen, 2 nach Cagliari, 2
nach Sassari; bei günstiger Witterung an der Westseite, bei un-
günstiger an der Ostseite Corsika's
vorüber in 36—48 Stunden.

Sardinien. [1]

Bei der Ankunft mache man sich auf die gewöhnliche Visitation
gefasst, da zwischen Genua und der Insel Zollgränzsperre besteht. Diese
zu dem ehemaligen KR. Sardinien und Piemont, dem sie den Namen gegeben, gehörige Insel (Ichnusa, Sardinia) liegt im Mittelmeer, südlich von Corsika, ist davon durch die Meerenge S. Bonifazio getrennt,
18 M. breit und 36 M. lang und hält 436 Q.-M. und etwa 525,000 Einw.
bei steigender Bevölkerung. (Darunter 1857 Weltgeistliche und 1125
Mönche. In den wenigen Nonnenklöstern wird spanisch gesprochen.)
Das Militär beläuft sich auf 3300 M. Dazu kommen aber 10,000 M.
Miliz, Infanterie und Cavallerie ohne Sold. Letztere sorgt hauptsächlich für die Landessicherheit. Der Boden ist sehr gebirgig (höchste

---

[1] Viele der hier über Sardinien mitgetheilten Notizen verdanke ich dem Buche:
Reise nach Neapel, Sicilien, Malta und Sardinien von C. O. L. v. Arnim, und sage
hiemit zugleich dem Hrn. Verfasser, der die Güte gehabt, mir sein Werk zu über-
senden, besten Dank. Wer Ausführlicheres über Sitten, Zustände, Einrichtungen etc.
verlangt, den verweise ich auf das genannte Buch, sowie auf: De la Marmora, voyage
en Sardaigne. Paris et Turin 1840.

Gipfel Genargentu 5642', Gigantino 3800'). Gebirgsarten sind
Granit, Thonschiefer, Kalk und Marmor, und der Gebirgszug ist als
eine Fortsetzung der Seealpen anzusehen. Hauptflüsse: Tirsi, Fiu-
mendosa, Cogianus, Mannus etc., doch ist keiner schiffbar. Mineral-
quellen: Sardara. Fordungianus, Benelati, Villa Cidro, Lodrungianus
etc. Stehende Wasser hat Sardinien nicht, nur einige Lagunen, zum
Theil mit Salzwasser, daraus Salz gewonnen wird (Oristano, Quartu etc.).
Die Quellen trocknen im Sommer leicht aus, und man sammelt das
Wasser in Cisternen. Das Klima ist sehr heiss, durch den häufigen
Scirocco drückend, und während der Sommermonate (vom Junius bis
October) durch die herrschenden Fieber ungesund, für den Fremden
todesgefährlich. Es wächst viel Holz in den Bergen, ausserdem gedeihen
alle Südfrüchte in üppiger Fülle (namentlich Melonen), selbst Palmen,
der Mastixbaum etc. Wein: Malvasier von Pirri und Quartu, Varnaccio,
Giro. Das Volk hat einen eigenen Dialekt und eigene Tracht (hohe
Stiefeletten, weite Hosen, Coletta, d. i. ein langes Wamms ohne Aermel,
und Caputo, einen kurzen Mantel mit Kapuze, auch eine Art schwarzes
Kopftuch; die Weiber eine weitfaltige Jacke und festes Mieder darunter,
weisses Kopftuch). Sie lieben sehr den Tanz beim Klange der aus Rohr
geformten Launedda, und reichen Schmuck; führen aber im Allgemeinen
ein sehr dürftiges Leben. Fast ²/₃ des Landes liegt öde, oder ist nur
als Schafweide benutzt; Grundbesitzer sind Adel und Geistlichkeit, sogar
fremder, namentlich spanischer Adel, der sein Einkommen im Ausland
verzehrt; doch hat neuer Zeit die Regierung angefangen, das ihr gehörige Land in Parcellen zu verkaufen und so einen freien Bauernstand
zu begründen. Die Felder werden nicht gedüngt, sondern immer ein
Jahr ums andere brach gelegt. Viehzucht: kleine Pferde, Schafe,
Schweine (Schinken von San Lassargiu), Ziegen und Esel, welche letztere
(Molenti genannt vom Dienst in der Hausmühle) eine grosse Rolle spielen
im sardinischen Haushalt und u. A. schön geschmückt jeden Hochzeitzug
schliessen. Der Fischfang (Thunfisch, Sardellen — in den Flüssen
Aale und Forellen) ist sehr ergiebig. Die Jagd geht auf Hirsche, Wildschweine etc. Der Handel, obschon durch 12 Häfen unterstützt, ist
nicht sehr bedeutend (1 Mill. Thlr. Ausfuhr, 1,300,000 Thlr. Einfuhr).
Hauptstadt ist Cagliari und Sitz des Vicekönigs, der zugleich Gou-
verneur und Generalcommandant ist und in der Regel auf 3 Jahre ernannt wird. Dort ist auch der oberste Gerichtshof, während die erste
Instanz der Magistrato della reale governazione zu Sassari und 11 Prefetture
bilden. Ausserdem gibt es Handels- und Untergerichte. Eine eigenthümliche Einrichtung ist die Siziata, die zweimal im Jahr stattfindet, und
in einer öffentlichen Audienz besteht, die der Vicekönig den Gefangenen

gibt, damit diese Gelegenheit haben, ihre Beschwerden vorzutragen. Die Verfassung ist reichsständisch, und alle 3 Jahre ein Reichstag für die Abgeordneten der drei Stände, Geistlichkeit, Militär und Städte (stamenti reali). Universitäten sind zu Cagliari und Sassari. Sardinien ist in 2 General-Intendanzen (Cagliari und Sassari) und 10 Intendanzen, die letztern sind in 30 Distrikte und 368 Gemeinden (jede mit einem Podestà) eingetheilt, und zählt 11 Bisthümer unter 3 Erzbischöfen zu Cagliari, Sassari und Oristano.

Die älteste Geschichte Sardiniens ist dunkel; es scheint von Eingewanderten vieler Nationen bevölkert worden zu sein. 498 a. C. begründete Hasdrubal die karthagische Herrschaft daselbst, der sich indess die in die Berge zurückgezogenen Einwohner (Joler) nicht unterwarfen, und welcher die Römer 228 ein Ende machten. Mannichfach verwickelt in die bürgerlichen Kriege vor der Kaiserzeit blieb Sardinien während dieser letztern ruhig. Tiberius versetzte 4000 Juden dahin, Nero viele vornehme Römer. Im 5. Jahrh. nahmen es die Vandalen, von denen es Belisarius für das griechische Kaiserthum eroberte 536, in dessen Besitz (obwohl nicht ohne Anfechtung der kampflustigen Bergvölker Barbaricini) es bis zum Erscheinen der Saracenen 720 blieb. Gegen diese riefen die Sarden zuletzt den Kaiser Ludwig den Frommen um Hülfe an, und so kam 820 Sardinien wieder zum abendländischen Reiche, wurde aber bald ganz von den Saracenen besetzt 860—1022. In letzterm Jahre eroberten die Pisaner mit Hülfe Genua's Sardinien und führten, mit Genua im Streit über den Besitz, eine Regierung durch Richter ein, die sich durch Härte, Unsicherheit und ewige Kämpfe auszeichnete. 1326 musste Pisa zu Gunsten Spaniens auf Sardinien Verzicht leisten, das endlich im 18. Jahrhundert mit Spanien an das Haus Bourbon kam. 1713 im Frieden von Utrecht wurde Sardinien von Spanien getrennt und mit Oestreich vereinigt, das es 1720 gegen Sicilien an Savoyen abtrat, seit welcher Zeit es mit diesem die sardinische Monarchie bildete. Sardinien war auch der Zufluchtsort des Königs, als er von den Franzosen aus Piemont vertrieben worden, von 1799—1814. Gegenwärtig scheint sich die Insel in allen Verhältnissen zu verbessern, und selbst dazu sind, (wie erwähnt) Einleitungen getroffen, dass der Bauer aus seiner abhängigen Lage und zu Grundbesitz komme.

Bevor man nach Porto Torres kommt, erreicht man die im NW. von Sardinien gelegene buchtenreiche Insel **Asinara**, Insula Herculis, die dem Hause Manca gehört und viele Hirsche, Wildschweine, wilde Schafe und Falken und 3500 Einw. hat, aber sehr ungesund ist.

Eine Reise in die Gebirgsgegenden Sardiniens ist bei dem Mangel an Strassen beschwerlich und in mancher Hinsicht selbst gefährlich.

Dagegen sind die beiden Hauptstädte Sassari (mit Porto Torres und Castel Sardo) und Cagliari durch eine vortreffliche Kunststrasse und eine Diligence verbunden, die den Weg zweimal in der Woche hin und zurück macht, und von Sassari nach Cagliari 36 Stunden braucht.

Porto Torres, das eine sehr enge und bei hohem Meer schwierige Einfahrt hat, ist das T u r r i s der Römer und als Ort unbedeutend, so dass man wohl thut, sogleich nach Sassari zu fahren.

Sássari (Hôtel de France. Leone d'oro. Alb. Sassarese, beide letztere in demselben Haus) zwischen reichen Olivenpflanzungen in freundlicher Gegend, von unansehnlicher Bauart mit sehr engen Strassen, 23,672 Ew., einem hochgelegenen Castell, einem Erzbischof, einem General-Intendanten, einer Universität, einem Inquisitionsgericht etc. Die öffentlichen Gebäude sind nicht bedeutend. Ein beliebter Spaziergang gegen Abend ist zum Kloster S. Francesco, vor dem man unter hohen Bäumen eine schöne Aussicht hat. Von S. führt eine (vielleicht noch nicht vollendete Kunststrasse in 2 St. nach

Algheri, einer befestigten Hafenstadt an der Westküste. Sehenswerth sind die Kathedrale und die Grotte Neptuns, eine der schönstenStalaktitenhöhlenEuropa's. — Eine andere Kunststrasse führt von S. in 4 St. nach

Castel Sardo, der stärksten sardinischen Festung, erbaut auf einem Felsenvorsprung im Meer. Es hat einen Bischof und 2000 Ew.

Auf dem Wege von S. nach Cagliari kommt man vor Macomor an die alte Römerstrasse. Zwischen Macomor und Paulo Latino findet man in grosser Anzahl (an 3000) die unter dem Namen der Nuraghen bekannten seltsamen alten Grabmäler, von thurmartiger, kegelförmiger Gestalt, etwa 50′ h., 90′ im Dm. an der Grundfläche. Die Steinlagen sind horizontal, die Verbindung ohne Mörtel, die Wölbung ohne Gewölbeconstruction, nur durch ein allmähliges Zusammentreten der Wände hervorgebracht. Die Thüre, die durch einen einzigen Stein ihren Schluss bekommt, ist gewöhnlich so klein, dass man auf dem Bauch hindurch ins Innere kriechen muss. Hier kommt man zuerst in einen Gang, aus dem eine Treppe auf die Spitze des Nuraghs, und ein Gang in das innere ganz finstre Grabgemach führt, in welchem sich die Nischen (für die Aschenkisten?) befinden. Meistentheils auf kleinen Hügeln erbaut sind die Nuraghen bisweilen von einem Erdwalle oder auch einer 10′ hohen Mauer umgeben. Cf. Petit-Radel, Notices sur les Nuraghes de la Sardaigne. Paris 1826. — Der Conducteur der Diligence lässt sich wohl von dem Reisenden bestimmen, bei einem dieser merkwürdigen Grabmäler so lange anzuhalten, als zur Besichtigung nothwendig ist.

In diesen Gegenden hat die Natur ihr südliches Gepräge fast verloren und mit Getreidefeldern und Wiesen vertauscht. Nur bei

Oristano, der dritten grösseren Stadt der Insel, zeigen sich wieder Palmen und Cactus in grösserer Fülle. Der Landstrich zwischen hier und Cagliari heisst die Ebene Campidano und ist der fruchtbarste Theil der Insel.

Cágliari, Calaris, Caralis, 39° n. Br., 26° L. Hauptstadt der Insel Sardinien an dem Meerbusen gl. N., und weiten Lagunen, Sitz der Regierung und eines Erzbischofs mit 30,958 Ew., einem festen Schloss, Wällen, 20 Klöstern, 38 Kirchen, einer Universität, Ackerbaugesellschaft, Münze, Hospitälern, Salz-, Tabak- und Pulverfabriken, leidlichem Handel und sehr wenig Wasser etc. Die Hauptgebäude liegen auf einem Felsen in der Mitte der Stadt, das Castell genannt; darum ordnen sich die 3 Stadttheile: 1. Stampece mit dem Corso, wo im Carneval die Pferderennen gehalten werden, und wo die reichern Bürger wohnen; 2. La Marina mit dem Hafen; 3. Villa nuova mit kleinen Häusern aber angenehmen Spaziergängen. — Von Phöniciern, wahrscheinlicher von Karthagern erbaut, ward es im 2. punischen Kriege von den Römern belagert und erobert, und erfuhr im Laufe der Zeit fast alle Schicksale der Insel zuerst. S. o. Geschichte. 1352 erfocht hier der venetianische Admiral Pisani einen Seesieg über Doria und Genua. C. war 1799 bis 1814 Residenz des aus seinem Lande vertriebenen Königs von Sardinien, und ist jetzt Sitz eines Regierungsstatthalters. Zu den wenigen Sehenswürdigkeiten ausser der Umgegend, die sich vornehmlich von dem Schlosse aus nach allen Seiten in herrlichen Bildern zeigt, gehören in C. die Kathedrale, mit einigen Mosaiken und kirchlichen Schätzen von Metallwerth; das Museum der Universität, das eine bedeutende Anzahl sardinischer Alterthümer bewahrt; die Bibliothek, das Theater und ein Teatro diurno etc. Ausflüge macht man nach Pirri u. Quartu, wo man das Landvolk in seiner Eigenthümlichkeit sehen kann; nach San Luri in das grosse agronomische Etablissement der HH. Ferrand, Montarfier, Ravel und Ehrsam; nach der Insel S. Pietro zum Thunfischfang etc.

Die Rückreise macht man, wenn es die Gelegenheit gibt, mit dem Dampfschiff, das nach Genua geht, und das seinen Weg längs der Ostseite Sardiniens nimmt. Hier kommt man an die

Bucinarischen Inseln, deren grössere S. Maddalena und Caprera heissen, und die fast nur von Hirten bewohnt sind, die ein äusserst patriarchalisches Leben führen, das auch wohl ein englisches Ehepaar, Mr. Collins und seine Frau, veranlasst haben mag, auf S. Maddalena sich in tiefster Einsamkeit häuslich niederzulassen. Auf Caprera aber lebt der Held der italienischen Einheit: Garibaldi. In der nahen Meerenge S. Bonifazio ist bedeutende Korallen- und Thunfischerei.

Von Sardinien aus ist es nicht schwer einen Ausflug zu machen nach

Corsica, [1]

der benachbarten, zu Frankreich gehörigen Insel, zwischen 36 und 27° östlicher Länge und 41 bis 42° nördlicher Breite, 178 Q.-Meilen gross, von Sardinien durch die kaum 2 deutsche Meilen breite Meerenge von S. Bonifazio getrennt, von einem Gebirgsrücken in zwei Theile getheilt, deren höchste Gipfel Monte rotondo 9294', Monte d'Oro 8160' sind; felsig aber fruchtbar, besonders an gutem Wein. Die Hälfte der Insel ist unangebaut. Sie könnte 1 Mill. Einw. nähren, hat aber nur 190,000. In Fülle wachsen Kastanien, Nüsse, Mandeln, Citronen, Pomeranzen; Indigo und Baumwolle und selbst Kaffee und andere tropische Gewächse würden leicht fortkommen. Häufig ist der wilde Oelbaum, ferner Tannen, Eichen, Lärchen; reich ist Corsica an Marmor, Granit etc. und an Eisen; aber alle seine Schätze liegen grossentheils unbenutzt, sowie die vortrefflichen Häfen von Ajaccio, Calvi, S. Florent, Valinco und porto vecchio. — Ehedem zu Genua gehörig,

[1] Corsica von Ferd. Gregorovius, 2 Bde. Stuttgart und Augsburg. J. G. Cotta. — Dampfschiffe von Livorno: So. und Mi. 9 U. M.

empörte sich C. 1730 und machte den Baron Neuhof, einen Abenteurer, zum König. Frankreich unterstützte Genua gegen ihn mit Glück und nahm die Insel zum Lohn seiner Hülfe 1768. 1794 bis 1796 hatten sie die Engländer, worauf sie wieder an Frankreich kam, und jetzt bildet sie die II. Militär-Division. Hauptstadt **Ajaccio**, Sitz des Präfecten und eines Bischofs, mit einem befestigten Hafen, einer Schifffahrtsschule, einer Ackerbaugesellschaft, einer Bibliothek, einem botanischen Garten, Kathedrale, Theater, und 6000 Einw. Vaterstadt Napoleons. Hieher ist ein grosser Theil der Gemäldesammlung des Cardinals Fesch aus Rom gebracht worden. — Die alte Hauptstadt **Bastia** ist schlechter gebaut, hat eine Citadelle, einen schlechten Hafen, 11,000 Einw., eine Unterrichtsgesellschaft, eine Bibliothek und gute Dolchfabriken. **Calvi**, mit 1000 Einw. und gutem Hafen an der Nordküste; von dem alten Sagona noch Trümmer an der Westküste. In Guiltera und Puzzichello warme Schwefelquellen. Bei Corte, im Gebirge gelegen, eine 120′ lange Brücke über einen wilden Strom, P. di Vecchio. Porto vecchio mit gutem Hafen und Salinen. — Nahebei die kleine Insel Capraja, ein ausgebrannter Vulcan mit 2000 Einw. und vielen Ziegen.

11.
Von Mailand nach Turin.
Reisekarte VII.

Eisenbahn in 3¼ bis 5 St. für Fr. 16, 25. — 11, 50. — 8. 20.

In Sedriano stand eine Villa des Longobardenkönigs Desiderius. Magenta berühmt durch den Sieg der vereinigten Piemontesen und Franzosen über die Oestreicher 4. Juni 1859, nach welcher die Oestreicher die Lombardei bis zum Mincio räum-

ten. Das Denkmal der Schlacht, auf einem nahen Hügel, 1862 eingeweiht.

Novara.

Restauration im Bahnhof. (Tre re. Italia), alte und bedeutende Stadt, am Kreuzpunkt der Strassen, die von Frankreich nach Italien, von Genua nach dem Simplon und der Schweiz führen, mit 26,963 Ew. Unter den Römern Municipium der transpadanischen Provinz, war es im Mittelalter eine der bestorganisirten Republiken. Nachgehends wählte es die Torriani, die Visconti und zuletzt Sforza zu seinen Herren, und wurde der Schauplatz blutiger Kriege. Hier erfochten die Oestreicher unter Radetzky am 23. März 1849 einen entscheidenden Sieg über die Piemontesen unter Chrzanowski, dem zufolge Carl Albert die Krone niederlegte und das Land verliess. Chrzanowski hatte sich mit 56,000 M. südlich, östlich und westlich von Novara aufgestellt; die Oestreicher in schwacher Anzahl unter d'Aspre begannen 10 Uhr V. M. den Kampf bei Olengo. N. M. heftiger Kampf um die Pricocca, mit abwechselndem Glück. Da erscheint um 3 Uhr Radetzky von Mortara her mit dem dritten Corps, um 4 Uhr Thurn mit dem vierten Corps von Cameriano her, um 6 Uhr das Reservecorps von Mortara, und nun bei einem allgemeinen Angriff wurden die Piemontesen auf allen Punkten nach Novara zurückgetrieben. — Die Oestreicher (50,000 M.) hatten 2000 M. verloren, die Piemontesen 4400 und 12 Kanonen.

In Novara leben (?) der Historiker Carlo Varese und der Mathematiker Giovanetti.

Im Corso Cavour, beim Eingang vom Bahnhof in die Stadt das Denkmal Cavours von *Dini* 1863.

Kirchen: Die *Kathedrale aus dem 5. oder 6. Jahrh., im Styl der

alten christlichen Basiliken, mit antiken Säulen, die Arkaden tragen,
neuerdings stark modernisirt. Im
Chor Mosaikfussböden aus dem 6.
Jahrh. Die Decke des Chors mit
Gemälden von *Saletta*, einem Schüler Palagi's; der Hauptaltar mit
Sculpturen von *Thorwaldsen*, *Marchesi*, *Monti*, *Manfredini* etc. Ausserdem Gemälde von *Luini* (eine Capelle im nördl. Seitenschiff mit dem
Leben der Maria a fresco, eine Vermählung der H. Katharina in der Sacristei), *Giraldini*, *Lanino*, *Cesare
da Sesto* (Abendmahl), *Nuvulone* etc.
— Das Domcapitel hat es sich zur
Aufgabe gestellt, nur classische Mu-
siken in der Kirche aufzuführen.
In der Nähe ein Denkmal von *Cristoforo Solari*. — Durch einen Vorhof mit Säulenhalle, darin viele
alte Inschriften aufbewahrt sind, ist
mit dem Dom verbunden, das
* B a p t i s t e r i u m , ein acht-
eckiges Gebäude mit antiken canel-
lirten korinthischen Säulen zwischen
absidenartigen Nischen und Arkaden
darüber, und gewölbt mit einer achteckigen Kuppel. Der Taufbrunnen
ist ein antiker Sarkophag (?) mit
der Inschrift Umbrenae Arollae Doxa
Lib. T. I. I.
Im D o m a r c h i v sind viele bedeutende Urkunden; auch 2 Consular-Diptychen.
S. Gaudenzio, nach der Zeichnung des *Pellegrino Pellegrini*, mit
Gemälden von *Gaudenzio Ferrari*
(grosses Altarwerk von 1515 in 6
Abtheilungen: Maria mit dem Kind
und Heiligen, Petrus und Johannes
Bapt., Paulus und Gaudentius, Geburt Christi, Verkündigung). *Nuvulone*, *Moncalvo* (Kreuzabnahme), *Legnani*, *Spagnoletto*, *Sabatelli* und von
Palagi. Das (gegen ein Geschenk
zugängliche) silberreiche, aber sehr
geschmacklose Grab des Heiligen.
Hiebei ein M u s e u m r ö m i s c h e r
A l t e r t h ü m e r und ein A r c h i v,
darin ein Consular-Diptychon.

Paläste mit Gemälden: B e l l i n i,
C a c c i a p i a t t i, N a t t a I s o l a, Leo-
n a r d o, sämmtlich von *Pellegrini*
erbaut.
M e r c a t o, ein Neubau für das
Handelsgericht von *Orelli*.
P. d e l l a G i u s t i z i a, vor welchem die Statue K. Carl Emanuels III.
von *Marchesi* steht.
Oeffentliche Anstalten: O s p e d a l e
g r a n d e, mit schönem Säulenhof,
O s p. S. G i u l i a n o. Eine Kunst-
und H a n d w e r k s s c h u l e, gegründet und dotirt von der Gräfin Bellini.
(Cf. Don Char-
les Morbie l'Histoire de Novare 1837.)
Von N o v a r a Zweigbahn nach
G o z z a n o in 1½ St. für Fr. 4. —
2, 80. — 2.
O r f e n g o. Rechts erhebt sich das
prächtige Gebirge des Monte Rosa
und eine lange Alpenkette. Ueber
die Sesia führt eine neue steinerne
Brücke nach
Vercelli (V e r c e l l ä) (Wirthsh.:
Tre Re. Leon d'oro. Posta), gut gebaute Stadt in einer vornehmlich mit
Reisfeldern bedeckten Gegend, mit
einem Bischof und 24,038 Einw.
Auf dem Schloss wohnten ehedem
die Herzoge von Savoyen. In der
(modernen) K a t h e d r a l e der Leichnam des heil. Eusebius. Im Tesoro
das angeblich von seiner Hand ge-
schriebene Evangeliarium. — S. C r i-
stoforo mit Fresken von *Gaudenzio Ferrari*, Kreuzigung, Leben
Mariä; und *B. Lanino*, Geschichte
der heil. Magdalena und im Leben
Mariä das Sposalizio; ferner Trauung
eines Patrizierpaares, vom Jahr 1534.
— Madonna unter dem Orangen-
baum, Altarbild von *Gaudenzio
Ferrari*. Anbetung des Kindes (in
der Sacristei) von *Lanino*. Im Refectorium Fresken von *dems.* Nahe
bei Cristoforo das Haus eines Pri-
vatmannes mit mittelalterlichen Mosaiken auf dem Fussboden und einem
überraschenden Cylinderbild (Christus am Kreuz mit Maria und

Johannes). — S. Paolo, Madonna mit Heiligen von *B. Lanino.* — S. Giuliano, Malereien von *Lanino.* — S. Andrea, gegründet vom Card. Guala Bacchieri; der Bau begonnen 1219 unter dem Bischof Ugone da Sessa, beendet 1222 vom Architecten *Briginthe,* einem Engländer. Der Glockenthurm aus dem 14. Jahrh. Das Material sind Backsteine und bläuliche Quader, von mittelalterlicher Bauart. — Theater, Gärten und Hospital sind beachtenswerth.

Von Vercelli Zweigbahn nach Alessandria (Reisekarte VII.) in 2 St. für Fr. 6, 20. — 4, 35. — 3, 10. Ueber Asigliano, Pertengo, Balzalo nach

Casale, auch S. Evasio genannt, der hier zum Märtyrer wurde; Hauptstadt des damaligen Herzogthums Montferrat, am Po, im 16. Jahrh. eine der stärksten Festungen, nun mit schönen Spaziergängen an der Stelle der Bastionen, mit 25,364 Ew., einer sehr alten Kathedrale, einem Schloss, Theater und verschiedenen Palästen, einem grossen Exerzierplatz, einer eisernen Brücke, öffentlichen Gärten und einer Bibliothek. Wein und Seide sind Haupthandelsartikel; auch werden zuweilen gute Seefische (Sturgioni) hier gefangen. — Die Kathedrale S. Evasio, nach einer Urkunde im Archiv 742 von Luitprand gegründet, 1107 von Paschalis II. eingeweiht, aus welcher Zeit die Vorhalle, die Statuen von Luitprand und seiner Gemahlin, und die weitgesprengten ungleichseitigen Gurtbogen im Innern; aber 1706 ganz modernisirt, mit der Taufe Christi von *Gaudenzio Ferrari.* In der Sacristei verschiedene kirchliche Kostbarkeiten. Im Archiv Urkunden bis ins 10. Jahrh., und die e. erw. des Luitprand; ferner eine silberne Opferschale mit einem Bacchanal. — S. Domenico von 1469—1513 mit den Grabmälern des Paläolo-

gus von 1835, des Geschichtschreibers Benvenuto di S. Giorgio, † 1525. — Palazzo della Città, angeblich von *Bramante.* — Pal. della Valle, mit Fresken von *Giul. Romano.* — Pal. Callori, mit dem Bildniss des Abtes Gonzaga von *Tizian.* — In der Nähe das Städtchen Moncalvo, darin (in S. Francesco und dem Minoritenkloster) Gemälde von *Caccia.*

Von Casale über Borgo S. Martino, Giarole, Valenza nach Alessandria s. Rr. 10.

S. Germano. Von Santhia Zweigbahn nach Biella in 1 St. 5 M. für Fr. 4. — 3. — 2. Biella, eine kleine aber gewerbthätige Stadt mit 7000 Ew. In 2 St. steigt man von da zu der berühmten reichen und grossen Wallfahrtskirche Madonna d'Oropa. Auch gehen Omnibus dahin.

Cigliano. Bei Rondissone über die reissende Dora baltea nach

Chivasso (Clausium, Cavaxium), Stadt am Po mit 7000 Ew., ehedem Residenz der Herzoge von Montferrat. — S. Pietro von 1524. — Nahebei am andern Po-Ufer bei Verrua die 1745 entdeckten Trümmer der alten Stadt Industria, aus denen viele Antiken ins Museum zu Turin gekommen. Die aufgefundenen Inschriften tragen den Namen Lucius Pompejus. — Von Chivasso Zweigbahn nach Ivrea in 2 St. für Fr. 3, 65. — 2, 75. — 1, 85. S. Rr. A.

Ueber den Orco nahe bei seinem Ausfluss in den Po nach Settimo. In NW. erhebt sich hoch aus den Alpen der Montblanc. Ueber die Dora Susina nach Turin.

Turin,

Ankunft: Omnibus nebst dazu gehörigem Facchino im Bahnhof zu jedem Gasthof 1 Fr. die Person mit Gepäck.
Abreise. Passvisa ist nur nach dem Kirchenstaat nöthig.

Alberghi (Gasthöfe): Hôt. Trombetta (de l'Europe), piazza Castello (51), schöne grosse Zimmer zu 3 Fr., gute table d'hôte mit Wein 4 Fr., Bedienung 1 Fr., prächtiger Speisesaal. — Hôt. de Londres (53), piazza Castello, an der Ecke von Via di Po, Via Carlo Alberto 9 (52). — Hôtel d'Angleterre, Via Barbaroux 1. Caccia reale, Via della Caccia 2. — Hôt. Feder (50), Zimmer 2½ Fr., Mitt. 4, Bed. 1 Fr. — Gran Bretagna, Via di Po. — Hôt. de la ville (Pension Suisse), Mitt. 3½ Fr., gut und reichlich. — Albergo della Liguria, Via nuova 31, nahe beim Genueser Bahnhof. — Rosa bianca (auf der Piazza d'Italia). Castagnonne, Hôtel garni mit Restauration und Café. — Domestico di Piazza 5 Fr. täglich.

Trattorien: Concordia (Via di Po, Diner zu 2½ Fr.). — Café de Paris, Via di Po. — Commercio. — Cambio, piazza Corignano, hier darf nicht geraucht werden. — Pastore, via Dora grossa. Man kann hier sehr gut essen zu 3 und 4 Fr. San Carlo in piazza di S. Carlo. Le Indie. La Verna, via d'argennes Madonna del Pilone ½ St. vor der Stadt am Po, delicate Fische; aber theuer! — Es gibt viele Pensionen, wo man für 45—50 Fr. monatl. Frühstück und Mittag hat. Speisezettel: Die Küche ist sehr gut, Fleisch, Gemüse, Fische, Milchspeisen vortrefflich. Risotto, Agnolotti (Pasteichen.) In die Suppe Tagliarini. Grissini, maccaroniartige Brot-Stengel. Stuffato (boeuf à la mode), Pollo à la Marengo (d. h. so wie es Napoleon nach der Schlacht von Marengo, wo es zufällig an Butter fehlte, genoss). Trüffeln. Forellen. Schleien (und zwar gedämpft, carpionato.) Lamprede (vorzüglich gute Poaalchen). Wein: barbère; barólo; caluso; nebbiólo; grignolino; vortreffliche sardinische Weine.

Aerzte: Beruti. Bruni. Cantu. Fiorito. Girola. Tarella. Dr. Weber (deutscher Arzt). Chirurgen: Bruni. Gallotti. Sperino. Camusso (Zahnarzt). Obligio. Oddo, künstliche Zähne.

Bäder: S. Carlo, S. Teresa, S. Giuseppe, S. Dalmazzo, via Dora grossa. (Bad mit Wäsche Fr. 1. 25.) Schwimmschule oberhalb der alten Pobrücke (60 c.). Wasserheilanstalt am Po.

Bierhäuser: Birreria Grosetti, via di Po. — Lumpp, Ecke der via dell'Arsenale und via Alfieri (viele Deutsche u. Schweizer) — Birreria Calosso, via dell'Accademia. — (Bottiglia 40 C.) — Daran reihen sich viele Ball-Locale, Casinos, Schiessstätten, Wintergärten; und viele Vereine und geschlossene Gesellschaften.

Briefpost: via d'Argennes 10.

Buchhandlungen: Deutsche und englische, Herm. Löscher, via Carlo Alberto 5. Sehr gut. — Cianini e Fiore. Bocca, mit einem Sortiment fremder, vornehmlich französischer Bücher. Marietti.

Cafés: C. nazionale. — C. de Paris. — C. Dilej. — C. Fiorio, sämmtlich in via di Po. — C. S. Carlo, piazza S. Carlo. C. Ligure, piazza Carlo Felice; alle sehr elegant; einzelne haben besondere Rauchzimmer. — C. Londra, via di Po (Allgem. Zeitg.) C. Madera, via Lagrange (engl. u. deutsche Zeitungen; kölnische). C. Barone, Dora grossa (Allg. Zeitg.). Della Borsa, via nuova. Ueberall Gefrornes (Sorbetto). Morgens nimmt man gern Mescoleda (von Caffee und Chocolade) 15 C. un bichierino; eine Tasse Caffee 4 Sous. Chocolade 6 Sous. — Abends ist das grosse Café sui Ripari (Jardin public) viel besucht.

Fahrgelegenheit: Omnibus in den Hauptrichtungen 10 Cts. der Curs; Fiaker zu 1 Fr., nach Mitternacht 1½ Fr. der Curs oder 1½ Fr. die Stunde; mit 2 Pferden das Doppelte.

Jagd ist wegen der grossen Bodencultur gering; k. Jagd in Stupinigi.

Klima: Frühling und Herbst sehr angenehm; der Winter rauh; im Ganzen gesund.

Leihbibliothek: Herm. Löscher, deutsche und englische Bücher. Reycend e Co. in Piazza Cast. Marietti, franz. und ital. Bücher.

Modehandlungen: Gius. Rocchetti Pautas. Jos. Moris; Poccardi; Fontana und Mugnier.

Modistinnen: Mde. Ancarani; Mde. Variglia; Mde. Stefanoni; Mde. Ternavasio; Mlle Coda.

Waarenhandlungen: Perotti u. Nigra. — S. Bellom. — Carlo Costa. — Carlo Berutto. — Salvogno e Donna.

Zuckerbäcker: Bass. Rocca (Contr. di Po 47, vortreffl. Südfrüchte in Schachteln zu 2 Fr. 50 Cent.) Anselmo. Stratta an P. S. Carlo für Pastetchen u. Teigwaaren.

Turin (Augusta Turinorum; Torino;), höchst winkelrecht und gut gebaute Stadt, ehemals Haupt- und Residenzstadt vom Königreich Sardinien und Piemont, von 1860 bis 1865 Residenz des Königs von Italien und Sitz des Parlaments, in fruchtbarer von Hügeln umgebener Ebene am Zusammenfluss des Po und der Dora riparia, 45° 4' nördlicher Br., 25° 14' L., 770' ü. M. Die grosse Citadelle, von Herzog Emanuel Philibert 1565 erbaut, nebst einer Stückgiesserei darin, hat 1857 Eisenbahnbauten weichen müssen. Turin hat breite Strassen, zum Theil mit bedeckten Gängen, und 179,635 Ew. Der Handel ist äusserst lebhaft, in gutem Ruf stehen seidene Stoffe und Strümpfe von Turin.

Der Anblick der Stadt, welche

das Italien der Gegenwart repräsentirt, namentlich von Genua und von Susa her ist majestätisch: die Strassen Stradale del Re, Via nuova, die Dora grossa und die Po mit den hohen weiten Arcaden und Kaufläden sind imposant und sehr belebt, namentlich Abends bei Gaslicht; ebenso die Plätze. Eine Vorstadt, Borgo nuovo, mit Kirchen, Theatern, Markthallen ist neu entstanden und wird 20,000 Ew. fassen. An zwei Seiten der Stadt sind neue Strassendurchbrüche gemacht worden.

Gegründet von ligurischen Völkern, war Turin schon zu Hannibals Zeiten eine bedeutende Stadt und wurde, da sie sich nicht mit ihm verbünden wollen, von ihm zerstört. Julius Cäsar hinterliess später, nachdem sie wieder aus der Asche erstanden, eine Colonie (Julia) daselbst, die unter August den Namen Augusta Taurinorum annahm. Unter der lombardischen Herrschaft wurde Turin Residenz eines Herzogs, und aus dieser Zeit schreibt sich die von Herzog Agilulf (nachmals Theodolindens Gemahl) erbaute S. Johanniskirche (jetzt Kathedrale) 602. Carl der Grosse machte Turin zur Residenz des Herzogs von Susa, dessen Linie bis auf Ulrico Manfredo, 1032, regierte, nach dessen Tode das Haus Savoyen eintrat, das von da an in Turin geherrscht und an allen Kriegen Frankreichs gegen Oestreich und Spanien gezwungen Antheil genommen. Im Kriege zwischen Franz I. und Carl V. wurden dem Herzog Carl III. von den Franzosen seine meisten Besitzungen genommen und Turin zum Theil zerstört. Emanuel Philibert erlangte 1558 das Herzogthum wieder und dieses unter ihm Blüthe und Aufschwung. Nach der französischen Invasion 1797 verlor Turin seinen alten Glanz, gewann ihn aber nach dem Frieden von 1815 wieder und befand sich in einem blühendern Zustand als jemals, bis die politischen Ereignisse von 1848 bis 1849 der Stadt sehr fühlbare Wunden geschlagen, von denen sie sich unter dem Beistand Napoleons III. 1859 wieder zu erholen gesucht. Durch die Verlegung aber der Hauptstadt und königlichen Residenz nach Florenz im März 1865 hat Turin bedeutende Verluste erlitten. Bereits am 22. Sept. 1864 erregte Turin einen Aufstand dagegen, der nur mit Anwendung der Waffengewalt niedergeschlagen werden konnte.

Literatur. Eines besondern Aufschwungs erfreut sich die wissenschaftliche und gelehrte Bildung. Hier sind thätig (in Geschichte und Geographie): Ercole Ricotti, Luigi Cibrario, Carotti, Lod. Sauli, Pietro Martini, Giuseppe Manno. L. Schiaparelli; (in Archäologie): Giulio Cordero, Carlo Promis und Domenico Promis, Fabretti; (in Philologie): Amadeo Peyron, Agostino Fecia, Flecchia; (Sanscrit): Gorresio; (in Geologie): Sella, Sismouda; (in der Astronomie): Plana; (in der Botanik): Moris, Delponte; (in der Chemie): Piria, Sobrero, Abbene, Cantù; (in der Mathematik): Paleocapa, Menabrea, Ferrati; (in der Medicin): Bruni, Moleschott; (Zoologie): De Filippi; (in der Nationalökonomie): Scialoja, Broglio, Ferrara; (in der Statistik): Bartolomeis; (im Recht): Mancini, Sclopis, Vesme, Savarese; (Philosophie): Mamiani; (in der schönen Literatur): Massimo d'Azeglio, Rusconi, Revere, Romani. Cf. Uebersicht der Literaturgeschichte.

Die Hauptsehenswürdigkeiten in topographischer Folge sind: Accademia delle belle Arti. Piazza Carlo Alberto. Piazza Carignano. Museo in der Acc. delle Scienze.

Piazza S. Carlo. Piazza Castello.
Pal. Madama mit der Gemäldesammlung. Pal. Reale mit der Armeria
und der Bibliothek. Kathedrale.
Piazza Vitt. Emanuele. Gran Madre
di Dio. Giardino pubblico. S. Massimo. Protestantische Kirche. Piazza
d'Armi. Piazza Savoya. Piazza und
Pal. della città.
Die beigeschriebenen Ziffern beziehen
sich auf den Plan von Turin.

*Oeffentliche Plätze, Denkmäler,
Brücken etc.*

*Piazza Castello (4), mit gros-
sen Palästen, hohen, weiten Arca-
denhallen voll glänzender Kaufläden
und freier Aussicht. Hier steht vor
Pal. Madama das am 15. Jan. 1857 von
den Mailändern der sardinischen Armee („I Milanesi all' esercito Sardo")
errichtete Denkmal, ein Krieger,
der mit dem Säbel die Fahne vertheidigt, von *Vela*.
*Piazza S. Carlo (3), so ge-
nannt von der Kirche dabei, mit
der Reiterstatue Emanuel Philiberts, des „Tête de fer," der im
Dienste des spanischen Philipp II.
bei S. Quentin die Franzosen unter
dem Connetable von Montmorency
aufs Haupt schlug, und sodann im
Frieden von Château Cambresis 1558
sein Herzogthum zum grössten Theil
wieder gewann, s. o. Geschichte.
Statue und Basreliefs, in denen
Schlacht und Friede dargestellt, sind
von Cav. *Marochetti*.
Piazza Carlo Emanuele II.
(ehedem Carlina). P. Emanuele
Filiberto (6).
*Piazza Vittorio Emanuele
(2), gross, regelmässig, mit freier
Aussicht auf den Po und die umgebenden Hügel. Die von hier über
den Po führende Brücke ward begonnen 1810 von *Pertinchamp* und
hat 5 flache Bogen von 80' Spannung.
Piazza Carlo Felice mit dem
Bahnhof der Genua-Bahn, einem
schönen neuangelegten öffentlichen

Garten. — P. Bodoni. — *Der
Rathhausplatz, Piazza della città (5) mit dem Denkmal Amadeus VI., bekannt unter dem Namen „Conte Verde," der 1367 den
Kaiser Andronicus Paläologus aus
der Gefangenschaft des bulgarischen
Königs Stratimirus befreite, von *Palagi*. Dabei die Statuen von Prinz
Eugen von Savoyen und dem Herzog von Genua; unter dem Porticus
die Statue Carlo Alberto's von *Ca-
ceda*, mit den Namen der Bürger
von Turin am Piedestal, die im
Kampfe von 1858—59 gefallen. —
*Piazza Carlo Alberto (3a) mit
dem Denkmal K. Carl Alberts
von *Marochetti* und *Cauda* 1858,
Reiterstatue mit militärischen und
allegorischen Gestalten und Reliefs
(Thronentsagung. Tod in Oporto).
— *Piazza Savoja (7) mit dem
Denkmal des Ministers Sic-
cardi, welcher als ein Reformator
geachtet, aber von der Kirche als
ihr Feind angesehen wird, einem
Obelisk mit den Namen der bei-
steuernden Communen, 4. März 1853.
— *Piazza Carignano (43) mit
dem Denkmal Gioberti's von
Albertini, errichtet von den Itali-
nern aller Provinzen 1859. — Piazza dello Statuto am Ausgang
der Strada di Dora, unmittelbar an
der Mailänder Eisenbahn. — Nahebei P. Pietro Micca mit dem Bahnhof. — Piazza d'armi, Exercier-
platz, um welchen herum Alleen
geführt sind, in denen Sommers
der Corso gehalten wird. Prachtvolle Aussicht auf Mont Cenis und
die ganze Alpenkette.
*Die Brücke über die Dora
Riparia mit einem Bogen von 147'
7" Spannung von Cav. *Mosca*, ist
ein für Architekten sehr beachtenswerthes Werk.
Die eiserne Hängebrücke über den
Po, von *Lehaître*, in der Nähe des
Valentino, 1840.
Kirchen: Ai Capuccini (20), in

385

einer schönen Lage, mit einem Gemälde von *Moncalvo*. Auf der Terrasse vor der Kirche herrliche Aussicht auf die Stadt, Ebene und Alpenkette, auf den Monte Rosa, grossen S. Bernhard und Montblanc, Mont Cenis und Monte Viso.

La Consolata (18), so genannt von einem Mirakelbild der Madonna, dem man ein hohes Alter zuschreibt, das aber ins 14. Jahrh. gehören dürfte; ein Crucifix von *Moncalvo*.

Corpus Domini (21), ist die reichste, freilich auch geschmackloseste Kirche der Stadt, erbaut 1607 nach der Zeichnung des *Vitozzi*, zum Andenken an eine Hostie, die durch einen Esel an dieser Stelle niedergelegt worden, wie ein mit Gitter eingefasster Marmor in der Mitte des Schiffes der Kirche besagt. Hier legte der 16jährige J. J. Rousseau den Calvinism ab, den er in seinem 40sten Jahre wieder holte.

S. Cristina (14) mit einer Façade von *Juvara*.

S. Domenico (19), S. Caterina von Siena von *Guercino*.

*Gran Madre di Dio (22) jenseits der Po-Brücke. Nachahmung des Pantheons, von *M. Bonsignori*, 1818 ein Ex voto des verstorbenen Königs.

S. Lorenzo, ein wunderliches Bauwerk, namentlich in Betreff seiner Kuppel, von *Guarini*.

S. Filippo Neri (15), von *Guarini* und *Juvara*. In der Sacristei ein S. Eusebius von *Guercino*.

S. Giovanni Kathedrale (12), ursprünglich aus longobardischer Zeit, wenigstens zum Theil, da ehedem 3 Basiliken an dieser Stelle standen: Del Salvatore, S. Maria und S. Giovanni. 1333 wurde eine grosse Capelle angebaut, 1498 der neue Dom begonnen und im 17. Jahrh. modernisirt. S. Cristina und S. Teresa, Statuen von *Le Gros*. Engelglorie von *Guidobono*. 2te Cap. r. Madonna mit dem Kind mit den

HH. Crispin und Crispinian von 1400 c[n]. — Capella di S. Sudario von *Guarini*, mit dem Leintuch, in welches Christi Leichnam gewickelt war.[1] Die Denkmale Herzog Amadeus VIII. † 1451 von *B. Cacciatori*, Emanuel Philiberts † 1580 von *Marchesi*, Prinz Thomas † 1656 von *Cagini* 1849. Carl Emanuel II. † 1675 von *Fraccaroli*, 1849; Königin Maria Adelheid † 1855 von *Revelli* 1856.

*S. Massimo, (17a) im römischen Tempelstyl mit einer Kuppel über dem Grundplan eines griechischen Kreuzes. Aussen die Evangelisten von *Bogliani* 1846 vom Arch. *Sada*; mit Gemälden a fresco (Kirchenväter und Scenen aus dem Leben des heil. Maximus von *Gonin*, *Gastaldi*, *Morgari* und *Quarenghi*; Statuen, Propheten von *Albertoni*, *Dini* etc., und Decorationen von *Diego* und *Gibello*.

*Die protestantische Kirche Tempio Valdese (17), an der Prachtstrasse Stradale del Re, halbgothisch-lombardisch-normannischmodern-antik von *L. Formento*; erbaut in Folge königl. Decrets vom 12. Febr. 1848, aus freien Beiträgen der Protestanten in der Schweiz, in Holland, England, Preussen und Amerika. Es ist mit dieser Kirche auch ein protestantisches Schulhaus und ein Spital verbunden.

S. Rocco, die Kirche der blauen Büsser, mit einer Kuppel.

S. Teresa (16), diese Heilige in Ekstase von *Moncalvo*.

Sammlungen, Anstalten. *Accademia R. delle belle Arti (33) in der Poststrasse mit einer Gemäldesammlung, und mit Cartons von *Gaudenzio Ferrari*, *Lanino*, *Luini* und andern Meistern aus Leonardo's Schule. Madonna von oder nach *Raphael*, neu aufgefunden; ferner der der Akademie geschenkten Gemälde-

[1] In der Peterskirche zu Rom, zu Besançon und zu Cadouin in Perigord zeigt man auch dessgleichen.

sammlung des Cav. Mossi, mit Bildern von *Gaudenzio, Rubens, Van Dyk* etc.

Società promotrice delle belle Arti, Kunstverein mit öffentlichen Ausstellungen und einem jährlichen Album.

Accademia R. delle Scienze (32), gegründet von Graf Saluzzo 1759, eingetheilt in 2 Classen, die mathematisch-physikalische und die moralisch-philologisch-historische. Sie zählt 40 Mitglieder. Hier befindet sich das der Universität gehörige Museum aus ägyptischen Denkmälern, griechischen und römischen Sculpturen (in Marmor und Bronze) und grossgriechischen Vasen und Münzen. Die grössern Monumente befinden sich im Erdgeschoss, die kleinern und die Münzen drei Treppen hoch. Montags und Donnerstags ist das Museum offen; zugänglich aber täglich von 10—4, ausgenommen an Festtagen. Eingang von Piazza Carignano. Das ägyptische Museum besteht hauptsächlich aus der Sammlung des Napoleonischen General-Consuls Drovetti in Aegypten, eines Piemontesen, und ist von König Carl Felix 1821 angekauft worden. Die berühmte Tavola Isiaca, welche in der Villa Caffarelli auf dem Aventin in Rom gefunden, von Paul III., einem Sohne des Cardinals Bembo geschenkt, später nach Mantua, Turin und Paris, und nach Turin zurückgekommen und vom Scharfsinn der grössten Archäologen die mannichfachsten Auslegungen erfahren, ist neuerdings für unächt, d. h. für ein Machwerk aus der Zeit Hadrians erkannt worden. Im ersten Saal steht ein Denkmal Champollions, des Entzifferers der Hieroglyphen. Zu den vorzüglichsten Gegenständen der Sammlung gehört das grosse Todtenbuch, ein in vielen langen Streifen unter Glas und in Rahmen an den Wänden aufgehängter Papyrus mit Hieroglyphen und Zeichnungen, die Colossalstatue Setho II. (18,750 Pfd. schwer) aus Theben. Statue Thoutmosis II. und Amenophis II., vor allen aber Rhamses VI. (Sesostris) in schwarzem Basalt, sitzend auf seinem Thron; der colossale Kopf eines Königes, ein Kriegsmann im Pantherfell; Jupiter Ammon, colossal. Eine sehr vollständige Sammlung von Stelen (Grabsteinen) mit Inschriften, Malereien und Sculpturen (Mann und Frau, zuweilen mit einem Kind), auch ein grosser Sarkophag von Basalt. Ebenso vollständige Sammlung von Lebensutensilien aller Art von Modellen, von Ackergeräth, Waffen und eine grosse Anzahl von Thier- und Menschenmumien. Sehr bedeutend sind die Mss. aus den Katakomben von Theben, Papyrusrollen von mehr als 60' Länge, zwar fast immer Rituale, doch auch die Geschichten des Amenophis Memnon, Gesetze des Sesostris, Verträge aus der Zeit der Ptolemäer, der Plan der Katakomben des Rhamses-Maiamoun. — Römische und griechische Alterthümer: der auf einem Löwenfell schlummernde Cupido (griech.?). Torso eines Fauns. Köpfe des Julian, Vespasian, Antinous, Seneca und eines Polyphem. Bronzestatuette einer Minerva (1828 im Flussbett der Versa, nahe bei Mortara, 30 Stunden von Turin gegen die Lombardei zu gefunden) von ausserordentlicher Schönheit. Orpheus, ein Mosaikgemälde aus der Insel Sardinien. — Das Münzcabinet ist eines der reichsten in Europa, mit 30,000 Münzen, darunter seltene, wie ein Quinarius des Pertinax, eine Goldmünze der Magnia Urbica, eine atheniensische Goldmünze; die Münzen der Sassaniden; syrische Münzen etc. Dabei eine Sammlung Bronzen, Vasen und Elfenbeine von grossem Werth. — In einem andern Flügel desselben

Gebäudes befindet sich das Lavysche Münzcabinet mit antiken und mittelalterlichen Münzen. Director Professor Barucchi. — Das naturhistorische Museum im Hofe links, 2 Tr. hoch, mit bedeutender Petrefactensammlnng, einer Riesenschildkröte etc. ist vornehmlich wichtig für Mineralogie.

Regio Istituto tecnico, polytechnische Schule mit Ausstellungen. Accademia militare, s. Palazzo reale. Arsenale (35). Artillerieschule. Der Turnplatz am Piazza d'armi. sehr gut eingerichtet und von Schulen und Militär benutzt.

Archive: 1) Staatsarchiv, eines der reichsten in Europa, mit Urkunden der Carolinger. 2) A. di Corte. 3) A. di regia camera de' Conti. 4) A. dell' Intendanza generale di Savoja. 5) A. arcivescovile. 6) A. del Capitolo della Cattedrale. 7) A. della scuola militare. 8) A. del Cav. Cibrario. 9) A. de' March. Faussone di Montebaldo.

Armeria regia, s. Palazzo Reale. Ateliers. Maler: *Airrs, Azeglio, Gonin, Patagi, Arienti, Gamba, Cerutti.* Architekten: *Antonelli, Mosca, Palagi.* Bildhauer: *Vela, Albertoni, Simonetta, Dini, Butti, Palagi.*

Bibliotheken: 1) B. des Königs, s. Pal. Reale. 2) B. der Universität, s. Universität. 3) B. der Jesuiten mit Mss. 4) B. des Grafen Vidua und Cav. Saluzzo.

Campo Santo jenseits der Dora mit vielen Monumenten (namentlich im neuen Theil) und berühmten Gräbern, z. B. des Silvio Pellico aus Saluzzo 1789—1854 mit seiner Büste von *Barbaroux;* Marchese della Rovere, reich gothisch; Nigra, mit einer weinenden Kindergruppe etc. (Erlaubnisskarte im Pal. della città, besorgt der Lohndiener.)

Hospitäler, s. Wohlthätigkeitsanstalten.

Paläste: P. Birago de Borgaro (29) von *Juvara.*

P. Carignano (28), Post, von *Guarini,* ein Beispiel schlechten Geschmacks und solider Bauart.

Casa Cavour, Eckhaus von Via Cavour und Via Lagrange, mit einer Tafel, welche besagt, dass er hier 10. Aug. 1810 geboren wurde und 6. Juni 1861 starb.

*P. della città, Rathhaus (5). Im Porticus des Rathhauses, rechts und links des Eingangbogens: Marmorstatuen von Eugen von Savoyen und von Ferdinand von Savoyen, des Königs jüngern Bruder †. Unter der Halle 1. Marmorstatue des K. Carl Albert 1858 von der Municipalität errichtet; Marmortafel mit den Namen von 114 im Kriege von 1848 bis 1849 gefallenen Turinern, und eine eiserne Tafel mit den Namen der in demselben Krieg gefallenen Florentiner.

P. del Duca d'Aosta (25) von *Juvara.*

P. Manatti (26), ganz neu an Porta nuova.

P. Madama (23), sonst di Castello, einer der ältesten der Stadt, ehedem herzogl. Residenz; 1416 von Amadeus VIII. erbaut, die moderne Westseite 1720 von *Juvara.* Der Palast, der seinen Namen von „Madama Reale", der Herzogin von Savoyen-Nemours, Mutter des Königs Victor Amadeus II., hat, dient jetzt der Polizei und enthält ausser dem astronomischen Observatorium auf dem nördlichen Thurm und der Statue K. Carl Alberts von *Cevasco* in der obern Treppenhalle, einem Geschenk Vict. Emanuels, eine sehr vorzügliche **Gemäldesammlung**, die täglich von 10—4 Uhr, im Winter von 11—3 Uhr, unentgeltlich offen ist. II. *Gaudenzio Ferrari:* Kreuzigung, Entwurf zu dem Fresco in Vercelli; S. Petrus mit den

Donatoren; Grablegung; Bekehrung Pauli. Gebet einer Gemeinde zu Christus gegen die Pest. *Lanino:* H. Familie; Madonna mit Heiligen; Pietà. *J. Juvenone:* Auferstehung. *Sodoma:* Madonna mit vier Heiligen. *Gir. Juvenone:* Madonna mit Heiligen. *Beltraffio:* Madonna mit Heiligen. III. *Raphael:* (Copie nach ihm): Madonna della Tenda (dasselbe Bild, das auch in der Pinakothek zu München ohne Gewähr der Aechtheit hängt); die borghesische Grablegung (Copie von *Fattore*). *Tizian:* Christus in Emaus, Bildniss des Cav. da San Marco. *Giul. Romano:* Madonna in Wolken mit Engeln; Gott Vater, von Engeln getragen. *Palma vecchio:* Madonna mit Heiligen: *Guercino:* Madonna mit dem Kind; David. *Cesare da Sesto:* dessgl. — IV. *Mantegna:* Madonna und Heilige. *P. Veronese:* die Findung Mosis; Magdalenens Fusswaschung; die Königin von Saba bei Salomo. *Tizian:* Anbetung der Hirten; Urtheil des Paris; Raub der Helena; Opfer des Aeneas. *S. Rosa:* Landschaft mit der Taufe Christi. *Canaletti:* Ansicht von Turin. *Beltraffio:* singende Engel. *Bronzino:* Cosmus I.—V. *A. del Sarto:* Heil. Familie. *Semini:* Anbetung der Hirten. *Gian. Pedrino:* Lucretia. *Giac. Bassano:* ein grosser Marktplatz. *Guido:* Kampf der Liebe und des Weins; Simson mit dem Eselskinnbacken. *Ces. Procaccini:* S. Carlo Borrommeo und S. Francesco vor einem Marmorbilde der Madonna. *Cesare da Sesto:* Heil. Familie. *Giorgione:* Giovanni de' Medici. *Domenichino:* Architektur, Astronomie und Agricultur. *Guercino:* der verlorene Sohn. *Velasquez:* Philipp IV. *B. Luini:* Die Tochter der Herodias. *Moroni:* Carl III. von Savoyen und seine Gemahlin. — VI. *Raphael* (?): Madonna. *Gaudenzio Ferrari:* Geburt Christi. *Donatello:* Madonna mit dem Kinde, Relief. *Correggio:* Schweiss-

tuch der Veronica. *Guido:* Lucretia. *B. Luini:* Heil. Familie. *Daniel da Volterra:* Kreuzigung. *Garofalo:* Christus im Tempel. *Beltraffio:* Vermählung der heil. Katharina. *Giorgione:* die Tochter der Herodias. — VII. *Tizian:* Paul III. *Giov. Bellini:* Madonna und Heilige. *Pordenone:* dessgl. *Guido:* der Täufer; Apollo und Marsyas. *Franciabigio:* Madonna mit Heiligen. *D. da Volterra:* Enthauptung Johannis. *F. Francia:* Grablegung. *Elis. Sirani:* Cain und Abel. *Bronzino:* Leonora von Toledo. — VIII. *Albano:* die 4 Elemente. — IX. *Cromwell* und seine Frau von? — *Van Dyk:* Bildnisse der Kinder Carls I. u. a.; H. Familie. *Rubens:* 4 Köpfe; Magdalena; heil. Familie und ein männliches Bildniss. *Angelica Kaufmann:* Bildniss. *Teniers:* Bauern. *Pourbus:* Bildniss.—X. *Wouwermans:* Schlachtscene. *Rubens:* Christus und Magdalena. *Holbein:* Calvin. *Van Dyk:* Himmelfahrt Mariä. *Luc. von Leyden:* Kreuzigung. *Mabuse:* dessgl. *Van Dyk:* H. Familie. *Rembrandt:* Auferstehung des Lazarus. *Ostade:* ein Paar Alte. *Rembrandt:* männliches Bildniss. — XI. *Rubens:* drei Köpfe. *Van Dyk:* Nymphen und Bacchanten. *Holbein:* Erasmus Roterod. *Potter:* Viehstück. *Teniers:* häusliche Scene. *Gerard Douw, Wouwermans, Terburg* etc. Genrebilder. *H. Memling:* die sieben Leiden der Maria (Seitenstück zu den sieben Freuden in der Pinakothek zu München). — XII. Blumenstücke. — XIII. *Bart. Spranger:* Copie von dem jüngsten Gericht Fiesole's in der Galerie Ward in England. *Holbein:* Luther (?) und seine Frau (?) von 1542. *Teniers:* häusl. Scene. *Rembrandt:* der Burgemeister. *Rubens:* er selbst im Alter. — XIV. Schlachten von *Huglenburg* und *Bourgignon.* — XV. Mehre Niederländer, auch ein Paar Bilder angeblich von *Holbein, Dürer* und *Lucas*

von Leyden. — XVI. Porcellange-
mälde. — XVII. Landschaften von
Claude, Gasp. Poussin, Both, Vanloo
etc. — XVIII. *Vanschuppen:* Prinz
Eugen von Savoyen. *Van Dyk:* Prinz
Thomas Carignan zu Pferd. Gegenüber der König Carl Albert von
Hof. Vernet.
* P. Reale (24), um die Mitte
des 17. Jahrh. erbaut unter Carl
Emannel II. von Conte *Amadeo di
Castellamonte*, mit formlosem Aeussern, aber glänzender innerer Einrichtung, und einem kleinen Garten
von *Lenôtre*. Vor dem Hof Castor
und Pollux. Reiterstatuen in Bronze
von *Abbondio Sangiorgio* 1842, auf
den Pfeilern des Gitterthors, das
den Schlosshof von Piazza Castello
trennt. Auf der Treppe die Reiterstatue von Victor Amadeus I., genannt „il Cavallo" von *Adr. Frisio*,
aus Erz und Marmor, 18. Jahrh.
Gemälde neuer Meister, z. B. die
Schlacht von Goito von *Cerutti*, etc.
— Hier ist die sehr bedeutende
Bibliothek des Königs, Bibliothekar Cav. Promis. Man findet
darin u. A. treffliche alte Handzeichnungen, namentlich von *Leonardo da Vinci*, z. B. dessen Bildniss von ihm selbst, eine sehr schöne
Miniatur von *A. Mantegna;* ein
*neues Testament mit gegen 300
Miniaturen von *Crist. de Predis;* die
dem Grafen Algarotti von Friedrich
d. Gr. übersendeten Materialien zu
einer Geschichte des 7jährigen
Kriegs; eine interessante Briefe von
Prinz Eugen, Napoleon, Emanuel
Philibert etc. Hier ist ferner die
Armeria regia [1] die ausgezeichnet
schöne königl. Waffensammlung mit
Waffen und Rüstungen aller Zeiten
und Völker: Im 1. Saal Modelle
neuer Waffen; Büsten berühmter

[1] Auch hier ist Cav. Carlo Promis der
Director. Besondere Erlaubniss zum Eintritt ist nöthig, aber in den Gasthöfen zu
erlangen, oder vor 12 im Secretariat der
Bibliothek. Täglich zugänglich von 12 bis
2 Uhr.

Männer aus Piemont und Savoyen;
das Geschenk der Damen von Bologna an K. Victor Emanuel 1860:
Sattel und Schabracke in Purpur
und Silber. Die Rüstungen des Ant.
Martiuengo aus dem 15. Jahrh.; des
Herzogs Emanuel Philibert; die eines
Riesen; der Küirass des Prinzen Eugen; Helme; Schilde, darunter eines
von getriebener Arbeit mit eingelegten Gold- und Silberverzierungen,
angeblich von *Benvenuto Cellini;*
zwei andere vielleicht von *Primaticcio;* Dolche, Schwerter; z. B. das
des Johann von Werth. Dessgl.
eine werthvolle Sammlung Elfenbeine, antiker und mittelalterlicher
Münzen, Bronzen (Idole aus Sardinien), 1843 durch den Ankauf
des Gradenigo'schen Cabinets vermehrt. Hier sind die Alba, womit
Victor Emanuel von patriotischen
Italienerinnen beschenkt worden:
das Album der Lombardinnen mit
Diamanten reich besetzt. Ferner sind
hier die königl. Secretariatszimmer
und Bureaux, die Staats- und Haus-
Archive, die Accademia militare, die einen ganzen Flügel ein-
nimmt, gestiftet vom Grafen Cesare
Saluzzo, und 1839 neu organisirt;
endlich das Teatro Regio, gebaut
von Conte *Alfieri*.
Pal. delle Torri (31), 15. Jahrh.
Carl der Gr., Carl der Kahle und
Carl der Dicke haben hier residirt
und Lothars Vater Hugo ist hier
950 gestorben. Demnach dürfte der
Bau der Longobardenzeit angehören,
was auch die Bauart anzeigt. Das
Material sind sehr gut gefugte
Backsteine; Sockel aber und Fries
unter den untern Fenstern sind von
Quadern, was der röm. Arbeit ist,
wie man glaubt; jetzt Gefängnisse.
Die Thürme, und wohl noch mehr,
aus dem 15. Jahrh.
Privatsammlungen: [1] Sgre. de An-
gelis an Piazza San Carlo, Gemälde

[1] Viele sind nur auf besondere Empfeh-
lungen zugänglich.

von *Guido, Tizian, Rubens. Dürer* etc.
— March. Cambiano, Gemälde:
Raphael (angeblich): Heil. Familien
und Zeichnungen. *Correggio:* Zeichnung. *Masaccio* (?) der Tod des
h. Franz. *Leonardo da Vinci* (?):
Cleopatra. Bildniss der Königin von
Frankreich. *Luini:* Madonna. *Andrea del Sarto:* Madonna mit Heiligen. *Tizian:* Paul Doria, 1559;
Venus. *Francia:* Madonna. Gemälde von *Rubens, Van Dyk,* P.
Potter etc.
Conte Castellani (Contrada di S.
Francesco d'Assisi), Gemälde: *Niccolo da Fuligno:* Madonna in tr.
1494. *Van Dyk:* Sebastian. *Palma
giov.:* Madonna mit Heiligen. *Giorgione:* ein Concert. *Paris Bordone:*
Madonna mit Heiligen in der Landschaft. *Lorenzo Lotto:* Madonna
mit Engeln. *Raphael:* Auferstehung
Christi. *Marco d'Oggione:* Noli me
tangere. *Van Dyk:* Madonna. *Domenichino:* die Sündfluth. *Luini:*
Johannes in der Wüste. Heil. Familie. *Mantegna:* Medea. *Guido:*
Susanna. *L. Bassano:* die Samaritanerin. *Francia:* Madonna. *Rubens:*
Bildniss von M. Roche und seiner
Familie (Jugendarbeit). *J. Vernet:*
eine Marine. * *Migliara:* Architecturstücke. Viele interessante höchst
ausgezeichnete Bildnisse von *Tizian,*
P. *Bordone, Palma vecchio, Giov.
Bellini, Moroni, Tintoretto, Ann.
Caracci. Lor. Lotto, Velasquez, Beltraffio, Ravenstein, Rembrandt, Champagne* etc.
    *Marquise Falletti di Barolo (rue des Orphelins 4); Gemälde von *Taddeo Gaddi* (Krönung
Mariä und die vier Evangelisten),
*Lor. di Credi, Carlo Dolci, Guercino,
Andr. del Sarto, Sassoferrato, Murillo*
(S. Anton), *Holbein* und dem Bildniss des Giuliano Medicis von *Raphael* (?).
    Avvocato Gattino (Via Alfieri
6), Gemälde von *Honthorst, Heinr.
Roos, Guido Reni* etc.

Sgre. Lavaria (Contrada di
S. Agostino) hat eine Sammlung
Cameen, Gemmen, Medaillen, Münzen (westgothische), Elfenbeine,
Gemälde: *Luini:* Madonna. *Pierino
del Vaga:* desgl. etc.
    Principe Cisterna. — March.
Alfieri. — Mossi mit Gemälden
von *Gaudenzio, Quint. Messys, Van
Dyk, Rubens.*
    Medaillensammlung des
Abate Incisa. — Gemmensammlung des Abate Pullini und des
Conte della Turbia. — Kupferstichsammlung von Rignon. —
Der Maler Buschero besitzt das
Fragment eines Bildes von *Correggio*
(S. Georg in Dresden).
    Theater: T. reale (42), nach der
Zeichnung von *Alfieri.* T. Carignan (43), sehr elegant. Ebenso T.
d'Angennes (44). T. Rossini (46),
neu restaurirt. T. Alfieri bei der
Citadelle ganz neu. T. Diurno
(45), T. Scribe (franz.). T. Gianduja, Marionetten. T. nationale im
Borgo nuovo, elegant und viel besucht. T. Gerbino, grosses Volkstheater. Ein neues Marionettentheater. L'Ippodromo. Circo Salis.
Circo Balbi.
    *Universität (36). gest. um
1405, reformirt unter Victor Amadeus II., mit mehr als 2000 Studenten und vielen Professoren von europäischem Ruf. — Im Portikus der
Universität eine nicht beträchtliche
Antikensammlung. Ein von M.
Mummius dem Jupiter geweihter
Altar; ein von Sempronia Eudoxia
errichteter Stieropferaltar. Zwei
Bacchanale. Ein Epithalamium des
Valerius Crescentius und der Boebia
Voeta. — Jason und die Stiere, vortreffliches Fragment. — Zwei Torsi
in Rüstung. — Viele Inschriften. —
Cf. Museum Taurinense 1749. —
Marmora Taurinensia ant. Rivantella e P. Ricolvi 1743, 1749. —
Die Bibliothek der Universität,
Bibliothekar: Cav. Gosserio. Mor-

gens und Nachmittags offen, mit 2500 Mss., aus den Sammlungen der alten Herzöge von Savoyen entstanden, mit 112,000 Bdn., 70 hebräischen (darunter ein Commentar des Esra, ein Koran), 370 griechischen, 1200 lateinischen, 220 italienischen und 120 französischen Manuscr. (Cf. den gedruckten Katalog von Pasini, Rivantella und Barta, Turin 1749, zwei Bände. Folio.) Hier sind die Palimpsesten der Fragmente von den Reden Cicero's pro Scauro, Tullio und in Clodium (ed. Peyron, Stuttgart und Tübingen 1824). Sie stehen unter der Collatio cum Maximino, Arianorum episcopo, des Augustin. — Des Sedulius Carmen Paschale aus dem 7. Jahrh. — Histoire de Troies mit altfranzösischen Miniaturen. — Chinesische Mss. poetischen und medicinischen Inhalts. — Ein ganz altes Tarokspiel. — Eine Flora Piemonts, in mehr als 5000 Abbildungen, wird fortgesetzt. Unter den seltenen Büchern: Le Rationale de Guillaume Durand (unter dem Titel Scelestissimi Satanae litigationis contra genus humanum liber).

Die Wohlthätigkeitsanstalten in Turin zeichnen sich durch ihre vortreffliche Einrichtung aus. In Albergo reale di virtù (41), gegründet 1580 von Karl Emanuel I., werden Lehrlinge für alle Handwerke erzogen. — In Ritiro delle Rosine, gegründet von Rosa Govona, einem armen Mädchen aus Mondovi, die sich mit andern armen Mädchen zu gemeinsamer Thätigkeit verband, werden arme Mädchen erzogen. Ihre Anzahl beläuft sich auf 400, und ihr jährliches Einkommen aus der Arbeit auf 75,000 Frcs. — Regio Manicomio, ein Irrenhaus, gegründet 1728. — Das Ospedale grande di S. Giovanni (37) ist von sehr hohem Alter. An 6000 Kranke werden jährlich hier verpflegt. und

die jährliche Einnahme ist etwa 300,000 Frcs. — Das Hospital des Lazarus- und Mauritiusordens vortrefflich eingerichtet. — Osp. di S. Luigi Gonzaga (39), gegründet 1794 von Pater Baruchi zur Verpflegung Unheilbarer, und zugleich zur Heilung der Kranken zu Hause. — Die Compagnia di S. Paolo sorgt für verschämte Arme, für Erziehung und Verheirathung Armer. — Ricovero di mendicità für die noch arbeitfähigen Armen aus der Provinz. — Ricovero degli artigianelli für Söhne armer Handwerker, die ein Handwerk lernen wollen. — Piccola casa della Providenza, 1828 gegründet vom Canonicus Cottolengo für arme Kranke und für hülflose Kinder; beherbergt gegen 1200 Individuen.

Oeffentl. Spaziergänge: Der Corso in der Strada del Po, im Sommer bei Piazza d'armi. Giardino pubblico mit der sitzenden Marmorstatue des Cesare Balbo (geb. 21. Nov. 1789, gest. 3. Juni 1853) von *V. Vela*, errichtet 1856; ferner vom General Eusebio Baba, General Guglielmo Pepe, und das 1862 von Italienern und Franzosen errichtete Denkmal Manins von *Vela*. Der königl. Garten (Giardino Reale), offen von 10½ bis 4. — Eingang unter dem Bogengang des Pal. Reale, dem Pal. Madama N. ö. gegenüber. Hier ist oft Militärmusik. Die Platanenallee von Porta nuova bis zur neuen Po-Brücke. — Die Allee von Porta del Po bis zum Platz Phil. Emanuels. — Nach Madonna del Pilone, Po-abwärts besonders schön.

Feste: Festa nazionale dello Statuto; ein politisches Fest am ersten Sonntag im Juni, mit Kirche, Parade, Pferderennen, Tanz etc. — Am Fronleichnam (Corpus Domini) Illumination und Feuerwerk nach der Procession.

Umgegend. **Vigna della Regina,** auf einem Hügel unmittelbar am Po erbaut vom Cardinal Moriz von Savoyen, als er sein Cardinalat niedergelegt, um sich mit seiner Nichte Lodovica, der Tochter Victor Amadeus I. zu verheirathen. Im Palast ein Plafond von *P. Veronese;* innen und aussen aber die wundervollste Aussicht über die Stadt, die weite Ebene und auf die Alpen.

Il Valentino, erbaut von Christine von Frankreich, der Gemahlin Victor Amadeus I., mit schönen Anlagen und dem botanischen Garten der Universität; sehr beliebter Corso dahin.

Castello di Aglie, königl. Lustschloss und Lieblingsort des verst. Königs Carl Felix, schön gelegen; mit einer Sammlung Anticaglien.

La Veneria, königl. Lustschloss mit schönem Garten und Park, nach dem Plane des Spaniers *Juvara.*

Stupinigi, Jagdschloss in Auftrag von Carl Emanuel III., von *Juvara* erbaut; 8 Miglien von Turin, schön gelegen; mit Gemälden und einem grossen Hirsch auf dem Dach.

La Superga,[1] eine vortreffliche, aber hoch auf ziemlich steilem mit Wagen schwer zugänglichem Berge gelegene Kirche, erbaut zum Andenken an einen Sieg des Prinzen Eugen über die Franzosen bei Turin 7. September 1706; ein Rundbau mit einer Kuppel auf Befehl des Victor Amadeus von *Juvara,* mit den Grabmälern der Fürsten aus dem Hause Savoyen von Victor Amadeus bis Carl Albert, † 28. Julius 1849, dessen Leiche 1850 aus Oporto hierher gebracht worden, und dessen Grabmal stets von Wallfahrern

umringt und mit Kränzen bedeckt ist; und mit unvergleichlich schöner Aussicht. (Cf. Paroletti descrizione dei Sarcofagi della Superga.)

Auf diesem Wege ist man nicht weit mehr von Chieri, einem kleinen interessanten Städtchen, dessen Kirche S. Maria della Scala über einem alten Minerventempel aufgeführt ist.

In einiger Entfernung von Turin die königl. Lustschlösser Montcalieri (erst neuerdings hergestellt, von Herz. Amadeus IX. erbaut; hier starb 1828 Victor Emanuel I.) und Racconigi, Omnibus alle Stunden. Auf dem Wege dahin Cavoretto, der schönste Punkt um Turin. Ferner Pignerol (Pinerolo), diese alte französische Festung, wo die „eiserne Maske," Fouquet und Lausun gefangen gehalten wurden. In der Nähe das Landgut Cavours mit seiner Grabstätte.

Sagra di S. Michele im Thale von Susa, auf hohem Felsen neben den Trümmern einer alten Feste aus der Longobardenzeit.

In benachbarten Thälern, an den Ufern des Pelis, wohnen die als erste Kirchenreformatoren bekannten Waldenser, gegen 19,000 Seelen. Sie haben 13 Kirchen und 13 Priester (Moderatori), 75 Schulen. Hauptorte sind Torre und Villar-Bobbio, Pinerolo, Lucerna, Perosa, S. Martino, Clusone. In Torre ist ein Collegio eingerichtet, gestiftet von amerikanischem Geld, wo die theologische Bildung gewonnen werden soll. Cf. J Valdesi da M. Bert. — In Villar-Bobbio etc. haben die Bewohner Tuchfabriken. Ausserdem ist Ackerbau und Viehzucht ihre Hauptbeschäftigung. Sie sind schon seit langer Zeit (in Bezug auf Staats- und Militärdienst) emancipirt. Im Thal Lucerna der höchst malerisch gelegene Flecken Ansagna; vortrefflicher Wein bei Campiglione; Schieferbrüche bei

[1] Im Sommer ist's angenehm auf dem Po zu fahren bis Madonna del Pilone (2—3 Fr. die Barke), dann nach der Superga auf Esel (1½ St. für 2 Fr.), rückwärts im Omnibus von Madonna del Pilone. Man rechne nicht auf besondere Erquickungen am Ort, sondern versorge sich!

Rorata. Ueber La Torre, an der Stelle, wo die Agrogna und Pellice zusammenströmen, die Ruinen des Bergschlosses S. Maria. Im Thal S. Martino die Marmorbrüche von Chiabra. Cf. Tesauro Storia di Torino 1679. — Paroletti, Turin et ses curiosités etc. 1819. — Ansichten von Turin in Italien.

12.
Von Arona nach Genua.
Reisekarten II. VII. IX.

Eisenbahn 4mal tägl. in 4½—7 St. für Fr. 19, 65. — 13, 80. — 9, 75.

Hat man den Lago maggiore und die angrenzenden Berge, und zwischen Borgo Ticino und Oleggio die Ansicht des Monte Rosa hinter sich, so folgt eine sehr einförmige Ebene.

Oleggio (Aulegium, Olegium), kleiner Borgo mit 1800 Ew., berühmt durch den Sieg Scipio's über Hannibal und neuerdings durch die sehr belobten Bäder des Dr. Paganini, die sich wegen vortrefflicher Einrichtung und wegen der sehr schönen Lage des Ortes allgemein empfehlen. — Viele römische Inschriften. — Novara s. Rr. 11.

Mortára, 6 St. Ungesunde Luft, daher der Name Mortis ara, oder auch, weil hier Carl d. Gr. dem Longobardenkönig Desiderius eine mörderische Schlacht lieferte, nach welcher er ihn zum Gefangenen machte. Die Kirche von alterthümlichem aber verfallenem Aussehen. Sieg der Oestreicher über die Piemontesen 21. März 1849. Die Piemontesen unter Durando standen in Osten von Mortára; getrennt von diesem in Südwesten der Herzog von Savoyen bei Castel d'Agogna. Die Oestreicher unter Gen. d'Aspre kamen auf der Strasse von Garlasco 4½ Nm. bei Casoni di S. Albino an.

Die Schlacht begann. Die Piemontesen wichen nach einer heftigen Kanonade. Die Nacht unterbricht den Kampf nicht. Um 8 U. wird die Porta Milano von Mortára genommen. Benedek ist durch die Porta Vercelli eingedrungen. Vergeblich waren die Versuche des Herzogs von Savoyen und Lamarmora's, Durando beizusteben. Lamarmora war wieder in die Stadt eingedrungen, musste sich aber den Rückzug schwer erkämpfen. Die Piemontesen verloren über 2000 Gefangene und 6 Kanonen.

Von Mortára Zweigbahn nach Vigevano in 20 Min. für Fr. 1, 45. — 1, 5. — 75.

Vigevano, *Alb. Reale. (Vicus Veneris, Viglivinus, Viglevanum), Stadt am Tessin mit einem alten Schlosse, jetzt Reitercaserne, einem Bischof, beträchtlichen Seiden-Manufacturen (darin an 10,000 Menschen arbeiten) mit vielem Handel und 14,600 Ew. Bedeutend ist der Handel mit Seidenwurmsamen. Beachtenswerth: Le scuole Reale e Communale, erbaut auf Kosten des March. Marsello Saporiti, und das musterhaft eingerichtete Armen- und Arbeitshaus. — Vigevano ist die Vaterstadt des Lodovico il Moro, des Francesco Sforza II., letzten Herzogs von Mailand, des Joh. Andr. de' Buzi, des Bischofs, der die erste Druckerei in Rom eingeführt, 1467.

1 St. südlich von Vigevano liegt Gámbolo (Campus latus), reiche und wohlgebaute Ortschaft, Geburtsort des Cardin. Bianchi, Beichtigers Pius V. und von ihm mit einer Kirche beschenkt 1592, darin ein Gemälde von *Bern. Campi.* Hier schlugen sich die Oestreicher 21. März 1849 siegreich gegen die Piemontesen.

In Torreberetti trifft die Bahn mit der Mailänder zusammen. Ueber Alessandria nach Genua S. Rr. 10.

13.

Von Arona nach Turin.

Reisekarten II. VII.

Eisenbahn in 4¹/₄ St. für Fr. 14, 55. — 10, 70. — 4, 30. Die Bahn mündet bei Novara in die Mailänder Bahn. Die Züge greifen nicht genau in einander, so dass man sich leicht einige Stunden in Novara aufhalten kann oder aufgehalten sieht. Bis Novara s. Rr. 12. Von da nach Turin Rr. 11.

14.

Von Turin nach Nizza.

Reisekarte IX.

Eisenbahn bis Cuneo in 2³/₄ St. für Fr. 9, 60. — 6, 70. — 4, 80. — Die Diligence, in der man seinen Platz schon in Turin nehmen muss, geht alle Abende von Cuneo, nach Ankunft des letzten Zugs, nach Nizza, wo sie um 7 U. A. ankommt. Die Malleposte geht Ab. 11 U. u. kommt in Nizza um 5 U. Nm. an (für 25—28 Fr.).

Carignáno, Stadt mit 8000 Ew., Seidenmanufacturen, Confituren von Limonen, einem schönen Platz mit Säulenhallen. In S. Maria delle Grazie Denkmal der Bianca Paleologo, Gemahlin Carls I. von Montferrat. Reiterstatue des Giac. Provana.

Busca, Stadt an der Maira, Div. Cuneo, mit 8000 Einw. in so reizvoller Gegend, dass man sie das Paradies von Piemont genannt hat. Alabasterbrüche.

Carmagnóla. Dieser Ort hat dem Grafen Fr. Busone seinen Namen gegeben, der als venetianischer Feldherr in die Verschwörung des Fil. Visconti verwickelt, enthauptet wurde. 1432. — S. Agostino und S. Pietro e Paolo im lombard. Styl.

Von Carignano über den Po nach Racconigi, wo ein königl. Schloss und viele Fabriken.

Cavallermaggiore. Von hier Zweigbahn in 20 Min. nach Brà; seit Jan. 1865 nach Alba in ³/₄ St.

Alba (Pompeja, von Pompejus Strabo), der Hauptstadt der gleichnamigen Provinz, in einer fruchtbaren Ebene am Zusammenfluss des Tánaro und der Curasca, mit 7000 Ew. und einer philharmonisch-poetisch-literarischen Akademie. Fundort der höchst schmackhaften weissen Trüffeln. Sehenswerth der Dom, die Franciscanerkirche (mit Gemälden von *Gaudenzio* und *Macrino*), S. Agostino und S. Domenico. Im Garten des Cav. Vernezza Alterthümer- und Inschriftensammlung.

Von Alba über Nizza in 2³/₄ St. nach Alessandria.

Savigliáno, (La Corona) in einer Ebene am Macra, mit breiten Strassen, schönen Palästen, alten Festungswerken, viel Handel, 18,500 Ew. In der Hauptstrasse ein dem Prinzen Victor Amadeus errichteter Triumphbogen. Im Dom Gemälde von *Mulinari*.

Von hier Zweigbahn in ¹/₂ St. nach Saluzzo, schön gelegene Hauptstadt der Provinz gl. N. mit 10,000 Einw. 314 Jahre lang war S. die Hauptstadt der Marchesen gl. N., aus deren Familie die Marchesen von Montferrat, von Busca, Caretto, Incisa und Vasto stammen. In der Kirche S. Domenico das Grabmal eines Marchese Saluzzo. Das Schloss ist durch die Erzählung des Boccaccio von der tugendhaften Griseldis, die hier gefangen sass, interessant. Vaterstadt des Silvio Pellico, sein Denkmal von 1863. — In der Nähe die Abtei Staffarda, 1131 von Manfred I., Marchese von Saluzzo, gegründet.

Fossano, gutgebaute, wohlhabende Stadt mit 13,000 Ew., einer

سکی

kön. Akademie der schönen Wissen-
schaften; einer Thierarzneischule,
einigem Handel und Fabriken in
Seiden, Leder; Heilquellen, einem
Schloss aus dem 14. Jahrh. und
vielen Alterthümern. — Kirchen:
Kathedrale; S. Francesco und Ma-
donna della Salice. — Cf. Negri
Origine e fondazione della città di
Fossáno. Turin 1650.

1½ P. von Fossano auf einem
Hügel das Städtchen Bene (Augusta
Vagiennorum) mit Trümmern eines
antiken Aquäducts.

Coni (Cuneo), Ende der Eisenbahn (Post), ehedem sehr feste, 1800
von den Franzosen geschleifte Hauptstadt der gleichnamigen Provinz mit
22,510 Einw. und einer Messe im
Herbst. Sehenswerth das Stadthaus mit einem hohen Thurm; die
Franciskanerkirche aus dem 13.
Jahrh. Schöner Spaziergang nach
der Madonna degli Angeli, am Zusammenfluss der Stura und des
Gesso. — 2½ St. entfernt im Val
Pésio die Wasserheilanstalt des Hrn.
Brandeis, Certosa di Val Pésio,
vortrefflich als Heilanstalt und reizend als Aufenthaltsort für Gesunde.

Bei S. Dalmazzo eine alte Bene-
dictinerabtei. Robillante 2 Post.
Vom 1. Nov. bis 30. April ein Pferd
mehr her. Limone 1¾ P. (Grand
Hôtel de l'Europe). Hier fängt die
neue von Victor Amadeus IV. erbaute Strasse an. Maultiere und
Träger über das Gebirge und durch
das ganze alte Ligurien. Vorspann
wie vorher. Tenda Hôt. royal.
4 P. 5526' ü. M. Vorspann hin und
her. Giandola 2½ P. (Französ.
Zollhaus). Höchst malerisch zwischen Felsen und Wasserfällen gelegen. Diese Strasse über den Col
di Tenda, die bis zu 5526' steigt,
ist zwar im Winter nicht, oder doch
nicht immer zu passiren, allein in
der guten Jahreszeit ein unvergleichlich schöner Weg, vornehmlich zwi-

schen Giandola (gutes Wirthsh.)
und Tenda: Wasserstürze zwischen bewachsenen Marmorfelsen
von ungeheurer Höhe, durch welche
die Strasse gebrochen worden, er-
habene Felsengrotten, Hoch- und
Fernsichten auf die Alpen. Nahe
bei Tenda Trümmer von Römer-
bauten, Klöster etc. Gewöhnlich geht
man Vormittags über den Col, da
Nachmittags öfter Sturmwind den
Weg bedenklich macht. In Casa,
dem letzten Dörfchen vor der höchsten Höhe, Träger (Coulans) mit
Tragsesseln. Man rechnet sechs
Träger auf eine Person. — Das Gebirge ist reich an Marmorarten und
Mineralquellen (Bäder von Valdieri und Vinadio). Sospello
2½ P., in herrlicher Lage an der
Bevera. Vorspann hin und her.
Scarena 3¼ P. dessgl. Von hier
aus bequem abwärts längs der Es-
carena nach Nizza 2½ P. auf Place
Napoleon.

Nizza. [1]

Albergi (Wirthshäuser u. Wohnungen):
Es sind 19 grosse Hôtels da mit table d'hôte.
Hôt. de la Mediterannée. Hôt. Victoria,
heide mit der Aussicht übers Meer. Hôt.
des Anglais. Hôt. d'Angleterre. Hôt. de
la Grande Bretagne. Hôt. de France; sehr
schön gelegen, aber sehr theuer (ganze
Appartements von 10 bis 50 bis 60 Fr. täglich, einzelne Zimmer von 5 bis 6 Fr. tägl.
Table d'hôte 5 Fr. Diner auf dem Zimmer
6 Fr.). — Hôt. Chauvain, Z. mit L. und
S. 5 Fr. Hôt. des Princes. Hôt. des
Etrangers. Hôt. Paradis. Hôt. d'Europe;
sehr schön gelegen; etwas mässigere Preise.
— Pension Suisse, tägl. 5½—10 Fr.;
ist auch als Hôtel (sehr zu empfehlen).
P. Rivoir. P. Bessou. Marine Villa. — P.
Visconti und P. Orangini in Cimiez mit
herrlicher Aussicht. — P. Franzoni (sehr
gut). — H. P. Suédoise p. Md. Tullin. —
P. Anglaise. — Die Preise sind enorm gestiegen seit der Annexion. 1 Wohnung
(Salon, Speisezimmer, 2 Schlaf- u. 1 Be-
dientenzimmer monatlich 1800—2200 Fr.;
ein etwas grösseres Logis 3000—3500 Fr.
Eine Familienwohnung nicht leicht unter
6000 Fr., aber auch 10 und 12000 Fr. die

1 Vgl. Einleitung S. 45

Saison. **Equipage** monatl. 5—800 Fr. —
Die Fremdenquartiere sind in den Vorstädten de la Poudrière und de la Croix
de marbre. Es wird nicht monatlich vermiethet. Vorausbezahlung des halben Mieth-
zinses. Einige Miglien von N. landeinwärts
kann man hübsche Landwohnungen finden,
selbst zu 40 Fr. monatlich. Im Sommer
sind die Preise niedriger, und man kann
ein Zimmer für 8—15 Fr. monatlich finden.
In der Rue S. Barthélémy, Carabacel (Villa
Pilatte), S. Etienne, Longchamp sind die
angenehmsten Wohnungen. Das besteinge-
richtete Haus ist das des Herrn Corinaldi,
rue Grimaldi. **Ad Notam!** Ein altes Herkommen berechtigt den Logisgeber zu der
Forderung, dass ihm bei einem vorkommenden Todesfall eines seiner Miethleute
das ganze Ameublement neu ersetzt werde.
Man muss also jedenfalls im Miethcontract
über diesen Punkt im Voraus sich verständigen. **Bedienung:** Bedienter 80 Fr
monatlich; Koch 100—120 (Köchin 80 Fr.),
Stubenmädchen 40 Fr.

Aerzte und Klima: Engl. Travis, Gur-
ney. Fitz-Patrick. Crothers. — Franz.:
Follet. Massau. Polche. Pichonniere. —
Ital.: Pantaleoni (aus Rom), Place Masséna 1
(20 Fr. die Visite). Fabrizi. Montanari.
— Deutsch: Zürcher. Lippert. Meyerhöfer.
Janzen.

Das **Klima** ist von ausserordentlicher
Milde, doch sehr aufregend und entschieden
nachtheilig für Lungenleidende. Nizza ist
im Winter der Sammelplatz für Nerven-
kranke; im Sommer steht es fast leer.

Bäder: Douche- und Dampfbäder in der
rue François de S. Paule neben dem Theater bei Mary. Quatre saisons, Jardin public, du Cours, Plan du Gouvernement,
Etablissement hydrothérapique des Dr. Lu-
banski, rue de France 7½. Wannenbäder
1 Fr., Seebäder 1½ Fr.

Bijoutiers: Pascal Bonfante, rue du
Gouvernement. Genfer Bijoutiers mit eignen Depots für den Winter.

Buchhandlung: Giraud, Quai Masséna.

Lesecabinet im Cercle philarmonique.
Im Salon Visconti, rue S. François de Paule,
eine grosse Auswahl deutscher, englischer,
französischer und italienischer Journale,
monatlich 3 Fr., für die Leihbibliothek noch
2 Fr. mehr. — Giraud, Place du Jardin
public.

Briefpost, Place Napoléon, von 8 U.
früh bis 7 U. A. (So. 8—10 und 3—7 U.).

Cafés: Café Americain, rue S. François
de Paule, Grand Café royal (mit einem Salon für Damen). Café du Commerce. Tasse
Café 3 Sous, Eis 4.

Cigarren, kaiserl. Regie, rue du Cours
neben Visconti und Quai Masséna.

Engl. und franz. Waaren: Massiah,
rue du Pont neuf. Cassin Frères, do.
Dalma e Co., Cours.

Esel bei Bermondi, Auda, Natarelli

3 bis 4 Fr. für den Tag, 1 Fr. für den
Treiber.

Fahrgelegenheit theuer, 40 Fr. d. Tag.
Ein Wagen, in Gesellschaft zu fahren und
zurück 12 Fr., ein Reitpferd für 2 Stunden
5 Fr. Fiaker (auf dem Platz Masséna,
Boulevard du pont vieux, place des Pho-
céens, Place Napoléon), ein Cours mit 1
Pferd 75 Cts., die Stunde 1½—2 Fr.; mit
2 Pferden 2½ Fr. die Stunde. Für die
Spazierfahrten ausser der Stadt auch feste
Preise. — **Diligencen** täglich 2mal nach
Genua in 26 St. Legt man 20 Fr. aufs
Postgeld, so kann man in Oneglia übernachten, und fährt am andern Morgen mit
der nächsten Diligence den schönen Weg
der Riviera entlang. Ferner in 22—24 St.
nach Turin. — **Vetturini** rechnen 3 Tage
nach Genua und 8—10 nach Genf, und 20
Fr. für den Kopf und Tag. Empfohlen werden Plana bei dem Croix de Marbre u. Felice als Commissionaire; auch Loupias,
Sardine, Vigon. — **Dampfboote** nach
Genua Mittwoch und Sonnt. Ab. in 8—12
St. für 28 und 18 Fr., nach Marseille ebenso. — **Eisenbahn** nach Toulon, Marseille, Lyon und Paris.

Holz- und Elfenbeinschnitzer: Jos.
Giando, rue S. François de Paule; Claude
Gimelle, Cours; Mignon, Place du Jardin
public; A. Nicolas, rue des Ponchettes;
Galliena und Cera, Place S. Etienne.

Kirche: Franz.-protest.: rue Gioffredo.
Deutsch-protest.: rue de la Buffa. Engl.-
protest. schottische: rue Masséna; russische: rue de Longchamps.

Restaurations: Paul Lavit, rue Masséna
No. 3 (zu 2 Fr. 50 Cent. die Person, nach
Hause). Escoffier, Quai Masséna. Leonard,
rue S. François de Paule. Frères Proven-
çaux do. Vial sur le Cours. Ville de Lyon,
descende du boulevard. — **Speiseladen:**
Samuel Berlandina. Andere in der rue du
Gouvernement, rue Masséna, rue S. François de Paule; aber alle Lebensmittel enorm
theuer, so dass die folgenden Preise noch
zu niedrig sein dürften. — **Speisezettel:** Butter und Eier sind theuer.
Junge Hühner zu 25 Sous, 1 Kapaun 50.
Welschhuhn 4 Fr. Rindfleisch 4 Sous
das Pfund. Kalb 8. Lamm 6. Wildpret, namentlich Federwild, in grosser
Menge. 1 Rebhuhn 2 Frcs., 1 Hase 3.
Fische: le merlan, le rouget, le S. Pierre,
la dorade, l'empereur. le dente, la girelle
etc., das Pfund 2, 4 bis 12 Sous. Maccaroni 4 Sous das Pfund. Gute, charakte-
ristische Gerichte sind die Ravioli, eine
Art Pastetchen von Geflügel, Hirn, Kalbfleisch, Eier, Käse etc.. ferner les Soleils
und la Pizzatadiera, sehr pikant; noch mehr
le tian. Milch (caillé) vortrefflich. Confituren sehr angenehm. Wein, le Bellet, roth,
etwas herb. Bracquet und Aspremont zum
Dessert (20—30 Sous), Marignana, Antibes,
S. Tropez (4—5 Sous), der gewöhnliche de
la Gaude 12 Sous.

N. (Nicäa). Herrlich am Fuss der amphitheatralisch sich erhebenden Meeralpen, namentlich des Mont-Alban, und nahe am Ausfluss des Paglione gelegene Stadt, mit köstlicher südlicher Vegetation und 48,273 Einw., die einen eigenthümlichen romanischen Dialekt sprechen, der besonders rein und schön in den Gebirgen erhalten ist, besteht aus Alt- und Neustadt, von denen nur die letztere heitere, reinliche, breite Strassen hat. Hauptplatz: S. Agostino. — Der Hafen ist klein aber sicher, und kann Schiffe bis zu 300 Tonnen aufnehmen. — Naturprodukte: Wein, Oel, Seide, Südfrüchte, Tabak. Kunstproducte: Seife, Liqueure, Essenzen, Porfümerien, Papier, Seidenzeug, Strohhüte etc. — Die herrschende Sprache ist die französische. Die Fischer bilden eine geschlossene Kaste.

Von Phocäern gegründet nach der Erbauung von Marseille, und Nicäa (Victoriosa) vom Sieg über die Ligurier genannt, war es unter den Galliern bedeutend, als es 158 a. C. von den Römern erobert wurde; aber nach dem Tode des Tiberius verlor es wegen des schlechten Zustandes seines Hafens sein Ansehen. — 1538 war hier der berühmte Congress zwischen Paul III., Franz I. und Carl V. — 1543 wurde es von dem Seeräuber Barbarossa belagert, aber durch den Heldenmuth der Catharina Segurana, die ihre Mitbürger zur Vertheidigung führte, gerettet. Seit dem 24. März 1860 ist Nizza an Frankreich abgetreten. — Es ist die Vaterstadt vom Mathematiker Maraldi und vom Maler Vanloo, dessgleichen von Gius. Garibaldi. Der Astronom Cassini und der Dichter Passeroni sind in der Nähe, zu Perinaldo und Condamine, geboren.

Oeffentliche Gebäude: Palast des Gouverneurs, Dominicaner-Kloster. Jesuitencollegium. Kathedrale mit einer Bibliothek. Kapucinerkloster dessgl. Die öffentliche Bibliothek in der Rue S. François de Paule mit römischen Alterthümern. — Das naturhistorische Museum auf Place Napoléon. Theater.

Spaziergänge: Herrliche Aussicht von den Trümmern des zerstörten Schlosses auf der Spitze zwischen der Stadt und dem Hafen. Man kann eine Strecke fahren; zur Terrasse muss man zu Fuss gehen.

Promenade des Anglais; les Quais; Jardin public mit Militärmusik; Boulevard del' Imperatrice; Jardin zoologique; Vue de France; das Lazareth. Cimella (Cimiero, Cemenalium), 2 Miglien, mit Resten antiker Bäder, eines Amphitheaters, Apollotempels, und eine grosse Anzahl der reizendsten Villen, wo gern die Fremden wohnen.

Die Grotte S. André mit afrikanischer Vegetation im Innern (Brassica balearia etc.); das Thal von Magnan sehr romantisch. Tourette. San Salvadore. Eine Tagpartie zu Wagen nach dem reizvoll gelegnen Esa (am Mer d'Eze). Man geht zurück in einer Barke nach Beaulieu, dann über Ville franche (wohin man den Wagen bestellt) nach Nizza.

Vallon-obscur, man wähle einen trockenen und warmen Tag, und mache den Weg, der über die Villa des gastfreundlichen Grafen de Cessoles (la Buffa) führt, zu Esel oder zu Pferd. — Monte calvo (Mont Calio); man geht zu Pferd (Esel sind zu schwach). Auf dem Weg die grosse Stalaktitengrotte, in die man mit einer Fackel einsteigt. Auf dem Gipfel des Berges herrliches Panorama: die französischen Alpen, Saint-Jaurt, le Broc, S. Martin de Canosca, les Ferrieres, Dalmas le Sauvage, die Madonna de Sinestras; dann an der Felsenhöhe das Dorf Falicon, und ein ausgebrannter Krater.

Drap, zu dessen gutem, moussirendem Wein täglich Omnibus führen.

Villefranche, sehr angenehmer Spazierweg, 3 Stunden, auf der neuen Strasse längs des Meers; zurück auf der alten; Aussicht auf die Stadt und die Mündung des Var. —Villa des Marquis de Cheateanneuf; Villa Matteucci. — V. Abbadie; — S. Charles od. Villa Venanson; — V. Barras à St. Etienne, — V. Bernoud; — V. Zuilen; — V. Gastaud. — Nahe bei dem Boulevard der Kaiserin die Villen S. Vallier, S. Aignan, Louise, Vigier, château Smith.

Weitere Umgegend: Beaulieu, etwas weiter, gleichfalls sehr reizend, 3 sehr grosse Oelbäume von unbekanntem Alter. Leuchtthurm.

S. Hospice mit Thunfischfang im Februar und März. Hier das Localgericht „bouilla-baïsso," das man vor der Tour auf die Spitze von S. Hospice bei der Wirthin (Gianneta) bestellen muss.

Nach Montgros, in die wüsten Gegenden von Ste. Trinité und über das blühende Ville franche zurück. (Cf. Davila Account of Nice. David Bertolotti Viaggio nella Ligura marittima.) Emile Negrin, les promenodes de Nice (neu).

15.

Von Turin nach Oneglia

über Cherasco.

Reisekarte IX.

Man geht auf der Eisenbahn über Carignano, Racconigi bis Cavallermaggiore und auf der Zweigbahn nach Brà in 1³/₄ St. für Fr. 6,25 — 4,50 — 3,15.
Von Turin bis Cavallermaggiore S. Rr. 14.

Brà im Thal der Stura mit 12,500 Ew. Von hier ist eine Eisenbahn über Alba und Nizza nach Alessandria geführt. Ueber den Tánaro nach Cherásco 1 P. (Clarascum, Cairascum), Stadt am Einfluss der Stura in den Tánaro, mit Mauern und Schloss, Kirchen und Palästen (P. Salmatori etc.) und Gemälden darin von Taricco, 10,000 Ew. Berühmt durch einige Friedensschlüsse, z. B. 1796, durch welchen Piemont ganze Landstriche an Frankreich abtreten musste; und wohlhabend durch Fruchtbarkeit des Bodens, der Getreide- und Seidenbau begünstigt und vorzüglich gute weisse Trüffeln hervorbringt. — In der Nähe die Ruinen von Pollenza (Amphitheater, Tempel, Bad), einer früher bedeutenden von Alarich zerstörten Stadt, berühmt durch Marius Sieg über die Cimbern und Stilico's über die Gothen. cf. Frangipani, Antichità di Pollenza e de' ruderi che ne rimangano. Mem. de l'Ac. Imp. de Turin. 1805 bis 1808. — Dogliani 2¹/₄ P. Ceva 3 P. Bagnasco 1¹/₂ P. In der Nähe Ueberreste des antiken Castrum Sarracenum, jetzt Castellaccio, wo Valer. Maximus gestorben sein soll.

Garéssio 1¹/₂ P. Orméa 1¹/₂ P. Ueber das Gebirge, das sich wenig über 3000 F. erhebt, in das Thal der Arrosia nach Pieve 2³/₄ P. Von da ins Thal der Impera. Oneglia 3³/₄ P. (Hôt. de Turin. Victoria. Hôt. de Londres. Aquila d'ord. La Posta), Stadt mit 7000 Einw., gewöhnliches Nachtquartier zwischen Genua und Nizza, Geburtsort des A. Doria mit Festung und gutem Hafen. Hier übernahm Napoleon im April 1796 an Scherers Statt das Obercommando. — In Porto S. Maurizio vortreffliche Oliven und grosse Lithographiesteinbrüche.

16.

Von Turin nach Oneglia

über Fossáno.

Reisekarte IX.

Von Turin bis **Fossáno** Eisenbahn in 2 St. für Fr. 7, 05. — 4, 95. — 3, 55. S. Rr. 14.
Von Fossáno nach **Mondóvi** 3 P. Haupt- und ehedem Universitätsstadt der Provinz gl. N. an einem Berge über dem Flüsschen Ellero mit 16,000 Einw., einem Bischof, einem königl. Collegium, einem literarischen Cabinet. Auf dem Gipfel des Berges der Hauptplatz und die Citadelle mit schöner Aussicht. Kathedrale des h. Donatus, mit einer besonders grossen Glocke. Es ist berühmt als Geburtsort des Physikers Beccaria und wegen des Siegs der Franzosen über die Oestreicher am 4. Mai 1796. — In der Nähe Vico, ein vielbesuchter, prächtiger Wallfahrtsort mit einer sehr schönen Kirche. — Ferner Trümmer einer röm. Wasserleitung.
Ceva 3 P. (vom 1. November bis 30. April Vorspann), ber. Käse (Robiole), Wein und Kartoffeln. **Oneglia** 11 Posten. S. Rr. 15.

17.

Von Turin nach Genua.

Reisekarten VII. IX.

Eisenbahn in 4—5³/₄ St. für Fr. 18, 30. — 12, 80. — 9, 15.
Dieser Weg gehört durch Anlage und Ausführung der Eisenbahn mit ihren Viaducten und Tunnels und durch die Gegenden, durch die er führt, zu den schönsten in Oberitalien. Links die hohen Po-Ufer, rechts und ringsum die herrlichste Aussicht auf die Alpen von der 11,800′ hohen Pyramide des Monte Viso und vom Mont Cénis bis zum Monte Rosa.
Von Turin über Moncalieri, in dessen hochgelegnem Schlosse der gefangene König Victor Amadeus II. (früher in Rivoli s. o.) gestorben, und der letztverstorbene mit seiner Familie gern verweilte, und wo vom 29. Oct. bis 6. Novemb. eine grosse Messe gehalten wird, nach Truffarello. Im Westen der Monte Viso. Im NW. ist der Montblanc noch sichtbar. Dusino, Weinbau. Vino d'Asti. **Asti** (Hasta Pompeja), Wirthshäuser: Leone d'oro, Alb. reale), Stadt am Tánaro und Belbo in einer fruchtbaren Gegend (vortreffliche weisse Trüffeln) mit 28,578 Ew., ehedem ligurische, hernach römische Provinz; longobardisches Herzogthum. Carl der Grosse schenkte es dem Grafen Irico und Berengar dem Marchese Aleramo. Als freie Stadt kämpfte es gegen Barbarossa und unterlag, erholte sich wieder, fiel 1348 in die Gewalt der Visconti, durch die es an Frankreich und nach dem Frieden von Cambray an Carl V. kam, der es seiner Muhme Beatrice von Savoyen schenkte. Von seinen 100 Thürmen stehen noch 30. — Dom, von 1348, im lombardisch-germanischen Styl. In der Capelle neben dem Hochaltar eine Geburt Christi (niederdeutsches Bild) aus dem 15. Jahrhundert (?). Die Auferstehung von *Moncalvo*. — Il Battisterio (S. Pietro in Concava), eine Rotunde einer hoch überhöhten Kuppel, von Backstein, mit 8 Säulen innen von Backstein und Quadern, mit schweren Würfelcapitälen, die Gurtbögen nur aus Quadern; plumpe Formen, schwere Verhältnisse; wahrscheinlich aus der Longobardenzeit; am Altar ein Sculpturwerk. — S. Secondo (der Stadtpatron, dem zu Ehren jährlich am ersten Donnerstag nach Ostern ein

grosses Volksfest mit Pferderennen gefeiert wird); eine Collegiatkirche, aus dem 14. Jahrh., mit einem niederdeutschen Bild (Mariä Reinigung) aus dem 15. Jahrh. (?) — S. Maria nuova mit einem ähnlichen altdeutschen Gemälde (?). — Die Certosa und S. Bartolommeo ausserhalb Asti, von den Franzosen zerstört, mit Ueberresten alter Gemälde. — Madonna del Portone. — Castello vecchio, das Invalidenhaus, die Paläste Frinco, Roero, Masetti und Bessagni. — Die Einwohner sind lebhaft und fleissig, und machen gute Seide und einen vortrefflichen moussirenden Wein (Nebbiolo), und die „Acqua di fragola" während der heissen Jahreszeit als kühlendes Getränk zu empfehlen und an der Eisenbahnstation zu haben. Asti ist die Vaterstadt des Dichters Alfieri, in dessen Palast verschiedene Erinnerungen an ihn bewahrt werden. In Castelnuovo d'Asti eine kalte Schwefelquelle von grosser Wirkung. Im Astigiano, d. i. dem Gebiet von Asti, gibt es viele Mineralquellen (Castel Alfieri etc.), viele seltne Fossile (Val d'Ardina).

Alessandria. Von hier nach Genua S. Rr. 10.

18.

Von Turin nach Bologna

über Parma.

Reisekarten VII. VIII.

Eisenbahn in 10³/₄ St. — bis Piacenza in 6 St. für Fr. 20, 75. — 14, 55. — 10, 40.

Von Turin nach **Alessandria** Rr. 10. ✓ Von da geht der Weg über das berühmte Schlachtfeld von **Marengo**, über **Tortona, Voghera** nach **Piacenza** S. Rr. 9. Von Piacenza nach Bologna S. Rr. 8.

19.

Von Nizza nach Genua

an der Riviera di Ponente.

Reisekarte IX.

31 Posten.

Eisenbahn im Bau. Diligence in 26 St. Der Vetturin braucht 3 Tage, das Dampfschiff 8 Stunden. S. Nizza, Fahrgelegenheit. Dieser Weg, den die französische Regierung anzulegen angefangen, die sardinische vollendet, wird wegen der schönen Aussichten auf Land und Meer und Meerbuchten und wegen der köstlichen Vegetation von Cactus und Aloe, von Oliven, Orangen, Cypressen, Pinien und Palmen mit Recht zu den schönsten in Italien gezählt. Schnee fällt hier zwar nie, aber heftigen Stürmen ist die Küste unterworfen, sowie den Verheerungen der Giessbäche, und da die Strasse oft an Abgründen hingeht, so werden schwindliche Personen sich vorsehen. Der Pass muss 24 St. vor der Abreise besorgt werden und vor der Visa des Polizeipräfekten und Gouverneurs die des eignen Landesconsuls haben, was auf 6 bis 7 Fr. zu stehen kommt.

Von Nizza (1 Pferd Vorspann hin) geht man zuerst neben der Turiner Strasse 2 Miglien hin. Montalbano, schöngelegene Festung mit herrlicher Aussicht auf das Meer, auf Villa franca, die französische Küste und die Riviera di Ponente mit ihren zahlreichen Villen, Schutzthürmen, Burgen und Ortschaften. Freilich sind die letztern häufig so eng gebaut, dass sich in den Strassen die Wägen schwer ausweichen können, die Architektur mit ihren bemalten Façaden und ausschweifenden Formen hat auch wenig Werth; aber das Ganze gewährt doch einen Eindruck von Heiterkeit und Reichthum.

Villa franca, kleine Stadt mit 2500 Ew., mit einem guten Hafen und einer Schifffahrtsschule. Nahebei die Halbinsel Santo Ospizio (Frasinetto), eine Station der Sarazenen. — Esa, hochgelegen u. gegründet als ein Zufluchtsort vor den Corsaren. Man findet, wenn man zwischen hier und La Turbia an den Strand hinabsteigt, interessante Fossile.

La Turbia, 6 P. Trümmer der berühmten Tropäa Augusti, errichtet wegen des Sieges über die Ligurer; zum Theil aus ihren Steinen ist die Kirche des Orts erbaut, und auch an andern Gebäuden finden sich Fragmente davon. Alabaster-Brüche. — Rechts am Meere

Monaco (Arx Herculis Monoeci) (Wirthshaus Hôt. de Paris, am Strande vor der Stadt, Hôt. de Russie, am Platz in der Stadt), ehedem Hauptstadt des Fürstenthums gl. N., jetzt zu Frankreich gehörig, auf einer ins Meer vorspringenden, mit Cactus bewachsenen Felsenspitze, zu der man auf einem steilen, durch mehre Thore versperrten Weg ansteigt, 2½ Miglien breit und 2 Miglien lang, mit einem Hafen, einem Exerzirplatz und 12,000 Ew. Das Klima ist äusserst mild, Kaiser Otto I. gründete dieses kleine Fürstenthum zu Gunsten der Grimaldi, deren letzter Sprössling es mit einer Tochter an eine französische Familie Matignon gab. Die Befestigungen liess Louis XIV. von Frankreich anlegen. Ehedem stand ein Tempel des Hercules hier, den man als Gründer der Stadt verehrte. Jetzt ist französische Besatzung da. — Im Schloss Frescomalereien, auf der Spitze des Felsens eine Terrasse mit herrlicher Aussicht.

Bei der Villa der Malgue der Thurm des Pertinax, der in La Turbia geboren sein soll. Am Ufer findet man häufig den Steinbohrer (Dattelmuschel, Mysilus lithophagus), den man als Leckerbissen verzehrt.

Man geht durch einen wahren Garten voll Oliven, Oleander, Rhododendron etc. nach Mentone, 2 P. (1 Pferd Vorspann her. Der Postmeister in Mentone rechnet nach La Turbia 3 P.) Hôt. Paradis, auch Pension (deutsch); wird gerühmt. Hôt. d'Angleterre, gut und reinlich, doch theurer. Victoria, neu. La Paix. Hôt. de Londres. 4000 Ew. Residenz des Fürsten von Monaco, wegen seiner gegen Norden geschützten Lage von Leidenden als Winteraufenthalt gesucht. Die übliche Sprache ist die französische. Eigenthümlicher weiblicher Kopfputz. ½ Migl. weiter bei S. Mauro ist die italienische Grenze und Dogana, die inzwischen hier nicht belästigt; die französische ist bei S. Louis.

Ventimiglia, 1½ P. (Vorspann hin und her vom November zum April). Albintimiglium, Vaterstadt des lat. Dichters Aulus Persius; italienische Grenzfestung.

Bordighera (Jesu Maria), ein Dorf mit 2000 Ew., bemerkenswerth durch die Familie Bresca, die seit Ostern 1588 das Privilegium hat, die Kirchen Roms für den Palmsonntag mit Palmzweigen zu versehen. S. Rom, Obelisk von S. Pietro. Auch wachsen hier viel Palmen. Auf der Höhe sieht man Perinaldo, den Geburtsort der Astronomenfamilie Cassini.

San-Remo, 2¾ P. (Vorspann hin und her. Gasth.: Hôt. de Londres, vor der Stadt, schön gelegen, gut und billig. La Palma, Pension 8 bis 10 Fr.) Stadt mit 10,000 Ew., die ihres milden Charakters wegen berühmt sind, in reizender Lage mit köstlichem Klima und der reichsten südlichen Vegetation. Schöne Wasserleitung des Cav. Nota, der zugleich als komischer Dichter einen guten Namen hat. In dem alten Stadttheil eine sehr merkwürdige Bau-Anlage der Häuser über Arcaden, dazu eine halbalterthümliche Hauptkirche. S. Remo ist in Bezug auf Vegetation der Gipfelpunkt der ganzen Riviera; hier stehen die schönsten Palmen, die reichsten und grössten Orangen und Myrthen, Oleander und Jasmine, und was nur Duft und Farbe hat. S. Stefano, 2 P. In S. Lorenzo wächst ein guter, dem Cyper verwandter Wein, ist aber schwer zu haben. Längs der Küste zahlreiche Schutz-Thürme. — Porto Maurizio, äusserst malerisch auf einem Hügel über dem Meer gelegen. — In Carinagna soll in der Kirchen-Sacristei ein altdeutsches Bild sein. — Montenegro, schön gelegen, mit einer Kirche von 1450. Oneglia, 2½ P. S. Rr. 15. Der Weg wird immer reizender und malerischer, und reicher an Schlössern, Dörfern und Städten. Ueber Diano marino, Cervo, durch das ungesunde und halbverlassene Thal der Andora, um die schöne Bay von Capo delle Mele bis Capo della Croce, wo übrigens bereits eine minder ausgezeichnete Vegetation, Oliven von geringerm Werth etc. bemerkbar sind, nach Alassio, 3½ P., Hôt. Bella Italia. Albergo Reale. Posta. Stadt mit 6000 Ew., die als muthige Seefahrer bekannt sind, und die fast für ganz Piemont die frischen und ungesalzenen Seefische liefern. Garlánda. In der Kirche das Martyrium des h. Erasmus, von *N. Poussin*, und Madonna in tr. mit Heiligen, von *Domenichino*. Albenga, 1½ P. (Albergo della Posta, Alb. d'Italia), kleine, alte, finstere, etwas ungesunde Stadt am Ausfluss des Centa (Lerone, Arosia u. Neva) und am Ausgang des reichbebauten herrlichen Thales von A., mit 4000 Ew., einem guten Hafen, 3 Messen (17. Jan., 3. Mai, 30. Sept.), 3 Thürmen (Torre del Marchese, Malatesta mit 2 Löwen, Torre de' Guelfi, und T. della Casa del Commune);

einem (im Innern modernisirten) Dom aus dem 13. Jahrh. mit merkwürdigen Sculpturen über dem Eingang, einem Baptisterium mit alten Mosaiken (ehedem Tempel aus der letzten Kaiserzeit?) und einer ¼ Meile entfernten antiken Brücke (Ponte Lungo) von Hadrian oder Constantin, n. A. von Honorius; war 1794 Mittelpunkt der französischen Kriegsoperationen, 1796 Napoleons Hauptquartier, bis 1805 Republik. Gegenüber die Kaninchen- und Hühner-Insel Gallinaria, der Aufenthalt des S. Martin von Tours. Nahe bei A. Lusignano in paradiesischer Gegend, wo Mde. Genlis längere Zeit gelebt. Bei Borghetto di S. Spirito die Höhle mit der H. Lucia mit merkwürdigen Stalaktiten. Loano Hôt. de l'Europe, sehr unsauber unbequem und theuer wenn man nicht accordirt. Von Loano an ist eine neue Strasse gebaut (2¼ Fr. Weggeld!) durch einen Tunnel nach Finale, von welchem Ort man eine schöne Aussicht auf Genua hat. Finale, 3 P. (Hôt. de la Chine), ehemals Hauptstadt der Marchesen Caretto, von den Genuesen genommen im 14. Jahrh., von den Spaniern befestigt im 15., davon die Spuren noch sichtbar auf den Hügeln umher. S. Giovanni Battista von *Bernini*. Bei Varigotta Felsengalerien mit schönen Durchsichten. Noli, malerisch mit Mauern und Thürmen aus seiner alten republikanischen Zeit geschmückt. Schöne Marmorfelsen mit prächtigen Aloen; entzückende Aussicht auf Genua. Spotorno gegenüber eine verlassene Insel bei Bergeggi. Der Pass Bergeggi mit einer weitgerühmten Stalaktiten-Grotte. Der Pass Vado, jetzt ein kleines Dorf. Savona, 3½ P. (Albergo reale mit Restaurant, Bädern, hübschen Garten, grossen luftigen Zimmern zu 2–4 Fr. auch Pension. Diligence

nach Genua tägl. 2mal (3½, Fr.)
2½ Nm.), alte Stadt von angenehmer Lage mit einem kleinen aber
sichern, von den Franzosen restau-
rirten Hafen (der grosse und schöne,
im Mittelalter von hoher Wichtigkeit, wurde 1525—1528 von den
Genuesen zerstört), einem Fort, auf
einem Fels im Meer, vielen Anker-
fabriken, Schiffbau, Tuch- und Erd-
geschirr-Fabriken und 16,000 Einw.
Das Klima unbeständig.   Früchte
und Gemüse vortrefflich und im
Ueberfluss. Riesencarciofl. Pfirsiche
und Orangen von besonderer Güte.
Dessgleichen weisser Wein. Grosser
Blumenhandel. Antonius fand hier
nach der Schlacht von Modena einen
Zufluchtsort, und Pius VII. nach
der Besetzung Roms durch die Franzosen ein Gefängniss. Von hier stammen die Familien Riario und della
Rovere, davon die erstere in Besitz
war von Forli, Faenza und Imola, aus
der zweiten sind die Päpste Sixtus
IV. und Julius II. hervorgegangen.
Hier ging Columbus zuerst in die
Schule. Ferner ist Chiabrera zu
nennen, der, hier geboren 1552 und
† 1637, als lyrischer und epischer
Dichter grossen Ruhm und den Namen des italienischen Pindars erlangt. — Hier werden auch jene
Passionsmaschinen gemacht, eine Art
automatischer Figuren, die das Leiden Christi darstellen, und bei kirchlichen Processionen zur Steigerung
der Andacht, vornehmlich zur Nachtzeit verwendet, und öffentlich her-
umgetragen werden, in denen besonders ein gewisser Maraggiano
sich auszeichnete. (S. Balbi, Géo-
graphie universelle, im Artikel Savona. — Die Kathedrale[1] von
1604, zum Theil geschmückt mit
Schätzen des alten, zu Gunsten von
Befestigungswerken niedergerissenen
Domes: Madonna von *Lod. Brea;*
die Geisselung Christi von *Cambiasi.*

[1] Den Schlüssel hat der Schreiner, gegenüber dem linken Seiteneingang.

Madonna della colonna, a fresco
von *Robertelli,* von einer Säule des
alten Domes abgenommen; gilt als
Mirakelbild. In der Capella della
Madonna ein Altarwerk in 7 Abtheilungen von *Lod. Brea* u. A.
Geschenk Julius II. Capella dei
morti, mit marmornen Gerippen. —
S. Domenico mit einem Gemälde
von *A. Dürer* (?) und einer Geburt
Christi von *Semini.* Im Kloster die
Büste Chiabrera's, mit einer Inschrift von P. Urban XI. — Palast der Familie Rovere von
Ant. da San Gallo. — An einem
der Hafenthürme ist eine kolossale Madonna mit der Unterschrift:

In mare irato, in subita procella,
Invoco te, nostra benigna Stella!

was man ebensowohl für lateinisch,
als für italienisch halten kann, wovon man, aber ohne hinreichenden
Grund, Chiabrera als Verfasser an-
gibt. —
In der Umgegend viele schöne
Villen und das Dorf und Thal San
Bernardo mit der berühmten Wallfahrtskirche Nostra Signora di
Misericordia, die 1536 einer wunderbaren Erscheinung der Madonna
zu Ehren gegründet, von Chiabrera
besungen, von Marino beschrieben,
nach der Madonna von Loreto den
meisten Zulauf hat, und wo 1797
von den Franzosen ein Schatz von
1½ Mill. Fr. erhoben wurde. Unter
den neuen Weihgeschenken ist eine
reiche Krone von P. Pius VII. Die
Gemälde sind grossentheils von *Bern.
Castello;* ferner eine Darstellung im
Tempel von *Domenichino* und die
Heimsuchung von *Bernini.* Ein Altarwerk mit Heiligen auf Goldgrund
von 1345.
Die Strasse geht von da an öfter
durch den Felsen oder über Terrassen am Meer; Villen, Gärten, Schlösser oben, unten, ringsum! In Va-
raggio ist eine der grössten Schiffswerften des Königreichs, aus der

an 50 Schiffe jährlich vom Stapel laufen. In einem reizenden Thale liegt Albizzola, der Geburtsort Pius II., mit dem Pal. Rovere. In Cella ist ein Gemälde von *Pierin del Vaga*. Auf dem Hügel von Voragine das Kloster „Il Deserto". Cogoletto, der angebliche Geburtsort von Columbus, mit grossen Eisengiessereien. Zwischen hier und Arenzana herrliche Landschaften und überaus schöne Vegetation.

Arenzana, 3 P. Villa Pallavicini, vorzüglich schön, aber schwer zugänglich. Von Voltri Eisenbahn ½ St. nach **Genova**, s. **Genua**, Umgegend.

Reiserouten nach und in Italien.

II.

Reisen nach Toscana.

Vorbemerkung. Es kann hier nur von Landreisen die Rede sein. Für diejenigen, die sich der Dampfschiffe bedienen wollen, werde daran erinnert, dass solche von Triest nach Ancona, und von Genua nach Livorno, Civitavecchia und Neapel gehen. S. die betreffenden Orte „Abreise". Die Anordnungen sind dem Wechsel unterworfen, wesshalb man sich mit dem neuesten officiellen Orario „Guida Lavagnino" versehen muss. Man kann aber darauf rechnen, dass von Genua täglich in der Richtung von Livorno Schiffe abgehen. Bei der Landung erfährt man die üblichen Plackereien und Geldschneidereien: Anlanden, Facchino, Gefälligkeiten und Betteleien in Menge. In Livorno übrigens, wie in Genua ist eine bestimmte Taxe eingeführt. Landen: die Pers. 1 Fr., 1 Koffer und kleines Gepäck 1½ Fr., Facchino zur Dogana ½ Fr., dann zum Fiaker ½ Fr. Von Livorno nach Florenz fährt eine Eisenbahn in 3 St.

Die Dampfschifffahrt zwischen Genua und Neapel ist so eingerichtet, dass man in 24 St. von einem Ort zum andern ohne Aufenthalt gelangen kann; oder auch, dass man nur die Nacht fährt, die (2) Tage aber in Livorno und Civitavecchia oder deren Häfen zubringt. Will man für diesen kurzen Aufenthalt die Consulat-Visa ersparen, oder hat man sie versäumt, so braucht man vor Civitavecchia nur dem Capitän ein paar schriftliche Worte an den Consul der eignen oder der schutzverwandten Nation daselbst zu geben, die gewünschte Landung betreffend, und man wird binnen weniger als einer Stunde durch das Consulat-Personal von Bord abgeholt (gratis). In Livorno braucht man die Vermittlung des Capitäns nicht. Von den Ufern und Inseln bekommt man in der Regel wenig zu sehen. Nur wenn die Abfahrt von Civitavecchia zeitig erfolgt, hat man bei heiterm Himmel eine vollständige Ansicht der Gebirge um Rom bis zum Gran Sasso d'Italia, dazu der Städte Albano, Genzano etc. Man thut wohl die Landkarte zur Orientirung bei der Hand zu haben.

1.

Von Genua nach Florenz

über Pisa an der Riviera di Levante.

Eisenbahn 1864 von Spezia an bis Florenz vollendet; gänzliche Vollendung von Genua aus für 1866 in Aussicht. Jetzt fährt man in 4—5 St. auf dem Dampfschiff nach Spezia, oder mit dem Courier, der den Weg von 2 U. Nm. bis 5 U. M. für 22 Fr. à Person zurücklegt, oder mit dem Vetturin, der 2 Tage braucht, und (mit Beköstigung) 50 Fr. fordert von der Person. Von Spezia nach Pisa Eisenbahn in 2½ St. für Fr. 7, 50. — 6, 10. — 4, 65.

Wer die lange Landreise der kurzen Seereise zu Dampfschiff vorziehen kann, der thue es; er wird reichlich belohnt durch die Schönheit des Weges, malerische Ansichten der Küste mit ihren Buchten, Ortschaften, Burgen und Schlössern, herrlichen Aussichten auf das Meer mit seinen Inseln und Schiffen, und durch eine häufig überraschend reiche und schöne Vegetation. Nur träume man nicht Orangenwälder und Palmenhaine, auch sei man auf allerlei Wirthshausplagen gefasst.

Von Pisa Eisenbahn nach Livorno in ½ St. Von Livorno Eisenbahn über Empoli nach Florenz in 3¼ St. für Fr. 9, 35. — 7, 70. — 6, 5.

Gleich von Genua aus steigt die Strasse zu einer Höhe, von der man einen herrlichen Rückblick hat. Jenseit des Bisagno kommt man nach S. Martino d'Albaro, das durch seine schönen Villen berühmt ist. (Villa Cambiaso, erbaut von *Alessio* 1557. S. Genua Umgegend). Nervi mit seinen buntbemalten Häusern und Villen (V. Gropallo). Recco, 3 P. (½ P. Vergünstigung hin und her).

In Recco (Hôt. de Londres) geben die Vetturini gern ein rinfresco; die Strasse geht durch einen ziemlich langen Tunnel. Schöne Aussichten auf die Meeresküste. Von hier kann man das Vorgebirge Porto Fino besuchen. Da ist S. Fruttuoso, ein schön gelegenes Kloster mit prächtigen Palmen und merkwürdigen Grabmälern der Doria. In S. Lorenzo della Costa bewahrt man ein alt-niederdeutsches Bild: die Hochzeit zu Cana, die Erweckung des Lazarus und das Martyrium des H. Andreas. In dem jetzt verlassenen Kloster Cervara musste K. Franz I. nach der unglücklichen Schlacht von Pavia als Gefangener auf das Schiff warten, das ihn nach Spanien brachte. Bei S. Margherita und der Umgegend wird viel Korallenfischerei getrieben.

Rapallo, 1½, P. (1 Pferd Vorspann hin und her). (Gasth.: Posta), kleine, schöne, schön gelegene Stadt mit 10,000 Ew., die viel Korallenfischerei betreiben. Schön gelegene Wallfahrtskirche der Madonna di Montallegro. In den 3 ersten Julitagen findet hier ein grosses Kirchenfest statt, an dem die Küste weithin Antheil nimmt. — Ein reizender, wechselvoller Weg führt nach **Chiávari,** 1¾ P. (1 Pferd Vorspann hin und her. Gasth.: Posta. Fenice), kleine, schöne Stadt mit 10,000 Ew., einigen beachtenswerthen Kirchen (in S. Francesco ein Gemälde von *Velasquez*), vortrefflicher Gartencultur, Spitzen-, Seidenwaaren-, Leinwand- u. Wagen-Fabriken und einer ökonomischen Gesellschaft. In der Nähe Lavagna, der Geburtsort von Sinibaldo Fieschi.

In Sestri di Levante (Hôt. de l'Europe, gut, H. d'Angleterre) in der Kirche S. Pietro ist eine heil. Familie von *Pierino del Vaga.* Besuchtes Seebad. Von da, wo die Vetturini das erste Nachtquartier machen, steigt der Weg durch Weingärten, Oliven, Kastanien etc. aufwärts nach Bracco, 2¾ P. (Vorspann hin). Schöne Aussicht. Aufwärts durch den Pass von Velva (2100' ü. M.) nach

Mattarana, 1½ P. (Vorspann hin). Hier fangen schon die wunderlichen Puppenhütchen von Stroh auf den Frauenköpfen an. Borghetto, 1¾ P. (Vorspann hin und her) (Hôt. de l'Europe).

Eine andere Strasse führt von Sestri an der Meeresküste über Levanto, — Flecken mit 4000 Ew. In der Minoritenkirche S. Georg, von *Andrea del Castagno* (1803 im Louvre) — nach

La Spezia, 3 P. (Vorspann hin und her), (Portus Lunae) Wirthsh. Odessa, Croce di Malta, Europa), kleine aber blühende, köstlich gelegene, von reicher Vegetation umgebene Stadt an dem Meerbusen gl. N., dem weitesten und sichersten in ganz Italien; zwei Forts bestreichen den Eingang. Das Arsenal und der Kriegshafen sind neuerdings von Genua hieher verlegt und ungeheure Bauten sind dafür aufgeführt worden. Klima und Luft äusserst angenehm. Orangen und Limonen in Fülle; Wein vortrefflich. Hübsche Muscheln aus dem Meer. Eine Spazierfahrt im Golf ist der schönen Ansicht der Ufer wegen sehr belohnend. Merkwürdig ist etwa eine Stunde vom Land eine starke süsse Quelle im Meer (Polla), 25 F. im Durchm. In der Nähe, am Ende des S.W. Vorgebirges liegt Porto Venere mit Schloss und Kirche. S. Pietro auf den Fundamenten eines Venustempels, jetzt in Trümmern, ähnlich denen bei Livorno, Bajä, Tarent und Syrakus, auf der Höhe, von wo eine wundervolle Aussicht. Brüche von schwarzem Marmor mit gelben Streifen. — Lerici mit einem Hafen, östlich gelegen, ehedem zu Pisa gehörig. — Die jetzt ganz verlassene, aber überaus angenehme, marmorreiche Insel Palmaria. — Die Sprugole recipienti von S. Benedetto und S. Campostrino, Höhlen die eine ungeheure Wassermasse verschlucken, und Sprugola di Maggiola, eine Höhle mit ausquellendem Sprudel.

Eisenbahn 4mal täglich nach Pisa, Livorno, Florenz. — Dampfschiffe täglich nach Livorno, Genua in 4—5 St.; Diligence ebenso nach Genua in 16 St.

Sarzana, (Nuova York, Londra), kleine ehedem toscanische, aber 1467 von Cosmus I. für das damals unscheinbare Livorno an Genua abgetretene Stadt; Vaterstadt des Papstes Nicolaus V., dessen Statue an der Façade des Doms steht, eines Gebäudes von 1455, und Wohnort des Lod. Bonaparte, der 1612 von da nach Corsica ging, und Gründer der Familie des Kaisers wurde. Im Archivio capitolare der Pallavicinische Codex. Auf der Höhe die malerische von Castruccio Castracani erbaute Veste.

Avenza, nahebei an der Küste, bei Barzanello, die Trümmer der untergegangenen antiken Stadt Luni. Die Zerstörung wird den Lombarden zugeschrieben, eine zweite den Mauren um 1016; doch war es selbst im 15. Jahrh. noch Bischofsitz, ist aber nun ganz verödet, und nur mit Mühe werden die Spuren eines Theaters, Circus, Amphitheaters etc. aufgefunden.

Carrara (Nova Paros, Alb. nazionale). kleiner Ort mit etwa 8000 Ew. und einer schönen Hauptkirche im ital.-german. Styl; berühmt durch seine Marmorsteinbrüche, und durch die vielen Bildhauerwerkstätten, in denen sowohl für auswärtige Künstler vorgearbeitet, als bekannte Kunstwerke (von *Thorwaldsen*, *Canova* etc.) auf den Kauf nachgefertigt werden, so dass man hier eine Sammlung der berühmtesten Sculpturen alter und neuer Zeit vorfindet. Man zählt 546 Marmorbrüche; die malerischsten und berühmtesten sind die von Torano, dem Heimathorte Tenerani's und Finelli's. Hier und in Miseglia wird auch der schönste Statuarmarmor gebrochen; nach Norden und Südwesten kommen bunte und geaderte Massen zum Vorschein. In 95 Brüchen findet sich Statuarmarmor. 32 Marmorsägen und 12 Schleifanstalten (Frulloni) sind längs den Canälen und Bächen. Man findet 67 Ateliers (Studij), 90 Bildhauer, 105 Ornamentisten, 70 Sbozzatori (die die Statue nach den Punkten des Modells aus dem Block herausarbeiten), 348 Steinmetzen, 76 Polirer, 610 Steinbrecher, 401 Säger und Schleifer, 208 Fuhrleute, 130 Handlanger, was ein Gesammtpersonal von mehr als 2200 ergibt.

Massa (Quattro nazioni), ehedem Hauptstadt des Herzogthums Massa-Carrara an der Strasse von Genua nach Lucca, nahe am Meer, mit einem Castell und 8000 Ew., einem schönen Schloss und mehren Plätzen, von denen der grössere mit Orangen bepflanzt ist. Die schöne alte Kathedrale, die vordem auf demselben stand, wurde von Princess Elise Baciocchi zu Anfang unsers Jahrhunderts abgetragen, weil sie ihr die freie Aussicht aus ihrem Sommerpalast beengte; einige Fragmente davon sieht man am neuen Dom. Das Klima äusserst mild, für Kranke besonders im Winter geeignet. Die Melonen von Massa sind berühmt. Früchte von Marmor. — Vorüber

den Ruinen von Castello d'Aghinolfo oder Montignoso, einem Schlosse longobardischer Herkunft, nach

Pietra Santa, (Europa, Universo), von alterthümlichem Aussehen. Im Dome, der zum Theil modernisirt ist, Sculpturen von *Donatello* (St. Johannes und Taufe) und von *Stagi* 1525. Das Weihbecken mit Seegottheiten in Relief ist antik. — S. **Agostino** mit einer Geburt und Grablegung Christi von *Zacchia* 1519. In der Nähe neuentdeckte Marmorbrüche (Serravezza) und Quecksilbergruben.

Viareggio (Alb. del Commercio) am Meere, mit Seebädern. S. **Lucca**, Umgegend. Ueber den Serchio nach **Torre del Lago** und nach

Pisa,

Pisae. Ankunft. Man sei auf die widerwärtigste Zudringlichkeit der haufenweis harrenden Facchini gefasst! Wer Eile hat, hinterlasse sein Gepäck im Bahnhof, nehme einen Wagen, besichtige die Hauptmerkwürdigkeiten und fahre sodann auf der Eisenbahn nach Livorno, Lucca, Florenz, Spezia etc.

Wirthshäuser: *Peverada und *Vittoria am Lungarno, Hôt. de Londres (neu). Gran Bretagna, Ussero, Trattoria al Nettuno. Restaurant français nahe dem Bahnhof.

Speisezettel: Wasser und Brod zu rühmen. Butter aus den Cascinen von S Rossore. Gute Fische, Schielen, Karpfen, Hechte.

Café: Ciardelli und al Ussero am Lungarno.

Lesecabinet von Fansuchi (mit ausländischen Journalen, Allgemeine Zeitung etc.).

Möblirte Wohnungen am Lungarno und gegenüber, ferner in der stilleren Via S. Antonio mit Gärten an der Südseite, werden in der Regel immer auf die Saison (6 Monate) vermiethet, 2 Zimmer nach der Sonne nebst einem Domestikenzimmer 20—150 Fr. monatlich, eine grössere Wohnung 200—300 Fr. Wenn man in der Mitte des Winters eintrifft, darf man hoffen, eine billigere Wohnung zu finden.

Klima: Der Winter warm, oft regnerisch; Frühling und Herbst angenehm; Sommer unerträglich. Brustleidende wählen mit gutem Erfolg ihren Aufenthalt hier.

Aerzte: Bartolini. Marcacci. Feroci. Regnoli, zugleich Chirurg. Grisanowski aus Königsberg.

Buchhandlungen: Nistri. Guida di Pisa, mit vollständigem Katalog der Kunstwerke des Campo santo. Daselbst und bei Vanlint am Lungarno, unterhalb der mittlern Brücke, Photographien von Pisa.

Unter 28° 1' Länge und 43° 43' nördlicher Breite, in einer anmuthigen Ebene am Fusse der Monti Pisani, einer vom Appenin gesonderten an 3000' hohen Gebirgsgruppe, an beiden Ufern des Arno, 5 Miglien vom Meer entfernt gelegene, gut gebaute, jetzt sehr verödete

(Pisa morta) Stadt, mit dem mildesten Klima, obschon im Sommer zu heisse und böse Luft herrscht, mit vortrefflichen Heilquellen in der Nähe (s. u.), einer Universität, einem Erzbischof, welchem die unbebaute Landstrecke gegen Livorno hin gehört, und 33,676 Ew.

Eine der zwölf etrurischen Städte, wird Pisa (von Strabo) für eine nach dem trojanischen Kriege eingewanderte griechische Colonie gehalten, und (von Virg. Aen. X.) mit dem griechischen Pisa im Peloponnes am Alpheus in Verbindung gebracht. 561 U. (193 a. C.) mit Rom verbündet, wurde es 574 römische Colonie und später Municipium, als welches es von Augustus den Namen Julia-Obsequens erhielt. Hadrian und Antonin verschönerten es beträchtlich mit Tempeln, Theatern, Triumphbogen, davon jetzt nichts mehr zu sehen ist. — Durch seine Lage am Arno und den ehemals vortrefflichen, nun verschlammten Hafen eignete es sich ganz zur mächtigen Handelsstadt, und selbst als ganz Italien ohnmächtig darniederlag, bewährte es solche Lebenskräfte, dass es schon im hohen Mittelalter zugleich mit Venedig Ansehen auf dem Meere hatte, im 10. Jahrh. den Sarazenen Sardinien, Corsica, Palermo entriss, 1029 Karthago eroberte, und im Verlauf des 12. Jahrh. glückliche Kriege gegen die Normannen in Sicilien und Unteritalien führte (1035—1140). Die Kreuzzüge gaben Pisa Gelegenheit zur Erweiterung der Macht, namentlich im Orient, wo es bedeutende Besitzungen hatte, erweckten ihm aber auch in Genua eine gefährliche Nebenbuhlerin, die nach manchem unentschiedenen Kampfe in Ugolino's unglücklicher Seeschlacht von Meloria 1283 (1284)[1] seine Macht brach. Noch ein Jahrhundert lang suchte Pisa, obschon unter fortdauerndem Verlust seiner auswärtigen Besitzungen (1326 ging Sardinien verloren) und im Kampfe gegen die Nachbarrepubliken, namentlich gegen Lucca (Castruccio Castracani) und Florenz — sich zu halten. Nach dem endlichen Frieden mit Genua 1341 begannen die Familienfehden der Raspanti und Bergolini um die Signorie, denen Kaiser Carl IV. ein blutiges Ende machte 1358. Inzwischen war der Republik im eben aufblühenden Florenz ein neuer Feind erwachsen; schon die Gründung eines neuen florentinischen Hafens von Talamone im Sienesischen, noch mehr aber der darauf folgende Krieg 1362, in welchem die Florentiner die Flotte und den Hafen von Pisa zerstörten (und die Hafenkette nach Florenz führten), machten dieses verarmen. Noch einmal erlebte die Republik unter der Signorie des Pietro Gambacorti 1369—1392 ein vorübergehendes Glück, kam aber nach dessen Ermordung in die Gewalt des Giov. Galeazzo Visconti von Mailand und 1406 an Florenz, dessen Schicksale es seit der Zeit getheilt.

[1] Die alte, erst im vorigen Jahrh. aufgehobene Pisaner Zeitrechnung beginnt das Jahr nicht mit dem Januar, sondern mit dem März.

Die Wissenschaft fand stets gute Pflege in der Stadt, in welcher von der Pendelschwingung der „ewigen Lampe" ein unauslöschliches Licht ausging. Hier war 1564 Galileo Galilei geboren. Zu den jetzt hier lebenden Gelehrten gehören: Pilla (Geologie und Mineralogie), Matteucci (Physik), Mosetti (Astronomie), Paolo Savi (Botanik, Geologie und Zoologie), Bartolini Puccinetti (Medicin), Serristori (Statistik). Pisa's Kunstgeschichte geht mit seiner politischen Hand in Hand; die Zeit seiner höchsten Macht fällt mit der Blüthe seiner sehr bedeutenden Bildhauerschule zusammen, und fast wunderbar wurde der grosse Kirchhof (Campo santo) im demselben Jahr vollendet, in welchem das Ansehen der Republik zu Grabe ging, 1283. Die Kriege im Süden und im Orient hatten die Pisaner mit den Kunstwerken älterer Zeiten und ihrer Bedeutung für's öffentliche Leben bekannt gemacht; ihre Siege hatten ihnen Mittel in die Hand gegeben, dem auf diese Weise geweckten Sinn Folge zu leisten. Aus den mannichfaltigen Eindrücken älterer und neuerer Zeit, römischer und byzantinischer Denkmale, und mit Hülfe der erbeuteten Kunstschätze, Säulen, Reliefs etc. bildete die Architektur bei ihnen die ersten grossen Monumente, den Dom (vielleicht das älteste Beispiel der Verbindung von byzantinischem [Kuppel-] und römischem [Basiliken-] Styl), das Battisterio etc., ohne damit eine andere feste Grundlage für die Kunstübung zu gewinnen, als dass das Auge wieder auf's Alterthum gerichtet war. — Zum Bewusstsein kam diese Richtung zu Anfang des 13. Jahrh. in Nicola Pisano, der sowohl bei seinen Bauten (S. Nicola etc.), als vorzüglich bei seinen Sculpturen antiken Vorbildern mit Entschiedenheit folgte. An die Stelle regungsloser und magerer byzantinischer Gestalten (Taufe über dem Eingang des Baptisteriums) oder formloser eingepuppter Landesproducte (wohin die alte Bronzethüre am Dom, die Arbeiten eines Biduinus, Gruamons, Bonus etc. hier und in Lucca zu rechnen) und endlich unsicherer Bemühungen um Schönheit, die sich einzeln kund gegeben (Figuren an den Pilastern des Portals vom Baptisterium), setzte Nicola, obschon im Geiste seiner Zeit erwachsen und mit Achtung vor den überlieferten Darstellungen heiliger Geschichten — Götter und Helden, Genien und selbst Thiere, wie er sie an antiken Capitälen und Sarkophagen fand, in seine Werke, und erlangte damit, wenn auch nur zum Theil — denn das Ebenmass der Verhältnisse blieb ihm fremd — eine überraschende Schönheit der Form, der er durch Studium der Natur obendrein noch eine für diese Zeit fast unbegreifliche Vollendung gab (Kanzel des Baptisteriums). — Wie nothwendig indess für den Fortgang der Kunst diese Bestrebungen waren, so waren sie doch zu äusserlich, als dass sie dem Bedürfniss der Zeit nach lebendigem

Ausdruck von Gedanken und Empfindungen ganz entsprechen konnten. Viel mehr war dieses bei dem in Deutschland herrschenden Kunstgeist (Strassburger Münster etc.) der Fall, und es scheint in Folge der Einwirkung von dieser Seite, dass Nicola's Sohn, *Giovanni*, die Nachahmung der Antike aufgab und sich vielmehr um Reichthum der Gestalten, Bewegungen und vor allem um Lebendigkeit des Ausdrucks bemühte. Wie hässlich auch häufig seine Gestalten, wie verfehlt selbst im Ausdruck: — seine Weise wurde beibehalten, und seine Schule wie seine Kunstwerke verbreiteten sich über ganz Italien (s. Padua, Neapel, Orvieto, Florenz, Arezzo, Pistoja etc.). Unter seinen Zeitgenossen ragen *Giovanni di Balduccio* von Pisa (s. Mailand), *Lino* von Siena (im Dom von Pisa), *Agostino*, und *Agnolo* von eben daher (s. Siena, Orvieto und Arezzo) besonders hervor. Der bedeutendste indess seiner Schüler war *Andrea (Ugolino) Pisano*, der die Richtung aufs Natürliche und Mannichfaltige durch Sinn für Schönheit und Einfachheit zu mässigen wusste, und den schönsten Styl für christliche Sculptur fand (S. Giovanni in Florenz. Ehemalige Façade des Doms daselbst etc.). Noch weiter im Erstreben von Schönheit und Anmuth ging dessen Sohn *Nino Pisano*, ohne die Grenze des Erlaubten zu überschreiten, obschon es ihm nicht ganz gelang, der Lebendigkeit des Ausdrucks alle Härte, der Bewegung des Körpers alle Absichtlichkeit zu nehmen. (Madonna della Spina und S. Caterina in Pisa). Das schon bei ihm sehr vorherrschende Naturstudium ward nun Charakterzug der weitern Entwickelung der Sculptur, wie man sie bei den florentinischen Meistern verfolgen kann.

In der Malerei hat Pisa nicht gleichen Ruhm gewonnen, wenn auch einen der ältesten Malernamen: *Giunta Pisano*, der um den Anfang des 13. Jahrh. Crucifixe malte, freilich sehr im Sinn des Jesaias: „ohne Gestalt noch Schöne." (S. Ranieri in Pisa.) Im Campo santo sind das 14. Jahrh. hindurch fast nur fremde Künstler beschäftigt; einheimische reichen nicht weit über das Mittelmässige (wie man sich in der Sammlung der Akademie überzeugen kann). Der beste von ihnen ist *Turinus Vanni* um 1397. (S. Paolo Ripa d'Arno.) In spätern Zeiten treten noch einheimische Maler von Ruf (wie *Milani* etc.) in Pisa auf, inzwischen keiner von ihnen nimmt an der Entwicklung der Kunst eigenthümlich Theil.

Die Hauptsehenswürdigkeiten in topographischer Folge sind: der Dom mit dem Campanile, Baptisterium und Campo Santo. — S. Caterina. S. Francesco. S. Michele. S. Maria della Spina.

Anmerk. Die in Klammern beigefügten Ziffern beziehen sich auf den Plan.

Oeffentliche Plätze: Es gibt deren Statue Peter Leopolds I. von Pamneun in Pisa, davon der Domplatz paloni, und der de' Cavalieri (3) die (1), Piazza S. Caterina (2) mit der schönsten.

Brücken führen drei über den Arno, davon die westlichste noch mit dem alten Thurm geschlossen ist. *Alterthümer:* In einem Garten bei S. Zenone Reste alter Bäder: Ausserdem s. Campo Santo. Vor der porta Lucca stand ein grosser Dianentempel Nero's, mit Bädern, zu denen ein Aquäduct führet, als dessen Trümmer man die noch in der Nähe befindlichen ansieht. *Kirchen:* S. Anna (17) mit einem Tabernakel von *G. Giacobbi Pisano* (?).

Il Battisterio (18), durch eine Collecte bei den wohlhabenden Pisaner Bürgern im Jahr 1153 von *Diotisalvi* erbaut, im romanisch-toscanischen Styl. Vier Eingänge. Sculpturen am Haupteingang: Taufe Christi, Relief, byzantinisch-italienisch; an den Pilastern David, die Befreiung aus dem Limbus (?), die Apostel, die Monate etc. der Antike sich nähernd, sämmtlich vom Ende des 12. Jahrh. — Im Innern: auf einer Colonnade von 12 grossen korinthischen Granitsäulen und 4 grossen Marmorpfeilern ruht ein Peristyl und das obere Stockwerk, das mit seinen Pilastern die hohe Kuppel trägt. Die Capitäle sind grossentheils (wie die Säulen) antik und mit mythologischen Gegenständen (Jagd des Meleager etc.) geschmückt. S. Petrus und S. Franz über den Weihbecken aus der *Schule des Giov. Pisano.* — Der Taufbrunnen, achteckig, auf drei Stufen ruhend, von weissem Marmor mit fein gearbeiteten Rosetten und eingelegter Arbeit. Die Bronzestatue des Täufers aus der *Schule Bandinelli's.* Die Kanzel von *Nicola Pisano,* vom Jahr 1260, eines der bedeutendsten Denkmale mittelalterlicher Kunst. Sechseckig von sieben Säulen getragen, die auf Löwen und andern Figuren ruhen, gemäss der durch byzantinische Bauten und durch antike Sarkophage überliefer-

ten Weise; 13½' hoch. An der Brüstung der Kanzel 5 Reliefs, Verkündigung und Geburt Christi, Anbetung der Könige, Darstellung im Tempel, Kreuzigung und Jüngstes Gericht. Darunter als karyatidische Figuren Caritas, Fortitudo (ein nackter Jüngling mit einer Löwin und einem jungen Löwen), Humilitas, Fidelitas, Innocentia (ein bärtiger Mann mit einem Jupiterkopf) Fides (mit dem Evangelium). In den Bogenwinkeln Propheten und Evangelisten; unter dem Lesepult ein Adler mit ausgebreiteten Flügeln.

Il Campanile (20), neben dem Dom, der s. g. schiefe Thurm, 1174 von *Wilhelm von Innspruck* und *Bonano von Pisa* (?) erbaut in cylindrischer Form mit sieben Stockwerken von Colonnaden über einander. Die Neigung beträgt etwas mehr als 12 Fuss, die ganze Höhe 142 Fuss. Die Aussicht auf der Plattform ist ausnehmend schön. — Bekanntermassen ist man im Streit darüber, ob der Thurm absichtlich schief gebaut sei, oder ob er sich gesenkt habe? Die Entscheidung kann jedes aufmerksame Auge finden. Stellt man sich so, dass man, den Dom zur Linken, des Thurmes grösste Neigung im Profil vor sich hat, so sieht man sogleich, dass der Thurm nicht in einer geradlinigen Richtung schief emporgeht, sondern dass nach dem dritten und fünften Stockwerk jedesmal ein wenig links eingelenkt ist, so dass, stünden die untersten Säulen senkrecht, die obersten bedeutend nach der linken Seite überhängen müssten. Hieraus folgt wenigstens diess, dass vom dritten Stockwerk an der Thurm absichtlich so gebaut ist, wie er dasteht. Ob nun aber auch der untere Theil ursprünglich schief sei, darüber könnten die benachbarten ältern Bauten einigen Aufschluss, wenn auch nicht sichere Entscheidung geben. Beobachte man das Bapti-

Google

sterium, es steht ebenfalls schief; den Dom: seine Kuppel hängt ganz nach der Seite des Glockenthurms; weiter, seine Fenster sind sich an Grösse ungleich, alle Zwischenräume zwischen denselben sind ungleich, die beiden Seitenschiffe sind ungleich, es findet sich am Bau kaum eine Horizontale durchgeführt, und nicht einmal Parallelen. Man verfolge nur die Marmorstreifen der äussern Bekleidung! Wir erkennen hier überall die Absicht, einer gewissen Gleichförmigkeit, wie sie gesetzmässige Architektur mit sich bringt, auszuweichen, die unbeholfenste Aeusserung romantischer Bestrebungen. — Der Glockenthurm, dessen sieben grosse Glocken täglich ohne Gefahr für den Bau geläutet werden, hat noch das Interesse, dass an ihm Galilei die Gesetze der Gravitation, wie an der Ampel des Doms die des Pendels fand.

Il Campo Santo, ein Kirchhof, bestimmt, die irdischen Ueberreste ausgezeichneter Pisaner, sowie die Denkmale solcher Männer aufzunehmen, die sich im Krieg und Frieden Verdienste um die Republik erwarben, gegründet durch Beschluss der Stadtältesten 1278, vollendet 1283 von *Giovanni Pisano*, im germanisch-toscanischen Baustyl, ein für die Geschichte der neuern Kunst in Italien höchst beachtenswerthes Denkmal. [1]

Aussenseite: 43 flache Arcaden auf 44 Pilastern, die Capitäle mit Figuren verziert; zwei Eingänge, über deren einem ein Tabernakel von Marmor, Madonna in tr. mit Heiligen und Donatoren von *Giov. Pisano.*

[1] Es war in tiefen Verfall gekommen, als unter Napoleons Herrschaft der Venezianer *Carlo Lasinio* zum Conservator ernannt wurde. Seinen Bemühungen verdankt man die Erhaltung, so wie die Abbildung der Gemälde, bei der ihm sein Sohn Paolo geholfen, der inzwischen eine neue compendiöse Ausgabe dieses Kupferwerks veranstaltete, die man im Campo Santo selbst haben kann. Neuerdings hat man Photographien nach den Gemälden gemacht.

Inneres: ein weiter viereckiger Corridor mit 62 spitzbogigen Fenstern, daran die Masken nach dem Hof zu nicht zu übersehen, umschliesst einen grünen Platz, dessen Erde von Kauffahrern aus dem gelobten Lande übergeführt worden. Der Corridor ist mit Sculpturen und Malereien vielfach geschmückt, und mehre Capellen stossen daran. Die älteste derselben, die aber seit einigen Jahren ganz modernisirt worden, suche man in der Mitte der Ostseite, vom Eingang rechts. Im Innern eine Anzahl Bildtafeln aus dem 12. und 13. Jahrh. Aus dieser heraustretend zur Linken beginnt der Cyklus bildlicher Darstellungen an den Wänden: Passion, Auferstehung und Himmelfahrt Christi, von einem unbekannten Meister aus dem Anfang des 14. Jahrh. [1] (Der untere Theil übermalt.) An der Südwand: 1. Der Triumph des Todes. 2. Das Weltgericht, angeblich von *Andrea di Cione.* 3. Die Hölle (die untere Abtheilung ganz übermalt) angeblich von seinem Bruder *Bernardo.* 4. Das Leben der Einsiedler, angeblich von *Ambruogio* und *Pietro Lorenzetti* von Siena. Zwischen beiden Eingängen zuerst die Geschichten des heil. Ranieri, Schutzpatrons der Stadt. Obere Abtheilung (nicht von *Symon von Siena*) von *Andrea di Firenze* u. *Barnaba*, 1377—1380: [2] 1. S. Ranieri verlässt weltliche Gesellschaft und folgt dem Beato Alberto Leccapecore ins Kloster S. Vito, wo ihm Christus erscheint, ihm seine Sünden zu vergeben. 2. Der Heilige schifft nach dem gelobten Land, vertheilt alle seine irdische Habe, nimmt das Kleid eines Eremiten und wird vor

[1] Vasari nennt *Buffalmacco*; ein Meister, dessen Existenz neuerdings ganz in Frage gestellt worden.
[2] Cf. Bonaini, *Memorie inedite intorno alla vita e ai dipinti di Francesco Traini e ad altre opere di disegno dei secoli XI. XIV. e XV. Pisa 1846.*

den Thron der Jungfrau getragen.
3. Der Heilige verharrt 40 Tage in
Fasten und Gebet in der Kirche und
dem Kloster des heil. Grabes zu Jerusalem, unter vergeblichen Anfech-
tungen des Teufels, und verschenkt
zwei Löwinnen durch das Zeichen
des Kreuzes auf seinem Wege nach
dem Berg Tabor, wo ihm Christus
zwischen Moses und Elias erscheint.
Vor seiner Rückkehr lässt er das Brod
in den Händen einer Wohlthäterin
der Armen unter dem Austheilen
immer von neuem wachsen. Untere
Abtheilung, von *Antonio Veneziano*
1386 – 87. 4. Der Heilige schifft sich
zur Rückkehr ein, während welcher
er in einer sicilianischen Schenke das
Wasser vom Wein scheidet, das, seiner
Aussage zufolge, der Teufel, in Gestalt einer Katze, darunter gemischt,
und wird in Pisa von den Geistlichen des Doms gastlich empfangen.
5. Tod des Heiligen und Uebersiedlung seines Leichnams in den Dom
von Pisa. 6. Wunder, die durch
den Heiligen bei Anbetung seines
Grabes und Anrufung seines Namens
geschehen: Kranke werden gesund,
Fischer fischen reichlich, Uguccino
di Guglielmetto wird aus Barbaren-
händen und aus der Macht des See-
sturmes gerettet. — Geschichten
des Ephesus und Potitus von
Spinello Aretino. 1. Ephesus wird
dem Kaiser Diocletian vorgestellt,
bekommt den Oberbefehl zur Verfolgung der Christen, wird aber von
Christus selbst abgemahnt. 2. Der
Heilige empfängt von einem Engel
die Kreuzesfahne und beginnt den
Kampf gegen die Heiden. 3. Der
Heilige wird im Auftrag des Kaisers
zum Tode verurtheilt, in den Flam-
menofen geworfen, der ihn nicht
versehrt, und desshalb enthauptet.
— Geschichten Hiobs von *Francesco di Volterra.* [1] 1370—1372, leider
fast ganz zerstört: Gespräch Gottes

und Satans über Hiob, Vernichtung
der Besitzungen Hiobs; Hiob wird
an seinem Leibe gepeinigt, von seinen Freunden geschulten, erhält
endlich alle seine Güter zurück.
Die Westwand enthält keine Malereien von Bedeutung. An der
Nordwand folgen die Geschichten
der Bücher Mosis, die Weltschö-
pfung (il Mappamondo), die der ersten Menschen, ihre Sünde und Be-
strafung, das Opfer Kains und Abels,
der Tod Kains, der Bau der Arche,
die Sündfluth und das Opfer Noahs,
sämmtlich von *Piet. di Puccio* aus
Orvieto [1] 1390 ff. Von *dems.* ist auch
die zur Hälfte zerstörte Krönung
Mariä über dem Eingang zur Capella Aulla. Von *Benozzo Gozzoli*
sind aber die übrigen 23 grossen
(Tempera-) Gemälde aus dem alten
Testament von 1469—1485. (Unten.)
Die Weinlese und Trunkenheit Noahs,
wobei die bekannte „Vergognosa
di Pisa;" — die Verfluchung Chams;
— der babylonische Thurmbau,
wobei die Bildnisse vieler berühmten
Zeitgenossen, des Cosmus Medicis
des Aeltern, seines Sohnes Pietro
und seiner Enkel Lorenzo und Giuliano etc. — (Oben) Abraham nimmt
an der Anbetung des Bel zu Babel
keinen Theil. — (Unten) Abraham
und Lot in Aegypten; die Verheissung reicher Nachkommenschaft. —
(Oben) Abrahams Schlacht wider
die Könige. — (Unten) Verweisung
Hagars. — (Oben) Zerstörung So-
dom's. — (Unten) Opfer Abrahams.
— (Oben) Geschichte Isaaks und der
Rebecca. — (Unten) Geburt Jacobs
und Esau's und des Erstern Betrug.
— (Oben) Hochzeit Jacobs mit Rahel.
— (Unten) Wiedersehen Jacobs und
Esau's und der Raub der Dina, Jacobs Tochter, durch den Sohn des
Königs von Sichem. Dazu die Ermordung der Sichemiten. — (Oben)

---

[1] Mit Unrecht dem *Giotto* zugeschrieben.

[1] Mit Unrecht dem *Buffalmacco* zugeschrieben.

Die Geschichten Josephs. — (Unten) Deren Fortsetzung. — In den sechs folgenden Gemälden die Geschichten Mosis, sämmtlich sehr beschädigt, sowie das Bild von David und Goliath, und der Sturz der Mauern von Jericho. Unterhalb der Geschichten Josephs liegt Benozzo begraben.

Von den aufgestellten Sculpturen, deren näheres Studium von grossem Interesse ist, indem nicht nur römische und griechische, sondern auch viele etruskische Monumente darunter sind, sowie solche aus den ersten christlichen Jahrhunderten, aus den dunkeln Zeiten des höheren Mittelalters und aus der Schule des 13. und 14. Jahrh. sind besonders zu beachten: I. Sarkophag mit einem auf Meergottheiten bezüglichen Relief. 4. (u. m. a.) etrurisches Aschenbehältniss. II. Sarkophag mit einer Schlacht; darüber S. Petrus von *Giov. Pisano.* IV. wie I., mit der Büste des Jun. Brutus. V. Fragment eines antiken Sarkophags mit dem guten Hirten. VIII. Fragment eines griechischen Sarkophags mit einem Bacchanal. IX. Römischer Sarkophag mit Luna und Endymion. 24—33. Sculpturen aus der *Pisaner Schule.* 36. Fragment einer Mithrastafel. 38. Marmoraltar von *Tommaso Pisano.* XI. Sarkophag mit der Jagd des Meleager. 53. Grabmal der Familie dei Conti della Gherardesca, *Pisaner Schule.* XIV. Sarkophag, darüber die Büste des M. Agrippa in Basalt. 73. Grosse griechische Urne von parischem Marmor mit bacchischen Vorstellungen. Der Silen auf dieser Urne diente dem Nicola Pisano zum Vorbild seines Hohenpriesters auf dem Relief der Repräsentation im Tempel an der Kanzel des Baptisteriums. 75. 79. 86. 87. 88. 89. Fragmente aus der *Pisaner Schule.* 80. Architrav mit Sculpturen aus dem 10. Jahrh. 97. Etruskische Urne mit einer Victoria

zwischen zwei Kriegern. XVI. Sarkophag mit bacchischen Vorstellungen. In der Capella Ammanati verschiedene Fragmente antiker und Pisaner Sculpturen, sowie Malereien des 14. Jahrh. 108. Griechische Büste, vielleicht eines Achilleus. 111. Madonna mit dem Kind von *Giov. Pisano.* XVII. Römischer Sarkophag mit Amor und Psyche. XIX. Dessgl. mit der Geschichte von Hippolyt und Phädra; deutliches Vorbild des Nicola Pisano. Er bewahrt die Asche der Gräfin Beatrice, Mutter der Gräfin Mathilde. XXIII. Dessgl. mit dem Raub des Ganymedes. XXIV. Dessgl. mit bacchischen Vorstellungen. XXVIII. Dessgl. der Fronton mit dem Tod des Orpheus und Pentheus. 142. Der alte Pisaner Hafen. 143. Etruskische Graburne. XXIX. Sarkophag mit der Jagd des Meleagros. XXXIII. Dessgl. mit Daniel in der Löwengrube. 155. Basis einer Säule, daran die sieben freien Künste in Relief von *Giov. Pisano.* XXXVII. Röm. Sarkophag. darüber Sculpturen der *Pisaner Schule.* XXXIX. Dessgl. mit dem Raub der Proserpina. 191. Madonna mit dem Kind, *Pisaner Schule,* war bemalt. XLIII. bis LXXVI. Sarkophage von verschiedenem Werth, interessant durch verschiedene Vorstellungen, z. B. des Thiere zerreissenden Löwen (cf. Battisterio. Kanzel). LIII. Eine Arbeit des *Biduinus* aus dem 12. Jahrh. LXXVII. Vorstellung des guten Hirten. 149. Sitzende Statue, wie man glaubt, Kaiser Heinrichs VII., dessen Grabmal von *Nino Pisano,* ebenfalls im Campo Santo (Westwand) aufgestellt ist. — Berühmt sind zwei Grabschriften auf L. u. C. Cäsar. — Neuere Sculpturen sind mit grossen lateinischen Buchstaben bezeichnet: G. Grabmal des Algarotti, vom preussischen Friedrich errichtet 1764. — S. Denkmal des Dr. Lorenzo Pignotti von *Ricci.* — T. (in der Capella Aulla)

Grabmal des Fr. Ammanati, *Pisaner Schule* von 1359. — Grabmal des Augenarztes Andrea Vacca von *Thorwaldsen*, des Conte Mastiani von *Bartolini*, dessgl. des Brunacci, von *dems.* etc.

* S. Caterina (19), im germanisch-toscanischen Styl mit blindem Giebel. Im Innern Grabmal des Erzbischofs Simon Saltarelli von *Nino Pisano* 1342, mit Reliefs aus seinem Leben, seiner liegenden Bildnissfigur und mehren Engeln und heiligen Gestalten. — Der Altar des Thomas von Aquino mit einem grossen Gemälde des *Francesco Traini* vom Jahr 1340, der Heilige empfängt von Christus, Moses, Paulus und den Evangelisten, von Plato und Aristoteles so viel Eingebungen, als hinreichen die Gemeinde (darunter Papst Urban VII.) zu belehren und den Araber Averroes zu überwinden. — In der Altarnische die Verkündigung in zwei Statuen von *Nino Pisano* 1370. In der Capelle rechts vom Chor, Madonna mit Petrus und Paulus von *Fra Bartolommeo* und *Mariotto Albertinelli*. — Im Klosterhof eine prächtige Palme.

S. Chiara (21), in dem Ospedale grande, neben dem Dom, mit einem hübschen Altarbild von *Martino von Siena*, 1405, und einem andern in der Sacristei von *dems.* und *Piero da Napoli* 1402.

Der Dom (22), nach einem grossen Sieg über König Robert von Sicilien unter Papst Alexander II. und König Heinrich IV. 1063 von einem Baumeister *Rainaldus* erbaut.[1] 1103 beendigt und 1118 durch Papst Gelasius II. eingeweiht, im byzantinisch-italienischen Styl. An der Façade 54 Säulen, in 4 Reihen. — Die alte B r o n z e t h ü r e am hintern Eingang von *Bonanus* um 1180 (?), die am Haupteingang mit den Geschichten der Madonna und Christi in Erzreliefs von *Giovanni da Bologna* und unter seiner Leitung von *Francavilla, Susini, Mocchi* etc. — Auf dem Gipfel der Vorseite eine Madonna mit dem Kind in Marmor von *Giov. Pisano.* Die Mosaiken über den Thüren von *Filippo di Lorenzo Paladini.* — Der Architrav von der östlichen Thüre ist antik. Im Innern 74 meist antike Säulen, in 5 Schiffen. — Ein grosser Brand im Jahr 1597, sowie Geringschätzung haben die mehrsten Kunstschätze älterer Zeit vernichtet. Doch sieht man noch R e l i q u i e n k ä s t c h e n aus dem 11. Jahrh. und noch ältere (wesshalb man sich an den Sagristano wenden muss), auch einige W a n d g e m ä l d e an Pfeilern und Wölbungen aus dem 14. Jahrh. — Das grosse Mosaik der Chornische von *Cimabue*, um 1302 — eingelegte Holzarbeit und Glasfenster aus dem 14. und 15. Jahrh. — 12 Altäre, angeblich nach der Zeichnung des *Michel Angelo;* der Hochaltar von den kostbarsten Steinen. Die Engel am Triumphbogen von *D. Ghirlandajo*, aber ganz übermalt. Im Chor die HH. Petrus, Johannes, Margaretha und Katharina, Oelgemälde von *A. del Sarto;* das Opfer Abrahams und die Grablegung Christi von *Sodoma.* Capella des heil. Ranieri mit dessen Sarkophag von *Foggini*, mit einer Madonna in trono von Engeln umgeben, in Mosaik, einer antiken Statue des Mars, die als S. Ephesus verehrt wird und vielleicht einem Rest der alten von *Lino* erbauten Capelle, einer Madonna mit dem heil. Ranieri u. a. Heiligen in weissem Marmor. — Capella des Sacraments mit Silberarbeiten in Relief von *Foggini.*

[1] So sagt wenigstens die Inschrift an der Façade, wenn sie nicht auf diese allein sich bezieht. Vasari und alle nach ihm nennen als Architekten einen *Buschettus* (und zwar ohne hinreichenden Grund als Griechen), von dem der Grabstein an der Façade des Doms aussagt, dass er bedeutende mechanische Kenntnisse gehabt, Lasten mit Leichtigkeit zu bewegen verstanden etc.

Verkündigung in Mosaik. — Von den Reliefs aus der Geschichte Christi, von der Kanzel des *Giovanni Pisano*, sind einige in der Höhe im Hauptchor in die Wand eingelassen (Verkündigung, Heimsuchung, Geburt des Johannes, Geburt Christi, Beschneidung, Anbetung der Könige, Flucht nach Aegypten, jüngstes Gericht in 2 Abth.), andere liegen in einer verschlossenen Capelle des Campo Santo. — An einer Säule ein antikes Capitäl mit Satyriskos, Satyrisca, Bacchus, Adler etc. — Ueber den Thüren der Sacristeien und unter dem Orgelchor Reliefs von *F. Gugl. Agnelli*, ehedem an der Façade und an einer Kanzel von S. Michele in borgo, vom Jahr 1304 und 1313. Von Gemälden sind noch bemerkenswerth: Madonna in tr. mit Heiligen von *Pierino del Vaga* und *Sogliani*, der Tod des heil. Ranieri von *G. Melani* etc. Das Martyrium eines andern Heiligen von *Benvenuti*. S. Agnes (an einem Pilaster) von *A. del Sarto;* das Opfer Noahs etc. von *Sogliani*, das Martyrium des heil. Ranieri von *Luti*. — In der Opera del Duomo einige alte Malereien; auch Domreliquien, als ein Exultet, Pergamentrolle aus dem 12. Jahrh., der Regenmantel des Papstes Gelasius u. dergl. m.

* S. Francesco (23), an der Decke des Chors Fresken von *Taddeo Gaddi*, S. Franz, Ludwig, Antonius Abbas etc. — Im Capitelsaal des Klosters die Passion Christi in neun grossen Wandgemälden von *Niccolo Petri* 1390—1392.

S. Frediano (24), mit Gemälden von *Tiarini, Aurel. Lomi* etc.

S. Maria del Carmine, in der Sacristei eine Madonna in tr. aus der *Schule des A. del Sarto.* — Im Klosterhof sehr schöne Citronenbäume.

S. Maria della Spina (25), am Arno, eine ganz kleine Kirche mit einer Bekleidung in germanisch-toscanischem Baustyl von *Giov. Pisano*. — Inwendig (den Schlüssel bewahrt ein Schreiner, der ganz in der Nähe wohnt) am Altar drei Marmorstatuen S. Petrus, Madonna mit dem Kind und S. Johannes der Täufer von *Nino Pisano*. Eine säugende Madonna, Halbfigur in Marmor von *demselben*. Holzschnitzereien aus derselben Zeit. Als Mauerbekleidung zu beiden Seiten des Altars die sieben christlichen Tugenden, Flachreliefs von 1462. Madonna mit Heiligen, Oelgemälde von *Sodoma*, vielleicht jetzt in einem Zimmer des Hospitales S. Chiara.

S. Martino (26), S. Benedict in Dornen von *Palma giov.* etc. Ueber dem Coretto Wandgemälde aus dem 14. Jahrh. (1369). In einer alten Kammer ein Schrank mit Temperabildern von *Andreuccio di Bartolo* von Siena von 1390.

* S. Michele in Borgo (27), Architektur von *Nicola Pisano*(?). Crucifix und zwei Beichtstühle in Marmor aus der Zeit des *Nicola Pisano*. — In einem Gange hinter der Sacristei Madonna in trono mit Engeln, *Pisaner Schule* des 14. Jahrh.

* S. Niccolo (28), mit einem höchst sehenswerthen Glockenthurm von *Nicola Pisano*.

S. Paolo Ripa d'Arno (29), aus dem 12. Jahrh. Ein antiker Sarkophag an der Aussenseite birgt die Gebeine des Giov. Borgondio, eines berühmten Juristen, Theologen und Mediciners aus dem 12. Jahrh. — Im Innern Reste alter Wandgemälde von circa 1400. Eine Madonna in tr. mit Heiligen von *Turinus Vanni* 1397. Auch in der Sacristei einige alte Gemälde.

S. Pietro in vincoli (30), eine der ältesten Pisaner Kirchen, zuletzt restaurirt im J. 1100. Ueber der Thüre ein antiker Architrav.

S. Ranieri (31), neben dem Campanile, mit einem Crucifix von *Giunta Pisano* 1210. Krönung Mariä.

8. Silvestro, eine grosse Terra-cotta-Tafel, Madonna in der Glorie mit Heiligen, Propheten etc. von *Agostino Urbani* 1520.

8. Stefano ai Cavalieri (32), gebaut von *Vasari*, mit Trophäen aus dem Türkenkrieg und Gemälden von *Bronzino. Vasari, Aur. Lomi, Christ. Allori, Empoli* etc.

Paläste, Sammlungen, Anstalten:

Pal. de' Cavalieri (33), gebaut von *Vasari*, mit den Büsten von sechs Ordensmeistern über der Thüre. Hier nahebei stand der s. g. Hungerthurm, in welchem Erzbischof Ruggieri den Grafen Ugolino und seine Söhne, vorgeblich um dessen Angriffe auf die Freiheit der Republik zu strafen, dem Hungertode preisgab.

Pal. reale (34), ohne Bedeutung.

Pal. Lanfranchi (35), angeblich nach *Michel Angelo's* Zeichnung gebaut, und merkwürdig als Lord Byrons Wohnung, in der er von aufgebrachten Soldaten eine kleine Belagerung auszuhalten hatte, weil er in Verdacht stand, einen derselben verwundet zu haben.

Pal. Lanfreducci (36), gibt Einheimischen und Fremden das bis jetzt noch nicht gelöste Räthsel seiner Inschrift „Alla giornata," und der darüber aufgehängten Kette auf. Im Innern ein Gemälde von *Guido*, irdische und himmlische Liebe.

Universität (Sapienza) (37), gegründet im 14. Jahrh., ernent von Cosmus I. 1542, und reicher dotirt und erweitert 1838 vom Grossherzog Leopold II., hatte im J. 1848 an 600 Studenten und 6 Facultäten (Theologie, Jurisprudenz, Medicin, Philosophie und Philologie, Mathematik, Naturwissenschaften) mit 60 Lehrstellen; wurde aber nach der Revolution von 1848 zu einer blossen Section für Naturwissenschaften und Mathematik herabgesetzt; eine **Bibliothek** mit 30,000 Bänden, den Mss. des berühmten Mathematikers Guido Grandi in 44 Bänden;

ein naturhistorisches Museum; ein physikalisches Institut (seit 1839) und einen botanischen Garten seit 1544, mit etwa 3000 Pflanzen, den ältesten der Art. Im Hofe der Universität die Statue Galilei's von *Emilio Demi* 1839. Ferien: vom Julius bis Mitte November.

* Accademia delle belle arti (38), mit einer interessanten Gemälde-Sammlung, in der man nicht nur Werke der ältern Pisaner Malerschule antrifft, sondern auch was sonst aus Privatbesitz und aus aufgehobenen Klöstern und Kirchen dahin gewandert, zufolge der Bemühungen des Dekan Zucchetti und des Conservators C. Lasinio. Besondere Aufmerksamkeit verdient ein altdeutsches Bild, S. Katharina, wahrscheinlich von *Roger von der Wryde* mit den dazu gehörigen von sienesischer Hand vollendeten Seitenflügeln. Ein grosses, leider durch Brand beschädigtes Gemälde der Krönung Mariä, von *Gentile da Fabriano*, S. Dominicus von *Traini*, Theile einer Altartafel von *Symon von Siena*, s. Seminario Arcivescovile.

Der **Operajo des Doms**, gleichfalls eine ausgewählte Sammlung.

Ranieri Grassi (am Dom) dessgleichen.

Seminario Arcivescovile mit einem Altarbild des *Symon von Siena*, ehedem in S. Caterina, und Theilen eines Altarbildes von *Fr. Traini*, Darstellungen aus dem Leben des heil. Dominicus.

In dem Stadtquartier della Chinzica, nahe bei S. Martino, findet man an einem Haus eine antike Statue in die Mauer eingelassen, als Denkmal einer pisanischen Heroïne Chinzica, aus dem 11. Jahrh., die ihre Vaterstadt vor einem Ueberfall der Saracenen beschützt hat.

Bibliothek, s. Universität.

Archive: 1. A. Arcivescovile mit Urkunden von 720. 2. A. capitolare.

3. A. dell' Opera del Duomo. 4. A. del Ordine di S. Stefano. 5. Stadtarchiv mit den alten Statuten auf Pergament. 6. A. del Cav. Bali Francesco, ehedem Roncioni mit 4000 Urkunden.

Spaziergänge, Vergnügungen. Der Quai, am rechten Arnoufer, Lung-Arno genannt, dient als Hauptspaziergang in der Abendstunde. Hier steht auch das Denkmal Ferdinands I., aus *Giov. Bologna's Schule.* Hier wird der Carneval gehalten, und die alle 3 Jahre am 17. Juni wiederkehrende Luminara ist eine feenhafte Illumination dieses Theils der Stadt. — Das Theater ist gut gebaut. — Im Casino dei Nobili zuweilen Concerte, im Winter auch Bälle, zu denen Fremde von Auszeichnung Einladungen erhalten.

Umgegend. *Le Cascine di San Rossore, durch die Mediceer gegründet, mit vielen Wiesen, Baumalleen, Pinienwaldung, Canälen etc. 2000 Kühe, 1500 Pferde werden daselbst gehalten, und leben wie auf den Tyroler Alpen frei in Wald und Wiese. Zugleich ist hier eine Pflanzschule von Kameelen, angelegt 1739 von Grossherzog Ferdinand I., welcher 13 Stück aus Tunis kommen liess. Eine Anzahl derselben wird zum Dienst im Forst, Holztragen etc. verwendet, die übrigen gehen frei im Walde umher. Im Ganzen sind jetzt 150 Stück da. In der verlassenen Kirche S. Giovanni Batt. eine Kreuzigung von *Martinus Bartolomei de Senis* 1396; auch Wandgemälde aus dem A. Testament.

La Certosa (della valle graziosa), am Abhange eines waldigen Berges im Thale de' Calci, mit schöner Aussicht aufs Meer, gegründet 1367; restaurirt 1770, seit 1814 wieder bevölkert, zählte 1860 17 Mönche, deren jeder 500 Frcs. vom Gouvernement erhielt. Man findet daselbst eine Apotheke, eine Oelpresse, eine

Schmiede etc., auch ein Empfangzimmer für Damen, die bekanntlich ins Kloster nicht dürfen. — Unter den seltenen Mss. der Bibliothek: ein Diplom der Gräfin Mathilde von 1112 und eines von Conrad II.

S. Croce in Fossabonde ¼ Migl. vor dem Thore alle Piagge in der Kirche, in der 1. Cap. r. Maria in tr. mit 8 Engeln von *Alvaro Pirez Devora* 1408.

*S. Pietro in Grado mit einer Basilika von hohem Alterthum und merkwürdiger Architektur. Unter einem Tabernakel bewahrt man einen Stein, den man als den Altar verehrt, darauf S. Petrus, der hier zuerst italischen Boden betreten haben soll, die erste Messe gehalten. Ehedem war diese Kirche ein von ganz Europa besuchter Wallfahrtsort. Die verblichenen Malereien der Wände, Lebensgeschichten S. Pauls und S. Peters, sind rohe Arbeiten des 14. Jahrh.

S. Casciano, 5 Miglien von Pisa, mit einer Kirche aus dem 12. Jahrh., an deren Portal Reliefs von dem gleichzeitigen Meister *Biduinus*, interessant um den Zustand der Sculptur vor Nicola Pisano kennen zu lernen.

Pugnauo, Dorf, 2 St. von Pisa, auf der Strasse nach Lucca, mit einer Madonna in der Kirche, von *Neruccio di Federigo*, einem unbedeutenden Pisaner Maler von 1370, der nur durch seine Abweichung von Giotto's Styl interessiren kann.

Cecina, ein Dorf mit einer der grössten Eisenwaaren-Fabriken Toscana's.

I Bagni di S. Giuliano, schon im Alterthum wegen ihrer Heilkraft berühmt, durch die Gräfin Mathilde im 12. Jahrh. wieder hergestellt, 3½ Miglien von Pisa; das jetzige Gebäude rührt aus dem vorigen Jahrhundert. Ihre Heilkraft dient vorzüglich Gichtischen und Leberkranken und ist in den ersten

Frühlingsmonaten am wirksamsten, S. Einleitung, Bäder.
Cf. Morrona Pisa illustrata, Livorno 1812. 3 Bde. — Nistri nuova Guida di Pisa e de' suoi contorni. Pisa 1845.

Die Eisenbahn führt in ³/₄ St. für L. 1, 90. — 1, 55. — 1, 10. in einem weiten Bogen den Bädern von S. Giuliano vorüber nach

Lucca,

(Wirthsb.: Universo v. Gaetano Nieri (36). Croce di Malta. Pellegrino (37). Corona. Speisezettel: Kalbfleisch, Aale, Forellen, Oliven, köstlichstes Oel.—Lesebibliothek: Tofarini, 1½ Fr. monatlich für ein Werk. — Arzt: Vulpi. — In der Nähe der Stadt schöne, wohlgelegene und wegen gesunder Luft besonders beliebte Villen [z. B. V. Benvenuti, Strozzi, Nobile, Sardi etc.], 100—150 Fr. monatlich; auch tagweis zu miethen), am Serchio in 28° 10' L. und 43° 50' NBr., in einer weiten, fruchtbaren von Hügeln und Bergen umgebenen Ebene, mit Wall und Graben, 4 Thoren, 3 Miglien im Umkreis, von alterthümlichem Ansehen, mit 23,317 Ew., gesunder Luft und frischem Wasser, mit Seidenzeug-, Tuch- und Papierfabriken.

Geschichte. Von ungewissem Ursprung tritt es zuerst in der Geschichte auf als Zufluchtsort des Sempronius Longus gegen Hannibal, worauf es römische Colonie wurde. Julius Cäsar ging 53 a. C. hier durch und empfing daselbst die römischen Grossen. 550 eroberte es Totila, später Narses nach 7monatlicher Belagerung. Unter den Longobarden bekam es Herzöge oder Marchesen, die es im Namen des Königs regierten, und diess Verhältniss blieb unter den Kaisern bis zu Ende des 12. Jahrhunderts. Die bedeutendsten Herzöge waren Adalberto 900, Ugo 1001, Bonifazio il grande 1050, und die Gräfin Mathilde, seine Tochter, 1115. Um 1120 fing Lucca an sich zum Freistaat zu bilden, erst abhängig vom Reich, aber zuletzt, 1288, durch Diplom von Kaiser Rudolph von Habsburg ganz selbständig. Bald mächtig und reich ward es in Fehden mit den Nachbarstaaten verwickelt, 1314 von Uguccione della Fagiuola erobert und 2 Jahre von ihm behauptet. Nach seiner Vertreibung machte sich ein edler Lucchese Castruccio Castracani aus der Familie der Antelminelli zum Herrn der Republik, brachte sie auf die Seite der Ghibellinen, erweiterte sie, war siegreich in allen Schlachten, namentlich gegen die Florentiner, und wurde von Ludwig dem Bayer zum Reichsvicar in Pisa, Pistoja, Volterra etc. ernannt. Nach seinem Tode 1328 verkaufte Ludwig der Bayer Lucca an einen reichen Genuesen, Gherardo Spinola, um 60,000 fl., der es indess nicht behaupten konnte. Es ging durch vieler Herren Hände, bis es 1335 an Mastino della Scala von Verona und 1341 durch diesen an Florenz kam. Die Pisaner indess machten dieses Besitzthum streitig, und Carl IV. gab

der Stadt für 25,000 Goldgulden wieder das Recht sich selbst zu
regieren, 1370. Darauf, 1400, machte Paolo Guiniti sich zum unbe-
schränkten Herrn der Stadt, regierte mässig und klug, kam aber im
Krieg mit den Florentinern in die Gefangenschaft des mit diesen verbündeten Maria Visconti von Mailand, der ihn nebst seinen Söhnen im
Gefängniss umkommen liess und Lucca für sich nahm. Das Jahr 1430
brachte der Republik noch einmal ihre Freiheit wieder durch die Unterstützung des Niccolo Piccinino. Von 1556 an begannen die Aristo-
kraten die Herrschaft dem Volk allmählich zu entziehen. Die französische Occupation führte zuerst einen Zustand der Verwirrung herbei,
der Napoleon dadurch, dass er 1805 Lucca seiner Schwester Elisa als
Herzogthum schenkte, ein Ziel setzte. Nach dem Wiener Congress kam
Lucca ebenfalls als Herzogthum an die Königin Marie Louise von
Etrurien und deren männliche Descendenz, den Herzog Carl Ludwig,
von dem es am 11. Oct. 1847 an Toscana übergegangen ist, dessen Ge-
schicke es seitdem getheilt.

Wissenschaft. In Lucca leben mehre durch ihre Gelehrsamkeit
und wissenschaftliche Bildung ausgezeichnete Männer, u. s. Mazzarosa
(Geschichte und Landwirthschaft), M. A. Lanci (Archäologie), Luigi
Fornaccari (Philologie).

Kunstgeschichtliche Notizen. Für die Geschichte der neuern
Baukunst sind in Lucca besondere Studien zu machen. Mehre Kirchen
reichen mit Wahrscheinlichkeit ins Zeitalter der Longobarden hinauf
(S. Frediano); die Basilikenform ist beibehalten und antike Fragmente sind
verwendet. Sodann finden sich mehre Denkmale byzantinisch-deutschen
Baustyls (S. Martino, S. Michele), in denen das neue Princip hervortritt, obwohl unausgebildet und so missverstanden, dass z. B. die Façade
von S. Michele hoch über das Gebäude hinausragt und durch eiserne
Stangen gehalten werden muss. Zwischen beiden inne steht ein Baustyl,
von dem man ausser Lucca schwerlich Denkmale finden wird; es ist eine
Mischung von antikem und byzantinischem Charakter, mit einfachen
Grundformen, Trieb zu construiren, ohne jedoch ganz zur Durchbildung
zu kommen (S. Alessandro, S. Salvatore). Eigenthümlich sind vornehmlich: die Eintheilung der schmucklosen, doch schönen Façade,
kleine enge Fenster, das Portal mit doppeltem Architrav oder Gesims
und die äusserst vollkommen gearbeiteten Verzierungen daran. Das
Dach ist flach, und demgemäss der Giebel der Façade, in dem sich
meist ein Kreuz als Oeffnung befindet. Die innere Einrichtung ist der
Basilica entlehnt. Das Material sind weisse Marmorquadern, ohne vielen
Kalk zusammengelegt, durch schmalere Streifen, abwechselnd schwarz
und weiss, unterbrochen. — In der Sculptur geht Lucca der Periode

der Wiederbelebung der Kunst unmittelbar voran, ja sogar das erste
bedeutende Werk des Wiederherstellers der Kunst, *Nicola Pisano*, ist hier
(Seiten-Portal der Façade an S. Martino). Die ersten Regungen eines
bessern Geistes zeigen sich an den Reliefs, womit die Portale und Façaden mehrer Kirchen (S. Pietro Somaldi, S. Salvatore, S. Martino etc.),
Taufbrunnen (S. Frediano) u. a. O. m. geschmückt sind. Völlige Un-
form, byzantinische Formen und nach Veredlung strebende Formen
herrschen abwechselnd in diesen Arbeiten, in denen überall schon der
Gedanke durchblickt. Unter den Künstlern jener frühen Zeit kommen
die Namen eines *Magister Robertus*, *Biduinus*, *Guidettus* etc. vor. Im
15. Jahrh. aber blühte zu Lucca ein Bildhauer von grossem Talent und
vollkommener Ausbildung, *Matteo Civitali*, von dem man nicht sagen
kann, in wessen Schule er die Anmuth und Schönheit, den Geschmack
in der Formengebung und Ausführung sich angeeignet, die alle seine
Werke auszeichnen. Am meisten ist er mit dem Maler *D. Ghirlandajo* zu vergleichen, nur dass er seinen Umrissen grössere Weichheit
gibt (S. Martino). — Was die Malerei betrifft, so hat Lucca den
Ruhm, den ersten Maler von Bedeutung im 13. Jahrhundert hervorgebracht zu haben, einen *Bonaventura Berlinghieri*, von dem ein heiliger
Franz vom Jahr 1235 in dem Palast der Marchesi Montecuculi in Modena ist, der nach Berichten ziemlich zuverlässiger Augenzeugen seiner
Ausführung nach mit den bessern Arbeiten des 15. Jahrhunderts zu-
sammengestellt werden kann. [1] Sehr ausgebildet zeigt sich auch schon
Deodatus 1288 (Villa di Marlia) und von einiger, obschon äusserst geringer Originalität *Angelo Puccinelli* um 1300 (S. Maria Forisportam).
Gegen 1500 zeichnete sich *Zacchia il vecchio* durch tiefes, ernstes Colorit
und würdige Gestalten aus. Allein Originalität tritt weder hier noch
bei den Spätern hervor. Dafür wurde Lucca von fremden Malern ver-
herrlicht, und man findet daselbst kostbare Werke von *Fra Filippo*, *Fra
Bartolommeo*, dessen beste Gemälde hier sind, *Guido Reni* und den
Caracci's. In der neuesten Zeit hat Lucca mehre Maler von Ruf hervorgebracht, von denen wegen seines Talentes und wegen seiner Vorliebe
für die ältern Meister seines Vaterlandes *Michele Ridolfi*, Conservatore
della belle arti; ferner *Nocchi* etc. genannt werden müssen. Cf. Michele
Ridolfi scritti vari riguardanti le belle arti, Lucca 1844.

Die Hauptsehenswürdigkeiten in topographischer Folge sind:
Pal. Reale, S. Martino, S. Romano, S. Maria in Corte Landini, S. Alessandro, S. Michele, S. Frediano, S. Francesco. Die Stadtmauer.

---

[1] Cf. Sopra i tre più antichi dipintori Lucchesi, cenni storici e critici del Prof.
Michele Ridolfi. Lucca 1845.

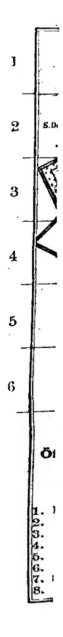

1

2   &.D.

3

4

5

6

Öl

1.]
2.
3.
4.
5.
6.
7.]
8.

Die beigefügten Ziffern in Klammern beziehen sich auf den Plan.

Alterthümer: Reste eines grossen Amphitheaters in gutem Styl von 54 Arcaden für jedes Stockwerk. Von einem antiken Theater aus der Kaiserzeit sind noch 2 Stockwerke über der Erde, das 3te, unterste verschüttet, auch von der Scene und den Bogen, welche die Sitze trugen, sind Reste vorhanden. — Im Vescovado ein schöner Sarkophag von griechischem Marmor mit einem Bacchuszug in Relief.

Kirchen: S. Agostino (7), 1324 mit einer Himmelfahrt Mariä von *Zacchia il vecchio* 1527.

*S. Alessandro (8), in einer spät antiken Bauart von grosser Einfachheit mit antiken Säulen und Capitälen im Innern und interessantem Portal. 1080 bestand die Kirche schon; es lässt sich aber nicht mit Bestimmtheit angeben, ob in jetziger Gestalt, die vielmehr später scheint. Die Absis mit einem enkaustischen Gemälde, Madonna in tr. mit Heiligen von *Ridolfi.*

S. Carmine (9), mit Mariä Empfängniss von *Vasari* und einer Madonna von *Pietro Perugino* (stark restaurirt).

S. Chiara (10), mit dem Herzen der Königin Maria Luisa (der Rest ist im Escurial beigesetzt).

S. Cristoforo mit einer Façade aus dem 15. Jahrh. und dem Grabmal des Matteo Civitale.

S. Crocifisso de' Bianchi mit einer Himmelfahrt Mariä von *Spagnoletto* und einem S. Bartholomäus von *Battoni.*

* S. Francesco (11), mit den Denkmalen vom Dichter Giov. Guidiccioni aus dem 16. Jahrh., des Castruccio Castracani aus dem 14. Jahrh., und eine grosse Vase von Paolo Guigno.

S. Frediano (12), auch Basilica Longobardorum, davon die Urkunden bis 685 reichen. Die Façade aus

dem 12. Jahrh. mit einem gleichzeitigen Mosaik, die Himmelfahrt Christi (restaurirt 1827). Inneres: Basilikenform, 5 Schiffe, das Mittelschiff wird von 22 antiken Säulen, die rundbogige Arcaden tragen, gebildet, wobei die besonders hohen Seitenwände auffallen, an denen einige Reste von undenklich rohen Malereien, denen man mit Unrecht ein hohes Alter zugeschrieben, sichtbar sind. Die äussersten Seitenschiffe sind zum grossen Theil in Capellen verwandelt. Der grosse Taufbrunnen von *Magister Robertus* 1251, mit Reliefs, meist mysteriösen Inhalts, daraus man Moses die Gesetze empfangend und Christus (Kopf eines Kindes) erkennen mag. Das Ganze sieht noch einer genügenden Erklärung entgegen. — Der neue Taufbrunnen von *Nicholao Civitali.* — Altarbild: Krönung (Segnung) Mariä mit 2 Königen, 2 Bischöfen und einem Mönch von *Fr. Francia* (?). In der Capella del Sagramento: Sculpturen von *Jacopo della Quercia.* — In der Cap. di S. Agostino die Geschichte des Volto Santo u. A. (Fresken von *Amico Aspertini*, sehr beschädigt, aber mit Vor- und Einsicht restaurirt von *Michele Ridolfi*). Decke; Christus, mehre Engel und Heilige. Lunette links. Grablegung. Darunter: das im Meeresgrund aufgefundene Crucifix wird, da man über den Ort seiner künftigen Aufstellung im Streit ist, auf Anrathen des Bischofs 2 jungen Ochsen aufgeladen, denen die Entscheidung überlassen bleibt und die es nach S. Martino in Lucca führen. 2. S. Augustinus wird in Mailand von S. Ambrosius getauft. 2. Lunette: S. Augustin übergibt seinen Anhängern die Ordensregel. Darunter: Geburt und Anbetung Christi und das Wunder des h. Fredianus, der eine Ueberschwemmung, gegen die eine Anzahl Menschen Pfähle einschlagen, mit einer einfachen Harke nach dem Meere lenkt.

S. Giovanni (13), eine der ältesten Kirchen Lucca's, mit dem daran stossenden, allein zum Archiv verwendeten Battisterio, aus dem 12. Jahrh. Ueber dem Portal der ersteren: Madonna mit den Aposteln, Relief aus dem 12. Jahrh.

S. Giulia, unweit S. Carmine, mit einer Façade aus dem 13. Jahrhundert.

S. Giusto mit einer Façade aus dem 15. Jahrh. Auf dem Platz stand ehedem der Palast der Longobardenkönige (?).

* S. Maria in Corte Landini (26), gewöhnlich S. Maria nera von 1187, neuerbaut 1662, mit einem Gekreuzigten und zwei Heiligen von *Guido Reni* und der Madonna della neve von *dems.*

S. Maria Forisportam (14), Façade aus dem 13. Jahrhundert. Altarbild: S. Lucia von *Guercino.* Madonna und Heilige von *demselben.* Im Kloster eine Tafel von *Angelo Puccinelli* von 1386, der Tod der Jungfrau.

S. Martino (15), dem Schutzpatron der Stadt gewidmet, im byzantinisch-germanischen Baustyl, von Bischof Anselmus Badagius (nachmals Papst Alexander II.) im Jahr 1060 gegründet und 1070 geweiht. Die Façade mit ihren mannichfaltigen Sculpturen (S. Martin in ganzer Figur; Löwen etc.) ist von *Guidetto* 1204. Die Sculpturen der Vorhalle sind um einige Jahrzehnte später: Darstellungen aus der Geschichte des h. Martin; die 12 Monate; über der Hauptthüre Christi Himmelfahrt (dem Mosaik an S. Frediano nachgebildet). Alle Säulen sind mosaicirt und reliefirt; in die Wände verschiedene Figuren: Greifen, Löwen, Schlangen, Hirsche, Adler, Krieger von Verzierungen kreisförmig eingefasst, musivisch eingelegt. An

einer der äussern Säulen sieht man die ganze christliche Glaubensgeschichte vom Sündenfall an in Relief dargestellt. Ueber der kleinen Thüre rechts ist der heil. Regulus im Streit mit den Arianern, jede Partei mit ihrem Glaubensbekenntniss in der Hand. Ueber der linken Thüre Kreuzesabnahme von *Nicola Pisano* vom J. 1233; darunter Anbetung der Könige (ganz zerstört, so dass sich der Künstler nicht mit Sicherheit angeben lässt). — Inneres. Grundform: lateinisches Kreuz; drei Schiffe, zweischiffiges Querschiff, Rundbogenwölbung (mit Ausnahme eines 1308 hinzugefügten Spitzbogens). In den Seitenfenstern Glasmalereien. Altäre. (Rechts.) 1. Geburt von *D. Passignano.* 2. Anbetung der Könige von *Frd. Zucchero.* 3. Abendmahl von *Tintoretto.* 4. Kreuzigung von *Passignano.* 5. Auferstehung von *Michele Ridolfi.* Die Kanzel von *Matteo Civitali* 1498. In der Sacristei: Madonna mit 4 Heiligen von *Dom. Ghirlandajo.* Sarkophag der Ilaria del Carretto, Gemahlin des Paolo Guigni, von *Jacopo della Quercia.* 1405. La croce dei Pisani (das man sich besonders zeigen lassen muss), eine vortreffliche Goldschmiedarbeit des 14. Jahrh., 30 Pfd. schwer, mit vielen Verzierungen, Blumen und Heiligen. Ursprünglich Pisanisches Eigenthum, allein von den Luccheser für das von jenen ihnen entführte Wunderbild der Madonna (sotto gli Organi S. Pisa, Dom.) geraubt. Gegenüber der Capella del Sagramento: Grabmal des Pietro da Noceto, Geheimschreibers Papst Nicolas V. von *Matteo Civitali* 1472. — Rechts an der Wand: Bildniss des Grafen Domenico Bertini von *Matteo Civitali* 1479. Capella del Sagr., 2 anbetende Engel in Marmor von *M. Civitali.* — Altar des S. Regulus mit S. Sebastian und S. Johannes dem Täufer. Statuen von *M. Civitali.* Darunter

Reliefs, das Gastmahl des Herodes etc. von 1484, schwerlich von demselben Meister. — Der Altar der Freiheit (zum Andenken an die durch Carl IV. 1369 wiedererlangte. S. o. Geschichte), Christi Auferstehung mit Petrus und Paulus von *Giov. Bologna.* An der Mauer S. Petronilla von *Daniel da Volterra.* Im Santuario Madonna in tr. mit Heiligen und einem lautenspielenden Engel von *Fra Bartolommeo* von 1509. Marmorverzierungen von *M. Civitali.* Il tempietto del Volto Santo. von *M. Civitali* 1484, mit dem h. Sebastian von *dems.* Die 4 Evangelisten von *Fancelli*, Rom 1663. Die 8 Knaben von *Vincenzo da Nicolao.* Im Innern ein Crucifix (i. Volto Santo), der Sage nach 782 wunderbarlich aufgefunden. (Cf. die bildlichen Darstellungen der Auffindung in S. Frediano). Ueber dem Eingang die Auffindung des Volto Santo, a fresco von *Cosimo Roselli.* — S. Martino ist Metropolitankirche und Sitz des Erzbischofs, der das Vorrecht hat, Roth zu tragen wie die Cardinäle, Conte heisst und den Titel Eccellenza Reverendissima führt. Bemerkenswerth ist auch der alte Gebrauch hier, dass er bei der grossen Function einen Büschel Werg in der Mitte der Kirche verbrennt, vielleicht als Symbol der Flüchtigkeit aller irdischen Macht. Er hat ferner das Recht, 8 Ritter des goldenen Sporens zu ernennen, und stand — obschon erst seit 1726 Erzbischof — von ältesten Zeiten her unmittelbar unter dem Papst. — Die sämmtliche zahlreiche Geistlichkeit an S. Martino trägt bei den kirchlichen Functionen Roth.[1]

* S. Michele (16), sehr alt (wird schon 778 erwähnt, mit einer Façade aus dem 13. Jahrh., die ein

[1] Gegenüber der Kirche an der Vorderseite eines Hauses (verletzte) Fresken von *Zacchia il vecchio.*

Beispiel verkehrter Anwendung des byzantinisch-germanischen Baustyls ist. Die Säulchenreihe an der Seite gegen Süden ist v. J. 1377. Der Riesenengel auf dem Giebel der Vorderseite hat bewegliche Federn in seinen Flügeln, damit diese dem Wind nachgeben. — Inneres: am Altar rechts: Madonna in tr. von *Fra Filippo.*

S. Paolino (17), von *Baccio da Monte Lupo*, in der Sacristei eine Krönung der Jungfrau aus dem 15. Jahrh. (weit entfernt von der vulgären Annahme, dass sie von Giotto sei).

S. Pietro Somaldi (18), i. J. 763 vom Longobardenkönig Aistolf einem Maler Auripert geschenkt, restaurirt 1109. Façade von 1248 mit einem gleichzeitigen Relief: Petrus empfängt die Schlüssel. Altarbild: S. Antonius Abbas mit S. Franciscus und Bartholomäus von *Palma vecchio.* Himmelfahrt Mariä von *Zacchia vecchio.*

S. Romano (19), sehr alt, aber von Vincenzo Buonamici im 17. Jahrh. modernisirt, mit der Madonna della Misericordia (Maria bittet für das lucchesische Volk) von *Fra Bartolommeo* 1515, und einem andern Gemälde von *dems.*, vom Jahr 1509, Gott Vater mit S. Maria Magdalena und S. Katharina von Siena.

S. Salvatore (20), mit Reliefs über beiden Eingängen aus dem 12. Jahrh. 1. Das Gastmahl der Parabel Christi, symbolisch auf die Kirche selbst zu beziehen, in welcher Christus einladet. 2. Das Martyrium des h. Nicolas von *Biduino.* Inneres: Himmelfahrt Christi von *Zacchia vecchio* 1561.

S. Trinità, unweit S. Chiara Madonna in tr., Sculptur von *Matteo Civitali.*

SS. Vincenzo ed Anastasio, unweit S. Carmine mit einer Façade aus dem 13. Jahrh.

Paläste und Sammlungen. Palazzo Reale (21),[1] angefangen
1578 von *Bart. Ammanati*, fortgeführt von *Fr. Pini* 1729; erweitert
(aber nicht vollendet) 1832 von *Lorenzo Nottolini.* Vestibul und Treppen sind von letzterm. Die Ap-
partamenti (Zimmer) sind sehenswerth wegen der Einrichtung, vorzüglich wegen der vielen Malereien
moderner Künstler (sofern sie nicht
mit dem Herzog nach Parma gekommen), *Michele Ridolfi* (erstes Concil
der Apostel etc.), *Catani, Colignon,
Nocchi* (Aurora), *Giovannetti, Camuccini, Landi, Adamolli* (Geschichte
Trajans im Saal der Wachen) etc.
Das Speisezimmer als Landschaft
von *Contestabili* und das Kafferzim-
mer mit Hebe, die dem Jupiter Am-
brosia credenzt von *Fedi.* Auch ein
kleines Theater ist im Schloss und
die Real-Biblioteca. S. u.
    Pal. Pretorio aus dem 15. Jahrh.
mit den Gerichtshöfen. In der offenen Loggia werden die gerichtlichen
Versteigerungen gehalten. Die Post
ist hier.
    Conte Mansi besitzt treffliche
Gemälde *niederländischer Meister.*
    Pal. Montecatini mit schönen
Gemälden von *Pordenone*, aus der
Mailänder Schule etc.
    Casa Orsucci mit Gemälden von
Mazzolino di Ferrara, Altdorfer etc.
    Sgre. Arcangelo Bertini be-
sass 1833 ein schönes Bild von *Fra
Filippo.*
    *Oeffentliche Anstalten, Theater, Spa-
ziergänge etc.* Ospizio degli In-
validi (22), 1809 von Prinz Baciocchi gestiftet; jetzt nur noch für
100 Individuen eingerichtet. Ohne
durch einen Einheimischen eingeführt zu sein hat man keinen Zutritt. — Ospedale della Misericordia, gegründet von lucchesi-
schen Kaufleuten im Jahr 1200,
mit 110 Betten für Männer und 137

[1] Man bedarf zum Eintritt der Erlaubniss
des maggior domo maggiore.

für Frauen. Auch hier findet für
den Zutritt die obige Bedingung
statt. — Ospizio dei maschi es-
posti für ausgesetzte oder eltern-
lose Knaben von 3 Jahren bis in
ihr 18tes. Die Kleinen müssen stri-
cken, grösser erlernen sie ein Handwerk. Gleich daneben ist das Fin-
delhaus, in welchem Kinder bis zu
ihrem 5. Jahre erzogen werden.
Ospizio delle orfane (23). (S.
Giustina), für ausgesetzte oder el-
ternlose Mädchen bis zur Zahl von
412 (obschon deren viel mehr aufgenommen und, erwachsen. zu Hospi-
taldiensten verwendet werden), vom
5. bis zum 15. Jahr. Sie werden in
allen weiblichen Arbeiten und Kennt-
nissen unterrichtet. — In der Kirche
eine merkwürdige Grabschrift auf
Kaiser LotharsTochter Ermingard,
die (im 10. Jahrh.) hier als Nonne
starb. — Deposito di Menticità
(24), von 1413, für heimathlose
Arme bis zu 190 Individuen.
    Der Aquäduct, 2 Miglien lang,
vom Arch. *Nottolini* 1823.
    R. Collegio Carlo Lodovico
für 80 Zöglinge von 7—14 Jahren
(doch können sie unter gewissen
Bedingungen bis zum 18. bleiben).
Mitte September ist öffentliche Prü-
fung; sodann gehen sie auf 40 Tage
in die Campagna, wo die Anstalt
ein eignes Haus für ihre Aufnahme
hat. — R. Liceo (25), mit 26
Lehrfächern in 3 Facultäten, der
medicinisch-chirurgischen, juristischen und physico-mathematischen;
doch wird auch Dogmatik, Moral
und Exegese gelesen. Im Palast des
Lyceums befindet sich eine Madonna
in trono von *Ann. Caracci*, eines
seiner besten Werke. — R. Accademia Lucchese (ehedem degli
oscuri) mit öffentlichen Vorlesungen.
    Scuola del disegno ed or-
nato. — R. Istituto Maria Lu-
visa, weibl. Erziehungsinstitut —
Conservatorio Luisa Carlotta
(27), ein dessgl. für Bürgermädchen.

Gabinetto letterario (28) mit Journalen und Zeitungen an Piazza reale.

Naturaliencabinet neben dem Schloss. — La cavallerizza (30), Reitschule.

Teatro del Giglio (31), von 1817 für die Opern seria, die gewöhnlich Mitte August anfängt. — Teatro Pantera (32) und T. Nota.

Spaziergänge: Piazza reale mit der von *Bartolini* aus Arezzo gefertigten Statue der Königin Maria Luisa. — Aber vor allen die mit Bäumen bepflanzte hohe und breite Stadtmauer, auf welcher man ohne Unterbrechung rings um die Stadt, selbst über die Thore weg, fahren, reiten und gehen kann, und von wo aus man das herrlichste und originellste Rundgemälde hat, einmal nach innen von der alterthümlichen Stadt mit ihren vielen hohen Thürmen, und dann nach aussen von einer grünenden, frucht- und baumreichen Ebene, die mit Ausnahme des gegen Pisa hin offenen Thales rings von mehr oder weniger hohen, überall schönen Gebirgen eingefasst ist.

Bibliotheken: Die erzbischöfliche B. mit 20 Mss. und 400 seltenen Ausgaben. — Die Capitularbibliothek mit beinahe 500 Mss. (Katalog von Bernardino Baroni). Die Aufsicht hat der Archivar. — Bibl. des Lyceums. — Bibl. Reale im herzoglichen Schloss mit 25,000 Bdn. und vielen Mss., u. A. ein griechisches Evangelium aus dem 10. Jahrb. mit Miniaturen. Die Psalmen. lateinisch aus dem 12. Jahrb. Unedirte latein. Gedichte Tasso's, von seiner Hand geschrieben. Unter alten Drucken die trionfi di Petrarca, das erste in Lucca gedruckte Buch; eine lat. Grammatik von Giov. Pietro da Lavenza.

Archive. Sehr reich an Urkunden. — 1. A. del Vescovado,

eines der reichsten in ganz Italien; jedoch ohne Archivar und in Unordnung. — 2. A. del Capitolo bei S. Martino. — 3. A. delle Benedettine. — 4. A. di San Romano. — 5. A. reale; das zugleich Stadt- und Staatsarchiv ist.

Umgebung. 3 Miglien entfernt, ehedem des Grossherzogs reizender Landsitz Villa di Marlia, mit herrlichen Anlagen, wundervoller Aussicht und einer griechischen Capelle (in welcher mehre altlucchesische und toscanische Malereien. auch einige des Conservators *Michele Ridolfi*). — Ausserdem die Villen Bernardini a Saltocchio, Mazzarosa und Mansi a Segromigno, Torrigiani a Camigliano (die grösste) und Garzoni a Collodi.

Die Bäder von Lucca,[1] 15 Miglien entfernt, waren schon im Mittelalter berühmt, haben sowohl vortreffliche warme Quellen, als gute Wirthshäuser (die besten und stillsten Wohnungen in den Bagni alla villa; auch in bagni caldi; die lebhaftesten in Ponte a Seraglio; auch in den Dörfern auf den Höhen sind Wohnungen für Fremde) und gewähren für Leute, die das Bergsteigen nicht scheuen, einen angenehmen Aufenthalt. Doch erwarte man weder freie und schöne Aussichten, noch im heissen Sommer einen kühlen Aufenthalt, da die Thäler sehr eng und ohne bedeutenden Luftzug sind.[2] — In Ponte a Seraglio befindet man sich in der Mitte der verschiedenen Bäder, Bagno caldo, Bernabò, Doccie basse, S. Giovanni und Bagni alla Villa; Temperatur 24—43° R.; und hier ist gegen Abend

---

[1] Handbook for the baths of Lucca with Plan of the Place by W. Snow. Pisa.

[2] Ein Correspondent der Allg. Zeitung von Augsburg, Beilage 26. Aug. 1865 glaubt, dieser meiner Bemerkung geradezu widersprechen zu müssen. Sie beruht aber auf einer nicht etwa flüchtigen Erfahrung. Uebrigens ist es immer angenehmer, sich in seinen Erwartungen übertroffen, als getäuscht zu sehen.

der Zusammenfluss der verschiedenen Gäste. Auf dem Berg steht ein Casino für Gesellschaften und Bälle, Ridotti genannt. Um den Hügel gehend findet man das Nuovo Ospedale, von einem Russen, Nicolaus Demidoff, aus Menschenliebe hier erbaut. Dreizehn Miglien von Lucca am Meer liegt **Viareggio** zwischen dem Ausfluss des Arno und Serchio, berühmt durch die Zusammenkunft Carls V. und Pauls III.; besucht wegen der Seebäder und merkwürdig durch sein schnelles Wachsthum, da es 1730 noch nicht 300 Einw. und 100 Jahre später über 5000 hatte. Auch ist beachtenswerth die Reinigungsmethode der Aria cattiva vom Mathematiker Zandrini, durch die er die schädliche Vermischung des Meerwassers mit süssem in den Sümpfen verhindert hat. — Auf dem Weg da hin die Bagni di Nerone, wohlerhaltene Reste römischer Bäder mit Calidarium, Frigidarium und Sudatorium, den Oefen (Hippocausta); der Inschrift nach Eigenthum einer toscanischen Familie, Venuleja. In der Nähe wurden mehre antike Statuen ausgegraben, die man in der ebenfalls nahen Villa Minutoli sehen kann.

Von Lucca führt die Eisenbahn nach Florenz (in 2¾ St. für Fr. 7, 70 — 6, 20 — 4, 95) wie durch einen Garten, überall Anmuth und Wohlbehagen, freundliche Ortschaften, glänzende Villen (Villa Collodi etc.). Bei Cardino war ehedem die toscanisch-lucchesische Grenze.

Pescia, Stadt, herrlich gelegen, mit Seiden- und Papierfabriken, mit einer schönen Kathedrale, in welcher sich ehedem die (nun im Pal. Pitti zu Florenz bewahrte) Madonna del Baldachino von *Raphael* befand, und jetzt noch mehre nicht unwerthe Bilder zu sehen sind. Das Denkmal des Balthasar Turini von *Raffaello da Monte Lupo*. Guter, unter dem Namen Buriano bekannter Wein. Nahebei die Bäder von Monte Catini S. Einleitung, Bäder. Serravalle mit seinen nun zerstörten festen Thürmen war in den mittelalterlichen Bürgerkriegen von grosser Bedeutung.

Pistoja,

Pistoria. (Wirthsh.: in der Stadt: Posta; Globo d'oro, gute u. billige Locanda und Trattoria; vor der Stadt: Hôtel di Londra. Gesunde Luft. Gutes Wasser. Wohlfeiles Leben. Vortreffliche Melonen). In einer fruchtbaren und gesunden Ebene am Fusse der Apenninen und am Ombrone, mit einer schlechten Citadelle, einem Erzbischof, breiten und geraden Strassen, Eisenfabriken (einer vortrefflichen Gewehr- und Messerfabrik von Palmerini), dessgl. einer Nadelfabrik, die jährlich 400,000 Pfd. fertigt, Fabriken von landwirthschaftlichen u. von musikalischen Instrumenten, Orgeln etc. und 10,000 Ew. Der Accent von Pistoja gilt nebst dem von Siena als der reinste. In der Nähe lieferte Catilina das verzweifelte Treffen, in welchem er blieb. Im Mittelalter bildete sich hier in den Parteikämpfen der Guelfen und Ghibellinen die Fraction der Schwarzen und Weissen und die der Cancellieri und Panciatichi. — P. ist die Vaterstadt des berühmten Juristen Cino, des Dichters Forteguerri, des Verfassers von Ricciardetto und Bracciolini. — Für die neuere Kunstgeschichte ist Pistoja besonders durch den Reichthum seiner Sculpturen aus dem 12., 13 und 14. Jahrh. wichtig, die sich an und in den Kirchen erhalten haben.

Kirchen: **S. Andrea**, am Architrav des Eingangs Sculpturen von *Gruamons* und *Adenodatus* 1166. Im

Innern die Kanzel, von *Giovanni Pisano*, sechseckig, spitzbogig, mit Geschichten des neuen Testaments und Engeln und Heiligen, von 1301. L'Annunziata mit Gemälden von *Vini Veronese*, *Paolino del Signoraccio*, *Cigoli* etc.

* S. Bartolommeo, über der Thüre Architrav, mit Sculpturen von *Rodolfino* 1177. Im Innern die als Orgelchor benutzte Kanzel, von *Guido da Como* von 1250 (der ältere Theil von *Turrisianus*).

* Das Battisterio, erbaut von *Cellino di Nese* von Siena 1337, achteckig, mit schwarz und weisser Marmorbekleidung, wie die Kathedrale; mit einigen Sculpturen von *Tommaso Pisano* und einiged Mosaiken.

* S. Domenico, von 1380. Grabmal vom Rechtsgelehrten Filippo Lazzari († 1412), von 1464 von *Bernardo di Matteo Fiorent.* Madonna a fresco von *Fra Bartolommeo*, Wunder des h. C. Borromäus, von *Empoli*, mit den Bildnissen der Familie Rospigliosi. S. Dominicus, den Rosenkranz empfangend, von *Bronzino*, im Hintergrund der Maler, der mit dem Bruder Sacristan um den Preis handelt. S. Sebastian und andere Heilige, von *R. Ghirlandajo*. Anbetung der Könige und Crucifix mit Heiligen von *Fra Paolo Pistojese*, in der Sacristei Madonna mit Heiligen von *dems*.

* San Francesco al Prato von 1294, Sacristei mit Deckengemälden aus dem 14. Jahrh. — Capitelsaal mit Gemälden aus dem Leben des heil. Franz und des Erlösers, aus dem Ende des 14. Jahrh. (nach Vasari von *Puccio Capanna*), wohl erhalten, obschon zum Theil verdeckt. — S. Franciscus, Tafel von *Lippo Memmi* (?).

S. GiovanniFuoricivitas, aussen Sculpturen aus dem 12. Jahrh. von *Gruamons*. In der Vorcapelle eine alte Tafel mit S. Johannes Evang.

und acht Darstellungen aus seinem Leben, Temperabild von *Giovanni di Bartolo* 1371. Ueber dem ersten Seitenaltar r. eine schöne Gruppe von Terra cotta. — Kanzel mit 10 Reliefs an drei Seiten, aus der *Schule des Nicola Pisano* von 1270 ca.: Gegenstände des neuen Testaments und der Legende Mariä, — Der Taufstein mit 3 weiblichen Figuren von *Giov. Pisano*.

Die Kathedrale S. Jacopo, angeblich von *Nicola Pisano*, die Tribune von *Jac. Lafri* 1600. In der Vorhalle von 1360 noch Reste von Malereien aus dem 14. Jahrh., von *Giovanni Pistojese*. Capella del Giudizio, Madonna von *Fra Filippo*. — Capella del Sagramento, Madonna von *Lor. di Credi* und Basreliefs von *Donatello*. Hauptaltar, Auferstehung, von *Angelo Bronzino*. — Denkmal des Juristen und Dichters Cino, von *Cellino di Nese*, nach der Zeichnung eines Meisters von Siena 1337. [1] Die weibliche Figur ist wahrscheinlich Selvaggia, der Gegenstand einer poetischen Liebe. — L. v. Eingang. Denkmal des Card. Forteguerra, von *Verrochio* 1474 und *Lorenzetto* (Figur der Liebe). — Capella S. Jacopo mit einem reichgeschmückten Altar und Tabernakel, das leider unter Modernisirung 1788 an seiner alten Würde etwas gelitten. Ueber dem Altar in einer Nische die sitzende Statue des h. Jacobus, von *Giglio Pisano* 1349 bis 1353, umgeben von Aposteln und Propheten, jeder in seiner Zelle, darüber Gott Vater mit Engeln und Heiligen, alles aus gediegenem Silber getrieben und stark vergoldet, Verzierungen und Inschriften abwechselnd von Gold und Emailschmelz. Die Vorderseite des Altars bekleidet mit einer grossen Silbertafel, darauf 15 Reliefs mit Geschichten des neuen Testaments, von *Andrea di Jacopo*

† Nicht von Andrea Pisano.

d'Ognabene von Pistoja 1316. Die silbernen Seitentafeln neben dem Altar, links mit 7 Geschichten des alten Testaments und 2 der Jungfrau, von *Piero da Firenze* 1357, rechts mit 9 Geschichten des neuen Testaments von *Leonardo di Ser Giovanni* 1371. Die Statuetten der HH. Maria, Jacobus, Eulalia, Acto und Giov. Battista, auch eine Verkündigung von *Pietro, des deutschen Heinrich Sohn*, 1386. An diesem Altar wurde 1293 der berüchtigte Tempelraub durch Vanni di Fuccio begangen, dem dafür Dante in der Hölle (XXIV) begegnet. Die Nische über dem Taufstein von Feruzzi, 1522, mit Reliefs: Taufe Christi, Johannes Geburt, Taufe, Predigt und Enthauptung. — In der Guarderoba ein antiker Sarkophag mit den Gebeinen des heil. Felix (? S. Padua, S. Antonio).

S. Maria del letto mit einer Madonna in tr. von *Lor. Credi.*

S. Maria dell' Umiltá, erbaut 1494 von *Ventura Vitoni*, S. Jacob, von *Gerino*; Ruhe in Aegypten, von *Lazzaro Baldi.* Ferner Gemälde von *Fr. Vanni, Poppi, Fei.* An einem Altar sieht man unter verschiedenen Exvoto's den Lorbeerkranz aus Silber, den Magdalena Morelli Fernandez, ein Landmädchen aus der Umgegend von Pistoja, als Dichterin unter dem (arkadischen) Namen Corilla Olimpica berühmt, auf dem Capitol erhalten und der Jungfrau gewidmet hat.

S. Filippo Neri mit Gemälden von *Lanfranco* und *Ferretti*, 17. Jahrh.

S. Paolo, von 1137, das Portal von *Giovanni Pisano* (?). S. Paulus und andere Sculpturen von *Giovanni di Pistoja* 1302.

S. Pietro maggiore mit einer Madonna, mit Petrus und Paulus, von *Gerino Gerini* 1509, einer dergleichen mit Sebastian, Gregor und andern Heiligen, von *Rid. Ghirlan-*

dajo. Beachtenswerth der Architrav über dem Eingang.

S. Salvatore, von *Maestro Buono* 1270.

S. Spirito, vom Jesuiten *Ramignani* mit Arbeiten von *Pietro da Cortona, Bernini etc.* Die Orgel vom Niederländer Joseph Hermann.

Paläste, Sammlungen, Anstalten.

*Ospedale grande del Ceppo von 1277, aber erneut; mit den Werken der Barmherzigkeit, einschliesslich die 4 Cardinaltugenden, ferner Verkündigung, Heimsuchung und Himmelfahrt Mariä, an der Façade, Reliefs in terra cotta, von *Giovanni Luca* und *Girolamo della Robbia*, 1525—1585. (Cf. De' Plastici dell' Ospedale di Pistoja. disc. dell' Abb. Giu. Tigri. 1833.)

Der bischöfliche Palast, 1787 auf Befehl des berühmten Eiferers Scipione Ricci erbaut.

Pal. Pretorio, jetzt Tribunal, 1368 errichtet; beachtenswerth die Treppe, und der Hof mit dem Richterstuhl; und mit den Wappen der Podestà von Pistoja.

Pal. della Communità (degli Anziani), von 1295. Am mittlern Fenster Büste des Filippo Tedici, Tyrannen von Pistoja, Schwiegersohns des Castr. Castracani, in schwarzem Marmor. In der Camera degli Avvocati das Abbild des 15 Fuss hohen Riesen Graudonio.

La Sapienza, öffentliche Schulanstalt, 1473 vom Cardinal Nic. Forteguerri dotirt. Die Bibliothek mit Mss. des Sozomenes Pistoriensis, der im Kloster S. Gallen schrieb und starb. 1387—1458.

Accademia delle scienze mit einem Gemälde von *Beccafumi*, Madonna in tr. mit Heiligen.

Baron Bracciolini besitzt den sterbenden Germanicus von *N. Poussin* (Wiederholung).

In Casa Bracciolini eine Verkündigung von *Fil. Lippi.*

Casa Cancellieri, alterthüm-

liche Bauart, mit einem Schwein im Relief, von *Donatello.*
Casa Tolomei mit französischen Bildern und einer Bibliothek.
Bibliotheken. Capitularbibliothek mit Mss. aus dem 10. und 11. Jahrh. Die Philippinerbibliothek. B. Forteguerri. s. Sapienza.
Archive: 1) Das bischöfliche. 2) Das Capitulararchiv. 3) A. der Canonici zu S. Bartolommeo. 4) Domarchiv. 5) A. zu S. Michele. 6) A. del Commune.
* Villa Puccini; 1 Miglie entfernt: mit schönen Gartenanlagen und Denkmalen.
Nahebei auf dem Wege nach Pescia die neuerdings sehr besuchten Bäder von Monte Catini. S. Einleitung, Bäder. Cf. Franc. Tolomei Guida di Pistoja, 1822.
Von Pistoja führt die Eisenbahn durch eine überaus anmuthige Gegend zwischen Gärten und Landhäusern nach

Prato,

(Posta), gutgebaute, wohlgelegene Stadt am Bisenzio, wegen ihres vortrefflichen Brodes berühmt, mit 35,306 Ew., deren Industrie Ruf hat. Die dasige Buchhandlung Giacchetti hat eine italienische Ausgabe der Werke Winckelmanns und d'Agincourts, auch die zweite Ausgabe von Cicognara's Geschichte der Sculptur besorgt. Prato war stets mit Florenz vereinigt, und litt am meisten unter spanischer Herrschaft 1512.
Kirchen. Die Kathedrale, im germanisch-toscanischen Styl, mit einem Glockenthurm aus dem 15. Jahrh. Ueber dem Eingang Madonna mit Stephan und Lorenz in terracotta, von *Luca della Robbia.* Nach dem Platz zu die Kanzel, mit tanzenden Kindern, von welcher herab dem Volk der Gürtel der heil. Jungfrau (la Cintola) gezeigt wird, von *Donatello.* Im Innern: Capella

della Cintola, mit der Legende der heil. Jungfrau in einem reichen Cyklus von Wandgemälden, von *Agnolo Gaddi*, 1365. Die Balustrade, von *Donatello*, die Reliefs am Thron aus dem Leben der Jungfrau, von *Mino da Fiesole.* In dieser Capelle wird der Gürtel der heil. Jungfrau aufbewahrt. Die Kanzel mit Reliefs von *Mino da Fiesole* und *Antonio Rosellino.* — Im Chor hinter dem Hochaltar Geschichten des Täufers Johannes und des heil. Stephan a fresco, von *Fra Filippo.* In den beiden Nebencapellen Wandgemälde aus dem 14. Jahrh. Rechts eine Tafel in tempera, von *Fra Filippo*, der Tod des heil. Bernhard; ferner die Jungfrau, ihren Gürtel an S. Thomas gebend, von *R. Ghirlandajo*, der Angelo Custode, von *Carlo Dolci.*
Madonna delle Carceri, 1492, Arch., von *Giul. San Gallo*, der Hochaltar von *Ant. San Gallo*, Krönung Mariä, von *Soggi.*
* S. Domenico, erbaut oder erweitert durch den Cardin. Nicola di Prato, im 13. Jahrh., mit einigen Kunstdenkmalen aus dieser Zeit, und Gemälden von *Fra Filippo.*
* S. Francesco, im ehemaligen Capitelsaal des Klosters Wandgemälde aus der Geschichte des Evang. Matthäus, seine Berufung zum Apostel, die Erweckung eines königlichen Kindes durch ihn, und sein Tod; ferner die Passion Christi; die Geschichte des Antonius, und an der Decke die Evangelisten (Johannes als der älteste), sämmtlich von *Niccolo Petri.* — In der Nähe von S. Caterina ein Tabernackel von *Filippino Lippi.*
Paläste. * Pal. della Communità, mit einer Tafel von *Fil. Lippi*, die Jungfrau gibt S. Thomas ihren Gürtel; und andern Gemälden.
* Casa del Cancelliere, mit einem schönen grossen Gemälde von *F. Filippo.*

Commissariato degli Spedali mit einem Gemälde von *Giovanni da Milano.*

Umgegend: Fünf Miglien entfernt an der Strasse nach Pistoja, die wie ein Spaziergang durch eine reizende Gartenanlage erscheint, das Schloss Monte Murlo, wo im Jahr 1537 Filippo Strozzi und andere edle Florentiner durch die Rotte des Alexander Vitelli gefangen genommen wurden.
Eisenbahn in 40 Minuten nach Florenz.

2.

Von Genua nach Florenz

über Livorno.

(Zur See.)

Von Genua geht täglich (11 U. Ab.) ein Dampfschiff nach Livorno in 9 St. für 35 — 20 Fr. Man thut gut, sich über die Beschaffenheit der Boote, über Grösse, innere Einrichtung etc. genau zu unterrichten, da nicht alle von gleicher Güte und Sicherheit sind. Vorzügliche Fahrzeuge sind die franz. „Messageries Impériales," fahren aber nur Freitags Ab. 8 U. von Genua nach Livorno, I. Classe 28 Fr.

Livorno

(englisch Leghorn).

Ankunft: Die Ausschiffung aus dem Porto nuovo (wo die Messageries Impériales anlegen) kostet für die Person 1 Fr. (mit 1 Koffer und Nachtsack 1½ Fr. Jedes Stück mehr 30 C.) Aus dem Porto vecchio 50 C., mit Gepäck 1 Fr. Man zahlt an die Aufseher, nicht an die Bootsleute. Livorno ist Freihafen; man muss aber doch zur Visitation (wegen Tabak etc.). Da ist der Facchino zu bezahlen, der das Gepäck zur Dogana schafft, dann der es zum Hôtel oder zur Eisenbahn, oder zu einem Fiaker bringt. Den Fiaker-Tarif s. unten. Wer mit dem Dampfboot weiter geht, hat gewöhnlich Zeit zu einem Ausflug nach Pisa.
Abreise: Eisenbahn nach Pisa, Spezia (Genua), Florenz, Siena, Nunzia-

tella (n. Civita vecchia etc. Omnibus) Rom. — Dampfboote nach Civita vecchia, Samst. Mess. Impériales; nach Neapel tägl. (Ital. Postdampfschiffe) Palermo Freit. fr. 4 U. Genua Mont. 6 U. fr. und tägl. 10 U. Ab., nach Marseille über Genua Donn. Der Pass nach Rom muss die Visa des Spanischen Consuls haben (4 Fr.). — Bei der Abreise, ob zu Land oder zur See abermals Visitation!

Alberghi (Wirthshäuser) nahe am Hafen: Vittoria e Washington. — *Aquila nera.* (Z 3—4 Fr., table d'hôte 3½ Fr.) *Gran Bretagna und Pension Suisse. Hôtel du Nord. Hôt. d'Angleterre. Isles Britanniques. Hôt. de deux Princes.

Trattorien: Luna. Roma. Patria. Ville de Turin (wo man auch Wohnung findet). Il Giardinetto. L'ordine. La pergola. La nuova Orleans. Speisezettel. Gute Fische, Baccala, sehr wohlfeil, grosse und kleine Sardellen, Feigenschnepfen im September. Champignons, Fungo greco. Grüne Feigen, Trauben. Wegen des Freihafens sind Thee, Kaffee, Zucker, ausländische Weine etc. hier wohlfeiler als im übrigen Italien.

Deutsche Bierhäuser: Meyer (via Ricasoli und fuori porta mare), Kieffer (via dei Condotti), beide mit schönen Gartenanlagen.

Cafés: C. Ricasoli, gross und elegant. C. della Posta. C. Hauswirth auf Piazza d'armi hat die A. Allg. Zeitung. Café della Minerva. Americano.

Consuln: Preussen: Appelius, via della Madonna 10. Sachsen: Hähner, via Borra 6. Hannover: Schwarze, via del ponte di marmo 1. Hansestädte: Grabau, via Borra 2. Oldenburg: Klein, via Vitt. Emanuele 81. Hessen-Cassel: Stichling, via Pelletier 6. Schweiz: Schmöle, via del Pallone 1. Belgien: Binard, via della Tazza 28. Dänemark: Dalgas Scali dei ponte di marmo 2. Russland: Poggenpohl, corso Reale 21.

Klima gesund, mit Ausnahme der schädlichen Wirkung auf die Augen. Aerzte: Michelotti. Gresanowski. Marlin. Deutscher Arzt: Schintz. Seebäder: Casini e bagni di mare mit gegen 300 Quartieren, Stallungen etc., ganz vortreffliche Einrichtung. Warme Bäder (zu 1½ Fr.) im äussern Stadttheil, nahe der Via della Pace.

Casino der negozianti in piazza grande: Schweizerverein.

Buchhandlungen: Emporio italo letterario. Gamba. Vignozzi.

Lesecabinet auf Piazza d'armi.

Kunst- und Industrieladen von Micali, via grande.

Alabasterarbeiten bei Ulisse Codremann und bei Benassai neben S. Marco.

Korallenfabrik: Santo ponte auf piazza del Casone. (Die Korallen kommen von den Küsten Sardiniens und Corsica's.) — Scagliolofabrik, eine Nachahmung von

Mosaik, von Pietro delle Valle in via Leopolds (nur in Livorno zu finden).
Orientalische Shawls bei Salvator Arbib, via di S. Francesco; Seidentücher bei Ninci, Mancini. Franz. Seidenwaaren bei Man in der Ville de Lyon. Ausserdem Glaswaaren, Spielkarten, Rothgerbereien etc. — Engl. Waaren bei Guano und bei Dunn.
Fiaker von und nach dem Bahnhof 1 Fr. Nachts 1 Fr. 30 c. — Der Cours in der Stadt 85 c, ausserhalb 1 Fr. 75 c. Die Stunde 1 Fr. 75 c. — jede folgende halbe Stunde 60 c., Nachts 1 Fr. 15., ausserhalb 2 Fr. 80 c.

L. 43° 33' N. Br. 27° 56' Länge; bedeutende Handelsstadt mit Freihafen in Toscana am mittelländischen Meer, gegenüber der Felseninsel Meloria, 2 Miglien im Umkreis, mit 82.543 Einw., davon 20,000 Juden (nach Andern bloss 4—5000), einer Citadelle und Festungswerken gegen das Meer, grossen Plätzen, breiten Strassen, und von einem durchaus unitalienischen Aussehen, inzwischen wegen des Zusammenflusses von Menschen fast aller handeltreibenden Völkerschaften sehenswerth. Die Stadt ist gut gebaut, hat breite Strassen, und ist an einem Theil von Canälen durchschnitten, auf denen die Waaren vor die Lager zu Schiffe gebracht werden können, wesshalb es Klein-Venedig heisst. Schon als Hafen den Römern bekannt, war es doch selbst im Mittelalter nur ein unbedeutender Ort, der 1392 seine ersten Mauern von der Republik Pisa erhielt. Seinen gegenwärtigen Glanz verdankt es der Familie der Mediceer, die es befestigten und mit Privilegien versahen, wodurch es als Handelsplatz Vortheile gewährte. Namentlich war es Cosmus I., der es den Genuesen, die es besassen, gegen Sarzana abtauschte, und zu einem Freihafen, dem ersten im Mittelmeer, machte. 1742 litt es viel von einem heftigen Erdbeben, dessgl. 1846. Jetzt laufen jährlich ungefähr 6000 Schiffe ein. — Im August und September 1848 poli-

tische Aufstände und Anarchie, die im Febr. 1849 (ohne Folge) bis zur Proklamation einer mit der neuen römischen vereinigten Republik führten.

Kirchen: Es herrscht durchaus freie Religionsübung; dagegen gewährt auch keine Kirche irgend einiges Kunstinteresse. Für die Kenntniss des Cultus und der Weise der damit verbundenen Kunst ist die griechische Kirche sehenswerth; ebenso die Synagoge. Die protestantische Kirche links von Piazza Cavour am Canal.

Kunstwerke hat Livorno nicht, ausser dem Denkmal Ferdinands I., von vier afrikanischen Sclaven umgeben von *Pietro Tacca*, und dem unten genannten Grabmal im Lazareth, ferner dem Denkmal des Grossherzogs Ferdinand, zu dem noch das von Leopold kommen sollte.

Oeffentliche Anstalten: Der Hafen, etwa 300 Klafter lang und 36' tief, ist sicher und bequem, kann aber keine sehr grossen Schiffe aufnehmen, und hat durch Sandbänke einen schwierigen Eingang, aber desto bessern Ankergrund, und einen 600 Schritt langen, von *Warwick* gebauten Molo gegen die Stürme, bei dem sich auf einem Felsen der von den Pisanern 1303 gebaute Leuchtthurm erhebt. Zu seiner Laterne, die mit 12 doppelten Argand'schen Lampen und Hohlspiegeln so erleuchtet wird, dass man das Licht auf 8—10 Miglien sehen kann, führen 230 Stufen. Die Aussicht ist belohnend. Auf der andern Seite das Arsenal (Darsena) mit Raum für 90, jedoch nur kleinere Fahrzeuge, auf Befehl Ferdinands I. von 5000 Arbeitern in 5 Tagen ausgegraben. Das Lazareth mit einer höchst zweckmässigen und bewunderungswürdigen Einrichtung, und dem Grabmal der daselbst verstorbenen Fürstin San

25

Teodoro von *Bartolini*. — Ausserdem 2 andere Lazarethe.

Das Oelmagazin, 1705 von Cosmus III. gegründet, sehenswerth wegen seiner ungeheuern Ausdehnung und ebenfalls bewundernswürdigen Einrichtung zur Aufbewahrung des Oels.

Der grosse Wasserbehälter nebst Aquäduct, ein erst seit wenig Jahren vollendetes grosses Gebäude, durch welches zuerst die Stadt mit gutem Trinkwasser vom Gebirg von Cologneli versehen wird. Leider nicht vollkommen gelungen. Ein anderer, Cisternino, auf der andern Stadtseite.

Das Theater Carlo Lodovico. T. Rossini. T. degli Avvalorati. Teatro Leopoldo, sehr gross, für Tag und Nacht. Ausserdem zwei teatri diurni.

La Congregazione Ollandese-Allemanna, protestantische Gemeinde mit Capelle, deutscher, französischer und italienischer Predigt. Englische und schottische Kirche.

Der Protestanten-Gottesacker (Cimitero degli Inglesi) schön gelegen, geschmackvoll angelegt, mit Blumen, Bäumen und Monumenten (Smollets Grab) geschmückt. Ein neuer protestantischer Gottesacker vor der Stadt, zugleich für die schismatischen Griechen. Ueberhaupt werden hier die Gottesäcker sehr in Ehren gehalten, z. B. der armenische, der mohammedanische, der ebräische, der altgriechische (in der Stadt) etc.

Spaziergänge etc.: L'ardenza, wo sich gegen Abend alle Welt versammelt. Su i condotti, auch Abends. Corso in via grande, Mittags. — Gesellschaft: Casino dei Nobili, mit Billard, Zeitungen (Allg. Zeitung). Fremde werden als Gäste von den Mitgliedern eingeführt.

Umgegend: Einige Miglien von der Stadt: Montenero, katholischen Christen durch ein wunderthätiges Marienbild heilig; sonst auch wegen der schönen Lage zwischen Olivenhügeln und Gärten des Besuches werth. Das Capucinerkloster ist vom Jahr 1344, und hat das Privilegium, dass am Jahresschluss alle rückständigen Messen mit einer einzigen nachgeholt werden können. (Neigebauer.) Kirchenfesttag: Eine Woche nach Corpus Domini grosse Procession auf der mit farbigen Tüchern behangenen und bei Tage schon erleuchteten Piazza grande.

Die Eisenbahn führt 5mal täglich nach Florenz in 2½ Stunden für Fr. 7, 60. — 6, 20. — 4, 85. — In 25 Min. erreicht man Pisa s. p. 357. Im fruchtbaren Arnothal geht die Bahn — zur Linken die Monti Pisani — nach Pontedéra am Ausfluss der Era in den Arno. Bei S. Pierino, r., die malerischen Thürme von S. Miniato dei Tedeschi, der Vaterstadt von Franz Sforza. — Empoli, Städtchen mit 3000 Ew., berühmt durch die Zusammenkunft der Ghibellinen, in welcher sie nach dem Sieg über die Guelfen die Zerstörung von Florenz beschlossen, die Farinata degli Uberti verhinderte. In der modernisirten Collegiatkirche von 1093, sind Gemälde von *Jacopo da Empoli*, *Cigoli* etc., auch eine S. Lucia aus dem 14. Jahrh., Sculpturen von *Donatello* und *Mino da Fiesole*. Im Baptisterium Gemälde von *Ghirlandajo* (?). — Hinter Montelupo, Vaterstadt des Bildhauers Raffaello, über den Arno durch Travertin-Steinbrüche nach Signa und S. Donino durch eine wohlbebaute Ebene mit schöner Aussicht auf die Gebirge zur R. nach Florenz. .

3.

Von Parma nach Lucca

über Pontremoli. 16½, Posten.

Diese von Maria Luise um 1840 erbaute Strasse bietet viel Schönes und Interessantes; im Winter aber zuweilen unangenehmen Aufenthalt. Corriera täglich nach Pontremoli und Sarzana, Impresa Orcesi Porta nuova 2. für Fr. 15.

Von Parma über Collechio am Taro (schöne alte Kirche mit Baptisterium) fast immer aufwärts durch heitre, bewaldete Landschaften nach **Fornuovo** (Forum Novanorum), 8 St., berühmt durch den 1495 daselbst errungenen Sieg Carls VIII. von Frankreich gegen die verbündeten Italiener. Spuren römischer Alterthümer. An der alterthümlichen Kirche die 7 Todsünden in Relief. Im Dorfe Compiano Eisenhämmer und 1500 Einw., die sich viel mit Zähmen und Abrichten wilder Thiere (Löwen, Tiger, Affen etc.) abgeben. In Casaio pflegt Mittag gemacht zu werden; man erwarte nicht viel. **Bercéto, 2. St.**, kleine malerisch gelegene Stadt, mit einem Dom aus dem 12. 13. Jahrhundert mit beachtenswerthen Portalsculpturen. Es geht steil an der Magra hinab durch Kastanienwaldgänge nach **Pontrémoli**, 4 St. (Pavone), dieser in neuester Zeit durch ihre Anhänglichkeit an Toscana berühmten, dann aber an Parma abgetretenen Stadt an der Magra, Sitz eines Bisthums mit einer schönen Kathedrale, daran Sculpturen aus dem 12. und 13. Jahrh., einer starken Citadelle, einer literarischen Gesellschaft und einem Seminar. In Filatiere ist ein altes Schloss der Familie Malaspina. Durch das Mograthal nach Terra Rossa. Der Weg führt durch reizende Gebirgsgegenden mit wundervollen Aussichten aufs Meer und die Küste, über

Aulla, Cesarone und das vorzüglich schön gelegene Fosdinovo nach Sarzana zur Eisenbahn nach Massa u. s. w. S. Rr. 1.

4.

Von Modena nach Lucca

über die Bäder von Lucca. 11½, P. (?).

Dieser Weg bietet wenig Bemerkenswerthes dar, ist aber für Badereisende von grossem Werth. Nur war früher von Pieve nach den Bädern von Lucca keine Postverbindung, so dass man sich für diesen Fall vorsehen muss. Auch ist der Pass nur in den heissen Sommermonaten zu passiren. Von Modena nach S. Venanzio, 2 P. Paullo, 2 P. Monte Cenere, ¾ P. in den Bergen fort nach Barigazzo, 1¼ P. (mit einem Hydrogengasvulcan). Pieve, 1 P. Von da über Monte Rondinajo auf dem Apennin nach den Bädern von Lucca (soviel wie 3 P.) und nach Lucca 1½ P.

5.

Von Bologna nach Ravenna.

Eisenbahn in 2¾ St. C. S. Pietro. **Imola** (Forum Cornelii), (S. Marco. La Posta), Stadt am Santerno in einer fruchtreichen Ebene mit 10,000 Ew., gutem Wein und Fabriken von Cremor tartari. Von Justinian zerstört, war es von den Lombarden neu erbaut worden. Im Mittelalter wechselte es häufig seine Herren, litt durch Cäsar Borgia viele Drangsale und ward durch Julius II. dem Kirchenstaate einverleibt. Imola ist die Vaterstadt des Benvenuto, eines der ersten Commentatoren des Dante, des S. Pietro Crisologo, und des Malers Innocenzo. Cf. Benedetto

Filippini storia d'Imola 1810. 3 Bde. Die Kathedrale S. Casciano vor kurzem modernisirt von *Morelli*, mit den sterblichen Ueberresten von S. Casciano und S. Pietro Crisologo. — S. Domenico und S. Carlo mit Gemälden von *L. Caracci.* — Andere öffentliche Anstalten: Das Theater, erbaut von Pius VII., der hier Bischof war. Ein grosses Hospital; eine Accademia degli Industriosi. — Die Bibliothek mit einer berühmten hebräischen Bibel, Ms. aus dem 13. Jahrh. — Der Pal. pubblico mit 2 Gemälden von *Innocenzo da Imola.*

Wagenwechsel zur Zweigbahn nach

Ravenna.

(Wirthsh.: Spada d'oro. Bella Emilia, Trattoria Babucci, Piazza Vitt. Emanuele), sonst Hauptstadt einer päpstlichen Delegation, mit einem Erzbischof und 20,000 Einw. Ihr Beiwort „l'antica" deutet schon an, dass sie zu den ältesten Städten Italiens gehört, und ihr Aussehen bestätigt es. Sie schreibt ihren Ursprung von den sabinischen Umbrern, etwa 641 vor Erbauung Roms, her. Das Stadtgebiet gränzte in N. an den Po, in S. an den Savio, in O. ans Meer, in W. an Sümpfe. Unter der römischen Herrschaft war es zuerst Umbrien, unter Cäsar und Sylla aber Gallien zugetheilt. Augustus legte hier einen grossen Hafen an, und veranlasste damit die Gründung von Classe und Cesarea, welche erstere unter dem Longobardenkönig Luitprand 728 zerstört wurde. — 404 machte Honorius, Sohn Theodosius des Grossen, Ravenna zur Residenz des weströmischen Reichs, und nach seinem Tode wandte seine Schwester Galla Placidia, die Mutter Valentinians, auf den Glanz dieses zweiten Roms die grösste Sorgfalt.

493 that Theodorich, der Ostgothe, nach der Besiegung des Odoaker ein Gleiches, und seine Tochter Amalasuntha, 526 bis 535, folgte seinem Beispiel. 540 nach Besiegung der Ostgothen wurde Ravenna Sitz des griechischen Exarchates, und die Statthalter des prachtliebenden und bauenden Justinian hielten sich an ihr kaiserliches Vorbild. Bis dahin reicht die eigentliche Blüthe Ravenna's. 752 fiel es in die Hände des Longobardenkönigs Aistulf. Pipin machte sodann mit dem befreiten Ravenna dem Papst ein Geschenk 755, das Carl der Gr. 769 bestätigte. Es wurde hierauf von Consuln regiert. Im Kampf der Guelfen und Ghibellinen trat als Haupt der erstern Pietro Traversara an die Spitze des Regiments, später wechselten kaiserliche und päpstliche Befehlshaber, bis Ostasio IV. die Alleinherrschaft erlangte 1318, die 123 Jahre dauerte. 1441 kam Ravenna in die Gewalt der Venezianer. 1509 eroberte es Papst Julius II., und setzte einen Cardinallegat hieher. Durch den Frieden von Tolentino wurde es den Franzosen unterthan, durch den Wiener Congress 1815 dem Kirchenstaat zurückgegeben; 1860 dem Königreich Italien einverleibt.

Für die Kunstgeschichte ist Ravenna mit den noch grossentheils wohlerhaltenen Denkmalen aus der Zeit seiner grössten Blüthe (s. o.) eine der interessantesten Städte, indem sie am deutlichsten den Zwischenzustand zwischen der antiken und mittelalterlichen Zeit zeigt. In den Basiliken des 5. und 6. Jahrh. sehen wir die Nachwirkung der römischen, in S. Vitale bereits die Begründung byzantinischer, wie im Denkmal Theodorichs die eigentliche gothische Baukunst, die freilich mit der unter diesem Namen bekannten keine Verwandtschaft hat, und auch nur als eine Modifikation der antiken zu betrachten ist. An zahlreichen Sarkophagen, Elfenbeinschnitzwerken etc. können wir den Zustand der Sculptur bis ins 8. Jahrh. verfolgen, der hier ein bei weitem besserer, als im dazumal verödeten Rom war, und die Mosaiken lehren uns den Stand der Malerei, den Charakter und Kreis malerischer Anschauungen kennen. Zum Theil vom neuen christlichen Princip berührt, zeigt sich die Kunst noch in der innigsten Verbindung mit dem Alterthum, sowohl was Aeusserliches, wie Technik, Kostüm, Anordnung, Verzierung etc. betrifft, als auch in der Vorstellungsweise, so dass z. B. der Fluss Jordan bei der Taufe Christi durch einen Flussgott dargestellt wird etc. Eine freie Bewegung, eine edle Haltung ist noch den meisten Gestalten (Christus in S. Vitale, Moses daselbst, Engel in S. Apollinare) eigen. Verständniss des Faltenwurfs ist noch überall sichtbar; die Farben sind meist kräftig und der byzantinischen Prachtliebe gemäss mit Gold untermischt. — Die Kunstdenkmale aus dem 14. Jahrh. kommen gegen diese ältern hier durchaus nicht in Betracht, und die Annahme, dass *Giotto* hier gemalt, ist, wenigstens in Bezug auf die ihm zugeschriebenen Werke, irrig.

Oeffentliche Plätze: **Piazza Maggiore**, mit zwei hohen, von den Venetianern 1483 (s. o.) errichteten Granitsäulen, darauf S. Apollinaris und S. Vitalis, Basreliefs der Piedestale von *Pietro Lombardi*, und der Statue Clemens XII. 1738, ferner mit einem Porticus von 8 dicken Säulen aus grauem Granit, angeblich dem Ueberrest der von Theodorich erbauten oder erneuerten Basilica des Hercules, die ihren Namen von einem kolossalen Hercules, der auf dem Brunnen dieses Platzes als Sonnenzeiger diente, entlehnt hat. Auf 3 Säulencapitälen den beiden äussersten rechts, und auf dem

dritten der innern Reihe sieht man das Monogramm Theodorichs.[1]

Piazetta dell' Aquila mit einer dem Card. Gaetani 1609 errichteten Säule.

Kirchen: *S. Agata, unter Erzbischof S. Petrus I. im Jahr 417 erbaut, mit 20 vortrefflichen Säulen und 3 Schiffen, Basilica.

S. Apollinare, zu Anfang des 6. Jahrh. von Theodorich zu Ehren des heil. Martinus, und als Kathedrale des arianisch-christlichen Gottesdienstes erbaute Basilica, von 3 Schiffen mit 24 Säulen aus graugeädertem griechischem Marmor. 15 Altäre von kostbaren Marmorarten. Die Capella delle Reliquie mit schönen Säulen von orientalischem Alabaster und Porphyr. — An den Seitenwänden des Mittelschiffs grosse Mosaiken, angeblich im Auftrag des Erzbischofs Agnello 556—569 verfertigt, nachdem dieser die Kirche dem katholischen Ritus geweiht hatte. Anbetung der Könige, 22 heilige Jungfrauen nahen sich dem Thron; am Schluss die Vorstadt Classe mit dem Hafen. — Rechts Christus von Engeln umgeben auf dem Thron, dem sich 25 heil. Märtyrer nahen, am Schluss die Stadt Ravenna mit dem Palast Theodorichs. — In der Mitte des Schiffs der alte Bischofstuhl.

S. Apollinare in Classe, eine Stunde ausserhalb der Stadt (Classe fuori), der letzte Ueberrest dieser einst glänzenden Stadt bis auf den Porticus völlig erhalten, und fast unverändert gelassen,[2] Basilica von 3 Schiffen mit erhöhtem Chor, zu dem in der ganzen Breite des Mittelschiffes eine Treppe führt, 534 von Julianus Argentarius (s. S. Vitale) gegründet, 549 vollendet und

[1] Il Forestiere di Ravenna von F. Nanni, ein vortrefflicher Wegweiser, gibt die Abbildung.

[2] Nur die Marmorbekleidung der Wände raubte Malatesta von Rimini, um seine neue Kirche S. Francesco in Rimini damit zu schmücken, 1450.

eingeweiht von Erzbischof Maximianus. Länge 192 F., Breite 103 F. 24 Säulen von griechischem Marmor schräg gearbeitet, mit korinthischen Capitälen. — Der Fussboden ist erhöht. — In der Mitte des Mittelschiffs ein kleiner antiker Altar, angeblich von Maximian der Madonna geweiht (die Inschrift ist aus dem 16. oder 17. Jahrh.) — An den Wänden ringsum 10 Sarkophage ravennatischer Bischöfe vom 6. bis 8. Jahrh. Der Hauptaltar ist aus kostbarem Marmor, und von 4 Säulen orientalischem Bianco e nero umgeben. — Mosaiken der Tribune: In der Mitte der Halbkuppel ein grosses Kreuz, in dessen Mitte das Bildniss Christi. Zu beiden Seiten Moses und Elias. Ueber demselben die Hand Gottes. Darunter S. Apollinaris in predigender Stellung in einem Garten, darin Schafe (das gewöhnliche Symbol der christlichen Gemeinde) weiden. An der Wand, zwischen den Fenstern SS. Ecclesius, Severus, Ursus und Ursicinus in altbischöflicher Tracht. Rechts die Opfervorstellung von Abel, Melchisedech und Abraham; links die Einweihung und Dotirung der Kirche durch „Constantinus major“? Am Triumphbogen: In der Mitte Christus; die vier evangelischen Zeichen; darunter zwölf Schafe (Apostel), endlich Gabriel und Michael, und darunter Mattbäus und Lucas. Unter dem Chor die Confession, leicht zugänglich, mit dem Grab des heil. Apollinaris. — In der Mitte der Seitenmauer eine Inschrift des Inhalts, dass hier Kaiser Otto III. im Jahr 1000 in Sack und Asche Busse gethan. — Ueber einem Seitenaltar ein Baldachin von griechischem Marmor aus dem Anfang des 9. Jahrh.

Der Weg nach Classe ist sehr schön; man hat rechts die Apenninen mit dem Fels von S. Marino vor sich, links die Pineta, den bekannten, 25 Miglien langen und 3 Miglien breiten Pinienwald, in welchem Boccaccio einen gespenstigen Ritter seine Geliebte täglich todt hetzen lässt. (Decam. V. 8).

Baptisterium, schon im Jahr 451 unter dem Erzbischof Nero restaurirt, und wahrscheinlich im 4. Jahrh. unter S. Ursus erbaut; achteckig, im Innern mit 2 übereinander stehenden Reihen von Bogen verziert, deren Säulen alle verschieden an Durchmesser und Capitälen sind, und in denen man allerlei christliche Symbole in Relief sieht. Das Kuppelgewölbe, so wie die Wände zum Theil mit Mosaiken; in der Mitte die Taufe Christi, bei der der Flussgott Jordan mit dem Trockentuch Hülfe leistet; dann die Apostel und darunter Arabesken in einem entarteten pompejanischen Geschmack. Ein alter Altar in länglich viereckiger Form. Ein aus einem Jupitertempel entnommenes, mit festonstragenden Amorinen und dem Adler geschmücktes marmornes Reinigungsgefäss als Weihbecken; der achteckige Taufbrunnen mit Porphyr- und Marmorplatten belegt. Seitwärts der Ambo, wo der Bischof stand, während die Täuflinge eingetaucht wurden.

S. Chiara, zerstörte Klosterkirche mit Wandgemälden aus dem Anfang des 14. Jahrh. (fälschlich *Giotto).*

Der Dom, zwar von sehr altem Ursprung, indess im Jahr 1734 bis 1749 von Grund aus neu aufgebaut, in Auftrag des Erzbischofs Maffeo Nicolai Farsetti, der die alte aus dem 4. Jahrh. stammende Basilica, niederreissen liess. Im Chor 4 neue Oelgemälde, der Tod des heil. Severus, von *Serangeli* in Mailand. S. Apollinaris bricht durch Anrufung Gottes den Tempel des Apollo, von *Colignon* in Siena; Tod des heil. Chrysologus von *Benvenuti* in Florenz; Einweihung der Domkirche durch S. Ursus von *Camuccini* in Rom. In der Capella del Sagramento das Mannasammeln, a fresco von *Guido Reni;* in der Lunette: Melchisedech bietet Abraham Brod und Wein, von *dems.;* in der Kuppel: Christus in Gloria, von *dems.* Im kleinen Chor: Elias in der Wüste von *dems.* Am Altar (Epistelseite) ein altes Kreuz von Silber, aus dem 6. Jahrh., leider im 17. zur Unkenntlichkeit restaurirt. — In der Sacristei der Bischof-Stuhl des Maximianus aus dem 6. Jahrh. mit vielen Elfenbeinreliefs aus dem alten und neuen Testament, und schönen, ganz antik gehaltenen Arabesken. — Hinter dem Altar die Seitentheile der alten Kanzel, aus Marmor, interessant durch die symbolischen Zeichen daran.

S. Domenico mit Gemälden von *Rondinelli, Luc. Longhi*, und einem merkwürdigen hölzernen, mit feiner Leinwand bekleideten Crucifix.

* S. Francesco, Basilica aus der Mitte des 5. Jahrh., mit Sculpturen des *Pietro Lombardi*, den Grabmälern der Familie Polenta, darunter das des als Franciscaner 1396 gestorbenen Herrn von Ravenna, Ostasio. — Grabmal des Franciscaner-Generals Enrico Alfieri d'Asti, gest. 1405.

* S. Giovanni Evangelista, von Galla Placidia zufolge eines Gelübdes während eines Seesturms auf der Ueberfahrt von Constantinopel 420 erbaut, mit 24 Säulen und 3 Schiffen, Basilica. Das äussere Portal am Vorhof ist reich mit Sculpturen geschmückt, die sich auf die Legende zu beziehen scheinen, dass S. Johannes der Galla Placidia einen Schuh als Zeichen seiner wirklichen Erscheinung geschenkt, und gehört ins 13. Jahrh., oder in den Anfang des 14. — Eine Capelle im Innern sollte von *Giotto* ausgemalt sein; es existiren nur noch die gänzlich übermalten Deckenbilder der Evangelisten und Kirchenväter. In der Confession bewahrt man den alten Altar von Serpentin und Porphyr, und in der Capella S. Bartolommeo Fragmente eines Mosaiks, auf welchem der obengenannte Seesturm abgebildet ist.

S. Maria in Cosmedin, das s. g. arianische Baptisterium, von ähnlicher Form wie das obengenannte, mit einem ähnlichen, obschon bessern Mosaik von der Taufe. Die Kirche ist jetzt Garderobe oder Magazin.

S. Maria in porto fuori, eine Stunde von der Stadt, in einer einsamen, aber fruchtbaren Gegend, erbaut 1096 von B. Pietro Onesti (il Peccatore), ein wunderliches Gebäude von 3 Schiffen mit lauter ungleichen Bogen. Die 3 Capellen hatten Wandgemälde aus dem Leben der Jungfrau, an der Decke Kirchenväter und Evangelisten, anscheinend von demselben, der in S. Chiara gemalt. Am Triumphbogen Christus als Richter; zu beiden Seiten Hinrichtungen, und zwar einerseits von Heiligen auf Befehl eines Tyrannen, und anderseits von diesem Tyrannen durch Engel. Darunter Verdammte, gegenüber Selige.

S. Maria della Rotonda, das Grabmal Theodorichs, eine gute Viertelstunde vor dem Thor (Porta Serrata), wahrscheinlich auf Befehl von des Gothenkönigs Tochter Amalasuntha erbaut, aus grossen Werkstücken auf zehneckiger Basis aufgeführt, als zehneckiger innen runder Tempel mit flacher Kuppel von 34' Durchmesser, die aus einem einzigen istrischen Felsblock gehauen ist, dessen Gewicht Soufflot auf 2,280,000 Pfund berechnet hat. Der Unterbau mit seinen zehn aus gezahnten Werkstücken gebildeten Bogen stand bis jetzt halb unter Wasser; zum Oberbau steigt man auf äussern Marmortreppen empor. Das Innere ist schmucklos

S. Michele in Affrisico, aus der Mitte des 6. Jahrh., jetzt zum Theil Fischmarkt, zum Theil Holzmagazin.

S. Nazario e Celso, das Grabmal der Kaiserin Galla Placidia, um 440 von dieser gegründet, in Kreuzesform, 55 Palmen lang, 44 breit mit einer Kuppel, und ganz mit Mosaik verziert, deren Gegenstände einfache heilige Gestalten, oder symbolische Zeichen und Darstellungen, wie der gute Hirte über dem Eingang etc., sind. Hinter dem Altar der kolossale Marmorsarkophag der Kaiserin, die, ehedem auf einem Throne sitzend darin zu sehen gewesen. Die beiden andern Sarkophage enthalten: der rechts die Asche des Honorius, der links die des Constans, des Gemahls der Placidia. Zu beiden Seiten des Eingangs noch zwei mit den Erziehern Valentinians und der Honoria. (?) Diese letztern und der in der Chornische scheinen die ältern zu sein. Die Vögel auf den Sarkophagen sind schon bei den alten Römern Symbole der abgeschiedenen (unsterblichen) Seelen, das Lamm deutet auf Christus, die vier Ströme sind die Evangelisten. Der Hirsch in den Mosaiken ist als Symbol der nach ewigem Trost dürstenden Seele zu deuten.

*S. Teodoro oder Spirito santo, eine gleichfalls von Theodorich erbaute Basilica, mit einem gleichzeitigen marmornen Bischofsstuhl.

S. Vitale, noch unter der Herrschaft der Gothen erbaut, aber unter Justinian, nach dem Vorbild der von diesem neu errichteten Sophienkirche zu Constantinopel, unter Mitwirkung des Julianus Argentarius (vielleicht der Architekt) musivisch verziert und 547 eingeweiht, wegen Begründung des s. g. byzantinischen Styls höchst merkwürdig. Die Kirche ist achteckig; 8 Winkeln stehen im Innern 8 Pfeiler entgegen, so dass sich eine Art Umgang

bildet. Zwischen den Pfeilern stehen paarweis Säulen, die auf ihren Bogen nischenförmige Corridore tragen; darüber wölben sich andere Bogen, von Säulen getragen, und dienen der Kuppel zur Stütze, deren Construction, aus lauter spiralförmig neben einander liegenden Thongefässen in Gestalt von Amphoren, deren Enden und Oeffnungen in einander greifen — architektonisch höchst interessant ist: in der Kuppel sind Fenster, jedes durch eine kleine Mittelsäule in zwei rundbogige Abtheilungen getheilt, wie sie alle spätern byzantinischen Kirchen haben. — Dem eigentlichen (jetzt verbauten) Haupteingang gegenüber vertieft das Gebäude sich in den Chor, der mit einer Nische abschliesst. Alles ist mit Marmor bekleidet, der Fussboden indess wegen Wasserstandes erhöht (was man an einer Säule, neben deren Fuss ein Holzdeckel zum Aufmachen ist, deutlich sehen kann); merkwürdig ist Form und Ausführung der Doppel-Capitäle, an denen ausser den Symbolen auch die Monogramme des Julianus Argentarius und ein nicht gelöstes angebracht sind; allein der Hauptschmuck sind die Mosaiken des Chors. Decke der Chornische: Christus als unbärtiger Jüngling auf der Weltkugel thronend, in der Rechten eine Krone, zwei Erzengel zu beiden Seiten, von denen der eine vom Bischof Ecclesius das Modell der Kirche in Empfang nimmt, der andere den Vermittler zwischen S. Vitalis und Christus macht. Am Band, das die Nische begränzt, Füllhörner, Blumen, Trauben, Vögel etc. Unten rechts: Kaiser Justinian mit Weihgeschenken, und Bischof Maximian im Kirchengang mit Kriegern und Geistlichen; links Kaiserin Theodora, von ihren Frauen begleitet, im Begriff mit Weihgeschenken in den Tempel zu treten. Im Kreuzgewölbe des Chors Arabesken, Urnen, Pfauen und andere Thiere. Am Triumphbogen: Jerusalem und Bethlehem. Seitenwände des Chors: Oben die 4 Evangelisten nebst ihren Emblemen, sitzend; stehend Jesaias und Jeremias; sodann Moses, die Sandalen lösend, rings von Flammen umgeben; gegenüber aus der Hand Gottes die Gesetze empfangend; darunter das Volk. Dem gegenüber Christus als guter Hirt. Endlich zur Linken ein Altar mit Brod und Wein, von der einen Seite Abel mit dem Lamm (blutiges Opfer), von der andern Melchisedech mit dem Brod (unblutiges Opfer). Zur Rechten ein gedeckter Tisch, daran die 3 Engel, denen Abraham einen Braten bringt. Sarah steht in der Thüre; — und das unterbrochene Opfer des Erzvaters. — Im Bogenband Christus, die Apostel und zwei andere Heilige, Gervasius und Protasius als Brustbilder. — Neben dem Hochaltar rechts ein ganz vortreffliches griechisches Relief aus einem Neptunustempel: Genien und Amoretten tragen eine Muschel und den Dreizack zum Throne des Gottes; gegenüber eine Copie aus dem 16. Jahrh. — In der Sacristei ein römisches Relief von vortrefflicher Arbeit, die Apotheose Augusts darstellend, mit Bildnissfiguren. Die Göttin Roma, daneben Claudius Cäsar, Julius Cäsar mit einem Stern an der Stirn: Livia als Juno mit einem Amor und Augustus als Jupiter. Gegenüber Stücke eines altchristlichen Sarkophags, vielleicht aus dem 7. Jahrh. — Vor der Kirche das Grabmal des Exarchen Isaac † 641, mit griechischer Inschrift.

Paläste. Sammlungen, Anstalten.

* Erzbischöflicher Palast mit einer Sammlung antiker Inschriften, ferner einer *Capelle mit Mosaiken, erb. von S. Piero Crisologo vor 449, und einer Bibliothek mit Papyrus-Manuscripten.

*Palast des Theodorich, j. die Vorderseite des Franciscanerklosters, ähnlich der Porta aurea des Domitian zu Spalatro; unten ein einfaches Thor, oben blinde Säulenstellungen mit Bögen. Im Innern des Klosters finden sich Spuren von alten Thürmen und Mauern. Bekanntlich wurde der Palast von Carl dem Grossen zerstört und sein Kunstschmuck nach Deutschland geführt. Nur zur Rechten an der Façade eine antike Badewanne von rothem Porphyr, die dem König Theodorich als Sarkophag gedient haben soll.

S. Romualdo oder Classe, das Collegio von Ravenna, mit 90 Zöglingen und 200 extranen Schülern. In der Capella Gemälde von *Guercino, Fr. Cotignola* etc.

Die Bibliothek von Abate Pietro Canneti von Cremona 1714 gegründet und 1804 aus aufgehobenen Klöstern vermehrt, zählt 40,000 Bände, 700 Mss., und ebensoviele erste Ausgaben, darunter die Decretalen des Bonifacius VIII. Mainz 1465; — Plinius, Venedig 1469, und die Bibel mit Miniaturen, Venedig 1476; Dante, Mailand 1478. Unter den Mss. das berühmte, ganz vollständige des Aristophanes aus dem 10. Jahrh. — Ferner ein Dante aus dem 14. Jahrh. — Unter den Medaillen, die in der Bibliothek bewahrt werden, eine von den Magnesiern am Sipylus dem Cicero zu Ehren geschlagene Münze mit dessen Bildniss. In derselben Sammlung Diptychen von Elfenbein und andere Schnitzwerke und Alterthümer; goldener Waffenschmuck, angeblich von Odoacer.

Die Akademie der schönen Künste mit einer Gemäldesammlung, der es wenigstens nicht an berühmten Namen, wie *Leonardo, Correggio* etc. fehlt.

Cavaliere Rasponi besitzt eine schöne Sammlung niederländischer und italienischer Gemälde.

Der Pal. der Madame Murat (Contessa Lipona) mit Gemälden von *Agricola* und andern.

Denkmale. Denkmal des Theodorich, s. o. S. Maria Rotonda.

Sarkophage aus alter Zeit, fast vor und neben jeder alten Kirche.

*Grabmal des Dante, der seine letzten Jahre in Ravenna unter dem Schutze des Guido und Ostasio da Polenta verlebte, und daselbst am 14 September 1321 starb, ein kleiner, viereckiger, mit einer Kuppel überwölbter Tempel, darin der Sarkophag mit der vom Dichter selbst verfassten Grabschrift,[1] und seinem marmornen Brustbilde, errichtet vom Cardinal-Legaten Gonzaga von Mantua, 1780, an der Stelle des 1482 im Auftrag des venetianischen Senators Bernardo Bembo durch *Pietro Lombardi* errichteten Denkmals.

Denkmal des Braccio-forte, ein todter Krieger, von ungekannter Bedeutung, bei S. Francesco.

Denkmal der Kirche S. Lorenzo in Cesarea, ein einfaches griechisches Kreuz (la crocetta) auf einer kleinen Säule, eine Viertel-Miglie von der Stadt, auf der Stelle, wo die von Lauritius, dem Schatzmeister des Kaisers Honorius, im Jahr 396 gebaute Kirche stand, die man 1553 niederriss, um ihre 30 Säulen von kostbarem Marmor (mit Ausnahme von zwei, die vor S. Maria in Porto stehen) nach Rom zu führen.

La colonna dei Francesi,

[1] Jura Monarchiae, Superos, Phlegetonta Lacusque
Lustrando cecini, voluerunt fata quousque
Sed quia pars cessit melioribus hospita castris,
Actoremque suum petiit felicior astris,
Hic claudor Danthes, patriis extorris ab oris,
Quem genuit parvi Florencia mater amoris.

zwei Miglien vor der Stadt am Ronco, Denkmal des mörderischen Siegs der Franzosen unter Louis XII. gegen die vereinigte Armee Papst Julius II. und des Königs von Spanien, bei welchem Gaston de Foix blieb, und Cardinal von Medicis, nachmals Leo X. gefangen wurde, errichtet 1557 durch Pietro Donato Cesi, Präsident der Romagna.

Archive: 1) Das erzbischöfliche. Ueber die andern, ehedem bestandenen geistlichen A. s. Fantuzzi monumenti etc. 2) A. segreto della città. 3) A. pubblico oder Cancelleria della Communità. 4) A. del Conte Fantuzzi. Cf. Fantuzzi monumenti Ravennati de' secoli di mezzo per la maggiore parte inediti. Venez. 1801. 6 Bde. 4: Franc. Nanni, il forestiere di Ravenna, 1826. Ein neuer Wegweiser von Ribusti, 1838. — Marini i papiri diplomatici. Roma 1805. Fabri memorie sagre di Ravenna. — Es führt ein Weg von Ravenna nach Rimini 35 Migl.

Diese Strasse ist keine Poststrasse, aber, wenn man nicht die Eisenbahn vorzieht, wohl zu benutzen. Sie geht an S. Apollinare in Classe und der ber. Pineta (s. oben), einem meilenlangen Pinienwald vorbei, nahe der Meeresküste hin. Am Ufer des Ronco 2 Miglien von Ravenna steht die o. e. Colonna dei Francesi. Ueber den Savio durch Cervia, eine kleine Salinenstadt, nach Cesenatico, wo die Vetturini, da es in der Mitte des Weges liegt, gern ihr Rinfresco geben. Ueber mehre Bäche, die alle gern Rubicon heissen. und über die Marecchia und die Brücke des Augustus nach Rimini.

6.

Von Bologna nach Florenz
über Pistoja.

Eisenbahn in 5½ St. für Fr. 14, 50. — 11, 35. — 8, 60. Die Bahn ist im Thal, zum Theil im Flussbett des Reno aufwärts geführt und desshalb der Zerstörung durch Ueberschwemmungen sehr ausgesetzt. In das Renothal tritt die Bahn ein bei Casalecchio, berühmt durch 2 an seiner Brücke geschlagene Schlachten, den Sieg des Giov. Bentivoglio über Galeazzo Visconti 1402. und der Franzosen über P. Julius II., 1511. Vergato ist hübsch gelegen.

Poretta ist ein im Sommer viel besuchtes Mineralbad. (Locanda d'Italia.) Nun verlässt die Bahn das Renothal und geht durch viele, oft sehr lange Tunnels aufwärts zu der Höhe der Apenninen, Stat. Pracchia, von wo man bald den freien Blick in die reichen, weiten Thalgegenden des Ombrone hat. Ueber die Stat. Petrocio nach Pistoja. S. Rr. 1.

Florenz.[1]

Ankunft: Alle Thore sind stets offen, mit Ausnahme der Barriera und der Porta nuova, die um 1 U. Nachts, und Porta a Pinti und S. Miniato, die um Mitternacht geschlossen werden. Leichte Visitation am Thor. Im Bahnhof Fiaker. 1 Fr. ohne Gepäck; für dieses je nach der Grösse ½ od. 1 Fr. Abends ½ mehr.

Abreise: Eisenbahnen nach Livorno, Siena, Arezzo, (Montevarchi). Nach Rom geht es auf der Eisenbahn vorläufig bis Ficulle. Will man die Diligence, die im Sommerhalbjahr von da bis Rom in 22 St. geht, benutzen, so muss man das Billet in Florenz nehmen. — Ueber Livorno führt die Eisenbahn nach Civita vecchia, doch geht sie vorläufig nur bis Nunziatella, von wo man in der Diligence in 6 St. nach Civita vecchia führt. Billets bis Rom nimmt man im Bahnhof von Florenz. Nach Bologna tägl. über Pistoja; nach Genua Eisenbahn bis La Spezia. — Bureaux der Dampfschiffe auf Piazza della Signoria. Diligencen (Franconi bei Ponte della Trinità) täglich nach Rom über Siena. (Wer Siena besehen will, muss auf der Eisenbahn vorausgehen, aber nicht ohne seinen Platz in der Diligence gesichert zu haben, da die Aufnahme durch den Einen Wagen beschränkt ist. — Ein zuverlässiger Vetturin ist Alesso Logli.

Man vergesse vor der Abreise nach Rom die Visa des päpstlichen Consuls (oder seines Stellvertreters) nicht.

Alberghi (Wirthsh.): Hôtel d'Italia (83) Hôtel de la ville (86). Hôt. de Rome, an Piazza S. Maria novella nahe dem Bahnhof der Livorno-Bahn. Mit Table d'hôte, 3½ Fr Z. L. u. S. 3½ Fr. Lesezimmer ganz neu. (Beide deutsch). Hôtel Vittoria (85). Porta rossa; freundliche Zimmer zu 2 Fr. Guter Tisch 3 Fr. Frühstück mit Butter 1 Fr. (ohne B. 60 c.) Albergo reale dell' Arno (84). Hôtel de New-York (87). Hôt. du Nord, mit Table d'hôte (3 Fr.). (Fast überall 3 Fr. das Zimmer.) Grande Bretagne (89), sämmtlich am Lung-Arno. Europa (88), mit Table d'hôte (3 Fr.). York. Via Ceretani, nahe am Domplatz. Scudo di Francia (neu eingerichtet). Albergo und Trattoria della Patria in der Via do' Calzajuoli. In der Fontana erhält man ein gutes Zimmer für 2 Fr. täglich. *Pension suisse, Via Tornabuoni Z. 2 Fr. Table d'hôte 3 Fr. — Pension täglich 6 Fr. Tre mori, auch wohlfeil. Pension Clifton, Pal. rosso sul Prato, mit der Aussicht auf den Lung-Arno. (7—8 Fr.) gut, aber hoch zu steigen.

Aerzte: Barzellotti, Dotti, Punta. Cipriani, Schüler des berühmten Prof. Buffalini in S. Maria novella. Almonti, spricht deutsch. Deutsche Aerzte: Dr. Schiff,

¹ Nuova Guida ovvero descrizione storico-artistico critica della città e contorni di Firenze compilata da Federigo Fantozzi 1850. — Guida di Firenze conveduta e nuova pianta della città etc. 4a edir. Bettini 1862.

v. d. Caldaie 28. Dr. Levier. V. Maggio 45. Kirch, V. Tornabuoni 7. Chirurgen: Vannoni, Zanelli, Mazzoni, Rosati.

Apotheke: Forini auf Piazza della Signoria. Roberts, engl Via Tornabuoni (auch gute Parfumerien). Pharmacie Française, auch deutsche Apotheke, Borgo Ogni Santi.

Bäder bei Peppini, Borgo SS. Apostoli nahe am Lung-Arno, gut eingerichtet, 1 Lira das Bad, mit der Wäsche. Bagni di Via Maggio no. 30. (85 Cent, mit Wäsche). Kaltwasseranstalt bei Faber vor Porta S. Croce. Gesundheitsanstalt Villino Ginori alla Mattonaja bei Porta S. Croce.

Bankiers: E. Fenzi et Comp. Piazza della Signoria. Empfehlungsbriefe an ihn führen in die beste Gesellschaft ein. Borrib. Bombieri, Via Calzajuoli. Brini, Via Rondinelli

Briefposten kommen täglich 3—4mal an von allen Seiten, und gehen ab täglich bis 4 Uhr Nachm Das Bureau (an Piazza della Signoria). Briefmarken in allen Tabakläden. Briefkästen überall.

Buchhandlungen: Deutsche B. und Leihbibliothek in deutscher, engl., franz., russ., ital. Sprache bei Jos. Brocker Via Maggio, no. 45. Engl. Buch- und Kunsthandlung von Goodban (Via Tornabuoni). Ital. Felice Le Monnier (Ausgaben der ganzen italien. Literatur). Dessgl. bei Barbéra, Via Faenza.

Cafés: (Sie sind sämmtlich zu Estaminets herabgesunken, so dass es für Damen schwierig ist, sie zu besuchen.) C. d'Italia (Ecke von Lung-Arno und Piazza di S. Trinità) ist eleganter als die andern; hat auch Restauration. Donney (gutes Eis). C. Witul, Sammelplatz der Deutschen. Allg. Ztg. Hier trifft man Abends mehre Herren, durch die man sich in das Schweizer-Casino kann einführen lassen. C. Helvetico, beide Via Por S. Maria, nahe bei Ponte vecchio (Allgem. Ztg.), engl. Bier und Liqueure, franz. Weine. Café della Colonna; Castelmur in der Via Calzajuoli mit den besten Sorbetti und dem Café à la Milanaise! (mit Eis und Crème) auch Confituren und deutsche Zeitungen. Café di Flora. Il Botteghone am Domplatz hat auch gutes Eis.

Conditer Giacota, Via Tornabuoni.

Fiaker mit Tarif. a. Bei 2 Pferden die erste Stunde 2 L. jede folgende L. 1. 50. b. Bei Einem Pf. die erste St. L. 1. 60.; jede folgende L. 1. 20. Ein Cours a. 1 L. b. 80 c. — Vor die Stadt a. L. 2. 50. -- L. 1. 90. — b. L. 2. — L. 1. 60. — Ein Cours von 2 Meilen a. L. 2. 80. von 1 Meile L. 1. 90. — b. L. 2. 25. — L. 1. 60. Omnibus fahren in die Cascinen. Die besten Padroni di vetture sind Silli, Via dell' Oriuolo; Balzani (bei Aquila nera zu erfragen und Pollastra (Via Vinegia).

Für das gesellige Leben sorgen ausser dem Hause vornehmlich die Theater und das Casino, das die gebildeten Stände zu verschiedenartiger Unterhaltung vereinigt, und in welches Fremde durch ein Mitglied auf einige Tage eingeführt werden können.

Gottesdienst: Reformirter, deutsch jeden ersten Sonntag im Monat, Lung-Arno Guicciardini — in der Schweizer Kirche.

Jagd: Vogelfang im Netz (al paretaio und alla ragnaia, mit der Eule (civetta), mit der Laterne bei neblicher Nachtzeit (al diluvio), Lerchenfang mit reti aperte. Fasanen und Hasen in den Cascinen oder in Poggio di Cajano, Schwarzwild in den Maremmen und der Cecina. Gesandte und Reisende von Auszeichnung werden zu diesen Jagden eingeladen

Kaufläden: Die besten Seidenstoffe in Via Tornabuoni; auch Porta Rossa. Zu den Dingen, die man ausserdem hier in besonderer Eigenthümlichkeit antrifft, gehören die Goldarbeiten (Lazzeri auf Ponte Vecchio), die Alabasterarbeiten: Bazzanti im Hôt. Nowa York am Lung-Arno, billigere in den Läden beim Café Donay, seidne

Tücher (Borgagni in Vacchereccia) etc. Strohhüte (erster Laden in Porta rossa), Mosaiken in pietra dura (hinter S. Lorenzo). Ausserdem Bazar in Via dei Calzajuoli. Wohlgerüche SS. Maria novella. Thee, engl. Waaren, Weine etc. Townley, Piazza S. Gaetano.

Klima: Im Winter feucht und kalt, im Sommer meist drückend heiss; doch nicht ungesund, wenn nicht etwa den Augen nachtheilig, da man schwerlich irgendwo so viele Blinde findet als hier. Vor Erkältung muss man besonders sich hüten.

Lesecabinet von Vieusseux Via Tornabuoni, wo man eine grosse Auswahl von Zeitungen und Büchern trifft; man pränumerirt mit 12 Fr. für einen Monat, mit 7 für zwei Wochen, mit 5 für eine Woche, mit 1 für eine Sitzung. Hr. Vieusseux ist kürzlich gestorben, das Lesecabinet wird ihn hoffentlich überleben. — Wohlfeiler ist das Lesecabinet von Vanni bei S. Gaetano.

Modistinnen und Schneiderinnen: Mde. Lamare, Via de' Banchi. Mde. Besançon. Schneiderin: Mde. Kirch, Via Tornabuoni. Mde. Henkel, Piazza S. M. novella. Weisswaaren am Lung-Arno.

Möblirte Wohnungen. Man suche im Sommer die Schatten-, im Winter die Sonnenseite! Für zwei Zimmer mit Bett und nöthiger Wäsche zahlt man im Winter 50—55 Fr., man findet jedoch auch deren zu 100 Fr., und mehr. Die gelegensten Wohnungen für Fremde sind am Lung-Arno und am Platz Pitti und von S. Maria novella, wo man die ausgehängten Anzeigen findet. Familienwohnungen nicht unter 2—300 Fr. monatlich, aber die mehrsten viel höher. Die Sommerpreise sind fast um die Hälfte billiger. Empfohlen wurde mir Casa Cambiagi, borgo SS. Apostoli. Casa Nardini, Borgo SS. Apostoli no 17/₂ Z. 1¹/₂ Fr. täglich. Man kann sich da auch beköstigen lassen. Casa Santi ebendas. no. 5. — Unter den Villen, in der Nähe von Florenz, die zu vermiethen sind, zeichnen sich durch Lage und Luft aus V. Mattei, bei Porta S. Gallo, V. Gerini, an der Strasse nach Bologna, V. Viteli bei Fiesole, V. Baroni dessgleichen. Pal. Brucciarto an der P. S. Gallo, V. di Nero und die Villa der M. Hombert. Man zahlt monatlich 20—30, auch 35 Zechinen für eine wohleingerichtete Villa. Doch kann man, namentlich in letztrer, auch einzelne Wohnungen mit und ohne Verköstigung haben. — Boarding houses nach englischer Art: Mrs. Kelson am Lung-Arno nuovo; Mde. Molini, Lung-Arno Guiccardini; Mde. Boronowsky, Borgo Ognisanti; (7—8 Fr. täglich alles einbegriffen, sehr bequem für einzelne Herren und Damen). Wahrscheinlich jetzt die Preise höher!

Photographien am Lung-Arno; bei Brecker, s. o.; bei Bardi Piazza degli Antinori etc., für Bildnisse: Alinari, Via nazionale; Hauttmann, Via della Scala; Semplicini, Via Garibaldi. Copien nach Gemälden in Aquarell: Bacciotti, Via Tornabuoni. Costa und Conti, Via de' Bardi. Roster, Via de' Renai, Casa Ungher.

Schuhe und Stiefel, sowie Regenschirme macht man besonders gut in Florenz, und letztere bei Bartolini, Vacchereccia 531. Schuhmacher: Gasperini, Via Maggio no. 3.

Sprachlehrer etc.: Mr. und Mde. Callhabet, Via de' Fossi 20. Zuppkoff. Ital. Orticoni, zu erfragen in Breckers Buchhandlung. Rosteri Borgo Ognisanti 43. 3o.

Musiklehrer: Guicciardini. Del Bene, Via Maggio. Musikleibanstalt: Ducci, Piazza degli Antinori. Gesanglehrer: Vanuccini. Mabellini. Boccabadati-Varese. Kraus am Lung-Arno.

Trattorien (Speisehäuser): Alle antiche carozze (à la carte) im borgo de' SS. Apostoli. *Ville de Paris. La Stella, Via Calzajuoli. Luna Via Condotta; hier wohnt man auch gut und billig. *Italia am Lung-Arno. Il Sole. La Birra. Durand, französische Küche. Bei Niccolini vortrefflich, namentlich Ravinoli, eine Art Klösschen. Wital, Via Por S. Maria 1269. Speisezettel: Kalb- und Lammfleisch vortrefflich, junge Hühner, vorzüglich al sugo, Schinken von Casentino; Fische von Corsica, Tonno, Sardellen, Austern; doch alle Fische nur Freitag und Samstag frisch. Unter den Schwämmen die Spugnioli, steccherini, ciccioli, prugnoli di maremma, cocolle bianche und novoli ordinarii. Das Obst ist vortrefflich. Erdbeeren, Kirschen, Trauben die Fülle, unter letztern die Pergolese mit länglichen Beeren. Pfirsiche und Feigen, von jenen die frühen, von diesen die spätern. Weine: Aleatico, süss; Vermut, bitter. Der gewöhnliche toscanische Wein in der Regel sehr angenehm; der Chianti bei Baron Ricasoli; der Pomino bei Quaratesi; der Carmignano bei Albizzi, Masellini und dem Bischof von Fiesole; der San-Martino bei Riccardi und Venturi's Erben; der Montisoni oder Antella bei Torrigiani und Manelli; der Villamagna bei Peruzzi, Lappi und Albruck (doch werden Viele nach dem Genuss des rothen gewöhnlichen Weines, wenn sie ihn nicht mit Wasser vermischen, Brennen auf der Haut verspüren). In dem nahen Arcetri der vortreffliche Wein di Verdea. — Das Wasser ist nicht sonderlich, mit Ausnahme dessen von S. Croce und S. Maria novella. Mineralwasser del Tettucio führt ab.

Wagen: Staderini, Piazza di S. Trinità, wo man Fahrgelegenheit für die Stadt und in das Ausland findet. Für einen Wagen zahlt man für den Tag 10—12 Fr., für einen ganzen Monat 15—20 Zechinen.

Statistik.

Florenz: Florentia, Firenze, la bella, Haupt- und Residenzstadt des ehemaligen Grossherzogthums Toscana, und seit dem Beschluss von 1864, des Königreichs Italien. 43° 46' n. Br., 28° 43' L., am Arno, der sie in zwei Theile theilt, in einem weiten überaus fruchtbaren und reizenden Thale oder Bergkessel, Sitz eines Erzbischofs, mit einer Citadelle (herrliche Aussicht), 7 Thoren, 10,000 Häusern, 170 Kirchen und 114,363 Ew. (1864), mit vieler Seidenzucht und Seiden- und Wollenmanufacturen (die Seidenfabrik des Hrn. Matteoni hat 800, die der HH. Riva und Comp. 650 Webstühle), einer Porcellanfabrik (La Doccia), gegründet von Marchese Ginori 1740, Mosaikfabriken in pietra dura, Fabriken in Rosoglio, Kutschen, künstlichen Blumen, und der in und um Florenz mit grösstem Eifer betriebenen Strohflechterei. Das Betteln war in Florenz verboten; selbst für die sonst privilegirten Blinden war gesorgt. Es ist's wieder, und das Verbot wird vielleicht ausgeführt.

Geschichte.

Der Ursprung von Florenz ist ungewiss. Einige behaupten seine Gründung durch die Etrusker, Andere lassen es von Fiesole aus entstehen, Andere nennen Sylla als Urheber. Zur Zeit des Triumvirats wurde es Municipium; Stilico lieferte den Gothen hier eine mörderische Schlacht. Noch unter dem Longobarden gewann Florenz kein Ansehen, vielmehr fand Carl d. Gr. dasselbe verödet und zerstört. Ihm schreibt die Geschichte das Verdienst zu, die zerstreuten Bewohner herbeigerufen und zum Aufbau der Stadt und Mauern angehalten zu haben. Otto I. beschenkte es mit der Exemtion vom Grafenbann. Allein erst um die

Mitte des 12. Jahrh. erhob es sich zu geschichtlicher Bedeutung, zerstörte das damals mächtigere Fiesole und hielt sich als Bundesgenosse zu Pisa in den Kämpfen dieser Stadt mit Lucca und Genua, arbeitete aber ununterbrochen an Erweiterung des Gebiets, indem es die benachbarten Edelleute sich unterwarf und sie zwang, in der Stadt zu leben, und an Erlangung politischer Selbstständigkeit.

In dem Kampfe zwischen Kaiser und Papst stand Florenz meist auf Seite des letzteren, bis es unter Friedrich II. der Ghibellinischen Partei des Adels auf kurze Zeit gelang, die Guelfen zu vertreiben. Bei den ununterbrochenen Kämpfen der beiden Adelsparteien war das Volk ganz ausser Acht gelassen worden, das diese Stellung zum Wachsthum einer Macht benutzte, mit der es sich im J. 1250 über beide Parteien stellte. Es organisirte eine vollkommene Demokratie (unter einem Capitano, 12, später 10 Aeltesten aus Adel und Bürgerlichen), und als auch in dieser Verfassung der stets unter sich uneinige Adel störend war, eine neue der Signoria, mit 12 Prioren (auf 2 Monat immer) aus den 12 berechtigten Zünften, mit Ausschliessung des Adels, 1283, wodurch Ruhe, Frieden und Wohlstand zum erstenmale in der Stadt allgemein, Florenz der Mittelpunkt aller Freuden und Lustbarkeiten, und zugleich zu immer steigender Macht geführt wurde. Um 1300 aber hatten sich neue Parteien durch eine reiche Bürgerfamilie (Cerchi) und eine arme und stolze adelige (Donati) gebildet und unter den Namen der Weissen und Schwarzen die alten Kämpfe der Ghibellinen und Guelfen erneut, in welchen letztere, unterstützt von K. Robert von Neapel, die Uebermacht behielten. Aber aus dem Freunde wurde ein Dränger, und die Republik war nahe daran, jeden Schimmer von Freiheit und Selbstständigkeit an den Statthalter Neapels, Graf Gautier de Brienne, der unter dem Titel eines Herzogs von Athen die Signorie über Florenz auf Lebenszeit sich angeeignet, zu verlieren, als das Volk, des Druckes ungewohnt, sich empörte und ihn vertrieb, 1343. Nach nun fast 70 Jahre lang ununterbrochenen Kämpfen der Parteien, gegen die immer weiter unter der Hefe des Volks sich verbreitende Herrschsucht und die Ungerechtigkeit der jedesmaligen Gewalthaber, erhoben sich die Medici, Kaufleute, die durch bedeutende Wechselgeschäfte zu grossen Reichthümern gelangt waren; und als 1427 Giovanni de' Medici sich mit seinem Ansehen gegen die Bedrückung des Volkes erklärte, und die Einführung einer gerechteren Besteuerung, als die bisherige war, durchsetzte, war die Macht dieses Hauses gegründet. Zwar wurde sein Sohn Cosmo, der sich mit fast fürstlichem Glanz umgeben, durch die Ränke des Rinaldo degli Albizzi in Gefangenschaft und Bann gebracht, aber nur, um nach Verlauf eines Jahres, 1434, im grössten Triumph als Retter und Vater des Vaterlands in Florenz wieder einzuziehen. Dem Namen nach noch Republik, bildete Florenz sich mehr und mehr monarchischer Regierungsform zu, und schon die Enkel Cosimo's, Lorenzo und Giuliano, wurden in öffentlicher Versammlung als principi dello stato anerkannt, in welcher Würde ihre Familie durch den verfehlten Ausgang der Verschwörung der Pazzi 1478, in der zwar Giuliano als Opfer fiel, befestigt wurde. Im Jahre 1494 gelang der demokratischen Partei noch eine Vertreibung der Mediceer, die sich durch schlechte Finanzverwaltung und Härte verhasst gemacht, und von denen Pietro II. unglücklich gegen Carl VIII. von Frankreich gefochten, in dessen Heer er sodann als Vertriebener lebte. Nach der kurzen Aufregung durch Savonarola, der 1498 verbrannt wurde, herrschte Pietro Soderini als lebenslänglicher Gonfaloniere, der die Finanzen zerrüttete, die Republik in einen Krieg mit dem Papst verwickelte, Pisa zwar eroberte, 1512 aber abdanken musste, worauf Giuliano II. und Giovanni Medicis nach Florenz zurückkehrten. Als Giovanni als Leo X. den päpstlichen Stuhl bestiegen, und Giuliano die Regierung niedergelegt, 1513, übernahm sie Lorenzo, ein natürlicher Sohn Pietro's, und nach seinem Tode 1519 Giulio, ein natürlicher Sohn Giuliano's. 1521, als dieser Papst Clemens VII. geworden, folgte ihm sein Vetter Card. Hippolyt, der 1527 (mit Alexander) abermals vertrieben wurde. Carl V., der mit dem Papste 1529 Frieden geschlossen, vermählte seine natürliche Tochter Margareth dem Alexander, und zog mit einem Heere gegen Florenz, das sich 11 Monate gegen dasselbe vertheidigte (wobei *Michel Angelo* der Republik als Ingenieur wichtige Dienste leistete), endlich aber 1530 sich ergab. 1531 ward nun der tyrannische und ausschweifende Alessandro Medicis durch den Kaiser als unumschränkter erblicher Herzog der Republik Florenz bestätigt, und nach dessen Ermordung durch seinen Vetter Lorenzo 1537 Cosmus, von der Linie des ältern Lorenzo, als Cosmus I. Herzog und seit 1564 Grossherzog mit unumschränkter erblicher Gewalt, die er mit Einsicht und Gerechtigkeit und vornehmlich in staatswirthschaftlicher Beziehung zum Vortheil des Landes ausübte. 1564 aber dankte er ab, und überliess die Regierung seinem Sohn Franz Maria, der 1574 vom Kaiser zum Grossherzog ernannt wurde.

Mit Giovanni Gaston, dem Sohne des verschwenderischen und zügellosen Cosmus III., starb 1737 das Mediceische Haus aus, und der Kaiser Carl VI. gab das Grossherzogthum an Herzog Franz Stephan von Lothringen, verheirathet mit Maria Theresia, nachmaligem Kaiser Franz I. (seit 1739). Nach ihm folgte Leopold mit geistlichen und weltlichen Reformen, und als dieser 1790 Kaiser wurde, dessen zweiter Sohn Ferdinand. Napoleon gründete 1801 ein Königreich Etrurien unter Lodovico von Parma, doch nach dem Wiener Frieden trat die alte Ordnung wieder ein, und seit 1824 regierte Grossherzog Leopold II. Im September 1848 erlebte Florenz eine Revolution, in Folge deren der Grossherzog Florenz verliess, 8. Febr. 1849, Guerazzi als Dictator schaltete, bis seine Republik zerfiel, er selbst gefangen genommen wurde (April 1849) und der Grossherzog zurückkehrte (29. Juli.) Die Ereignisse von 1859 zwangen ihn sein Land zu verlassen, das nun zum Königreich Italien gehört, und im März 1865 dessen Haupt- und Residenzstadt geworden.

Wissenschaft und Dichtkunst.

Florenz hat von jeher ausgezeichnete Männer in fast allen Wissenschaften und vorzügliche Dichter hervorgebracht. Hier ist Dante geboren, Macchiavelli, Guicciardini, Galilei. Amerigo Vespucci etc. Eines rühmenswerthen Schutzes erfreuen sich unter der jetzigen Regierung alle niedern und höhern Bildungsanstalten. Hier erschien eines der besten wissenschaftlichen Journale, die Antologia von Vieusseux. Sehr werthvoll ist die neue Zeitschrift „Archivio storico" s. p. 100. Im strengkatholischen Sinne ist eine andere „Il Giglio" gehalten. Zu den lebenden namhaften Gelehrten in Florenz gehören die Mitarbeiter am Archivo storico u. A., Arcangeli, Bonaini, Canestrini, Cappei, Gio. Capponi (erblindet), Guasti, Milanesi, Passerini (gründlicher Kenner der florentinischen Familiendocumente und Genealogien), Polidori, Talarini, Montanelli (memorie sulla revoluzione di Toscana di 1848) (sämmtlich Geschichte); Milanesi (Kunstgeschichte); L. Manuzzi und Raff. Lambruschini (Philologie; der letztere auch Landwirthschaft); Antinori (Physik); Amici und Donati (Astronomie), Parlatore (Botanik); Betti (Chemie); Manetti (Mathematik); Buffalini (Medicin); Salvagnoli (Medicin und Nationalökonomie); Regnuoli (Medicin); Ridolfi (Landwirthschaft); Capponi (Nationalökonomie); G. B. Niccolini (dramatische Dichtkunst). Zu ihnen kommen in neuerer Zeit: für Geschichte: Michele Amari (zugleich Orientalist) Verf. der Geschichte der Muselmänner in Sicilien, der „Sicilianischen Vesper" etc. Atto Vanucci. Enrico Villari (Geschichte Savonarolas). Emiliano Giudici (storia dei communi). Trollope (Geschichte von Florenz). Für Philosophie: Gius. Ferrari (Philosophie der Geschichte). Terenzio Mamiani. — Jurisprudenz: Pasquale Mancini. Für Physiologie: Moriz Schiff. Carlo Matteucci, und Magrini (Electro-Magnetismus). Pacini (mikroskopische Anatomie), Targionni (Zoologie), Cocchi (Geologie), Schwarzenberg (Director mehrer Bergwerke in den Maremmen, Chemie). In Poesie und schöner Literatur: Aleardo Aleardi (Lyrik. Aesthetik).

Francesco dell' Organo (Stornelli) (Dramendichter), Gio. Batt.
Giuliani, (Commentator des Dante). Niccolo Tommaseo (grosser
Prosaist, erblindet). Fr. Dom. Guerrazzi historische Romane. Assedio
di Firenze. Isabella Orsini. Caterina Cybo. Pasquale Paolice). Guer-
rieri Gonzaga (Uebersetzer von Göthes Faust). — Hier lebt auch
der russische Flüchtling Bakúnin und schreibt an seinen Memoiren.

Kunstgeschichte.

Die Kunstgeschichte von Toscana bildet in der neuern Zeit überhaupt
einen der wesentlichsten Abschnitte. Hier, mitten in einem aufgeregten
politischen Leben, in welchem die Volksherrschaft bis zu dem Gipfel stieg,
dass Versetzung in den Adelstand Degradation war, bildeten sich die
edelsten Kräfte der Menschheit, Poesie und Kunst, zu einem Reichthum
von Erscheinungen aus, daran die ganze Folgezeit zu zehren hatte. Ihr
Glanzpunkt fällt allerdings in die Zeit der Mediceer, um den Anfang
des 16. Jahrh. und bis tief hinein, allein eigentlich schöpferisch sind
sie zur Zeit der Republik im 13. und 14. Jahrh.

Die Denkmale der Baukunst reichen in Florenz ins hohe Mittelalter nicht hinauf. Die älteste noch bestehende Kirche, S. Apostolo aus
dem 7. oder 8. Jahrh., ist im Basilikenstyl aus Fragmenten antiker
Gebäude aufgeführt. Die Entwickelung politischer Macht fällt in Florenz
in die Zeit der Herrschaft des germanischen Styls in der Baukunst, ans
Ende des 13. Jahrh., und *Arnolfo di Colle*, Sohn des Cambio (nicht des
Lapo, wie Vasari meint), war berufen, jene durch Baudenkmale zu
verherrlichen, diesem in Florenz Eingang zu verschaffen. Allein war
dieser Styl schon im nördlichen Italien wesentlich modificirt worden,
so erfuhr er hier, wo die Erinnerungen an das classische Alterthum
näher lagen, noch bedeutendere Abänderungen, und sogar solche, die
seinem ganzen Wesen zuwider waren, das Organische in ihm aufhoben,
und somit eine eigentliche Entwicklung unmöglich machten. Als charakteristisch erscheint die Vorliebe für gerade Linien statt der Bogen, für das
Dreieck statt des Spitzbogens, die Hinneigung zur Horizontale, und die
Unfähigkeit, das, was Schmuck in der germanischen Architektur ist, mit
dem nothwendigen Bestand in constructive Verbindung zu bringen; woher
es denn gekommen, dass die Aussenseiten der Gebäude erst nach Vollendung des Baues ihre Bekleidung erhielten, oder wenn die Mittel fehlten,
nackt stehen blieben, wie die meisten ältern florentinischen Kirchen.

Von den Bauwerken *Arnolfo's* ist der Dom das bedeutendste; ganz
in seinem Sinne, nur reicher an Phantasie und Geist, baute *Giotto* 1334
den Glockenthurm. Allein das Unorganische dieser germanisch-toscanischen Baukunst musste zu einer neuen selbständigen Weise um so eher

führen, als sie den politischen Bedürfnissen der in ewiger Fehde liegenden Parteien der Stadt durchaus nicht entsprach. Es entwickelte sich eine selbständige toscanische Baukunst, deren Grundcharakter Festigkeit, Organismus und Ernst ist, die, ohne weltlich zu sein, doch nicht das phantastisch Erhebende deutscher Architektur, und als äusseres Kennzeichen den Rundbogen hat. Als eigentlichen Begründer dieses Styls muss man *Andrea di Cione* (von Vasari Orgagna genannt) und als das vollendetste Bauwerk desselben die Loggia dei Lanzi 1375 ansehen.

Wie sich im romanischen (Rundbogen-) Styl die antike Baukunst verloren, so lag aus einem, demselben verwandten, zumal mit grösserer Consequenz durchgebildeten Styl die Rückkehr zur antiken Baukunst ganz nahe, und sie ward in Florenz um den Anfang des 15. Jahrhunderts durch einen Mann bewerkstelliget, der im Geiste seiner Zeit mit Liebe zur classischen Vorzeit begabt, fast instinctartig und bestimmt durch das von neuem ans Licht gebrachte Werk des Vitruvius den Bauwerken der Alten nachging, in Rom mit unermüdetem Eifer ihre Ordnungen und Gesetze ergründete, ihre Formen und Theile nachbildete, und sie selbst wieder ins Leben einzuführen unternahm: *Filippo Brunelleschi,* der in der Kuppel des Domes ein Zeugniss seiner Wissenschaftlichkeit, seiner Kunst und seines Muthes hinterlassen hat, das mit ihm keiner seiner Zeitgenossen zu theilen im Stande war.

Nach ihm, der zuerst, obschon ohne sich unbedingt daran zu binden, die drei classischen Säulenordnungen wieder eingeführt, baute man (*Michelozzo, Leon. Batt. Alberti* etc.) in der von ihm gegründeten, der altrömischen Baukunst entlehnten Weise fort, bildete namentlich den schönen florentinischen Palaststyl (Pal. Pitti, Riccardi, Strozzi S. d.) aus, kam aber, indem man dabei ohne Kritik verfuhr, und keinen Unterschied zwischen der frühern guten und spätern verdorbenen Kaiserzeit machte, allmählich auf die Missgriffe und Ausartung der letztern, zum Theil durch Brunelleschi selbst verleitet, der nicht anstand, in S. Lorenzo auf rein korinthischen Säulen eine Bogenstellung aufzuführen. Man gab nicht nur den frühern rund- und spitzbogigen Styl gänzlich auf, und wendete nur den römischen mit Gewölben und Kuppeln auf die herkömmliche Grundlage christlicher Gebäude an, sondern man verfiel auch aus der einmal in der Zeit liegenden Sucht nach Mannichfaltigkeit auf die Vermischung der verschiedenen Ordnungen unter einander und ihre willkürliche Modificirung, wodurch sich die Bauten des 16. und 17. Jahrh. zu ihrem Nachtheil auszeichnen.

Die Anfänge der Wiederbelebung der Bildhauerkunst haben wir in Pisa zu suchen (s. d.), wo *Nicola Pisano* mit Benutzung der Antike und sein Sohn *Giovanni,* germanisch christlichen Eindrücken folgend,

derselben ihre neue Richtung gegeben. Für Florenz wird erst dessen
Nachfolger *Andrea*, zu Anfang des 14. Jahrh. in Verbindung mit *Giotto*
von Bedeutung, indem er durch seine Reliefs an den Thüren des Baptisteriums, ganz im Sinne dieses grossen Meisters, Vorbilder christlicher
Sculptur aufstellte, die an Einfachheit, Wahrheit der Darstellung und
des Ausdrucks und architektonischer Anordnung nur mit den Sculpturen
des Glockenthurms und denen von *Andrea di Cione's* Tabernakel in Or
San Michele in Verbindung gebracht werden können.

Mehr oder weniger geistvoll arbeiteten andere Meister des 14. Jahrh.
in diesem Style, wie *Andrea Arnolfo* etc., und auch Andere, wie *Luca
della Robbia* im 15. Jahrh. entfernten sich nicht zu weit davon, indem
sie bei aller Natürlichkeit doch einen Zug feierlicher Idealität ihren Gestalten aufdrückten, während *Lorenzo Ghiberti*, trotz seinem Sinn für
wahre Schönheit und Anmuth, durch den Hang nach Natürlichkeit und
Illusion sich verleiten liess, die Gesetze des Reliefs zu übertreten, einen
Schein von Perspective erzielte, und von der einfachen Darstellung zur
Ueberfüllung mit Figuren überging, die oft die Handlung ersticken, und
Donatello seine Naturwahrheit bis zum Erschrecken trieb, und in der
Auffassung historischer Gegenstände fast haltungslos wurde. (Il Zuccone
am Glockenthurm und die Kanzel in S. Lorenzo etc.) Inzwischen zeichnet
diese ganze Periode eine unverkennbare Wärme der Naturauffassung und
Treue der Nachbildung aus, wie wir sie selbst noch an den Werken
des *Jacopo della Quercia*, *Niccolo Aretino*, *Giuliano* und *Benedetto da
Majano* etc. erkennen.

Mit dem Studium der classischen Literatur war die Kunst vom
kirchlichen Gebiet, auf dem sie sich bisher ausschliesslich gehalten,
und das sie zu einem ritualen Charakter gewissermassen zwang, in die
freie Welt getreten, und, indem sie gleichmässig mythologische Darstellungen, wie geschichtliche und biblische ausführte, entwickelte sie
jene Allgemeinheit der Kunstanschauung, die bei einem Genius, wie
Michel Angelo, der sich ebenso tief in seinen Gegenstand versenkte als
er hoch darüber schweben konnte, unterstützt von gründlicher Durchbildung in formeller und technischer Beziehung, als der Gipfel der
Kunst erscheinen muss (Dom. Pal. vecchio. Uffizi. S. Lorenzo), dagegen
bei unbedeutenden Geistern auch zu der Herz- und Charakterlosigkeit
führen musste, welche die, wenn auch noch so vortrefflich gearbeiteten
Werke aus der zweiten Hälfte des 16. und des 17. Jahrhunderts auszeichnet. In neuester Zeit schien hier ein bedeutender Aufschwung
eintreten zu wollen. Schon in *Ricci's* † Werken ist eine gewisse Wärme
der Empfindung unverkennbar; ganz vornehmlich zeichnete sich *Pampaloni* † durch zarte Auffassung der Natur (Pal. Pitti) und durch

einfachen, würdevollen Styl aus (Domplatz.) Allein ein neuer Impuls trieb die Kräfte nach einer ganz andern Seite. Männer von grossem Talent, vornehmlich *Bartolini*, *Dupré*, *Fedi* etc. treiben die Naturnachahmung mit solcher Virtuosität, dass Styl und monumentale Behandlung der Sculptur erst in zweiter Linie Berücksichtigung zu finden scheinen, und ihrem Beispiel scheinen alle übrigen, willenlos oder bewusst zu folgen (Ehrenstatuen am Pal. der Uffizi, Cain und Abel von *Dupré*).

Malerei. Während in den frühern Jahrhunderten des Mittelalters in Italien die Kunst bis zur äussersten Rohheit herabgesunken, hatte sich in Griechenland, bei verhältnissmässig grösserer politischer Ruhe und genährt von der Glanzsucht eines kaiserlichen Hofes, die Kunst, wenigstens in technischer Beziehung, auf einer leidlich hohen Stufe erhalten, wovon man sich aus minirten griechischen Handschriften des 9. bis 13. Jahrh. (Laurenziana, Magliabechiana) überzeugen kann. Von dort aus, wohl vornehmlich nach Eroberung Constantinopels durch die Franken 1204, mögen sich griechische Künstler und Kunstwerke über Italien verbreitet haben, wenigstens wird von da an der byzantinische Styl allgemeiner.

Er charakterisirt sich durch eine strenge, ja herbe Feierlichkeit in der Auffassung, Regungslosigkeit, oder doch erstarrte meist conventionelle, gleichsam durch kirchlichen Ritus vorgeschriebene Bewegung, grosse, aus Erinnerung der Antike entlehnte, scharf umschriebene Formen, lange magere Gestalten, überreiches, meist durch viele Goldstreifen bezeichnetes Gefälte, dunkle Färbung bei glänzendem Goldgrund und eine namentlich in Miniaturen höchst fleissige, saubre Ausführung und flüssige Behandlung. Das bedeutendste Werk in diesem Styl in Florenz sind die Mosaiken des Baptisteriums, als deren erster Meister der Mönch *Jacobus* (irrig von Turrita) 1225, und nach ihm *Gaddo Gaddi* genannt wird. Bilder- und Ideencyclus darf man dabei als Vorschrift für den Künstler, nicht als ihr Eigenthum ansehen. Möglichst vollendet erscheint dieser byzantinische Styl in *Cimabue* (bis 1302), an dessen Madonnenbild in S. Maria novella wir erkennen, wie ihm daran lag, seine heiligen Gestalten als Gottheiten geltend zu machen und für den sinnlichen Eindruck der Formen sich der Natur als Vorbildes mit Strenge zu bedienen.

Der Umschwung der Zeit stellte das Unbefriedigende einer bloss conventionellen, in höchster Bedeutung nur ritualen Kunst heraus, und wie schon in der vorangehenden Zeit die Architektur und nach ihr die Sculptur einem neuen Princip unter Zustimmung der Völker gefolgt, so konnte auch der Malerei, der eigentlichen Kunst der neuern Zeit, die

Wiedergeburt nicht vorenthalten bleiben, um so weniger, als das Werk
der Reformation einem Genius anvertraut war, der, Maler, Bildhauer
und Architekt zugleich, schon durch Sculptur und Baukunst in Gefühl
und Anschauungsweise der neuen, von germanischem Geiste belebten
Zeit angehörte, nehmlich *Giotto di Bondone,* geboren 1276 zu Vespignano, in der Nähe von Florenz. Seine Verdienste sind, dass er die
bildende Kunst als ein Mittel erkannte, selbständige Gedanken und
Dichtungen auszusprechen, dass er überhaupt den Kreis des Darzu-
stellenden beträchtlich erweiterte, dass er sich dabei statt der herkömm-
lichen, durch unzählige umbildende Vermittelungen mit der Antike zu-
sammenhängenden, von der Kirche geheiligten, gewissermassen litur-
gischen Formen, einer eigenen freien, aus dem Geiste der Zeit geboren-
nen, durch frische Naturanschauung gebildeten, jedoch vorherrschend
idealen Ausdrucksweise bediente. Reich an poetischen Beziehungen, hervorgegangen aus unmittelbarer kerngesunder Anschauung des Gegen-
standes, klar in der Darstellung, gedrängt in der Anordnung, ohne Ueberfluss an Figuren oder Beiwerken, anziehend und verständlich durch
Motive aus dem täglichen Leben, erhebend durch die Würde einer diese
Natürlichkeit modificirenden Formengebung, sind seine Gemälde Vorbild
geworden und geblieben für das Beste, was die neuere Kunst bis auf
unsere Tage hervorgebracht. Die Gesetze der Perspektive, der Licht-
und Schattengebung u. dergl. kannte er noch nicht; auf Colorit machen
seine Bilder keinen Anspruch, Anatomie verstand er nicht; allein seine
Gestalten drücken durch die Bewegung des Körpers und seiner Glieder
bis auf den kleinen Finger, sowie in den Gesichtszügen den beabsichtigten Seelen- oder Körperzustand vollkommen und mit grosser Feinheit
des Gefühls aus. Die Zeichnung der Formen in Betreff der Naturnachahmung und der eigentlichen Schönheit, weit unter *Cimabue* und dem
gleichzeitigen *Duccio* von Siena, ist bei überraschender Individualität
doch stets ideal, die der Gewänder hält sich an grosse im Licht undurch-
brochene Massen, und dient vornehmlich zur grössern Verdeutlichung
der Bewegung oder zur Erhöhung der Würde der Gestalten; die Färbung
ist, im Gegensatz gegen die frühere Kunst, licht, die Ausführung zwar
nicht von byzantinischer Feinheit, allein durchaus weder flüchtig noch roh.
(S. Croce. Bargello. Accademia delle belle Arti.) *Giotto* gab der bildenden
Kunst eine Sprache, deren man sich trotz vieler und auffallender Unrich-
tigkeiten — allein geblendet vom Geiste des Urhebers — über ein Jahrhundert lang bediente, und obschon man bald nicht mehr vermochte im
Geiste des Meisters zu denken, so wollte man doch in seinem Sinn bilden, und hielt sich gegen Ende des 14. Jahrhunderts wenigstens an Aeusserlichkeiten (gestreckte Finger, geschlitzte Augen, kurze Oberlippen, kleine

Hinterköpfe etc.), Formen, die man mit dreister Fingerfertigkeit handhabte. Seine bedeutendsten Schüler waren *Taddeo Gaddi* um 1300 geboren (S. Croce, in S. Maria Novella die spanische Capelle), und *Giottino* (eigentlich Tommaso genannt) (Capella Bardi in S. Croce).[1] Selbstständig, aber in verwandter Richtung, erscheint ein noch unbekannter Meister[2] (Altarbild in Ognisanti) mit besonderer Weichheit, Anmuth und Durchbildung. In *Giotto's* Weise dagegen arbeiten *Andrea di Cione*, reich an Phantasie, grossartiger Anschauung und Verstand (s. Maria novella), *Angelo Gaddi*, mit grossem Schönheitssinn (S. Croce im Chor, Dom zu Prato), *Spinello Aretino*, flüchtig aber häufig geistreich, vorzüglich glücklich in Gewändern (S. Miniato, Campo santo in Pisa, Rathhaus in Siena). *Antonio Veneziano*, sehr naiv, doch nicht tief (Campo santo in Pisa). *Francesco aus Volterra*, geistreich, voll Kenntniss der Natur und des Ausdrucks (Campo santo in Pisa, und *Niccolo Petri* um 1390, voll tiefen, kräftigen Gefühls, Lust zu individualisiren und zu charakterisiren (Sacristei von S. Croce, S. Francesco in Pisa, S. Francesco in Prato). Dieser kann als der letzte der bedeutenderen Giottesken in Florenz gelten, wenn man nicht etwa noch seinen Sohn *Lorenzo* (s. Cortona) hieher rechnen will.

Zu Anfang des 15. Jahrhunderts treten zuerst drei höchstbegabte Künstler auf, die berufen waren der Malerei einen neuen Gehalt und neue Gestalt zu geben, nachdem durch weniger bedeutende, wie *Paolo Uccello* (S. Maria novella); *Masolino* (S. Carmine), der Uebergang vermittelt worden. *Masaccio v. S. Giovanni* suchte in Florenz zuerst durch gewissenhafte Naturnachbildung die blosse Auffassung aus der Natur zu berichtigen, und die Gesetze der Abrundung durch Licht und Schatten, die er zuerst scharf nach beiden Rändern der Gegenstände hin vertheilte, festzustellen. Er war der erste in Florenz, dessen Bildnisse eine gründliche, durchgebildete und charaktervolle Zeichnung haben. (S. Carmine.) *Fra Filippo Lippi*, geboren um 1412, ein lebensfroher phantasiereicher Künstler, voll überraschenden Schönheitssinnes, nimmt Menschen für Engel und Heilige, und versetzt somit die Erde in den Himmel. (Galerie der Akademie. Dom zu Prato. Spoleto.) — Ganz in entgegengesetzter Richtung löst *Fiesole* (gestorben 1455) die Kunst vom Irdischen los, seine Gestalten sind nur Seelen; seine Anschauungen gleichen Inspirationen; Phantasie und Gemüth sind bei ihm eins: seine Werke sind seine Bekenntnisse, und als solche voll des tiefsten, innigsten, religiösen Gefühles, des reinsten ergreifendsten Ausdrucks, der frömmsten Gedanken. So natürlich mehr wie bei andern von der Stimmung abhängig,

---

[1] Mit Unrecht rechnet man *Symon von Siena* (gewöhnlich *Symon Memmi* genannt) hieher. S. Siena.

[2] Bisher *Giovanni da Milano* genannt, wahrscheinlich mit Unrecht.

sind seine Gemälde sehr verschieden an künstlerischem Werth, zeichnen
sich aber meist, ausser durch genannte Eigenschaften, durch Schönheit
der Physiognomien, Anmuth der Gestalten und Bewegungen und eine
sonnige Färbung aus. (S. Marco. S. Maria novella. Sammlung der
Akademie — der Uffizi. Cortona Orvieto. Rom.)

Nach diesen wandte sich die Kunst mit grösster Energie auf ein
durchdringendes Erfassen der Natur und auf technische Vollendung, zu
beiden hauptsächlich getrieben durch Eindrücke von Deutschland, wo
die Schule des *Van Eyk* mit sinnverwirrenden Vorzügen glänzte. *Sandro
Botticelli* (Uffizi), *Filippino* (S. Maria novella), *Cosimo Roselli* (S. Ambruogio), *Alessio Baldovinetti* (S. Annunziata), aber vor allen *Domenico
Ghirlandajo* (S. Maria novella, Innocenti, S. Trinità, Uffizi), huldigten
mehr oder weniger dieser Richtung, in welcher man allmählich den
beabsichtigten historischen Gegenstand aus den Augen verlor, und das
wirkliche Leben in treuer Schilderung dafür eintauschte; wobei jedoch
nicht nur die ursprüngliche Auffassung, sondern sogar die formelle
Anordnung verloren ging, und die Horizontale statt der Pyramide eintrat. Am freiesten und phantasiereichsten in dieser Bahn bewegte sich
Benozzo Gozzoli († 1485), der seinen Gestalten alle Eigenschaften von
kindlichster Naivetät bis zur Patriarchenwürde und seinen jugendlichen
und weiblichen Charakteren einen unübertroffenen Liebreiz, seinen Gemälden im Allgemeinen den Ton der Heiterkeit zu geben wusste. (Palazzo
Riccardi. Campo Santo in Pisa. S. Gemignano bei Volterra. Monte
Falco unweit Foligno.)

Wie die gedachten Künstler aus der Wirklichkeit vornehmlich Bildnisse auffassten, so wandten andere ihr Hauptaugenmerk auf das Studium des Nackten und der Anatomie, und verfielen dabei freilich ins
Magere und Trockene, ja oft Geistlose; *Andrea del Castagno*, *Domenico
Veneziano*, *Antonio Pollajuolo*, *Andrea Verrocchio*, aber in hoher und
schöner Vollendung *Luca Signorelli* (Uffizi, Orvieto, Cortona, Monte
Uliveto).

Gleich als ob alle die gedachten Meister die Kunst nach allen Richtungen hin verfolgen und ergründen sollten, damit die Meister der spätern Periode den Segen davon hätten, indem sie das, was ein Jeder
vereinzelt gewonnen, zusammenfassten und richtig vertheilten, sehen wir
zu Anfang des 16. Jahrh. Werke entstehen, die an Vollkommenheit
denen des classischen Alterthums nicht nachstehen. Vor allen ist hier
Leonardo da Vinci, geboren 1452 in Valdarno bei Florenz zu nennen,
eines der vielseitigsten Genies, die je gelebt, der zuerst der Kunst ihre
wissenschaftliche Grundlage gegeben. Leider ist sein Hauptwerk in
Florenz, der im Auftrag des Staats und im Wettstreit mit *Michel Angelo*

1503 verfertigte Carton: der Sieg der Florentiner über Niccolo Piccinino, General des Herzogs Fil. Maria Visconti von Mailand, 1440 bei Anghiari erfochten, dem man den entschiedensten Einfluss auf die vollständige Entwickelung der Kunst zuschreiben muss, verloren gegangen. (S. Uffizi und Mailand.)

Schüler oder Zeitgenossen von ihm in Florenz sind *Lorenzo Credi, Giov. Ant. Sogliani* (Uffizi. Akademie), die sich obwohl in beschränktem Kreise, aber mit Anmuth der erlangten Vortheile der Zeichnung (Modellirung) und Färbung bedienen, welche letztere im Gegensatz gegen die tiefe Gluth der umbrischen Schule (s. Perugia) und zu Gunsten der Formbezeichnung lichter und kälter bleibt.

Michel Angelo Buonarotti gehört durch Geburt und Schule (sein Meister war *Dom. Ghirlandajo*) nach Florenz, doch finden sich hier nur Anklänge seines mächtigen, die Verheissungen der Kunst der zwei vorhergehenden Jahrhunderte erfüllenden Geistes (Uffizi. Pitti. Der Carton der Darstellung eines Ueberfalls badender Soldaten im Kriege zwischen Florenz und Pisa, den er im Wettstreit mit Leonardo gemacht, ist verloren gegangen oder, wie *Vasari* sagt, aus Eifersucht von *Baccio Bandinelli* vernichtet worden; doch existiren Kupferstiche von Marc Anton und Agostino Veneziano nach einzelnen Gruppen und eine Copie von *Bastiano Aristotele* im Schlosse Holkham in England).

M. Angelo's bedeutendster Schüler ist *Daniel von Volterra*, der aber nicht frei von Kälte und äusserer Nachahmung ist (Uffizi). — Selbständig erscheint zu gleicher Zeit in Florenz Baccio della Porta, genannt *Fra Bartolommeo* (1469—1517), mit einer zwar fast mathematisch strengen Weise der Anordnung (Uffizi), allein voll tiefen Ernstes, warmen Gefühls, und nicht frei von Schwärmerei im Ausdruck, glühender und doch milder Färbung und einem wunderbaren Schmelz der Töne (Pal. Pitti, in Lucca S. Martino, S. Romano). Er fand einen glücklichen Nachahmer in *Mariotto Albertinelli* (Uffizi). — *Andr. Vanucchi*, genannt *del Sarto* (1488—1530), folgt in einigen Aeusserlichkeiten des Verschmelzens der Töne etc. dem Fra Bartolo, im Colorit seiner Oelbilder ist er kälter, in der Zeichnung freier, grossartiger, wenn auch dieser Sinn ihn zuweilen, namentlich bei den Gewändern, styl- und geschmacklos werden lässt. Seine Compositionen sind nicht ganz frei von Kälte, doch weiss er den Moment zu schildern, den verschiedenen Ausdruck zu bezeichnen. Bewundernswürdig ist sein Colorit in Fresco. (Annunziata. — Compagnia dello Scalzo. Pal. Pitti. — Uffizi. — Akademie. Kloster S. Salvi in der Nähe von Florenz.) — Mit Andrea nahe verwandt, nur strenger im Umriss, pastoser im Farbenauftrag ist *Marc. Antonio Franciabigio*. (Comp. dello Scalzo. Annunziata. — Uffizi.) — Ein Schüler

Andrea's ist *Jacopo da Puntormo*, von grossartigem Formensinn. (Uffizi. Annunziata.) — *Ridolfo Ghirlandajo*, Sohn des Domenico, hatte in der Schule des Fra Bartolommeo seinen Sinn für Haltung und Ausführung besonders entwickelt. (Uffizi, S. Spirito.) — *Raffaellino del Garbo* aus des Filippino Schule gefällt sich in zierlichen Gestalten; — *Piero di Cosimo* in abenteuerlichen räthselhaften Darstellungen.

Nach dieser Zeit verlegte man sich zu Florenz auf die Nachahmung grosser Meister, namentlich des Michel Angelo, ohne jedoch viel mehr als Aeusserlichkeiten, Bewegungen, Formen aber ohne Beweggründe (Motive) aufzunehmen. Gedankenreich bei ausserordentlicher technischer Gewandtheit, doch kühl (wie seine Färbung) ist *Giorgio Vasari* (Dom. Pal. vecchio etc.), zugleich Schriftsteller (Vater der neuern Kunstgeschichte: Vite de' più eccellenti pittori, scultori ed architetti). In ähnlicher Richtung bewegen sich *Francesco de' Salviati*, *Angelo Bronzino*, *Aless. Allori*, *Santi Titi* etc. Das Vortrefflichste ihrer Leistungen sind Bildnisse (von Vasari das des Lorenzo Medici in den Uffizi u. s.).

Unter den Manieristen kann *Ludovico Cardi da Cigoli* (1559—1613) mit seinem übertriebenen Affect, seiner Weichlichkeit und mit seinem schönen warmen Colorit den Geist seiner Zeit repräsentiren (Uffizi). Dazu kommen noch mit einem Anflug von Originalität *Cristofano Allori* (1577—1621), (Judith in Galerie Pitti), *Jacopo da Empoli*, *Matteo Roselli* (Pitti) und dessen Schüler *Giovanni di S. Giovanni*, *Franceschini (Volterrano)*, *Furini*, *Carlo Dolci* (Pitti, Uffizi). — Das Haupt der Manieristen im 17. Jahrhundert ist *Pietro Berettini da Cortona* 1596—1669. — In der neuern Zeit folgten die florentinischen Maler hauptsächlich den Eindrücken der französischen Schule Davids, wie *Pietro Benvenuti* (S. Lorenzo. Pitti) oder Neuerer, wie *Bezzuoli* (Pitti. Tribune des Galilei). *Sabatelli*. — Schon aber hat man angefangen von diesem Schulzwang sich zu befreien. Mit Eifer wird das Studium der ältern Florentiner (namentlich des Fiesole) betrieben, und einzelne Künstler wenden sich entschieden grösserer Innerlichkeit zu (*Marini*, *Luigi Mussini* in Siena). Zu dramatischer u. effectvoller Darstellung dagegen neigen *Ussi*, *Ciseri* etc. S. Galerie der modernen Gemälde.

Für die ersten 4 Tage würde ich folgende Anordnung empfehlen: I. Vm. Dom mit Campanile u. Baptisterium. Or S. Michele. Piazza della Signoria mit der Loggia u. dem Pal. vecchio. Uffizi. — Nm. S. Maria novella. Cascinen. Lungarno. — II. Vm. S. Carmine. S. Spirito. Galerie Pitti. — Nm. S. Croce. S. Miniato. — III. Vm. S. Marco. Accademia d. belle Arti. Annunziata. S. Lorenzo. — Nm. Museo della storia naturale Bello sguardo. — IV. S. Trinità. P. Strozzi. P. Riccardi. Bargello. —

Nm. Fiesole. — Die folgenden Tage möglichst oft nach den Uffizi u. nach der Galerie Pitti, und wie es die Zeit erlaubt zu den übrigen Sehenswürdigkeiten.

Anmerk. Die in Klammern gesetzten Nummern beziehen sich auf den Plan.

Mauern; die älteren (il secondo cerchio von 1078); die neuern (il primo c.) von 1284—1327.
Thore: Porta a Pinti (1), nach Fiesole zu mit alten Fresken von *Bern. Daddi.* — Porta a S. Gallo (2), von einem ehemals hier stehenden Kloster so genannt, mit dem grossen, 1739 nach der Zeichnung des *Gioadod Lorenese* aufgeführten Triumphbogen Kaiser Franz I. Im Innern des Thors Madonna mit Heiligen, Fresco von *Michele di Ridolfo Ghirlandajo.* — Porta della Croce (3) gegen Casentino, neuerer Zeit sehr erweitert, mit einer Madonna in tr. und Heiligen, von *Michele di Ridolfo Ghirlandajo.* — Porta Romana (4) (P. a. S. Pier Gattolino) vom J. 1327 gegen Poggio Imperiale. — Porta a S. Frediano (5) nach der Zeichnung des *A. Pisano*, gegen Pisa. — Porta al Prato (6) gegen Prato vom Jahr 1284, mit einer Madonna und Heiligen a fresco von *Michele di Ridolfo Ghirlandajo.* — Porta a S. Niccolo (7) mit einem alten Thurm, vom J. 1324—27. — Porta a S. Miniato (8).
Brücken, Strassen: Ponte alle Grazie (9), die oberste, von *Arnolfo di Colle*, mit einzelnen Häusern auf den Pfeilern. — Ponte vecchio (10), nach der Zerstörung vom Jahr 1300, durch *Taddeo Gaddi* neu gebaut und ganz mit Häusern und den Werkstätten der Goldschmiede besetzt. Am Ende derselben in einem Tabernakel Madonna von *A. del Sarto* und die Gruppe des Nessus und des Hercules von *Giovanni da Bologna.* Hier bemerkt man einen Theil der Galerie, durch welche der Pal. Pitti mit den Uffizien verbunden ist. — Ponte a S.

Trinità (11) nach der Zeichnung des *Bart. Ammanati*, mit sehr flachen Bogen und den 4 Jahreszeiten von *Landini* und *Caccini.* — Ponte alla Carraja (12), von *Jacopo Tedesco* 1218 erbaut, 1269. 1304 neu, 1334 ganz neu erbaut von *Fra Gio. Brachetti*, und 1557 restaurirt. Seit den letzten Jahren führen auch 2 Drahtbrücken über den Arno. — Von den mit grossen vielseitigen Granitplatten vortrefflich gepflasterten Strassen ist ausser der neuen Strasse zwischen Piazza della Signoria und dem Domplatz nur der Lung-Arno, der Quai am Arno mit seiner breiten Verlängerung gegen Porta del Prato zu erwähnen als öffentlicher Abendspaziergang für die schöne Welt, als Mittelpunkt der Carnevalsbelustigungen, Feuerwerke und Illuminationen; ferner der Corso, auf welchem das Pferderennen. Sehr viele Strassen haben neue Namen erhalten; die alten stehen aber mit einem „gia" darunter.
Oeffentliche Plätze: **Piazza della Signoria** (13), Mittelpunkt des öffentlichen Lebens der Stadt, reich geschmückt mit Werken der Architektur und Sculptur, dem Palazzo vecchio mit dem hohen Thurm (s. d.), davor die Statuen eines David als Hirtenknaben, von *Michel Angelo*, von 1501, und Hercules und Cacus, von *Baccio Bandinelli;* der Loggia dei Lanzi von *Benci di Cione*, angeblich nach einer Zeichnung von *Orcagna*, der 1375 gestorben, 1376 erbaut, ehemals Aufenthalt der herzoglichen Lanzenknechte, mit architektonischen Ornamenten und Sculpturen des *Jacopo di Pietro* an der obern Aussenseite, den 6 theologischen und Cardinal-

tugenden, und der Madonna. Unter den Bögen Judith und Holofernes in Erz, von *Donatello;* Perseus mit dem Medusenhaupt von *Benvenuto Cellini*, der den Guss dieser Statue in seiner Autobiographie ausführlich beschreibt; der Raub der Sabinerinnen und Hercules den Centaur bekämpfend, von *Giov. da Bologna;* am Eingang zwei mächtige Löwen, ehedem in der Villa Medicis in Rom, der eine antik, der andre von *Flaminio Vacca;* 6 antike weibliche Statuen, ebenfalls aus der Villa Medicis (Vestalinnen oder sabinische Priesterinnen, oder nach Göttling gefangene Deutsche oder Gallierinnen, unter denen Thusnelda, ausgezeichnet durch den Ausdruck hohen Ernstes und eine vom reichen Haupthaar überschattete Stirn. Göttling findet zwischen dieser Statue und der Büste eines Germanen im capitolinischen Museum zu Rom so grosse Verwandtschaft, dass er in letztrer ihren und des Arminius Sohn, Tumelicus, hat erkennen wollen); ferner Menelaos mit dem Leichnam des Patroclos. Auf einer Marmortafel die Urkunde, dass man auf Befehl Franz I. seit 1750 das Jahr mit dem Januar und die Stundenweise um Mitternacht zu zählen angefangen. (Früher fiel Jahresanfang am 25. März und der des Tages nach Sonnenuntergang.) — Links vom Palazzo vecchio der grosse Brunnen mit Neptun und Tritonen etc., unter Cosmus I., von *Bart. Ammanati* gefertigt, und daneben die Reiterstatue Cosmus I., von *Giov. da Bologna* 1594, mit Reliefs aus des Herzogs Leben: des Cosmus Siegszug, seine Erwählung zum Herzog, seine Bestätigung durch den Papst. Zwischen beiden Kunstdenkmalen ist Savonarola verbrannt worden 1498. Gegenüber dieser Statue der Pal. Uguccione, von *A. Palladio* 1550, und die Post.

Piazza del Duomo (20) mit den beiden sitzenden Statuen der Erbauer des Doms, Arnolfo und Brunelleschi, von *Pampaloni.* — An derselben Seite weiter nach Osten ist am Erdgeschoss eines Hauses der „Sasso di Dante," ein Stein, auf dem der Dichter häufig gesessen sein soll, in die Mauer eingelassen.

Piazza dell' Annunziata (14) mit Loggien und Arcaden, deren eine Reihe von *Brunelleschi* 1429, mit Zusätzen seines Schülers *Franc. della Luna* und mit Terracotten von *Andr. della Robbia*, deren andre von *Antonio da S. Gallo.* In der Mitte die Reiterstatue des Grossherzogs Ferdinand I., von *Giov. da Bologna* 1603; die beiden Brunnen von *Pietro Tacca.*

Piazza di S. Croce (15), von der Kirche d. N. und hohen, zum Theil mit Fresken gezierten Palästen umgeben, gegen Abend Versammlungsort Spazierender. Hier ist bei der Säcularfeier Dantes 1865 die Statue desselben von *Pazzi* aufgestellt worden. — **Piazza del Grano (16)**, mit einer hohen Loggia von 1619, im Auftrag Cosmus II. von *Simon Tirati*, Verkaufsplatz für Getreide und andere Feldfrüchte. — **Piazza dell' Indipendenza**, der grösste Platz von Florenz, in dem 1845 gegründeten Stadttheil, versetzt Reisende aus Mannheim oder Carlsruhe mit einem Male aus dem schönen und interressanten Florenz in ihre Heimath. — **Piazza di S. Maria novella (17)** mit zwei Obelisken und einem artesischen Brunnen. Hier wird das Wagenrennen gehalten beim Johannisfest. Die Arcaden von S. Paolo nach einer Zeichnung von *Brunelleschi.* — **Piazza di S. Trinità (18)** mit der hohen, von Pius IV. dem Herzog Cosmus I. geschenkten antiken Granitsäule, aus den Bädern des Caracalla in Rom. Die Justizia obenauf aus Porphyr von *Francesco del Tadda* 1581. Hier der Pal. Ferroni, jetzt

Commnnità; P. Buondelmonti (Ca-
binet Viesseux) und Bartolini-Salim-
beni (Hôt. du Nord). — Piazza e
Loggia di Mercato nuovo (16a),
erbaut unter Cosmus I., von *Bern.*
Tasso 1547, mit einem Bronzeabguss
des Ebers aus den Uffizi, von *Tacca,*
restaurirt 1858 von *Papi.*
   Kirchen (cf. Riccba Notizie isto-
riche delle chiese florentine, 10
Bde. 4.).
   * S. Ambruogio (24), in der
Capella del Miracolo links vom
Hochaltar grosses Frescobild von
der Versetzung eines wunderthätigen
Kelchs (darinnen der Wein des
Abendmahls wirkliches Blut gewor-
den) nach dem bischöflichen Palast,
Hauptwerk des *Cosimo Roselli.* 1456.
Ueber dem dritten Altare links Ma-
donna in der Glorie von *demselben.*
3 Altar rechts: Kreuzabnahme nebst
Johannes d. Täufer u. S. Katharina
im Style des *Niccolo Petri;* 2 Altar
rechts: Madonna in tr. mit SS.
Johannes Bapt. u. Andreas von etwa
1350. Anbetung der Könige von
Guido Aspertini. Grabmal des
Andrea Verrochio.
   S. Andrea (in Mercato) mit einer
Mad. in tr. von *D. Ghirlandajo.*
   S. Annunziata (25), gestiftet von
sieben frommen Florentinern im 13.
Jahrh., die eineGesellschaft derServi
della Madonna, oder der „Laudan-
tes" bildeten, mit guter Orgel. Vorhalle im Auftrag der Familie Pucci
von *Caccini;* Fresken: 1) Geburt
Christi, von *Alessio Baldovinetti* 1450
(links des Eingangs). 2) Eintritt
des Philippus Benizzi in den Orden
des heil. Augustin, von *Cosimo Roselli,* aus dessen letzter Zeit. 3) Philippus Benizzi beschenkt den Aus-
sätzigen mit seinem wollenen Unter-
kleid von *Andrea del Sarto* [1] 1511.
Hier das Denkmal Andrea's und

sein Bildniss in Marmor von *Raffaello da Monte Lupo.* 4) Philippus und die Spieler, unter die, da
sie auf seine Rede mit Spott ge-
antwortet, der Blitz fährt. von *A.
del Sarto.* 5) Philippus treibt den
bösen Geist aus einer Besessenen,
von *dems.* 6) Tod des h. Philippus
und Wiedererweckung eines Knaben
durch die Kleider des Heiligen, von
demselben. 7) Heilung kranker Kinder durch Auflegung eines Stück-
chen Gewandes vom Heiligen, von
dems. 8) Die Himmelfahrt Mariä, von
Il Rosso. 9) Die Heimsuchung, von
Jacopo da Puntormo. 10) Mariä Vermählung von *Franciabigio,* von dem
Maler selbst durch einen Hammer-
schlag beschädigt, weil die Mönche
ohne sein Vorwissen das Bild aufgedeckt. 11) Mariä Geburt, von
A. del Sarto. 12) Zug der Könige,
von *dems.* — In der Capella de'
Pucci: S. Sebastian, von *Ant. Pollajuolo.* — In der Kirche links: Capelle der S. Annunziata, von *Michelozzo,* mit dem Wunderbilde der
Verkündigung, nach Vasari von
Pietro Cavallini, nach dem Volks-
glauben von Engeln gemalt. (Dieses
stark übermalte Bild, das nur bei
ausserordentlichenGelegenheiten und
am Fest der Verkündigung aufgedeckt wird, hat wenig künstlerischen Werth und gehört mit Wahrscheinlichkeit in die zweite Hälfte
des 14. Jahrhunderts.) — Am Altar
Christuskopf von *Andrea del Sarto.*
— In einer andern Capelle eine
Himmelfahrt Mariä von *Pietro Perugino;* in der Capella de' Romoli
Madonna in tr. mit Heiligen, von
dems. Die Capella della vergine del
soccorso mit Crucifix und Reliefs
von *Giov. da Bologna* und mit seinem Grabmal hinter dem Altar.
Die Capelle des Bandinelli mit einer
Marmorgruppe, des todten Christus
in den Armen des Nicodemus, welchem letztern der Meister derselben, *Baccio Bandinelli,* sein eigenes

---

[1] A. del Sarto wurde nach Vasari hinter-
listig für diese Arbeiten von den Mönchen
gewonnen, die ihm jedes der Gemälde mit
10 Scudi bezahlten.

Antlitz gegeben. — Capella de' Medici, mit dem Grabmal Orlando's Medicis, von *Simon*, Donatello's Bruder. — An einem Pfeiler der Tribune Grabmal des Ang. Marci-Medici, von *Fr. da S. Gallo.* — Im Kreuzgang des Klosters über der Eingangsthür zur Kirche die Madonna del sacco, von *And. del Sarto.* Capella S. Luca, oder dei pittori, mit Gemälden von *Vasari*, (schlechten) Statuen von *Montorsoli*, *Camillari* u. *Fogini*, und dem Grabstein des Benvenuto Cellini.

✱ SS. Apostoli (26), eine der ältesten Kirchen, wahrscheinlich lombardischen Ursprungs, keineswegs aber von Carl d. Gr. erbaut; die dessfallsige angebliche Urkunde ist eine grobe Erdichtung.

✱ Badia (27) der Benediktiner, von ungewissem Alter, renovirt 1625 von *Matt. Segaloni*, in Form eines griechischen Kreuzes. Die Capelle der Familie del Bianco, mit einer Tafel von *Fra Filippo:* die von Engeln begleitete Madonna erscheint dem heil. Bernhard, 1480. Grabmal des Conte Ugo, von *Mino da Fiesole.* Himmelfahrt Mariä, von *Vasari.* — Im obern Corridor des Klosters Fresken aus der Geschichte des heiligen Benedict, von einem unbekannten Meister des 15. Jahrh.; von *Bronzino* die Dornenbusse des Heiligen.

Battisterio (S. Giov. Battista) (28) von hohem, jedoch ungewissem Alter, bis zum J. 1293 mit Gräbern umgeben, von denen noch Bocaccio erzählt; restaurirt und mit Marmor bekleidet von *Arnolfo.* Von den 4 Thüren wurde die eine gegen Westen im Jahr 1200 vermauert und eine Tribune daselbst errichtet; die gegen Süden hat Reliefs in Bronze von *Andrea Pisano*, 1330, Geschichte des Täufers und allegorische Gestalten; gegen Osten von *Lorenzo Ghiberti;* Geschichten der Genesis etc.; eine Thüre, von der M.

Angelo sagte, sie verdiene die Pforte des Paradieses zu sein: 1) Erschaffung des Menschen. 2) Arbeit nach der Vertreibung aus dem Paradies. 3) Noah nach der Sündfluth. 4) Die Verheissung Abrahams und das Opfer auf Moria. 5) Esau verzichtet auf das Recht der Erstgeburt. 6) Joseph und seine Brüder. 7) Gesetzgebung auf Sinai. 8) Jericho's Mauern fallen. 9) Schlacht wider die Amoriter. 10) Die Königin von Saba bei Salomo. Gegen Norden, von *dems.;* sehr viel schwächer und sehr manierirt: Geschichten Christi von der Verkündigung bis zur Himmelfahrt. Ueber dieser Thür die Predigt des Johannes in 3 Statuen in Erz gegossen von *Giov. Fr. Rustici;* über der östlichen die Taufe Christi, von *B. Sansovino;* und davor 2 Porphyrsäulen, Geschenk der Pisaner von 1117 mit den Ketten des Pisaner Hafens, Trophäen des Siegs der Florentiner vom Jahr 1362; über der südlichen die Enthauptung Johannis, von *Vinc. Danti.*

Inneres:[1] Mosaicirter Fussboden mit den 12 Himmelszeichen. Der alte Taufbrunnen, aus dem Dante (Inferno XIX.) einen Knaben gerettet, ist 1576 weggenommen worden. Wahrscheinlich ist der alte Taufstein links vom südlichen Eingang, vom Jahr 1371 eine spätere Zuthat; die Reliefs darauf: Christus tauft den Apostel; den Johannes; Johannes tauft Christum; das Volk; der Priester Kinder; Sylvester den Constantin. — Der neue Taufstein ist vom Jahr 1658. — Die Kuppel, der Tribunenbogen und die Tribune sind durchaus mit Mosaiken geschmückt, einem langen Cyklus christlicher Vorstellungen: Christus in der Glorie. Engel und Erzengel, Mächte, Herrschaften, Throne etc. Die Schöpfungsgeschichte der Erde und des Menschen bis zur Sündfluth, sodann die

[1] Nur bei heiterm Himmel hat das Innere hinlängliche Beleuchtung.

Leiden und Thaten Josephs, das Leben und Leiden Christi und das des Täufers Johannes; die Auferstehung der Todten und das Weltgericht, als deren Meister u. A. *Frater Jacopus* [1] 1225, und *Gaddo Gaddi* 1294 genannt sind. — Altar der Magdalena mit deren Statue aus Holz von *Donatello*. — Grabmal des Bischofs Giov. da Velletri, † 1230. Das des Balthasar Cossa, ehemals Papst Johann XXIII., 1415 zu Kostniz abgesetzt, † zu Florenz, mit Statuen der Hoffnung und Liebe von *Donatello*, und des Glaubens von *Michelozzo*. In der innern Sacristei die silberne Statue des Täufers, von *Michelozzo*; daselbst wurde ein kostbarer Altarschmuck von getriebenem Silber (325 Pf.), Gold, Smalte, Lapislazuli etc. bewahrt, mit vortrefflichen Reliefs aus der Geschichte Johannes und Statuetten der Propheten, Sibyllen und andern Heiligen in 43 Nischen, angefangen 1366, beendigt 1477, von den Meistern *Ant. Salvi; Fr. di Giov. in Vaccherecchia; Berto di Gori; Christ. di Paolo; Lion. di Ser Giovanni; M. di Monto; B. Cenni; Ant. Verrocchio; Ant.* und *Jac. Pollajuolo.* Er befindet sich jetzt in der Opera del Duomo am Domplatz, dem Chor des Doms gegenüber. Unter den Reliquien ein Crucifix aus der Zeit Carls d. Gr. (?). Cf. Monumenta Sacrae vetustatis insignia Basilicae Bapt. Flor. von Gori.

*Bigallo (29), eine fromme Brüderschaft, die sich die Versorgung verirrter und verwaister Kinder zur Pflicht gemacht. Das Haus an der Ecke des Domplatzes aus dem 14. Jahrhundert, restaurirt 1865, mit Sculpturen von *A. di Arnoldo*, im Innern eine kolossale Madonna mit zwei Engeln, von *dems.* Die Fresken an der Aussenseite, so wie die vor

[1] Die Kunstgeschichtschreiber nennen ihn Jacopo di Turrita; dieser aber malte um 1295 in Rom.

der Zerstörung geretteten im Innern, auf denen die Bestimmung der Anstalt — Aufnahme verirrter Kinder — Rückgabe an die Eltern — dargestellt ist, sind von *Piero Chelini* 1444. Eine mit der Tiara geschmückte Misericordia von *Giottino* (?).

Del Carmine (30), mit einem Carmeliterkloster vom Jahr 1268, und nach dem grossen Brand 1771 (bis auf einen kleinen geretteten Theil) neu aufgebaut. Dieser, die Capella Brancacci, ist mit Fresken aus dem 15. Jahrh. geschmückt, deren Hauptinhalt die Geschichte Petri ist. Beim Eintritt rechts oben am Pilaster: Sündenfall, von *Masaccio*; dem gegenüber Vertreibung aus dem Paradiese von *Masaccio*. Daneben: Petrus holt auf Christi Geheiss die Münze aus dem Fischrachen, damit er den Zoll entrichten kann, von *demselben*. Links über dem Altar die Predigt Petri, von *Masolino*; rechts Petrus taufend, von *Masaccio*. An der Wand rechts, oben: Heilung des Krüppels an der Porta speciosa und Genesung der Petronella, von *Masolino*. An der Wand links unten: Erweckung des Königsohnes, von *Masaccio*, ein kleiner Theil von *Filippino*. An der Altarwand links unten: Petrus und Johannes Krüppel heilend, von *Masaccio*; rechts: beide, Almosen spendend, von *Masaccio*. An der Seitenwand rechts unten: Petrus und Paulus vor dem Proconsul, von *Filippino*; an dem Pilaster, links unten: Petrus im Gefängniss von *dems.*, und gegenüber Petri Befreiung, von *dems.* — Im Chor Grabmal des Piero Soderini, von *Bened. da Rorezzano*. Capella Corsini mit dem Sarcophag des heil. Andreas. — In der Capelle der Sacristei sind 1858 Wandgemälde aus dem 14. Jahrh., dem Anschein nach von *Angelo Gaddi*, aufgedeckt worden: mit Darstellungen aus dem Leben der H. Cecilia u. des H. Valeriano und Tiburgio: Lunette l. Hochzeit

von Valerian und Cäcilia. Unterredung zwischen beiden. Lunette
über dem Fenster. Valerian zeigt
einem Armen, wo sich S. Urban
aufhält. Dieser sitzt in einem Grab
der Martyrer. Lunette r. Valerian
wird von einem Greis im Christenthum unterwiesen, dann von S.
Urban getauft. — L. Abth. 2. Cäcilia und Valerian im Gebet von
Engeln bekränzt. Tiburgio wird von
ihnen im Christenthum unterrichtet,
und getauft. — Fensterwand: Valerian und Tiburgio vertheilen Almosen und begraben Todte; werden
zum Präfecten Almachio geführt.
R. Valerian und Tiburgio, von Maximian zum Tode geführt, bekehren
diesen, taufen ihn und seine Familie;
werden von Cäcilia zum Sterben vor-
bereitet — und werden hingerichtet.
— L. Abth. 3. Cäcilia vertheilt Almosen und wird gefangen genommen; auf dem Wege zum Tode unterrichtet sie die Umstehenden: 400
Personen nehmen das Christenthum
an, R. Cäcilia wird am Halse verwundet; ihr Blut wird aufgesam-
melt; sie wird in den Katakomben
begraben; ihr Haus von S. Urban
zu einem Oratorium geweiht. — Im
Refectorium des Klosters Abendmahl
a fresco, von *Dom. Ghirlandajo.*

* La Certosa (Il Cimitero, ½ St.
vor l'orta Romana (für Frauen geschlossen. vor der Stadt mit höchst
interessanten Grabmälern älterer und
neuerer Zeiten, auch schönen Aussichten aus den Gängen und Zellen.
4 Höfe. Gründung des Klosters und
die im griechischen Kreuz gebaute
Kirche angeblich von *Orcagna.*
Schöne Chorstühle. In der Seiten-
kirche Tafelgemälde aus dem 14.
Jahrh. — In der Spezeria guter
Liqueur. Der Tod des heil. Bruno,
von *Poccetti.*

S. Croce. (31), erbaut von *Arnolfo
di Colle* (?) 1295 [1] im germanisch-

toscanischen Styl. An der Façade,
deren Marmorbekleidung man neuerdings mit grosser Pracht ausgeführt,
von Cav. *Mattas,* 1857, Giebelfeld
des Mittelportals: die Macht des
Kreuzes über Sclaven, Wilde u. über
die Civilisation, Relief von *Dupré;*
die Kreuzfindung, und Constantins
Kreuzvision über den Nebenthüren,
letztere von *Zocchi.* Glasgemälde
(Kreuzabnahme) von *Lor. Ghiberti.*
Broncestatue des h. Ludwig von
Toulouse, von *Donatello,* in einer
Nische. Das Innere, dreischiffig,
je 6 Pfeiler des Mittelschiffs, spitzbogige Arcaden, offne Dachrüstung;
Querschiff mit Seitencapellen, polygoner Chorschluss mit rechtwink-
ligen, gewölbten Nebencapellen. Die
Kirche ist gleichsam ein Museum,
ein Nationaldenkmal. R. vom r.
Nebeneingang: Denkmal des Alter-
thumsforschers Fil. Buonarotti, †
1733, und des Naturforschers Antonio Taglioni Tozzetti. Nach dem
ersten Altar Denkmal Michel
Angelo's mit den Statuen der
Malerei, von *Batt. Lorenzi,* der
Sculptur von *Valer. Cioli* und der
Architektur von *Gior. dell' Opera,*
und dem Bildnisse des grossen Meisters. — Zweiter Altar: Kreuztragung, von *Vasari,* Denkmal des
Dante, von *Ricci;* über dem Sarcophag der Dichter, rechts Italia trium-
phirend auf ihn zeigend, links Poesia, trauernd auf den Sarcophag sich
legend. [1] Nach dem dritten Altar
Denkmal Alfieri's, von *Canova;*
nach dem vierten das des Machia-
velli, von *Innocenzo Spinazzi;* nach
dem fünften das des Lanzi, von *Boni.*
— Das Grabmal der Cavalcanti mit
S. Johannes dem Täufer und S.
Franciscus, von *Andrea del Castagno;*

<hr/>

[1] Der hartnäckigen Weigerung Leo's X.
(1519), den Florentinern die irdischen
Ueberreste Dante's aus Ravenna auszulie-
fern, ist es zuzuschreiben, dass wir an
dieser Stelle nicht ein Monument des Dichters von der Hand Michel Angelo's haben
der sich dazu erboten hatte.

<hr/>

[1] Die Urkunde steht am Eckpfeiler des
rechten Seiten- und Querschiffs.

die Verkündigung, von *Donatello.* Nach der Seitenthüre: Denkmal des Lionardo Bruni, von *Bern. Rosellini,* oben die Madonna von *Andr. Verrochio* (?). — Denkmal des Botanikers Micheli, † 1737, und des Physikers Leopold Nobili, errichtet von Leopold II. — 1. Capelle im r. Querschiff: Denkmal der Elisabeth Lackiewitz, † 1808; des Mich. Oginski, † 1833; des Botanikers und Reisenden Joh. Steph. Radius, † 1829; der Gräfin Aloisia v. Stolberg, † 1824, mit Glaube, Liebe, Hoffnung, Tod und Schlaf von *Santarelli.* — Capella Baroncelli mit Wandgemälden, Geschichte der Jungfrau Maria, von *Taddeo Gaddi* (S. Padua, Arena); Altarblatt, Krönung Mariä, von *Giotto.* Pietà in Marmor, von *B. Bandinelli* (der dazu gehörige Gott Vater im grossen Cortile neben Capelle de' Pazzi). — Im Gange, der zur Sacristei führt, hängen viele alte Gemälde, das kolossale Crucifix von *Giotto* (?), ein schönes Madonnenbild von 1365. Denkmal des Bildhauers Bartolini, † 1858. — Capelle der Medici, auch del Noviziato: Terra cotta von *Luca della Robbia.* In der Sacristei die Passion und Himmelfahrt Christi in 4 Bildern, mit Ausnahme des ältern Mittelbildes, von *Niccolo Petri.* Schränke mit eingelegten Holzarbeiten, ehedem mit den Gemälden Giotto's geschmückt, die nun in der Akademie sind. — Altarcapelle mit der Geschichte der Madonna links und der der Magdalena rechts, aus der *Schule der Gaddi* (1371). Altarbild von 1397, aus *ders. Schule.* — Im Kreuzschiff der Kirche 3. Capelle rechts vom Hochaltar, r. Grabmal der Charlotte Napoleon Bonaparte, geb. zu Paris 1802, † 1839; der Julie Clary Bonaparte, geb. zu Marseille 1777, † 1845. 4. Cap. Denkmal des Vincenzo Peruzzi, † 1847. Neuaufgefundene Fresken von *Giotto:* die Vision des Johannes auf Patmos;

die Erweckung einer Frau vom Tode; die Aufnahme des Johannes in den Himmel. Gegenüber: Vision des Zacharias im Tempel; Geburt des Johannes: Gastmal des Herodes. — 5. Cap. C. Bardi Guicciardini r. Bestätigung der Regel des H. Franz; seine Feuerprobe vor dem Sultan von Babylon; sein Gebet und der Traum des Papstes; gegenüber: S. Franz als Knabe entflieht seinem Vater; zeigt seinen Klosterbrüdern seine Wundmale; sein Tod. — Der Chor links hinter dem Hauptaltar mit Wandgemälden von *Agnolo Gaddi,* die Geschichte der Kreuzfindung. R. Gebet der Helena um das Kreuz; Aufsuchung desselben; Auffindung und Erprobung. L. Einzug der Helena mit dem Kreuz in Jerusalem; Reise nach Rom; Einzug daselbst, in Verbindung, wie es scheint, mit der Tödtung des Maxentius. — Schöne alte Glasgemälde. —

Der Chorcapelle gegenüber im Mittelschiff die Denkmale vom Arch. Leon Battista Alberti von *Bartolini* (unvollendet bei des Künstlers Tod) und des Grafen Gio. Vinc. Alberti, Ministers Peter Leopolds II., von *Santarelli,* errichtet vom letzten Nachkommen dieses berühmten Geschlechts. Cap. 1. 1. vom Chor, neue Fresken von *Martellini;* Cap. 3. Neue Oelgemälde, Wunder von S. Franz und S. Anton von *Sabbatelli.* — Cap. 4. Geschichten der HH. Lorenz und Stephan, r. Cap. 5. (Capella Bardi) des h. Sylvester, beide von *Giotto,* und die Grablegung, der Ruf zum jüngsten Gericht in der gothischen Nische über dem Grabmal der Bardi. Capella Niccolini daneben, neu mit Statuen von *Francavilla.* Cap. Bardi im Querschiff mit einem Denkmal der Familie und dem berühmten Crucifix etc. von *Donatello.* [1] — Die Capella Salviati, jetzt Aldobrandini-Bor

[1] S. S. Maria novella das Crucifix in der Capella Gondi.

ghese mit S. Lorenz von *Ligozzi*; Denkmal der Gräfin Czartoriska Zamoyska von *Bartolini*; des Physikers Melloni, † 1854 mit dem Genius der Wissenschaft von *G. Livi*; im linken Seitenschiff von *Raffael Morghen* (Madonna über der Leiche) von *Fantacchiotti*; das des Arztes und Philosophen Cocchi, des C. Marsuppini von *Desiderio da Settignano*, 15. Jahrh.; des Vict. Fossombrone 1850. — S. Thomas von *Vasari*. — Denkmal Signorini's, † 1812, des kaiserlichen Rathes unter Leopold, mit der weinenden Philosophie von *Ricci*. — Christi Höllenfahrt von *Bronzino*. Denkmal Gal. Galilei's † 1641 (errichtet nach testamentlicher Verfügung des Vinc. Viviano von Cl. Nelli 1737). — K a n z e l von weissem Marmor mit den Geschichten des h. Franz, von *Bened. da Majano*. 1. Papst Honorius bestätigt die Regel des h. Franz. 2. Der Heilige geht vor dem Sultan unverletzt durch's Feuer. 3. Empfängt die Wundenmale. 4. Tod des Heil. 5. Martyrium von 5 Franciscanern in Mauritanien. Darunter 5 Figuren des Glaubens, der Hoffnung, der Liebe, Stärke und Gerechtigkeit. — Im Kloster die C a p e l l a P a z z i von *Brunelleschi*, mit den 4 Evangelisten und 12 Aposteln etc. in Terra cotta von *Luca della Robbia*, mit Engeln von *Donatello*, in Marmor. Moderne Grabmäler im Klosterhof, Mde. Simonis v. Simonis 1846. Des Sabatelli von Santarelli 1838. Der zweite Klosterhof von merkwürdiger Architektur. — Im R e f e c t o r i u m ein grosses Abendmahl aus der zweiten Hälfte des 14. Jahrh. (nicht von *Giotto*) mit dem Stammbaum der Franciscaner und einigen Darstellungen aus dem Leben des h. Franz.

Dom [1] (32) (S. Maria del Fiore s. g. vom Namen der Stadt und

> [1] Den Glockenthurm s. weiter unten.

ihrem Wappen, einer rothen Lilie im weissen Felde), angefangen von Meister *Arnolfo da Colle* im Jahr 1298 im germanisch-toscanischen Styl; in demselben fortgesetzt von *Giotto* 1332, der eine reichverzierte, mit vielen Statuen und Reliefs geschmückte Façade entwarf und grossentheils ausführte, die Grossherzog Franz auf den Rath des Provveditore Uguccione und des Architekten *Bern. Buontalenti*, der eine Façade im modernen Geschmack aufzuführen versprach, 1588 herabreissen und zertrümmern liess. Abbildungen der alten Façade in der Capella degli Spagnuoli in S. Maria novella, im Kreuzgang von S. Marco und bei Nelli. Auf Giotto folgten *Taddeo Gaddi*, *Andrea di Cione* und 1384 *Lor. di Filippo*, und zuletzt *Filippo Brunelleschi*, der Meister der Kuppel, die doppelt — eine äussere und eine innere, zwischen denen man zur Laterne aufsteigt — in acht spitzbogigen Theilen aufgeführt ist, von 1421 an. Ganze Länge der Kirche 426′, Breite im Kreuz 292′, Höhe in der Kuppel 371′. — Das A e u s s e r e, mit Ausnahme der kahlen Façade, ist mit buntem Marmor ausgetäfelt. Ueber der ersten Thüre der Nordseite Madonna von *Jacopo della Quercia*; über der zweiten: Madonna überlässt S. Thomas bei der Himmelfahrt ihren Gürtel, von *Giov. Pisano*; in der Lunette darunter Verkündigung, Mosaik von *Dom. Ghirlandajo*. An der Südseite Madonna del Fiore von *Giov. Pisano*, und über der Thüre neben dem Glockenthurm Madonna von *Niccolo Aretino*. Ueber dem Haupteingang der Vorderseite ist eine Inschrift in Bezug auf die unter Eugen IV. in Florenz gehaltene Synode, durch welche ein Theil der Griechen mit der katholischen Kirche vereinigt wurde, 1439. Ueber den beiden andern Thüren sind die Denksteine der frühern Concilien von 1055 und

1104. Die Bekleidung der Façade im alten Styl ist beschlossen, und der König von Italien hat den Grundstein dazu gelegt. Ein Verein hat sich dafür gebildet und eine Concurrenz ausgeschrieben, der zufolge viele Pläne eingesandt worden (ein einberufenes internationales Schiedsgericht hat den Plan des Arch. Prof. *De Fabris* in Florenz für den besten erklärt Inneres (vor Kurzem restaurirt bei welcher Gelegenheit viele Denkmale alter Kunst beseitigt oder überweisst worden): Grosse Apostelstatuen in Nischen an den Pfeilern, darunter S. Jacobus von *Jacopo Sansovino* an einem Kuppelpfeiler, S. Johannes von *Benedetto da Rovezzano* in einer Capelle des Hauptchors etc. Drei Schiffe. Kreuzgewölbe. Spitzbogen; reich mosaicirter Fussboden mit drei durch Kreise angegebenen Begräbnissstellen der Geistlichen der Kirche und mehrer Mitglieder des Hauses Medicis, Glasmalereien von *Francia di Domenico da Gambassi Fiorentino*, 1434—1436. In einer Lunette über dem Haupteingang Krönung Mariä, Mosaik von *Gaddo Gaddi.* — Zu beiden Seiten Engel von *Santi di Tito*, restaurirt von *Ant. Marini* 1842. Ueber der Thüre zur Rechten Niccola Marucci di Tolentino zu Pferd von *Andr. del Castagno.* Am ersten Pfeiler rechts war das Weihbecken aus der Zeit des Dombaues; am ersten links S. Zanobi, Bischof von Florenz, Gemälde von ca. 1400. — An der Seitenwand rechts: das Denkmal Fil. Brunelleschi's mit seinem Bildniss von seinem Schüler *Buggiano* und einem Epitaphium von Marzuppini; das Denkmal Giotto's von *Benedetto da Majano*, mit einem Epitaphium von Poliziano. Grabmal des Augustiners Luigi Marsili, von *A. Ferrucci.* Das des Bischofs Pietro Corsini † 1405. Die Capellen der beiden Kreuzschiffe mit Fresken von *Lorenzo Bicci* unterhalb der

Fenster, stark restaurirt; (die im Chor sind überweisst). — Die Orgel von einem Dominikaner Fr. Ermengild. Zwischen den Tragsteinen des Orgelchors Reliefs von *Donatello*; über der Thüre der südlichen Sacristei Auferstehung, über der Thüre der neuen Sacristei Himmelfahrt Christi, Terra cotta von *Luca della Robbia.* Zu beiden Seiten der Thüre merkwürdige Inschriften über die Uebersiedlung des heil. Zanobius und den Dombau. In diese Sacristei rettete sich einst Lorenzo Medicis bei der Verschwörung der Pazzi. — Hauptcapelle, 1439 Capella di S. Zanobi, mit dessen irdischen Ueberresten. Das silberne Ciborium von Fr. Bambi, dem „Michel Angelo der Goldschmiede" (!?). Der Cassone, jetzt Hauptaltar. von *Lor. Ghiberti*, 1439, mit Reliefs aus der Legende des heiligen Zanobius: Erweckung eines demselben anvertrauten Kindes, eines überfahrnen Mannes und eines in den Alpen verunglückten Knechtes. In der Mitte der Capelle der Meridian nach der Bestimmung von Paolo Toscanelli im 15. Jahrh. — S. Pietro, Jugendarbeit von *Baccio Bandinelli.* Orgel von Noferi von Cortona. — Die Sacristeithüren mit Reliefs in Erz von *Michelozzo*, und *Maso di Bartolommeo* (zeigen indess keine Verschiedenheit der Arbeit) Madonna in tr. mit 2 Engeln; gegenüber ebenso Christus, dann die 4 Evangelisten mit ihren Symbolen und je 2 Engeln; ebenso die Kirchenväter. — Zu beiden Seiten Inschriften in Bezug auf das unter Eugen IV. gehaltene Concilium und seine Consecration der Kirche. — In der Sacristei das Weihbecken von *Buggiano*; die eingelegten Holzarbeiten nach Zeichnungen des *Bened. da Majano*; die holzgeschnitzten Festons von *Donatello.* — Im linken Kreuzschiff Madonna della neve aus dem 14. Jahrh.; gegenüber ein S. Joseph von *Lorenzo di Credi.* —

Die K u p p e l mit Fresken, angefangen von *G. Vasari* 1572, vollendet von *Federigo Zuchero* und *Peter Candid.* Zuoberst zwei Engel, die die Namen tragen, die Pilatus Christo gegeben, „Ecce homo" und „I N R I". Christus in trono umgeben von Seraphim und Cherubim, Maria und Johannes der Täufer. Ein Engel schlägt einen Nagel in einen Himmelskörper, zur Bezeichnung der ersten Bewegung. Darunter die drei theologischen Tugenden und die streitende Kirche, von Engeln ihrer Waffen entäussert und mit dem Kleid der triumphirenden geschmückt. Auf der Erde die Natur, die 4 Jahreszeiten, die Zeit, (die ihren Lauf vollendet hat), und als 2 Knaben der natürliche und der gewaltsame Tod. II. Abth. Das Kreuz von zwei Engeln gehalten, die Troni, Apostel und Patriarchen. Seligpreisungen der Friedfertigen, Weisen und Liebenden — unten bestrafter Neid in Gestalt der Schlange. III. Abth. Engel mit der Lanze des Longinus. Virtutes, Märtyrer über Tyrannen, Seligkeit der Verfolgten zwischen Tapferkeit und Geduld. Unten der Zorn als Bär. IV. Abth. Engel mit der Schmachsäule. Potestates. Geistliche. Seligkeit der Sanftmüthigen, mit Erkenntniss und Verstand. Unten die Trägheit als Kameel. V. Abth. Engel mit dem Schwamm. Dominationes, Kirchenväter und Propheten: Seligkeit der Hungrigen, mit Weissagung und Besonnenheit, unten die Schlemmerei als Cerberus. VI. Abth. Engel mit den Nägeln. Archangeli. Nonnen und Mönche. Seligkeit derer, die reines Herzens sind, mit Frömmigkeit und Mässigung; unten Luxuria. VII. Abth. Engel mit der Dornenkrone. Principatus. Weltliche Fürsten. Seligkeit der Barmherzigen, mit Gerechtigkeit und gutem Rath. — Unten Geiz als Kröte. VIII. Abth. Engel mit Christi Ge-

wand, Engel. Das Volk Gottes; die Seligkeit der Armen, mit Gottesfurcht und Demuth; unten Hochmuth als Lucifer. — Am Hauptaltar ein Crucifix von *Bened. da Majano.* Hinter dem Altar der Kreuzung: Kreuzabnahme, Marmorgruppe, letzte und unvollendet gebliebene Arbeit *Michel Angelo's.* Chorschranken von *Giul. di Baccio d'Agnolo* mit Reliefs von *B. Bandinelli,* 1555 und *Giov. dell' Opera.* — An der Wand des N. Seitenschiffs D e n k m a l D a n t e 's, des Dichters auf Holz gemaltes Bildniss, ganze Gestalt, im Hintergrund Florenz und eine Andeutung der göttlichen Komödie von *Domenico di Michelino* 1465 mit 3 Distichen von *Coluccio Salutati* (?). Denkmale des Musikers Squarcialupi von *Bened. da Majano,* und des Arnolfo di Cambio 1843. An der Westseite über der Seitenthüre Denkmal des Johann Acutus (John Hawkwood) von *Paolo Uccello,* grau in grau.

Der **Glockenthurm** (33) (Campanile) neben dem Dom in germanisch-toscanischem Geschmack von *Giotto,* angefangen am 18. Julius 1334 und nach dessen Zeichnung vollendet von *Taddeo Gaddi,* 280' hoch; ganz mit buntem Marmor bekleidet und mit einer Reihenfolge von 54 Reliefs und 16 Statuen geschmückt, in denen man die E n t w i c k l u n g s g e s c h i c h t e m e n s c h l i c h e r B i l d u n g erkennt. Man fängt an der Vorder- oder Westseite unten links an und geht rechts fort und um den Thurm herum, sodann immer ein Stockwerk höher. I. 1. 2. Schöpfung des ersten Menschenpaares. 3. Ihre erste Arbeit. 4. Jabal als Stifter des Hirtenlebens. 5. Jubal als Erfinder der Musik. 6. Tubalkain als erster Bearbeiter des Eisens. 7. Noah büsst die Weinerfindung. II. 1. Anklänge an die Urreligion, den Sternendienst. 2. Hausbau.

3. Die Frau versorgt das Haus mit irdenem Geschirr. 4. Der Mann als Rossebändiger. 5. Die Frau am Webstuhl. 6. Gesetzgebung. 7. Dädalus als Symbol des Zugs in die Ferne. III. 1. Erfindung der Schifffahrt. 2. Hercules und Antäus, (als Symbol bezwungener Elemente oder) Krieg. 3. Ackerbau. 4. Benutzung des Rosses als Zugthier. 5. Baukunst. IV. Die edlern Künste und Wissenschaften: 1. Phidias (Sculptur). 2. Apelles (Malerei). 3. Donatus (Grammatik). 4. Orpheus (Lyrik). 5. Plato und Aristoteles (Philosophie). 6. Ptolomäus (Astronomie). Ein Alter mit Instrumentalmusik. Zweites Stockwerk: I. Die sieben Cardinaltugenden. II. Die sieben Werke der Barmherzigkeit. III. Die sieben Seligpreisungen (?). IV. Die sieben Sacramente (oder vielmehr sechs, denn statt der Busse sieht man eine Madonna mit dem Kind). Diese beiden Stockwerke sind nach den Zeichnungen *Giotto's*, sogar einige von ihm selbst, andere von *A. Pisano* und *Luca della Robbia* ausgeführt. Die Transfiguration über dem Aufgang von *Andrea Pisano.* — Drittes Stockwerk: I. Statuen der vier Evangelisten von *Donatello* (die mittleren Porträts zweier Freunde von ihm, der berühmte „Zuccone" (Kahlkopf). II. Statuen der vier grossen Propheten, drei von *A. Pisano*, eine von *Giottino*. III. Statuen der vier Erzväter, zwei von *Donatello*, zwei von *Niccolo Aretino*. IV. Statuen der Sibyllen von *Nanni di Bartolo*.

S. Felice (34); Altarbild von *Salvator Rosa*, Christus und Petrus auf dem Meer; *Michele* und *Ridolfo Ghirlandajo*, einzelne Heilige. Am Hauptaltar eine Tafel von *Fiesole;* zwei heilige Tabernakel mit Madonnenbildern, gewöhnlich verschlossen.

S. Felicità (35), sehr alt, allein 1736 modernisirt. In der Capelle Guiscardini die Geburt von *Hont-*

horst; Capella de' Capponi mit einem Gemälde von *Jac. Puntormo.* In der zweiten Kreuzcapelle eine Anbetung der Könige, von einem Meister des 15. Jahrhunderts.

S. Firenze (36), dem Philippus Neri geweiht, erbaut 1645 von *Pier Fr. Silvani;* im Zimmer neben der Kirche einige Altartafeln aus dem 14. Jahrh.; Christus am Kreuz mit verschiedenen Heiligen von *Pagino Bonaguidae* 1305.

S. Giov. Battista dello Scalzo. S. dello Scalzo.

S. Giovanni de' Cavalieri (37) in der Strasse S. Gallo mit zwei Gemälden aus dem 14. Jahrhundert, Geburt Christi, mit Predella: Dreifaltigkeit, Beschneidung und Epiphanias.

S. Girolamo (38) von 1515 mit Gemälden von *Ridolfo Ghirlandajo* (S. Hieronymus in der Busse und Verkündigung).

S. Jacopo tra Fossi (39) in der Capella Morelli: Noli me tangere von *Andrea del Sarto*, dieses Künstlers ältestes bekanntes Oelgemälde; in der folgenden Madonna in tr. mit den H. Zanobi und Francesco von *Granacci*. Copien zweier Gemälde *Andrea's* (Verkündigung und Disputa S. Augustins), Crucifix von *Ant. da S. Gallo.*

*Agli Innocenti (40), Hospital von 1444. Anbetung der Könige von *Dom. Ghirlandajo*, die beiden Kinder im Vorgrund von *Fra Filippo*. Im Kreuzgang: Verkündigung, Terracotta von *Luca della Robbia*. — In der Gemäldesammlung der Anstalt ein Altarbild von *Piero di Cosimo.*

S. Leonardo, vor dem Thore S. Miniato zwischen Weingärten mit einer Kanzel aus dem 12. Jahrh., ehedem in S. Pier Scheraggio.

S. Lorenzo (41) von *Fil. di Brunellesco* 1425 angefangen; neuerdings nicht gut restaurirt. Drei Schiffe, nebst Chor und Kreuzschiff.

280' Länge. Der ältere Bilderschmuck der Altäre ist fast gänzlich weggenommen, und durch Malereien des vorigen Jahrhunderts ersetzt; nur in der Capella degli Operai eine Verkündigung von *Filippo Lippi*, mit Predella. Gegenüber eine Tafel mit Johannes dem Täufer und dessen Geschichte aus dem 14. Jahrh. — Ein Crucifix von *Benvenuto Cellini*; in der Mitte der Kirche das Grabmal des Cosmus Medicis, des „Pater patriae." — In der Sacristei Sculpturen (die vier Evangelisten etc.) von *Donatello*; das Grabmal Averardo's de' Medici, von *demselben*; Geburt Christi von *Rafaelino del Garbo*; mehre Heilige von *Pietro Perugino* (?). — Denkmal des Pier und Giovanni de' Medici von *Andrea Verrocchio* 1472. — Das Martyrium S. Laurentii von *Ang. Bronzino*. — Im Kreuzschiff oben vier Heilige in Stucco von *Donatello*; die beiden Kanzeln mit Reliefs aus dem Leben Christi von *demselben* und seinem Schüler *Bertoldo*. — Die grosse und reich verzierte Capelle hinter dem Chor, von Ferdinand I., die Kuppel a fresco, gemalt von *Benvenuti*, Director der Academie. — Capelle der Medicee (C. dei depositi) im Auftrag Clemens VII. von *Michel Angelo Buonarroti*, mit den Grabmälern des Giuliano de' Medici, Herzogs von Nemours, Leo's Bruder, mit der Statue desselben und denen von Tag und Nacht; des Lorenz, Herzogs von Urbino, mit dessen Statue und Morgen- und Abenddämmerung; dabei Madonna in tr. mit S. Cosmus und Damianus (die letzteren von *Montorsoli* und *Raffaello da Montelupo*), angefangen 1525, und mit vielen Unterbrechungen durch Krieg, Belagerung, Reisen fortgearbeitet daran bis 1531, wo noch eine Anzahl Nischen leer gelassen worden. — Im anstossenden Convent die Biblioteca Laurenziana, s. u. Biblio-

theken. Die Thüre zwischen Kirche und Kloster von *M. Angelo*.

S. Lucia (42) mit einer Verkündigung von *Pietro Cavallini* (?). Ueber dem Hauptaltar Geburt Christi von *Dom. Ghirlandajo*.

S. Lucia de' Magnoli (43), mit einer Terracotta von *Luca della Robbia*. Ueber der Sacristei Madonna in tr. mit dem Täufer, S. Zanobi, S. Franz und S. Lucia von *Domenico Veneziano*. Auf der andern Seite eine Tafel von *Jacone*; weiter eine von *Lorenzo di Bicci*, und S. Lucia mit Gabriel und der Madonna.

S. Marco (44), mit dem dazu gehörigen Dominicanerkloster, im Jahre 1437 von Cosmus und Lorenz Medicis erbaut. Im Innern der Kirche: Verkündigung von *Pietro Cavallini* (?) Madonna in tr. von *Fra Bartolommeo*. — Die Capelle des H. Antonin von *Giov. da Bologna*, mit Gemälden von *Bronzino*, *Poppi* und *Naldini*; die sechs Statuen der Heiligen von *Francavilla* nach *Giov. da Bologna's* Entwürfen; die Reliefs in Bronze von *Portigiani*; die Statue des segnenden Antonin von *Giov. da Bologna*. — Grabmäler von Conte Pico della Mirandola, Gir. Benivieni und Ang. Poliziano. Im Chor Messbücher mit Miniaturen von *Fra Benedetto da Mugello*; ein Psalter von *Fra Eustachio* von 1505. Das ehemal. Hauptaltarbild von *Fra Giov. da Fiesole*, ganz verdorben. — Das Kloster,[1] nach der Zeichnung des *Michelozzo*. In den Kreuzgängen Fresken aus dem Leben des H. Antonin von *Pocceti*, *Gherardini*, *Dantini* etc., vornehmlich aber Wandgemälde von *Fra Beato Angelico da Fiesole*, der wie später Savonarola in diesem Kloster als Mönch gelebt, u. A. der heilige Dominicus in der Andacht zum Kreuz; über dem alten Eingang

[1] Für Frauen ist nur der Kreuzgang und das Capitolo zugänglich.

Christus als Pilger aufgenommen im Kloster; über der Kirchthüre das Schweigen, als Symbol des contemplativen Lebens; über der entgegengesetzten Thüre ein Christus im Grabe. Im Capitelsaal grosse Passion oder Andacht zum Kreuz: neben Christus die beiden Schächer, zu Füssen Johannes, Maria Magdalena etc.; ferner Johannes der Täufer als Prophet, Marcus der Evangelist als Geschichtschreiber von Jesu Leiden, S. Lorenz, Cosmas und Damianus; auf der andern Seite die H. Dominicus, Ambrosius, Augustinus, Hieronymus, Franciscus, Bernhardus, Romualdus, Petrus Martyr. und Thomas von Aquino. In der Einfassung: der Pelican, Symbol des Todes Christi, Propheten, Sibyllen und die Seligen und Heiligen des Dominicanerordens. — Ferner im obern Corridor die Verkündigung, Christus am Kreuz, und Madonna in tr. von Heiligen umgeben. — Endlich in allen Cellen Mauergemälde, als u. a. Verkündigung, Geburt, Taufe, Verklärung auf Tabor, die Bergpredigt, das Abendmahl, Gebet am Oelberg, Kreuztragung, Christus am Kreuz, Grablegung, Befreiung der Erzväter, Noli me tangere, Krönung Mariä etc. Erst neuerdings sind wieder in einigen verfallenen Zimmern Fresken dieses Meisters (Anbetung der Könige etc.) aufgefunden worden. Im Refectorium Abendmahl von *D. Ghirlandajo.* — In der Apotheke (Spezeria) des Klosters bereitet und verkauft man vortreffliche wohlriechende und stärkende Essenzen. — In der Bibliothek ein Missale mit Miniaturen von *Fiesole* (Anbetung Gottes); u. a. ein Psalter mit Miniaturen von *Fra Benedetto.* — Mehre der frommen Brüder beschäftigen sich mit Kunst und Wissenschaft, kunstwissenschaftlichen Forschungen etc. [1]

* S. Maria Maddalena de' Pazzi (45), Nonnen-, ehemals Cistercienserkloster von 1240, restaurirt von *Brunelleschi* und *Giul. da San Gallo* 1479 und dann von *Arigucci* 1628. Der Kreuzgang nach der Zeichnung von *S. Gallo.* In der Kirche Capella de' Pucci mit Madonna und Heiligen von *Lorenzo Credi;* Capella de' Pepi Verkündigung von *Sandro Botticelli;* die Hauptcapelle mit dem Leichnam der heiligen Maria Magdalena, reich an Marmor und Bronzeschmuck aus dem vorigen Jahrh., und Malereien des *Luca Giordano* etc. In der zweiten Capelle, neben dem Chor. Heimsuchung, vom *Dom. Ghirlandajo,* weiterhin S. Rochus und Ignatius von *Raffaelino del Garbo;* Krönung Mariä von *Fiesole* (?). *Cosimo Roselli.* Madonna von *Jac. da Puntormo.* S. Sebastian in Holz von *Raffaelino del Garbo.* Madonna, Magdalena, S. Bernhard und einige Engel von *Cosimo Roselli.* — Im Capitelsaal (jetzt Schmerzencapelle der Nonnen) die Andacht zum Kreuz von *Pietro Perugino.* [1] Es knien die HH. Magdalena, Hieronymus, Franciscus, Johannes Bapt. und der sel. Giov. Colombini am Fusse des Kreuzes.

* S. Maria maggiore (46), ehedem eine der Priorien der Stadt, allein seit der Einverleibung in das Domcapitel durch Leo X. ganz unbedeutend geworden. Die Kirche, zum Theil noch in ursprünglicher Gestalt, von *Arnolfo* (?). Von den ältern Malereien der Altäre hat sich nichts erhalten als eine Verkündigung von *Paolo Uccello* und ein Johannes von *Agnolo Gaddi.*

---

[1] S. Marco Convento dei Padri Predicatori in Firenze illustrato e inciso principalmente nei dipinti del Beato Giov. Angelico con la vita dello stesso etc. del P. Vincenzo Marchese: ein Kupferwerk von 40 Tafeln fol. Der Autor ist jetzt in S. Maria di Castello zu Genua.

[1] Die Erlaubniss zum Eintritt in das Kloster ertheilt nur der Erzbischof.

S. Maria novella[1] (47) mit dem dazu gehörigen Dominicanerkloster, angefangen 1256, erweitert 1279, nach der Zeichnung der Mönche *Sisto* und *Ristoro*, fortgeführt von *Fra Borghese* und *Fra Albertino*, beendigt 1357 unter dem Prior Jac. Passavant von *Fra Gior. Brachetti da Campi* und *Fra Jacopo Talenti*, neuerdings sehr unglücklich restaurirt. Die Façade angefangen 1350 und beendigt von *Leon. Batt. Alberti* 1470 und von seinem Sohn *Bernardo*. Weihbecken rechts vom Eingang vom Jahre 1300. — Drei Schiffe im Spitzbogen gewölbt; Michel Angelo nannte diese Kirche seine Braut. Ueber dem Haupteingang Crucifix von *Giotto* (?). Zwischen Haupt- und Seitenthür, wo früher 2 Altäre standen, sieht man jetzt Wandgemälde aus dem 14. und 15. Jahrh., rechts vom Haupteingang die Madonna del Rosario von *Masaccio;* dessgl. Christus am Kreuz mit Gott Vater, Maria und Johannes; die Verkündigung mit Predella von *Ang. Gaddi* (?). Chorcapelle mit Fresken von *Dom. Ghirlandajo:* an der Decke die vier Evangelisten; an der Wand rechts dem Eintretenden die Geschichte des Täufers; oben 1. Zacharias im Tempel, unter dem Volk viele Bildnisse florentinischer Zeitgenossen des Künstlers, der Dichter Poliziano, der die Hand etwas erhebt, der Philosoph Ficino im Kleid eines Canonicus etc., auch die ganze Familie Tornabuoni, Donatoren der Capelle. 2. Heimsuchung mit dem Bildnisse der schönen Cenci. 3. Geburt des Johannes. 4. Zacharias bestimmt den Namen des Kindes. 5. Predigt des Johannes. 6. Taufe Christi. 7. Gastmahl des Herodes und Tanz seiner Tochter. Auf der Wand links Geschichte der Maria: 1. Joachim wird aus dem Tempel getrieben; hier das Bild

[1] Am besten an sonnenhellen Nachmittagen von 3 bis 5 Uhr zu besuchen.

des Malers mit rothem Mantel über blauem Kleid, den Arm eingestützt; der Alte in der rothen Capuze ist sein Vater. 2. Geburt der Maria. 3. Maria's erster Tempelgang. 4. Vermählung. 5. Die Anbetung der Magier. 6. Kindermord. 7. Tod Mariä. An der Fensterwand Geschichten der HH. Dominicus und Petrus Martyr. — Unter den Fenstern die Bildnisse von Giov. Tornabuoni und seiner Frau. Ein neuer Altar in s. g. Gothik. — In der ersten Capelle links vom Chor (C. de' Gondi) ein Crucifix von *Filippo Brunelleschi*, von diesem verfertigt. zufolge eines Streites mit Donatello, von dessen Gekreuzigtem[1] er gesagt, dass es ein Bauer, aber nicht Jesus Christus sei. — Capella dall' mit kostbaren Steinen, einer Tafel von *Bronzino*, und Sculpturen von *Giov. dall' Opera*. — Capella Strozzi, im Kreuzschiff, erhöht, mit Wandgemälden von *Andrea di Cione*, das Weltgericht hinter dem Altar, unter den Seligen Dante etc.; rechts davon an der Seitenwand das Paradies (jeder Selige mit einem Engel), links die Hölle. Das Altargemälde von *demselben*, 1357 Christus in der Glorie von Cherubim gibt an Petrus die Schlüssel, an Dominicus die Regel; dieser steht unter dem Schutze der Maria, bei jenem Johannes der Täufer. Unten musicirende Engel, Katharina, Michael, Paulus und Laurentius. In der Predella: Messopfer des H. Dominicus; Christus mit Petrus auf dem Wasser; Tod des Heiligen und Unterhandlung mit dem Satan über den Werth einer Seele. — In der Sacristei drei vortreffliche Reliquiarien von *Fiesole:* Geburt Christi, Krönung Mariä, und Madonna in der Glorie. — Unter der Saristei unterirdische Capelle mit Ueberresten sehr alter Malereien. — In

[1] Siehe S. Croce. Capella de' Bardi.

der Capella de' Pasquali Auferstehung von *Vasari*. — Im andern
Kreuzschiff die erhöhte Capella
de' Rucellai mit dem grossen
Madonnenbild von *Cimabue*, das
nach der Vollendung in feierlicher
Procession in die Kirche getragen
worden. Neben der Chorcapelle
rechts die Capelle des Filippo
Strozzi mit Wandgemälden von
Filippino Lippi, von 1486. Decke:
Christus, 8. Anton und die vier
Evangelisten; links die Erweckung
der Drusiana durch den Evangelisten Johannes, rechts die Vertreibung des Drachen aus dem Mars-
tempel durch S. Philippus. Hinter
dem Altar Grabmal des Phil. Strozzi.
mit einer Madonna† Engeln und allegorischen Gestalten, Marmorarbeit
von *Benedetto da Majano*. — Denkmale: des Fra Leonardo di Stagio
Dati, Bronzeguss von *Lorenzo Ghiberti*; — des Patriarchen Josephus
von Constantinopel, der zum grossen
Concil nach Florenz gekommen.
Der Kreuzgang des Klosters
(il chiostro vecchio) mit Fresken in
terra verde von *Paolo Uccello*, *Dello*
u. a. Geschichten der Genesis. —
Hier das ** Capitolo degli
Spagnuoli, erbaut im Auftrag
des Buonamico di Capo Guidalotti
zur Feier des Fronleichnamsfestes,
nach der Zeichnung des *Fra Jacopo
da Nipozzano* (oder nach Andern
des *Fra Giov. da Campi*), angefangen 1320. mit Wandgemälden
aus der *Schule des Giotto* [1] an der
Altarwand die Passion Christi in
drei Abtheilungen: Kreuztragung,
Kreuzigung und Höllenfahrt. An
der Decke darüber Auferstehung und
gegenüber Himmelfahrt. An der Ostseite grosse Darstellung der streitenden und triumphirenden Kirche als

Vorhalle des Paradieses; Papst und
Kaiser als oberste Schirmherren der
Kirche (hier der Dom von Florenz)
sitzen auf einem Throne; Hunde in
Dominicanerfarben (Domini cani)
verjagen ketzerische Wölfe und hüten Schafe. Zur Seite des Kaisers
weltliche. zu der des Papstes geistliche Räthe und allerlei ausgezeichnete Männer und Frauen, in denen
man die Bildnisse von Petrarca,
Laura, Bocaccio, Fiammetta, Cimabue etc. erkennen will. Auf verschiedene Weise sind menschliche
Verirrungen dargestellt und die Mittel. sie unschädlich zu machen. Der
Weg zum Himmel zeigt sich über
der Kirche, und wird vom h. Dominicus der zuhörenden Menge nach-
drücklich empfohlen; Petrus empfängt die Begnadigten, und öffnet
die Pforte des Himmels, in welchem
Christus in der Glorie von Engeln
thront. Dazu gehört an der Decke
das Schiff Petri als Symbol der
streitenden und erretteten Kirche.
An der Westseite: Lobgedicht auf
Thomas von Aquino, der gross
inmitten des Bildes, umgeben von
Engeln, Evangelisten, Propheten und
andern Heiligen, auf einem Thron
(oder Lehrstuhl) sitzt, ein offenes
Buch in der Hand, mit der Inschrift
(Buch der Weisheit 7, 7—8): „Op-
tavi et datus mihi est sensus et in-
vocavi et venit in me spiritus sa-
pientiae et proposui illam regnis et
sedibus.“ Zu seinen Füssen über-
wundene Ketzer: Arius, Sabellius
und Averrhoes. Die vierzehn weiblichen Gestalten in den Nischen be-
deuten Tugenden und Wissenschaften, und die Männer darunter haben
in ihnen sich hervorgethan, als von
der Linken zur Rechten: 1. das
bürgerliche Recht mit Kaiser Justinian; 2. das geistliche Recht mit
Papst Clemens V.; 3. die specula-
tive Theologie mit Pietro Maestro
delle Sentenze; 4. die praktische
Theologie mit Severinus Boëthius;

---

[1] Gewöhnlich hält man, nach Vasari,
Taddeo Gaddi und *Symon von Siena* für die
Meister dieser Werke; inzwischen 1355.
als letztre noch unvollendet waren, lebte
Symon nicht mehr.

5. Der Glaube mit Dionys. Areopagita; 6. die Hoffnung mit Joh. Damascenus; 7. die Liebe mit S. Augustinus; 8. die Arithmetik mit Pythagoras; 9. die Geometrie mit Euklides; 10. die Astronomie mit Ptolemäus; 11. die Musik mit Tubalcain; 12. die Dialektik mit Aristoteles; 13. die Rhetorik mit Cicero, und 14. die Grammatik mit Priscianus. Zu diesem Bild (das mit Wahrscheinlichkeit dem *Taddeo Gaddi* zugeschrieben wird) gehört au der Decke die Ausgiessung des Geistes. — Die Gemälde der Eingangswand, das Leben des heiligen Dominicus, sind fast ganz zerstört; zu erkennen ist allein noch eine Predigt des Heiligen und die Erweckung eines gestorbenen Mädchens. — In der ✱ Spezeria des Klosters, wo man vortreffliche stärkende und wohlriechende Essenzen (Aqua di Miele, auch ein vortreffliches Veilchenpulver) bereitet und verkauft, ist ein Zimmer (ehedem eine Capelle) ganz mit Wandgemälden aus dem 14. Jahrh. (wahrscheinlich von *Spinello Aretino*) geschmückt; der Passionsgeschichte Christi in 12 Bildern: 1. Handel des Judas mit dem Hohenpriester. 2. Abendmahl. 3. Fusswaschung. 4. Gebet am Oelberg (durch das Fenster getheilt). 5. Gefangennehmung. 6. Christus vor Pilatus. 7. Verspottung. 8. Geisselung. 9. Kreuztragung. 10. Kreuzigung. 11. Grablegung. 12. Auferstehung. Im Noviziat Chorbücher mit Miniaturen aus dem 14. (?) Jahrh. Die Psalmen mit Miniaturen von *Michele Sertini della casa (?)*.

✱ S. Maria nuova (48), mit dem zur Universität Pisa gerechneten Hospital gegründet 1287, von Tommaso Portinari, dem Vater von Dantes Beatrice, in ihrer jetzigen Gestalt von *Buontalenti* und *Giulio Farigi* 1611. In der Loggia zwei Wandgemälde von *Lorenzo di Bicci*, die

kirchlichen Funktionen Martins V. im Jahr 1420, und über dem Eingang eine Krönung Mariä, Relief von *Dello.* Die übrigen Lunetten von *Pomeranzio* und *Zuccheri.* In dem ersten Zimmer der Expedition des Hausverwalters Madonna mit Heiligen von *Rosso.* In der Kirche die büssende Magdalena von *A. del Castagno;* Madonna in tr. von *Allori;* die Geburt und Flucht nach Aegypten von *Domenico Veneziano;* Altargemälde mit Donatoren, Geburt Christi, Jacopo Portinari nebst Frau und Kindern und Schutzheiligen (Antonius, Jacobus, Magdalena und Katharina) von *Hugo van der Goes.* — Im Refectorium des Hospitals ein grosses Trypuchon mit S. Matthäus und seiner Legende aus dem 14. Jahrh. — In der Cassa Madonna mit Engeln von *Fra Filippo.* Ein Missale mit wundervollen Miniaturen von 1460—70 *(Cosimo Roselli?)* — Im kleinen Garten des Kreuzganges die Trümmer eines jüngsten Gerichts von *A. d. Sarto.* — Im Campo Santo der Kirche Rest eines jüngsten Gerichts von *Fra Bartolommeo* und *Mariotto Albertinelli.*

✱ S. Martino (49), am Platz S. Martino. Oratorium einer frommen Brüderschaft (dei Buonuomini), gestiftet 1441; aus ungefähr derselben Zeit in der Weise des *Masaccio* Werke der Barmherzigkeit in 12 Lunetten: Besuch einer Wöchnerin; Befreiung eines armen Schuldners aus der Haft; Aufnahme von Pilgern; Bestattung eines Todten etc. Altarblatt: S. Martin von *Sandro Botticelli.*

Or San Michele. (50) (S. Michele in Orto), 1284 von *Arnolfo* (?), an der Stelle der alten Kirche erbaut, als Kornmagazin, im Jahr 1337 einem Mirakelbild der Jungfrau zu Ehren erweitert und zur Kirche umgeschaffen durch *Taddeo Gaddi,* und weiter ausgebaut 1348—1360 unter *Neri di Fioravanti* und *A. di Cione.* In den Nischen der Aussenseite Erzstatue des h. Matthäus von *Michelozzo Michelozzi* 1420, darüber zwei kleine Figuren von *Niccolo Arretino*; S. Stephan von *Ghiberti*, Bronze; S. Eligius, Marmorstatue von *Nanni d'Antonio di Banco*. — S Marcus, Marmorstatue von *Donatello*. — S. Jacobus in Marmor von *Nanni d'Antonio di Banco*. Tabernakel von 1390 mit einer Madonna von *O. Fantacchiotti*; der Evangelist Johannes von *Baccio da Montelupo*, Bronze; der Täufer Johannes, in Bronze von *Ghiberti* 1414. — S. Thomas und der Heiland in Bronze von *Andr. del Verrocchio*, 1483 in einer Renaissance-Nische. während die übrigen Nischen im Spitzbogen sind ; S. Lucas von *Giov. da Bologna;* S. Petrus in Marmor von *Donatello*. — S. Philippus in Marmor von *Nanni d'Antonio di Banco*. — Vier Heilige in einer Nische von *demselben*, darunter ein Relief, die Arbeiten eines Steinmetzen und Bildhauers. — S. Georg in Marmor von *Donatello*. — In den oberen Stockwerken befindet sich seit 1569 das öffentliche Hauptarchiv von Florenz. — Gegen das Sdrucciolo di Or. S. Michele unter dem Bogen ein Tabernakel mit .der Verkündigung von *Andrea del Sarto*. — In der Kirche: um das Mirakelbild der Madonna von *Ugolino Sanese* (?) das grosse Tabernakel von *Andrea di Cione*, im germanisch-toscanischen Styl, reich mit architektonischen Ornamenten und Sculpturen geschmückt, vom Jahr 1359. An der Vorderseite Engel und Propheten; Reliefs 1) an der Nebenseite links: Geburt Mariä und erster Tempelgang, dazwischen der Glaube. 2) An der Vorderseite Vermählung Mariä und Verkündigung, dazwischen die Hoffnung. 3) Anf der Nebenseite rechts: Geburt Christi und Anbetung der Könige, dazwischen die Liebe. 4) An der Rückseite: Opfer im Tempel und Aufruf zur Flucht nach Aegypten. 5) Tod und

Verklärung Mariä. (Nach Vasari ist der ältliche Apostel mit rasirtem Bart und nm den Kopf gewundener Capuze in der Ecke des Meisters Bildniss.) Diess Werk hat s. Z. 96.000 fl. gekostet. — An den Glasfenstern Wundergeschichten des Madonnenbildes. — An einem Pfeiler das alte Crucifix, vor welchem S. Antonin als Knabe häufig gebetet; an den übrigen Pfeilern Gemälde von *Lorenzo Credi* (S. Bartholomäus), von *Andr. del Sarto* (?) Himmelfahrt der Magdalena; der gute Schächer von *Jacopo da Casentino;* unter der Orgel Christus im Tempel von *Taddeo Gaddi*. Madonna mit dem Kinde. Marmorgruppe von *Franc. da S. Gallo*.

S. Miniato[1] vor dem Thore a S. Miniato auf dem Berge. Man geht bei dem schön gelegenen, von *Cronaca* erbauten Franciscanerkloster S. Salvatore del Monte vorüber und zu dem verschlossenen Eingang hinauf, der auf Anläuten geöffnet wird. Die Kirche ist ausser Gebrauch, wesshalb man sie auch muss aufschliessen lassen. Man schreibt der Kirche ein hohes Alter zu, bis ins 7. Jahrh. Doch was wir jetzt sehen, gehört in seinen Haupttheilen dem 11. Jahrh. an und ist mit Unterstützung Kaiser Heinrichs II. und seiner Gemahlin Kunigunde vom Bischof Hildebrand 1013 erbaut. Die Façade ist mit schwarz und weissen Marmortäfelchen verziert, im Giebel ein fast zerstörtes Mosaik. Es ist eine dreischiffige römische Basilica mit sehr hohem Mittelschiff und sehr hohen Arcaden. Die Seitenschiffe haben keine Fenster und die Mittelschiffwände unendlich kleine und enge. Die Säulen sind grossentheils gemauert, die Capitäle zum Theil antik (römisch-corinthisch), zum Theil diesen nachgebildet. Nach je 2 Säulen folgt ein Pfeiler, mit Säulenvorsprüngen, deren

---

[1] Jetzt mit einem Kirchhof verbunden.

mittler emporsteigt um einen Gurtbogen zu tragen, der über die Decke
geschlagen ist, die übrigens aus offner Dachrüstung besteht. Bedeutend
ist die Anlage der Krypta mit 28
schlanken, zum Theil cannellierten
und antiken Säulen, und mit Deckenbildern, einzelnen Heiligen von 1330
ca., die so hoch ist, dass der Chor
darüber wie eine Oberkirche erscheint. Vor der Krypta der Altar
mit hohem Tabernakel und einem
Gemälde aus dem 14. Jahrh. Oben
im Chor wundervoll verzierte Mar-
morschranken mit entsprechender
Kanzel von 1200 ca. Ueberall beachtenswerthe Mosaikfussböden. In
der Absis: Christus mit Maria und
St. Miniatus, Mosaik von 1297. Sehr
schön mosaicierter Fussboden. Durch-
scheinende Fenster unter den Bogen
der Absis. An den Wänden ältere
und gleichzeitige Malereien. Die
Capelle S. Jacopo mit der Verkündigung von *Pietro del Pollajuolo;* an
der Decke die vier Tugenden in Relief, von *Luca della Robbia.* Die Capelle ist von *Antonio Rossellino,* eben
so wie das prachtvolle und schöne
Grabmal des 25 Jahre alten Cardinals „Jacopo da Lisbona," dessen
Ornamente besonders nicht zu übersehen sind. — In der Sacristei Lebensgeschichte des heiligen Benedict,
Wandgemälde von *Spinello Aretino.*
Obere Abtheilung: Ausfahrt des
jungen Benedict aus dem elterlichen
Hause; erstes Wunder: er heilt einer
Frau den zerbrochenen Teller durch
seinen Segen; — er nimmt die
Mönchskutte; — lebt im Kloster —
legt sich nackt in Dornen und Di-
steln — tritt als Lehrer auf — verlässt das Kloster, bekehrt und tauft
Ungläubige. — Untere Abtheilung: B. erweckt einen Mönch, den
ein eingestürzter Thurm verschüttet;
— züchtigt einen Mönch, der vom
Teufel verführt, das Kloster verlassen hatte; — segnet den Fischfang
eines Armen und errettet einen an-

dern Heiligen vom Ertrinken; —
verfolgt mit seinen Ordensbrüdern
den Teufel — tritt mit scharfer Lehre
vor den Kaiser, der im nächstfol-
genden Bilde als Büssender erscheint.
— Tod und Apotheose des Heiligen;
— Die Decke mit den vier Evangelisten von *Jacopo da Firenze* (?).
Schöne Chorstühle von *Monicatto*
1472. Der Glockenthurm ist von
Baccio d'Agnolo 1519, und wurde
bei der Belagerung von Florenz
1528 durch *M. Angelo* mit Teppichen
gegen die Kugeln der Feinde geschützt. Die Befestigungen, die man
um die Kirche herum wahrnimmt,
sind aus jener Zeit. — Im Campo
Santo zerstörte Fresken von *Spinello
Aretino.* Am Eingang in die Kirche
steht das dem Dichter Giusti
(geb. 1809, † 1850) von seinem
Vater errichtete Grabmal.

S. Niccolo(51), mit einem Altarbild, Madonna in tr. und Heilige
von *Gentile da Fabriano,* in der
Sacristei; darüber a Fresco, Madonna,
dem heiligen Thomas ihren Gürtel
überlassend, von *Dom. Ghirlandajo,*
verdorben. Aussen an der Kirche
Denkzeichen der Ueberschwemmung
durch den Arno von 1557.

S. Niccolo auf dem Platz gl. N.
berühmt durch den Eid, den 1529
hier die Bürger schwuren, die Republik zu vertheidigen, und als Zufluchtstätte für M. Angelo Buonarotti nach der Eroberung von Florenz durch die Truppen Carls V.
Gemälde von *Gentile da Fabriano*
(Heilige im Chor). In der Sacristei,
Madonna von *D. Ghirlandajo.*

* Ognisanti (52), mit einem
Franciscanerkloster. Im Innern S.
Agostino a Fresco von *Dom. Ghir-
landajo* und S. Hieronymus von
Sandro Botticelli. In einem unbe-
wohnten Zimmer des Klosters fünf
Flügel eines alten Altarbildes an-
geblich von *Giov. da Melano.* In der
Sacristei ein Gekreuzigter mit meh-
ren Heiligen von *Bonaguida,* und

Messbücher mit Miniaturen aus dem 15. und 16. Jahrh. Auf der Klostertreppe eine Krönung Mariä von 1330 ca. — Im Refectorium ein Abendmahl von *D. Ghirlandajo.*

* S. Onofrio delle Monache, aufgehobenes Nonnenkloster in der Via Faenza, no. 57. 58. Cenaculo di Fuligno, Abendmahl, a fresco von 1505, vielleicht von *Lo Spagna.* — Einzelne gezeichnete Studien zu diesem erst 1845 wieder aufgefundenen schönen Werke haben Sgre. Piatti und Santarelli dem Museum daselbst geschenkt. Hier ist auch ein Museum ägyptischer Alterthümer.

S. Pancrazion. Im Nebengebäude ein grosses, vor Kurzem erst entdecktes Frescobild aus dem 14. Jahrh.

S. Remigio, in der Glockenstube drei alte Bilder, darunter eine Grablegung von *Giottino* (nach Vasari; von *Pietro Chelini* nach Rumohr; in jedem Fall eines der werthvollsten Denkmäler der Kunst des 14. oder 15. Jahrh.).

* S. Salvi, Abtei vor der Porta di S. Croce (20 Min.), mit einem Abendmahl a fresco von *A. del Sarto.*

* Compagnia dello Scalzo[1] (53), gestiftet 1376, jetzt der Akademie gehörig. In der Vorhalle Fresken Grau in Grau von *Andrea del Sarto,* die Geschichte des Täufers in neun Bildern und die drei theologischen Tugenden: Glaube, Liebe, Hoffnung; — Johannes geht in die Wüste, begegnet dem jungen Christus von *Franciabigio.*

S. Simone mit einem Tabernakel von *Luca della Robbia,* einem Petrus in tr. von *Cimabue* (?) (auf dem Gang zur Sacristei) und dem Grabe des Raffaelino del Garbo.

S. Stefano e Cecilia, sehr alt, aber 1656 modernisiert. Hier wurde, in Folge eines Decrets der Republik,

Dantes Divina Comedia dem Volk erklärt, und zwar zuerst von Boccaccio 3. Oct. 1373.

S. Spirito (54) begonnen 1433 von *Fil. Brunelleschi,* nach dem Brand von 1470—1481 neu erbaut in Basilikenform mit einer Kuppel und Kreuzschiff, und 38 Capellen. Der Plan des Gebäudes hat viel Eigenthümliches. Bei vollständiger Kreuzesform ist auch die Ostseite rechtwinklig abgeschlossen; die 3 Schiffe des Langhauses sind auch durch den Chorraum durchgeführt, und dreischiffig ist auch das Transept; das Mittelschiff hat eine flache Decke, die Seitenschiffe sind gewölbt; über der Kreuzung erhebt sich von 4 mit Halbsäulen construierten Pfeilern eine runde Kuppel. Die Säulen sind nach römischen Mustern der spätern Kaiserzeit gebildet, haben glatte Schäfte, korinthische Capitäle, und darüber (nach dem Muster von S. Costanza in Rom) Stücke von korinthischem Gebälk als Capitälerhöhung, um die Bogen, die sie zu tragen haben, in die Höhe der Seitenschiffgurte zu bringen. Unter der Kuppel ein Tabernakel unter einem hohen Bogenbaldachin, gleichzeitig mit der Kirche. In der ersten Capelle, vom Eingang rechts, Himmelfahrt Mariä von *Piero di Cosimo.* 2) Pietà in Marmor von *Gio. di Baccio Bigio.* 3) S. Nicolà, Statue von *J. Sansovino;* in einem Tabernakel im Kreuzschiff ein Gekreuzigter; Capella dei Nerli: Madonna in tr. mit den Heiligen Martin und Catharina, das Christkind langt nach dem Kreuz, mit dem Johannes spielt, von *Filippino Lippi* — Cap. Corbinelli Sculpturen von *A. Sansovino.* — Capella dei Nasi mit einer *Copie* nach *Perugino's* S. Bernhard. — Cap. de' Biliotti Madonna von *Sandro Botticelli;* in den Capellen dei Frescobaldi: Verkündigung und Geburt aus der *Schule des Dom. Ghirlandajo.* Fünf andere Capellen im

---

[1] Den Schlüssel hat der Akademiediener.

Kreuzschiff mit Gemälden aus derselben Schule, darunter die Dreifaltigkeit mit Magdalena und Catharina; in der Predella: die Geburt Christi, die Communion der H. Magdalena und das Martyrium der H. Catharina, 1482; im südlichen Kreuzschiff: Altar mit 4 Heiligen und einer Madonna aus dem 14. Jahrh. — Daneben Madonna mit den Christus- und Johanneskindern, SS. Martin und Catharina, so wie dem Donatoren-Ehepaar von *Dom. Ghirlandajo.* — In der zweiten Capelle des nördlichen Kreuzschiffs Madonna in tr. mit den HH. Lorenz, Stephan, Johannes Ev. und Bernhard, 1505. Man beachte auch den gleichzeitigen schönen Rahmen und die Altar-Vorderwand. — In der ersten Capelle daneben Kreuztragung von *Ridolfo Ghirlandajo.* — Sacristei von *Cronaca*, 1489.

S. Trinità (55), erbaut 1250, von *A. Pisano*, modernisirt von *Buontalenti.* Die Dreieinigkeit über der Thür und S. Alessio von *Caccini.* Im Innern in der Capella Bartolini Verkündigung von *Don Lorenzo Camaldolense.* Capella de' Sassetti mit Fresken von *Dom. Ghirlandajo*, aus dem Leben des h. Franz. Franz wirft sich nackt dem Bischof von Assisi zu Füssen, weil er von seinem Vater, dessen Befehl, Kaufmann zu werden, er sich nicht fügte, nicht einmal Kleider mehr wollte; übergibt im Consistorium die Minoritenregel dem Papst; — empfängt die Wundmale; — besteht vor dem Sultan die Feuerprobe; — erweckt einen vom Haus herabgefallenen Knaben (hier die Abbildung der alten von *Taddeo Gaddi* gebauten Brücke die Trinità); — darunter die Donatoren der Capelle, Francesco Sassetti und Nera Corsi, seine Ehefrau. — Das Bedeutendste ist die Leichenbestattung des Heiligen. — An der Decke die Sibyllen.

Accademia delle belle arti (56) mit ausgezeichneter für die Uebersicht der Kunstentwicklung in Toscana höchst bedeutender **G e m ä l d e s a m m l u n g**; [1] Schulen für Zeichnung nach Abgüssen der Antiken, nach dem lebenden Modell, für Malerei, Architektur etc. gestiftet von Pietro Leopoldo 1784, unter den Nachfolgern erweitert mit Schulen für Musik, Declamation, Mechanik, Chemie etc. — Die Eingangsthür von *Paoletti;* im Gang vier Basreliefs in terra cotta von *Lucca della Robbia;* Madonna mit dem Kind und Heiligen, Madonna gibt dem heiligen Thomas ihren Gürtel, die Auferstehung und ein unbekannter Bischof. Bildnisse berühmter Künstler. Im Cortile viele Basreliefs von *Luca della Robbia und seinen Brüdern und Neffen*, das Originalmodell zum Raub der Sabinerin von *Gior. da Bologna;* ein andres, den Kampf zwischen Tugend und Laster vorstellend. S. Matthäus, angefangenes Marmorwerk von *Mich. Ang. Buonarotti.* — Im Saal der Cartons findet man ausser mehren Concurs- und Preisarbeiten der Zöglinge der Akademie (*Ricci, Finelli, Nenci, Bezzuoli, Pampaloni etc.*) Zeichnungen berühmter Meister, als 1. *C. Cignani*, Engel und Seraphim. 2. *Andrea del Sarto*, nackte Frauen und Kinder. 3. *Ders.*, flötenblasende Kinder. 4. *Correggio*, ein Kopf. 5. *Fra Bartolommeo*, heilige Familie. 6. *Andr. del Sarto*, zwei Amoretten. 7. *Ders.*, zwei bekränzte Krieger. 9. *Fra Bartolommeo*, B. Lorenzo di Rixafretta. 10. *Ders.*,

[1] Täglich offen, mit Ausnahme der Festtage, des letzten Mo. Di. und Do. im Carneval und der 4 letzten Tage der Passionswoche. Sie wird besonders durch den Umstand wichtig, dass man die Herkunft der meisten Bilder kennt und somit ihre Geschichte verfolgen kann. Das von *Perfetti* ausgeführte Kupferwerk mit erklärendem Text l. e. R. Accademia delle belle Arti etc. ist sehr zu empfehlen.

B. Costantino da Fabriano. 13. *Ba-roccio*, die Heimsuchung. 14. *Andr. del Sarto*, heilige Familie. 15. *Fra Bartolommeo*, S. Anton von Turin. 16. *Raphael*, die heilige Familie mit der Katze. 17. *Fra Bartolommeo*, Card. Dominici. 18. *Raphael*, heilige Familie. 19—24. *Fra Bartolommeo*, Heilige. 25. *Barroccio*, die Beschneidung. 26. *Michel Angelo*, Lot und seine Töchter. 27. *Baroccio*, Abendmahl. — Galerie der kleinen Gemälde:[1] *P. Perugino*, Bildnisse des D. Biagio Millanese aus Vallombrosa und eines Abtes desselben Klosters. 59. *Fiesole*: Die 8. Tafeln in 35 Abtheilungen, mit dem Leben Christi, ehedem an den Silberschränken der Annunziata. 47. Das jüngste Gericht. 46. Grablegung. Dazu die Predella. Christus am Kreuz und Krönung Mariä. Martyrer-Geschichten. — 60. *Filippo Lippi* (n. A. *Masolino di Panicale*) Anbetung des Kindes. 22. *Dom. Ghirlandajo*, Madonna in tr. mit Heiligen. 23. *Andr. del Castagno*, die büssende Magdalena. 28. *Bronzino*, die Höllenfahrt Christi; Carton. 31. *Carlo Dolci*, Gott Vater. 32. *Ang. Bronzino*, die eherne Schlange; das Opfer Abrahams, Jonas und Daniel. 33. *D. Ghirlandajo*, S. Augustin und der Engel am Meeresufer; Augustinus Tod; Christi Auferstehung; Judith mit des Holofernes Kopf. 36. *Guercino*, Kopf eines Alten. 34. *Fr. Francia* (über der Thür), Madonna in tr. und Heilige. 41. *Domenichino*, der Evangelist Johannes, Halbfigur. 42. *Cima da Conegliano*, Madonna mit dem Kind. 48. Von einem Florentiner des 15. Jahrh.: Die Hochzeit des Boccaccio Adimari mit Lisa Ricasoli. 53. *Bernardo di Firenze* 1332, Madonna in tr. — Grosse Galerie: Zur Rechten des Einganges: 2. *Cimabue*, Madonna in tr. mit Engeln, ehedem in S. Trinità.

[1] Man muss sie sich besonders aufschliessen lassen.

3. *Schule des Giotto*, S. Humilitas und ihr Leben. 15. *Giotto*, Madonna mit Engeln. ehedem in Ogni Santi. 4—13. *Giotto*, 10 Bilder aus dem Leben des h. Franz: 1. Geburt des Heiligen in Beisein von Ochs und Esel. 2. Der junge Heilige wird von seinem harten Vater seiner Kleider beraubt, aber von einem Bischof aufgenommen. 3. Traum des Papstes vom Einsturz des Vaticans. 4. S. Franz empfängt die Regel. 5. Die Wundenmale. 6. Verklärung des h. Franz. 7. Verantwortung vor dem Papst. 8. Tod. 9. Himmelfahrt. 10. Martyrium seiner Jünger. 18—29. *Ders.*, 12 Bilder aus dem Leben Christi, beide Reihenfolgen ehedem an den Sacristeithüren von S. Croce. 16. *Giov. da Milano*, Grablegung. Madonna und S. Bernhard, mit andern Heiligen. 31. *Taddeo Gaddi*, Grablegung. 17. *Ambruogio Lorenzetti*, Darbringung im Tempel 1342. 10. *Lippo Memmi* (?) Verkündigung mit Heiligen. 33. *Angelo Gaddi*, Madonna mit Engeln und Heiligen. 35. *Niccolo Petri*, *Spinello Aretino* und *Lorenzo di Niccolo*, Krönung Mariä mit Heiligen. 32. *Gentile da Fabriano*, die Anbetung der Könige, ehedem in S. Trinità. 34. *Fiesole*, Kreuzabnahme, ehedem in der Sacristei von S. Trinità. 36. *Masaccio*, Madonna mit dem Kind, S. Anna und Engeln, ehedem in S. Ambrogio. 40. *Filippo Lippi*, Madonna und Heilige. 41. 42. *Ders.*, Krönung der Jungfrau, ehedem in S. Ambrogio. Man findet darauf des Künstlers Bildniss und erkennt in der Madonna das seiner Geliebten. Predella dazu. 37. *Andr. del Castagno*, Maria Magdalena. 43. *Andr. Verrocchio*, die Taufe Christi, ehedem im Kloster S. Salvi. Der erste Engel links soll von *Leonardo da Vinci*, als er noch ein Knabe war, gemalt sein. 38. *Andr. del Castagno*, Hieronymus in der Wüste. 45. *Cosimo Roselli*, S. Barbara mit

88. Johannes Bapt. und Matthias, war in S. Annunziata. 46. *Sandro Botticelli*, Madonna mit S. Johannes Bapt., M. Magdalena und andern Heiligen, aus S. Ambrogio in Florenz. 50. *Dom. Ghirlandajo*, die Geburt Christi. 48. *Pesellino*, Predella eines Altarbildes, ehedem in S. Croce. 47. *Sandro Botticelli*, Krönung der Jungfrau. 54. *Luca Signorelli*, Madonna mit dem Kind und vier Heiligen. 51. *Lorenzo Credi*, Geburt Christi, ehedem im Kloster S. Chiara. 56. *Pietro Perugino*, Christus am Kreuz zwischen Maria und Hieronymus, aus S. Girolamo. 53. *Ders.*, Gebet am Oelberg, ehedem in der Calza. 55. *Ders.*, Himmelfahrt Mariä, unten die HH. Bernhard, Gualbert, Benedict und der Erzengel Michael, ehedem im Kloster Vallombrosa. 58. *Ders.*, Pietà. 57. *Derselbe mit Filippino Lippi*, Kreuzabnahme, der obere Theil von letzterm. 59. *Andr. del Sarto*, die HH. Michael, Johannes Bapt., Gualbert und Bernhard Card.. ehedem im Paradiso von Vallombrosa. 61. *Ders.*, eine Pietà, a fresco, ehedem in der Annunziata. 65. *Fra Bartolommeo*, Madonna. 62. *Andr. del Sarto*, 2 Kinder, ehedem im Paradies von Vallombrosa. 67. *Raffaelino del Garbo*, die Auferstehung. Dahinter auf der Mauer ein Frescobild, Grau in Grau, von *A. del Sarto*. 65 *Fra Bartolommeo*, Madonna mit Heiligen, aus S. Caterina. 68. *Ders.*, Pietà, Ausführung von *Fra Paolino da Pistoja*. 66. *Ders.*, Madonna erscheint dem h. Bernhard, ehedem in der Badia. 77. *Jac. da Puntormo*, die Transfiguration. 69. *Fr. Bartolo*, S. Vincenzo. 74. *Plautina Nelli*, eine Pietà. 73. *Mariotto Albertinelli*, die Verkündigung, mit 1510 u. dem Namen, ehedem in S. Zanobi. 72. *Ders.*, Madonna u. die HH. Domenico u. Niccolo di Bari, knieend, S. Giuliano u. S. Girolamo, mit Unterschrift des Meisters,

ehedem in S. Giuliano. 71. *Paolino da Pistoja*, Madonna überlässt dem h. Thomas ihren Gürtel, ehedem in S. Vincenzo d'Annalena. 76. *Michele di Ridolfo Ghirlandajo*, Madonna und Heilige. 78. *Fra Bartolo*, 5 Bildnisse a fresco. 75. *Fr. Granacci*, Madonna in der Glorie mit Heiligen. — Zur Akademie gehörig ist S. Margherita mit der Bibliothek s. u. und die Capella S. Luca, im Kloster der Annunziata, daselbst: S. Lucas malt die Jungfrau, von *Vasari*; die Dreieinigkeit von *Bronzino*; Madonna in tr. von *Puntormo*; der Plafond von *Luca Giordano*. In der Sacristei eine Klage am Kreuz von *Fiesole*. — Auch zur Compagnia dello Scalzo hat der Custode der Akademie die Schlüssel. Neben der Akademie sind die herzoglichen Mosaikarbeiten zu sehen.

Accademia della Crusca, eine Gesellschaft zur Reinerhaltung des Styls in der italienischen Literatur, hält ihre Sitzungen im Palazzo Riccardi.

Accademia de' Georgofili für Landwirthschaft.

Archive: Archivio diplomatico[1] im Palast der Uffizi, wohin fast alle toscanischen Städte aus weltlichen und kirchlichen Archiven haben liefern müssen, was geschichtlichen oder paläographischen Werth hatte. Die Schränke sind nach Jahrhunderten geordnet; man findet genaue Kataloge und eine kleine Bibliothek für Diplomatik und Paläographie. — Nebenan Geheimes Staatsarchiv, 13,000 Bände, höchst wichtig für neuere Geschichte. — Archivio delle Riformagioni, das eigentliche Staatsarchiv im Pal. degli Uffizi neben dem Archivio Mediceo. — Archivio notarile über der Kirche Or San Michele. — Arch. dell'

---

[1] Zugänglich Morgens von 9—2 Uhr.

Opera del. Duomo. — Ausserdem finden sich noch Urkunden in S. Felicità, S. Maria novella, in der Certosa, und bei der Familie Doni; im Bigallo, bei den Domherrn. — Inschriften (cf. Inscriptionum antiquar. graec. et roman. quae extant in Etruriae urbibus P. I. eas complectens quae sunt Florentiae, cum notis cl. v. Ant. M. Salvinii cura et Studio Ant. Fr. Gorii Flor. 1727).

Ateliers. Bildhauer: *Cambi, Costoli, Santarelli, Zocchi, Pazzi, Dupré, Fantachiotti, Fedi, Powers.* Maler: *Cesare Mussini, Ussi, Polastrini, Muricci, Piatti, Zotti, Ciseri,* (Landschaft) *etc.* Portraitmaler: *Gordigiani, Rondoni, Biagi etc.* Architekten: *Martelli, de Fabris, Treves, Falcini, Mazzei, Bacconi, Mattas.* Kupferstecher: *Perfetti.* Erzgiesser: *Papi.* Medailleur: *Fabris.* — Die Pietradura-Fabrik, eine besondere Sehenswürdigkeit von Florenz.

Bargello od.Pal. del Podestà mit einem hohen Thurme (57),[1] begonnen 1255, angebl. von *Jacopo Tedesco.* Die Urkunde in lateinischen Versen auf einer Marmortafel rechts an der Vorderseite, erneuert 1292 und erweitert durch *Agnolo Gaddi* 1345. 1290 wurde es Pal. des Podestà, und später Schauplatz blutiger Scenen in den Bürgerkriegen. Wundervoller Hof, mit rundbogigem Arcaden-Umgang, oben eine ähnliche Loggia; rings an den Mauern viele Wappen in Relief. Die grosse freie Treppe ist von 1367. Die einzelnen Räume sind mit Wappen ausgemalt; im 2ten eine Madonna in tr. mit Johannes Bapt. und Hieronymus aus dem 14. Jahrh. Der grosse Saal des „Herzogs von Athen“: ein noch viel grösserer wird eingerichtet zu einem Museum von

[1] Man bedarf eines Permesso, den man in den Uffizi durch den Aufseher am Eingang in die Galerie erhalten kann.

Mittelalterthümern. Eine Capelle ist von *Giotto* ausgemalt (1840 restaurirt von *Ant. Marini).* Die grossentheils verloschenen Bilder erkennt man als: Fusswaschung der Magdalena, Erweckung des Lazarus, Auferstehung Christi und Noli me tangere; Magdalena in der Wüste; empfängt das Abendmahl; und Absolution von einem Bischof. An der Fensterwand Scenen aus dem Leben des Täufers. An der Eingangswand jüngstes Gericht; gegenüber das Paradies, mit vielen Bildnissen. (Dante.) Im Hofe liess Leopold die Instrumente der Tortur verbrennen. Von *Giottino* war die Vertreibung des Herzogs von Athen an eine Seite des Thurmes gemalt 1343. — In spätern Zeiten wurde der Palast in ein Gefängniss umgewandelt, wobei die Kunstwerke darin meist zu Grunde gingen. Seit 1859 ist er kein Gefängniss mehr, und möglichst in der alten Weise hergestellt, wobei verschiedene alte Fresken zum Vorschein gekommen sind. — An der dem Thurm entgegengesetzten Ecke ist ein Frescobild, S. Bonaventura von *Fabrizio Boschi* 1588.

Bibliotheken: Florenz hat in Italien das erste Beispiel einer öffentlichen Bibliothek aufgestellt.

Laurenziana im Kloster S. Lorenzo,[1] entstanden aus der Marcusbibliothek (Marciana), der Stiftung Cosmus 1444, und der mediceischen, welche Lorenzo Medicis mit grösster Leidenschaft angelegt. Nach vielen Wechselfällen wurden beide Sammlungen durch Clemens VII. (Julius Medicis) vereinigt; jedoch erst Cosmus I. brachte sie in das von *Vasari* nach *M. Angelo's* Zeichnung 1571 aufgeführte Gebäude bei S. Lorenzo. Die Mss. sind mit Ketten angeschlossen auf 80 Pulten; es sind im Ganzen 9000. Gedruckte

[1] Von 9—12 dem Publikum geöffnet.

28

Bücher hat die Laurenziana nicht, mit Ausnahme der Sammlung erster Ausgaben, dem Geschenk des Ritters Angelo d'Elci von Siena, dabei die ersten Bibeln und der schöne Lucian von Florenz mit dem Miniaturbildniss des Lorenz Medicis. Es existiren vollständige Kataloge der orientalischen Mss. von Stephanus Luodius Asseman 1742; von Biscioni 1752; der griechischen, lateinischen und italienischen Mss. von Angelo Maria Bandini 1764—1793. Die Fortsetzung besorgt der jetzige Bibliothekar Furia. In der Mailänder Bibl. ital. April 1829 stehen von Hammer verzeichnet die oriental. Mss. — Die Fenster sind nach den Zeichnungen des *Gior. da Udine* gemalt. Unter den Mss. sind von allgemeinem Interesse: Virgil aus dem 4. oder 5. Jahrh.; die älteste Handschrift dieses Autors. — Die Pandecten, von den Pisanern 1135 aus Amalfi entführt, aus dem 6. oder 7. Jahrh., älteste Handschrift derselben; ein Theil liegt offen unter Glas; der andre ist verschlossen und kann nur mit Genehmigung des Bibliothekars gesehen werden. — 2 Mss. des Tacitus; das eine, angeblich von 395, aber in der That aus dem 11. Jahrh., das andre aus dem 10. Jahrh. aus Corvey in Westfalen, wo es ein Beamter Leo's X., Archimbald, gefunden, besonders merkwürdig als das einzige, welches die 5 ersten Bücher der Annalen enthält. — Der Decamerone des Boccaccio von 1384. — Ein Plutarch aus dem 9. Jahrh. — Die Briefe Cicero's ad Familiares von der Hand des Petrarca. Horatius aus dem 12. Jahrh. aus der Bibliothek des Petrarca, mit einigen Briefen von diesem. — Terenz von der Hand Poliziano's. — Der berühmte Brief Dante's, in welchem er nach fünfzehnjährigem Exil die unter der Bedingung politischer Abbitte gegebene Erlaubniss, nach Florenz zurückzukehren, zurückweist, soll nicht ächt sein. — Ungedruckte Schriften von Ficino. — In einem Ms. des Dante aus dem 15. Jahrh. eine versificirte Beschreibung der Person des Dichters. Miniaturen: Syrisches Evangeliarium vom Jahr 586 aus dem Kloster S. Johannes zu Zagba in Mesopotamien. — Die Bibel in Fol. aus der Mitte des 6. Jahrh. vom Benedictiner Cervandos. — In der Canzoniere das Bildniss Laura's und das des Petrarca aus dem 14. Jahrh. — Das Evangeliarium aureum aus der Kathedrale von Trebisonde. — Ein Missale aus dem 14. Jahrh. mit Miniaturen von *Don Lorenzo Camaldolense* (?). — In einem Pocal bewahrt man einen Finger, den Gori vom Leichnam Galilei's abgeschnitten.

B. Magliabecchiana,[1] gegründet von Antonio Magliabecchi (1633 bis 1714), einem Juwelier, der aber in seinem 40. Jahre sein Geschäft aufgab und Bücher sammelte. Er bestimmte seine Bibliothek zum öffentlichen Gebrauch, der ihr auch vom Jahr 1747 an wurde. Man zählt jetzt 100,000 Bände und 8000 Mss., vorzüglich wichtig für das spätere Mittelalter und neuere Literaturgeschichte. Von jedem neuen Werk, das in Toscana erscheint, muss ein Exemplar an diese Bibliothek abgeliefert werden. Es existirt ein vortrefflicher Katalog der Ausgaben des 15. Jahrh. von Ferdinand Fossi (Catalogus codd. saec. XV. impressorum bibliothecae Magliabecchianae. Flor. 1793—1795). Der neue von Fossi ist wegen der wunderlichen Classification nach

[1] Morgens von 9—2. Nm. von 4—10 Uhr offen, mit Ausnahme der Sonn- und Festtage, des letzten Donnerstags, Montags und Dienstags des Carnevals, des 1. und der 4 letzten Tage der Fasten, des 2. Mai, 23. Juni, 16. August, 1. Oct. bis 11. November, des 25. November und des 24. December.

„Sprachen, Sachen und Thaten" schwer zu brauchen. Seltenheiten: 2 Mainzer Bibeln von 1462. Der erste gedruckte Homer, Florenz 1488, mit Miniaturen und Verzierungen; Cicero ad Familiares, Venedig 1469. Dante von Landini, Florenz 1481. Anthologie von Lascaris, Florenz 1494, mit Medaillons. — Argonautica des Apollonius von Rhodos, Florenz 1496, mit schönen Miniaturen.

B. Marucelliana.[1] 1751 entstanden, mit dem Motto: Publicae et maxime pauperum utilitati; ganz nahe der Laurenziana, als deren Ergänzung sie mit ihrem Schatz von 45,000 gedruckten Büchern angesehen werden kann. Beide stehen unter derselben Administration, und man kann sich die Bücher in die Laurenziana bringen lassen. Das interessanteste Ms. ist das Mare Magnum, eine Art Encyclopädie.

B. Riccardiana,[2] von Riccardo Romolo Riccardi; zu Ende des 16. Jahrh. gestiftet, später ansehnlich vermehrt, namentlich durch 1800 Mss. des Canonicus Gabr. Riccardi 1789, neuerer Zeit von der Regierung angekauft (Katalog: Inventario e stima della libreria Riccardi). Sie zählt 23,000 Bände und 3500 Mss., letztere vornehmlich für die Literatur des Mittelalters; ausserdem die Naturgeschichte des Plinius aus dem 9. oder 10. Jahrh.; die älteste vorhandene. Die Commentare des Cäsar aus dem 12. Jahrh., corrigirt von Jul. Celsus. — Virgil aus dem 14. Jahrh. mit Miniaturen. — Terenz. — Pelagonius de re veterinaria, abgeschrieben von Politianus. — Mss. der Minnesänger-Geschichte Venedigs bis 1275, von Martino de Canale, in französischer Sprache („parceque la langue françoise cort parmi le monde et est la plus delitable à lire et à oïre que nulle autre," wie er in der Vorrede sagt). Dante's Trattato sulla fede cattolica, von der Commedia ein Ms. von 1498. Petrarca's Triumphe; abgeschrieben 1402 in den Stinche von Florenz (Gefängniss). — Die Reise des Fra Oderigo Frigoli in den Orient im Jahre 1308. Ms. — Briefe des Poggio Bracciolini. höchst interessant für die Geschichte seiner Zeit.[1] — Die Briefe der Constanzia Farrano zeigen die Bedeutung der Frauen des 15. Jahrh. — Autographisches Ms. der Uebersicht der Geschichte von Florenz von Macchiavelli. — Das Testament des Fil. Strozzi (alte Copie), der, um nicht unfrei zu leben, sich selbst erstach, und Gott bittet, im Nothfall ihn mit Cato und andern Tapfern zusammenzuthun. — Die Tragödie von der Bekehrung der h. Maria Magdalena von Riccardo Riccardi, mit Musik „alla maniera antica." — Ein Tractat über militärische Architektur von Galilei etc. 2 antike Diptychen aus den Zeiten des Constantinus und des Justinian.

B. des Pal. Pitti vom verstorbenen Grossherzog gegründet, mit 1400 Mss., meist aus dem Nachlass des Pier del Nero und der Bibliothek des Hauses Guadagni, darunter 12 Mss. des Dante, Tasso, Macchiavelli, Galilei (seine Correspondenz und Schriften gegen ihn mit Randbemerkungen von ihm), Betrachtungen über Tasso.

B. der Annunziata, mit Mss. von Theologen und lateinischen Classikern.

B. von S. Croce, 1766 mit der Laurenziana verbunden, seit 1772 theilweise nach dem Kloster zurückgebracht.

B. der Jesuiten, mit einigen

---

[1] Offen Montags, Mittwochs, Freitags früh.
[2] Geöffnet wie die Magliabecchiana.

[1] Edirt von Thomas de Tonellis in der Uebersetzung von Shepherds Leben des Poggius, Flor. 1832.

Mss., namentlich einer Geometrie des Euclides, und ein Petrus de Vineis.

B. der Badia, reich an griechischen Mss.

B. von S. Maria novella, mit spätern Copien alter Mss., reicher an gedruckten Büchern.

B. von S. Marco, mit lateinischen und griechischen Mss.

B. von S. Spirito, mit der Sammlung des berühmten Theologen L. Marsigli († 1394) und des Boccaccio (die freilich im Brande von 1471 sehr gelitten).

Gemäldesammlungen, Museen: Galerie der neuern Bilder, im Palast der Dogana, Via Cavour. In einer Reihe von Zimmern sind Genrebilder, Landschaften, historische Gemälde und Bildnisse, von grossentheils toscanischen Künstlern, u. A.: von *Gius. Bezzoli*, 6. Einzug Carls VIII. in Florenz; *Gius. Sabatelli*, 13. Farinata degli Uberti in der Schlacht am Serchio. — 55. *Mocchi*, die toscanische Deputation übergibt dem König Victor Emmanuel die Urkunde der Annexion. 57. *Demost. Maccio*, Fra Benedetto im Gefängniss. — 72. *Cosimo Conti*, der östr. General Urban lässt die Bauernfamilie Cignoli erschiessen. — 95. *Luigi Mussini*, Eudoro und Amodocca nach den Märtyrern von Chateaubriand. — 100. *Giov. Fattore*, das Schlachtfeld von Magenta. — 105. *Gius. Fattore*, der Täufer Johannes vor Herodes. — 103. *Ussi*, die Vertreibung des Herzogs von Athen aus Florenz. 107. *Luigi Becchi*, Scene aus der Schlacht von Montebello. 110. *Giov. Costa*, Jeremias auf den Mauern von Jerusalem. 115. *Emilio Lapi*, die Schlacht von Salestro. 117. *Lanfredin*, Scene vom Schlachtfeld von Magenta. — Eine kleine, sehr schöne Landschaft von *Marko etc.* Museo Gherardesco (60), mit dem Dyptichon des August, der Apotheose des

Romulus.[1] — Museo des Abb. Pietro Andrea Andreini (?) — Cerettani — Strozzi in der Villa bei Monte Ugone vor der Stadt. — Im Klosterhof von S. Felicità.

Gemäldesammlung der HH. Fr. Lombardi und Ugo Baldi; vorzüglich Werke der alttoscanischen Malerschulen.

Museo Egiziaco Via Faenza 57. mit ägyptischen Alterthümern, im aufgehobenen Kloster S. Onofrio S. d.

* Museo della storia naturale[2] (61), gegründet von Grossh. Leopold, besonders reich an anatomischen Wachs- und Holzmodellen, unter der Leitung von *F. Fontana* ausgeführt, an Wachsbildern derjenigen Pflanzen, die sich in Herbarien nicht aufbewahren lassen; und nebenbei interessant durch eine treue Darstellung der Pest in Wachs vom *Abbé Lumbo*. Ausserdem fehlt es nicht an Sammlungen der Wirbelthiere, Insecten, Mineralien, besonders reich, und gut geordnet; an einem vollständigen, physikalischen Cabinet, botanischen Garten und Observatorium. In der Tribune des Galilei von *Gius. Martelli* die Bildsäule desselben von *Arist. Costoli*, dessgleichen seine physikalischen Instrumente, u. Fresken von *Bezzuoli, Cianfanelli, Martellini, Sabatelli, Viviani etc.* In den Nischen Büsten von den Schülern Galilei's von *Ben. Castelli, Bonav. Cavalieri, Ev. Toricelli* und *Vinc. Viviani.*

Paläste: Pal. Antinori da S. Gaetano mit einer Kreuztragung von *Ridolfo Ghirlandajo.*

* Pal. Buonarotti (73), das Wohnhaus des grossen Künstlers, in welchem man die von ihm einst bewohnten Zimmer zu einer Art

---

[1] Nach neuern Mittheilungen ist das Diptychon nicht mehr im Pal. Gherardesco, wohl aber einige andere Kunstsachen.

[2] Geöffnet täglich von 10—3 Uhr.

Museum gemacht hat, in welchem angefangene Sculpturen, Gemälde und Handzeichnungen (u. a. ein erster Entwurf zum jüngsten Gericht), Michel Angelo's, ein Selbstbildniss, sein Degen, ein Paar Stöcke etc. aufbewahrt, und Scenen aus seinem Leben von sehr unbedeutender Hand an die Wände gemalt sind.

P. del Conte Capponi (58), nach der Zeichnung des *Lorenzo di Bicci*, von *Niccolo da Uzzano*, dessen Büste von *Donatello* im Innern zu sehen ist; ein antiker Löwe aus Porphyr (gen. il Marzocco).

P. Corsini (59), mit einer Sammlung Gemälden von *Cignani*, *Bassano*, *Salvator Rosa*, *Carlo Dolci*, *Rubens*, *Paul Brill* etc.; *Fra Bartolommeo*, *Correggio*, *Raphael* (?), *Guido* und *Murillo*.

Pal. de' Gondi, 1490 von S. *Gallo* erbaut.

Pal. Panciatichi bei Porta Pinti, mit einer reichen Gemäldesammlung, *Fra Diamante da Pistoja*, Madonna das Kind anbetend. *Fra Filippo*, Madonna mit Engeln und dem Kind, das Trauben und Aehren segnet. *Crist. Allori*, seine Geliebte als Magdalena; S. Caterina da Siena, im Gebet. *Francesco Turini*, Venus. *Bald. Peruzzi*, Heil. Familie. *Salvator Rosa*, eine Schlacht. *Van Dyk*, Cleopatra. *A. del Sarto*, heil. Familie, Carton. *A. Mantegna*, S. Petrus, S. Johannes Bapt.; 2 kleine ausgezeichnet schöne Bilder. *Leonardo* (?) das Bildniss des Piero Soderini. *Andrea del Sarto*, Bildniss des Baccio Valori. *Tizian*, ein weibliches Bildniss. *Luca Signorelli*, Madonna.

* P. Pandolfini (62), in der Strasse S. Gallo, jetzt P. Nencini, von Monsgr. Giannozzo Pandolfini, nach der Zeichnung *Raphaels* 1516 erbaut.

Palazzo Pitti (63), vormals grossherzogliches Residenzschloss, nun im Besitz des Königs von Italien, ursprünglich für einen reichen Flo-

rentiner Luca Pitti von *Fil. Brunelleschi* 1440 erbaut, von Cosmus I. durch *Ammanati* 1568 verändert und erweitert, der die drei alten Bauordnungen in die drei Stockwerke des Hofes vertheilte. Der grosse Saal im Rez-de-chaussée ist a fresco ausgemalt mit wunderlichen Allegorien von *Giovanni di San Giovanni*, die auf die Vermählung Ferdinands II. mit Victoria von Rovere, Prinzessin von Urbino, Bezug haben; Lorenzo Medicis als Beschützer der Wissenschaften; eine Satyrin als Victoria; Mahommed im Begriff die Tugend zu tödten; eine Harpyie mit dem Koran; Philosophen und Poeten auf der Flucht und geschützt von Lorenzo; eine Furie peitscht die Sappho, und Dante wird von dem Gradus ad Parnassum gestürzt; die platonische Akademie von Lorenzo magnifico, in der Villa di Careggi gehalten, mit den Bildnissen des Marsilio, Pico di Mirandola und Poliziano, von Fr. Furini etc. — In der Hauscapelle der Altar von Lapis Lazuli. — Im obern Stock Gemäldegalerie [1] mit ganz vorzüglichen Werken der grössten Meister: Im Vorzimmer Antiken: 1. Merkur. 2. Ein Faun mit einem kleinen Satyr. 3. Ein ähnlicher. 4. Merkur. 5. Hygiea. 6. Pallas. 7. 8. Gladiatoren. 9. Aesculap. 10. Venus. — Im Saal delle Nicchie Antiken: 1. Venus. 2. Unbekannte Statue. 3. Flora. 4. Venus. 5. Muse. 6. Apollo Musagetes. Ferner die Kaiserbüsten Antoninus, Lucius Verus, Marc Aurel etc. Die Säle

[1] Offen täglich von 10—3 mit Ausnahme der Festtage, des letzten Mont. Dienst. u. Donn. im Carneval und der letzten 4 Tage der Passionswoche. Der Eintritt ist durch die erste Thüre unter den Arcaden neben dem Gitterthor des Gartens. Man tritt in den letzten Saal zuerst ein. — Zum Zeichnen oder Copiren bedarf es einer besondern Erlaubniss, die man auf schriftliche Eingabe an den Maggior Domo erhält. Verzeichnisse der Gemälde liegen in jedem Zimmer auf.

der Gemäldegalerie tragen den Namen von Planeten: Venus, Apoll, Mars, Jupiter, Mercurius etc., sowie von andern Gegenständen, darauf die Deckengemälde des *Pietro da Cortona* etc. meist Bezug haben. Stanza di Venere. I 1. Eva von *A. Dürer*. 2. Die Lüge von *Salvator Rosa*. 3. Amor, Mars und Venus von *Tintoretto*. 4. * Seestück von *Salvator Rosa*. 5. S. Jacob von *Benven. Garofalo*. 7. Bildniss von *Porbus*. — II. 8. Apoll und Marsyas von *Guercino*. 2. * Landschaft von *Rubens*. 4. S. Katharina von *F. Bassano*. 9. 14. * Landschaften von *Rubens*. — III. 15. * Seestück von *Salvator Rosa*. 16. Bildniss eines Alten von *Rembrandt*. 17. Vermählung der Katharina von *Tizian*. 18. * La bella di Tiziano von *dems*. 20. Adam von *A. Dürer*. 21. Heilige von *Pietro da Cortona*. — IV. 23. Tod der Magdalena von *Rustichino*. 29. S. Joseph von *Guercino*. — Stanza di Appolline. I. 35. Männliches Bildniss von? 36. Bildniss des Bischofs Bart. Salimbeni von *Gir. da Carpi*. 37. Weibliches Bildniss von *Paolo Veronese* (seine Frau). 38. Das Abendmahl in Emaus von *Palma vecchio*. 39. *Ang. Bronzino*, heilige Familie. 40. * Maria mit dem Kind von *Murillo*. 41. Heilige Familie von *A. del Sarto*. 42. S. Magdalena von *Pietro Perugino*. 43. Männliches Bildniss von *Franciabigio*. 44. Männliches Bildniss von *Giac. Francia*. — II. 47. Bacchus von *Guido Reni*. 50. Des heil. Petrus Erweckungswunder von *Guercino*. 51. Kreuzabnahme von *Cigoli*. 52. Heilige von *Pordenone*. 53. Diogenes von *C. Dolci*. 54. Bildniss des Pietro Aretino von *Tizian*. — III. 56. * *Murillo*, Madonna dei rosario. 57. Madonna della Lacertola von *Giul. Romano*, Copie nach *Raphael*.[1] 58. Kreuzabnahme von *A. del Sarto*. 59. Magdalena Doni von

[1] Das Original von 1516 im Museum zu Madrid.

Raphael. 60. Rembrandt von *ihm selber*. 61. * Angiolo Doni von *Raphael* (mit 59 von 1506). 62. *A. del Sarto*, heil. Familie. 63. * Leo X. mit den Cardinälen Medici und de' Rossi von *Raphael*. 64. * Pietà von *Fra Bartolommeo*. 66 Andrea del Sarto von *ihm selbst*. 67. * S. Magdalena von *Tizian*. — IV. 4. S. Filippo Neri von *Carlo Maratta*. — Stanza di Marte. I. 78. *Guido*, St. Petrus. 79. * Madonna della Seggiola von *Raphael* (1517). 80. Bildniss des Arztes A. Vesalio von *Tizian*(?). 81. Heilige Familie von *A. del Sarto*. 82. * Cardinal Guido Bentivoglio von *Van Dyk*. 83. * Männliches Bildniss von *Tizian*. — II. 84. * *Palma vecchio*, heil. Familie. 85. * *Rubens*, er, sein Bruder, Justus Lipsius und H. Grotius. 86. *Ders*., die Folgen des Kriegs. 87. 88. *A. d. Sarto*, Geschichten Josephs. 89. Flucht in Aegypten von *Paris Bordone*. — III. 91. S. Petrus von *C. Dolci*. 92. Männliches Bildniss von *Tizian*. 93. S. Franz von *Rubens*. 94. * Die S. Famiglia dell' Impannata von *Raphael* (1512). 95. *Crist. Allori*, Opfer Abrahams. 96. * Judith von *C. Allori*. 97. Verkündigung von *A. del Sarto*. 99. *Guercino*, St. Sebastian. — IV. 100. Rebecca am Brunnen von *Guido*. 101. Christus von *Barroccio*. 102. Magdalena von *Aur. Luini*. 103. Moses von *Guercino*. — Stanza di Giove. I. 108. Männliches Bildniss von *Paolo Veronese*. 109. Weibliches Bildniss von *Paris Bordone*. 110. Bacchanal von *Tizian*. 111. Die Verschwörung Catilina's von *Salvator Rosa*. 112. Schlacht von *G. Borgognone*. 113. Die Parzen von *Michel Angelo*. 117. Männliches Bildniss von *Spagnoletto*. 118. Andrea del Sarto mit seiner Frau von *ihm selbst*. — II. 122. * Männliches Bildniss von *Morone*. 123. * Madonna in gloria mit vier Heiligen von *A. del Sarto*. beendigt 1540 von *Vincenzo Bonilli*. 124. Verkündigung von *dems*. 125. * S. Marcus von *Fra Bartolommeo*.

127. Männliches Bildniss von *Champagne*. 129. Weibliches Bildniss von *Morone*. — Ill. 130. Weibliches Bildniss von *J. Bassano*. 131. Männliches Bildniss von *Tintoretto*. 132. Heilige Familie von *Crespi*. 135. Schlacht von *Salvator Rosa*. 136. Abschied Christi von seiner Mutter von *Paolo Veronese*. 139. Heilige Familie von *Rubens*. 140. Weibliches Bildniss von *Leonardo* (?). — IV. 141. Bacchanal von *Rubens*. — Stanza di Saturno. I. 145. Heilige Familie von *Puligo*. 146. Dessgleichen. 147. Eine verfolgte Nymphe von *Giorgione*. 148. Eine Bambocciata von *D. Dossi*. 149. *J. Puntormo*. Hippolyt von Medicis mit seinem Hund Rodon. 151. *Papst Julius II. von *Raphael* (1509). 152. Kain und Abel von *Schiavone*. 157. *Lorenzo Lotto*, die 3 Lebensalter. 158. *Raphael*, Card. Bernardo Dovizi da Bibbiena (1513). — II. 159. Der auferstehende Christus und die Evangelisten von *Fra Bartolommeo*. 160. Madonna von *Van Dyk*. 161. Findung Mosis von *Giorgione*. 164. *Grablegung von *P. Perugino*. 163. Verkündigung von *A. del Sarto*. 165. Madonna del Baldacchino von *Raphael* (1508, unvollendet). 166. Männlicher Kopf von *A. Caracci*. 167. Tanz der Musen und Apollo von *Giul. Romano*. 168. S. Petrus von *Guercino*. — III. 170. Adam und Eva von *Campagnola*. 171. *Tommaso Fedra Inghirami von *Raphael*. 172. *„Disputa“ von *A. del Sarto*, Magdalena und Sebastian im Vorgrund knieend, hinter ihr SS. Franz und Dominicus, hinter ihm Laurentius und ein Bischof; über ihnen allen ein kleiner Crucifixus; ein Bild von grosser Charakterzeichnung, tiefer Färbung, breiter Behandlung, ruhiger wirkungsvoller Haltung. 173. Auferstehung Christi von *F. Albano*. 174. *Die Vision des Ezechiel von *Raphael* (1514). 175. Heilige Familie von *F. Albano*. 176. *Domenichino*, Magdalena. 177. Drei halbe Figuren von *Lorenzo Lotto*.

178. Cleopatra von *Guido Reni*. 179. S. Agata von *Seb. del Piombo*. 181. Ein Dichter von *Salvator Rosa*. 182. Martyrium der 40 Heiligen von *Puntormo*. An der 4ten Wand stehen (?) auf Tischen von Lapis Lazuli die Büsten der Grossherzoge Ferdinand III. und Leopold II. — Stanza del assedio di Troja. Deckengemälde von *Sabatelli*, 1819. Die Stuccaturen von *Marinelli* und *Pampaloni*. 184. Andrea del Sarto von *ihm selbst*. 185. Concert von *Giorgione*. 186. Taufe Christi von *P. Veronese*. 191. Himmelfahrt Mariä von *A. del Sarto*. 194. Bildniss eines jungen Kriegers von *Paris Bordone*. 195. *Giac. Francia*, männliches Bildniss. 196. S. Benedict von *P. Veronese*. 197. Caritas von *Guido*. 198. Männliches Bildniss von *Velasquez*. — II. *200. Cardinal Hippolyt von Medicis in ungarischer Tracht von *Tizian*. 204. Weibliches Bildniss von *Bronzino*. 206. Franz I. von Medicis von *dems*. 207. Ein Goldschmied von *Leonardo*? 208. Madonna in tr. von *Fra Bartolommeo*. 212. Cosmus I. von *Bronzino*. 213. Moses von *C. Dolci*. 214. Des *Correggio* Madonna di S. Girolamo, copirt von *Baroccio*. 216. Daniel Barbaro, von *P. Veronese*. — III. 217. Johannes von *C. Dolci*. 218. Ein Kriegsmann von *Salvator Rosa*. 219. Anbetung des Kindes von *P. Perugino*. 220. Christus in gloria, von *Ann. Caracci*. 222. Weibliches Bildniss von *Giorgione*. 223. Männliches Bildniss von *Holbein*. 224. *D. Ghirlandajo* (?) weibliches Bildniss. 225. Himmelfahrt Mariä von *A. del Sarto*. 227. S. Martha von *C. Dolci*. 228. Christus von *Tizian*. 229. *Von? Weibliches Bildniss. 230. Die Madonna mit dem langen Hals von *Parmeggianino*. — IV. 235. Die keusche Susanna von *Guercino*. 236. Christus bei Martha und Maria von *Fr. Bassano*. 237. Madonna mit Heiligen von *Rosso*. — Stanza della Stufa mit den vier Weltaltern

von *Pietro da Cortona*. * Madonna del Granduca von *Raphael* (1505). Cain und Abel, Erzstatuen von *Dupré*. — S t a n z a d e l l' e d u c a z i o n e di Giove, Decke von *Catani*. 241. Pietà von *Giulio Clovio*. 243. Heilige Familie von *Fra Bartolommeo*. 244. Bildniss eines Jünglings von *Porbus*. 245. * Weibliches Bildniss von?¹ 248. Kreuz-Abnahme von *Tintoretto*. 249. Männliches Bildniss von *Puntormo*. — II. 254. Hei lige Familie von *Palma vecchio*. 256. H. Familie von *Fra Bartolommeo*. 257. Sibylle Augusta von *Paris Bordone*. — III. 259. Christuskopf nach *Correggio*. 264. Auferstehung von *Tintoretto*. 265. S. Johannes Bapt. von *A. del Sarto*. 267. Ein Kind von *P. Veronese*. 268. Dessgleichen. 269. Darbringung im Tempel von *dems*. 272. (?) Madonna mit dem Kind von *A. del Sarto*. — IV. 275. S. Carlo Borrommeo von *C. Dolci*. 276. S. Ludwig von *dems*. 277. Lucrezia de' Medici, Tochter Cosmus I., von *Bronzino*. 279. Garcia de' Medici von *demselben*. — S t a n z a d'U l i s s e. Decke von *Martellini*. 289. Madonna mit S. Franz von *Ligozzi*. I. 297. Paul III. von *Paris Bordone*. 307. Madonna mit Heiligen von *A. del Sarto*. 311. Carl V. von *Tizian*. 312. Landschaft von *Salvator Rosa*. — III. 313. Madonna mit dem Kind von *Tintoretto*. 320. Landschaft von *Ag. Caracci*. S t a n z a di Prometeo, Decke von *Colignon*. I. 337. Ferdinand I. von Medicis von *Scipione Gaetano*. 338. Madonna von *Fr. Filippo Lippi*. 339. Männliches Bildniss von *Tintoretto*. 345. *Bald. Peruzzi*, heilige Familie. 347. Heilige Familie von *Fr. Filippo*. — II. 348. Dasselbe von *Botticelli*. 353. Ecce homo von *Fra Bartolo*. 354. Heilige Familie von *Lor. Credi*. 355. Dasselbe von *Luca Signorelli*. 358.

¹ Dieses Bild hat ganz Stellung und Gesichtszüge der Madonna di S. Sisto von *Raphael*.

Anbetung der Könige von *D. Ghirlandajo*. 362. Heilige Familie von *Fr. Francia*. 380. S. Magdalena von *Salaino*. — III. 396. Männliches Bildniss von *Palma vecchio*. 374. Dessgleichen von *Lor. Costa*. 375. Dessgleichen von *Sodoma*. — 376. Ecce homo von *dems*. 377. La bella Simonetta von *Botticelli*. 381. S. Johannes von *Giorgione*. IV. 388. Tod der Lucretia von *Filippino Lippi*. 409. Männliches Bildniss von *Seb. del Piombo*. Im Corridore delle Colonne Veduten von Rom und Livorno in florentinischer Mosaik. S t a n z a d e l l a G i u s t i z i a, Decke von *Fedi*. I. 389. 395. Männliche Bildnisse von *Tintoretto*. In der Mitte ein schöner Schrank. — S t a n z a di F l o r a, Malereien von *Marini* und *Landi*. — Hier steht die Venus von *Canova*. Galeria del Poccetti, ausgemalt von *Poccetti*. Napoleon, Colossalbüste von *Canova*. S t a n z a d e l l e a l l e g o r i e von *Volterrano*. S t a n z a d e l l e b e l l e a r t i von *Podesti*. — S a l a d'E r c o l e mit Fresken von *Benvenuti*; der Kampf des Herculeskindes mit den beiden Schlangen; Hercules am Scheideweg; Hercules bringt Alceste aus der Unterwelt zurück; Kampf mit den Centauren. An der Decke Apotheose des Hercules. S t a n z a d e l l' A u r o r a von *Martellini*. S t a n z a di Tito, Euergetes, der Berenice verlässt, von *Bezzuoli*, mit Bildern von *Swanefeld*, *Wouvermans*, *C. Poussin*, *Molenaer* etc. S t a n z a di Psiche, Psyche von Zephyr zu Amor getragen von *Colignon*, mit Bildern von *Salvator Rosa*, *Paul Brill*, *Backhuisen*, *Orizonte*, *Rachel Ruysch*, *Van Huysum* etc. — In einem andern Polyhymnia von *Rauch*. — S t a n z a d e i p u t t i. 452. 477. *Salvator Rosa*, gr. Landschaften.

Die Bibliothek des Pal. Pitti s. u. Bibliotheken. Der Tresorio mit Werken von *B. Cellini*, *Ghiberti*, *Giov. da Bologna*, *Finiguerra*, nach vorausgegangener Anmeldung durch den Diener am Hauptportal (Trinkgeld) bei dem Bureau der Palast-Intendantur, zugänglich. Schönes Bildniss von *M. Angelo.*

* Pal. del Podestà oder del supremo Tribunale di Giustizia, (57) oder Bargello s. oben Bargello.

P. Quaratesi (Via del Proconsole 476) von *F. Brunelleschi.*

Pal. dei Ricasoti (64), von *Michelozzo.*

Palazzo Riccardi (65), nach der Zeichnung des *Michelozzo,* von Cosmus Medicis d. Ält. erbaut; die Fenster des Erdgeschosses von *Michel Angelo;* von Ferdinand II. 1659 an den Marchese Riccardi verkauft um 41,000 Scudi, gegenwärtig von der Bibliothek und vom Ministerium des Innern eingenommen. In der Säulenhalle, im Innern Reliefs von *Donatello,* Statuen, Büsten, Sarkophage, Inschriften. Die Decke der Galerie a fresco von *Luca Giordano.* Die Bibliothek s. o. Die Capella, ringsum a fresco ausgemalt, mit dem Zug der heiligen drei Könige, dem schönsten Werk des *Benozzo Gozzoli.* [1]

Marchese Rinuccini besitzt eine heilige Familie, Copie nach *Raphael* 1516.

Pal. Spini, j. Communità, einer der ältesten Paläste von Florenz, angeblich von *Arnolfo di Cambio.*

Pal. Strozzi (66), von *Leon Batt. Alberti,* früher „die Gärten Rucellai" („Orti Oricellari"), täglich offen; einst Sammelplatz der „Platonischen Akademie." Die Namen ihrer Mitglieder sieht man noch am Postament einer Säule im Garten und in einer unterirdischen tempelartigen kleinen Rotunda; es sind: Giov. Ruccellai, Aug. Poliziano, Lor Medici, Pico della Mirandola, Nicc. Macchiavelli, Bern. und Cosimo Rucellai, Luigi Pulci, Giov. Corsini, Leon Batt. Alberti. — Im Garten

ein Steine schleudernder Gigant, Einsiedeleien etc.

* Pal del Duca Strozzi (67), nach der Zeichnung des *Benedetto da Majano,* 1489 angefangen, von *Cronaca* in einem modernen Style fortgeführt; die Laternenhalter von *Niccolo Grosso (il Caparra).* Gemälde: La puttina di *Tiziano* etc.

* P. Torrigiani bei Ponte alle Grazie am linken Arnoufer mit Gemälden von *Lor. di Credi* (Bildniss des Gir. Benivieni!). *Filippo Lippi* (Geschichte der Esther), *Raphael* (Madonna, wohl Copie).

Palazzo degli Uffizi (68), von Cosmus I. 1561 durch *G. Vasari* erbaut, im Fond der Loggien die Statue Cosmus I. von *Giov. da Bologna.* In den Nischen Statuen berühmter, um Staat, Wissenschaft und Kunst verdienter Toscaner, durch eine patriotische Gesellschaft in neuester Zeit errichtet. Angeregt wurde der Plan 1834 von dem Drucker Vincenzo Batelli, ausgeführt aber zuerst durch eine Deputation von 5 angesehenen Toscanern, von 1842 an durch eine Deputation von 30 Mitgliedern. Man einigte sich in Betreff der Auswahl der zu Feiernden u. der Aufstellung ihrer Statuen so, dass nicht die Chronologie, sondern die Art des Verdienstes die Reihenfolge bestimmen sollte. Deshalb kommen nach den Fürsten die Künstler, dann Dichter und Schriftsteller, hierauf Krieger und Staatsmänner. Entdecker in himmlischen und irdischen Dingen, Naturforscher u. s. w. Die beiden ersten stehen in der Halle nächst dem Pal. vecchio: Cosmus Medicis, Pater Patriae, 1389—1464, Beschirmer der Volksrechte, Gründer der Herrschaft seines Hauses, Beschützer der Künste und Wissenschaften, von *Luigi Bagi.* Lorenzo il Magnifico, 1448—1494, Gelehrter und Förderer von Kunst und Wissenschaft, von *Gaetano Grazzini.* Nun folgen aussen in den Pfeilernischen: Andrea

----

[1] Zugänglich mit Ausnahme der Sonn-und Feiertage immer von 9—12 Vm.

Orcagna (A. di Cione), 1315 bis
1375, nach seiner Loggia empor-
schauend, Architekt, Bildhauer und
Maler, von *Nicc. Bazzanti*; Niccola
Pisano, 1200 bis 1275, Bildhauer
und Architekt, Wiederhersteller der
Kunst von *Pio Fedi*; Giotto di
Bondone, 1276—1336, Maler,
Bildhauer und Architekt, von *Giov.
Dupré*; Donatello Bardi, 1383
bis 1466, grosser naturalistischer
Bildhauer, von *Girol. Torrini*; Leon
Battista Alberti, 1404—1472,
Architekt, Mathematiker, Philosoph
und Dichter, von *Giov. Lusini*; Leo-
nardo da Vinci, 1452—1519,
Maler, Bildhauer, Architekt und
Musiker, von *Luigi Pampaloni*; M.
Angelo Buonarroti, 1474 bis
1564, Bildhauer, Architekt, Inge-
nieur und Maler, von *Emilio Santa-
relli*; Dante Alighieri, 1265 bis
1321, Dichter, von *Emilio Demi*;
Franc. Petrarca, 1304—1374,
Dichter, von *Andr. Leoni*; Giov.
Boccaccio, 1313—1375, Schöpfer
der ital. Prosa, von *Odoardo Fantac-
ciotti*; Nicc. Macchiavelli, 1469
bis 1527, Geschichtschreiber und
Politiker, von *Lorenzo Bartolini*;
Franc. Guicciardini, 1482 bis
1540, Geschichtschreiber und Politiker, von *Luigi Cartei*; Amerigo
Vespucci, 1451—1514, Seefahrer, von *Gaetano Grazzini*; Farinata degli Uberti, † 1264, Retter
des Vaterlandes, als die Guelfen
Florenz für verloren gaben, von *Fr.
Pozzi*; Pier Capponi, 1446—1496,
der unerschrockene Widersacher
Carls VIII. von Frankreich, von
Torello Bacci; Giovanni de' Medici, 1489—1526, Hersteller der
florentinischen Kriegsmacht, von *Te-
mistocle Guerrazzi*; Franc. Ferucci,
† 1530, der tapfre Vertheidiger des
florentinischen Gebiets, von *Pasquale
Romanelli* (die letztern vier in den
Nischen gegen den Arno); Galileo
Galilei, 1564—1642, Astronom,
von *Aristodemo Costoli*; Pier Ant.

Micheli, 1697—1737, Botaniker,
entdeckte die Art der Fortpflanzung
der Kryptogamen, von *Vinc. Con-
sani*; Fr. Redi, 1626—1698, Arzt
und Dichter, der erste, der zu des
Hippokrates Verfahren zurückkehrte,
von *Pietro Costa*; Paolo Mascagni,
1752—1815, Physiolog, untersuchte
vornehmlich die lymphatischen Gefässe, von *Lod. Caselli*; Andr. Ce-
salpino, 1520—1604, Physiolog,
entdeckte die Gesetze des Blutom-
laufs, von *Pio Fedi*; S. Antonino,
1389—1459, Theolog und Gründer
öffentlicher Wohlthätigkeitsanstalten, von *Giov. Dupré*; Accurso,
1181—1260, Gelehrter, Jurist, von
Od. Fantachiotti; Guido Monaco
von Arezzo um 1020, Erfinder
der Scala diatonica und der Noten-
schrift, von *Lor. Nencini*; Benvenuto Cellini, 1500—1571. Bildhauer, Erzgiesser und Goldschmied,
von *Ulisse Cambi*. — Im untern
Stockwerk Sitzungs-Sääle des Reichs-
Senats. Im obern Stock die Biblioteca Magliabecchiana s. o.

Im obersten Stock die Galerie
der Uffizien.[1] Gewöhnlich geht
man den Corridor entlang zur Tribune, und dann nach und nach in
die andern Abtheilungen. Besser
wird man thun, wenn man zuerst
einen Ueberblick der ganzen reichen
Sammlung zu gewinnen sucht; etwa
nach Massgabe des beigefügten Planes, dem meine allgemeine Auf-
zählung der Schätze sich anschliesst.
Will man eine Abtheilung besonders
sehen, so findet man sie mit der
Nummer der Beschreibung im Plan.
Kaum braucht gesagt zu werden,
dass eine gesonderte Betrachtung der

[1] Täglich, mit Ausnahme der Festtage,
des letzten Mo. Di und Do. im Carneval
und der 4 letzten Tage der Passionswoche
von 9—3 Uhr Mo. 12—3. So 10—3 Uhr
öffentlich. Den Dienern ist verboten Trinkgeld
anzunehmen. Gewöhnlich um 12 Uhr wird
ein Gang nach den verschlossenen Cabineten
gemacht. Zum Zeichnen oder Copiren be-
darfs einer Erlaubniss, die man auf eine
schriftliche Eingabe ans Directorium erhält.

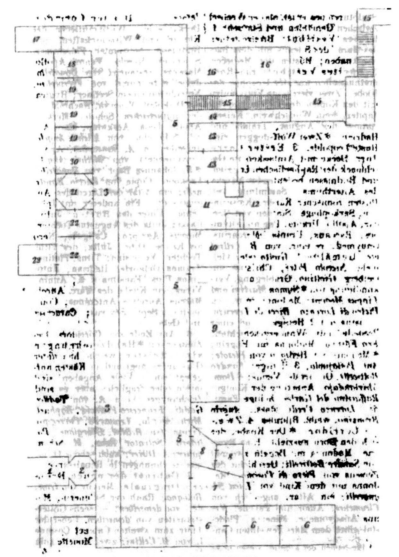

Galerie der Uffizi in Florenz.

Sculpturen besser ist, als der Wechsel zwischen Gemälden und Statuen: 1. **Erstes Vestibul**: Bronzestatuen des Mars, des Silenus mit dem Bacchusknaben; Büsten der Mediceer. 2. **Zweites Vestibul**: Ein Ross, muthmasslich aus der Gruppe der Niobe. Zwei viereckige Votivsäulen mit den Köpfen der Cybele und des Jupiter; *ein Wildschwein. Kaiserstatuen des August, Trajan und Hadrian. * Zwei Wolfsdoggen, eine Büste Leopolds. 3. **Erster Corridor**: Decke mit Arabesken im Geschmack der Raphaelischen Loggien, und Bildnissen bedeutender Männer des Alterthums. Sammlung von Büsten römischer Kaiser, Kaiserinnen, Sarkophage. Statuen von Mercur, Apollo, Urania, Pan und Olympos, Bacchus, Urania, Mercurius, Ganymed, restaur. von *B. Cellini* etc. **Gemälde**:[1] *Giotto* oder vielmehr *Niccolo Petri*, Christus am Oelberg. *Giottino*, Grablegung. Verkündigung von *Symon Martini* und *Lippus Memmi;* Madonna in tr. von *Pietro di Lorenzo; Bicci di Lorenzo*, Christus mit 2 Heiligen, und einer Predella mit Wundergeschichten; *Fra Filippo*, Madonna mit Engeln; *Madonna mit Heiligen von *Fiesole; Ant. Pollajuolo*, 3 Heilige; *Sandro Botticelli*, Geburt der Venus; *Dom. Ghirlandajo*, Anbetung der Könige; *Raffaelino del Garbo*, heilige Familie; *Lorenzo Credi*, dass.; *Angelo Bronzino*, weibl. Bildniss. 4. **Zweiter Corridor**. *Der Knabe, der sich den Dorn auszieht. Eine Nymphe. Madonna mit Engeln zweimal von *Sandro Botticelli;* Geschichte des Perseus von *Piero di Cosimo*. Madonna mit dem Kind von *Luca Signorelli*; ein Altar, angeblich von *Cleomenes;* Amor und Psyche, Venus Anadyomene, Minerva, Piedestal eines dem Mars geweihten Can-

delabers. 5. **Dritter Corridor**. Deckenbilder: Wiederaufleben der Künste und Wissenschaften, mit Bildnissen berühmter Florentiner. **Statuen**: Mercur, Venus, Apollo, Marsyas, restaurirt von *Donatello;* derselbe restaurirt von *Verrocchio;* Nereide auf einem Seethier, Hygiea, ein Diskobol, Minerva, Nachbildung der *äginetischen* Schule, Merkur, Apollo, Leda, Aeskulap, Marc Aurel, *Bacchus von *Michel Angelo*, derselbe von *A. Sansovino*, Apollo (unvollendet) von *Michel Angelo*, *S. Johannes Bapt. von *Donatello;* Laokoon, Copie von *Baccio Bandinelli;* ein Altar der Laren des Augustus (?). Ein anderer mit Iphigenia. Unter den Büsten: Julius Cäsar; Julia des Augustus Tochter; Marcus Agrippa; Caligula, Nero als Knabe; Otho; Julia, des Titus Tochter; Vespasian; Titus; Plotina, Trajans Gefährte; Hadrian, Antoninus Pius, Faustina d. Ä.; Annius Verus; ein Knabe des Marc. Aurel; Marcus Aurelius Antoninus; Commodus; Sept. Severus; Caracalla und Geta.

6. Am Ende des Corridors drei Zimmer mit *Handzeichnungen alter Meister, welche hier unter Glas aufgehängt und in Kästen aufgelegt sind. Viele Angaben sind falsch oder fraglich; aber es sind Zeichnungen da u. A. von *Taddeo Gaddi, Francesco Francia, Raphael, Mich. Angelo, Leonardo, Correggio, Tizian, Gio. Bellini, Giorgione, Polidoro, Salvator Rosa, M. Schongauer; A. Dürer;* auch schöne Ornamentzeichnungen in Renaissance.

7. **Cabinet der neuen Bronzen. Originale**: Mercur von *Giov. Bologna;* Raub der Sabinerin, Modell von *demselben;* — sechs Götterstatuetten von *demselben.* Ueber der Thür zum zweiten Cabinet Cosmus I. von *B. Cellini:* zwei Modelle zum Perseus von demselben; das Opfer Abrahams von *Ghiberti;* — ein Kind

---

von *Donatello;* David von *Verroc-chio;* eine Anatomiefigur von *Cigoli;* — eine liegende Figur von *G. Vec-chietta.* Helm und Schild von Silber mit vergoldeten Verzierungen in der Weise des *Cellini;* einige Adler; ein Truthahn. — Copien: Venus Me-dicis; der Fechter; der Faun von *Soldani;* Laokoon; *Büste von M. Angelo.
8. Cabinet der antiken Bron-zen in 18 Glasschränken: 1. *Männ-liche Gewandfigur mit etrurischer Inschrift. Juno auf dem Thron. Mercur mit dem Füllhorn. Spiegel. — 2. Jupiter, Pluto, Vulcan (?) mit der Sichel. — 3. Mars. Genien des Todes. Amore. — 4. Amazone. Mehre Venus und Amore. — 5. Mehre Her-culesse, Bacchus, Bacchanten, Faune. — 6. Leucothea mit dem kleinen Bacchus an der Brust; Hercules; bacchische Gestalten. — 7. Jason und Amor; Victorien. Harpocrates, Se-rapis. Isis, Horus. — 8. Trunkener Faun und andere Trunkene; einzelne uranfängliche Statuetten. — 9. Füsse. Opfernde. (Mitten darunter eine kleine mittelalterliche Figur in der Capuze, vom Cölner Dom. — 10. Adlerkopf; verschiedene zahme und wilde, wirkliche und mythologische Thiere. — 11. u. 12. Lampen; Scha-len; Opfergeräthe; Altäre; Dreifüsse; ein Systrum. — 13. Candelaber und Lampen. — 14. u. 15. Küchen- und Silbergeräth mit dem Namen Fla-vius Ardaburius (röm. Consul 432 U.) Maase und Gewichte. Schmuck und Waffen. Vasen; Vasenhenkel. — 16. u. 17. Vasen und Schalen. Inschriften, auf Bronze und in Wachs (u. a. das Verzeichniss der Ausga-ben des Königs Philipp d. Schönen von Frankreich vom 28. Apr. bis 29. Oct. 1301 auf schwarzem Wachs), Siegelstempel. — 18. Christliche Alterthümer u. vorchristliche Streit-äxte. Unter den Niellos: die Krönung Mariä von Maso Finiguerra 1452, daran man die Erfindung des Kupfer-

stichs zu knüpfen pflegt. — *In der Mitte des Zimmers eine lebensgrosse, nackte Jünglingsgestalt. — Im Ne-benzimmer: *Minerva bei Arezzo gefunden; *ein Redner, mit etru-rischen Schriftzeichen, beide lebens-gross; die Chimäre; ein Pferdekopf; ein Junokopf; Homer und mehre andere Büsten.
9. Saal der Niobe mit der Gruppe der Niobe und ihrer von Apollo und Diana zum Tod ver-folgten Kinder, Copie nach *Scopas;* gefunden an der Porta Ostiensis zu Rom. An den Wänden Gemälde von *Van Dyk* (die Mutter Rubens), *Snyders* (Wildschweinjagd), *Rubens* (Heinrich IV. von Frankreich in der Schlacht bei Ivry und sein Ein-zug in Paris). Ein Glücksritter von *Gherard Honthorst* und eine Ma-donna mit Heiligen von *demselben.*
10. Saal des Baroccio mit Ge-mälden, die Anbetung des Kindes von *Gher. Honthorst;* Kreuzabnahme von *Bronzino;* heilige Familie von *B. Luini,* Scene aus Ariosto von *Guido;* Elisabeth, Herzogin von Mantua von *Mantegna;* Gefangen-nehmung Christi von *Sodoma,* Bild-niss von *Ann. Caracci;* Madonna del popolo von *Baroccio;* Bildniss von Julianus Medicis, Herzogs von Nemours, von *Cr. Allori;* weibliches Bildniss von *H. Holbein;* Elisabeth Brandt, Rubens erste Frau, von *Rubens;* Christus im Tempel von *Caravaggio;* Galilei von *Sustermanns;* Magdalena von *Carlo Dolci;* Petrus heilt einen Lahmen von *Cosimo Gamberucci;* S. Petrus von *Votter-rano;* derselbe von *Lanfranco;* Ma-donna von *Sassoferrato;* Maria von Schottland von *Van Dyk;* Franca-villa, Bildhauer, von *Porbus;* Scappi von *F. Francia;* ein Bacchanal von *Rubens;* Philipp IV. von Spanien von *Velasquez;* Chlodwig von Tou-louse von *Carlo Dolci;* das Christ-kind mit Engeln von *Albani.* — In demselben Cabinet vier Tafeln

florentinischer Mosaik (Opera di Commesso). Die achteckige Tafel in der Mitte, von Topasen, Onyx, Achaten, Lapislazuli etc., hat 25 Jahre 22 Künstler beschäftigt und hat 40,000 Zecchinen gekostet.

11. Cabinet der Inschriften,[1] griechischer und lateinischer; mit Büsten: Carneades; Scipio; Solon; Anakreon; Euripides (?); Marcus Antonius Triumvir, Demosthenes, Cicero; Plato; — die Elemente, Basrelief; — in der Mitte ein (Osiris?) Altar, genannt Pompa Isiaca, darauf Bacchus und Ampelus. Venus Urania, Venus Genitrix und der schöne, mit Unrecht als Mercur restaurirte Faun.

12. Cabinet des Hermaphroditen: mit der liegenden Statue desselben und einigen schätzbaren Fragmenten von Statuen. Torso eines Faun. Amor und Psyche. Ganymed. Hercules erwürgt die Schlangen; * der sterbende Alexander, Büste, griechisch; kolossaler Junokopf etc. * Brutus von *M. Angelo.* * Kopf eines Satyrs von demselben, als er 15 Jahre alt war, Grund seiner Einführung in die Akademie.

13. Säle der (meist eigenhändigen) Bildnisse berühmter Maler mit der berühmten * Vase der Villa Medicis, darauf das Opfer der Iphigenia; Bildnisse: *Masaccio, Currado, Morto da Feltro;* * *Raphael* (1506), * *Leonardo,* * *Michel Angelo,* * *Tizian,* die *Caracci, Paolo Veronese; Andrea del Sarto, Domenichino, Albani, Guercino, Giorgione, Tintoretto* und seine Tochter *Marinetta,* * *Giul. Romano,* * *Guido,* * *Van Dyk,* * *Velasquez,* * *Holbein, Cavedone, Vasari,* * *Dürer,* * *Rembrandt, Lebrun* etc., der *Sophonisbe Anguissola* von Cremona; im zweiten Zimmer: *Mengs, Battoni, Reynolds, Angelica Kaufmann, Canova, Mad. Lebrun*

[1] Man gelangt in dasselbe durch das Zimmer 13.

und *Mrs. Damer* (Büste, Geschenk von ihr selbst), *Carl Vogel.*

14. Gang mit Sculpturen des 15. Jahrh. 6 Basreliefs von *Benedetto di Rovezzano* mit dem Leben des h. Gualbertus. — * 6 dergl. von *Luca della Robbia,* ehemals an der Orgel des Doms, singende Knaben etc. — 2 dergl., unvollendet, von *demselben;* Befreiung und Kreuzigung Petri. — 4 dergl. von *Donatello,* bestimmt für den Dom: Tanz von 30 Genien; — * die heilige Familie, unvollendetes Relief, von *Michel Angelo;* die Madonna, das Kind anbetend, Relief von *Ant. Rossetino;* — S. Johannes von *Donatello* (?); — Büste des Pietro de' Medici von *Mino da Fiesole;* — * Büste des Macchiavelli von 1495, unbekannt von wem? — S. Johannes von *Michelozzo Michelozzi,* und ein Basrelief von *Andr. Verrocchio.*

15. Das etruskische Museum. Man steigt die Treppe hinab zu einer in Schränken und an den Wänden aufgestellten Sammlung von Vasen, Sculpturen, Todtenkisten, Inschriften etc.

16. Cabinette der venetianischen Schule: * Bildniss Sansovino's von *Tizian,* * dessgleichen eines Alten von *Morone;* Christus von *Giov. Bellini;* * Bildniss in spanischer Tracht von *Morone;* * heilige Familie von *Tizian;* die Familie Bassano's mit Tizian etc. von *J. Bassano.* * Der Admiral Veinerio von *Tintoretto;* Venus und Adonis von *Bonvicino;* Franz von Urbino und seine Gemahlin von *Tizian;* 4 Köpfe von *P. Veronese; Paris Bordone, Tib. Tinelli,* und *Campagnola;* Bildnisse von *Bordone* und *Pordenone;* die Bekehrung Sauls von *letzterm;* 2 Hunde von *Bassano;* * Madonna und Heilige (S. Anton) von *Tizian;* Johannes Medicis, Vater Cosmu's I., von *demselben;* die Hochzeit zu Cana von *Tintoretto;* Bildniss eines Mannes von *Bordone;* Pantera von

Morone; *Madonna und S. Catharina, dem Kind eine Orange bietend, von *Tizian;* *die Flora von demselben; das Abendmahl von *Bonifazio;* die Kreuzigung von *P. Veronese;* Sansovino von *Tintoretto;* ein Malteser von *Giorgione,* ein Mathematiker von *Palma vecchio.*

17. *Cabinet der Gemmen: mit Säulen von orientalischem Alabaster und verde antico; ältester florentinischer Mosaik und den kostbarsten Gemmen; mehren Arbeiten von *Benvenuto Cellini,* Basreliefs in Gold von *Giov. da Bologna;* das Krystallkästchen Clemens VII. mit Reliefs von *Valerio Vicentino.*

18. Cabinet der französischen Malerschule: Alfieri und die Gräfin Albani von *F. Xav. Farre;* Theseus findet das Schwert des Vaters von *Nicolas Poussin;* männliches Bildniss von *Ph. de Champagne;* Rousseau von *Largillière.* Ruhe in Aegypten von *Bourdon,* * Landschaft von *Gasp. Poussin,* Venus und Adonis von *Nic. Poussin;* 2. Schlachtstücke von *Bourguignon.* — In der Mitte die Statue der Venus della Spina, die sich einen Dorn aus dem Fusse zieht.

19. Cabinette der deutschen und niederländischen Malerschulen: männliches Bildniss von *Denner;* Venus und Adonis von *Rubens;* männliches Bildniss von *Holbein;* Landschaft von *Claude le Lorrain;* *Southwells Bildniss von *Holbein;* das Innere einer Kirche von *Peter Neefs;* Früchte von *Abr. Mignon;* das Innere eines Gefängnisses mit Senecas Tod von *Peter Neefs;* *Thomas More von *Holbein;* * Franz I. von demselben; *S. Philipp von *Alb. Dürer;* *Luther von *L. Cranach.* Bauern am Tisch von *Jan Stern;* eine alte Frau von *Gerhard Dow;* ein Mann mit einer Laterne, von *A. von Ostade;* *der Schulmeister von *Gerh. Dow;* eine Bauernfamilie, von *Rembrandt:* mehre Bilder von *Franz*

Mieris; Salomons Urtheil von *Van der Werff;* *Landschaft im Sturm von *Ruysdael;* Landschaften von *A. van der Velde.*

20. Cabinet der italienischen Malerschule: Ruhende Venus von *Albani;* heilige Familie und Christus bei dem Pharisäer von *Tizian,* ein Medusenhaupt, von *Caravaggio;* Madonna mit dem Kind, von *Cignani;* eine Landschaft mit Sängern von *Guercino;* Europa von *Albani;* der Kindermord von *Dosso Dossi;* heilige Familie von *Schedone;* dessgl. von *Massari;* von *Guido;* Abendmahl von *Palma Vecchio;* *Felsenlandschaft von *Salvator Rosa;* u. Verkündigung von *Garofalo.*

21. *Tribune, mit einer Auswahl der vorzüglichsten Antiken und Gemälde. Statuen: *Venus von Medicis, von *Cleomenes,* gefunden in der Villa Hadrians; — *der Apollino aus der Schule des *Praxiteles;* — *der tanzende Faun (als solcher von *Michel Angelo* restaurirt; nach Bell indess ursprünglich ein Betrunkener), — * der Schleifer; — die Gruppe der Ringer. — Gemälde: Anbetung der Könige, von *A. Dürer;* der schlafende Endymion. von *Guercino;* eine Sibylle, von dems.; Ecce homo, von *Luc. van Leyden;* heil. Familie, von *Michel Angelo;* Card. Aguechia, von *Domenichino;* *Venus und Amor von *Tizian;* *eine dergleichen von dems.; der Prälat Beccadelli, von dems.: Heilige Familie mit Magdalena und Jesaias, von *Parmeggianino.* Die Beschneidung, die Anbetung der Könige und die Himmelfahrt, von *Mantegna;* Madonna mit dem Kind und Heiligen, von *A. del Sarto;* Madonna von *Guido;* Kindermord, von *Daniel da Volterra;* heilige Familie mit S. Catharina, von *Paolo Veronese;* Bacchanal, von *Ann. Caracci;* S. Petrus, von *Lanfranco;* Hieronymus, von *Spagnoletto;* *Madonna mit dem Kind, Johannes u.

Sebastian, von *Pietro Perugino*; sechs Bilder von *Raphael*; * Magdalena Doni (angeblich. aber wahrscheinlich eine andre Dame); zwei heilige Familien (darunter * die Madonna del cardellino (1508); die andre del pozzo, gewiss mit Unrecht ihm zugeschrieben); Johannes in der Wüste (vielleicht Copie); Julius II. (Copie), und die fälschlich s. g. Fornarina (1512). Heilige Familie, von *Dom. Alfani:* — * Johann von Montfort, von *Van Dyk;* — Carl V., von *demselben* (?); Franz I. von Urbino, von *Baroccio;* Hiob und Jesaias, von *Fra Bartolommeo.* — Flucht in Aegypten, von *Correggio* (?). — * Madonna vor dem Kind knieend, von *dems.* — Die Enthauptung des Johannes, von *dems.* — * Die Tochter der Herodias empfängt das Haupt des Täufers, von *B. Luini.* — Madonna von *Giulio Romano.* — Heilige Familie, von *Schedone.* — Hercules am Scheidewege, von *Rubens.*

22. Cabinette der florentinischen Schule: Jesus auf dem Kreuz schlafend, von *A. Allori;* — * Medusenhaupt von *Leonardo;* — Bildniss von *demselben.* — Geburt und Beschneidung, von *Fra Bartolommeo;* — * die Geburt des Johannes, von *Fiesole;* — * Krönung der Jungfrau, von *demselben.* [1] Dessgleichen Anbetung der Könige; Tod Mariä, Predigt Petri; Vermählung der Maria, * Anbetung der Könige, von *Dom. Ghirlandajo;* — * Bildniss des Andrea del Sarto, von *ihm selbst;* die Verleumdung, allegorische Vorstellung von *Sandro Botticelli;* — Kämpfe des Hercules und mehre Heilige von *Ant. Pollajuolo;* — die Anbetung der Könige, mit Bildnissen der Medicer, von *Filippino;* — * die Heimsuchung, von *Albertinelli;* — * Anbetung der Könige (Untertuschung), von *Leonardo;* — Madonna in tr. mit Heiligen, von *Fra Bar-*

[1] Im letzten Zimmer, 22.

tolommeo. — Dasselbe von *Dom. Ghirlandajo;* die Höllenfahrt, von *Bronzino;* — * S. Zenobius erweckt ein todtes Kind, von *Ridolfo Ghirlandajo;* — * Bestattung des Heiligen, von *demselben;* — S. Sebastian von *Sodoma.* — Das Martyrium S. Stefans, von *Cigoli;* — Joseph stellt seinen Vater dem König Pharao vor, von *Puntormo.*

Zur Sammlung der Medaillen, Cameen (Schmuckkästchen des *Val. Vicentino*), geschnittenen Steine etc., bedarf es der besondern Erlaubniss des Directoriums.

Pal. Uguccioni (69), von *Palladio* (nach andern von *Raphael*).

* Palazzo Vecchio (70), von *Arnolfo di Colle.* 1289, der Thurm von einem spätern Architekten (nach Vasari), gegenwärtig für die Sitzungen des italienischen Parlaments u. für das Ministerium des Aeussern bestimmt. [1] Neben dem Eingangsthor die Marmortafel mit dem Plebiscit vom 15. März 1860; * im Hof ein Brunnen mit einem Knaben aus Bronze, von *Andrea Verrocchio;* die Arabesken des Cortile von *Marco di Faenza.* — Der grosse Saal mit 36 Gemälden a fresco von *Vasari,* Begebenheiten aus der Geschichte der Stadt und des Hauses Medicis. Der Krieg der Florentiner gegen Siena und der gegen Pisa. Oelgemälde von *Cigoli, Passignano, Ligozzi* u. A. Das Interessanteste ist die Aufnahme der 12 Minister von Frankreich, England, Deutschland, Böhmen, Ragusa, Verona, des Chans der Tartarei, Neapel, Sicilien, Pisa, Camerino und des Johanniterordens von Papst Bonifacius VIII. beim Jubiläum von 1300, welche zwölf sämmtlich Florentiner waren. In acht Nischen ebensoviele antike

[1] Auf dem Platze stand vor 1250 der Palast der Uberti, die die Republik als Verräther ächtete; der Architekt durfte die Stelle, wo der in Volkswuth zerstörte Palast der letztern gestanden, mit dem neuen Gebäude nicht berühren.

Statuen aus der Villa Medicis in Rom. Eine Victoria von *M. Angelo*, bestimmt für das Grabmal Julius II. Die Barberia (fälschlich l'Alberghetino), das Gefängniss, in welches Rinaldo degli Albizzi Cosmus I. (patrem patr.) geworfen; jetzt zum Theil Holzkammer, zum Theil Guardaroba. In dieser Fresken von *Salviati*, dessgleichen zwei Schränke mit Elfenbeinarbeiten, in der Capelle und dem anstossenden Gemach Gemälde von *Ridolfo Ghirlandajo.* — An der Thüre des Audienzsaales eingelegte Arbeit von *Benedetto da Majano.* — Galerie interessanter Bildnisse. — In diesem Palast befindet sich die Amtswohnung des Gouverneurs von Toscana und verschiedene Regierungsbureaux.

Staats-Anstalten: Der Senat des Königreichs hat seine Versammlungen im Pal. degli Uffizi; die Deputierten-Kammer im Pal. vecchio; der Staatsrath in dem ehemaligen Polizeigebäude (81. G. 5). Das Ministerium der Gnaden u. der Justiz (a. F. 5); das Ministerium des öffentlichen Unterrichts im S. Firenze (36. F. 5); das Ministerium des Innern im Pal. Riccardi (65. F. 3); das Ministerium der Finanzen (b. G. 2); das Ministerium des Kriegs (c. G. 3); das Ministerium der öffentlichen Arbeiten (d. D. 4); das Marine-Ministerium (e. D. 6); Comitato del Genio ed Artigl. (f. D. 6); Corte dei Conti (g. H. 3).

Wohlthätige und Unterrichts-Anstalten: Hospital S. Maria nuova (71). S. die Kirchen. Confraternità della Misericordia, eine zum Beistand Nothleidender seit der Pest im 13. Jahrh. gegründete Brüderschaft, ohne Unterschied von Rang und Stand. Die angesehensten Männer der Stadt nehmen daran Theil und folgen augenblicklich und zu jeder Stunde des Tages oder der Nacht der Glocke, die das Zeichen gibt, dass Hülfe noth thut, tragen Kranke oder Verunglückte ins Hospital, bestatten Todte etc. Jeden Rangunterschied zu bedecken, tragen die Mitglieder im Dienst schwarze Capuzen, die über den Kopf gezogen nur Oeffnungen für Mund und Augen haben. — Ospedale S. Bonifazio, gestiftet von Bonifazio Lupi; erweitert von Pet. Leopold; zum Theil Militärspital. — Osp. degli Innocenti. S. Kirchen. — Casa d'Industria di S. Ferdinando, gegründet von Ferdinand III.; erweitert von Leopold II., hier werden gegen 1000 Personen beiderlei Geschlechts in Handarbeiten und Wissen unterrichtet, ausgezeichnet sind die hier verfertigten Wolltapisserien. — Osp. di S. Giov. di Dio, bedient von den fate bene fratelli, reinlich mit bester Pflege. — S. Martino. S. Kirchen. Le Stinche (72), das alte Schuldgefängniss vom J. 1304 mit der Ueberschrift: „Oportet misereri", woraus das Volk gemacht: „porta delle miserie". Hier ein altes Gemälde von der Vertreibung des Herzogs von Athen (1343). — Das Erziehungs-Institut für (protestantische) Knaben, Casa Minucci Via dell' Ardighione. Die Professoren sprechen alle deutsch. Director Dufrèsne aus Genf. — Die Diaconissen-Anstalt, seit 1859, hat schon über 70 Kinder, die unterrichtet werden.

Merkwürdige Häuser: Das des Dante, Via Ricciarda 633, in der Nähe der Badia. Eine Marmortafel hat die Inschrift: „In questa casa degli Alighieri nacque il divino Poeta." Das des Michel Angelo (73). S. unter Paläste. — Das Haus des Cellini, das seiner Geburt in der Strasse S. Chiara, das, wo er den Perseus goss, Strada del Bosaio. — Das Haus des F. Zucchero in der Via del Mandorlo. — Giov. da Bologna wohnte im Hause des

Quaratesi, über dessen Thüre die Büste des Grossherzogs Franz I., der es ihm geschenkt. — Das Haus des Alfieri (74), in dem er von 1793 bis zu seinem Tode 1803 gewohnt, ist gegenüber dem Casino dei Nobili neben Pal. Gianfigliazzi. — Das Haus des Galilei alla Costa bei der Fortezza del Belvedere. — Das Haus des Macchiavelli, via de' Guicciardini, wo er 1527 im 58. Lebensjahre dürftig und an einer Medicin starb, die er sich selbst verordnet. — Das Haus des Amerigo Vespucci, jetzt Hospital S. Giov. di Dio.

Oeffentliches Leben, Vergnügungen, Theater: 1. Pagliano, Oper, via del Palagio. 2. Die Pergola (75) unter der Administration von 30 Nobili, das beste. 3. Cocomero j. Niccolini, via Ricasoli, für das Schauspiel (79). 4. Degli Intrepidi (76) (j. T. nuovo), neu und reich verziert. Via de' Cresci. 5. Goldoni (77). 6. Alfieri (78). 7. Nationale. 8. Borgo Ognisanti. Piazza Vecchia (P. v. di S. M. novella). (Alle Stinche) sehr gross. 9. 10. 11. Arrischiati, Solleciti und del Giglio sind Volkstheater. Politeama und Arena Goldoni Tagstheater.

Volksfeste: S. Annatag, Fest der Befreiung der Stadt Florenz von der Herrschaft des Herzogs von Athen. — Christi Himmelfahrt wird mit Musik, Gesang und ländlichen Mahlen von der ganzen Bevölkerung in den Cascinen gefeiert. — Annunziata-Fest im August, eines der imposantesten Kirchenfeste.

Interessante Volksscenen: Improvisatori, Zahn- und andere Aerzte mit Universalessenzen etc. findet man fast zu jeder Stunde, letztere Freitags auf Piazza della Signoria.

Begräbnissplätze: Der allgemeine grosse von Trespiano, angelegt von Grossh. Pet. Leopold 1784. Neu angelegt der Friedhof von S. Miniato al Monte. Der protestantische vor Porta a Pinti, der israelitische bei Porta S. Frediano.

Spaziergänge, grössere Ausflüge: ✻ Poggio Imperiale vor der Porta Romana; mit Schloss und Garten; eine Cypressenallee führt hinauf. — ✻ Bello Sguardo, nach ungefähr derselben Seite mit herrlicher Aussicht auf Florenz und das Gebirge; vornehmlich bei Sonnenuntergang. — Villa S. Donato, Eigenthum des Fürsten Demidoff, sehr sehenswerth wegen des ausgesucht geschmackvollen Luxus darin, aber schwer zugänglich. Man wendet sich an den Secretär des Prinzen mit der Bitte um Eintritt. Entzückende Glashäuser mit Pflanzen und Blumen. Im Palast schöne Gemälde; doch sind die werthvollsten nach Paris geschafft. Mehre altniederländische Bilder. — Die wundervolle Schönheit der Lage von Florenz, die reiche Herrlichkeit des Arnothales und seiner vielbebauten Hügel und Berge sieht man nirgend so schön, als in der Villa Ungher, an der Strasse nach Bologna, 2¹/₂ Migl. vor Porta S. Gallo. — Köstliche Aussichten hat man ferner auf S. Miniato, auf dem Weg nach Fiesole, in dem Capuzinerkloster links von dem Weg nach Bologna. — Pratolino, 2 St. mit der kolossalen Statue des Apennin von *Giov. da Bologna.* — Carreggi, Castello, Villa d'Ambrosio. Macchiavell's Villa vor Porta Romana. — In Poggio a Cajano, 3 St., ein Frescobild von *A. del Sarto:* Cäsar und die tributbringende Thierwelt. Hier starb Bianca Capello, die Geliebte und nachmalige Gattin des Grossherzogs Franz 1587. — **Der Garten Boboli** anf Pal. Pitti, immer Donnerstags und Sonntags Nachmittags dem Publicum geöffnet, angelegt 1550 unter Cosmus I. von

Tribolo und vollendet von *Bern.* *Buontalenti*, voll schöner Anlagen mit immergrünen Bäumen und Sträuchern, Springbrunnen, Bassins, Alleen, Aussichten, Statuen (man nennt sogar vier Gefangene die Arbeit *Michel Angelo's*, und 3 Flüsse und eine Abundantia, die des *Giov.* *von Bologna*). Andere schöne Gärten in Florenz sind Giard. Gherardesca (Borgo Pinti); Giard. Torrigiani (Via di Boffi); Giard. de' Semplici (Via del Maglio), der älteste botanische Garten in Europa von 1543. Giard. Stiozzi-Ridolfi (Via della Scala). — Die **Cascinen**, waldartige Garten-Anlage vor der Porta di Prato auf einer vom Arno und Mugnone gebildeten Insel mit einem grossherzoglichen Palast. In den Alleen und Wegen dieses Parks findet man gegen Abend die schöne Welt von Florenz spazieren gehend und fahrend. Omnibus zu $^1/_2$ Fr. Fiacre 3 Fr.

Fiésole, ein auf der Spitze eines Berges, 1 Stunde von Florenz, dem es n. E. seinen Ursprung gegeben, gelegenes Städtchen, von Etruriern erbaut. — Von F. hat der fromme Maler *Fra Giovanni Angelico* aus Castello di Vicchio in der Provinz Mugello seinen Namen, weil er hier ins Dominicanerkloster getreten. Er verliess aber mit seinen Mitbrüdern 1410 als Anhänger des Papstes Gregors XII. heimlich das Kloster, weil der Erzbischof von Florenz dem P. Alexander V. anhing, und ging nach Foligno; später aber nach Cortona und dann nach einem kurzen Wiederaufenthalt in Fiesole nach S. Marco in Florenz. — Ueberreste etrurischer Mauern und eines Amphitheaters. — Der Dom S. Pietro Romulo, erbaut von Bischof Giacomo Bavaro 1028. Im Innern Sculpturen von *Mino da Fiesole*, und ein Madonnenbild aus dem 14. Jahrh. — Crypta mit merkwürdigen Säulen. — S. Domenico mit einer Taufe Christi von *Lor. di Credi*. Im Chor Madonna mit Heiligen von *Fiesole*. Im Refectorium eine Andacht zum Kreuz von *demselben*, aber ganz übermalt. Im Capitelsaale Madonna in tr. mit Heiligen, aber von *demselben*. — S. Girolamo Madonna mit Heiligen von *Fiesole*. — S. Alessandro aus dem 6. Jahrh., ganz modernisirt, mit Ausnahme der 15 jonischen Säulen, die noch von der alten Kirche stammen und ursprünglich einem Bacchustempel gehört haben sollen. — Das Capucinerkloster mit einem hübschen Garten und ganz herrlicher Aussicht.

Ortsregister.

Aarau 221.
Aarburg 223.
Abano 188.
Acqui 308.
Adelsberg 119.
Adria 263.
Agnadello 278.
Agno 220.
Ajaccio 329.
Aibling 131.
Aiguebelle 254.
Aime 254.
Airolo 223.
Aix-les-Bains 256.
Alassio 352.
Alba 344.
Albenga 352.
Albert-Ville 254.
Albizzola 354.
Alessandria 307.
Algberi 327.
Altorf 222.
Amstäg 222.
Andeer 214.
Andermatt 222.
Angera 218.
Annécy 253.
Annemasse 252.
Anzano 208.
Aosta 250.
Aquileja 131.
Arco 209.
Arcole 153.
Aranzano 354.
Arenzana 324.
Arnoldstein 120.
Aróna 218.
Von Aróna nach Genua 343.
» » » Turin 344.
Arquato 168.
Arsa 219.
Arsalesega 138.
Asiàgo 137.
Asinara 326.

Asolo 137.
Asti 342.
Atzwang 140.
Avenza 359.
Avigliana 255.
Baden 115.
Bärnegg 117.
Balme 252.
Bardolino 210.
Barigazzo 387.
Von Basel nach Mailand 223. 226.
Basella 212.
Bassano 137.
Bastia 329.
Battaglia 168. 263.
Baveno 226.
Beaulieu 348.
Bellagio 205.
Bellinzona 215.
Belluno 127.
Bercetto 387.
Bergamo 211.
Bern 224.
Bevers 208.
Bex 227.
Biella 331.
Bobbio 279.
Dologna 290.
Von Bologna n. Ravenna 387.
» » » Florenz 394.
Bolenga 252.
Bondo 210.
Bonneville 252.
Bordighiera 351.
Borghetto d. S. Sp. 352. » 358.
Borgo 137.
Borgo S. Donino 280.
Borgoforte 274.
Dormio 203.
Borromeische Inseln 217.
Botzen 140.
Bougy 222.

Bourg St. Maurice 253.
Bovernier 250.
Bra 348.
Bracco 358.
Brescia 253.
Briançon 257.
Von Briançon nach Turin 256. 257.
Brianza 207.
Brieg 225.
Brixen 140.
Brixlegg 132.
Broni 305.
Bruck 117.
Bruneck 136.
Brunnen 221.
Bucinarische Inseln 328.
Bürglen 222.
Burgdorf 224.
Busca 344.
Cagliari 327.
Caide 216.
Caldiéro 153.
Caluso 252.
Calvi 329.
Camerlata 219.
Campo Formio 130.
Canale 121.
Canonica 263.
Canossa 287.
Capraja 329.
Caravaggio 275.
Carignana 352.
Carignano 344.
Carmagnola 344.
Carpi 290.
Caporetto 121.
Carrara 359.
Carsaniga 204.
Casa 345.
Casale 331.
Casalecchio 395.
Casarsa 219.
Cassio 387.

Casteggio 305.
Castelletto 210.
Castelnuovo 258. 305.
Castel Sardo 327.
Castione 203.
Castiglione 275.
Cattaro 125.
Cavallermaggiore 344.
Cecina 371.
Ceneda 127.
Cervara 358.
Cesana 257.
Ceva 349.
Chambéry 256.
Chamouny 227.
Chappiu 252.
Cherasco 348.
Chiavari 358.
Chiavenna 209.
Chivasso 331.
Chur 213.
Cidalo 127.
Cigliano 331.
Cilly 118.
S. Cipriano 324.
Cittadella 138.
Claro 223.
Clausen 222.
Clusee 251.
Codroipo 129.
Cogoletto 354.
Col de Seigne 253.
Colecchia 387.
Colico 204.
Collonges 256.
Cologny 228.
Comano 210.
Comer-See 205.
Como 206.
Compiano 387.
Condino 210.
Conegliano 127.
Coni 345.
Contamines 252.
Cormayeur 254.
Cornigliano 323.
Correggio 287.
Corsica 328.
Corte 329.
Cortina d'Ampezzo 127.
Crema 275.
Cremeo 215.
Cremona 275.
Crista 275.
Croix du Bonhomme 252.
Culoz 256.
Daziogrande 223.
Desenzano 210. 258.

Dolo 138.
Domo d'Ossola 226.
Douvaine 228.
Drap 348.
Duino 124.
Dusino 349.
Edolo 211.
Ehrenhausen 118.
Erba 207.
Erstfelden 222.
Esa 351.
Este 268.
Etroubles 250.
Evian 228.
Exilles 257.
Faido 223.
Felatritz 117.
Folsberg 213.
Fenestrelle 257.
Ferrara 264.
Fiesole 451.
Filatiere 387.
Finale 352.
Fiorenzuola 279.
Florenz 395.
  Accademia d. belle arti 430.
  Accademia della Crusca 432.
  Accademia de' Georgofili 432.
  Anstalten 430.
  Archive 432.
  Ateliers 433.
  Bargello 433.
  Bello squardo 450.
  Bibliotheken 433.
  Brücken, Strassen 411.
  Cascinen 451.
  Garten Boboli 450.
  Geschichte 393.
  Kirchen alphabetisch geordnet 413.
  Kirchhöfe 450.
  Kunstgeschichte 402.
  Mauern 411.
  Merkwürdige Häuser 442.
  Möblirte Wohnungen 371.
  Museen 436.
  Oeffentliches Leben 450.
  Oeffentliche Plätze 411.
  Paläste 436.
  Palazzo Pitti 437.
  Palazzo Riccardi 441.
  Palazzo degli Uffizi 441.
  Palazzo vecchio 448.
  Poggio a Cajano 450.
  Poggio imperiale 450.
  Staatsanstalten 442.

Thore 411.
Umgegend 449.
Villa S. Donato 450.
Vorerinnerungen alphabetisch geordnet 395.
Wohlthätige Anstalten 449.
Fondo 211.
Fontana-Fredda 129.
Fornuovo 387.
Fosdinovo 387.
Pransdorf 119.
Freiburg 226.
Fronleiten 117.
Prutingen 221.
Fulpmes 139.
Gallaráte 219.
Garda 210.
Garda-See 209.
Garessio 348.
Gargnano 210.
Garlanda 358.
Genf 228.
Von Genf nach Mailand 228.
  »   »   »   Turin 250. 252.
  253. 255.
Genua 308.
Von Genua nach Florenz 357.
  384.
Gemmi 224.
Giandola 345.
Giornico 223.
Gloggnitz 115.
Gmünd 120.
Görz 121.
Göschenen 222.
Golling 120.
Gorgonzola 263.
Gorlago 212.
Govardo 210.
Grande-Maison 254.
Gratz 117.
Greifenburg 126.
Grignano 119.
Grüli 224.
Guastalla 274.
Guiltarra 329.
Hall 133.
Hallein 120.
Herzogenbuchsee 224.
Hoch-Finstermünz 202.
S. Hospice 348.
Hospital 223.
Hospiz 253.
Hüttau 120.
Ienbach 132.
Imola 387.
Imst 201.
Innichen 127.

Innsbruck 133.
Von Innsbruck nach Venedig 136. 138. 139.
Von Innsbruck nach Mailand 200. 208. 209. 210. 211.
Iatra 217.
Inverigo 208.
Isella 226.
Ivréa 251.
Kaltern 141.
Kandersteg 224.
Kapfenberg 117.
Kiefersfelden 131.
Kindberg 117.
Klausen 140.
Knonau 221.
Krieglach 117.
Kufstein 131.
Laatsch 202.
La Cluse 250.
La Foce 324.
Lago d'Iseo 212. 263.
Lago maggiore 216.
Lago d'Orta 218.
Laibach 119.
Landeck 201.
Lans-le-Bourg 254.
La Spezia 358.
La Turbia 351.
Lausanne 229.
Lavagna 358.
Lavelone 210.
Laveno 217.
Lavere 263.
Lavin 208.
Lavorco 223.
Lazise 210.
Lecco 204.
Legnago 268.
Legnano 219.
Leibnitz 117.
Leitern 225.
Lerici 359.
Leuk 225.
Levanto 358.
Liddes 250.
Lienz 126.
Liestal 223.
Limone 210. 345.
Lindau 213.
Von Lindau nach Mailand 213. 215. 220.
Livorno 384.
Loano 352.
Locarno 216.
Lodi 277.
Lodron 210.
Lohitsch 119.

Lonato 258.
Longarone 127.
Lovere 211.
Lucca 372.
Lugano 219.
Lusignano 352.
Luzern 221.
Macomor 327.
Maderno 210.
Magadino 215.
Magenta 329.
Mailand 229.
Von Mailand nach Cremona 275.
Von Mailand nach Bologna 277.
Von Mailand nach Genua 305.
»   »   » Turin 329.
Malborghetto 129.
Mals 202.
Malsesine 210.
Mantua 269.
Marassi 324.
Marburg 118.
Martinach 227.
Massa 360.
Matarana 358.
Mauterndorf 120.
Meidling 115.
Mele 324.
Melegnano 277.
Mendrisio 220.
Mentone 351.
Mestre 129.
Miedern 139.
Mirandola 275.
Mittenwald 127.
Mittewald 140.
Mixnitz 117.
Modane 254.
Modena 275. 287. 387.
Von Modena nach Lucca 387.
Mödling 115.
Monaco 351.
Mondovi 349.
Monfalcone 121.
Monselice 263.
Montagnana 208.
Montalbano 350.
Montblanc 227.
Mont-Cenis 254.
Monte Berico 158.
Monte Bré 220.
Monte Cenere 387.
Monte Rosa 226.
Montelupo 386.
Monte Murlo 384.
Montenegro 352.

Montenero 386.
Montgros 318.
Monthey 228.
Montmeillan 256.
Monza 204.
Morbegno 204.
Mortara 313.
Motagnana 268.
Mühlenen 224.
Mürzzuschlag 116.
Murano 200.
Nabrésina 119.
Nasserelt 201.
Nauders 202.
Nervi 324. 358.
Neunkirchen 115.
Neustift 140.
Nikolsdorf 126.
Nizza 345.
Von Nizza nach Genua 350.
Nogara 268. 275.
Noli 352.
None 237.
Nothweil 223.
Novara 329.
Novi 308.
Nyon 228.
Oberaudorf 131.
Oberdrauburg 126.
Oberlaibach 119.
Oberschönberg 139.
Oleggio 313.
Olten 223.
Oneglia 348.
Oristano 327.
Ormea 348.
Orsenigo 207.
Orsières 250.
Orta 218.
Osanna 211.
Osogna 223.
Ospedaletto 129.
Padua 157.
Von Padua nach Bologna 263.
»   »   » Mantua 268.
Pallanza 217.
Pallazzola 212.
Palma nova 130.
Palmaria 359.
Parenzo 126.
Parma 280. 387.
Von Parma nach Lucca 387.
Paternion 120.
Paulo 387.
Paulo Latino 327.
Pavia 305.
Peggau 117.
Pegli 323.

Perarollo 127.
Pergine 137.
Peri 143.
Perinaldo 351.
Peschiera 209.
Pescia 380.
Pestarena 226.
Petroccio 395.
Piacenza 278.
Pietola 274.
Pietrasanta 360.
Pieve 387.
Pieve di Cadore 127.
Pinerolo 257.
Pirano 125.
Pisa 360.
Pisogne 263.
Pistoja 380.
Pizzighetone 275.
Planina 119.
Pola 126.
Polesella 264.
Pollegio 223.
Pontafel 129.
Ponte San Marco 258.
Pontedera 386.
Pontremoli 387.
Pordenone 129.
Poretta 395.
Porto Torres 327.
Porto S. Maurizio 348.
Porto vecchio 329.
Portovenere 359.
Possagno 137.
Pracchia 395.
Prad 202.
Prato 383.
Pratteln 223.
Predazzo 139.
Preth 121.
Primolano 127.
Prosto 209.
Prutz 202.
Pugnano 371.
Puzzighello 329.
Rabbi 211.
Racconigi 344.
Radstadt 120.
Ragatz 213.
Ragusa 125.
Raibl 121.
Rapallo 358.
Rattenberg 132.
Ravenna 388.
Recoaro 142.
Reggio 275. 287.
Reichenau 213.
Reichenbach 224.

Rein 117.
Remüs 208.
Rennweg 120.
Reschen 202.
Resciutta 129.
Rhäziüns 214.
Rhó 219. 249.
Ried 202.
Ripersdorf 120.
Riva 209.
Rivoli 255.
Rocco 358.
Rochetta 211.
Rogeredo 215.
Rolle 229.
Rosenheim 134.
Rothholz 132.
Roveredo 142.
Rovigno 126.
Rovigo 263.
Rubiera 287.
Sabloncella 125.
Sagor 118.
Saifnitz 129.
Salcano 121.
Sallenches 252.
Salò 210.
Salurn 141.
Saluzzo 344.
Samaden 208.
S. Agostino 360.
St. Ambrogio 255.
S. Bernardino 215.
S. Bernardo 353.
St. Branchier 250.
S. Casciano 371.
Sta. Corona 154.
Sta. Croce 127.
St. Didier 253.
S. Donino 386.
S. Fiore 128.
S. Fruttuoso 324. 358.
St. Germain 253.
St. Gingolph 228.
S. Giuliano, Bagni di 371.
St. Jean de Maurienne 254.
St. Johann 132.
St. Leonhard 132.
S. Lorenzo 305.
S. Lorenzo d. Costa 358.
Sta. Lucia 258.
Sta. Maria 203.
Sta. Maria del Monte 324.
S. Margherita 358.
St. Maurice 227.
S. Mauro 351.
S. Martino d'Albaro 358.
St. Michael 120.

St. Michel 254.
S. Miniato d. Tedeschi 386.
St. Pierre 250.
St. Remi 250.
S. Remo 351.
St. Ulrich 138.
St. Venanzio 387.
St. Vincent 251.
Sardinien 324.
Sarzana 359.
Sassari 327.
Sassuolo 290.
Savigliano 344.
Savona 352.
Scarena 345.
Soez 233.
Schio 138.
Schuls 208.
Schwarrenbach 224.
Schwaz 132.
Sebenico 125.
Sedriano 329.
Semmering 116.
Sermione 258.
Serravalle 127. 380.
Sessána 119.
Sesto Calende 218.
Sestri di Levante 358.
Sestri di Ponente 323.
Siders 225.
Signa 366.
Sils 208.
Silvaplana 208.
Silz 201.
Simpeln 228.
Sitten 227.
Sollerino 258.
Somma 249.
Somma Campagna 258.
Sondrio 203.
Sospello 346.
Spalatro 125.
Spielfeld 118.
Spital 120.
Splügen 214.
Spor maggiore 211.
Stampa 201.
Steinach 139.
Steinbrück 118.
Stenico 210.
Sterzing 139.
Steyermark 116.
Stresa 218.
Stuben 202.
Süss 208.
Sursee 223.
Susa 255.
Tarasp 208.

Tarenz 201.
Tarvis 120.
Telfs 201.
Tenda 348.
Terlago 209.
Terra rossa 387.
Theresienfeld 115.
Thonon 228.
Thun 224.
Thusis 214.
Tionne 210.
Tirano 203.
Toblach 127.
Töplitz 118.
Tolmyn 121.
Torreberetti 307. 343.
Torre d. Lago 360.
Torre Luserna 257.
Tortona 305.
Traii 125.
Tremósine 210.
Trescorre 212.
Treviglio 275.
Treviso 128.
Trient 141.
Triest 121.
Von Triest nach Venedig 130.
Truffarello 342.
Tüffer 118.
Turin 257. 331.
Von Turin nach Nizza 344.
　　»　　»　　»　　Oneglia 348.
　349.
Von　　»　　»　　Genua 349.
　　»　　»　　»　Bologna 360.
Tweng 120.
Udine 130.
Untertauern 120.
Ursern 222.
Vaduz 213.
Val d'Arsa 138.
Val di Non 211.
Val di Sole 211.
Varenna 204.
Varese 217.
Vargio 353.
Varigotta 352.

Vauvrier 228.
Vaverges 254.
Venas 127.
Venedig 168.
　Accademia delle belle Arti
　　190.
　Alterthümer 182.
　Archive 192.
　Arsenal 192.
　Ateliers 193.
　Bibliotheken 193.
　Botan. Garten 194.
　Burano 199.
　Canale grande 181.
　Chioggia 199.
　Dogana 193.
　Dogenpalast 194.
　Feste 198.
　Giardini pubblici 194.
　S. Giorgio maggiore 199.
　Giudecca 199.
　Kirchen 182.
　Lagunenbrücke 182.
　S. Lazzaro 199.
　Lido 199.
　Malamocco 200.
　S. Marco 185.
　Marcusplatz 180.
　S. Michele 200.
　Murano 200.
　Murazzi 182.
　Oeffentliche Plätze, Canäle
　　etc. 180.
　Paläste 194.
　Rialto 181.
　S. Servolo 200.
　Theater 198.
　Torcello 200.
　Vorerinnerungen 168.
　Wissenschaftliche Anstal-
　　ten 198.
　Wohlthätigkeits-Anstalten
　　198.
　Zecca 198.
Von Venedig nach Mailand
　258.
Ventimiglia 351.

Venzone 129.
Vercelli 330.
Verez 251.
Vergato 395.
Verona 143.
Von Verona nach Bologna
　269. 275.
Von Verona nach Genua 305.
Vestone 210.
Vevey 226.
Vezzano 210.
Via mala 214.
Viareggio 360.
Vicenza 138. 154.
Vico 349.
Vierwaldstätter See 221.
Vigevano 343.
Vigo 139.
Villa 208.
Villafranca 268. 351.
Vitlach 120.
Villefranche 348.
Villeneuve 226.
Visp 225.
Voborno 210.
Voghera 305.
Vogogna 226.
Volargne 143.
Volders 133.
Voltri 323.
Voragine 354.
Wäggis 221.
Wasen 222.
Weisberg 136.
Werfen 120.
Wienerisch-Neustadt 115.
Wörgl 132.
Wyler 224.
Zara 125.
Zillis 214.
Zirknitzersee 119.
Zirl 136.
Zizers 213.
Zofingen 223.
Zürich 220.

Namenverzeichniss

der genannten Architekten, Bildhauer und Maler mit Angabe ihrer
Lebenszeit und Schule.

Abate, Niccolo dell', Modeneser, 1509—1571.
Acquisti, M. Luigi, geb. zu Forli 1744, gest. 1824.
Adamolli, neuere florent. Schule.
Aeginetische Schule. 5. Jahrh. a. C.
Agesander, aus Rhodus, 150 a. C.
Agnelli, Fra Guglielmo, geb. zu Pisa um 1238, Dominicaner, Schüler von Nicola Pisano, st. um 1313.
Agnolo Fiorentino, um 1470.
Agnolo Gabriele d', um 1496.
Agostino und Angelo von Siena nach 1300 (— 1344?), Architekten und Bildhauer.
Agostino, di Firenze, um 1440.
Agrate, Marco Ferrerio, aus Mailand im 16. Jahrh.
Agricola, neuere röm. Schule.
Aires, in Turin, neuere Schule.
Albani, Albano Francesco, Bologneser, 1578—1660.
Albani, Alessandro, Bologneser, Schüler der Caracci.
Albert, neue Bologn. Schule.
Alberti, Leon Battista, Florentiner, 1398—1472.
Albertinelli, Mariotto, Florentiner, 1475—1520.
Albertino, Fra, aus Florenz, um 1284.
Allamagna, Justus de 1451, in Genua.
Allemagna, Giovanni, in Venedig, um 1447.
Alcotti, Giov. Batt., gen. d'Argenta, aus Ferrara, st. 1630.
Alessi, Galeazzo, gen. *Perugino*, Schüler Michel Angelo's, st. 1572.
Alexander, von Athen, alter Grieche.
Alfani, Dom. di Paris, aus Urbino, 1483—1553.
Alfani, Orazio di Paris, sein Sohn, 1510—1583.
Alfieri, Ben., in Turin, Bruder des Dichters, um 1750.
Algardi, Alessandro, Bildh. und Baumstr. von Bologna, 1598—1654.
Algarotti, Francesco, 1712—1764.
Alibrandi, Girol., aus Messina, genannt *Salai di Antonio*, 1470—1524.

Allenis, Toma de, Lombarde, um 1500.
Allegri, Antonio, s. *Correggio*.
Allegri Pomponio, Sohn des vorigen, um 1521.
Allio, Matteo, aus Mailand, um 1667.
Allori, Alessandro, Enkel und Schüler des Bronzino, auch so gen., Florent., 1535—1607.
Allori, Cristofano, des vorigen Sohn, 1577—1621.
Aloisio, Andrea d', s. *Ingegno*.
Altdorfer, Albrecht, aus Altdorf in Bayern, 1488—1538.
Altighiero (auch Aldighieri), s. *Zevio*.
Altobello, s. *Meloni*.
Aluisetti, Archit., Mail.
Alunno, Niccolo, von Foligno, um 1458—1492, umbrische Schule.
Amadeo, Antonio, Mailänder, um 1470.
Amalteo, Pomponio, von S. Vito in Friaul, venet. Schule, 1505—1588.
Amari, Michele, aus Palermo.
Amati in Mailand.
Amato, Giov. Ant. d', Neapolitaner, 1475—1555.
Amberger, Chr., aus Nürnberg, † nach 1568.
Ambrosini, Arch. im 17. Jahrh.
Amerighi, Michel Angelo, s. *Caravaggio*.
Ammanati, Bartol., Baum. u. Bildh. aus Florenz, 1511—1592.
Anderloni, Pietro, Kupferst., Mailänd., geb. 1784.
Andreasi, Ippolito, Mantuaner, Schüler Giulio Romano's, 1540—1587.
Anemulo, Vincenzo, Anf. des 16. Jahrh. in Palermo.
Angelini, neue römische Schule.
Angelo, Giov., s. *Montorsoli*.
Anguissola, Sofonisbe, aus Cremona, 1530—1620.
Anselmi, Mich. Ang., von Lucca (oder Siena oder Parma), 1491—1554.
Anzuino, Schüler Mantegna's, um 1460.
Antelami, Benedetto, in Parma, um 1270.
Antenori, Giov., Römer, um 1770.
Antolini, neue bolognesische Schule.
Antonelli, neue ital. Schule.

Antonio, Francesco di, um 1373.
Antonius, 1494.
Apollodorus aus Damaskus, in Rom 98 a. C.
Apollonius, Nesioris, aus Athen (nach Winckelmann aus Phidias' Zeit, nach Thorwaldsen aus der des Agesander).
Apollonius aus Tralles in Lydien und der Schule von Rhodus. 150 a. C.
Appiani, Andrea, Mailänder, 1754 bis 1818.
Araldi, Alessandro, aus Parma, † 1528.
Arca, Nicolo dall', von Bologna, eigentlich di Puglia, † 1494.
Aretino, s. *Spinello*.
Aretino, Nicolo Lamberti, 1350 — 1417, Schüler des Jacopo di Quercia.
Arienti, neue ital. Schule.
Arler, Heinrich, von Gmünd in Schwaben, gen. *Gamodia* um 1398 in Mailand.
Arnoldo, Alberto di, Florentiner, um 1350.
Arnolfo. s. *Cambio*.
Arnulphus in Rom, um 1285.
Arpino, Cav. Giuseppe Cesare d', röm. Schule. 1560—1640.
Arriga, Giul. di, Florentiner, um 1380.
Ascoli, Suavi d', Gius., 1686.
Asinelli, Gherardo, um 1109.
Aspertini, Amico, Bologneser, Schüler Francia's, 1474—1552.
Aspertini, Guido, sein Bruder.
Aspetti, Tiziano, Paduaner, 1565—1607
Assereto, Giovacchino, Genueser, 1600 —1649.
Asteas, alter Grieche, Vasenmaler.
Athenodorus, von Rhodus.
Attavante, Florentiner, um 1484.
Auria, Giov. Domenica d', aus Neapel, † 1585
Avancini, Bartol., in Modena.
Avanzo, Jacopo d', aus Verona, um 1370.
Avanzo, Jacopo d', aus Bologna, 1350.
Averulino, Anton Filarete, Florentiner um 1456.
Azeglio, M., neue ital. Schule.
Azzolini, Giov. Bern, um 1510.
Bamboccio, Abate, Antonio, Maler und Bildhauer, Neapolitaner, 1351 — 1430, Schüler des Masaccio.
Badalacchio, Sisto, gen. *Parmigiano*, Schüler des Ann. Caracci, † 1647.
Backhuisen, Ludolph, niederl. Schüler von Everdingen, 1619—1709
Badile, Giov., Veroneser, 1400.
Bagnacavallo, Bartol. Ramengni da, Bologneser, 1484—1542.
Baldi, Lazzaro, aus Pistoja, 1624—1703.
Baldini, in Parma.
Baldovinetti, Alessio, Florentiner, 1425 —1499.
Balduccio, Giov. da, Pisaner, um 1340.
Bambi, Francesco, Goldschmied in Florenz.
Banco, Nanni d' Antonio di, aus Siena, Schüler Donatello's, 1374, † 1425.
Bandinelli, Baccio, aus Florenz, Bildhauer und Maler, 1487—1559.
Baratta, Franc., aus Carrara, Schüler Algardi's und Bernini's, † 1666.

Baratiteri, Niccolo, in Venedig, um 1180.
Barbalunga, Ant. Ricci, aus Messina, 1600—1649, röm. Schule.
Barbarelli, s. *Giorgione*.
Barbello, Giacomo, von Crema, † 1656.
Barbieri, s. *Guercino*.
Barci, Antonio, aus Vicenza, im 17. Jahrb.
Barelia, Agostino, von Bologna, um 1670.
Barigioni, Filippo, Römer, 1693—1753.
Barile, Giov., aus Florenz, um 1518.
Barnaba, Toscaner, um 1360.
Barocci, oder *Baroccio*, oder *Fiori Federigo*, von Urbino, röm. Schule, 1528 —1612.
Bartholot, Franzos, † 1645.
Bartoli, Andreuccio, Sieneser, um 1380.
Bartoli, Domenico, Enkel des Taddeo, um 1436.
Bartoli, Giovanni, Florentiner, um 1370.
Bartoli, Taddeo, Sieneser, um 1400.
Bartolini, aus Arezzo, neuere italien. Schule.
Bartolo, Nanni di, um 1400 in Florenz.
Bartolommeo, Fra, Baccio della Porta, oder *di S. Marco*, auch il *Frate*, Florentiner, 1469—1517.
Bartolommeo, Mastro, in Venedig, um 1380.
Baruzzi, neue Bologneser Schule.
Basaiti, Marco, Venetianer, um 1520.
Basegio, Pietro, Architekt.
Bassano, Francesco da Ponte, aus Vicenza, † 1530.
Bassano, Jacopo da Ponte, sein Sohn (il Bassano vecchio), 1510—1592.
Bassano, Leandro, dessen Sohn, 1558 —1623.
Bassi, Martino, aus dem Mailändischen, 1541—1591.
Bastianino, il, oder *Bastiano Filippi*, Ferrarese, 1540—1602.
Battoni, Cav. Pompeo, aus Lucca, 1708 —1787.
Bassani, Giuseppe, von Mantua, † 1769.
Bassaniti, neueste florent. Schule.
Beccafumi, oder *Mecherino Domenico*, Sieneser, 1470 oder 1484—1551.
Bechain, Architekt, Franzos.
Begarelli, Antonio, aus Modena, † 1555.
Belin, Architekt, Franzos.
Bellaminus, um 1193 in Siena.
Belli, neuere röm. Schule.
Bellini, Gentile, 1421—1501, Venetianer.
Bellini, Giovanni, Bruder des Vorigen, 1426—1516.
Bellini, Jacopo, Vater des Vorigen, um 1450.
Belosio, neuere ital. Schule.
Beltraffio, oder *Boltraffio*, Mail., 1467 —1516.
Bembo, Bonifasio da Valdarno, Cremoneser, um 1484.
Beaaschi, Cav. Giamb., aus Turin, 1636 —1688.
Benicampi, Sgn. Teresa, Schülerin Canova's.
Benoni, Giuseppe, in Venedig, 1682.

Benvenuti, Pietro, geb. zu Arezzo 1768, gest. zu Florenz 1844, neuere florent. Schule.
Berelia, Franc., neuere röm. Schule.
Bergamasco, Giul., in Venedig, 1430.
Bergondi, Andr., in Rom, um 1430.
Berlinghieri, Bonaventura, von Lucca, um 1235.
Berna, oder Barna (Barnaba?), Sieneser, um 1356.
Bernardi, J. di Castel Bolognese, Medailleur, 1495—1555.
Bernardini, Antonio, um 1590.
Bernardino di Comitibus, 1496.
Bernardo, aus Florenz, vielleicht B. Boiselini, um 1470.
Bernassano, Cesare, um 1536, Mailänder.
Bernini, Cav. Giov. Lorenzo, Baumeister und Bildhauer aus Neapel. 1598—1680.
Bertini, Giov. Battista Chixi, Architekt, Bildhauer, Maler und Kupferstecher, Mantuaner, Schüler Giulio's, 1515—?.
Bertini, neuer Glasmaler.
Bertoldo, in Florenz, um 1500.
Bertoli, neuerer Florentiner.
Bertotti, in Vicenza.
Besta, Architekt, Mailänder.
Betti, Biagio da Carigliano, aus Pistoja, Schüler des Daniel da Volterra, † 1615.
Bessuoli, neuere florent. Schule.
Biaggi, neuerer Florentiner.
Biaggio, Ferrarese, um 1500.
Bianchi, Giov. Batt., aus Mailand, † 1657.
Bianchi, Pietro, aus Lugano, neuere ital. Schule, um 1824 in Neapel.
Bianchini, neuere röm. Schule.
Bianco, Baccio (Bart.), Architekt und Maler aus Florenz (Como?), † um 1656.
Bibiena, Ant. Galli da, aus Bologna, 1700—1774, Architekt.
Bicci, Lorenzo di, Florentiner, Architekt und Maler, † 1450.
Biduinus, Magister, Pisaner, um 1180.
Bienaimé, neuere röm. Schule.
Bigio, Cecca, Schüler von Montelupo, um 1550.
Binaghi, Lorenzo, Mailänder, um 1600.
Bindelli, Ippolito, von Verona, um 1450.
Biscara, Giov. Batt., in Turin.
Bisi, neuere ital. Schule.
Bissolo, Pier Francesco, Venetianer, um 1520.
Bisuccio, Leonardo di, Mailänder, um 1423.
Boccaccini, Camillo, aus Cremona, Sohn des folgenden. 1511—1546.
Boccaccino, Bocaccio, Cremoneser, 1460—1518.
Bologna, Gian da, Architekt und Bildhauer aus Donay in Flandern. 1524—1608, studirte in Rom nach Mich. Angelo, und arbeitete vornehmlich in Florenz.
Bologna, Franco da, um 1313.
Bologna, Symone da, um 1400, gen. de' Crocefissi.
Bologna, Nicolaus von, um 1370.

Bologna, Vitale da, um 1350.
Boltraffio, s. Beltraffio.
Bonaguida, Florentiner, um 1350.
Bonano, Archit. und Bildh. in Pisa, um 1170.
Bonasuto, von Venedig, in Bologna, um 1293.
Bonelli, Aurelio, Bologneser, Schüler der Caracci, um 1610.
Boni, in Florenz, um 1780.
Boni, Giac., Bologneser, 1688—1766.
Bonifasio, Venetianer, † 1553.
Bonilli, Vincenzo, Florentiner, 1540.
Bonito, Tom., neuere ital. Schule.
Bonone, Carlo, Ferrarese, 1569—1632.
Bonsignori, M., neuerer Architekt.
Bonsignori, Franc., Veroneser, s. Monsignori.
Bonvicino, s. Moretto.
Bordone, Paris, aus Treviso, venet. Schule, 1500—1570.
Borgani, Franc., Mantuaner, um 1640.
Borghese, Fra, aus Florenz, 1250—1313.
Borgognone, Ambrugio, Mailänder, um 1500.
Borgognone, il, oder P. Giacomo Cortese, Jesuit, röm. Schule, 1621—1676.
Borromini, Franc., Architekt und Bildh. aus Bissone, 1599—1667, Schüler von Maderno in Rom.
Bosa, Ant., aus Bassano, Schüler Canova's.
Bosco, Maso del, aus Fiesole, um 1522.
Both, Johann, geb. zu Utrecht um 1610.
Botticelli, Sandro Filippi oder Filipepi, Florentiner, 1437—1515.
Bourdon, Sebast., Franzos. 1616—1671.
Bourguignon, Jacques Courtois, 1621, † zu Rom 1676.
Bracci, Pietro, Bildh. und Baumeister in Rom, um 1760.
Brachelli, Fra Giov. da Campi, geb. um 1280, Dominikanermönch, † 1339.
Bramante, Donato Lazzari, aus Castel Durante bei Urbino, Archit. und Maler, Schüler von Bramantino d. Aelt.
Bramantino, eigentlich Bart. Suardi, Architekt und Maler, Schüler Bramante's, Mailänder, bis um 1550.
Brambilla, Giuseppe, in Como.
Brea, Lodovico, von Nizza, 1483—1513.
Bracciolo, Bart., † 1729.
Bregno, Ant. und Paolo, um 1480 in Venedig.
Bregno, Lorenzo, Anf. 1500.
Bresciania, Andrea del, aus Siena, um 1520.
Bresciano, Prospero Scavezzi, A., 1590.
Braughel, Johann (Sammt-B.), 1569—1625. Niederländer.
Brignola, Bildh., 14. Jahrh.
Brill, Paul, Niederl., 1554—1626.
Brioschi, s. Riccio.
Brizzi, Serafino, Bologneser, 1684—1737.
Bronsino, Angelo, Florentiner, 1499—1571.
Brun, le, s. Le Brun.
Brunelleschi, Filippo, aus Florenz, Bildhauer und Baumeister, 1375(1377)—1444.

Brusasorci, Domenico il Riccio, Veroneser, 1494—1567.

Buggiano, Schüler Brunelleschi's um 1440.

Buonarroti, Michel Angelo, Florentiner, Architekt, Bildhauer und Maler, 1474—1563.

Buonfigli, Benedetto, von Perugia, 1420—1496.

Buoni, Silvestro de', Neapolitaner, † um 1484.

Buono, aus Ferrara, Schüler Mantegna's.

Buono, Maestro, Architekt, 1270.

Buono, Maestro, Archit. und Bildh., 16. Jahrh.

Buono, B., 1617, Architekt.

Buontalenti, Bernardo Timantes, gen. *delle Girandole*, Florentiner, Architekt, Bildh. und Maler, 1536—1608.

Buonvicino, Ambrosio, aus Mailand, Schüler des Bresciano, † 1622.

Burgo, Pietro di, um 1450, cf. *Francesca*.

Busato, Giov., neuere venet. Schule.

Buttafogo, Paduaner, um 1770.

Cacavello, Annibale, Bildh. und Baumeister zu Neapel, Schüler von Giov. da Nola, † um 1600.

Caccia, Guglielmo, s. *Moncalvo*.

Cacciatori, neuere ital. Schule.

Caccini, Giov., Bildh. und Baumeister zu Florenz, 1562—1612.

Cagliari, Paolo, s. *Veronese*.

Cagliari, Carlo, sein Sohn.

Cagnola, Marquis *Luigi*, in Mailand.

Calabrese, Vinc. Morani, in Neapel.

Calabrese, il Cav., eigentl. *Maria Preti*, aus Taverna in Calabrien, 1613—1699.

Calabrese, Nicc. Renda, in Neapel.

Calamech, And., aus Carrara, 1530—1560.

Calcagni, von Recanati, Schüler des Girol. Lombardi.

Caldara, s. *Caravaggio Polidoro da*.

Calendario, Filippo, Venetianer, um 1350.

Caligarino, Ill., oder *Gabriele Cappellini*, aus Ferrara, um 1520.

Calli, Ant., aus Neapel.

Calvaert, aus Antwerpen, 1555—1619.

Calvi, Pantaleone, in Genus, † 1595.

Camaldolense, Don *Lorenzo*, Mönch, Florentiner, um 1400.

Camattei, Andrea, von Bevagna, Schüler Domenichino's in Rom, 1601—1648.

Cambi, neuere Florent. Schule.

Cambiaso, Luca, Genueser, 1527—1585.

Cambio, Arnolfo di, Florentiner. Archit. und Bildhauer (fälschlich nach Vasari *di Lapo*), 1232—1300.

Camillori, aus Florenz, 1554.

Camogli, Thiermaler um 1690.

Campagna, Girol., aus Verona, Schüler des Jac. Sansovino, 1550.

Campagnola, Domenico, Venetianer, um 1540.

Campana, Tommaso, Bologneser, Schüler der Caracci, um 1620.

Campane, Zuanne, delle, oder

Campanato, Pier. Giov., um 1515 in Venedig.

Campello, Fra Filippo da, um 1353.

Campello, G. di, um 1360.

Campi, Architekt, s. *Bracchetti*.

Campi, Galeasso, Cremoneser, 1475—1536.

Campi, Giulio, sein Sohn, 1500—1572.

Campi, Cav., Antonio, dessen Bruder, † 1591.

Campi, Bernardino, 1522—1590.

Campilione, Bonvinio de, in Verona um 1375.

Campione, Marco da, in Mailand, 1398.

Campione, Tommaso di, 1322.

Cammuccini, Cav. Vinc., 1767—1844, neuere röm. Schule.

Camuzio, Bart. di, in Palermo, 1346.

Canaletti, Ant., um 1700, Venetianer.

Candit, Peter, eigentl. *de Witte*, aus Brügge, 1548—1604 (?).

Canella, neuere ital. Schule.

Cannavari, Anton., Architekt um 1600.

Canonica, Alois, neuere Schule in Mailand.

Canova, Cav. Antonio, Bildh. und Maler aus Pugnano im Venetianischen, 1757—1822.

Cantarini, Simone (auch *da Pesaro*), 1612—1648.

Capanna, Puccio, Schüler Giotto's, Florentiner, um 1314.

Capellino, Giov. Dom., Genueser, 1580—1651.

Capuccino, Lombarde, um 1600.

Caracci, Agostino, Bologneser, 1558—1601.

Caracci, Annibale, dessen Bruder, 1560—1609.

Caracci, Antonio, Agostino's Sohn, 1583—1618.

Caracci, Lodovico, 1555—1619.

Carattoli, Pietro, 1737.

Caravaggio, Franc. da Prato di, um 1547.

Caravaggio, Michel Angelo Amerighi da, röm. Schule, Naturalist, 1569—1609.

Caravaggio, Polidoro da, auch *Caldara*, Schüler Raphaels, † 1543.

Carbone, Bernardo, Genueser, 1614—1683.

Cariani, Giov., aus Bergamo, um 1500.

Carlone, Giov. Batt., Genueser, 1594—1680.

Carlone, Andrea, dessen Sohn, 1626 (1639) bis 1697.

Carlone, Taddeo, dessen Bruder (?).

Carlone, Simon, 1778.

Carnevale, Fr., s. *Corradini*.

Carotto, Gian Francesco, Veroneser, 1470—1546.

Carpaccio, Vittore, Venetianer, bis 1520.

Carpi, Girol. da, Ferrarese, 1501—1556.

Carpioni, Giulio, Venetianer, 1611—1674.

Carrara, in Messina.

Casarotti, aus dem Venetianischen, um 1809.

Casentino, *Jacopo da*, Florentiner, † 1380.

Casolani, *Alessandro*, 1552—1606.

Castagno, *Andrea del*, Florentiner, 1403 —1477.

Castellamonte, *Amadeo di*, in Turin, um 1680.

Castello, *Bernardo*, Genueser, 1557— 1629.

Castello, *Giov. Batt*, gen. il *Bergamasco*, 1500—1570.

Castiglione, *Giov. Benedetto*, gen. il *Grechetto*, Genueser, 1616—1670.

Catani, neuere Floren:. Schule.

Catena, *Vincenso*, Venezia¹er. † 1530.

Cattaneo, *Danese*, aus Carrara, Schüler des Jac. Sansovino. † 1573.

Caragna, *Gian. Paolo*, von Bergamo, 1560—1627.

Cavallini, *Pietro*, Römer, um 1340 (lebte noch um 1364?)

Cavassola, *Paolo*, aus Verona, um 1499

Cavedone, *Giacomo*, von Sassuolo, 1577 —1660, Schüler der Caracci.

Celasti, *Cav. Andrea*, Venezianer, 1637— 1706.

Cellini, *Benvenuto*, aus Florenz, 1500— 1572.

Cenni, *Bernardo*, Florentiner, um 1450.

Cenni, s. *Francesco*.

Ceresa, *Carlo*, von Bergamo, 1609—1679.

Cervara, *Gius.*, neuere röm. Schule.

Cesare, neuerer Florentiner.

Cesi, *Bartol.*. Bologneser, Guido's Schüler. 1556—1629.

Champaigne, *Phil.*, Franzos, um 1630.

Chelini, *Piero*, Florentiner, um 1430.

Chierici, neuere röm. Schule.

Chiodarolo, *Giov. Maria*, Bologneser, Francia's Schüler, um 1516.

Chiona, *Gianant.*, 1548.

Cianfanelli, neuerer Florentiner.

Ciarla, *Raffaello*, aus Urbino, Majolicamaler, um 1550—1560.

Ciccione, *Andrea*, Neapolit., † 1455.

Cignani, *Cav. Carlo*, Bologneser, 1628— 1719.

Cignaroli, *Giov. Bettino*, aus Verona, 1706—1770.

Cigoli, *Lodovico Carlo da*, Florentiner, 1559—1613.

Cima, s. *Conegliano*.

Cimabue, oder *Gualtieri Giov.*, Florentiner, 1240—1303.

Cioli, *Valerio*, Römer, 1530—1600.

Cioli, *Raffaello di Giov.*, von Settignano, 1525.

Cione, *Andrea di*, gewöhnl. *Orcagna*. od. *Arcagno*, Florentiner, Baumstr., Bildh. und Maler, 1329—1389.

Cione, *Bernardo*, dessen Bruder (?).

Cione, *Jacopo*, Florentiner, um 1390.

Citarelli, *Genn.*, in Neapel.

Citrino, *Marino*, um 1465.

Civerchio, oder *Verchio Vincenzo*, gen. il *Vecchio*, Cremoneser, um 1460.

Civitali, *Matteo*, aus Lucca, Bildh. und Baumstr., um 1440.

Civitali, *Nicholao*, Neffe des Vorigen, um 1500.

Claude le Lorrain, *Gelée*, Lothringer, 1600—1682.

Claudius, Römer, im 18. Jahrh.

Clementi, *Prospero*, aus Reggio, um 1548.

Cleomenes, *Apollodori*, aus Athen, wahrscheinlich um 150 a. C.

Clovio, *D. Giulio*, aus Croatien, 1498— 1578.

Coghetti, *Fr.*, neuere röm. Schule.

Cogorani, in Genua.

Cola, *Gennaro di*, 1320—1370.

Colignon. neuere florent. Schule.

Colle, Architekt, s. *Cambio*.

Colle, *Raffaello dal*, Florentiner, Maler. 1490—1530.

Colleoni, *Gir.*, aus Bergamo, 1532— 1555.

Como, *Guido da*, um 1200.

Como, *Emanuele da*, † 1662.

Como, *Tommaso Malvito da*, 1497.

Comolli, *Giov. Batt.*, zu Mailand, seit 1803.

Conca, *Cav. Sebastiano*, aus Gaeta, 1676 —1764.

Conegliano, *Giambatt. Cima da*, Venez., Schüler Gian Bellini's, lebte noch 1517.

Consoni, neuere röm. Schule.

Contarini, *Cav. Giov.*, Venezianer, 1549 —1605.

Contestabili, neuere florent. Schule.

Conti, neuere florent. Schule.

Contini, *Fr.*, Archit. von Venedig, um 1650.

Conziolus, um 1219.

Cordellini, *Michele*, um 1500.

Cordieri, *Nicolao il Franciosino*, aus Lothringen, 1567—1612.

Corensio, *Cav. Belisario*, Grieche, neapolit. Schule, 1588—1643.

Cornachini, *Agostino*, von Pistoja, um 1730.

Cornelius, *Peter*, neue deutsche Schule.

Corradini, *Antonio v. Este*, Bildh., † 1752.

Corradini, *F. Bartolommeo*, oder *Fra Carnevale*, Maler, Dominicaner aus Urbino, um 1474.

Correggio, *Ant. Allegri da*, aus Correggio unweit Parma, 1494—1534.

Corso, *Giov. Vina*, Neapolitaner, † 1545.

Cortese, s. *Borgognone*.

Cortona, *Pietro da, Berrettini*, Archit. und Maler, florent. Schule, 1596—1669.

Cosimo, *Pier di*, Florentiner, 1441—1521.

Cosmati, *Lorenzo*, Römer, um 1180.

Cosmati, *Jacopo*, sein Sohn, Bildh. und Maler, um 1200.

Cosmati, *Deodatus*, dessen Enkel, Archit. u. Bildh., um 1290.

Cosmati, *Johannes*, Bruder des letztern.

Costa, *Lorenzo*, Ferrarese, † 1530, erst Mantegna's, dann Francia's Schüler.

Costoli, in Florenz, 1840.

Cotignola, *Franc. da* (auch *Marchesi* oder *Zaganelli*), bologn. Schule, um 1500.

Cotignola, *Bernardino*, dessen jüngerer Bruder.

Cossarelli, Guidoccio, in Siena, 1468.
Cosso, Pietro, um 1209.
Cranach, Lucas (Sunder), Deutscher, 1472 —1553.
Crawford, Bildh., Amerikaner.
Credi, Lorenzo Sciarpelloni di, Florentiner, 1443—1531.
Crespi, Anton, aus Bologna, † 1781.
Crespi, Daniele, Mailänder. 1590—1630.
Criscuolo, Giov., Neapolitaner, um 1573.
Crivelli, Car. Carlo, Venezianer, um 1476.
Crivelli, Architekt in Mailand.
Croce, Architekt, Mailänder, um 1770.
Croce, Baldassare, Maler, von Bologna, 1454—1528.
Cronaca, Florentiner, auch *Simon Pollajuolo,* 1454—1509.
Curia, Francesco, Neapolitaner. † 1610.
Currada, Cav., Franc., Florentiner, 1570 —1661.
Daddi, Bernardo, Florentiner, † 1386.
Dalmasio, Lippo di (gen. *Lippo delle Madonne),* Bologneser, um 1376—1410.
Damer, Mrs., Engländerin.
Damini, Pietro, von Castelfranco. † 1631.
Dandini, Cesare, Florentiner, 1595—1658.
Danti, Vincenzo, aus Perugia, 1530— 1567.
Darif, Giov., neuere venez. Schule.
Davanzo, s. Aranzo.
David, J. L., aus Brüssel 1748—1826.
Dello, Fiorentino, 1372—1421.
Demi, in Florenz. 1840.
Demin, neuere venet. Schule.
Denner, Balthasar, aus Hamburg, 1685— 1749.
Deodatus, 1288.
Diedo. neuere venez. Schule.
Dielai, oder *Giov. Franc. Surchi,* Ferrarese, † um 1590.
Dietisalvi, aus Siena, um 1281.
Dipny, neuere florent. Schule.
Diogenes, aus Athen. zu Augustus Zeit.
Dioscorides, aus Samos, zu Augustus Zeit.
Diotisalvi, in Pisa, um 1150.
Diotti, neue mail. Schule.
Docena, Cristof. Gherardi, 1550—1556.
Dolcebono, um 1497.
Dolci, Carlo, Florentiner, 1616—1686.
Domenichino, Zampieri, Bologneser, 1581 —1641.
Dominici, Franc., von Treviso, † nach 1571.
Donatello, (Donato di Betto Bardi), aus Florenz, 1361—1466.
Donatello, Simone di, Fiorentino, sein Bruder.
Doni, Adone, von Assisi, um 1472.
Donzello, Ippolito, Neapolitaner, um 1470.
Donzello, Pietro, dessen Bruder.
Dossi, Dosso, Ferrarese, † um 1560.
Dotti, Francesco, Bologneser, um 1730 bis nach 1780.
Dow, Gerard, aus Leyden. 1603—1680.
Duca, Giac. del, Schüler M. Angelo's.

Duccio, di Buoninsegna, Sieneser, thätig von 1282—1339.
Dughet, Gasp., s. Poussin.
Dupré, neuerer Florentiner.
Durantini, neuere röm. Schule.
Durelli, Architekt. Mail.
Dürer. Albrecht, aus Nürnberg, 1470—1528.
Dusi, neuere venez. Schule.
Dyk, Anton van, aus Antwerpen, 1599— 1641.
Edesia, Andrino d', aus Pavia. um 1330.
Elsheimer, aus Frankfurt, 1564— 1620 (?).
Empoli, Jacopo Chimenti da, Florentiner, 1554—1643.
Enrico, deutscher Bildhauer in Florenz um 1400 (?).
Enrico, Pietro di, sein Sohn.
Ercole, s. Grandi.
Eusebio di San Giorgio, Schüler Peruginos, 1478—1550.
Eustachio, Fra, Miniaturmaler, geb. zu Florenz. Dominicaner in S. Marco daselbst. 1473—1555.
Eyk, Joh. van, aus Brügge, 1370—1441.
Fabbroni, Giov., Ingenieur aus Piemont, um 1800.
Fabio de Sandalio, Bartol., 1469.
Fabriano, Gentile da, toscan. Schule, um 1430.
Fabriano, Gritto da, um 1369.
Fabris, neuere röm. Schule.
Faenza, Giov. Batt. da, umbrische Sch. (?) 1506.
Faenza, Marco, Marchetti da, † 1588.
Falcone, Antello, in Neapel, 1600—1665.
Falconetto, Giov. Maria, aus Verona, Archit. und Maler, 1458—1534.
Falconi, Bernardo Cav., von Lugano, um 1690.
Fancelli, Giov. Antonio, Römer, Schüler Bernini's, † 1671.
Fancelli, in Bologna.
Fansaga, Cav. Cosmo, Archit. und Bildh., 1591—1678.
Fantachiotti, neuerer Florentiner.
Fantussi, in Bologna.
Farinati, Paolo, Florentiner, † in Verona 1606.
Fasolato, Agostino, Paduaner, um 1750.
Fattore, Giov., und *Fattore, Gius.,* neue florent. Schule.
Fattore, il, s. Penni.
Federigo, Antonio di, aus Siena, um 1481.
Fedi, neuere florent. Schule.
Fei, oder *del Barbiere, Alessandro,* Florentiner, 1543—1581.
Feltro, Morto da, röm. Grotteskenmaler, um 1500.
Ferrabeck, Hans, ein Deutscher in Bologna. um 1393.
Ferracina, aus dem Venetianischen, um 1780.
Ferramola, Floravante, Brescianer, † 1528.
Ferrara, Stefano, Schüler (?) Squarcione's, um 1430.
Ferrara, Antonio da, um 1438.

Ferrari, *Bart.*, Bildh. in Venedig, 1840.
Ferrari, *Francesco*, Architekt in Rom, 1734.
Ferrari, *Francesco*, aus Rovigo, 1631—1708.
Ferrari, *Gaudenzio*, aus Valdugia, 1484—1550, Schüler Leonardo's.
Ferrari, *Gregorio de'*, Genueser, 1644—1726.
Ferretti, *Giov. Domenici*, gen. d'*Imola*, geb. in Florenz, 1692.
Ferroni, neuerer Florentiner.
Fiaminghini, oder *Giov. Mauro Rovere*, oder *Rosetti*, Mailänder, † 1640.
Fiammingo, *Nicola*, Bildh. in Rom im 18. Jahrh.
Fiammingo, *Arrigho il*, röm. Schule. Maler, † um 1596.
Ficarola, *Nicola da*, aus' dem Ferrarischen, um 1100.
Fiesole, *Beato Angelico da*, Dominicaner, Maler in S. Marco zu Florenz, 1387—1455.
Fiesole, *Mino da*, Bildh. in Florenz, um 1488.
Fiesole, *Andrea Ferucci da*, Bildh., † 1522.
Filarete, *Antonio*, aus Florenz, um 1440.
Filippi, s. *Botticelli*.
Filippino, und *Filippo*, Maler, s. *Lippi*.
Filippo, *Lorenzo di*, Archit. in Florenz, um 1384.
Finelli, neuere florent. Schule.
Finiguerra, *Maso*, Florentiner, um 1452.
Fioravanti, *Bartolommeo*, in Bologna, um 1485.
Fiore, *Niccolo Tommasi del*, 1371.
Fiore, *Colantonio di*, Neapolitaner, Maler, 1354—1444.
Fiore, *Angelo Aniello di*, Bildh., Sohn des Vorigen, um 1460.
Fiore, *Jacobello*, Venetianer, Maler, 1401—1436.
Fiorentino, *Stefano*, 14 5.
Firenze, *Piero da*, Florentiner, um 1350.
Firenze, *Desiderio da*, um 1550.
Florigerio, *Bastiano*, von Udine, Venetianer, um 1533.
Fogelberg, aus Schweden, geb. 1798, † 1855.
Foggini, *Giov. Batt.*, Florentiner, 1652 bis nach 1737.
Fogia, *Niccolo*, 1260.
Fogolino, *Marcello*, in Vicenza.
Fonduli, *Giov. Paolo*, aus Cremona, Schüler von Ant. Campi.
Fontana, *Pietro*, 1755.
Fontana, *Domenico*, aus Mili am Comersee, 1543, † zu Neapel 1607.
Fontana, *Giovanni*, dessen Bruder, 1540—1614.
Fontana, *Carlo*, aus Brusciato, 1634—1714.
Fontana, *Lavinia*, aus Bologna, Tochter Prospero's, 1552—1614.
Fontana, *Prospero*, aus Bologna, 1512—1597.

Fonte, *Jacopo dal*, s. *Quercia*.
Foppa, *Vinc.*, Brescianer, † 1492 (mit Unrecht spricht man von zweien dieses Namens).
Forbin, neuere franz. Schule.
Forli, *Melozzo da*, † 1492.
Formentone, *Tom.*, in Brescia.
Fornasiero, *Giuliano*, Paduaner, um 1537.
Foschi, *Sigism.*, 1527.
Fossano, *Ambrogio da*, Archit., Bildh. und Maler, aus Piemont, um 1473.
Fracastori, 1483—1553.
Fraccaroli, neuere ital. Schule.
Francavilla, *Pietro*, aus Cambray, Schüler des Giov. da Bologna, 1500 bis nach 1614.
Francesca, *Piero della*, gen. *P. Borghese*, 1398—1484, derselbe mit *Pietro di Burgo*.
Franceschini, *Mattia*, aus Turin, um 1745.
Francesco, *Cenni di*, Florentiner, um 1410.
Franchis, *Fra Valeriano de*, Sicilianer, um 1558.
Francia, *Francesco* oder *Raibolini*, Bologneser, † 1535.
Francia, *Giacomo*, dessen Sohn, † 1557.
Franciabigio oder *Marco Ant. Francia Bigi*, florent. Schule, um 1510.
Franco, *Angelo*, s. *Zingaro*.
Franco, *Battista*, venet. Schule, 1536—1561.
Friso, *Alvise dal*, 1512.
Frulli, neuere Bologn. Schule.
Puccio, ein Florentiner (nach Vasari um 1230, übrigens zweifelhaft).
Fuga, *Ferdinand*, aus Florenz, 1699—1780.
Führich, neue deutsche Schule.
Fuligno, *Pietro Antonio da*, umbrische Schule, um 1420.
Fungai, *Bernardino*, Sieneser, um 1512.
Furini, *Fr.*, 1604.
Fusina, *Andr.*, Mailänder, 15. Jahrh.
Gaap, *Adolph*, aus Augsburg, † 1703.
Gaddo, Gaddi, Florentiner, 1239—1312.
Gaddi, *Taddeo*, dessen Sohn, Architekt und Maler, 1300—1352, Schüler Giotto's.
Gaddi, *Angiolo*, dessen Sohn, lebte noch 1394.
Gaetano, *Scipione Pulsone*, röm. Schule, † 1600.
Gagini, *Antonio*, von Palermo, 1480—1574.
Galanino oder *Baldassare Aloisi*, Bologneser, 1578—1638.
Galeotti, *Sebast.*, Florentiner, † 1746.
Galilei, *Alessandro*, Florentiner, 1691—1737.
Galli, *P.*, Schüler von Thorwaldsen.
Gambara, *Lattanzio*, Brescianer, † 1573.
Gambassi, *Francia di Domenico da*, Florentiner. Glasmaler, um 1434.
Gamberucci, *Cosimo*, Florentiner, um 1610.
Gamodia, s. *Arler*.
Gandini, *Giorg.*, Schüler Correggio's.
Gandolfi, neuere ital Schule.
Garbieri, *Lorenzo*, Bologneser, 1580—1654.

Garbo, Raffaelino del, Florentiner, 1466
—1524.
Garisenda, Filippo und *Odo*, um 1110.
Garofalo oder *Benvenuto Tisio*, Ferrarese,
1481—1559.
Gatta, Bartolommeo della, Camaldolenser,
1408—1491.
Gatti, Bernardino, Schüler Correggio's.
Gavasetti, Camillo, von Modena, † 1628.
Gavasio (Gavassi), Giangiacomo, aus Bergamo, um 1512.
Gelée, s. Claude.
Geminiani, s. Gimignani.
Genga, Schüler Perugino's.
Genovese, Prete, Bernardo Strozzi, 1581
—1644.
Gent, Gerhard von, Schüler van Eyks, um
1450.
Gent, Justus von, Schüler van Eyks, um
1460.
Gentile, Bartol., von Urbino, um 1497.
Gentile, Antonio, aus Faenza, 1549—1609.
Gérard, neuere franz. Schule.
Gerini, Gerino, Florentiner, um 1500.
Gherardi, Cristofano, gen. *Doceno von
Borgo, S. Sepolcro*, Florentiner, 1500—
1556.
Gherardini, Alessandro Fiorentino, von
1655—1723.
Gherardini, Franc., in Mailand.
Ghiberti, Lorenzo, Florentiner, 1378—
1455, Maler und Bildhauer.
Ghigi, Teodoro oder *T. Mantovano*, Schüler von Giul. Romano, um 1540.
Ghirlandajo, Domenico Corradi del, Florentiner, 1451—1495.
Ghirlandajo, Ridolfo del, sein Sohn,
† 1560.
Ghirlandajo, Michele di Ridolfo, dessen
Sohn.
Giacomo, Lorenzo di, von Viterbo, um
1469.
Giambologna, s. Bologna Giov.
Giambono, Michel, von Venedig, um 1430.
Giampedrini, s. Pedrini.
Gianicola, von Perugia, Schüler des
Pietro Perugino, † 1540.
Gibson, neuere engl. Schule, † 1866.
Gimignani, Giacinto, aus Pistoja, 1611
—1681.
Gimignano, Vinc. di San. oder *Tamagni*,
Florentiner, um 1527.
Giocondo, Fra Giovanni, aus Verona, um
1436 bis nach 1514.
Giolfino, Niccolo, Veroneser, um 1500.
Giordano, Cav. Luca, gen. *Luca Fa presto*,
Neapolitaner, 1632—1705.
Giordano, Stefano, aus Messina, um 1541.
Giorgio, Francesco di, Florentiner, um
1460.
Giorgione, oder *Giorgio Barbarelli*, von
Castelfranco im Trevisanischen, 1477—
1511.
Giottino oder *Tommaso di Stefano*, Florentiner, 1324—1356, Bildhauer u. Maler.
Giotto di Bondone, aus Vespignano im
Florentinischen, Baumeister, Bildhauer
und Maler, 1276—1336.

Giovannetti, neuere florent. Schule.
Giovanni, Leonardo di Ser, Bildhauer,
Florentiner, um 1366.
Giovanni, Tedesco, s. Allemagna.
Giovanni da San Giovanni, s. San. Giov.
Giraldini, Melch., Mailänder, † 1675.
Girodet, neuere röm. Schule.
Girolamo, Padovano, s. Croce.
Girometti, neuere franz. Schule.
Giulio, s. Romano.
Giunta, Pisano, um 1236.
Giusto, Padovano, aus Florenz, um 1360.
Giuvara, s. Juvara.
Glykon, aus Athen, um 320 a. C.
Goes, Hugo van der, Niederländer, um 1470.
Gori, Berto di, Florentiner, um 1400.
Goro di Gregorio, um 1374.
Gossoli, Benozzo, Florentiner, 1400—1478.
Grado, Giov. Franc. da, in Parma, um
1507.
Granacci, Francesco, Florentiner, 1477—
1544.
Grandi, Ercole, Ferrarese, 1491—1531.
Granet, Fr. Marius, Franzos, 1774.
Grapiglia, Gir., 1572.
Grassini, neueste florent. Schule.
Grechetto, s. Castiglione.
Grigoletti, M. A., neuere venet. Schule.
Grimaldi, Francesco, Neapolitaner, Theatiner-Mönch, um 1600.
Gros, Pierre le, aus Chartres, † 1714.
Grossi, Giov., Römer, Bildh., um 1750.
Grossi, Giov. und *Giacomo*, Architekten, aus
Venedig, um 1690.
Grosso, Niccolo, gen. *Caparra*, Florentiner,
um 1480.
Gruamons, in Pistoja, um 1180.
Gualdo, Matteo di, umbrische Schule, um
1470.
Gualtieri, Paduaner, um 1550.
Guariento, Paduaner, um 1350.
Guarini, Camillo, von Modena, † 1685.
Guercino da Cento oder *Giov. Francesco
Barbieri*, Schüler des Caracci, 1590—1666.
Guglielmo, Fra, von Pisa, 1260.
Guidetto, in Luca, um 1203.
Guido, s. Reni.
Guidobono, Bart., von Savona, † 1709.
Guiduccio, aus Siena, um 1200.
Guisoni, Fermo, von Mantua, um 1568.
Hackert, Jac. Philipp, Deutscher aus
Prenzlau in der Uckermark, 1737—1807.
Hadrian, röm. Kaiser, von 117—138.
Hamilton, Gavin, Engländer, um 1760.
Hayez, neuere mailänd. Schule.
Hemső, Gruberg de. in Florenz, † 1847.
Hobbema, M., Niederl., um 1650.
Holbein, Hans, aus Basel, 1495—1554.
Honthorst, Gerard, oder *Gherardo delle
Notti*, aus Utrecht, 1592 bis nach 1662.
Houdon, Jean Ant., Franzos, in Rom,
1741—1828.
Hugtenburg, Jan van, aus Haarlem, 1646
—1733.
Huysum, Joh. van, aus Amsterdam, 1682
—1749.
Jacob, der Deutsche, Archit., um 1230—
1276.

Jacob, von *Ulm*, Dominikaner, Glasmaler
 (Fra Beato Giacomo), geb. zu Ulm 1407,
 gest. zu Bologna 1491, 1825 selig ge-
 sprochen.
Jacobellus, von Venedig, um 1390.
Jacobus, Frater, Florentiner, um 1225.
Jacometti, Targuinio, und *Pietro Paolo*,
 aus Recanati, um 1600.
Jacometti, neuere röm. Schule.
Jacone, Florentiner, † 1553.
Jacopo, da Firense, um 1370.
Jacopo, di Maestro Agostino, von Cremona,
 um 1495 in Bologna.
Imola, Francesco, Colucci da, um 1500,
 Bologneser.
Imola, Innocenzo, Francucci da, Schüler
 Fr Francia's, um 1506—1549.
Imparato, Francesco, Neapolitaner, um
 1565.
India, Bernardino, Veroneser, um 1568.
Ingegno, Andrea Aloisii, aus Assisi, um-
 brische Schule, um 1500.
Ingres, neuere franz. Schule.
Isidorus, Miniaturmaler, um 1170.
Juvara (oder Giuvara), Filippo, Spanier,
 1685—1738.
Kalamis, in Athen, 470—430 a. C.
Kaufmann, Angelica, Deutsche, 1742—
 1808.
Koch, Joseph, neuere deutsche Sch., † 1839.
Lafri, Florentiner, um 1600.
Lama, Gianbernardo, Neapolitaner, 1508
 —1579.
Lana, Lodovico, von Modena, 1597—1646.
Lancia, Domenico, von Bologna, um 1560.
Landi, neuere mailänd. Schule.
Landini, Taddeo, Bildh. und Baumeister
 von Florenz, † 1594.
Lanfranco, Cav. Giov., aus Parma, 1581
 —1647.
Lanfrancus, Archit., um 1100.
Lanfrani, Jacopo, Bildh. und Baumeister
 in Venedig, um 1340.
Langetti, Giov. Batt., Genueser, 1635—
 1676.
Lanino, Bernardino, von Vercelli, mai-
 länd. Schule, um 1546, † 1578.
Largillière, Franzos, um 1780.
Lauranna, Lusigna, aus Dalmatien, † 1483.
Laurenti, Florentiner, 1487.
Laureti, Tom., Sicilianer, † um 1596.
Lazzari, s. Bramante.
Le Brun, Charles, aus Paris, 1619—1690.
Le Brun, Madame, seine Gattin.
Legnani, Stefano, aus Piemont, 1640—
 1715.
Le Gros, neuere franz. Schule.
Lello, 1322.
Lenôtre, Italiener, lebte meist in Paris,
 † 1700.
Leonardo, s. Vinci.
Leoni, neuerer Florentiner.
Leopardo, Alessandro, aus Venedig, um
 1460.
Lercaro, Damiano, 15. Jahrh., Bildh.
Leusanen, Petrus, in Rom, um 1194.
Leyden, Lucas van, in Italien gewöhnlich
 Luca d'Olanda, 1494—1533.

Liberale, von Verona, 1451—1536.
Liberi, Cav. Pietro, aus Padua, 1605—
 1687.
Libri, Girolamo dei, Veroneser, 1472—
 1553.
Licinio, s. Pordenone.
Lieven van Antwerpen, Niederländer,
 Schüler van Eyks, um 1460.
Ligorio, Pirro, Archit., Bildhauer, Maler
 und Antiquar, aus Neapel, 1496—1580.
Ligozzi, Jacopo, Veroneser, 1543—1627.
Lino, in Pisa, um 1360.
Lionardo di Ser Giovanni, s. Gio-
 vanni.
Liparini, neuere venez. Schule.
Lippi, Annibale, Archit. in Rom, um 1550.
Lippi, Fra Filippo, Maler, Florentiner,
 1400—1469.
Lippi, Filippino, dessen Sohn, 1460—1505.
Lolmo, Giov. Paolo, aus Bergamo, † 1595.
Lombardi, Alfonso Citadella, Bildh. aus
 Lucca, 1487—1536.
Lombardo, Pietro, Archit. und Bildhauer
 aus Venedig, † 1519.
Lombardo, Tullio, Archit. und Bildhauer
 sein Sohn, † 1559.
Lombardo, Antonio, Bildh., sein Bruder.
Lombardo, Girolamo, Bildh. aus Ferrara,
 Schüler des Sansovino, um 1534.
Lombardi, seine Söhne Antonio, Pietro,
 Paolo und Giacomo, Bildhauer.
Lombardo, Martino, Archit. um 1480.
Lomi, Aurelio, Pisaner, 1536—1622.
Longhena, Baldassare, Archit. und Bildh.
 zu Venedig, um 1660.
Longhi, in Rom, Architekt, um 1624.
Longhi, Luca, von Ravenna, Maler, 1507
 —1580.
Lorenebe, Giuodad, Architekt in Florenz,
 um 1739.
Lorenzetti, Ambrogio, Sieneser, um 1330
 —1337.
Lorenzetti, Pietro (oder di Lorenzo), sein
 Bruder.
Lorenzetti, Sano, aus Siena, um 1424.
Lorensetto, Martino (di Lodovico Cam-
 pagnajo) oder Lorenso Lotto, Bildhauer u.
 Baumeister, von Florenz, 1494—1541.
Lorenzi, Giov., neue venez. Schule.
Lorenzi, Giov. Batt., aus Florenz, Bildh.,
 1548—1593.
Lorensino, aus Fermo, Cartonist, um
 1700.
Lorenzo, Fiorenzo di, aus Perugia, um
 1472—1521.
Lorenzo di Niccolo, um 1440.
Lotti, Bart., aus Bologna, † 1698.
Lotto, Lorenzo, aus Bergamo, um 1513—
 1554.
Lucano, Geroldus de, um 1252.
Luini, oder Lovini, Bernardino, Schüler
 Leonards in Mailand, lebte noch nach
 1530.
Luini, Aurelio, sein Sohn, † 1593.
Lunghi, Martino, aus dem Mailänd., um
 1580.
Luti, Cav. Benedetto, Florentiner, 1666—
 1724.

Lysippus, von Sicyon, 368—324 s. C.
Mabuse, *Johann Gossaert von*, aus dem Hennegau, 1500—1562.
Macrino, d'Alba, oder *Gianglac. Fava*, um 1496—1508.
Maderno, Carlo, Archit. aus dem Gebiete von Como (desshalb *il Lombardo*), 1556—1629.
Maderno, Stefano, Bildh. aus der Lombardei, 1571—1636.
Maganssa, Gianbatt., aus Vicenza, Schüler Tizians, 1509—1588.
Magenta, Pater *Barnabita*, in Bologna, 1605.
Majano, Benedetto da, Archit., Bildh. und Maler aus Florenz, 1444—1498.
Majano, Giuliano da, Archit. und Bildh., sein Oheim oder Bruder.
Maitani, Lorenzo, aus Siena, um 1290.
Malosso, Cav. Batt. Trotti, el, Cremoneser, geb 1555.
Mancinelli, in Neapel.
Manetti, Rutilio, aus Siena, 1571—1637.
Manfredini, neuere ital. Schule.
Mangoni, Fabio, Mailänder, um 1620.
Mansueti, Gior., Maler aus Venedig, um 1500.
Mantegna, Andrea, Paduaner, 1430—1506.
Mantegna, Carlo di, Maler, 1515.
Mantovano, Giov. Batt., gen. *Brisiano*, Schüler von Giulio Romano.
Maratta, Cav. Carlo, röm. Schule, 1625—1713.
Marchesi, neuere mailänd. Schule.
Marchione, von Arezzo, um 1286.
Marchioni, Carlo, um 1740 in Rom.
Marconi, Rocco, venet. Schule, † nach 1505.
Marescalco, Giov. Bonconsigli,, von Vicenza, um 1497.
Marescotti, Ant., zu Ferrara, um 1450.
Margheritone, von Arezzo, Architekt, Bildhauer und Maler, um 1270.
Marinali, Orazio, aus Bassano, 1643—1720.
Marinelli, neuere florent. Schule.
Marini, neuere florent. Schule.
Mario, Crescenzio di, um 1482 in Siena.
Martellini, neuere florent. Schule.
Martinello, umbrische Schule, um 1422.
Martini, Symon, fälschlich *Memmi*, Sieneser, 1276—1344.
Martini, Jac. de', um 1790.
Marzuglia, Venanzio, 1769.
Masaccio, von S. Giovanni im Valdarno, Florentiner, Bildhauer (?) und Maler, 1401—1443.
Masolino, di Panicale, Florentiner, 1378—1415.
Massari, Lucio, Bologneser, 1569—1633.
Masuccio, major, aus Neapel, Baumeister und Bildhauer, 1225—1305.
Masuccio, minor, Stefano, aus Neapel, 1291—1388.
Matera, Fra Benedetto, von Monte Casino, um 1470.
Matrice, s. Amatrice.
Mattei, Michael, von Bologna, 1360.
Mattei, Gabriel, in Siena, um 1470.

Matteis, Paolo de, Neapolitaner, 1662—1728.
Maturino, aus Florenz, Gehülfe des Polid. da Caravaggio, um 1530.
Massanti, Cav. Lod., aus Orvieto, röm. Schule, um 1760.
Massaroppi, Marco, von S. Germano. † 1620, röm. Schule.
Massoli, Basilio, in Brescia, Architekt, um 1790
Massoli (oder richtiger *Massola*), *Pierdario*, Maler von Parma, um 1533.
Massoli, Filippo, gen. *dell' Erbetto*, dessen Bruder, † 1505.
Massoli, Francesco, s. *Parmeggianino*.
Massolino, Lodovico di Ferrara, 1481—1530.
Mazzoni, Giul., von Piacenza, um 1570.
Mazzoni, Sebast., aus Florenz, 1615.
Melani, Cav. Giuseppe, Pisaner, † 1747.
Melano, Giov. da, auch *Milano*, Zeitgenosse Giotto's.
Melone, Altobello, Cremoneser, um 1500.
Melzi, Francesco, Mailänder, Schüler von Leonardo, † nach 1568.
Memling, Hans, Niederdeutsche Schule. um 1480.
Memmi, Lippo, Sieneser, um 1320.
Memmi, Simone, s. *Martini.*
Menelaus, Stefani, Grieche, um 130 s. C.
Menetti, Orazio, neuere röm. Schule.
Mengs, Cav. Ant. Raphael, Sachse, 1728—1779.
Mensi, neuere ital. Schule.
Merighi, s. *Caravaggio M. A. Amerighi.*
Messina, Antonello da, 1447—1496.
Messys, Quentin, niederländ. Schule, 1450—1529.
Metastasio, Pietro, 1698—1782.
Michel Angelo, s. *Buonarroti.*
Michele, Pastorino di Giovanni, Glasmaler um 1500.
Michelino, Domenichino di, aus Florenz, um 1450.
Michelozzi, Michelozzo, Florentiner, Baumeister und Bildhauer, um 1450.
Mieris, Frans, aus Leyden, 1635—1671.
Mierevelt, Michael, Holländer, 1567—1641.
Migliara, neuere ital. Schule, † 1837.
Mignon, Abraham, aus Frankfurt, 1640—1679.
Milano, Leonardo da, Schüler des Daniel da Volterra, um 1567.
Milano, Luchino di, um 1460.
Minardi, neuere röm. Schule.
Minella, Pietro di, aus Siena.
Minello, Antonio de' Bardi, Paduaner, um 1512.
Minganti, Alessandro, aus Bologna, um 1600.
Minio, Tiziano, Paduaner, † 1552.
Mireito, Giov., Paduaner, um 1420.
Mocchi, Franc., von Montevarchio, starb in Rom 1646.
Moccio, Bildhauer u. Baumstr. aus Siena, um 1356.
Modanio, oder *Massoni*, von Modena, arb. um 1495 in Neapel, † 1518 in Modena.

Moine, Paul le, Franzos, 1836.
Mola, *Antonio* und *Paolo*, Mantuaner, im 15. Jahrh.
Mola, *Franc.*, aus Lugano, 1612—1668.
Molenaer, *Cornelius*, aus Antwerpen, Landschaftsmaler, um 1570.
Molteni, neue ital. Schule.
Moncalvo, *il*, oder *Guglielmo Caccia*, aus dem Novaresischen, 1568—1625.
Munio, *Dom.*, 1550—1602.
Monrealese, *Pietro Novelli*, um 1660.
Monsignori. *Gir.*, aus Verona, Dominikaner, † 1500.
Montagna, *Bartol.*, aus Vicenza, 1489—1522.
Montagna, *Benedetto*, sein Bruder.
Montagnana, um 1508, Maler in Verona.
Montaldo, *Giov. Stefano Danieli*, Mailänd. Schule. 1608—1689.
Monte, *Michele di*, Florentiner, um 1430.
Montelupo, *Raffaello da*, Florentiner, um 1510.
Montelupo, *Baccio da*, sein Vater.
Monti, *Gaetano*. Bildhauer aus Ravenna, neuere mailänd. Schule.
Monti, *Romano*, neue ital. Schule.
Monti, *Francesco*. Bolognese, 1685—1768.
Montorfano, *Giov. Donato*, Mailänder, 1440—1510.
Montorsoli, *Giov. Ang. von Poggibonsi*, Florentiner, Architekt, Bildhauer und Maler, um 1500—1564, Mönch in Genua.
Moraglia, neuerer Mailänder.
Morelli, Archit., neuere ital. Schule.
Morelli, Bildh., neuere röm. Schule.
Moretti, *Cristoforo*, aus Cremona, um 1460.
Moretto, *Alessandro Bonvicino il*, von Brescia, um 1516 bis nach 1547.
Moro, s. *Torbido*.
Moro, *Battista del*, um die Mitte des 16. Jahrh.
Morone, *Francesco*, Maler, Veroneser, 1474—1529.
Morone, *Andrea*, Archit. in Padua, um 1550.
Moroni, *Giov. Batt.*, Maler aus Albino im Bergam., um 1557—1578.
Moroni, *Pietro*, Brescianer.
Mosca, *Simone*, aus Settignano, 1495—1554.
Moschino, oder *Franc. Mosca*, Sohn des Simone, um 1660.
Mugello, *Fra Benedetto da*, Miniaturmaler. Bruder des Giov. Ang. da Fiesole, † 1448.
Mulinari, *Giov.*, aus Savigliano, 1721—1793.
Mura, *Francesco de*, gen. *Franceschiello*, Neapolitäner, um 1743.
Murano, s. *Vivarini*.
Murillo, *Bart. Stefano*, Spanier, 1613—1685.
Mussato, *Gualbertino*, um 1315 in Padua.
Mutina, *Toma de*. Modeneser, um 1350.
Musiano, *Gior.*, Brescianer, 1528—1592.
Myron, um 430 a. C. Grieche.
Naldini, *Battista*, Florentiner, 1537 bis nach 1590.
Nebbia, *Cesare*, aus Orvieto, † 1614.

Neefs, *Peter*, aus Antwerpen, geb. 1570, Architekturmaler.
Negroni, *Pietro*, 1502—1565.
Neproponte, *Fra Antonio da*, um 1440 in Venedig.
Nelli, *Plautina*, Nonne im S. Katharinenkloster von Florenz, 1523—1588.
Nenci, neue florent. Schule.
Neruccio, Pisaner, um 1370.
Nesa, *Collino di*, aus Siena, um 1337, Baumeister und Bildhauer.
Niccolini, neuere ital. Schule.
Nicolao, *Vincenzo da*, in Lucca.
Nippossano, *Fra Jacopo da*, s. *Talenti*.
Nucchi, neuere Luccheser Schule.
Nogari, *Paris*, Römer, † um 1596.
Nola, *Gior. Merliano da*, Neapolitaner, 1478—1559.
Nattolini, neuere ital. Schule.
Novara, *Bartolini*, Architekt, um 1400.
Novelli, s. *Monrealese*.
Nocius, *Plautius*, röm. Bildh. zur Zeit der Republik, ums Jahr 600 der Stadt.
Nürnberg, *Carl*, Niederl.
Nuvolone, *Carlo Franc.*, Mailänder, 1608—1651.
Oderigo da Gubbio, Schüler Giotto's, lebte um 1320 in Bologna (?).
Oggione, *Marco d'*, Mailänder, Schüler Leonardo's, † 1530.
Ognabene, *Andrea di Jacopo d'*, in Pistoja, um 1350.
Olivieri, *Orazio*, Römer, 1551—1599.
Omodeo, Mailänder, um 1570.
Opera, *Giov. Bandini dell'*, Florentiner. Schüler Bandinelli's.
Opstal, *Gerard van*, von Brüssel, † 1668.
Orcagna, s. *Cione*.
Orelli, neuerer Italiener.
Orioli, *Bart.*, in Treviso, um 1616.
Orizonte, *Frans v. Bloemen*, aus Antwerpen. † 1749.
Orley, *Bernhard van*, Niederländer, um 1520.
Orsi, *Lelio*, Schüler Correggio's.
Orto, *Vincenzo dell'*, 1498.
Ortolano, *Giov. Matt. Benvenuto*, Ferrarese. † um 1525.
Ostade, *Adrian van*, aus Lübeck, 1610—1662.
Ostade, *Isaak van*, sein Bruder.
Overbeck, *Friedr.*, aus Lübeck, geb. 1789, neuere deutsche Schule, in Rom.
Pacchiarotto, *Jacopo*, Sieneser, um 1500.
Pacelli, neuere mailänd. Schule.
Padovani, *Giov. u. Antonio*, um 1380 in Padua.
Padovanino, *Alessandro Varotari il*, aus Verona, 1590—1650.
Padovano, *Juan Maria*, um 1520 in Venedig.
Padovano, *Giusto*, um 1382.
Paggi, *Giov. Batt.*, Genueser, 1554—1627.
Pagni, *Benedetto*, von Pescia, Schüler Giulio Romano's.
Palagi, neuere mailänd. Schule.
Palladini, *Filippo di Lorenzo*, Florentiner, † um 1614.

Palladio, Andrea, aus Vicenza, 1518—1580.

Palma, Jacopo, gen. *il vecchio*, Venetianer, um 1491—1516.

Palma, Jacopo il giovine, 1544—1628.

Palmezzano, Marco, von Forli, 1490—1530.

Pampaloni, neuere florentinische Schule, † 1847.

Panetti, Domenico, Ferrarese, 1460—1580.

Panicale, s. *Masolino*.

Paoletti, Nicol. Gasp., Florentiner, um 1770.

Paoletti, neuerer Florentiner.

Paolo, Cristofano di, Florentiner, um 1420.

Paolo, Calisto di, in Siena, um 1482.

Papa, Simone, der Aeltere, Neapolitaner, 1440—1488.

Papa, Simone, der Jüngere, 1506 bis nach 1569.

Papi, Erzgiesser in Florenz.

Parigi, Giulio, Florentiner, † 1635.

Parmeggianino, oder *Francesco Mazzuolo*, oder *Mazzolino*, Sohn des Filippo M., Nachahmer Correggio's, 1503—1540.

Parrodi, Filippo, Bildhauer aus Genua, 1640—1708.

Parrodi, Domenico, Genueser, Maler, 1668—1740.

Pasiteles, aus Grossgriechenland, † um 30 a. C. in Rom.

Pasquali, Ant., neuere mailänd. Schule.

Pasqualino, 1496.

Passerotti, Bart., Bologneser, um 1578, † 1592.

Passignano, Cav. Domen. Christi da, 1560—1638.

Patenier, aus Dinant, 1490—1525 (?).

Pauli, Jacobus, Bologneser, um 1400.

Paulus, Magister, und seine Söhne *Lucas* und *Johannes*, um 1344 in Venedig.

Pedone, Giov. Casp., aus Cremona (n. A. aus Lugano), 1490—1505.

Pedrini, Giov., Mailänder, um 1500.

Pedrini, neuere Bologn. Schule.

Pellegrino, Munari, von Modena. † 1523.

Pellegrini, Pellegrino, gen. *Tibaldi*, Archit. und Maler aus Bologna, 1527—1591.

Pellegrini, Lodovico, 1626, Mailänder.

Penacchi, Pier Maria, aus Treviso, um 1520.

Pencz, G., aus Nürnberg, 1500—1550.

Penni, Franc. il Fattore, aus Florenz, Schüler Raphaels, 1488—1528.

Pensaben, P. Mario, Dominicaner, venet. Schule, 1484—1530.

Perabo, neue ital. Schule.

Perovano, auch 1565.

Perugino, Pietro oder *Vannucci della Pieve*, umbrische Schule, 1446—1524.

Perugino, Sinibaldo, Schüler des Vorigen, um 1500.

Perusia, Luca da, umbrische Schule, um 1420.

Perussi, Baldassare, aus dem Sienesischen, Schüler oder Genosse Raphaels, 1481—1536, Maler und Architekt.

Pesaro, Simone, s. *Cantarini*.

Pesellino, Francesco, Florentiner, 1426—1457.

Pestagalli, in Mailand, um 1847.

Petri, Niccolo, Florentiner, um 1390.

Petroni, Teresa, aus Siena, um 1420.

Petrus, in Rom, um 1180.

Petrus, Paulus, in Venedig, um 1394.

Phidias, aus Athen, um 440 a. C.

Piaggia, Teramo, in Genua, um 1547.

Piatti, neuerer Florentiner.

Piazza, Calisto, von Lodi, venet. Schule, um 1524—1556.

Piazza, Albertino und *Martino*, Cremoneser, um 1460.

Piermarini, Gius., Römer, um 1760.

Pietrasanta, Giac. da, um 1480, in Rom.

Pietro, des deutschen Heinrich Sohn, s. *Enrico*.

Pietro, Jacopo di, Florentiner, um 1460.

Pietra, Sano di, Sieneser, um 1400.

Pilotti, Girolamo, venez. Schule, um 1590.

Pini, Francesco, um 1720, in Lucca.

*Pin*elli, Baccio*, Florentiner, um 1470.

Pinturicchio, Bernardino Betti, aus Perugia, umbrische Schule, 1454, † 1512.

Piola, Domenico, Genueser, 1628—1703.

Piola, Parolo Girolamo, dessen Sohn, 1666—1724.

Piola, Peregrino, Bruder Domenico's, 1617—1740.

Piombo, F. Sebastiano del, Venezianer, 1485—1547.

Pippi, Giulio, s. *Romano*.

Pironi, Giov., von Vicenza, um 1660.

Pisanello (oder *Pisano*), *Vittore*, Veroneser, um 1450.

Pisani, neuere florent. Schule.

Pisano, Nicola, Archit. und Bildh., 1200 bis nach 1275.

Pisano, Giovanni, sein Sohn, Archit. und Bildh., 1240—1320.

Pisano, Giovanni, um 1490.

Pisano, Andrea Ugolino, Archit. und Bildh., um 1330.

Pisano, Nino, sein Sohn, um 1350.

Pisano, Tommaso, dessen Bruder, um 1350.

Pisano, Tino, um 1360.

Pisano, Giglio, um 1305.

Pistoja, Leonardo da, Schüler von Franc. Penni, um 1530.

Pistoja, Giovanni da, um 1360.

Pistoja, Fra Paolo da, Schüler von Fra Bartolommeo.

Pissi, neuere Mail. Schule.

Pissola, Niccolo, Paduaner, † um 1490.

Poccetti, Bernardo Barbatelli, Florentiner (auch *Bernardino delle grottesche*), 1542—1612.

Poccianti, Pasq., Architekt, neuerer Florentiner.

Podesti, Franc., 1798, aus Ancona, Maler.

Polastrini, neuerer Florentiner.

Poletti, Architekt, neuere röm. Schule.

Politti, neuere venez. Schule.

Pollack, neuere deutsche Schule.

Pollajuolo, Antonio da, Florentiner, Maler und Bildh., 1425—1498.

Pollajuolo, *Pietro da*, sein Bruder, Maler und Bildh., 1433—1498.
Polyclet, aus Sicyon (Argos), 450—410 a.C.
Polydorus, von Rhodus.
Pomeranzio, *il Cav. Cristof. Roncalli dalle Pomeranze*, 1552—1626.
Ponde, *Ant. da*, Venezianer, um 1560.
Ponte, *s. Bassano.*
Pontormo, *Jacopo Carucci da*, Florentiner, 1483—1558.
Ponzio, *Flaminio*, auch *Ponti*, Mailänder, † 1615.
Ponzone, *Matteo*, im 17. Jahrh.
Poppi, *Franc. Morandini da*, Florentiner, 1544—1568.
Porbus (Puurbus), *Frans*, der Jüngere, Niederländer, 1572—1622.
Pordenone, *Giov. Antonio Licinio da*, Venezianer, 1484—1540.
Porata, *Jacobus*, in Cremona, um 1274.
Porta, *Giacomo della*, Mailänder, Archit., um 1580.
Porta, *Tommaso della*, Mailänder, Bildh., † 1567.
Porta, *Gianbatt. della*, von Porlez, Bildh., † in Rom 1594.
Porta, *Guglielmo della*, Bildh., † 1577.
Porta, *Carlo della*, neuerer Florentiner, Maler.
Porta, *Giuseppe della Garfagnana*, venez. Schule, 1520—1570.
Portiggiani, *Fra Domenico*, Schüler des Giov. da Bologna.
Posi, *Paolo*, aus Siena, um 1570.
Postiglione, *Raff.*, in Neapel.
Potter, *Paul*, Niederländer, 1625—1654.
Poussin, *Gaspard Dughet*, geb. in Rom 1613, † 1675, Landschaftsmaler.
Poussin, *Nicolas*, aus der Normandie, 1594—1665.
Pozzi, *Stef.*, Römer, † 1768.
Pozzi, neuere florent. Schule.
Praxiteles, in Athen, um 364—340 a. C.
Precitali, *Andrea*, aus Bergamo, um 1506—1528.
Primaticcio, *Niccolo*, aus Bologna, Schüler Giulio's, 1490—1570.
Procaccini, *Ercole*, Bologneser, 1520 bis nach 1591.
Procaccini, *Camillo*, sein Sohn, um 1609.
Procaccini, *Giulio Cesare*, dessen Bruder, † 1626.
Pucci, *Lorenzo di Mariano*, um 1480 in Siena.
Puccinelli, *Angelo*, Luccheser, um 1380.
Puccio, *Pietro di*, aus Orvieto, um 1389.
Puget, *Pierre*, Bildh.. Baumstr. u. Maler aus Marseille, † 1595.
Puligo, *Domenico*, Florentiner, 1475—1527.
Pulzone, *Scipione*, von Gaeta, 1562, st. 1600.
Puttinati, Bildh. in Mailand.
Pyrgoteles, 15. Jahrh. Bildh. in Venedig.
Quaini, *Lodorico*, Bologneser, 1643—1717.
Quercia, *Jacopo della*, oder *del Fonte*, von Siena, 1344—1418.

Querena, *Latt.*, neuere venez. Schule.
Raffaellino, *s. del Garbo.*
Raggi, *Antonio*, von Vicomoro, Schüler Bernini's, † 1686.
Raibolini, *s. Francia.*
Rainaldi, *Carlo*, Römer, 1570—1655.
Rainaldus, in Pisa, Arch. 1063.
Ramenghi, *s. Bagnacavallo.*
Ramo, aus Siena, um 1293.
Raphael, *Sanzio*, von Urbino, Archit., Bildh. und Maler, 1483—1520, umbrische und röm. Schule.
Rasconi, *Albertino*, aus Mantua, um 1495.
Ratti, *Giov. Agostino*, aus Savona, 1699—1775.
Rauch, *Christian*, in Berlin, geb. 1777, † 1857.
Rasuli, *Sebast.*, Schüler der Caracci.
Rossi, *s. Soddoma.*
Regno, *Nino del*, Neapolitaner, um 1455.
Rembrandt, *van Ryn*, Holländer, 1606—1674.
Reni, *Guido*, Bologneser, 1575—1642.
Reynolds, *Joshua*, Engländer, 1723—1792.
Ribera, *s. Spagnoletto.*
Ricca, *Bernardino*, Cremoneser, um 1520.
Ricci, neuere florent. Schule.
Riccio, *Andrea Brioschi*, Architekt und Bildh. aus Padua, 1460—1532.
Riccio, aus Siena, um 1420.
Ridolfi, *Michele*, neuere toscanische Schule.
Righetti, *Francesco*, † 1820, und sein Sohn Luigi in Neapel.
Righetto, *Agostino*, in Padua, um 1570.
Righini, *Francesco*, in Malland, um 1650.
Rigusso, *Giov. di*, in Bologna, um 1393.
Rimini, *Giov. da*, um 1470.
Rinaldi, neuere ital. Schule (?).
Rinaldo, Mantuaner, Schüler Giulio's.
Rizzi, *Stefano*, venez. Schule, um 1520.
Robbia, *Lucca della*, aus Florenz, 1388.
Robbia, *Giovanni della*, um 1530, Sohn des Andreas. Neffen von Lucas.
Robbia, *Girolamo*, sein Bruder, † um 1568 in Frankreich.
Robbia, *Agostino della*, um 1451.
Robertelli, *Aurelio*, 1499.
Robertus, Magister in Lucca, um 1160.
Robusti, *s. Tintoretto.*
Roccadirame, *Angiolillo*, in Neapel, 1396—1460.
Rocchi, *Cristoforo*, Schüler Bramante's.
Rodario, *Tomm.*, um 1526.
Rodolfino, um 1177 in Pistoja.
Romanelli, *Giov. Franc.*, aus Viterbo, 1617—1662.
Romanino, *Girolamo*, Brescianer, † um 1560.
Romano, *Giulio Pippi*, Römer, 1492—1546.
Romano, *Paolo*, um 1460 in Rom.
Roncajolo, aus dem Gebiet von Lugano, im 17. Jahrh.
Roncinotta, *Luigi*, 1529.
Rondani, *Fr. Maria*, Schüler Correggio's.

Rondt, neuerer Florentiner.
Rondinelli, Niccolo, um 1500, Schüler von Giov. Bellini.
Rosa, Salvatore, Neapolitaner, Maler, Kupferst. und Satiriker, 1615—1673.
Rosa da Tivoli, oder *Philipp Peter Roos* aus Frankfurt, 1655—1705.
Rosa, Pietro, Brescianer, † 1577
Rosa, Giovanni, von Antwerpen, 1591, st. in Genua 1638.
Roselli, Cosimo, Florentiner, 1444—1521.
Rosetus, Bologneser, um 1380.
Rositi, Giov. Batt., von Forli, um 1500.
Rossellini, Bernardo, Archit. und Bildh. aus Florenz, Schüler von Donatello, um 1450.
Rosselini, Antonio, sein Bruder und Schüler, † 1480.
Rossi, Propersia de', aus Modena, † 1533.
Rossi, Michel Angelo de, um 1627 in Rom.
Rosso, il, Florentiner, † 1541.
Rovezzano, Benedetto da, Florentiner, † um 1550.
Rubens, Peter Paul, aus Antwerpen, 1577 —1640.
Rubeus, 1277 in Perugia.
Ruccuni, in Rom, um 1700.
Rufolo, Niccolo, 11. Jahrh.
Ruysch, Rachel, Blumen- und Fruchtmalerin aus Amsterdam, 1664—1750.
Ruysdael, Jacob, aus Harlem, 1635—1681.
Rusca, neuere ital. Schule.
Ruseruti, Fil., Römer, um 1300.
Russi, Giov., um 1455.
Rustici, Giov. Francesco, Florentiner, Schüler von Andrea Verrocchio, um 1530.
Rustichino (Franc. Rustici), 1590—1625.
Ruriale, Francesco, Spanier, in Neapel, 1500—1550.
Sabatelli, neuere florent. Schule.
Sabbatini, Lorenzo, Bologneser, † 1577.
Sacchi, Giulio, 18. Jahrh.
Sacchi, Andrea, Römer, 1600—1661.
Salaino, Andrea, Mailänder, Schüler Leonardo's, um 1490.
Salerno, Andrea da, oder *Sabbatini*, 1480 —1544.
Saletta, ein Schüler Palagi's.
Salimbeni, Cav. Ventura, 1557—1613, Sieneser.
Salmeggia, Enea, gen. *il Talpino*, aus Bergamo, † 1626.
Salò, Pietro da, um 1550 in Venedig. Schüler von Jac. Sansovino.
Salpion, Athenienser.
Sallarello, Luca, aus Genua, 1616—?
Salvi, Niccolo, Architekt in Rom, 1735.
Salvi, Antonio, Bildhauer in Florenz, um 1366.
Salviati, Francesco Rossi de', Florentiner, 1510—1563.
Sammachini, Orazio, Bologneser, † 1577.
Sammicheli, Michele, aus Verona, 1484 —1559.
Sanese, Michel Angelo, Archit. und Bildh., 1475—1525.

Sanese, Matteo, Bildh., um 1417.
San Gallo, Antonio Giamberti da, Archit. aus Florenz, † 1546.
San Gallo, Giuliano da, sein Oheim, Architekt, 1443—1517.
San Gallo, Francesco Giamberti da, Sohn des Giuliano da S. G., Bildhauer, 1498—1570.
San Giorgio, neuere Mailänd. Schule.
San Giovanni, Giovanni Manozzi da, Florentiner, 1590—1636.
Banquirico, neuere ital. Schule.
San Severino, Lorenzo und *Giacomo da*, um 1450.
Sansovino, Andrea Contucci, di Monte, Florentiner, Archit. u. Bildh., um 1460, † 1529.
Sansovino, Jacopo Tatti, aus Florenz, Archit. u. Bildh., 1479—1570.
Santa Croce, Girolamo da, aus Neapel, Bildh., Schüler von Matteo Sanese, † 1537.
Santa Croce, Girol. da, Paduaner, Maler, um 1500.
Santa Croce, Pietro Paolo, Maler, 1591.
Santa Fede, Franc., Neapolitaner, um 1550.
Santagostino, Giac. Ant., Mailänder, 1589—1648.
Santarelli, neuerer Florentiner.
Santi, di, oder *Sanzio Giovanni*, aus Urbino, Raphaels Vater, 1443—1508.
Santi, neuere venet. Schule.
Santi, Lorenzo, neuerer Architekt.
Santis, Giacomo de, † 1385.
Sanzio, s. Raphael.
Sanzio, s. Santi.
Sarpi Paolo, 1552—1623.
Sarto, Andrea del, eig. *Andrea Vannucchi*, Florentiner, 1488—1530.
Sarzana, Domenica il, eig. *Fiasella*, Genueser Schule, 1589—1669.
Sassi, Römer, im 18. Jahrh.
Sassoferrato, oder *Giov. Batt. Salvi*, röm. Schule, 1605—1685.
Saurus, aus Sparta, um die Zeit von Christi Geburt.
Savoldo, Geronimo oder *Girolamo Bresciano*, venez. Schule, um 1540.
Scolza, Ippolito, aus Orvieto, 16. Jahrh.
Scamossi, Vincenzo, von Vicenza, 1542 —1616.
Scarabello, Angelo, von Este, im 18. Jahrh.
Scarpagnino, Ant., 1527.
Scarsellino, Ippolito il, Ferrarese, 1551 —1621.
Schadow, Wilhelm, neuere deutsche Schule, † 1860.
Schedone, Bartol., von Modena, † 1615.
Scherano, Alessandro, von Settignano, um 1550 in Rom, Schüler Michel Angelo's.
Schiarone, Andrea, aus Sebenico, venez. Schule, 1522—1582.
Schiavoni, neuere venez. Schule.
Schnetz, Jean Victor, aus Versailles, 1787, Maler.

Schnorr, *Jul.*, neuere deutsche Schule.
Schöpf, neuere deutsche Schule.
Scopas, von der Insel Paros, um 390—350 a. C.
Scorticone, *Domenico*, Archit. und Bildh. in Genua, um 1690.
Scorsa, *Sinibaldo*, Genueser, 1598—1631.
Scorsini, *Lod.*, neuere ital. Schule.
Sebastiani, *Lazzaro*, Schüler Carpaccio's.
Beccadenari, *Ercole*, um 1525 in Bologna.
Segala, aus Padua, † 1720.
Segaloni, *Matteo*, Florentiner, um 1670.
Sagna, *Niccolo di*, von Siena, um 1300.
Salva, neuere ital. Schule.
Semini, *Antonio* und *Ottavio*, † 1578 und 1604.
Semino, *Antonio*, Genueser, 1485 bis nach 1548.
Semitecolo, *Niccolo*, Venezianer, um 1367.
Senis, *Benvenuto de*, 1466.
Serafinus, *de Serafinis*, um 1385.
Serangeli, neuere Mailänd. Schule.
Sermonetta, *Girolamo Sicciolante da*, röm. Schule, um 1572.
Sartini, *Michele della Casa*, um 1416, Dominikaner in Florenz.
Servi, neuere ital. Schule.
Sesto, *Cesare da*, Mailänder, Schüler Leonardo's, † um 1524.
Settignano, *Desiderio da*, 1457—1485, Schüler Donatello's.
Severino, *Vincenzo*, um 1480, umbrische Schule.
Siena, *Bald. da*, s. *Perussi*.
Siena, *Guido da*, Sieneser, um 1221.
Siena, *Marco da*, auch *da Pino*, † um 1587.
Siena, *Matteo da*, † um 1580.
Siena, *Simone da*, s. *S. Martini*.
Siena, *Upolino da*, s. *Ugolino*.
Siena, *Gregorio da*, um 1420.
Siena, *Bonaventura da*, um 1319.
Siena, *Benvenuto da*, um 1466.
Siena, *Giovanni da*, Bildh.
Signorelli, *Luca*, von Cortona, 1440—1521, Florent. Schule.
Sigonio, *C.*, 1482—1540.
Silfani, *Pierfrancesco*, Florentiner, 1620—1685.
Simone, *Francesco di maestro*, Neapolitaner, um 1340—1360.
Simone, *Franc. di*, aus Florenz, Schüler Verrocchio's, um 1470.
Simonetti, *M. A.*, um 1575.
Sinibaldo, Schüler des Perugino, um 1500.
Sirani, *Giov. Andrea*, Bologneser, 1610—1670.
Sirani, *Elis.*, aus Bologna, 1638—1665.
Snyders, *Frans*, aus Antwerpen, 1579—1657.
Soddoma, *il*, oder *Anton Rossi*, von Vercelli, Sieneser Schule, 1479—1554.
Soggi, *Niccolo*, Florentiner, † um 1550.
Sogliani, *Giov. Ant.*, Florentiner, um 1530.
Sogni, neuere ital. Schule.

Sojaro, *il*, oder *Bernardo Gatti*, Cremoneser, um 1522—1575.
Sold, Spanier, seit 1809 in Rom, Bildh.
Solari, *Cristoforo*, Archit. und Bildh. um 1520, Mailänder.
Solari, *Andrea*, oder *del Gobbo*, Mailänder, um 1530.
Solaro, *Angiolo*, neuere röm. Schule.
Soldani, *Massimiliano Benzi*, aus Florenz, † 1740.
Soli, *Cav.*, neuere ital. Schule.
Solimena, *Cav. Francesco*, gen. *Abbate Ciccio*, neapol. Schule, 1657, † 1747.
Solzernus, 1220 in Spoleto.
Somaini, neuere ital. Schule.
Soncino, *Fra Ambruogio da*, Glasmaler, Schüler Jacobs von Ulm.
Soria, *Giov. Battist*, Römer, † 1651.
Spada, *Lionello*, Bologneser, 1556—1622.
Spadaro, *Domenico Gargiuolo*, gen. *Micco, Sp.*, Neapolitaner, 1712—1779.
Spagnolo, umbrische Schule, um 1524.
Spagnoletto, *lo, Cav. Giuseppe Rivera*, aus Sativa in Spanien, oder aus Lecce in Unteritalien, 1593—1656, neapolitanische Schule.
Spasi, *Lor. de'*, 1396.
Sperandi (Sperandei), aus Mantua (?), im 15. Jahrh.
Speransa, *Giovanni*, aus Vicenza, Schüler Mantegna's.
Spinacci, *Innocenzo*, um 1575, in Florenz.
Spinello, von Arezzo, florentin. Schule, † nach 1408.
Spranger, *Bart.*, aus Antwerpen, 1546—1625.
Squarcione, *Franc.*, von Padua, 1394—1474.
Stagi, 1525.
Stansione, *Cav. Massimo*, Neapolitaner, 1585—1656.
Starnina, *Gherardo*, Florentiner, 1354—1403.
Steen, *Jan van*, aus Leyden, 1636—1689.
Stefani, *Tomaso de'*, Neapolitaner, Maler, 1230—1310.
Stefani, *Pietro degli*, 13. Jahrh.
Stefano, *Giov. di Maestro*, Bildh. in Siena, um 1482.
Stefanone, Schüler des Simone von Neapel.
Steinhard, *Frans* und *Dominicus*.
Steinle, aus Wien, neuere deutsche Schule.
Stephanos, alter Grieche.
Stern, *Raphael*, ein Deutscher, um 1807 in Rom.
Stesichorus, griech. Bildh.
Stieler, in München, geb. 1781, † 1858.
Stigmaier, 1791—1844.
Stocchi, *Achill*, neuere röm. Schule.
Strozzi, s. *Genovese*.
Stürler, neuerer Franzos.
Subleyras, Spanier, 1437.
Susur, *Eustache le*, 1617—1655, Franzos.
Susini, *Antonio*, aus Florenz. † 1624.
Sustermans, *Justin*, von Antwerpen, 1597—1681.

Swanevelt, *Hermann*, Niederl., Schüler des Claude le Lorrain, 1620—1680 oder 1690.

Simone de' crocifissi, s. *Bologna*.

Tacca, *Pietro*, aus Carrara, Schüler des Gian da Bologna, † 1640.

Tadda, *Franc. Ferucci*, aus Florenz, † 1585.

Taddi, *Cosimo*, um 1618.

Tadolini, *Pietro*, in Bologna, im 18. Jahrh.

Tadolini, *A.*, aus Bologna, neuere röm. Schule.

Tagliafico, *Andr.*, um 1770 in Genua.

Talenti, *Fra Jacopo*, aus Nippozzano bei Fiesole, Dominikaner, † 1362.

Tamaroccio, *Cesare*, Bologneser. Schüler Francia's.

Tamburini, Schüler Guido's, geb. 1590.

Tantini, neuere florent. Schule.

Taracco, *Sebastiano*, aus Cherasco in Piemont, 1645—1710.

Tassi, *Agostino*, Peruginer, 1566—1642.

Tauriscus, aus Tralles in Lydien, Bruder des Apollonius, aus der Schule zu Rhodus, um 200 a. C.

Tavarone, *Lazzaro*, Genueser, 1556—1641.

Tedeschi, *Gregorio*, aus Florenz, 17. Jahrh.

Tedesco, *Jacopo*, in Assisi, deutscher Baumeister, 13. Jahrh.

Temperello, *il*, oder *Cristoforo Caselli*, von Parma, um 1499.

Tempesta, *il, Cav. Pietro Muller*, aus Harlem, 1637—1701.

Tenerani, aus Carrara, Schüler von Thorwaldsen.

Terrano, *Daniele di*, um 1437.

Terribiglia, *Franc.*, in Bologna, um 1620.

Tersi, *Francesco*, aus Bergamo, † um 1600.

Thorwaldsen, *Albert*, geb. zu Kopenhagen 19. Nov. 1770, gest. 24. März 1844.

Tiarini, *Alessandro*, Bologneser, 1577—1668.

Tibaldi, *Pellegrino Pellegrini*, in Bologna, 1527—1591.

Ticciati, *Girolamo*, aus Florenz, † 1734.

Tiepolo, *Giov. Batt.*, Venezianer, 1693—1770.

Timelli, *Cav. Tiberio*, venez. Schule, 1586—1638.

Tintoretto, *Jacopo Robusti il*, Venezianer, 1512—1594.

Tirati, *Simone*, Florentiner, um 1619.

Tisio, s. *Garofalo*.

Tita, oder *Titi, Santi*, von Borgo San Sepolcro, florent. Schule, 1538—1603.

Tiziano, *Cav. Vecellio*, von Cadore, venez. Schule, 1477—1576.

Tiziano, *Franc. Vecellio*, sein Bruder.

Tiziano, *Marco di*, sein Enkel, auch *Vecellio*, 1545—1611.

Tonelli, *Giuseppe*, Florentiner, um 1668 bis nach 1718.

Tonghi, *Franc.*, um 1387 in Siena.

Tonno, Calabrese, Schüler von Polid. da Caravaggio.

Torbido, *Francesco*, gen. *il Moro*, Veroneser, Schüler Giorgione's, 1504—?

Torchiera, *Bernardino de' Zaccagni da*, gen. *Ludovera*, 1521.

Torri, *Giuseppe Ant.*, aus Bologna, um 1730.

Torrigiani, *Vincenzo*, aus Bologna, um 1745.

Torrita, s. *Turrita*.

Tortona, *Loreto*, neuere ital. Schule.

Tossicani, *Giov.*, aus Arezzo, Giottino's Schüler.

Traini, *Francesco*, Florentiner, Schüler des Andrea di Cione, um 1340.

Trasi, *Lodovico*, aus Arcoli, röm. Schule, 1634—1694.

Treviglio, *Bernardo*, Mailänder, † 1526.

Trevisani, *Angiolo*, Venezianer, um 1753.

Trevisano, *Girol.*, sen., Schüler des Squarcione (?), um 1487.

Trevisano, *Girol.*, jun., venez. Schule, mit Nachahmung Raphaels, 1508—1514.

Treviso, *Antonio da*, um 1410.

Tribolo, *Niccolo Pericoli*, in Florenz und Rom, 1500—1565.

Tunner, aus Wien, neuere deutsche Schule.

Tura, *Cosimo*, gen. *Cosmé da Ferrara*, 1406—1469.

Turc, *Niclas*, deutscher Mstr. aus dem 14. Jahrh.

Turrisanus, in Pistoja, um 1190.

Turrita, *Jacopo da*, in Rom, um 1290.

Turroni, Veroneser, um 1300.

Tsan, *Furnari Emmanuel*, Byzantiner.

Ubertino, um 1194 in Rom.

Uberto, in Treviso, 1111.

Ubriacchi, *Bernardo degli*, aus Florenz, im 13. Jahrh.

Ucello, Paolo, Florentiner, 1392—1472.

Udine, *Giov. Nanni da*, Schüler Raphaels, Arabeskenmaler, 1487—1564.

Ugolino, Bildhauer aus Siena, 1338.

Ugolino, di *Prete Ilario* (viell. von Siena, s. d.), um 1330, Maler.

Urbano, von Cortona, um 1481.

Ursus, Magister, um 742—744.

Ussano, *Niccolo da*, Florentiner, um 1460.

Vacca, *Flaminio*, Römer, 1530—1596.

Vaccaro, *Florenzo*, aus Neapel, 1655—1706.

Vaccherecchia, *Franc. di Giov.*, in Florenz, um 1400.

Vaga, *Pierin del*, Florentiner, Bildh. und Maler, 1500—1547.

Valadier, neuere röm. Schule.

Valle, *Andrea della*, Paduaner, Archit., um 1520.

Valle, *Filippo della*, aus Florenz, † 1768.

Valvasori, *Gabriel*, in Rom, um 1728.

Vanlou, *Carl Andreas*, aus Nizza, 1705—1765.

Vanni, *Andrea*, von Siena, um 1369—1413.

Vanni, *Cav. Francesco*, aus Siena, 1565—1609.

Vanni, *Turinus*, Pisaner, um 1390.

Vannini, *Vinc.*, neuerer Archit. in Bologna.

Fantini, neuere ital. Schule, 1815, in Brescia.

Fonti telli, Lodovico, Archit. und Maler aus Rom, † 1717.

Varotari, s. Padovanino.

Vasanzio, Giov., Architekt.

Vasari, Cav. Giorgio, Gelehrter, Maler und Archit. aus Arezzo, 1512—1574.

Vecchia, Pietro, venetian. Schule, 1605—1678.

Vecchi, Giov. de', von Borgo S. Sepolcro, † 1614.

Vecchietta, Giov. Franc. Rossi, aus Rom, 1644.

Vecchietta, Lorenzo di Pietro del, aus Siena, um 1482.

Vecellio, s. Tiziano.

Veit, Philipp, neuere deutsche Schule.

Velasques, de Silva Diego, Spanier, 1599—1660.

Velde, Adrian von de, Idyllenmaler, Niederländer, 1639—1672.

Vellano, Jacopo, aus Padua, Schüler Donatello's, † nach 1493.

Veneziano, Antonio, florent. Schule, um 1380.

Veneziano, Domenico, Florentiner, und nach Vasari einer der ersten, die in Italien Oelbilder ausgeführt, um 1420.

Veneziano, Giorgio, Bildh., um 1540.

Vanusti, Marcello, Mantuaner, † um 1570.

Vercelli, Tiburzio, von Camerino, Schüler von Giov. Lombardo, um 1589.

Vernet, Horace, neuere franz. Schule, geb. 1789.

Verona, Antonio da, Bildh. um 1770.

Verona, Fra Giov. da, Bildh. um 1518.

Verona, Jacopo da, um 1397.

Verona, Maffeo, 1512.

Veronese, Paolo Cagliari, venez. Schule, 1530—1588.

Verrocchio, Andrea del, Florentiner, 1432—1488, Maler und Bildhauer, Meister Leonardo da Vinci's.

Verschaffelt, Niederländer, um 1760.

Vianino, Domenico, Bologneser, 1668—1711.

Vicentino, Valerio, Edelsteinschneider, † 1548.

Vicentino, Andrea, Venezianer, † 1614.

Vignola, Giacomo Barozzi, aus dem Modenesischen, 1507—1573.

Vincenzo, Antonio, aus Bologna, um 1390.

Vinci, Leonardo da, Florentiner, Stifter der mailänd. Schule, 1452—1519.

Vinci, Gaudenzio, Novarese, um 1511.

Vini, Sebastiano, Veroneser, um 1550.

Vitale, s. Bologna.

Vite, Timoteo della oder Viti, von Urbino, umbrische Schule, 1470—1524.

Vitoni, Ventura, von Pistoja, um 1510.

Vittoria, Aless., aus Trient, Schüler von Jacopo Sansovino, 1525—1608.

Vittossi, Bernardo, um 1680 in Turin.

Vivarini, Antonio, von Murano, Venezianer, um 1450.

Vivarini, Bartolommeo, sein Bruder, arbeitete noch † 1498.

Vicarini, Luigi, um 1114.

Viro, de, in Neapel, geb. 1800.

Volterra, Daniel da, oder Ricciarelli, Schüler Michel Angelo's, 1509—1566.

Volterra, Francesco da, florent. Schule, um 1370.

Volterrano, il, Baldassare Franceschini, florent. Schule, 1611—1689.

Voltri, Niccolo da, Maler im 14. Jahrh.

Voivina, wahrscheinlich deutscher Meister aus dem 9. Jahrh.

Vouet, Simon, von Paris, 1590—1649.

Wael, Corn. de, Holländer, † 1662 zu Genua.

Werfft, Andrian van der, Niederländer, 1659—1722.

Weyde, Roger van der, † 1465, Schüler Van Eyks.

Wilhelm, von Innsbruck, Architekt und Bildh. in Pisa, um 1174.

Wilhelm, Mönch von Neapel, 1497, Bildhauer.

Wilhelm, von Marseille, Glasmaler aus dem 15. Jahrh.

Wohlgemuth, M., aus Nürnberg, 1434, † 1519.

Wolf, Emil, aus Berlin, neuere deutsche Schule.

Wouverman, Philipp, Niederländer, 1620—1668.

Xacin, Franzos.

Zaccagna, Giov. Franc., um 1521.

Zaccagni, s. Torchiera.

Zacchia, Paulo, oder il vecchio, Luccheser, um 1527.

Zampieri, s. Domenichino.

Zandomeneghi, in Venedig, 1840.

Zanelli, Siro, von Pavia, um 1720.

Zanoia, Mailänder.

Zanoni, neuere venez. Schule.

Zanotti, Gianpietro Cavazzoni, Bologneser, 1674—1765.

Zanotti, neuere Bologn. Schule.

Zelotti, Batt., von Verona, 1532—1592.

Zenodorus, Erzgiesser in Gallien und Rom, um 60 p. C.

Zeuxis, von Heraclea oder Ephesus, 400 a. C.

Zevio, Aldighieri da, Veroneser, um 1370.

Zevio, Stefano da, Veroneser, um 1400.

Zingaro, lo, Angiolo Franco, Neapolit., † um 1445.

Zoppo, Agostino, aus Padua, Bildh. um 1550.

Zoppo, Marco, aus Bologna, Maler um 1470.

Zotti, neuerer Florentiner.

Zuccaro (Zuccari, Zuchero), Tadd., aus S. Angelo in Vado, florent. Schule, 1529—1566.

Zuccaro, Federigo, sein Bruder, um 1560—1609.

Zuccato, Franc., venez. Schule, um 1560.

Zucchi, Giov., aus Bologna, um 1547.

Zuccho, Franc., aus Bergamo, † 1627.

Google